KB168958

유통관리사 2_급
기출문제해설

SD에듀
(주)시대고시기획

Always **with you**

사람의 인연은 길에서 우연하게 만나거나 함께 살아가는 것만을 의미하지는 않습니다.
책을 펴내는 출판사와 그 책을 읽는 독자의 만남도 소중한 인연입니다.
SD에듀는 항상 독자의 마음을 헤아리기 위해 노력하고 있습니다. 늘 독자와 함께하겠습니다.

합격의 공식 ▶
SD에듀

자격증 · 공무원 · 금융/보험 · 면허증 · 언어/외국어 · 검정고시/독학사 · 기업체/취업
이 시대의 모든 합격! SD에듀에서 합격하세요!
www.youtube.com ➜ SD에듀 ➜ 구독

유통관리사는 모두 객관식이라는 장점은 있지만 쉽게 합격하기는 어려운 시험입니다. 응시자 중 어떤 사람은 1주일 만에 합격했다는 사람도 있고, 한 달 만에 합격했다는 사람도 있습니다. 이렇게 단기간에 합격한 경우는 대부분 용어들과 이론에 익숙한 관련 학과 전공자이거나, 관련 업종에서 근무한 적이 있는 사람일 것입니다.

유통관리사 자격시험은 기출문제만 보아서는 합격할 수 없습니다. 그러나 기출문제가 공부를 하는 데 가장 기본이 되는 것임에는 틀림이 없으며, 기출문제 경향을 알아야 효과적인 공부를 할 수 있습니다.

단기간에 자격증을 취득하려는 분들이 좀 더 시간을 단축할 수 있는 가장 효과적인 방법은 기출문제를 보면서 관련 이론을 찾아 공부하고, 비슷한 유형의 문제를 모아 공부하는 것입니다. 23년부터 18년까지의 기출문제를 통해 지문의 유형과 문제 형식을 파악해둔다면 어렵지 않게 합격할 수 있습니다.

SD에듀의 유통관리사 집필진들은 자신감을 가지고 이 책을 펴냅니다. 유통관리사 자격시험을 준비하는 수험생 여러분들에게 희망이 될 수 있기를 바랍니다.

편저자 씀

검정기준

유통업 경영에 관한 전문적인 지식을 터득하고 경영계획의 입안과 종합적인 관리업무를 수행할 수 있는 자 및 중소유통업의 경영지도능력을 갖춘 자

응시자격

제한 없음

검정 세부사항

등 급	시험방법	시험과목	출제형태	시험시간	합격기준
2급	필기시험	유통물류일반관리 상권분석 유통마케팅 유통정보	객관식 5지선다형 (90문항)	100분	매 과목 40점 이상, 평균 60점 이상

가점 부여기준

10점 가산

→ 유통산업분야에서 3년 이상 근무한 자로서 산업통상자원부가 지정한 연수기관에서 40시간 이상 수료 후 2년 이내 2급 시험에 응시한 자

2024 주요 개편 내용

구 분	개편 내용	변경 사항(일부)
2급	○ 주요항목 이하 적합한 과목에 맞춰 재배정	(상권분석) 세부항목 '상권의 개요' 중 '상권조사의 방법과 분석'세부항목 '상권설정 및 분석'으로 위치 변경
	○ 최신 경향 및 트렌드 반영하여 내용 추가	(유통마케팅) 주요항목 '디지털 마케팅 전략' 추가
	○ 최신 경향 및 트렌드 반영하여 내용 축소	(유통정보) 주요항목 '주요 유통정보화기술 및 시스템'의 세부항목 이하를 최근 감소된 중요도를 고려하여 내용 축소
	○ 2급 수준으로 적절하지 않은 항목 조정	(유통물류일반관리) 주요항목 '유통경영관리'의 세세항목으로 제시된 '조직이론의 변천과정'을 '조직이론'으로 위치 변경
	○ NCS 유통관리 내용 반영	(유통마케팅) NCS 유통관리에 제시되어 있는 '상품 로스(Loss) 관리'를 주요항목 '상품판매와 고객관리'의 세세항목으로 추가

DISTRIBUTION MANAGER

1과목 유통·물류일반관리

대분류	중분류	세분류
유통의 이해	유통의 이해	• 유통의 개념과 분류 • 유통(중간상)의 필요성 • 유통기능(function)과 유통흐름(flow)
	유통경로 및 구조	• 유통경로의 개념 • 유통경로의 유용성 • 유통경로의 유형과 조직 • 유통경로의 믹스
	유통경제	• 유통산업의 경제적 역할 • 상품생산·소비 및 교환 • 유통비용과 이윤
	유통산업의 이해 및 환경	• 유통의 발전과정 • 유통환경의 변화와 특징 • 유통산업관련 정책 • 글로벌 유통산업의 동향과 추세
유통경영전략	유통경영 환경분석	• 유통경영전략의 필요성과 이해 • 유통경영의 비전과 목표 • 유통경영의 외부적 요소 분석 • 유통경영의 내부적 요소 분석
	유통경영전략의 수립과 실행	• 유통기업의 사업방향 결정 • 기업수준의 경영전략, 사업부수준의 경영전략, 기능별 경영전략 • 경쟁우위와 경쟁전략 • 경영혁신 • 다각화·통합전략과 아웃소싱전략 • 전략적 제휴, 합작투자, 인수합병전략 • 유통기업의 글로벌화 전략 • 기타 유통경영전략 • 경영전략의 대안 평가 및 선택
	유통경영전략의 평가 및 통제	• 전략의 평가 • 전략의 통제 • 성과의 환류(feedback)
유통경영관리	조직관리	• 조직이론 • 조직구조의 유형 및 설계 • 조직의 목표관리와 동기부여 • 조직의 의사전달과 갈등관리 • 조직문화와 리더십
	인적자원관리	• 인사관리의 기초와 개념 • 직무분석과 직무평가 • 인적자원의 확보와 개발 • 인적자원의 활용과 배치 • 인적자원의 보상과 유지
	재무관리	• 재무관리의 개요 • 화폐의 시간적 가치와 현재가치 및 균형가격 • 자본예산과 자본조달 • 자본비용
	구매 및 조달관리	• 구매 및 조달관리의 개념 및 절차 • 공급자 선택 및 관리 • 구매실무(원가계산, 구매가격, 구매계약, 구매협상, 재고관리) • 품질관리 • 글로벌 구매 및 조달관리

물류경영관리	도소매물류의 이해	• 도소매물류의 기초 • 도소매물류의 고객서비스
	도소매물류관리	• 물류계획 • 운송, 보관, 하역, 창고관리 • 포장관리 • 물류관리를 위한 정보기술 • 물류비 • 물류아웃소싱과 3자물류, 4자물류 • 국제물류
유통기업의 윤리와 법규	기업윤리의 기본개념	• 기업윤리의 기본개념 • 기업윤리의 기본원칙 • 유통기업의 사회적 책임 • 유통기업윤리 프로그램의 도입과 관리 • 기업환경의 변화와 기업윤리 • 시장구조와 윤리 • 양성평등에 대한 이해
	유통관련 법규	• 유통산업발전법 • 전자문서 및 전자거래기본법 • 소비자기본법

2과목 상권분석

대분류	중분류	세분류	
유통 상권조사	상권의 개요	• 상권의 정의와 유형	• 상권의 계층성
	상권분석에서의 정보기술 활용	• 상권분석과 상권정보	• 상권정보시스템, 지리정보 활용
	상권설정 및 분석	• 상권분석의 개념 및 평가 방법 • 업태 및 업종별 상권의 분석과 설정 • 상권·입지분석의 제이론	• 상권설정 • 상권조사의 방법과 분석
입지분석	입지의 개요	• 도매입지와 소매입지의 개요 • 물류와 입지	• 업태 및 업종과 입지
	입지별 유형	• 지역 공간 구조 • 쇼핑센터	• 도심입지 • 기타입지
	입지선정 및 분석	• 입지선정의 의의 • 업태별 입지 개발방법 • 입지의 선정	• 입지영향인자 • 경쟁점(채널) 분석
개점전략	개점계획	• 점포개점 의의 및 원칙 • 개점입지에 대한 법률규제검토	• 투자의 기본계획
	개점과 폐점	• 출점 및 개점 • 업종전환과 폐점	• 점포개점을 위한 준비

DISTRIBUTION MANAGER

3과목 유통마케팅

대분류	중분류	세분류	
유통마케팅 전략기획	유통마케팅전략	• 시장세분화 • 포지셔닝 전략	• 목표시장 선정
	유통경쟁전략	• 유통경쟁의 개요 • 소매업태의 성장과 경쟁 • 서비스 마케팅	• 유통경쟁의 형태 • 글로벌 경쟁전략
	상품관리 및 머천다이징전략	• 머천다이징 및 상품관리의 개요 • 업태별 머천다이징 및 상품기획 • 상품 매입과 구매계획 • 단품관리전략	• 머천다이징과 브랜드 • 상품 카테고리 계획과 관리 • 상품수명주기별 상품관리전략
	가격관리전략	• 가격관리의 개요 • 가격설정 정책	• 가격설정의 방법 • 업태별 가격관리
	촉진관리전략	• 촉진관리전략의 개요 • 업태별 촉진전략(옴니채널, O2O, O4O 등) • e-Retailing 촉진	• 프로모션믹스 • 소매정보와 촉진
디지털 마케팅 전략	소매점의 디지털 마케팅 전략	• 디지털 마케팅에 대한 이해 • 소매점의 디지털 마케팅을 위한 목표결정 • 경쟁분석과 마케팅 포지셔닝	• 온라인 구매결정과정에 대한 이해 • 타겟 고객층 파악
	웹사이트 및 온라인 쇼핑몰 구축	• 사용자 경험(UX)에 대한 이해 • 온라인 쇼핑몰 기능과 결제 시스템 • 검색엔진 마케팅과 검색엔진 최적화(SEO) • 보안과 개인정보 보호	• 온라인 쇼핑몰의 중요성과 이점
	소셜미디어 마케팅	• 소셜미디어 플랫폼에 대한 이해 • 소셜미디어 광고	• 소셜미디어 마케팅 전략과 콘텐츠 제작
	데이터분석과 성과측정	• 디지털 마케팅 데이터 분석의 개요 • 사용자 데이터 수집과 분석	• 효과적인 분석도구와 측정지표
점포관리	점포구성	• 점포구성의 개요 • 점포 디자인 • 온라인 쇼핑몰 UI,UX 등	• 점포의 구성과 설계 • 온라인 쇼핑몰 구성과 설계
	매장 레이아웃 및 디스플레이	• 매장 레이아웃의 개요 • 매장 배치와 통로 설정 • 상품진열 및 배열기법 • 컬러 머천다이징의 기초지식	• 매장의 구성과 분류 • 상품진열의 조건 및 형식 • 비주얼 프리젠테이션 개요 및 기술 • 디스플레이 웨어와 POP 광고 취급방법
	매장환경관리	• 매장 환경의 개요 • 매장 구성요소와 관리 및 통제	• 매장 내외부 환경관리 • 매장 안전관리
상품판매와 고객관리	상품판매	• 상품판매의 개요 • 상품 로스(Loss)관리	• 판매서비스
	고객관리	• 고객의 이해 • 고객정보의 수집과 활용	• 고객관리의 개요 • 고객응대기법
	CRM전략 및 구현방안	• CRM의 배경 및 장점 • CRM의 정의 및 필요성 • CRM 구현 단계	• CRM의 도입방법 및 고려사항 • CRM의 유형 • 유통기업의 CRM 구축방안
유통마케팅 조사와 평가	유통마케팅 조사	• 유통마케팅 조사의 개요 • 유통마케팅 자료분석기법	• 유통마케팅 조사의 방법과 절차
	유통마케팅 성과 평가	• 유통마케팅 성과 평가의 개요 • 유통업의 성과평가 • 영향력 및 갈등 평가 • 온라인유통마케팅의 성과지표(전환율, 노출수, CPC, CPM 등)	• 유통마케팅 목표의 평가 • 경로구성원의 평가

4과목 유통정보

대분류	중분류	세분류	
유통정보의 이해	정보의 개념과 정보화 사회	• 정보와 자료의 개념 • 정보혁명의 의의와 특성 • 정보화 사회의 특징과 문제점	• 정보·자료·지식 간의 관계 • 정보화 사회의 개요 • 정보의 유형
	정보와 유통혁명	• 유통정보혁명의 시대 • 정보화 진전에 따른 유통업태의 변화	• 유통업에 있어서의 정보혁명
	정보와 의사결정	• 의사결정의 이해 • 의사결정의 단계와 정보 • 의사결정지원 정보시스템(DSS, GDSS, EIS 등) • 지식경영과 지식관리시스템 활용	• 의사결정의 종류와 정보
	유통정보시스템	• 유통정보시스템의 개념 • 유통정보시스템의 운영환경적 특성 • 유통정보시스템의 기획 • 정보 네트워크	• 유통정보시스템의 유형 • 유통정보시스템의 구성요소 • 유통정보시스템의 분석/설계/구축
주요 유통정보화기술 및 시스템	바코드, POS EDI, QR 시스템 구축 및 효과	• 바코드의 개념 및 활용 • EDI의 개념 및 활용	• POS의 개념 및 활용 • QR의 개념 및 활용
유통정보의 관리와 활용	데이터관리	• 데이터베이스, 데이터웨어하우징, 데이터마트 • 빅데이터, R, 데이터마이닝 등 데이터 수집·분석·관리기술 및 관련 장비 • 데이터 거버넌스	
	개인정보보호와 프라이버시	• 개인정보보호 개념 • 개인정보보호 기술 • 프라이버시 개념 • 프라이버시 보호 기술	• 개인정보보호 정책 • 보안시스템 • 프라이버시 보호 정책
	고객충성도 프로그램	• 고객충성도 프로그램의 개념과 필요성 • 고객충성도 프로그램을 위한 정보기술	
전자상거래	전자상거래 운영	• 전자상거래 프로세스 • 전자결제시스템	• 물류 및 배송 관리시스템
유통혁신을 위한 정보자원관리	ERP 시스템	• ERP 개념 • ERP 구축	• ERP 요소기술 • 유통분야에서의 ERP 활용
	CRM 시스템	• CRM 개념 • CRM 구축	• CRM 요소기술 • 유통분야에서의 CRM 활용
	SCM 시스템	• SCM 개념 • SCM 구축	• SCM 요소기술 • 유통분야에서의 SCM 활용
신융합기술의 유통분야에서의 응용	신융합기술	• 신융합기술 개요 • 신융합 핵심기술 • 신융합기술에 따른 유통업체 비즈니스 모델 변화	• 디지털 신기술 현황
	신융합기술의 개념 및 활용	• 빅데이터와 애널리틱스의 개념 및 활용 • 인공지능의 개념 및 활용 • RFID의 사물인터넷의 개념 및 활용 • 로보틱스와 자동화의 개념 및 활용 • 블록체인과 핀테크의 개념 및 활용 • 클라우드컴퓨팅의 개념 및 활용 • 가상현실과 메타버스의 개념 및 활용 • 스마트물류와 자율주행의 개념 및 활용	

DISTRIBUTION MANAGER

합격 수기

 비전공자 유통관리사 2급 합격수기(2022년 2회 시험 합격자 김*현)

우선 요약해서 말씀드리자면 "3권 핵심요약"을 기본으로 강의수강 및 암기하신 뒤 "기출문제"를 많이 풀어보는 게 가장 중요합니다. 물론 강사님께서는 요약만 보지 말라고 하시지만 꼭 핵심요약에서 나오는 게 아닌 문제들 때문입니다. 물론 저도 그런 문제에 심각성을 느꼈습니다. 하지만 기본베이스 자체가 거의 핵심요약을 기반으로 하면 못해도 40~50점은 나옵니다. 약 40점이 나온다고 가정했을 때 나머지 30점 이상은 기출문제를 기반으로 부족한 부분을 토대로 공부하는 게 중요합니다. 즉 목표는 70~80점으로 잡고 시작하는 게 가장 바람직합니다. 필자는 30대 중반입니다. 우선 제 공부방법을 알려드리겠습니다.

공부방법

물론 푸시는 분들에 따라 다르겠지만 저는 이런 방식으로 생각해두었습니다.
2과목 → 4과목 → 1+3과목 순서를 추천드립니다. 내용이 좀 길 수 있지만 제가 풀던 방식에 상세 내용을 적어봅니다.

2과목 상권분석

많은 분들이 이 과목을 과락이라 하셨는데 상식적으로 가장 많은 고득점을 가질 수 있는 과목이 "상권분석과 유통정보"입니다. 간단하게 생각해서 1과목 25, 2과목 20, 3과목 25, 4과목 20을 총점 100으로 환산했을 때 1, 3과목을 15개 이상 맞을시 60점이고 2, 4과목에서 15개를 맞을시 75점입니다. 즉 평균점수 중에 동 숫자일시 15점이라는 이점을 가져올 수 있습니다. 그렇기에 저는 이 과목을 과락을 면하는 게 아닌 "초집중"해서 85점 이상 점수를 받았습니다. 가장 중요한건 이해입니다. 이 과목에서 가장 중요한건 학자들이 무슨 공식을 냈는지 미칠 정도로 달달 외워대는 것입니다. 범위가 좁고 한정적인만큼 꾸준히 나오는 것 위주로 공부하면 가장 고득점이 가능한 과목입니다.

4과목 유통정보

기본적으로 4과목은 간단암기입니다. 예를 들어서 EDI(전자문서교환), CRP(지속적인 상품보충), BSC(균형성과표) 등 8어의 정의만 외우고 유추해서 풀었습니다. 즉 용어를 암기 및 이해한 뒤 문제를 읽고 유추하는 방식을 토대로 푸시는 게 가장 좋은 방법입니다. 4과목도 75점 맞췄습니다.

1과목 유통물류일반관리 + 3과목 유통마케팅

가장 중복이 많고 겹치는 부분이 많아서 굳이 설명한다면 각종 중요 이론들(소매수레바퀴이론, 차륜이론, 아코디언이론, 정성, 정량. 수직/수평적 유통경로, bcg매트릭스, 마이클포터 등)은 무조건 풀로 암기하시는 전제 하에 공부하시는 것을 추천드립니다. 그리고 어려운 것 중 하나가 법률과 재무관련 문제입니다. 솔직히 법률과 재무 둘 다 버렸습니다. 시간도 많이 잡아먹고 공부범위도 넓을뿐더러 난해합니다. 그냥 간단하게 (문제/답) 외워서 똑같은 문제가 나오면 그대로 문제/답 찍기하고 아니면 찍는 게 낫습니다. 반복 숙지 위주로 하시다 1과목과 3과목 기본베이스 위주로 공부하되 각 과목에 특색적인 부분을 보충해서 공부한다고 생각하시면 최소 합격점수 나옵니다. 저는 1과목 64점, 3과목 56점을 획득했습니다.

위의 공부방법으로 저는 평균 70점대로 무난하게 합격했습니다.
무엇보다 30대 중반 넘어가도 다 이해되고 암기가 쉬웠기 때문에 강사님들께서 굉장히 잘 가르치시는 게 느껴졌습니다. 다만, 잘 알려주시는 건 좋으나 불필요한 수준까지 알려주는 건 다소 아쉬웠습니다. 하지만 전체적으로 알려주기 위함이기 때문에 충분히 이해합니다. 정말 강사님들께 감사드리고 추후 CS, 물류관리사 등을 다시 배울 의향이 있습니다.
정말 시대교육에 감사함을 느낍니다. 이상입니다.

1과목 유통 · 물류일반관리

유통 산업의 발전에 따른 유통 학문의 다각화 연구의 결과로 인해 유통경영관리, 물류경영관리, 조직문화, 인사관리, 기업윤리 등 경영학 지식과 관련된 다양한 내용들이 나옵니다. 특히 '4장 물류경영관리'는 최근 들어 출제빈도가 높아지고 있어 신경써서 학습해야 할 부분입니다.

1장 유통의 이해

글로벌화 동향 부분을 주시하고, 유통경로 개념과 구조를 이해해야 합니다.

2장 유통경영전략

유통경영전략의 내·외부적 요소와 경영전략의 전반적인 실행과정을 단계적으로 파악해야 합니다.

3장 유통경영관리

조직문화와 인적 및 재무 관리 등 기업 내 여러 조직의 기능과 관련된 이론들을 알아두어야 합니다.

4장 물류경영관리

도소매물류 부분에서는 물류 관리의 총체적인 구성요소인 재고, 운송, 보관, 정보기술, 3PL 등 각 물류기능의 특징과 글로벌 로지스틱스의 개념을 알아두어야 합니다.

5장 유통기업의 윤리와 법규

기업윤리의 개념과 그와 연관된 이론을 학습하고, 유통 관련 법규는 최근 개정된 출제기준에서 '유통산업발전법', '전자문서 및 전자거래기본법', '소비자기본법' 3개 주요 법규만 선정하여 범위를 축소하였으므로 해당 3개 법규만 중심으로 학습합니다.

2과목 상권분석

상권분석에 필요한 이론 공식들과 입지분석을 위한 경쟁점 조사와 같은 수학적 공식의 적용에 대해 정확히 이해하고 실제로 공식을 활용할 수 있어야 합니다.

1장 유통 상권조사

상권의 개념과 유형을 파악하고, 상권조사에 필요한 내용과 방법들의 순서에 대해 알아야 하며, 상권분석과 상권설정 방법을 차례로 숙지해야 합니다.

2장 입지분석

소매입지 선정의 중요성과 소매업태의 종류 및 특징, 입지 공간구조를 설명한 이론들에 대해 알아두어야 합니다. 입지의 종류 중 특히 쇼핑센터 입지 종류와 계획 유형은 시험에 자주 출제되고 있으므로 자세히 숙지해둬야 합니다. 또한 기타 입지 중 노면독립입지와 복합용도개발의 개념과 특징, 입지선정 시 영향을 주는 주요 인자, 경쟁점 조사방법과 분석법에 대해 중점적으로 학습합니다.

3장 개점전략

점포개점이 필요한 조사방법들과 상권구매력 측정, 점포규모 산정에 필요한 매장면적 산출법, 매출액 산정법을 중심으로 학습합니다. 특히 최근에는 개점입지에 대한 법률규제검토에서 권리금, 환산보증금, 건폐율, 용적률, 부동산 공부서류 등에 대한 문제가 다수 출제되는 경향을 보이고 있으므로 해당 개념에 대해 숙지해야 합니다.

3과목 유통마케팅

유통마케팅은 새로운 내용들이 추가되어 출제되는 경우가 많기 때문에 보다 집중력을 발휘해 선별적으로 공부할 필요가 있습니다.

1장 유통마케팅 전략기획

유통마케팅 기법을 기본 마케팅 전략과 더불어 상품·가격관리 전략, 판매촉진전략으로 분류하여 목적별로 세밀하게 학습해야 합니다. 상품관리전략에서는 상품분류에 따른 특징과 그에 따른 재고관리에 대한 방법들도 자주 출제되고 있으니 잘 알아둬야 합니다.

2장 디지털 마케팅 전략

디지털 환경 및 온라인 유통에 대한 업계와 사회의 수요를 반영하기 위해 시행처에서 2024 출제기준 개정안에 추가한 새로운 이론으로 소매점의 디지털 마케팅 전략, 온라인 쇼핑몰, 검색엔진 마케팅, 개인정보 보호, 소셜미디어 마케팅, 디지털 마케팅의 데이터분석과 성과측정에 대해 학습합니다.

3장 점포관리

점포 관리와 구성에 대해 단순히 이론에 그치는 것이 아니라 점포 레이아웃과 공간계획, 상품진열 방법과 같이 다양한 예시들을 통해 보다 실무적이고 현재 점포에서 실제로 활용하는 트렌드를 접목하여 출제되고 있습니다.

4장 상품판매와 고객관리

고객 중시 기초의 마케팅 흐름을 반영한 고객관리와 그에 따른 CRM전략에 대해 구체적으로 이해해야 합니다.

5장 마케팅 조사와 평가

유통마케팅을 조사하기 위한 방법과 절차, 마케팅 자료분석 기법에 대해 알아두어야 합니다.

4과목 유통정보

새로운 개념이 많이 추가되어 출제되는 경향을 보이고 있고, 각 장에는 시험에서 요구하는 핵심내용들이 골고루 들어가 있으므로 각 장별로 핵심개념을 중심으로 암기하는 것이 중요하며, 특히 3·4장을 가장 주목하여 학습해야 합니다.

1장 유통정보의 이해

기술의 발전에 따라 유통업이 변화하고 있음을 강조하고 있는 부분으로, 여러 정보네트워크 기술들과 새로운 유통정보시스템과 같은 신개념들을 알아두어야 합니다.

2장 지식경영

시대의 흐름에 부합하는 지식활용의 중요성을 담고 있는 부분입니다.

3장 주요 유통정보화기술 및 시스템

바코드, POS시스템, EDI, QR시스템처럼 유통시스템에 실제 활용되는 기술들에 대한 쓰임을 확실하게 구분하고, 상품코드체계에 대해서도 각각 헷갈리지 않도록 충분히 암기할 필요가 있습니다.

4장 유통정보의 관리와 활용

e-SCM, e-CRM과 같이 인터넷 기반과 결합된 새로운 모델을 기존의 모델과 비교하여 학습하는 것이 중요합니다.

5장 전자상거래

2024 출제기준 개정안에서 내용이 대폭 축소되었기 때문에 전자상거래 운영과 관련된 전자결제시스템에 대한 내용만 중점적으로 학습하는 것이 좋습니다.

6장 유통혁신을 위한 정보자원관리

유통혁신을 위한 공급망관리 측면에서 정보자원관리의 중요성 이해를 위해 시행처에서 2024 출제기준 개정안에 추가한 새로운 이론으로 ERP 시스템, CRM 시스템, SCM 시스템의 전반적인 내용에 대해 학습합니다.

7장 신융합기술의 유통분야에서의 응용

시행처에서 2024 출제기준 개정안에 추가한 새로운 이론으로 4차 산업혁명 기술발전에 따른 융합기술 분야에 대해 학습합니다.

이 책의 차례

기출문제로 점검하는 **유통관리사!**

2023년

최신기출문제편

2023년 기출문제
2023년 정답 및 해설

합격의 공식
S D E D U
SD에듀

교육은 우리 자신의 무지를 점차 발견해 가는 과정이다.

- 윌 듀란트 -

합격의 공식 ▶
SD에듀

자격증 · 공무원 · 금융/보험 · 면허증 · 언어/외국어 · 검정고시/독학사 · 기업체/취업
이 시대의 모든 합격! SD에듀에서 합격하세요!
www.youtube.com → SD에듀 → 구독

2023년

기출문제

기운과 끈기는 모든 것을 이겨낸다.

- 벤자민 프랭클린 -

합격의 공식 ▶
SD에듀

자격증 · 공무원 · 금융/보험 · 면허증 · 언어/외국어 · 검정고시/독학사 · 기업체/취업
이 시대의 모든 합격! SD에듀에서 합격하세요!
www.youtube.com ➔ SD에듀 ➔ 구독

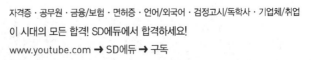

1과목 | 유통물류일반

01 수요의 가격탄력성 크기를 결정하는 요인과 관련된 설명으로 가장 옳지 않은 것은?

① 대체재가 있는 경우의 가격탄력성은 크고, 대체재가 없으면 가격탄력성은 작다.

② 소득에서 재화의 가격이 차지하는 비중과 가격탄력성은 반비례한다.

③ 평균적으로 생활필수품인 경우 가격탄력성은 작다.

④ 평균적으로 사치품인 경우 가격탄력성은 크다.

⑤ 재화의 용도가 다양할수록 가격탄력성은 크다.

02 유통비용을 최소화시킬 수 있는 유통시스템 설계를 위한 유통경로의 길이 결정 시 파악해야 할 요소 중 상품요인과 관련된 것만으로 옳게 나열된 것은?

① 부피, 부패성, 기술적 특성, 총마진

② 고객에 대한 지식, 통제의 욕구, 재무적 능력

③ 비용, 품질, 이용가능성

④ 지리적 분산, 고객밀집도, 고객의 수준, 평균 주문량

⑤ 단위가치, 상품표준화, 비용, 품질

03 조직 내에서 일반적으로 발생할 수 있는 갈등의 순기능적 역할에 대한 설명으로 가장 옳지 않은 것은?

① 향후 발생가능한 갈등을 해결할 수 있는 표준화된 방법을 개발할 수 있다.

② 갈등해결 과정에서 동맹체가 결성되는 경우 어느 정도 경로구성원 간의 힘의 균형을 이룰 수 있다.

③ 경로구성원 간의 의사소통의 기회를 늘림으로써 정보교환을 활발하게 해준다.

④ 고충처리와 갈등 해결의 공식창구와 표준절차를 마련하는 데 도움을 준다.

⑤ 유통시스템 내의 자원을 권력 순서대로 재분배하게 해준다.

04 유통산업발전법(법률 제18310호, 2021.7.20., 타법개정)에 의거하여 아래 글상자 괄호 안에 공통적으로 들어갈 단어로 옳은 것은?

> - 무점포판매란 상시 운영되는 매장을 가진 점포를 두지 아니하고 상품을 판매하는 것으로서 (   )으로 정하는 것을 말한다.
> - 유통표준코드란 상품·상품포장·포장용기 또는 운반용기의 표면에 표준화된 체계에 따라 표기된 숫자와 바코드 등으로서 (   )으로 정하는 것을 말한다.

① 대통령령
② 중소벤처기업부령
③ 과학기술정보통신부장관령
④ 산업통상자원부령
⑤ 국무총리령

05 아래 글상자의 6시그마 실행 단계를 순서대로 바르게 나열한 것은?

> ㉠ 개선된 상태가 유지될 수 있도록 관리한다.
> ㉡ 핵심품질특성(CTQ)과 그에 영향을 주는 요인의 인과관계를 파악한다.
> ㉢ 현재 CTQ 충족정도를 측정한다.
> ㉣ CTQ를 파악하고 개선 프로젝트를 선정한다.
> ㉤ CTQ의 충족 정도를 높이기 위한 방법과 조건을 찾는다.

① ㉣ - ㉡ - ㉢ - ㉤ - ㉠
② ㉤ - ㉣ - ㉢ - ㉡ - ㉠
③ ㉢ - ㉠ - ㉡ - ㉣ - ㉤
④ ㉣ - ㉢ - ㉡ - ㉤ - ㉠
⑤ ㉢ - ㉡ - ㉠ - ㉣ - ㉤

06 동기부여와 관련된 여러 가지 학설에 대한 설명으로 옳지 않은 것은?

① 매슬로우는 인간의 욕구를 생리적 욕구부터 자아실현의 욕구까지 총 5단계로 구분하여 설명하였다.
② 맥클리란드는 성장, 관계, 생존의 3단계로 구분하여 설명하였다.
③ 알더퍼의 경우 한 차원 이상의 욕구가 동시에 동기부여요인으로 사용될 수 있다고 주장하였다.
④ 허쯔버그의 동기요인에는 승진가능성과 성장가능성이 포함된다.
⑤ 허쯔버그의 위생요인에는 급여와 작업조건이 포함된다.

07 화인 표시의 종류와 설명의 연결이 옳지 않은 것은?

① 품질 표시(quality mark)는 내용품의 품질이나 등급을 표시한다.
② 주의 표시(care mark)는 내용물의 취급상 주의 사항을 표시한다.
③ 목적항 표시(destination mark)는 선적·양륙 작업을 용이하게 하고 화물이 잘못 배송되는 일이 없도록 목적항을 표시한다.
④ 수량 표시(case mark)는 포장 화물 안의 내용물의 총수량을 표시한다.
⑤ 원산지 표시(origin mark)는 관세법규에 따라 표시하는 수출물품의 원산지를 표시한다.

08 물류합리화 방안의 하나인 포장 표준화에 관한 내용으로 옳지 않은 것은?

① 재료표준화 – 환경대응형 포장 재료의 개발
② 강도표준화 – 품목별 적정 강도 설정
③ 치수표준화 – 표준 팰릿(pallet)의 선정
④ 관리표준화 – 포장재 구매 기준 및 사후 관리 기준 제정
⑤ 가격표준화 – 물류여건에 대응하는 원가 절감형 포장법 개발

09 물류비를 분류하는 다양한 기준 중에서 지급형태별 물류비로만 옳게 나열된 것은?

① 조달물류비, 사내물류비, 역물류비
② 수송비, 보관비, 포장비
③ 자가 물류비, 위탁 물류비
④ 재료비, 노무비, 경비
⑤ 조업도별 물류비, 기타 물류비

10 제품수명주기 단계 중 성숙기에 사용할 수 있는 마케팅믹스 전략으로 옳지 않은 것은?

① 브랜드와 모델의 다양화
② 경쟁사에 대응할 수 있는 가격
③ 브랜드 차별화와 편익을 강조한 광고
④ 기본 형태의 제품 제공
⑤ 집중적 유통의 강화

11 제품이 고객에게 인도되기 전에 품질요건이 충족되지 못함으로써 발생하는 품질관리 비용으로 옳은 것은?

① 생산준비비용
② 평가비용
③ 예방비용
④ 내부실패비용
⑤ 외부실패비용

12 소매점에서 발생할 수 있는 각종 비윤리적 행동에 대한 대처방안으로 옳지 않은 것은?

① 소매점의 경우 공적비용과 사적비용의 구분이 모호할 수 있기에 공급의 사적 이용을 방지하기 위해 엄격한 규정이 필요하다.
② 과다 재고, 재고로스 발생을 허위로 보고하지 않도록 철저하게 확인해야 한다.
③ 협력업체와의 관계에서 우월적 지위 남용을 하지 않아야 한다.
④ 회사명의의 카드를 개인적으로 사용하는 행위를 사전에 방지해야 한다.
⑤ 큰 피해가 없다면 근무 시간은 개인적으로 조정하여 활용한다.

13 아래 글상자 내용 중 글로벌 유통산업 환경변화의 설명으로 옳은 것을 모두 고르면?

┌───┐
│ ㉠ 유통시장 개방의 가속화   │
│ ㉡ 주요 소매업체들의 해외 신규출점 증대 및 M&A를 통한 초대형화 추진 │
│ ㉢ 선진국 시장이 포화되어감에 따라 시장 잠재성이 높은 신규시장 발굴에 노력 │
│ ㉣ 대형유통업체들은 해외시장 진출확대를 통해 성장을 도모   │
└───┘

① ㉠, ㉡   ② ㉠, ㉢
③ ㉠, ㉣   ④ ㉡, ㉢, ㉣
⑤ ㉠, ㉡, ㉢, ㉣

14 테일러의 기능식 조직(functional organization)에 대한 단점으로 옳지 않은 것은?

① 명령이 통일되지 않아 전체의 질서적 관리가 문란해지는 경우가 있다.
② 각 관리자가 담당하는 전문적 기능에 대한 합리적 분할이 실제상 용이하지 않다.
③ 일의 성과에 따른 보수를 산정하기 어렵다.
④ 상위자들의 마찰이 일어나기 쉽다.
⑤ 각 직원이 차지하는 직능이 지나치게 전문화되어 그 수가 많아지면 간접적 관리자가 증가된다.

15 유통기업에 종사하는 종업원의 권리로 옳지 않은 것은?

① 일할 권리
② 근무 시간 중에도 사생활을 보호받을 권리
③ 근무시간 이외의 시간은 자유의사에 따라 정치활동을 제외한 외부활동을 자유롭게 할 수 있는 권리
④ 안전한 작업장에서 근무할 수 있도록 요구할 권리
⑤ 노동조합을 결성하고 파업과 같은 단체 행동을 할 수 있는 권리

23년

16 도매상의 혁신전략과 내용 설명이 옳지 않은 것은?

구 분	혁신전략	내 용
㉠	도매상의 합병과 매수	기존시장에서의 지위확보, 다각화를 위한 전후방 통합
㉡	자산의 재배치	회사의 핵심사업 강화 목적, 조직의 재설계
㉢	회사의 다각화	유통다각화를 통한 유통라인 개선
㉣	전방과 후방통합	이윤과 시장에서의 지위강화를 위한 통합
㉤	자산가치가 높은 브랜드의 보유	창고 자동화, 향상된 재고관리

① ㉠   ② ㉡
③ ㉢   ④ ㉣
⑤ ㉤

17 유통경로 기능에 관한 설명으로 옳지 않은 것은?

① 교환과정의 촉진
② 소비자와 제조업체의 연결
③ 제품구색 불일치의 완화
④ 고객서비스 제공
⑤ 경로를 통한 유통기능의 제거

18 아래 글상자에서 설명하는 유통경영조직의 원칙으로 옳은 것은?

> 조직의 공통목적을 달성하기 위하여 각 부문이나 각 구성원의 충돌을 해소하고 조직 제 활동의 내적 균형을 꾀하고, 조직의 느슨한 부분을 조절하려는 원칙

① 기능화의 원칙   ② 권한위양의 원칙
③ 명령통일의 원칙   ④ 관리한계의 원칙
⑤ 조정의 원칙

19 최상위 경영전략인 기업 수준의 경영전략으로 옳지 않은 것은?

① 새로운 시장에 기존의 제품으로 진입하여 시장을 확장하는 시장개발전략

② 기존 시장에 새로운 제품으로 진입하기 위한 제품개발전략

③ 경쟁사에 비해 우수한 품질의 제품을 제공하려는 차별화전략

④ 기존 제품의 품질 향상을 통해 시장점유율을 높이려는 시장침투전략

⑤ 기존 사업과 연관된 다른 사업을 인수하여 고객을 확보하려는 다각화전략

20 마이클 포터의 5가지 세력 모델과 관련한 설명으로 옳지 않은 것은?

① 과업 환경을 분석하는 것으로 이해관계자 분석이라 할 수 있다.

② 산업 내 기업의 경쟁강도를 파악해야 한다.

③ 신규 진입자의 위험은 잠재적 경쟁업자의 진입 가능성으로 진입장벽의 높이와 관련이 있다.

④ 구매자의 교섭력과 판매자의 교섭력이 주요 요소로 작용한다.

⑤ 상호보완재의 유무가 중요한 경쟁요소로 작용한다.

21 아래 글상자 괄호 안에 들어갈 보관 원칙 정의가 순서대로 바르게 나열된 것은?

> - 출입구가 동일한 경우 입출하 빈도가 높은 상품을 출입구에서 가까운 장소에 보관하는 것은 (㉠)의 원칙이다.
> - 표준품은 랙에 보관하고 비표준품은 특수한 보관기기 및 설비를 사용하여 보관하는 것은 (㉡)의 원칙이다.

① ㉠ 유사성, ㉡ 명료성

② ㉠ 위치표시, ㉡ 네트워크 보관

③ ㉠ 회전대응 보관, ㉡ 형상 특성

④ ㉠ 명료성, ㉡ 중량 특성

⑤ ㉠ 동일성, ㉡ 유사성

22 도소매 물류서비스에서 고객서비스에 영향을 주는 요인에 대한 설명으로 옳지 않은 것은?

① 일반적으로 품목의 가용성은 발주량, 생산량, 재고비용 등을 측정하여 파악할 수 있다.

② 예상치 못한 특별주문에 대한 대처 능력은 비상조치능력으로 파악할 수 있다.

③ 사전 주문 수량과 일치하는 재고 보유를 통해 결품을 방지하고 서비스 수준을 높일 수 있다.

④ 신뢰성은 리드타임과 안전한 인도, 정확한 주문이행 등에 의해 결정된다.

⑤ 고객과의 커뮤니케이션을 통해 고객 서비스 수준을 파악할 수 있다.

23 유통경영환경 분석을 위한 SWOT 분석 방법의 활용에 관한 설명으로 옳지 않은 것은?

① 기회를 최대화하고 위협을 최소화한 기업 자원의 효율적 사용이 목표이다.
② SO 상황에서는 강점을 적극적으로 활용한 시장기회 선점 전략을 구사한다.
③ WT 상황에서는 약점을 보완하기 위해 투자를 대폭 강화한 공격적 전략을 구사한다.
④ WO 상황에서는 약점을 보완하여 시장의 기회를 활용할 수 있는 전략적 제휴를 실시한다.
⑤ ST 상황에서는 시장의 위험을 회피하기 위해 제품 확장전략을 사용한다.

24 증권이나 상품과 같은 기업의 자산을 미리 정해 놓은 기간에 정해 놓은 가격으로 사거나 파는 권리인 옵션과 관련된 설명으로 옳지 않은 것은?

① 행사 가격은 미래에 옵션을 행사할 때 주식을 구입하는 대가로 지불하는 금액이다.
② 매도자는 권리만 가지고 매입자는 의무만을 가지는 전형적인 비대칭적인 계약이다.
③ 일반적으로 무위험이자율이 커질수록 행사가격의 현재가치는 작아진다.
④ 옵션의 종류로는 콜옵션과 풋옵션이 있다.
⑤ 배당금이 클수록 콜옵션의 가격은 낮아진다.

25 모바일 쇼핑의 주요한 특성으로 옳지 않은 것은?

① 스마트폰이 상용화되면서 모바일 쇼핑이 증가하게 되었다.
② 기존의 유통업체들도 진출하는 추세로 경쟁이 치열해졌다.
③ 가격과 함께 쉽고 편리한 구매환경에 대한 중요성도 높아졌다.
④ 스마트폰을 통해 가격을 검색하고 오프라인 매장에서 실물을 보고 구매하는 쇼루밍(showrooming)이 증가하고 있다.
⑤ 정기적인 구매가 이루어지는 생필품은 모바일 쇼핑의 대표적인 판매 품목 중 하나이다.

2과목 상권분석

26 경쟁점포가 상권에 미치는 일반적 영향에 관한 설명으로 가장 옳은 것은?

① 인접한 경쟁점포는 편의품점의 상권을 확장시킨다.
② 인접한 경쟁점포는 편의품점의 매출을 증가시킨다.
③ 인접한 경쟁점포는 선매품점의 상권을 확장시킨다.
④ 산재성입지에 적합한 업종일 때 인접한 경쟁점포는 매출증가에 유리하다.
⑤ 집재성입지에 적합한 업종은 인접한 동일업종 점포가 없어야 유리하다.

27 상권을 규정하는 요인에 대한 설명으로 옳지 않은 것은?

① 상권이란 시장지역이라고도 할 수 있으며, 상권을 규정하는 요인에는 시간요인과 비용요인이 있다.
② 시간요인 측면에서 봤을 때, 상품가치를 좌우하는 보존성이 강한 재화일수록 오랜 운송에 견딜 수 있으므로 상권이 확대된다.
③ 재화의 이동에서 사람을 매개로 하는 소매상권은 재화의 종류에 따라 비용이나 시간사용이 달라지므로 상권의 크기가 달라진다.
④ 비용요인에는 생산비, 운송비, 판매비용 등이 포함되며 비용이 상대적으로 저렴할수록 상권은 축소된다.
⑤ 고가의 제품일수록 소비자는 많은 시간과 비용을 투입하므로 상권의 범위가 넓어진다.

28 상권에 대한 일반적인 설명으로 가장 옳지 않은 것은?

① 업종이나 취급하는 상품의 종류는 상권의 범위에 영향을 준다.
② 사회적, 행정적 요인 등의 기준에 의한 확정적 개념이기에 초기 설정이 중요하다.
③ 가격이 비교적 낮고 구매 빈도가 높은 편의품의 경우 상권이 좁은 편이다.
④ 가격이 비교적 높고 수요 빈도가 낮은 전문품의 경우 상권이 넓은 편이다.
⑤ 소자본 상권의 경우 유동인구가 많고 접근성이 높은 곳이 유리하다.

29 크기나 정도가 증가할수록 소매점포 상권을 확장시키는 요인으로서 가장 옳은 것은?

① 자연적 장애물　　　　　　　　② 인근점포의 보완성
③ 배후지의 소득수준　　　　　　④ 배후지의 인구밀도
⑤ 취급상품의 구매빈도

30 신규로 소매점포를 개점하기 위한 준비과정의 논리적 순서로서 가장 옳은 것은?

① 소매믹스설계 – 점포계획 – 상권분석 – 입지선정
② 소매믹스설계 – 상권분석 – 입지선정 – 점포계획
③ 점포계획 – 소매믹스설계 – 상권분석 – 입지선정
④ 상권분석 – 입지선정 – 소매믹스설계 – 점포계획
⑤ 상권분석 – 입지선정 – 점포계획 – 소매믹스설계

31 소매점포의 입지는 도로조건 즉, 해당 부지가 접하는 도로의 성격과 구조에 따라 영향을 받는다. 도로조건에 대한 일반적 평가로서 가장 옳지 않은 것은?

① 도로와의 접면 – 가로의 접면이 넓을수록 유리함

② 곡선형 도로 – 곡선형 도로의 커브 안쪽보다는 바깥쪽이 유리함

③ 도로의 경사 – 경사진 도로에서는 상부보다 하부가 유리함

④ 일방통행 도로 – 가시성과 접근성 면에서 유리함

⑤ 중앙분리대 – 중앙분리대가 있는 도로는 건너편 고객의 접근성이 떨어지기 때문에 불리함

32 점포를 이용하는 소비자나 점포 주변 거주자들로부터 자료를 수집하여 현재 영업 중인 점포의 상권범위를 파악하려는 조사기법으로 보기에 가장 적합하지 않은 것은?

① 점두조사

② 내점객조사

③ 체크리스트(checklist)법

④ 지역표본추출조사

⑤ CST(customer spotting techniques)

33 점포입지의 매력성에 영향을 미치는 요인들을 상권요인과 입지요인으로 구분할 수 있다. 입지요인으로 가장 옳은 것은?

① 가구 특성　　　　　　　　② 경쟁 강도

③ 소득 수준　　　　　　　　④ 인구 특성

⑤ 점포 면적

34 소매입지 유형과 아래 글상자 속의 입지특성의 올바르고 빠짐없는 연결로서 가장 옳은 것은?

> ㉠ 고객흡인력이 강함
> ㉡ 점포인근에 거주인구 및 사무실 근무자가 많음
> ㉢ 점포주변 유동인구가 많음
> ㉣ 대형 개발업체의 개발계획으로 조성됨

① 백화점 – ㉠, ㉢, ㉣

② 독립입지 – ㉠, ㉡, ㉣

③ 도심입지 – ㉠, ㉢, ㉣

④ 교외 대형쇼핑몰 – ㉡, ㉢, ㉣

⑤ 근린쇼핑센터 – ㉠, ㉡, ㉣

35 "유통산업발전법"(법률 제18310호, 2021. 7. 20., 타법개정)이 정한 "전통상업보존구역"에 "준대규모점포"를 개설하려고 할 때 개설등록 기한으로서 옳은 것은?

① 영업 개시 전까지
② 영업 개시 30일 전까지
③ 영업 개시 60일 전까지
④ 대지나 건축물의 소유권 또는 사용권 확보 전까지
⑤ 대지나 건축물의 소유권 또는 사용권 확보 후 30일 전까지

36 소비자가 상권 내의 세 점포 중에서 하나를 골라 어떤 상품을 구매하려고 한다. 세 점포의 크기와 점포까지의 거리는 아래의 표와 같다. Huff모형을 이용할 때, 세 점포에 대해 이 소비자가 느끼는 매력도의 크기가 큰 것부터 제대로 나열된 것은? (단, 소비자의 점포크기에 대한 민감도 = 1, 거리에 대한 민감도 모수 = 2로 계산)

점 포	거리(Km)	점포크기(제곱미터)
A	4	50,000
B	6	70,000
C	3	40,000

① A > C > B
② B > A > C
③ B > C > A
④ C > A > B
⑤ C > B > A

37 대형마트, 대형병원, 대형공연장 등 대규모 서비스업종의 입지 특성에 대한 아래의 내용 중에서 옳지 않은 것은?

① 대규모 서비스업은 나홀로 독자적인 입지선택이 가능하다.
② 상권 및 입지적 특성을 반영한 매력도와 함께 서비스나 마케팅력이 매우 중요하다.
③ 주로 차량을 이용하는 고객이 많고, 상권범위는 반경 2~3km 이상이라고 볼 수 있다.
④ 경쟁점이 몰려있으면 상호보완효과가 높아지므로 경쟁력은 입지에 의해 주로 정해진다.
⑤ 대규모 서비스업은 유동인구에 의존하는 적응형 입지보다는 목적형 입지유형에 해당한다.

38 지리학자인 크리스탈러(W. Christaller)의 중심지이론의 기본적 가정과 개념에 대한 설명으로 옳지 않은 것은?

① 중심지 활동이란 중심지에서 재화와 서비스가 제공되는 활동을 의미한다.

② 중심지에서 먼 곳은 재화와 서비스를 제공받지 못하게 된다고 가정한다.

③ 조사대상 지역은 구매력이 균등하게 분포하고 끝이 없는 등방성의 평지라고 가정한다.

④ 최소요구범위는 생산자가 정상이윤을 얻을 만큼 충분한 소비자들을 포함하는 경계까지의 거리이다.

⑤ 중심지이론은 인간의 각종 활동공간이 어떤 핵을 중심으로 배열되어 있다는 인식에서 비롯되었다.

39 대형 쇼핑센터의 주요 공간구성요소에 대한 설명으로서 가장 옳은 것은?

① 지표(landmark) - 경계선이며 건물에서 꺾이는 부분에 해당

② 선큰(sunken) - 길찾기를 위한 방향성 제공

③ 결절점(node) - 교차하는 통로의 접합점

④ 구역(district) - 지하공간의 쾌적성과 접근성을 높임

⑤ 에지(edge) - 공간과 공간을 분리하여 영역성을 부여

40 소매점의 상권분석은 점포를 신규로 개점하는 경우에도 필요하지만 기존 점포의 경영을 효율화 하려는 목적으로도 다양하게 활용될 수 있다. 상권분석의 주요 목적으로 보기에 가장 연관성이 떨어지는 것은?

① 소매점의 경영성과를 반영한 점포의 위치이동, 면적확대, 면적축소 등으로 인한 매출변화를 예측할 수 있다.

② 다점포를 운영하는 체인업체가 특정 상권 내에서 운영할 수 있는 적정 점포수를 파악할 수 있다.

③ 소매점을 이용하는 소비자들의 인구통계적 특성들을 파악하여 보다 성공적인 소매전략을 수립하는 데 도움을 준다.

④ 소매점을 둘러싸고 있는 상권내외부의 소비자를 상대로 하는 촉진활동의 초점이 명확해질 수 있다.

⑤ 상품제조업체와의 공급체인관리(SCM)를 개선하여 물류비용을 절감할 수 있는 정보를 얻을 수 있다.

41 점포의 매매나 임대차시 필요한 점포 권리분석을 위해서 공부서류를 이용할 수 있다. 이들 공부서류와 확인 가능한 내용의 연결이 옳지 않은 것은?

① 지적도 - 토지의 모양과 경계, 도로 등을 확인할 수 있음

② 등기사항전부증명서 - 소유권 및 권리관계 등을 알 수 있음

③ 건축물대장 - 건물의 면적, 층수, 용도, 구조 등을 확인할 수 있음

④ 토지초본 - 토지의 소재, 지번, 지목, 면적 등을 확인할 수 있음

⑤ 토지이용계획확인서 - 토지를 규제하는 도시계획 상황을 확인할 수 있음

42 상권분석 과정에 활용도가 큰 지리정보시스템(GIS)에 관한 설명으로서 가장 옳지 않은 것은?

① 지도작성체계와 데이터베이스관리체계의 결합으로 상권분석의 유용한 도구가 되고 있다.

② 데이터베이스와 함께 활용하기 위해 수치지도보다는 디지털지도가 필요하다.

③ 지도상에 지리적인 형상을 표현하고 데이터의 값과 범위를 지리적인 형상에 할당하고 지도를 확대·축소하는 기능을 위상이라 한다.

④ 빅데이터를 활용하는 지리정보시스템(GIS)과 고객관계관리(CRM)의 합성어인 "gCRM"을 활용하기도 한다.

⑤ 속성정보를 요약하여 표현한 지도를 작성하며, 점, 선, 면의 형상으로 주제도를 작성하기도 한다.

43 상권분석 과정에서 점포의 위치와 해당 점포를 이용하는 소비자의 분포를 공간적으로 표현할 때 보편적으로 관찰되는 거리감소효과(distance decay effect)에 대한 설명으로 옳지 않은 것은?

① 고객점표(CST) 지도를 이용하면 쉽게 관찰할 수 있다.

② 거리조락현상 또는 거리체증효과라고도 한다.

③ 거리 마찰에 따른 비용과 시간의 증가 때문에 나타난다.

④ 유사점포법, 회귀분석법을 이용하여 확인할 수 있다.

⑤ 점포로부터 멀어질수록 고객의 밀도가 낮아지는 경향을 말한다.

44 아래 글상자의 내용에서 말하는 장단점은 어떤 형태의 소매점포 출점에 대한 내용인가?

장 점	단 점
• 직접 소유로 인한 장기간 영업	• 초기 고정투자부담이 큼
• 영업상의 신축성 확보	• 건설 및 인허가기간 소요
• 새로운 시설 확보	• 적당한 부지 확보 어려움
• 구조 및 설계 유연성	• 점포 이동 등 입지변경 어려움

① 기존건물에 속한 점포임대

② 기존건물 매입

③ 부지매입 건물신축

④ 기존건물의 점포매입

⑤ 신축건물 임대

45 확률적으로 매출액이나 상권의 범위를 예측하는 상권분석 기법들에서 이론적 근거로 이용하고 있는 Luce의 선택공리와 관련이 없는 것은?

① 공간상호작용모델(SIM)은 소매점의 상권분석과 입지의사결정에 이용하는 근거가 된다.

② 특정 선택대안의 효용이 다른 대안보다 높을수록 선택될 확률이 높다고 가정한다.

③ 어떤 대안이 선택될 확률은 그 대안이 갖는 효용을 전체 선택대안들이 가지는 효용의 총합으로 나눈 값과 같다고 본다.

④ 소비자가 어느 점포에 대해 느끼는 효용이 가장 크더라도 항상 그 점포를 선택하지 않을 수 있다고 인식한다.

⑤ Reilly의 소매중력모형, Huff모형, MNL모형은 Luce의 선택공리를 근거로 하는 대표적 상권분석 기법들이다.

3과목 유통마케팅

46 광고 매체를 선정할 때 고려해야 할 여러 가지 요인에 대한 설명으로 옳지 않은 것은?

① 도달범위(reach)란 일정기간 동안 특정 광고에 적어도 한 번 이상 노출된 청중의 수 또는 비율을 말한다.

② GRP(gross rating points)란 광고효과를 계량화하여 측정하기 위한 기준으로 보통 시청자들의 광고 인지도를 중심으로 측정한다.

③ 광고스케줄링이란 일정기간 동안 광고예산을 어떻게 배분하여 집행할 것이가에 대한 결정이다.

④ 도달빈도(frequency)란 일정기간 동안 특정광고가 한사람에게 노출된 평균 횟수를 말한다.

⑤ CPRP(cost per rating points)란 매체비용을 시청률로 나눈 비용이라 할 수 있다.

47 매장 레이아웃(layout)에 대한 설명으로 가장 옳지 않은 것은?

① 격자형 배치는 고객이 매장 전체를 둘러보고 자신이 원하는 상품을 쉽게 찾을 수 있게 한다.

② 격자형 배치는 다른 진열방식에 비해 공간효율성이 높고 비용면에서 효과적이다.

③ 경주로형 배치는 고객들이 다양한 매장의 상품을 볼 수 있게 하여 충동구매를 유발할 수 있다.

④ 자유형 배치는 규모가 작은 전문매장이나 여러 개의 소규모 전문매장이 있는 대형점포의 배치 방식이다.

⑤ 자유형 배치는 고객들이 주 통로를 지나다니면서 다양한 각도의 시선으로 상품을 살펴볼 수 있다.

48 전략적 CRM(customer relationship management)의 적용과정으로서 가장 옳지 않은 것은?

① 정보관리과정
② 전략 개발과정
③ 투자 타당성 평가 과정
④ 가치창출 과정
⑤ 다채널 통합과정

49 도매상의 마케팅믹스전략에 관한 설명으로 가장 옳지 않은 것은?

① 소매상이나 제조업자와 마찬가지로 거래규모나 시기에 따른 가격할인 또는 매출증대를 위한 가격인하 등의 가격변화를 시도하기도 한다.
② 제조업자가 제공하는 촉진물과 촉진프로그램을 적극 활용할 뿐만 아니라 자체적인 촉진프로그램의 개발을 통해 고객인 소매상을 유인하여야 한다.
③ 도매상은 소매상에게 제공해야 할 제품구색과 서비스수준을 결정해야 한다.
④ 도매상은 최종소비자를 대상으로 영업활동을 하는 것이기 때문에 점포와 같은 물리적인 시설에 비용투자를 해야 한다.
⑤ 일반적으로 도매상은 소요비용을 충당하기 위해 원가에 일정비율을 마진으로 가산하는 원가중심가격 결정법을 사용한다.

50 소매업체들의 서비스 마케팅 관리를 위한 서비스마케팅믹스(7P)로 옳지 않은 것은?

① 장소(place)
② 가능 시간(possible time)
③ 사람(people)
④ 물리적 환경(physical evidence)
⑤ 과정(process)

51 머천다이징의 개념에 관한 설명 중 가장 옳지 않은 것은?

① 소매점포가 소비자들의 특성에 적합한 제품들을 잘 선정해서 매입하고 진열하는 것이다.
② 소매업체가 좋은 제품을 찾아서 좋은 조건에 매입해서 진열하는 것과 관련된 모든 것을 말한다.
③ 고객의 니즈를 만족시킬 뿐만 아니라 수요를 적극적으로 창출하기 위한 상품화계획을 의미한다.
④ 제품계획 혹은 상품화활동은 상품의 시장성을 향상시킬 수 있는 계획활동이다.
⑤ 제품 및 제품성과에 대한 소비자들의 지각과 느낌을 상징한다.

52 구매자들을 라이프 스타일 또는 개성과 관련된 특징들을 근거로 서로 다른 시장으로 세분화하는 것을 지칭하는 개념으로 옳은 것은?

① 지리적 세분화 ② 인구통계적 세분화

③ 행동적 세분화 ④ 심리묘사적 세분화

⑤ 시장형태의 세분화

23년

53 제품믹스(product mix) 또는 제품포트폴리오(product portfolio)의 특성 중에서 "제품라인 내 제품품목(product item)의 수"를 일컫는 말로 옳은 것은?

① 제품믹스의 깊이(product mix depth)

② 제품믹스의 폭(product mix width)

③ 제품믹스의 일관성(product mix consistency)

④ 제품믹스의 길이(product mix length)

⑤ 제품믹스의 구성(product mix composition)

54 아래 글상자의 (㉠)과 (㉡)에 들어갈 용어로 가장 옳은 것은?

> 유통경로에서의 수직적 통합에는 두 가지 유형이 있다. (㉠)은(는) 제조회사가 도·소매업체를 소유하거나, 도매상이 소매업체를 소유하는 것과 같이 공급망의 상류 기업이 하류의 기능을 통합하는 것이다. 반면 (㉡)은 도·소매업체가 제조기능을 수행하거나 소매업체가 도매기능을 수행하는 것과 같이 공급망의 하류에 위치한 기업이 상류의 기능까지 통합하는 것이다.

① ㉠ 후방통합, ㉡ 전방통합

② ㉠ 전방통합, ㉡ 후방통합

③ ㉠ 경로통합, ㉡ 전방통합

④ ㉠ 전략적 제휴, ㉡ 후방통합

⑤ ㉠ 전략적 제휴, ㉡ 경로통합

55 아래 글상자의 내용과 관련하여 가장 옳지 않은 것은?

> ㉠ 기존 자사 제품을 통해 기존 시장에서 매출액이나 시장점유율을 높이기 위한 전략이다.
> ㉡ 두 개 이상의 소매업체 간의 자원을 공동으로 이용하여 소유권, 통제권, 이익이 공유되는 새로운 회사를 설립할 때 활용하는 전략이다.
> ㉢ 기존의 제품으로 새로운 유통경로를 개척하여 시장을 확장하는 전략이다.

① ㉠은 소매업체의 성장전략 중 시장침투 전략에 대한 설명이다.
② ㉠은 자사 점포에서 쇼핑하지 않은 고객을 유인하거나 기존 고객들이 더 많은 상품을 구매하도록 유인하는 전략이다.
③ ㉡은 위험이 낮고 투자가 적게 요구되는 전략이지만, 가맹계약 해지를 통해 경쟁자가 되는 위험을 가지고 있다.
④ ㉡은 소매업체가 해외시장에 진출할 때 활용되는 진입전략 중 하나이다.
⑤ ㉢은 새로운 시장에서 기존 소매업태를 이용하는 성장전략이다.

56 로열티 프로그램으로 가장 옳지 않은 것은?

① 구매액에 따라 보너스 점수를 부여하거나 방문수에 따라 스탬프를 모으게 하는 스탬프 제도
② 상품구매자를 대상으로 여러 혜택을 얻을 수 있는 프로그램에 가입하게 하는 회원제도
③ 20%의 우량고객에 집중해 핵심고객에게 많은 혜택이 부여되는 마케팅 프로그램 기획 및 운영
④ 동일 기업 내 다수의 브랜드의 통합 또는 이종기업간의 제휴를 통한 통합 포인트 적립 프로그램
⑤ 기업의 자선활동 및 공익프로그램과의 연계를 통한 사회문제해결 및 공유가치 창출 프로그램

57 시각적 머천다이징에 대한 아래의 설명 중에서 가장 옳지 않은 것은?

① 점포 내외부 디자인도 포함하는 개념이지만 핵심개념은 매장 내 전시(display)를 중심으로 한다.
② 상품과 판매환경을 시각적으로 연출하고 관리하는 일련의 활동을 말한다.
③ 상품과 점포 이미지가 일관성을 유지할 수 있게 진열하는 것이 중요하다.
④ 시각적 머천다이징의 요소로는 색채, 재질, 선, 형태, 공간 등을 들 수 있다.
⑤ 상품의 잠재적 이윤보다는 인테리어 콘셉트 및 전체적 조화 등을 고려하여 이루어진다.

58 아래 글상자의 괄호 안에 들어갈 소매업 발전이론으로 옳은 것은?

> (　　　)은 소매시스템에서 우세한 소매업태가 취급하는 상품계열수의 측면에서 현대 상업시스템의 진화를 설명하는 이론으로 소매상은 제품구색이 넓은 소매업태에서 전문화된 좁은 제품구색의 소매업태로 변화되었다가 다시 넓은 제품구색의 소매업태로 변화되는 과정을 설명하고 있다.

① 소매아코디언이론(retail accordion theory)
② 소매수명주기이론(retail life cycle theory)
③ 소매차륜이론(the wheel of retailing theory)
④ 변증법적이론(dialectic theory)
⑤ 진공지대이론(vacuum zone theory)

59 제품에 맞는 판매기법으로 가장 옳지 않은 것은?

① 편의품은 입지 조건에 따라 판매가 크게 좌우되므로 접근이 더 용이하도록 배달서비스 제공을 고려할 필요가 있다.
② 편의품은 보다 풍요로운 생활과 즐거움을 제공하는 제품으로 스타일과 디자인을 강조한다.
③ 선매품의 경우 고객의 질문에 충분히 답할 수 있는 판매원의 교육 훈련이 필요하다.
④ 선매품은 패션성이 강하기 때문에 재고가 누적되지 않도록 시의적절한 판촉을 수행한다.
⑤ 전문품은 전문적이고 충분한 설명을 통해 소비자의 구매의욕을 충분히 자극시켜야 한다.

60 옴니채널(omni-channel)의 특징으로 옳지 않은 것은?

① 독립적으로 운영되던 채널들이 유기적으로 통합되어 서로의 부족한 부분을 메워주는 보완적 관계를 갖는다.
② 채널 간의 불필요한 경쟁은 온·오프라인의 판매실적을 통합함으로써 해결한다.
③ 동일한 제품을 온라인이나 오프라인에 상관없이 동일한 가격과 프로모션으로 구매할 수 있다.
④ 온·오프라인의 재고관리 시스템을 일원화할 수 있다.
⑤ 동일한 기업으로부터 공급받은 제품을 매장별로 독특한 마케팅 프로그램을 활용하여 판매한다.

61 고객의 개인정보보호에 관한 내용으로 가장 옳지 않은 것은?

① 고객정보를 제3자에게 제공하거나 제공받은 목적 외의 용도로 이용해서는 안 된다.

② 고객은 개인정보수집, 이용, 제공 등에 대해 동의 철회 및 정정을 요구할 수 있다.

③ SMS 광고 전송 시 전송자의 명칭을 표시하고, 수신거부 의사를 표현할 수 있게 해야 한다.

④ 경품응모권을 통해 수집한 개인정보는 보유 및 이용기간의 제한이 없기 때문에 영구적인 이용이 가능하다.

⑤ 오후 9시부터 아침 8시까지는 별도의 동의 없이 광고를 전송해서는 안 된다.

62 CRM과 eCRM을 비교하여 설명한 내용으로 가장 옳은 것은?

① CRM과 달리 eCRM은 원투원마케팅(one-to-one marketing)과 데이터베이스마케팅 활용을 중시한다.

② CRM과 달리 eCRM은 고객 개개인에 대한 차별적 서비스를 실시간으로 제공한다.

③ eCRM과 달리 CRM은 고객접점과 커뮤니케이션 경로의 활용을 중시한다.

④ eCRM과 달리 CRM은 고객서비스 개선 및 거래활성화를 위한 고정고객 관리에 중점을 둔다.

⑤ CRM과 eCRM 모두 데이터마이닝 등 고객행동분석의 전사적 활용을 추구한다.

63 아래 글상자의 조사 내용 중에서 비율척도로 측정해야 하는 요소만을 나열한 것으로 옳은 것은?

⊙ 구매자의 성별 및 직업	ⓒ 상품 인기 순위
ⓒ 타겟고객의 소득구간	② 소비자의 구매확률
⑩ 충성고객의 구매액	⑪ 매장의 시장점유율

① ㉠, ㉡, ㉢

② ㉢, ㉣, ㉤

③ ㉣, ㉤, ㉥

④ ㉡, ㉣, ㉥

⑤ ㉢, ㉤, ㉥

64 다단계 판매에 대한 설명으로 옳지 않은 것은?

① 고객과 대면접촉을 통해 상품을 판매하는 인적판매의 일종이다.
② 유통마진을 절감시킬 수 있다.
③ 고정 인건비가 발생하지 않는다.
④ 매출 증가에 따라 조직이 비대해지는 단점이 있다.
⑤ 점포 판매에 비해 훨씬 더 적극적으로 시장을 개척해 나갈 수 있다.

65 소매업체 입장에서 특정 공급자의 개별품목 또는 재고관리 단위를 평가하는 방법으로 가장 옳은 것은?

① 직접제품이익
② 경로 구성원 성과평가
③ 평당 총이익
④ 상시 종업원 당 총이익
⑤ 경로 구성원 총자산 수익률

66 아래 글상자에서 설명하는 경로 구성원들 간의 갈등이 발생하는 원인으로 가장 옳은 것은?

> 소비자 가격을 책정할 때 대규모 제조업체는 신속한 시장침투를 위해 저가격을 원하지만, 소규모 소매업자들은 수익성 증대를 위해 고가격을 원함으로써 갈등이 발생할 수 있다.

① 경로 구성원의 목표들 가의 양립불가능성
② 마케팅 과업과 과업수행 방법에 대한 경로 구성원들 간의 의견 불일치
③ 경로 구성원들 간의 현실을 지각하는 차이
④ 경로 구성원들 간의 파워 불일치
⑤ 경로 구성원들 간의 품질 요구 불일치

67 원가가산법(cost plus pricing)에 의한 가격책정에 관한 설명으로 가장 옳지 않은 것은?

① 제품의 원가에 일정률의 판매수익률(또는 마진)을 가산하여 판매가격을 결정하는 방법을 말한다.
② 단위당 변동비, 고정비, 예상판매량, 판매수익률을 바탕으로 산출할 수 있다.
③ 예상판매량이 예측 가능한 경우 주로 사용하는 방법이다.
④ 생산자 입장에서 결정되는 가격이므로 소비자에게 최종적으로 전달되는 가격과는 차이가 있다.
⑤ 가격변화가 판매량에 큰 영향을 미치지 않거나 기업이 가격을 통제할 수 있는 경우에 효과적이다.

68 아래 글상자의 내용에 해당되는 마케팅조사 기법으로 가장 옳은 것은?

제품, 서비스 등의 대안들에 대한 소비자의 선호 정도로부터 소비자가 각 속성에 부여하는 상대적 중요도와 속성수준의 효용을 추정하는 분석방법

① t-검증
③ 회귀 분석
⑤ 군집 분석

② 분산 분석
④ 컨조인트 분석

69 매장의 내부 환경요소로 가장 옳지 않은 것은?

① 매장의 입출구와 주차시설
② 매장의 색채와 조명
③ 매장의 평면배치
④ 매장의 상품진열
⑤ 매장의 배경음악 및 분위기

70 종적인 공간효율을 개선시키고 진열선반의 높이가 낮을 때는 위에서 아래로 시선을 유도하는 페이싱 방법으로 가장 옳은 것은?

① 페이스 아웃(face out)
③ 쉘빙(shelving)
⑤ 폴디드 아웃(folded out)

② 슬리브 아웃(sleeve out)
④ 행깅(hanging)

4과목 유통정보

71 QR 코드에 대한 설명으로 가장 옳지 않은 것은?

① 1994년에 일본 덴소웨이브사가 개발했다.
② 숫자와 알파벳 등의 데이터를 담을 수 있다.
③ 오염이나 손상된 데이터를 복원하는 기능이 있다.
④ 국제표준이 정립되지 않아 다양한 국가에서 자체적으로 활용될 수 있다.
⑤ 모바일 쿠폰, 광고, 마케팅 등 다양한 분야에 활용되고 있다.

72 최근 유통분야에서 인공지능 기술의 활용이 증대되면서 유통업무 혁신을 위한 다양한 가능성을 보여주고 있다. 이에 대한 설명으로 가장 옳지 않은 것은?

① 인공지능 기술을 활용하여 유통업체에서 고객의 일상적인 문의사항에 대해 다양한 정보를 다양한 경로로 제공할 수 있다.

② 인공지능 기술은 주문이행 관련 배송경로, 재고파악 등 고객의 주문에 대한 업무와 관련된 최적의 대안을 신속하게 제공해주어 의사결정에 도움을 줄 수 있다.

③ 인공지능 기술을 활용하면 주문 데이터 패턴을 분석해서 정상적이지 않은 거래를 파악하는 등 이상 현상 및 이상 패턴을 추출하는 데 활용될 수 있다.

④ 인공지능 기술은 알고리즘을 이용해 학습 수준이 강화되기 때문에 이용자의 질의에 대한 응답 수준은 갈수록 정교해질 것이다.

⑤ 챗지피티는 사전에 구축된 방대한 양의 학습데이터에서 질의에 적절한 해답을 찾아 질의자에게 빠르게 제시해 주는 인공지능 기술 기반 서비스로 마이크로소프트사가 개발하였다.

73 데이터 유형 분류와 그 특성에 대한 설명으로 가장 옳지 않은 것은?

① 정형 데이터 - 관계형 데이터베이스 관리 시스템(RDBMS)의 고정된 필드에 저장되는 데이터들이 포함됨

② 정형 데이터 - 데이터의 길이와 형식이 정해져 있어 그에 맞추어 데이터를 저장하게 됨

③ 반정형 데이터 - 문서, 웹문서, HTML 등이 대표적이며, 데이터 속성인 메타데이터를 가지고 있음

④ 반정형 데이터 - JSON, 웹로그 등 데이터가 해당되며, XML 형태의 데이터로 값과 형식이 다소 일관성이 없음

⑤ 비정형 데이터 - 형태와 구조가 복잡한 이미지, 동영상 같은 멀티미디어 데이터가 이에 해당됨

74 CRM을 통해 성공적으로 고객을 관리하고 있음을 추적하기 위해 사용할 수 있는 지표로 가장 옳지 않은 것은?

① 신규 고객 유치율

② 마케팅 캠페인 당 구매 건수

③ 마케팅 캠페인 당 반응 건수

④ 제품 당 신규 판매 기회 건수

⑤ 시스템 다운타임

75 최근 개인정보보호 문제가 중요한 이슈로 대두되고 있다. 아래 글상자는 하버드 대학교 버크만 센터에서 제시한 개인정보보호 AI윤리원칙이다. ㉠과 ㉡에 해당하는 각각의 권리로 가장 옳은 것은?

> ㉠ 데이터 컨트롤러(data controller)가 보유한 정보가 부정확하거나 불완전한 경우, 사람들이 이를 수정할 권리가 있어야 함
> ㉡ 자신의 개인정보를 삭제할 수 있는 법적 강제력이 있는 권리가 있어야 함

① ㉠ 자기 결정권, ㉡ 정보 열람권
② ㉠ 자기 결정권, ㉡ 정보 정정권
③ ㉠ 정보 삭제권, ㉡ 자기 결정권
④ ㉠ 정보 정정권, ㉡ 정보 삭제권
⑤ ㉠ 정보 열람권, ㉡ 자기 결정권

76 산업혁명에 따른 기업의 비즈니스 환경 변화에 대한 설명으로 가장 옳은 것은?

① 1차 산업혁명 시기에는 컴퓨터와 같은 전자기기 활용을 통해 업무 프로세스 개선을 달성하였다.
② 2차 산업혁명 시기에는 업무 프로세스에 대한 부분 자동화가 이루어졌고, 네트워킹 기능이 프로세스 혁신을 위해 활성화되기 시작하였다.
③ 3차 산업혁명 시기에는 노동에서 분업이 이루어지기 시작하였고, 전문성이 강조되기 시작하였다.
④ 4차 산업혁명 시기에는 전화, TV, 인터넷 등과 같은 의사소통 방식이 기업에서 활성화되었다.
⑤ 4차 산업혁명 시기에는 인공지능과 사물인터넷 등 신기술 이용을 통해 비즈니스 프로세스에 혁신이 이루어졌다.

77 아래 글상자의 괄호 안에 공통적으로 들어갈 용어로 가장 옳은 것은?

> - (   )은(는) 디지털 기술을 사회전반에 적용하여 전통적인 사회구조를 혁신시키는 것이다. 일반적으로 기업에서 사물인터넷, 클라우드 컴퓨팅, 인공지능, 빅데이터 솔루션 등 정보통신기술을 플랫폼으로 구축·활용하여 기존의 전통적인 운영방식과 서비스 등을 혁신하는 것이다.
> - (   )은(는) 산업과 사회의 각 부문이 디지털화되는 현상으로 인터넷, 정보화 등을 뛰어넘는 초연결(hyperconnectivity)지능화가 경제·사회 전반에 이를 촉발시키고 있다.

① 디지타이제이션(digitization)
② 초지능화(hyper-intellectualization)
③ 디지털 컨버전스(digital convergence)
④ 디지털 전환(digital transformation)
⑤ 하이퍼인텐션(hyper-intention)

78 조직에서 의사결정을 할 때 활용되는 정보와 조직 수준과의 관계에 대한 설명 중 가장 옳지 않은 것은?

① 전략적 수준 - 주로 비구조화된 의사결정이 이루어지며, 내부 정보 외에도 외부 환경과 관련된 정보 등 외부에서 수집된 정보도 다수 활용

② 관리적 수준 - 구조화된 의사결정이 이루어지며, 새로운 공장입지 선정 및 신기술 도입 등과 같은 사항과 관련된 내외부 정보를 주로 다룸

③ 전략적 수준 - 의사결정 시 활용되는 정보의 특성은 미래지향적이며 상대적으로 추상적이고 포괄적인 정보를 주로 다룸

④ 운영적 수준 - 구조화된 의사결정이 이루어지며, 일일거래 처리와 같이 구체적이고 상세하며 시간에 민감한 정보를 주로 다룸

⑤ 운영적 수준 - 반복적이고 재발성의 특성이 높은 의사결정들이 주로 이루어지며, 효율성에 초점을 두고 활동이 이루어짐

79 아래 글상자의 괄호 안에 공통적으로 들어갈 용어로 가장 옳은 것은?

- ( )은(는) 조직의 성과목표 달성을 위해 재무, 고객, 내부프로세스, 학습 및 성장 관점에서 균형 잡힌 성과지표를 설정하고 그 성과를 측정하는 성과관리 기법을 말한다. 매우 논리적이며, 지표와 재무적 성과와의 분명한 상관관계를 보이고 있다. 다만, 외부 다른 기관의 평가와 비교하는 것은 곤란하다.
- ( )기반 성과관리시스템은 기관의 미션과 비전을 달성할 수 있도록 전략목표, 성과목표, 관리과제 등을 연계하고, 성과지표를 근거로 목표달성의 수준을 측정해서 관리할 수 있는 IT기반의 성과관리 및 평가시스템을 말한다.

① 경제적 부가가치(economic value added)

② 인적자원회계(human resource accounting)

③ 총자산이익률(return on assets)

④ 균형성과표(balanced score card)

⑤ 투자수익률(return on investment)

80 아래 글상자의 괄호 안에 들어갈 용어로 가장 옳은 것은?

> 거래처리시스템으로부터 운영데이터를 모아 주제영역으로 구축한 데이터웨어하우스는 조직 전체의 정보를 저장하고 있어 방대하다. (   )은(는) 특정한 조직이 사용하기 위해 몇몇 정보를 도출하여 사용할 수 있도록 한 사용자 맞춤데이터 서비스를 지칭한다.

① 데이터윈도우   ② 데이터마트
③ 데이터스키마   ④ 데이터모델
⑤ 그룹데이터모델

81 아래 글상자의 기사 내용과 관련성이 높은 정보기술 용어로 가장 옳은 것은?

> B**리테일이 'C*제*토한강점'을 선보였다. C*제*토한강점은 제*토월드에서 한강공원을 검색한 뒤 C*편의점에 입장하면 자체 브랜드(PB)상품뿐만 아니라 C*제**당과 협업을 통한 일반 제조사 브랜드(NB)상품을 둘러볼 수 있다.
> 또한 제품 위에 떠 있는 화살표를 선택하면 해당 제품을 손에 쥐는 것도 가능하다. 아바타들은 원두커피 기기에서 커피를 내리거나 한강공원 편의점 인기 메뉴인 즉석조리 라면도 먹을 수 있다.

① 가상 에이전트   ② O2O
③ BICON   ④ 아바타 에이전트
⑤ 메타버스

82 산업별 표준화가 반영된 바코드에 대한 설명으로 가장 옳지 않은 것은?

① 보건복지부는 의약품 포장 단위마다 고유번호를 부여하는 '의약품 일련번호 제도'를 시행하고 있다.
② 의약품의 바코드 내에 있는 상품코드(품목코드, 포장단위)는 건강보험심사평가원의 의약품관리종합정보센터에서 부여하는 상품식별번호이다.
③ UDI란 의료기기를 고유하게 식별할 수 있는 체계로 우리나라는 2019년 7월부터 적용되어 현재는 모든 등급의 의료기기에 UDI가 적용되고 있다.
④ 의료기기에 부여되는 UDI 코드는 기본 포장(base package)을 대상으로 모두 개별적으로 부여하므로 혼선을 방지하기 위해 상위 포장(higher levels of packages)인 묶음 포장단위에는 별도로 부여하지 않는다.
⑤ GS1 DataBar(데이터바)란 상품식별 기능만 갖는 기존 바코드와 달리 상품식별코드(GTIN) 외 유통기한, 이력코드, 중량 등 다양한 부가정보를 넣을 수 있는 바코드를 지칭한다.

83 아래 글상자의 괄호 안에 공통적으로 들어갈 용어로 가장 옳은 것은?

> - (   )은 중앙 서버없이 노드(node)들이 자율적으로 연결되는 P2P(peer-to-peer)방식을 기반으로 각 노드에 데이터를 분산 저장하는 데이터분산처리기술이다.
> - 중앙시스템이 존재하지 않는 완전한 탈중앙 시스템이며, 장부에 해당되는 (   )은 누구에게나 공유·공개되어 투명성을 보장하고, 독특한 구조적 특징에 기인하여 데이터의 무결성을 보장하며, 분산된 장부는 네트워크에 참여한 각 노드들의 검증과 합의 과정을 거쳐 데이터 일치에 도달하게 된다.

① 비트코인
② 비콘
③ 분산블록
④ 블록체인
⑤ 딥러닝

84 웹 3.0과 관련된 설명으로 가장 옳지 않은 것은?

① 시맨틱 웹(Semantic Web) - 의미론적인 웹을 뜻하며 기계가 인간들이 사용하는 자연어를 이해하고 상황과 맥락에 맞는 개인 맞춤형 정보를 제공하는 웹
② 온톨로지(Ontology) - 메타데이터들의 집합, 예를 들어 사과를 떠올리면 사과의 색상, 종류 등 관련된 여러 가지 정보를 컴퓨터가 이해하고 처리할 수 있는 정형화된 수단으로 표현한 것
③ 중앙집중화(centralization) - 웹 3.0에서 사용자 간 연결은 플랫폼을 중심으로 연결하여 자유롭게 소통할 수 있도록 지원, 결과적으로 플랫폼이 강력한 권한을 가지게 됨
④ 웹 3.0을 실현하기 위해서는 블록체인, 인공지능, AR·AVR, 분산 스토리지, 네트워크 등의 기반 기술이 필요, 사용성을 높여야 실효성이 있을 것으로 봄
⑤ 온라인 검색과 요청들을 각 사용자들의 선호와 필요에 따라 맞춰 재단하는 것이 웹 3.0의 목표

85 아래 글상자의 괄호 안에 들어갈 용어로 가장 옳은 것은?

> (   )은(는) 전자상거래 이용 고객이 기업에서 발송하는 광고성 메일에 대해 수신거부 의사를 전달하여 더 이상 광고성 메일을 받지 않을 수 있는 것을 말한다.

① 옵트 온(opt on)
② 옵트 오프(opt off)
③ 옵트 오버(opt over)
④ 옵트 인(opt in)
⑤ 옵트 아웃(opt out)

86 빅데이터의 핵심 특성 3가지를 바르게 나열한 것은?

① 가치, 생성 속도, 유연성
② 가치, 생성 속도, 가변성
③ 데이터 규모, 가치, 복잡성
④ 데이터 규모, 속도, 다양성
⑤ 데이터 규모, 가치, 가변성

87 아래 글상자에서 설명하는 서비스와 관련된 용어로 가장 옳은 것은?

> – 유통데이터를 활용한 다양한 비즈니스 모델을 수행할 수 있도록 지원하기 위해 온라인에서 생산과 소비, 유통이 한 곳에서 이루어지는 '양면시장(two-sided market)' 개념의 장(場)을 지칭하는 용어이다.
> – 비즈니스에서 여러 사용자 또는 조직 간의 관계를 형성하고 비즈니스적인 거래를 형성할 수 있는 정보 시스템 환경으로 자신의 시스템을 개방하여 개인은 물론 기업 모두가 참여하여 원하는 일을 자유롭게 할 수 있도록 환경을 구축하여 참여자들 모두에게 새로운 가치와 혜택을 제공해줄 수 있는 시스템을 의미한다.

① 데이터베이스   ② 옴니채널
③ 플랫폼   ④ 클라우드 컴퓨팅
⑤ m-커머스

88 아래 글상자는 인증방식 분류에 대한 설명이다. ㉠, ㉡에 해당하는 용어로 가장 옳은 것은?

> ㉠ 전자적 형태의 문서로 어떤 사람을 특정할 수 있는 정보와 공개 키(public key), 전자서명으로 구성된다. 이 인증방식은 일단 증명서를 발급받기만 하면 주기적으로 그것을 갱신하는 것 외에는 특별히 조치할 사항이 없으므로 사용하기 편리하다는 장점이 있다.
> ㉡ 분산원장을 바탕으로 인증 대상이 스스로 신원을 확인하고 본인과 관련된 정보의 제출 범위와 대상 등을 정할 수 있도록 하는 인증방식이다. 인증대상이 자신의 신원정보(credentials)에 대한 권리를 보다 적극적으로 행사할 수 있는 것이 특징이다.

① ㉠ 비밀번호, ㉡ 분산ID
② ㉠ 디지털문서, ㉡ 분산ID
③ ㉠ 비밀번호, ㉡ 디지털문서
④ ㉠ 생체정보, ㉡ 디지털문서
⑤ ㉠ 생체정보, ㉡ 분산ID

89 아래 글상자의 괄호 안에 공통적으로 들어갈 용어로 가장 옳은 것은?

> – ( )은(는) 마이론 크루거(Myron Krueger) 박사에 의해 제시된 개념으로 인조 두뇌 공간이라고도 한다.
> – ( )에서는 3차원의 가상공간에서 사용자가 원하는 방향대로 조작하거나 실행할 수 있다.
> – ( )의 특성은 영상물의 실시간 렌더링이 가능하므로 원하는 위치에 원하는 모습을 즉시 생산해낼 수 있다.

① 가상 현실   ② 증강 현실
③ UI/UX   ④ 사이버 물리 시스템
⑤ 브레인 컴퓨터 인터페이스

90 아래 글상자의 ㉠과 ㉡에 해당되는 용어로 가장 옳은 것은?

> – (㉠)은(는) 종종 잘못된 제품 수요정보가 공급사슬을 통해 한 파트너에서 다른 참여자들에게로 퍼져 나가면서 왜곡되고 증폭되는 것을 말한다. 예를 들면, 고객과의 최접점에서 어떤 제품의 수요가 약간 증가할 것이라는 정보가 공급사슬의 다음 단계마다 부풀려 전달되어 과도한 잉여재고가 발생하게 되는 현상이다.
> – e-SCM을 구축함으로서 공급사슬의 (㉡)을 확보하여 이러한 현상을 감소시키거나 제거할 수 있게 된다.

① ㉠ 풀현상, ㉡ 가시성   ② ㉠ 푸시현상, ㉡ 가시성
③ ㉠ 채찍효과, ㉡ 완전성   ④ ㉠ 채찍효과, ㉡ 가시성
⑤ ㉠ 채찍효과, ㉡ 확장성

맞은 개수 _____ / 90문제

시험일	문항 수	시 간	문제형별
2023. 8. 26	총 90개	100분	A

1과목 | 유통물류일반

01 기업윤리의 중요성을 강조하기 위해 취할 수 있는 방법으로 가장 옳지 않은 것은?

① 기업윤리와 관련된 헌장이나 강령을 만들어 발표한다.

② 기업윤리가 기업의 모든 의사결정 프로세스에 반영될 수 있게 모니터링한다.

③ 윤리경영의 지표로는 정성적인 지표가 아닌 계량적인 지표를 활용한다.

④ 조직 내의 문제점을 제기할 수 있는 제도를 활성화한다.

⑤ 윤리기준을 적용한 감사 결과를 조직원과 공유한다.

02 유통경로와 중간상이 필요한 이유에 대한 설명으로 가장 옳지 않은 것은?

① 거래의 일상화를 통해 제반 비용의 감소와 비효율을 개선할 수 있기 때문이다.

② 중간상의 개입으로 공간적, 시간적 불일치를 해소할 수 있기 때문이다.

③ 생산자의 다품종 소량생산과 소비자의 소품종 대량구매 니즈로 인한 구색 및 수량 불일치를 해소할 수 있기 때문이다.

④ 생산자와 소비자 상호간의 정보의 불일치에 따른 불편을 해소해 줄 수 있기 때문이다.

⑤ 중간상을 통해 탐색과정의 효율성을 높일 수 있기 때문이다.

03 아래 글상자에서 설명하는 기업이 글로벌 시장에서 경쟁하기 위한 전략을 괄호 안에 들어갈 순서대로 옳게 나열한 것은?

> - (㉠)는 둘 또는 그 이상의 기업들이 맺은 파트너십으로 기술과 위험을 공유한다. 자국에서 생산된 상품만을 허용하는 국가로 진출하기 위한 전략으로 활용할 수 있다.
> - (㉡)은(는) 자사의 독자적인 브랜드 이름이나 상표를 부착하여 판매하는 방식으로 제품의 생산은 다른 기업에게 의뢰한다.

① ㉠ 전략적 제휴   ㉡ 위탁제조
② ㉠ 합작투자   ㉡ 위탁제조
③ ㉠ 전략적 제휴   ㉡ 라이선싱(licensing)
④ ㉠ 합작투자   ㉡ 라이선싱(licensing)
⑤ ㉠ 해외직접투자   ㉡ 프랜차이징(franchising)

04 경제활동의 윤리적 환경과 조건을 세계 각국 공통으로 표준화하려는 것으로 비윤리적인 기업의 제품이나 서비스를 국제거래에서 제한하는 움직임을 뜻하는 것은?

① 우루과이라운드
② 부패라운드
③ 블루라운드
④ 그린라운드
⑤ 윤리라운드

05 조직에서 경영자가 목표를 설정할 때 고려해야 할 요소들에 대한 설명으로 가장 옳지 않은 것은?

① 조직의 미션과 종업원의 핵심 직무를 검토한다.
② 목표를 개별적으로 결정하거나 외부의 투입을 고려해서 정한다.
③ 목표 진척사항을 평가하기 위한 피드백 메커니즘을 구축한다.
④ 목표 달성과 보상은 철저하게 분리하여 독립적으로 실행한다.
⑤ 가용한 자원을 평가한다.

06 리더의 행동을 생산에 대한 관심과 사람에 대한 관심을 기준으로 구분하여 연구한 블레이크(Blake)와 무톤(Mouton)의 관리격자연구에 따른 리더십 유형에 대한 설명으로 가장 옳지 않은 것은?

① 중도형(5-5) – 절충에 신경을 쓰기 때문에 때로는 우유부단하게 비칠 수 있다.

② 팀형(9-9) – 팀의 업적에만 관심을 갖는 리더로 부하를 하나의 수단으로 취급할 수 있다.

③ 컨츄리클럽형(1-9) – 부하의 욕구나 동기를 충족시키면 그들이 알아서 수행할 것이라는 전제 하에 나타나는 리더십이다.

④ 무관심형(1-1) – 리더는 업무에 대한 지시만 하고 어려운 문제가 생기면 회피한다.

⑤ 과업형(9-1) – 리더 혼자서 의사결정을 하고 관리의 초점도 생산성 제고에 맞춰진다.

07 기업이 자금을 조달하는 각종 원천에 대한 설명으로 옳지 않은 것은?

① 단기자금 조달을 위해 신용대출을 활용하기도 한다.

② 채권발행의 경우 기업 경영진의 지배력은 유지되는 장점이 있다.

③ 주식 매각의 장점은 주주들에게 주식배당을 할 법적 의무가 없어진다는 것이다.

④ 팩토링은 대표적인 담보대출의 한 형태이다.

⑤ 채권발행은 부채의 증가로 인해 기업에 대한 인식에 악영향을 끼칠 수 있다.

08 에머슨(Emerson, H.)의 직계·참모식 조직(line and staff organization)의 단점에 대한 설명으로 옳지 않은 것은?

① 명령체계와 조언, 권고적 참여가 혼동되기 쉽다.

② 집행부문이 스태프(staff) 부문에 자료를 신속·충분하게 제공하지 않으면 참모 부문의 기능은 잘 발휘되지 못한다.

③ 집행부문의 종업원과 스태프(staff) 부문의 직원 간에 불화를 가져올 우려가 있다.

④ 라인(line)의 창의성을 결여하기 쉽다.

⑤ 명령이 통일되지 않아 전체의 질서적 관리가 혼란스러워지는 경우가 발생할 수 있다.

09 유통경로의 유형 중 가맹본부로 불리는 경로 구성원이 계약을 통해 생산-유통과정의 여러 단계를 연결 시키는 형태의 수직적 마케팅 시스템(vertical marketing system)으로 가장 옳은 것은?

① 기업형 VMS

② 위탁판매 마케팅 시스템

③ 복수유통 VMS

④ 프랜차이즈 시스템

⑤ 관리형 VMS

10 유통경로 구조를 결정하는 데 있어서 유통경로 커버리지(channel coverage)에 대한 설명으로 옳은 것은?

① 유통경로에서 제조업자로부터 몇 단계를 거쳐 최종소비자에게 제품이 전달되는가와 관련이 있다.

② 제품의 부피가 크고 무거울수록, 부패 속도가 빠를수록 짧은 경로를 선택하는 것이 바람직하다.

③ 특정한 지역에서 하나의 중간상을 전속해 활용하는 전략을 집약적 유통(intensive distribution)이라고 한다.

④ 유통경로 커버리지란 특정지역에서 자사 제품을 취급하는 점포를 얼마나 많이 활용할 것인가를 결정하는 것이다.

⑤ 유통경로를 통제하고자 하는 통제욕구가 강할수록 유통경로는 짧아진다.

23년

11 유통산업의 경제적 의의에 대한 설명으로 가장 옳지 않은 것은?

① 유통산업은 국민 경제적 측면에서 생산과 소비를 연결해주는 기능을 수행한다.

② 유통산업은 국민들로 하여금 상품이나 서비스 소비를 가능하게 함으로써 생활수준을 유지·향상시켜준다.

③ 유통산업은 국가경제를 순환시키는 데 중요한 역할을 담당하고 있다.

④ 우리나라 유통산업은 2010년대 후반 유통시장 개방과 자유화 정책 이후 급속히 발전하여 제조업에 이은 국가 기간산업으로 성장하였다.

⑤ 유통산업은 생산과 소비의 중개를 통해 제조업의 경쟁력을 높이고 소비자 후생의 증진에 큰 기여를 하고 있다.

12 물류의 기본적 기능과 관련한 활동에 대한 설명으로 가장 옳지 않은 것은?

① 서로 다른 두 지점 간의 물자를 이동시키는 활동은 수송활동이다.

② 보관활동은 시간적 수급조절기능, 가격조정기능을 수행한다.

③ 상품의 가치 및 상태를 보호하기 위해 적절한 재료와 용기를 사용하는 것은 유통가공활동이다.

④ 수송과 보관 사이에서 이루어지는 물품의 취급활동은 하역활동이다.

⑤ 유통을 촉진시키기 위한 무형의 물자인 정보를 유통시키는 활동은 정보유통활동이다.

13 조직의 구성원들에게 학습되고 공유되는 가치, 아이디어, 태도 및 행동규칙을 의미하는 용어로 옳은 것은?

① 조직문화(organizational culture)

② 핵심가치(core value)

③ 사명(mission)

④ 비전(vision)

⑤ 조직목표(organizational goals)

14 아래 글상자에서 전통적인 유통채널 구조가 점진적으로 변화하는 과정이 순서대로 옳게 나열된 것은?

> ⊙ 전통시장단계
> ⓒ 제조업체 우위단계
> ⓒ 소매업체 성장단계와 제조업체 국제화단계
> ⓒ 소매업체 대형화단계
> ⓜ 소매업체 국제화단계

① ⓒ - ⓒ - ⓜ - ⊙ - ⓒ

② ⓒ - ⓒ - ⓒ - ⓜ - ⊙

③ ⊙ - ⓒ - ⓒ - ⓒ - ⓜ

④ ⓜ - ⊙ - ⓒ - ⓒ - ⓒ

⑤ ⓒ - ⓜ - ⊙ - ⓒ - ⓒ

15 유통경로상 여러 경로 기관들의 유통 흐름 유형에 대한 설명으로 옳은 것은?

구 분	유 형	내 용
⊙	물적 흐름	유통 기관으로부터 다른 기관으로의 소유권의 이전
ⓒ	소유권 흐름	생산자로부터 최종 소비자에 이르기까지의 제품의 이동
ⓒ	지급 흐름	고객이 대금을 지급하거나, 판매점이 생산자에게 송금
ⓒ	정보 흐름	광고, 판촉원 등 판매촉진 활동의 흐름
ⓜ	촉진 흐름	유통 기관 사이의 정보의 흐름

① ⊙

② ⓒ

③ ⓒ

④ ⓒ

⑤ ⓜ

16 유통기업들이 물류에 대한 높은 관심을 가지고 이에 대한 합리화를 적극적으로 검토·실행하고 있는 원인으로 옳지 않은 것은?

① 물류비가 증가하는 경향이 있기 때문이다.

② 생산 부문의 합리화 즉 생산비의 절감에는 한계가 있기 때문이다.

③ 기업 간 경쟁에서 승리하기 위해 물류면에서 우위를 확보하여야 하기 때문이다.

④ 고객의 요구는 다양화, 전문화, 고도화되어 고객서비스 향상이 특히 중요시되기 때문이다.

⑤ 기술혁신에 의하여 운송, 보관, 하역, 포장기술이 발전되었고 정보면에서는 그 발전 속도가 현저하게 낮아졌기 때문이다.

17 아래 글상자에서 설명하는 소매상 유형으로 옳은 것은?

일반의약품은 물론 건강기능식품과 화장품, 생활용품, 음료, 다과류까지 함께 판매하는 복합형 전문점

① 상설할인매장

② 재래시장

③ 드럭스토어

④ 대중양판점

⑤ 구멍가게

18 소매수명주기이론(retail life cycle theory)에서 소매기관의 상대적 취약성이 명백해지면서 시장점유율이 떨어지고 수익이 감소하여 경쟁에서 뒤처지게 되는 단계는?

① 도입기

② 성장기

③ 성숙기

④ 쇠퇴기

⑤ 진입기

19 유통산업발전법(법률 제19117호, 2022.12.27., 타법개정)의 제2조 정의에서 기술하는 용어 설명이 옳지 않은 것은?

① 매장이란 상품의 판매와 이를 지원하는 용역의 제공에 직접 사용되는 장소를 말한다. 이 경우 매장에 포함되는 용역의 제공 장소의 범위는 대통령령으로 정한다.

② 임시시장이란 다수(多數)의 수요자와 공급자가 일정한 기간 동안 상품을 매매하거나 용역을 제공하는 일정한 장소를 말한다.

③ 상점가란 일정 범위의 가로(街路) 또는 지하도에 대통령령으로 정하는 수 이상의 도매점포·소매점포 또는 용역점포가 밀집하여 있는 지구를 말한다.

④ 전문상가단지란 같은 업종을 경영하는 여러 도매업자 또는 소매업자가 일정 지역에 점포 및 부대시설 등을 집단으로 설치하여 만든 상가단지를 말한다.

⑤ 공동집배송센터란 여러 유통사업자 또는 물류업자가 공동으로 사용할 수 있도록 집배송시설 및 부대 업무시설이 설치되어 있는 지역 및 시설물을 말한다.

20 조직의 품질경영시스템과 관련한 ISO9000시리즈에 대한 설명으로 가장 옳지 않은 것은?

① 제품 자체에 대한 품질을 보증하는 것이 아니라 제품생산과정의 품질시스템에 대한 신뢰성 여부를 판단하는 기준이다.

② 품질경영시스템의 국제화 추세에 능동적으로 대처할 수 있다.

③ 고객만족을 위한 품질경영시스템을 구축할 수 있다.

④ 품질관련부서의 직원을 중심으로 챔피언, 마스터블랙벨트, 블랙벨트, 그린벨트의 자격이 주어진다.

⑤ 의사결정은 자료 및 정보의 분석에 근거한다.

21 단순 이동평균법을 이용하여 아래 표의 (   ) 안에 들어갈 판매예측치를 계산한 것으로 옳은 것은? (단, 이동평균기간은 2개월로 함)

구 분	1월	2월	3월	4월
판매량	17	19	21	( )

① 17

② 18

③ 19

④ 20

⑤ 23

22 아래 글상자의 괄호 안에 들어갈 경로구성원 간 갈등 관련 용어를 순서대로 나열한 것으로 옳은 것은?

> - (㉠)은(는) 상대방에 대해 적대감이나 긴장을 감정적으로 느끼는 것이다.
> - (㉡)은(는) 상대방의 목표달성을 방해할 정도의 갈등으로, 이 단계에서는 상대를 견제하고 해를 끼치기 위해 법적인 수단을 이용하며 경로를 떠나거나 상대를 쫓아내기 위해 힘을 행사하는 것이다.

① ㉠ 잠재적 갈등, ㉡ 지각된 갈등
② ㉠ 지각된 갈등, ㉡ 갈등의 결과
③ ㉠ 감정적 갈등, ㉡ 표출된 갈등
④ ㉠ 표출된 갈등, ㉡ 감정적 갈등
⑤ ㉠ 갈등의 결과, ㉡ 지각된 갈등

23 유통경로상에 가능하면 많은 수의 도매상을 개입시킴으로써 각 경로 구성원에 의해 보관되는 제품의 수량이 감소될 수 있다는 원칙으로 가장 옳은 것은?

① 분업의 원칙
② 변동비 우위의 원칙
③ 총거래수 최소의 원칙
④ 집중준비의 원칙
⑤ 규모의 경제 원칙

24 가맹점이 프랜차이즈에 가입할 때 고려해야할 점으로 가장 옳지 않은 것은?

① 프랜차이즈가 갖는 투자리스크를 사전에 검토한다.
② 기존의 점포와 겹치지 않는 입지인지 검토한다.
③ 자신의 가맹점만이 개선할 수 있는 부분을 활용한 차별점을 검토한다.
④ 본사에 지불해야 할 수수료를 고려해야 한다.
⑤ 본부의 사업역량이 충분한지 검토해야 한다.

25 물류관리의 3S 1L원칙에 해당되는 용어로 옳지 않은 것은?

① Speedy
② Surely
③ Low
④ Safely
⑤ Smart

26 아래 글상자에서 설명하는 입지대안의 평가 원칙으로 가장 옳은 것은?

> 점포를 방문하는 고객의 심리적, 물리적 특성과 관련된 원칙이다. 지리적으로 인접해 있거나, 교통이 편리하거나, 점포이용이 시간적으로 편리하면 입지의 매력도를 높게 평가한다고 주장한다.

① 고객차단의 원칙
② 동반유인의 원칙
③ 점포밀집의 원칙
④ 접근가능성의 원칙
⑤ 보충가능성의 원칙

27 중심상업지역(CBD ; Central Business District)의 입지 특성에 대한 설명 중 가장 옳지 않은 것은?

① 상업활동으로도 많은 사람을 유인하지만 출퇴근을 위해서도 이곳을 통과하는 사람이 많다.
② 백화점, 전문점, 은행 등이 밀집되어 있다.
③ 주차문제, 교통혼잡 등이 교외 쇼핑객들의 진입을 방해하기도 한다.
④ 소도시나 대도시의 전통적인 도심지역을 말한다.
⑤ 대중교통의 중심이며, 도보통행량이 매우 적다.

28 소비자 C가 이사를 하였다. 글상자의 조건을 수정허프(Huff)모델에 적용하였을 때, 이사 이전과 이후의 소비자 C의 소매지출에 대한 소매단지 A의 점유율 변화로 가장 옳은 것은?

> ㉠ 소비자 C는 오직 2개의 소매단지(A와 B)만을 이용하며, 1회 소매지출은 일정하다.
> ㉡ A와 B의 규모는 동일하다.
> ㉢ 이사 이전에는 C의 거주지와 B 사이 거리가 C의 거주지와 A 사이 거리의 2배였다.
> ㉣ 이사 이후에는 C의 거주지와 A 사이 거리가 C의 거주지와 B 사이 거리의 2배가 되었다.

① 4배로 증가
② 5배로 증가
③ 4분의 1로 감소
④ 5분의 1로 감소
⑤ 변화 없음

29 둥지내몰림 또는 젠트리피케이션(gentrification)에 관한 내용으로 가장 옳지 않은 것은?

① 낙후된 도심 지역의 재건축·재개발·도시재생 등 대규모 도시개발에 연관된 현상
② 도시개발로 인해 지역의 부동산 가격이 급격하게 상승할 때 주로 발생하는 현상
③ 도시개발 후 지역사회의 원주민들의 재정착비율이 매우 낮은 현상을 포함
④ 상업지역의 활성화나 관광명소화로 인한 기존 유통업체의 폐점 증가 현상을 포함
⑤ 임대료 상승으로 인해 대형점포 대신 다양한 소규모 근린상점들이 입점하는 현상

30 아래 글상자에서 설명하고 있는 상권분석 기법으로서 가장 옳은 것은?

> 분석과정이 비교적 쉽고 비용이나 시간을 아낄 수 있다. 특정 점포의 상대적 매력도는 파악할 수 있지만, 상권의 공간적 경계를 추정하는 데는 도움을 주지 못한다.

① CST map
② 컨버스(P.D.Converse)의 분기점 분석
③ 티센다각형(thiessen polygon)
④ 체크리스트법
⑤ 허프(Huff)모델

31 신규점포에 대한 상권분석 기법이나 이론들은 기술적, 확률적, 규범적 분석방법으로 구분하기도 한다. 다음 중 규범적 분석에 해당되는 것만을 나열한 것은?

① 체크리스트법, 유추법
② 중심지 이론, 소매인력법칙
③ 허프(Huff)모델, MNL모형
④ 유추법, 중심지 이론
⑤ 소매인력법칙, 허프(Huff)모델

32 상권범위의 결정 요인에 대한 설명으로 가장 옳지 않은 것은?

① 상권을 결정하는 요인에는 시간요인과 비용요인이 포함된다.
② 공급측면에서 비용요인 중 교통비가 저렴할수록 상권은 축소된다.
③ 수요측면에서 고가품, 고급품일수록 상권범위가 확대된다.
④ 재화의 이동에서 사람을 매개로 하는 소매상권은 재화의 종류에 따라 비용 지출이나 시간 사용이 달라지므로 상권의 크기도 달라진다.
⑤ 시간요인은 상품가치를 좌우하는 보존성이 강한 재화일수록 상권범위가 확대된다.

33 소매점포의 다른 입지유형과 비교할 때 상대적으로 노면독립입지가 갖는 일반적인 특징으로 가장 옳지 않은 것은?

① 가시성이 좋다.
② 다른 점포와의 시너지 효과를 기대하기 어렵다.
③ 임대료가 낮다.
④ 주차공간이 넓다.
⑤ 마케팅 비용이 적게 든다.

34 점포의 상권을 설정하기 위한 단계에서의 지역특성 및 입지조건 관련 조사의 내용으로 가장 옳지 않은 것은?

① 유사점포의 경쟁상황
② 지역의 경제상황
③ 자연적 장애물
④ 점포의 접근성
⑤ 점포의 예상수요

35 아래 글상자에 제시된 신규점포의 개점 절차의 논리적 진행순서로 가장 옳은 것은?

> ㉠ 상권분석 및 입지선정
> ㉡ 홍보계획 작성
> ㉢ 가용 자금, 적성 등 창업자 특성 분석
> ㉣ 실내 인테리어, 점포꾸미기
> ㉤ 창업 아이템 선정

① ㉠ - ㉤ - ㉢ - ㉡ - ㉣
② ㉤ - ㉠ - ㉢ - ㉡ - ㉣
③ ㉤ - ㉢ - ㉠ - ㉡ - ㉣
④ ㉢ - ㉠ - ㉤ - ㉡ - ㉣
⑤ ㉢ - ㉤ - ㉠ - ㉣ - ㉡

36 공간균배의 원리나 소비자의 이용목적에 따라 소매점의 입지유형을 분류하기도 한다. 이들 입지유형과 특성의 연결로서 가장 옳은 것은?

① 적응형입지 – 지역 주민들이 주로 이용함
② 산재성입지 – 거리에서 통행하는 유동인구에 의해 영업이 좌우됨
③ 집재성입지 – 동일 업종끼리 모여 있으면 불리함
④ 생활형입지 – 동일 업종끼리 한곳에 집단적으로 입지하는 것이 유리함
⑤ 집심성입지 – 배후지나 도시의 중심지에 모여 입지하는 것이 유리함

37 대지면적에 대한 건축물의 연면적의 비율인 용적률을 계산할 때 연면적 산정에 포함되는 항목으로 가장 옳은 것은?

① 지하층의 면적
② 주민공동시설 면적
③ 건축물의 부속용도가 아닌 지상층의 주차용 면적
④ 건축물의 경사지붕 아래에 설치하는 대피공간의 면적
⑤ 초고층 건축물과 준초고층 건축물에 설치하는 피난안전구역의 면적

38 소매업의 공간적 분포를 설명하는 중심성지수와 관련된 설명으로서 가장 옳지 않은 것은?

① 상업인구는 어떤 지역의 소매판매액을 1인당 평균구매액으로 나눈 값이다.
② 중심성지수는 상업인구를 그 지역의 거주인구로 나눈 값이다.
③ 중심성지수가 1이라는 것은 소매판매액과 그 지역 내 거주자의 소매구매액이 동일하다는 뜻이다.
④ 중심성지수가 1이라는 것은 해당 지역의 구매력 유출과 유입이 동일하다는 뜻이다.
⑤ 소매 판매액의 변화가 없어도 해당 지역의 인구가 감소하면 중심성지수는 낮아지게 된다.

39 허프(Huff)모델보다 분석과정이 단순해서 상권분석에서 실무적으로 많이 활용되는 수정허프(Huff)모델의 특성에 관한 설명으로 가장 옳지 않은 것은?

① 분석을 위해 상권 내에 거주하는 소비자의 개인별 구매행동 데이터를 수집할 필요가 없다.
② 허프(Huff)모델과 같이 점포면적과 점포까지의 거리를 통해 소비자의 점포 선택확률을 계산할 수 있다.
③ 상권분석 상황에서 실무적 편의를 위해 점포면적과 거리에 대한 민감도를 따로 추정하지 않는다.
④ 허프(Huff)모델과 달리 수정허프(Huff)모델은 상권을 세부지역(zone)으로 구분하는 절차를 거치지 않는다.
⑤ 허프(Huff)모델에서 추정해야하는 점포면적과 이동거리 변수에 대한 소비자의 민감도계수를 '1'과 '-2'로 고정하여 인식한다.

40 복수의 입지후보지가 있을 때는 상세하고 정밀하게 입지조건을 평가하는 과정을 거치게 된다. 가장 유리한 점포 입지를 선택하기 위해 참고할 만한 일반적 기준으로 가장 옳은 것은?

① 건축선 후퇴(setback)는 상가건물의 가시성을 높이는 긍정적인 효과를 가진다.

② 점포 출입구 부근에 단차가 있으면 사람과 물품의 출입이 용이하여 좋다.

③ 점포 부지와 점포의 형태는 정사각형에 가까울수록 소비자 흡인에 좋다.

④ 점포규모가 커지면 매출도 증가하는 경향이 있으므로 점포면적이 클수록 좋다.

⑤ 평면도로 볼 때 점포가 도로에 접한 정면너비가 깊이보다 큰 장방형 형태가 유리하다.

41 상가건물 임대차보호법(법률 제18675호, 2022.1.4., 일부개정)은 임대인은 임차인이 임대차기간이 만료되기 6개월 전부터 1개월 전까지 사이에 계약갱신을 요구할 경우 정당한 사유 없이 거절하지 못한다고 규정하면서, 예외적으로 그러하지 아니한 경우를 명시하고 있다. 이 예외적으로 그러하지 아니한 경우로서 가장 옳지 않은 것은?

① 임차인이 2기의 차임액에 해당하는 금액에 이르도록 차임을 연체한 사실이 있는 경우

② 서로 합의하여 임대인이 임차인에게 상당한 보상을 제공한 경우

③ 임차인이 임대인의 동의 없이 목적 건물의 전부 또는 일부를 전대(轉貸)한 경우

④ 임차인이 임차한 건물의 전부 또는 일부를 고의나 중대한 과실로 파손한 경우

⑤ 임차인이 거짓이나 그 밖의 부정한 방법으로 임차한 경우

42 상대적으로 광역상권인 시, 구, 동 등 특정 지역의 총량적 수요를 추정할 때 사용되는 구매력지수(BPI ; Buying Power Index)를 계산하는 수식에서 가장 가중치가 큰 변수로서 옳은 것은?

① 전체 지역 대비 특정 지역의 인구비율

② 전체 지역 대비 특정 지역의 가처분소득 비율

③ 전체 지역 대비 특정 지역의 소매업 종사자 비율

④ 전체 지역 대비 특정 지역의 소매매출액 비율

⑤ 전체 지역 대비 특정 지역의 소매점면적 비율

43 소매점포의 예상매출을 추정하는 분석방법이나 이론으로 볼 수 있는 것들이다. 가장 연관성이 떨어지는 것은?

① 유추법

② 회귀분석법

③ 허프(Huff)모델

④ 컨버스(P.D. Converse)의 분기점분석

⑤ MNL모형

44 소매포화지수(IRS)는 지역시장의 공급대비 수요수준을 총체적으로 측정하기 위해 많이 사용되는 지표의 하나이다. 소매포화지수를 구하는 공식의 분모(分母)에 포함되는 요소로 가장 적합한 것은?

① 관련 점포의 총매출액
② 관련 점포의 총매장면적
③ 관련 점포의 고객수
④ 관련 점포의 총영업이익
⑤ 관련 점포의 종업원수

45 지리정보시스템(GIS)을 이용한 상권정보시스템 구축과 관련된 내용으로 가장 옳지 않은 것은?

① 개별 상점의 위치정보는 점 데이터로, 토지이용 등의 정보는 면(面) 데이터로 지도에 수록한다.
② 지하철노선, 도로 등은 선(線) 데이터로 지도에 수록하고 데이터베이스(DB)를 구축한다.
③ 고객의 인구통계정보 등은 DB로 구축하여, 표적고객집단을 파악하고 상권경계선을 추정할 수 있게 한다.
④ 주제도 작성, 공간 조회, 버퍼링을 통해 효과적인 상권분석이 가능하다.
⑤ 지리정보시스템에 기반한 상권분석정보는 현실적으로 주로 대규모점포에 한정하여 상권분석, 입지선정, 잠재수요 예측, 매출액 추정에 활용되고 있다.

3과목 유통마케팅

46 다음 중 효과적인 시장세분화를 위한 조건으로 옳은 것을 모두 고른 것은?

> ㉠ 측정가능성
> ㉡ 접근가능성
> ㉢ 실행가능성
> ㉣ 규모의 적정성
> ㉤ 차별화 가능성

① ㉠, ㉡, ㉢, ㉣, ㉤
② ㉠, ㉢, ㉣
③ ㉡, ㉢, ㉤
④ ㉡, ㉣, ㉤
⑤ ㉢, ㉤

47 소매경영에서 공급업체에 대한 평가 시 사용하는 ABC 분석에 대한 다음 내용 중에서 옳지 않은 것은?

① 개별 단품에 대해 안전재고 수준과 상품가용성 정도를 결정하는 데 사용한다.
② 매출비중이 높더라도 수익성이 떨어지는 상품은 중요시하지 않는 것이 바람직하다.
③ 소매업체들이 기여도가 높은 상품 관리에 집중해야한다는 관점 하에 활용된다.
④ 소매업체 매출의 80%는 대략 상위 20%의 상품에 의해 창출된다고 본다.
⑤ 상품성과의 척도로는 공헌이익, GMROI(마진수익률), 판매량 등이 많이 활용된다.

48 아래 글상자가 공통적으로 설명하는 소매상의 변천과정가설 및 이론으로 가장 옳은 것은?

> – 소매업태가 환경변화에 따라 일정한 주기를 두고 순환적으로 변화한다는 가설
> – 저가격, 저비용, 저서비스의 점포 운영방식으로 시장에 진입
> – 성공적인 시장진입 이후 동일 유형의 소매점 간에 경쟁이 격화됨에 따라 경쟁우위 확보를 위해 점점
>   고비용, 고가격, 고서비스의 소매점으로 전환
> – 모든 유형의 소매업태 등장과 발전과정을 설명할 수 없다는 한계를 지님

① 자연도태설
② 소매수명주기 이론
③ 소매아코디언 이론
④ 변증법적 이론
⑤ 소매업 수레바퀴가설

49 다음 중 소매업체가 점포를 디자인할 때 고려해야 하는 요소로 가장 옳지 않은 것은?

① 표적시장의 니즈를 만족시키기 위한 소매업체의 전략 실행
② 효율적으로 제품을 찾고 구입할 수 있도록 쾌락적 편익 제공
③ 잠재고객 방문 유도 및 방문 고객의 구매율 증가
④ 용이한 점포의 관리 및 유지 비용을 절감할 수 있도록 설계
⑤ 점포설계에 있어서 법적·사회적 요건 충족

50 다음 중 매장의 생산성을 증대시키기 위한 유통계량조사의 내용으로 가장 옳지 않은 것은?

① 매장 1평당 어느 정도의 매출액이 일어나고 있는가를 파악하기 위한 매장생산성 조사
② 투입된 종업원당 어느 정도의 매출액이 창출되는지를 업계 평균과 상호 비교
③ 현재의 재고가 어느 정도의 상품이익을 실현하는지 알기 위한 교차비율 산출
④ 고객수 및 객단가 산출 및 이전 분기 대비 객단가 증가율 비교
⑤ 채산성을 위한 목표 매출 및 달성 가능성을 분석하기 위한 손익분기 매출액 산출

51 상시저가전략(EDLP ; everyday low price)과 비교한 고저가격전략(high-low pricing)의 장점으로 가장 옳지 않은 것은?

① 고객의 가격민감도 차이에 기반한 가격차별화를 통해 수익증대가 가능하다.

② 할인행사에 대한 고객 기대를 높이는 효과가 있다.

③ 광고 및 운영비를 절감하는 효과가 있다.

④ 동일 상품을 다양한 고객층에게 판매할 수 있다.

⑤ 제품수명주기의 변화에 따른 가격설정이 용이하다.

52 다음 중 경로구성원 평가 및 관리와 관련하여 옳지 않은 것은?

① 기업은 좋은 성과를 내고 고객에게 훌륭한 가치를 제공하는 중간상을 파악하여 보상해야 한다.

② 판매 할당액의 달성 정도, 제품 배달시간, 파손품과 손실품 처리 등과 같은 기준에 관해 정기적으로 경로 구성원의 성과를 평가해야 한다.

③ 경로 구성원과의 장기적인 협력관계를 맺기 위해 성과가 좋지 못한 중간상이라도 바꾸지 말아야 한다.

④ 파트너를 소홀히 다루는 제조업자는 딜러의 지원을 잃을 뿐만 아니라 법적인 문제를 초래할 위험이 있다.

⑤ 기업은 경로 구성원이 최선을 다할 수 있도록 지속적으로 관리하고 동기를 부여해야 한다.

53 아래 글상자가 설명하는 서비스품질을 평가하는 요소로 가장 옳은 것은?

> N사는 고객의 개별적 욕구를 충족시키고자 노력하는 기업으로 포지셔닝하며 고객의 개별 선호에 맞춘 고객 응대를 실천하고 있다. 예를 들어, 양쪽 발 사이즈가 다른 고객에게 사이즈가 각각 다른 두 켤레를 나누어 팔았다. 비록 나머지 짝이 맞지 않은 두 신발을 팔 수 없더라도 고객에게 잊지 못할 감동을 주고 있다.

① 신뢰성(reliability)

② 확신성(assurance)

③ 유형성(tangibility)

④ 공감성(empathy)

⑤ 응답성(responsiveness)

54 서비스기업의 고객관계관리 과정은 "관계구축 – 관계강화 – 관계활용 – 이탈방지 또는 관계해지"의 단계로 나누어 볼 수 있다. 관계구축 단계의 활동으로서 가장 옳지 않은 것은?

① 교차판매, 묶음판매를 통한 관계의 확대
② 고객의 요구를 파악할 수 있는 시장의 세분화
③ 시장의 요구 수준을 충족시키는 양질의 서비스 개발
④ 기업의 핵심가치제안에 부합하는 표적고객 선정
⑤ 고객 니즈를 충족시키는 차별화된 마케팅 전략 수립

55 아래 글상자의 괄호 안에 들어갈 용어로 가장 옳은 것은?

> 제조업체가 최종소비자들을 상대로 촉진활동을 하여 이 소비자들로 하여금 중간상(특히 소매상)에게 자사제품을 요구하도록 하는 전략을 (㉠)이라고 한다. 반면에 어떤 제조업체들은 중간상들을 대상으로 판매촉진활동을 하고 그들이 최종 소비자에게 적극적인 판매를 하도록 유도하는 유통전략을 사용하는데, 이를 (㉡) 전략이라고 한다.

① ㉠ 풀전략 ㉡ 푸시전략
② ㉠ 푸시전략 ㉡ 풀전략
③ ㉠ 집중적 마케팅전략 ㉡ 차별적 마케팅전략
④ ㉠ 풀전략 ㉡ 차별적 마케팅전략
⑤ ㉠ 푸시전략 ㉡ 집중적 마케팅전략

56 다음은 산업 구조분석 방법인 마이클 포터의 5 force model과 시장매력도 간의 관계에 해당하는 내용이다. 가장 옳지 않은 것은?

① 기업들은 새로운 경쟁자들이 시장에 쉽게 들어오지 못하도록 높은 수준의 진입장벽을 구축하기 위해 노력한다.
② 구매자의 교섭력이 높아질수록 그 시장의 매력도는 낮아진다.
③ 산업 구조분석에서 다루어지는 시장매력도는 산업 전체의 평균 수익성을 의미한다.
④ 5 force model은 누가 경쟁자이고 누가 공급자이며 누가 구매자인지 분명하게 구분된다는 것을 가정하고 있다.
⑤ 대체제가 많을수록 시장의 매력도는 높아진다.

57 마케팅투자수익률(MROI)에 대한 설명으로서 가장 옳지 않은 것은?

① 마케팅투자수익을 마케팅투자비용으로 나눈 값이다.
② 마케팅투자비용의 측정보다 마케팅투자수익의 측정이 더 어렵다.
③ 측정과 비교가 용이한 단일 마케팅성과척도를 사용하는 것이 바람직하다.
④ 고객생애가치, 고객자산 등의 평가를 통해 마케팅투자수익을 측정할 수 있다.
⑤ 브랜드인지도, 매출, 시장점유율 등을 근거로 마케팅투자수익을 측정할 수 있다.

58 다음 중 판매촉진에 대한 설명으로 가장 옳지 않은 것은?

① 판매촉진은 고객들로 하여금 즉각적인 반응을 일으킬 수 있고 반응을 쉽게 알아낼 수 있다.
② 판매촉진은 단기적으로 고객에게 대량 또는 즉시 구매를 유도하기 때문에 다른 촉진활동보다 매출 증대를 기대할 수 있다.
③ 판매촉진 예산을 결정할 때 활용하는 가용예산법(affordable method)은 과거의 매출액이나 예측된 미래의 매출액을 근거로 예산을 결정하는 방법을 말한다.
④ 소비자를 대상으로 하는 판매촉진의 유형 중 쿠폰(coupon)은 가격할인을 보장하는 일종의 증서로 지면에 표시된 가격만큼 제품가격에서 할인해 주는 방법이다.
⑤ 중간상의 판매촉진의 유형으로 협동광고는 제조업자가 협동하여 지역의 소매상들이 공동으로 시행하는 광고를 말한다.

59 고객관계관리(CRM)와 관련한 채널관리 이슈에 대한 설명으로 가장 옳지 않은 것은?

① 채널은 고객접점으로서 관리되어야 한다.
② 채널의 정보교환 기능을 활성화시켜야 한다.
③ 채널 파트너와의 협업을 관리해야 한다.
④ 채널을 차별화함으로써 발생할 수 있는 채널 간 갈등을 최소화해야한다.
⑤ CRM을 성공적으로 수행하기 위해서 다양한 채널을 독립적으로 운영해야 한다.

60 다음 중 소매업이 상품 판매를 효과적으로 전개하기 위해 제공하는 물적·기능적 서비스에 해당하지 않는 것은?

① 포장지, 선물상자의 제공 등과 같은 상품부대물품의 제공 서비스
② 할부판매, 외상 판매 등과 같은 금융적 서비스
③ 전달 카탈로그, 광고 선전 등과 같은 정보 제공 서비스
④ 고객의 선택 편의 및 구매 효율을 높이는 셀프서비스와 같은 시스템적 서비스
⑤ 상품 설명, 쇼핑 상담, 배달 등과 같은 노역 기술 제공 서비스

61 다음 중 제품별 영업조직(product sales force structure)의 장점으로 가장 옳지 않은 것은?

① 제품에 대한 지식과 전문성이 강화된다.

② 특히 다양한 제품계열을 가지고 있는 기업의 경우에 적합하다.

③ 제한된 지역을 순방하므로 상대적으로 영업비용을 줄일 수 있다.

④ 제품별 직접판매이익공헌을 평가하기가 용이하다.

⑤ 소비재 기업보다는 산업재를 취급하는 기업일수록 이런 형태의 조직이 유리하다.

62 아래 글상자의 내용이 공통적으로 설명하고 있는 CRM 분석 도구로 가장 옳은 것은?

> – 사용자가 고객DB에 담겨 있는 다차원 정보에 직접 접근하여 대화식으로 정보를 분석할 수 있도록 지원하는 분석 도구
> – 분석을 위해 활용되는 정보는 다차원적으로 최종사용자가 기업의 전반적인 상황을 이해할 수 있게 하여 의사결정을 지원
> – 예를 들어 사용자가 자사의 매출액을 지역별/상품별/연도별로 알고 싶을 경우 활용할 수 있는 분석 도구

① 데이터 마이닝(data mining)

② 데이터웨어하우징(data warehousing)

③ OLTP(online transaction processing)

④ OLAP(online analytical processing)

⑤ EDI(electronic data interchange)

63 아래 글상자의 내용 중 격자형 레이아웃의 장점만을 나열한 것으로 옳은 것은?

> ㉠ 원하는 상품을 쉽게 찾을 수 있다.
> ㉡ 느긋하게 자신이 원하는 상품을 둘러보기에 용이하다.
> ㉢ 충동구매를 촉진시킬 수 있다.
> ㉣ 고객이 쇼핑에 걸리는 시간을 최소화할 수 있다.
> ㉤ 쇼핑의 쾌락적 요소를 배가시킬 수 있다.
> ㉥ 통로 등의 공간이 비교적 동일한 넓이로 설계되어 공간적 효율성을 높일 수 있다.

① ㉠, ㉣, ㉤

② ㉠, ㉣, ㉥

③ ㉡, ㉣, ㉤

④ ㉢, ㉤, ㉥

⑤ ㉣, ㉤, ㉥

64 고객생애가치 이론에 관한 설명으로 가장 옳은 것은?

① 고객생애가치는 특정 고객으로부터 얻게 되는 이익흐름의 미래가치를 의미한다.
② 고객 애호도가 높다는 것은 곧 고객생애가치가 높다는 것을 가리킨다.
③ 기업은 고객생애가치를 높이기 위하여 경쟁자보다 더 높은 가치를 제공해 주어야 한다.
④ 올바른 고객생애가치를 산출하기 위해서는 기업의 수입흐름만 고려하면 된다.
⑤ 고객생애가치는 고객과의 한번의 거래에서 나오는 이익을 의미한다.

65 비주얼 머천다이징(VMD ; Visual Merchandising)에 대한 설명으로 가장 옳지 않은 것은?

① 비주얼머천다이징은 상업공간에 적합한 특정의 상품이나 서비스를 조합하고 판매증진을 위한 시각적 연출계획으로 기획하고 상품·선전·판촉 기능을 수행한다.
② 비주얼머천다이징은 기업의 독자성을 표현하고 타 경쟁점과의 차별화를 위해 상품 진열에 관해 시각적 요소를 반영하여 연출하고 관리하는 전략적인 활동이다.
③ 비주얼머천다이징의 구성요소인 PP(point of sale presentation)는 고객의 시선이 머무르는 곳에 볼거리를 제공하여 상품에 관심을 갖도록 유도하기 위해 활용된다.
④ 비주얼머천다이징의 구성요소인 IP(interior presentation)는 실제 판매가 이루어지는 장소에서 상품 구역별로 진열대에 진열하는 방식으로 주로 충동구매 상품을 배치하여 매출을 극대화하기 위해 활용된다.
⑤ 비주얼머천다이징의 구성요소인 VP(visual presentation)는 상점의 콘셉트를 부각시키기 위해 쇼윈도 또는 테마 공간 연출을 통해 브랜드 이미지를 표현하기 위해 활용된다.

66 아래 글상자에서 말하는 여러 효과를 모두 보유하고 있는 마케팅 활동은?

> ㉠ 가격인하 효과
> ㉡ 구매유발 효과
> ㉢ 미래수요 조기화 효과
> ㉣ 판매촉진 효과

① 쿠 폰
② 프리미엄
③ 컨테스트
④ 인적 판매
⑤ 리베이트

67 아래 글상자의 설명으로 가장 옳은 것은?

> 동일한 고객층을 대상으로 하되 경쟁업체와 다르게 그들 고객이 가장 원하는 제품과 서비스에 중점을 두거나 고객에게 제시되는 가격대에 대응하는 상품이나 품질을 차별화하는 방향을 전개하는 머천다이징 유형의 하나이다.

① 혼합식 머천다이징(scrambled merchandising)
② 선별적 머천다이징(selective merchandising)
③ 세그먼트 머천다이징(segment merchandising)
④ 계획적 머천다이징(programed merchandising)
⑤ 상징적 머천다이징(symbol merchandising)

68 아래 글상자의 괄호 안에 들어갈 용어로 가장 옳은 것은?

> (㉠)은 상품흐름이나 판매를 증진시키기 위해 정상가보다 낮은 가격으로 결정하는 것을 말하며, (㉡) 은 특정 제품의 가격에 대해 천단위, 백단위로 끝나는 것보다 특정의 홀수로 끝나는 가격을 책정함으로서 소비자로 하여금 더 저렴하다는 느낌을 주기 위한 가격전략이다.

① ㉠ 선도가격(leader pricing), ㉡ 수량가격(quantity based pricing)
② ㉠ 단수가격(odd pricing), ㉡ 변동가격(dynamic pricing)
③ ㉠ 선도가격(leader pricing), ㉡ 단수가격(odd pricing)
④ ㉠ 변동가격(dynamic pricing), ㉡ 묶음가격(price bundling)
⑤ ㉠ 묶음가격(price bundling), ㉡ 단수가격(odd pricing)

69 소매점의 POS(point of sales)시스템에 대한 설명으로 가장 옳지 않은 것은?

① POS시스템을 통해 소매점별로 수집된 판매 제품의 품목명, 수량, 가격, 판촉 등에 관한 정보를 수집할 수 있다.
② POS시스템은 POS 단말기, 바코드 스캐너, 스토어 콘트롤러(store controller)로 구성되어 있다.
③ POS시스템을 통해 확보한 정보는 고객관계관리(CRM)를 위한 기반 데이터로 활용된다.
④ 전년도 목표 대비 판매량 분석 또는 전월 대비 매출액 변화분석과 같은 시계열 정보를 수집하고 분석하는 데 한계가 있다.
⑤ POS시스템을 통해 신제품에 대한 마케팅효과, 판촉효과 등을 분석할 수 있다.

70 제품수명주기(PLC) 단계 중 성숙기에 이루어지는 판매촉진 전략으로 옳은 것은?

① 상표 전환을 유도하기 위한 판촉을 증대한다.

② 수요확대에 따라 점차적으로 판촉을 감소한다.

③ 매출증대를 위한 판매촉진 활동은 최저 수준으로 감소시킨다.

④ 제품의 인지도 향상을 위한 강력한 판촉을 전개한다.

⑤ 제품 가격을 높이는 대신 짧은 기간에 모든 판촉수단을 활용하는 전략을 실행한다.

4과목   유통정보

71 쇼핑몰의 시스템 구성에서 프론트 오피스(front office) 요소로 가장 옳지 않은 것은?

① 상품검색   ② 상품등록

③ 상품리뷰   ④ 상품진열

⑤ 회원로그인

72 라이브 커머스(live commerce)에 대한 설명으로 가장 옳지 않은 것은?

① 라이브 스트리밍(live streaming)과 커머스(commerce)의 합성어이다.

② 온라인상에서 실시간으로 쇼호스트가 상품을 설명하고 판매하는 비즈니스 프로세스이다.

③ 온라인상에서 소비자와 쇼호스트는 실시간으로 소통이 가능하지만 소비자간의 대화는 불가능하다.

④ 기존 이커머스(e-commerce)보다 소통과 재미를 더한 진화된 커머스 형태이다.

⑤ 최근 소비사늘에게 인기를 얻으면서 급성장하고 있다.

73 오늘날을 제4차 산업혁명 시기로 구분한다. 제4차 산업혁명에 대한 설명으로 가장 옳지 않은 것은?

① 2016 세계경제포럼에서 4차 산업혁명을 3차 산업혁명을 기반으로 디지털, 바이오와 물리학 사이의 모든 경계를 허무는 융합 기술 혁명으로 정의함

② ICT를 기반으로 하는 사물인터넷 및 만물인터넷의 진화를 통해 인간-인간, 인간-사물, 사물-사물을 대상으로 한 초연결성이 기하급수적으로 확대되는 초연결적 특성이 있음

③ 인공지능과 빅데이터의 결합과 연계를 통해 기술과 산업구조의 초지능화가 강화됨

④ 초연결성, 초지능화에 기반하여 기술간, 산업간, 사물-인간 간의 경계가 사라지는 대융합의 시대라고 볼 수 있음

⑤ 4차 산업혁명 시대의 생산요소 토지, 노동, 자본 중 노동의 가치가 토지와 자본에 비해 중요도가 커지는 특징이 있음

74 물류의 효율적 회전을 가능하게 하는 QR 물류시스템의 긍정적 효과로 가장 옳지 않은 것은?

① 신속한 대응
② 리드타임 증가
③ 안전재고 감소
④ 예측오류 감소
⑤ 파이프라인재고 감소

75 디지털 공급망을 구현하는 데 활용되는 블록체인 스마트계약(blockchain smart contract) 기술에 대한 설명으로 가장 옳지 않은 것은?

① 특정 요구사항이 충족되면 네트워크를 통해 실시간으로 계약이 실행된다.
② 거래 내역이 블록체인상에 기록되기 때문에 높은 신뢰도를 형성한다.
③ 블록체인 스마트 계약은 중개자 없이 실행될 수 있기 때문에 상대적으로 거래 비용이 낮다.
④ 블록체인 기록을 뒷받침하는 높은 수준의 암호화와 분산원장 특성으로 네트워크에서 높은 보안성을 확보하고 있다.
⑤ 블록체인을 활용하기 때문에 거래 기록에 대하여 가시성을 확보할 수 없다.

76 경쟁력 있는 수익창출 방안을 개발하는 데 활용되는 비즈니스 모델 캔버스를 구성하는 9가지 요인 중에 ㉠ 가장 먼저 작성해야 하는 요인과 ㉡ 마지막으로 작성해야 하는 요인이 있다. 여기서 ㉠과 ㉡에 해당하는 내용으로 가장 옳은 것은?

① ㉠ 가치제안   ㉡ 수익원
② ㉠ 고객관계   ㉡ 고객 세분화
③ ㉠ 수익원   ㉡ 고객 세분화
④ ㉠ 고객 세분화   ㉡ 가치제안
⑤ ㉠ 고객 세분화   ㉡ 비용구조

77 데이터마이닝 기법과 CRM에서의 활용용도를 연결한 것으로 가장 옳지 않은 것은?

① 분류 규칙 – 고객이탈 수준 등급
② 군집화 규칙 – 제품 카테고리
③ 순차 패턴 – 로열티 강화 프로그램
④ 연관 규칙 – 상품 패키지 구성 정보
⑤ 일반화 규칙 – 연속 판매 프로그램

78 최근 정부에서 추진하고 있는 다양한 친환경 제품 관련 인증 제도 관련 설명으로 가장 옳지 않은 것은?

① 환경부・한국환경산업기술원에서는 같은 용도의 다른 제품에 비해 제품의 환경성을 개선한 경우 환경 표지인증을 해주고 있다.

② 농림축산식품부・국립농산물품질관리원에서는 유기농산물과 유기가공식품에 대한 친환경농축산물 인증제도를 운영하고 있다.

③ 국토교통부와 환경부에서는 한국건설기술연구원을 통해 건축이 환경에 영향을 미치는 요소에 대한 평가를 통해 건축물의 환경성능을 인증하는 녹색건축인증제도를 운영하고 있다.

④ 한국산업기술진흥원에서는 저탄소 녹색성장 기본법에 의거하여 유망한 녹색기술 또는 사업에 대한 녹색인증제도를 운영하고 있다.

⑤ 환경부・소비자보호원에서는 소비자들의 알 권리를 위해 친환경 제품에 대한 정보를 제공하는 그린워싱(green washing)제도를 운영하고 있다.

79 스튜어트(Stewart)의 지식 자산 특성에 대한 설명으로 가장 옳지 않은 것은?

① 지식 자산의 유형으로 고객 자산, 구조적 자산, 인적 자산 등이 있다.

② 대표적인 고객 자산에는 고객브랜드 가치, 기업이미지 등이 있다.

③ 대표적인 인적 자산에는 구성원의 지식, 경험 등이 있다.

④ 대표적인 구조적 자산에는 조직의 경영시스템, 프로세스 등이 있다.

⑤ 구조적 자산으로 외재적 존재 형태를 갖고 있는 암묵적 지식이 있다.

80 유통업체에서 고객의 데이터를 활용하여 마케팅에 활용하는 사례로 아래 글상자의 괄호 안에 공통적으로 들어갈 용어로 가장 옳은 것은?

> – (　　　)은(는) 국민이 자신의 데이터에 대한 통제권을 갖고 원하는 곳으로 데이터를 전송할 수 있는 서비스이다.
> – (　　　)이(가) 구현되면, 국민은 데이터를 적극적으로 관리・통제할 수 있게 되고, 스타트업 등 기업은 혁신적인 서비스를 창출해 새로운 데이터 산업 생태계가 조성된다.

① 데이터베이스

② 빅데이터 분석

③ 데이터 댐

④ 데이터마이닝

⑤ 마이데이터

81 아래 글상자에서 설명하는 개념으로 가장 옳은 것은?

> - 걷기에는 멀고 택시나 자가용을 이용하기에는 마땅치 않은 애매한 거리를 지칭한다.
> - 이 개념은 유통업체의 상품이 고객의 목적지에 도착하는 마지막 단계를 의미한다.
> - 유통업체는 고객 만족을 위한 배송품질 향상이나 배송서비스 차별화 측면에서 이 개념을 전략적으로 활용하고 있다.

① 엔드 투 엔드 공급사슬
② 고객만족경영
③ 배송 리드타임
④ 스마트 로지스틱
⑤ 라스트 마일

82 아래 글상자에서 설명하는 플랫폼 비즈니스의 두 가지 핵심 특성과 관련한 현상을 순서대로 바르게 나열한 것은?

> ㉠ 플랫폼에 참여하는 이용자들이 증가할수록 그 가치가 더욱 커지는 현상이 나타나고, ㉡ 일정 수준 이상의 플랫폼에 참여하는 이용자를 확보하게 될 경우, 막강한 경쟁력을 확보해서 승자독식의 비즈니스가 가능하게 되는 현상이 나타난다.

① ㉠ 메트칼프의 법칙   ㉡ 티핑 포인트
② ㉠ 팔레토의 법칙   ㉡ 롱테일의 법칙
③ ㉠ 네트워크 효과   ㉡ 무어의 법칙
④ ㉠ 규모의 경제   ㉡ 범위의 경제
⑤ ㉠ 학습효과   ㉡ 공정가치선

83 고객 수요에 기반한 데이터의 수집과 분석을 통해 고객에게 상황에 따른 다양한 가격을 제시하는 전략을 지칭하는 용어로 가장 옳은 것은?

① 시장침투가격 전략(penetration pricing strategy)
② 초기고가 전략(skimming pricing strategy)
③ 낚시가격 전략(bait and hook pricing strategy)
④ 다이나믹 프라이싱 전략(dynamic pricing strategy)
⑤ 명성가격 전략(prestige pricing strategy)

84 아래 글상자의 OECD 개인정보 보호 8원칙 중 옳은 것만을 바르게 나열한 것은?

> ㉠ 정보 정확성의 원칙 – 개인정보는 적법하고 공정한 방법을 통해 수집되어야 한다.
>
> ㉡ 수집 제한의 법칙 – 이용 목적상 필요한 범위 내에서 개인정보의 정확성, 완전성, 최신성이 확보되어야 한다.
>
> ㉢ 목적 명시의 원칙 – 개인정보는 수집 과정에서 수집 목적을 명시하고, 명시된 목적에 적합하게 이용되어야 한다.
>
> ㉣ 안전성 확보의 원칙 – 정보 주체의 동의가 있거나, 법 규정이 있는 경우를 제외하고 목적 외 이용되거나 공개될 수 없다.
>
> ㉤ 이용 제한의 원칙 – 개인정보의 침해, 누설, 도용 등을 방지하기 위한 물리적, 조직적, 기술적 안전조치를 확보해야 한다.
>
> ㉥ 공개의 원칙 – 개인정보의 처리 및 보호를 위한 정책 및 관리자에 대한 정보는 공개되어야 한다.
>
> ㉦ 책임의 원칙 – 정보 주체의 개인정보 열람/정정/삭제 청구권은 보장되어야 한다.
>
> ㉧ 개인 참가의 원칙 – 개인정보 관리자에게 원칙 준수 의무 및 책임을 부과해야 한다.

① ㉠, ㉡

② ㉠, ㉧

③ ㉡, ㉣

④ ㉢, ㉥

⑤ ㉤, ㉦

85 아래 글상자의 비즈니스 애널리틱스에 대한 분석과 설명 중 옳은 것만을 고른 것은?

> ㉠ 기술분석(descriptive analytics) : 과거에 발생한 일에 대한 소급 분석함
>
> ㉡ 예측분석(predictive analytics) : 특정한 일이 발생한 이유를 이해하는 데 도움을 제공
>
> ㉢ 진단분석(diagnostic analytics) : 애널리틱스를 이용해 미래에 발생할 가능성이 있는 일을 예측함
>
> ㉣ 처방분석(prescriptive analytics) : 성능개선 조치에 대한 대응 방안을 제시함

① ㉠, ㉡

② ㉠, ㉢

③ ㉠, ㉣

④ ㉡, ㉢

⑤ ㉡, ㉣

86 유통업체에서 활용하는 블록체인 기술 중 하나인 대체불가능토큰(NFT)의 장점으로 가장 옳지 않은 것은?

① 블록체인 고유의 특성을 기반으로 하기 때문에 희소성을 보장할 수 있고, 위조가 어렵다.

② 블록체인 고유의 특성으로 투명성이 보장되며, 추적 가능하다.

③ 부분에 대한 소유권이 인정되어 각각 나누어 거래가 가능하다.

④ 정부에서 가치를 보증해서 안전하게 거래할 수 있다.

⑤ NFT 시장에서 자유롭게 거래할 수 있다.

87 각국 GS1 코드관리기관의 회원업체정보 데이터베이스를 인터넷을 통해 연결하여 자국 및 타 회원국의 업체 정보를 실시간으로 검색할 수 있게 해주는 서비스로 가장 옳은 것은?

① 덴소 웨이브(DENSO WAVE)

② 코리안넷

③ 글로벌 바코드 조회서비스(Global Bar-code Party Information Registry)

④ 글로벌 기업정보 조회서비스(Global Electronic Party Information Registry)

⑤ GS1(Global Standard No.1)

88 아래 글상자의 괄호 안에 들어갈 용어를 순서대로 바르게 나열한 것은?

> - (㉠)은(는) 데이터의 정확성과 일관성을 유지하고 전달과정에서 위변조가 없는 것이다.
> - (㉡)은 정보를 암호화하여 인가된 사용자만이 접근할 수 있게 하는 것이다.

① ㉠ 부인방지, ㉡ 인증

② ㉠ 무결성, ㉡ 기밀성

③ ㉠ 프라이버시, ㉡ 인증

④ ㉠ 무결성, ㉡ 가용성

⑤ ㉠ 기밀성, ㉡ 무결성

89 아래 글상자의 구매-지불 프로세스를 바르게 나열한 것은?

> ㉠ 재화 및 용역에 대한 구매요청서 발송
> ㉡ 조달 확정
> ㉢ 구매주문서 발송
> ㉣ 공급업체 송장 확인
> ㉤ 대금 지불
> ㉥ 재화 및 용역 수령증 수취

① ㉥ - ㉤ - ㉣ - ㉢ - ㉡ - ㉠
② ㉠ - ㉤ - ㉣ - ㉢ - ㉥ - ㉡
③ ㉠ - ㉡ - ㉢ - ㉣ - ㉤ - ㉥
④ ㉠ - ㉡ - ㉢ - ㉥ - ㉣ - ㉤
⑤ ㉥ - ㉤ - ㉠ - ㉢ - ㉣ - ㉡

90 기업활동과 관련된 내·외부자료를 영역별로 각기 수집·저장관리하는 경우 자료의 활용을 위해, 목적에 맞게 적당한 형태로 변환하거나 통합하는 과정을 거쳐야 한다. 수집된 자료를 표준화시키거나 변환하여 목표 저장소에 저장할 수 있도록 도와주는 기술로 가장 옳은 것은?

① OLTP(online transaction processing)
② OLAP(online analytical processing)
③ ETL(extract, transform, load)
④ 정규화(normalization)
⑤ 플레이크(flake)

시험일	문항 수	시 간	문제형별
2023. 11. 25	총 90개	100분	A

1과목 **유통물류일반**

01 특정 업무를 수행하는 데 소요되는 비용이 가장 낮은 유통경로기관이 해당 업무를 수행하는 방향으로 유통경로의 구조가 결정된다고 설명하는 유통경로구조이론으로 가장 옳은 것은?

① 대리인(agency)이론
② 게임(game)이론
③ 거래비용(transaction cost)이론
④ 기능위양(functional spinoff)이론
⑤ 연기-투기(postponement-speculation)이론

02 아래 글상자의 자료를 토대로 계산한 경제적주문량(EOQ)이 200이라면 연간 단위당 재고유지 비용으로 옳은 것은?

- 연간제품수요량 : 10,000개
- 1회당 주문비용 : 200원

① 100
② 200
③ 300
④ 400
⑤ 500

03 운송과 관련한 설명 중 가장 옳지 않은 것은?

① 해상운송의 경우 최종목적지까지의 운송에는 한계가 있기에 피시백(fishy back) 복합운송서비스를 제공한다.

② 트럭운송은 혼적화물운송(LTL ; less than truckload) 상태의 화물도 긴급 수송이 가능하고 단거리 운송에도 경제적이다.

③ 다른 수송형태에 비해 철도운송은 상대적으로 도착시간을 보증할 수 있다.

④ 항공운송은 고객이 원하는 지점까지의 운송을 위해 피기백(piggy back) 복합운송서비스를 활용한다.

⑤ COFC는 철도의 무개화차 위에 컨테이너를 싣고 수송하는 방식이다.

04 자본잉여금의 종류로 옳지 않은 것은?

① 국고보조금
② 공사부담금
③ 보험차익
④ 예수금
⑤ 자기주식처분이익

05 기업이 e-공급망 관리(e-SCM)를 통해 얻을 수 있는 효과로 가장 옳지 않은 것은?

① 고객의 욕구변화에 더욱 신속하게 대응하게 되고 고객만족도가 증가한다.

② 공급자와 구매자 간의 정보 공유로 필요한 물량을 자동으로 보충해서 재고 감축이 가능하다.

③ 거래 및 투자비용을 절감할 수 있다.

④ 공급망 자동화를 통해 전체 주문 이행 사이클 타임의 단축이 가능하다.

⑤ 구매자의 데이터를 분석하여 그들의 개별니즈를 충족시킬 수 있는 표준화된 서비스 제공이 가능해졌다.

06 서비스 유통의 형태인 플랫폼 비즈니스(platform business)에 대한 설명으로 가장 옳지 않은 것은?

① 플랫폼을 통해 사람과 사람, 사람과 사물을 연결함으로써 새로운 유형의 서비스가 창출된다.

② 정보통신기술의 발달은 사람 간의 교류를 더 빠르고 효율적으로 실현시키면서 플랫폼 비즈니스 성장에 긍정적인 영향을 미치고 있다.

③ 플랫폼 비즈니스의 구성원은 크게 플랫폼 구축자와 플랫폼 사용자로 나뉜다.

④ 플랫폼은 정보, 제품, 서비스 등 다양한 유형의 거래를 가능하게 해주는 일종의 장터이다.

⑤ 플랫폼 비즈니스 사업자는 플랫폼을 제공해주는 대가를 직접적으로 취할 수 없으므로, 광고 등을 통해 간접적으로 수익을 올리는 비즈니스 모델이다.

07 아래 글상자에서 설명하는 개념으로 옳은 것은?

> 제품에 대한 최종소비자의 수요 변동 폭은 크지 않지만, 소매상, 도매상, 제조업자, 원재료 공급업자 등 공급사슬을 거슬러 올라갈수록 변동 폭이 크게 확대되어 수요예측치와 실제 판매량 사이의 차이가 커지게 된다.

① 블랙 스완 효과(black swan effect)
② 밴드 왜건 효과(band wagon effect)
③ 채찍 효과(bullwhip effect)
④ 베블렌 효과(Veblen effect)
⑤ 디드로 효과(Diderot effect)

08 제품/시장 확장그리드(product/market expansion grid)에서 기존제품을 가지고 새로운 세분시장을 파악해서 진출하는 방식의 기업성장전략으로 가장 옳은 것은?

① 시장침투전략(market penetration strategy)
② 시장개발전략(market development strategy)
③ 제품개발전략(product development strategy)
④ 다각화전략(diversification strategy)
⑤ 수평적 다각화전략(horizontal diversification strategy)

09 유통경로에서 발생하는 각종 힘(power)에 관한 설명으로 가장 옳지 않은 것은?

① 합법력은 법률이나 계약과 같이 정당한 권리에 의해 발생하거나 조직 내의 공식적인 지위에서 발생한다.
② 강제력의 강도는 처벌이 지닌 부정적 효과의 크기에 반비례한다.
③ 정보력은 공급업자가 중요한 정보를 가지고 있다는 인식을 할 경우 발생한다.
④ 준거력은 공급업자에 대해 일체감을 갖는 경우에 발생한다.
⑤ 보상력은 재판매업자가 자신의 보상을 조정할 수 있는 능력을 가지고 있다고 인식할수록 증가한다.

10 윤리경영에서 이해관계자가 추구하는 가치이념과 취급해야 할 문제들이 옳게 나열되지 않은 것은?

구 분	이해관계자	추구하는 가치이념	윤리경영에서 취급해야 할 문제들
㉠	지역사회	기업시민	산업재해, 산업공해, 산업폐기물 불법처리 등
㉡	종업원	인간의 존엄성	고용차별, 성차별, 프라이버시 침해, 작업장의 안전성 등
㉢	투자자	공평, 형평	내부자 거래, 인위적 시장조작, 시세조작, 분식결산 등
㉣	고 객	성실, 신의	유해상품, 결합상품, 허위 과대광고, 정보은폐, 가짜 상표 등
㉤	경쟁자	기업가치	환경오염, 자연파괴, 산업폐기물수출입, 지구환경관련 규정 위반 등

23년

① ㉠

② ㉡

③ ㉢

④ ㉣

⑤ ㉤

11 아래 글상자에서 설명하는 유통의 형태로 가장 옳은 것은?

- 각 판매지역별로 하나 또는 극소수의 중간상에게 자사 제품의 유통에 대한 독점권을 부여하는 것이다.
- 소비자가 제품 구매를 위해 적극적인 탐색을 하고 쇼핑을 위해 기꺼이 시간과 노력을 아끼지 않는 경우에 적합하다.

① 집중적 유통

② 개방적 유통

③ 선택적 유통

④ 전속적 유통

⑤ 중간적 유통

12 유통산업이 합리화되는 경우에 나타나는 현상으로 가장 옳지 않은 것은?

① 업무 효율화를 통해 유통업체의 규모가 작아진다.

② 유통 경로상 제조업의 협상력이 축소된다.

③ 법률이나 정부의 규제가 늘어난다.

④ 생산지의 가격과 소비자의 구매가격의 차이가 줄어든다.

⑤ 유통경로가 단축되어 유통비용이 절감된다.

13 직무기술서와 직무명세서를 비교할 때 직무기술서에 해당되는 내용으로 가장 옳은 것은?

① 작업자의 특성을 평가하여 조직 전략을 효율적으로 달성하기 위한 것이다.

② 속직적 기준으로 직무의 내용을 요약하고 수행에 필요한 정보를 포함한다.

③ 직무명칭, 직무개요, 직무내용 등의 인적 요건을 포함한다.

④ 직무내용보다는 인적요건을 중심으로 정리한다.

⑤ 작업자의 지식, 기능, 능력 등의 요소를 포함한다.

14 유통경영전략의 수립단계를 순서대로 나열한 것으로 가장 옳은 것은?

① 사업포트폴리오분석 – 기업의 사명 정의 – 기업의 목표설정 – 성장전략의 수립

② 기업의 목표 설정 – 사업포트폴리오분석 – 성장전략의수립 – 기업의 사명 정의

③ 사업포트폴리오분석 – 기업의 목표 설정 – 기업의 사명 정의 – 성장전략의 수립

④ 기업의 사명 정의 – 기업의 목표 설정 – 사업포트폴리오분석 – 성장전략의 수립

⑤ 성장전략의 수립 – 기업의 목표 설정 – 사업포트폴리오분석 – 기업의 사명 정의

15 보관을 위한 각종 창고의 유형에 대한 설명으로 가장 옳지 않은 것은?

① 자가 창고의 경우 기업이 자신의 목적에 맞게 맞춤형 창고 설계가 가능하다.

② 영업 창고 요금은 창고 이용에 따른 보관료를 기본으로 하며 하역료를 제외한다.

③ 임대 창고는 영업창고업자가 아닌 개인이나 법인 등이 소유하고 있는 창고를 임대료를 받고 제공하는 것이다.

④ 공공 창고는 공익을 목적으로 건설한 창고로 공립창고가 한 예이다.

⑤ 관설상옥은 정부나 지방자치단체가 해상과 육상 연결용화물 판매용도로 제공하는 창고이다.

16 아웃소싱을 실시하는 기업이 얻을 수 있는 장점으로 가장 옳지 않은 것은?

① 다른 채널의 파트너로부터 규모의 경제 효과를 얻을 수 있다.

② 분업의 원리를 통해 이익을 얻을 수 있다.

③ 고정비용은 늘어나지만 변동비용을 줄여서 비용 절감 효과를 얻을 수 있다.

④ 아웃소싱 파트너의 혁신적인 혜택을 누릴 수 있다.

⑤ 자사의 기술보다 우월한 기술을 누릴 수 있다.

17 아래 글상자가 설명하는 합작투자 유형으로 옳은 것은?

> 공여기업이 자사의 제조공정, 등록상표, 특허권 등을 수여기업에게 제공하고 로열티 혹은 수수료를 받는 형태이다. 이를 통해, 수여기업은 생산의 전문성 혹은 브랜드를 자체개발 없이 사용할 수 있다는 이점이 있고, 공여기업은 낮은 위험부담으로 해외시장에 진출할 수 있다는 장점이 있다.

① 계약생산(contract manufacturing)
② 관리계약(management contracting)
③ 라이센싱(licensing)
④ 공동소유(joint ownership)
⑤ 간접수출(indirect exporting)

23년

18 아래 글상자가 설명하는 리더십의 유형으로 가장 옳은 것은?

> 대인관계와 활동을 통하여 규범적으로 적합한 리더의 행동이 구성원들에게 모범으로 작용하며, 상호 간 명확한 도덕적 기준과 의사소통, 공정한 평가 등을 통해 부하들로 하여금 규범에 적합한 행동을 지속하도록 촉진하는 것이다.

① 변혁적 리더십(transformational leadership)
② 참여적 리더십(participative leadership)
③ 지원적 리더십(supportive leadership)
④ 지시적 리더십(directive leadership)
⑤ 윤리적 리더십(ethical leadership)

19 제품에 대한 소유권을 갖고 제조업자로부터 제품을 취득하여 소매상에게 바로 운송하는 한정기능도매상으로 옳은 것은?

① 우편주문도매상(mail-order wholesaler)
② 진열도매상(rack jobber)
③ 트럭도매상(truck wholesaler)
④ 직송도매상(drop shipper)
⑤ 현금무배달도매상(cash-and-carry wholesaler)

20 대리도매상 중 판매대리인(selling agent)과 제조업자의 대리인(manufacture's agent)의 차이로 옳지 않은 것은?

① 판매대리인은 모든 제품을 취급하지만 제조업자의 대리인은 일부 제품만을 취급한다.
② 판매대리인은 제조업자의 대리인보다 활동범위가 넓고 비교적 자율적인 의사결정이 가능하다.
③ 판매대리인은 제조업자의 시장지배력이 약한 지역에서만 활동하지만 제조업자의 대리인은 모든 지역에서 판매를 한다.
④ 판매대리인은 신용을 제공하지만 제조업자의 대리인은 신용을 제공하지 못한다.
⑤ 판매대리인은 기업의 마케팅 부서와 같은 기능을 수행하는 도매상인 반면 제조업자의 대리인은 장기적인 계약을 통해 제조업자의 제품을 특정 지역에서 판매 대행을 하는 도매상을 말한다.

21 불공정 거래행위에 해당되지 않는 것은?

① 기존재고상품을 다른 상품으로 교환하면서 기존의 재고 상품을 특정매입상품으로 취급하여 반품하는 행위
② 주제도란 GIS소프트웨어를 사용하여 데이터베이스 상품을 특정매입상품으로 취급하여 반품하는 행위
③ 대규모 유통업자가 부당하게 납품업자 등에게 배타적 거래를 하도록 강요하는 경우
④ 정상가격으로 매입한 주문제조상품을 할인행사를 이유로 서류상의 매입가를 낮춰 재매입하고 낮춘 매입원가로 납품대금을 주는 경우
⑤ 직매입 납품업체의 납품과정에서 상품에 훼손이나 하자가 발생한 경우 상품대금을 감액하는 경우

22 샤인(Schein)이 제시한 조직 문화의 세 가지 수준에서 인식적 수준에 해당되는 것으로 가장 옳은 것은?

① 인지가치와 행위가치로 구분할 수 있는 가치관
② 개개인의 행동이나 관습
③ 인간성
④ 인간관계
⑤ 창작물

23 공급업자 평가방법 중 각 평가 기준의 중요성을 정확하게 판단할 수 없는 경우에 유용한 평가방법은?

① 가중치 평가방법
② 단일기준 평가방법
③ 최소기준 평가방법
④ 주요기준 평가방법
⑤ 평균지수 평가방법

24 소비자기본법(법률 제17799호, 2020.12.29., 타법개정)에 따라 국가가 광고의 내용이나 방법에 대한 기준을 제한할 수 있는 항목으로 옳지 않은 것은?

① 용도, 성분, 성능

② 소비자가 오해할 우려가 있는 특정용어나 특정표현

③ 광고의 매체

④ 광고 시간대

⑤ 광고 비용

25 상품을 품질수준에 따라 분류하거나 규격화함으로써 거래 및 물류를 원활하게 하는 유통의 기능으로 가장 옳은 것은?

① 보관기능

② 운송기능

③ 정보제공기능

④ 표준화기능

⑤ 위험부담기능

2과목　상권분석

26 지리정보시스템(GIS)을 이용한 상권분석과 관련한 내용으로 옳지 않은 것은?

① 각 동(洞)별 인구, 토지 용도, 평균지가 등을 겹쳐서 상권의 중첩을 표현할 수 있다.

② 직매입을 특정매입계약으로 전환하면서 기존 재고 조회 후 속성정보를 요약해 표현한 지도이다.

③ 버퍼는 점이나 선 또는 면으로부터 특정 거리 이내에 포함되는 영역을 의미한다.

④ 교차는 동일한 경계선을 가진 두 지도레이어를 겹쳐서 형상과 속성을 비교하는 기능이다.

⑤ 위상이란 지리적인 형상을 표현한 지도상의 상대적 위치를 알 수 있는 기능을 부여하는 역할을 한다.

27 구조적 특성에 의해 상권을 분류할 때 포켓상권에 해당하는 것으로 옳은 것은?

① 상가의 입구를 중심으로 형성된 상권

② 고속도로나 간선도로에 인접한 상권

③ 대형소매점과 인접한 상권

④ 소형소매점들로 구성된 상권

⑤ 도로나 산, 강 등에 둘러싸인 상권

28 중심지체계나 주변환경 등에 의해 분류할 수 있는 상권의 유형에 대한 설명으로 가장 옳지 않은 것은?

① 도심상권은 중심업무지구(CBD)를 포함하며 상권의 범위가 넓고 소비자들의 평균 체류시간이 길다.
② 근린상권은 점포인근 거주자들이 주요 소비자로 생활밀착형 업종의 점포들이 입지하는 경향이 있다.
③ 부도심상권은 간선도로의 결절점이나 역세권을 중심으로 형성되는 경우가 많으며 도시 전체의 소비자를 유인한다.
④ 역세권상권은 지하철이나 철도역을 중심으로 형성되며 지상과 지하의 입체적 상권으로 고밀도 개발이 이루어지는 경우가 많다.
⑤ 아파트상권은 고정고객의 비중이 높아 안정적인 수요 확보가 가능하지만 외부와 단절되는 경우가 많아 외부 고객을 유치하는 상권확대 가능성이 낮은 편이다.

29 소매점포의 상권범위나 상권형태는 소매점포를 이용하는 소비자의 공간적 분포를 나타낸다. 이에 대한 설명으로 가장 옳지 않은 것은?

① 소매점포의 면적이 비슷하더라도 업종이나 업태에 따라 개별점포의 상권범위는 차이가 날 수 있다.
② 동일 점포라도 소매전략에 따른 판촉활동 등의 차이에 따라 시기별로 점포의 상권범위는 변화한다.
③ 상권의 형태는 점포를 중심으로 일정한 거리 간격의 동심원 형태로 나타난다.
④ 동일한 지역에 인접하여 입지한 경우에도 점포 규모에 따라 개별점포의 상권범위는 차이가 날 수 있다.
⑤ 동일한 위치에서 입지조건의 변화가 없고 점포의 전략적 변화가 없어도 상권의 범위는 유동적으로 변화하기 마련이다.

30 상권 내의 경쟁점포 분석에 대한 설명으로 가장 옳지 않은 것은?

① 초점이 되는 조사문제를 중심으로 실시한다.
② 조사목적에 맞는 세부조사항목을 구체적으로 정해서 실시한다.
③ 상품구성분석은 상품구성기본정책, 상품계열구성, 품목 구성을 포함한다.
④ 가격은 조사당시 주력상품 특매상황이라도 실제 판매 가격을 분석한다.
⑤ 자사점포의 현황과 비교하여 조사결과를 분석한다.

31 크리스탈러(Christaller, W.)의 중심지이론에서 말하는 중심지 기능의 최대 도달거리(the range of goods and services)가 의미하는 것으로 가장 옳은 것은?

① 중심지의 유통서비스 기능이 지역거주자에게 제공될 수 있는 한계거리
② 소비자가 도보로 접근할 수 있는 중심지까지의 최대 도달거리
③ 전문품 상권과 편의품 상권의 지리적 최대 차이
④ 상위 중심지와 하위 중심지 사이의 거리
⑤ 상업중심지의 정상이윤 확보에 필요한 수요를 충족시키는 상권범위

32 상권 내 소비자의 소비패턴이나 공간이용실태 등을 조사하기 위해 표본조사를 실시할 때 사용할 수 있는 비확률표본추출 방법에 해당하는 것으로 가장 옳은 것은?

① 층화표본추출법(stratified random sampling)
② 체계적표본추출법(systematic sampling)
③ 단순무작위표본추출법(simple random sampling)
④ 할당표본추출법(quota sampling)
⑤ 군집표본추출법(cluster sampling)

33 상권의 질(質)에 대한 설명으로 가장 옳지 않은 것은?

① 소매포화지수(IRS ; index of retail saturation)와 시장확장잠재력(MEP ; market expansion potentials)이 모두 높은 상권은 좋은 상권이다.
② 상권의 질을 평가하는 정량적 요소로는 통행량, 야간 인구, 연령별 인구, 남녀 비율 등이 있다.
③ 상권의 질을 평가하는 정성적 요소로는 통행객의 복장, 소지 물건, 보행 속도, 거리 분위기 등이 있다.
④ 일반적으로 특정 지역에 유사한 단일 목적으로 방문하는 통행객보다는 서로 다른 목적으로 방문하는 통행객이 많을수록 상권의 질은 낮아진다.
⑤ 오피스형 상권은 목적성이 너무 강하므로 통행량이 많더라도 상권의 매력도가 높지 않을 수 있다.

34 도심으로부터 새로운 교통로가 발달하면 교통로를 축으로 도매, 경공업 지구가 부채꼴 모양으로 확대된다는 공간구조이론으로 가장 옳은 것은?

① 버제스(E.W. Burgess)의 동심원지대이론(concentric zone theory)
② 해리스(C.D. Harris)의 다핵심이론(multiple nuclei theory)
③ 호이트(H. Hoyt)의 선형이론(sector theory)
④ 리카도(D. Ricardo)의 차액지대설(differential rent theory)
⑤ 마르크스(K.H. Marx)의 절대지대설(absolute rent theory)

35 인구 9만명인 도시 A와 인구 1만명인 도시 B 사이의 거리는 20Km이다. 컨버스의 공식을 적용할 때 도시 B로부터 두 도시(A, B) 간 상권분기점까지의 거리로 옳은 것은?

① 5km
② 10km
③ 15km
④ 20km
⑤ 25km

36 신규점포의 입지를 결정하는 과정에서 후보입지의 매력도 평가에 활용할 수 있는 회귀분석모형에 관한 설명으로 가장 옳지 않은 것은?

① 종속변수는 독립변수의 영향을 받는 관계이므로 종속변수와 상관관계가 있는 독립변수를 포함시켜야 한다.

② 회귀분석모형에 포함되는 독립변수들은 서로 상관관계가 높지 않고 독립적이어야 한다.

③ 성과에 영향을 미치는 독립변수로는 점포 자체의 입지적 특성과 상권 내 경쟁수준 등을 포함시킬 수 있다.

④ 인구수, 소득수준, 성별, 연령 등 상권 내 소비자들의 특성을 독립변수로 포함시킬 수 있다.

⑤ 2~3개의 표본점포를 사용하면 실무적으로 설명력 있는 회귀모형을 도출하는 데 충분하다.

37 상품 키오스크(merchandise kiosks)에 대한 설명으로서 가장 옳지 않은 것은?

① 쇼핑몰의 공용구역에 설치되는 판매공간이다.

② 쇼핑몰 내 일반점포보다 단위면적당 임대료가 낮다.

③ 쇼핑몰 내 일반점포에 비해 임대차 계약기간이 길다.

④ 디스플레이 공간이 넓어 점포 면적에 비해 충분한 창의성을 발휘할 수 있다.

⑤ 쇼핑몰 내 다른 키오스크들과 경쟁이 심화될 가능성이 높다.

38 유통산업발전법(법률 제19117호, 2022.12.27., 타법개정)에서는 필요하다고 인정하는 경우 대형마트에 대한 영업시간 제한이나 의무휴업일 지정을 규정하고 있다. 그 내용으로 가장 옳은 것은?

① 의무휴업일은 공휴일이 아닌 날 중에서 지정하되, 이해당사자와 합의를 거쳐 공휴일을 의무휴업일로 지정할 수 있다.

② 특별자치시장·시장·군수·구청장 등은 매월 하루 이상을 의무휴업일로 지정하여야 한다.

③ 영업시간 제한 및 의무휴업일 지정에 필요한 사항은 해당 지방자치단체장의 명령으로 정한다.

④ 특별자치시장·시장·군수·구청장 등은 오후 11시부터 오전 10시까지의 범위에서 영업시간을 제한할 수 있다.

⑤ 영업시간 제한이나 의무휴업일 지정은 건전한 유통질서 확립, 근로자의 건강권 및 대형점포 등과 중소 유통업의 상생발전을 위한 것이다.

39 입지분석은 지역분석, 상권분석, 부지분석 등의 세 가지 수준에서 실시한다. 경쟁분석을 실시하는 분석 수준으로서 가장 옳은 것은?

① 지역분석(regional analysis)

② 부지분석(site analysis)

③ 상권분석(trade area analysis)

④ 지역 및 상권분석(regional and trade area analysis)

⑤ 상권 및 부지분석(trade area and site analysis)

23년

40 업태에 따른 소매점포의 적절한 입지유형을 설명한 페터(R. M. Fetter)의 공간균배원리를 적용한 것으로 가장 옳지 않은 것은?

① 편의품점 – 산재성 입지

② 선매품점 – 집재성 입지

③ 부피가 큰 선매품의 소매점 – 국부적집중성 입지

④ 전문품점 – 집재성 입지

⑤ 고급고가품점 – 집심성 입지

41 소비자가 원하는 시간과 장소에서 상품을 구입할 수 있게 해야 한다는 의미에서의 상품에 대한 소비자들의 물류요구와 취급하는 소매점 숫자의 관계에 대한 기술로 가장 옳은 것은?

① 물류요구가 높을수록 선택적 유통이 이루어진다.

② 물류요구가 낮을수록 집중적 유통이 이루어진다.

③ 물류요구에 상관없이 전속적 유통이 효율적이다.

④ 물류요구의 크기만으로는 취급하는 소매점 숫자를 알 수 없다.

⑤ 물류요구의 크기는 취급하는 소매점 숫자에 영향을 미치지 않는다.

42 점포개점을 위한 투자계획의 내용으로서 가장 옳지 않은 것은?

① 자금조달계획   ② 자금운용계획

③ 수익계획   ④ 비용계획

⑤ 상품계획

43 도시상권의 매력도에 직접적으로 영향을 미치는 특성으로서 가장 옳지 않은 것은?

① 인 구
② 교통망
③ 소득수준
④ 소매단지 분포
⑤ 행정구역 구분

44 상권분석의 주요한 목적으로 가장 옳지 않은 것은?

① 상권범위 설정
② 경쟁점포 파악
③ 빅데이터 축적
④ 예상매출 추정
⑤ 적정임차료 추정

45 상가건물 임대차보호법(법률 제18675호, 2022.1.4., 일부개정) 등의 관련 법규에서는 아래 글상자와 같이 상가 임대료의 인상률 상한을 규정하고 있다. 괄호 안에 들어갈 내용으로 옳은 것은?

> 차임 또는 보증금의 증액청구는 청구당시의 차임 또는 보증금의 100분의 (   )의 금액을 초과하지 못한다.

① 3　　　　　　　　　　　　　② 4
③ 5　　　　　　　　　　　　　④ 8
⑤ 10

3과목 　 유통마케팅

---

46 통합적 마케팅커뮤니케이션(IMC ; Integrated Marketing Communication)에 대한 설명으로 가장 옳지 않은 것은?

① 광고, 판매촉진, PR, 인적판매, 다이렉트 마케팅 등 다양한 촉진믹스들을 활용한다.
② 명확하고 설득력 있는 메시지를 일관되게 전달하는 것이 목적이다.
③ 동일한 표적고객에 대한 커뮤니케이션은 서로 동일한 메시지를 전달한다.
④ 서로 다른 촉진믹스들이 수행하는 차별적 커뮤니케이션 역할들을 신중하게 조정한다.
⑤ 모든 마케팅 커뮤니케이션 캠페인들이 동일한 촉진 목표를 달성하도록 관리한다.

47 점포공간을 구성할 경우, 점포에서의 역할을 고려한 각각의 공간에 대한 설명으로 가장 옳지 않은 것은?

① 서비스 공간은 휴게실, 탈의실 등과 같이 소비자의 편의와 편익을 위해 설치하는 곳이다.
② 진열 판매 공간은 상품을 진열하여 주로 셀프 판매를 유도하는 곳이다.
③ 판매 예비 공간은 소비자에게 상품에 대한 정보를 전달하거나 결제를 도와주는 곳이다.
④ 판촉 공간은 판촉상품을 전시하는 곳이다.
⑤ 인적 판매 공간은 판매원이 소비자에게 상품을 보여주고 상담을 하는 곳이다.

48 마케팅믹스 요소인 4P 중 유통(place)을 구매자 관점인 4C로 표현한 것으로 가장 옳은 것은?

① 고객맞춤화(customization)
② 커뮤니케이션(communication)
③ 고객문제해결(customer solution)
④ 편의성(convenience)
⑤ 고객비용(customer cost)

49 온라인광고의 유형에 대한 설명으로 가장 옳지 않은 것은?

① 배너광고(banner advertising)는 웹페이지의 상하좌우 또는 중간에서도 볼 수 있다.
② 삽입광고(insertional advertising)는 웹사이트 화면이 바뀌고 있는 동안에 출현하는 온라인 전시광고이다.
③ 검색관련광고(search-based advertising)는 포털사이트에 검색엔진 결과와 함께 나타나는 링크와 텍스트를 기반으로 하는 광고이다.
④ 리치미디어광고(rich media advertising)는 현재 보고 있는 창 앞에 나타나는 새로운 창에 구현되는 온라인 대금청구 광고이다.
⑤ 바이럴광고(viral advertising)는 인터넷상에서 소비자가 직접 입소문을 퍼트리도록 유도하는 광고이다.

50 브랜드 관리와 관련된 설명으로 가장 옳지 않은 것은?

① 브랜드 자산(brand equity)이란 해당 브랜드를 가졌기 때문에 발생하는 차별적 브랜드 가치를 말한다.
② 브랜드 재인(brand recognition)은 브랜드가 과거에 본인에게 노출된 적이 있음을 알아차리는 것이다.
③ 브랜드 회상(brand recall)이란 브랜드 정보를 기억으로부터 인출하는 것을 말한다.
④ 브랜드 인지도(brand awareness)는 브랜드 이미지의 풍부함을 의미한다.
⑤ 브랜드 로열티(brand loyalty)가 높을수록 브랜드 자산(brand equity)이 증가한다고 볼 수 있다.

51 상품판매에 대한 설명으로 옳지 않은 것은?

① 인적판매는 개별적이고 심도 있는 쌍방향 커뮤니케이션이 가능한 것이 장점이다.

② 판매는 회사의 궁극적 목적인 수익창출을 실제로 구현하는 기능이다.

③ 전략적 관점에서 고객과의 관계를 형성하는 영업을 중요시하던 과거 방식에 비해 판매기술이 고도화되는 요즘은 판매를 빠르게 달성하는 전술적, 기술적 관점이 더욱 부각되고 있다.

④ 판매는 고객과의 커뮤니케이션을 통해 상품을 판매하고, 고객과의 관계를 구축하고자 하는 활동이다.

⑤ 판매활동은 크게 신규고객을 확보하기 위한 활동과 기존고객을 관리하는 활동으로 나눌 수 있다.

52 아래 글상자가 설명하는 머천다이징의 종류로 가장 옳은 것은?

소매업, 2차상품 제조업자, 가공업자 및 소재메이커가 수직적으로 연합하여 상품계획을 수립하는 머천다이징 방식이다. 이는 시장을 세분화하여 파악한 한정된 세분시장을 타겟고객으로 하여 이들에 알맞은 상품화 전략을 전개하는 것이다.

① 혼합식 머천다이징

② 세그먼트 머천다이징

③ 선별적 머천다이징

④ 계획적 머천다이징

⑤ 상징적 머천다이징

53 판매서비스는 거래계약의 체결 또는 완결을 지원하는 거래지원서비스 및 구매 과정에서 고객이 지각하는 가치를 향상시키는 가치증진서비스로 구분할 수 있다. 가치증진서비스에 해당되는 것으로 가장 옳은 것은?

① 상품의 구매와 사용 방법에 관한 정보제공

② 충분한 재고 보유와 안전한 배달을 보장하는 주문처리

③ 명료하고 정확하며 이해하기 쉬운 청구서를 발행하는 대금청구

④ 친절한 접객서비스와 쾌적한 점포분위기 제공

⑤ 고객이 단순하고 편리한 방식으로 대금을 납부하게 하는 대금지불

54 전략과 연계하여 성과를 평가하기 위해 유통기업은 균형 점수표(BSC ; Balanced Score Card)를 활용하기도 한다. 균형점수표의 균형(balanced)의 의미에 대한 설명으로서 가장 옳지 않은 것은?

① 단기적 성과지표와 장기적 성과지표의 균형

② 과거 성과지표와 현재 성과지표 사이의 균형

③ 선행 성과지표와 후행 성과지표 사이의 균형

④ 내부적 성과지표와 외부적 성과지표 사이의 균형

⑤ 재무적 성과지표와 비재무적 성과지표 사이의 균형

55 사람들은 신제품이나 혁신을 수용하고 구매하는 성향에서 큰 차이를 갖는다. 자신의 커뮤니티에서 여론 주도자이며 신제품이나 혁신을 조기에 수용하지만 매우 신중하게 구매하는 집단으로 가장 옳은 것은?

① 혁신자(innovator)

② 조기 수용자(early adopter)

③ 조기 다수자(early majority)

④ 후기 다수자(late majority)

⑤ 최후 수용자(laggard)

56 표적시장을 수정하거나 제품을 수정하거나 마케팅믹스를 수정하는 마케팅전략을 수행해야 하는 제품수명주기상의 단계로서 가장 옳은 것은?

① 신제품 출시 이전(以前)

② 도입기

③ 성장기

④ 성숙기

⑤ 쇠퇴기

57 중고품을 반납하고 신제품을 구매한 고객에게 가격을 할인해 주거나 판매촉진행사에 참여한 거래처에게 구매대금의 일부를 깎아주는 형식의 할인으로 가장 옳은 것은?

① 기능 할인(functional discount)

② 중간상 할인(trade discount)

③ 공제(allowances)

④ 수량 할인(quantity discount)

⑤ 계절 할인(seasonal discount)

58 카테고리 매니지먼트에 대한 설명으로 가장 옳지 않은 것은?

① 특정 제품 카테고리의 매출과 이익을 최대화하기 위한 원료공급부터 유통까지의 공급망에 대한 통합적 관리

② 제조업체와 협력을 통해 특정 제품 카테고리를 공동경영하는 과정

③ 제품 카테고리의 효율 극대화를 위한 전반적인 머천다이징 전략과 계획

④ 소매업체와 벤더, 제조업체를 포함하는 유통경로 구성원들 간에 제품 카테고리에 대한 사전 합의 필요

⑤ 고객니즈 변화에 대한 신속한 대응뿐만 아니라 재고와 점포운영비용의 절감 효과 가능

59 아래 글상자의 성과측정 지표들 중 머천다이징에서 상품관리 성과를 측정하기 위한 지표들만을 나열한 것으로 옳은 것은?

> ㉠ 총자산수익률(return on asset)
> ㉡ 총재고투자마진수익률(gross margin return on investment)
> ㉢ 재고회전율(inventory turnover)
> ㉣ ABC분석(ABC analysis)
> ㉤ 판매추세분석(sell-through analysis)

① ㉠, ㉡

② ㉠, ㉡, ㉢

③ ㉡, ㉢, ㉣

④ ㉢, ㉣, ㉤

⑤ ㉣, ㉤

60 유통경로에 대한 촉진 전략 중 푸시 전략에 해당하는 것으로 가장 옳지 않은 것은?

① 소매상과의 협력 광고

② 신제품의 입점 및 진열비 지원

③ 진열과 판매 보조물 제공

④ 매장 내 콘테스트와 경품추첨

⑤ 판매경연대회와 인센티브 제공

61 아래 글상자에서 제품수명주기에 따른 광고 목표 중 도입기의 광고 목표와 관련된 광고만을 나열한 것으로 가장 옳은 것은?

> ㉠ 제품 성능 및 이점에 대한 인지도를 높이는 정보제공형 광고
> ㉡ 우선적으로 자사 브랜드를 시장에 알리기 위한 인지도 형성 광고
> ㉢ 제품 선호도를 증가시키고 선택적 수요를 증가시키는 설득형 광고
> ㉣ 여러 제품 또는 브랜드 중 자사 제품을 선택해야 하는 이유를 제공하는 비교 광고
> ㉤ 브랜드를 차별화하고 충성도를 높이는 강화 광고
> ㉥ 자사의 브랜드와 특정 모델, 또는 특정 색이나 사물들과의 독특한 연상을 만드는 이미지 광고
> ㉦ 소비자의 기억 속에 제품에 대한 기억이 남아있을 수 있도록 하는 회상 광고

① ㉠, ㉡

② ㉠, ㉡, ㉤

③ ㉡, ㉢

④ ㉡, ㉢, ㉣

⑤ ㉤, ㉥, ㉦

62 기업과의 관계 진화과정에 따라 분류한 고객의 유형으로 가장 옳지 않은 것은?

① 잠재고객

② 신규고객

③ 기존고객

④ 이탈고객

⑤ 불량고객

63 '주스 한 잔에 00원' 등과 같이 오랫동안 소비자에게 정착되어 있는 가격을 지칭하는 용어로 가장 옳은 것은?

① 균일가격

② 단수가격

③ 명성가격

④ 관습가격

⑤ 단계가격

64 CRM 전략을 위한 데이터웨어하우스에 대한 설명으로 가장 옳은 것은?

① 조직 내의 모든 사람이 다양하게 이용할 수 있도록 데이터들을 통합적으로 보관·저장하는 시스템이다.
② 의사결정에 필요한 정보를 생산할 수 있도록 다양한 소스로부터 모아서 임시로 정리한 데이터이다.
③ 의사결정에 필요한 데이터를 분석 가능한 형태로 변환하고 가공하여 저장한 요약형 기록 데이터이다.
④ 데이터의 신속한 입력, 지속적인 갱신, 추적 데이터의 무결성이 중시되는 실시간 상세 데이터이다.
⑤ 일정한 포맷과 형식이 없어 사용자가 원하는 작업을 수행할 수 있는 데이터들의 집합이다.

65 매장의 상품배치에 관한 제안으로 가장 옳지 않은 것은?

① 가격 저항이 낮은 상품은 고객의 출입이 잦은 곳에 배치한다.
② 충동구매 성격이 높은 상품은 고객을 유인하기 위해 매장의 안쪽에 배치한다.
③ 고객이 꼭 구매하려고 계획한 상품의 경우 위치와 상관없이 움직이는 경향이 있다.
④ 일반적으로 선매품의 경우 매장 안쪽에 배치한다.
⑤ 매장 입구에서 안쪽으로 들어갈수록 가격이 높은 상품을 배치하면 가격저항감을 줄일 수 있다.

66 고객 편리성을 높이기 위한 점포구성 방안으로서 가장 옳지 않은 것은?

① 고객 이동의 정체와 밀집을 막아 이동을 원활하게 하는 레이아웃 구성
② 자유로운 고객 흐름을 방해하지 않게 양방통행 원칙을 준수하여 통로 설계
③ 원스톱 쇼핑을 위해 다종다양의 상품을 제공하기 위한 스크램블드(scrambled) 머천다이징
④ 상품을 빨리 찾을 수 있게 연관성이 높은 상품군별로 모아 놓는 크로스(cross) 진열
⑤ 면적이 넓은 점포의 경우 휴식을 취할 수 있는 휴식시설 설치

67 CRM(customer relationship management) 실행 순서를 나열한 것으로 가장 옳은 것은?

① 고객니즈분석 – 대상고객선정 – 가치창조 – 가치제안 – 성과평가
② 가치제안 – 가치창조 – 고객니즈분석 – 대상고객선정 – 성과평가
③ 고객니즈분석 – 가치제안 – 대상고객선정 – 가치창조 – 성과평가
④ 가치창조 – 고객니즈분석 – 대상고객선정 – 가치제안 – 성과평가
⑤ 대상고객선정 – 고객니즈분석 – 가치창조 – 가치제안 – 성과평가

68 마케팅 조사에 대한 설명으로 가장 옳지 않은 것은?

① 기술조사는 표적모집단이나 시장의 특성에 관한 자료를 수집·분석하고 결과를 기술하는 조사이다.

② 2차 자료는 당면한 조사목적이 아닌 다른 목적을 위해 과거에 수집되어 이미 존재하는 자료이다.

③ 1차 자료는 당면한 조사목적을 달성하기 위하여 조사자가 직접 수집한 자료이다.

④ 마케팅 조사에는 정성조사와 정량조사 모두 필수적으로 제시되어야 한다.

⑤ 탐색조사는 조사문제가 불명확할 때 기본적인 통찰과 아이디어를 얻기 위해 실시하는 조사이다.

69 점포의 비주얼 머천다이징 요소로서 가장 옳지 않은 것은?

① 점두, 출입구, 건물 외벽 등의 점포 외장

② 매장 및 후방, 고객 동선, 상품배치 등의 레이아웃

③ 매장 인테리어, 조명, 현수막 등의 점포 내부

④ 진열 집기, 트레이, 카운터 등 각종 집기

⑤ 종업원의 복장, 머리카락, 청결 상태 등의 위생

70 상품진열에 대한 설명으로 가장 옳지 않은 것은?

① 고객의 오감을 즐겁게 하면서도 찾기 쉽고 선택을 용이하게 하는 진열을 한다.

② 매장 입구에는 구매빈도가 높은 상품위주로 진열한다.

③ 오픈진열을 할 경우 경품 및 행사상품, 고회전상품, 저회전상품 순으로 진열한다.

④ 셀프서비스 판매방식 소매점에서는 소비자가 직접 상품을 선택할 수 있도록 곤돌라 또는 쇼케이스를 이용한 진열방식의 활용이 일반적이다.

⑤ 엔드진열은 신상품, 행사상품의 효율적 소구를 위해 매장의 빈 공간에 독립적으로 진열하는 방식이다.

71 아래 글상자의 괄호 안에 들어갈 용어를 순서대로 바르게 나열한 것으로 가장 옳은 것은?

> 알파고 리(기존 버전 알파고)는 프로 바둑기사들의 기보 데이터를 대량으로 입력받아 학습하는 (㉠)이
> 필요했다. 반면 알파고 제로는 바둑 규칙 이외에 아무런 사전 지식이 없는 상태에서 인공신경망 기술을
> 활용하여 스스로 대국하며 바둑 이치를 터득해서 이기기 위한 수를 스스로 생성해낸다. 이렇듯 수많은
> 시행착오를 통해 최적의 행동을 찾아내는 방식을 (㉡)이라 한다.

① ㉠ 지도학습, ㉡ 비지도학습
② ㉠ 지도학습, ㉡ 준지도학습
③ ㉠ 지도학습, ㉡ 강화학습
④ ㉠ 강화학습, ㉡ 지도학습
⑤ ㉠ 강화학습, ㉡ 준지도학습

72 드론의 구성요인에 대한 설명으로 가장 옳지 않은 것은?

① 드론의 항법센서로는 전자광학센서, 초분광센서, 적외선센서 등이 있다.
② 드론 탑재 컴퓨터는 드론을 운영하는 브레인 역할을 하며 드론의 위치, 모터, 배터리 상태 등을 확인할
  수 있게 한다.
③ 드론 모터는 드론의 움직임이 가능하도록 지원하고, 배터리는 모터에 에너지를 제공한다.
④ 드론 임무장비는 드론이 비행을 하면서 특정한 임무를 하도록 장착된 관련 장비를 의미한다.
⑤ 드론 프로펠러 및 프레임은 드론이 비행하도록 프레임 워크를 제공한다.

73 아래 글상자에서 설명하는 용어로 가장 옳은 것은?

> 모든 디바이스가 정보의 뜻을 이해하고 논리적인 추론까지 할 수 있는 지능형 기술로 사람의 머릿속에
> 있는 언어에 대한 이해를 컴퓨터 언어로 표현하고 이것을 컴퓨터가 사용할 수 있게 만드는 것이다. 이
> 기술은 웹페이지에 담긴 내용을 이해하고 개인 맞춤형 서비스를 제공받아 지능화된 서비스를 제공하는
> 웹 3.0의 기반이 된다.

① 고퍼(gopher)
② 냅스터(napster)
③ 시맨틱웹(semantic-web)
④ 오페라(opera)
⑤ 웹클리퍼(web-clipper)

74 공급사슬의 성과지표들 중 고객서비스의 신뢰성 지표로 가장 옳은 것은?

① 평균 재고 회전율
② 약속 기일 충족률
③ 신제품 및 신서비스 출시 숫자
④ 특별 및 긴급 주문을 처리하는 데 걸리는 시간
⑤ 납기를 맞추기 위해 요구되는 긴급주문의 횟수

75 지식경영에 대한 설명으로 가장 옳지 않은 것은?

① 피터 드러커(Peter Drucker, 1954)는 재무 지식 뿐만 아니라 비재무 지식을 활용해 경영성과를 측정하는 균형성과표를 제시하였다.
② 위그(Wigg, 1986)는 지식경영을 지식 및 지식관련 수익을 극대화시키는 경영활동이라고 정의하였다.
③ 노나카(Nonaka, 1991)는 지식경영을 형식지와 암묵지의 순환과정을 통해 경쟁력을 확보하는 경영활동이라고 정의하였다.
④ 베크만(Bechman, 1997)은 지식경영을 조직의 역량, 업무성과 및 고객가치를 제고하는 경영활동이라고 정의하였다.
⑤ 스베이비(Sveiby, 1998)는 지식경영을 무형자산을 통해 가치를 창출하는 경영활동이라고 정의하였다.

76 웹 2.0을 가능하게 하고 지원하는 기술에 대한 설명으로 가장 옳지 않은 것은?

① 폭소노미(folksonomy)란 자유롭게 선택된 일종의 태그인 키워드를 사용해 구성원들이 함께 정보를 체계화하는 방식이다.
② UCC(user created contents)는 사용자들이 웹 콘텐츠의 생산자인 동시에 소비자로서의 역할을 가능하게 하여 참여와 공유를 지원한다.
③ 매시업(mashup)은 웹 콘텐츠를 소프트웨어가 자동적으로 이해하고 처리할 수 있도록 지원하여 정보와 지식의 공유 및 협력을 촉진한다.
④ API(application programming interface)는 응용 프로그램에서 사용할 수 있도록 컴퓨터 운영체제나 프로그래밍 언어가 제공하는 기능을 제어할 수 있도록 만든 인터페이스이다.
⑤ RSS(rich site summary)란 웹 공간에서 콘텐츠 공유를 촉진하며, 특정 사이트에서 새로운 정보가 있을 때 자동적으로 받아볼 수 있는 콘텐츠 배급방식이다.

77 스튜워트(W. M. Stewart)가 주장하는 물류의 중요성이 강조되는 이유로 가장 옳지 않은 것은?

① 재고비용절감을 위해서는 증가된 주문 횟수를 처리할 새로운 시스템의 도입이 필요하다.

② 소비자의 제품가격 인하 요구는 능률적이며 간접적인 제품 분배경로를 필요로 하게 되었다.

③ 기업은 물류 서비스 개선 및 물류비 절감을 통해 고객에 대한 서비스 수준을 높일 수 있으며, 이는 기업에게 새로운 수요 창출의 기회가 된다.

④ 소비자의 제품에 대한 다양한 요구는 재고 저장단위 수의 증대를 필요로 하며, 이는 다목적 창고 재고 유지, 재고 불균형 등의 문제를 발생시킨다.

⑤ 가격결정에 있어 신축성을 부여하기 위해서는 개별시장으로의 운송에 소요되는 실제 분배비용에 의존 하기보다는 전국적인 평균비용의 산출이 필요하게 되었다.

78 POS(point of sale)시스템 도입에 따른 장점으로 가장 옳지 않은 것은?

① 매상등록시간이 단축되어 고객 대기시간이 줄며 계산대의 수를 줄일 수 있다.

② 단품관리에 의해 잘 팔리는 상품과 잘 팔리지 않는 상품을 즉각 찾아낼 수 있다.

③ 적정 재고수준의 유지, 물류관리의 합리화, 판촉전략의 과학화 등의 효과를 가져올 수 있다.

④ POS터미널의 도입에 의해 판매원 교육 및 훈련시간이 짧아지고 입력오류를 방지할 수 있다.

⑤ CPFR(collaborative planning, forecasting and replenishment)과 연계하여 신속하고 적절한 구매 를 할 수 있다.

79 빅데이터 분석 기술들 중 아래 글상자에서 설명하는 용어로 가장 옳은 것은?

> 관찰된 연속형 변수들에 대해 두 변수 사이의 모형을 구한 뒤 적합도를 측정해내는 방법으로, 시간에 따라 변화하는 데이터나 변수들의 어떤 영향 및 가설적 실험, 인과관계 모델링 등의 통계적 예측에 이용 될 수 있다.

① 감성분석

② 기계학습

③ 회귀분석

④ 텍스트 마이닝(text mining)

⑤ 오피니언 마이닝(opinion mining)

80 EDI(electronic data interchange)에 대한 설명으로 가장 옳지 않은 것은?

① EDI는 기업 간에 교환되는 거래서식을 컴퓨터로 작성하고 통신망을 이용하여 직접 전송하는 정보교환 방식을 의미한다.

② EDI가 이루어지기 위해서는 거래업체들 간에 서로 교환할 데이터의 형태와 그 데이터를 어떻게 표현 할 것인가에 대한 상호합의가 필요하다.

③ EDI를 이용하면 지금까지 종이형태의 문서에 기록하고 서명한 다음, 우편을 통해 전달되던 각종 주문 서, 송장, 지불명세서 등이 데이터통신망을 통해 전자적으로 전송되고 처리된다.

④ EDI는 교환되는 거래문서에 대해 통용될 수 있는 표준양식이 정해져야 하며, 이를 통해 전달되는 데이터의 형식이 통일된 후, 이러한 데이터가 일정한 통신표준에 입각해서 상호 간에 교환될 수 있어 야 한다.

⑤ 전자문서의 사설표준은 특정 산업분야에서 채택되어 사용되는 표준을 말하며, 사설표준의 대표적인 것에는 국제상품 코드관리기관인 EAN(국내의 경우 : KAN)이 개발·보급하고 있는 유통부문의 전자 문서 국제표준인 EANCOM이 있다.

81 유통정보혁명의 시대에서 유통업체의 경쟁우위 확보 방안으로 가장 옳지 않은 것은?

① 마케팅 개념측면에서 유통업체는 제품 및 판매자 중심에서 고객 중심으로 변화해야 한다.

② 마케팅 개념측면에서 유통업체는 매스(mass) 마케팅에서 일대일 마케팅으로 변화해야 한다.

③ 마케팅 개념측면에서 유통업체는 기존의 다이렉트(direct)마케팅에서 푸시(push) 마케팅으로 변화해 야 한다.

④ 비즈니스 환경측면에서 유통업체는 전략적 제휴와 글로벌화(globalization)를 추진해야 한다.

⑤ 비즈니스 환경측면에서 유통업체는 제품 및 공정 기술의 보편화로 인해 도래하는 물류 경쟁 시대의 급격한 변화에 대비해야 한다.

82 유통정보시스템의 개념에 대한 설명으로 가장 옳지 않은 것은?

① 물류비용과 재고비용을 감축하여 채널단계에 참여하는 모두가 이익을 얻을 수 있게 한다.

② 유통정보와 프로세스의 흐름을 확보해 시간차로 발생하는 가시성 문제를 최소화하여 시장수요와 공급 을 조절해 주고 각 개인이 원하는 제품과 서비스 공급이 원활하도록 지원한다.

③ 유통정보시스템은 경영자가 유통과 관련된 기업의 목표를 달성하기 위한 효율적이고 효과적인 의사결 정을 하는 데 필요한 정보제공을 위해 설계되어야 한다.

④ 유통거래를 지원하는 정보시스템으로 관련된 기존 시스템의 정보를 추출, 변환, 저장하는 과정을 거쳐 업무담당자 목적에 맞는 정보만을 모아 관리할 수 있도록 지원해 준다.

⑤ 유통정보시스템은 기업의 유통활동 수행에 필요한 정보의 흐름을 통합하여 전사적 유통을 가능하게 하고 유통계획, 관리, 거래처리 등에 필요한 데이터를 처리하여 유통관련 의사결정에 필요한 정보를 적시에 제공하기 위한 절차, 설비, 인력을 뜻한다.

83 지식관리시스템에 대한 설명으로 가장 옳지 않은 것은?

① 기업은 고객에게 지속적이고 일관성 있는 정보를 제공하기 위해서 지식관리시스템을 활용한다.

② 기업은 지식네트워킹을 통해서 새로운 제품을 출시할 수 있고 고객에게 양질의 서비스를 제공할 수 있다.

③ 지식을 보유·활용함으로써 제품 및 서비스 가치를 향상시키고 기업의 지속적인 성장에 기여할 수 있다.

④ 기업들은 동종 산업에 있는 조직들의 우수사례(best practice)를 그들 조직에 활용하여 많은 시간을 절약할 수 있다.

⑤ 지식관리시스템은 지식관리 플랫폼으로 고객지원센터 등 기업 내부 지원을 위해 활용되고 있으며, 챗봇, 디지털어시스트 등 고객서비스와는 거리가 멀다.

84 아래 글상자의 괄호 안에 들어갈 용어가 순서대로 바르게 나열된 것은?

> 오픈AI는 대화형 인공지능 챗봇 서비스인 ChatGPT를 개발하였다. ChatGPT의 등장은 (㉠) 서비스의 대중화를 알리는 첫 시작이라는데 가장 큰 의의가 있다. 기존에는 (㉡) 서비스가 주를 이뤘으나 ChatGPT의 등장으로 이같은 방식의 서비스가 각광받을 것으로 예상된다.

① ㉠ 식별 AI(discriminative AI), ㉡ 생성 AI(generative AI)

② ㉠ 강한 AI(strong AI), ㉡ 약한 AI(weak AI)

③ ㉠ 생성 AI(generative AI), ㉡ 식별 AI(discriminative AI)

④ ㉠ 약한 AI(weak AI), ㉡ 강한 AI(strong AI)

⑤ ㉠ 논리적 AI(logical AI), ㉡ 물리적 AI(physical AI)

85 바코드와 관련된 용어에 대한 설명으로 가장 옳지 않은 것은?

① ITF-14 바코드는 GS1이 개발한 국제표준바코드로, 물류 단위에 부여된 식별코드를 기계가 읽을 수 있도록 막대 모양으로 표현한 것이다.

② GS1 DataMatrix는 우리나라 의약품 및 의료기기에 사용되는 유일한 의약품표준바코드로, 다양한 추가 정보를 입력하면서도 작은 크기로 인쇄가 가능하다.

③ GS1 응용식별자는 바코드에 입력되는 특수 식별자로 바로 다음에 나오는 데이터의 종류, 예를 들어 GTIN, 일련번호, 유통기한 등을 나타내는 지시자를 의미한다.

④ 내부관리자코드는 GS1 식별코드 중 하나로 특정 목적을 위해 내부(국가, 기업, 산업)용으로 사용되는 코드로 주로 가변규격상품이나 쿠폰의 식별을 위해 사용된다.

⑤ 국제거래단품식별코드는 국제적으로 거래되는 단품을 식별하기 위해 GS1이 만든 코드로 여기서 거래 단품(trade item)이란 공급망상에서 가격이 매겨지거나 주문 단위가 되는 상품을 지칭한다.

86 IoT(Internet of Things)에 대한 설명으로 가장 옳지 않은 것은?

23년

① 오늘날 5G 및 기타 유형의 네트워크 플랫폼이 거의 모든 곳에서 빠르고 안정적으로 대량의 데이터 세트를 처리해 주어 IoT 연결성을 높여 주고 있다.

② 연결상태는 24시간 always-on 방식이다.

③ IoT는 보안 및 개인정보보호 위험, 기술 간 상호운영성, 데이터 과부하, 비용 및 복잡성 등의 이슈가 관리되어야 한다.

④ 서비스 방식은 빠르고 쉽게 찾는 Pull 방식이다.

⑤ ICT 기반으로 주위의 모든 사물에 유무선 네트워크로 연결하여 사람과 사물, 사물과 사물 간에 정보를 교류하고 상호 소통하는 지능적 환경으로 진화하고 있다.

87 아래 글상자에서 설명하는 용어로 가장 옳은 것은?

> 이 개념은 의류산업에서 도입되기 시작하였으며, 소비자 위주의 시장환경에 재고부담을 줄이고 신제품 개발에 도움을 준다. 이것의 기본 개념은 시간 기반 경쟁의 장점을 성취하기 위해 빠르게 대응하는 시스템을 개발하는 것이다. 즉, 이것은 생산에서 유통까지 표준화된 전자거래체제를 구축하고, 기업 간의 정보공유를 통한 신속 정확한 납품, 생산/유통기간의 단축, 재고감축, 반품손실 감소 등을 실현하는 정보시스템이다.

① 풀필먼트(fulfillment)

② 신속대응(quick response)

③ 풀서비스(full service)

④ 푸시서비스(push service)

⑤ 최적화(optimization)

88 스미스, 밀버그, 버크(Smith, Milberg, Burke)는 '개인정보 활용에 따른 프라이버시 침해 우려에 대한 연구'를 통해 개인의 프라이버시 침해 우려 프레임워크를 제시하였다. 이 경우 유통업체의 개인정보 활용 증대에 따라 소비자들에게 발생할 수 있는 프라이버시 침해 우려에 대한 설명으로 가장 옳지 않은 것은?

① 유통업체가 지나치게 많은 개인정보를 수집하는 것에 대한 우려가 나타날 수 있다.

② 유통업체의 정보시스템에 저장된 개인정보에 권한이 없는 부적절한 접근에 대한 우려가 나타날 수 있다.

③ 유통업체에서의 인가받지 못한 개인정보에 대한 이차적 이용에 따른 우려가 나타날 수 있다.

④ 유통업체가 보유하고 있는 개인정보의 의도적 또는 사고적인 오류에 대해 적절하게 보호되고 있는지에 대한 우려가 나타날 수 있다.

⑤ 유통업체가 데이터 3법을 적용하여 개인정보를 활용함에 따라 개인이 자신의 정보에 대한 접근 권한을 차단당하는 상황이 발생할 수 있다는 우려가 나타날 수 있다.

89 빅데이터는 다양한 유형으로 존재하는 모든 데이터가 대상이 된다. 데이터 유형과 데이터 종류, 그에 따른 수집 기술의 연결이 가장 옳지 않은 것은?

① 정형데이터 - RDB - ETL
② 정형데이터 - RDB - Open API
③ 반정형데이터 - 비디오 - Open API
④ 비정형데이터 - 이미지 - Crawling
⑤ 비정형데이터 - 소셜데이터 - Crawling

90 정부는 수산물의 건강한 유통을 위해 수산물 이력제를 시행하고 있다. 이에 대한 설명으로 가장 옳지 않은 것은?

① 수산물을 수확하는 어장에서 시작하여 소비자의 식탁에 이르기까지 수산물의 유통 과정에 대한 정보를 관리하고 공개해서 소비자들이 안전하게 수산물을 선택할 수 있도록 도와주는 제도이다.
② 수산물 이력제의 등록표시는 표준화와 일관성을 위해 바코드로 된 이력추적관리번호만 사용한다.
③ 식품안전사고를 대비하기 위해 소비자가 구매한 수산물의 유통과정이 투명하게 공개되도록 관리하여 신속한 사고발생 단계 파악 및 조속한 조치가 가능하다.
④ 생산자는 수산물에 대한 품질 및 위생정보를 효과적으로 관리할 수 있고 축적된 정보로 소비패턴 및 니즈파악이 가능하다.
⑤ 수산물 이력제의 활용은 위생 부분의 국제기준을 준수하여 수산물 관리의 국제 경쟁력을 높여 주는 효과가 있다.

2023년

기출문제
정답 및 해설

가장 어두운 밤도 끝날 것이다.
그리고 태양은 떠오를 것이다.

– 빈센트 반 고흐 –

자격증 · 공무원 · 금융/보험 · 면허증 · 언어/외국어 · 검정고시/독학사 · 기업체/취업

이 시대의 모든 합격! SD에듀에서 합격하세요!

www.youtube.com → SD에듀 → 구독

제1회 기출문제 정답 및 해설

01	02	03	04	05	06	07	08	09	10	11	12	13	14	15
②	①	⑤	④	④	②	④	⑤	③	④	④	⑤	⑤	③	③
16	17	18	19	20	21	22	23	24	25	26	27	28	29	30
⑤	⑤	⑤	③	⑤	③	③	③	②	④	③	④	②	②	⑤
31	32	33	34	35	36	37	38	39	40	41	42	43	44	45
④	③	⑤	①	①	④	④	②	③	⑤	②,③	⑤	③	③	⑤
46	47	48	49	50	51	52	53	54	55	56	57	58	59	60
②	⑤	③	④	②	⑤	④	①	⑤	③	⑤	④	①	⑤	⑤
61	62	63	64	65	66	67	68	69	70	71	72	73	74	75
④	⑤	③	④	①	①	③	④	①	③	④	⑤	①	⑤	④
76	77	78	79	80	81	82	83	84	85	86	87	88	89	90
⑤	④	②	④	②	⑤	④	④	③	⑤	④	③	②	①	④

1과목 유통물류일반

01 #수요의가격탄력성 정답 ②

소득에서 재화의 가격이 차지하는 비중이 클수록 가격이 상승할 때 구매를 연기하므로 수요의 가격탄력성이 크다. 따라서 소득에서 재화의 가격이 차지하는 비중과 가격탄력성은 비례한다.

02 #유통경로길이결정 정답 ①

- 부피 : 표준화된 경량품일수록 유통경로 길이가 길고, 비표준화된 중량품일수록 유통경로 길이가 짧다.
- 부패성 : 비부패성 상품은 유통경로가 길고, 부패성 상품은 유통경로 길이가 짧다.
- 기술적 특성 : 기술적으로 단순할수록 유통경로 길이가 길고, 기술적으로 복잡할수록 유통경로 길이가 짧다.
- 총마진 : 마진이 비교적 낮은 편의품은 유통경로 길이가 길고, 마진이 비교적 높은 전문품은 유통경로 길이가 짧다.

03 #갈등의순기능 정답 ⑤

갈등의 순기능적 역할에는 집단이나 조직의 획일적 운영을 배제하고 다양성·민주성 확보에 기여하는 것이 포함되기 때문에 유통시스템 내의 자원을 권력 순서대로 재분배하는 것은 갈등의 순기능적 역할과는 거리가 멀다.

04 #유통산업발전법 정답 ④

- 무점포판매란 상시 운영되는 매장을 가진 점포를 두지 아니하고 상품을 판매하는 것으로서 (산업통상자원부령)으로 정하는 것을 말한다(유통산업발전법 제2조 제9호).
- 유통표준코드란 상품·상품포장·포장용기 또는 운반용기의 표면에 표준화된 체계에 따라 표기된 숫자와 바코드 등으로서 (산업통상자원부령)으로 정하는 것을 말한다(유통산업발전법 제2조 제10호).

05 #6시그마실행단계 정답 ④

┃정답 TIP┃
6시그마 실행 단계
- 1단계 정의 : 개선하고자 하는 문제점 및 프로젝트를 선정하고 그 선정 배경을 기술한다.

- 2단계 측정 : 정의 단계에서 도출한 CTQ의 측정 타당성을 검토하고 현재 수준을 파악하여 충족정도를 측정한다.
- 3단계 분석 : CTQ에 영향을 줄 수 있는 잠재 요인을 도출하고, 이에 대한 인과관계를 파악하여 핵심 원인을 도출한다.
- 4단계 개선 : 분석단계에서 선정된 핵심 인자들을 중심으로 개선안을 도출한다.
- 5단계 관리 : 개선된 최적 안의 결과를 지속해서 유지할 수 있도록 표준화하고 이에 대한 관리 계획을 수립한다.

06 #동기부여이론 　　　　　　　정답 ②

성장, 관계, 생존의 3단계로 구분하여 설명한 학설은 앨더퍼(C. Alderfer)의 ERG이론이다. 맥클리란드는 성취, 권력, 친화 욕구로 구분하여 설명하였다.

07 #화인표시 　　　　　　　　　정답 ④

수량 표시(case mark)는 두 개 이상의 많은 수량인 경우 한 개씩 순서에 따라 포장에 번호를 표시한다.

08 #포장표준화 　　　　　　　　정답 ⑤

포장 표준화의 4대 요소에는 치수의 표준화, 강도의 표준화, 기법의 표준화, 재료의 표준화가 있는데 포장 관리의 표준화를 포함하여 5대 요소라고도 한다.

09 #물류비분류 　　　　　　　　정답 ③

오답풀이
① 영역별 물류비
② 기능별 물류비
④ 세목별 물류비
⑤ 조업도별 물류비 : 물류고정비, 물류변동비

10 #제품수명주기#성숙기 　　　　정답 ④

성숙기에는 다양한 소비자 요구를 충족시키기 위한 다양한 형태의 제품을 제공해야 한다.

11 #품질관리비용 　　　　　　　　정답 ④

내부실패비용은 제품의 선적, 출하 전에 발견된 불량품과 관련된 비용이고, 외부실패비용은 제품을 고객에게 발송한 후 불량품의 발견으로 발생하는 제반 비용이다.

12 #비윤리적행동#대처방안 　　　정답 ⑤

근무 시간은 해당 소매점의 업무에 피해가 없도록 관리자와 사전에 상의하여 조율해야 한다.

13 #글로벌유통산업#환경변화 　　정답 ⑤

┃ 정답 TIP ┃
글로벌 유통산업의 환경변화
- 무역장벽이 상대적으로 낮아져 유통시장 개방이 가속화되어 글로벌 경영이 증가하고 있다.
- 소매업체들의 해외 신규출점이 증가하고, 대형업체 간 인수합병(M&A) 및 전략적 제휴를 통해 거대화를 도모하여 경쟁력을 강화해나가고 있다.
- 글로벌 기업들은 효율적인 운영을 위한 방안으로 각 시장마다의 특성이나 관련 국가규정 등을 분석하여 시장 잠재성이 높은 신규시장 발굴에 노력하고 있다.
- 대형유통업체들은 전자상거래 시장의 선점과 대규모 네트워크 구축을 추진함으로써 해외시장 진출확대를 통해 경쟁력을 강화하고 성장을 도모하고 있다.

14 #기능식조직 　　　　　　　　　정답 ③

테일러의 기능식 조직은 표준작업량을 정해두고 표준작업량을 초과 달성한 노동자에게는 고임금을, 표준작업량을 미달한 노동자에게는 저임금을 주는 차별적 성과급제를 시행했기 때문에 일의 성과에 따른 보수를 산정하기 용이한 조직이다.

15 #종업원권리 　　　　　　　　　정답 ③

근무시간 이외의 시간은 자유의사에 따라 정치활동도 포함한 외부활동을 자유롭게 할 수 있는 권리를 주어야 한다.

16 #도매상혁신전략 　　　　　　　정답 ⑤

창고 자동화, 향상된 재고관리 내용에 해당하는 혁신 전략은 유통의 새로운 기술이다. 자산가치가 높은 브랜드의 보유는 시장에서의 지속적인 경쟁력을 획득하기 위한 전략에 해당한다.

17 #유통경로기능 　　　　　　　　정답 ⑤

┃ 정답 TIP ┃
유통경로의 기능
- 교환과정의 촉진
- 제품구색 불일치의 완화
- 거래의 표준화
- 생산과 소비 연결
- 고객서비스 제공
- 정보제공기능
- 쇼핑의 즐거움 제공

18 #유통경영조직원칙 〔정답〕⑤

〔오답풀이〕
① 기능화의 원칙 : 조직은 사람이 아닌 직무를 중심으로 구성되어야 한다는 원칙으로, 조직에 인적자원을 배치할 때는 그 기능에 맞는 사람을 배치해야 한다는 것을 의미한다.
② 권한위양의 원칙 : 권한을 보유하고 행사해야 할 조직계층의 상위자가 하위자에게 직무를 위임할 경우 그 직무수행에 있어 요구되는 일정한 권한도 이양하는 것을 말한다.
③ 명령통일의 원칙 : 조직구성원은 한 상관으로부터 명령을 받고 또한 한 사람의 상관에게만 보고한다는 원칙을 말한다.
④ 관리한계의 원칙 : 한 사람의 상급자가 가장 효과적으로 직접 관리할 수 있는 하급자의 수를 의미하는 것으로, 대규모 조직은 그 관리범위에 한계가 있기 때문에 인적 구성에 있어서 부득이 계층 형태를 취하게 된다.

19 #기업수준경영전략 〔정답〕③

┃정답 TIP┃
기업수준 경영전략의 유형
• 시장침투전략(기존제품+기존시장) : 시장점유율이나 제품용법을 향상시키기 위한 전략 등이 여기에 포함된다.
• 시장개발전략(기존제품+신규시장) : 기존제품을 통한 시장확장전략이나 새로운 목표 세분시장의 지리적 확장 등이 여기에 포함된다.
• 제품개발전략(신규제품+기존시장) : 제품개선, 제품계열확장, 동일 시장 내 신제품개발 등이 여기에 포함된다.
• 다각화전략(신규제품+신규시장) : 수직적 통합, 연관 사업 다각화, 비연관 사업 다각화(복합기업 다각화) 등이 여기에 포함된다.

20 #마이클포터#5가지세력모델 〔정답〕⑤

대체재의 유무가 중요한 경쟁요소로 작용한다.

┃정답 TIP┃
포터(M. Porter)의 산업구조 분석(5-force model)
포터의 산업구조 분석모형은 특정 기업의 과업환경에서 기존 기업 간의 경쟁, 잠재적 진입자, 공급자의 교섭력, 구매자의 교섭력, 대체재의 존재를 산업의 구조적 요인으로 살펴보고 있으며, 해당 요소들의 수준에 따라 산업의 매력도를 측정하는 구조분석 방법을 말한다.

21 #보관원칙 〔정답〕③

┃정답 TIP┃
보관의 원칙
• 통로대면보관이 원칙 : 물품의 효율적인 운반 및 보관을 위하여 되도록 통로면에 보관해야 한다는 원칙이다.
• 높이 쌓기의 원칙 : 컨테이너나 파렛트 등을 이용하여 높이 쌓으면 창고의 용적 효율을 향상시킬 수 있다.
• 선입선출의 원칙 : FIFO(First In First Out), 먼저 입고된 물품을 먼저 출고한다.
• 회전대응보관의 원칙 : 보관할 물품의 회전정도에 따라 보관장소를 결정한다.
• 동일성·유사성의 원칙 : 동일품종은 동일장소에 보관하고, 유사품은 가까운 장소에 보관한다.
• 중량특성의 원칙 : 중량에 따라 보관장소나 높낮이를 결정한다.
• 형상특성의 원칙 : 형상에 따라 보관방법을 결정한다.
• 위치표시의 원칙 : 보관품의 장소와 선반번호 등의 위치를 표시한다.
• 명료성의 원칙 : 시각적으로 보관품을 용이하게 식별할 수 있도록 보관한다.
• 네트워크 보관의 원칙 : 관련 품목을 한 장소에 모아서 보관한다.

22 #물류서비스 〔정답〕③

사전 주문 수량과 일치하도록 재고를 보유하게 되면 예상치 못한 긴급상황에 대비할 수 없으므로 안전재고를 보유하여 결품을 미연에 방지해야 서비스 수준을 높일 수 있다.

23 #SWOT분석 〔정답〕③

WT 상황에서는 기업 내부의 약점을 보완하여 사업축소 및 철수전략 등의 위험을 회피하는 전략을 구사한다.

24 #옵션 〔정답〕②

매입자는 콜옵션 또는 풋옵션을 행사할 권리를 가지고, 매도자는 매입자가 권리를 행사할 때만 그 계약을 이행할 의무를 가지는 비대칭적 권리 관계이다.

25 #모바일쇼핑#쇼루밍 〔정답〕④

쇼루밍(showrooming)은 백화점과 같은 오프라인 매장에서 상품을 직접 만져보고 체험한 다음, 정작 구매는 보다 저렴한 온라인으로 하는 소비 패턴을 의미한다.

26 #경쟁점포　　　　　　　　정답 ③

④ 산재성점포는 한 곳에 집재하면 서로 불리하기 때문에 분산입지 해야 하는 점포이다.
⑤ 집재성점포는 동일한 업종의 점포가 한 곳에 모여 입지하여야 유리한 점포이다.

27 #상권규정요인　　　　　　　정답 ④

비용요인에는 생산비, 운송비, 판매비용 등이 포함되며 비용이 상대적으로 저렴할수록 상권은 확대된다.

28 #상권개념　　　　　　　　정답 ②

상권은 실질구매력을 갖춘 유효수요가 분포되어 있는 경제적 공간으로 그 형태는 확정적이지 않고 가변적이다. 따라서 상권은 다양한 관점에서 여러 유사개념으로 얼마든지 확장될 수 있다.

29 #상권확장요인　　　　　　　정답 ②

인근점포의 보완성이 클수록 해당 점포뿐만 아니라 보완적인 다른 점포에도 방문할 가능성이 높아지기 때문에 상권이 확장된다.

30 #소매점포개점　　　　　　　정답 ⑤

┃정답 TIP┃
신규점포 개점의 논리적 순서
상권분석 → 입지선정 → 점포계획 → 소매믹스설계

31 #입지도로조건　　　　　　　정답 ④

일방통행 도로는 가시성과 접근성 면에서 불리하다.

32 #체크리스트법　　　　　　　정답 ③

체크리스트법은 상권의 규모에 영향을 미치는 요인들을 수집하여 이들에 대한 평가를 통해 시장잠재력을 측정하는 기법이다.

33 #상권요인#입지요인　　　　　정답 ⑤

입지는 정적이면서도 공간적인 개념으로 지점, 부지는 입지를 표현하는 주요 키워드이다. 따라서 입지를 평가하는 요인에는 점포면적, 가시성, 주차시설 등이 있다.

34 #소매입지유형#입지특성　　　정답 ①

백화점은 전통적인 중심상업지역에서 독자적으로 많은 **유동인구를 창출(ⓒ)**함으로써 **강한 고객 흡인력(㉠)**을 가진 중요한 핵심선도업태로서의 역할을 하고 있으며, 규모 면에서 보면 **대형화를 추구(ⓔ)**하므로 상권 내 소비자의 경제력 및 소비형태의 예측을 기반으로 유동인구, 주요산업 및 대중교통과의 연계성 등 장기적인 발전을 고려하여 적정한 입지를 선정해야 한다.

35 #준대규모점포　　　　　　　정답 ①

대규모점포를 개설하거나 전통상업보존구역에 준대규모점포를 개설하려는 자는 영업을 시작하기 전에 산업통상자원부령으로 정하는 바에 따라 상권영향평가서 및 지역협력계획서를 첨부하여 특별자치시장·시장·군수·구청장에게 등록하여야 한다. 등록한 내용을 변경하려는 경우에도 또한 같다(유통산업발전법 제8조 제1항).

36 #수정Huff모형계산　　　　　정답 ④

$$P_A = \frac{\dfrac{50,000}{4^2}}{\dfrac{50,000}{4^2}+\dfrac{70,000}{6^2}+\dfrac{40,000}{3^2}}$$

$$= \frac{3,125}{\dfrac{50,000}{4^2}+\dfrac{70,000}{6^2}+\dfrac{40,000}{3^2}}$$

$$P_B = \frac{\dfrac{70,000}{6^2}}{\dfrac{50,000}{4^2}+\dfrac{70,000}{6^2}+\dfrac{40,000}{3^2}}$$

$$= \frac{1944.4}{\dfrac{50,000}{4^2}+\dfrac{70,000}{6^2}+\dfrac{40,000}{3^2}}$$

$$P_C = \frac{\dfrac{40,000}{3^2}}{\dfrac{50,000}{4^2}+\dfrac{70,000}{6^2}+\dfrac{40,000}{3^2}}$$

$$= \frac{4444.4}{\dfrac{50,000}{4^2}+\dfrac{70,000}{6^2}+\dfrac{40,000}{3^2}}$$

분모의 값은 모두 같으므로 분자의 값을 비교하면,
$P_C > P_A > P_B$

| 정답 TIP |

수정 허프모델의 공식

$$P_{ij} = \frac{\dfrac{S_j}{D_{ij}^2}}{\displaystyle\sum_{j=1}^{n} \dfrac{S_j}{D_{ij}^2}}$$

- P_{ij} = i지점의 소비자가 j상업 집적에 가는 **확률**
- S_j = j상업 집적의 **매장면적**
- D_{ij} = i지점에서 j까지의 **거리**

37 #서비스업종#입지특성 　　　　　정답 ④

대규모 서비스업종은 고객이 특정한 목적을 가지고 이용하는 업종이므로 경쟁점이 몰려있으면 경쟁력은 입지보다는 차별성이나 홍보 등에 의해 주로 정해진다.

38 #중심지이론가정 　　　　　정답 ②

중심지로부터 거리가 멀어짐에 따라 운송비가 과다해지면 중심지기능은 공간상에서 무제한 공급될 수 없다. 또한 소비자 입장에서도 중심지로부터 거리가 멀어지면서 중심지기능을 공급받는 데 드는 교통비가 증가하고 구입가격이 오르게 되어 수요가 줄어들어 결국 어느 지점에 이르러서는 수요가 발생하지 않는데, 이 지점, 즉 상품의 판매량 또는 수요가 0이 되는 지점을 재화의 도달범위라고 한다.

39 #쇼핑센터#공간구성요소 　　　　　정답 ③

오답풀이

① 지표(landmark) – 길찾기를 위한 방향성 제공
② 선큰(sunken) – 지하공간의 쾌적성과 접근성을 높임
④ 구역(district) – 공간과 공간을 분리하여 영역성을 부여
⑤ 에지(edge) – 경계선이며 건물에서 꺾이는 부분에 해당

40 #상권분석목적 　　　　　정답 ⑤

공급체인관리(SCM)는 어떤 제품을 판매하는 경우 자재 조달, 제품 생산, 유통, 판매 등의 흐름을 적절히 관리하여 공급망 체인을 최적화함으로써 조달시간 단축, 물류 및 유통비용 절감, 고객 문의에 대한 빠른 대응을 실현하는 것을 주요 목적으로 하는 것으로, 상권분석의 주요 목적과는 가장 연관성이 떨어진다.

41 #공부서류 　　　　　정답 ④

토지의 소재, 지번, 지목, 면적 등을 확인할 수 있는 것은 토지대장이다.

42 #지리정보시스템 　　　　　정답 ②, ③

② GIS는 모든 지리정보가 수치데이터의 형태로 저장되기 때문에 사용자가 원하는 정보를 선택하여 필요한 형식에 맞추어 출력할 수 있으며, 기존의 종이지도의 한계를 넘어 이차원 개념의 정적인 상태를 삼차원 이상의 동적인 지리정보의 제공이 가능하다.
③ 지도상에 지리적인 형상을 표현하고 데이터의 값과 범위를 지리적인 형상에 할당하고 지도를 확대·축소하는 기능을 프레젠테이션 지도작업이라 한다. 위상은 공간적으로 동일한 경계선을 가진 두 지도 레이어들에 대해 하나의 레이어에 다른 레이어를 겹쳐 놓고 지도 형상과 속성들을 비교하는 기능을 의미한다.

43 #거리감소효과 　　　　　정답 ②

거리감소효과는 거리조락현상 또는 거리체감효과라고도 한다.

44 #소매점포출점 　　　　　정답 ③

| 정답 TIP |
점포신축을 위한 부지매입
- 일반적으로 자산가치가 상승하는 경우가 많다.
- 점포형태, 진입로, 주차장, 구조 등 하드웨어에 대한 계획을 새롭게 세울 수 있다.
- 다른 경우에 비해 초기에 투자해야하는 비용이 많은 편에 속한다.
- 주변지역(상권)의 환경변화에 빠르게 대응하기가 어렵다.

45 #Luce#선택공리 　　　　　정답 ⑤

Huff모형, 수정 Huff모형, MCI모형, MNL모형 등은 확률적 상권분석 기법들에서 이론적 근거로 활용하고 있는 루스(Luce)의 선택공리와 관련이 있다.

3과목　유통마케팅

---

46 #GRP 　　　　　정답 ②

GRP(gross rating points)란 총시청률로, 도달범위와 도달빈도를 곱해서 측정된다.

47 #레이아웃 　　　　　　　　　정답 ⑤

경주로형 배치는 주 통로를 중심으로 여러 매장 입구가 연결되어 있어 고객들이 주 통로를 지나다니면서 다양한 각도의 시선으로 가능한 한 많은 상품을 살펴볼 수 있다.

48 #전략적CRM 　　　　　　　　정답 ③

CRM은 고객관계 획득, 고객유지, 고객관계 강화의 역할로 구분할 수 있으므로 전략적 CRM의 적용과정에는 고객의 정보를 관리하는 과정, CRM 프로세스를 구현하기 위한 전략 개발과정, 고객 순자산 가치를 창출하는 과정, 부서간 통합 관점에서 고객 피드백을 체계적으로 활용할 수 있는 내부적인 다채널 통합과정으로 구분할 수 있다.

49 #도매상#마케팅믹스전략 　　　　정답 ④

소매상은 최종소비자를 대상으로 영업활동을 하는 것이기 때문에 점포와 같은 물리적인 시설에 비용투자를 해야 한다.

50 #7P 　　　　　　　　　　　정답 ②

서비스마케팅믹스(7P)는 기존 마케팅 4P전략인 제품(Product), 가격(Price), 장소(Place), 촉진(Promotion)에 추가로 사람(People), 과정(Process), 물리적 환경(Physical Evidence)의 3가지 요소를 포함한 것을 말한다.

51 #머천다이징 　　　　　　　　정답 ⑤

제품 및 제품성과에 대한 소비자들의 지각과 느낌을 상징하는 것은 브랜드 인지도에 대한 설명이다.

52 #시장세분화 　　　　　　　　정답 ④

오답풀이

① 지리적 세분화 : 시장을 국가, 지역, 군, 도시, 인근 등의 단위로 분할하는 것이다.
② 인구통계적 세분화 : 주로 고객의 성별, 나이, 직업, 소득수준, 가족 구성원의 수 등 인구통계적 변수에 의해 시장이 나누어지는 것이다.
③ 행동적 세분화 : 제품이나 서비스 추구 편익, 사용량, 사용경험(상황), 상표충성도 등에 대한 소비자의 태도나 반응에 따라 시장을 구분하는 것이다.

53 #제품믹스 　　　　　　　　　정답 ①

┃ 정답 TIP ┃

제품믹스의 폭·깊이·길이의 구분

· 제품믹스의 폭(width) : 기업이 가지고 있는 제품계열의 수를 의미한다(→ 제품다양성).
· 제품믹스의 깊이(depth) : 각 제품계열 안에 있는 품목 수를 의미한다(→ 제품차별성).
· 제품믹스의 길이(length) : 제품믹스 내의 모든 제품품목의 수를 의미한다.

54 #수직적통합 　　　　　　　　정답 ②

전방통합과 후방통합

· 전방통합 : 제조회사가 자사소유의 판매지점이나 소매상을 통하여 판매하는 형태
· 후방통합 : 소매상이나 도매상이 제조회사를 소유하는 형태

┃ 더 알아보기 ┃

전략적 제휴
· 상호협력을 바탕으로 기술·생산·자본 등의 기업 기능에 2개 또는 다수의 기업이 기능별로 협력체계를 구축하는 것으로 독립기업들 사이의 공동 관계를 말한다.
· 기업은 다양한 기업가치 활동 중 일부나 전부에 있어 협력적인 관계를 구축하는 기능별 제휴전략을 추구할 수 있으며, 연구개발 컨소시엄(Consortium), 기술제휴, 라이센스 등이 전략적 제휴에 포함된다.

55 #다각화전략 　　　　　　　　정답 ③

ⓒ은 다각화전략에 대한 설명이다. 위험이 낮고 투자가 적게 요구되는 전략이지만, 가맹계약 해지를 통해 경쟁자가 되는 위험을 가지고 있는 것은 프랜차이즈 전략이다.

56 #로열티프로그램 　　　　　　　정답 ⑤

로열티 프로그램은 고객의 반복적인 구매활동에 대한 보상으로 상품할인, 무료식품, 선물 혹은 여행 같은 인센티브를 제공하기 위해 마련된 마케팅 프로그램이므로 자선활동 및 공익프로그램과는 거리가 멀다.

57 #시각적머천다이징 　　　　　　정답 ⑤

시각적 머천다이징(비주얼 머천다이징)은 상품의 기획 의도나 잠재적 이윤뿐만 아니라, 포장의 형태나 인테리어와의 전체적인 조화 등을 중점적으로 고려하여 이루어진다.

58 #소매업발전이론　　　　　　　　정답 ①

오답풀이

② 소매수명주기이론 : 새로운 소매형태가 시장에 도입된 이후에 시간이 흘러감에 따라 제품수명주기와 같은 도입기 → 성장기 → 성숙기 → 쇠퇴기를 거치는 현상을 설명하는 이론이다.

③ 소매차륜이론 : 소매상의 진입, 성장, 쇠퇴의 과정을 가격에 초점을 두어 설명한 이론으로, 초기에는 혁신적인 형태에서 출발하여 성장하다가 다른 신업태에게 그 자리를 내주고 소멸한다고 본다. 따라서 기업은 진입단계(최저 가격) → 성장단계(고가격) → 쇠퇴단계(안정적이고 보수적인 업태)의 변화단계를 거치게 된다.

④ 변증법적이론 : 두 개의 서로 다른 경쟁적인 소매업태가 하나의 새로운 소매업태로 합쳐지는 소매업태 혁신의 합성이론을 의미한다.

⑤ 진공지대이론 : 기존의 소매업태가 다른 유형의 소매로 변화할 때 그 빈자리, 즉 진공지대를 새로운 형태의 소매업태가 자리를 메운다는 이론이다.

59 #판매기법　　　　　　　　정답 ②

선매품은 보다 풍요로운 생활과 즐거움을 제공하는 제품으로 스타일과 디자인을 강조한다.

60 #옴니채널　　　　　　　　정답 ⑤

옴니채널은 소비자가 온·오프라인, 모바일 등 다양한 경로를 넘나들면서 상품을 검색·구매할 수 있는 서비스이다.

61 #개인정보보호　　　　　　　　정답 ④

개인정보는 보유 및 이용기간이 끝나면 지체 없이 파기해야 한다.

┃ 정답 TIP ┃

개인정보의 파기(개인정보호법 제21조 제1항)

개인정보처리자는 보유기간의 경과, 개인정보의 처리 목적 달성, 가명정보의 처리 기간 경과 등 그 개인정보가 불필요하게 되었을 때에는 지체 없이 그 개인정보를 파기하여야 한다. 다만, 다른 법령에 따라 보존하여야 하는 경우에는 그러하지 아니하다.

62 #CRM#eCRM　　　　　　　　정답 ⑤

eCRM은 e-비즈니스 환경 속에서 전개되는 CRM으로, 고객에 대한 이해와 접근방식은 eCRM과 CRM 모두 동일하지만 고객정보의 획득과 커뮤니케이션 방법에 있어서 차이가 있다. 따라서 대부분의 기업에서는 CRM과 eCRM을 통합하여 전사적으로 활용하는 방법을 추구한다.

63 #비율척도　　　　　　　　정답 ③

비율척도는 간격척도에 절대영점(기준점)을 고정시켜 비율을 알 수 있게 만든 척도로, 법칙을 수식화하고 완전한 수학적 조직을 할 때 주로 사용한다. 따라서 ② 소비자의 구매확률, ⑩ 충성고객의 구매액, ⑭ 매장의 시장점유율을 비율척도로 측정 가능하며 ⑦ 구매자의 성별 및 직업은 명목척도, ⑥ 상품 인기 순위는 서열척도, ⑥ 타겟고객의 소득구간은 등간(간격)척도로 측정해야 하는 요소에 해당한다.

64 #다단계판매　　　　　　　　정답 ④

다단계 판매는 고객을 판매원으로 하여 판매유통망을 확대해 나가는 무점포 판매기법으로, 소비자가 판매원으로 둔갑하여 가지를 치면서 조직을 방대하게 늘려 가는 것이 가능하기 때문에 순식간에 거대유통망을 형성할 수 있다는 장점이 있다.

65 #직접제품이익　　　　　　　　정답 ①

┃ 정답 TIP ┃

직접제품이익

수익성 분석의 한 기법으로, 각 경로대안의 총 마진에서 직접제품비용을 뺀 제품수익성을 평가하여 직접제품이익이 가장 높은 경로 대안을 선택하는 방법이다. 제품평가에 있어서 고정비를 제외한 변동비만을 고려하여 분석한다는 측면에서 다른 기법과 구별되며, 구매자의 입장에서 특정 공급업자의 개별품목 혹은 재고관리 단위(SKU) 각각에 대한 평가에 가장 적합한 방법이라 할 수 있다.

66 #갈등발생원인　　　　　　　　정답 ①

구성원 사이의 목표가 서로 다르고 이들 목표를 동시에 달성할 수 없기 때문에 스트레스와 긴장이 야기되어, 결국에는 경로갈등이 나타나게 되는 경로 구성원의 목표들 간의 양립불가능성 내용에 해당한다.

67 #원가가산법　　　　　　　　정답 ③

원가가산법은 제품의 원가와 이익률만을 이용하여 가격을 결정하기 때문에 내부 자료만으로 가격을 산출할 수 있다는 장점이 있으나, 시장의 수요상황, 경쟁사의 가격 등을 고려하지 않는다는 한계가 있어 예상판매량이 예측 가능한 경우 주로 사용하는 방법과는 거리가 멀다.

68 #마케팅조사기법 　　　　　　　　　정답 ④

오답풀이

① t-검증 : 두 집단 또는 두 상관적인 표본의 평균치가 동일한 모집단에서 추출되었는지를 검증하는 모수치 통계 기법이다.

② 분산 분석 : 평균값을 기초로 하여 여러 집단을 비교하고, 이들 집단 간에 차이점이 있는지 가설검증을 통해서 상관관계를 파악하는 통계분석 기법이다.

③ 회귀 분석 : 하나의 종속변인에 영향을 주는 변인이 무엇이고 그 변인 중 가장 큰 영향을 미치는 변인이 무엇인지, 또 종속변인을 설명해 줄 수 있는 가장 적합한 모형이 무엇인지를 밝히는 통계적 방법이다.

⑤ 군집 분석 : 모집단 또는 범주에 대한 사전 정보가 없을 경우 주어진 관측값들 사이의 유사성과 거리를 활용해서 전체를 몇몇의 집단으로 구분하고, 각 집단의 성격을 파악함으로써 데이터 전체 구조에 대한 이해를 돕는 분석방법이다.

69 #매장내부#환경요소 　　　　　　　　정답 ①

매장의 입출구와 주차시설은 매장 외부 환경요소에 해당한다.

70 #페이싱 　　　　　　　　　　　　　정답 ③

오답풀이

① 페이스 아웃(face out) : 디자인을 한눈에 볼 수 있는 진열방법으로, 코디네이트 변화가 용이하고 회전율이 빠르다는 장점이 있다.

② 슬리브 아웃(sleeve out) : 행거를 이용한 스톡형 진열로, 컬러 패턴 및 사이즈별 배열이 가능하며 꺼내보기 쉽다는 장점이 있다.

⑤ 폴디드 아웃(folded out) : 선반을 사용한 스톡형 진열로, 슬리브 아웃 방식과 동일하게 러 패턴 및 사이즈별 배열이 가능하며 시선 아래 진열 시 디자인을 잘 볼 수 있다는 장점이 있으나 디자인이 부분적으로만 보이고, 진열상품을 접는 데 시간과 노력이 필요하기 때문에 꺼내보기 부담스럽다는 단점이 있다.

4과목　유통정보

71 #QR코드 　　　　　　　　　　　　정답 ④

QR 코드는 PDF417, 데이터매트릭스(DataMatrix), 맥시코드(MaxiCode)처럼 국세 표준으로 재택되어 있어 누구나 사양을 확인하고 사용할 수 있다

72 #인공지능기술 　　　　　　　　　　정답 ⑤

챗지피터는 오픈에이아이(OpenAI)가 개발한 대화 전문 인공지능 챗봇으로, 사용자가 대화창에 텍스트를 입력하면 그에 맞춰 대화를 함께 나누는 서비스이다. 특히 질문에 대한 답변은 물론 논문 작성, 번역, 노래 작사·작곡, 코딩 작업 등 광범위한 분야의 업무 수행까지 가능하다는 점에서 기존 AI와는 확연히 다른 면모를 보이고 있다.

73 #데이터유형분류 　　　　　　　　　정답 ③

대표적인 반정형 데이터 구조는 하이퍼텍스트 마크업 언어(HTML ; HyperText Markup Language), 확장성 마크업 언어(XML ; eXtensible Markup Language), 자원 기술 프레임워크(RDF ; Resource Description Framework), 제이슨(JSON ; JavaScript Object Notation) 등이 있다.

74 #CRM지표 　　　　　　　　　　　정답 ⑤

시스템 다운타임은 시스템을 이용할 수 없는 시간으로, 시스템이 오프라인이거나 사용할 수 없는 상황에 놓이는 상태를 의미하기 때문에 CRM을 통해 성공적으로 고객을 관리하고 있음을 추적하기 위해 사용할 수 있는 지표와는 거리가 멀다.

75 #AI윤리원칙 　　　　　　　　　　　정답 ④

┃정답 TIP┃

개인정보의 정정·삭제(개인정보보호법 제36조)

① 자신의 개인정보를 열람한 정보주체는 개인정보처리자에게 그 개인정보의 정정 또는 삭제를 요구할 수 있다. 다만, 다른 법령에서 그 개인정보가 수집 대상으로 명시되어 있는 경우에는 그 삭제를 요구할 수 없다.

② 개인정보처리자는 ①에 따른 정보주체의 요구를 받았을 때에는 개인정보의 정정 또는 삭제에 관하여 다른 법령에 특별한 절차가 규정되어 있는 경우를 제외하고는 지체 없이 그 개인정보를 조사하여 정보주체의 요구에 따라 정정·삭제 등 필요한 조치를 한 후 그 결과를 정보주체에게 알려야 한다.

③ 개인정보처리자가 ②에 따라 개인정보를 삭제할 때에는 복구 또는 재생되지 아니하도록 조치하여야 한다.

④ 개인정보처리자는 정보주체의 요구가 ①의 단서에 해당될 때에는 지체 없이 그 내용을 정보주체에게 알려야 한다.

⑤ 개인정보처리자는 ②에 따른 조사를 할 때 필요하면 해당 정보주체에게 정정·삭제 요구사항이 확인에 필요한 증거자료를 제출하게 할 수 있다.

⑥ ①·② 및 ④에 따른 정정 또는 삭제 요구, 통지 방법 및 절차 등에 필요한 사항은 대통령령으로 정한다.

76 #산업혁명
정답 ⑤

오답풀이

① 1차 산업혁명 시기에는 방직기와 증기기관이 발명되어 그 연료인 석탄을 나르기 위한 증기기관차가 개발되고, 단단한 철로와 기계를 만들기 위한 제철기술이 발달하였다.

② 2차 산업혁명 시기에는 석탄을 사용하는 증기기관을 벗어나 석유와 전기 등 보다 발전된 에너지원을 사용하여 철강, 자동차, 전기 등의 기술력으로 기계가 본격적으로 사용되었다

③ 3차 산업혁명 시기에는 컴퓨터 및 인터넷의 발명으로 정보통신기술이 본격적으로 활성화되었다.

④ 4차 산업혁명 시기에는 인공 지능(AI), 사물 인터넷(IoT), 클라우드 컴퓨팅, 빅데이터, 모바일 등 지능정보기술이 기존 산업과 서비스에 융합되거나 3D 프린팅, 로봇공학, 생명공학, 나노기술 등 여러 분야의 신기술과 결합되어 실세계 모든 제품・서비스를 네트워크로 연결하고 사물이 지능화되었다.

77 #디지털전환
정답 ④

오답풀이

① 디지타이제이션 : 아날로그 또는 물리적 데이터에서 디지털 데이터 형식으로 이전 또는 변환하는 단순한 디지털화를 의미한다.

② 초지능화 : 빅데이터와 인공지능과 같은 초연결성을 기반으로 하여 유입된 다분야・대량의 데이터를 분석하고 처리하는 과정에서 의미 있는 결과물을 통해 기계의 자가 학습에 필요한 데이터・지식이 산업의 새로운 경쟁원천이 되는 것을 의미한다.

③ 디지털 컨버전스 : 디지털 기술의 발전으로 각종 기술과 제품, 서비스가 하나로 융합・통합・복합되는 현상을 말한다.

78 #의사결정수준
정답 ②

새로운 공장입지 선정 및 신기술 도입 등과 같은 사항은 전략적 수준에서 주로 다루는 정보이다. 관리적 수준의 의사결정은 전략적 수준의 의사결정을 구체화하기 위하여 기업의 제 자원을 활용함에 있어서 그 성과가 극대화될 수 있는 방향으로 조직화하는 전술적 의사결정으로, 주로 조직편성 및 변경, 권한 및 책임 한계의 정립, 작업 및 정보의 흐름, 유통경로 선정, 일과 자재 및 설비의 조달, 종업원의 훈련과 개발, 자금조달 등의 중간관리층 임무에 해당한다.

79 #균형성과표
정답 ④

오답풀이

① 경제적 부가가치 : 기업이 벌어들인 영업이익 가운데 세금과 자본비용을 공제한 금액으로, 모든 경영활동의 목표를 현금흐름의 유입을 기준으로 기존사업의 구조조정과 신규사업의 선택, 그리고 업무의 흐름을 재구축시켜 기업의 가치를 극대화하는 경영기법이다.

② 인적자원회계 : 조직 자원으로서 인간 가치를 측정하는 것으로, 회사 인적자원을 재산 일부로 보고 가치를 화폐로 따져 계산하는 것을 말한다.

③ 총자산이익률 : 수익성을 살펴보는 대표적인 지표로, 총자산에서 당기순이익이 차지하는 비중을 의미한다.

⑤ 투자수익률 : 가장 널리 사용되는 경영성과 측정기준 중의 하나로, 기업의 순이익을 투자액으로 나누어 구한다.

80 #데이터마트
정답 ②

| 정답 TIP |

데이터마트

- 데이터 웨어하우스로부터 특정한 분야와 관련된 데이터만 특별한 사용자가 이용 가능하게 분리해놓은 것이다.
- 데이터 웨어하우스와 사용자 사이의 중간층에 위치한 것으로, 데이터 마트는 데이터 웨어하우스 구축의 높은 비용 대비 낮은 비용으로 창출할 수 있으며, 주로 전략적 사업단위나 부서를 위해 설계된 작은 규모의 데이터 웨어하우스라고 할 수 있다.
- 개별 부서에서 그 부서의 특징에 맞게 데이터를 검색, 가공, 분석할 수 있도록 해놓은 작은 규모의 전자저장공간으로 데이터 웨어하우스의 부분집합이다.

81 #메디버스
정답 ⑤

| 정답 TIP |

메타버스

- '가상', '초월' 등을 뜻하는 영어 단어 '메타'(Meta)와 우주를 뜻하는 '유니버스'(Universe)의 합성어로, 현실세계와 같은 사회・경제・문화 활동이 이뤄지는 3차원의 가상세계를 가리킨다.
- 가상현실보다 한 단계 더 진화한 개념으로, 아바타를 활용해 단지 게임이나 가상현실을 즐기는 데 그치지 않고 실제 현실과 같은 사회・문화적 활동을 할 수 있다는 특징이 있다.

82 #바코드
정답 ④

의료기기에 부여되는 UDI 코드는 최소 명칭단위 및 포장단위별로 생성해야 한다.

83 #블록체인 　　　　　　　　　　　[정답] ④

오답풀이

① 비트코인 : 2009년 '나카모토 사토시'란 프로그래머가 개발한 '사이버 머니' 혹은 '암호화폐'로, 각국 중앙은행이 화폐발행을 독점하고 자의적인 통화정책을 펴는 것에 대한 반발로 탄생했다.

② 비콘 : 블루투스(Bluetooth)를 기반으로 한 스마트폰 근거리 통신기술로, 비콘 단말기가 설치된 지점에서 최대 70m 반경 내에 있는 스마트폰 사용자들을 인식하여 특정 앱을 설치한 사용자에게 알림을 보내거나, 무선결제가 가능하도록 하는 기술이다.

⑤ 딥러닝 : 컴퓨터가 여러 데이터를 이용하여 마치 인간의 두뇌처럼 스스로 학습을 할 수 있도록 하기 위하여 인공신경망을 기반으로 한 기계학습 기술을 말한다.

84 #웹3.0 　　　　　　　　　　　　[정답] ③

웹 3.0은 웹 이용자들의 데이터, 개인정보 등이 플랫폼에 종속되는 것이 아니라 개인이 소유하여 데이터에 대한 주권이 사용자에게 주어지는 형태의 웹이다.

85 #옵트아웃#옵트인 　　　　　　　[정답] ⑤

❙ 정답 TIP ❙

옵트 인(opt in)과 옵트 아웃(opt out)

옵트인(opt-in)이란 수신자의 사전 동의를 얻어야 메일을 발송할 수 있도록 하는 방식인 반면, 옵트아웃(opt-out)은 수신자가 발송자에게 수신거부 의사를 밝혀야만 메일 발송이 안 되는 방식이다.

86 #빅데이터#핵심특성 　　　　　　[정답] ④

빅데이터의 핵심 특성 3가지는 데이터의 양(Volume), 데이터의 생성 속도(Velocity), 형태의 다양성(Variety)으로 요약할 수 있다.

87 #플랫폼 　　　　　　　　　　　[정답] ③

오답풀이

① 데이터베이스 : 조직화된 사실 및 정보들의 집합체를 의미한다.

② 옴니채널 : 온라인, 오프라인, 모바일 등 고객을 둘러싸고 있는 모든 쇼핑채널들을 유기적으로 연결해 고객이 어떤 채널에서든 같은 매장을 이용하는 것처럼 느낄 수 있도록 한 매장의 쇼핑환경을 말한다.

④ 클라우드 컴퓨팅 : 정보처리를 자신의 컴퓨터가 아닌 인터넷으로 연결된 다른 컴퓨터로 처리하는 기술을 말한다.

⑤ m-커머스 : 이동통신 단말기와 통신 네트워크를 이용해 무선 인터넷으로 각종 정보와 서비스를 이용하고, 상품을 구입할 수도 있는 전자상거래 방식을 말한다.

88 #인증방식 　　　　　　　　　　[정답] ②

㉠ 디지털문서 : 정보 처리 시스템에 의하여 전자적 형태로 작성, 송신, 수신 또는 저장된 문서를 말한다.

㉡ 분산ID : 분산원장기술 또는 그 밖의 다른 분산 네트워크 기술을 활용하여 분산된 저장소에 등록함으로써 중앙집중화된(centralized) 서버와 같은 등록기관이 필요하지 않은 전역 고유 식별자를 말한다.

89 #가상현실 　　　　　　　　　　[정답] ①

❙ 정답 TIP ❙

가상 현실(virtual reality)

• 특정한 장소나 상황을 3차원 컴퓨터 그래픽으로 구현하여 간접적으로 경험할 수 있는 환경을 제공하는 기술이다.

• 마치 실제 존재하는 환경인 것처럼 가상의 환경을 제공하여, 실제 현실과 상호 작용(Interection)을 하는 것과 같은 경험을 제공한다.

90 #공급사슬 　　　　　　　　　　[정답] ④

㉠ 채찍효과 : 공급자, 생산자, 도매상, 소매상, 고객으로 구성된 공급사슬망에 있어서 소비자 수요의 작은 변동이 제조업체에 전달되는 과정에서 지연・왜곡 및 확대되는 현상이다.

㉡ 가시성 : 원자재 조달, 생산, 수배송, 판매 및 고객관리 프로세스에서 일어나는 물류흐름과 이와 관련된 모든 활동을 인터넷에 기반하여 실시간으로 통합적으로 관리하는 기법인 e-SCM을 구축하면 공급사슬망 가시성을 확보할 수 있어 채찍효과 현상을 감소시키거나 제거할 수 있다.

01	02	03	04	05	06	07	08	09	10	11	12	13	14	15
③	③	②	⑤	④	②	④	⑤	④	④	④	③	①	③	③
16	17	18	19	20	21	22	23	24	25	26	27	28	29	30
⑤	③	④	⑤	④	④	③	④	③	⑤	④	⑤	③	⑤	④
31	32	33	34	35	36	37	38	39	40	41	42	43	44	45
②	②	⑤	⑤	⑤	⑤	③	⑤	④	⑤	①	②	④	②	⑤
46	47	48	49	50	51	52	53	54	55	56	57	58	59	60
①	②	⑤	②	⑤	③	③	④	①	①	⑤	③	⑤	⑤	⑤
61	62	63	64	65	66	67	68	69	70	71	72	73	74	75
③	④	②	③	④	①	③	③	④	①	②	③	⑤	②	⑤
76	77	78	79	80	81	82	83	84	85	86	87	88	89	90
⑤	⑤	⑤	⑤	⑤	⑤	①	④	④	③	④	④	②	④	③

1과목　유통물류일반

01 #윤리경영　　　　　　　　정답 ③

윤리경영의 지표는 단기적 성과가 아닌 장기적인 관점의 질적인 평가지표를 만들어 평가해야 하므로 정성적인 지표를 활용해야 한다.

02 #유통경로 #중간상　　　　정답 ③

생산자는 대량으로 생산하는데 소비자의 소비단위는 소량으로 이루어짐으로 인한 생산과 소비 수량의 불일치를 해소할 수 있기 때문이다.

03 #합작투자 #위탁제조　　　정답 ②

㉠ 합작투자 : 2개국 이상의 기업·개인·정부기관이 영구적인 기반 아래 특정기업체 운영에 공동으로 참여하는 국제경영방식으로 전체 참여자가 공동으로 소유권을 갖는다. 합작에 참가하는 기업들이 소유권과 기업의 경영을 분담하여 자본·기술 등 상대방 기업이 소유하고 있는 강점을 이용할 수 있

고, 위험을 분담한다는 점에서 상호이익적 해외투자방식이다.

㉡ 위탁제조 : '주문자상표부착생산'이라고도 하며, 생산성을 가진 제조업체에 자사가 요구하는 상품을 제조하도록 위탁하여 완성된 상품을 주문자의 브랜드로 판매하는 방식이다.

오답풀이
- 전략적 제휴 : 상호협력을 바탕으로 기술·생산·자본 등의 기업 기능에 2개 또는 다수의 기업이 기능별로 협력체계를 구축하는 것으로 독립기업들 사이의 공동관계를 말한다.
- 라이선싱 : 상표 등록된 재산권을 가지고 있는 개인 또는 단체가 타인에게 대가를 받고 그 재산권을 사용할 수 있도록 상업적 권리를 부여하는 계약이다.
- 해외직접투자 : 일반적으로 외국인이 장기적인 관점에서 타국 기업에 출자하고 경영권을 확보하여 직접 경영하거나 경영에 참여하는 형태의 외국인투자를 의미한다.
- 프랜차이징 : 정부 또는 회사가 개인 또는 집단에게 특정한 활동을 할 수 있도록 하는 권한을 부여하여 특정한 지역 안에서 회사의 상품 또는 서비스를 거래하도록 하는 것이다.

04 #윤리라운드 　　　　　　　　정답 ⑤

윤리라운드는 윤리적 행위를 기업 경영활동에 적용하려는 국제적 시도로서 경제활동의 윤리적 환경과 조건을 세계 각국 공통으로 표준화하려는 움직임을 말한다.

오답풀이

① 우루과이라운드 : 관세 및 무역에 관한 일반 협정(GATT)의 제8차 다자간 무역협상을 말한다.
② 부패라운드 : 국제무역에서 부패 관행을 퇴치할 국제적 규칙의 마련을 위한 다자간 협상을 말한다.
③ 블루라운드 : 세계 각국의 근로조건을 국제적으로 표준화할 목적으로 추진되는 다자간 무역협상이다.
④ 그린라운드 : 지구 환경문제를 국제무역거래와 연계할 경우 관세 및 무역에 관한 일반협정을 중심으로 맺어지는 협상이다.

05 #조직목표 　　　　　　　　정답 ④

공통의 목표를 명확히 설정하고, 설정한 목표 달성에 따라 보상을 실행해야 한다.

06 #리더십유형 　　　　　　　　정답 ②

팀형(9-9)은 팀 제도 하에서 가장 바람직한 유형으로 과업이나 목표에 대한 관심 뿐 아니라 인간에 대한 관심도 높아서 조직원들의 사기와 성장을 중요하게 여긴다.

07 #자금조달#팩토링 　　　　　　　　정답 ④

팩토링은 외상매출채권의 매입업무이다. 즉, 금융기관들이 기업으로부터 상업어음・외상매출증서 등 매출채권을 매입하여 이를 바탕으로 자금을 빌려주는 제도를 말한다.

08 #직계참모식조직 　　　　　　　　정답 ⑤

직계・참모식 조직은 명령 전달과 통제 기능은 라인조직의 이점을 활용하기 때문에 지휘 명령권이 명확하다.

▌더 알아보기 ▌

　　라인-스태프 조직(직계・참모식 조직)
　　• 복수 라인조직의 결함을 보완하고, 단일 라인조직의 장점을 살릴 수 있는 혼합형 조직형태로서 라인(Line)부문이 명령권을 지니며, 스태프(Staff)부문은 권고, 조언, 자문의 기능을 지닌다.
　　• 명령 전달과 통제 기능은 라인조직의 이점을 활용하고, 관리자의 결점 보완을 위해서는 스태프 조직을 활용한다.
　　• 라인과 스태프를 분리함으로써 책임과 권한의 명확화를 기할 수 있는 반면, 권한이 한사람의 상사에 집중되기 때문에 의사결정에 시간이 오래 걸린다.

09 #수직적마케팅시스템 　　　　　　　　정답 ④

프랜차이즈 시스템(Franchise System)은 모회사나 본부가 가맹점에게 특정 지역에서 일정 기간 동안 영업할 수 있는 권리를 부여하고 그 대가로 로열티를 받는 계약형 유통시스템의 형태로, 수직적 마케팅 시스템에 해당한다.

▌정답 TIP ▌
수직적 유통경로의 유형

수직적 마케팅 시스템(VMS)은 경로 구성원들에 대한 소유권 정도에 따라 기업형(회사형), 계약형, 관리형, 동맹형으로 나누어진다.

10 #유통경로커버리지 　　　　　　　　정답 ④

① 유통경로 수준에 대한 설명이다.
②・⑤ 유통경로 길이의 결정에 대한 설명이다.
③ 특정한 지역에서 하나의 중간상을 전속해 활용하는 전략을 전속적 유통경로(Exclusive distribution)라 한다.

▌정답 TIP ▌
유통경로 커버리지

• 얼마나 많은 수의 점포를 특정 지역에 설립할 것인지, 경로 흐름에서 어떤 유형의 경로 구성원이 필요한지의 결정을 통해 실재고객과 잠재고객의 욕구를 실현하는 것이 경로관리의 핵심적인 관점이다.
• 어떤 유통경로를 선택하느냐에 따라 중간상의 개수, 유통비용, 관리 등이 달라지므로 목표에 맞는 효율적인 유통경로정책을 세워야 한다.
• 대표적인 유통경로 커버리지 정책에는 개방적 유통경로, 전속적 유통경로, 선택적 유통경로 등이 있다.

11 #유통산업#경제적의의 　　　　　　　　정답 ④

우리나라의 유통산업은 1996년 유통시장 개방 이후 백화점, 전통시장 중심의 이중 구조에서 대형마트, 무점포판매업 등 다변화된 구조로 변화하였다.

12 #물류의기능 　　　　　　　　정답 ③

상품의 가치 및 상태를 보호하기 위해 적절한 재료와 용기를 사용하는 것은 포장활동이다.

▌정답 TIP ▌
유통가공활동

고객의 요구에 맞도록 물류센터에서 상품의 외형 또는 거래 단위를 변경시키는 활동이다.

13 #조직문화 정답 ①

조직문화는 조직구성원의 공유된 가치 및 신념체계로 활동지침이 된다. 즉, 특정 조직 구성원들이 공유하는 가치, 신념, 관습, 규범, 전통 등을 통합한 개념이라 볼 수 있으며, 기업 조직과 구성원 개개인의 행동에 영향을 미치게 된다.

14 #유통채널구조변화 정답 ③

유통채널 구조의 변화 과정

전통시장단계 → 제조업체 우위단계 → 소매업체 성장단계와 제조업체 국제화단계 → 소매업체 대형화단계 → 소매업체 국제화단계

15 #유통흐름유형 정답 ③

지급 흐름은 주문이나 대금결제와 같이 최종 소비자로부터 소매상·도매상·생산자의 방향으로 흐르게 된다.

오답풀이

㉠ 물적 흐름 : 생산자로부터 최종 소비자에 이르기까지의 제품의 이동
㉡ 소유권 흐름 : 유통 기관으로부터 다른 기관으로의 소유권의 이전
㉣ 정보 흐름 : 유통 기관 사이의 정보의 흐름
㉤ 촉진 흐름 : 광고, 판촉원 등 판매촉진 활동의 흐름

16 #물류합리화 정답 ⑤

기술혁신에 의하여 운송, 보관, 하역, 포장기술이 발전되었고 정보면에서도 그 발전 속도가 현저하게 높아졌기 때문이다.

17 #소매상유형 정답 ③

드러그스토어는 의사의 처방전 없이 구입할 수 있는 일반의약품 및 화장품·건강보조식품·음료 등 다양한 상품을 판매하는 매장으로, 외국의 경우 약국에 잡화점이 합쳐진 가게를 뜻하며 국내에서 운영되는 드러그스토어는 약품보다는 건강·미용용품을 주로 판매하는 헬스앤드뷰티(H&B)스토어 개념에 가깝다.

오답풀이

① 상설할인매장 : 상시로 제품의 가격을 할인하여 판매하는 매장이다.
② 재래시장 : 지역을 기반으로 도소매 및 서비스업이 밀집된 상가 집단 지역으로, 근거리에 있어 접근성이 좋고 소비자가 일괄구매(one-stop shopping)할 수 있는 장점이 있으며, 비교적 가격이 저렴하다.

④ 대중양판점 : 백화점과 슈퍼마켓의 장점을 살려 쾌적한 분위기에서 싸게 파는 소매점이다.
⑤ 구멍가게 : 영세 상인이 운영하는 소형점포로, 주택가에서 식음료나 주류 등을 판매한다. 현재는 할인마트와 편의점이 늘어나면서 구멍가게는 많이 줄었다.

18 #소매수명주기이론 정답 ④

① 도입기 : 판매량과 이익이 모두 낮으며 경쟁자 수도 소수이기 때문에 시장확대 전략에 초점을 두는 시기이다.
② 성장기 : 판매량과 이익이 모두 급성장하여 경쟁자 수도 증가하기 때문에 시장침투 전략에 초점을 두는 시기이다.
③ 성숙기 : 판매량은 저성장, 이익은 정점에 달하여 경쟁자 수도 다수이기 때문에 시장 점유율을 유지하는 전략에 초점을 두는 시기이다.

19 #공동집배송센터 정답 ⑤

공동집배송센터란 여러 유통사업자 또는 제조업자가 공동으로 사용할 수 있도록 집배송시설 및 부대업무시설이 설치되어 있는 지역 및 시설물을 말한다(유통산업발전법 제2조 제16호).

20 #ISO9000 정답 ④

ISO 9000 시리즈 규격은 9000과 9001~9004의 5가지 규격으로 구성되어 있다. 챔피언, 마스터블랙벨트, 블랙벨트, 그린벨트의 자격이 주어지는 것은 6시그마 벨트 제도에 대한 설명이다.

┃더 알아보기┃

ISO 9000 시리즈 규격
- ISO 9000 : 품질경영시스템의 기본 지침, 즉 9001~9004의 선택과 적용 방법에 대한 설명 및 기술
- ISO 9001 : 설계, 개발, 제품 설치, 애프터서비스
- ISO 9002 : 제조, 설계
- ISO 9003 : 제품의 최종 검사 및 시험
- ISO 9004 : 공급자가 내부 품질 관리를 실시하는데 기본적인 요소들을 정리한 것

21 #단순이동평균법 정답 ④

이동평균기간을 2개월로 한다고 제시되어 있으므로 단순이동평균법으로 예측한 4월의 판매량은

$$\frac{2월\ 판매량 + 3월\ 판매량}{2} = \frac{19 + 21}{2} = 20$$이 된다.

22 #경로구성원갈등 　　　　　[정답] ③

조직 내 갈등의 생성단계
- 잠재적 갈등 : 내재적으로는 갈등이 존재하고 있어 언젠가 표면화 되어 심각한 갈등형태로 발전할 가능성이 있는 것을 의미한다.
- 지각된 갈등 : 상대방에 대해 적대감이나 긴장감을 지각하는 것을 말한다.
- 감정적 갈등 : 상대방에 대해 적대감이나 긴장을 감정적으로 느끼는 상태를 말한다.
- 표출된 갈등 : 갈등이 밖으로 드러난 상태를 의미한다.
- 갈등의 결과 : 갈등이 해소되었거나 잠정적으로 억제되고 있는 상태를 말한다.

23 #유통경로원칙 　　　　　[정답] ④

집중준비의 원칙은 유통경로 과정에 가능하면 많은 수의 도매상이 개입하여 소매상의 대량 보관기능을 분담함으로써 사회 전체적으로 상품의 보관 총량을 감소시킬 수 있으며, 소매상은 최소량의 제품만을 보관하게 된다.

　오답풀이
① 분업의 원칙 : 다수의 중간상이 분업의 원리로써 유통경로에 참여하게 되면 유통경로과정에서 다양하게 수행되는 기능들, 즉 수급조절기능, 보관기능, 위험부담기능, 정보수집기능 등이 경제적·능률적으로 수행될 수 있다.
② 변동비 우위의 원칙 : 유통분야는 변동비가 차지하는 비중이 고정비보다 크므로 무조건적으로 제조와 유통기관을 통합하여 대규모화하기보다는 각각의 유통기관이 적절한 규모로 역할분담을 하는 것이 비용면에서 훨씬 유리하다는 논리에 의해 중간상의 필요성을 강조하는 이론이다.
③ 총거래수 최소의 원칙 : 중간상의 개입으로 거래의 총량이 감소하게 되어 제조업자와 소비자 양자에게 실질적인 비용 감소를 제공하게 된다.
⑤ 규모의 경제 원칙 : 생산량의 증가에 따라 단위당 생산비가 감소하는 현상을 말한다.

24 #프랜차이즈 　　　　　[정답] ③

상품개발에 전념하여 차별점을 검토하는 것은 본사에서 고려해야 할 점에 해당한다.

25 #3S1L원칙 　　　　　[정답] ⑤

3S 1L원칙
물품을 신속하게(Speedy), 안전하게(Safely), 정확하게(Surely), 저렴하게(Low) 고객에게 공급한다는 원칙으로 신속성, 정확성, 안정성, 경제성이 모두 고려된 원칙이다.

26 #입지대안평가원칙 　　　　　[정답] ④

지리적으로 인접하거나 교통이 편리하면 매출을 증대시킨다고 주장하는 접근가능성의 원칙에 대한 설명이다.

　오답풀이
① 고객차단의 원칙 : 사무실 밀집지역, 쇼핑지역 등은 고객이 특정 지역에서 타 지역으로 이동시 점포를 방문하게 한다.
② 동반유인의 원칙 : 유사 또는 보충적인 소매업이 흩어진 것보다 군집해서 더 큰 유인잠재력을 갖게 한다.
③ 점포밀집의 원칙 : 지나치게 유사한 점포나 보충 가능한 점포는 밀집하면 매출액이 감소한다.
⑤ 보충가능성의 원칙 : 두 개의 사업이 고객을 서로 교환할 수 있을 정도로 인접한 지역에 위치하면 매출액이 높아진다.

27 #CBD 　　　　　[정답] ⑤

대중교통의 중심이며, 접근성이 좋아 많은 사람들이 유입되기 때문에 도보통행량이 매우 많다.

28 #수정허프모델 　　　　　[정답] ③

수정허프 모델은 소비자가 어느 상업지에서 구매하는 확률은 '그 상업 집적의 매장면적에 비례하고 그곳에 도달하는 거리의 제곱에 반비례한다'는 것을 내용으로 한다. 따라서 이사 이후에는 C의 거주지와 A 사이 거리가 C의 거주지와 B 사이 거리의 2배가 되었다고 제시되어 있으므로 소비자 C의 소매지출에 대한 소매단지 A의 점유율은 $\frac{1}{2^2} = \frac{1}{4}$로 감소하였다고 볼 수 있다.

29 #둥지내몰림#젠트리피케이션 　　　　　[정답] ⑤

둥지내몰림 또는 젠트리피케이션은 부동산 가치가 상승하면서 기존 거주자 또는 임차인들이 내몰리는 현상을 의미한다.

┃정답 TIP┃
최근 우리나라에서 나타나고 있는 젠트리피케이션 현상의 과정은 다음과 같다. 먼저, 임대료가 상대적으로 싼 곳에 작은 문화 시설, 카페, 식당, 술집, 옷가게 등이 하나둘씩 들어와서 장사를 한다. 사람들이 몰려들면서 이곳이 소위 '핫 플레이스'가 되면, 그 후 입소문과 사회관계망서비스(SNS) 등의 영향으로 사람들이 더욱 더 몰려든다. 그 결과, 보증금과 월세가 천정부지로 치솟으면서 처음 들어와서 문화적·상업적 분위기를 만들어 냈던 임차인들은 다른 곳으로 쫓겨나게 된다.

30 #체크리스트법 정답 ④

상권의 규모에 영향을 미치는 요인들을 수집하여 이들에 대한 평가를 통해 시장 잠재력을 측정하는 체크리스트법에 대한 설명이다.

오답풀이

① CST map : 설문이나 CRM을 통해 실제 점포이용고객의 주소지를 파악한 후 직접 도면에 표시하여 Quadrat Analysis를 실시한 후 대상지 인근의 토지이용현황, 지형, 지세 등을 고려하여 상권을 파악하는 기법이다.

② 컨버스(P.D.Converse)의 분기점 분석 : 흡인되는 구매력 정도가 동일하여 두 도시 사이의 거래가 분기되는 중간지점의 정확한 위치를 결정하기 위해 레일리의 소매인력법칙을 수정하여 거리-감소함수를 도출한 것으로, 거리가 멀어짐에 따라 구매이동이 줄어드는 현상을 거리-감소함수로 파악하여 거리와 구매빈도 사이의 관계를 역의 지수함수의 관계로 본 기법이다.

③ 티센다각형(thiessen polygon) : 소비자들이 가장 가까운 소매시설을 이용한다고 가정하며, 공간독점 접근법에 기반한 상권 구획모형의 일종이다.

⑤ 허프(Huff)모델 : 개별소매 상권의 크기를 측정하기 위해 거리변수 대신에 거주지에서 점포까지의 교통시간을 이용하여 전개한 모델이다.

31 #규범적분석 정답 ②

신규점포에 대한 상권분석의 구분

• 서술적 방법에 의한 상권분석 : 체크리스트법, 유추법, 현지조사법, 비율법 등
• 규범적 모형에 의한 상권분석 : 중심지 이론, 소매중력(인력)법칙, 컨버스법칙
• 확률적 모형에 의한 상권분석 : 허프 모형, MNL 모형, MCI 모형

32 #상권범위결정요인 정답 ②

공급측면에서 비용요인 중 교통비가 저렴할수록 상권은 확대된다.

33 #노면독립입지 정답 ⑤

노면독립입지는 고객들을 지속적으로 유인하기 위해 홍보, 가격, 상품, 서비스 등을 차별화해야 하므로 비용이 증가한다.

34 #상권설정단계 정답 ⑤

점포의 예상수요는 점포개점 시 획득가능 매출의 추정과 관련된 내용이므로 지역특성 및 입지조건 관련 조사의 내용과는 거리가 멀다.

┃더 알아보기┃

상권의 설정 절차

• 지도를 준비하여 계획지점 마크
• 사업의 업종·업태를 고려하여 기본 상권의 반경 범위 설정(원형)
• 기본 상권범위가 설정된 상태에서 산, 하천, 철도, 도로, 대형시설물 등 물리적으로 상권을 구분하는 요소들을 감안하여 현실적 상권범위 조정
• 조정된 상권에 경쟁점의 위치 및 영향권, 도로의 연계상황, 중심방향 등을 감안하여 더욱 현실적인 상권범위 확정(아메바형)
• 확정된 상권범위 내에 속하는 행정구역 단위의 인구(세대수), 사업체 수(종업원 수), 산업통계지표 등의 자료를 입수하여 상권규모를 계량화

35 #신규점포개점절차 정답 ⑤

신규점포의 개점 절차

• 1단계 : 창업자 특성 및 환경분석 → 아이템 선정 → 사업계획서 작성 → 창업방법 결정
• 2단계 : 상권분석 및 입지선정 → 사업타당성 분석
• 3단계 : 실내 인테리어 및 점포 꾸미기 → 기자재 선택 → 초도 물품 준비
• 4단계 : 가격책정 → 인력계획 → 서비스전략 → 홍보계획
• 5단계 : 교육 및 인허가 → 오픈 준비 및 오픈

36 #공간균배원리 정답 ⑤

집심성입지는 도시 전체를 배후지로 하여 배후지의 중심부에 입지하여야 유리한 입지로, 도매상, 대형백화점, 고급음식점, 대형서점, 귀금속점, 대형영화관, 의류패션전문점 등의 입지유형에 해당한다.

오답풀이

① 적응형입지 – 거리에서 통행하는 유동인구에 의해 영업이 좌우됨
② 산재성입지 – 동일 업종끼리 모여 있으면 불리함
③ 집재성입지 – 동일 업종끼리 한곳에 집단적으로 입지하는 것이 유리함
④ 생활형입지 – 지역 주민들이 주로 이용함

37 #용적률 정답 ③

용적률을 계산할 때의 연면적은 지하층의 면적, 해당 건축물의 부속용도에 한하는 지상 주차용으로 사용되는 면적, 주민공동시설 면적, 초고층 건축물과 준초고층 건축물에 설치하는 피난안전구역의 면적, 건축물의 경사지붕 아래 설치하는 대피공간의 면적은 제외시킨다.

38 #중심성지수 정답 ⑤

소매 판매액의 변화가 없어도 해당 지역의 인구가 감소하면 중심성지수는 상승한다.

▌ 더 알아보기 ▐

> **중심성지수**
> 소매업의 공간적 분포를 설명하는 지수로, 중심이 되는 지역을 파악하기 위해 지수를 개발하여 각 지역에 부여한 것을 말한다.

39 #허프#수정허프 정답 ④

수정허프 모델도 허프모델과 같이 상권지도를 작성하므로 상권을 세부지역(zone)으로 구분하는 절차를 거친다.

40 #유리한점포입지 정답 ⑤

① 건축선 후퇴로 인해 앞 건물에 가려져 보이지 않는 경우도 발생하므로 건축선 후퇴는 직접적으로 가시성에 부정적인 영향을 미친다.

② 점포 출입구 부근에 단차가 없으면 사람과 물품의 출입이 용이하여 좋다.

③ 점포 부지와 점포의 형태는 직사각형에 가까울수록 소비자 흡인에 좋다.

④ 점포면적이 매출에 영향을 미치기는 하지만 점포면적이 커질수록 단위면적당 매출이 낮아질 수 있으며, 면적이 크지 않아도 매출 효율성을 높일 수 있다.

41 #임대차보호법 정답 ①

임차인이 3기의 차임액에 해당하는 금액에 이르도록 차임을 연체한 사실이 있는 경우이다(상가건물 임대차보호법 제10조 제1항 제1호).

42 #구매력지수 정답 ②

구매력지수를 산출하기 위해서는 다음과 같이 인구, 소매 매출액, 유효소득(가처분소득) 등 3가지 요소에 가중치를 곱하여 합산하는 공식을 사용한다.

> BPI = (인구비 × 0.2) + (소매 매출액비 × 0.3)
>   + (유효구매 소득비 × 0.5)

따라서 가처분소득 비율의 가중치가 0.5로 가장 크다.

43 #컨버스#분기점분석 정답 ④

컨버스의 분기점분석은 흡인되는 구매력 정도가 동일하여 두 도시 사이의 거래가 분기되는 중간지점의 정확한 위치를 결정하기 위해 레일리의 소매인력법칙을 수정하여 거리-감소함수를 도출하는 분석방법이다.

오답풀이

① 유추법 : 신규점포와 특성이 비슷한 기존의 유사점포를 선정하여 분석담당자의 객관적 판단을 토대로 그 점포의 상권범위를 추정한 결과를 자사점포의 신규입지에서의 매출액을 측정하는 데 이용하는 방법이다.

② 회귀분석법 : 매상고에 영향을 주는 여러 가지 변수들을 설정하고, 이 변수들로 대상점포의 가능매상고를 산출할 수 있다.

③ 허프(Huff)모델 : 구역별 소매 지출액에 신규점포의 이용 확률을 곱하여 구역별로 신규점의 예상매출액을 구하고 이를 합산하면 예상매출액을 추정할 수 있다.

⑤ MNL모형 : 상권 내 소비자들의 각 점포에서 개별적인 쇼핑에 대한 관측 자료를 이용하여 예상매출을 추정할 수 있다.

44 #소매포화지수 정답 ②

소매포화지수(IRS)는 한 시장지역 내에서의 수요(지역시장 총가구수×가구당 특정업태에 대한 지출비)를 특정 업태의 총매장면적으로 나눈 값으로 나타내고, 이 값이 '1'에 근접할수록 좋다.

▌ 더 알아보기 ▐

> **소매포화지수(IRS)**
> • 지역시장의 매력도(수요잠재력)를 측정하는 것으로, 한 지역시장에서 수요 및 공급의 현 수준을 반영하는 척도임과 동시에 특정 소매업태 또는 집적 소매시설의 단위면적당 잠재수요(또는 잠재매출액)를 의미한다.
> • 값이 클수록 공급보다 수요가 많은, 즉 시장의 포화정도가 낮다는 것을 의미하므로 값이 클수록 신규점포를 개설할 시장기회가 커진다.

45 #지리정보시스템 정답 ⑤

지리정보시스템(GIS)은 대규모 점포의 입지선정뿐만 아니라 소규모 점포의 입지선정에도 활용가능성이 높다.

46 #시장세분화조건 ［정답］①

시장세분화의 요건
- 측정가능성 : 마케팅관리자가 각 세분시장의 규모나 구매력 등을 측정할 수 있어야 한다.
- 접근가능성 : 상품, 서비스에 대한 기업의 메시지가 세분시장에 효과적으로 도달할 수 있어야 한다.
- 유지가능성(규모의 적정성) : 세분시장이 충분한 규모이거나 이익을 낼 수 있는 정도의 크기가 되어야 한다.
- 실행가능성 : 각 세분시장에서 고객들에게 매력 있고, 이들의 욕구에 충분히 부응할 수 있는 효과적인 마케팅 프로그램을 계획하고 실행할 수 있어야 한다.
- 경쟁성 : 고객들에게 독특하고 다른 무언가를 제공할 수 있는 경쟁성, 즉 경쟁사 대비 확실한 경쟁우위를 갖춰야 한다.
- 이질성(차별성) : 특정한 마케팅 믹스에 대한 반응이나 세분화 근거에 있어서 세분시장 내의 구성원은 동질성을 보여야 하고, 다른 세분시장의 구성원과는 이질성을 보여야 한다.

47 #ABC분석 ［정답］②

매출비중이 높더라도 수익성이 떨어지는 상품은 미끼상품으로 활용하는 등의 전략적 활용이 필요하다.

▌정답 TIP▐
ABC분석과 상품관리
각각의 상품이 매출에 기여하는 정보를 A·B·C군으로 분류하여 A상품군은 집중 육성하고 Z상품군의 취급은 중단하여 매장의 생산성을 증대하고자 하는 것이다.
- A상품군 : 매출의 80%를 차지하는 상품들
- B상품군 : 매출의 15%를 차지하는 상품들
- C상품군 : 매출의 5%를 차지하는 상품들
- Z상품군 : 매출에 전혀 기여하지 못하는 상품들

48 #소매상변천과정가설 ［정답］⑤

소매업 수레바퀴가설의 변화 단계
- 도입기(혁신자적 소매 형태) : 저가격·저서비스·제한적 제품구색
- 성장기(전통적 소매 형태) : 고비용·고가격·고서비스(차별적 서비스)
- 취약기 : 저가격·저마진·저서비스·수익감소

① 자연도태설 : 환경에 적응하는 소매상만이 생존·발전하게 된다는 이론이다.
② 소매수명주기 이론 : 새로운 소매형태가 시장에 도입된 이후에 시간이 흘러감에 따라 제품수명주기와 같은 도입기 → 성장기 → 성숙기 → 쇠퇴기를 거치는 현상을 설명하는 이론이다.
③ 소매아코디언 이론 : 소매점의 진화과정을 소매점에서 취급하는 상품믹스로 설명하는 것으로, 상품믹스의 확대 → 수축 → 확대 과정이 아코디언과 유사하여 이름 붙여진 이론이다.
④ 변증법적 이론 : 두 개의 서로 다른 경쟁적인 소매업태가 하나의 새로운 소매업태로 합쳐지는 소매업태 혁신의 합성이론을 의미한다.

49 #점포디자인요소 ［정답］②

쾌락적 편익은 소비과정에서의 즐거움, 재미와 같은 감각적으로 좋은 느낌을 경험하기 위한 체험 마케팅과 관련된 편익이므로 점포 디자인을 위해 고려해야하는 요소와는 거리가 멀다.

50 #유통계량조사 ［정답］⑤

손익분기점은 이익도 없고 손실도 없게 되는 매출수준을 의미하는 것이므로 생산성 증대를 위한 유통계량조사의 내용과는 거리가 멀다.

51 #상시저가전략#고저가격전략 ［정답］③

광고 및 운영비를 절감하는 효과는 고저가격전략(high-low pricing)과 비교한 상시저가전략(EDLP)의 장점이다.

52 #경로구성원평가관리 ［정답］③

장기적 협력관계를 구축할 필요가 있는 경우에는 경제성, 통제성, 적응성 등을 평가하여 성과가 좋지 못한 중간상은 바꿔야 한다.

▌더 알아보기▐

유통업체 평가기준
장기적 협력관계를 구축할 필요가 있는 경우 공급업체가 유통업체를 평가하는 기준은 다음과 같다.
- 경제성 : 유통업체의 판매액, 비용, 수익성 등
- 통제성 : 공급업체의 상품에 대한 유통업체의 마케팅 전략을 조정할 수 있는 정도
- 적응성 : 장기적 협력관계를 구축할 경우 가장 중요한 평가 기준으로, 환경변화에 적응하여 유통업체와의 관계를 유연하게 조정할 수 있는 정도

53 #서비스품질 　　　　　　　　정답 ④

공감성은 소비자 개개인에 대한 관심, 소비자들의 욕구에 대한 종업원들의 이해 등 접근이 용이하고, 의사소통이 잘되면서 소비자를 잘 이해하는 것을 말한다.

> **오답풀이**
> ① 신뢰성(reliability) : 믿을 수 있으며, 명확한 임무수행을 말한다.
> ② 확신성(assurance) : 직원의 지식과 예절, 능력 및 공손함, 그리고 믿음직스러움과 안전성을 의미한다.
> ③ 유형성(tangibility) : 물적 요소의 외형을 의미한다.
> ⑤ 응답성(responsiveness) : 즉각적이면서 도움이 되는 것을 말한다.

54 #고객관계관리과정 　　　　　　정답 ①

교차판매, 묶음판매를 통한 관계의 확대는 관계강화단계의 활동에 해당한다.

> **▌더 알아보기 ▌**
>
> **교차판매**
> 자체 개발한 상품에만 의존하지 않고 관련된 제품까지 판매하는 적극적인 판매방식으로, 고객이 선호할 수 있는 추가제안을 통해 다른 제품을 추가 구입하도록 유도할 수 있다

55 #풀전략#푸시전략 　　　　　　정답 ①

풀전략과 푸시전략
- 풀전략 : 제조업자 쪽으로 당긴다는 의미로 최종소비자를 상대로 적극적인 프로모션 활동을 하여 소비자들이 스스로 제품을 찾게 만들고 중간상들은 소비자가 원하기 때문에 제품을 취급할 수밖에 없게 만드는 전략을 말한다.
- 푸시전략 : 제조업자가 소비자를 향해 제품을 밀어낸다는 의미로 제조업자는 도매상에게, 도매상은 소매상에게, 소매상은 소비자에게 제품을 판매하게 만드는 전략을 말한다.

> **오답풀이**
> - 집중적 마케팅전략 : 대규모 시장에서 낮은 점유율을 추구하는 대신에 매우 매력적인 하나 혹은 적은 수의 세분시장에서 높은 점유율을 추구하는 전략으로, 소매점이 자원의 제약을 받을 때나 경영노하우 등 기업이 가진 내부적인 능력이 제한되어 있을 때 특히 유용하다.
> - 차별적 마케팅전략 : 소매점이 여러 목표시장을 표적으로 하고 각각에 대해 상이한 제품과 서비스를 설계하는 데 있어, 제품과 마케팅을 다양화함으로써 매출액을 늘리고 각 세분시장에서의 지위를 강화하려는 것이다.

56 #마이클포터 　　　　　　　　정답 ⑤

대체재가 많으면 많을수록 기업들이 자신의 제품이나 서비스에 높은 가격을 받을 수 있는 가능성은 줄어들기 때문에 시장의 매력도는 낮아진다.

57 #마케팅투자수익률 　　　　　　정답 ③

측정과 비교가 용이한 단일 마케팅성과척도를 사용하면 지나치게 단순화된 측정결과가 나올 수 있으므로 정확한 측정을 위해서는 통합된 척도를 사용해야 한다.

58 #판매촉진 　　　　　　　　　정답 ③

가용예산법은 기업의 재정이 허락하는 범위 내에서 최대한의 액수를 촉진예산으로 책정하는 방법이다.

59 #고객관계관리 　　　　　　　정답 ⑤

CRM을 성공적으로 수행하기 위해서 통합된 멀티채널을 운영해야 한다.

60 #상품판매서비스 　　　　　　정답 ⑤

상품 설명, 쇼핑 상담, 배달 등과 같은 노역 기술 제공 서비스는 인적 서비스에 해당한다.

61 #제품별영업조직 　　　　　　정답 ③

제품별 조직은 제품을 시장특성에 따라 대응함으로써 영업비용은 늘어나지만 소비자 만족을 증대시킬 수 있다.

62 #CRM분석도구 　　　　　　　정답 ④

OLAP(온라인분석처리)는 기업이 고객 데이터 및 판매 데이터를 축적한 데이터베이스를 다차원적으로 분석하고, 시각적으로 표현하기 위한 시스템을 말하며, 고객에 대한 적절한 각종 캠페인을 계획하고 지원하는 역할을 한다.

> **오답풀이**
> ① 데이터 마이닝 : 거대 규모의 데이터로부터 가치 있는 정보를 찾아내는 탐색 과정 및 방법을 의미하는 것으로 데이터베이스로부터 암시적이며 잠재적인 지식을 추출하는 방법, 즉 단순분석이나 다차원분석으로 쉽게 찾아낼 수 없는 내용을 분석하는 것이다.
> ② 데이터웨어하우징 : 경영의사결정을 지원하고 경영자정보시스템(EIS)이나 의사결정지원시스템(DDS)의 구축을 위하여 기존의 데이터베이스에서 요약·분석된 정보를 추출하여 데이터베이스, 즉 데이터 웨어하우스를 구축하거나 이를 활용하는 절차나 과정을 말한다.
> ③ OLTP : 은행이나, 항공사, 슈퍼마켓, 제조업체 등 많은 기업체에서 데이터 입력이나 거래조회 등을 위한 트랜잭션 지향의 업무를 쉽게 관리해주는 프로그램이다.

⑤ EDI : 기업 사이에 데이터를 효율적으로 교환하기 위해 컴퓨터를 통해서 표준화된 양식의 전자문서 즉, 전자문서표준을 이용해 데이터를 교환하는 정보전달 시스템이다.

63 #격자형레이아웃 [정답] ②

ⓛ, ⓒ, ⓜ은 자유형 레이아웃의 장점에 해당한다.

64 #고객생애가치이론 [정답] ③

기업은 고객생애가치를 높이기 위하여 경쟁사보다 더 높은 가치를 제공해 당사 제품을 사용하게 하여 획득률을 향상시킨다.

[오답풀이]

① 고객생애가치는 소비자가 평생에 걸쳐 구매할 것으로 예상되는 이익 흐름에 대한 현재가치를 의미한다.
② 고객 유지율과 획득률 향상을 통해 고객생애가치를 상승시킬 수 있다.
④ 올바른 고객생애가치를 산출하기 위해서는 분기별 이익 창출에 초점을 맞추는 데에서 벗어나 장기적인 관점에서 수익성이 높은 고객과의 관계를 향상시켜 나가는 데 중점을 두어야 한다.
⑤ 고객생애가치는 고객의 일회적인 소비로 그치는 것이 아니라, 평생에 걸쳐 자사의 제품이나 서비스를 주기적으로 소비한다는 가정 하에 고객 가치를 측정한다.

65 #비주얼머천다이징 [정답] ④

비주얼머천다이징의 구성요소인 IP(interior presentation)는 상품을 분류, 정리하여 보기 쉽게 진열하여 하나하나 상품에 대해 고객이 구입의지를 결정하도록 하는 진열방식으로, 각각 상품들을 보고 만지고 고르기 쉽도록 지원한다.

66 #마케팅활동 [정답] ①

쿠폰은 소비자 판매촉진 수단으로, 가격할인의 기회를 제공함으로써 해당 제품의 구매를 유도하고, 소비자들에게 그들의 구매 행동을 정당화할 수 있는 동기를 갖게 하며, 신제품, 신규 브랜드의 시험구매를 촉진할 수 있다.

[오답풀이]

② 프리미엄 : 자사의 제품이나 서비스를 구매하는 고객에 한해 다른 상품을 무료로 제공하거나 저렴한 가격에 구입할 수 있는 기회를 제공하는 것을 말한다.
③ 컨테스트 : 지식 및 기술 등을 질문하여 문제를 맞힌 사람 또는 심사를 통과한 사람에게 상을 주는 방식으로 소비자들의 관여도를 높이는 데 효과적으로 사용되는 방법이다.
④ 인적 판매 : 한 명 또는 그 이상의 잠재소비자들과 직접 만나면서 커뮤니케이션을 통해 판매를 실현하는 방법을 말한다.
⑤ 리베이트 : 소비자가 해당 제품을 구매했다는 증거(구매영수증 등)를 우편 등으로 제조업체에 보내면 구매가격의 일부분을 할인율만큼 소비자에게 보상해주는 것으로 소매업체에게 처리비용을 지불할 필요가 없다.

67 #세그먼트머천다이징 [정답] ③

글상자의 설명에 해당하는 것은 세그먼트 머천다이징이다. 세그먼트 머천다이징은 세분시장 대응 머천다이징으로, 경합점 상호 간에 양립성을 생기게 하여 직접적인 경쟁을 회피할 수 있게 해준다.

[오답풀이]

① 혼합식 머천다이징 : 소매점이 상품의 구색, 즉 구성을 확대해 가는 유형의 상품화방식으로, 이로 인해 업태 간 경쟁이 더욱 격화되고 있다.
② 선별적 머천다이징 : 소매업, 2차 상품 제조업자, 가공업자 및 소재 생산자가 수직적으로 연합하여 상품계획을 수립하는 머천다이징 방식으로, 시장 세분화를 통해 파악된 한정된 세분시장을 목표고객으로 하여 이들에 알맞은 상품화 전략을 전개하는 것이다.
④ 계획적 머천다이징 : 대규모 소매업과 선정된 주요 상품 납품회사(key merchandising resources) 사이에 계획을 조정·통합화시켜 머천다이징을 수행하는 것이다.
⑤ 상징적 머천다이징 : 대형 슈퍼마켓이나 지방의 백화점이 전문점이나 대형 도시 백화점과 차별화하기 위해 양판품목군(volume zone) 중심의 종합적인 구색을 갖추되, 그 중 일부를 자기 점포의 상징적 구색으로 정하여 중점을 두어 갖추면, 이러한 상징적 구색이 자기 점포의 특색을 명확히 하여 점포의 매력을 증대시켜 주는 방식이다.

68 #선도가격#단수가격 [정답] ③

ⓗ 선도가격(leader pricing) : 어떤 특정한 제품의 가격을 정해놓고 그 가격에 맞추어 다른 제품의 가격도 책정하는 것으로, 일부 제품을 원가 이하나 매우 저렴한 가격으로 판매함으로써 고객의 수를 증가시킨 후, 다른 제품은 정상가격에 구입하도록 유인하는 가격전략이다.
ⓒ 단수가격(odd pricing) : 시장에서 경쟁이 치열할 때 소비자들에게 심리적으로 값이 싸다는 느낌을 주어 판매량을 늘리려는 가격결정방법이다.

[오답풀이]

묶음가격(price bundling) : 몇 개의 제품을 묶어서 가격을 인하해 결합된 제품을 제공하는 방법으로 묶음판매를 하는 주요한 이유는 가격차별화를 통한 이익의 증대를 가져오기 위함에 있다.

69 #POS시스템 　　　　　　　　　　[정답] ④

전년도 목표 대비 판매량 분석 또는 전월 대비 매출액 변화분석과 같은 시계열 정보를 효율적으로 수집하고 분석할 수 있다.

70 #성숙기#판매촉진전략 　　　　　　[정답] ①

성숙기에는 타사의 상품 사용자에 대한 상표 전환을 유도하기 위해 적극적인 판촉을 시행하게 된다. 더불어 타사 상표 상품과 자사 상표 상품의 차이 및 장점을 강조하게 된다.

4과목 　유통정보

71 #프론트오피스 　　　　　　　　　[정답] ②

상품등록은 백 오피스(back office)의 요소에 해당한다.

┃정답 TIP┃
- 프론트 오피스(front office) : 서비스의 소비층인 고객이 사용하는 페이지로, 쇼핑몰에서 상품을 보며, 장바구니에 담고, 상품결제 및 상품평을 쓰는 등의 요소가 해당한다.
- 백 오피스(back office) : 서비스를 제공하기 위한 상품의 등록, 마케팅 설정, 결제 및 매출, 수익 등을 관리하는 요소가 해당한다.

72 #라이브커머스 　　　　　　　　　[정답] ③

라이브 커머스의 가장 큰 특징은 상호소통으로, 생방송이 진행되는 동안 소비자들은 채팅을 통해 쇼호스트 혹은 다른 소비자와 실시간으로 소통할 수 있다.

73 #제4차산업혁명 　　　　　　　　　[정답] ⑤

4차 산업혁명은 정보통신 기술의 융합으로 이루어지는 차세대 산업혁명으로, 이 혁명의 핵심은 빅데이터 분석, 인공지능, 로봇공학, 사물인터넷, 무인운송수단(무인항공기, 무인자동차), 3차원 인쇄, 나노 기술과 같은 7대 분야에서 새로운 기술 혁신이다.

74 #QR물류시스템 　　　　　　　　　[정답] ②

리드타임을 감소시키는 긍정적인 효과가 있다.

75 #블록체인#스마트계약 　　　　　　[정답] ⑤

블록체인은 중앙집중형 서버에 거래기록을 보관하지 않고 거래에 참여하는 모든 사용자에게 거래내역을 보내주며, 거래 때마다 모든 거래 참여자들이 정보를 공

유하고 이를 대조해 데이터 위조나 변조를 할 수 없도록 하기 때문에 거래 기록에 대하여 가시성을 확보할 수 있다.

76 #비즈니스모델캔버스 　　　　　　[정답] ⑤

비즈니스 모델 캔버스는 새로운 사업 모형을 개발하거나 기존 모형을 문서화하기 위해 사용하는 경영전략 도구로, '① 고객 세분화 → ② 가치제안 → ③ 유통경로 → ④ 고객관계 → ⑤ 수익 → ⑥ 핵심자원 → ⑦ 핵심활동 → ⑧ 핵심파트너 → ⑨ 비용구조' 9가지 요인의 순서로 작성한다.

77 #데이터마이닝기법 　　　　　　　[정답] ⑤

연속 판매 프로그램은 순차패턴에 해당한다.

78 #친환경제품인증제도 　　　　　　[정답] ⑤

그린워싱은 녹색마크나 녹색문구가 표시된 상품이 시장에서 환경친화적인 상품으로 알려졌으나, 실제로는 부풀려지거나 왜곡되어 소비자의 알 권리를 기만한 상황을 총칭하는 용어이다.

79 #스튜어트#지식자산특성 　　　　　[정답] ⑤

구조적 자산은 기업이 보유한 하드웨어, 소프트웨어, 데이터베이스, 조직구조, 특허, 등록상표 등 조직의 능력으로 종업원들이 퇴근한 후에도 조직에 남아 있는 지식 자산을 의미한다.

80 #마이데이터 　　　　　　　　　　[정답] ⑤

마이데이터
- 관리·통제하는 것은 물론 이러한 정보를 신용이나 자산관리 등에 능동적으로 활용하는 일련의 과정을 말한다.
- 마이데이터를 이용하면 각종 기관과 기업 등에 분산돼 있는 자신의 정보를 한꺼번에 확인할 수 있으며, 업체에 자신의 정보를 제공해 맞춤 상품이나 서비스를 추천받을 수 있다.

오답풀이
① 데이터베이스 : 여러 사람에 의해 공유되어 사용될 목적으로 통합하여 관리되는 데이터의 집합을 말한다.
② 빅데이터 분석 : 기존 데이터베이스 관리도구로 데이터를 수집, 저장, 관리, 분석할 수 있는 역량을 넘어서는 대량의 정형 또는 비정형 데이터 집합 및 이러한 데이터로부터 가치를 추출하고 결과를 분석하는 기술을 의미한다.

③ 데이터 댐 : 사회, 경제, 인프라 전반에서 생성되는 빅데이터를 초연결 통신망을 이용해 수집하고 인공지능(AI)으로 분석하도록 인프라를 구축하는 국가 프로젝트를 말한다.
④ 데이터마이닝 : 데이터 속에 내재된 데이터들 간의 패턴이나 관련성을 발견하여 미래에 실행 가능한 지식을 추출해 내고 의사결정에 활용하는 과정이다.

81 #라스트마일 [정답] ⑤

라스트 마일은 유통산업에서 주문한 물품이 고객에게 배송되는 마지막 단계를 의미하는 용어로, 고객과의 마지막 접점이며, 상품을 받으면서 만족도가 결정되는 중요한 단계이다.

오답풀이

① 엔드 투 엔드 공급사슬 : 전체 통합 프로세스가 포함되는 것으로, 제품 설계 및 원자재 조달부터 일정 계획, 생산 및 최종 제품을 고객에게 전달하는 모든 과정을 의미한다.
② 고객만족경영 : 경영의 모든 부문을 고객의 입장에서 생각하고 고객을 만족시켜 기업을 유지하고자 하는 신경영기법이다.
③ 배송 리드타임 : 발주부터 물품 배송까지 걸리는 시간을 의미한다.
④ 스마트 로지스틱 : 사물인터넷(IoT), 인공지능(AI), 빅데이터와 클라우드 등의 최신 IT기술을 활용해 물류를 지능화·자동화하는 것을 말한다.

82 #플랫폼비즈니스 [정답] ①

㉠ 메트칼프의 법칙 : 네트워크의 규모가 커짐에 따라 그 비용의 증가 규모는 점차 줄어들지만 네트워크의 가치는 기하급수적으로 증가한다는 법칙을 말한다.
㉡ 티핑 포인트 : 대중의 반응이 한 순간 폭발적으로 늘어날 때, 광고 마케팅이 효과를 발휘하며 폭발적인 주문으로 이어질 때 등을 의미한다.

오답풀이

• 팔레토의 법칙 : 20%의 상품이 총 매출의 80%를 창출하고, 20%의 충성스런 고객들이 총 매출의 80%를 차지한다는 식으로 '결과물의 80%는 조직의 20%에 의하여 생산된다'는 이론이다.
• 롱테일의 법칙 : 주목받지 못하는 다수가 핵심적인 소수보다 더 큰 가치를 창출하는 현상을 말한다.
• 네트워크 효과 : 어떤 재화의 수요자가 늘어나면 그 재화의 객관적 가치, 즉 재화 이용자들이 느끼는 가치도 더불어 변하게 되는 효과를 의미한다.
• 무어의 법칙 : 인터넷 경제의 3원칙 가운데 하나로, 마이크로칩의 밀도가 24개월마다 2배로 늘어난다는 법칙이다.

• 규모의 경제 : 생산량의 증가에 따라 단위당 생산비가 감소하는 현상을 말한다.
• 범위의 경제 : 한 기업이 2종 이상의 제품을 함께 생산할 경우, 각 제품을 다른 기업이 각각 생산할 때보다 평균 비용이 적게 드는 현상을 말한다.
• 학습효과 : 특정한 작업을 여러 번 반복함으로써 더욱 숙달되는 현상을 의미한다.
• 공정가치선 : 기업과 고객 간의 수준이 어느 쪽으로 치우쳐져 있는지의 여부와 이를 개선해 나갈 수 있는 기본적인 전략적 방향성을 제시한다.

83 #가격제시전략 [정답] ④

다이나믹 프라이싱 전략은 동일한 제품 및 서비스에 대한 가격을 시장 및 고객 상황에 따라 탄력적으로 조정하는 판매 전략이다. 대표적인 예로 항공사의 경우 비행기의 좌석 유형, 잔여 좌석 수, 항공 출발시간 등에 따라 항공권의 가격을 다르게 책정하는 경우가 있다.

오답풀이

① 시장침투가격 전략 : 수요가 가격에 대하여 민감한 가격탄력성이 높은 신제품을 도입하는 초기에 저가격을 설정하여 신속하게 시장에 침투하고 시장을 확보하려는 가격정책으로 장기적인 이익을 올리는 것을 목표로 한다(선저가·후고가 전략).
② 초기고가 전략 : 초기에 고가정책을 취함으로써 높은 가격을 지불할 의사를 가진 소비자로부터 큰 이익을 흡수한 뒤 제품 시장의 확장에 따라 가격을 조정하는 방식이다.
③ 낚시가격 전략 : 초기에 가격을 낮게 설정하여 고객의 구매를 유도하고, 제품에 필요한 추가 구매품, 부품, 소모품에 높은 가격을 책정하는 전략이다.
⑤ 명성가격 전략 : 가격 결정 시 해당 제품군의 주 소비자층이 지불할 수 있는 가장 높은 가격이나 시장에서 제시된 가격 중 가장 높은 가격을 설정하는 전략으로 주로 제품에 고급 이미지를 부여하기 위해 사용된다.

84 #OECD개인정보보호8원칙 [정답] ④

OECD 개인정보 보호 8원칙

① 수집 제한의 법칙 : 개인정보는 적법하고 공정한 방법을 통해 수집되어야 한다.
② 정보 정확성의 원칙 : 이용 목적상 필요한 범위 내에서 개인정보의 정확성, 완전성, 최신성이 확보되어야 한다.
③ 목적 명시의 원칙 : 개인정보는 수집 과정에서 수집 목적을 명시하고, 명시된 목적에 적합하게 이용되어야 한다.
④ 이용 제한의 원칙 : 정보 주체의 동의가 있거나, 법규정이 있는 경우를 제외하고 목적 외 이용되거나 공개될 수 없다.

⑤ 안전성 확보의 원칙 : 개인정보의 침해, 누설, 도용 등을 방지하기 위한 물리적, 조직적, 기술적 안전 조치를 확보해야 한다.
⑥ 공개의 원칙 : 개인정보의 처리 및 보호를 위한 정책 및 관리자에 대한 정보는 공개되어야 한다.
⑦ 개인 참가의 원칙 : 정보 주체의 개인정보 열람·정정·삭제 청구권은 보장되어야 한다.
⑧ 책임의 원칙 : 개인정보 관리자에게 원칙준수 의무 및 책임을 부과해야 한다.

85 #비즈니스애널리틱스 　　　　　[정답] ③
ⓒ 진단분석(diagnostic analytics) : 특정한 일이 발생한 이유를 이해하는 데 도움을 제공
ⓒ 예측분석(predictive analytics) : 애널리틱스를 이용해 미래에 발생할 가능성이 있는 일을 예측함

86 #대체불가능토큰 　　　　　[정답] ④
NFT 시장이 확장되면서 새로운 경제모델로 자리 잡을 것이라는 견해도 있지만, NFT 기술이 적용되었어도 누구나 온라인상에서 열람할 수 있는 콘텐츠를 거액에 거래하는데다가 가치 책정 또한 매우 주관적이라는 점에서 거품 또는 투기라는 시각도 있다.

87 #글로벌기업정보조회서비스 　　　　　[정답] ④
글로벌 기업정보 조회서비스는 각국의 GS1 코드관리기관의 회원업체정보 데이터베이스를 인터넷을 통해 연결하여 전세계 GS1 회원업체 정보를 실시간으로 검색할 수 있는 서비스이다.

오답풀이
① 덴소 웨이브 : QR코드를 발명한 곳으로, QR코드 단말기 개발 및 제조를 주요 업무로 하고 있다. QR코드와 QR코드 인식기, 인식 방법 등에 대해 일본과 미국 등에서 특허권을 취득하였지만, QR코드 기술을 변형 없이 그대로 사용하는 조건 하에 QR코드에 대한 특허를 무료로 풀었다.
② 코리안넷 : 기본적인 상품정보 등록을 통해 식별코드 발급과 바코드 파일을 생성할 수 있는 GS1 회원기업 전용 온라인 서비스이다.
⑤ GS1 : 바코드 표준뿐만 아니라 상품이 전세계 시장에서 유통될 수 있도록 다양한 표준을 관리하고 관련된 서비스를 제공한다.

88 #전자결제보안 　　　　　[정답] ②
전자결제의 보안요건
• 인증(Authentication) : 거래 상대방의 신분을 확인하여야 한다.

• 기밀성(Confidentiality) : 거래내용이 제3자에게 노출되어서는 안 된다.
• 무결성(Integrity) : 전달 과정에서 정보가 변조되지 않았는지를 확인하여야 한다.
• 부인방지(Non-Repudiation) : 이미 성립된 거래에 대한 부당한 번복을 방지해야 한다.

89 #구매지불프로세스 　　　　　[정답] ④
구매-지불 프로세스
재화 및 용역에 대한 구매요청서 발송 → 조달 확정 → 구매주문서 발송 → 재화 및 용역 수령증 수취 → 공급업체 송장 확인 → 대금 지불

90 #ETL 　　　　　[정답] ③
ETL(extract, transform, load)
• 추출(Extract), 변환(Transform), 로드(Load)를 나타내며, 수집된 자료를 표준화시키거나 변환하여 목표 저장소에 저장할 수 있도록 도와주는 기술을 말한다.
• 조직에서 여러 시스템의 데이터를 단일 데이터베이스, 데이터 저장소, 데이터 웨어하우스 또는 데이터 레이크에 결합하기 위해 일반적으로 허용되는 방법이다.
• 기업이 전 세계 모든 곳의 수많은 팀에서 관리하는 구조화된 데이터와 구조화되지 않은 데이터를 비롯한 전체 데이터를 가져와 비즈니스 목적에 실질적으로 유용한 형태로 변환하는 프로세스이다.

오답풀이
① OLTP : 은행, 항공사, 슈퍼마켓, 제조업체 등 많은 기업체에서 데이터 입력 및 거래조회 등을 위한 트랜잭션 지향의 업무를 쉽게 관리해주는 프로그램이다
② OLAP : 최종 사용자가 다차원 정보에 직접 접근하여 대화식으로 정보를 분석하고 의사결정을 활용하는 과정을 말한다.
④ 정규화 : 관계 데이터베이스의 설계에서 중복 정보의 포함을 최소화하기 위한 기법을 적용하는 것을 말한다.

제3회 기출문제 정답 및 해설

01	02	03	04	05	06	07	08	09	10	11	12	13	14	15
④	①	④	④	⑤	⑤	③	②	②	⑤	④	③	②	④	②
16	17	18	19	20	21	22	23	24	25	26	27	28	29	30
③	③	⑤	④	③	⑤	①	③	⑤	④	④	⑤	③	③	④
31	32	33	34	35	36	37	38	39	40	41	42	43	44	45
①	④	④	③	①	⑤	③	⑤	③	④	④	⑤	⑤	③	③
46	47	48	49	50	51	52	53	54	55	56	57	58	59	60
⑤	③	④	④	④	③	③	④	②	②	④	③	①	②	④
61	62	63	64	65	66	67	68	69	70	71	72	73	74	75
①	⑤	④	③	②	②	⑤	④	②	⑤	③	①	⑤	②	①
76	77	78	79	80	81	82	83	84	85	86	87	88	89	90
③	⑤	⑤	③	⑤	③	④	⑤	③	②	④	②	⑤	③	②

1과목　유통물류일반

01 #유통경로구조이론　　　정답 ④

기능위양이론은 유통경로의 구조는 기능수행의 경제적 효율성 여부, 즉 "누가 어떤 기능을 얼마나 효율적으로 수행하는가"의 여부에 의해 결정된다고 보는 이론이다.

오답풀이

① 대리인이론 : 대리이론은 의뢰인(경로구성원)이 대리인(경로구성원)의 결정과 행동에 의존적으로 행동한다는 이론으로 이때, 유통경로의 구조는 의뢰인에게 최선의 성과를 가져다주는 대리인을 찾아 계약을 맺는 과정에서 결정된다고 본다.

② 게임이론 : "경쟁관계에 있는 구성원들이 어떻게 자신의 이익을 극대화하는가"에 대한 이론이다.

③ 거래비용이론 : 기업조직의 생성과 관리는 거래비용을 최소화하기 위해 이루어지고 있다고 보는 이론이다.

⑤ 연기-투기이론 : 경로구성원들 중 "누가 재고를 유지해야 하는가", "누가 재고 보유에 따른 위험을 감수하느냐"에 의해 경로구조가 결정된다고 본다.

02 #경제적주문량　　　정답 ①

경제적주문량(EOQ) 200

$$= \sqrt{\frac{2 \times 1회당 주문비용 \times 연간 수요량}{연간 단위당 재고유지비용}}$$

$$= \sqrt{\frac{2 \times 200원 \times 10,000개}{연간 단위당 재고유지비용}}$$

따라서 연간 단위당 재고유지비용 = 100

03 #운송유형　　　정답 ④

피기백(piggy back)은 화물자동차(Truck)와 철도(Train)를 연계한 복합운송형태로 컨테이너 화물을 실은 화물자동차를 그대로 철도에 적재하여 일관운송하는 것을 말한다.

04 #자본잉여금 정답 ④

예수금은 거래와 관련하여 임시로 보관하는 자금을 의미하는 것으로, 회사가 거래처 또는 임직원으로부터 임시로 수령한 자금, 고객이 거래의 이행을 보증하기 위해 금융기관에 거래대금의 일부를 예치하는 자금 등이 있으며 부채에 해당한다.

┃정답 TIP┃

자본잉여금은 회사의 영업이익 이외의 원천에서 발생하는 잉여금을 의미하는 것으로, 크게 자본준비금, 재평가적립금, 기타 자본잉여금으로 구분할 수 있다.

05 #e-공급망관리 정답 ⑤

구매자와의 직접 접촉을 통해 획득한 데이터를 분석하여 각 고객들의 니즈를 충족시킬 수 있는 개별화된 서비스 제공이 가능하다.

┃더 알아보기┃

e-SCM
- 원자재 조달, 생산, 수배송, 판매 및 고객관리 프로세스에서 일어나는 물류흐름과 이와 관련된 모든 활동을 인터넷에 기반하여 실시간으로 통합적으로 관리하는 기법이다.
- e-Business 환경에서 디지털 환경의 공급자, 유통채널, 도소매와 관련된 물자, 자금·정보의 흐름을 신속하고 효율적으로 관리하는 활동을 말한다.
- 고객 그리고 기업 내부의 다양한 욕구를 만족시키고 업무의 효율성을 극대화하려는 전략적 기법이라고 할 수 있다.

06 #플랫폼비즈니스 정답 ⑤

플랫폼 비즈니스 모델이란 플랫폼 서비스의 모델을 통해 수익을 내는 모델을 의미하며, 플랫폼 주도 기업과 참여자, 또는 참여자 간 공동의 이익이 존재해야 한다.

07 #채찍효과 정답 ③

채찍 효과란 공급자, 생산자, 도매상, 소매상, 고객으로 구성된 공급사슬망에 있어서 소비자 수요의 작은 변동이 제조업체에 전달되는 과정에서 지연·왜곡 및 확대되는 현상이다.

오답풀이

① 블랙 스완 효과 : 극단적으로 예외적이어서 발생가능성이 없어 보이지만 일단 발생하면 엄청난 충격과 파급효과를 가져오는 사건을 가리키는 용어이다.

② 밴드 왜건 효과 : 대중적으로 유행하는 정보를 따라 상품을 구매하는 현상을 말한다.
④ 베블렌 효과 : 가격이 오르는데도 일부 계층의 과시욕이나 허영심 등으로 인해 수요가 줄어들지 않는 현상을 말한다.
⑤ 디드로 효과 : 하나의 물건을 구입한 후 그 물건과 어울리는 다른 제품들을 계속 구매하는 현상이다.

08 #제품시장확장그리드 정답 ②

시장개발전략은 기존제품을 통한 시장확장전략이나 새로운 목표 세분시장의 지리적 확장 등이 여기에 포함된다(기존제품+신규시장).

오답풀이

① 시장침투전략(기존제품+기존시장) : 시장점유율이나 제품용법을 향상시키기 위한 전략 등이 여기에 포함된다.
③ 제품개발전략(신규제품+기존시장) : 제품개선, 제품계열확장, 동일 시장 내 신제품개발 등이 여기에 포함된다.
④ 다각화전략(신규제품+신규시장) : 수직적 통합, 연관 사업 다각화, 비연관 사업 다각화(복합기업 다각화) 등이 여기에 포함된다.

09 #유통경로힘 정답 ②

강제력은 한 경로구성원의 영향력 행사에 대해서 구성원들이 따르지 않을 때 처벌이나 부정적 제재를 받을 것이라고 지각하는 경우에 미치는 영향력이므로 강제력의 강도는 처벌이 지닌 부정적 효과의 크기에 비례한다.

10 #윤리경영#이해관계자 정답 ⑤

기업은 경쟁자와 공정한 경쟁을 바탕으로 기업 활동을 하여야 하며, 카르텔이나 뇌물 등 불공정한 경쟁행위를 하여서는 안 된다. 환경오염, 자연파괴, 산업폐기물수출입, 지구환경관련 규정 위반 등은 지구환경 보호와 관련된 문제들에 해당한다.

11 #유통의형태 정답 ④

전속적 유통은 일정한 상권 내에 제한된 수의 소매점으로 하여금 자사 상품만을 취급하게 하는 배타적 유통경로전략을 말한다.

오답풀이

① · ② 집중적(개방적) 유통 : 개방적 유통은 희망하는 소매점이면 누구나 자사의 상품을 취급할 수 있도록 하는 전략으로, 집중(집약)직 유통경로라고도 한다.

③ 선택적 유통 : 개방적 유통경로와 전속적 유통경로의 중간적 형태로 일정 지역 내에 일정 수준 이상의 이미지, 입지, 경영능력을 갖춘 소매점을 선별하여 이들에게 자사제품을 취급하도록 하는 선택적 유통경로전략을 말한다.

12 #유통산업합리화   정답 ③

법률이나 정부의 규제가 완화된다.

13 #직무기술서#직무명세서   정답 ②

직무기술서는 직무분석의 결과를 토대로 특정 직무의 성격·내용·이행방법 등과 해당 직무의 능률적인 수행을 위하여 직무에서 기대되는 결과 등을 일정한 양식에 따라 간략하게 정리해 놓은 문서이다(과업요건에 초점).

▌더 알아보기 ▌

직무명세서
직무를 만족스럽게 수행하는 데 필요한 종업원의 행동·기능·능력·지식·자격증 등을 일정한 형식에 맞게 기술한 문서를 직무명세서라 하며, 인사관리의 기준으로 사용된다(인적요건에 초점).

14 #유통경영전략#수립단계   정답 ④

유통경영전략의 수립단계
기업의 사명 정의 → 기업의 목표 설정 → 사업포트폴리오분석 → 성장전략의 수립

15 #창고유형   정답 ②

영업 창고는 다른 사람이 기탁한 물품을 보관하고, 그 대가로 보관료를 받는 창고로 창고료는 보관료와 하역료로 구성된다.

16 #아웃소싱   정답 ③

아웃소싱은 고정비용을 줄여 획기적인 비용절감이 가능하다.

17 #합작투자   정답 ③

라이센싱은 상표 등록된 재산권을 가지고 있는 개인 또는 단체가 타인에게 대가를 받고 그 재산권을 사용할 수 있도록 상업적 권리를 부여하는 계약이다. 라이센서(Licensor)는 상표 등록된 재산권을 가지고 있는 자를 말하며, 라이센시(Licensee)는 이 권리를 대여받는 자를 지칭한다.

오답풀이

① 계약생산 : 라이센싱과 직접투자의 중간적 성격을 띠고 있지만 지분 참여가 없다는 점에서는 직접투자와 확실히 구분되며, 통상 해외고객에게 자사가 제품을 직접 공급할 수 있는 생산 여력이 미치지 못하거나 현지시장이 협소하여 직접투자형태 진출이 타당하지 않는 경우에 이용된다.
② 관리계약 : 국내외에 있는 특정 기업의 경영을 대행하거나 특정 업무를 관리하고, 그에 대한 반대급부로 대가를 받기 위해 맺은 계약이다.
④ 공동소유 : 여러 사람이 공동으로 한 개의 물건을 소유하는 형태를 말한다.
⑤ 간접수출 : 제조업자가 자국내에 있는 무역상사를 통해서 해외에 수출하는 것을 말한다.

18 #리더십유형   정답 ⑤

① 변혁적 리더십 : 조직구성원들로 하여금 리더에 대한 신뢰를 갖게 하는 카리스마는 물론, 조직변화의 필요성을 감지하고 그러한 변화를 이끌어 낼 수 있는 새로운 비전을 제시할 수 있는 능력이 요구되는 리더십이다.
② 참여적 리더십 : 부하직원들을 의사결정과정에 참여시키고 그들의 의견을 적극적으로 반영하고자 하는 리더십 유형이다.
③ 지원적 리더십 : 조직 구성원(부하)의 복지나 개인적 욕구에 역점을 두는 리더십 유형이다.
④ 지시적 리더십 : 부하들에게 규정을 준수할 것을 요구하고 구체적인 지시를 통해 그들이 해야 할 일이 무엇인지를 명확히 설정해주는 리더십 유형을 말한다.

19 #한정기능도매상   정답 ④

직송도매상은 제조업자나 공급자로부터 제품을 구매하여 제조업자나 공급자가 물리적으로 보유한 상태에서 판매하게 되면 고객들에게 직접 제품을 직송하는 한정기능도매상이다.

오답풀이

① 우편주문도매상 : 비교적 소규모의 소매상이나 산업구매자에게 보석이나 스포츠용품 등을 제품 목록을 통해 판매한다.
② 진열도매상 : 소매점의 진열선반 위에 상품을 공급하는 도매상을 말한다.
③ 트럭도매상 : 일반적으로 고정적인 판매루트(특정 지역)를 가지고 있으며, 트럭이나 기타 수송수단으로 판매와 동시에 상품을 배달하게 된다.
⑤ 현금무배달도매상 : 주로 중소소매상을 상대로 상품을 공급하며, 배송은 구매자 책임 하에 현금거래조건으로 판매하는 도매상이다.

20 #대리도매상 정답 ③

제조업자의 대리인은 제조업자의 시장지배력이 약한 지역에서만 활동하지만 판매대리인은 모든 지역에서 판매를 한다.

┃정답 TIP┃

제조업자 대리인과 판매대리인

• 제조업자 대리인 : 여러 제조업자의 위탁으로 제품을 대신 판매하는 도매상이다. 제품에 대한 신용판매는 하지 않지만 제품의 배달 및 판매를 위한 조사 등에 대하여 지원하고 머천다이징 및 촉진 지원 등의 역할을 수행한다.
• 판매대리인(위탁판매인) : 계약상 모든 마케팅 활동의 결과에 대한 책임을 지며, 판매조건에 관한 결정권한은 가지고 있지만 제품에 대한 소유권을 제외한 모든 도매 기능을 수행한다. 한 제조업자와 판매 계약을 맺어 제조업자의 판매부서와 같은 역할을 한다.

21 #불공정거래행위 정답 ⑤

불공정 거래행위는 사업자가 직접 또는 계열회사나 다른 사업자로 하여금 공정한 거래를 저해할 우려가 있는 행위를 하거나 하도록 하는 행위로, 주로 독과점적 지위나 거래상 우월적인 지위를 이용하여 거래과정에서 거래상대방에게 불이익을 주는 행위를 말한다. 따라서 ⑤는 단순한 납품업체의 실수로 인한 정당한 배상행위에 해당하므로 불공정 거래행위와는 거리가 멀다.

22 #샤인#조직문화수준 정답 ①

②・⑤ 가시적 수준
③・④ 내재적 수준

┃정답 TIP┃

샤인(Schein)의 조직문화

내재적 단계	• 무형의 잠재의식 속에서 당연하게 받아들이는 상태 • 무의식적 기본가정 : 환경과의 관계, 현실 및 시간과 공간적 본질, 인간본성, 인간활동, 인간관계
인지적 단계	• 어느 정도 잘 알아차릴 수 있는 상태 • 공유적 가치관 : 물질적 환경, 사회적 합의
가시적 단계	• 가시화 되어 있지만 설명이 어려운 경우도 있음 • 가공 및 창조된 작품 : 기술, 예술, 행동방식

23 #공급업자평가방법 정답 ③

평가 기준의 중요성을 정확하게 판단할 수 없는 경우에는 오류를 최소화해야 하므로 최소기준 평가방법이 유용하다.

24 #광고기준 정답 ⑤

광고의 기준(소비자기본법 제11조)

국가는 물품등의 잘못된 소비 또는 과다한 소비로 인하여 발생할 수 있는 소비자의 생명・신체 또는 재산에 대한 위해를 방지하기 위하여 다음의 어느 하나에 해당하는 경우에는 광고의 내용 및 방법에 관한 기준을 정하여야 한다.

• 용도・성분・성능・규격 또는 원산지 등을 광고하는 때에 허가 또는 공인된 내용만으로 광고를 제한할 필요가 있거나 특정내용을 소비자에게 반드시 알릴 필요가 있는 경우
• 소비자가 오해할 우려가 있는 특정용어 또는 특정표현의 사용을 제한할 필요가 있는 경우
• 광고의 매체 또는 시간대에 대하여 제한이 필요한 경우

25 #유통기능 정답 ④

표준화기능

유통기관은 생산자가 공급하는 물품과 소비자가 수요하는 물품이 품질적으로 적합하지 않을 때, 이 같은 품질적 거리(품종, 품질특성, 포장, 스타일, 색상 및 디자인 등)를 선별(sorting)・조절하여 인격적인 통일을 수행한다(ISO인증, 국가별 표준규격 등).

오답풀이

① 보관기능 : 상품을 생산시점에서 소비시점까지 저장함으로써 상품의 효용가치를 창조하는 것으로 생산・소비의 시간적 간격을 해소하는 기능이다.
② 운송기능 : 상품 및 재화의 생산과 소비 사이의 공간・장소적 불일치를 극복하고 사회적 유통을 조성하는 것으로 운송이 그 역할을 담당한다.
③ 정보제공기능 : 생산자의 의사정보를 소비자에게 전달하고 반대로 소비자의 의사정보를 생산자에게 전달하는 기능으로, 생산자와 소비자 간의 정보를 수집하고 전달하여 상호 의사소통을 원활하게 해준다.
⑤ 위험부담기능 : 상품이 생산자에서 소비자에게 유통되는 과정에서 발생하는 물질적 위험이나 경제적 위험을 상업기관에서 부담하는 기능이다.

2과목 **상권분석**

26 #지리정보시스템 정답 ④

동일한 경계선을 가진 두 지도레이어를 겹쳐서 형상과 속성을 비교하는 기능은 중첩이나.

27 #포켓상권 　　　　　　　　　　　정답 ⑤

포켓상권은 도로 개설이 용이하지 않은 산이나 하천을 배후로 하여 도로, 산, 강에 둘러싸여 독립적으로 형성되는 상권을 의미한다.

28 #상권유형 　　　　　　　　　　　정답 ③

부도심상권은 도심집중화의 감소를 위해 개발된 곳으로 보통 간선도로의 결절점이나 지하철, 철도 등 역세권을 중심으로 형성된다. 주로 공공시설, 상업시설, 업무시설 등이 입지하게 되며, 도심과 달리 도시의 일부지역만을 상권대상으로 하므로 도시전체의 소비자를 유인하지는 못한다.

29 #공간적분포 　　　　　　　　　　정답 ③

1차 상권은 점포를 기준으로 500m 이내 지점, 2차 상권은 점포를 기준으로 1km, 직경 2km 이내 지점, 3차 상권은 점포를 기준으로 반경 2km 이외의 지구로 구분되므로 상권의 형태는 점포를 중심으로 거리 간격이 일정하지는 않다.

30 #경쟁점포분석 　　　　　　　　　정답 ④

주력 품종이 같고 차별화도 쉽지 않을 경우에는 가격대를 비교해볼 수 있는데, 만일 주력 품종이 같다고 해도 특매상황 등으로 인해 서로 가격대가 다르다면 경쟁점이라 볼 수 없다.

31 #중심지이론#최대도달거리 　　　　정답 ①

최대 도달거리란 중심지가 수행하는 상업적 기능이 배후지역에 제공될 수 있는 최대(한계)거리, 즉 배후지에 거주하는 소비자가 상품을 구매하기 위해 중심지까지 움직이는 최대거리 또는 소비자가 물리적으로 이동할 수 있는 최대거리의 범위가 최대 상권의 범위임을 의미한다.

┃ 더 알아보기 ┃

> **최소수요 충족거리**
> 상업중심지의 정상이윤 확보에 필요한 최소한의 수요를 발생시키는 상권범위, 즉 (상업)중심지의 존립에 필요한 최소한의 고객이 확보된 배후지의 범위를 말한다.

32 #비확률표본추출 　　　　　　　　정답 ④

할당표본추출법은 모집단을 어떠한 특성에 따라 세분 집단으로 나누고, 나누어진 세분집단의 크기 등에 비례해서 추출되어진 표본의 수를 설정하여 각 집단의 표본을 판단 또는 편의에 의해 추출하는 방법이다.

오답풀이

① 층화표본추출법 : 모집단을 구성하고 있는 집단에서 집단의 구성요소의 수에 비례해서 표본의 수를 할당하여 각 집단에서 할당된 수의 표본을 단순무작위 추출 방법으로 추출하는 방법이다.
② 체계적표본추출법 : 모집단 구성원에게 어떠한 순서가 있는 경우에 일정한 간격을 두면서 표본을 추출하는 방법이다
③ 단순무작위표본추출법 : 모집단의 구성원들이 각 표본으로서 선정될 확률이 미리 알려져 있고 동일하며, '0'이 아니도록 표본을 추출하는 방법이다.
⑤ 군집표본추출법 : 모집단이 여러 개의 동질적인 소규모 집단(군집)으로 구성되어 있으며, 각 군집은 모집단을 대표할 수 있을 만큼 다양한 특성을 지닌 요소들로 구성되어 있을 시에 군집을 무작위로 몇 개 추출해서 선택된 군집 내에서 무작위로 표본을 추출하는 방법을 말한다.

┃ 정답 TIP ┃
표본추출방법의 구분

확률 표본추출법	비확률 표본추출법
• 단순무작위 추출법	• 편의표본 추출법
• 층화임의 추출법	• 판단표본 추출법
• 집락표본 추출법(군집표본 추출법)	• 할당표본 추출법
• 계통 추출법(체계적 추출법)	• 눈덩이표본 추출법

33 #상권의질 　　　　　　　　　　　정답 ④

일반적으로 특정 지역에 유사한 단일 목적으로 방문하는 통행객보다는 서로 다른 목적으로 방문하는 통행객이 많을수록 상권의 질은 높아진다.

34 #공간구조이론 　　　　　　　　　정답 ③

선형이론은 도시지역에서 면적이 가장 넓은 주거지역을 이용하여 지대를 고지대지역, 중지대지역, 저지대지역으로 구분하여 도시발전을 분석한 이론이다.

오답풀이

① 동심원지대이론 : 대도시의 성장은 도시의 외면적 확대를 기반으로 하며, 그 확대과정을 중심업무지구, 점이지대, 노동자 주택지대, 중·고급 주택지대, 통근자 지대로 형성된 동심원상의 형태로 설명하는 이론이다.

② 다핵심이론 : 도시의 지역을 중심업무지구, 도매업무
지구, 경공업지구, 중공업지구 등으로 나누고, 주택지
역은 교외지역에 입지하는 것으로 설명하는 이론이다.
④ 차액지대설 : 리카도는 지대를 토지생산물 중 토양의
힘을 이용한 대가로 지주에게 지급되는 부분이라 정의
하였는데, 인구가 증가하고 농산물 가격이 비싸져 열
등지에서도 경작이 필요하게 되고 토양의 비옥도에 따
라 열등지와 우등지간에 수확차가 생기면서 이것이 지
대를 발생시키는데 이를 차액지대라 하였다.
⑤ 절대지대설 : 모든 토지가 사유화되어 있는 자본주의
사회에서는 최열등지라 할지라도 지대를 강요하기 때
문에 토지의 생산성에 관계없이 사적 소유에 지대가
존재한다는 마르크스의 학설이다.

35 #컨버스공식 [정답] ①

도시 B로부터 두 도시 간 상권분기점까지의 거리

$$= \frac{20}{1 + \sqrt{\dfrac{9만명}{1만명}}} = 5km$$

┃ 정답 TIP ┃
컨버스의 제1법칙 공식

$$D_b = \frac{D_{ab}}{1 + \sqrt{\dfrac{P_a}{P_b}}}$$

36 #회귀분석모형 [정답] ⑤

회귀분석에서는 표본의 수가 충분하게 확보되어야
한다.

37 #키오스크 [정답] ③

쇼핑몰 내 일반점포에 비해 임대차 계약기간이 짧다.

38 #대형마트#영업시간제한 [정답] ⑤

① · ② 특별자치시장 · 시장 · 군수 · 구청장은 의무휴업
일 지정에 따라 매월 이틀을 의무휴업일로 지정하
여야 한다. 이 경우 의무휴업일은 공휴일 중에서
지정하되, 이해당사자와 합의를 거쳐 공휴일이 아
닌 날을 의무휴업일로 지정할 수 있다.
③ 영업시간 제한 및 의무휴업일 지정에 필요한 사항
은 해당 지방자치단체의 조례로 정한다.
④ 특별자치시장 · 시장 · 군수 · 구청장 등은 오전 0
시부터 오전 10시까지의 범위에서 영업시간을 제
한할 수 있다.

39 #입지분석#경쟁분석 [정답] ③

경쟁구조 분석의 경우 상권의 계층적 구조에 입각하여
경쟁업체를 분석하는 것이 필요하고, 잠재적인 경쟁
업체를 고려하여야 한다.

40 #페터#공간균배원리 [정답] ④

전문품점은 집심성 입지유형이 적절하다.

┃ 더 알아보기 ┃

공간균배원리에 의한 입지유형
• 집심성 점포 : 도시 전체를 배후지로 하여 배후지
의 중심부에 입지하여야 유리한 점포(도매상, 대
형백화점, 고급음식점, 대형서점, 귀금속점, 대형
영화관, 의류패션전문점)
• 집재성 점포 : 동일한 업종의 점포가 한 곳에 모여
입지하여야 하는 점포(보험회사, 관공서, 사무실,
가구점)
• 산재성 점포 : 한 곳에 집재하면 서로 불리하기 때
문에 분산입지 해야 하는 점포(소매점포, 잡화점,
주방용품점, 이발소, 목욕탕, 세탁소)
• 국부적 집중성 점포 : 동업종의 점포끼리 일정한
지역에 집중하여 입지하여야 유리한 점포(컴퓨터
부품점, 기계공구점, 철공소, 농기구점, 비료상, 종
묘매상)

41 #물류요구 [정답] ④

① 물류요구가 높을수록 집중적 유통이 이루어진다.
② 물류요구가 낮을수록 전속적 유통이 이루어진다.
③ 물류요구의 정도에 따라 효율적인 유통방식을 적
용해야 한다.
⑤ 물류요구의 크기는 취급하는 소매점 숫자에 영향
을 미친다.

42 #점포개점#투자계획 [정답] ⑤

투자계획은 신규설비 및 시설 등의 투자에 관한 점포
의 예산을 의미하므로 상품계획은 점포개점을 위한 투
자계획의 내용과는 거리가 멀다.

43 #도시상권#매력도 [정답] ⑤

행정구역 구분은 상권조사를 위한 절차에 해당한다.

44 #상권분석목적 [정답] ③

빅데이터 축적은 상권분석을 위해 선행되어야 하는 작
업이므로 상권분석의 주요 목적과는 거리가 멀다.

45 #상가임대료인상률상한 [정답] ③

차임 또는 보증금의 증액청구는 청구당시의 차임 또는 보증금의 100분의 5의 금액(5%)을 초과하지 못한다 (상가건물 임대차보호법 시행령 제4조).

3과목　유통마케팅

46 #통합적마케팅커뮤니케이션 [정답] ⑤

효과적인 마케팅 커뮤니케이션을 수행하기 위해서 촉진활동뿐만 아니라 다양한 커뮤니케이션 수단들을 비교·검토하고, 모든 마케팅 믹스 요소들을 조정·통합하여 유기적으로 연계하는 것이지 동일한 촉진 목표를 달성하도록 하는 것은 아니다.

47 #점포공간구성 [정답] ③

판매 예비 공간은 상품을 준비하는 공간이다. 소비자에게 상품에 대한 정보를 전달하거나 결제를 도와주는 곳은 판매 공간이다.

48 #4P#4C [정답] ④

마케팅믹스 4P와 4C

4P	4C
제품(Product)	고객가치 (Customer value)
가격(Price)	고객비용 (Customer cost)
유통(Place)	편의성 (Convenience)
촉진(Promotion)	커뮤니케이션 (Communication)

49 #온라인광고유형 [정답] ④

리치미디어광고는 기존 단순한 형태의 배너광고보다 그래픽이나 플래시 기술 등을 적용하여 만든 멀티미디어 형태의 광고로, 멀티미디어 효과의 강화를 통해 기존 광고와의 차별화를 이룬다.

50 #브랜드관리 [정답] ④

브랜드 인지도는 소비자가 특정 제품이나 서비스의 이름을 얼마나 알고 있는지를 나타내는 지표다.

51 #상품판매 [정답] ③

판매를 빠르게 달성하는 전술적, 기술적 관점보다 전략적 관점에서 고객과의 관계를 형성하는 영업이 더욱 부각되고 있다.

52 #머천다이징종류 [정답] ③

선별적 머천다이징은 소매업, 2차 상품 제조업자, 가공업자 및 소재 메이커가 수직적으로 연합하여 상품계획을 수립하는 머천다이징 방식인데, 이는 시장 세분화를 통해 파악된 한정된 세분시장을 목표고객으로 하여 이들에 알맞은 상품화 전략을 전개하는 것으로, 흔히 유행상품의 상품화, 즉 패션 머천다이징(fashion merchandising)에 이용된다.

[오답풀이]
① 혼합식 머천다이징 : 소매점이 상품의 구색, 즉 구성을 확대하여 가는 유형의 상품화가 혼합식 머천다이징이다.
② 세그먼트 머천다이징 : 세분시장 대응 머천다이징으로, 동일한 고객층을 대상으로 하되 경쟁점과는 달리 그들 고객이 가장 희구하는 품종에 중점을 두거나, 가격대에 대응하는 상품이나 품질을 차별화하는 방향으로 전개하는 머천다이징이다.
④ 계획적 머천다이징 : 대규모 소매업과 선정된 주요 상품 납품회사(key merchandising resources) 사이에 계획을 조정·통합화시켜 머천다이징을 수행하는 것이다.
⑤ 상징적 머천다이징 : 대형 슈퍼마켓이나 지방의 백화점이 전문점이나 대형 도시 백화점과 차별화하려는 입장에서 양판품목군(volume zone) 중심의 종합적인 구색을 갖추되 그중 일부를 자기 점포의 상징으로서의 구색을 정하여 중점을 두어 갖추면, 이러한 상징 구색은 지기 점포의 주장을 명확히 하여 점포의 매력을 증대시켜 준다.

53 #가치증진서비스 [정답] ④

①·②·③·⑤ 거래지원서비스
④ 가치증진서비스

54 #균형점수표#BSC [정답] ②

균형 점수표(균형 성과표)는 기업의 비전과 전략을 조직 내외부의 핵심성과지표(KPI)로 재구성해 전체 조직이 목표달성을 위한 활동에 집중하도록 하는 전략경영시스템으로, 내부와 외부, 유형과 무형, 단기와 장기, 선행과 후행, 재무·비재무적의 균형 잡힌 관점에서 성과를 측정하고 관리하기 위해 개발되었다.

55 #조기수용자 〔정답〕②

신제품 수용자의 유형
- 혁신 수용자 : 제품 도입 초기에 가장 먼저 신제품을 수용하는 소비자층으로, 모험적인 성향을 가지고 있으며 신제품 수용에 따르는 위험을 기꺼이 감수한다.
- 조기 수용자 : 혁신 수용자 다음으로 신제품을 수용하는 소비자층으로, 제품 정보나 자신의 의견 등을 타인에게 전파시키는 데 적극적이어서 의견 선도자 역할을 한다.
- 조기 다수자 : 조기 수용자 다음으로 신제품을 수용하는 소비자층으로, 조기 수용자층의 신제품에 대한 반응 및 평가를 참고하여 신중하게 신제품을 수용한다.
- 후기 다수자 : 조기 다수자 다음으로 신제품을 수용하는 소비자층으로, 신제품이 충분히 검증된 다음에야 신제품을 수용하는 다소 의심이 많은 소비자층이다.
- 최후 수용자 : 신제품을 가장 나중에 수용하는 소비자층으로, 변화를 거부하며 전통에 집착하는 성향이 있다.

56 #성숙기 〔정답〕④

성숙기에는 심한 경쟁에 대응하기 위해 기존 제품의 품질·특성을 수정하여 새로운 소비자를 찾거나 기존 소비자를 위한 제품의 새로운 용도를 개발하는 시기이다.

오답풀이
② 도입기 : 소비자들의 니즈(needs)를 충족시켜 주는 기초적인 수준에서 상품을 제공하게 된다.
③ 성장기 : 시장에서의 경쟁이 심해짐에 따라 기업들은 통상적으로 제품에 대한 사후 서비스를 점차적으로 강화하게 된다.
⑤ 쇠퇴기 : 자사의 시장점유율, 원가, 가격, 철수장벽이 어느 정도인지를 분석 및 점검해서 짧은 시간 내 해당 시장에서 최대한의 이익을 확보한 후에 철수하게 된다.

57 #공제 〔정답〕③

공제는 중간상이 생산자 대신에 제품에 대해 지역광고 및 판촉활동을 대신 해줄 경우 이에 대해서 보상차원으로 제품가격에서 일부를 공제해주는 것을 말한다.

오답풀이
① 기능 할인 : 유통의 기능을 생산자 대신에 수행해주는 중간상, 즉 유통업체에 대한 보상 성격의 할인을 의미한다.
② 중간상 할인(거래 할인) : 일반적으로 제조업자가 해야 할 업무의 일부를 중간상인이 하는 경우 이에 대한 보상으로 경비의 일부를 제조업자가 부담해주는 것이다.
④ 수량 할인 : 제품을 대량으로 구입할 경우에 제품의 가격을 낮추어주는 것을 말한다.

⑤ 계절 할인 : 제품판매에서 계절성을 타는 경우에 비수기에 제품을 구입하는 소비자에게 할인혜택을 주는 것이다.

58 #카테고리매니지먼트 〔정답〕①

카테고리 매니지먼트는 유통업체와 제조업체가 공동으로 고객의 관점에서 상품을 카테고리 수준에서 관리하는 경영기법이다. 원료공급부터 유통까지의 공급망에 대한 통합적 관리는 공급사슬관리에 대한 내용이다.

59 #성과측정지표 〔정답〕②

㉠ 총자산수익률 : 기업의 총자산 대비 발생하는 이익을 측정하는 지표이다.
㉡ 총재고투자마진수익률 : 소매업자가 재고로 이익을 낼 수 있는지 여부를 보여주는 지표로, 재고, 판매 및 수익성을 분석하는 데 있어 중요한 도구이다.
㉢ 재고회전율 : 매출액을 재고자산으로 나눈 수치로, 회전율이 높을수록 재고자산이 매출로 빠르게 이어지고 있음을 의미한다.

오답풀이
㉣ ABC분석 : 통계적 방법에 의해 관리대상을 A, B, C 그룹으로 나누고, 먼저 A그룹을 최중점 관리대상으로 선정하여 관리노력을 집중함으로써 관리효과를 높이려는 분석방법이다.
㉤ 판매추세분석 : 여러 기간 동안의 판매관련 시계열 자료를 분석하는 방법이다.

60 #푸시전략 〔정답〕④

매장 내 콘테스트와 경품추첨은 최종 소비자를 대상으로 하는 촉진전략이므로 풀 전략에 해당한다.

│ 정답 TIP │
푸시 전략과 풀 전략
- 푸시 전략 : 제조업자가 소비자를 향해 제품을 밀어낸다는 의미로 제조업자는 도매상에게, 도매상은 소매상에게, 소매상은 소비자에게 제품을 판매하게 만드는 전략을 말한다.
- 풀 전략 : 제조업자 쪽으로 당긴다는 의미로 최종소비자를 상대로 적극적인 프로모션 활동을 하여 소비자들이 스스로 제품을 찾게 만들고 중간상들은 소비자가 원하기 때문에 제품을 취급할 수밖에 없게 만드는 전략을 말한다.

61 #도입기#광고목표 〔정답〕①

㉢, ㉣ 성장기의 광고 목표
㉤, ㉥ 성숙기의 광고 목표
㉦ 쇠퇴기의 광고 목표

62 #고객유형 　　　　　　　　　　　　정답 ⑤

불량고객은 고객의 성향 및 태도에 따라 분류한 고객의 유형이다.

63 #관습가격 　　　　　　　　　　　　정답 ④

관습가격은 일용품처럼 장기간에 걸친 소비자 수요로 인해 관습적으로 형성되는 가격으로, 소매점에서 포장 과자류 등을 판매할 때, 생산원가가 변동되었다고 하더라도 품질이나 수량을 가감하여 종전가격을 그대로 유지하는 것을 의미한다.

　오답풀이

① 균일가격 : 가격 라인을 한 가지로 설정하는 방법으로, 각종 상품에 공통된 균일가격을 설정해 판매하는 정책과 동일 상품을 지역에 불문하고 동일가격으로 판매하는 정책 두 가지로 구분된다.

② 단수가격 : 제품의 가격을 100원, 1,000원 등과 같이 현 화폐단위에 맞게 책정하는 것이 아니라, 그보다 조금 낮은 95원, 970원, 990원 등과 같이 단수로 책정하는 방식으로, 시장에서 경쟁이 치열할 때 소비자들에게 심리적으로 값싸다는 느낌을 주어 판매량을 늘리려는 가격결정방법이다.

③ 명성가격 : 자신의 명성이나 위신을 나타내는 제품의 경우에 일시적으로 가격이 높아짐에 따라 수요가 증가되는 경향을 보이기도 하는데, 이를 이용하여 고가격으로 가격을 설정하는 방법이다.

64 #데이터웨어하우스 　　　　　　　　정답 ③

데이터웨어하우스는 사용자의 의사결정에 도움을 주기 위해 다양한 운영시스템에서 추출, 변환, 통합되고 요약된 데이터베이스로, 기업이 경쟁력 향상을 위해 신속하고 정확한 의사결정을 할 수 있도록 지원해주는 시스템이다.

65 #매장상품배치 　　　　　　　　　　정답 ②

충동구매 성격이 높은 상품은 고객을 유인하기 위해 매장의 입구쪽에 배치한다.

66 #점포구성방안 　　　　　　　　　　정답 ②

고객들이 매장공간을 순조롭게 돌아보도록 주통로 및 부통로를 구분하여 명확히 설계해야 한다.

　┃ 더 알아보기 ┃

스크램블드(scrambled) 머천다이징
소매점이 만물점화되어 간다는 뜻으로, 새로운 각도에서의 '관련 판매'가 전개되어가는 것을 의미한다.

67 #CRM실행순서 　　　　　　　　　　정답 ⑤

고객관계관리(CRM)의 실행 순서
대상고객선정 → 고객니즈분석 → 가치창조 → 가치제안 → 성과평가

68 #마케팅조사 　　　　　　　　　　　정답 ④

정성조사와 정량조사 모두 필수적으로 제시되어야 하는 것은 아니다. 마케팅 조사 시 설정된 문제에 따라 적절한 조사방법을 제시한다.

69 #비주얼머천다이징요소 　　　　　　정답 ②

매장 및 후방은 점포의 기본적인 공간 구성 요소에 해당한다.

　┃ 정답 TIP ┃

비주얼 머천다이징의 개념
비주얼 머천다이징은 고객이 실제로 이동하는 경로에 따라서 관심과 집중을 받을 수 있도록 상품을 배치하거나 진열하는 방법으로 기업의 마케팅 목표를 달성하기 위해 특정상품과 서비스를 가장 효과적인 장소·시기·가격·수량으로 제공하는 일에 관한 계획과 관리이다. 즉 최적의 이익을 얻기 위해 상품의 매입·관리·판매방식 등에 대한 계획을 세우는 마케팅활동을 의미한다. 따라서 시각적인 요소를 활용해 상품을 더 돋보이게 하는 표현 전략이므로 쇼윈도, 동선, 레이아웃, 조명, 소리, 각도, POP, 간판 등 오감을 자극할 수 있는 모든 요소를 통해 최적의 점포 이미지를 결정한다.

70 #상품진열 　　　　　　　　　　　　정답 ⑤

엔드진열은 매장의 진열 시에 맨 끝 쪽에 위치하는 매대로, 최하단이 선방으로 돌출되어 있어서 소비자들에게 진열된 상품에 대한 노출도가 가장 크다.

4과목 　유통정보

71 #기계학습 　　　　　　　　　　　　정답 ③

기계학습의 종류
문제의 형태에 따라 지도학습, 비지도학습 및 강화학습으로 구분한다.
• 지도학습(supervised learning) : 입·출력데이터가 제공되어 하나의 미래 함수를 예측가능하도록 하는 것이다.

- 비지도학습(unsupervised learning) : 입력데이터만 있고 출력데이터는 없는 경우에 적용한다. 비지도학습은 입력데이터 사이의 규칙성 등을 찾아내는 게 목표인 것으로, 그 결과는 지도학습의 입력으로 사용되거나 인간 전문가에 의해 해석된다.
- 강화학습(reinforcement learning) : 주어진 입력데이터에 대응하는 행동을 취하는 시스템에 대해 적용하는 것으로, 지도학습과 달리 정답 행동이 주어지지 않는 대신, 일련의 행동 결과에 대한 보상이 주어져, 시스템은 보상을 이용해 학습을 행한다.

72 #드론구성요인 　　　　　　　 정답 ①
드론의 항법센서로는 위성항법, MEMS(Micro Electro Mechanical Systems), 임베디드 소프트웨어 기술 등이 있다. 전자광학센서, 초분광센서, 적외선센서는 드론의 임무 장비에 해당한다.

▌더 알아보기▐

> **드론의 항법센서**
> 인공위성으로부터 위치신호를 받아 현재의 위치 및 목표 위치를 설정하는 역할을 한다.

73 #시맨틱웹 　　　　　　　 정답 ③
시맨틱웹은 사람이 마우스나 키보드를 이용해 원하는 정보를 찾아 눈으로 보고 이해하는 웹이 아니라, 컴퓨터가 이해할 수 있는 웹을 말한다. 즉 사람이 읽고 해석하기에 편리하게 설계되어 있는 현재의 웹 대신에 컴퓨터가 이해할 수 있는 형태의 새로운 언어로 표현해 기계들끼리 서로 의사소통을 할 수 있는 지능형 웹이다.

오답풀이
① 고퍼 : 정보의 내용을 주제별 또는 종류별로 구분하여 메뉴로 구성함으로써, 인터넷에 익숙하지 않은 사용자라도 제공되는 메뉴만 따라가면 쉽게 원하는 정보를 찾을 수 있게 해주는 서비스이다.
② 냅스터 : P2P(파일공유서비스)를 이용해 개인들이 각자 보유하고 있는 음악파일(MP3)들을 인터넷을 통해 공유할 수 있게 해 주는 소프트웨어 및 인터넷 서비스이다.
④ 오페라 : 1995년 노르웨이의 오슬로에 설립된 오페라 소프트웨어가 개발한 웹 브라우저이다.
⑤ 웹클리퍼 : 텍스트, 이미지, 링크 등을 포함해 웹페이지를 스크랩할 수 있는 기능이다.

74 #공급사슬성과지표 　　　　　　　 정답 ②
약속 기일 충족률은 고객이 요청한 기일 또는 이전에 충족된 주문의 비율이므로 고객서비스의 신뢰성 지표에 해당한다.

75 #지식경영개념 　　　　　　　 정답 ①
균형성과표는 조직의 비전과 경영목표를 각 사업 부문과 개인의 성과측정지표로 전환해 전략적 실행을 최적화하는 경영관리기법으로, 하버드 비즈니스 스쿨의 로버트 카플란 교수와 경영 컨설턴트인 데이비드 노턴이 공동으로 개발하여 1992년에 최초로 제시했다.

76 #웹2.0지원기술 　　　　　　　 정답 ③
매시업(mashup)은 웹상에서 웹서비스 업체들이 제공하는 다양한 정보(콘텐츠)와 서비스를 혼합하여 새로운 서비스를 개발하는 것을 의미한다.

77 #스튜어트#물류중요성 　　　　　　　 정답 ⑤
가격결정에 있어 신축성을 부여하기 위해서는 전국적인 평균비용의 산출에 의존하기보다는 개별시장으로의 운송에 소요되는 실제 분배비용의 산출이 필요하게 되었다.

78 #POS도입 　　　　　　　 정답 ⑤
CPFR은 e-SCM 구축을 위한 응용기술로, 제조업체와 유통업체 사이에 판매 및 재고 데이터 공유를 통해 수요예측과 주문관리에 이용하고, 효과적인 상품 출원과 재고관리를 지원하는 공급망관리를 위한 모델이다.

79 #빅데이터분석기술 　　　　　　　 정답 ③
회귀분석은 매개변수 모델(parametric model)을 이용하여 통계적으로 변수들 사이의 관계를 추정하는 분석방법으로, 주로 독립변수(independent variable)가 종속변수(dependent variable)에 미치는 영향을 확인할 때 사용한다.

오답풀이
① 감성분석 : 소비자의 감성과 관련된 텍스트 정보를 자동으로 추출하는 텍스트 마이닝(Text Mining) 기술의 한 영역이다.
② 기계학습 : 컴퓨터 프로그램이 데이터와 처리 경험을 이용한 학습을 통해 정보 처리 능력을 향상시키는 것을 의미한다.

④ 텍스트 마이닝 : 텍스트 데이터에서 가치와 의미가 있는 정보를 찾아내는 기법이다.

⑤ 오피니언 마이닝 : 웹사이트와 소셜미디어에서 특정 주제에 대한 여론이나 정보(댓글이나 게시글)를 수집·분석해 평판을 도출하는 빅데이터 처리 기술이다.

80 #EDI 정답 ⑤

EDI 표준은 적용범위에 따라 사설표준(전용표준)과 공통표준으로 구분할 수 있는데, 사설표준은 특정 개별기업만이 활용할 수 있는 표준이고, 공통표준은 기업과 산업, 국가단위가 사용할 수 있도록 개발된 표준을 말한다. 따라서 유통부문의 전자문서 국제표준인 EANCOM은 공통표준에 해당한다.

81 #유통정보혁명시대 정답 ③

마케팅 개념측면에서 유통업체는 푸시(push) 마케팅에서 다이렉트(direct)마케팅으로 변화해야 한다.

▍정답 TIP ▍

푸시(push) 마케팅과 다이렉트(direct)마케팅
- 푸시마케팅 : 고압적인 마케팅으로 표준화와 규격화에 의해서 대량으로 생산된 상품을 소비자에게 강매하는 것이 기본 방침으로 소비자의 욕구는 무시한 채, 기업의 내부적인 관점에서 생산 가능한 재품을 생산하여 광고를 통해 행하는 마케팅 활동을 말한다.
- 다이렉트마케팅 : 기존의 광고나 판촉, 홍보에서 벗어나 직접 소비자에게 다가가는 마케팅으로, 우편 발송이나 카탈로그, 각종 미디어 등을 통하여 소비자에게 접근하고 정보를 제공한다. 소비자의 성향이 다양화되고 세분화되는 현대 사회의 특성에 맞추어 발달한 마케팅 방식이다.

82 #유통정보시스템개념 정답 ④

기존 시스템의 정보를 추출, 변환, 저장하는 과정을 거쳐 업무담당자 목적에 맞는 정보만을 모아 관리할 수 있도록 지원해주는 것은 데이터 웨어하우스의 개념에 대한 설명이다.

83 #지식관리시스템 정답 ⑤

지식관리시스템을 통한 축적된 지식을 바탕으로 고품질 서비스를 제공할 수 있으므로 고객서비스와도 관련이 깊다.

84 #생성AI#식별AI 정답 ③

생성 AI와 식별 AI
- 생성 AI : 콘텐츠들의 패턴을 학습해 추론 결과로 새로운 콘텐츠를 만들어내는 것으로, 기존 AI가 데이터와 패턴을 학습해 대상을 이해했다면 생성 AI는 기존 데이터와 비교 학습을 통해 새로운 창작물을 탄생시킨다.
- 식별 AI : 단순히 수동적으로 정보를 이해하는 AI이다.

85 #바코드용어 정답 ②

GS1 DataMatrix는 주로 의료기기 및 의약품에 사용되는 2차원 바코드로, 다양한 추가정보를 입력하면서도 작은 크기로 인쇄가 가능하며, 의료기기 바코드에는 GS1 DataMatrix뿐만 아니라 EAN-13, GS1-128 등이 있다.

86 #IoT 정답 ④

서비스 방식은 나에게 필요한 정보를 정시에 넣어주는 푸시(Push) 방식이다.

87 #QR 정답 ②

신속대응(QR ; quick response)시스템은 상품개발의 짧은 사이클화를 이룩, 즉 생산·유통 관계의 거래당사자가 협력하여 소비자의 욕구에 신속대응하고, 원자재 조달과 생산, 배송에서 고객이 원하는 시간과 장소에 필요한 제품을 공급하기 위한 정보시스템으로, 미국 패션의류업계가 수입의류 시장잠식에 대한 대응을 위해 섬유업계, 직물업계, 의류제조·소매업계 간의 제휴를 통해 리드타임 단축과 재고감축, 상품의 적시적량 공급을 목표로 개발·도입한 SCM전략 기술이다.

오답풀이

① 풀필먼트 : 물류 전문업체가 물건을 판매하려는 업체들의 위탁을 받아 배송과 보관, 포장, 배송, 재고관리, 교환·환불 서비스 등의 모든 과정을 담당하는 '물류 일괄 대행 서비스'를 말한다.

④ 푸시서비스 : 인터넷에 몇 개의 관심 채널을 설정하고 자주 사용하는 정보와 사이트를 선택하면 이에 대한 정보를 전송받을 수 있는 서비스이다.

⑤ 최적화 : 주어진 환경 내에서 목표치를 가능한 한 효율적으로 달성하기 위한 모든 작업을 일컫는다.

88 #프라이버시침해 　　　　　　[정답] ⑤

데이터 3법은 개인정보보호에 관한 법이 소관 부처별로 나뉘어 있기 때문에 생긴 불필요한 중복 규제를 없애 4차 산업혁명의 도래에 맞춰 개인과 기업이 정보를 활용할 수 있는 폭을 넓히기 위해 마련됐다.

89 #빅데이터수집기술 　　　　　　[정답] ③

반정형데이터는 데이터의 형식과 구조가 변경될 수 있는 데이터로 데이터의 구조 정보를 데이터와 함께 제공하는 파일 형식의 데이터이다. 대표적인 반정형데이터 구조에는 하이퍼텍스트 마크업 언어(html ; Hyper Text Markup Language), 확장성 마크업 언어(XML ; eXtensible Markup Language), 자원 기술 프레임워크(RDF ; Resource Description Framework), 제이슨(JSON ; JavaScript Object Notation) 등이 있다.

90 #수산물이력제 　　　　　　[정답] ②

수산물 이력제의 등록표시는 이력추적관리번호 또는 QR코드를 사용한다(수산물 유통의 관리 및 지원에 관한 법률 시행규칙 별표2).

2022년

기출문제

행운이란 100%의 노력 뒤에 남는 것이다.

- 랭스턴 콜만 -

합격의 공식 ▶
SD에듀

자격증 · 공무원 · 금융/보험 · 면허증 · 언어/외국어 · 검정고시/독학사 · 기업체/취업
이 시대의 모든 합격! SD에듀에서 합격하세요!
www.youtube.com ➜ SD에듀 ➜ 구독

맞은 개수 ＿＿＿ / 90문제

시험일	문항 수	시 간	문제형별
2022. 5. 14	총 90개	100분	A

22년

1과목 | 유통물류일반

01 아래 글상자에서 설명하는 조직구성원에 대한 성과평가 방법으로 옳은 것은?

> – 종업원의 성과를 특정범주로 할당해서 평가하는 방법(예 S등급 10%, A등급 30%, B등급 30%, C등급 30%)
> – 구성원의 성과가 다양한 분포를 보일 때 효과적임
> – 갈등을 피하려고 모두를 관대하게 평가하고자 하는 유혹을 극복할 수 있음

① 행동관찰척도법(BOS ; Behavioral Observation Scales)
② 단순서열법(simple ranking method)
③ 쌍대비교법(paired-comparison method)
④ 행위기준고과법(BARS ; Behaviorally Anchored Rating Scales)
⑤ 강제배분법(forced distribution method)

02 아래 글상자의 괄호 안에 들어갈 중간상이 수행하는 분류기준으로 가장 옳은 것은?

> • (㉠) 이질적인 제품들을 색이나 크기, 용량 등에 따라 상대적으로 동질적인 집단으로 구분하는 활동
> • (㉡) 다양한 생산자들로부터 제공되는 제품들을 대규모 공급이 가능하도록 다량으로 구매하여 집적하는 활동
> • (㉢) 구매자가 원하는 소규모 판매단위로 나누는 활동

① ㉠ 분류(sorting out), ㉡ 수합(accumulation), ㉢ 분배(allocation)
② ㉠ 구색갖춤(assorting), ㉡ 분류(sorting out), ㉢ 분배(allocation)
③ ㉠ 분배(allocation), ㉡ 구색갖춤(assorting), ㉢ 분류(sorting out)
④ ㉠ 분배(allocation), ㉡ 수합(accumulation), ㉢ 분류(sorting out)
⑤ ㉠ 분류(sorting out), ㉡ 구색갖춤(assorting), ㉢ 수합(accumulation)

03 아래 글상자 내용은 조직의 일반원칙 중 무엇에 관한 설명인가?

> 조직의 공통목적을 달성하기 위하여 각 부문이나 각 구성원의 충돌을 해소하고 조직의 제 활동의 내적 균형을 꾀하며, 조직의 느슨(slack)함을 조절하려는 원칙을 말한다.

① 기능화의 원칙(principle of functionalization)
② 위양의 원칙(principle of delegation)
③ 명령통일의 원칙(principle of unity of command)
④ 관리한계의 원칙(principle of span of control)
⑤ 조정의 원칙(principle of cordination)

04 MRO(Maintenance, Repair, Operation)의 구매 특성에 대한 설명으로 가장 옳지 않은 것은?

① 인력과 비용의 효율성을 위해 구매대행업체를 이용하기도 한다.
② 작업현장에서 임의적인 구매가 많아 이에 대한 통제가 원활하게 이루어지지 않고 있다.
③ 대형장비, 기계 등 기업에서 제품을 생산하는 데 핵심적인 설비를 포함한다.
④ 부정기적인 구매로 인해 수요예측에 따른 전략적 구매계획의 수립이 어렵고, 이에 따라 재고유지비용이 많이 발생한다.
⑤ 적게는 수천 가지에서 많게는 수만 가지 품목을 대상으로 하기 때문에 이를 관리하기 위해 많은 비용이 발생한다.

05 고객 서비스 특성에 따른 품질평가요소에 대한 설명으로 옳은 것은?

① 유형성(tangibles) – 서비스 장비 및 도구, 시설 등 물리적인 구성
② 신뢰성(reliability) – 고객의 요구에 신속하게 서비스를 제공하려는 의지
③ 반응성(responsiveness) – 지식과 예절 및 신의 등 직원의 능력에 따라 가능되는 특성
④ 확신성(assurance) – 고객에 대한 서비스 제공자의 배려와 관심의 정도
⑤ 공감성(empathy) – 계산의 정확성, 약속의 이행 등과 같이 정확하고 일관성 있는 서비스 제공

06 아래 글상자에서 회계 내용과 물류원가분석의 특징으로 가장 옳지 않은 것은?

구 분	회계 내용	물류원가분석
㉠	계산목적	물류업적의 평가
㉡	계산대상	물류업무의 전반
㉢	계산기간	예산기간(월별, 분기별 등)
㉣	계산방식	항상 일정
㉤	할인의 여부	할인계산 함

① ㉠

② ㉡

③ ㉢

④ ㉣

⑤ ㉤

07 재고, 운송, 고객서비스 등의 상충관계(trade-off)에 대한 설명으로 옳지 않은 것은?

① 재고수준을 낮추게 되면 보관비용이 감소되고 고객서비스 수준도 낮아진다.

② 재고 감소는 주문에 적시 대응하는 조직의 능력을 저하시킨다.

③ 배달을 신속하게 해서 고객서비스 수준을 증가시키는 것은 수송비용 증가를 초래한다.

④ 높은 고객서비스 수준을 지향하는 경우 재고비용과 재고운반비가 증가한다.

⑤ 낮은 배송비용을 지향하는 것은 시간측면에서 고객서비스 수준의 증가를 가져온다.

08 "유통산업발전법"(시행 2021.1.1., 법률 제17761호, 2020.12.29., 타법개정)상 유통정보화시책의 내용으로 옳지 않은 것은?

① 유통표준코드의 보급

② 유통표준전자문서의 보급

③ 판매시점 정보관리시스템의 보급

④ 유통산업에 종사하는 사람의 자질 향상을 위한 교육·연수

⑤ 점포관리의 효율화를 위한 재고관리시스템·매장관리시스템 등의 보급

09 소매유통회사를 중심으로 PB상품을 강화하고 있는데, 그 이유로 옳지 않은 것은?

① 수익성을 증가시키기 위해서

② 재고를 감소시키기 위해서

③ 소매유통회사의 차별화 수단으로 활용하기 위해서

④ 점포 이미지를 개선하는 데 활용하기 위해서

⑤ 소비자의 구매성향 변화에 적극적으로 대응하기 위해서

10 기업 윤리와 관련된 설명으로 옳지 않은 것은?

① 기업은 종업원에게 단순히 돈의 대가로 노동력을 요구하는 것이 아니라, 떳떳한 구성원으로서 헌신과 열정을 이끌어 낼 수 있도록 그들에게 자긍심과 비전을 심어주어야 한다.

② 협력사는 물품을 사오는 대상 이상의 의미를 지니는 장기적으로 협조해야 할 상생의 대상이다.

③ 거래비용의 발생 원인은 기회주의, 제한된 합리성, 불확실성 등이며 교환당사자 간에 신뢰가 부족할 때 거래비용은 작아진다.

④ 도덕적 해이는 도덕적 긴장감이 흐려져서 다른 사람의 이익을 희생한 대가로 자신의 이익을 추구하는 행위이다.

⑤ 대리인비용은 주인이 대리인에게 자신을 대신하도록 할 때 발생하는 비용으로, 주인과 대리인의 이해 불일치와 정보 비대칭상황 등의 요인 때문에 발생한다.

11 다음 사례에서 적용된 기법이 다른 하나는?

① 유통업체의 판매, 재고데이터가 제조업체로 전달되면 제조업체가 유통업체의 물류센터로 제품을 배송

② 전자기기의 모듈을 공장에서 생산한 뒤 선박으로 미국이나 유럽으로 보내고 현지에서 각국의 니즈에 맞게 조립

③ 기본적인 형태의 프린터를 생산한 후 해외주문이 오면 그 나라 언어가 기재된 외관을 조립하여 완성

④ 페인트 공장에서 페인트를 만드는 대신에 페인트 가게에서 고객의 요청에 맞게 페인트와 안료비율을 결정하여 최종 페인트로 완성

⑤ 고객들이 청바지 매장에서 신체치수를 맞춰놓고 가면, 일반 형태의 청바지를 고객치수에 맞게 바느질만 완성하여 제품을 완성시킴

12 대한이는 작은 가게를 인수할 것을 고려중이다. 아래 글상자의 내용을 이용해서 3년치 현금유입에 대한 현재가치를 계산한 것으로 옳은 것은?

> – 시장조사 결과 1년 후에 3,000,000원, 2년 후에 4,000,000원, 3년 후에 5,000,000원의 현금유입이 발생할 것으로 나타났다.
> – 시장이자율은 연간 10%로 가정한다.
> – 최종답은 10,000원의 자리에서 버림하여 구한다.

① 약 9,700,000원   ② 약 10,600,000원

③ 약 12,000,000원   ④ 약 13,200,000원

⑤ 약 15,000,000원

13 유통경로 성과를 평가하는 차원을 설명하는 아래 글상자에서 괄호 안에 들어갈 단어를 순서대로 나열한 것으로 가장 옳은 것은?

> (㉠) – 하나의 경로시스템이 표적시장에서 요구하는 서비스 산출을 얼마나 제공하였는가를 측정하는 것에 중점을 두는 목표지향적 성과기준
>
> (㉡) – 유통시스템에 의해 제공되는 혜택이 여러 세분시장에 어느 정도 골고루 배분되는지를 측정하는 성과기준
>
> (㉢) – 일정한 비용에 의해 얼마나 많은 산출이 발생하였는가를 측정하는 기준

① ㉠ 형평성, ㉡ 효율성, ㉢ 효과성
② ㉠ 효과성, ㉡ 형평성, ㉢ 효율성
③ ㉠ 형평성, ㉡ 효과성, ㉢ 효율성
④ ㉠ 효과성, ㉡ 효율성, ㉢ 형평성
⑤ ㉠ 효율성, ㉡ 형평성, ㉢ 효과성

14 유통경로를 설계할 때 유통경로 흐름과 소요되는 각종 비용의 예를 짝지은 것으로 가장 옳지 않은 것은?

① 물적유통 – 보관 및 배달 관련 비용
② 촉진 – 광고, 홍보, 인적판매 비용
③ 협상 – 시간 및 법적 비용
④ 재무 – 보험 및 사후관리 비용
⑤ 위험 – 가격보증, 품질보증 관련 비용

15 범위의 경제와 관련된 설명으로 가장 옳지 않은 것은?

① 한 기업이 다양한 제품을 동시에 생산함으로써 비용상 우위를 누리는 것을 말한다.
② 하나의 생산과정에서 두 개 이상의 생산물이 생산되는 경우에 발생한다.
③ 기업은 생산량을 증대하여 단위당 비용의 하락을 통해 이익을 얻을 수 있다.
④ 한 제품을 생산하는 과정에서 부산물이 생기는 경우에 나타날 수 있다.
⑤ 제조업체에게 비용절감 효과를 가져올 수 있다.

16 유통경영의 외부환경을 분석하기 위해 포터의 산업분석을 활용할 경우에 대한 설명으로 가장 옳지 않은 것은?

① 기존 경쟁자들 간의 경쟁 정도를 확인해야 한다.
② 공급자의 협상능력이 클수록 산업전반의 수익률이 증가하여 시장 매력도가 높아진다.
③ 생산자입장에서 소매상의 힘이 커질수록 가격결정에서 불리하다.
④ 외부환경이 미치는 영향은 기업에 따라 기회 또는 위협으로 작용한다.
⑤ 대체재의 유무에 따라 산업의 수익률이 달라진다.

17 치열해지는 기업 간 경쟁에 따른 전통적 비즈니스에서 글로벌 비즈니스로의 변화로 가장 옳지 않은 것은?

① 고객만족에서 고객을 즐겁게 하는 것으로 변화
② 이익 지향에서 이익 및 사회 지향으로 변화
③ 선행적 윤리에서 사후 비판에 대응하는 반응적 윤리로 변화
④ 제품 지향에서 품질 및 서비스 지향으로 변화
⑤ 경영자에 대한 초점에서 고객에 대한 초점으로 변화

18 재무, 생산소요계획, 인적자원, 주문충족 등 기업의 전반적인 업무 프로세스를 통합·관리하여 정보를 공유함으로써 효율적인 업무처리가 가능하게 하는 경영기법으로 가장 옳은 것은?

① 리엔지니어링
② 식스시그마
③ 아웃소싱
④ 벤치마킹
⑤ 전사적자원관리

19 6시그마(6 Sigma)를 추진할 경우 각 단계별 설명으로 가장 옳지 않은 것은?

① 정의 – 고객의 요구사항과 CTQ(Critical To Quality)를 결정한다.
② 측정 – 프로세스 측정 방법을 결정한다.
③ 분석 – 결함의 발생 원인을 규명한다.
④ 개선 – 제품이나 서비스의 공정능력을 규명한다.
⑤ 관리 – 지속적인 관리를 실시한다.

20 수요예측을 위해 사용하는 각종 기법 중 그 성격이 다른 하나는?

① 판매원 추정법 – 판매원들이 수요추정치를 작성하게 하고 이를 근거로 예측하는 기법
② 시장조사법 – 인터뷰, 설문지, 면접법 등으로 수집한 시장 자료를 이용하여 예측하는 기법
③ 경영자판단법 – 경영자 집단의 의견, 경험을 요약하여 예측하는 기법
④ 시계열 분석 – 종속변수의 과거 패턴을 이용해서 예측하는 기법
⑤ 델파이법 – 익명의 전문가 집단으로부터 합의를 도출하여 예측하는 기법

21 다양한 재고와 관련된 설명으로 가장 옳지 않은 것은?

① 성수기와 비수기의 수요공급차이에 대응하기 위한 재고는 예상재고이다.
② 총재고 중에서 로트의 크기에 따라 직접적으로 변하는 부분은 리드타임재고이다.
③ 안전재고는 각종 불확실성에 대처하기 위해 보유하는 여분의 재고이다.
④ 주기재고의 경우 주문 사이의 시간이 길수록 재고량이 증가한다.
⑤ 수송재고는 자재흐름체계 내의 한 지점에서 다른 지점으로 이동 중인 재고를 말한다.

22 식품매장을 중심으로 주목받고 있는 그로서란트(grocerant)에 대한 설명으로 가장 옳지 않은 것은?

① 매장에서 판매하는 식재료를 이용해 고객에게 메뉴를 제안하고 즉시 제공하는 장점이 있다.
② 식재료 쇼핑에 외식 기능을 더해 소매와 외식의 경계를 없앤 서비스이다.
③ 제철 식재료와 추천상품을 제안하는 등 다양한 방식으로 운영할 수 있다.
④ 그로서리(grocery)와 레스토랑(restaurant)의 합성어이다.
⑤ 오프라인과 경쟁하기 위한 온라인 쇼핑몰의 차별화요소로 각광받고 있다.

23 아래 글상자의 사례에 해당하는 유통경영전략으로 가장 옳은 것은?

> 식품회사인 미국의 A사와 유럽의 B사는 140여 개 해외시장에서 상대방의 제품을 각자의 유통망에서 유통시키고 있다. 예를 들어, 미국 외의 지역에서는 A사의 대표적인 시리얼 브랜드가 B사의 유통망을 통해 공급되는 유통경영전략을 사용하고 있다.

① 복합경로마케팅전략   ② 제품개발전략
③ 인수합병전략   ④ 전략적경로제휴전략
⑤ 다각화전략

24 아래 글상자에서 설명하고 있는 리더십 유형으로 가장 옳은 것은?

> – 구성원들의 기본적 가치, 믿음, 태도 등을 변화시켜서 조직이 기대하는 것보다 더 높은 수준의 성과를 스스로 추구하도록 만드는 리더십을 의미한다.
> – 리더와 구성원 간의 원활한 상호작용을 통해 구성원을 긍정적으로 변화시켜 성과를 내는데 집중한다.

① 거래적 리더십　　　　　　　　　② 변혁적 리더십
③ 상황적 리더십　　　　　　　　　④ 지시형 리더십
⑤ 위임형 리더십

25 장소의 편의성이 높게 요구되는 담배, 음료, 과자류 등과 같은 품목에 일반적으로 이용되는 유통채널의 유형으로 가장 옳은 것은?

① 전속적 유통채널(exclusive distribution channel)
② 독립적 유통채널(independent distribution channel)
③ 선택적 유통채널(selective distribution channel)
④ 집중적 유통채널(intensive distribution channel)
⑤ 대리점 유통채널(agent distribution channel)

2과목　상권분석

26 권리금에 대한 설명으로 가장 옳지 않은 것은?

① 때로는 권리금이 보증금보다 많은 경우도 있다.
② 시설 및 상가의 위치, 영업상의 노하우 등과 같은 다양한 유무형의 재산적 가치에 대한 양도 또는 사용료로 지급하는 것이다.
③ 권리금을 일정 기간 안에 회복할 수 있는 수익성이 확보될 수 있는지를 검토해야 한다.
④ 신축건물인 경우 주변 상권의 강점을 반영하는 바닥권리금의 형태로 나타나기도 한다.
⑤ 임차인이 점포의 소유주에게 제공하는 추가적인 비용으로 보증금의 일부이다.

27 상권 유형별 개념과 일반적 특징을 설명한 내용으로서 가장 옳은 것은?

① 역세권상권은 지하철이나 철도역을 중심으로 형성되는 지상과 지하의 입체적 상권으로서, 저밀도 개발이 이루어지는 경우가 많다.

② 부도심상권의 주요 소비자는 점포 인근의 거주자들이어서, 생활밀착형 업종의 점포들이 입지하는 경향이 있다.

③ 부도심상권은 보통 간선도로의 결절점이나 역세권을 중심으로 형성되는바, 도시 전체의 소비자를 유인한다.

④ 도심상권은 중심업무지구(CBD)를 포함하며, 상권의 범위가 넓고 소비자들의 체류시간이 길다.

⑤ 아파트상권은 고정고객의 비중이 높아 안정적인 수요확보가 가능하고, 외부고객을 유치하기 쉬워서 상권 확대가능성이 높다.

28 소매점의 입지 선정을 위한 공간분석의 논리적 순서로서 가장 옳은 것은?

① 개별점포(site)분석 – 지구상권(district area)분석 – 광역지역(general area)분석

② 광역지역(general area)분석 – 개별점포(site)분석 – 지구상권(district area)분석

③ 지구상권(district area)분석 – 광역지역(general area)분석 – 개별점포(site)분석

④ 광역지역(general area)분석 – 지구상권(district area)분석 – 개별점포(site)분석

⑤ 개별점포(site)분석 – 광역지역(general area)분석 – 지구상권(district area)분석

29 아래 글상자의 왼쪽에는 다양한 상권분석 기법들의 특성이 정리되어 있다. 이들 특성과 관련된 상권분석 기법들을 순서대로 정리한 것으로 가장 옳은 것은?

분석내용 및 특성		상권분석 기법
두 도시간의 상권경계지점	( )	㉠ 다항로짓(MNL)모형
점포이미지 등 다양한 점포특성 반영	( )	㉡ Huff모형
Newton의 중력모형을 수용한 초기모형	( )	㉢ Converse 모형
소비자의 점포선택은 결정론적이 아님	( )	㉣ Christaller 중심지이론
육각형 형태의 배후지 모양	( )	㉤ Reilly의 소매중력모형

① ㉠, ㉤, ㉡, ㉢, ㉣

② ㉢, ㉣, ㉤, ㉡, ㉠

③ ㉤, ㉡, ㉠, ㉣, ㉢

④ ㉣, ㉤, ㉢, ㉠, ㉡

⑤ ㉢, ㉠, ㉤, ㉡, ㉣

30 비교적 넓은 공간인 도시, 구, 동 등의 상권분석 상황에서 특정지역의 개략적인 수요를 측정하기 위해 사용되고 있는 구매력지수(BPI ; Buying Power Index)를 계산하는 과정에서 필요한 자료로 가장 옳지 않은 것은?

① 부분 지역들의 인구수(population)

② 전체 지역의 인구수(population)

③ 부분 지역들의 소매점면적(sales space)

④ 부분 지역들의 소매매출액(retail sales)

⑤ 부분 지역들의 가처분소득(effective buying income)

31 아동용 장난감 소매업체가 출점할 입지를 선정하기 위해 새로운 지역의 수요를 분석할 때 고려해야 할 요인으로 가장 옳지 않은 것은?

① 인구 증감   ② 인구 구성

③ 가구 규모   ④ 가구 소득

⑤ 가족 생애주기

32 입지를 선정할 때 취급상품의 물류비용을 고려할 필요성이 가장 낮은 도매상 유형으로 옳은 것은?

① 직송도매상(drop shipper)

② 판매대리점(selling agents)

③ 제조업체 판매사무소(manufacturer's branches)

④ 일반잡화도매상(general merchandise wholesaler)

⑤ 전문도매상(specialty wholesaler)

33 가장 다양한 업태의 소매점포를 입주시키는 쇼핑센터 유형으로 옳은 것은?

① 파워 쇼핑센터

② 아웃렛 쇼핑센터

③ 쇼핑몰 지역센터

④ 네이버후드 쇼핑센터

⑤ 패션/전문품 쇼핑센터

34 일정 요건을 갖춘 판매시설에 대한 교통영향평가의 실시를 정한 법률로서 옳은 것은?

① 도로법(법률 제17893호, 2021.1.12., 타법개정)
② 유통산업발전법(법률 제17761호, 2020.12.29., 타법개정)
③ 도시교통정비 촉진법(법률 제17871호, 2021.1.5., 일부개정)
④ 지속가능 교통물류 발전법(법률 제18563호, 2021.12.7., 일부개정)
⑤ 국토의 계획 및 이용에 관한 법률(법률 제17893호, 2021.1.12., 타법개정)

35 입지 분석에 사용되는 각종 이론들에 대한 설명 중 가장 옳지 않은 것은?

① 공간상호작용모델은 소비자 구매행동의 결정요인에 대한 이해를 통해 입지를 결정한다.
② 다중회귀분석은 점포성과에 영향을 주는 요소의 절대적 중요성을 회귀계수로 나타낸다.
③ 유추법은 유사점포에 대한 분석을 통해 입지후보지의 예상매출을 추정한다.
④ 체크리스트법은 특정입지의 매출규모와 입지비용에 영향을 줄 요인들을 파악하고 유효성을 평가한다.
⑤ 입지분석이론들은 소매점에 대한 소비자 점포선택행동과 소매상권의 크기를 설명한다.

36 점포 개점을 위한 경쟁점포의 분석에 관한 설명으로 가장 옳지 않은 것은?

① 1차 상권 및 2차 상권 내의 주요 경쟁업체를 분석하고 필요할 경우 3차 상권의 경쟁업체도 분석한다.
② 점포 개설을 준비하고 있는 잠재적인 경쟁업체가 있다면 조사에 포함시킨다.
③ 목적에 맞는 효과석인 분석을 위해 동일 업태의 점포에 한정해서 분석한다.
④ 경쟁점포의 상품 구색 및 배치에 대해서도 분석한다.
⑤ 상권의 계층 구조를 고려하여 분석한다.

37 주거지역과 상업지역에서 업종을 변경하거나 점포를 확장하려 할 경우 용도변경 신청을 해야 하는 경우가 있다. 이때 하수도법, 주차장법 등 매우 많은 법률의 적용을 다르게 받게 되어 업종변경이나 확장이 어려울 수도 있다. 이와 관련된 행정 처리 절차로서 가장 옳은 것은?

① 용도 변경 신청 – 신고필증 교부 – 공사 착수 – 건축물대장 변경 – 사용 승인
② 용도 변경 신청 – 신고필증 교부 – 건축물대장 변경 – 공사 착수 – 사용 승인
③ 용도 변경 신청 – 사용 승인 – 신고필증 교부 – 공사착수 – 건축물대장 변경
④ 용도 변경 신청 – 신고필증 교부 – 건축물대장 변경 – 사용 승인 – 공사 착수
⑤ 용도 변경 신청 – 신고필증 교부 – 공사 착수 – 사용승인 – 건축물대장 변경

38 상권에 대한 일반적인 설명으로 가장 옳지 않은 것은?

① 상권의 범위는 점포의 업종이나 업태와 관련이 있다.

② 소매상권의 크기는 판매하는 상품의 종류에 따라 달라진다.

③ 상권은 행정구역과 일치하지 않는 경우가 많다.

④ 상권의 범위는 고정적이지 않고 변화하므로 유동적이다.

⑤ 점포가 소재하는 위치적, 물리적인 조건을 의미한다.

39 아래 글상자에 기술된 절차에 따르는 상권분석기법을 널리 알린 사람으로 가장 옳은 것은?

> ㉠ 자기가 개점하려는 점포와 유사한 기존 점포를 선정한다.
> ㉡ 기존의 유사점포의 상권범위를 결정한다.
> ㉢ 전체 상권을 몇 개의 단위 지역으로 나누고, 각 지역에서의 유사점포의 매출액을 인구수로 나누어 각 지역 내의 1인당 매출을 구한다.
> ㉣ 자기가 입지하려는 지역의 인구수에다 앞에서 구한 1인당 매출을 곱하여 각 지역에서의 예상 매출액을 구한다.

① 레일리(W. Reilly)　　　　　　② 컨버스(P. Converse)

③ 허프(D. Huff)　　　　　　　　④ 넬슨(R. L. Nelson)

⑤ 애플바움(W. Applebaum)

40 입지의 시계성(視界性)은 점포의 매출과 밀접한 관련이 있다. 시계성에 관한 설명으로 가장 옳지 않은 것은?

① 입지의 시계성은 기점, 대상, 거리, 주체의 4가지 관점에서 평가한다.

② 시계성이 양호한 정도는 어디에서 보이는가에 따라 달라진다.

③ 점포의 위치와 함께 간판의 위치와 형태도 시계성 확보에 중요하다.

④ 차량으로부터의 시계성은 외측(아웃커브)보다 내측(인커브)의 경우가 더 좋다.

⑤ 차량의 속도가 빨라질수록 내측(인커브) 점포의 시계성은 더 나빠진다.

41 사람들은 점포가 눈 앞에 보여도 간선도로를 횡단해야하는 경우 그 점포에 접근하지 않으려는 경향을 보인다. 이런 현상에 대한 설명으로 가장 옳은 것은?

① 최단거리로 목적지까지 가고자 하는 최단거리 추구의 원칙

② 득실을 따져 득이 되는 쪽을 선택하려는 보증실현의 원칙

③ 위험하거나 잘 모르는 길을 지나지 않으려는 안전추구의 원칙

④ 사람이 운집한 곳을 선호하는 인간집합의 원칙

⑤ 동선을 미리 예상하고 진행하지만 상황에 맞추어 적응하는 목적추구의 원칙

42 입지선정을 위해서는 도시공간구조 상에서의 동선(動線)에 대한 이해가 필요하다. 동선에 대한 아래 글상자의 설명 중에서 옳지 않은 설명들만을 바르게 짝지은 것은?

> ㉠ 화물차 통행이 많은 도로는 자석(anchor)과 자석을 연결하는 동선상에 있다고 할 수 있다.
> ㉡ 동선이란 사람들이 집중하는 자석(anchor)과 자석을 연결하는 흐름을 말한다.
> ㉢ 주동선이란 자석(anchor)과 자석을 잇는 가장 기본이 되는 선을 말한다.
> ㉣ 경제적 사정으로 많은 자금이 필요한 주동선에 입지하기 어려운 점포는 부동선(副動線)을 중시한다.
> ㉤ 복수의 자석(anchor)이 있는 경우의 동선을 부동선(副動線)이라 한다.

① ㉠ - ㉡ 　　　　　　　　　② ㉠ - ㉤
③ ㉡ - ㉣ 　　　　　　　　　④ ㉢ - ㉣
⑤ ㉢ - ㉤

43 아래 글상자의 업종들에 적합한 점포의 입지조건을 공간균배의 원리에 의해 구분할 때 일반적으로 가장 적합한 것은?

> 백화점, 고급음식점, 고급보석상, 미술품점, 영화관

① 집심(集心)성 점포
② 집재(集在)성 점포
③ 산재(散在)성 점포
④ 국부(局部)성 집중성 점포
⑤ 국부(局部)성 집재성 점포

44 소매점의 입지와 상권에 대한 설명으로 가장 옳은 것은?

① 입지 평가에는 점포의 층수, 주차장, 교통망, 주변 거주인구 등을 이용하고, 상권 평가에는 점포의 면적, 주변 유동인구, 경쟁점포의 수 등의 항목을 활용한다.
② 상권을 강화한다는 것은 점포가 더 유리한 조건을 갖출 수 있도록 점포의 속성들을 개선하는 것을 의미한다.
③ 상권은 점포를 경영하기 위해 선택한 장소 또는 그 장소의 부지와 점포 주변의 위치적 조건을 의미한다.
④ 입지는 점포를 이용하는 소비자들이 분포하는 공간적 범위 또는 점포의 매출이 발생하는 지역 범위를 의미한다.
⑤ 상권은 일정한 공간적 범위(boundary)로 표현되고 입지는 일정한 위치를 나타내는 주소나 좌표를 가지는 점(point)으로 표시된다.

45 아래 글상자에서처럼 월매출액을 추정하려 할 때 괄호 안에 들어갈 용어로 가장 옳은 것은?

월매출액 = (㉠) × 1일 평균 내점객수 × 월간 영업일수

① 상권내 점포점유율   ② 회전율
③ 내점율   ④ 실구매율
⑤ 객단가

3과목   유통마케팅

46 고객별 수익과 비용을 고려한 고객관계관리에서 개별고객의 수익성을 평가하는 기준 중 하나인 고객평생가치(CLV ; Customer Lifetime Value)를 추정하는 데 필요한 정보로서 가장 옳지 않은 것은?

① 충성도   ② 고객확보비용
③ 평균총마진   ④ 평균구매금액
⑤ 관계 유지 기간

47 서비스 실패의 회복 과정에서 고객이 지각하는 다양한 유형의 공정성은 고객 만족에 영향을 미친다. 종업원 행동의 영향을 받는 공정성 유형으로서 가장 옳은 것은?

① 법적 공정성   ② 절차적 공정성
③ 산출적 공정성   ④ 결과적 공정성
⑤ 상호작용적 공정성

48 CRM의 적용을 통해 수행성과를 개선할 수 있는 분야로서 가장 옳지 않은 것은?

① 고객이탈에 대한 조기경보시스템 운영
② 다양한 접점의 고객정보의 수집 및 분석
③ 유통기업 재무 활동의 자동화 및 효율화
④ 영업 인력의 영업활동 및 관리의 자동화
⑤ 서비스 차별화를 위한 표적고객의 계층화

49 소비자 판매 촉진(consumer sales promotion)에 대한 설명으로 옳지 않은 것은?

① 소비자의 직접구매를 유도하는 데 효과적이다.
② 판매촉진은 가격판촉과 비가격판촉으로 나눌 수 있다.
③ 판매촉진은 광고에 비해 단기적인 성과를 얻을 때 유용하다.
④ 판매촉진의 예로는 할인, 쿠폰, 선물, 시제품 배포 등이 있다.
⑤ 소비자뿐만 아니라 기업과 관련된 이해관계자들을 대상으로 한다.

50 매장외관(exterior) 관리에 대한 설명으로 가장 옳지 않은 것은?

① 매장의 외관은 기업의 이미지에 매우 중요한 영향을 미치므로 사전에 면밀히 계획되어야 한다.
② 매장의 외관은 매장의 이미지를 상징적으로 표현할 수 있도록 디자인되어야 한다.
③ 매장 입구는 입구의 수, 형태, 그리고 통로를 고려해서 설계해야 한다.
④ 매장의 외관은 플래노그램(planogram)을 통해 효과성을 평가해야 한다.
⑤ 매장의 외관을 꾸미는 데 있어서 중요한 목적은 고객의 관심을 유발하는 것이다.

51 아래 글상자에서 설명하는 용어로 옳은 것은?

> 판매사원이 제품을 판매할 때 고객과 장기 지향적인 관계를 유지하기 위해 고객의 필요와 욕구에 초점을 두고 고객이 만족스러운 구매결정을 할 수 있도록 마케팅 콘셉트를 수행하는 판매행동을 말한다.

① 고객지향적 판매행동
② 제품지향적 판매행동
③ 판매지향적 판매행동
④ 관리지향적 판매행동
⑤ 시스템지향적 판매행동

52 EAN(유럽상품)코드에 대한 설명으로 가장 옳지 않은 것은?

① 소매점 POS시스템과 연동되어 판매시점관리가 가능하다.
② 첫째 자리는 국가코드로 대한민국의 경우 880이다.
③ 두 번째 자리는 제조업체 코드로 생산자가 고유번호를 부여한다.
④ 체크숫자는 마지막 한자리로 판독오류 방지를 위해 만들어진 코드이다.
⑤ 국가, 제조업체, 품목, 체크숫자로 구성되어 있다.

53 아래 글상자는 유통경로상 갈등을 초래하는 원인을 설명한 것이다. 이러한 갈등의 원인으로 가장 옳은 것은?

> 프랜차이즈 가맹본부가 가맹점 매출의 일정비율을 로열티로 받고 있는 경우에 가맹본부의 목표는 가맹점 매출의 극대화가 되지만, 가맹점의 목표는 매출이 아닌 수익이기 때문에 갈등이 발생할 가능성이 커진다.

① 추구하는 목표의 불일치
② 역할에 대한 인식 불일치
③ 현실에 대한 인식 불일치
④ 품질요구의 불일치
⑤ 경로파워 불일치

54 아래 글상자는 표적시장 범위에 따른 표적시장 선정 전략에 대한 내용이다. 설명이 옳은 것만을 모두 나열한 것은?

> ㉠ 비차별적 마케팅 전략은 세분시장 간 차이를 무시하고 전체 시장 혹은 가장 규모가 큰 대중시장을 표적으로 하나의 제공물을 제공하는 것이다.
> ㉡ 집중적 마케팅 전략은 여러 세분시장을 표적시장으로 선정하고, 각 세분시장별로 서로 다른 시장제공물을 개발하는 전략이다.
> ㉢ 차별적 마케팅 전략은 큰 시장에서 작은 점유율을 추구하는 대신 하나 혹은 소수의 작은 세분시장 또는 틈새시장에서 높은 점유율을 추구하는 전략이다.

① ㉠
② ㉠, ㉡
③ ㉡, ㉢
④ ㉠, ㉢
⑤ ㉠, ㉡, ㉢

55 점포의 환경관리에 대한 설명으로 가장 옳지 않은 것은?

① 매장 내 농축산품 작업장 바닥높이는 매장보다 높게 하여 물이 바닥에 고이지 않게 한다.
② 화장실은 물을 사용하는 공간으로 확실한 방수공시기 필요하며 주기적으로 관리한다.
③ 주차장은 도보나 자전거로 내점하는 보행자와 가능한 한 겹치지 않도록 동선을 설계한다.
④ 매장진열의 효율성을 위해 매장 집기 번호대로 창고보관 상품을 보관한다.
⑤ 간판, 포스터, 게시판, POP 등의 진열이 고객의 동선을 방해하지 않도록 관리한다.

56 아래 글상자의 괄호 안에 들어갈 용어로 가장 옳은 것은?

> 문제를 강하게 인식하여 구매동기가 형성된 소비자는 문제를 해결해 줄 수 있는 대안들에 대한 정보를 찾게 된다. 필요한 정보가 소비자의 기억 속에 이미 저장되어 있는 경우에는 (㉠)만으로 충분하지만, 그렇지 않은 경우에는 (㉡)을 하게 된다.

① ㉠ 외적 탐색, ㉡ 내적 탐색
② ㉠ 단기 기억, ㉡ 장기 기억
③ ㉠ 내적 탐색, ㉡ 외적 탐색
④ ㉠ 장기 기억, ㉡ 내적 탐색
⑤ ㉠ 단기 기억, ㉡ 외적 탐색

57 제조업자가 중간상들과의 거래에서 흔히 사용하는 가격할인의 형태에 대한 설명으로 가장 옳은 것은?

① 현금할인 – 중간상이 일시에 대량구매를 하는 경우 구매량에 따라 주어지는 현금할인
② 거래할인 – 중간상이 제조업자를 위한 지역광고 및 판촉을 실시할 경우 이를 지원하기 위한 보조금 지급
③ 판매촉진지원금 – 제조업자의 업무를 대신 수행한 것에 대한 보상으로 경비의 일부를 제조업자가 부담
④ 수량할인 – 제품을 현금으로 구매하거나 대금을 만기일 전에 지불하는 경우 판매대금의 일부를 할인
⑤ 계절할인 – 제품판매에 계절성이 있는 경우 비수기에 제품을 구매하는 중간상에게 제공되는 할인

58 상품연출이라고도 불리는 상품진열이 가지는 고객 서비스 관점의 의미로 가장 옳지 않은 것은?

① 진열은 빠른 시간에 상품을 찾을 수 있게 해주는 시간절약 서비스이다.
② 진열은 상품선택 시 다른 상품과의 비교를 쉽게 해주는 비교서비스이다.
③ 진열은 상품종류를 쉽게 식별하게 해주는 식별서비스이다.
④ 진열은 상품이 파손 없이 안전하게 보관되도록 하는 보관서비스이다.
⑤ 진열은 무언의 커뮤니케이션으로 상품정보를 제공해주는 정보서비스이다.

59 면도기의 가격은 낮게 책정하고 면도날의 가격은 비싸게 책정한다든지, 프린터의 가격은 낮은 마진을 적용하고 프린터 카트리지나 다른 소모품의 가격은 매우 높은 마진을 적용하는 등의 가격결정 방식으로 가장 옳은 것은?

① 사양제품 가격책정(optional product pricing)
② 제품라인 가격책정(product line pricing)
③ 종속제품 가격책정(captive product pricing)
④ 부산물 가격책정(by-product pricing)
⑤ 이중부분 가격결정(two-part pricing)

60 레이아웃의 영역에 해당하지 않는 것은?

① 상품 및 집기의 배치와 공간의 결정
② 집기 내 상품 배치와 진열 양의 결정
③ 출입구와 연계된 주통로의 배치와 공간 결정
④ 상품품목을 구분한 보조통로의 배치와 공간 결정
⑤ 상품 계산대의 배치와 공간결정

61 아래 글상자에서 RFM기법에 대한 설명으로 옳은 것을 모두 나열한 것은?

> ㉠ 재무적인 가치측정 뿐만 아니라 관계 활동에 대한 질적 측면도 함께 고려한 고객가치 평가 모형이다.
> ㉡ 최근 구매시점, 구매빈도, 구매금액의 3가지 지표를 바탕으로 계량적으로 측정한다.
> ㉢ R.F.M.의 개별 요소에 대한 중요도가 산업에 따라 다를 수 있으므로 중요도에 따라 다른 가중치를 적용하여 측정한다.
> ㉣ 고객세그먼트에 따라 차별적 마케팅을 하거나 고객평가를 통해 등급을 부여하여 관리할 수 있다.
> ㉤ 사용하기에는 편리하지만 개별고객별 수익기여도를 직접적으로 측정하지 못한다는 한계점을 갖는다.

① ㉠, ㉡, ㉤
② ㉠, ㉢, ㉣
③ ㉠, ㉡, ㉢, ㉣
④ ㉠, ㉡, ㉣, ㉤
⑤ ㉠, ㉡, ㉢, ㉣, ㉤

62 마케팅통제(marketing control)에 대한 설명으로 가장 옳지 않은 것은?

① 마케팅목표를 달성하기 위해 마케팅전략과 계획을 마케팅활동으로 전환시키는 과정이다.

② 마케팅전략 및 계획의 실행결과를 평가하고, 마케팅목표가 성취될 수 있도록 시정조치하는 것이다.

③ 마케팅계획의 실행과정에서 예상치 않은 일들이 발생하기 때문에 지속적인 마케팅통제가 필요하다.

④ 운영통제(operating control)는 연간 마케팅계획에 대비한 실제성과를 지속적으로 확인하고 필요할 때마다 시정조치하는 것이다.

⑤ 전략통제(strategic control)는 기업의 기본전략들이 시장기회에 잘 부응하는지를 검토하는 것이다.

63 쇼루밍(showrooming) 소비자의 특징에 대한 설명으로 가장 옳은 것은?

① 주된 구매동기는 제품을 즉시 수령하고, 반품을 더 쉽게 하기 위함이다.

② 온라인에서만 구매하는 온라인 집중형 소비자이다.

③ 오프라인 점포에서 제품을 살펴본 후 온라인에서 저렴한 가격으로 구입하려 한다.

④ 오프라인 상점에서만 직접 경험하고 구매하려는 오프라인 집중형 소비자이다.

⑤ 온라인에서 쇼핑을 즐기지만 정작 구매는 오프라인에서 한다.

64 설문조사를 위한 표본 추출 방법 중 확률적 표본추출에 해당하는 것은?

① 편의 표본 추출

② 단순 무작위 표본 추출

③ 판단 표본 추출

④ 할당 표본 추출

⑤ 자발적 표본 추출

65 유통마케팅 목표달성을 위해 자금을 효율적으로 지출하는지를 확인할 수 있는 유통마케팅 성과평가 분석으로 가장 옳은 것은?

① 시장점유율 분석

② 자금유지율 분석

③ 고객만족도 분석

④ ROI 분석

⑤ 경로기여도 분석

66 소매 마케팅전략 수립을 위해 필요한 소매믹스(retailing mix)로 옳지 않은 것은?

① 소매가격 책정　　　　　　　　② 점포입지 선정
③ 유통정보 관리　　　　　　　　④ 소매 커뮤니케이션
⑤ 취급상품 결정

67 아래 글상자의 사례를 통해 계산한 A상품의 연간 상품회전율(rate of stock turnover)로 옳은 것은?

- 가격 : 1천원
- 평균 재고량 : 약 200개
- 연간매출액 : 1백만원

① 5회　　　　　　　　　　　　② 10회
③ 13회　　　　　　　　　　　④ 15회
⑤ 20회

68 유통목표설정에 대한 설명으로 가장 옳지 않은 것은?

① 유통경로상에서 소비자들이 기대하는 서비스 수준에 근거하여 유통목표를 설정한다.
② 유통목표는 포괄적인 유통관리를 위해 개념적으로 서술되어야 한다.
③ 기업 전체의 장기목표를 반영하여 유통목표를 설정해야 한다.
④ 유통목표는 언제까지 달성하겠다는 시한을 구체적으로 명시해야 한다.
⑤ 유통목표는 목표달성도를 확인하기 위해 측정 가능해야 한다.

69 선발주자의 이점 또는 선점우위효과(first mover advantage)로 가장 옳지 않은 것은?

① 경험곡선효과
② 규모의 경제효과
③ 기술적 불확실성 제거효과
④ 시장선점에 따른 진입장벽 구축효과
⑤ 전환비용에 의한 진입장벽 구축효과

70 아래 글상자에서 설명하는 벤더를 일컫는 말로 가장 옳은 것은?

> 소매업자들이 특정 카테고리 내에서 특별히 선호하는 벤더를 일컫는다. 카테고리내의 다른 브랜드나 벤더를 대신하여 소매업체를 위한 카테고리 전문가의 역할을 하며 소매업체와 일종의 파트너 관계를 확보, 유지하는 브랜드 또는 벤더이다.

① 1차 벤더(primary vendor)
② 리딩 벤더(leading vendor)
③ 스마트 벤더(smart vendor)
④ 카테고리 캡틴(category captain)
⑤ 카테고리 플래너(category planner)

4과목 유통정보

71 효과적인 공급사슬관리를 위해 활용할 수 있는 정보기술로 가장 옳지 않은 것은?

① EDI
② POS
③ PBES(Private Branch Exchange Systems)
④ CDS(Cross Docking Systems)
⑤ RFID(Radio-Frequency IDentification)

72 산업혁명 발전과정을 설명한 것으로 가장 옳은 것은?

① 1차 산업혁명 시기에는 전자기기의 활용을 통한 업무생산성 개선이 이루어졌다.
② 2차 산업혁명 시기에는 전력을 활용해 대량생산 체계를 구축하기 시작하였다.
③ 3차 산업혁명 시기에는 사물인터넷과 인공지능 기술이 업무처리에 활용되기 시작하였다.
④ 4차 산업혁명 시기에는 업무처리에 인터넷 활용이 이루어지기 시작하였다.
⑤ 2차 산업혁명 초기에는 정보통신기술을 통한 데이터수집과 이를 분석한 업무처리가 이루어지기 시작하였다.

73 공급사슬관리의 변화 방향에 대한 설명으로 가장 옳지 않은 것은?

① 재고 중시에서 정보 중시 방향으로 변화하고 있다.

② 공급자 중심에서 고객 중심으로 변화하고 있다.

③ 거래 중시에서 관계 중시 방향으로 변화하고 있다.

④ 기능 중시에서 프로세스 중시 방향으로 변화하고 있다.

⑤ 풀(pull) 관행에서 푸시(push) 관행으로 변화하고 있다.

74 아래 글상자에서 제시하는 지식관리 시스템 구현 절차를 순서대로 바르게 나열한 것으로 가장 옳은 것은?

> ㉠ 지식관리시스템 구현에 대한 목표를 설정한다. 예를 들면, 지식관리 시스템을 통해 해결해야하는 문제를 명확하게 정의한다.
> ㉡ 지식기반을 창출한다. 예를 들면, 고객의 니즈를 만족시킬 수 있도록 베스트 프랙티스(best practice) 등을 끊임없이 개발해서 지식관리 시스템에 저장한다.
> ㉢ 프로세스 관리팀을 구성한다. 예를 들면, 최상의 지식관리시스템에서 지식 활용이 이루어질 수 있도록 프로세스를 구축한다.
> ㉣ 지식 활용 증대를 위한 업무처리 프로세스를 구축한다. 예를 들면, 지식관리시스템에서 고객과 상호작용을 활성화하기 위해 전자메일, 라이브채팅 등 다양한 커뮤니케이션 도구 활용이 가능하도록 구현한다.

① ㉠ - ㉡ - ㉢ - ㉣

② ㉣ - ㉢ - ㉡ - ㉠

③ ㉢ - ㉣ - ㉡ - ㉠

④ ㉠ - ㉡ - ㉣ - ㉢

⑤ ㉠ - ㉢ - ㉡ - ㉣

75 RFID 태그에 대한 설명으로 가장 옳지 않은 것은?

① RFID 태그는 QR 코드에 비해 근거리 접촉으로 정보를 확보할 수 있다.

② RFID 태그는 동시 복수 인증이 가능하다.

③ 배터리를 내재한 RFID 태그는 그렇지 않은 태그에 비해 성능이 우월하다.

④ RFID 태그 가격이 지속적으로 하락하고 있어 기업의 유통 및 물류 부분에서의 활용 가능성이 높아지고 있다.

⑤ RFID 태그는 바코드와 비교할 때, 오염에 대한 내구성이 강하다.

76 사물인터넷 통신기술을 활용해 마케팅을 하고자 할 때, 아래 글상자의 설명에 해당하는 기술로 가장 옳은 것은?

> – 선박, 기차 등에서 위치를 확인하는 데 신호를 보내는 기술이다.
> – RFID, NFC 방식으로 작동하며 원거리 통신을 지원한다.
> – 모바일 결제 서비스와 연동하여 간편 결제 및 포인트 적립에 활용된다.

① 비콘(Beacon)
② 와이파이(Wi-Fi)
③ 지웨이브(Z-Wave)
④ 지그비(ZigBee)
⑤ 울트라와이드밴드(Ultra Wide Band)

77 데이터 마이그레이션(migration) 절차에 대한 설명으로 가장 옳지 않은 것은?

① 데이터 운반은 외부로부터 유입된 데이터를 기업 표준으로 변환하는 작업이다.
② 데이터 정제는 데이터를 ERP시스템에서 사용할 수 있도록 수정하는 작업이다.
③ 데이터 수집은 새로운 데이터를 디지털 포맷으로 변환하기 위해 모으는 작업이다.
④ 데이터 추출은 기존의 레거시 시스템과 데이터베이스에서 데이터를 꺼내는 작업이다.
⑤ 데이터 정제는 린 코드번호, 의미 없는 데이터, 데이터 중복 및 데이터 오기(misspellings) 등 부정확한 데이터를 올바르게 고치는 작업이다.

78 공급자재고관리(VMI)의 목적으로 가장 옳지 않은 것은?

① 비즈니스 가치 증가
② 고객서비스 향상
③ 재고 정확성의 제고
④ 재고회전율 저하
⑤ 공급자와 구매자의 공급사슬 운영의 원활화

79 아래 글상자의 ㉠에 들어갈 기술로 가장 옳은 것은?

> - 유통업체에서는 판매 시점 상품관리를 위한 데이터의 입력 및 작업 보고서에 대한 자동 입력을 위해서 (㉠) 기술을 활용하고 있다.
> - 유통업체에서 일단위 및 월단위 업무 마감 처리를 자동화하기 위해서 (㉠) 기술을 활용하고 있다.
> - (㉠) 기술은 유통업체의 단순하고 반복적인 업무를 체계화해서 소프트웨어로 구현하여 일정한 규칙에 의해 자동화된 프로세스를 따라 업무를 수행하도록 되어 있다.

① IPA(Intelligent Process Automation)
② ETL(Extraction Transformation Loading)
③ RPA(Robotic Process Automation)
④ ETT(Extraction Transformation Tracking)
⑤ VRC(Virtual Reality Construction)

80 거래 단품을 중복 없이 식별하는 역할을 하는 GTIN(국제거래단품식별코드) 및 GTIN 관련 데이터는 대개 고정데이터이지만, 때로는 기본 식별 데이터 외에 더 세부적이고 상세한 상품 정보를 제공해야 할 때도 있다. 이 경우 사용되는 가변 데이터로 가장 옳지 않은 것은?

① 유통기한　　　　　　　　　　② 일련번호
③ 로트(lot) 번호　　　　　　　④ 배치(batch) 번호
⑤ 성분 및 영양정보

81 아래 글상자의 ㉠에 들어갈 용어로 가장 옳은 것은?

> - 데이터 기반으로 상품의 입고부터 고객주문 및 배송까지 제공하는 일괄처리 서비스인 (㉠)(이)가 유통산업의 최대 화두로 등장하였다.
> - (㉠)(이)란 물류를 필요로 하는 판매자들 대상으로 상품보관 및 재고관리, 고객이 상품 주문시 선별, 포장, 배송, 반품 및 고객대응까지 일괄적으로 처리하는 서비스를 지칭한다.
> - 최근 국내 물류·유통 시장은 (㉠)의 각축전이 되고 있다. 국내시장에서도 쿠팡, CJ대한통운, 네이버, 신세계 등 탑플레이어들이 (㉠) 서비스 확대에 총력을 기울이고 있다. SSG 닷컴의 경우 주문부터 상품분류, 포장, 출고 등 유통 全주기를 빅데이터 등 신기술 기반으로 통합 관리하는 (㉠) 시스템으로 온라인 주문에 신속한 대응을 하고 있다고 한다.

① 풀필먼트　　　　　　　　　　② 로지틱스
③ 데이터마이닝　　　　　　　　④ 풀서포트
⑤ 풀브라우징

82 기업의 강점, 약점과 같은 내부 역량과 기회, 위협과 같은 외부 가능성 사이의 적합성을 평가하기 위해 사용되는 도구로 분석범위를 내부뿐만 아니라 외부까지 확장시켜 보다 넓은 상황 분석을 할 경우 활용되는 전략적 분석도구로 가장 옳은 것은?

① PEST
② ETRIP
③ STEEP
④ 4FACTOR
⑤ SWOT

83 A유통은 입고부터 판매까지 제품의 정보를 관리하고자 정보시스템을 구축하려고 결정하였다. A유통은 전문업체인 B사를 선정하여 사업기간 6개월로 계약을 체결하였다. B사는 A유통의 정보시스템 구축을 위해 일련의 활동계획을 수립하였다. 사업 착수 후 분석단계에 포함되는 활동으로 가장 옳은 것은?

① 데이터베이스 설계
② 단위테스트 수행
③ 사용자매뉴얼 작성
④ 요구사항 정의
⑤ 인수테스트 수행

84 지역별 점포를 운영하고 있는 유통기업이 사용하는 판매시점관리를 지원하는 POS시스템에서 획득한 데이터의 관리 및 활용에 대한 설명으로 가장 옳지 않은 것은?

① 고객이 제품을 구매한 정보를 관리한다.
② 상품 판매동향을 분석하여 인기제품, 비인기제품을 파악할 수 있다.
③ 타 점포와의 상품 판매동향 비교·분석에 활용할 수 있다.
④ 개인의 구매실적, 구매성향 등에 관한 정보를 관리한다.
⑤ 기회손실(자점취급, 비취급)에 대한 분석은 어렵다.

85 아래 글상자의 내용이 설명하고 있는 ㉠에 들어갈 용어로 가장 옳은 것은?

> - 기업 간의 거래에 관한 데이터(각종 서류양식)를 표준화하여 컴퓨터통신망을 통해 거래 당사자의 컴퓨터 사이에서 직접 전송신호로 주고받도록 지원하는 기술로 최근 클라우드 컴퓨팅 (㉠) 서비스가 등장하였다.
> - 클라우드 기반의 (㉠) 서비스 업체인 A사는 코로나19로 인해 온라인 쇼핑몰을 통한 주문량이 폭주하면서 그동안 수작업으로 진행하던 주문 수발주 업무의 실수가 많이 발생하고, 업무 담당자들은 재택근무를 하면서 업무가 지연되거나 공백이 발생하는 경우가 많아 이런 문제를 보완하기 위해서 본 사의 서비스 도입 문의가 늘어나고 있다고 밝혔다.

① Beacon   ② XML
③ O2O   ④ EDI
⑤ SaaS

86 A사는 전자상거래 서비스를 위해 기존의 시스템을 고도화하였다. 웹서비스뿐만 아니라 모바일 서비스도 구축하였다. 모바일 채널은 웹으로 개발하였다. 모바일 웹에 대한 설명으로 가장 옳지 않은 것은?

① 모바일 기기에 관계없이 모바일 웹사이트에 접속이 가능하다.
② 모바일웹은 콘텐츠나 디자인을 변경할 때 웹 표준에 맞춰 개발하기 때문에 OS별로 수정할 필요가 없다.
③ 단말기의 카메라, GPS 또는 각종 프로세싱 능력을 활용한 서비스 이용시 앱보다 훨씬 효과적이다.
④ 모바일웹은 데스크톱용 웹 브라우저와 기능적으로 동일한 수준의 브라우저 설치와 실행이 가능하다.
⑤ URL을 통해 접속한다.

87 인터넷 기반의 전자상거래를 위협하는 요소와 그 설명이 가장 옳지 않은 것은?

① 바이러스 – 자체 복제되며, 특정 이벤트로 트리거 되어 컴퓨터를 감염시키도록 설계된 컴퓨터 프로그램
② 트로이 목마 – 해킹 기능을 가지고 있어 인터넷을 통해 감염된 컴퓨터의 정보를 외부로 유출하는 것이 특징
③ 에드웨어 – 사용자의 동의 없이 시스템에 설치되어서 무단으로 사용자의 파일을 모두 암호화하여 인질로 잡고 금전을 요구하는 악성 프로그램
④ 웜 – 자체적으로 실행되면서 다른 컴퓨터에 전파가 가능한 프로그램
⑤ 스파이웨어 – 이용자의 동의 없이 또는 이용자를 속여 설치되어 이용자 몰래 정보를 빼내거나 시스템 및 정상프로그램의 설정을 변경 또는 운영을 방해하는 등의 악성행위를 하는 프로그램

88 QR코드를 활용하는 간편결제 방식에 대한 설명으로 가장 옳지 않은 것은?

① QR코드는 다양한 방향에서 스캔·인식이 가능하고 일부 훼손되더라도 오류를 정정하여 정상적으로 인식할 수 있는 장점이 있다.

② 소비자가 모바일 앱으로 가맹점에 부착된 QR코드를 스캔하여 결제처리하는 방식을 고정형이라 한다.

③ 결제 앱을 통해 소비자가 QR코드를 생성하고, 가맹점에서 QR리더기(결제 앱 또는 POS단말기)로 읽어서 결제처리하는 것을 변동형이라 한다.

④ 고정형 QR은 가맹점 탈퇴·폐업 즉시 QR코드를 파기한 후 가맹점 관리자에게 신고해야 한다.

⑤ 변동형 QR은 개인이 별도의 위·변조 방지 특수필름 부착이나 잠금장치 설치 등의 조치를 취해야 한다.

89 데이터 내에 포함된 개인 정보를 식별하기 어렵게 하는 조치를 비식별화라 한다. 이에 대한 설명으로 가장 옳지 않은 것은?

① 정형데이터는 개인정보 비식별 조치 가이드라인의 대상 데이터이다.

② 비식별화를 위해 개인이 식별가능한 데이터를 삭제처리 하는 방법이 있다.

③ 성별, 생년월일, 국적, 고향, 거주지 등 개인특성에 대한 정보는 비식별화 대상이다.

④ 혈액형, 신장, 몸무게, 허리둘레, 진료내역 등 신체특성에 대한 정보는 비식별화 대상이다.

⑤ JSON, XML 포맷의 반정형데이터는 개인정보 비식별화 대상이 아니다.

90 데이터, 지식, 정보에 대한 설명으로 가장 옳지 않은 것은?

① 일반적으로 데이터에서 정보를 추출하고, 정보에서 지식을 추출한다.

② 1차 데이터는 이미 생성된 데이터를 의미하고, 2차 데이터는 특정한 목적을 달성하기 위해 직접적으로 고객으로부터 수집한 데이터를 의미한다.

③ 일반적으로 정보는 이전에 수집한 데이터를 재가공한 특성을 갖고 있다.

④ 암묵적 지식은 명확하게 체계화하기 어려운 지식을 의미한다.

⑤ 지식창출 프로세스에는 공동화, 표출화, 연결화, 내면화가 포함된다.

맞은 개수 _____ / 90문제

시험일	문항 수	시 간	문제형별
2022. 8. 20	총 90개	100분	A

1과목 │ 유통물류일반

01 채찍효과(bullwhip effect)를 줄일 수 있는 대안으로 가장 옳지 않은 것은?

① 지나치게 잦은 할인행사를 지양한다.

② S&OP(Sales and Operations Planning)를 활용한다.

③ 공급체인에 소속된 각 주체들이 수요 정보를 공유한다.

④ 항시저가정책을 활용해서 수요변동의 폭을 줄인다.

⑤ 공급체인의 각 단계에서 독립적인 수요예측을 통해 정확성과 효율성을 높인다.

02 아래 글상자의 동기부여이론을 설명하는 내용으로 가장 옳은 것은?

> - 맥그리거(D. McGregor)가 제시함
> - 종업원은 조직에 의해 조종되고 동기부여되며 통제받는 수동적인 존재임

① 위생요인에 대해 설명하는 이론이다.

② 인간의 행동을 지나치게 일반화 및 단순화하고 있다는 문제가 있다.

③ 고차원의 욕구가 충족되면 저차원의 욕구를 충족시키기 위해 노력한다.

④ Y형 인간에 대해 기술하고 있다.

⑤ 감독, 급료, 작업조건의 개선은 동기부여 자체와는 관련이 없다.

03 기업이 물류부문의 아웃소싱을 통해 얻을 수 있는 편익에 대한 설명으로 가장 옳지 않은 것은?

① 비용 절감
② 물류서비스 수준 향상
③ 외주 물류기능에 대한 통제력 강화
④ 핵심부분에 대한 집중력 강화
⑤ 물류 전문 인력 활용

22년

04 풀필먼트(fulfillment)에 대한 설명으로 가장 옳지 않은 것은?

① 판매자 입장에서 번거로운 물류에 신경쓰지 않고 기획, 마케팅 등 본업에 집중할 수 있도록 도와준다.
② 생산지에서 출발해 물류보관창고에 도착하는 구간인 last mile의 성장과 함께 부각되고 있다.
③ e-commerce 시장의 성장으로 소비자들의 소비패턴이 오프라인에서 온라인으로 이동하며 급격히 발달하고 있다.
④ 다품종 소량 상품, 주문 빈도가 잦은 온라인 쇼핑몰에 적합하다.
⑤ 판매상품의 입고, 분류, 재고관리, 배송 등 고객에게까지 도착하는 전 과정을 일괄처리하는 시스템이다.

05 기능식 조직(functional organization)의 단점에 대한 설명으로 가장 옳지 않은 것은?

① 명령이 통일되지 않아 전체적으로 관리가 어려워지는 경우가 있다.
② 각 관리자가 담당하는 전문적 기능에 대한 합리적인 업무분장이 실제로는 쉽지 않다.
③ 책임의 소재가 불명확하고 조직의 모순은 사기를 떨어뜨린다.
④ 일의 성과에 따른 정확한 보수를 가감할 수 없다.
⑤ 각 직원이 차지하는 직능이 지나치게 전문화되어 그 수가 많아지면 간접적 관리자가 증가되어 고정적 관리비가 증가한다.

06 아래 글상자에서 JIT와 JITⅡ의 차이점에 대한 설명으로 옳지 않은 것을 모두 고르면?

> ㉠ JIT는 부품과 원자재를 원활히 공급하는 데 초점을 두고, JITⅡ는 부품, 원부자재, 설비공구, 일반자재 등 모든 분야를 대상으로 한다.
> ㉡ JIT가 공급체인상의 파트너의 연결과 그 프로세스를 변화시키는 시스템이라면, JITⅡ는 개별적인 생산현장을 연결한 것이다.
> ㉢ JIT는 자사 공장 내의 무가치한 활동을 감소·제거하는 데 주력하고, JITⅡ는 기업 간의 중복업무와 무가치한 활동을 감소·제거하는 것이다.
> ㉣ JIT가 JIT와 MRP를 동시에 수용할 수 있는 기업 간의 운영체제를 의미한다면, JITⅡ는 푸시(push)형식인 MRP와 대비되는 풀(pull)형식의 생산방식을 말한다.

① ㉠, ㉡
② ㉠, ㉢
③ ㉡, ㉣
④ ㉡, ㉢
⑤ ㉠, ㉣

07 기업이 자재나 부품, 서비스를 외부에서 구매하지 않고 자체 생산하는 이유로 가장 옳지 않은 것은?

① 자신들의 특허기술 보호
② 경쟁력 있는 외부 공급자의 부재
③ 적은 수량의 제품은 자체 생산을 통해 자본투자를 정당화할 수 있음
④ 자사의 기존 유휴 생산능력 활용
⑤ 리드타임, 수송 등에 대한 통제 가능성 확대

08 물류영역과 관련해 고려할 사항으로 가장 옳지 않은 것은?

① 조달물류 : JIT 납품
② 조달물류 : 수송루트 최적화
③ 판매물류 : 수배송시스템화를 위한 수배송센터의 설치
④ 판매물류 : 공정재고의 최소화
⑤ 반품물류 : 주문예측 정밀도 향상으로 반품을 감소시키는 노력

09 기업의 사회적 책임의 중요성에 대한 내용으로 가장 옳지 않은 것은?

① 기업의 사회적 책임의 중요성은 자주성의 요구에 있다.
② 기업의 사회적 책임의 중요성은 자유주의 발전에 근거를 두고 있다.
③ 기업의 사회적 책임의 중요성은 기업 자체의 노력에 있다.
④ 사회적 책임의 중요성 내지 필요성은 권력-책임-균형의 법칙에 있다.
⑤ 기업의 사회적 책임은 기업이 당연히 지켜야 할 의무는 포함하지만 이익을 사회에 공유, 환원하는 것은 포함하지 않는다.

22년

10 마이클 포터(Michael E. Porter)가 제시한 5가지 세력(force)모형을 이용하여 기업을 분석할 때, 이 5가지 세력에 해당되지 않는 것은?

① 신규 진입자의 위협
② 공급자의 교섭력
③ 구매자의 교섭력
④ 대체재의 위협
⑤ 보완재의 위협

11 유통산업발전법(시행 2021.1.1., 법률 제17761호, 2020.12.29., 타법개정)에서 규정하고 있는 체인사업 중 아래 글상자에서 설명하고 있는 형태로 가장 옳은 것은?

> 체인본부가 주로 소매점포를 직영하되, 가맹계약을 체결한 일부 소매점포에 대하여 상품의 공급 및 경영 지도를 계속하는 형태의 체인사업

① 프랜차이즈형 체인사업
② 중소기업형 체인사업
③ 임의가맹점형 체인사업
④ 직영점형 체인사업
⑤ 조합형 체인사업

12 유통기업의 경로구조에 대한 설명으로 옳지 않은 것은?

① 도매상이 제조업체를 통합하는 것은 후방통합이다.
② 유통경로의 수직적 통합을 이루는 방법에는 합작투자, 컨소시엄, M&A 등이 있다.
③ 기업형 수직적 경로구조를 통해 유통경로상 통제가 가능하고 제품 생산, 유통에 있어 규모의 경제를 실현할 수 있다.
④ 기업형 수직적 경로구조는 소유의 규모가 커질수록 환경변화에 신속하고 유연하게 대응할 수 있다.
⑤ 관리형 수직적 경로구조는 독립적인 경로구성원 간의 상호 이해와 협력에 의존하고 있지만 협력을 해야만 하는 분명한 계약상의 의무는 없다.

13 기업이 오프라인, 온라인, 모바일 등의 모든 채널을 연결해 고객이 마치 하나의 매장을 이용하는 것처럼 느끼도록 하는 쇼핑 시스템을 지칭하는 것으로 옳은 것은?

① Cross border trade
② Omni channel
③ Multi channel
④ Mass customization
⑤ IoT

14 임금을 산정하는 방법에 대한 설명으로 가장 옳은 것은?

① 근로자의 성과와 무관하게 근로시간을 기준으로 보상을 지급하는 형태는 성과급제이다.
② 근로자의 성과에 따라 보상을 지급하는 형태는 시간급제이다.
③ 근로자의 입장에서는 시간당 보상액이 일정하고, 사용자측에서는 임금산정방식이 쉬운 것은 시간급제이다.
④ 작업능률을 자극할 수 있고 근로자에게 소득증대 효과가 있는 것은 시간급제이다.
⑤ 근로자의 노력과 생산량과의 관계가 없을 때 효과적인 것은 성과급제이다.

15 유통환경분석 시 고려하는 거시환경, 미시환경과 관련된 내용으로 옳지 않은 것은?

① 자본주의, 사회주의 같은 경제체제는 거시환경에 포함된다.
② 어떤 사회가 가지고 있는 문화, 가치관, 전통 등은 사회적 환경으로서 거시환경에 포함된다.
③ 기업과 거래하는 협력업자는 미시환경에 포함된다.
④ 기업이 따라야 할 규범, 규제, 법 등은 미시환경에 포함된다.
⑤ 기업과 비슷한 제품을 제조하는 경쟁회사는 미시환경에 포함된다.

16 기업이 사용하는 재무제표 중 손익계산서의 계정만으로 옳게 나열된 것은?

① 자산 - 부채 - 소유주 지분
② 자신 - 매출원가 - 소유주 지분
③ 수익 - 매출원가 - 비용
④ 수익 - 부채 - 비용
⑤ 자산 - 부채 - 비용

17 구매관리를 위해 기능의 집중화와 분권화를 비교할 때, 집중화의 장점으로 가장 옳지 않은 것은?

① 구매절차가 간단하고 신속하다.
② 주문 비용을 절감할 수 있다.
③ 자금의 흐름을 통제하기 쉽다.
④ 품목의 표준화가 용이하다.
⑤ 구매의 전문화가 용이하다.

18 유통의 경제적 의미에 대한 설명으로 가장 옳지 않은 것은?

① 유통을 통해 생산자는 부가가치를 더 높일 수 있고, 소비자에게는 폭넓은 선택의 기회가 주어질 수 있다.
② 유통을 통해 생산과 소비 사이에서 발생할 수 있는 괴리를 줄여서 생산과 소비를 원활하게 연결할 수 있다.
③ 후기산업사회 이후 소비자들의 욕구가 다양해지면서 유통의 경제적 역할이 축소되고 있다.
④ 유통산업은 신업태의 등장, 유통단계의 축소 등과 같은 유통구조 개선을 통해 국가경제에 이바지하고 있다.
⑤ 유통은 일자리 창출에 기여하는 동시에 서비스산업 발전에 중요한 역할을 한다.

19 균형성과표(BSC)에 대한 설명으로 가장 옳지 않은 것은?

① 고객 관점은 고객유지율, 반복구매율 등의 지표를 활용한다.
② 각 지표들은 전략과 긴밀하게 연계되어 상호작용을 한다.
③ 조직의 지속적 생존을 위해 핵심 성공요인이 중요하다.
④ 학습과 성장의 경우 미래지향적인 관점을 가진다.
⑤ 비용이 저렴하지만 재무적 지표만을 성과관리에 적용한다는 한계를 가진다.

20 종업원들이 자신과 비슷한 위치에 있는 타인과 비교하여 자기가 투입한 노력과 결과물 간의 균형을 유지하려고 하는 이론으로 가장 옳은 것은?

① 강화이론　　　　　　　　② 공정성이론
③ 기대이론　　　　　　　　④ 목표관리론
⑤ 목표설정이론

21 연간 재고유지비용과 주문비용의 합을 최소화하는 로트 크기인 경제적 주문량을 계산하는 과정에서 사용하는 가정으로 가장 옳지 않은 것은?

① 수량할인은 없다.

② 각 로트의 크기에 제약조건은 없다.

③ 해당 품목의 수요가 일정하고 정확히 알려져 있다.

④ 입고량은 주문량에 안전재고를 포함한 양이며 시기별로 분할입고된다.

⑤ 리드타임과 공급에 불확실성이 없다.

22 유통기업의 윤리경영에 대한 설명으로 가장 옳지 않은 것은?

① 건전하고 투명한 경영을 위해 노력한다.

② 협력사와 합리적인 상호발전을 추구한다.

③ 유연하고 수직적인 임원우선의 기업문화를 조성한다.

④ 고객의 만족을 위해 노력한다.

⑤ 사회적 책임을 완수하기 위해 노력한다.

23 소비자기본법(시행 2021.12.30., 법률 제17799호, 2020. 12. 29., 타법개정)상 제8조에서 사업자가 소비자에게 제공하는 물품등으로 인한 소비자의 생명·신체 또는 재산에 대한 위해를 방지하기 위해 지켜야 할 기준을 정해야 할 주체로 옳은 것은?

① 지방자치단체   ② 사업자

③ 공정거래위원회   ④ 대통령

⑤ 국 가

24 아래 글상자에서 설명하는 유통이 창출하는 소비자 효용으로 가장 옳은 것은?

> 탄산음료의 제조사들이 탄산음료의 원액을 제조하여 중간상인 보틀러(bottler)에게 제공하면, 보틀러 (bottler)는 탄산음료 원액에 설탕과 감미료를 첨가하여 탄산과 혼합해 병이나 캔에 넣어 소매상에게 판매하고 소비자는 탄산음료를 마시는 혜택을 누릴 수 있다.

① 시간효용   ② 장소효용

③ 소유효용   ④ 형태효용

⑤ 거래효용

25 유통경로의 설계전략에 영향을 주는 시장의 특성과 관련된 설명으로 가장 옳지 않은 것은?

① 시장밀도는 지리적 영역단위당 구매자의 수를 말한다.
② 시장지리는 생산자와 소비자 사이의 물리적인 거리차이를 말한다.
③ 제조업체가 직접 채널에 의해 커버할 시장의 크기가 큰 경우에는 많은 소비자와 직접 접촉을 해야 하기 때문에 비용이 증가한다.
④ 시장밀도가 낮으면 한정된 유통시설을 이용해 많은 고객을 상대할 수 있다.
⑤ 시장크기는 시장을 구성하는 소비자의 수에 의해 결정된다.

2과목 상권분석

26 분석대상이 되는 점포와의 거리를 기준으로 상권유형을 구분할 때 상대적으로 소비수요 흡인비율이 가장 낮은 지역을 한계상권(fringe trading area)이라고 한다. 일반적으로 한계상권은 다음 중 어느 것에 해당하는가?

① 최소수요충족거리
② 분기점상권
③ 1차 상권
④ 2차 상권
⑤ 3차 상권

27 소비자들이 점포를 선택할 때 가장 가까운 점포를 선택한다는 가정을 하며, 상권경계를 결정할 때 티센 다각형(thiessen polygon)을 활용하는 방법으로 가장 옳은 것은?

① 입지할당모델법
② Huff모델법
③ 근접구역법
④ 유사점포법
⑤ 점포공간매출액비율법

28 소비자의 점포방문동기를 개인적 동기, 사회적 동기, 제품구매 동기로 분류할 수 있다. 이때 다른 항목들과 다른 유형의 동기로서 가장 옳은 것은?

① 사교적 경험
② 기분 전환
③ 자기만족
④ 역할 수행
⑤ 새로운 추세 학습

29 점포를 이용하는 고객 인터뷰를 통해 소비자의 지리적 분포를 확인할 수 있는 방법은?

① 컨버스(Converse)의 소매인력이론
② 아날로그(analog) 방법
③ 허프(Huff)의 소매인력법
④ 고객점표법(customer spotting technique)
⑤ 라일리(Reilly)의 소매인력모형법

30 입지 분석에 사용되는 각종 기준에 대한 내용으로 가장 옳지 않은 것은?

① 호환성 : 해당점포를 다른 업종으로 쉽게 전환할 수 있는가?
② 접근성 : 고객이 쉽게 점포에 접근할 수 있는가?
③ 인지성 : 점포의 위치를 쉽게 설명할 수 있는가?
④ 확신성 : 입지분석의 결과를 확실하게 믿을 수 있는가?
⑤ 가시성 : 점포를 쉽게 발견할 수 있는가?

31 아래 글상자의 내용은 Huff모델을 적용하여 신규점포 입지를 분석하는 단계들이다. 일반적인 분석과정을 순서대로 나열할 때 가장 옳은 것은?

> ㉠ 점포크기 및 거리에 대한 민감도계수를 추정한다.
> ㉡ 소규모 고객집단 지역(zone)으로 나눈다.
> ㉢ 신규점포의 각 지역(zone)별 예상매출액을 추정한다.
> ㉣ 전체시장 즉, 조사할 잠재상권의 범위를 결정한다.
> ㉤ 각 지역(zone)에서 점포까지의 거리를 측정한다.

① ㉡, ㉤, ㉣, ㉠, ㉢   ② ㉣, ㉢, ㉤, ㉠, ㉡
③ ㉠, ㉣, ㉡, ㉤, ㉢   ④ ㉣, ㉡, ㉤, ㉠, ㉢
⑤ ㉠, ㉤, ㉡, ㉢, ㉣

32 점포를 개점할 경우 전략적으로 고려해야 할 사항들에 대한 설명으로 가장 옳지 않은 것은?

① 경쟁관계에 있는 다른 점포의 규모나 위치도 충분히 검토한다.
② 상품의 종류에 따라 소비자의 이동거리에 대한 저항감이 다르기 때문에 상권의 범위도 달라진다.
③ 개점으로 인해 인접 주민의 민원제기나 저항이 일어날 부분이 있는지 검토한다.
④ 점포의 규모를 키울수록 규모의 경제 효과는 커지기에 최대규모를 지향한다.
⑤ 점포는 단순히 하나의 물리적 시설이 아니고 소비자들의 생활과 직결되며, 라이프스타일에도 영향을 미친다.

33 A시의 인구는 20만명이고 B시의 인구는 5만명이다. 두 도시 사이의 거리는 15km이다. Converse의 상권분기점 분석법을 이용할 경우 두 도시간의 상권경계는 A시로부터 얼마나 떨어진 곳에 형성되겠는가?

① 3km
② 5km
③ 9km
④ 10km
⑤ 12km

22년

34 상가임대차 관계에서 권리금을 산정할 때 근거가 되는 유무형의 재산적 가치로 가장 옳지 않은 것은?

① 거래처
② 상가건물의 위치
③ 영업상의 노하우
④ 영업시설 · 비품
⑤ 임대료 지불수단

35 소매점 입지유형 가운데 아파트 단지내 상가의 일반적 특성으로 가장 옳지 않은 것은?

① 공급면적 변화가 어려워 일정한 고정고객의 확보를 통한 꾸준한 매출이 가능하다.
② 수요 공급 측면에서 아파트 단지 가구수와 가구당 상가면적을 고려해야 한다.
③ 주변지역 거주자의 상가 이용과 같은 활발한 외부 고객 유입이 장점이다.
④ 편의품 소매점의 경우 대형평형보다는 중형평형의 단지가 일반적으로 더 유리하다.
⑤ 관련법규에서는 단지내 상가를 근린생활시설로 분류하여 관련내용을 규정하고 있다.

36 면적 $300m^2$인 대지에 지하 2층 지상 5층으로 소매점포 건물을 신축하려 한다. 층별 바닥면적은 각각 $250m^2$로 동일하며 주차장은 지하 1, 2층에 각각 $200m^2$와 지상 1층 부속용도에 한하는 주차장 면적 $50m^2$로 구성되어 있다. 이 건물의 용적률을 계산하면 얼마인가?

① 300%
② 333%
③ 400%
④ 416%
⑤ 533%

37 지리정보시스템(GIS)과 관련한 내용으로 가장 옳지 않은 것은?

① 주제도작성, 공간조회, 버퍼링(buffering)을 통해 효과적인 상권분석이 가능하다.

② 점포의 고객을 대상으로 gCRM을 실현하기 위한 기본적 틀을 제공할 수 있다.

③ 지도레이어는 점, 선, 면을 포함하는 개별 지도형상으로 구성되며, 여러 겹의 지도레이어를 활용하여 상권의 중첩(overlay)을 표현할 수 있다.

④ 지도상에서 데이터를 표현하고 특정 공간기준을 만족시키는 지도를 얻는 데이터 및 공간조회 기능이 있다.

⑤ 위상은 어떤 지도형상, 즉 점이나 선 혹은 면으로부터 특정한 거리 이내에 포함되는 영역을 의미하며 면의 형태로 나타나 상권 혹은 영향권을 표현하는 데 사용될 수 있다.

38 동선과 관련한 소비자의 심리를 나타내는 대표적 원리로 가장 옳지 않은 것은?

① 최단거리실현의 법칙 : 최단거리로 목적지에 가려는 심리

② 보증실현의 법칙 : 먼저 득을 얻는 쪽을 선택하려는 심리

③ 고차선호의 법칙 : 넓고 깨끗한 곳으로 가려는 심리

④ 집합의 법칙 : 군중심리에 의해 사람이 모여 있는 곳에 가려는 심리

⑤ 안전중시의 법칙 : 위험하거나 모르는 길은 가려고 하지 않는 심리

39 대표적인 입지조건의 하나인 고객유도시설(customer generator)은 도시형 점포, 교외형 점포, 인스토어형 점포 등 점포 유형별로 구분해서 평가한다. 일반적인 인스토어형 점포의 고객유도시설로서 가장 옳지 않은 것은?

① 주차장 출입구　　　　　② 푸드코트
③ 주 출입구　　　　　　　④ 에스컬레이터
⑤ 간선도로

40 입지적 특성에 따라 소매점포 유형을 집심성, 집재성, 산재성, 국부적 집중성 점포로 구분하기도 한다. 업태와 이들 입지유형의 연결로서 가장 옳지 않은 것은?

① 백화점 – 집심성 점포

② 회훼점　집심성 점포

③ 편의점 – 산재성 점포

④ 가구점 – 집재성 점포

⑤ 공구도매점 – 국부적 집중성 점포

41 신규점포의 예상매출액을 추정할 때 활용하는 애플바움(W. Applebaum)의 유추법(analog method)에 대한 설명으로 옳지 않은 것은?

① 일관성 있는 예측이 중요하므로 소비자 특성의 지역별 차이를 고려하기보다는 동일한 방법을 적용해 야 한다.

② 현재 운영 중인 상업시설 중에서 유사점포(analog store)를 선택한다.

③ 과거의 경험을 계량화한 자료를 이용해 미래를 예측하지만 시장요인과 점포특성들이 끊임없이 변화하 기 때문에 주관적 판단이 요구된다.

④ 비교대상 점포들의 특성이 정확히 일치하는 경우를 찾기 어려울 뿐만 아니라 특정 환경변수의 영향이 동일하게 작용하지도 않기 때문에 주관적 판단이 요구된다.

⑤ 점포의 물리적 특성, 소비자의 쇼핑패턴, 소비자의 인구 통계적 특성, 경쟁상황이 분석대상과 비슷한 점포를 유사점포(analog store)로 선택하는 것이 바람직하다.

22년

42 "국토의 계획 및 이용에 관한 법률" (법률 제17893호, 2021.1.12., 타법개정)에서 규정하고 있는 용도지 역 중 상업지역을 구분하는 유형으로 볼 수 없는 것은?

① 중심상업지역
② 일반상업지역
③ 근린상업지역
④ 전용상업지역
⑤ 유통상업지역

43 중심지체계에 의한 상권유형 구분에서 전통적인 도심(CBD) 상권의 일반적 특징으로 가장 옳지 않은 것은?

① 고객흡인력이 강해 상권범위가 상대적으로 넓다.
② 교통의 결절점으로 대중교통이 편리하다.
③ 전통적 도시의 경우에는 주차문제가 심각하다.
④ 상대적으로 거주인구는 적고 유동인구는 많다.
⑤ 소비자들의 평균 체류시간이 상대적으로 짧다.

44 아래 글상자의 현상과 이들을 설명하는 넬슨(R. N. Nelson)의 입지원칙의 연결로서 옳은 것은?

> ㉠ 식당이 많이 몰려있는 곳에 술집이나 커피숍들이 있다든지, 극장가 주위에 식당들이 많이 밀집하는 현상
> ㉡ 귀금속 상점들이나 떡볶이 가게들이 한 곳에 몰려서 입지함으로써 더 큰 집객력을 갖는 현상

① ㉠ 동반유인 원칙, ㉡ 보충가능성 원칙
② ㉠ 고객차단 원칙, ㉡ 보충가능성 원칙
③ ㉠ 보충가능성 원칙, ㉡ 점포밀집 원칙
④ ㉠ 보충가능성 원칙, ㉡ 동반유인 원칙
⑤ ㉠ 점포밀집 원칙, ㉡ 보충가능성 원칙

45 제4차 산업혁명의 핵심기술 중의 하나인 빅데이터 기술이 소매 경영과 소매상권분석에 미치는 영향에 관한 설명으로서 가장 옳지 않은 것은?

① 개별적으로 상권분석 능력이 부족한 소규모 소매점포, 창업자들에게 정부 또는 각종 단체에서 빅데이터 기술에 기반한 상권분석 및 입지분석 정보를 제공함으로써 소매경영 개선을 돕는다.
② 신상품 개발이나 고객만족도 향상을 위한 소매믹스 개선에 기여할 수 있다.
③ 소매상권 내에서 표적시장을 구체적으로 파악하는 데 도움을 줄 수 있다.
④ 하나의 상권을 지향하는 개별점포 소유자들의 상권분석에 필수 도구이지만 복수의 상권에 접근하는 체인사업에게는 효과적이지 않다.
⑤ 히트상품 및 데드셀러(dead seller)분석을 통해 재고관리의 효율성을 높일 수 있게 한다.

3과목 | 유통마케팅

---

46 시장세분화 유형과 사용하는 변수들의 연결로서 가장 옳지 않은 것은?

① 행동분석적 세분화 : 라이프스타일, 연령
② 지리적 세분화 : 인구밀도, 기후
③ 인구통계적 세분화 : 성별, 가족규모
④ 심리적 세분화 : 개성, 성격
⑤ 인구통계적 세분화 : 소득, 직업

47 소매점포의 공간 분류와 그 용도에 대한 연결이 가장 옳지 않은 것은?

항 목	용 도
㉠ 고객존	고객용 출입구, 통로 계단
㉡ 상품존	상품매입, 보관 장소
㉢ 직원존	사무실, 종업원을 위한 식당과 휴게실
㉣ 매장존	매장, 고객 휴게실과 화장실, 비상구
㉤ 후방존	물류 공간, 작업 공간

① ㉠
② ㉡
③ ㉢
④ ㉣
⑤ ㉤

48 지속성 상품의 경우 다음 주문이 도착하기 전에 판매가능한 수량이 없거나 재고가 바닥이 나게 되는 최저 재고물량을 기준으로 주문점을 결정한다. 일일 예상판매량이 5개이고, 리드타임이 7일이며, 예비 재고 20개를 유지하고자 할 때 주문점은 얼마인가?

① 15개
② 35개
③ 55개
④ 75개
⑤ 145개

49 아래 글상자에서 설명하는 용어로 옳은 것은?

주어진 상황에서 특정 대상에 대한 개인의 중요성 및 관련성 지각정도를 의미하는 것으로 고객이 제품 구매결정에 투입하는 시간 및 정보수집 노력과 관련이 높다.

① 판매정보
② 구매동기
③ 구매특성
④ 지각도
⑤ 관여도

50 매장에서 비주얼 머천다이징(VMD)을 구성할 때 다양한 방법을 사용할 수 있다. 아래 글상자에서 설명하는 내용의 기법으로 가장 옳은 것은?

> – 고객에게 상품의 특성과 장점에 대한 정보를 제공하고 인기상품이나 계절상품 등을 제안하는 역할을 한다.
> – 고객의 시선이 닿기 쉬운 곳에 구성하여 고객의 무의식적인 구매충동을 자극하도록 구성한다.
> – 고객에게 상품의 콘셉트나 가치를 시각적으로 호소한다.

① 쇼윈도 프레젠테이션
② 파사드 프레젠테이션
③ 비주얼 프레젠테이션
④ 포인트 프레젠테이션
⑤ 아이템 프레젠테이션

51 촉진예산을 결정하는 방법에 대한 설명으로 가장 옳지 않은 것은?

① 가용예산법 : 기업의 여유 자금에 따라 예산을 결정하는 방법
② 매출액 비율법 : 과거의 매출액이나 예측된 미래의 매출액을 근거로 예산을 결정하는 방법
③ 단위당 고정비용법 : 고가격 제품의 촉진에 특정 비용이 수반될 때 이를 고려하여 예산을 결정하는 방법
④ 경쟁 대항법 : 경쟁사의 촉진 예산 규모를 기반으로 결정하는 방법
⑤ 목표 과업법 : 촉진목표를 설정하고 이를 달성하기 위한 과업을 분석하여 예산을 결정하는 방법

52 아래 글상자에 설명하는 마케팅조사 기법으로 가장 옳은 것은?

> 다수의 대상(소비자, 제품 등)들을 그들이 소유하는 특성을 토대로 유사한 대상들끼리 집단으로 분류하는 통계 기법

① 분산분석
② 회귀분석
③ 군집분석
④ t-검증
⑤ 컨조인트분석

53 세분화된 시장들 중에서 매력적인 표적시장을 선정하기 위한 고려사항으로 가장 옳지 않은 것은?

① 경쟁의 측면에서 개별 세분시장 내의 경쟁강도를 살펴보아야 한다.

② 해당 세분시장이 자사의 역량과 자원에 적합한지를 살펴보아야 한다.

③ 선택할 시장들의 절대적 규모를 고려하여 살펴보아야 한다.

④ 자사가 기존에 가지고 있는 마케팅 믹스체계와 일치하는지를 살펴보아야 한다.

⑤ 선택할 시장이 자사가 가지고 있는 목표 및 이미지와 일치하는지 살펴보아야 한다.

54 셀프서비스를 활용한 상품판매의 특징으로 가장 옳지 않은 것은?

① 영업시간의 유연성 증가

② 소매점의 판매비용 절감

③ 고객에게 전달되는 상품정보의 정확성 향상

④ 구매과정에 대한 고객의 자기통제력 향상

⑤ 직원의 숙련도와 상관없는 비교적 균일한 서비스제공

55 고객생애가치(CLV ; Customer Lifetime Value)에 대한 설명으로 가장 옳지 않은 것은?

① CLV는 어떤 고객으로부터 얻게 되는 전체 이익흐름의 현재가치를 의미한다.

② 충성도가 높은 고객은 반드시 CLV가 높다.

③ CLV를 증대시키려면 고객에게 경쟁자보다 더 큰 가치를 제공해야 한다.

④ CLV 관리는 단속적 거래보다는 장기적 거래관계를 통한 이익에 집중한다.

⑤ 올바른 CLV를 정확하게 산출하려면 수입흐름 뿐만 아니라 고객획득비용이나 고객유지비용 같은 비용 흐름도 고려해야 한다.

56 판매촉진 방법 가운데 프리미엄(premium)의 장점으로 가장 옳지 않은 것은?

① 지속적으로 사용해도 제품 자체 이미지에 손상을 가져오지 않는다.

② 많은 비용을 투입하지 않으면서 신규고객을 확보하는 효과적인 방법이다.

③ 제품에 별도의 매력을 부가함으로써 부족할 수 있는 상품력을 보완할 수 있다.

④ 제품수준이 평준화되어 차별화가 어려운 상황에서 특히 효과적이다.

⑤ 치열한 경쟁상황에서 제품에 대한 주목률을 높여주고 특히 구매시점에 경쟁제품보다 돋보이게 한다.

57 소매점에서 제공하는 상품 관련 핵심서비스의 내용으로서 가장 옳은 것은?

① 정확한 대금 청구
② 편리한 환불 방식
③ 친절한 고객 응대
④ 다양한 상품 구색
⑤ 신속한 상품 배달

58 생산업체가 경로구성원들의 성과를 평가하는 기준으로서 가장 옳지 않은 것은?

① 경로구성원에 대한 투자수익률
② 유통업체의 영업에서 차지하는 자사제품 판매 비중의 변화
③ 유통업체의 영업에 대한 자사 통제의 허용 정도
④ 환경 변화에 대한 경로구성원의 적응력
⑤ 경로구성원의 재고투자이익률

59 단수가격설정정책(odd pricing)에 대한 설명으로 옳은 것은?

① 최대한 인하된 상품 가격이라는 인상을 주어 판매량을 증가시키기 위해 가격을 990원, 1,990원처럼 설정하는 것을 말한다.
② 가격이 높을수록 우수한 품질이나 높은 지위를 상징하는 경우에 주로 사용된다.
③ 캔음료나 껌처럼 오랫동안 같은 가격을 지속적으로 유지함으로써 소비자가 그 가격을 당연하게 받아들이는 것을 말한다.
④ 같은 계열에 속하는 몇 개의 제품 가격을 품질에 따라 1만원, 3만원, 5만원 등으로 설정하는 것을 말한다.
⑤ 고객을 모으기 위해서 특정 제품을 아주 저렴한 가격으로 판매하는 방법이다.

60 고객 서비스는 사전적 고객 서비스, 현장에서의 고객 서비스, 사후적 고객 서비스로 구분해볼 수 있다. 다음 중 사전적 고객 서비스 요소로 가장 옳은 것은?

① 자사의 경영철학에 따라 서비스에 관한 표준을 정하고 조직을 편성하여 교육 및 훈련한다.
② 구매계획이나 공급 여력 등에 따라 발생할지 모르는 재고품절을 방지하기 위해 적정 재고수준을 유지한다.
③ 고객의 주문 상황이나 기호에 맞는 상품의 주문을 위한 정보시스템을 효율적으로 관리·운영한다.
④ 고객의 상품 주문에서부터 상품 인도에 이르기까지 적절한 물류서비스를 공급한다.
⑤ 폭넓은 소비자 선택을 보장하기 위해 가능한 범위 내에서 다양한 상품을 진열하고 판매한다.

61 아래 글상자의 사례들에 해당하는 유통경쟁전략으로 가장 옳은 것은?

> - A사는 30대 전후의 여성들에게 스포츠웨어를 주로 판매한다.
> - B사는 대형 사이즈의 의류를 주력상품으로 판매한다.
> - C사는 20대 여성을 대상으로 대중적인 가격대의 상품을 판매한다.
> - D사는 가격대와 스타일이 서로 다른 7개의 전문의류점 사업부를 가지고 있다.

① 편의성 증대
② 정보기술의 도입 및 확대
③ 점포 포지셔닝 강화
④ 유통업체 브랜드의 확대
⑤ e-커머스 확대

62 과자나 라면 같은 상품들을 정돈하지 않고 뒤죽박죽으로 진열하여 소비자들에게 저렴한 특가품이라는 인상을 주려는 진열방식의 명칭으로 가장 옳은 것은?

① 돌출진열(extended display)

② 섬진열(island display)

③ 점블진열(jumble display)

④ 후크진열(hook display)

⑤ 골든라인진열(golden line display)

63 다음의 여러 가격결정 방법 중에서 원가중심 가격결정(cost-oriented pricing)방법에 해당하지 않는 것은?

① 원가가산법(cost plus pricing)

② 손익분기점 가격결정법(breakeven pricing)

③ 목표이익 가격결정법(target-profit pricing)

④ 지각가치 중심 가격결정법(perceived value pricing)

⑤ 이폭가산법(markup pricing)

64 고객관계관리(CRM)에 대한 접근방법으로 가장 옳지 않은 것은?

① 마케팅부서만이 아닌 전사적 관점에서 고객지향적인 전략적 마케팅활동을 수행한다.

② 전사적 자원관리(ERP) 시스템을 통해 고객정보를 파악하고 분석한다.

③ 데이터마이닝 기법을 활용해 고객행동에 내재돼 있는 욕구(needs)를 파악한다.

④ 고객과의 관계 강화를 지속적으로 모색하는 고객중심 비즈니스모델을 수립한다.

⑤ 표적고객에 대한 고객관계 강화에 집중하며 고객점유율 향상에 중점을 둔다.

65 마케팅 전략수립을 위한 다양한 조사활동 중 1차 자료를 수집하기 위한 조사방식으로 옳지 않은 것은?

① 현장조사
② 관찰조사
③ 설문조사
④ 문헌조사
⑤ 실험조사

66 점포의 구성 및 설계에 대한 설명으로 옳지 않은 것은?

① 포스 조닝(POS zoning)은 판매가 이루어지는 마지막 접점이므로 최대한 고객의 체류시간을 늘려야
   한다.
② 매장의 주통로는 고객의 편안한 이동을 제공하는 동시에 보조통로들과 잘 연계되게 구성해야 한다.
③ 공간면적당 판매생산성 향상을 고려하여 매장 내의 유휴 공간이 없도록 레이아웃을 구성해야 한다.
④ 동선 폭은 고객의 편의를 고려해 유동성과 체류시간 등의 동선 혼잡도를 예상하여 결정해야 한다.
⑤ 표적고객을 최대한 명확하게 설정하고 상품 관련성을 고려하여 상품을 군집화한다.

67 마케팅변수를 흔히 제품변수, 가격변수, 유통변수, 촉진변수로 나누어 4P라고 한다. 다음 중 나머지와
는 다른 P에 속하는 변수로서 가장 옳은 것은?

① 시장 커버리지
② 재고와 보관
③ 점포 위치
④ 1차 포장과 2차 포장
⑤ 수 송

68 기업의 성장전략 대안들 가운데 기존시장에서 기존제품으로 점유율을 높여서 성장하려는 전략의 명칭
으로 가장 옳은 것은?

① 제품개발전략
② 시장개척전략
③ 시장침투전략
④ 전방통합전략
⑤ 다각화전략

69 아래 글상자의 괄호 안에 들어갈 용어를 순서대로 나열한 것으로 가장 옳은 것은?

> 상품의 다양성(variety)은 (㉠)의 수가 어느 정도 되는지를 의미하며, 상품의 구색(assortment)은 (㉡)의 수를 말한다.

① ㉠ 상품계열, ㉡ 상품품목
② ㉠ 상품형태, ㉡ 상품지원
③ ㉠ 상품품목, ㉡ 상품계열
④ ㉠ 상품지원, ㉡ 상품형태
⑤ ㉠ 상품형태, ㉡ 상품계열

22년

70 고객관계 강화 및 유지를 위한 CRM활동으로 가장 옳지 않은 것은?

① 교차판매(cross-selling)
② 상향판매(up-selling)
③ 고객참여(customer involvement)
④ 2차구매 유도(inducing repurchase)
⑤ 영업자원 최적화(sales resource optimization)

4과목　유통정보

71 RFID의 특징에 대한 설명으로 가장 옳지 않은 것은?

① 태그는 데이터를 저장하거나 읽어 낼 수 있어야 한다.
② 태그는 인식 방향에 관계없이 ID 및 정보 인식이 가능해야 한다.
③ 태그는 직접 접촉을 하지 않아도 자료를 인식할 수 있어야 한다.
④ 태그는 많은 양의 데이터를 보내고, 받을 수 있어야 한다.
⑤ 수동형 태그는 능동형 태그에 비해 일반적으로 데이터를 보다 멀리까지 전송할 수 있다.

72 의사결정시스템에 대한 설명으로 가장 옳지 않은 것은?

① 최고경영층은 주로 비구조적 의사결정에 대한 문제에 직면해 있고, 운영층은 주로 구조적 의사결정에 대한 문제에 직면해 있다.

② 의사결정지원시스템을 이용해 의사결정의 품질을 높이기 위해서는 의사결정지원시스템에서 활용하는 데이터의 품질을 개선해야 한다.

③ 의사결정지원시스템은 수요 예측 문제, 민감도 분석 등에 활용된다.

④ 운영층은 주로 의사결정지원시스템을 이용해 마케팅 계획 설계, 예산 수립 계획 등과 같은 업무를 수행한다.

⑤ 의사결정지원시스템의 의사결정 품질 개선을 위해 딥러닝(deep learning)과 같은 고차원적 알고리즘(algorithm)이 활용된다.

73 소스마킹과 인스토어마킹에 관련된 설명으로 가장 옳지 않은 것은?

① 인스토어마킹은 소분포장, 진열 단계에서 마킹이 이루어진다.

② 소스마킹은 생산 및 제품 포장 단계에서 마킹이 이루어진다.

③ 소스마킹은 전 세계적으로 공통 사용이 가능하다.

④ 소스마킹은 과일이나 농산물에 주로 사용된다.

⑤ 인스토어마킹은 원칙적으로 소매업체가 자유롭게 표시한다.

74 바코드에 대한 설명으로 가장 옳지 않은 것은?

① 유통업체의 재고관리와 판매관리에 도움을 제공한다.

② 국가표준기관에 의해 관리되고 있다.

③ 컬러 색상은 인식하지 못하고, 흑백 색상만 인식한다.

④ 스캐너 또는 리더기를 이용하여 상품 관련 정보를 간편하게 읽어들일 수 있다.

⑤ 바코드에는 국가코드, 제조업체코드, 상품품목코드 등에 대한 정보가 저장되어 있다.

75 아래 글상자의 내용을 지칭하는 용어로 가장 옳은 것은?

> – 기업이 필요에 따라 단기 계약직이나 임시직으로 인력을 충원하고 그 대가를 지불하는 형태의 경제를 의미
> – 맥킨지는 '디지털 장터에서 거래되는 기간제 근로자'라고 정의

① 오프쇼어링(off-shoring)
② 커스터마이징(customizing)
③ 매스커스터마이제이션(masscustomization)
④ 긱 이코노미(gig economy)
⑤ 리쇼어링(reshoring)

76 아래 글상자에서 설명하는 내용을 지칭하는 용어로 가장 옳은 것은?

> – 기존 데이터베이스 관리도구의 능력을 넘어서 데이터에서 가치 있는 정보를 추출하는 기술로, 디지털 환경에서 다양한 형식으로 빠르게 발생하는 대량의 데이터를 다루는 기술임
> – 유통업체에서 보다 탁월한 의사결정을 위해 활용하는 비즈니스 애널리틱스(Business Analytics : BA) 중 하나로 고차원적 의사결정을 지원하는 기술임

① 리포팅   ② 쿼 리
③ 스코어카드   ④ 대시보드
⑤ 빅데이터

77 유통정보시스템 이용에 있어서 정보보안의 주요 목표에 대한 내용으로 가장 옳은 것은?

① 허락받지 않은 사용자가 정보를 변경해서는 안 되는 것은 기밀성이다.
② 정보의 소유자가 원치 않으면 정보를 공개할 수 없는 것은 무결성이다.
③ 보낸 이메일을 상대가 읽었는지 알 수 있는 수신 확인기능은 부인방지 원칙을 잘 반영한 것이다.
④ 웹사이트에 접속하려고 할 때 에러 등 서비스 장애가 일어나는 것은 무결성이 떨어진다고 볼 수 있다.
⑤ 인터넷 거래에 필요한 공인인증서에 기록된 내용은 타인이 조작할 수 없도록 만들어 가용성을 유지해야 한다.

78 유통업체에서 새로운 비즈니스 모델을 개발하고자 할 때 사용하는 비즈니스 모델 캔버스를 구성하는 요인에 대한 설명으로 가장 옳지 않은 것은?

① 유통채널이란 기업이 고객에게 가치를 전달하는 경로이다.

② 고객 세분화란 고객이 무언가를 수행하는 것을 도움으로써 가치를 창출할 수 있다는 것이다.

③ 핵심자원은 기업이 비즈니스를 수행하는데 핵심이 되는 중요한 자산이다.

④ 고객관계 구축이란 우량 고객과 비우량 고객을 구분하고, 차별화된 관리방안을 마련하는 것을 의미한다.

⑤ 핵심 파트너십은 비즈니스 생태계에서 원만한 기업관계를 구축하기 위한 핵심역량을 말한다.

79 스마트폰과 같은 모바일 기기를 이용하는 모바일 쇼핑의 특성으로 가장 옳지 않은 것은?

① 소비자가 직접 능동적으로 필요한 제품을 검색하여 보다 상세하게 정보를 얻을 수 있다는 장점이 있다.

② 모바일 쇼핑은 소비자가 인지-정보탐색-대안평가-구매 등의 구매의사결정을 하나의 매체에서 통합적으로 수행할 수 있는 쇼핑형태이다.

③ 기업은 구매과정을 단순하고 편리하게 구성함으로써 구매단계에 대한 통합적 관리가 가능해진다.

④ 쿠폰, 티켓, 상품권 등을 중심으로 형성되었던 모바일쇼핑은 의류, 패션잡화, 가전제품, 화장품, 식품, 가구 등 거의 전 부문으로 확산되고 있다.

⑤ 모바일 쇼핑의 활성화에 따라 백화점, 대형마트, 인터넷쇼핑 등과의 채널별 시장 경계가 명확해지면서 기존에 비해 가격경쟁은 약화되고 있다.

80 EDI 시스템의 사용 이점에 대한 설명으로 가장 옳지 않은 것은?

① 데이터의 입력에 소요되는 시간과 오류를 줄일 수 있다.

② 주문기입 오류로 인해 발생되는 문제점 및 지연을 없앰으로써 데이터 품질을 향상시킨다.

③ 문서 관련 업무를 자동화처리함으로써 직원들은 부가가치업무에 집중할 수 있고 중요한 비즈니스 데이터를 실시간으로 추적할 수 있다.

④ EDI는 세계 도처에 있는 거래 당사자와 연계를 촉진시키는 공통의 비즈니스 언어를 제공하기 때문에 새로운 영역 및 시장에 진입을 원활하게 한다.

⑤ EDI는 전자기반 프로세스를 문서기반 프로세스로 대체함으로써 많은 비용을 절약하고 이산화탄소 배출량을 감소시켜 궁극적으로 기업의 사회적 책임을 이행하게 한다.

81 고객관리를 최적화하기 위해 활용되는 비즈니스 인텔리전스(Business Intelligence : BI)에 대한 설명으로 가장 옳지 않은 것은?

① BI는 의사결정자에게 적절한 시간, 적절한 장소, 적절한 형식의 실행가능한 방식으로 정보를 제공한다.

② BI는 사물인터넷 기술을 이용해서 새로운 데이터를 수집하는 기능을 제공한다.

③ BI는 데이터 마이닝이나 OLAP 등의 다양한 분석도구를 사용하여 의사결정에 필요한 정보를 제공한다.

④ BI는 발생된 사건의 내부 데이터, 구조화된 데이터, 히스토리컬 데이터(historical data) 등에 대한 분석기능을 제공한다.

⑤ BI는 분석적 도구를 활용해 경영 의사결정에 필요한 경쟁력 있는 정보와 지식을 제공한다.

82 일반 상거래와 비교할 때, 전자상거래의 차별화된 특성을 설명한 것으로 가장 옳지 않은 것은?

① 고객과 대화형 비즈니스 모델로의 변이가 가능하다.

② 인터넷 비즈니스는 시간적, 공간적 제약 없이 실시간으로 운영 가능하다.

③ 재고부담을 최소화하면서 기술개발과 마케팅에 더 많은 투자를 한다.

④ 변화에 대한 융통성은 프로세스에 의존하기보다는 유형자산에 의존한다.

⑤ 동시다발적 비즈니스 요소가 성립하며 포괄적 비즈니스 모델에 의한 운영이 가능하다.

83 아래 글상자의 괄호 안에 들어갈 용어를 순서대로 나열한 것으로 가장 옳은 것은?

> – 디지털 뉴딜의 일환으로 (㉠)을 이용한 '유통/물류 이력관리시스템'은 위변조가 불가하고 정보 공유가 용이하여 입고부터 가공, 포장, 판매에 이르는 과정을 소비자와 공유하는 것이 가능해짐
> – (㉡)는 개인이 자신의 정보에 대한 완전한 통제권을 가지는 비대면 시대에 가장 적합한 기술로 분산원장의 암호학적 특성을 기반으로 한 신뢰된 ID 저장소를 이용하여 제3기관의 통제 없이 분산원장에 참여한 누구나 신원정보의 위조 및 변조 여부를 검증할 수 있도록 지원함

① ㉠ 블록체인, ㉡ DID(Decentralized Identity)

② ㉠ 금융권 공동인증, ㉡ OID(Open Identity)

③ ㉠ 블록체인, ㉡ PID(Personality Identity)

④ ㉠ 블록체인, ㉡ OID(Open Identity)

⑤ ㉠ 공인인증, ㉡ DID(Decentralized Identity)

84 QR(Quick Response)에 대한 설명으로 가장 옳지 않은 것은?

① QR은 1980년대 중반 미국의 의류업계와 유통업체가 상호 협력하면서 시작되었다.

② QR의 도입으로 기업은 리드타임의 증가, 재고비용의 감소, 판매의 증진 등의 획기적인 성과를 거둘 수 있다.

③ QR이 업계 전반에 걸쳐 확산되기 위해서는 유통업체마다 각각 다르게 운영되고 있는 의류상품에 대한 상품분류체계를 표준화하여야 한다.

④ 미국의 식품업계는 QR에 대한 벤치마킹을 통해 식품업계에 적용할 수 있는 SCM 시스템인 ECR을 개발하였다.

⑤ QR의 핵심은 유통업체가 제조업체에게 판매된 의류에 대한 정보를 매일 정기적으로 제공함으로써 제조업체로 하여금 판매가 부진한 상품에 대해서는 생산을 감축하고 잘 팔리는 상품의 생산에 주력할 수 있도록 하는 데 있다.

85 빅데이터는 다양한 유형으로 존재하는 모든 데이터가 대상이 된다. 데이터 유형과 데이터 종류, 그에 따른 수집기술의 연결이 가장 옳지 않은 것은?

① 정형데이터 – RDB – ETL

② 정형데이터 – RDB – Open API

③ 반정형데이터 – JSON – Open API

④ 반정형데이터 – 이미지 – Crawling

⑤ 비정형데이터 – 소셜데이터 – Crawling

86 노나카 이쿠지로 교수가 제시한 지식변환 프로세스에서 암묵적 형태로 존재하는 지식을 형식화하여 수집 가능한 데이터로 생성시켜 공유가 가능하도록 만드는 과정을 일컫는 용어로 옳은 것은?

① 공동화(socialization)

② 지식화(intellectualization)

③ 외부화(externalization)

④ 내면화(internalization)

⑤ 연결화(combination)

87 고객발굴을 위해 CRM시스템의 고객정보를 활용하여 분석을 수행하고자 한다. 고객으로부터 전화문의, 인터넷 조회, 영업소 방문 등의 내용을 바탕으로 하는 분석을 지칭하는 용어로 가장 옳은 것은?

① 외부 데이터 분석   ② 고객 프로필 분석

③ 현재 고객 구성원 분석   ④ 하우스-홀딩 분석

⑤ 인바운드 고객 분석

88 공급업체와 구매업체의 재고관리 영역에서 구매업체가 가진 재고 보충에 대한 책임을 공급업체에게 이전하는 전략을 일컫는 용어로 가장 옳은 것은?

① CPP(cost per rating point)

② ASP(application service provider)

③ CMI(co-managed inventory)

④ ABC(activity based costing)

⑤ VMI(vender managed inventory)

89 CRM시스템을 구축하는 이유에 대한 설명으로 가장 옳지 않은 것은?

① 고객과의 장기적인 관계 형성

② 거래 업무 효율화와 수익 증대

③ 의사결정 향상을 위한 고객에 대한 이해 활성화

④ 우수한 고객서비스 제공 및 확고한 경쟁우위 점유

⑤ 기존 고객유지보다 신규 고객유치 활성화를 통한 비용절감

90 아래 글상자의 내용과 관련 있는 용어로 가장 옳은 것은?

- 금융소비자 개인의 금융정보(신용정보)를 통합 및 관리하여 주는 서비스
- 개인데이터를 생산하는 정보주체인 개인이 본인 데이터에 대한 권리를 가지고, 본인이 원하는 방식으로 관리하고 처리하는 패러다임
- 개인데이터의 관리 및 활용 체계를 기관 중심에서 사람 중심으로 전환한 개념

① 마이데이터   ② BYOD(Bring Your Own Device)

③ 개인 핀테크   ④ 디지털 전환

⑤ 빅테크

맞은 개수 _____ / 90문제

시험일	문항 수	시 간	문제형별
2022. 11. 19	총 90개	100분	A

1과목 유통물류일반

01 국제물류주선업에 관련된 설명으로 가장 옳지 않은 것은?

① 화주에게 운송에 관련된 최적의 정보를 제공하고 물류비, 인력 등을 절감하는 데 도움을 줄 수 있다.

② 일반적으로 선사는 소량화물을 직접 취급하지 않기 때문에 소량화물의 화주들에게는 무역화물운송업무의 간소화와 운송비용 절감의 혜택을 제공할 수 있다.

③ 국제물류주선인은 다수의 화주로부터 위탁받은 화물로 선사에 보다 효과적인 교섭권을 행사하여 유리한 운임률 유도를 통해 규모의 경제 효과를 창출할 수 있다.

④ 안정적 물량 확보를 위해 선사는 국제물류주선인과 계약하는 것보다 일반 화주와 직접 계약하는 것이 유리하다.

⑤ NVOCC(Non-Vessel Operating Common Carrier)는 실제운송인형 복합운송인에 속하지 않는다.

02 소비자기본법(법률 제17799호, 2020.12.29., 타법개정)에 의한 소비자의 기본적 권리로만 바르게 짝지어진 것은?

⊙ 물품 또는 용역을 선택함에 있어서 필요한 지식 및 정보를 제공받을 권리
ⓒ 합리적인 소비생활을 위하여 필요한 교육을 받을 권리
ⓒ 사업자 등과 더불어 자유시장경제를 구성하는 주체일 권리
ⓔ 안전하고 쾌적한 소비생활 환경에서 소비할 권리
ⓜ 환경친화적인 자원재활용에 대해 지원받을 권리
---

① ⊙, ⓒ, ⓒ, ⓔ, ⓜ

② ⊙, ⓒ, ⓒ

③ ⊙, ⓒ, ⓔ

④ ⓒ, ⓒ, ⓜ

⑤ ⓒ, ⓔ, ⓜ

03 재고관리에 대한 설명으로 가장 옳지 않은 것은?

① 소비자가 원하는 상품을 적시에 제공하기 위하여 소매점은 항상 적절한 양의 재고를 보유해야 할 필요가 있다.

② 재고가 지나치게 많을 경우, 적절한 시기에 처분하기 위해 상품가격을 인하시켜 판매하기 때문에 투매손실이 발생할 수 있다.

③ 재고가 너무 적은 경우 소비자의 수요에 대응할 수 없는 기회손실이 발생할 수 있다.

④ 투매손실이나 기회손실이 발생하지 않도록 하기 위해서 유지해야 하는 적정 재고량은 표준재고이다.

⑤ 재고가 적정 수준 이하가 되면 미리 결정해둔 일정 주문량을 발주하는 방법은 상황 발주법이다.

04 경로 지배를 위한 힘의 원천으로 가장 옳지 않은 것은?

① 보상적 힘
② 협력적 힘
③ 합법적 힘
④ 준거적 힘
⑤ 전문적 힘

05 산업재와 유통경로에 대한 설명으로 가장 옳지 않은 것은?

① 산업재는 원자재의 저가격협상과 수급연속성, 안정적인 공급경로의 구축이 중요하다.

② 설비품(고정장비)은 구매결정자의 지위가 낮으며 단위당 가격이 낮고 단기적 거래가 많다.

③ 윤활유, 잉크 등과 같은 운영소모품의 거래는 구매노력이 적게 들기에 구매결정자의 지위나 가격이 낮다.

④ 산업재는 제조업자와 소비자 간의 직접판매가 많고 소비재보다는 경로가 짧고 단순하다.

⑤ 산업재 중 못, 청소용구, 페인트 같은 수선소모품은 소비재 중 편의품과 같은 성격을 갖고 있다.

06 JIT(Just-in-time)와 JIT(Just-in-time) II와의 차이점에 대한 설명으로 가장 옳지 않은 것은?

① JIT는 부품과 원자재를 원활히 공급받는 데 초점을 두고, JIT II는 부품, 원부자재, 설비공구, 일반자재 등 모든 분야를 공급받는 데 초점을 둔다.

② JIT가 개별적인 생산현장(plant floor)을 연결한 것이라면, JIT II는 공급체인상의 파트너의 연결과 그 프로세스를 변화시키는 시스템이다.

③ JIT는 자사 공장 내의 무가치한 활동을 감소·제거하는 데 주력하고, JIT II는 기업 간의 중복업무와 무가치한 활동을 감소·제거하는 데 주력한다.

④ JIT가 풀(pull)형인 MRP와 대비되는 푸시(push)형의 생산방식인데 비해, JIT II는 JIT와 MRP를 동시에 수용할 수 있는 기업 간의 운영체제를 의미한다.

⑤ JIT가 물동량의 흐름을 주된 개선대상으로 삼는 데 비해, JIT II는 기술, 영업, 개발을 동시화(synchronization)하여 물동량의 흐름을 강력히 통제한다.

07 공급사슬관리(SCM)를 위해 활용할 수 있는 지연전략(postponement strategy)에 대한 설명으로 가장 옳은 것은?

① 지연전략은 고객의 수요를 제품설계에 반영하기 위해 완제품의 재고보유 시간을 최대한 연장시키는 전략이다.

② 주문 이전에는 모든 스웨터를 하얀색으로 생산한 후 주문이 들어오면 염색을 통해 수요에 맞춰 공급하는 것은 지리적 지연전략이다.

③ 가장 중요한 창고에 재고를 유지하며, 지역 유통업자들에게 고객의 주문을 넘겨주거나 고객에게 직접 배송하는 것은 제조 지연전략이다.

④ 컴퓨터의 경우, 유통센터에서 프린터, 웹캠 등의 장치를 조립하거나 포장하는 것은 지리적 지연전략이다.

⑤ 자동차를 판매할 때 사운드 시스템, 선루프 등을 설치옵션으로 두는 것은 결합 지연전략이다.

08 경영성과 분석을 위해 글상자 안의 활동성 비율들을 계산할 때 공통적으로 사용되는 요소로 가장 옳은 것은?

재고자산회전율, 고정자산회전율, 총자산회전율, 매출채권회전율

① 재고자산   ② 자기자본

③ 영업이익   ④ 매출액

⑤ 고정자산

09 각 점포가 독립된 회사라는 점에서 프랜차이즈 체인방식과 같지만, 조직의 주체는 가맹점이며 전 가맹점이 경영의 의사결정에 참여한다는 차이점이 있는 연쇄점(chain)의 형태로 가장 옳은 것은?

① 정규연쇄점(regular chain)

② 직영점형 연쇄점(corporate chain)

③ 조합형 연쇄점(cooperative chain)

④ 마스터 프랜차이즈(master franchise)

⑤ 임의형 연쇄점(voluntary chain)

10 아래 글상자의 내용을 6시그마 도입절차대로 나열한 것으로 가장 옳은 것은?

⊙ 필요성(needs)의 구체화		⊙ 비전의 명확화
⊙ 계획수립		⊙ 계획실행
⊙ 이익평가		⊙ 이익유지

① ⊙ - ⊙ - ⊙ - ⊙ - ⊙ - ⊙
② ⊙ - ⊙ - ⊙ - ⊙ - ⊙ - ⊙
③ ⊙ - ⊙ - ⊙ - ⊙ - ⊙ - ⊙
④ ⊙ - ⊙ - ⊙ - ⊙ - ⊙ - ⊙
⑤ ⊙ - ⊙ - ⊙ - ⊙ - ⊙ - ⊙

11 정량주문법과 정기주문법을 적용하기 유리한 경우에 대한 상대적인 비교로 가장 옳은 것은?

구 분	항 목	정량주문법	정기주문법
⊙	표준화	전용부품	표준부품
⊙	품목수	적 음	많 음
⊙	주문량	변경가능	고 정
⊙	리드타임	짧 다	길 다
⊙	주문시기	일 정	일정하지 않음

① ⊙   ② ⊙
③ ⊙   ④ ⊙
⑤ ⊙

12 제품/시장 확장그리드(product/market expansion grid)에서 기존제품을 가지고 새로운 세분시장을 파악해서 진출하는 방식의 기업성장전략으로 가장 옳은 것은?

① 시장침투전략(market penetration strategy)

② 시장개발전략(market development strategy)

③ 제품개발전략(product development strategy)

④ 다각화전략(diversification strategy)

⑤ 수평적 다각화전략(horizontal diversification strategy)

13 공급사슬을 효율적 공급사슬과 반응적 공급사슬로 구분하여 설계할 때 반응적 공급사슬에 대한 특징으로 가장 옳지 않은 것은?

① 리드타임을 적극적으로 단축하려 노력한다.
② 여유생산능력이 높다.
③ 저가격, 일관된 품질이 납품업체 선정기준이다.
④ 제품 혹은 서비스의 다양성을 강조하는 생산전략이다.
⑤ 신속한 납기가 가능할 정도의 재고 투자를 한다.

14 아래 글상자의 물류채산분석 회계 내용에 대한 설명으로 가장 옳지 않은 것은?

구 분	회계 내용	물류채산분석
㉠	계산목적	물류에 관한 의사결정
㉡	계산대상	특정의 개선안, 대체안
㉢	계산기간	개선안의 전체나 특정 기간
㉣	계산방식	상황에 따라 상이
㉤	계산의 계속성	반복적으로 계산

① ㉠ ② ㉡
③ ㉢ ④ ㉣
⑤ ㉤

15 프로젝트 조직에 대한 내용으로 가장 옳지 않은 것은?

① 과제 진행에 따라 인력 구성의 탄력성이 존재한다.
② 목적달성을 지향하는 조직이므로 구성원들의 과제해결을 위한 사기를 높일 수 있다.
③ 기업 전체의 목적보다는 사업부만의 목적달성에 더 관심을 기울이게 된다.
④ 해당 조직에 파견된 사람은 선택된 사람이라는 우월감이 조직 단결을 저해하기도 한다.
⑤ 전문가로 구성된 일시적인 조직이므로 그 조직 관리자의 지휘능력이 중요하다.

16 소비재의 유형별로 일반적인 경로목표를 설정할 경우에 대한 설명으로 가장 옳지 않은 것은?

① 편의품의 경우 최대의 노출을 필요로 하기에 개방적 유통을 사용한다.
② 일부 의약품은 고객 편의를 위해 편의점을 통한 개방적 유통을 사용하기도 한다.
③ 이질적 선매품의 경우 품질비교가 가능하도록 유통시킨다.
④ 동질적 선매품의 경우 가격비교가 용이하도록 유통시킨다.
⑤ 전문품은 구매횟수가 정기적인 것이 특징이기에 개방적 유통을 사용한다.

17 A사의 제품은 연간 19,200개 정도가 판매될 것으로 예상되고 있다. 제품의 1회 주문비용은 150원, 제품당 연간 재고유지비가 9원이라고 할 때 경제적주문량(EOQ)으로 가장 옳은 것은?

① 600개　　　　　　　　　　　② 650개
③ 700개　　　　　　　　　　　④ 750개
⑤ 800개

22년

18 아래 글상자의 괄호 안에 들어갈 용어를 순서대로 바르게 나열한 것으로 가장 옳은 것은?

> (㉠)은/는 이질적인 생산물을 동질적인 단위로 나누는 과정을 말한다.
> (㉡)은/는 이질적인 것을 모으는 과정을 말한다.
> (㉢)은/는 동질적으로 모아진 것을 나누는 과정을 말한다.

① ㉠ 배분, ㉡ 집적, ㉢ 구색　　② ㉠ 구색, ㉡ 집적, ㉢ 분류
③ ㉠ 분류, ㉡ 구색, ㉢ 배분　　④ ㉠ 배분, ㉡ 집적, ㉢ 분류
⑤ ㉠ 집적, ㉡ 구색, ㉢ 분류

19 인플레이션 상황에서 급격한 가격인상 없이 매출과 수익의 손실을 막기 위해 유통기업들이 채택할 수 있는 방법으로 가장 옳지 않은 것은?

① 취급하는 상품의 종류를 재정비하여 재고비용이나 수송비용을 줄인다.
② 생산성이 낮은 인력이나 시설을 정리하고 정보화를 통해 이를 대체한다.
③ 무료설치, 운반, 장기보증 같은 부가적 상품서비스를 줄이거나 없앤다.
④ 포장비를 낮추기 위해 더 저렴한 포장재를 이용한다.
⑤ 절약형 상표, 보급형 상표의 비중을 줄인다.

20 서비스 유통의 형태인 플랫폼 비즈니스(platform business)에 대한 설명으로 가장 옳지 않은 것은?

① 플랫폼을 통해 사람과 사람, 사람과 사물을 연결함으로써 새로운 유형의 서비스가 창출된다.
② 정보통신기술의 발달은 사람 간의 교류를 더 빠르고 효율적으로 실현시키면서 플랫폼 비즈니스 성장에 긍정적인 영향을 미치고 있다.
③ 플랫폼 비즈니스의 구성원은 플랫폼 구축자와 플랫폼 사용자로 크게 나뉜다.
④ 플랫폼은 소식, 물건, 서비스 등 다양한 유형의 콘텐츠 교류가 가능하게 해주는 일종의 장터이다.
⑤ 플랫폼 비즈니스 사업자는 플랫폼을 제공해주는 대가를 직접적으로 취할 수 없으므로, 광고 등을 통해 간접적으로 수익을 올리는 비즈니스 모델이다.

21 수직적 통합이 일어나는 경우 합병하는 회사측은 현실적으로 여러 문제점에 직면할 수 있는데 이에 대한 설명으로 가장 옳지 않은 것은?

① 분업에 따른 전문화의 이점을 누리기 힘들어진다.
② 유통경로 구성원 간의 관계를 경쟁관계로 바뀌게 한다.
③ 조직의 슬림화로 인해 구성원의 업무량이 증가한다.
④ 통합하려는 기업은 많은 자금을 합병에 투입하게 된다.
⑤ 조직관리에 많은 비용을 소모하게 되어 경기가 좋지 않을 때에는 자금부담이 생길 수 있다.

22 아래 글상자에서 설명하는 개념으로 옳은 것은?

> 제품에 대한 최종소비자의 수요 변동 폭은 크지 않지만, 소매상, 도매상, 제조업자, 원재료 공급업자 등 공급사슬을 거슬러 올라갈수록 변동 폭이 크게 확대되어 수요예측치와 실제 판매량 사이의 차이가 커지게 된다.

① 블랙 스완 효과(black swan effect)
② 밴드 왜건 효과(band wagon effect)
③ 채찍 효과(bullwhip effect)
④ 베블렌 효과(Veblen effect)
⑤ 디드로 효과(Diderot effect)

23 파욜(Fayol)의 조직원리에 대한 설명으로 가장 옳지 않은 것은?

① 각각의 종업원들은 오직 한명의 관리자에게 보고한다.
② 최고관리자에게 부여된 의사결정력의 크기는 상황에 따라 변화한다.
③ 마케팅, 재무, 생산 등의 전문적인 분야의 기능들은 통합된다.
④ 조직의 목표는 개인 각각의 목표보다 우선시 된다.
⑤ 종업원들은 누구에게 보고해야 하는지 알아야 한다.

24 기업윤리의 중요성을 강조하기 위해 취할 수 있는 방법으로 가장 옳지 않은 것은?

① 기업윤리와 관련된 헌장이나 강령을 만들어 발표한다.
② 기업의 모든 의사결정 프로세스에서 반영될 수 있게 모니터링한다.
③ 윤리경영의 지표로서 정성적인 지표는 적용하기 힘드므로 계량적인 윤리경영지표만을 활용한다.
④ 조직 내의 문제점을 제기할 수 있는 제도를 활성화한다.
⑤ 윤리기준을 적용한 감사 결과를 조직원과 공유한다.

25 아래 글상자의 내용을 이용하여 작업량 접근방식(workload approach)을 통해 확보해야 할 영업조직 규모(영업사원수)를 계산한 것으로 옳은 것은?

> − 거래처 : 100개
> − 거래처별 연간 방문횟수 : 1년에 12회 방문필수
> − 영업사원 1명이 한 해 평균 방문가능 횟수 : 100번

① 10명   ② 12명
③ 14명   ④ 18명
⑤ 20명

22년

2과목   상권분석

26 두 도시 A, B의 거리는 12km, A시의 인구는 20만 명, B시의 인구는 5만 명이다. Converse의 상권분기점 분석법에 따른 도시 간의 상권경계는 B시로부터 얼마나 떨어진 곳에 형성되겠는가?

① 3km   ② 4km
③ 6km   ④ 8km
⑤ 9km

27 국토의 계획 및 이용에 관한 법률(법률 제18310호, 2021.7.20., 타법개정)에 의거한 주거 및 교육 환경 보호나 청소년 보호 등의 목적으로 오염물질 배출시설, 청소년 유해시설 등 특정시설의 입지를 제한할 필요가 있는 용도지구에 해당하는 것으로 가장 옳은 것은?

① 청소년보호지구   ② 보호지구
③ 복합용도지구   ④ 특정용도제한지구
⑤ 개발제한지구

28 입지의사결정 과정에서 점포의 매력도에 영향을 미치는 입지조건 평가에 대한 설명으로 가장 옳지 않은 것은?

① 상권단절요인에는 하천, 학교, 종합병원, 공원, 주차장, 주유소 등이 있다.
② 주변을 지나는 유동인구의 수보다는 인구특성과 이동방향 및 목적 등이 더 중요하다.
③ 점포가 보조동선 보다는 주동선상에 위치하거나 가까울수록 소비자 유입에 유리하다.
④ 점포나 부지형태는 정방형이 장방형보다 가시성이나 접근성 측면에서 유리하다.
⑤ 층고가 높으면 외부가시성이 좋고 내부에 쾌적한 환경을 조성하기 유리하다.

29 소비자 K가 거주하는 어느 지역에 아래 조건과 같이 3개의 슈퍼가 있는 경우, Huff모델을 사용하여 K의 이용확률이 가장 높은 점포와 해당 점포에 대한 이용확률을 추정한 것으로 가장 옳은 것은? (단, 거리와 점포면적에 대한 민감도계수가 -2와 3이라고 가정함)

구 분	A 슈퍼	B 슈퍼	C 슈퍼
거 리	10	2	3
점포면적	5	4	6

① C 슈퍼, 57%
② A 슈퍼, 50%
③ B 슈퍼, 50%
④ A 슈퍼, 44%
⑤ B 슈퍼, 33%

30 소매입지를 선정하기 위해 활용되는 각종 지수(index)에 대한 설명으로 가장 옳지 않은 것은?

① 시장포화지수(IRS)는 특정 시장 내에서 주어진 제품계열에 대한 점포면적당 잠재매출액의 크기이다.
② 구매력지수(BPI)는 주로 통계자료의 수집단위가 되는 행정구역별로 계산할 수 있다.
③ 시장확장잠재력지수(MEP)는 지역 내 소비자들이 타 지역에서 쇼핑하는 비율을 고려하여 계산한다.
④ 판매활동지수(SAI)는 특정지역의 총면적당 점포면적 총량의 비율을 말한다.
⑤ 구매력지수(BPI)는 주로 인구, 소매 매출액, 유효소득 등의 요인을 이용하여 측정한다.

31 유추법(analog method)을 통해 신규점포에 대한 수요를 추정하는 과정에 대한 설명으로 가장 옳지 않은 것은?

① 비교점포는 통계분석 대신 주관적 판단을 주로 사용해서 선정한다.
② 신규점포의 수요는 비교점포의 상권정보를 활용해서 산정한다.
③ 비교점포의 상권을 단위거리에 따라 구역(zone)으로 나눈다.
④ 비교점포의 구역별 고객1인당 매출액을 추정한다.
⑤ 수요예측을 위해 반드시 2개 이상의 비교점포를 선정해야 한다.

32 주변에 인접한 점포가 없이 큰길가에 위치한 자유입지인 고립된 점포입지에 관한 설명 중 가장 옳지 않은 것은?

① 대형점포를 개설할 경우 관련상품의 일괄구매(one-stop shopping)를 가능하게 한다.
② 토지 및 건물의 가격이 상대적으로 싸다.
③ 개점 초기에 소비자를 점포 내로 유인하기가 쉽다.
④ 고정자산에 투입된 비용이 적어서 상대적으로 상품가격의 할인에 융통성이 있다.
⑤ 비교구매를 원하는 소비자에게는 매력적이지 않다.

33 상가건물 임대차보호법(법률 제18675호, 2022.1.4., 일부개정)에서 규정하는 환산보증금의 계산식으로 가장 옳은 것은?

① 보증금 + (월임차료 × 24)
② 보증금 + (월임차료 × 36)
③ 보증금 + (월임차료 × 60)
④ 보증금 + (월임차료 × 100)
⑤ 보증금 + (월임차료 × 120)

34 상권과 관련된 가맹본부와 가맹점 사이의 관계에 대한 설명으로 가장 옳지 않은 것은?

① 가맹계약 체결 시 가맹본부는 가맹점사업자의 영업지역을 설정하여 가맹계약서에 이를 기재하여야 한다.
② 정보공개서는 가맹본부의 재정상태, 임원 프로필, 직영점 및 가맹점 수 등과 같은 정보를 포함한다.
③ 상권의 급격한 변화가 발생하는 경우에는 가맹본부의 경영전략상의 의사결정과정을 통해 기존 영업지역을 합리적으로 변경할 수 있다.
④ 지역 환경에 따라 수익이 다를 수 있으므로 가맹희망자는 개점하려는 지역의 환경과 가맹본부에서 제시한 창업환경의 유사성을 면밀히 검토해야 한다.
⑤ 가맹본부는 가맹계약을 위반하여 가맹계약 기간 중 가맹사업자의 영업지역 안에서 가맹사업자와 같은 업종의 자기 또는 계열회사의 직영점이나 가맹점을 설치하면 안 된다.

35 상권 규정 요인에 대한 설명으로 가장 옳지 않은 것은?

① 상권을 규정하는 요인에는 시간요인과 비용요인이 있다.
② 공급측면에서 비용요인이 상대적으로 저렴할수록 상권은 축소된다.
③ 재화의 이동에서 사람을 매개로 하는 소매상권은 재화의 종류에 따라 비용 지출이나 시간 사용이 달라지므로 상권의 크기도 달라진다.
④ 수요측면에서 고가품, 고급품일수록 상권범위가 확대된다.
⑤ 시간요인은 상품가치를 좌우하는 보존성이 강한 재화일수록 상권이 확대된다.

36 상권의 유형에 대한 설명으로 가장 옳지 않은 것은?

① 도심상권은 중심업무지구(CBD)를 포함하며 상권의 범위가 넓고 소비자들의 평균 체류시간이 길다.

② 근린상권은 점포인근 거주자들이 주요 소비자로 생활밀착형 업종의 점포들이 입지하는 경향이 있다.

③ 부도심상권은 간선도로의 결절점이나 역세권을 중심으로 형성되는 경우가 많으며 도시전체의 소비자를 유인한다.

④ 역세권상권은 지하철이나 철도역을 중심으로 형성되며 지상과 지하의 입체적 상권으로 고밀도 개발이 이루어지는 경우가 많다.

⑤ 아파트상권은 고정고객의 비중이 높아 안정적인 수요확보가 가능하지만 외부와 단절되는 경우가 많아 외부고객을 유치하는 상권확대가능성이 낮은 편이다.

37 상권분석에서 활용하는 소비자 대상 조사기법 중 조사대상의 선정이 내점객조사법과 가장 유사한 것은?

① 고객점표법   ② 점두조사법

③ 가정방문조사법   ④ 지역할당조사법

⑤ 편의추출조사법

38 소매점포의 상권범위나 상권형태는 소매점포를 이용하는 소비자의 공간적 분포를 나타낸다. 이에 대한 설명으로 가장 옳지 않은 것은?

① 소매점포의 면적이 비슷하더라도 업종이나 업태에 따라 개별점포의 상권범위는 차이가 날 수 있다.

② 동일 점포라도 소매전략에 따른 판촉활동 등의 차이에 따라 시기별로 점포의 상권범위는 변화한다.

③ 상권의 형태는 점포를 중심으로 일정한 거리 간격의 동심원 형태로 나타난다.

④ 동일한 지역에 인접하여 입지한 경우에도 점포 규모에 따라 개별 점포의 상권범위는 차이가 날 수 있다.

⑤ 동일한 위치에서 입지조건의 변화가 없고 점포의 전략적 변화가 없어도 상권의 범위는 유동적으로 변화하기 마련이다.

39 소매점의 상권을 공간적으로 구획하는 과정에서 상권의 지리적 경계를 분석할 때 활용할 수 있는 기법이나 도구에 해당하지 않는 것은?

① 내점객 및 거주자 대상 서베이법(survey technique)

② 티센다각형(thicsson polygon)

③ 소매매트릭스분석(retail matrix analysis)

④ 고객점표법(CST ; customer spotting technique)

⑤ 컨버스의 분기점분석(Converse's breaking-point analysis)

40 다양한 소매점포 유형들 중에서 광범위한 상권범위를 갖는 대형상업시설인 쇼핑센터의 전략적 특성은 테넌트믹스(tenant mix)를 통해 결정된다고 한다. 상업시설의 주요 임차인으로서 시설 전체의 성격을 결정하는 앵커점포(anchor store)에 해당하는 것으로 가장 옳은 것은?

① 마그넷 스토어
② 특수테넌트
③ 핵점포
④ 일반테넌트
⑤ 보조핵점포

22년

41 넬슨(R.L. Nelson)의 소매입지 선정원리 중에서 아래 글상자의 괄호 안에 들어갈 내용을 순서대로 나열한 것으로 가장 옳은 것은?

> (㉠)은 동일한 점포 또는 유사업종의 점포가 집중적으로 몰려 있어 집객효과를 높일수 있는 가능성을 말하며 집재성 점포의 경우에 유리하다.
> (㉡)은 상이한 업종의 점포들이 인접해 있으면서 보완관계를 통해 상호 매출을 상승시키는 효과를 발휘하는 것을 의미한다.

① ㉠ 양립성 ㉡ 누적적 흡인력
② ㉠ 양립성 ㉡ 경합의 최소성
③ ㉠ 누적적 흡인력 ㉡ 양립성
④ ㉠ 상권의 잠재력 ㉡ 경합의 최소성
⑤ ㉠ 누적적 흡인력 ㉡ 경합의 최소성

42 상권분석 기법과 관련한 특성을 설명하는 내용으로 그 연결이 가장 옳지 않은 것은?

① 회귀모형은 원인과 결과변수 사이의 관계를 분석하여 원인변수의 영향력을 파악한다.
② 다항로짓(MNL)모형은 점포이미지와 입지특성을 반영하여 상권을 분석할 수 있다.
③ Christaller의 중심지이론은 중심지와 배후지의 관계를 규명하고 중심지체계 및 중심지 공간배열의 원리를 설명한다.
④ 체크리스트법은 소비자의 점포선택 행동을 결정론적이 아닌 확률론적으로 인식한다.
⑤ 유사점포법에서는 상권의 범위와 특성을 파악하기 위하여 CST map을 활용한다.

43 소매점의 상품구색과 상권 및 입지 특성에 대한 설명 중에서 가장 옳지 않은 것은?

① 편의품 소매점의 상권은 도보로 이동이 가능한 범위 이내로 제한되는 경우가 많다.

② 편의품은 일반적으로 소비자가 점포선택에 구매노력을 상대적으로 덜 기울이기 때문에 주택이나 사무실 등에 가까운 입지가 유리하다.

③ 선매품 소매점은 편의품 보다 상권의 위계에서 높은 단계의 소매 중심지나 상점가에 입지하여 넓은 범위의 상권을 가져야 한다.

④ 전문품 소매점의 경우 고객이 지역적으로 밀집되어 있어서 상권의 밀도는 높고 범위는 좁은 것이 특징이다.

⑤ 동일 업종이라 하더라도 점포의 규모나 품목구성에 따라 상권의 범위가 달라진다.

44 입지조건에 대한 일반적인 평가 중에서 가장 옳은 것은?

① 방사(放射)형 도로구조에서 분기점에 위치하는 것은 불리하다.

② 일방통행로에 위치한 점포는 시계성(가시성)과 교통접근성에 있어서 유리하다.

③ 곡선형 도로의 안쪽입지는 바깥쪽입지보다 시계성(가시성) 확보 측면에서 불리하다.

④ 주도로와 연결된 내리막이나 오르막 보조도로에 위치한 점포는 양호한 입지이다.

⑤ 차량 출입구는 교차로 교통정체에 의한 방해를 피하기 위해 모퉁이에 근접할수록 좋다.

45 상권 범위내 소비자들이 특정점포를 선택할 확률을 근거로 예상매출액을 추정할 수 있는 상권분석 기법들로 가장 옳은 것은?

① 유사점포법, Huff모델

② 체크리스트법, 유사섬포법

③ 회귀분석법, 체크리스트법

④ Huff모델, MNL모델

⑤ MNL모델, 회귀분석법

46 유통업 고객관계관리 활동의 성과 평가기준으로서 가장 옳은 것은?

① 시장점유율의 크기
② 판매량의 안정성
③ 고객자산(customer equity)의 크기
④ 고객정보의 신뢰성
⑤ 시장의 다변화 정도

47 아래 글상자의 설명을 모두 만족하는 유통마케팅조사의 표본추출방법으로 가장 옳은 것은?

> – 모집단을 적절한 기준 변수에 따라 서로 상이한 소집단으로 나누고, 각 소집단별로 할당된 숫자의 표본을 단순무작위로 추출한다.
> – 기준 변수를 잘 선택할 경우 모집단을 대표하는 표본을 얻을 수 있는 장점이 있다.

① 할당표본추출   ② 군집표본추출
③ 판단표본추출   ④ 층화표본추출
⑤ 편의표본추출

48 아래 글상자에서 설명하는 경로구성원의 공헌도 평가기법이 평가하는 요소로 가장 옳은 것은?

> 구매자 입장에서 특정 공급자의 개별품목 혹은 재고관리단위(SKU ; stock keeping unit) 각각에 대해 평가하는 기법

① 평당 총이익
② 직접제품이익
③ 경로구성원 종합성과
④ 경로구성원 총자산수익률
⑤ 상시종업원당 총이익

49 유통업체가 활용하는 자체 브랜드(PB ; Private Brand)의 유형으로 가장 옳지 않은 것은?

① 제조업체 브랜드의 외형이나 명칭을 모방한 저가브랜드사용료를 지불한 제조업체 브랜드의 라이센스 브랜드

② 가격에 민감한 세분시장을 표적으로 하는 저가 브랜드

③ 제조업체 브랜드와 품질과 가격에서 경쟁하는 프리미엄 브랜드

④ 사용료를 지불한 제조업체 브랜드의 라이센스 브랜드

⑤ 제조업체 브랜드를 모방한 대체품이지만 유통업체 브랜드임을 밝힌 유사 브랜드

50 가격결정방식에 대한 설명으로 가장 옳지 않은 것은?

① 가격 탄력성이 1보다 클 경우 그 상품에 대한 수요는 가격비탄력적이라고 한다.

② 가격을 결정할 때 기업의 마케팅목표, 원가, 시장의 경쟁구조 등을 고려해야 한다.

③ 제품의 생산과 판매를 위해 소요되는 모든 비용을 충당하고 기업이 목표로 한 이익을 낼 수 있는 수준에서 가격을 결정하는 방식을 원가중심 가격결정이라고 한다.

④ 소비자가 제품에 대해 지각하는 가치에 따라 가격을 결정하는 것을 수요중심 가격결정이라고 한다.

⑤ 자사제품의 원가나 수요보다도 경쟁제품의 가격을 토대로 가격을 결정하는 방식을 경쟁중심 가격결정이라고 한다.

51 프랜차이즈 본부가 직영점을 설치하는 이유로 가장 옳지 않은 것은?

① 본부 직영점들은 프랜차이즈 시스템 내의 다른 점포들에 대한 모델점포로서의 기능을 할 수 있다.

② 직영점들은 프랜차이즈 시스템의 초기에 프랜차이즈 유통망의 성장을 촉진할 수 있다.

③ 본부 직영점을 통해 점포운영상의 문제점들을 직접 피부로 파악할 수 있다.

④ 본부가 전체 프랜차이즈 시스템의 운영에 대해 강력한 통제를 유지할 수 있는 가능성을 높일 수 있다.

⑤ 본부는 가맹점 증가보다 직영점을 통해 가입비, 교육비 등의 수입을 보다 적극적으로 확보할 수 있다.

52 고객충성도와 관련된 설명으로 가장 옳지 않은 것은?

① 충성도는 상호성과 다중성이라는 두 가지 속성을 가지고 있다.

② 충성도는 기업이 고객에게 물질적, 정신적 혜택을 제공하고, 고객이 긍정적인 반응을 해야 발생한다.

③ 고객 만족도가 높아지면 재구매 비율이 높아지고, 이에 따라 충성도도 높아진다.

④ 타성적 충성도(inertial loyalty)는 특정 상품에 대해 습관에 따라 반복적으로 나타나는 충성도이다.

⑤ 잠재적 충성도(latent loyalty)는 호감도는 낮지만 반복구매가 높은 경우에 발생하는 충성도이다.

53 효과적인 진열을 위해 활용하는 IP(item presentation), PP(point of presentation), VP(visual presentation)에 대한 설명으로 가장 옳지 않은 것은?

① IP의 목적은 판매포인트 전달과 판매유도이다.

② IP는 고객이 하나의 상품에 대한 구입의사를 결정할 수 있도록 돕기 위한 진열이다.

③ VP의 목적은 중점상품과 테마에 따른 매장 전체 이미지 표현이다.

④ VP는 점포나 매장 입구에서 유행, 인기, 계절상품 등을 제안하기 위한 진열이다.

⑤ PP는 어디에 어떤 상품이 있는가를 알려주는 진열이다.

54 매장 배치에 관한 아래의 내용 중에서 옳게 설명된 것은?

① 백화점 등 고급점포는 매장의 효율을 높이기 위해 그리드(grid) 방식의 고객동선 설계가 바람직하다.

② 복합점포매장의 경우, 고가의 전문매장, 가구매장 등은 고층이나 층 모서리에 배치하는 것이 바람직하다.

③ 충동구매를 일으키는 상품은 점포 후면에 진열, 배치하는 것이 바람직하다.

④ 층수가 높은 점포는 층수가 높을수록 그 공간가치가 높아진다.

⑤ 넓은 바닥면적이 필요한 상품은 통행량이 많은 곳에 배치하여야 한다.

55 산업재에 적합한 촉진수단으로 가장 옳은 것은?

① 광 고
② 홍 보
③ 인적판매
④ PR
⑤ 콘테스트

56 유통마케팅 조사 절차의 첫 번째 단계로서 가장 옳은 것은?

① 조사 설계
② 자료 수집
③ 모집단 설정
④ 조사문제 정의
⑤ 조사 타당성 평가

57 브랜드 관리와 관련된 설명으로 가장 옳지 않은 것은?

① 브랜드 자산(brand equity)이란 해당 브랜드를 가졌기 때문에 발생하는 차별적 브랜드 가치를 말한다.

② 브랜드 재인(brand recognition)은 브랜드가 과거에 본인에게 노출된 적이 있음을 알아차리는 것이다.

③ 브랜드 인지도(brand awareness)가 높을수록 브랜드 자산(brand equity)이 증가한다고 볼 수 있다.

④ 브랜드 인지도(brand awareness)는 브랜드 이미지의 풍부함을 의미한다.

⑤ 브랜드 회상(brand recall)이란 브랜드 정보를 기억으로부터 인출하는 것을 말한다.

58 핵심고객관리(key account management)의 대상이 되는 핵심고객의 특징에 대한 설명으로 가장 옳지 않은 것은?

① 대량 구매를 하거나 구매점유율이 높다.

② 구매과정에서 기능적으로 상이한 여러 분야(생산, 배송, 재고 등)의 사람이 관여한다.

③ 지리적으로 분산된 조직단위(상점, 지점, 제조공장 등)를 위해 구매한다.

④ 전문화된 지원과 특화된 서비스(로지스틱스, 재고관리 등)가 필요하다.

⑤ 효과적이고 수익성 높은 거래의 수단으로 구매자와 판매자 간의 일회성 협력관계를 요구한다.

59 소매업체 대상 판촉프로그램에 대한 설명으로 옳지 않은 것은?

① 가격할인이란 일정 기간의 구매량에 대해 가격을 할인해주는 방법을 말한다.

② 리베이트란 진열위치, 판촉행사, 매출실적 등 소매상의 협력 정도에 따라 판매금액의 일정률에 해당하는 금액을 반환해 주는 것을 말한다.

③ 인적지원이란 월 매출이 일정수준 이상인 점포에는 판촉사원을 고정적으로 배치하고 그 외 관리대상이 될 만한 점포에는 판촉사원을 순회시키는 것을 말한다.

④ 소매점 경영지도란 소매상에게 매장연출방법, 상권분석 등의 경영지도를 통해 매출증대를 돕는 것을 말한다.

⑤ 할증판촉이란 소매점이 진행하고 있는 특정 제품 및 세일 관련 광고 비용 일부를 부담하는 것을 말한다.

60 아래 글상자에서 설명하는 경우에 적용할 수 있는 유통마케팅전략으로 가장 옳은 것은?

> - 자사 제품을 효과적이고 효율적으로 전달할 수 있는 하나의 구매자 세분시장을 찾아낸 경우
> - 하나의 세분시장만으로도 기업의 이익목표를 충족시키기에 충분한 경우
> - 특정 시장, 특정 소비자 집단, 일부 제품종류, 특정 지역 등의 시장에 초점을 맞춰 공략하고자 하는 경우

① 시장확대전략   ② 비차별화전략

③ 집중화전략   ④ 차별화전략

⑤ 원가우위전략

61 점포의 매장면적에 관한 설명으로 가장 옳지 않은 것은?

① 점포면적은 매장면적과 비매장면적으로 구분한다.
② 각 상품부문의 면적당 생산성을 고려하여 매장면적을 배분한다.
③ 일반적으로 전체 면적에서 차지하는 매장면적의 비율은 점포의 규모가 클수록 높아진다.
④ 매장면적을 배분할 때는 소비자의 편의성에 대한 요구, 효과적인 진열과 배치 등도 고려해야 한다.
⑤ 전체 면적 중 매장면적의 비율은 고급점포일수록 낮아진다.

62 제조업자가 중간상들과의 거래에서 사용하는 가격할인 유형 중 판매촉진지원금에 대한 설명으로 옳은 것은?

① 중간상이 제품을 현금으로 구매할 경우 제조업자가 판매대금의 일부를 할인해 주는 것이다.
② 중간상이 제조업자가 일반적으로 수행해야 할 업무의 일부를 수행할 경우 경비의 일부를 제조업자가 부담하는 것이다.
③ 중간상이 제조업자를 대신하여 지역광고를 하거나 판촉을 실시할 경우 지급하는 보조금이다.
④ 중간상이 대량구매를 하는 경우 해주는 현금할인이다.
⑤ 중간상이 하자있는 제품, 질이 떨어지는 제품 등을 구매할 때 지급하는 지원금이다.

63 고객생애가치(CLV ; Customer Lifetime Value)에 대한 설명으로 가장 옳은 것은?

① 업태에 따라 고객생애가치는 다르게 추정될 수 있다.
② 고객생애가치는 고객과 기업 간의 정성적 관계 가치이므로 수치화하여 측정하기 어렵다.
③ 고객생애가치는 고객이 일생동안 구매를 통해 기업에게 기여하는 수익을 미래가치로 환산한 금액이다.
④ 고객생애가치는 고객점유율(customer share)에 기반하여 추정할 수 있다.
⑤ 고객의 생애가치는 고객의 이용실적, 고객당 비용, 고객이탈가능성 및 거래기간 등을 통해 추정할 수 있다.

64 아래 글상자에서 설명하는 가격전략으로 가장 옳은 것은?

- 동일 상품군에 속하는 상품들에 다양한 가격대를 설정하는 가격전략
- 소비자가 디자인, 색상, 사이즈 등을 다양하게 비교하는 선매품, 특히 의류품의 경우 자주 활용
- 몇 개의 구체적인 가격만이 제시되므로 복잡한 가격비교를 하지 않아도 되어 소비자의 상품선택과정이 단순화된다는 장점을 가짐

---

① 가격계열화전략(price lining strategy)
② 가격품목화전략(price itemizing strategy)
③ 가격단위화전략(price unitizing strategy)
④ 가격구색화전략(price assortment strategy)
⑤ 가격믹스전략(price mix strategy)

65 마이클 포터(Michael Porter)의 5요인모델(5-Forces Model)에 근거한 설명으로 가장 옳지 않은 것은?

① 기존 기업들은 높은 진입장벽의 구축을 통해 시장매력도를 높일 수 있다.
② 구매자의 교섭력이 높아질수록 시장 매력도는 낮아진다.
③ 시장매력도는 산업 전체의 평균 수익성을 의미한다.
④ 경쟁자, 공급자, 구매자가 분명하게 구분되는 것을 가정한다.
⑤ 대체재가 많을수록 시장의 매력도는 높아진다.

66 상품구색의 다양성(variety)에 대한 설명으로 가장 옳지 않은 것은?

① 취급하는 상품계열의 수가 어느 정도 되는가를 의미한다.
② 취급하는 상품품목의 수가 얼마나 되느냐와 관련된다.
③ 동일한 성능이나 용도를 가진 상품들을 하나의 상품군으로 취급하기도 한다.
④ 동일한 고객층 또는 동일한 가격대 등을 하나의 상품군으로 취급하기도 한다.
⑤ 전문점은 백화점이나 양판점에 비해 상품구색의 다양성이 한정되어 있다.

67 업체별 머천다이징의 특징으로 가장 옳지 않은 것은?

① 전문점의 머천다이징은 전문성의 표현과 개성전개, 표적의 명확화를 바탕으로 구성한다.
② 할인점은 저비용, 저마진, 대량판매의 효율성을 바탕으로 구성한다.
③ 선매품점은 계절욕구, 패션지향에 대한 특성과 개성표현이 잘 되도록 구성한다.
④ 백화점은 계절성, 편리성, 친절성을 바탕으로 효율적 판매가 가능하도록 구성한다.
⑤ 슈퍼마켓은 합리적 상품회전율과 상품품목별 효율 중심을 바탕으로 구성한다.

68 고객관계를 강화하기 위한 고객관리전략으로 가장 옳지 않은 것은?

① 잠재가능고객 파악 및 차별적 프로모션 실행
② 구매 후 고객관리를 통한 관계 심화
③ 고객충성도의 주기적 측정 및 관리
④ 적극적이고 체계적인 불평관리
⑤ 고객이탈을 방지하는 인센티브 제공

69 판매원의 판매활동에 대한 설명으로 가장 옳지 않은 것은?

① 상품과 대금의 교환을 실현시키는 활동이다.
② 상품의 효용과 가치에 대한 정보를 제공하는 활동이다.
③ 제한된 공간에서 소매점의 이익을 극대화하기 위한 활동이다.
④ 고객이 상품과 서비스를 구매하도록 설득하는 활동이다.
⑤ 대화를 통해 고객의 욕구를 파악하고 그에 부합되는 제품을 추천하는 활동이다.

70 판매 결정을 촉구하는 판매원의 행동기법으로 가장 옳지 않은 것은?

① 두 가지 대안 중 어느 한쪽을 선택하도록 유도한다.
② 제품을 구매함으로써 얻게 되는 여러 이점을 설명한다.
③ 고객이 어느 정도 사고 싶은 마음이 있는지 파악할 수 있는 질문을 한다.
④ 고객에게 어필할 수 있는 주요 이익을 요약 설명한다.
⑤ 구매하지 않아도 된다는 태도를 취하여 소비자를 유혹하는게 아니라는 신뢰감을 갖게 한다.

71 인터넷 상거래의 비즈니스 모델 유형별로 세부 비즈니스 모델을 짝지어 놓은 것으로 가장 옳지 않은 것은?

① 소매 모델 – 소비자에게 제품이나 서비스 판매 – 온·오프 병행소매

② 중개 모델 – 판매자와 구매자 연결 – 이마켓플레이스

③ 콘텐츠서비스 모델 – 이용자에게 콘텐츠 제공 – 포털

④ 광고 모델 – 인터넷을 매체로 광고 – 배너광고

⑤ 커뮤니티 모델 – 공통관심의 이용자들에게 만남의 장 제공 – 검색 에이전트

72 아래 글상자에서 암묵지에 해당하는 내용만을 모두 나열한 것으로 가장 옳은 것은?

㉠ 매뉴얼	㉡ 숙련된 기술
㉢ 조직 문화	㉣ 조직의 경험
㉤ 데이터베이스	㉥ 컴퓨터 프로그램

① ㉠, ㉢, ㉣　　　　　　　　② ㉠, ㉢, ㉤

③ ㉡, ㉢, ㉣　　　　　　　　④ ㉡, ㉢, ㉣, ㉥

⑤ ㉢, ㉣, ㉤, ㉥

73 베스트 오브 브리드(best of breed)전략을 통해 ERP 시스템을 구축할 경우에 대한 설명으로 가장 옳지 않은 것은?

① 상대적으로 낮은 비용으로 시스템을 구축할 수 있다.

② 특정 기능 구현에 있어서 고도의 탁월한 기능성을 발휘함으로써 보다 많은 경쟁우위를 창출하도록 해준다.

③ 별도의 미들웨어 개발 없이 모듈간 통합을 할 수 있다.

④ 소프트웨어 선택, 프로젝트 관리 및 업그레이드에 더 많은 시간과 자원이 소요된다.

⑤ 고도의 전문성을 지닌 IT자원이 요구된다.

74 데이터의 깊이와 분석차원을 마음대로 조정해가며 분석하는 OLAP(online analytical processing)의 기능으로 가장 옳은 것은?

① 분해(slice & dice)　　　　② 리포팅(reporting)

③ 드릴링(drilling)　　　　　④ 피보팅(pivoting)

⑤ 필터링(filtering)

75 절차별 모바일 결제 서비스에 대한 내용 중 괄호 안에 들어갈 용어를 순서대로 나열한 것으로 가장 옳은 것은?

절 차	From	To
구매요청/지불 정보 전송	고 객	쇼핑몰
지불 정보 전송	쇼핑몰	(㉠)
고객 확인 요청/거래 암호 생성, 전송	(㉠)	(㉡)
고객 확인 후 거래 암호 전송	(㉡)	고 객
거래 암호 전송	고 객	쇼핑몰
대금 정보 전송	쇼핑몰	모바일PG
상품 배송	쇼핑몰	고 객
대금 정보 전송	모바일PG	이동통신사
대금 청구	이동통신사	고 객
대금 수납	고 객	(㉢)
수납 정보/수납 금액 인도	(㉢)	(㉣)
상점 정산	(㉣)	쇼핑몰

	㉠	㉡	㉢	㉣
①	이동통신사	모바일PG	이동통신사	모바일PG
②	이동통신사	모바일PG	모바일PG	이동통신사
③	모바일PG	이동통신사	이동통신사	모바일PG
④	모바일PG	이동통신사	모바일PG	이동통신사
⑤	이동통신사	모바일PG	신용카드사	모바일PG

76 4차 산업혁명에 따라 파괴적인 혁신을 이루는 기하급수기술(exponential technology)로 가장 옳지 않은 것은?

① 3D 프린팅(3D printing)

② 인공지능(artificial intelligence)

③ 로봇공학(robotics)

④ 사물인터넷(internet of things)

⑤ 레거시 시스템(legacy system)

77 NoSQL에 관련된 내용으로 가장 옳지 않은 것은?

① 화면과 개발로직을 고려한 데이터 셋을 구성하여 일반적인 데이터 모델링이라기 보다는 파일구조 설계에 가깝다고 볼 수 있다.

② 데이터 항목을 클러스터 환경에 자동적으로 분할하여 적재한다.

③ 스키마 없이 데이터를 상대적으로 자유롭게 저장한다.

④ 대규모의 데이터를 유연하게 처리할 수 있는 전통적인 관계형 데이터베이스 시스템이다.

⑤ 간단한 API Call 또는 HTTP를 통한 단순한 접근 인터페이스를 제공한다.

78 유통업체에서 활용하는 비즈니스 애널리틱스(analytics)의 유형에 대한 설명으로 가장 옳지 않은 것은?

① 대시보드(dashboards)는 데이터 분석결과에 대한 이용자 이해도를 높이기 위한 데이터 시각화 기술이다.

② 스코어카드(scorecards)는 데이터베이스로부터 정보를 추출하는 주요 매커니즘이다.

③ 데이터 마이닝(data mining)은 대규모 데이터를 분석하여 숨겨진 상관관계 및 트렌드를 발견하는 기법이다.

④ 리포트(reports)는 비즈니스에서 요구하는 정보를 포맷화하고 조직화하기 위해 변환시켜 표현하는 것이다.

⑤ 알림(alert)은 특정 사건이 발생했을 때 이를 관리자에게 인지시켜주는 자동화된 기능이다.

79 아래 글상자의 괄호 안에 들어갈 내용을 순서대로 나열한 것으로 가장 옳은 것은?

구 분	자 료	정 보	지 식
구조화	(㉠)	단위필요	(㉡)
부가가치	(㉢)	중 간	(㉣)
객관성	(㉤)	가공필요	(㉥)

	㉠	㉡	㉢	㉣	㉤	㉥
①	어려움	쉬움	적음	많음	객관적	주관적
②	쉬움	어려움	많음	적음	주관적	객관적
③	어려움	쉬움	많음	적음	주관적	객관적
④	쉬움	어려움	적음	많음	객관적	주관적
⑤	어려움	쉬움	적음	많음	주관적	객관적

80 고객이 기존에 구매한 상품보다 가치가 높고, 성능이 우수한 상품을 추천하는 시스템을 활용하는 것을 지칭하는 용어로 가장 옳은 것은?

① 클릭 앤드 모타르(click and mortar)

② 옴니채널(omnichannel)

③ 서비스 시점(point of service)

④ 크로스 셀링(cross selling)

⑤ 업 셀링(up selling)

81 아래 글상자가 설명하는 용어로 가장 옳은 것은?

- Ian Foster, Carl Kesselman, Steve Tuecke에 의해 제안된 개념으로 분산 병렬 컴퓨팅의 한 분야로 원거리통신망(WAN ; wide area network)으로 연결된 서로 다른 기종의(heterogeneous) 컴퓨터들을 하나로 묶어 가상의 대용량 고성능 컴퓨터를 구성하는 기술을 지칭한다.
- 거대 데이터 집합 분석과 날씨 모델링 같은 대규모 작업을 수행하는 네트워크로 연결된 컴퓨터 그룹이다.

① 클라우드 컴퓨팅

② 그리드 컴퓨팅

③ 그린 컴퓨팅

④ 클러스터 컴퓨팅

⑤ 가상 컴퓨팅

82 유통업체의 지식관리시스템 구축 및 활용과 관련된 설명으로 가장 옳은 것은?

① 기업은 지식에 대한 유지관리를 위해 불필요한 지식도 철저하게 잘 보존해야 한다.

② 지식관리시스템을 도입하면 조직 내부의 지식관리에 대한 모든 문제를 해결할 수 있다.

③ 지식관리시스템 활용에 있어, 직원이 보유한 업무처리 지식에 대한 공유 방지를 위해 철저하게 통제한다.

④ 지식관리시스템 구축은 단기적 관점에서 경쟁력을 강화하기 위한 프로젝트로 단기 매출 증대에 기여하도록 시스템을 구축해야 한다.

⑤ 성공적인 도입을 위해서 초기에는 소규모로 시스템을 도입하고, 성과가 나타나기 시작하면 전사적으로 지식관리 시스템을 확장하는 것이 유용하다.

83 빅데이터 분석과 관련된 설명으로 가장 옳지 않은 것은?

① 텍스트 마이닝(text mining)은 자연어를 분석하고, 자연어 속에 숨겨진 정보를 파악하는 데이터 분석 기법이다.

② 오피니언 마이닝(opinion mining)은 특정한 상품 및 서비스에 대한 시장 규모 예측, 고객 구전효과 분석에 활용되는 데이터 분석 기법이다.

③ 소셜 네트워크분석(social network analysis)은 그래프 이론을 활용해서 소셜 네트워크의 연구구조 및 강도를 분석하는 데이터 분석 기법이다.

④ 군집 분석(cluster analysis)은 비슷한 특성을 가지고 있는 데이터를 통합해서 유사한 특성으로 군집 화하는 데이터 분석 기법이다.

⑤ 회귀 분석(regression analysis)은 종속변수와 독립변수의 상관관계를 분석하는 데이터 분석 기법 이다.

84 아래 글상자의 내용을 의사결정에 활용되는 시뮬레이션 절차대로 바르게 나열한 것으로 가장 옳은 것은?

> ㉠ 모델 설정
> ㉡ 문제 규정
> ㉢ 모형의 타당성 검토
> ㉣ 시뮬레이션 시행
> ㉤ 결과 분석 및 추론

① ㉠ - ㉡ - ㉢ - ㉣ - ㉤   ② ㉠ - ㉡ - ㉣ - ㉢ - ㉤

③ ㉠ - ㉢ - ㉡ - ㉣ - ㉤   ④ ㉡ - ㉠ - ㉢ - ㉣ - ㉤

⑤ ㉡ - ㉠ - ㉣ - ㉢ - ㉤

85 아래 글상자에서 설명하는 내용에 부합하는 용어로 가장 옳은 것은?

> 모든 디바이스가 정보의 뜻을 이해하고 논리적인 추론까지 할 수 있는 지능형 기술로 사람의 머릿속에 있는 언어에 대한 이해를 컴퓨터 언어로 표현하고 이것을 컴퓨터가 사용할 수 있게 만드는 것이다.

① 고퍼(gopher)

② 냅스터(napster)

③ 시맨틱웹(semantic-Web)

④ 오페라(opera)

⑤ 웹클리퍼(Web-clipper)

86 식별코드와 바코드에 대한 설명으로 가장 옳지 않은 것은?

① GS1 표준 상품 식별코드는 전세계적으로 널리 사용되는 '사실상의(de facto)' 국제 표준이다.

② 상품 식별코드 자체에는 상품명, 가격, 내용물 등에 대한 정보가 포함되어 있다.

③ 바코드는 식별코드를 기계가 읽을 수 있도록 막대 모양으로 표현한 것이다.

④ GTIN은 기업에서 자사의 거래단품을 고유하게 식별하는 데 사용하는 국제표준상품코드이다.

⑤ ITF-14는 GTIN-14코드체계(물류단위 박스)를 표시하는 데 사용되는 바코드 심벌이다.

22년

87 QR 코드에 대한 설명으로 가장 옳지 않은 것은?

① 1994년 일본의 덴소 웨이브(DENSO WAVE)에서 데이터를 빠르게 읽는 데 중점을 두고 개발 보급한 기술이다.

② 360° 어느 방향에서나 빠르게 데이터를 읽을 수 있다.

③ 기존 바코드 기술과 비교할 때, 대용량 데이터의 저장이 가능하고, 고밀도 정보표현이 가능하다.

④ 일부 찢어지거나 젖었을 때 오류를 복원하는 기능이 포함되어 있다.

⑤ 바이너리(binary), 제어 코드를 제외한 모든 숫자와 문자를 처리할 수 있다.

88 아래 글상자에서 설명하고 있는 용어로 가장 옳은 것은?

> - Robert Kaplan과 David Norton이 재무적 성과, 고객성과, 프로세스 혁신 성과, 학습 및 성장 성과 등을 기업의 핵심 성공요소로 파악하고 이들 요소를 종합적으로 평가할 것을 제안하였다.
> - 기업의 지적재산에 대한 체계적인 관리와 전략적 활용에 중점을 두고 있다.

① IC Index

② 스칸디아네비게이터

③ 균형성과표

④ 기술요소평가법

⑤ 무형자산모니터

89 드론의 구성요인에 대한 설명으로 가장 옳지 않은 것은?

① 드론의 항법센서는 전자광학센서, 초분광센서, 적외선센서 등이 있다.

② 탑재 컴퓨터는 드론을 운영하는 브레인 역할을 하는 컴퓨터로 드론의 위치, 모터, 배터리 상태 등을 확인할 수 있다.

③ 드론 모터는 드론의 움직임이 가능하도록 지원하고, 배터리는 모터에 에너지를 제공한다.

④ 드론 임무장비는 드론 비행을 하면서 특정한 임무를 하도록 관련 장비를 장착한다.

⑤ 드론 프로펠러 및 프레임은 드론이 비행하도록 프레임워크를 제공한다.

90 POS시스템의 특징에 대한 설명으로 가장 옳지 않은 것은?

① SKU별로 상품 정보를 파악할 수 있는 관리시스템으로 상품 판매동향을 파악할 수 있다.

② 모든 거래정보 및 영업정보를 즉시 파악할 수 있으므로 정보의 변화에 즉각 대응할 수 있는 배치 (batch)시스템이다.

③ 현장에서 발생하는 각종 거래 관련 데이터를 실시간으로 직접 컴퓨터에 전달하는 수작업이 필요 없는 온라인시스템이다.

④ 고객과의 거래와 관련된 정보를 POS시스템을 통해 수집할 수 있다.

⑤ POS를 통해 수집된 정보는 고객판촉 활동의 기초자료로 사용할 수 있다.

2021년

기출문제

지식에 대한 투자가 가장 이윤이 많이 남는 법이다.

− 벤자민 프랭클린 −

자격증 · 공무원 · 금융/보험 · 면허증 · 언어/외국어 · 검정고시/독학사 · 기업체/취업
이 시대의 모든 합격! SD에듀에서 합격하세요!
www.youtube.com → SD에듀 → 구독

맞은 개수 _____ / 90문제

시험일	문항 수	시 간	문제형별
2021. 5. 15	총 90개	100분	A

21년

1과목 **유통물류일반**

01 두 가지 이상의 운송 수단을 활용하는 복합운송의 결합형태 중 화물차량과 철도를 이용하는 시스템으로 옳은 것은?

① 버디백 시스템(Birdy Back System)

② 피기백 시스템(Piggy Back System)

③ 피시백 시스템(Fishy Back System)

④ 스카이쉽 시스템(Sky-Ship System)

⑤ 트레인쉽 시스템(Train-Ship System)

02 아래 글상자 ㉠과 ㉡에서 공통적으로 설명하는 품질관리비용으로 옳은 것은?

㉠ 제품이 고객에게 인도되기 전에 품질요건에 충족하지 못함으로써 발생하는 비용
㉡ 재작업비용, 재검사비용, 불량부품으로 인한 생산 중단 비용

① 예방비용(prevention costs)

② 평가비용(appraisal costs)

③ 내부실패비용(internal failure costs)

④ 외부실패비용(external failure costs)

⑤ 생산준비비용(setup costs)

03 기업에서 사용할 수 있는 수직적 통합 전략의 장점과 단점에 대한 설명으로 가장 옳지 않은 것은?

① 조직의 규모가 지나치게 커질 수 있다.

② 관련된 각종 기능을 통제할 수 있다.

③ 경로를 통합하기 위해 막대한 비용이 필요할 수 있다.

④ 안정적인 원재료 공급효과를 누릴 수 있다.

⑤ 분업에 의한 전문화라는 경쟁우위효과를 누릴 수 있다.

04 아래 글상자 ㉠과 ㉡에서 설명하는 직무평가(job evaluation) 방법으로 옳은 것은?

> ㉠ 직무가치나 난이도에 따라 사전에 여러 등급을 정하여 놓고 그에 맞는 등급으로 평가
> ㉡ 직무등급법이라고도 함

① 서열법(ranking method)

② 분류법(classification method)

③ 점수법(point method)

④ 요소비교법(factor comparison method)

⑤ 직무순환법(job rotation method)

05 자본구조에 관련하여 타인자본 중 단기부채로 옳지 않은 것은?

① 지급어음   ② 외상매입금

③ 미지급금   ④ 예수금

⑤ 재평가적립금

06 재고관리관련 정량주문법과 정기주문법의 비교 설명으로 옳지 않은 것은?

구 분	정량주문법	정기주문법
㉠ 표준화	표준부품을 주문할 경우	전용부품을 주문할 경우
㉡ 품목수	많아도 된다	적을수록 좋다
㉢ 주문량	고정되어야 좋다	변경가능하다
㉣ 주문시기	일정하지 않다	일정하다
㉤ 구매금액	상대적으로 고가물품에 사용	상대적으로 값싼물품에 사용

① ㉠   ② ㉡

③ ㉢   ④ ㉣

⑤ ㉤

07 Formal 조직과 Informal 조직의 특징 비교 설명으로 옳지 않은 것은?

구 분	Formal 조직	Informal 조직
㉠	의식적·이성적·합리적·논리적으로 편성	자연발생적·무의식적·비논리적으로 편성
㉡	공통목적을 가진 명확한 구조	공통목적이 없는 무형 구조
㉢	외형적·제도적 조직	내면적·현실적 조직
㉣	불문적·자생적 조직	성문적·타의적 조직
㉤	위로부터의 조직	밑으로부터의 조직

① ㉠
② ㉡
③ ㉢
④ ㉣
⑤ ㉤

08 유통기업은 각종 전략 이외에도 윤리적인 부분을 고려해야 하는데, 이러한 윤리와 관련된 설명으로 가장 옳지 않은 것은?

① 윤리적인 것은 나라마다, 산업마다 다를 수 있다.
② 윤리는 개인과 회사의 행동을 지배하는 원칙이라 할 수 있다.
③ 회사의 윤리 강령이라도 옳고 그름을 살펴서 판단해야 한다.
④ 윤리는 법과 달리 처벌시스템이 존재하지 않으므로 간과해도 문제가 되지 않는다.
⑤ 윤리적인 원칙은 시간의 흐름에 따라 변할 수도 있다.

09 아래 글상자 내용은 기업이 사용하는 경영혁신 기법에 대한 설명이다. (   ) 안에 들어갈 용어로 가장 옳은 것은?

> (   )(은)는 기업이 통합된 데이터에 기반해 재무, 생산소요계획, 인적자원, 주문충족 등을 시스템으로 구축하여 관리하는 것을 말한다. 이 기법은 전반적인 기업의 업무 프로세스를 통합·관리하여 정보를 공유함으로써 효율적인 업무처리가 가능하게 한다.

① 리엔지니어링
② 아웃소싱
③ 식스시그마
④ 전사적자원관리
⑤ 벤치마킹

10 제3자물류가 제공하는 혜택으로 옳지 않은 것은?

① 여러 기업들의 독자적인 물류업무 수행으로 인한 중복투자 등 사회적 낭비를 방지할 뿐만 아니라 수탁업체들의 경쟁을 통해 물류효율을 향상시킬 수 있다.

② 유통 등 물류를 아웃소싱함으로써 리드타임의 증가와 비용의 절감을 통해 고객만족을 높여 기업의 가치를 높일 수 있다.

③ 기업들은 핵심부문에 집중하고 물류를 전문업체에 아웃소싱하여 규모의 경제 등 전문화 및 분업화 효과를 극대화할 수 있다.

④ 아웃소싱을 통해 제조·유통업체는 자본비용 및 인건비 등이 절감되고, 물류업체는 규모의 경제를 통해 화주기업의 비용을 절감해 준다.

⑤ 경쟁력 강화를 위해 IT 및 수송 등 전문업체의 네트워크를 활용하여 비용절감 및 고객서비스를 향상시킬 수 있다.

11 유통환경 분석의 범위를 거시환경과 미시환경으로 나누어볼 때 그 성격이 다른 하나는?

① 경제적 환경
② 정치, 법률적 환경
③ 시장의 경쟁 환경
④ 기술적 환경
⑤ 사회문화적 환경

12 아래 글상자 ㉠과 ㉡에서 설명하는 유통경로 경쟁으로 옳게 짝지어진 것은?

㉠ 동일한 경로수준상의 서로 다른 유형을 가지는 기업들 간 경쟁
㉡ 하나의 마케팅 경로 안에서 서로 다른 수준의 구성원들 간 경쟁

① ㉠ 수직적 경쟁, ㉡ 수평적 경쟁
② ㉠ 업태 간 경쟁, ㉡ 수직적 경쟁
③ ㉠ 경로 간 경쟁, ㉡ 수평적 경쟁
④ ㉠ 업태 간 경쟁, ㉡ 경로 간 경쟁
⑤ ㉠ 수직적 경쟁, ㉡ 경로 간 경쟁

13 팬먼(Penman)과 와이즈(Weisz)의 물류아웃소싱 성공전략에 관한 설명으로 옳지 않은 것은?

① 아웃소싱이 성공하려면 반드시 최고경영자의 관심과 지원이 필요하다.

② 아웃소싱의 궁극적인 목표는 현재와 미래의 고객만족에 있음을 잊지 말아야 한다.

③ 지출되는 물류비용을 정확히 파악하여 아웃소싱 시 비용절감효과를 측정해야 한다.

④ 아웃소싱의 가장 큰 장애는 인원감축 등에 대한 저항이므로 적절한 인력관리로 사기저하를 방지해야 한다.

⑤ 아웃소싱의 목적이 기업 전체의 전략과 일치할 필요는 없으므로 기업의 전사적 목적이 차별화에 있다면 아웃소싱의 목적은 비용절감에 두는 효율적 전략을 추진해야 한다.

14 아래 글상자에서 공통적으로 설명하는 유통경로의 특성으로 옳은 것은?

> ㉠ 우리나라는 도매상이 매우 취약하고 제조업자의 유통 지배력이 매우 강하다.
> ㉡ 미국의 경우 광활한 국토를 가지고 있어 제조업자가 자신의 모든 소매업체를 관리하는 것이 어려워 일찍부터 도매상들이 발달했다.
> ㉢ 각국의 특성에 따라 고유한 형태의 유통경로가 존재한다.

① 유통경로의 지역성

② 유통경로의 비탄력성

③ 유통경로의 표준성

④ 유통경로의 집중성

⑤ 유통경로의 탈중계현상

15 아래 글상자 ㉠과 ㉡에 해당하는 유통경로가 제공하는 효용으로 옳게 짝지어진 것은?

> ㉠ 24시간 영업을 하는 편의점은 소비자가 원하는 시점 어느 때나 제품을 구매할 수 있도록 함
> ㉡ 제조업체를 대신해서 신용판매나 할부판매를 제공함

① ㉠ 시간효용, ㉡ 형태효용
② ㉠ 장소효용, ㉡ 시간효용
③ ㉠ 시간효용, ㉡ 소유효용
④ ㉠ 소유효용, ㉡ 시간효용
⑤ ㉠ 형태효용, ㉡ 소유효용

16 식품위생법(시행 2021.1.1.)(법률 제17809호, 2020.12.29., 일부개정)상에서 사용되는 각종 용어에 대한 설명으로 옳은 것은?

① "식품"이란 의약을 포함하여 인간이 섭취할 수 있는 가능성이 있는 제품을 말한다.

② "식품첨가물"에는 용기를 살균하는 데 사용되는 물질도 포함된다.

③ "집단급식소"란 영리를 목적으로 다수의 대중이 음식을 섭취하는 장소를 말한다.

④ "식품이력추적관리"란 식품이 만들어진 후 소비자에게 전달되기까지의 과정을 말한다.

⑤ "기구"란 음식을 담거나 포장하는 용기를 말하며 식품을 생산하는 기계는 포함되지 않는다.

17 아래 글상자에 제시된 내용을 활용하여 경제적주문량을 고려한 연간 총재고비용을 구하라(기준 : 총재고비용 = 주문비 + 재고유지비).

> • 연간 부품 수요량 : 1,000개
> • 1회 주문비 : 200원
> • 단위당 재고 유지비 : 40원

① 500원
② 1,000원
③ 2,000원
④ 3,000원
⑤ 4,000원

18 아래 글상자 ㉠, ㉡, ㉢에 해당하는 중간상이 수행하는 분류기준으로 옳게 짝지어진 것은?

> ㉠ 구매자가 원하는 소규모 판매단위로 나누는 활동
> ㉡ 다양한 생산자들로부터 제공되는 제품들을 대규모 공급이 가능하도록 다량으로 구매하여 집적하는 활동
> ㉢ 이질적인 제품들을 색, 크기, 용량, 품질 등에 있어 상대적으로 동질적인 집단으로 구분하는 활동

① ㉠ 분류(sorting out), ㉡ 수합(accumulation), ㉢ 분배(allocation)

② ㉠ 분류(sorting out), ㉡ 구색갖춤(assorting), ㉢ 수합(accumulation)

③ ㉠ 분배(allocation), ㉡ 구색갖춤(assorting), ㉢ 분류(sorting out)

④ ㉠ 분배(allocation), ㉡ 수합(accumulation), ㉢ 분류(sorting out)

⑤ ㉠ 구색갖춤(assorting), ㉡ 분류(sorting out), ㉢ 분배(allocation)

19 아래 글상자 ㉠과 ㉡에서 설명하는 제조업체가 부담하는 유통비용으로 옳게 짝지어진 것은?

> ㉠ 제조업체가 유통업체에 신제품 납품 시 진열대 진열을 위해 지원하는 비용
> ㉡ 유통업체가 하자있는 상품, 생산된 지 오래된 상품, 질이 떨어지는 상품 등을 구매할 때 이를 보상하기 위해 지급하는 비용

① ㉠ 리베이트, ㉡ 사후할인
② ㉠ 물량비례보조금, ㉡ 거래할인
③ ㉠ 머천다이징 보조금, ㉡ 현금할인
④ ㉠ 신제품입점비, ㉡ 상품지원금
⑤ ㉠ 외상수금비, ㉡ 소매점 재고보호 보조금

20 유통산업의 환경에 따른 유통경로의 변화를 다음의 다섯 단계로 나누어 볼 때 순서대로 나열한 것으로 옳은 것은?

> ㉠ 크로스채널 : 온·오프라인의 경계가 무너지면서 상호 보완됨
> ㉡ 멀티채널 : 온·오프라인의 다양한 채널에서 구매 가능하나 각 채널은 경쟁관계임
> ㉢ 듀얼채널 : 두 개 이상의 오프라인 점포에서 구매 가능
> ㉣ 싱글채널 : 하나의 오프라인 점포에서 구매
> ㉤ 옴니채널 : 다양한 채널이 고객의 경험관리를 중심으로 하나로 통합됨

① ㉠ – ㉡ – ㉢ – ㉣ – ㉤　　　　② ㉡ – ㉤ – ㉣ – ㉠ – ㉢
③ ㉢ – ㉠ – ㉡ – ㉤ – ㉣　　　　④ ㉣ – ㉢ – ㉡ – ㉠ – ㉤
⑤ ㉤ – ㉣ – ㉡ – ㉢ – ㉠

21 유통에 관련된 내용으로 옳지 않은 것은?

① 제품의 물리적 흐름과 법적 소유권은 반드시 동일한 경로를 통해 이루어지고 동시에 이루어져야 한다.
② 유통경로는 물적 유통경로와 상적 유통경로로 분리된다.
③ 물적 유통경로는 제품의 물리적 이전에 관여하는 독립적인 기관이나 개인들로 구성된 네트워크를 의미한다.
④ 물적 유통경로는 유통목표에 부응하여 장소효용과 시간효용을 창출한다.
⑤ 상적 유통경로는 소유효용을 창출한다.

22 자사가 소유한 자가창고와 도 · 소매상이나 제조업자가 임대한 영업창고를 비교한 설명으로 가장 옳지 않은 것은?

① 충분한 물량이 아니라면 자가창고 이용 비용이 저렴하지 않은 경우도 있다.

② 자가창고의 경우 기술적 진부화에 따른 위험이 있다.

③ 영업창고를 이용하면 특정지역의 경우 세금혜택을 받는 경우도 있다.

④ 영업창고를 이용하는 경우 초기투자비용이 높은 것이 단점이다.

⑤ 영업창고의 경우 여러 고객을 상대로 하므로 규모의 경제가 가능하다.

23 UNGC(UN Global Compact)는 기업의 사회적 책임에 대한 지지와 이행을 촉구하기 위해 만든 자발적 국제협약으로 4개 분야의 10대 원칙을 핵심으로 하고 있다. 4개 분야에 포함되지 않는 것은?

① 반전쟁(Anti-War)

② 인권(Human Rights)

③ 노동규칙(Labour Standards)

④ 환경(Environment)

⑤ 반부패(Anti-Corruption)

24 유통경로에서 발생하는 유통의 흐름과 관련된 각종 설명 중 가장 옳지 않은 것은?

① 소비자에 대한 정보인 시장 정보는 후방흐름기능에 해당된다.

② 대금지급은 소유권의 이전에 대한 반대급부로 볼 수 있다.

③ 소유권이 없는 경우에도 상품에 대한 물리적 보유가 가능한 경우가 있다.

④ 제조업체, 도 · 소매상은 상품 소유권의 이전을 통해 수익을 창출한다.

⑤ 제조업체가 도매상을 대상으로, 소매상이 소비자를 대상으로 하는 촉진전략은 풀(Pull)전략이다.

25 물류활동에 관련된 내용으로 옳지 않은 것은?

① 반품물류 : 애초에 물품 반환, 반품의 소지를 없애기 위한 전사적 차원에서 고객요구를 파악하는 것이 중요하다.

② 생산물류 : 작업교체나 생산사이클을 단축하고 생산평준화 등을 고려한다.

③ 조달물류 : 수송루드 최적화, JIT납품, 공차율 최대화 등을 고려한다.

④ 판매물류 : 수배송효율화, 신선식품의 경우 콜드체인화, 공동물류센터 구축 등을 고려한다.

⑤ 폐기물류 : 파손, 진부화 등으로 제품, 용기 등이 기능을 수행할 수 없는 상황이거나 기능수행 후 소멸되어야 하는 상황일 때 그것들을 폐기하는 데 관련된 물류활동이다.

26 권리금에 대한 설명 중에서 옳지 않은 것은?

① 해당 상권의 강점 등이 반영된 영업권의 일종으로, 점포의 소유자에게 임차인이 제공하는 추가적인 비용으로 보증금의 일부이다.

② 상가의 위치, 영업상의 노하우, 시설 및 비품 등과 같은 다양한 유무형의 재산적 가치에 대한 양도 또는 이용에 대한 대가로 지급하는 금전이다.

③ 권리금을 일정 기간안에 회복할 수 있는 수익성이 확보될 수 있는지를 검토하여야 한다.

④ 신축건물에도 바닥권리금이라는 것이 있는데, 이는 주변 상권의 강점을 반영하는 것이라고 볼 수 있다.

⑤ 권리금이 보증금보다 많은 경우가 발생하기도 한다.

21년

27 상권분석에 필요한 소비자 데이터를 수집하는 조사기법 중에서 내점객조사법과 조사대상이 유사한 것으로 가장 옳은 것은?

① 편의추출조사법

② 점두(店頭)조사법

③ 지역할당조사법

④ 연령별 비율할당조사법

⑤ 목적표본조사법

28 정보기술의 발전이 유통 및 상권에 미친 영향으로 가장 옳지 않은 것은?

① 메이커에서 소매업으로의 파워시프트(power shift)현상 강화

② 중간 유통단계의 증가 및 배송거점의 분산화

③ 메이커의 영업거점인 지점, 영업소 기능의 축소

④ 수직적 협업체제 강화 및 아웃소싱의 진전

⑤ 편의품 소비재 메이커의 상권 광역화

29 상권분석 및 입지선정에 활용하는 지리정보시스템(GIS)에 대한 설명으로서 가장 옳지 않은 것은?

① 개별 상점이나 상점가의 위치정보를 점(點)데이터로, 토지 이용 등의 정보는 면(面)데이터로 지도에 수록한다.

② 지하철 노선이나 도로 등은 선(線)데이터로 지도에 수록하고 데이터베이스를 구축한다.

③ 상점 또는 상점가를 방문한 고객을 대상으로 인터뷰조사를 하거나 설문조사를 하여 지도데이터베이스 구축에 활용한다.

④ 라일리, 컨버스 등이 제안한 소매인력모델을 적용하는 경우에도 정확한 위치정보를 얻을 수 있는 지리 정보시스템의 지원이 필요하다.

⑤ 백화점, 대형마트 등의 대규모 점포의 입지선정 등에 활용될 수 있으나, 편의점 등 소규모 연쇄점의 입지선정이나 잠재고객 추정 등에는 활용가능성이 높지 않다.

30 상권에 대한 설명으로 가장 옳지 않은 것은?

① 재화의 이동에서 사람을 매개로 하는 소매상권은 재화의 종류에 따라 그 사람의 비용이나 시간사용이 달라지므로 상권의 크기가 달라진다.

② 고가품, 고급품일수록 소비자들은 구매활동에 보다 많은 시간과 비용을 부담하려 하므로 상권범위가 확대된다.

③ 도매상권은 사람을 매개로 하지 않기에 시간인자의 제약이 커져서 상권의 범위가 제한된다.

④ 보존성이 강한 제품은 그렇지 않은 제품에 비해 상권이 넓어진다.

⑤ 상권범위를 결정하는 비용인자(因子)에는 생산비, 운송비, 판매비용 등이 포함되며 그 비용이 상대적 으로 저렴할수록 상권은 확대된다.

31 "교육환경 보호에 관한 법률(약칭 : 교육환경법)"(법률 제17075호, 2020. 3. 24., 일부개정)에서 정한 초 · 중 · 고등학교의 "교육환경 절대보호구역"에서 영업할 수 있는 업종으로 가장 옳은 것은?

① 여 관   ② PC방
③ 만화가게   ④ 담배가게
⑤ 노래연습장

32 소매점 상권의 크기에 영향을 미치는 주요 요인을 모두 나열한 것으로 가장 옳은 것은?

> ㉠ 소매점의 이미지
> ㉡ 기생점포(parasite store)의 입지
> ㉢ 소매점의 규모
> ㉣ 소매점의 접근성
> ㉤ 경쟁점포의 입지

① ㉠, ㉡, ㉢, ㉣, ㉤　　　　　　② ㉡, ㉢, ㉣, ㉤
③ ㉠, ㉡, ㉢　　　　　　　　　④ ㉡, ㉣, ㉤
⑤ ㉠, ㉢, ㉣, ㉤

33 크리스탈러(W. Christaller)의 중심지이론은 판매자와 소비자를 "경제인"으로 가정한다. 그 의미로서 가장 옳은 것은?

① 판매자와 소비자 모두 비용대비 이익의 최대화를 추구한다.
② 소비자는 거리와 상관없이 원하는 제품을 구매하러 이동한다.
③ 판매자는 경쟁을 회피하려고 최선을 다한다.
④ 소비자는 구매여행의 즐거움을 추구한다.
⑤ 소비자는 가능한 한 상위계층 중심지에서 상품을 구매한다.

34 상권측정을 위한 '상권실사'에 관한 설명으로서 가장 옳지 않은 것은?

① 항상 지도를 휴대하여 고객이 유입되는 지역을 정확하게 파악하는 것이 바람직하다.
② 요일별, 시간대별로 내점고객의 숫자나 특성이 달라질 수 있으므로, 상권실사에 이를 반영해야 한다.
③ 내점하는 고객의 범위를 파악하는 것이 목적이므로 상권범위가 인접 도시의 경계보다 넓은 대형 교외 점포에서는 도보고객을 조사할 필요가 없는 경우도 있다.
④ 주로 자동차를 이용하는 고객이 증가하고 있는바, 도보보다는 자동차주행을 하면서 조사를 실시하는 것이 더 바람직하다.
⑤ 기존 점포의 고객을 잘 관찰하여 교통수단별 내점비율을 파악하는 것이 중요하다.

35 허프(Huff)의 수정모델을 적용해서 추정할 때, 아래 글상자 속의 소비자 K가 A지역에 쇼핑을 하러 갈 확률로서 가장 옳은 것은?

> A지역의 매장면적은 100평, 소비자 K로부터 A지역까지의 거리는 10분 거리, B지역의 매장면적은 400 평, 소비자 K로부터의 거리는 20분 거리

① 0.30   ② 0.40

③ 0.50   ④ 0.60

⑤ 0.70

36 매력적인 점포입지를 결정하기 위해서는 구체적인 입지조건을 평가하는 과정을 거친다. 점포의 입지조건에 대한 일반적 평가로서 그 내용이 가장 옳은 것은?

① 점포면적이 커지면 매출도 증가하는 경향이 있어 점포규모가 클수록 좋다.
② 건축선 후퇴(setback)는 직접적으로 가시성에 긍정적인 영향을 미친다.
③ 점포 출입구 부근에 단차가 없으면 사람과 물품의 출입이 용이하여 좋다.
④ 점포 부지와 점포의 형태는 정사각형에 가까울수록 소비자 흡인에 좋다.
⑤ 평면도로 볼 때 점포의 정면너비에 비해 깊이가 더 클수록 바람직하다.

37 여러 층으로 구성된 백화점의 매장 내 입지에 관한 설명으로 가장 옳은 것은?

① 고객이 출입하는 층에서 멀리 떨어진 층일수록 매장공간의 가치가 올라간다.
② 대부분의 고객들이 왼쪽으로 돌기 때문에, 각 층 입구의 왼편이 좋은 입지이다.
③ 점포 입구, 주 통로, 에스컬레이터, 승강기 등에서 가까울수록 유리한 입지이다.
④ 층별 매장의 안쪽으로 고객을 유인하는 데 최적인 매장배치 유형은 자유형배치이다.
⑤ 백화점 매장 내 입지들의 공간적 가치는 층별 매장구성 변경의 영향은 받지 않는다.

38 소매점은 상권의 매력성을 고려하여 입지를 선정해야 한다. 상권의 매력성을 측정하는 소매포화지수(IRS ; Index of Retail Saturation)와 시장성장잠재력지수(MEP ; Market Expansion Potential)에 대한 설명으로 가장 옳은 것은?

① IRS는 현재시점의 상권 내 경쟁 강도를 측정한다.
② MEP는 미래시점의 상권 내 경쟁 강도를 측정한다.
③ 상권 내 경쟁이 심할수록 IRS도 커진다.
④ MEP가 클수록 입지의 상권 매력성은 낮아진다.
⑤ MEP보다는 IRS가 더 중요한 상권 매력성지수이다.

21년

39 소비자에 대한 직접적 조사를 통해 점포선택행동을 분석하는 확률모델들에 대한 설명으로 가장 옳은 것은?

① 점포에 대한 객관적 변수와 소비자의 주관적 변수를 모두 반영할 수 있는 방법에는 MNL모델과 수정 Huff모델이 있다.
② 공간상호작용 모델의 대표적 분석방법에는 Huff모델, MNL모델, 회귀분석, 유사점포법 등이 해당된다.
③ Huff모델과 달리 MNL모델은 일반적으로 상권을 세부지역(zone)으로 구분하는 절차를 거치지 않는다.
④ Luce의 선택공리를 바탕으로 한 Huff모델과 달리 MNL모델은 선택공리와 관련이 없다.
⑤ MNL모델은 분석과정에서 집단별 구매행동 데이터 대신 각 소비자의 개인별 데이터를 수집하여 활용한다.

40 점포의 입지조건을 평가할 때 핵심적 요소가 되는 시계성은 점포를 자연적으로 인지할 수 있는 상태를 의미한다. 시계성을 평가하는 4가지 요소들을 정리할 때 아래 글상자 ㉠과 ㉡에 해당되는 용어로 가장 옳은 것은?

㉠ 보도나 간선도로 또는 고객유도시설 등에 해당되는 것으로 어디에서 보이는가?
㉡ 점포가 무슨 점포인가를 한눈에 알 수 있도록 하는 것으로서, 무엇이 보이는가?

① ㉠ 거리 – ㉡ 주제   ② ㉠ 거리 – ㉡ 대상
③ ㉠ 거리 – ㉡ 기점   ④ ㉠ 기점 – ㉡ 대상
⑤ ㉠ 기점 – ㉡ 주제

41 생산구조가 다수의 소량분산생산구조이고 소비구조 역시 다수에 의한 소량분산소비구조일 때의 입지 특성을 설명한 것으로 옳은 것은?

① 수집 기능의 수행이 용이하고 분산 기능 수행도 용이한 곳에 입지한다.
② 분산 기능의 수행보다는 수집 기능의 수행이 용이한 곳에 입지한다.
③ 수집 기능과 중개(仲介) 기능이 용이한 곳에 입지한다.
④ 수집 기능의 수행보다는 분산 기능의 수행이 용이한 곳에 입지한다.
⑤ 수집 기능과 분산 기능보다는 중개 기능의 수행이 용이한 곳에 입지한다.

42 대형소매점을 개설하기 위해 대지면적이 1,000m²인 5층 상가건물을 매입하는 상황이다. 해당 건물의 지상 1층과 2층의 면적은 각각 600m²이고 3~5층 면적은 각각 400m²이다. 단, 주차장이 지하 1층에 500m², 1층 내부에 200m², 건물외부(건물부속)에 300m² 설치되어 있다. 건물 5층에는 100m²의 주민 공동시설이 설치되어 있다. 이 건물의 용적률로 가장 옳은 것은?

① 210% ② 220%
③ 240% ④ 260%
⑤ 300%

43 상권 유형별로 개념과 일반적 특징을 설명한 내용으로서 가장 옳은 것은?

① 부도심 상권의 주요 소비자는 점포 인근의 거주자들이어서; 생활밀착형 업종의 점포들이 입지하는 경향이 있다.
② 역세권상권은 지하철이나 철도역을 중심으로 형성되는 지상과 지하의 입체적 상권으로서, 저밀도 개발이 이루어지는 경우가 많다.
③ 부도심상권은 보통 간선도로의 결절점이나 역세권을 중심으로 형성되는바, 도시 전체의 소비자를 유인하지는 못하는 경우가 많다.
④ 노심상권은 중심업무지구(CBD)를 포함하며, 상권의 범위가 넓지만 소비자들의 체류시간은 상대적으로 짧다.
⑤ 아파트상권은 고정고객의 비중이 높아 안정적인 수요확보가 가능하고, 외부고객을 유치하기 쉬워서 상권 확대 가능성이 높다.

44 소매점포 상권의 분석기법 가운데 하나인 Huff모델의 특징으로서 가장 옳은 것은?

① Huff모형은 점포이미지 등 다양한 변수를 반영하여 상권분석의 정확도를 높일 수 있다.

② 개별점포의 상권이 공간상에서 단절되어 단속적이며 타점포 상권과 중복되지 않는다고 가정한다.

③ 개별 소비자들의 점포선택행동을 확률적 방법 대신 기술적 방법(descriptive method)으로 분석한다.

④ 상권 내 모든 점포의 매출액 합계를 추정할 수 있지만, 점포별 점유율은 추정하지 못한다.

⑤ 각 소비자의 거주지와 점포까지의 물리적 거리는 이동시간으로 대체하여 분석하기도 한다.

45 아래 글상자의 상권분석방법들 모두에 해당되거나 모두를 적용할 수 있는 상황으로서 가장 옳은 것은?

> 컨버스의 분기점분석, CST(customer spotting technique) map, 티센다각형(thiessen polygon)

① 개별 소비자의 위치 분석

② 소비자를 대상으로 하는 설문조사의 실시

③ 상권의 공간적 경계 파악

④ 경쟁점의 영향력 파악

⑤ 개별점포의 매출액 예측

3과목   유통마케팅

46 회계데이터를 기초로 유통마케팅 성과를 측정하는 방법으로 옳은 것은?

① 고객 만족도 조사

② 고객 획득률 및 유지율 측정

③ 매출액 분석

④ 브랜드 자산 측정

⑤ 고객 생애가치 측정

47 유통마케팅 조사과정 순서로 가장 옳은 것은?

① 조사목적 정의 – 조사 설계 – 조사 실시 – 데이터분석 및 결과해석 – 전략수립 및 실행 – 실행결과 평가

② 조사목적 정의 – 조사 실시 – 조사 설계 – 데이터분석 및 결과해석 – 전략수립 및 실행 – 실행결과 평가

③ 조사목적 정의 – 조사 설계 – 조사 실시 – 전략수립 및 실행 – 데이터분석 및 결과해석 – 실행결과 평가

④ 조사목적 정의 – 실행결과 평가 – 전략수립 및 실행 – 조사 실시 – 데이터분석 및 결과해석 – 대안선택 및 실행

⑤ 조사목적 정의 – 조사 실시 – 데이터분석 및 결과해석 – 조사 설계 – 전략수립 및 실행 – 실행결과 평가

48 아래 글상자 ㉠과 ㉡에 해당되는 용어로 가장 옳은 것은?

> ㉠은(는) 미래 수요를 예측하는 질적 예측방법의 하나이다. 불확실한 특정 문제(특정기술의 개발가능성, 새로운 소비패턴의 출현가능성 등)에 대해 여러 전문가의 의견을 되풀이해 모으고, 교환하고, 발전시켜 수요를 예측한다.
> ㉡은(는) 시간의 경과에 따라 일정한 간격을 두고 동일한 현상을 반복적으로 측정하여 각 기간에 일어난 변화에 대한 추세를 예측하는 방법이다.

① ㉠ 투사법 　　　　　　　　　　 ㉡ 시계열분석
② ㉠ 패널조사법 　　　　　　　　 ㉡ 사례유추법
③ ㉠ 투사법 　　　　　　　　　　 ㉡ 수요확산모형분석
④ ㉠ 델파이기법 　　　　　　　　 ㉡ 시계열분석
⑤ ㉠ 사례유추법 　　　　　　　　 ㉡ 수요확산모형분석

49 아래 글상자의 (　　) 안에 들어갈 용어로서 가장 옳은 것은?

> (　　)은(는) 기업내부의 경영혁신을 유도하는 전략의 하나이다. 고객이 제품이나 서비스를 소비하는 전 과정에서 무엇을 보고 느끼며, 어디에 가치를 두고, 어떠한 상호작용 과정을 통해 관계를 형성하는지 등을 총체적으로 이해함으로써 고객에게 차별화된 가치를 제공하는 고객중심경영의 핵심을 말한다.

① 로열티 프로그램 　　　　　　 ② 고객마일리지 프로그램
③ 고객불만관리 　　　　　　　　 ④ 공유가치경영
⑤ 전사적고객경험관리

50 상품판매에 대한 설명으로 옳지 않은 것은?

① 판매는 고객과의 커뮤니케이션을 통해 상품을 판매하고, 고객과의 관계를 구축하고자 하는 활동이다.

② 판매활동은 크게 신규고객을 확보하기 위한 활동과 기존고객을 관리하는 활동으로 나누어진다.

③ 인적판매는 다른 커뮤니케이션 수단에 비해 고객 1인당 접촉비용은 높은 편이지만, 개별적이고 심도 있는 쌍방향 커뮤니케이션이 가능하다는 장점을 가지고 있다.

④ 과거에는 전략적 관점에서 고객과 관계를 형성하는 영업을 중요시 하였으나, 판매기술이 고도화되면서 이제는 판매를 빠르게 달성하는 기술적 판매방식이 더욱 부각되고 있다.

⑤ 판매는 회사의 궁극적 목적인 수익창출을 실제로 구현하는 기능이다

51 영업사원의 역할 및 관리에 대한 설명으로 가장 옳지 않은 것은?

① 영업사원은 제품과 서비스의 판매를 위해 구매가능성이 높은 고객을 개발, 확보하고 접촉하는 역할을 수행한다.

② 영업사원에 대한 보상체계는 성과에 따른 커미션을 중심으로 구성되는 경우가 많다.

③ 다른 직종의 업무에 비해 독립적으로 업무를 수행하는 경향이 있다.

④ 영업사원이 확보한 고객정보는 회사의 소유이므로 동료 영업사원들과의 협업을 위해 자주 공유한다.

⑤ 영업분야 전문인으로서의 역할과 조직구성원으로서의 역할 간 갈등이 발생할 수 있다

52 고객가치를 극대화하기 위한 고객관계관리(CRM)의 중심활동으로 가장 옳지 않은 것은?

① 신규고객확보 및 시장점유율 증대

② 고객수명주기 관리

③ 데이터마이닝을 통한 고객 분석

④ 고객가치의 분석과 계량화

⑤ 고객획득/유지 및 추가판매의 믹스 최적화

53 아래 글상자에서 설명하는 가격정책으로 옳은 것은?

> ㉠ 제조업체가 가격을 표시하지 않고 최종 판매자인 유통업체가 가격을 책정하게 하여 유통업체 간 경쟁을 통해 상품가격을 전반적으로 낮추기 위한 가격정책
>
> ㉡ 실제 판매가보다 부풀려서 가격을 표시한 뒤 할인해주는 기존의 할인판매 폐단을 근절하기 위한 가격정책

① 오픈 프라이스(open price)

② 클로즈 프라이스(close price)

③ 하이로우 프라이스(high-low price)

④ EDLP(every day low price)

⑤ 단위가격표시제도(unit price system)

54 유명 브랜드 상품 등을 중심으로 가격을 대폭 인하하여 고객을 유인한 다음, 방문한 고객에 대한 판매를 증진시키고자 하는 가격결정 방식은?

① 묶음가격결정(price bundling)

② 이분가격결정(two-part pricing)

③ 로스리더가격결정(loss leader pricing)

④ 포획가격결정(captive pricing)

⑤ 단수가격결정(odd pricing)

55 아래 글상자에서 설명하는 단품관리 이론으로 옳은 것은?

> 품목별 진열량을 판매량에 비례하게 하면 상품의 회전율이 일정화되어 품목별 재고의 수평적인 감소가 같아진다는 이론

① 풍선효과(ballon) 이론

② 카테고리(category) 관리이론

③ 20 : 80 이론

④ 채찍(bullwhip) 이론

⑤ 욕조마개(bathtub) 이론

56 소비자의 구매동기는 부정적인 상태를 제거하려는 동기와 긍정적인 상태를 추구하려는 동기로 나누어진다. 아래 글상자 내용 중 부정적인 상태를 제거하려는 동기로만 짝지어진 것으로 가장 옳은 것은?

> ㉠ 새로운 제품(브랜드)의 사용방법을 습득하고 싶은 동기
> ㉡ 필요할 때 부족함 없이 사용하기 위해 미리 구매해놓으려는 동기
> ㉢ 제품(브랜드) 사용과정에서 즐거움을 느끼고 싶은 동기
> ㉣ 제품(브랜드)을 구매하고 사용함으로써 자긍심을 느끼고 싶은 동기
> ㉤ 당면한 불편을 해결해 줄 수 있는 제품(브랜드)을 탐색하려는 동기

① ㉠, ㉡   ② ㉠, ㉢
③ ㉡, ㉢   ④ ㉡, ㉤
⑤ ㉢, ㉣

21년

57 상품믹스에 대한 설명으로 가장 옳지 않은 것은?

① 상품믹스(product mix)란 기업이 판매하는 모든 상품의 집합을 말한다.
② 상품믹스는 상품계열(product line)의 수에 따라 폭(width)이 정해진다.
③ 상품믹스는 평균 상품품목(product item)의 수에 따라 그 깊이(depth)가 정해진다.
④ 상품믹스의 상품계열이 추가되면 상품다양화 또는 경영다각화가 이루어진다.
⑤ 상품믹스의 상품품목이 증가하면 상품차별화의 정도가 약해지게 된다.

58 아래의 글상자 안 ㉠과 ㉡에 해당하는 소매업 변천이론으로 옳은 것은?

> ㉠은(는) 소매업체가 도입기, 초기성장기, 가속성장기, 성숙기, 쇠퇴기 단계를 거쳐 진화한다는 이론이다.
> ㉡은(는) 제품구색이 넓은 소매업태에서 전문화된 좁은 제품구색의 소매업태로 변화되었다가 다시 넓은 제품구색의 소매업태로 변화되어간다는 이론이다.

① ㉠ 자연도태설(진화론)   ㉡ 소매아코디언 이론
② ㉠ 소매아코디언 이론   ㉡ 변증법적 과정
③ ㉠ 소매수명주기 이론   ㉡ 소매아코디언 이론
④ ㉠ 소매아코디언 이론   ㉡ 소매업수레바퀴 이론
⑤ ㉠ 소매업수레바퀴 이론   ㉡ 변증법적 과정

59 점포 내 레이아웃관리를 위한 의사결정의 순서로 가장 잘 나열된 것은?

① 판매방법 결정 – 상품배치 결정 – 진열용 기구배치 – 고객동선 결정
② 판매방법 결정 – 진열용 기구배치 – 고객동선 결정 – 상품배치 결정
③ 상품배치 결정 – 고객동선 결정 – 진열용 기구배치 – 판매방법 결정
④ 상품배치 결정 – 진열용 기구배치 – 고객동선 결정 – 판매방법 결정
⑤ 상품배치 결정 – 고객동선 결정 – 판매방법 결정 – 진열용 기구배치

60 아래 글상자에서 설명하는 소매점의 포지셔닝 전략으로 옳은 것은?

> ㉠ 더 높은 비용에 더 많은 가치를 제공하는 전략으로 시장크기는 작으나 수익률은 매우 높음
> ㉡ 미국의 Nieman Marcus, Sax Fifth Avenue, 영국의 Harrods 백화점의 포지셔닝 전략

① More for More 전략
② More for the Same 전략
③ Same for Less 전략
④ Same for the Same 전략
⑤ More for Less 전략

61 소매점에 대한 소비자 기대관리에 대한 설명으로 옳지 않은 것은?

① 입지편의성을 판단할 때 소비자의 여행시간보다 물리적인 거리가 훨씬 더 중요하다.
② 점포분위기는 상품구색, 조명, 장식, 점포구조, 음악의 종류 등에 영향을 받는다.
③ 소비자는 상품구매 이외에도 소매점을 통해 친교나 정보획득과 같은 욕구를 충족하고 싶어 한다.
④ 소비재는 소비자의 구매노력에 따라 편의품, 선매품, 전문품으로 구분할 수 있다
⑤ 신용정책, 배달, 설치, 보증, 수리 등의 서비스는 소비자의 점포선택에 영향을 준다.

62 유통업체에 대한 판촉 유형 중 가격 할인에 대한 설명으로 가장 옳지 않은 것은?

① 정해진 기간 동안에 일시적으로 유통업체에게 제품가격을 할인해 주는 것이다.
② 일정 기간 동안 유통업체가 구입한 모든 제품의 누적주문량에 따라 할인해 준다.
③ 유통업체로 하여금 할인의 일부 또는 전부를 소비자가격에 반영하도록 유도한다.
④ 정기적으로 일정 기간 동안 실시하며, 비정기적으로는 실시하지 않는 것이 보통이다.
⑤ 수요예측력이 있으며 재고 처리능력을 보유한 유통업체에게 유리한 판촉유형이다.

63 아래 글상자에서 설명하는 점포 레이아웃 형태로 옳은 것은?

> ㉠ 기둥이 많고 기둥간격이 좁은 상황에서도 점포설비 비용을 절감할 수 있음
> ㉡ 통로 폭이 동일해서 건물 전체 필요 면적이 최소화된다는 장점이 있으며 슈퍼마켓 점포 레이아웃에 많이 사용됨

① 격자형 레이아웃   ② 자유형 레이아웃
③ 루프형 레이아웃   ④ 복합형 레이아웃
⑤ 부띠끄형 레이아웃

21년

64 고객생애가치(CLV ; Customer Lifetime Value)에 대한 설명으로 옳은 것은?

① 고객생애가치는 인터넷쇼핑몰 보다는 백화점을 이용하는 고객들을 평가하는 데 용이하다.
② 고객생애가치는 고객과 기업 간의 정성적 관계 가치이므로 수치화하여 측정하기 어렵다.
③ 고객생애가치는 고객점유율(customer share)에 기반하여 정확히 추정할 수 있다.
④ 고객생애가치는 고객이 일생동안 구매를 통해 기업에게 기여하는 수익을 현재가치로 환산한 금액을 말한다.
⑤ 고객생애가치는 고객의 이탈률과 비례관계에 있다.

65 유통경로상의 수평적 갈등의 사례로서 가장 옳은 것은?

① 도매상의 불량상품 공급에 대한 소매상의 불평
② 납품업체의 납품기일 위반에 대한 제조업체의 불평
③ 소매상이 무리한 배송을 요구했다는 택배업체의 불평
④ 제조업체가 재고를 제때 보충하지 않았다는 유통업체의 불평
⑤ 다른 딜러가 차량 가격을 너무 낮게 책정했다는 동일차량회사 딜러의 불평

66 유형별 고객에 대한 설명으로 옳지 않은 것은?

① 고객이란 기업의 제품이나 서비스를 구매하거나 이용하는 소비자를 말한다.
② 이탈고객은 기업의 기준에 의해서 더 이상 자사의 제품이나 서비스를 이용하지 않는 것으로 정의된 고객을 말한다.
③ 내부고객은 조직 내부의 가치창조에 참여하는 고객으로서 기업의 직원들을 의미한다.
④ 비활동 고객은 자사의 제품이나 서비스를 구매한 경험도 향후 자사의 고객이 될 수 있는 가능성도 없는 고객을 말한다.
⑤ 가망고객은 현재 고객은 아니지만 광고, 홍보를 통해 유입될 가능성이 높은 고객을 말한다.

67 점포 설계의 목적과 관련된 설명으로 가장 옳지 않은 것은?

① 점포는 다양하고 복잡한 모든 소비자들의 욕구와 니즈를 충족할 수 있도록 설계해야 한다.

② 점포는 상황에 따라 상품구색 변경을 수용하고 각 매장에 할당된 공간과 점포 배치의 수정이 용이하도록 설계하는 것이 좋다.

③ 점포는 설계를 시행하고 외관을 유지하는 데 드는 비용을 적정 수준으로 통제할 수 있도록 설계해야 한다.

④ 점포는 고객 구매 행동을 자극하는 방식으로 설계해야 한다.

⑤ 점포는 사전에 정의된 포지셔닝을 달성할 수 있도록 설계해야 한다.

68 유통업체의 업태 간 경쟁(intertype competition)을 유발시키는 요인으로 가장 옳지 않은 것은?

① 소비자 수요의 질적 다양화

② 생활 필수품의 범위 확대

③ 정보기술의 발달

④ 품목별 전문유통기업의 등장

⑤ 혼합상품화(scrambled merchandising) 현상의 증가

69 매장 내 상품진열의 방법을 결정할 때 고려해야 할 요인으로서 가장 옳지 않은 것은?

① 상품들간의 조화

② 점포이미지와의 일관성

③ 개별상품의 물리적 특성

④ 개별상품의 잠재적 이윤

⑤ 보유한 진열비품의 활용가능성

70 아래 글상자 ㉠과 ㉡에 들어갈 알맞은 용어는?

상품관리 시 품목구성에서 결정해야 할 중요한 사항으로 (㉠)와(과) (㉡)의 설정이 있다. (㉠)은(는) 취급 가격의 범위를 말하는데 최저가격부터 최고가격까지의 폭을 의미한다. (㉡)은(는) 중점을 두는 가격의 봉우리를 지칭하는데 고급품의 가격대, 중급품의 가격대 등 (㉠) 가운데 몇 가지를 설정하는 것이다.

① ㉠ 상품의 폭, ㉡ 상품의 깊이

② ㉠ 상품의 깊이, ㉡ 상품의 폭

③ ㉠ 가격, ㉡ 마진

④ ㉠ 프라이스 라인, ㉡ 프라이스 존

⑤ ㉠ 프라이스 존, ㉡ 프라이스 라인

71 CRM 시스템에 대한 설명으로 가장 옳지 않은 것은?

① 신규고객 창출, 기존고객 유지, 기존고객 강화를 위해 이용된다.
② 기업에서는 장기적인 고객관계 형성보다는 단기적인 고객관계 형성을 위해 도입하고 있다.
③ 다양한 측면의 정보 분석을 통해 고객에 대한 이해도를 높여준다.
④ 유통업체의 경쟁우위 창출에 도움을 제공한다.
⑤ 고객유지율과 경영성과 모두를 향상시키기 위해 정보와 지식을 활용한다.

72 정보 단위에 대한 설명으로 옳지 않은 것은?

① 기가바이트(GB)는 바이트(B)보다 큰 단위이다.
② 테라바이트(TB)는 기가바이트(GB)보다 큰 단위이다.
③ 테라바이트(TB)는 메가바이트(MB)보다 큰 단위이다.
④ 메가바이트(MB)는 킬로바이트(KB)보다 큰 단위이다.
⑤ 기가바이트(GB)는 페타바이트(PB)보다 큰 단위이다.

73 충성도 프로그램에 대한 설명으로 옳지 않은 것은?

① 유통업체에서 운영하는 충성도 프로그램은 고객들의 구매 충성도를 높이기 위해 운영되는 단발성 프로그램이다.
② 유통업체 고객의 충성도는 다양한데, 대표적인 충성도에는 행동적 충성도와 태도적 충성도가 있다.
③ 유통업체 고객의 행동적 충성도의 대표적인 사례로는 고객의 반복구매가 있다.
④ 유통업체 고객이 특정한 상품에 대해 애착을 형성하거나 우호적 감정을 갖는 것을 태도적 충성도라고 한다.
⑤ 유통업체에서 가지고 있는 충성도 강화 프로그램은 사전에 정해진 지침에 의해 운영된다.

74 유통업체들은 정보시스템 운영을 효율화하기 위해 ERP시스템을 도입하고 있는데 ERP시스템의 발전순 서를 나열한 것으로 옳은 것은?

> ㉠ ERP   ㉡ Extended ERP
> ㉢ MRP   ㉣ MRP Ⅱ

① ㉢ - ㉣ - ㉠ - ㉡   ② ㉢ - ㉠ - ㉣ - ㉡
③ ㉢ - ㉡ - ㉠ - ㉣   ④ ㉠ - ㉣ - ㉢ - ㉡
⑤ ㉠ - ㉡ - ㉢ - ㉣

75 사물인터넷 유형을 올인원 사물인터넷과 애프터마켓형 사물인터넷으로 구분할 경우 보기 중 애프터마 켓형 사물인터넷 제품으로 가장 옳은 것은?

① 스마트 TV   ② 스마트 지갑
③ 스마트 냉장고   ④ 스마트 워치(watch)
⑤ 크롬 캐스트(Chrome Cast)

76 아래 글상자에서 설명하는 기술로 옳은 것은?

> ㉠ A사는 행정안전부와 협약을 통해 이 기술을 이용하여 긴급구조 활동에 지원하기로 하였으며, 재난
> 발생으로 고립된 지역에 의약품 키트를 긴급물품으로 지원하기로 하였다. 독일 제작업체와 합작해
> 도입한 '○○스카이도어'이다.
> ㉡ B사는 2019년 4월 이것에 대해 미국 FAA로부터 사업허가를 승인받았다. 버지니아와 블랙스버그의
> 외곽 지역에서 이 기술을 이용하여 기업에서 가정으로 상품을 실어 나르는 상업 서비스를 개시할 수
> 있게 되었다. 이 승인은 2년간 유효하며, 조종사 1인당 동시에 가능한 조정대수는 최대 5대로 제한되
> 고 위험물질은 실을 수 없다.

① GPS   ② 드 론
③ 핀테크   ④ DASH
⑤ WING

77 전자상거래를 이용하는 고객들이 기업에서 발송하는 광고성 메일에 대해 수신거부 의사를 전달하면,
고객들은 광고성 메일을 받지 않을 수 있는데 이를 적절하게 설명하는 용어로 옳은 것은?

① 옵트아웃(opt out)   ② 옵트인(opt in)
③ 옵트오버(opt over)   ④ 옵트오프(opt off)
⑤ 옵트온(opt on)

78 유통업체와 제조업체들이 환경에 해로운 경영 활동을 하면서, 마치 친환경 경영 활동을 하고 있는 것처럼 광고하는 경우를 설명하는 용어로 옳은 것은?

① 카본 트러스트(Carbon Trust)

② 자원 발자국(Resource Footprint)

③ 허브 앤 스포크(Hub and Spoke)

④ 그린워시(Greenwash)

⑤ 친환경 공급사슬(Greenness Supply Chain)

79 아래 글상자의 ( ) 안에 공통적으로 들어갈 공급사슬관리 개념으로 가장 옳은 것은?

> ㉠ ( )은(는) 조직들이 시장의 실질적인 수요를 예측함과 동시에 비용효과적인 방법으로 대응하는 전략이다.
>
> ㉡ ( )의 목표는 조직들이 최소 재고를 유지하면서, 정시배송을 통한 가장 높은 수준의 소비자 만족을 가능하게 하는 것이다.
>
> ㉢ ( )의 핵심은 단일 계획에 의한 실행으로 조직의 경영목표를 달성하기 위한 계획을 정립하고 판매, 생산, 구매, 개발 등 조직 내의 모든 실행이 동기화 되어야 한다.

① S&OP(Sales and Operations Planning)

② LTM(Lead Time Management)

③ VMI(Vendor Managed Inventory)

④ DF(Demand Fulfillment)

⑤ SF(Supply Fulfillment)

80 전자자료교환(EDI)에 대한 설명으로 가장 옳지 않은 것은?

① 전용선 기반이나 텍스트 기반의 EDI 서비스는 개방적 인터넷 환경으로 인해 보안상 취약성이 높아 웹기반 서비스가 불가하며, 2022년 서비스 예정이다.

② EDI 서비스는 기업 간 전자상거래 서식 또는 공공 서식을 서로 합의된 표준에 따라 표준화된 메시지 형태로 변환해 거래 당사자끼리 통신망을 통해 교환하는 방식이다.

③ EDI 서비스는 수작업이나 서류 및 자료의 재입력을 하지 않게 되어 실수 및 오류를 방지하며 더 많은 비즈니스 문서를 보다 정확하고 보다 빨리 공유하고 처리할 수 있다.

④ EDI 시스템의 기본 기능에는 기업의 수주, 발주, 수송, 결제 등을 처리하는 기능이 있으며, 상업 거래 자료를 변환, 통신, 표준 관리 그리고 거래처 관리 등으로 활용할 수 있다.

⑤ EDI 서비스는 1986년 국제연합유럽경제위원회(UN/ECE) 주관으로 프로토콜 표준화 합의가 이루어졌고, 1988년 프로토콜의 명칭을 EDIFACT로 하였으며, 구문규칙을 국제표준(ISO 9735)으로 채택하였다.

81 POS(Point of Sale)시스템의 구성기기 중 상품명, 가격, 구입처, 구입가격 등 상품에 관련된 모든 정보가 데이터베이스화되어 있으며, 자동으로 판매파일, 재고파일, 구매파일 등을 갱신하고 기록하여, 추후 각종 통계자료 작성 시에 사용 가능케 하는 기기로 가장 옳은 것은?

① POS 터미널
② 바코드 리더기
③ 바코드 스캐너
④ 본부 주 컴퓨터
⑤ 스토어 컨트롤러

82 e-SCM을 위해 도입해야 할 주요 정보기술로 가장 옳지 않은 것은?

① 의사결정을 지원해주기 위한 자료 탐색(data mining) 기술
② 내부 기능부서 간의 업무통합을 위한 전사적 자원관리(ERP) 시스템
③ 기업 내부의 한정된 일반적인 업무 활동에서 발생하는 거래자료를 처리하기 위한 거래처리시스템
④ 수집된 고객 및 거래데이터를 저장하기 위한 데이터 웨어하우스(data warehouse)
⑤ 고객, 공급자 등의 거래 상대방과의 거래 처리 및 의사소통을 위한 인터넷 기반의 전자상거래 (e-Commerce) 시스템

83 바코드 기술과 RFID 기술에 대한 설명으로 옳지 않은 것은?

① 유통업체에서는 바코드 기술을 판매관리에 활용하고 있다.
② 바코드 기술은 핀테크 기술에 결합되어 다양한 모바일 앱에서 활용되고 있다.
③ 바코드 기술을 대체할 기술로는 RFID(RadioFrequency IDentification) 기술이 있다.
④ RFID 기술은 바코드에 비해 구축비용이 저렴하지만, 보안 취약성 때문에 활성화되고 있지 않다.
⑤ RFID 기술은 단품관리에 활용될 수 있다.

84 아래 글상자에서 설명하는 기술로 옳은 것은?

인간을 대신하여 수행할 수 있도록 반복적인 업무를 알고리즘화하고 소프트웨어적으로 자동화하는 기술이다. 물리적 로봇이 아닌 소프트웨어프로그램으로 사람이 하는 규칙기반(rule based) 업무를 기존의 IT 환경에서 동일하게 할 수 있도록 구현하는 것이다.
2014년 이후 글로벌 금융사를 중심으로 확산되었으며, 현재는 다양한 분야에서 일반화되는 추세이다.

① RPA(Robotic Process Automation)
② 비콘(Beacon)
③ 블루투스(Bluetooth)
④ OCR(Optical Character Reader)
⑤ 인공지능(Artificial Intelligence)

85 QR(Quick Response) 도입으로 얻는 효과로 가장 옳지 않은 것은?

① 기업의 원자재 조달에서부터 상품이 소매점에 진열되기까지 총 리드타임 단축

② 낮은 수준의 재고와 대응시간의 감소가 서로 상충되어 프로세싱 시간 증가

③ 정확한 생산계획에 의한 생산관리로 낮은 수준의 재고 유지 가능

④ 전표 등을 EDI로 처리하여 정확성 및 신속성 향상

⑤ 기업 간 정보공유를 바탕으로 소비동향을 분석, 고객요구를 신속하게 반영하는 것이 가능

86 POS(Point of Sale) 시스템에 대한 설명으로 옳지 않은 것은?

① 유통업체에서는 POS 시스템을 도입함으로써 업무처리 속도를 개선하고, 업무에서의 오류를 줄일 수 있다.

② 유통업체에서는 POS 시스템의 데이터를 분석함으로써 중요한 의사결정에 활용할 수 있다.

③ 유통업체에서는 POS 시스템을 통해 얻은 시계열자료를 분석함으로써 판매 상품에 대한 추세 분석을 할 수 있다.

④ 유통업체에서는 POS 시스템을 도입해 특정 상품을 얼마나 판매하였는가에 대한 정보를 얻을 수 있다.

⑤ 고객의 프라이버시 보호를 위해 바코드로 입력된 정보와 고객 정보의 연계를 금지하고 있어 유통업체는 개인 고객의 구매내역을 파악할 수 없다.

87 아래 글상자 내용은 패턴 발견과 지식을 의사결정 및 지식 영역에 적용하기 위한 지능형 기술에 대한 설명이다. (   ) 안에 적합한 용어로 옳은 것은?

> (   )(은)는 자연 언어 등의 애매함을 정량적으로 표현하기 위하여 1965년 미국 버클리대학교의 자데(L. A.Zadeh) 교수에 의해 도입되었다. 이는 불분명한 상태, 모호한 상태를 참 혹은 거짓의 이진 논리에서 벗어난 다치성으로 표현하는 논리 개념으로, 근사치나 주관적 값을 사용하는 규칙들을 생성함으로써 부정확함을 표현할 수 있는 규칙 기반기술(rule-based technology)이다.

① 신경망   ② 유전자 알고리즘
③ 퍼지 논리   ④ 동적계획법
⑤ 전문가시스템

88 지식관리에 대한 설명으로 옳지 않은 것은?

① 명시적 지식은 쉽게 체계화할 수 있는 특성이 있다.

② 암묵적 지식은 조직에서 명시적 지식보다 강력한 힘을 발휘하기도 한다.

③ 명시적 지식은 경쟁기업이 쉽게 모방하기 어려운 지식으로 경쟁우위 창출에 기반이 된다.

④ 암묵적 지식은 사람의 머릿속에 있는 지식으로 지적자본(intellectual capital)이라고도 한다.

⑤ 기업에서는 구성원의 지식공유를 활성화하기 위하여 인센티브(incentive)를 도입한다.

89 전자서명이 갖추어야 할 특성으로 가장 옳지 않은 것은?

① 서명한 문서의 내용을 변경할 수 없어야 한다.

② 서명자가 자신이 서명한 사실을 부인할 수 없어야 한다.

③ 서명은 서명자 이외의 다른 사람이 생성할 수 없어야 한다.

④ 서명은 서명자의 의도에 따라 서명된 것임을 확인할 수 있어야 한다.

⑤ 하나의 문서의 서명을 다른 문서의 서명으로 사용할 수 있어야 한다.

90 유통업체에서 지식관리시스템 활용을 통해 얻을 수 있는 효과로 옳지 않은 것은?

① 동종 업계의 다양한 우수 사례를 공유할 수 있다.

② 지식을 획득하고, 이를 보다 효과적으로 활용함으로써 기업 성장에 도움을 받을 수 있다.

③ 중요한 지식을 활용해 기업 운영에 있어 경쟁력을 확보할 수 있다.

④ 지식 네트워크를 구축할 수 있고, 이를 통해 새로운 지식을 얻을 수 있다.

⑤ 의사결정을 위한 정보를 제공해주는 시스템으로 의사결정권이 있는 사용자가 빠르게 판단할 수 있게 돕는다.

시험일	문항 수	시 간	문제형별
2021. 8. 21	총 90개	100분	A

21년

1과목 유통물류일반

01 운송수단을 결정하기 전에 검토해야 할 사항에 대한 설명으로 가장 거리가 먼 것은?

① 운송할 화물이 일반화물인지 냉동화물인지 등의 화물의 종류

② 운송할 화물의 중량과 용적

③ 화물의 출발지, 도착지와 운송거리

④ 운송할 화물의 가격

⑤ 운송할 화물이 보관된 물류센터의 면적

02 SCM 관리기법 중 JIT(Just In Time)에 대한 내용으로 옳은 것은?

① JIT는 생산, 운송시스템의 전반에서 재고부족으로 인한 위험 요소를 제거하기 위해 안전재고 수준을 최대화한다.

② JIT에서 완성품은 생산과정품(Work In Process)에 포함시키지만 부품과 재료는 포함시키지 않는다.

③ 구매측면에서는 공급자의 수를 최대로 선정하여 호혜적인 작업관계를 구축한다.

④ 수송단위가 소형화되고 수송빈도가 증가하므로 수송과정을 효과적으로 점검, 통제하는 능력이 중요하다.

⑤ 창고설계시 최대재고의 저장에 초점을 맞추는 것이지 재고이동에 초점을 맞추는 것은 아니다.

03 운송에 관련된 내용으로 옳지 않은 것은?

① 해상운송은 최종목적지까지의 운송에는 한계가 있기 때문에 피시백(fishy back) 복합운송서비스를 제공한다.

② 트럭운송은 혼적화물운송(LTL ; Less than Truckload)상태의 화물도 긴급 수송이 가능하고 단거리 운송에도 경제적이다.

③ 다른 수송형태에 비해 철도운송은 상대적으로 도착시간을 보증할 수 있는 정도가 높다.

④ 항공운송은 고객이 원하는 지점까지의 운송을 위해 버디백(birdy back) 복합운송 서비스를 활용할 수 있다.

⑤ COFC는 철도의 유개화차 위에 컨테이너를 싣고 수송하는 방식이다.

04 ROI에 대한 내용으로 옳지 않은 것은?

① 투자에 대한 이익률이다.

② 순자본(소유주의 자본, 주주의 자본 혹은 수권자본)에 대한 순이익의 비율이다.

③ ROI가 높으면 제품재고에 대한 투자가 총이익을 잘 달성했다는 의미이다.

④ ROI가 낮으면 자산의 과잉투자 등으로 인해 사업이 성공적이지 못하다는 의미이다.

⑤ ROI가 높으면 효과적인 레버리지 기회를 활용했다는 의미로도 해석된다.

05 아래 글상자는 포장설계의 방법 중 집합포장에 대한 설명이다. ㉠과 ㉡에서 설명하는 용어로 가장 옳은 것은?

> ㉠ 수축 필름의 열수축력을 이용하여 파렛트와 그 위에 적재된 포장화물을 집합포장하는 방법
> ㉡ 주로 생선, 식품, 청과물 등을 1개 또는 복수로 트레이에 올려 그 주위를 끌어당기면서 엷은 필름으로 덮어 포장하는 방법

① ㉠ 밴드결속, ㉡ 테이핑

② ㉠ 테이핑, ㉡ 슬리브

③ ㉠ 쉬링크, ㉡ 스트레치

④ ㉠ 꺽쇠·물림쇠, ㉡ 골판지상자

⑤ ㉠ 접착, ㉡ 슬리브

06 도·소매 물류를 7R을 활용하여 효과적으로 관리하는 방법에 대한 설명으로 가장 옳지 않은 것은?

① 적절한 품질의 제품을 적시에 제공해야 한다.
② 최고의 제품을 저렴한 가격으로 제공해야 한다.
③ 좋은 인상으로 원하는 장소에 제공해야 한다.
④ 적정한 제품을 적절한 양으로 제공해야 한다.
⑤ 적시에 원하는 장소에 제공해야 한다.

07 기업이 외부조달을 하거나 외주를 주는 이유로 옳지 않은 것은?

① 비용상의 이점
② 불충분한 생산능력 보유
③ 리드타임, 수송, 창고비 등에 대한 높은 통제가능성
④ 전문성 결여로 인한 생산 불가능
⑤ 구매부품의 품질측면의 우수성

08 인적자원관리에 관련된 능력주의와 연공주의를 비교한 설명으로 옳지 않은 것은?

구 분	능력주의	연공주의
㉠ 승진기준	직무중심(직무능력기준)	사람중심(신분중심)
㉡ 승진요소	성과, 업적, 직무수행능력 등	연력, 경력, 근속년수, 학력 등
㉢ 승진제도	직계승진제도	연공승진제도
㉣ 경영 내적요인	일반적으로 전문직종의 보편화 (절대적은 아님)	일반적으로 일반직종의 보편화 (절대적은 아님)
㉤ 특성	승진관리의 안정성/ 객관적 기준 확보 가능	승진관리의 불안정/ 능력평가의 객관성 확보가 힘듦

① ㉠
② ㉡
③ ㉢
④ ㉣
⑤ ㉤

09 포트폴리오 투자이론에 관련된 설명으로 옳지 않은 것은?

① 포트폴리오란 투자자들에 의해 보유되는 주식, 채권 등과 같은 자산들의 그룹을 말한다.
② 포트폴리오 수익률은 개별자산의 수익률에 투자비율을 곱하여 모두 합한 값이다.
③ 포트폴리오 가중치는 포트폴리오의 총가치 중 특정자산에 투자된 비율을 말한다.
④ 체계적 위험은 주식을 발행한 각 기업의 경영능력, 발전가능성, 수익성 등의 변동가능성으로 개별주식에만 발생하는 위험이다.
⑤ 비체계적 위험은 분산투자로 어느 정도 제거가 가능한 위험이다.

10 조직 내에서 이루어지는 공식, 비공식적인 의사소통의 유형과 그 설명이 가장 옳지 않은 것은?

① 개선보고서와 같은 상향식 의사소통은 하위계층에서 상위계층으로 이루어진다.
② 태스크포스(task force)와 같은 하향식 의사소통은 전통적 방식의 소통이다.
③ 다른 부서의 동일 직급 동료 간의 정보교환은 수평식 의사소통이다.
④ 인사부서의 부장과 품질보증팀의 대리 간의 의사소통은 대각선 방식의 의사소통이다.
⑤ 비공식 의사소통 채널의 예로 그레이프바인(grapevine)이 있다.

11 아래의 글상자에서 설명하고 있는 동기부여전략으로 옳은 것은?

> - 자신의 업무와 관련된 목표를 상사와 협의하여 설정하고 그 과정과 결과를 정기적으로 피드백한다.
> - 구체적인 목표가 동기를 자극하여 성과를 증진시킨다.
> - 목표가 완성되었을 경우 상사와 함께 평가하여 다음 번 목표 설정에 활용한다.

① 목표관리이론   ② 직무충실화이론
③ 직무특성이론   ④ 유연근로제
⑤ 기대이론

12 서로 다른 제품을 각각 다른 생산설비를 사용하는 것보다 공동의 생산설비를 이용해서 생산한다면 보다 효과적이라는 이론으로 옳은 것은?

① 규모의 경제   ② 분업의 원칙
③ 변동비 우위의 법칙   ④ 범위의 경제
⑤ 집중화 전략

13 유통경영 전략계획 수립에 대한 설명으로 가장 옳지 않은 것은?

① 기업수준의 전략계획수립은 조직의 목표 및 역량과 변화하는 마케팅 기회 간의 전략적 적합성을 개발·유지하는 과정을 말한다.
② 기업수준의 전략계획수립은 기업 내에서 이루어지는 다른 모든 계획수립의 근간이 된다.
③ 기업수준의 전략계획수립과정은 기업전반의 목적과 사명을 정의하는 것으로 시작된다.
④ 기업수준의 전략계획이 실현될 수 있도록 마케팅 및 기타 부서들은 구체적 실행계획을 수립한다.
⑤ 기업수준의 전략계획은 기능별 경영전략과 사업수준별 경영전략을 수립한 후 전략적 일관성에 맞게 수립해야 한다.

14 유통경로에서 발생하는 각종 현상에 관한 설명으로 가장 옳지 않은 내용은?

① 유통경로의 같은 단계에 있는 경로구성원 간의 경쟁을 수평적 경쟁이라고 한다.

② 제조업자는 수직적 마케팅 시스템을 통해 도소매상의 판매자료를 공유함으로써 효율적 재고관리, 경로전반의 조정개선 등의 이점을 얻을 수 있다.

③ 가전제품도매상과 대규모로 소매상에 공급하는 가전 제조업자와의 경쟁은 업태 간 경쟁이다.

④ 이미지, 목표고객, 서비스 등 기업전략의 유사성 때문에 수평적 경쟁이 생기는 경우도 많다.

⑤ 유통기업은 수직적 경쟁을 회피하기 위해 전방통합, 후방통합을 시도하기도 한다

21년

15 기업의 과업환경에 속하지 않는 것은?

① 경쟁기업
② 고 객
③ 규제기관
④ 협력업자
⑤ 인구통계학적 특성

16 기업의 이해관계자별 주요 관심사에 관한 설명으로 옳지 않은 것은?

구 분	이해관계자	이해관계자의 관심사
㉠	기업주/경영자	기업평판, 경쟁력
㉡	종업원	임금과 근무조건, 복리후생제도, 채용관행과 승진제도
㉢	노동조합	허위정보, 과내생고, 폭리, 유해상품
㉣	소비자/고객	제품의 안전성, 적정가격, 서비스수준과 품질보장
㉤	유통업체/거래처	입찰과 납품시 합법적 행위, 대금결제의 합법성

① ㉠
② ㉡
③ ㉢
④ ㉣
⑤ ㉤

17 청소년보호법(법률 제17761호, 2020.12.29., 타법개정)상, 청소년유해약물에 포함되지 않는 것은?

① 주 류
② 담 배
③ 마약류
④ 고카페인 탄산음료
⑤ 환각물질

18 '재고를 어느 구성원이 가지는가에 따라 유통경로가 만들어진다'라고 하는 유통경로 결정 이론과 관련한 내용으로 옳지 않은 것은?

① 중간상이 재고의 보유를 연기하여 제조업자가 재고를 가진다.

② 유통경로의 가장 최후시점까지 제품을 완성품으로 만들거나 소유하는 것을 미룬다.

③ 자전거 제조업자가 완성품 조립을 미루다가 주문이 들어오면 조립하여 중간상에게 유통시킨다.

④ 특수산업용 기계 제조업자는 주문을 받지 않는 한 생산을 미룬다.

⑤ 다른 유통경로 구성원이 비용우위를 갖는 기능은 위양하고 자신이 더 비용우위를 갖는 일은 직접 수행한다.

19 상인 도매상은 수행기능의 범위에 따라 크게 완전기능도매상과 한정기능도매상으로 구분한다. 완전기능도매상에 해당되는 것으로 옳은 것은?

① 현금으로 거래하며 수송서비스를 제공하지 않는 현금무배달도매상

② 제품에 대한 소유권을 가지고 제조업자로부터 제품을 취득하여 소매상에게 직송하는 직송도매상

③ 우편을 통해 주문을 접수하여 제품을 배달해주는 우편주문도매상

④ 서로 관련이 있는 몇 가지 제품을 동시에 취급하는 한정상품도매상

⑤ 트럭에 제품을 싣고 이동판매하는 트럭도매상

20 소비자기본법(법률 제17290호, 2020.5.19., 타법개정)상, 소비자중심경영의 인증 내용으로 옳지 않은 것은?

① 소비자중심경영인증의 유효기간은 그 인증을 받은 날부터 1년으로 한다.

② 소비자중심경영인증을 받은 사업자는 대통령령으로 정하는 바에 따라 그 인증의 표시를 할 수 있다.

③ 소비자중심경영인증을 받으려는 사업자는 대통령령으로 정하는 바에 따라 공정거래위원회에 신청하여야 한다.

④ 공정거래위원회는 소비자중심경영인증을 신청하는 사업자에 대하여 대통령령으로 정하는 바에 따라 그 인증의 심사에 소요되는 비용을 부담하게 할 수 있다.

⑤ 공정거래위원회는 소비자중심경영을 활성화하기 위하여 대통령령으로 정하는 바에 따라 소비자 중심경영인증을 받은 기업에 대하여 포상 또는 지원 등을 할 수 있다.

21 최근 국내외 유통산업의 발전상황과 트렌드로 옳지 않은 것은?

① 제품설계, 제조, 판매, 유통 등 일련의 과정을 늘려 거대한 조직을 만들어 복잡한 가치사슬을 유지하고 높은 재고비용을 필요로 하는 가치사슬이 중요해졌다.

② 소비자의 구매 패턴 등을 담은 빅데이터를 기반으로 생산과 유통에 대한 의사결정이 이루어지고 있다.

③ 글로벌 유통기업들은 무인점포를 만들고, 시범적으로 드론 배송서비스를 시작하였다.

④ 디지털 기술 및 다양한 기술이 융합됨에 따라 온라인 플랫폼을 통하여 개인화된 제품으로 변화된 소비자선호에 대응할 수 있게 되었다.

⑤ VR/AR 등을 이용한 가상 스토어에서 물건을 살 수 있다.

22 중간상이 행하는 각종 분류기능 중 ㉠과 ㉡에 들어갈 용어로 옳은 것은?

> - (㉠)은/는 생산자들에 의해 공급된 이질적인 제품들을 크기, 품질, 색깔 등을 기준으로 동질적인 집단으로 나누는 기능을 의미한다.
> - (㉡)은/는 동질적인 제품을 소규모 단위로 나누는 기능을 의미한다.

① ㉠ 수합(accumulation), ㉡ 등급(sort out)

② ㉠ 등급(sort out), ㉡ 분배(allocation)

③ ㉠ 분배(allocation), ㉡ 구색(assortment)

④ ㉠ 구색(assortment), ㉡ 수합(accumulation)

⑤ ㉠ 수합(accumulation), ㉡ 분배(allocation)

23 유통산업의 개념 및 경제적 역할에 대한 설명으로 가장 옳지 않은 것은?

① 유통산업이란 도매상, 소매상, 물적 유통기관 등과 같이 유통기능을 수행·지원하는 유통기구들의 집합을 의미한다.

② 우리나라의 경우 1960년대 이후 주로 유통산업 부문 중심의 성장을 이루었으나, 1980년대 이후에는 제조업의 육성과 활성화가 중요 과제가 되었다.

③ 유통산업은 국민경제 및 서비스산업 발전에 파급효과가 크고 성장잠재력이 높은 고부가가치 산업으로 평가되고 있다.

④ 유통산업은 경제적으로 일자리 창출에 크게 기여하고 있는 산업이며 서비스산업 발전에도 중요한 역할을 하고 있다.

⑤ 유통산업은 모바일 쇼핑과 같은 신업태의 등장, 유통단계의 축소 등의 유통구조의 개선으로 상품거래 비용과 소매가격하락을 통해 물가안정에도 기여하고 있다.

24 마이클 포터(Michael Porter)의 산업구조분석모형(5-forces model)에 대한 설명으로 옳지 않은 것은?

① 공급자의 교섭력이 높아질수록 시장 매력도는 높아진다.
② 대체재의 유용성은 대체재가 기존 제품의 가치를 얼마나 상쇄할 수 있는지에 따라 결정된다.
③ 교섭력이 큰 구매자의 압력으로 인해 자사의 수익성이 낮아질 수 있다.
④ 진입장벽의 강화는 신규 진입자의 진입을 방해하는 요소가 된다.
⑤ 경쟁기업 간의 동질성이 높을수록 암묵적인 담합가능성이 높아진다.

25 중간상의 사회적 존재 타당성에 대한 설명 중 그 성격이 다른 하나는?

① 제조업은 고정비가 차지하는 비율이 변동비보다 크다.
② 제조업자가 중간상과 거래하여 사회적 총 거래수가 감소한다.
③ 유통업은 고정비보다 변동비의 비율이 높다.
④ 중간상이 배제되고 제조업이 유통의 역할을 통합하는 것이 비용측면에서 이점이 크지 않다.
⑤ 제조업체가 변동비를 중간상과 분담함으로써 비용면에서 경쟁 우위를 차지할 수 있다.

2과목 | 상권분석

26 소매점 개점을 위한 투자계획에 관한 설명으로 가장 옳지 않은 것은?

① 투자계획은 개점계획을 자금계획과 손익계획으로 계수화한 것이다.
② 자금계획은 자금조달계획과 자금운영계획으로 구성된다.
③ 손익계획은 수익계획과 비용계획으로 구성된다.
④ 자금계획은 투자활동 현금흐름표, 손익계획은 연도별 손익계산서로 요약할 수 있다.
⑤ 물가변동이 심하면 경상가격 대신 불변가격을 적용하여 화폐가치 변동을 반영한다.

27 아래 글상자 속의 설명에 해당하는 상업입지로서 가장 옳은 것은?

주로 지방 중소도시의 중심부에 형성되는 커뮤니티형 상점가이다. 실용적인 준선매품 소매점 및 가족형 음식점들이 상점가를 형성하며, 대부분의 생활기능을 충족시킨다.

① 거점형 상업입지
② 광역형 상업입지
③ 지역중심형 상업입지
④ 지구중심형 상업입지
⑤ 근린형 상업입지

28 점포를 개점할 때 고려해야할 전략적 사항에 대한 설명으로 옳지 않은 것은?

① 점포는 단순히 하나의 물리적 시설이 아니고 소비자들의 생활과 직결되며, 라이프스타일에도 영향을 미친다.
② 상권의 범위가 넓어져서 규모의 경제를 유발할 수 있기 때문에, 점포의 규모는 클수록 유리하다.
③ 점포개설로 인해 인접 주민 또는 소비자단체의 민원제기나 저항이 일어나지 않도록 사전에 대비하여야 한다.
④ 취급하는 상품의 종류에 따라 소비자의 이동거리에 대한 저항감이 다르기 때문에 상권의 범위가 달라진다.
⑤ 경쟁관계에 있는 다른 점포의 규모나 위치를 충분히 검토하여야 한다.

29 상권설정이 필요한 이유로 가장 옳지 않은 것은?

① 지역 내 고객의 특성을 파악하여 상품구색과 촉진의 방향을 설정하기 위해
② 잠재수요를 파악하기 위해
③ 구체적인 입지계획을 수립하기 위해
④ 점포의 접근성과 가시성을 높이기 위해
⑤ 업종선택 및 업태개발의 기본 방향을 확인하기 위해

30 현재 "상가건물 임대차보호법"(법률 제17471호, 2020.7.31., 일부개정) 등 관련 법규에서 규정하고 있는 상가 임대료의 인상률 상한(청구당시의 차임 또는 보증금 기준)으로 옳은 것은?

① 3%
② 4%
③ 5%
④ 7%
⑤ 9%

31 입지후보지에 대한 예상 매출금액을 계량적으로 추정하기 위한 상권분석기법이 아닌 것으로만 짝지어진 것은?

① 유사점포법(Analog method), 허프모델(Huff model)

② 허프모델(Huff model), 체크리스트법(Checklist method)

③ 티센다각형(Thiessen polygon)모형, 체크리스트법(Checklist method)

④ 회귀분석(Regression analysis)모형, 허프모델(Huff model)

⑤ 다항로짓모델(Multinomial logit model), 유사점포법(Analog method)

32 소매점의 입지와 상권에 대한 설명으로 가장 옳은 것은?

① 입지 평가에는 점포의 층수, 주차장, 교통망, 주변 거주 인구 등을 이용하고, 상권 평가에는 점포의 면적, 주변 유동인구, 경쟁점포의 수 등의 항목을 활용한다.

② 입지는 점포를 이용하는 소비자들이 분포하는 공간적 범위 또는 점포의 매출이 발생하는 지역 범위를 의미한다.

③ 상권은 점포를 경영하기 위해 선택한 장소 또는 그 장소의 부지와 점포 주변의 위치적 조건을 의미한다.

④ 입지를 강화한다는 것은 점포가 더 유리한 조건을 갖출 수 있도록 점포의 속성들을 개선하는 것을 의미한다.

⑤ 입지는 일정한 공간적 범위(boundary)로 표현되고 상권은 일정한 위치를 나타내는 주소나 좌표를 가지는 점(point)으로 표시된다.

33 시계성 관점에서 상대적으로 좋은 입지에 대한 설명으로 가장 옳지 않은 것은?

① 차량 이용보다는 도보의 경우에 더 먼 거리에서부터 인식할 수 있게 해야 한다.

② 간판은 눈에 띄기 쉬운 크기와 색상을 갖춰야 한다.

③ 건물 전체가 눈에 띄는 것이 효과적이다.

④ 교외형인 경우 인터체인지, 대형 교차로 등을 기점으로 시계성을 판단한다.

⑤ 주차장의 진입로를 눈에 띄게 하는 것도 중요하다.

34 지도작성체계와 데이터베이스관리체계의 결합으로 상권분석의 유용한 도구가 되고 있는 지리정보시스템(GIS)의 기능에 대한 설명으로 옳은 것은?

① 버퍼(buffer) – 지도상에서 데이터를 조회하여 표현하고, 특정 공간기준을 만족시키는 지도를 얻기 위해 조회도구로써 지도를 사용하는 것이다.

② 주제도(thematic map) 작성 – 속성정보를 요약하여 표현한 지도를 작성하는 것이며, 면, 선, 점의 형상으로 구성된다.

③ 위상 – 지리적인 형상을 표현한 지도상에 데이터의 값과 범위를 할당하여 지도를 확대·축소하는 등의 기능이다.

④ 데이터 및 공간조회 – 어떤 지도형상, 즉 점이나 선 혹은 면으로부터 특정한 거리 이내에 포함되는 영역을 의미하며, 면의 형태로 나타나 상권 혹은 영향권을 표현하는 데 사용될 수 있다.

⑤ 프레젠테이션 지도작업 – 공간적으로 동일한 경계선을 가진 두 지도 레이어들에 대해 하나의 레이어에 다른 레이어를 겹쳐 놓고 지도 형상과 속성들을 비교하는 기능이다.

35 동일하거나 유사한 업종은 서로 멀리 떨어져 있는 것보다 가까이 모여 있는 것이 고객을 유인할 수 있다는 입지평가의 원칙으로 옳은 것은?

① 보충가능성의 원칙
② 점포밀집의 원칙
③ 동반유인의 원칙
④ 고객차단의 원칙
⑤ 접근 가능성의 원칙

36 한 도시 내 상권들의 계층성에 대한 설명으로 가장 옳지 않은 것은?

① 지역상권은 보통 복수의 지구상권을 포함한다.
② 지역상권은 대체로 도시의 행정구역과 일치하기도 한다.
③ 일반적으로 점포상권은 점포가 입지한 지구의 상권보다 크지 않다.
④ 같은 지구 안의 점포들은 특성이 달라도 상권은 거의 일치한다.
⑤ 지방 중소도시의 지역상권은 도시 중심부의 지구상권과 거의 일치한다.

37 페터(R. M. Petter)의 공간균배의 원리에 대한 내용으로 가장 옳지 않은 것은?

① 경쟁점포들 사이의 상권분배 결과를 설명한다.
② 상권 내 소비자의 동질성과 균질분포를 가정한다.
③ 상권이 넓을수록 경쟁점포들은 분산 입지한다.
④ 수요의 교통비 탄력성이 클수록 경쟁점포들은 집중 입지한다.
⑤ 수요의 교통비 탄력성이 0(영)이면 호텔링(H. Hotelling)모형의 예측결과가 나타난다.

38 상권분석은 지역분석과 부지분석으로 나누어진다. 다음 중 지역분석의 분석항목 만으로 구성된 것은?

① 기후·지형·경관, 용도지역·용적률, 기존 건물의 적합성, 금융 및 조세 여건
② 인구변화 추세, 기후·지형·경관, 도로망·철도망, 금융 및 조세 여건
③ 용도지역·용적률, 기존 건물의 적합성, 인구변화 추세, 도로망·철도망
④ 인구변화 추세, 민원발생의 소지, 토지의 지형·지질·배수, 금융 및 조세 여건
⑤ 민원발생의 소지, 용도지역·용적률, 도로망·철도망, 공익설비 및 상하수도

39 지역시장의 매력도를 분석할 때 소매포화지수(IRS)와 시장성장잠재력지수(MEP)를 활용할 수 있다. 입지후보가 되는 지역시장의 성장가능성은 낮지만, 시장의 포화정도가 낮아 기존 점포 간의 경쟁이 치열하지 않은 경우로서 가장 옳은 것은?

① 소매포화지수(IRS)와 시장성장잠재력지수(MEP)가 모두 높은 경우
② 소매포화지수(IRS)는 높지만 시장성장잠재력지수(MEP)가 낮은 경우
③ 소매포화지수(IRS)는 낮지만 시장성장잠재력지수(MEP)가 높은 경우
④ 소매포화지수(IRS)와 시장성장잠재력지수(MEP)가 모두 낮은 경우
⑤ 소매포화지수(IRS)와 시장성장잠재력지수(MEP)만으로는 판단할 수 없다.

40 일반적인 백화점의 입지와 소매전략에 관한 설명으로 가장 옳지 않은 것은?

① 입지조건에 따라 도심백화점, 터미널백화점, 쇼핑센터 등으로 구분할 수 있다.
② 대상 지역의 주요산업, 인근지역 소비자의 소비행태 등을 분석해야 한다.
③ 선호하는 브랜드를 찾아다니면서 이용하는 소비자가 존재함을 인지해야 한다.
④ 상품 구색의 종합화를 통한 원스톱 쇼핑보다 한 품목에 집중해야 한다.
⑤ 집객력이 높은 층을 고려한 매장 배치나 차별화가 중요하다.

41 업종형태와 상권과의 관계에 대한 아래의 내용 중에서 옳지 않은 것은?

① 동일 업종이라 하더라도 점포의 규모나 품목의 구성에 따라 상권의 범위가 달라진다.
② 선매품을 취급하는 소매점포는 보다 상위의 소매 중심지나 상점가에 입지하여 넓은 범위의 상권을 가져야 한다.
③ 전문품을 취급하는 점포의 경우 고객이 지역적으로 밀집되어 있으므로 상권의 밀도는 높고 범위는 좁은 특성을 갖고 있다.
④ 상권의 범위가 넓을 때는, 상품품목 구성의 폭과 깊이를 크게 하고 다목적구매와 비교구매가 용이하게 하는 업종·업태의 선택이 필요하다.
⑤ 생필품의 경우 소비자의 구매거리가 짧고 편리한 장소에서 구매하려 함으로 이런 상품을 취급하는 업태는 주택지에 근접한 입지를 취하는 것이 좋다.

42 상권 조사 및 분석에 관한 설명으로서 가장 옳지 않은 것은?

① 유추법을 활용해 신규점포의 수요를 예측할 수 있다.

② 고객스포팅기법(CST)을 활용하여 상권의 범위를 파악할 수 있다.

③ 이용가능한 정보와 상권분석 결과의 정확성은 역U자(즉, ∩)형 관계를 갖는다.

④ 동일한 결론을 얻는 데 적용한 분석기법이 다양할수록 분석결과의 신뢰도가 높다.

⑤ 회귀분석을 통해 복수의 변수들 각각이 점포 수요에 미치는 영향을 추정할 수 있다.

43 쇼핑센터의 공간구성요소들 중에서 교차하는 통로를 연결하며 원형의 광장, 전이공간, 이벤트 장소가 되는 것은?

① 통로(path)
② 결절점(node)
③ 지표(landmark)
④ 구역(district)
⑤ 에지(edge)

44 크리스탈러(Christaller)의 중심지이론과 관련된 설명으로 가장 옳지 않은 것은?

① 중심지란 배후지의 거주자들에게 재화와 서비스를 제공하는 상업기능이 밀집된 장소를 말한다.

② 배후지란 중심지에 의해 서비스를 제공받는 주변지역으로서 구매력이 균등하게 분포하고 끝이 없이 동질적인 평지라고 가정한다.

③ 중심지기능의 최대도달거리(도달범위)는 중심지에서 제공되는 상품의 가격과 소비자가 그것을 구입 하는 데 드는 교통비에 의해 결정된다.

④ 도달범위란 중심지 활동이 제공되는 공간적 한계를 말하는데 중심지로부터 어느 재화에 대한 수요가 0이 되는 곳까지의 거리를 의미한다.

⑤ 상업중심지의 정상이윤 확보에 필요한 최소한의 수요를 발생시키는 상권범위를 최대수요 충족거리라 고 한다.

45 빅데이터의 유용성이 가장 높은 상권분석의 영역으로 가장 옳은 것은?

① 경쟁점포의 파악
② 상권범위의 설정
③ 상권규모의 추정
④ 고객맞춤형 전략의 수립
⑤ 점포입지의 적합성 평가

46 유통마케팅 성과 평가에 대한 설명으로 가장 옳지 않은 것은?

① 유통마케팅 성과측정 방법은 크게 재무적 방법과 마케팅적 방법으로 나눌 수 있다.

② 재무적 방법은 회계 데이터를 기초로 성과를 측정한다.

③ 마케팅적 방법은 주로 고객들로부터 수집된 데이터를 이용하여 성과를 측정한다.

④ 마케팅적 방법은 과거의 성과를 보여주지 못하지만 미래를 예측할 수 있다는 장점이 있다.

⑤ 재무적 방법과 마케팅적 방법을 상호보완적으로 활용하여 측정하는 것이 효과적이다.

47 아래 글상자의 상황에서 A사가 선택할 수 있는 분석방법으로 가장 옳은 것은?

> 공기청정기를 판매하는 A사는 다양한 판매촉진을 통해 매출부진에서 벗어나고자 한다.
> 가격인하와 할인쿠폰행사 그리고 경품행사가 매출향상에 효과적인가를 판단하기 위해 각 판촉방법 당 5개 지점의 자료를 표본으로 선정하여 판촉유형이 매출에 미치는 효과여부에 관한 조사를 실시하기로 했다.

① 요인분석(factor analysis)

② 회귀분석(regression analysis)

③ 다차원척도법(MDS ; Multi-Dimensional Scaling)

④ 표적집단면접법(FGI ; Focus Group Interview)

⑤ 분산분석(ANOVA ; analysis of variance)

48 촉진믹스에 대한 설명으로 옳지 않은 것은?

① 광고는 커뮤니케이션을 위한 직접적인 비용을 지불한다는 점에서 홍보(publicity)와 구분된다.

② 인적판매는 소비자 유형별로 개별화된 정보를 전달할 수 있다.

③ 인적판매의 경우 대체로 타 촉진믹스에 비해 고비용이 발생한다.

④ 판매촉진의 주된 목적은 제품에 대한 체계적이고 설득력 있는 정보를 제공하는 것이다.

⑤ 광고는 제품 또는 서비스 정보의 비대면적 전달방식이다.

49 아래 글상자는 로열티(고객충성도)의 유형을 설명하고 있다. ㉠, ㉡, ㉢에 들어갈 용어를 순서대로 나열한 것으로 옳은 것은?

> – (㉠) : 그냥 예전부터 하던 대로 습관화되어 반복적으로 특정 제품을 구매하는 경우
> – (㉡) : 반복구매 정도는 낮지만 호감의 정도는 높아 다소의 노력을 기울여서라도 특정 제품이나 브랜드를 구입하는 경우
> – (㉢) : 특정 제품에 대한 애착과 호감의 수준이 높고 반복구매가 빈번하게 발생하며 때로 긍정적 구전을 하는 경우
> – 비로열티(no loyalty) : 어떤 차선책을 찾을 수 없어 특정 제품을 반복적으로 선택하는 경우

① ㉠ 잠재적 로열티, ㉡ 초우량 로열티, ㉢ 타성적 로열티
② ㉠ 초우량 로열티, ㉡ 타성적 로열티, ㉢ 잠재적 로열티
③ ㉠ 타성적 로열티, ㉡ 잠재적 로열티, ㉢ 초우량 로열티
④ ㉠ 잠재적 로열티, ㉡ 타성적 로열티, ㉢ 초우량 로열티
⑤ ㉠ 초우량 로열티, ㉡ 잠재적 로열티, ㉢ 타성적 로열티

50 고객서비스에 대한 설명으로 가장 옳지 않은 것은?

① 고객서비스는 고객에게 만족스러운 쇼핑경험을 제공하기 위해 소매업체가 수행하는 일련의 활동과 프로그램을 의미한다.
② 고객서비스는 소비자들이 구매한 상품에서 느낄 수 있는 가치를 증진시킨다.
③ 소매업체는 보다 많은 단기적 이익을 추구하려는 전술적 관점에서 고객서비스를 제공한다.
④ 좋은 고객서비스는 경쟁사가 모방하기 어렵고 고객들이 점포를 다시 찾게 만드는 전략적 이점을 제공한다.
⑤ 훌륭한 고객서비스 제공을 통해 점포들은 상품을 차별화하고 고객충성도를 구축하며 지속가능한 경쟁우위를 확보하려고 한다.

51 판매원의 고객서비스와 판매업무활동에 대한 설명으로 가장 옳지 않은 것은?

① 판매원의 판매업무활동은 고객에게 상품에 대한 효용을 설명함으로써 구매결정을 내리도록 설득하는 것을 의미한다.
② 개별 소비자의 구매 성향에 맞게 고객서비스를 조정하는 고객화 접근법(customization)은 최소화된 비용으로 고객을 설득시킬 수 있는 직접적 판매활동이다.
③ 전체 고객집단에 대하여 동일한 고객서비스를 제공하는 것을 표준화 접근법(standardization)이라 한다.
④ 판매업무 활동의 마지막 단계는 고객의 니즈에 부합하면서 판매가 만족스럽게 이루어지도록 하는 판매종결(closing)기능이다.
⑤ 고객으로부터 얻은 정보를 기업에게 전달하는 역할도 판매업무활동의 하나이다.

52 성공적인 고객관계관리(CRM)의 도입과 실행을 위해 고려해야 할 사항으로 옳지 않은 것은?

① 고객을 중심으로 모든 거래 데이터를 통합해야 한다.
② 고객의 정의와 고객그룹별 관리방침을 수립해야 한다.
③ 고객관계관리는 전략적 차원이 아닌 단순 정보기술수준에서 활용해야 한다.
④ 고객 분석에 필요한 고객의 상세정보를 수집해야 한다.
⑤ 고객 분석결과를 활용할 수 있도록 제반 업무절차를 정립하고 시행해야 한다.

53 고객관계관리(CRM)에 기반한 마케팅활동으로 가장 옳지 않은 것은?

① 비용을 최소화할 수 있는 고객확보 활동
② 고객과의 신뢰를 쌓아가는 전략적 마케팅 활동
③ 수익성 높은 고객의 분류 및 표적화마케팅
④ 중간상을 배제한 고객과의 직접적·개별적 커뮤니케이션
⑤ 교차판매와 상향판매의 기회 증대 및 활용

54 아래 글상자 ㉠, ㉡, ㉢에 들어갈 용어로 옳은 것은?

> 일반적으로 소비자는 어떤 상품을 살 때, 과거 경험이나 기억, 외부에서 들어온 정보 등에 의해 특정가격을 떠올리게 되는데 이를 (㉠)이라 한다. 또한, 소비자마다 최하 얼마 이상 최고 얼마 미만의 가격이라면 사겠다고 생각하는 범위가 존재하는데 이를 (㉡)이라 한다. 그러나 항상 이렇게 합리적인 방식으로 가격에 반응하지는 않는다. 소비자는 디자이너 명품 의류나 주류, 시계와 같은 제품에 대해서는 가격을 품질이나 지위의 상징으로 여기는 경우가 있다. 따라서 소비자가 지불가능한 가장 높은 가격을 유지하는 전략을 (㉢) 전략이라 한다.

① ㉠ 준거가격, ㉡ 할증가격, ㉢ 수요점화가격수준
② ㉠ 준서가격, ㉡ 명성가격, ㉢ 할증가격
③ ㉠ 준거가격, ㉡ 명성가격, ㉢ 수요점화가격수준
④ ㉠ 준거가격, ㉡ 수요점화가격수준, ㉢ 명성가격
⑤ ㉠ 할증가격, ㉡ 준거가격, ㉢ 수요점화가격수준

55 아래 글상자 보기 중 머천다이저(MD)가 상품을 싸게 구매할 수 있는 일반적인 상황을 모두 고른 것은?

㉠ 주문을 많이 하는 경우
㉡ 반품 없이 모두 직매입하는 경우
㉢ 현찰로 물품대금을 지불하는 경우
㉣ 경쟁업체들이 취급하지 못하는 제조업체 제품(NB)들을 매입하는 경우

---

① ㉠, ㉡
② ㉠, ㉢
③ ㉠, ㉣
④ ㉠, ㉡, ㉢
⑤ ㉠, ㉡, ㉢, ㉣

56 다음 중 머천다이징(merchandising)을 뜻하는 의미로 가장 옳은 것은?

① 상품화계획
② 상품구매계획
③ 재고관리계획
④ 판매활동계획
⑤ 물류활동계획

57 제품구색의 변화에 초점을 맞춘 소매업태이론으로서, 소매상은 제품구색이 넓은 소매업태에서 전문화된 좁은 구색의 소매업태로 변화되었다가 다시 넓은 구색의 소매업태로 변화되어 간다고 설명하는 이론으로 가장 옳은 것은?

① 소매수명주기이론
② 소매변증법이론
③ 소매아코디언이론
④ 소매차륜이론
⑤ 소매진공이론

58 아래 글상자에서 수직적 경쟁과 관련하여 옳은 내용만을 모두 나열한 것은?

㉠ 유통경로상의 서로 다른 경로 수준에 위치한 경로 구성원 간의 경쟁을 의미한다.
㉡ 유사한 상품을 판매하는 서로 상이한 형태의 소매업체 간 경쟁을 뜻한다.
㉢ 자체상표(PB) 확산으로 발생하는 유통업체와 제조업체와의 경쟁도 수직적 경쟁에 포함된다.
㉣ 체인 간의 경쟁, 협동조합과 프랜차이즈 간의 경쟁도 수직적 경쟁에 포함된다.
㉤ 수직적 경쟁이 치열해질수록 횡적/수평적 관계로 경쟁을 완화하려는 욕구가 커진다.

---

① ㉠, ㉡, ㉢
② ㉡, ㉢, ㉤
③ ㉠, ㉢, ㉤
④ ㉡, ㉢, ㉣
⑤ ㉢, ㉣, ㉤

59 다음 중 온·오프라인(O2O) 유통전략을 실행한 결과의 사례로서 가장 옳지 않은 것은?

① 온라인 몰을 통해서 구매한 식품을 근처 오프라인 매장에서 원하는 시간에 집으로 배송 받음

② 모바일 앱을 통해 영화·TV프로그램 등의 콘텐츠를 구매하고 TV를 통해 시청함

③ PC나 모바일 앱으로 상품을 주문한 후 원하는 날짜 및 시간에 점포에 방문하여 픽업함

④ 온라인을 통해 구매한 제품에 대해 환불을 신청한 후 편의점을 통해 제품을 반품함

⑤ 모바일 지갑 서비스를 통해 쿠폰을 다운받아 매장에서 결제할 때 사용함

60 최근 우리나라에서 찾아볼 수 있는 소매경영환경의 변화로 가장 옳지 않은 것은?

① 소비자의 편의성(convenience)추구 증대

② 중간상 상표의 매출 증대

③ 온라인채널의 비약적 성장

④ 하이테크(hi-tech)형 저가 소매업으로의 시장통합

⑤ 파워 리테일러(power retailer)의 영향력 증대

61 엔드진열(end cap display)에 대한 설명으로 가장 옳지 않은 것은?

① 진열된 상품의 소비자들에 대한 노출도가 높다.

② 소비자들을 점내로 회유시키는 동시에 일반 매대로 유인하는 역할을 한다.

③ 생활제안 및 계절행사 등을 통해 매력적인 점포라는 인식을 심어줄 수 있다.

④ 상품정돈을 하지 않으므로 작업시간이 절감되고 저렴한 특가품이라는 인상을 준다.

⑤ 고마진 상품진열대로서 활용하여 이익 및 매출을 높일 수 있다.

62 중간상을 비롯한 유통경로 구성원들에게 제공하는 판매촉진 방법으로 옳지 않은 것은?

① 중간상 가격할인

② 협력광고

③ 판매원 교육

④ 지원금

⑤ 충성도 프로그램

63 레이아웃의 유형 중 격자형 점포배치(grid layout)가 갖는 상대적 특성으로 가장 옳지 않은 것은?

① 비용 대비 효율성이 매우 높다.
② 공간의 낭비를 크게 줄일 수 있다.
③ 심미적으로 가장 우수한 배열은 아니다.
④ 고객의 충동구매를 효과적으로 자극한다.
⑤ 같은 면적에 상대적으로 더 많은 상품을 진열할 수 있다.

64 아래 글상자에서 공통적으로 설명하는 가격전략은?

> ㉠ A대형마트에서는 비누와 로션 등을 3개씩 묶어서 판매함
> ㉡ 초고속인터넷과 IPTV를 따로 가입할 때보다 함께 가입하면 할인된 가격으로 제공

① 종속제품 가격전략(captive product pricing)
② 부산물 가격전략(by-product pricing)
③ 시장침투 가격전략(market-penetration pricing)
④ 묶음제품 가격전략(product-bundle pricing)
⑤ 제품라인 가격전략(product line pricing)

65 유통시장을 세분화할 때 세분화된 시장이 갖추어야 할 요건으로 가장 옳지 않은 것은?

① 세분화된 시장의 크기나 규모, 구매력의 정도가 측정가능해야 함
② 세분시장별 수익성을 보장하기 위한 시장성이 충분해야 함
③ 마케팅 활동을 통해 세분화된 시장의 소비자에게 효과적으로 접근할 수 있어야 함
④ 자사가 세분화된 시장에서 높은 경쟁우위를 갖고 있어야 함
⑤ 세분시장별 효과적인 마케팅 믹스가 개발될 수 있어야 함

66 점포구성에 대한 설명으로 가장 옳지 않은 것은?

① 점포는 상품을 판매하는 매장과 작업장, 창고 등의 후방으로 구성된다.
② 점포를 구성하는 방법, 배치 방법을 레이아웃이라 한다.
③ 점포 구성시 고객의 주동선, 보조동선, 순환동선 모두를 고려해야 한다.
④ 점포 레이아웃 안에서 상품을 그룹핑하여 진열 순서를 결정하는 것을 조닝(zoning)이라 한다.
⑤ 명확한 조닝 구성을 위해 외장 출입구 및 점두 간판의 설치 위치를 신중하게 결정해야 한다.

67 다음 중 자체상표(private brand) 상품의 장점으로 가장 옳지 않은 것은?

① 다른 곳에서는 구매할 수 없는 상품이기 때문에 차별화된 상품화 가능

② 유통기업이 누릴 수 있는 마진폭을 상대적으로 높게 책정 가능

③ 유통단계를 축소시킴으로써 비교적 저렴한 가격으로 판매 가능

④ 유통기업이 전적으로 권한을 갖기 때문에 재고소요량, 상품회전율 등의 불확실성 제거 가능

⑤ 유사한 전국상표 상품 옆에 저렴한 자체상표 상품을 나란히 진열함으로써 판매촉진효과 획득 가능

68 아래 ㉠과 ㉡에 들어갈 성장전략으로 알맞게 짝지어진 것은?

구 분	기존제품	신제품
기존시장	㉠	
신시장		㉡

① ㉠ 시장침투전략, ㉡ 제품개발전략

② ㉠ 시장침투전략, ㉡ 다각화전략

③ ㉠ 시장개발전략, ㉡ 제품개발전략

④ ㉠ 시장개발전략, ㉡ 다각화전략

⑤ ㉠ 수직적통합전략, ㉡ 신제품전략

69 다음 중 판매를 시도하기 위해 고객에게 다가가는 고객접근 기술로 가장 옳지 않은 것은?

① 고객에게 명함을 전달하며 공식적으로 접근하는 상품혜택 접근법

② 판매하고자 하는 상품을 고객에게 제시하며 주의와 관심을 환기시키는 상품 접근법

③ 고객의 관심과 흥미를 유발시켜 접근해 나가는 환기 접근법

④ 고객에게 가치 있는 무언가를 무료로 제공하면서 접근하는 프리미엄 접근법

⑤ 이전에 구매한 상품에 대한 정보제공이나 조언을 해주며 접근하는 서비스 접근법

70 다음 중 각 상품수명주기에 따른 관리전략을 연결한 것으로 옳지 않은 것은?

① 도입기 - 기본형태의 상품 출시

② 성장기 - 상품 확대, 서비스 향상

③ 성숙기 - 브랜드 및 모델의 통합, 품질보증의 도입

④ 쇠퇴기 - 경쟁력 없는 취약상품의 철수

⑤ 쇠퇴기 - 재활성화(reactivation)

71 아래 글상자에서 설명하는 기능으로 가장 옳은 것은?

> A사는 온라인과 오프라인 매장을 동시에 운영하는 코스메틱 유통회사이다. 따라서 창고 환경(온도, 습도 등)과 제품재고에 대한 실시간 상황 관리가 무엇보다 중요하다고 판단하였다. 창고관리시스템을 구축할 때, 실시간으로 창고환경과 물품별 재고현황 등을 한 화면에서 파악할 수 있도록 하였다.

① 시스템자원관리
② 주문처리집계
③ 항온항습센서
④ 재고관리통계
⑤ 대시보드

72 4차 산업혁명 시대에는 다양한 인공지능 알고리즘을 활용해 혁신적인 유통 솔루션이 개발되고 있다. 유통솔루션 개발에 활용되는 다음의 알고리즘 중 딥러닝이 아닌 것은?

① CNN(Convolutional Neural Network)
② DBN(Deep Belief Network)
③ RNN(Recurrent Neural Network)
④ LSTM(Long Short Term Memory)
⑤ GA(Genetic Algorithm)

73 전형적인 조직구조는 피라미드와 유사하며 조직 수준별로 의사결정, 문제해결, 기회포착에 요구되는 정보유형이 각기 다르다. 조직구조를 3계층으로 구분할 때, 다음 중 운영적 수준에서 이루어지는 의사 결정과 관련된 정보활용 사례로 가장 옳지 않은 것은?

① 병가를 낸 직원이 몇 명인가?
② 코로나19 이후 향후 3년에 걸친 고용수준 변화와 기업에 미치는 영향은?
③ 이번 달 온라인 쇼핑몰 구매자의 구매후기 건수는?
④ 지역별 오늘 배송해야 하는 주문 건수는?
⑤ 창고의 제품군별 재고 현황은?

21년

74 전자상거래에서 거래되는 제품들의 가격인하 요인으로 가장 옳지 않은 것은?

① 신디케이트 판매
② 경쟁심화에 따른 가격유지의 어려움
③ 최저 가격 검색 가능
④ 인터넷 판매의 낮은 경비
⑤ 사이트의 시장점유율 우선의 가격 설정

75 아래 글상자의 ( ) 안에 들어갈 내용을 순서대로 나열한 것으로 가장 옳은 것은?

구 분	자 료	정 보	지 식
구조화	(㉠)	단위필요	(㉡)
부가가치	(㉢)	중 간	(㉣)
객관성	(㉤)	가공필요	(㉥)
의사결정	관련없음	객관적사용	주관적사용

① ㉠ 어려움, ㉡ 쉬움, ㉢ 적음, ㉣ 많음, ㉤ 객관적, ㉥ 주관적
② ㉠ 쉬움, ㉡ 어려움, ㉢ 적음, ㉣ 많음, ㉤ 객관적, ㉥ 주관적
③ ㉠ 어려움, ㉡ 쉬움, ㉢ 많음, ㉣ 적음, ㉤ 주관적, ㉥ 객관적
④ ㉠ 쉬움, ㉡ 어려움, ㉢ 많음, ㉣ 적음, ㉤ 주관적, ㉥ 객관적
⑤ ㉠ 어려움, ㉡ 쉬움, ㉢ 적음, ㉣ 많음, ㉤ 주관적, ㉥ 객관적

76 A사는 기업활동에 관련된 내외부자료를 관리 영역별로 각기 수집·저장관리하고 있다. 관리되고 있는 자료를 한 곳에 모아 활용하기 위해서, 자료를 목적에 맞게 적당한 형태로 변환하거나 통합하는 과정을 거쳐야 한다. 수집된 자료를 표준화시키거나 변환하여 목표 저장소에 저장할 수 있도록 도와주는 기술로 가장 옳은 것은?

① ETL(Extract, Transform, Load)
② OLAP(Online Analytical Processing)
③ OLTP(Online Transaction Processing)
④ 정규화(Normalization)
⑤ 플레이크(Flake)

77 아래 글상자의 (   ) 안에 공통적으로 들어갈 용어로 가장 옳은 것은?

> - (   )는 창의성을 가지고 있는 소비자를 의미하며, 미국의 미래학자 앨빈 토플러가 제3의 물결이라는 저서에서 제시한 용어이다.
> - (   )는 기업의 신상품 개발과 디자인, 판매 등의 활동에 적극적으로 개입하는 소비자를 의미한다.

① 파워 크리에이터(power creator) ② 크리슈머(cresumer)
③ 얼리어답터(early adopter) ④ 에고이스트(egoist)
⑤ 창의트레이너(kreativitäää)

78 GS1 표준 식별코드에 대한 설명으로 가장 옳지 않은 것은?

① 식별코드는 숫자나 문자(또는 둘의 조합)의 열로, 사람이나 사물을 식별하는 데 활용
② 하나의 상품에 대한 GS1 표준 식별코드는 전 세계적으로 유일
③ A아이스크림(포도맛)에 오렌지맛을 신규상품으로 출시할 경우 고유 식별코드가 부여되어야 함
④ 상품의 체적정보 또는 총중량의 변화가 5% 이하인 경우 고유 식별코드를 부여하지 않음
⑤ 상품 홍보 또는 이벤트를 위해 특정기간을 정하여 판매하는 경우는 고유 식별코드를 부여하지 않음

79 아래 글상자의 (   ) 안에 들어갈 용어로 가장 옳은 것은?

> e-CRM은 단 한 명의 고객까지 세분화하여 고객의 개별화된 특성을 파악하고 이들 고객에게 맞춤 서비스를 제공하는 데 목적을 두고 구현한다. 이를 위해 다양한 정보를 수집하고 분석하여 활용하는데, 고객이 인터넷을 서핑하면서 만들어 내는 고객의 (   )는 고객의 성향을 파악할 수 있는 훌륭한 정보가 된다.

① 웹 로그(Wob log) ② 웹 서버(Web Server)
③ 웹 사이트(Web Site) ④ 웹 서비스(Web Service)
⑤ 웹 콘텐츠(Web Contents)

80 전자상거래 용어에 대한 해설로 가장 옳은 것은?

① 온라인 쇼핑몰 – 컴퓨터 등과 정보통신 설비를 이용하여 재화 또는 용역을 거래할 수 있도록 설정된 가상의 영업장
② 모바일 앱 – 모바일 기기의 인터넷 기능을 통해 접속하는 각종 웹사이트 중 모바일 환경을 고려하여 설계된 모바일 전용 웹사이트
③ 모바일 웹 – 스마트폰, 스마트 패드 등 스마트 기기에 설치하여 사용할 수 있는 응용 프로그램
④ 종합몰 – 하나 혹은 주된 특정 카테고리의 상품군만을 구성하여 운영하는 온라인쇼핑몰
⑤ 전문몰 – 각종 상품군 카테고리를 다양하게 구성하여 여러 종류의 상품을 구매할 수 있는 온라인 쇼핑몰

81 유통업체에서 비즈니스 애널리틱스(analytics)의 유형에 대한 설명으로 가장 옳지 않은 것은?

① 리포트(reports)는 비즈니스에서 요구하는 정보를 포맷화하고, 조직화하기 위해 변환시켜 표현하는 것이다.
② 쿼리(queries)는 데이터베이스로부터 정보를 추출하는 주요 매커니즘이다.
③ 알림(alert)은 특정 사건이 발생했거나, 이를 관리자에게 인지시켜주는 자동화된 기능이다.
④ 대시보드(dashboards)는 데이터 분석결과에 대한 이용자 이해도를 높이기 위한 데이터 시각화 기술이다.
⑤ 스코어카드(scorecards)는 숨겨진 상관관계 및 트렌드를 발견하기 위해 대규모 데이터를 분석하는 통계적 분석이다.

82 수집된 지식을 컴퓨터와 의사결정자가 동시에 이해할 수 있는 형태로 표현하기 위해 갖추어야할 조건으로 가장 옳지 않은 것은?

① 추론의 효율성
② 저장의 복잡성
③ 표현의 정확성
④ 지식획득의 용이성
⑤ 목적달성에 부합되는 구조

83 아래 글상자에서 설명하는 인터넷 서비스의 종류로 가장 옳은 것은?

네트워크상의 시스템 사용자가 자기 시스템의 자원에 접속하는 것처럼 원격지에 있는 다른 시스템에 접속할 수 있게 지원하는 서비스이다. 세계 어느 지역의 컴퓨터든지 그 컴퓨터가 인터넷에 연결만 되어 있으면 일정한 조건 충족시 시간이나 공간의 제약 없이 접속할 수 있다.

① FTP(File Transfer Protocol)
② Gopher
③ Telnet
④ Usenet
⑤ E-Mail

84 RFID 도입에 따른 제조업자 측면에서의 이점으로 가장 옳지 않은 것은?

① 재고 가시성
② 노동 효율성
③ 제품 추적성
④ 주문 사이클 타임의 증가
⑤ 제조자원 이용률의 향상

85 아래 글상자에서 공통적으로 설명하는 개념으로 가장 옳은 것은?

> - 공급사슬 네트워크의 복잡성을 설명하는 개념으로, 공급사슬 네트워크의 특정한 부분에서 하나의 이벤트가 발생하면, 공급사슬 네트워크의 다른 부분에서 예측하지 못했던 문제가 발생한다는 것을 설명해 준다.
> - 공급사슬 혼동 현상을 설명해주는 용어로, 아마존 강 유역 어딘가에서 나비가 날개를 펄럭이면, 수천 마일 떨어진 곳에서 허리케인이 만들어질 수 있다는 개념이다.

① 파레토의 법칙(Pareto's principle)
② 기하급수 기술(exponential technology)
③ 메트칼프의 법칙(Law of Metcalfe)
④ 규모의 경제(economy of scale)
⑤ 나비효과(butterfly effect)

21년

86 아래 글상자에서 설명하는 유통정보시스템으로 가장 옳은 것은?

> 미국의 패션 어패럴 산업에서 공급망에서의 상품 흐름을 개선하기 위하여 판매업체와 제조업체 사이에서 제품에 대한 정보를 공유함으로써, 제조업체는 보다 효과적으로 원재료를 충원하여 제조하고, 유통함으로써 효율적인 생산과 공급체인 재고량을 최소화시키려는 시스템이다.

① QR(Quick Response)
② ECR(Efficient Consumer Response)
③ VMI(Vendor Management Inventory)
④ CPFR(Collaborative Planning, Forecasting and Replenishment)
⑤ e-프로큐어먼트(e-Procurement)

87 아래 글상자의 괄호 안에 공통적으로 들어갈 용어로 가장 옳은 것은?

> (   )은(는) 시간 경과에 의해 질이 떨어지거나 소실될 우려가 있는 자료를 장기 보존하는 것이다. 전산화된 자료라 해도 원본자료는 고유성을 띠며, 손실시 대체가 불가능하다.
> (   ) 구축의 목적은 기록을 보존하는 것에서 나아가 다양한 기록정보 콘텐츠를 구축, 공유, 활용하기 위함이다.

① 디지털아카이브   ② 전자문서교환
③ 크롤링   ④ 클라우드저장소
⑤ 기기그리드

88 노나카의 SECI모델을 근거로 아래 글상자의 내용 중 외재화(externalization)의 사례를 모두 고른 것으로 가장 옳은 것은?

> ⊙ 실무를 통한 학습
> ⓒ 숙련된 기능공의 지식
> ⓒ 숙련된 기능공의 노하우의 문서화
> ⓔ 형식적 지식을 통합하는 논문 작성
> ⓜ 이전에 기록된 적이 없는 구체적 프로세스에 대한 매뉴얼 작성

① ⊙, ⓒ   ② ⓒ, ⓔ

③ ⓒ, ⓜ   ④ ⊙, ⓒ, ⓜ

⑤ ⓒ, ⓔ, ⓜ

89 e-비즈니스 모델별로 중점을 두어야할 e-CRM의 포인트에 관한 설명 중 가장 거리가 먼 것은?

① 서비스모델의 경우 서비스차별화나 서비스 이용 행태 정보제공을 고려한다.

② 상거래모델의 경우 유사커뮤니티에 대한 정보제공을 고려한다.

③ 정보제공모델의 경우 맞춤정보제공에 힘쓴다.

④ 커뮤니티모델의 경우 회원관리도구 제공에 힘쓴다.

⑤ 복합모델의 경우 구성하는 개별모델에 적합한 요소를 찾아 적용시킨다.

90 POS 시스템에 대한 설명으로 가장 옳지 않은 것은?

① POS 시스템은 유통업체에서 소비자의 상품구매 과정에서 활용되는 판매관리 시스템이다.

② POS 시스템으로부터 얻은 데이터는 유통업체에서 판매전략 수립에 활용된다.

③ POS 시스템에서 바코드의 정보를 인식하는 스캐너(scanner)는 출력장치이다.

④ POS 시스템은 시간별, 주기별, 계절별 상품의 판매특성을 파악하는 데 도움을 제공한다.

⑤ 제조업체는 유통업체로부터 협조를 얻어 POS 시스템으로부터 얻은 데이터를 공유할 수 있고, 이를 통해 제품 제조전략을 수립하는 데 도움을 제공한다.

맞은 개수 ____ / 90문제

시험일	문항 수	시 간	문제형별
2021. 11. 06	총 90개	100분	A

1과목 │ 유통물류일반

01 공급자주도형재고관리(VMI ; Vendor Managed Inventory)에 대한 내용으로 옳은 것은?

① VMI는 공급자가 고객사를 위해 제공하는 가치향상서비스 활동이다.

② VMI는 생산공정의 효율적 관리를 위해 우선순위계획, 능력계획, 우선순위통제관리, 능력통제관리 등을 수행하는 생산관리시스템이다.

③ VMI에서는 고객사가 재고를 추적하고, 납품일정과 주문량을 결정한다.

④ VMI를 활용하면 공급자는 재고관리에 소요되는 인력이나 시간 등 비용절감 효과를 얻을 수 있다.

⑤ CMI(Co-Managed Inventory)보다 공급자와 고객사가 더 협력적인 형태로 발전한 것이 VMI이다.

02 직무분석과 직무평가에 대한 설명으로 옳지 않은 것은?

① 직무분석이란 과업과 직무를 수행하는 데 요구되는 인적자질에 의해 직무의 내용을 정의하는 공식적 절차를 말한다.

② 직무분석에서 직무요건 중 인적 요건을 중심으로 정리한 문서를 직무기술서라고 한다.

③ 직무분석은 효과적인 인적자원관리를 위해 선행되어야 할 기초적인 작업이다.

④ 직무평가는 직무를 일정한 기준에 의거하여 서로 비교함으로써 상대적 가치를 결정하는 체계적인 활동을 말한다.

⑤ 직무평가는 직무의 가치에 따라 공정한 임금지급 기준, 합리적인 인력의 확보 및 배치, 인력의 개발 등을 결정할 때 이용된다.

03 조직문화에 대한 설명으로 옳지 않은 것은?

① 한 조직의 구성원들이 공유하는 가치관, 신념, 이념, 지식 등을 포함하는 종합적인 개념이다.
② 특정 조직 구성원들의 사고판단과 행동의 기본 전제로 작용하는 비가시적인 지식적, 정서적, 가치적 요소이다.
③ 조직구성원들이 공통적으로 생각하는 방법, 느끼는 방향, 공통의 행동 패턴의 체계이다.
④ 조직 외부 자극에 대한 조직 전체의 반응과 임직원의 가치의식 및 행동을 결정하는 요인을 포함한다.
⑤ 다른 기업의 제도나 시스템을 벤치마킹하는 경우 그 조직문화적가치도 쉽게 이전된다.

04 유통경로구조를 결정하기 위해 체크리스트법을 사용할 때 고려해야 할 요인들에 대한 설명으로 옳지 않은 것은?

① 재무적 능력이나 규모 등의 기업요인
② 시장규모와 지역적 집중도 등의 시장요인
③ 제품의 크기와 중량 등의 제품요인
④ 경영전문성이나 구성원 통제 등에 대한 기업요인
⑤ 구매빈도와 평균 주문량 등의 제품요인

05 유통경영환경에 대한 설명으로 옳지 않은 것은?

① 거시환경은 모든 기업에 공통적으로 영향을 미치는 환경이다.
② 과업환경은 기업의 성장과 생존에 직접적 영향을 미치는 환경으로 기업이 어떤 제품이나 서비스를 생산하는가에 따라 달라진다.
③ 인구분포, 출생률과 사망률, 노년층의 비율 등과 같은 인구통계학적인 특성은 사회적 환경으로 거시환경에 속한다.
④ 제품과 종업원에 관련된 규제 및 환경규제, 각종 인허가 등과 같은 법과 규범은 정치적·법률적 환경으로 과업환경에 속한다.
⑤ 경제적 환경은 기업의 거시환경에 해당된다.

06 기업 내에서 일어날 수 있는 각종 윤리상의 문제들에 대한 설명으로 가장 옳지 않은 것은?

① 다른 이해당사자들을 희생하여 회사의 이익을 도모하는 행위는 지양해야 한다.
② 업무 시간에 SNS를 통해 개인활동을 하는 것은 업무시간 남용에 해당되므로 지양해야 한다.
③ 고객을 위한 무료 음료나 기념품을 개인적으로 사용하는 것은 지양해야 한다.
④ 회사에 손해를 끼칠 수 있는 사안이라면, 중대한 문제라 해도 공익제보를 하는 것은 지양해야 한다.
⑤ 다른 구성원들에게 위협적인 행위나 무례한 행동을 하는 것은 지양해야 한다.

07 중간상이 있음으로 인해 각 경로구성원에 의해 보관되는 제품의 총량을 감소시킨다는 내용이 의미하는 중간상의 필요성을 나타내는 것으로 가장 옳은 것은?

① 효용창출의 원리
② 총거래수 최소의 원칙
③ 분업의 원리
④ 변동비 우위의 원리
⑤ 집중준비의 원리

08 최근 유통시장 변화에 대해 기술한 내용으로 옳지 않은 것은?

① 신선식품 배송에 대한 수요가 증가하고 있다.
② 외식업체들은 매장에 설치한 키오스크를 통해 주문을 받음으로써 생산성을 높이고 고객의 이용 경험을 완전히 바꾸는 혁신을 시도하고 있다.
③ 온라인 쇼핑 시장의 성장세가 두드러지면서 유통업체의 배송 경쟁이 치열해지고 있다.
④ 가공·즉석식품의 판매는 편의점 매출에 긍정적인 영향을 주었다.
⑤ 상품이 고객에게 판매되는 단계마다 여러 물류회사들이 역할을 나누어 서비스를 제공하는 풀필먼트 서비스를 통해 유통 단계가 획기적으로 단축되고 있다.

09 아래 글상자의 ㉠, ㉡, ㉢에서 설명하는 유통경로의 효용으로 옳게 짝지어진 것은?

> ㉠ 소비자가 제품이나 서비스를 구매하기에 용이한 곳에서 구매할 수 있게 함
> ㉡ 소비자가 제품을 소비할 수 있는 권한을 갖는 것을 도와줌
> ㉢ 소비자가 원하는 시간에 제품과 서비스를 공급받을 수 있게 함

① ㉠ 시간효용, ㉡ 장소효용, ㉢ 소유효용
② ㉠ 장소효용, ㉡ 소유효용, ㉢ 시간효용
③ ㉠ 형태효용, ㉡ 소유효용, ㉢ 장소효용
④ ㉠ 소유효용, ㉡ 장소효용, ㉢ 형태효용
⑤ ㉠ 장소효용, ㉡ 형태효용, ㉢ 시간효용

10 아웃소싱과 인소싱을 비교해 볼 때 아웃소싱의 단점을 설명한 것으로 옳지 않은 것은?

① 부적절한 공급업자를 선정할 수 있는 위험에 노출된다.
② 과다 투자나 과다 물량생산의 위험이 높다.
③ 핵심지원활동을 잃을 수도 있다.
④ 프로세스 통제권을 잃을 수도 있다.
⑤ 리드타임이 장기화 될 수도 있다.

11 아래 글상자에서 설명하는 동기부여 이론으로 옳은 것은?

> - 봉급, 근무조건, 작업 안전도와 같은 요인들은 불만을 없앨 수는 있으나 만족을 증대시키지 못한다.
> - 성취욕, 우수한 업적에 대한 인정, 문제해결 지원 등은 직원들의 만족감을 증대시킬 뿐만 아니라 우수한 실적을 계속 유지하는 데 큰 영향을 준다.

① 매슬로(Maslow)의 욕구단계이론

② 맥그리거(Mcgregor)의 XY이론

③ 앨더퍼(Alderfer)의 ERG이론

④ 허츠버그(Herzberg)의 두 요인 이론

⑤ 피들러(Fiedler)의 상황적합성이론

12 물류의 상충(trade off) 관계에 대한 설명으로 가장 옳지 않은 것은?

① 기업의 물류합리화는 상충관계의 분석이 기본이 된다.

② 기업 내 물류기능과 타 기능 간의 상충관계 역시 효율적 물류관리를 위해 고려해야 한다.

③ 제조업자와 운송업자 및 창고업자 등 기업조직과 기업 외 조직 간의 상충관계 또한 고려해야 한다.

④ 상충관계에서 발생하는 문제점을 극복하기 위해서는 물류 흐름을 세분화하여 부분 최적화를 달성해야 한다.

⑤ 배송센터에서 수배송 차량의 수를 늘릴 경우 고객에게 도착하는 배송시간은 짧아지지만 물류비용은 증가하는 경우는 상충관계의 사례에 해당한다.

13 식품위생법(법률 제18363호, 2021.7.27., 일부개정)상, 아래 글상자의 (   ) 안에 들어갈 용어로 옳게 나열된 것은?

> - (㉠)(이)란 식품, 식품첨가물, 기구 또는 용기·포장에 존재하는 위험요소로서 인체의 건강을 해치거나 해칠 우려가 있는 것을 말한다.
> - (㉡)(이)란 식품 또는 식품첨가물을 채취·제조·가공·조리·저장·소분·운반 또는 판매하거나 기구 또는 용기·포장을 제조·운반·판매하는 업(농업과 수산업에 속하는 식품 채취업은 제외한다)을 말한다.

① ㉠ 합성품, ㉡ 식품이력추적관리

② ㉠ 화학적 합성품, ㉡ 공유주방

③ ㉠ 위해, ㉡ 영업

④ ㉠ 식품위생, ㉡ 영업자

⑤ ㉠ 위험요소, ㉡ 집단급식소

14 신용등급이 낮은 기업이 자본을 조달하기 위해 발행하는 것으로 높은 이자율을 지급하지만 상대적으로 높은 위험을 동반하는 채무 수단으로 가장 옳은 것은?

① 변동금리채   ② 연속상환채권

③ 정크본드   ④ 무보증채

⑤ 보증채

15 리더십에 대한 설명으로 가장 옳지 않은 것은?

① 민주적 리더십은 종업원이 더 많은 것을 알고 있는 전문직인 경우에 효과적이다.

② 독재적 리더십은 긴박한 상황에서 절대적인 복종이 필요한 경우에 효과적이다.

③ 독재적 리더십은 숙련되지 않거나 동기부여가 안 된 종업원에게 효과적이다.

④ 독재적 리더십은 자신의 지시를 따르게 하기 위해 경제적 보상책을 사용하기도 한다.

⑤ 자유방임적 리더십은 종업원에게 신뢰와 확신을 보여 동기요인을 제공한다.

16 앤소프(Ansoff, H. I.)의 성장전략 중 아래 글상자에서 설명하는 전략으로 가장 옳은 것은?

> - 기존 제품을 전제로 새로운 시장을 개척함으로써 성장을 도모하려는 전략을 말한다.
> - 가격이나 품질면에서 우수한 자사 제품을 새로운 세분시장에 배치함으로써 시장 확대가 이루어지도록 하는 전략이다

① 시장침투전략   ② 제품개발전략

③ 시장개발전략   ④ 코스트절감전략 `

⑤ 철수전략

17 도매상과 관련된 내용으로 옳지 않은 것은?

① 과일, 야채 등 부패성 식품을 공급하는 트럭도매상은 한정기능도매상에 속한다.

② 한정상품도매상은 완전기능도매상에 속한다.

③ 현금무배달도매상은 거래대상소매상이 제한적이기는 하지만 재무적인 위험을 질 염려는 없다는 장점이 있다.

④ 직송도매상은 일반관리비와 인건비를 줄일 수 있다는 장점이 있다.

⑤ 몇 가지의 전문품 라인만을 취급하는 전문품도매상은 한정기능도매상에 속한다.

18 제3자 물류에 대한 설명으로 가장 옳은 것은?

① 거래기반의 수발주관계
② 운송, 보관 등 물류기능별 서비스 지향
③ 일회성 거래관계
④ 종합물류서비스 지향
⑤ 정보공유 불필요

19 보관 효율화를 위한 기본적인 원칙과 관련된 설명으로 가장 옳지 않은 것은?

① 위치표시의 원칙 – 물품이 보관된 장소와 랙 번호 등을 표시함으로써 보관업무의 효율을 기한다.
② 중량특성의 원칙 – 물품의 중량에 따라 보관 장소의 높낮이를 결정한다.
③ 명료성의 원칙 – 보관된 물품을 시각적으로 용이하게 식별할 수 있도록 보관한다.
④ 회전대응 보관의 원칙 – 물품의 입출고 빈도에 따라 장소를 달리해서 보관한다.
⑤ 통로대면보관의 원칙 – 유사한 물품끼리 인접해서 보관한다.

20 유통산업의 다양한 역할 중 경제적, 사회적 역할로 가장 옳지 않은 것은?

① 생산자와 소비자 간 촉매역할을 한다.
② 고용을 창출한다.
③ 물가를 조정한다.
④ 경쟁으로 인해 제조업의 발전을 저해한다.
⑤ 소비문화의 창달에 기여한다.

21 경로성과를 평가하기 위한 척도의 예가 모두 올바르게 연결된 것은?

① 양적 척도 – 단위당 총 유통비용, 선적비용, 경로과업의 반복화 수준
② 양적 척도 – 신기술의 독특성, 주문처리에서의 오류수, 악성부채비율
③ 양적 척도 – 기능적 중복 수준, 가격인하 비율, 선적오류 비율
④ 질적 척도 – 경로통제능력, 경로 내 혁신, 재고부족 방지비용
⑤ 질적 척도 – 시장상황정보의 획득 가능성, 기능적 중복수준, 경로과업의 반복화 수준

22 아래 글상자에서 공통적으로 설명하고 있는 유통경영전략 활동으로 가장 옳은 것은?

> – 유통경영전략 실행과정에서 많은 예상치 않은 일들이 발생하기 때문에 지속적으로 실시되어야 한다.
> – 유통경영목표가 성취될 수 있도록 성과를 측정하고 성과와 목표사이의 차이가 발생한 원인을 분석하고 시정조치를 취한다.
> – 성과에 대한 철저한 분석과 시정조치 없이, 다음번에 더 나은 성과를 기대하기 어렵다.

① 유통마케팅 계획수립　　　　　② 유통마케팅 실행
③ 유통마케팅 위협·기회 분석　　④ 유통마케팅 통제
⑤ 유통마케팅 포트폴리오 개발

23 기업의 의사결정기준을 경제적 이익에 근거한 기업가치인 경제적 부가가치를 중심으로 하는 사업관리 기법으로 가장 옳은 것은?

① 상생기업경영　　　　② 크레비즈
③ 가치창조경영　　　　④ 펀경영
⑤ 지식경영

24 제품의 연간 수요량은 4,500개이고 단위당 원가는 100원이다. 또한 1회 주문비용은 40원이며 평균재고유지비는 원가의 25%를 차지한다. 이 경우 경제적 주문량(EOQ)으로 가상 옳은 것은?

① 100단위　　　　② 110단위
③ 120단위　　　　④ 1,000단위
⑤ 1,200단위

25 공급사슬관리(SCM)의 실행과 관련한 설명으로 가장 옳지 않은 것은?

① 공급업체와 효과적인 커뮤니케이션이 적시에 이루어져야 한다.
② 장기적으로 강력한 파트너십을 구축한다.
③ 각종 정보기술의 효과적인 활용보다 인적 네트워크의 활용을 우선시한다.
④ 경로 전체를 통합하는 정보시스템의 구축이 중요하다.
⑤ 고객의 가치와 니즈를 이해하고 만족시킨다.

26 상가건물이 지하 1층, 지상 5층으로 대지면적은 300m²이다. 층별 바닥면적은 각각 200m²로 동일하며 주차장은 지하 1층에 200m²와 지상 1층 내부에 100m²로 구성되어 있다. 이 건물의 용적률은?

① 67%
② 233%
③ 300%
④ 330%
⑤ 466%

27 수정Huff모델의 특성과 관련한 설명 중 가장 옳지 않은 것은?

① 수정Huff모델은 실무적 편의를 위해 점포면적과 거리에 대한 민감도를 따로 추정하지 않는다.
② 점포면적과 이동거리에 대한 소비자의 민감도는 '1'과 '−2'로 고정하여 인식한다.
③ Huff모델과 같이 점포면적과 점포까지의 거리 두 변수만으로 소비자들의 점포 선택확률을 추정할 수 있다.
④ 분석과정에서 상권 내에 거주하는 소비자의 개인별 구매행동 데이터를 활용하여 예측의 정확도를 높인다.
⑤ Huff모델보다 정확도는 낮을 수 있지만, 일반화하여 쉽게 적용하고 대략적 추정을 가능하게 한 것이다.

28 소매점포의 상권범위나 상권형태를 설명한 내용 중에서 가장 옳지 않은 것은?

① 현실에서 관찰되는 상권의 형태는 점포를 중심으로 일정거리 이내를 포함하는 원형으로 나타난다.
② 상품구색이 유사하더라도 판촉활동이나 광고활동의 차이에 따라 점포들 간의 상권범위가 달라진다.
③ 입지조건과 점포의 전략에 변화가 없어도 상권의 범위는 다양한 영향요인에 의해 유동적으로 변화하기 마련이다.
④ 동일한 지역시장에 입지한 경우에도 점포의 규모에 따라 개별 점포의 상권범위는 차이를 보인다.
⑤ 점포의 규모가 비슷하더라도 업종이나 업태에 따라 점포들의 상권범위는 차이를 보인다.

29 지역시장의 수요잠재력을 총체적으로 측정할 수 있는 지표로 많이 이용되는 소매포화지수(IRS)와 시장 성장잠재력지수(MEP)에 대한 설명으로 옳지 않은 것은?

① IRS는 한 지역시장 내에서 특정 소매업태의 단위 매장면적당 잠재수요를 나타낸다.

② IRS가 낮으면 점포가 초과 공급되어 해당 시장에서의 점포 간 경쟁이 치열함을 의미한다.

③ IRS의 값이 클수록 공급보다 수요가 상대적으로 많으며 시장의 포화정도가 낮은 것이다.

④ 거주자의 지역외구매(outshopping) 정도가 낮으면 MEP가 크게 나타나고 지역시장의 미래 성장 가능성은 높은 것이다.

⑤ MEP와 IRS가 모두 높은 지역시장이 가장 매력적인 시상이다.

30 현 소유주의 취득일과 매매과정, 압류, 저당권 등의 설정, 해당 건물의 기본내역 등이 기록되어있는 공부서류로 가장 옳은 것은?

① 등기사항전부증명서
② 건축물대장
③ 토지대장
④ 토지이용계획확인서
⑤ 지적도

31 글상자 안의 내용이 설명하는 상권 및 입지분석방법으로 가장 옳은 것은?

> 소매점포의 매출액을 예측하는 데 사용되는 간단한 방법의 하나이다. 어떤 지역에 입지한 한 소매점의 매출액 점유율은 그 지역의 전체 소매매장면적에 대한 해당 점포의 매장면적의 비율에 비례할 것이라는 가정 하에서 예측한다.

① 체크리스트법
② 유사점포법
③ 점포공간매출액비율법
④ 확률적상권분석법
⑤ 근접구역법

32 상권을 구분하거나 상권별 대응전략을 수립할 때 필수적으로 이해하고 있어야 할 상권의 개념과 일반적 특성을 설명한 내용 중에서 가장 옳지 않은 것은?

① 1차상권이 전략적으로 중요한 이유는 소비자의 밀도가 가장 높은 곳이고 상대적으로 소비자의 충성도 가 높으며 1인당 판매액이 가장 큰 핵심적인 지역이기 때문이다.

② 1차상권은 전체상권 중에서 점포에 가장 가까운 지역을 의미하는데 매출액이나 소비자의 수를 기준으로 일반적으로 약 60% 정도까지를 차지하지만 그 비율은 절대적이지 않다.

③ 2차상권은 1차상권을 둘러싸는 형태로 주변에 위치하여 매출이나 소비자의 일정비율을 추가로 흡인하는 지역이다.

④ 3차상권은 상권으로 인정하는 한계(fringe)가 되는 지역범위로, 많은 경우 지역적으로 넓게 분산되어 위치하여 소비자의 밀도가 가장 낮다.

⑤ 3차상권은 상권 내 소비자의 내점빈도가 1차상권에 비해 높으며 경쟁점포들과 상권중복 또는 상권잠식의 가능성이 높은 지역이다.

33 상가건물 임대차보호법(약칭 : 상가임대차법)(법률 제17471호, 2020.7.31., 일부개정)에서 규정하는 임차인의 계약갱신 요구에 대한 정당한 거절사유에 해당하지 않는 것은?

① 임차인이 3기의 차임액에 해당하는 금액에 이르도록 차임을 연체한 사실이 있는 경우

② 임차인이 임대인의 동의 없이 목적 건물의 전부 또는 일부를 전대(轉貸)한 경우

③ 임차인이 임차한 건물의 전부 또는 일부를 고의나 중대한 과실로 파손한 경우

④ 서로 합의하여 임대인이 임차인에게 상당한 보상을 제공한 경우

⑤ 최초의 임대차기간을 포함한 전체 임대차기간이 5년을 초과한 경우

34 일반적으로 인간은 이익을 얻는 쪽을 먼저 선택하고자 하는 심리가 있어서 길을 건널 때 처음 만나는 횡단보도를 이용하려고 한다는 법칙으로 가장 옳은 것은?

① 안전우선의 법칙

② 집힙의 법칙

③ 보증실현의 법칙

④ 최단거리 실현의 법칙

⑤ 주동선 우선의 법칙

35 아래 글상자는 소비자에 대한 점포의 자연적 노출가능성인 시계성을 평가하는 4가지 요소들을 정리한 것이다. 괄호 안에 들어갈 용어를 나열한 것으로 가장 옳은 것은?

(㉠) : 어디에서 보이는가?
(㉡) : 무엇이 보이는가?
(㉢) : 어느 정도의 간격에서 보이는가?
(㉣) : 어떠한 상태로 보이는가?

① ㉠ 거리, ㉡ 주제, ㉢ 기점, ㉣ 대상
② ㉠ 거리, ㉡ 대상, ㉢ 기점, ㉣ 주제
③ ㉠ 대상, ㉡ 거리, ㉢ 기점, ㉣ 주제
④ ㉠ 기점, ㉡ 대상, ㉢ 거리, ㉣ 주제
⑤ ㉠ 기점, ㉡ 주제, ㉢ 거리, ㉣ 대상

21년

36 상권분석을 위해 활용하는 지리정보시스템(GIS)의 기능 중 공간적으로 동일한 경계선을 가진 두 지도 레이어들에 대해 하나의 레이어에 다른 레이어를 겹쳐 놓고 지도형상과 속성들을 비교하는 기능으로 옳은 것은?

① 버퍼(buffer)
② 위 상
③ 주제도 작성
④ 중첩(overlay)
⑤ 프레젠테이션 지도작업

37 상권분석을 위한 데이터를 소비자를 대상으로 직접 수집하는 방법의 하나로서, 내점객조사법과 조사대상의 특성이 가장 유사한 것은?

① 그룹인터뷰조사법
② 편의추출조사법
③ 점두조사법
④ 지역할당조사법
⑤ 가정방문조사법

38 대형상업시설인 쇼핑센터의 전략적 특성은 테넌트믹스(tenant mix)를 통해 결정된다. 앵커점포(anchor store)에 해당하는 점포로서 가장 옳은 것은?

① 핵점포
② 보조핵점포
③ 대형테넌트
④ 일반테넌트
⑤ 특수테넌트

39 한 지역의 소매시장의 상권구조에 영향을 미치는 다양한 요인들에 대한 설명으로 가장 옳지 않은 것은?

① 인구의 교외화 현상은 소비자와 도심 상업집적과의 거리를 멀게 만들어 상업집적의 교외 분산화를 촉진한다.

② 대중교통의 개발은 소비자의 거리저항을 줄여 소비자의 이동거리를 증가시킨다.

③ 자가용차 보급은 소비자를 전방위적으로 자유롭게 이동할 수 있게 하여 상권 간 경쟁영역을 축소시킨다.

④ 교외형 쇼핑센터의 건설은 자가용차를 이용한 쇼핑의 보급과 함께 소비자의 쇼핑패턴과 상권구조를 변화시킨다.

⑤ 소비자와 점포사이의 거리는 물리적거리, 시간거리, 심리적거리를 포함하는데, 교통수단의 쾌적함은 심리적거리에 영향을 미친다.

40 소규모 소매점포의 일반적인 상권단절요인으로 가장 옳지 않은 것은?

① 강이나 하천과 같은 자연지형물　　② 왕복2차선 도로
③ 쓰레기 처리장　　　　　　　　　　④ 공장과 같은 C급지 업종시설
⑤ 철 도

41 상권분석 방법 중 애플바움(W. Applebaum)이 제안한 유추법에 대한 설명으로 가장 옳지 않은 것은?

① 유사한 점포의 상권정보를 활용하여 신규점포의 상권규모를 분석한다.

② 유사점포는 점포 특성, 고객 특성, 경쟁 특성 등을 고려하여 선정한다.

③ 고객스포팅기법(CST)을 활용하여 유사점포의 상권을 파악한다.

④ 유사점포의 상권을 구역화하고, 회귀분석을 통해 구역별 매출액을 추정한다.

⑤ 유사점포의 상권 구역별 매출액을 적용하여 신규점포의 매출액을 추정한다.

42 중심상업지역(CBD ; Central Business District)의 일반적 입지특성에 대한 설명으로 가장 옳지 않은 것은?

① 대중교통의 중심이며 백화점, 전문점, 은행 등이 밀집되어 있다.

② 주로 차량으로 이동하므로 교통이 매우 복잡하고 도보통행량이 상대적으로 적다.

③ 일부 중심상업지역은 공동화(空洞化)되었거나 재개발을 통해 새로운 주택단지가 건설된 경우도 있다.

④ 상업활동으로 많은 사람을 유인하지만 출퇴근을 위해서 통과하는 사람도 많다.

⑤ 소도시나 대도시의 전통적인 도심지역에 해당되는 경우가 많다.

43 점포의 위치인 부지 특성에 대한 일반적인 설명으로 가장 옳지 않은 것은?

① 건축용으로 구획정리를 할 때 한 단위가 되는 땅을 획지라고 한다.

② 획지 중 두 개 이상의 도로가 교차하는 곳에 있는 경우를 각지라고 한다.

③ 각지는 상대적으로 소음, 도난, 교통 등의 피해를 받을 가능성이 높다는 단점이 있다.

④ 각지는 출입이 편리하여 광고 효과가 높다.

⑤ 각지에는 1면각지, 2면각지, 3면각지, 4면각지 등이 있다.

21년

44 아래 글상자의 상황에서 활용할 수 있는 분석 방법으로 가장 옳은 것은?

> – 다수의 점포를 운영하는 경우 소매점포 네트워크 설계
> – 신규점포를 개설할 때 기존 네트워크에 대한 영향 분석
> – 기존점포의 재입지 또는 폐점여부에 관한 의사결정

① 레일리모형   ② 회귀분석모형

③ 입지배정모형   ④ 시장점유율모형

⑤ MCI모형

45 점포의 매출액에 영향을 미치는 요인은 크게 입지요인과 상권요인으로 구분할 수 있다. 이 구분에서 입지요인으로 가장 옳지 않은 것은?

① 고객유도시설 – 지하철 역, 학교, 버스정류장, 간선도로, 영화관, 대형소매점 등

② 교통 – 교통수단, 교통비용, 신호등, 도로 등

③ 시계성 – 자연적 노출성, 고객유도시설, 간판, 승용차의 주행방향 등

④ 동선 – 주동선, 부동선, 복수동선, 접근동선 등

⑤ 규모 – 인구, 공간범위 등

46 고객에 대한 판매자의 바람직한 이해로서 가장 옳지 않은 것은?

① 고객별로 기업에 기여하는 가치 수준이 다르다.

② 고객은 기업에게 다른 고객을 추가로 유인해주는 주체이기도 하다.

③ 고객은 제품과 서비스의 개선을 위한 제언을 제공한다.

④ 고객은 제품 또는 서비스로부터 더 많은 가치를 얻기 위해 기업과 경쟁한다.

⑤ 고객의 범주에는 잠재적으로 고객이 될 가능성이 있는 가망고객들도 포함될 수 있다.

47 유통목표의 달성 성과를 평가하기 위한 방법으로 옳지 않은 것은?

① 소비자 기대치와 비교　　　　　② 경로구성원 간 갈등비교

③ 업계평균과 비교　　　　　　　④ 경쟁사와 비교

⑤ 사전 목표와 비교

48 응답자들이 제공하기 꺼리는 민감한 정보를 수집하는 조사방법으로 가장 옳은 것은?

① 관찰조사　　　　　　　　　　② 우편설문조사

③ 온라인 서베이　　　　　　　　④ 개인별 면접

⑤ 표적집단 면접

49 몇몇 인기상품의 가격을 인상한 다음 판매감소를 겪고 있는 소매점의 경영자 A는 빠르게 그리고 효율적으로 판매하락을 초래한 상품을 찾아내려고 한다. 다음 중 A가 사용할 조사 방법으로서 가장 옳은 것은?

① 외부 파트너를 활용한 조사

② 내부 판매실적 자료의 활용

③ 명품회사의 마케팅 첩보 입수

④ 경쟁자의 전략에 관한 정보의 수집

⑤ 명성이 높은 마케팅조사 회사를 통한 조사

50 "이미 판매한 제품이나 서비스와 관련이 있는 제품이나 서비스를 추가로 판매하는 것"을 의미하는 용어로 가장 옳은 것은?

① 교차판매
② 유사판매
③ 결합판매
④ 묶음판매
⑤ 상향판매

21년

51 서비스스케이프(servicescape)에 대한 설명으로 가장 옳지 않은 것은?

① 서비스스케이프의 품질수준을 측정하기 위해 서브퀄(SERVQUAL)모델이 개발되었다.
② 서비스스케이프를 구성하는 요인 중 디자인 요소는 내부인테리어와 외부시설(건물디자인, 주차장 등)을 포함한다.
③ 서비스스케이프를 구성하는 요인 중 주변적 요소는 매장(점포)의 분위기로서 음악, 조명, 온도, 색상 등을 포함한다.
④ 서비스스케이프를 구성하는 요인 중 사회적 요소는 종업원들의 이미지, 고객과 종업원 간의 상호 교류를 포함한다.
⑤ 서비스스케이프가 소비자행동에 미치는 영향을 설명하는 포괄적인 모형들은 일반적으로 자극-유기체-반응(stimulus-organism-response)의 프레임워크를 기초로 한다.

52 고객관계관리(CRM ; Customer Relationship Management)에 대한 설명으로 가장 옳지 않은 것은?

① 고객에 대한 정보를 활용하여 고객관계를 구축하고 강화시키기 위한 것이다.
② 고객의 고객생애가치(customer lifetime value)를 극대화하는 데 활용되고 있다.
③ 기존 우량고객과 유사한 특징을 지닌 유망고객을 유치하기 위해 활용되고 있다.
④ 기존에 구매하던 제품과 관련된 다른 제품들의 구매를 유도하는 업셀링(up-selling)을 통해 고객 관계를 강화하는 것이다.
⑤ 고객의 지출을 증가시켜 소비점유율(share of wallet)을 높이는 데 활용되고 있다.

53 아래 글상자에서 설명하는 머천다이징 전략으로 가장 옳은 것은?

> – 식료품 종류만 취급하던 슈퍼마켓에서 가정용품을 함께 취급함
> – 약국에서 의약품과 함께 아기 기저귀 등의 위생용품과 기능성 화장품을 동시에 판매함
> – 책을 판매하는 서점에서 오디오, 가습기 등의 가전제품을 함께 판매함

① 크로스 머천다이징(cross merchandising)
② 탈상품화 머천다이징(decommodification merchandising)
③ 스크램블드 머천다이징(scrambled merchandising)
④ 선택적 머천다이징(selective merchandising)
⑤ 집중적 머천다이징(intensive merchandising)

54 단품관리(unit control)의 효과로서 가장 옳지 않은 것은?

① 매장효율성 향상
② 결품감소
③ 과잉 재고의 감소
④ 명확한 매출기여도 파악
⑤ 취급상품의 수 확대

55 상품믹스를 결정할 때는 상품믹스의 다양성, 전문성, 가용성 등을 따져보아야 한다. 이에 대한 설명으로 옳지 않은 것은?

① 다양성이란 한 점포 내에서 취급하는 상품카테고리 종류의 수를 말한다.
② 가용성을 높이기 위해서는 특정 단품에 대해 품절이 발생하지 않도록 재고를 보유하고 있어야 한다.
③ 전문성은 특정 카테고리 내에서의 단품의 수를 의미한다.
④ 상품믹스를 전문성 위주로 할지, 다양성 위주로 할지에 따라 소매업태가 달라진다.
⑤ 다양성이 높을수록 점포 전체의 수익성은 높아진다.

56 아래 글상자에서 설명하고 있는 ㉠ 소매상에 대한 소비자기대와 ㉡ 소매점의 마케팅믹스를 모두 옳게 나타낸 것은?

> ㉠ 소비자는 소매점에서 구매 이외에 제품지식 또는 친교욕구를 충족하고 싶어함
> ㉡ 목표고객의 라이프 스타일을 연구하여 이에 부응하는 상품을 개발하고 확보하며 관리하는 활동

① ㉠ 서비스, ㉡ 정보와 상호작용
② ㉠ 촉진, ㉡ 상품
③ ㉠ 정보와 상호작용, ㉡ 머천다이징
④ ㉠ 입지, ㉡ 서비스
⑤ ㉠ 점포분위기, ㉡ 공급업자관리

57 아래 글상자의 내용 중 협동광고(cooperative advertising)가 상대적으로 중요한 촉진 수단으로 작용하는 상품들을 나열한 것으로 가장 옳은 것은?

> ㉠ 구매빈도가 높지 않은 상품
> ㉡ 상대적으로 고가의 상품
> ㉢ 인적서비스가 중요한 상품
> ㉣ 상표선호도가 높은 상품
> ㉤ 충동구매가 높은 상품
> ㉥ 개방적 경로를 채택하는 상품

① ㉠, ㉡, ㉢　　　　　　　　　　② ㉡, ㉢, ㉥
③ ㉢, ㉣, ㉤　　　　　　　　　　④ ㉣, ㉤, ㉥
⑤ ㉢, ㉣, ㉥

58 점포 배치 및 디자인과 관련된 설명으로 옳지 않은 것은?

① 자유형 점포배치는 특정 쇼핑경로를 유도하지 않는다.
② 경주로형 점포배치는 고객들이 다양한 매장의 상품을 볼 수 있게 하여 충동구매를 유발하려는 목적으로 활용된다.
③ 격자형 점포배치는 소비자들의 제품탐색을 용이하게 하고 동선을 길게 만드는 장점이 있다.
④ 매장의 입구는 고객들이 새로운 환경을 둘러보고 적응하는 곳이므로 세심하게 디자인해야 한다.
⑤ 매장 내 사인물(signage)과 그래픽은 고객들의 매장탐색을 돕고 정보를 제공한다.

59 유통마케팅투자수익률에 대한 설명으로 가장 옳은 것은?

① 정성적으로 측정할 수 있는 마케팅 효과만을 측정한다.

② 마케팅투자에 대한 순이익과 총이익의 비율로써 측정한다.

③ 마케팅활동에 대한 투자에서 발생하는 이익을 측정한다.

④ 고객의 획득과 유지 등 마케팅의 고객 관련 효과를 고려하지 않는다.

⑤ 판매액, 시장점유율 등 마케팅성과의 표준측정치를 이용해 평가할 수는 없다.

60 마케팅 커뮤니케이션 수단들에 대한 설명으로 가장 옳지 않은 것은?

① 신뢰성이 높은 매체를 통한 홍보(publicity)는 고객의 우호적 태도를 형성하기 위한 좋은 수단이다.

② 인적판매는 대면접촉을 통하기 때문에 고객에게 구매를 유도하기에 적절한 도구이다.

③ 판매촉진은 시험적 구매를 유발하는 데 효과적인 도구이다.

④ 광고의 목적은 판매를 촉진하기 위한 것이라면, 홍보는 이미지와 대중 관계를 향상시키는 데 목적이 있다.

⑤ 광고는 시간과 공간의 제약은 없으나 다른 커뮤니케이션 수단들에 비해 노출당 비용이 많이 소요된다는 단점이 있다.

61 아래 글상자의 내용은 상품수명주기에 따른 경로관리방법을 기술한 것이다. 세부적으로 어떤 수명주기 단계에 대한 설명인가?

> ㉠ 충분한 제품공급을 위해 시장범위 역량을 지닌 경로구성원을 확보
> ㉡ 통제가 성장을 방해하는 것이 아니라는 점을 경로구성원에게 확신시킴
> ㉢ 경쟁 제품들의 경로 구성원 지원 현황 조사 및 감시

① 도입기
② 성장기
③ 성숙기
④ 쇠퇴기
⑤ 재도약기

62 편의점이 PB상품을 기획하는 이유로 가장 옳지 않은 것은?

① 편의점은 대형마트나 슈퍼마켓보다 비싸다는 점포이미지를 개선시킬 수 있다.

② PB상품이 NB상품에 비해 점포차별화에 유리하다.

③ 소량구매 생필품 중심으로 PB상품을 개발하여 매출을 높일 수 있다.

④ PB상품이 중소 제조업체를 통해 납품될 경우, NB상품을 공급하는 대형 제조업체에 비해 계약조건이 상대적으로 유리할 수도 있다.

⑤ NB상품 보다 수익률은 낮지만 가격에 민감한 소비자욕구에 부응할 수 있다.

63 병행수입상품에 대한 설명으로 가장 옳지 않은 것은?

① 상표 등 지적재산권의 보호를 받는 상품이다.
② 미국에서는 회색시장(gray market) 상품이라고 부른다.
③ 제조업자나 독점수입업자의 동의 없이 수입한 상품이다.
④ 외국에서 적법하게 생산되었기 때문에 위조상품이 아니다.
⑤ 수입업자들은 동일한 병행상품에 대해 서로 다른 상표를 사용해야 한다.

64 옴니채널(omni channel) 소매업에 대한 설명으로서 가장 옳은 것은?

① 세분시장별로 서로 다른 경로를 통해 쇼핑할 수 있게 한다.
② 동일한 소비자가 점포, 온라인, 모바일 등 다양한 경로를 통해 쇼핑할 수 있게 한다.
③ 인터넷만을 활용하여 영업한다.
④ 고객에게 미리 배포한 카달로그를 통해 직접 주문을 받는 소매업이다.
⑤ 인포머셜이나 홈쇼핑채널 등 주로 TV를 활용하여 영업하는 소매업이다.

65 구매시점광고(POP)에 대한 설명으로 가장 옳지 않은 것은?

① 구매하는 장소에서 이루어지는 광고로서 판매촉진활동에 대한 효과 측정이 용이하다.
② 스토어트래픽을 창출하여 소비자의 관심을 끄는 역할을 한다.
③ 저렴한 편의품을 계산대 주변에 진열해 놓는 활동을 포함한다.
④ 판매원을 돕고 판매점에 장식효과를 가져다주는 역할을 한다.
⑤ 충동적인 구매가 이루어지는 제품의 경우에는 더욱 강력한 소구 수단이 된다.

66 공산품 유통과 비교한 농산물 유통의 특징으로서 가장 옳지 않은 것은?

① 보관시설 등이 잘 갖추어지지 않은 경우 작황에 따른 가격 등락폭이 심하게 나타난다.
② 보관 및 배송 등에 소요되는 유통비용이 상대적으로 더 크다.
③ 부패하기 쉽기 때문에 적절한 보관과 신속한 배송 등이 더 중요하다.
④ 크기, 품질, 무게 등에 따라 표준화하고 등급화하기가 더 힘들다.
⑤ 가격 변동이나 소득 변동에 따른 수요변화가 더 탄력적이다.

67 상품의 진열 방식 중 상품들의 가격이 저렴할 것이라는 기대를 갖게 하는 데 가장 효과적인 진열방식은?

① 스타일, 품목별 진열

② 색상별 진열

③ 가격대별 진열

④ 적재진열

⑤ 아이디어 지향적 진열

68 다음 중에서 새로운 소매업태가 나타나게 되는 이유를 설명하는 이론으로 가장 옳지 않은 것은?

① 소매수명주기 이론

② 수레바퀴 이론

③ 소매 아코디언 이론

④ 소매인력이론

⑤ 변증법적 이론

69 매장 외관인 쇼윈도(show window)에 대한 설명 중 가장 옳지 않은 것은?

① 매장 외관을 결정짓는 요소 중 하나로 볼 수 있다.

② 돌출된 형태의 쇼윈도의 경우 소비자를 입구 쪽으로 유도하는 효과가 있다.

③ 지나가는 사람들의 시선을 끌어 구매욕구를 자극하는 효과가 있다.

④ 설치형태에 따라 폐쇄형, 반개방형, 개방형, 섀도박스(shadow box)형이 있다.

⑤ 제품을 진열하는 효과는 있으나 점포의 이미지를 표현할 수는 없다.

70 다음 중 모든 구매자들에게 단일의 가격을 책정하는 것이 아닌 개별고객의 특징과 욕구 및 상황에 맞추어 계속 가격을 조정하는 가격전략은?

① 초기 고가격 전략

② 시장침투 기격전략

③ 세분시장별 가격전략

④ 동태적 가격전략

⑤ 제품라인 가격전략

71 아래 글상자의 (　　) 안에 들어갈 용어로 가장 옳은 것은?

> 소비자의 구매패턴 변화는 유통산업 구조에 변화를 가져와, 옴니채널(Omni Channel)에서 온라인 상거래의 범위를 오프라인으로 확장한 서비스를 제공하는 (　　) 방식의 사업모델이 활발히 적용되고 있다.

① O2O(Online to Offline)
② O2O(Online to Online)
③ O2M(One to Multi spot)
④ O2M(One to Machine)
⑤ O2C(Online to Customer)

72 유통업체가 POS(point of sales)시스템을 도입하여 얻을 수 있는 효과로 가장 옳지 않은 것은?

① 상품 계산을 위해 판매원이 상품정보를 등록하는 시간을 단축하여 고객대기시간 단축 가능
② 판매원의 수작업에 의한 입력 누락, 반복 입력 등과 같은 입력 오류 감소
③ 자동발주시스템(EOS ; Electronic Order System)과 연계하여 주문관리, 재고관리, 판매관리의 정보를 통한 경영활동 효율성 확보
④ 신속한 고객 정보의 수집과 관리를 통해 합리적 판촉전략 수립 및 고객 만족도 개선
⑤ 경쟁 유통업체의 제품 구성 및 판매 동향 분석을 통한 경쟁력 제고

73 아래 글상자에서 설명하고 있는 용어를 나열한 것으로 가장 옳은 것은?

> - ㉠는 유행에 관심이 많고 소비를 놀이처럼 즐기는 사람을 지칭하는 용어이다. 생산적인 소비자를 일컫는 프로슈머(prosumer)에서 한 단계 진화하여 참여와 공유를 통해 개인의 만족과 집단의 가치를 향상시키는 능동적인 소비자를 말한다. 필립 코틀러(Philip Kotler)의 '사회구조가 복잡해지고 물질적으로 풍요로워질수록 소비자는 재미를 추구한다.'는 주장을 반영한 소비 형태이다.
> - ㉡는 에너지를 소비도 하지만 생산도 하는 사람을 지칭하는 용어이다. 스마트 그리드가 구축되면 일반 가정이나 사무실에서도 소형 발전기, 태양광, 풍력 등을 이용한 신재생 에너지를 생산하고 사용한 후 여분을 거래할 수 있다.

① ㉠ 모디슈머, ㉡ 스마트너
② ㉠ 플레이슈머, ㉡ 스마트너
③ ㉠ 플레이슈머, ㉡ 에너지 프로슈머
④ ㉠ 트랜드슈머, ㉡ 에너지 프로슈머
⑤ ㉠ 트랜드슈머, ㉡ 스마트 프로슈머

21년

74 아래 글상자의 ㉠, ㉡에 해당되는 각각의 용어로 가장 옳은 것은?

> 전통적인 경제학에서 기업의 생산활동은 ㉠이 주로 적용된다고 가정하고 있다. 정보화 사회에 들어서면
> 서 컴퓨터산업을 포함한 정보통신 산업분야에서는 이러한 현상이 적용되지 않는다. 오히려 ㉡이 적용되
> 고 있다. 브라이언 아서 교수는 농업이나 자연자원을 많이 소모하는 대량생산 체제에서는 ㉠이 지배하
> 고, 첨단기술의 개발과 지식중심의 생산 체제에서는 반대로 ㉡이 지배한다고 주장하였다.

① ㉠ 수확체증의 법칙, ㉡ 수확불변의 법칙
② ㉠ 수확체증의 법칙, ㉡ 수확체감의 법칙
③ ㉠ 수확체감의 법칙, ㉡ 수확불변의 법칙
④ ㉠ 수확체감의 법칙, ㉡ 수확체증의 법칙
⑤ ㉠ 수확불변의 법칙, ㉡ 수확체감의 법칙

75 EDI 시스템에 대한 설명으로 가장 옳지 않은 것은?

① EDI 시스템은 데이터를 효율적으로 교환하기 위해 전자문서표준을 이용해 데이터를 교류하는 시스템
   이다.
② EDI 시스템은 기존 서류 작업에 비해 문서의 입력오류를 줄여주는 장점이 있다.
③ EDI 시스템은 국제표준이 아닌, 기업 간 상호 협의에 의해 만들어진 규칙을 따른다.
④ EDI 시스템은 종이 문서 없는 업무 환경을 구현해주는 장점이 있다.
⑤ EDI 시스템은 응용프로그램, 네트워크 소프트웨어, 변환 소프트웨어 등으로 구성된다.

76 QR코드의 장점으로 가장 옳지 않은 것은?

① 작은 공간에도 인쇄할 수 있다.
② 방향에 관계없는 인식능력이 있다.
③ 바코드에 비해 많은 용량의 정보를 저장할 수 있다.
④ 훼손에 강하며 훼손시 데이터 복원력이 매우 좋다.
⑤ 문자나 그림 등의 이미지가 중첩된 경우에도 인식률이 매우 높다.

77 아래 글상자에서 설명하는 용어로 가장 옳은 것은?

> – 끌어모음이라는 뜻과 꼬리표라는 의미의 합성어이다.
> – 특정 단어 앞에 '#'을 사용하여 그 단어와 관련된 내용물을 묶어주는 기능이다.
> – SNS에서 마케팅을 위해 활발하게 이용된다.

① 스크롤링(Scrolling)
② 롱테일의 법칙(Long Tail Theory)
③ 크롤링(Crawling)
④ 해시태그(Hashtag)
⑤ 둠스크롤링(Doomscrolling)

78 데이터마이닝에서 사용하는 기법과 그에 대한 설명으로 가장 옳지 않은 것은?

① 추정 – 연속형이나 수치형으로 그 결과를 규정, 알려지지 않은 변수들의 값을 추측하여 결정하는 기법
② 분류 – 범주형 자료이거나 이산형 자료일 때 주로 사용하며, 이미 정의된 집단으로 구분하여 분석하는 기법
③ 군집화 – 기존의 정의된 집단을 기준으로 구분하고 이와 유사한 자료를 모으고, 분석하는 기법
④ 유사통합 – 데이터로부터 규칙을 만들어내는 것으로 어떠한 것들이 함께 발생하는지에 대해 결정하는 기법
⑤ 예측 – 미래의 행동이나 미래 추정치의 예측에 따라 구분되는 것으로 분류나 추정과 유사 기법

79 아래 글상자의 괄호 안에 공통적으로 들어갈 용어로 가장 옳은 것은?

> 데이터 수집과 활용을 통해 데이터 경제를 가속화하기 위한 대책으로 2020년 정부가 발표한 디지털 뉴딜 사업에는 (   )에 대한 계획이 포함되어 있다. (   )은(는) 우리나라의 유무형 자산이나 문화유산, 국가행정정보 등의 공공정보를 데이터화하여 수집·보관하고, 필요한 곳에 사용할 수 있도록 하는 것이다.

① 데이터 댐
② 국가DW
③ 빅데이터프로젝트
④ 대한민국AI
⑤ 디지털 트윈

80 오늘날 공급사슬관리는 IT의 지원 없이 작동할 수 없다. 공급사슬관리에 일어난 주요 변화로 옳지 않은 것은?

① 공급자 중심에서 고객중심으로 - 비용보다는 유연한 대응력, 즉 민첩성이 핵심요인

② 풀(pull)관행에서 푸시(push)관행으로 - 생산 풀로부터 소비자 주문 또는 구매를 근거로 하는 푸시관행으로 이동

③ 재고에서 정보로 - 실질 수요에 대한 더 나은 가시성 확보가 중요

④ 운송과 창고관리에서 엔드투엔드 파이프라인관리가 강조 - 가시성과 시간단축 중요

⑤ 기능에서 프로세스로 - 급변하는 환경에 다기능적이고 시장지향적인 프로세스에 초점

81 국가종합전자조달 사이트인 나라장터를 전자상거래 거래주체별 모델로 구분하였을 때 가장 옳은 것은?

① B2B

② G2B

③ G4C

④ B2C

⑤ C2C

82 대칭키 암호화 방식에 해당되지 않는 것은?

① IDEA(International Data Encryption Algorithm)

② SEED

③ DES(Data Encryption Standard)

④ RSA(Rivest Shamir Adleman)

⑤ RC4

83 공급사슬관리를 위한 정보기술로 적절성이 가장 낮은 것은?

① VMI(Vendor Managed Inventory)

② RFID(Radio-Frequency Identification)

③ PBES(Private Branch Exchange Systems)

④ EDI(Electronic Data Interchange)

⑤ CDS(Cross Docking Systems)

84 지식경영을 위한 자원으로써 지식을 체계화하기 위해 다양한 분류 방식을 활용해 볼 수 있다. 다음 중 분류방식과 그 내용에 대한 설명으로 가장 옳지 않은 것은?

① 도서관형 분류 – 알파벳/기호로 하는 분류

② 계층형 분류 – 대분류 · 중분류 · 소분류로 분류

③ 인과형 분류 – 원인과 결과 관계로 분류

④ 요인분해형 분류 – 의미 네트워크에 기반하여 공간적으로 의미를 구성

⑤ 시계열적 분류 – 시계열적으로 과거, 현재, 미래의 사상, 의의의 변화를 기술

21년

85 빅데이터의 핵심 특성 3가지를 가장 바르게 제시한 것은?

① 가치, 가변성, 복잡성

② 규모, 속도, 다양성

③ 규모, 가치, 복잡성

④ 가치, 생성 속도, 가변성

⑤ 규모, 가치, 가변성

86 고객관리를 위해 인터넷 쇼핑몰을 운영하는 A사는 웹로그분석을 실시하고 있다. 아래 글상자의 (   ) 안에 들어갈 용어로 가장 옳은 것은?

> 방문자가 웹 브라우저를 통해 웹사이트에 방문할 때 브라우저가 웹 서버에 파일을 요청한 기록을 시간과 IP 등의 정보와 함께 남기는데 이것을 (   )라고 한다. 이 로그는 웹사이트의 트래픽에 대한 가장 기초적인 정보를 제공하며 서버로부터 브라우저에 파일이 전송된 기록이므로 Transfer Log라고도 한다.

① 리퍼럴 로그(referrer log)

② 에이전트 로그(agent log)

③ 액세스 로그(access log)

④ 에러 로그(error log)

⑤ 호스트 로그(host log)

87 유통업체의 관리문제를 해결하기 위해 활용되는 의사결정지원시스템 모델 중 수학적 모형으로 작성하여 그 해를 구함으로써 최적의 의사결정을 도모하는 수리계획법의 예로 가장 옳지 않은 것은?

① 시뮬레이션(Simulation)

② 목표계획법(Goal Programming)

③ 선형계획법(Linear Programming)

④ 정수계획법(Integer Programming)

⑤ 비선형계획법(Non-Linear Programming)

88 파일처리시스템과 비교하여 데이터베이스시스템의 특징을 설명한 것으로 가장 옳지 않은 것은?

① 특정 응용프로그램을 활용해 개별 데이터를 생성하고 저장하므로 데이터를 독립적으로 관리할 수 있다.
② 조직 내 데이터의 공유를 통해 정보자원의 효율적 활용이 가능하다.
③ 데이터베이스에 접근하기 위해 인증을 거쳐야 하기에 불법적인 접근을 차단하여 보안관리가 용이하다.
④ 프로그램에 대한 데이터 의존성이 감소하게 됨으로써 데이터의 형식이나 필드의 위치가 변화해도 응용프로그램을 새로 작성할 필요가 없다.
⑤ 표준화된 데이터 질의어(SQL)를 이용하여 필요한 데이터에 쉽게 접근하고 정보를 생성할 수 있다.

89 디지털 시대의 경영환경 특징으로 가장 옳지 않은 것은?

① 무형의 자산보다 유형의 자산이 중시된다.
② 지식상품이 부상하고 개인의 창의력이 중시된다.
③ 정보의 전달 속도가 빨라 제품수명주기가 단축된다.
④ 기술발전 속도가 빠를 뿐만 아니라 사업 범위가 글로벌화 되어 경쟁이 심화된다.
⑤ 기업 간 경쟁이 심화되어 예측이 어려워짐으로써 복잡계시스템으로서의 경영이 요구된다.

90 전자금융거래시 간편결제를 위한 QR코드 결제 표준에 대한 내용으로 가장 옳지 않은 것은?

① 고정형 QR 발급시 별도 위변조 방지 조치(특수필름부착, 잠금장치 설치 등)를 갖추어야 한다.
② 변동형 QR은 보안성 기준을 충족한 앱을 통해 발급하며 위변조 방지를 위해 1분 이내만 발급이 유지되도록 규정한다.
③ 자체 보안기능을 갖추어야 하며 민감한 개인·신용정보 포함을 금지하고 있다.
④ 고정형 QR은 소상공인 등이 QR코드를 발급·출력하여 가맹점에 붙여두고, 소비자가 모바일 앱으로 QR코드를 스캔하여 결제처리하는 방식이다.
⑤ 가맹점주는 가맹점 탈퇴·폐업 즉시 QR코드 파기 후 가맹점 관리자에게 신고해야 한다.

2020년

기출문제

아이들이 답이 있는 질문을 하기 시작하면
그들이 성장하고 있음을 알 수 있다.

- 존 J. 플롬프 -

자격증 · 공무원 · 금융/보험 · 면허증 · 언어/외국어 · 검정고시/독학사 · 기업체/취업
이 시대의 모든 합격! SD에듀에서 합격하세요!
www.youtube.com ➜ SD에듀 ➜ 구독

맞은 개수 _____ / 90문제

시험일	문항 수	시 간	문제형별
2020. 6. 21	총 90개	100분	A

1과목 유통물류일반

01 물류관리를 위한 정보기술에 대한 내용으로 옳지 않은 것은?

① 기업 내 부서 간 정보전달을 통한 전사적정보관리를 위해 EDI기술이 보편적으로 사용된다.
② 바코드기술의 상품에 대한 표현능력의 한계, 일괄인식의 어려움, 물류량 급증 시 대처능력의 저하 등 문제점을 해결할 수 있는 기술이 RFID이다.
③ DPS는 표시장치와 응답을 일체화시킨 시스템으로, 창고, 배송센터, 공장 등의 현장에서 작업지원시스템으로 활용되고 있다.
④ OCR은 광학문자인식으로 팩스를 통해 정보를 보낸 경우 이를 컴퓨터의 스캐닝이 문자를 인식하여 이것을 컴퓨터에 입력하는 기술로 활용될 수 있다.
⑤ 사전에 가격표찰에 상품의 종류, 가격 등을 기호로 표시해두고, 리더 등으로 그것을 읽어 판매정보를 집계하는 데 사용되는 기술은 POS이다.

02 물류아웃소싱 성공전략에 대한 설명으로 옳지 않은 것은?

① 물류아웃소싱이 성공하려면 반드시 최고경영자의 관심과 지원이 필요하다.
② 지출되는 물류비용을 정확히 파악하여 아웃소싱 시 비용절감효과를 측정해야 한다.
③ 물류아웃소싱의 궁극적인 목표는 현재와 미래의 고객만족에 있음을 잊지 말아야 한다.
④ 물류아웃소싱의 기본 목표는 물류비용절감을 통한 효율성의 향상에만 있으므로 전체 물류시스템을 효율성 위주로 개편할 필요가 있다.
⑤ 물류아웃소싱의 목적은 기업 전체의 전략과 조화로워야 한다.

03 정량주문법과 정기주문법의 비교 설명으로 옳지 않은 것은?

구 분	항 목	정량주문법	정기주문법
㉠	리드타임	짧은 편이 낫다	긴 편이 낫다
㉡	표준화	표준부품이 좋다	전용부품이 좋다
㉢	품목수	많아도 된다	적을수록 좋다
㉣	주문시기	일정하지 않다	일정하다
㉤	구매금액	큰 편이 좋다	적은 편이 좋다

① ㉠　　　　　　　　　　　② ㉡

③ ㉢　　　　　　　　　　　④ ㉣

⑤ ㉤

04 실제 소비자 주문의 변화 정도는 적은데 소매상과 도매상을 거쳐 상위단계인 제조업체에 전달되는 변화의 정도는 크게 증폭되는 효과를 설명하는 용어로 가장 옳은 것은?

① ABC효과　　　　　　　　② 채찍효과

③ 베블런효과　　　　　　　④ 바넘효과

⑤ 후광효과

05 물적 유통관리에 대한 설명으로 옳지 않은 것은?

① 상품을 적절한 시기에 맞추어 운반해야 하므로 어떤 운송수단을 이용하느냐가 비용과 상품의 상태, 기업의 이익에도 영향을 준다.

② 물적 유통관리를 합리화하게 되면 고객서비스 수준을 증가시킬 수 있다.

③ 인건비 상승 때문에 나타나는 인플레 환경 하에서도 물적 유통관리를 통해 원가절감을 할 수 있다.

④ 소비자 욕구가 다양화됨에 따라, 보다 많은 종류의 상품을 재고로 보유하기 위한 경우 효율적인 물적 유통관리가 필요하다.

⑤ 상품의 운송이나 보관에는 하역작업이 따르게 되는데, 물류비용 중 가장 큰 비율을 차지하는 활동이 하역이다.

06 식스시그마의 실행단계를 순서대로 나타낸 것으로 가장 옳은 것은?

① 정의 – 분석 – 개선 – 통제 – 측정

② 정의 – 측정 – 분석 – 개선 – 통제

③ 측정 – 분석 – 정의 – 통제 – 개선

④ 측정 – 정의 – 통제 – 분석 – 개선

⑤ 분석 – 정의 – 측정 – 통제 – 개선

07 마음이 약한 김과장은 팀원들의 인사고과를 전부 보통으로 평가하였다. 이와 관련된 인사고과의 오류로 가장 옳은 것은?

① 후광효과
② 관대화 경향
③ 가혹화 경향
④ 중심화 경향
⑤ 귀인상의 오류

08 아래 글상자에서 경영전략 수립을 위한 환경분석 중 전략과제의 도출 순서가 옳게 나열된 것은?

20년

> ㉠ 사업종류, 사업영역, 경쟁상황, 최고경영층의 방향에 관한 자료를 준비한다.
> ㉡ 외부환경에 대하여 경제적, 사회적, 정치적, 인구통계학적, 제품과 기술, 시장과 경쟁의 6가지 요인에 관하여 기회와 위협을 평가하고 정리한다.
> ㉢ 외부환경에 있어서 장래에 대한 평가와 예측을 준비한다.
> ㉣ 내부조직의 강약점을 관리와 조직, 운영, 재무, 마케팅 등의 측면에서 도출한다.
> ㉤ 외부의 기회와 위협, 조직의 강점과 약점을 상호 연계하여 전략대안을 개발한다.
> ㉥ 전략 대안 중에서 전략적 선택을 한다.

① ㉤ - ㉥ - ㉠ - ㉡ - ㉢ - ㉣
② ㉥ - ㉠ - ㉡ - ㉢ - ㉣ - ㉤
③ ㉠ - ㉡ - ㉢ - ㉣ - ㉤ - ㉥
④ ㉡ - ㉢ - ㉣ - ㉤ - ㉥ - ㉠
⑤ ㉢ - ㉣ - ㉤ - ㉥ - ㉠ - ㉡

09 권력의 원천과 그 내용에 대한 설명 중 가장 옳지 않은 것은?

① 강압적 권력은 권력행사자가 권력수용자를 처벌할 수 있다고 생각한다.
② 합법적 권력은 일반적으로 비공식적 지위에서 나온다고 볼 수 있다.
③ 보상적 권력은 급여인상, 승진처럼 조직이 제공하는 보상에 의해 권력을 가지게 된다.
④ 전문적 권력은 특정 분야나 상황에 대한 높은 지식이 있을 때 발생한다.
⑤ 준거적 권력은 다른 사람이 그를 닮으려고 할 때 생기는 권력이다.

10 프랜차이즈 유통사업시스템에 대한 내용으로 옳지 않은 것은?

① 본부가 자본을 투입하여 매장을 직접 운영하고, 가맹점은 기술과 노하우를 제공하여 빠른 속도로 사업이 전개될 수 있도록 한다.
② 본부방침에 변경이 있을 경우 가맹점은 그 의사결정에 참여하기 힘들다.
③ 가맹점과 본부간의 계약이 본부의 의사를 따라야 하는 종속계약이기 때문에 계약내용에 대하여 가맹점 희망자의 요구사항이나 조건 등을 반영하기 힘들다.
④ 불리한 조건의 가맹계약을 체결하여 계약해지 시 가맹점이 손해를 입는 경우가 발생할 수 있다.
⑤ 본부 사세가 약화되는 경우 본부로부터 지도와 지원을 충분히 받기 어려워진다.

11 자본구조(capital structure)에서 타인자본(부채)의 하나인 장기부채(고정부채)의 종류로 옳지 않은 것은?

① 사 채　　　　　　　　　　　　② 예수금
③ 외국차관　　　　　　　　　　　④ 장기차입금
⑤ 장기성지급어음

12 아래 글상자에서 경영조직 관련 사업부제(operating division)의 장점으로 옳지 않은 것은?

> ㉠ 사업부의 객관적인 이익이 사업부의 모든 의사결정의 기준이 되게끔 하기 위해 의사결정의 합리성을 높인다.
> ㉡ 각 사업부는 자기완결성과 독립성을 가지므로 시장이나 기술 등의 환경변화에 대해 기민한 적응력을 가진다.
> ㉢ 사업부제는 목표가 뚜렷하고 자기완결성을 가지며 사업부장에 결정권한이 위양되어 신제품 등의 혁신율을 높일 수 있다.
> ㉣ 각 사업부의 자주성이 너무 지나치면 사업주 상호 간의 조정이나 전사적·통일적 활동이 장려되는 장점도 있다.
> ㉤ 사업부제는 사내대체가격과 기피선언권의 원칙에 의해 시장가격경제의 구조를 기업내부에 도입할 수 있어 경쟁시점의 가격에 의해 자동적으로 사업부의 능률이 체크된다.

① ㉠　　　　　　　　　　　　　② ㉡
③ ㉢　　　　　　　　　　　　　④ ㉣
⑤ ㉤

13 아래 글상자에서 서술된 경영은 무엇에 대한 내용 설명인가?

> 기업의 의사결정기준을 경제적 이익에 근거한 기업가치, 즉 경제적 부가가치를 중심으로 하는 사업관리 기법을 말한다. 기업가치가 강조되기도 하며, 경제적 부가가치를 지표로 하기도 한다.

① 펀경영　　　　　　　　　　　② 크레비즈
③ 지식경영　　　　　　　　　　④ 가치창조경영
⑤ 전략적 기업경영

14 한 유통업체에서는 A상품을 연간 19,200개 정도 판매할 수 있을 것으로 예상하고 있다. A상품의 1회 주문비가 150원, 연간 재고유지비는 상품당 16원이라고 할 때 경제적 주문량(EOQ)은?

① 600개　　　　　　　　　　　② 650개
③ 700개　　　　　　　　　　　④ 750개
⑤ 800개

15 아래 글상자의 내용과 같은 마케팅제휴(marketing alliance) 전략을 설명하는 용어는?

> ㉠ 햄버거 가게에서 해피밀 세트를 구입하면 디즈니 캐릭터가 그려진 장난감을 제공
> ㉡ 아이스크림 가게에서 아이스크림 세트를 구입 시 스누피 캘린더 북 제공

① 촉진제휴(promotional alliance)
② 로지스틱스 제휴(logistics alliance)
③ 가격제휴(price alliance)
④ 유통제휴(distributional alliance)
⑤ 서비스제휴(service alliance)

16 Ansoff의 제품/시장확장 그리드에서 신제품으로 기존 시장에 침투하는 전략은?

① 시장침투(market penetration) 전략
② 시장개발(new market development) 전략
③ 제품개발(product development) 전략
④ 다각화(diversification) 전략
⑤ 통합화(integration) 전략

17 어떤 두 가지 생산품을 각각의 기업에서 생산하는 것보다 한 기업에서 여러 품목을 동시에 생산하는 것이 비용이 적게 들어 더 유리한 경우를 가리키는 용어로 가장 옳은 것은?

① 손익분기점
② 범위의 경제
③ 규모의 경제
④ 경로커버리지효과
⑤ 구색효과

18 유통환경을 구성하는 요소들에 대한 설명 중 가장 옳지 않은 것은?

① 경제적 환경은 원재료 수급에서부터 제품 판매에 이르기까지 기업의 모든 경제적 활동과 연계되어 있다.
② 기술적 환경은 하루가 다르게 변화추세가 가속화되고 있다.
③ 법률적 환경의 경우 규정의 변화에 따라 적응해가야 한다.
④ 사회적 환경은 가치관과 문화 등으로 구성되어 획일적이기에 순응해야 한다.
⑤ 경제적 환경 중 국가의 경제정책은 기업에게 직접적인 영향을 미치게 된다.

19 아래 글상자 내용은 기업의 사회적 책임이 요구되는 이유를 설명한 것이다. (   )에 들어갈 용어로 가장 옳은 것은?

> 경제활동에는 근본적으로 대가가 수반된다. 소비자는 상품을 구입할 때 판매자에게 대금을 지불한다.
> 그러나 가끔씩 이러한 경제활동이 아무런 대가 없이 제3자에게 이익을 주거나 손해를 끼치는 경우를
> (   )(이)라 한다.

① 시장실패   ② 외부효과
③ 감시비용   ④ 잔여손실
⑤ 대리인문제

20 독자적인 상품 또는 판매·경영 기법을 개발한 체인본부가 상호·판매방법·매장운영 및 광고방법 등을 결정하고, 가맹점으로 하여금 그 결정과 지도에 따라 운영하도록 하는 형태의 체인사업으로 옳은 것은?

① 직영점형 체인사업   ② 프랜차이즈형 체인사업
③ 임의가맹점형 체인사업   ④ 조합형 체인사업
⑤ 유통업상생발전협의회 체인사업

21 최근 국내외 유통산업의 동향과 추세에 대한 설명으로 옳지 않은 것은?

① 소비양극화에 따라 개인 가치에 부합하는 상품에 대해서는 과도한 수준의 소비가 발생하고 관심이 적은 생필품은 저가격 상품을 탐색하는 성향이 증가하고 있다.
② 소비자의 멀티채널 소비 증가로 유통업체의 옴니채널 구축이 가속화되고 있다.
③ 복합쇼핑몰, 카테고리킬러 등 신규업태가 탄생하고 업태 간 경계가 모호해지고 있다.
④ 업태 간 경쟁심화에 따라 이익보다는 매출에 초점을 둔 경쟁이 심화되고 있다.
⑤ 모바일과 IT기술 확산에 따른 리테일테크(retail+tech) 발달이 가속화되고 있다.

22 수직적 유통경로에 관한 설명 중 가장 옳지 않은 것은?

① 전체 유통비용을 절감할 수 있다.
② 높은 진입장벽을 구축할 수 있어 새로운 기업의 진입을 막을 수 있다.
③ 필요한 자원이나 원재료를 보다 안정적으로 확보할 수 있다.
④ 마케팅 비용을 절감하고 경쟁기업에 효율적으로 대응할 수 있다.
⑤ 동일한 유통경로상에 있는 기관들이 독자성은 유지하면서 시너지 효과도 얻을 수 있다.

23 아래 글상자 ㈀~㈁에 들어갈 단어가 옳게 나열된 것은?

(㈀)은/는 이질적인 생산물을 동질적인 단위로 나누는 과정을 말하는데 통상적으로 생산자가 직접 수행하며 흔히 생산자의 표준화 기능이라고도 한다.
(㈁)은/는 동질적으로 쌓여진 것을 다시 나누는 과정이며 중계기구라 불리는 중간상인들이 이 기능을 수행한다. 이런 중계기구를 중계도매상이라 한다.

① ㈀ 집적   ㈁ 분류(등급)
② ㈀ 배분   ㈁ 구색
③ ㈀ 구색   ㈁ 분류(등급)
④ ㈀ 분류(등급)   ㈁ 배분
⑤ ㈀ 구색   ㈁ 배분

20년

24 아래 글상자 내용 중 소비자를 위한 소매상의 기능으로 옳은 것을 모두 고르면?

㈀ 새로운 고객 창출
㈁ 상품선택에 소요되는 비용과 시간을 절감할 수 있게 도와줌
㈂ 소매광고, 판매원서비스, 점포 디스플레이 등을 통해 상품관련정보를 제공
㈃ 할부판매
㈄ 재고유지
㈅ 배달, 설치

① ㈀, ㈁   ② ㈁, ㈂, ㈄
③ ㈂, ㈄, ㈅   ④ ㈁, ㈃, ㈄, ㈅
⑤ ㈁, ㈂, ㈃, ㈅

25 아래의 글상자 내용 중 프레드릭 허즈버그(Frederick Herzberg)가 제시한 2요인이론이 동기요인으로 파악한 요인들만 옳게 나열한 것은?

㈀ 일 그 자체   ㈁ 감독
㈂ 작업환경   ㈃ 책임감
㈄ 동료와의 관계   ㈅ 연봉
㈆ 직업 안정성   ㈇ 승진
㈈ 회사규정

① ㈁, ㈂, ㈅   ② ㈀, ㈃, ㈇
③ ㈃, ㈄, ㈇   ④ ㈆, ㈇, ㈈
⑤ ㈄, ㈅, ㈈

26 소매업태들은 주력상품에 따라 서로 다른 크기의 상권을 확보할 수 있는 입지를 선정한다. 필요로 하는 상권크기가 커지는 순서에 따라 소매업태들을 가장 옳게 배열한 것은?

① 대형마트 < 백화점 < 명품전문점

② 대형마트 < 명품전문점 < 백화점

③ 백화점 < 대형마트 < 명품전문점

④ 명품전문점 < 대형마트 < 백화점

⑤ 명품전문점 < 백화점 < 대형마트

27 아래의 내용 중에서 중심업무지역(CBD ; Central Business District)의 입지특성에 대한 설명으로 옳지 않은 것은?

① 대중교통의 중심이며 백화점, 전문점, 은행 등이 밀집되어 있다.

② 주로 차량으로 이동하여 교통이 매우 복잡하고 도보통행량은 상대적으로 많지 않다.

③ 상업활동으로 많은 사람을 유인하지만 출퇴근을 위해서 이곳을 통과하는 사람도 많다.

④ 소도시나 대도시의 전통적인 도심지역을 말한다.

⑤ 접근성이 높고 도시 내 다른 지역에 비해 상주인구가 적다.

28 중심성지수는 전체 상권에서 지역이 차지하는 중심성을 평가하는 한 지표이다. 중심성지수에 대한 설명으로 가장 옳지 않은 것은?

① 한 지역의 거주인구에 대한 소매인구의 비율이다.

② 지역의 소매판매액이 커지면 중심성지수도 커진다.

③ 지역의 소매인구는 소매업에 종사하는 거주자의 숫자이다.

④ 다른 여건이 변하지 않아도 거주인구가 감소하면 중심성지수는 커진다.

⑤ 중심성지수가 클수록 전체 상권 내의 해당지역의 중심성이 강하다고 해석한다.

29 입지의 매력도 평가 원칙 중 유사하거나 보완적인 소매업체들이 분산되어 있거나 독립되어 있는 경우보다 군집하여 있는 경우가 더 큰 유인잠재력을 가질 수 있다는 원칙으로 가장 옳은 것은?

① 보충가능성의 원칙   ② 고객차단의 원칙

③ 동반유인의 법칙   ④ 접근가능성의 원칙

⑤ 점포밀집의 원칙

30 소매점포의 부지(site)를 선정할 때 고려해야 할 가장 중요한 기준으로 옳은 것은?

① 부지의 고객접근성　　　　　　　② 부지의 주요 내점객
③ 점포의 가시성　　　　　　　　　④ 점포의 수익성
⑤ 점포의 임대료

31 주변 환경에 따라 분류한 상권유형별로 설명한 상대적 특징으로 가장 옳지 않은 것은?

① 대학가 상권의 경우 가격에 민감하며 방학 동안 매출이 급감한다.
② 역세권 상권의 경우 주부 및 가족단위 중심의 소비행동이 이루어진다.
③ 백화점이나 대형마트는 쾌적한 쇼핑환경이 중요하다.
④ 오피스상권은 점심시간이나 퇴근시간에 유동인구가 많다.
⑤ 번화가상권은 요일과 시간대에 관계없이 높은 매출을 보인다.

20년

32 상권 및 입지에 대한 아래의 내용 중에서 옳지 않은 것은?

① 상권의 성격과 업종의 성격이 맞으면 좋지 않은 상권에서도 좋은 성과를 올릴 수 있다.
② 상권이 좋아야 좋은 점포가 많이 모여들고 좋은 점포들이 많이 모여들면 상권은 더욱 강화된다.
③ 소매점을 개점하기 위해서는 점포 자체의 영업능력도 중요하지만 상권의 크기나 세력도 매우 중요하다.
④ 동일한 상업지구에 입지하더라도 규모 및 취급상품의 구색에 따라 개별점포의 상권의 범위는 달라질 수 있다.
⑤ 지구 상권을 먼저 정하고 지역 상권을 정하는 것이 일반적인 순서이다.

33 상권을 표현하는 다양한 기법 중에서 소비자의 점포선택 등확률선(isoprobability contours)을 활용하기에 가장 적합한 상권분석 방법은?

① 회귀분석(regression analysis)
② 허프모델(Huff model)
③ 유사점포법(analog method)
④ 체크리스트법(check list)
⑤ 컨버스의 상권분기점(breaking point)모형

34 아래의 글상자에서 설명하는 쇼핑센터의 공간구성요소로서 가장 옳은 것은?

> – 하나의 열린 공간으로 상업시설에 도입시킬 수 있으며, 여유공간의 창출로 상가의 가치를 높여줄 수
>   있다.
> – 지치기 쉬운 쇼핑센터 이용자의 체류시간을 연장하기 위한 휴식공간으로 활용가능하다.
> – 구조에 따라 이벤트 장소로 사용할 수 있어 문화적, 오락적 이벤트를 개최할 수 있다.
> – 보통 동선으로 동시에 사용하기도 하며 보이드(void)와 적절하게 조화될 경우 훨씬 경쟁력을 갖춘 상
>   가가 될 수 있다.

① 통로(path)　　　　　　　　　　　② 테난트(tenant)
③ 지표(landmark)　　　　　　　　　④ 데크(deck)
⑤ 선큰(sunken)

35 소매상권에 대한 아래의 내용 중에서 옳지 않은 것은?

① 신호등의 위치, 좌회전로의 존재, 접근로의 경사도 등도 점포에 대한 접근성에 영향을 미칠 수 있다.
② 경관이 좋고 깨끗하다든지, 도로 주변이 불결하다든지 하는 심리적 요소도 상권범위에 영향을 미친다.
③ 특정상권내 고객들의 소득수준이 증가할수록 고객들의 해당 상권이용 빈도는 높아진다.
④ 상권의 구매력은 상권 내의 가계소득수준과 가계숫자의 함수로 볼 수 있다.
⑤ 상권분석을 통해서 촉진활동 등 기본적 마케팅활동의 방향을 파악할 수 있다.

36 상권 내 관련 점포들이 제공하는 서비스에 대한 고객들의 구체적인 만족 또는 불만족 요인들을 파악하
는 조사방법으로 가장 옳은 것은?

① 상권에 대한 관찰조사
② 심층면접을 통한 정성조사
③ 설문조사를 통한 정량조사
④ 상권에 대한 일반정보의 수집
⑤ 조사 자료에 근거한 상권지도의 작성

37 상권을 분석할 때 이용하는 공간상호작용모형(SIM ; Spatial Interaction Model)에 해당하는 내용으로
옳지 않은 것은?

① 레일리(Reilly)의 소매중력법칙과 회귀분석모델은 대표적인 SIM이다.
② 한 점포의 상권범위는 거리에 반비례하고 점포의 유인력에 비례한다는 원리를 토대로 한다.
③ 접근성과 매력도를 교환하는 방식으로 대안점포들을 비교하고 선택한다고 본다.
④ 소비자의 실제 선택자료를 활용하여 점포 매력도와 통행거리와 관련한 모수(민감도) 값을 추정한다.
⑤ 허프모델과 MNL모델은 상권특성을 세밀하게 반영하는 SIM들이다.

38 지리정보시스템(GIS)의 활용으로 과학적 상권분석의 가능성이 높아지고 있는데 이와 관련한 설명으로 적합하지 않은 것은?

① 컴퓨터를 이용한 지도작성(mapping)체계와 데이터베이스관리체계(DBMS)의 결합이라고 볼 수 있다.

② GIS는 공간데이터의 수집, 생성, 저장, 검색, 분석, 표현 등 상권분석과 연관된 다양한 기능을 기반으로 한다.

③ 대개 GIS는 하나의 데이터베이스와 결합된 하나의 지도레이어(map layer)만을 활용하므로 강력한 공간정보 표현이 가능하다.

④ 지도레이어는 점, 선, 면을 포함하는 개별 지도형상(map features)으로 주제도를 표현할 수 있다.

⑤ gCRM이란 GIS와 CRM의 결합으로 지리정보시스템(GIS) 기술을 활용한 고객관계관리(CRM) 기술을 가리킨다.

39 인구 20만명이 거주하고 있는 a도시와 30만명이 거주하고 있는 b도시 사이에 인구 5만명이 거주하는 c도시가 있다. a와 c도시 사이의 거리는 10km이고 b와 c도시간 거리는 20km이다. c도시 거주자들이 a, b도시에서 쇼핑한다고 할 때 레일리(Reilly)의 소매중력법칙을 활용하여 a도시에서의 구매비율을 계산한 값으로 가장 옳은 것은?

① 약 25%
② 약 43%
③ 약 57%
④ 약 66%
⑤ 약 73%

40 상업지 주변의 도로나 통행상황 등 입지조건과 관련된 설명으로 가장 옳지 않은 것은?

① 유동인구의 이동경로상 보행경로가 분기되는 지점은 교통 통행량의 감소를 보이지만 합류하는 지점은 상업지로 바람직하다.

② 지하철역에서는 승차객수보다 하차객수가 중요하며 일반적으로 출근동선보다는 퇴근동선일 경우가 더 좋은 상업지로 평가된다.

③ 상점가에 있어서는 상점의 가시성이 중요하므로 도로와의 접면넓이가 큰 점포가 유리하다고 볼 수 있다.

④ 건축용지를 갈라서 나눌 때 한 단위가 되는 땅을 각지라고 하며 가로(街路)에 접면하는 각의 수에 따라 2면각지, 3면각지 등으로 불린다.

⑤ 2개 이상의 가로(街路)에 접하는 각지는 일조와 통풍이 양호하며 출입이 편리하고 광고 선전의 효과가 높으나 소음이 심하며 도난과 재해의 위험이 높을 수 있다.

41 소매상권에 대한 중요한 이론 중의 하나인 소매인력이론에 대한 설명으로 옳지 않은 것은?

① 소매인력이론은 고객은 경쟁점포보다 더 가깝고 더 매력적인 점포로 끌려간다는 가정 하에 설명을 전개한다.
② 소매인력이론은 중심지이론에서 말하는 최근거리가설이 적용되기 어려운 상황이 있을 수 있다고 본다.
③ 도시간의 상권경계를 밝히는 것을 목적으로 한다.
④ Converse의 무차별점 공식은 두 도시간의 상대적인 상업적 매력도가 같은 점을 상권경계로 본다.
⑤ 고객분포도표(customer spotting map)를 작성하는 것이 궁극적인 목표이다.

42 점포 개점에 있어 고려해야할 법적 요소와 관련된 설명 중 가장 옳지 않은 것은?

① 용도지역이 건축 가능한 지역인지 여부를 관련 기관을 통해 확인한다.
② 학교시설보호지구 여부와 거리를 확인한다.
③ 건폐율이란 부지 대비 건물 전체의 층별 면적합의 비율을 말한다.
④ 용적률이란 부지면적에 대한 건축물의 연면적의 비율로 부지 대비 총건축 가능평수를 말한다.
⑤ 용도지역에 따라 건폐율과 용적률은 차이가 발생하기도 한다.

43 둥지내몰림 또는 젠트리피케이션(gentrification)에 관한 내용으로 가장 옳지 않은 것은?

① 낙후된 도심 지역의 재건축·재개발·도시재생 등 대규모 도시개발에 부수되는 현상
② 도시개발로 인해 지역의 부동산 가격이 급격하게 상승할 때 주로 발생하는 현상
③ 도시개발 후 지역사회의 원주민들의 재정착비율이 매우 낮은 현상을 포함
④ 상업지역의 활성화나 관광명소화로 인한 기존 유통업체의 폐점 증가 현상을 포함
⑤ 임대료 상승으로 인해 대형점포 대신 다양한 소규모 근린상점들이 입점하는 현상

44 유통가공을 수행하는 도매업체의 입지선정에는 공업입지선정을 위한 베버(A. Weber)의 "최소비용이론"을 준용할 수 있다. 총물류비만을 고려하여 이 이론을 적용할 때, 원료지향형이나 노동지향형 대신 시장지향형입지를 택하는 것이 유리한 조건으로 가장 옳은 것은?

① 유통가공으로 중량이 감소되는 경우
② 부패하기 쉬운 완제품을 가공·생산하는 경우
③ 제품수송보다 원료수송비가 훨씬 더 큰 경우
④ 미숙련공을 많이 사용하는 노동집약적 유통가공의 경우
⑤ 산지가 국지적으로 몰려 있는 편재원료의 투입 비중이 높은 경우

45 소매점포의 상권과 제공하는 유통서비스의 상호관계에 대한 설명으로 가장 옳지 않은 것은?

① 최소판매단위가 작을수록 상권의 크기는 줄어든다.
② 공간적 편리성에 대한 소비자의 요구가 강할수록 상권의 크기는 축소된다.
③ 일반적으로 오프라인점포보다 온라인점포의 배달시간이 길다.
④ 상품구색의 전문성이 클수록 점포의 상권은 좁아진다.
⑤ 상품구색의 다양성이 클수록 더 넓은 상권이 필요하다.

3과목　유통마케팅

46 소매상은 점포 특성에 맞게 상품구색의 폭(좁음, 넓음)과 깊이(얕음, 깊음)를 결정해야 한다. 아래 글상자에서 소매점 유형과 상품구색을 타당하게 연결한 항목만을 모두 옳게 고른 것은?

> ⊙ 편의점 – 좁고 얕은 구색
> ⓒ 전문점 – 좁으나 깊은 구색
> ⓒ 소규모 종합점 – 넓으나 얕은 구색
> ⓔ 백화점 – 넓고 깊은 구색

① ⊙, ⓒ
② ⓒ, ⓔ
③ ⊙, ⓒ, ⓒ
④ ⓒ, ⓒ, ⓔ
⑤ ⊙, ⓒ, ⓒ, ⓔ

47 도·소매업체들의 유통경로 수익성 평가에 활용되는 전략적 이익모형(strategic profit model)의 주요 재무 지표에 해당하지 않는 것은?

① 순매출이익률
② 총자산회전율
③ 레버리지비율
④ 투자수익률
⑤ 총자본비용

48 아래 글상자에서 설명하는 유통마케팅자료 조사기법으로 옳은 것은?

> – 소비자의 욕구를 파악하기 위한 기법의 하나로 개발되었다.
> – 기본적인 아이디어는 어떤 소매 점포이든 몇 개의 중요한 서비스 기능(속성)을 가지고 있으며, 각 기능(속성)은 다시 몇 개의 수준이나 값들을 가질 수 있다는 것이다.
> – 개별 속성의 각 수준에 부여되는 선호도를 부분가치라 하고, 이 부분가치를 합산함으로써 개별 고객이 여러 개의 대안들 중에서 어느 것을 가장 선호하게 될 지를 예측할 수 있다.

① 컨조인트 분석
② 다차원 척도법
③ 요인분석
④ 군집분석
⑤ 시계열분석

49 다음 중 판매사원의 상품판매과정의 7단계를 순서대로 나열한 것으로 가장 옳은 것은?

① 가망고객 발견 및 평가 → 사전접촉(사전준비) → 설명과 시연 → 접촉 → 이의처리 → 계약(구매권유) → 후속조치
② 가망고객 발견 및 평가 → 사전접촉(사전준비) → 설명과 시연 → 이의처리 → 접촉 → 계약(구매권유) → 후속조치
③ 가망고객 발견 및 평가 → 사전접촉(사전준비) → 접촉 → 설명과 시연 → 이의처리 → 계약(구매권유) → 후속조치
④ 사전접촉(사전준비) → 가망고객 발견 및 평가 → 접촉 → 설명과 시연 → 이의처리 → 계약(구매권유) → 후속조치
⑤ 사전접촉(사전준비) → 가망고객 발견 및 평가 → 접촉 → 설명과 시연 → 이의처리 → 후속조치 → 계약(구매권유)

50 다음 중 마케팅믹스 요소인 4P 중 유통(place)을 구매자의 관점인 4C로 표현한 것으로 옳은 것은?

① 고객비용(customer cost)
② 편의성(convenience)
③ 고객문제해결(customer solution)
④ 커뮤니케이션(communication)
⑤ 고객맞춤화(customization)

51 CRM(Customer Relationship Management)과 대중마케팅(mass marketing)의 차별적 특성으로 옳지 않은 것은?

① 목표고객 측면에서 대중마케팅이 불특정 다수를 대상으로 한다면 CRM은 고객 개개인을 대상으로 하는 일대일 마케팅을 지향한다.

② 커뮤니케이션 방식 측면에서 대중마케팅이 일방향 커뮤니케이션을 지향한다면 CRM은 쌍방향적이면서도 개인적인 커뮤니케이션이 필요하다.

③ 생산방식 측면에서 대중마케팅은 대량생산, 대량판매를 지향했다면 CRM은 다품종 소량생산 방식을 지향한다.

④ CRM은 개별 고객에 대한 상세한 데이터베이스를 구축해야만 가능하다는 점에서 대중마케팅과 두드러진 차이를 보인다.

⑤ 소비자 욕구 측면에서 대중마케팅은 목표고객의 특화된 구매욕구의 만족을 지향하는 반면 CRM은 목표고객들의 동질적 욕구를 만족시키려고 한다.

52 가격결정방법 및 가격전략과 그 내용의 연결로 옳지 않은 것은?

① 원가기반가격결정 – 제품원가에 표준이익을 가산하는 방식
② 경쟁중심가격결정 – 경쟁사 가격과 비슷하거나 차이를 갖도록 결정
③ 목표수익률가격결정 – 초기 투자자본에 목표수익을 더하여 가격을 결정하는 방식
④ 가치기반가격결정 – 구매자가 지각하는 가치를 가격결정의 중심 요인으로 인식
⑤ 스키밍가격결정 – 후발주자가 시장침투를 위해 선두기업보다 낮은 가격으로 결정

53 아래 글상자는 제품수명주기 중 어느 단계에 대한 설명이다. 이 단계에 해당하는 상품관리전략으로 가장 옳지 않은 것은?

> 최근 기술발전의 속도가 매우 빠르고 소비자들의 욕구와 취향도 급변하는 관계로 많은 제품들이 이 시기에 도달하는 시간이 짧아지는 반면 이 기간은 길어지고 있다. 이 단계에서는 매출액 증가가 둔화되면서 시장 전체의 매출액이 정체되는 시기이다. 다수의 소비자들의 구매가 종료되어가는 시점이어서 신규 수요의 발생이 미미하거나 신규 수요와 이탈 수요의 규모가 비슷해져서 전체 시장의 매출규모가 변하지 않는 상태이다. 또한 경쟁강도가 심해지면서 마케팅 비용은 매우 많이 소요되는 시기이기도 하다.

① 기존제품으로써 새로운 소비자의 구매 유도
② 기존소비자들의 소비량 증대
③ 기존제품의 새로운 용도 개발
④ 기존제품 품질향상과 신규시장 개발
⑤ 제품확장 및 품질보증 도입

54 아래 글상자에서 설명하는 가격전략으로 가장 옳은 것은?

> 소매점 고객들의 내점빈도를 높이고, 소비자들이 소매점포 전체의 가격이 저렴하다는 인상을 가지도록,
> 브랜드 인지도가 있는 인기제품을 위주로 파격적으로 저렴한 가격에 판매하는 가격전략이다.

① 상품묶음(bundling) 가격전략
② EDLP(Every Day Low Price) 가격전략
③ 노세일(no sale) 가격전략
④ 로스리더(loss leader) 가격전략
⑤ 단수가격(odd-pricing) 전략

55 아래 글상자의 사례에서 설명하고 있는 유통업체 마케팅의 환경요인으로 가장 옳은 것은?

> 월마트(Walmart)와 같은 할인점들뿐만 아니라 아마존(Amazon)과 같은 온라인 업체들도 가전제품을 취
> 급하자, 가전제품 전문점이었던 베스트바이(Best buy)는 배달 및 제품설치(on-home installation) 같은
> 신규 서비스를 실시하며 고객의 가치를 높이기 위해 노력하고 있다.

① 사회·문화 환경 　　　　　② 경쟁 환경
③ 기술 환경 　　　　　　　　④ 경제 환경
⑤ 법 환경

56 제조업체의 중간상 촉진활동으로 옳지 않은 것은?

① 프리미엄
② 협동광고
③ 중간상광고
④ 판매원 인센티브
⑤ 소매점 판매원 훈련

57 아래 글상자는 마케팅과 고객관리를 위해 필요한 고객정보들이다. 다음 중 RFM(Recency, Frequency, Monetary) 분석법을 사용하기 위해 수집해야 할 고객정보로 옳은 것은?

> ㉠ 얼마나 최근에 구매했는가?
> ㉡ 고객과의 지속적인 관계를 유지하는 동안 얻을 수 있는 총수익은 얼마인가?
> ㉢ 일정기간 동안 얼마나 자주 자사제품을 구매했는가?
> ㉣ 일정기간 동안 고객이 자사제품을 얼마나 정확하게 상기하는가?
> ㉤ 일정기간 동안 얼마나 많은 액수의 자사제품을 구매했는가?

① ㉠, ㉡, ㉢
② ㉡, ㉣, ㉤
③ ㉡, ㉢, ㉤
④ ㉢, ㉣, ㉤
⑤ ㉠, ㉢, ㉤

20년

58 촉진믹스전략 가운데 푸시(push)전략에 대한 설명으로 옳지 않은 것은?

① 제조업체가 최종 소비자들을 대상으로 촉진믹스를 사용하여 이들이 소매상에게 제품을 요구하도록 하는 전략이다.
② 푸시전략 방법에서 인적판매와 판매촉진은 중요한 역할을 한다.
③ 판매원은 도매상이 제품을 주문하도록 요청하고 판매지원책을 제공한다.
④ 푸시전략은 유통경로 구성원들이 고객에게까지 제품을 밀어내도록 하는 것이다.
⑤ 수요를 자극하기 위해서 제조업체가 중간상에게 판매촉진 프로그램을 제공한다.

59 다양화되고 개성화된 소비자들의 기본욕구에 대처하기 위해 도입된 것으로서, 제조업체의 입장대신 소비자의 입장에서 상품을 다시 분류하는 머천다이징으로 가장 옳은 것은?

① 크로스 머천다이징
② 인스토어 머천다이징
③ 스크램블드 머천다이징
④ 리스크 머천다이징
⑤ 카테고리 머천다이징

60 POP 광고에 대한 설명으로 옳지 않은 것은?

① POP광고는 판매원 대신 상품의 정보(가격, 용도, 소재, 규격, 사용법, 관리법 등)를 알려 주기도 한다.
② POP광고는 매장의 행사분위기를 살려 상품판매의 최종단계까지 연결시키는 역할을 수행해야 한다.
③ POP광고는 청중을 정확히 타겟팅하기 좋기 때문에 길고 자세한 메시지 전달에 적합하다.
④ POP광고는 판매원의 도움을 대신하여 셀프판매를 가능하게 한다.
⑤ POP광고는 찾고자 하는 매장 및 제품을 안내하여 고객이 빠르고 편리하게 쇼핑을 할 수 있도록 도와주어야 한다.

61 아래 글상자의 ㉠과 ㉡에서 설명하는 진열방식으로 옳은 것은?

㉠ 주통로와 인접한 곳 또는 통로사이에 징검다리처럼 쌓아두는 진열방식으로 주로 정책상품을 판매하기 위해 활용됨
㉡ 3면에서 고객이 상품을 볼 수 있기 때문에 가장 눈에 잘 띄는 진열방식으로 가장 많이 팔리는 상품들을 진열할 때 많이 사용됨

① ㉠ 곤도라진열 ㉡ 엔드진열
② ㉠ 섬진열 ㉡ 벌크진열
③ ㉠ 측면진열 ㉡ 곤도라진열
④ ㉠ 섬진열 ㉡ 엔드진열
⑤ ㉠ 곤도라진열 ㉡ 벌크진열

62 소매점의 공간, 조명, 색채에 대한 설명으로 가장 옳지 않은 것은?

① 레일조명은 고객 쪽을 향하는 것보다는 상품을 향하는 것이 좋다.
② 조명의 색온도가 너무 높으면 고객이 쉽게 피로를 느낄 수 있다.
③ 벽면에 거울을 달거나 점포 일부를 계단식으로 높이면 실제 점포보다 넓어 보일 수 있다.
④ 푸른색 조명보다 붉은색 조명 위에 생선을 진열할 때 더 싱싱해 보인다.
⑤ 소매점 입구에 밝고 저항감이 없는 색을 사용하면 사람들을 자연스럽게 안으로 끌어들일 수 있다.

63 아래 글상자의 ㉠과 ㉡을 설명하는 용어들의 짝으로 옳은 것은?

㉠ 특정 상품을 가로로 몇 개 진열하는가를 의미하는 것으로, 소비자 정면으로 향하도록 진열된 특정 상품의 진열량
㉡ 점포 레이아웃이 완료된 후 각 코너별 상품군을 계획하고 진열면적을 배분하는 것

① ㉠ 조닝 ㉡ 페이싱
② ㉠ 페이싱 ㉡ 조닝
③ ㉠ 레이아웃 ㉡ 조닝
④ ㉠ 진열량 ㉡ 블록계획
⑤ ㉠ 진열량 ㉡ 페이싱

64 소매업태 발전에 관한 이론 및 가설에 대한 옳은 설명들만을 모두 묶은 것은?

> ㉠ 아코디언이론 : 소매기관들이 처음에는 혁신적인 형태에서 출발하여 성장하다가 새로운 개념을 가진 신업태에게 그 자리를 양보하고 사라진다는 이론
>
> ㉡ 수레바퀴(소매차륜)이론 : 소매업태는 다양한 제품계열을 취급하다가 전문적·한정적 제품계열을 취급하는 방향으로 변화했다가 다시 다양한 제품계열을 취급하는 형태로 변화하는 과정을 반복한다는 이론
>
> ㉢ 변증법적과정이론 : 두 개의 서로 다른 경쟁적인 소매업태가 하나의 새로운 소매업태로 합성된다는 소매업태의 혁신과정 이론
>
> ㉣ 소매수명주기이론 : 한 소매기관이 출현하여 초기 성장단계, 발전단계, 성숙단계, 쇠퇴단계의 4단계 과정을 거쳐 사라지는 소매수명주기를 따라 변화한다는 이론

① ㉠, ㉡
② ㉡, ㉢
③ ㉢, ㉣
④ ㉠, ㉡, ㉢
⑤ ㉠, ㉡, ㉢, ㉣

20년

65 충동구매를 유발하려는 목적의 점포 레이아웃 방식으로 가장 옳은 것은?

① 자유형 레이아웃(free flow layout)
② 경주로식 레이아웃(racefield layout)
③ 격자형 레이아웃(grid layout)
④ 부티크형 레이아웃(boutique layout)
⑤ 창고형 레이아웃(warehouse layout)

66 중간상 포트폴리오 분석에 대한 설명으로 옳지 않은 것은?

① 경제성장률로 조정된 중간상의 이익성장률과 특정제품군에 대한 중간상의 매출액 중 자사제품 매출액의 점유율이라는 두 개의 차원으로 구성된다.
② 공격적인 투자전략은 적극적이며 급속한 성장을 보이는 중간상에게 적용한다.
③ 방어전략은 성장 중이면서 현재 자사와 탄탄한 거래관계를 가지는 중간상에게 적용하는 거래전략이다.
④ 전략적 철수전략을 사용하는 경우 제조업자들은 중간상에게 주던 공제를 줄이는 것이 바람직하다.
⑤ 포기전략은 마이너스 성장률과 낮은 시장점유율을 보이는 중간상에게 적용한다.

67 다음 중 포지셔닝 전략에 대한 설명으로 가장 옳지 않은 것은?

① 경쟁자와 차별화된 서비스 속성으로 포지셔닝 하는 방법은 서비스 속성 포지셔닝이다.

② 최고의 품질 또는 가장 저렴한 가격으로 서비스를 포지셔닝 하는 것을 가격 대 품질 포지셔닝이라 한다.

③ 여성 전용 사우나, 비즈니스 전용 호텔 등의 서비스는 서비스 이용자를 기준으로 포지셔닝 한 예이다.

④ 타깃 고객 스스로 자신의 사용용도에 맞출 수 있도록 서비스를 표준화·시스템화한 것은 표준화에 의한 포지셔닝이다.

⑤ 경쟁자와 비교해 자사의 서비스가 더 나은 점이나 특이한 점을 부각시키는 것은 경쟁자 포지셔닝 전략이다.

68 다음 글상자에서 공통으로 설명하는 도매상으로 옳은 것은?

- 가장 전형적인 도매상
- 완전서비스 도매상과 한정서비스 도매상으로 나누어짐
- 자신들이 취급하는 상품의 소유권을 보유하며 제조업체 또는 소매상과 관련 없는 독립된 사업체

① 제조업자 도매상 ② 브로커
③ 대리인 ④ 상인도매상
⑤ 수수료상인

69 할인가격정책(high/low pricing)에 대한 상시저가정책(EDLP ; Every Day Low Price)의 상대적 장점으로 가장 옳지 않은 것은?

① 재고의 변동성 감소 ② 가격변경 빈도의 감소
③ 평균 재고수준의 감소 ④ 판매인력의 변동성 감소
⑤ 표적시장의 다양성 증가

70 유통업체 브랜드(PB)에 대한 설명으로 가장 옳지 않은 것은?

① PB는 유통업체의 독자적인 브랜드명, 로고, 포장을 갖는다.

② PB는 대규모 생산과 대중매체를 통한 광범위한 광고를 수행하는 것이 일반적이다.

③ 대형마트, 편의점, 온라인 소매상 등에서 PB의 비중을 증가시키고 있다.

④ PB를 통해 해당 유통업체에 대한 고객 충성도를 증가시킬 수 있다.

⑤ 유통업체는 PB 도입을 통해 중간상마진을 제거하고 추가이윤을 남길 수 있다.

71 유통정보 분석을 위해 활용되는 데이터 분석 기법으로 성격이 다른 것은?

① 협업적 필터링(collaborative filtering)
② 딥러닝(deep learning)
③ 의사결정나무(decision tree)
④ 머신러닝(machine learning)
⑤ 군집분석(clustering analysis)

72 4차 산업혁명시대에 유통업체의 대응 방안에 대한 설명으로 옳지 않은 것은?

① 유통업체들은 보다 효율적인 유통업무 처리를 위해 최신 정보기술을 활용하고 있다.
② 유통업체들은 상품에 대한 재고관리에 있어, 정보시스템을 도입해 효율적으로 재고를 관리하고 있다.
③ 유통업체들은 온라인과 오프라인을 연계한 융합기술을 이용한 판매 전략을 활용하고 있다.
④ 유통업체들은 보다 철저한 정보보안을 위해 통신 네트워크로부터 단절된 상태로 정보를 관리한다.
⑤ 유통업체들은 고객의 온라인 또는 오프라인 시장에서 구매 상품에 대한 대금 결제에 있어 핀테크 (FinTech)와 같은 첨단 금융기술을 도입하고 있다.

73 고객충성도 프로그램에 대한 설명으로 가장 옳지 않은 것은?

① 충성도 프로그램으로는 마일리지 프로그램과 우수고객 우대 프로그램 등이 있다.
② 충성도에는 행동적 충성도와 태도적 충성도가 있다.
③ 충성도 프로그램은 단기적 측면보다는 장기적 측면에서 운영되어야 유통업체가 고객경쟁력을 확보할 수 있다.
④ 충성도 프로그램을 운영하는 데 있어, 우수고객을 우대하는 것이 바람직하다.
⑤ 충성도 프로그램 운영에 있어 비금전적 혜택 보다는 금전적 혜택을 제공하는 것이 유통업체측면에서 보다 효율적이다.

74 QR(Quick Response)의 효과에 대한 설명으로 가장 옳지 않은 것은?

① 거래업체 간 정보 공유 체제가 구축된다.
② 제품 조달이 매우 빠른 속도로 이루어진다.
③ 고객 참여를 통한 제품 기획이 이루어진다.
④ 제품 공급체인의 효율성을 극대화할 수 있다.
⑤ 제품 재고를 창고에 저장해 미래 수요에 대비하는 데 도움을 제공한다.

75 CRM활동을 고객관계의 진화과정으로 보면, 신규고객의 창출, 기존고객의 유지, 기존고객의 활성화 등으로 구분되는데, 다음 중 기존고객 유지활동의 내용으로 가장 옳지 않은 것은?

① 직접반응광고
② 이탈방지 캠페인
③ 맞춤 서비스의 제공
④ 해지방어전담팀의 운영
⑤ 마일리지프로그램의 운용

76 아래 글상자에서 설명하는 인터넷 마케팅의 가격전략형태로 가장 옳은 것은?

> 소비자가 원하는 사양의 제품과 가격을 제시하면 여기에 부응하는 업체들 간의 협상을 통해 소비자는 가장 적합한 가격을 제시하는 업체와 매매가 이루어지는 역경매가 대표적인 사례로 소비자중심의 가격 설정모델이다.

① 무가화   ② 무료화
③ 역가화   ④ 유료화
⑤ 저가화

77 고객관계관리를 위한 성과지표에 대한 설명으로 가장 옳지 않은 것은?

① 신규 캠페인 빈도는 마케팅 성과를 측정하기 위한 지표이다.
② 고객 불만 처리 시간은 서비스 성과를 측정하기 위한 지표이다.
③ 고객유지율은 판매 성과를 위한 성과지표이다.
④ 신규 판매자 수는 판매 성과를 측정하기 위한 지표이다.
⑤ 캠페인으로 창출된 수익은 마케팅 성과를 측정하기 위한 지표이다.

78 e-비즈니스 유형과 주요 수익원천이 옳지 않은 것은?

① 온라인 판매 - 판매수익
② 검색서비스 - 광고료와 스폰서십
③ 커뮤니티운영 - 거래수수료
④ 온라인광고서비스 - 광고수입
⑤ 전자출판 - 구독료

79 POS(Point of Sale) System 도입에 따른 제조업체의 효과에 대한 설명으로 가장 옳지 않은 것은?

① 경쟁상품과의 판매경향 비교
② 판매가격과 판매량의 상관관계
③ 기후변동에 따른 판매동향 분석
④ 신제품·판촉상품의 판매경향 파악
⑤ 상품구색의 적정화에 따른 매출증대

80 전자상거래 판매시스템에 대한 설명으로 가장 옳은 것은?

① 상향판매(up selling)는 고객들이 구매하고자 하는 제품에 대해, 보다 저렴한 상품을 고객들에게 제시해주는 마케팅 기법이다.
② 역쇼루밍(reverse-showrooming)은 고객들이 특정제품을 구매하고자 할 때, 보다 다양한 마케팅 정보를 제공해주는 마케팅 기법이다.
③ 교차판매(cross selling)는 고객들이 저렴한 제품을 구매하는 데 도움을 제공한다.
④ 옴니채널(omni-channel)은 온라인과 오프라인 채널을 통합함으로써 보다 개선된 쇼핑환경을 고객들에게 제공해준다.
⑤ 프로슈머(prosumer)는 전문적인 쇼핑을 하는 소비자를 의미한다.

81 바코드(Bar code)에 대한 설명으로 가장 옳지 않은 것은?

① 바코드는 바와 스페이스로 구성된다.
② 바코드는 상하좌우로 4곳에 코너 마크가 표시되어 있다.
③ 바코드는 판독기를 통해 바코드를 읽기 위해서는 바코드의 시작과 종료를 알려주기 위해 일정 공간의 여백을 둔다.
④ 바코드 시스템은 체계적인 재고관리를 지원해준다.
⑤ 바코드 시스템 구축은 RFID 시스템 구축과 비교해, 구축 비용이 많이 발생한다.

82 RFID의 작동원리에 대한 설명으로 가장 옳지 않은 것은?

① ㉠ - 리더에서 안테나를 통해 발사된 주파수가 태그에 접촉한다.

② ㉡ - 무선신호는 태그의 자체 안테나에서 수신한다.

③ ㉢ - 태그는 주파수에 반응하여 입력된 데이터를 안테나로 전송한다.

④ ㉣ - RF 필드에 구성된 안테나에서 무선 신호를 생성하고 전파한다.

⑤ ㉤ - 리더는 데이터를 해독하여 Host 컴퓨터로 전달한다.

83 지식의 창조는 암묵지를 어떻게 활성화, 형식지화 하여 활용할 것인가의 문제라고 볼 수 있다. 암묵지와 형식지를 활용한 지식창조 프로세스 순서대로 나타낸 것으로 가장 옳은 것은?

① 표출화 - 내면화 - 공동화 - 연결화

② 표출화 - 연결화 - 공동화 - 내면화

③ 연결화 - 공동화 - 내면화 - 표출화

④ 공동화 - 표출화 - 연결화 - 내면화

⑤ 내면화 - 공동화 - 연결화 - 표출화

84 인스토어마킹(instore marking)과 소스마킹(source marking)에 대한 설명으로 가장 옳은 것은?

① 인스토어마킹은 부패하기 쉬운 농산물에 적용할 수 있다.

② 인스토어마킹을 통해 바코드를 붙이는데 있어, 바코드에는 국가식별코드, 제조업체코드, 상품품목코드, 체크디지트로 정형화되어 있어, 유통업체가 자유롭게 설정할 수 없기에 최근 인스토어마킹은 거의 이용되지 않고 있다.

③ 제조업체의 경우 인스토어마킹에 있어, 국제표준화기구에서 정의한 공통표준코드를 이용한다.

④ 소스마킹은 유통업체 내의 가공센터에서 마킹할 수 있다.

⑤ 소스마킹은 상점 내에서 바코드 프린트를 이용해 바코드 라벨을 출력하기 때문에 추가적인 비용이 발생한다.

85 지식 포착 기법에 대한 설명으로 가장 옳지 않은 것은?

① 인터뷰 – 개인의 암묵적 지식을 형식적 지식으로 전환하는 데 사용하는 기법이다.

② 현장관찰 – 관찰대상자가 문제를 해결하는 행동을 할 때 관찰, 해석, 기록하는 프로세스이다.

③ 스캠퍼 – 비판을 허용하지 않는다는 가정으로 둘 이상의 구성원들이 자유롭게 아이디어를 생산하는 비구조적 접근방법이다.

④ 스토리 – 조직학습을 증대시키고, 공통의 가치와 규칙을 커뮤니케이션하고, 암묵적 지식의 포착, 코드화, 전달을 위한 뛰어난 도구이다.

⑤ 델파이 방법 – 다수 전문가의 지식포착 도구로 사용되며, 일련의 질문서가 어려운 문제를 해결하는 데 대한 전문가의 의견을 수렴하기 위해 사용된다.

86 판매시점정보관리시스템(POS)의 설명으로 가장 옳지 않은 것은?

① 물품을 판매한 시점에 정보를 수집한다.

② RFID 기술이 등장함에 따라 상용화되어 도입되기 시작한 시스템이다.

③ 상품이 얼마나 팔렸는가? 어떠한 상품이 팔렸는가? 등의 정보를 수집 · 저장한다.

④ 개인의 구매실적, 구매성향 등에 관한 정보를 수집 · 저장한다.

⑤ 업무 처리 속도 증진, 오타 및 오류 방지, 점포의 사무단순화 등의 단순이익 효과를 얻을 수 있다.

87 온라인(모바일 포함) · 오프라인을 넘나들면서 제품의 정보를 수집하여 최적의 제품을 찾아내는 소비자를 일컫는 용어로 가장 옳은 것은?

① 멀티쇼퍼(Multi-shopper)

② 믹스쇼퍼(Mix-shopper)

③ 크로스쇼퍼(Cross-shopper)

④ 엑스쇼퍼(X-shopper)

⑤ 프로슈머(Prosumer)

88 NoSQL의 특성으로 가장 옳지 않은 것은?

① 페타바이트 수준의 데이터 처리 수용이 가능한 느슨한 데이터 구조를 제공함으로서 대용량 데이터 처리 용이

② 데이터 항목을 클러스터 환경에 자동적으로 분할하여 적재

③ 정의된 스키마에 따라 데이터를 저장

④ 화면과 개발로직을 고려한 데이터 셋을 구성하여 일반적인 데이터 모델링이라기보다는 파일구조 설계에 가까움

⑤ 간단한 API Call 또는 HTTP를 통한 단순한 접근 인터페이스를 제공

89 보안에 대한 위협요소별 사례를 설명한 것으로 가장 옳지 않은 것은?

① 기밀성 - 인가되지 않은 사람의 비밀정보 획득, 복사 등

② 무결성 - 정보를 가로채어 변조하여 원래의 목적지로 전송하는 것

③ 무결성 - 정보의 일부 또는 전부를 교체, 삭제 및 데이터 순서의 재구성

④ 기밀성 - 부당한 환경에서 정당한 메시지의 재생, 지불요구서의 이중제출 등

⑤ 부인방지 - 인가되지 않은 자가 인가된 사람처럼 가장하여 비밀번호를 취득하여 사용하는 것

90 아래 글상자의 내용을 근거로 유통정보시스템의 개발절차를 순차적으로 나열한 것으로 가장 옳은 것은?

> ㉠ 필요정보에 대한 정의
> ㉡ 정보활용목적에 대한 검토
> ㉢ 정보활용주체에 대한 결정
> ㉣ 정보제공주체 및 방법에 대한 결정

① ㉠ - ㉡ - ㉢ - ㉣

② ㉠ - ㉢ - ㉡ ㉣

③ ㉠ - ㉣ - ㉡ - ㉢

④ ㉡ - ㉠ - ㉣ - ㉢

⑤ ㉡ - ㉢ - ㉠ - ㉣

맞은 개수 _____ / 90문제

시험일	문항 수	시 간	문제형별
2020. 8. 8	총 90개	100분	A

1과목 **유통물류일반**

01 아래 글상자의 ㉠, ㉡에서 설명하는 물류영역을 순서대로 나열한 것 중 가장 옳은 것은?

> ㉠ 물류의 최종단계로서 제품을 소비자에게 전달하는 일체의 수·배송 물류활동
> ㉡ 파손 또는 진부화 등으로 제품이나 상품, 또는 포장용기를 소멸시키는 물류활동

① ㉠ 판매물류, ㉡ 회수물류
② ㉠ 최종물류, ㉡ 반품물류
③ ㉠ 판매물류, ㉡ 폐기물류
④ ㉠ 생산물류, ㉡ 반품물류
⑤ ㉠ 조달물류, ㉡ 회수물류

02 SCM상에서 채찍효과(bullwhip effect)를 방지하기 위한 방법으로 옳지 않은 것은?

① EDI(Electronic Data Interchange) 활용
② 벤더와 소매업체 간의 정보교환
③ VMI(Vendor Managed Inventory) 활용
④ 일괄주문(order batching) 활용
⑤ S&OP(Sales and Operations Planning) 활용

03 JIT와 JITⅡ의 차이점에 대한 설명으로 옳지 않은 것은?

① JIT는 부품과 원자재를 원활히 공급받는 데 초점을 두고, JITⅡ는 부품, 원부자재, 설비공구, 일반자재 등 모든 분야를 대상으로 한다.

② JIT는 개별적인 생산현장(plant floor)을 연결한 것이라면, JITⅡ는 공급체인(supply chain)상의 파트너의 연결과 그 프로세스를 변화시키는 시스템이다.

③ JIT는 기업 간의 중복업무와 가치 없는 활동을 감소·제거하는 데 주력하는 반면, JITⅡ는 자사공장 내의 가치 없는 활동을 감소·제거하는 데 주력한다.

④ JIT는 푸시(push)형인 MRP와 대비되는 풀(pull)형의 생산방식인데 비해, JITⅡ는 JIT와 MRP를 동시에 수용할 수 있는 기업 간의 운영체제를 의미한다.

⑤ JIT가 물동량의 흐름을 주된 개선대상으로 삼는데 비해, JITⅡ는 기술, 영업, 개발을 동시화(synchronization)하여 물동량의 흐름을 강력히 통제한다.

04 아래 글상자에서 설명하는 한정서비스 도매상의 종류로 옳은 것은?

> 주로 석탄, 목재, 중장비 등의 산업에서 활동한다. 이 도매상은 고객으로부터 주문을 접수한 후, 고객이 원하는 조건과 배달시간에 맞춰 고객에게 직접 제품을 운반할 수 있는 제조업체를 찾는다.

① 현금거래도매상(cash-and-carry wholesalers)
② 트럭도매상(truck jobbers)
③ 직송도매상(drop shipper)
④ 진열도매상(rack jobber)
⑤ 판매대리인(sales agent)

05 아래 글상자의 구매 관련 공급자 개발 7단계 접근법이 옳은 순서로 나열된 것은?

> ㉠ 주요 공급원 파악　　　　　　㉡ 주요 제품과 서비스 파악
> ㉢ 기능 간 팀 구성　　　　　　　㉣ 공급자와 주요과제 합의
> ㉤ 공급자 CEO와의 대면　　　　㉥ 세부적인 합의
> ㉦ 진행상황 점검 및 전략 수정

① ㉣-㉤-㉥-㉦-㉠-㉡-㉢
② ㉤-㉥-㉦-㉠-㉡-㉢-㉣
③ ㉥-㉦-㉠-㉡-㉢-㉣-㉤
④ ㉦-㉠-㉡-㉢-㉣-㉤-㉥
⑤ ㉡-㉠-㉢-㉤-㉣-㉥-㉦

06 아래 글상자의 내용은 기사를 발췌한 것이다. (　　　) 안에 공통적으로 들어갈 용어로 가장 옳은 것은?

제목 : (　　　) 환상에서 벗어난 기업들의 생산기지 철수
(　　　)은 국내에서 얻는 것보다 상당히 낮은 가격에 해외에서 제품, 원재료를 만들거나 구매할 수 있는 기회를 제공하는 것을 말한다. 그러나 낮은 품질, 높은 운송비용이 (　　　)을 통해 얻어지는 비용우위를 저해함에 따라 일부 자국 제조업체들은 생산기지를 다시 자국으로 옮기는 중이다.

① 리쇼링(re-shoring)　　　　　　　② 오프쇼링(off-shoring)
③ 지연(postponement) 전략　　　　④ 기민성(agility) 생산방식
⑤ 린(lean) 생산방식

07 아래 글상자에서 설명하는 조직구성원에 대한 성과평가방법으로 옳은 것은?

ⓐ 종업원 전체 범주 중 특정범주로 할당해서 성과를 평가하는 방법
ⓑ S등급 10%, A등급 30%, B등급 30%, C등급 30% 등으로 평가함
ⓒ 구성원의 성과가 다양한 분포를 보일 때 가장 효과적인 평가방법이며, 갈등을 피하고자 모두를 관대하게 평가하고자 하는 유혹을 극복할 수 있음

① 단순서열법(simply ranking)
② 강제배분법(forced distribution method)
③ 쌍대비교법(paired-comparison method)
④ 행위기준고과법(BARS ; Behaviorally Anchored Rating Scale)
⑤ 행동관찰척도법(BOS ; Behavioral Observation Scale)

08 인적자원관리(HRM)의 글로벌화 과정을 5단계로 나누어볼 수 있다. 아래 글상자에서 5단계 중 글로벌 (Global)단계에서 각 HRM 과업을 수행하는 방안으로 가장 옳지 않은 것은?

구 분	HRM의 과업	글로벌(Global) 단계에서의 수행방안
㉠	해외자회사의 인재	자회사 인재의 다국적화
㉡	본사의 인재	본사 인재의 다국적화 및 글로벌 로테이션
㉢	처 우	글로벌 처우기준의 확립
㉣	능력개발	글로벌 연구 프로그램의 실시
㉤	본사-자회사 관계	파견위주의 관계

① ㉠　　　　　　　　　　　　　② ㉡
③ ㉢　　　　　　　　　　　　　④ ㉣
⑤ ㉤

09 아래 글상자에서 설명하는 조직구조로 옳은 것은?

> ⊙ 권한과 책임의 소재와 한계가 분명하며 의사결정에 신속을 기할 수 있음
> ⓛ 관리자는 부하직원에게 강력한 통솔력을 발휘할 수 있음
> ⓒ 업무가 의사결정자의 독단으로 처리될 수 있으며, 조직바깥의 전문적 지식이나 기술이 활용되기 어려움

① 라인조직 ② 라인-스태프 조직
③ 프로젝트 조직 ④ 매트릭스 조직
⑤ 네트워크 조직

10 포터(M. Porter)의 가치사슬분석에 의하면 기업 활동을 본원적 활동과 보조적 활동으로 구분할 수 있는데, 이 중 보조적 활동에 속하지 않는 것은?

① 경영혁신 ② 서비스활동
③ 인적자원관리 ④ 조달활동
⑤ 기술개발

11 기업 수준의 성장전략에 관한 설명으로 가장 옳지 않은 것은?

① 기존시장에서 경쟁자의 시장점유율을 빼앗아 오려는 것은 다각화전략이다.
② 신제품을 개발하여 기존시장에 진입하는 것은 제품개발전략이다.
③ 기존제품으로 새로운 시장에 진입하여 시장을 확대하는 것은 시장개발전략이다.
④ 기존시장에 제품계열을 확장하여 진입하는 것은 제품개발전략이다.
⑤ 기존제품으로 제품가격을 내려 기존시장에서 매출을 높이는 것은 시장침투전략이다.

12 유통경로상에서 기업이 현재 차지하고 있는 위치의 다음 단계를 차지하고 있는 경로구성원을 자본적으로 통합하는 경영전략을 설명하는 용어로 옳은 것은?

① 전방통합(forward integration)
② 아웃소싱(outsourcing)
③ 전략적제제휴(strategic alliance)
④ 합작투자(joint venture)
⑤ 후방통합(backward integration)

13 손익계산서상의 비용항목들이 각 유통경로별 경로활동에 얼마나 효율적으로 투입되었는지를 측정하여 유통경영전략에 따른 유통경로별 수익성을 측정하는 방법으로 옳은 것은?

① 유통비용분석(Distribution Cost Analysis)
② 전략적 이익모형(Strategic Profit Model)
③ 직접제품수익성(DPP ; Direct Product Profit)
④ 경제적 부가가치(EVA ; Economic Value Added)
⑤ 중간상 포트폴리오분석(Dealer Portfolio Analysis)

14 아래 글상자와 같이 소매점경영전략 변화에 지대한 영향을 준 환경요인으로 가장 옳은 것은?

> ㉠ A커피프랜차이즈 업체는 매장 안에서는 머그잔을 활용하고 있으며 전체 매장의 플라스틱 빨대를 종이빨대로 교체하였음
> ㉡ B대형마트는 일회용 비닐봉투 사용이 금지되어 장바구니 사용을 장려하는 게시물을 부착하고 홍보함
> ㉢ C대형마트는 중소유통업과의 상생발전을 위해 2주에 한번 휴점함

① 경제적 환경　　　　　　　　　② 법률적 환경
③ 사회・문화적 환경　　　　　　　④ 기술적 환경
⑤ 인구통계적 환경

15 아래 글상자에서 특정산업의 매력도를 평가하는 요인으로 옳게 고른 것은?

> ㉠ 기존 경쟁기업의 숫자
> ㉡ 고정비용과 관련된 진입장벽 높이 정도
> ㉢ 차별화의 정도
> ㉣ 철수 장벽의 유무
> ㉤ 해당 산업의 성장률

① ㉠　　　　　　　　　　　　　② ㉠, ㉡
③ ㉠, ㉡, ㉢　　　　　　　　　④ ㉠, ㉡, ㉢, ㉣
⑤ ㉠, ㉡, ㉢, ㉣, ㉤

16 아래 글상자의 비윤리적인 행위와 관련된 내용으로 옳지 않은 것은?

> 정보비대칭이 있는 상황에서 한 경제주체가 다른 경제주체에 대해 이익을 가로채거나 비용을 전가시키는 행위를 말한다.

① 보험가입자가 보험에 가입한 후 고의 또는 부주의로 사고 가능성을 높여 보험금을 많이 받아내서 보험회사에게 피해를 줌
② 자신이 소속된 공기업이 고객만족도 내부조작을 하였다는 사실을 감사원에 제보함
③ 대리인인 경영자가 주주의 이익보다는 자신의 이익을 도모하는 방향으로 내린 의사결정
④ 채권자에게 기업의 재정 상태나 경영 실적을 실제보다 좋게 보이게 할 목적으로 기업이 분식회계를 진행함
⑤ 재무회계팀 팀장이 기업의 결산보고서를 확인하고 공식적으로 발표되기 전에 자사 주식을 대량 매수함

17 "전통시장 및 상점가 육성을 위한 특별법"(법률 제16217호, 2019.1.8. 일부개정)에 의해 시행되고 있는 '온누리상품권'에 대한 설명으로 옳지 않은 것은

① 온누리상품권은 중소벤처기업부 장관이 발행한다.
② 온누리상품권의 종류, 권면금액, 기재사항 등 발행에 필요한 사항은 대통령령으로 정한다.
③ 온누리상품권의 유효기간은 발행일로부터 3년이다.
④ 개별가맹점(또는 환전대행가맹점)이 아니면 온누리상품권을 금융기관에서 환전할 수 없다.
⑤ 개별가맹점은 온누리상품권 결제를 거절하거나 온누리상품권 소지자를 불리하게 대우하면 안 된다.

18 아래 글상자에서 설명하는 연쇄점(chain)의 형태로 옳은 것은?

> ⊙ 같은 업종의 소매점들이 공동매입을 도모하려고 결성한 체인조직
> ⓒ 일부기능을 체인 본사에 위탁하여 프랜차이즈 시스템을 갖추고 영업하기도 함
> ⓒ 경영의 독립성과 연쇄점화로 얻는 이득을 동시에 획득

① 정규연쇄점(regular chain)
② 직영점형 연쇄점(corporate chain)
③ 임의형 연쇄점(voluntary chain)
④ 마스터 프랜차이즈(master franchise)
⑤ 조합형 체인(cooperative chain)

19 소매상을 위한 도매상의 역할로 가장 옳지 않은 것은?

① 다양한 상품구색의 제공
② 신용의 제공
③ 시장의 확대
④ 컨설팅서비스 제공
⑤ 물류비의 절감

20 유통경로의 길이(channel length)가 상대적으로 긴 제품으로 가장 옳은 것은?

① 비표준화된 전문품
② 시장 진입과 탈퇴가 자유롭고 장기적 유통비용이 안정적인 제품
③ 구매빈도가 낮고 비규칙적인 제품
④ 생산자수가 적고 생산이 지역적으로 집중되어 있는 제품
⑤ 기술적으로 복잡한 제품

21 유통환경의 변화에 따라 발생하고 있는 현상으로 가장 옳지 않은 것은?

① 소매업체는 온라인과 오프라인 채널을 병행해서 운영하기도 한다.
② 모바일을 이용한 판매비중이 높아지고 있다.
③ 1인 가구의 승가에 따라 대량구매를 통해 경제적 합리성을 추구하는 고객이 증가하고 있다.
④ 단순구매를 넘어서는 쇼핑의 레저화, 개성화 추세가 나타나고 있다.
⑤ 패키지 형태의 구매보다 자신의 취향에 맞게 다양한 상품을 구입하는 경향이 나타나고 있다.

22 주요 운송수단의 상대적 특성에 대한 설명으로 가장 옳지 않은 것은?

① 해상운송은 원유, 광물과 같이 부패성이 없는 제품을 운송하는 데 유리하다.
② 철도운송은 부피가 크거나 많은 양의 화물을 운송하는 데 경제적이다.
③ 항공운송은 신속하지만 단위 거리당 비용이 가장 높다.
④ 파이프라인운송은 석유나 화학물질을 생산지에서 시장으로 운반해주는 특수운송수단이다.
⑤ 육상운송은 전체 국내운송에서 차지하는 비율이 크지 않다.

23 아래 글상자는 소매점의 경쟁력 강화를 위한 한 유통물류기법에 대해 설명하고 있다. 해당 유통물류기법으로 가장 옳은 것은?

> 고객이 원하는 시간과 장소에 필요한 제품을 공급하기 위한 물류정보시스템이다. 수입의류의 시장잠식에 대응하기 위해, 미국의 패션의류업계가 섬유업계, 직물업계, 의류제조업계, 의류소매업계 간의 제휴를 바탕으로 리드타임의 단축과 재고감축을 목표로 개발·도입한 시스템이다.

① QR(quick response)

② SCM(supply chain management)

③ JIT(just-in-time)

④ CRM(customer relationship management)

⑤ ECR(efficient consumer response)

24 아래 글상자에서 설명하는 종업원 보상제도는?

> ㉠ 특별한 조건으로 종업원에게 자사 주식의 일부를 분배하는 집단성과급의 한 유형
> ㉡ 종업원들이 조직의 의사결정에 어느 정도 참여할 수 있게 할 수 있으며, 조직에 대한 애착과 자부심을 가질 수 있게 하는 보상제도

① 이익배분제(profit sharing)

② 종업원지주제(employee stock ownership plan)

③ 판매수수료(commissions)

④ 고과급(merit pay)

⑤ 표준시간급(standard hour plan)

25 다음 표를 토대로 한 보기 내용 중 옳지 않은 것은?

재고품목	연간수량가치비율	누적비율	분 류
a	52.62	52.62	A
b	26.86	79.48	A
c	8.22	87.71	B
d	5.48	93.19	B
e	2.47	95.65	B
f	2.03	97.68	C
g	1.05	98.73	C
h	0.92	99.65	C
i	0.28	99.93	C
j	0.07	100.00	C

① 롱테일 법칙을 재고관리에 활용한 것이다.
② 재고를 중요한 소수의 재고품목과 덜 중요한 다수의 재고품목을 구분하여 차별적으로 관리하는 기법이다.
③ 연간수량가치를 구하여 연간수량가치가 높은 순서대로 배열, 연간수량가치의 70~80%를 차지하는 품목을 A로 분류하였다.
④ A품목의 경우 긴밀한 관리가 필요하고 제품가용성이 중요하다.
⑤ C품목의 경우 주문주기가 긴 편이다.

2과목　상권분석

26 소매상권을 분석하는 기법을 규범적분석과 기술적분석으로 구분할 때, 나머지 4가지와 성격이 다른 하나는?

① Applebaum의 유추법
② Christaller의 중심지이론
③ Reilly의 소매중력법칙
④ Converse의 무차별점 공식
⑤ Huff의 확률적 공간상호작용이론

27 소비자들이 유사한 인접점포들 중에서 선택하는 상황을 전제로 상권의 경계를 파악할 때 간단하게 활용하는 티센다각형(Thiessen polygon) 모형에 대한 설명으로 옳지 않은 것은?

① 근접구역이란 어느 점포가 다른 경쟁점포보다 공간적인 이점을 가진 구역을 의미하며 일반적으로 티센다각형의 크기는 경쟁수준과 역의 관계를 가진다.

② 두 다각형의 공유 경계선 상에 위치한 부지를 신규 점포부지로 선택할 경우 이곳은 두 곳의 기존점포들로부터 최대의 거리를 둔 입지가 된다.

③ 소비자들이 가장 가까운 소매시설을 이용한다고 가정하며, 공간독점 접근법에 기반한 상권 구획모형의 일종이다.

④ 소매 점포들이 규모나 매력도에 있어서 유사하다고 가정하며 각각의 티센다각형에 의해 둘러싸인 면적은 다각형 내에 둘러싸인 점포의 상권을 의미한다.

⑤ 다각형의 꼭짓점에 있는 부지는 기존 점포들로부터 근접한 위치로 신규 점포 부지로 선택시 피하는 것이 유리하다.

28 소매점의 입지 대안을 확인하고 평가할 때 의사결정의 기본이 되는 몇 가지 원칙들이 있다. 아래 글상자가 설명하는 원칙으로 옳은 것은?

> 유사하거나 관련 있는 소매상들이 군집하고 있는 것이, 분산되어 있거나 독립되어 있는 것보다 더 큰 유인력을 가질 수 있다.

① 접근가능성의 원칙(principle of accessibility)

② 수용가능성의 원칙(principle of acceptability)

③ 가용성의 원칙(principle of availability)

④ 동반유인원칙(principle of cumulative attraction)

⑤ 고객차단의 원칙(principle of interception)

29 소매점포의 입지선정과정에서 광역 또는 지역시장의 매력도를 비교분석할 때 특정지역의 개략적인 수요를 측정하기 위해 구매력지수(BPI ; Buying Power Index)를 이용하기도 한다. 구매력지수를 산출할 때 가장 높은 가중치를 부여하는 변수로 옳은 것은?

① 인구수

② 소매점면적

③ 지역면적(상권면적)

④ 소매매출액

⑤ 소득(가처분소득)

30 A시의 인구는 20만명이고 B시의 인구는 5만명이다. 두 도시가 서로 15km의 거리에 떨어져 있는 경우, 두 도시간의 상권경계는 A시로부터 얼마나 떨어진 곳에 형성되겠는가? (Converse의 상권분기점 분석법을 이용해 계산하라.)

① 3km   ② 5km

③ 9km   ④ 10km

⑤ 12km

31 입지유형별 점포와 관련한 설명으로 가장 옳은 것은?

① 집심성 점포 : 업무의 연계성이 크고 상호대체성이 큰 점포끼리 한 곳에 입지한다.

② 집재성 점포 : 배후지의 중심부에 입지하며 재화의 도달범위가 긴 상품을 취급한다.

③ 산재성 점포 : 경쟁점포는 상호경쟁을 통하여 공간을 서로 균등히 배분하여 산재한다.

④ 국부적 집중성 점포 : 동업종끼리 특정 지역의 국부적 중심지에 입지해야 유리하다.

⑤ 공간균배의 원리 : 수요탄력성이 작아 분산입지하며 재화의 도달범위가 일정하다.

32 소매점의 입지 유형 중 부도심 소매중심지(SBD ; Secondary Business District)에 대한 설명으로 가장 옳지 않은 것은?

① 도시규모의 확장에 따라 여러 지역으로 인구가 분산, 산재되어 생긴 지역이다.

② 근린형 소매중심지이다.

③ 주된 소매업태는 슈퍼마켓, 일용잡화점, 소규모 소매점 등이 있다.

④ 주간에는 교통 및 인구 이동이 활발하지만 야간에는 인구 격감으로 조용한 지역으로 변한다.

⑤ 주거지역 도로변이나 아파트단지 상점가 등의 형태를 갖추고 있다.

33 자금의 조달에 어려움이 없다고 가정할 때, 가맹본부가 하나의 상권에 개점할 직영점포의 숫자를 결정하는 가장 합리적인 원칙은?

① 상권 내 경쟁점포의 숫자에 비례하여 개점한다.

② 한계이익이 한계비용보다 높으면 개점한다.

③ 자사 직영점이 입점한 상권에는 개점하지 않는다.

④ 자기잠식을 고려하여 1상권에 1점포만을 개점한다.

⑤ 자사 가맹점의 상권이라도 그 가맹점의 허락을 받으면 개점한다.

34 이새봄씨가 사는 동네에는 아래 표와 같이 이용 가능한 슈퍼마켓이 3개가 있다. Huff모델을 이용해 이새봄씨의 슈퍼마켓 이용확률이 가장 큰 점포와 그 이용확률을 구하라. (단, 거리와 점포크기에 대한 민감도는 −3과 2로 가정하자. 거리와 매장면적의 단위는 생략)

구 분	A 슈퍼	B 슈퍼	C 슈퍼
거 리	2	4	2
점포면적	6	8	4

① A 슈퍼 60%
② B 슈퍼 31%
③ A 슈퍼 57%
④ B 슈퍼 13%
⑤ C 슈퍼 27%

35 중심지이론에 관한 내용으로 가장 옳지 않은 것은?

① 상권중심지의 최대도달거리가 최소수요충족거리보다 커야 상업시설이 입점할 수 있다.
② 소비자는 유사점포 중에서 하나를 선택할 때 가장 가까운 점포를 선택한다고 가정한다.
③ 어떤 중심지들 사이에는 계층적 위계성이 존재한다.
④ 인접하는 두 도시의 상권의 규모는 그 도시의 인구에 비례하고 거리의 제곱에 반비례한다.
⑤ 상업중심지로부터 상업서비스기능을 제공받는 배후상권의 이상적인 모양은 정육각형이다.

36 제품 및 업종형태와 상권과의 관계에 대한 설명으로 옳지 않은 것은?

① 식품은 대부분 편의품이지만, 선물용 식품은 선매품이고 식당이 구매하는 일부 식품은 전문품일 수 있다.
② 선매품을 취급하는 소매점포는 편의품보다 상위의 소매중심지나 상점가에 입지하여 더 넓은 범위의 상권을 가져야 한다.
③ 소비자는 생필품을 구매거리가 짧고 편리한 장소에서 구매하려 하므로 생필품을 취급하는 점포는 주택지에 근접한 입지를 선택하는 것이 좋다.
④ 전문품을 취급하는 점포의 경우 고객이 지역적으로 밀집되어 있으므로 그 상권은 밀도가 높고 범위는 좁은 특성을 가진다.
⑤ 동일업종이더라도 점포의 규모나 품목구성에 따라 점포의 상권 범위가 달라진다.

37 경쟁점포에 대한 조사 목적에 따른 조사 항목으로 가장 옳지 않은 것은?

① 시장지위 – 경쟁점포의 시장점유율, 매출액
② 운영현황 – 종업원 접객능력, 친절도
③ 상품력 – 맛, 품질, 가격경쟁력
④ 경영능력 – 대표의 참여도, 종업원관리
⑤ 시설현황 – 점포면적, 인테리어

38 "상가건물임대차보호법"(법률 제15791호, 2018.10.16., 일부개정) 제10조 1항은 '임대인은 임차인이 임대차기간이 만료되기 6개월 전부터 1개월 전까지 사이에 계약갱신을 요구할 경우 정당한 사유 없이 거절하지 못한다'라고 규정하고 있다. 이 규정 적용의 예외로서 옳지 않은 것은?

① 임차인이 3기의 차임액에 해당하는 금액에 이르도록 차임을 연체한 사실이 있는 경우
② 임차인이 거짓이나 그 밖의 부정한 방법으로 임차한 경우
③ 서로 합의하여 임대인이 임차인에게 상당한 보상을 제공한 경우
④ 임차인이 임대인의 동의 하에 목적 건물의 전부 또는 일부를 전대(轉貸)한 경우
⑤ 임차인이 임차한 건물의 전부 또는 일부를 고의나 중대한 과실로 파손한 경우

39 아래 글상자는 체크리스트(Checklist)법을 활용하여 특정 입지에 입점할 점포의 상권경쟁구조의 분석 내용을 제시하고 있다. 분석 내용과 사례의 연결이 옳은 것은?

> ㉠ 업태간 경쟁구조 분석
> ㉡ 보완 및 경쟁관계 분석
> ㉢ 위계별 경쟁구조 분석
> ㉣ 잠재적 경쟁구조 분석
> ㉤ 업태내 경쟁구조 분석

① ㉠ – 동일 상권내 편의점들간의 경쟁관계
② ㉡ – 상권내 진입 가능한 잠재경쟁자와의 경쟁관계
③ ㉢ – 도시의 도심, 부도심, 지역중심, 지구중심간의 경쟁관계
④ ㉣ – 근접한 동종점포간 보안 및 경쟁관계
⑤ ㉤ – 백화점, 할인점, SSM, 재래시장 상호간의 경쟁관계

40 대도시 A, B 사이에 위치하는 중소도시 C가 있을 때 A, B가 C로부터 끌어들일 수 있는 상권규모를 분석하기 위해 레일리(W. Reilly)의 소매인력법칙을 활용할 수 있다. 이 때 꼭 필요한 정보로 옳지 않은 것은?

① 중소도시 C에서 대도시 A까지의 거리
② 중소도시 C에서 대도시 B까지의 거리
③ 중소도시 C의 인구
④ 대도시 A의 인구
⑤ 대도시 A, B 사이의 분기점

41 점포입지나 상권에 관한 회귀분석에 관한 설명으로 가장 옳지 않은 것은?

① 점포의 성과에 대한 여러 변수들의 상대적인 영향력 분석이 가능하다.
② 상권분석에 점포의 성과와 관련된 많은 변수들을 고려할 수 있다.
③ 독립변수들이 상호관련성이 없다는 가정은 현실성이 없는 경우가 많다.
④ 분석대상과 유사한 상권특성을 가진 점포들의 표본을 충분히 확보하기 어렵다.
⑤ 시간의 흐름에 따라 회귀모델을 개선해 나갈 수 없어 확장성과 융통성이 부족하다.

42 상권이나 점포입지를 분석할 때는 고객의 동선을 파악하는 것이 중요하다. 인간심리와 동선과의 관계를 설명하는 일반원리로 가장 옳지 않은 것은?

① 최단거리 실현의 법칙
② 집합의 법칙
③ 안전중시의 법칙
④ 보증실현의 법칙
⑤ 규모선호의 법칙

43 지역시장의 소매포화지수(Index of Retail Saturation)에 대한 설명으로 가장 옳은 것은?

① 해당 지역시장의 구매력을 나타낸다.
② 다른 지역과 비교한 해당 지역시장의 1인당 소매매출액을 나타낸다.
③ 해당 지역시장의 특정 소매업태에 대한 수요와 공급의 현재 상태를 나타낸다.
④ 해당 지역시장 거주자들이 다른 지역시장에서 구매하는 쇼핑지출액도 평가한다.
⑤ 해당 지역시장의 특정 제품이나 서비스에 대한 가계소비를 전국 평균과 비교한다.

44 입지개발 방법에 따라 각 점포특성을 고려한 소매점포의 입지로서 가장 옳지 않은 것은?

① 표적시장이 유사한 선매품점은 서로 인접한 입지가 좋다.
② 표적시장이 유사한 보완점포는 서로 인접한 입지가 좋다.
③ 표적시장이 겹치는 편의점은 서로 상권이 겹치지 않아야 한다.
④ 쇼핑몰의 핵점포 중 하나인 백화점은 쇼핑몰의 한 가운데 입지해야 한다.
⑤ 근린쇼핑센터 내의 기생점포는 핵점포에 인접한 입지가 좋다.

45 상권내에서 분석대상이 되는 점포의 상대적 매력도를 파악할 수는 있으나 예상매출액을 추정할 수는 없는 방법으로 가장 옳은 것은?

① 유사점포법
② MNL모델
③ 허프모델
④ 회귀분석법
⑤ 체크리스트법

46 개별고객의 관계가치에 대한 RFM분석의 설명으로 가장 옳지 않은 것은?

① R은 Recency의 약자로서 고객이 가장 최근에 기업과 거래한 시점을 말한다.

② F는 Friendly의 약자로서 고객이 기업을 친근해하고 선호하는 정도를 말한다.

③ M은 Monetary의 약자로서 고객이 기업에서 구매하는 평균금액을 말한다.

④ 분석을 위해서 표본고객에게 R, F, M의 척도에 따라 등급을 부여한다.

⑤ 일반적으로 일정한 기간 내에 한번 이상 거래한 고객을 대상으로 분석한다.

47 단기적 관점의 거래중심 마케팅보다는 관계중심 마케팅의 성과 평가기준으로 가장 옳지 않은 것은?

① 고객자산　　　　　　　　② 고객충성도

③ 고객점유율　　　　　　　④ 시장점유율

⑤ 고객생애가치

48 조사에서 해결해야 할 문제를 명확하게 정의하고 마케팅전략 및 믹스변수의 효과 등에 관한 가설을 설정하기 위해, 본 조사 전에 사전 정보를 수집할 목적으로 실시하는 조사로서 가장 옳은 것은?

① 관찰적 조사(observational research)

② 실험적 조사(experimental roscarch)

③ 기술적 조사(descriptive research)

④ 탐색적 조사(exploratory research)

⑤ 인과적 조사(causal research)

49 다른 판촉 수단과 달리 고객과 직접적인 접촉을 통하여 상품과 서비스를 판매하는 인적판매의 장점으로 가장 옳지 않은 것은?

① 고객의 판단과 선택을 실시간으로 유도할 수 있다.

② 정해진 시간 내에 많은 사람들에게 접근할 수 있다.

③ 고객의 요구에 즉각적으로 대응할 수 있다.

④ 고객이 될 만한 사람에게만 초점을 맞추어 접근할 수 있다.

⑤ 고객에게 융통성 있게 대처할 수 있다.

50 종속가격(captive pricing)결정에 적합한 제품의 묶음으로 옳지 않은 것은?

① 면도기와 면도날
② 프린터와 토너
③ 폴라로이드 카메라와 필름
④ 케이블TV와 인터넷
⑤ 캡슐커피기계와 커피캡슐

51 "100만원대"라고 광고한 컴퓨터를 199만원에 판매하는 가격정책으로서 가장 옳은 것은?

① 가격라인 결정　　　　　　② 다중가격 결정
③ 단수가격 결정　　　　　　④ 리베이트 결정
⑤ 선도가격 결정

52 상품의 코드를 공통적으로 관리하는 표준상품분류 중 유럽상품코드(EAN) 대한 설명으로 가장 옳지 않은 것은?

① 소매점 POS시스템과 연동되어 판매시점관리가 가능하다.
② 첫 네 자리가 국가코드로 대한민국의 경우 8800이다.
③ 두 번째 네 자리는 제조업체 코드로 한국유통물류진흥원에서 고유번호를 부여한다.
④ 국가, 제조업체, 품목, 체크숫자로 구성되어 있다.
⑤ 체크숫자는 마지막 한자리로 판독오류 방지를 위해 만들어진 코드이다.

53 상품진열방법과 관련된 설명 중 가장 옳지 않은 것은?

① 서점에서 고객의 주의를 끌기 위해 게시판에 책의 표지를 따로 떼어 붙이는 것은 전면진열이다.
② 의류를 사이즈별로 진열하는 것은 아이디어 지향적 진열이다.
③ 벽과 곤돌라를 이용해 고객의 시선을 효과적으로 사로잡을 수 있는 방법은 수직적 진열이다.
④ 많은 양의 상품을 한꺼번에 쌓아 놓는 것은 적재진열이다.
⑤ 여름을 맞아 바다의 파란색, 녹음의 초록색, 열정의 빨간색 등으로 제품들을 구분하여 진열하는 것은 색상별 진열이다.

54 어떤 표준적 상품을 비교적 염가로 판매하여 고객들을 매장 안으로 유도하고, 그 고객들에게 다른 상품을 판매함으로서 이익을 얻으려는 가격정책으로 옳은 것은?

① 가격선도제(price leadership)

② 로스리더(loss leader)

③ 묶음가격(price bundling)

④ 특별할인가정책(special discount)

⑤ 차별가격(price discrimination)

55 고정고객을 확보하는 방안과 관련된 내용으로 가장 옳지 않은 것은?

① 신규고객 10%의 창출보다 기존고객 10%의 이탈을 막는 것이 더 중요하다.

② 고정고객을 확보하면 불특정다수의 고객과 거래하는 것보다 수익성이 높다.

③ 고객고정화는 결국 시장점유율을 높여 기업의 시장 내 위치를 강화한다.

④ 고객고정화를 통해 업셀(up-sell), 다운셀(down-sell), 크로스셀(cross-sell) 등의 시스템 판매(system selling)를 추구할 수 있다.

⑤ 팬클럽제도, 회원제도, 고객등급화 등이 모두 고객고정화와 관련된다.

56 기업이 활용할 수 있는 차별화전략의 유형별로 요구되는 역량에 대한 설명으로 가장 옳지 않은 것은?

① 기술위주 차별화 : 고객이 선호하는 유용한 기술을 개발할 수 있는 능력

② 규모위주 차별화 : 규모의 경제를 활용할 수 있는 사업규모를 가질 수 있는 능력

③ 유통위주 차별화 : 경쟁사보다 우월하게 좋은 제품을 다양하게 만들어 낼 수 있는 능력

④ 시장위주 차별화 : 고객들의 요구와 선호도를 파악하여 만족시킬 수 있는 능력

⑤ 의사소통위주 차별화 : 고객들에게 제품과 서비스를 효과적으로 알릴 수 있는 능력

57 머천다이징(merchandising)은 좁은 의미(협의) 또는 넓은 의미(광의)로 정의할 수 있다. 협의의 머천다이징의 의미로서 가장 옳은 것은?

① 상품화계획 수립

② 판매활동계획 수립

③ 재고관리계획 수립

④ 상품확보계획 수립

⑤ 상품구매계획 수립

58 소비자를 대상으로 하는 판매촉진 방법 중 쿠폰과 비교한 리베이트의 특징으로 가장 옳은 것은?

① 쿠폰보다 처리비용(handling costs)이 더 낮다.

② 소매업체에게 처리비용을 지불할 필요가 없다.

③ 저가 상품에서도 쿠폰만큼의 판촉효과가 나타난다.

④ 제조업체를 대신해 소매업체가 소비자에게 가격할인을 제공한다.

⑤ 소비자는 리베이트에 따른 소매가격의 인하를 잘 지각하지 못한다.

59 유통업체의 상황에 따른 타당한 촉진수단의 짝(pair)으로 가장 옳지 않은 것은?

① 온라인쇼핑몰에서 고객을 유인할 때 - 현저한 가격할인의 제공

② 고객의 내점을 증가시키고 싶을 때 - 특매상품(loss leader)의 제공

③ 고객충성도를 강화할 때 - 가격민감도가 높은 고객이 선호하는 내구재를 활용

④ 표적고객의 파악을 위해 데이터베이스를 구축하고 싶을 때 - 회원카드 발행

⑤ 고객집단과 매출의 관계가 파레토법칙을 따를 때 - 단골고객 우대프로그램 활용

60 아래 글상자에서 제조업자의 중간상을 대상으로 한 푸시전략의 예로 옳은 것을 모두 고르면?

㉠ 협동광고	㉡ 수량할인
㉢ 프리미엄	㉣ 판매원 훈련프로그램

① ㉠, ㉡, ㉢

② ㉠, ㉡, ㉣

③ ㉠, ㉢, ㉣

④ ㉡, ㉢, ㉣

⑤ ㉠, ㉡, ㉢, ㉣

61 엔드 매대에 진열할 상품을 선정하기 위한 점검사항으로 가장 옳지 않은 것은?

① 주력 판매가 가능한 상품의 여부

② 시즌에 적합한 상품의 여부

③ 대량 판매가 가능한 상품의 여부

④ 새로운 상품 또는 인기상품의 여부

⑤ 전체 매장의 테마 및 이미지를 전달할 수 있는 상품의 여부

62 아래 글상자에서 ㉠이 설명하는 비주얼 머천다이징(Visual Merchandising) 요소로 옳은 것은?

(㉠)은(는) 판매포인트를 연출하기 위해 벽면이나 집기류의 상단 등 고객의 시선이 자연스럽게 닿는 곳에 상품의 포인트를 알기 쉽게 강조하여 보여주는 것을 말한다.

① VMP(Visual Merchandising Presentation)
② VP(Visual Presentation)
③ PP(Point of sale Ppresentation)
④ IP(Item Presentation)
⑤ SI(Store Identity)

20년

63 효과적인 POP 광고에 대한 설명 중 가장 옳지 않은 것은?

① 소비자들에게 충동구매를 이끌어낼 수 있다.
② 벽면과 바닥을 제외한 모든 공간을 활용할 수 있어 매우 효과적이다.
③ 계산대 옆에 설치하여 각종 정보나 이벤트를 안내하기에 효과적이다.
④ 계절적인 특성을 살려 전체적인 분위기를 연출하기에 효과적이다.
⑤ 소비자의 주목을 끌 수 있어 효과적이다.

64 점포 설계 구성 요소에 대한 설명으로 옳지 않은 것은?

① 점포 외장 : 전두, 출입구 결정, 건물외벽 등
② 점포내부 인테리어 : 벽면, 바닥, 조명, 통로, 집기, 비품 등
③ 진열 : 구색, 카트, 포스터, 게시판, POP 등
④ 레이아웃 : 상품배치, 고객동선, 휴게공간, 사무실 및 지원시설 등
⑤ 조닝 : 매장의 집기, 쇼케이스, 계산대 등의 매장 내 배치

65 점포를 설계하기 위해서 점검해야 할 사항으로 가장 옳지 않은 것은?

① 많은 고객을 점포로 들어오게 할 수 있는가
② 매장의 객단가를 높일 수 있는가
③ 적은 인원으로 매장 환경을 유지할 수 있는가
④ 검수 및 상품 보충과 같은 작업이 원활하게 이루어질 수 있는가
⑤ 고객 동선과 판매원 동선을 교차시켜 상품노출을 극대화 할 수 있는가

66 상품 카테고리의 수명주기단계에서 상품구색의 깊이를 확장하는 전략을 적용하는 것이 가장 옳은 단계는?

① 도입기   ② 성장기

③ 성숙기   ④ 쇠퇴기

⑤ 재활성화기

67 대형마트에 대한 영업시간 제한과 의무휴업일 지정에 대한 법규의 내용을 소개한 것으로 옳지 않은 것은?

① 영업시간 제한과 의무휴업일 지정은 광역시 및 도 단위로 이루어진다.

② 특별자치시장·시장·군수·구청장은 매월 이틀을 의무휴업일로 지정하여야 한다.

③ 중소유통업과의 상생발전, 유통질서 확립, 근로자의 건강권을 위한 것이다.

④ 의무휴업일은 공휴일 중에서 지정하되 이해당사자와 합의를 거쳐 공휴일이 아닌 날도 지정할 수 있다.

⑤ 준대규모점포에 대하여도 영업시간 제한 및 의무휴업을 명할 수 있다.

68 아래의 설명과 관련된 서비스 수요관리전략으로 가장 옳은 것은?

> • 스키리조트는 여름을 대비하여 물보라 썰매장이나 골프장 같은 다양한 부대시설을 갖추어 놓는다.
> • 호텔은 비수기에 대비하여 기업단위의 연수고객을 유치하기 위해 노력한다.
> • 업무지구에 있는 호프집은 점심시간에 직장인들을 위한 점심 식사를 제공한다.

① 수요재고화 전략   ② 수요조절전략

③ 가용능력변화 전략   ④ 가용능력고정 전략

⑤ 목표시장 다변화전략

69 아래의 글상자는 원가가산 가격결정을 위한 원가구조와 예상판매량이다. 원가가산 가격결정 방법에 의해 책정한 가격으로 옳은 것은?

> • 고정비 : 1,000,000원   • 단위당 변동비 : 500원
> • 예상 판매량 : 1,000개   • 판매가 대비 마진율 : 20%

① 875원   ② 3,000원

③ 1,875원   ④ 7,500원

⑤ 1,125원

70 다음 중 격자형 레이아웃의 장점에 해당하는 것은?

① 시각적으로 고객의 주의를 끌어 개별 매장의 개성을 표출할 수 있다.

② 매장의 배치가 자유로워 고객의 충동구매를 유도할 수 있다.

③ 주동선, 보조동선, 순환통로, 설비표준화로 비용이 절감된다.

④ 고급상품 매장이나 전문점 같이 고객 서비스를 강조하는 매장에서 주로 활용한다.

⑤ 의류상품에 적합한 레이아웃으로 쇼핑의 즐거움을 배가시킬 수 있다.

71 아래 글상자의 괄호에 들어갈 용어로 가장 옳은 것은?

( )은(는) 공공거래 장부로 불리는 데이터 분산 처리기술로서 네트워크에 참여하는 모든 사용자가 모든 거래내역 등의 데이터를 분산·저장하는 기술을 지칭한다. DHL은 물류 분야의 ( )의 역할을 ⅰ) 신속, 간결한 국제무역 물류, ⅱ) 공급사슬 내에서의 투명성과 추적가능성, ⅲ) 스마트 계약으로 인한 물류업의 프로세스 자동화로 규정하고 있다. Unilever, Wal-Mart가 도입하여 제품추적성, 안전성 확보를 도모한 사례가 있다.

① 드론(drone)

② 블록체인(blockchain)

③ 핀테크(FinTech)

④ EDI(electronic data interchange)

⑤ 비트코인(bitcoin)

72 자기의 수요를 예측하여 해당하는 양을 주문하고자 할 때, 수요정보의 처리과정에서 왜곡현상이 나타날 수 있다. 소비자에게 판매될 시점의 데이터를 실시간으로 수집할 수 있도록 기능을 지원하는 정보기술로 가장 옳은 것은?

① POS(Point Of Sales)시스템

② IoT(Internet of Things)

③ BYOD(Bring Your Own Device)

④ ONO(Online and Offline)

⑤ JRE(Java Runtime Environment)

73 아래 글상자의 내용을 근거로 경영과학 관점의 의사결정과정을 순차적으로 나열한 것으로 가장 옳은 것은?

> ㉠ 실행
> ㉡ 문제의 인식
> ㉢ 모형의 구축
> ㉣ 자료의 수집
> ㉤ 실행 가능성 여부 평가
> ㉥ 변수의 통제 가능성 검토
> ㉦ 모형의 정확도 및 신뢰도 검정

① ㉡ – ㉢ – ㉣ – ㉤ – ㉥ – ㉦ – ㉠
② ㉡ – ㉢ – ㉣ – ㉥ – ㉤ – ㉦ – ㉠
③ ㉡ – ㉣ – ㉥ – ㉢ – ㉦ – ㉤ – ㉠
④ ㉡ – ㉣ – ㉥ – ㉦ – ㉢ – ㉤ – ㉠
⑤ ㉡ – ㉣ – ㉦ – ㉤ – ㉢ – ㉥ – ㉠

74 이동성과 접근성을 기반으로 한 모바일 컴퓨팅의 특징으로 가장 옳지 않은 것은?

① 개인화
② 편리성
③ PC의 보편화
④ 접속의 즉시성
⑤ 제품과 서비스의 지역화

75 (주)대한전자의 상품 A의 연간 판매량은 60,000개이다. 또한, 주문한 상품 A가 회사에 도착하기 까지는 10일이 소요되며, 상품 A의 안전재고량은 3,000개이다. (주)대한전자는 연간 300일을 영업할 경우, 상품 A에 대한 재주문점의 크기를 구한 값으로 옳은 것은?

① 2,000개   ② 3,000개
③ 4,000개   ④ 5,000개
⑤ 6,000개

76 데이터 웨어하우스(Data Warehouse)의 특성으로 옳지 않은 것은?

① 데이터 웨어하우스 내의 데이터는 주제지향적으로 구성되어 있다.
② 데이터 웨어하우스 내의 데이터는 시간의 흐름에 따라 시계열적으로 저장된다.
③ 데이터 웨어하우스 내의 데이터는 거래 및 사건의 흐름에 따라 체계적으로 저장된다.
④ 데이터 웨어하우스는 다양한 정보시스템의 데이터의 통합관리를 지원해준다.
⑤ 데이터 웨어하우스는 데이터 마트(Data Mart)의 하위시스템으로 특정 이용자를 위해 디자인된 특화된 데이터베이스이다.

77 웹언어에 대한 설명으로 옳지 않은 것은?

① CGI는 서버와 외부 데이터, 응용 프로그램 간의 인터페이스 정의
② XML은 HTML과 달리 규정된 태그만 사용하는 것이 아닌 사용자가 원하는 태그를 만들어 응용프로그램에 적용 가능
③ XML은 다른 목적의 마크업 언어를 만드는 데 사용되는 다목적 마크업 언어
④ HTML, XML 순으로 발전하고 SGML은 HTML, XML 단점을 보완하여 등장
⑤ 마크업언어는 웹 서버에 저장된 문자, 그림, 표, 음성, 동영상 등을 모두 포함한 문서를 클라이언트가 다운로드 받아 웹 브라우저에서 표현

78 전자상거래 지능형 에이전트가 일반 소프트웨어 프로그램과는 다른 특징에 대한 설명으로 가장 옳지 않은 것은?

① 추론 능력을 갖추고 있어 스스로 문제를 해결할 수 있다.
② 컴퓨터를 작동시키거나 이용하여 업무를 처리할 수 있다.
③ 사용자가 관여하지 않아도 스스로 어떤 목표를 달성하기 위해 일을 완수할 수 있다.
④ 통신능력을 확장하여 다른 에이전트 프로그램 또는 외부 세계와 협동하여 일을 수행할 수 있다.
⑤ 필요에 따라 어떤 일을 수행하는 중에 다른 에이전트 프로그램 또는 외부 세계와 통신할 수 있다.

79 아래 글상자의 ( ) 안에 공통적으로 들어갈 용어로 가장 옳은 것은?

> ( )은 전자상거래 환경에서 다양한 고객정보, 구매정보 등 폭넓은 데이터를 정교한 빅데이터 분석을 활용해 상품과 서비스에 대한 개선사항을 지속적으로 분석하고, 분석 결과를 사업화에 반영하는 지속가능 마케팅 방법이다. ( )은 데이터지표로 말하는 신개념 마케팅 활동이다.

① 피싱(phishing)

② 파밍(pharming)

③ 바이럴 마케팅(viral marketing)

④ 그로스해킹(growth hacking)

⑤ 스미싱(smishing)

80 아래 글상자의 괄호에 들어갈 용어를 순서대로 나열한 것으로 가장 옳은 것은?

> 전자상거래는 소비자와의 쇼핑을 위한 접점이 통합되는 추세이다. 오프라인의 연계형인 온-오프 통합추세로 모바일쇼핑, TV쇼핑, 콜센터 등이 모두 소비자의 욕구를 채집하는 채널로 사용된다. 인터넷이든 모바일이든 오프라인 매장이든 간에 소비자가 이용가능한 모든 채널을 쇼핑의 창구로 유기적으로 연결하여 쇼핑에 불편이 없도록 하는 것이다. 이러한 채널의 통합을 (㉠), 상거래형태를 (㉡)(이)라 한다.

① ㉠ 옴니채널(omni channel)   ㉡ 비콘(beacon)

② ㉠ O2O(online to offline)   ㉡ 비콘(beacon)

③ ㉠ One채널(one channel)   ㉡ ONO(online and offline)

④ ㉠ 옴니채널(omni channel)   ㉡ O2O(online to offline)

⑤ ㉠ One채널(one channel)   ㉡ BYOD(bring your own device)

81 바코드마킹과 관련된 설명 중에서 가장 옳은 것은?

① 제조업체가 생산시점에 바코드를 인쇄하는 것은 인스토어마킹이다.

② 소매상이 자신의 코드를 부여해 부착하는 것은 소스마킹이다.

③ 소스마킹은 생산시점에서 저렴한 비용으로 바코드 부착이 가능하다.

④ 인스토어마킹은 업체간 표준화가 되어 있다.

⑤ 인스토어마킹은 동일상품에 동일코드가 지정될 수 있다.

82 바코드(bar code)에 포함된 정보로 옳지 않은 것은?

① 국가식별코드
② 제조업체코드
③ 상품품목코드
④ 체크디지트
⑤ 제조일시

83 아래의 그림은 조달청에서 제공하는 서비스 화면이다. 협상에 의한 계약 전 과정에 대하여 사업발주를 위한 제안요청서 작성부터 평가, 사업관리 등 사업의 처음부터 끝까지 서비스하는 시스템 명칭으로 가장 옳은 것은?

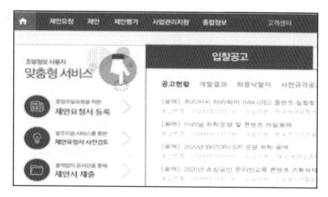

① e-담합감시정보시스템
② e-온라인평가시스템
③ e-협업시스템
④ e-정보공유시스템
⑤ e-발주시스템

84 유통업체의 QR 물류시스템(Quick Response Logistics Systems) 도입효과로 가장 옳지 않은 것은?

① 공급사슬에서 효과적인 재고관리를 가능하게 해준다.
② 공급사슬에서 상품의 흐름을 개선한다.
③ 공급사슬에서 정보공유를 통해 제조업체의 효과적인 제품 생산 활동을 지원한다.
④ 공급사슬에서 정보공유를 통해 유통업체의 효과적인 상품 판매를 지원한다.
⑤ 공급사슬에서 제조업의 원재료 공급방식이 풀(pull) 방식에서 푸시(push) 방식으로 개선되었다.

85 기업들이 지식관리시스템을 구축하는 이유에 대한 설명으로 가장 옳지 않은 것은?

① 기업들은 최선의 관행, 즉 베스트 프랙티스(best practice)를 공유할 수 있다.

② 기업들은 노하우 활용을 통해 제품과 서비스의 가치를 개선할 수 있다.

③ 기업들은 경쟁우위를 창출하기 위한 지식을 용이하게 활용할 수 있다.

④ 기업들은 경영혁신을 위한 적절한 지식을 적절히 포착할 수 있다.

⑤ 기업들은 기업과 기업 간 협업을 줄이고, 독자 경영을 할 수 있다.

86 POS(Point Of Sales) 시스템으로부터 획득한 정보에 대한 설명으로 가장 옳지 않은 것은?

① 상품분류체계의 소분류까지 업태별, 지역별 판매금액 구성비

② 상품분류체계의 소분류를 기준으로 해당 단품의 월별 판매금액

③ 품목의 자재 조달, 제조, 유통채널 이동 이력 관련 정보

④ 품목의 현재 재고정보

⑤ 제조사별 품목별 판매 순위

87 조직의 혁신적 성과향상을 도모하기 위해 비즈니스 프로세스 재설계(Business Process Reengineering)를 전략적으로 선택한다. 이에 대한 설명으로 옳지 않은 것은?

① 현재의 비즈니스 프로세스를 AS IS PROCESS라고 한다.

② 미래의 비즈니스 프로세스를 TO BE PROCESS라고 한다.

③ BPR은 점진적인 프로세스 개선을 통한 성과창출을 목표로 한다.

④ 기업에서는 ERP 시스템을 구축하기 위한 사전 작업으로 BPR을 추진한다.

⑤ BPR은 비용, 품질, 시간 등 조직의 성과를 혁신적으로 향상시키는 것을 목표로 한다.

88 기업에서의 지식경영의 중요성은 강조하고, SECI 모델(Socialization, Externalization, Combination, Internalization Model)을 제시한 연구자는?

① 노나카 이쿠지로(Ikujiro Nonaka)

② 빌 게이츠(Bill Gates)

③ 로버트 캐플런(Robert Kaplan)

④ 마이클 포터(Michael Porter)

⑤ 마이클 해머(Michael Hammer)

20년

89 바코드(bar code)에 대한 설명으로 옳지 않은 것은?

① EAN-8(단축형 바코드)은 단축형 상품식별코드(GTIN-8)를 나타낼 때 사용하는 바코드이다.

② 기존 상품과 중량 또는 규격이 다른 경우 새로운 상품으로 간주하고 새로운 상품식별코드를 부여한다.

③ 바코드 스캐너는 적색계통의 색상을 모두 백색으로 감지하여 백색바탕에 적색 바코드인 경우 판독이 불가능하다.

④ 바코드 높이를 표준 규격보다 축소할 경우 인식이 불가능하다.

⑤ 해당 박스에 특정 상품 입수개수가 다르다면 새로운 표준물류식별코드를 부여한다.

90 아래 글상자에서 설명하는 e-비즈니스 간접 수익창출 방식으로 가장 옳은 것은?

네트워크에 의한 수확체증 효과를 얻을 수 있는 가장 빠른 방법으로, 멀티미디어 기술을 이용해 밀접한 관련이 있거나 인지도가 높은 웹사이트에 자사의 광고를 끼워 넣은 형태이다.

① 프로그램 무상 배포   ② 스폰서십

③ 무료메일 제공   ④ 제휴 프로그램

⑤ 배너광고

맞은 개수 _____ / 90문제

시험일	문항 수	시 간	문제형별
2020. 11. 01	총 90개	100분	A

1과목 유통물류일반

01 기업이 물류합리화를 추구하는 이유로 가장 옳지 않은 것은?

① 생산비 절감에는 한계가 있기 때문이다.
② 물류비는 물가상승에 따라 매년 증가하는 경향이 있기 때문이다.
③ 물류차별화를 통해 기업이 경쟁우위를 확보할 수 있기 때문이다.
④ 물류에 대한 고객의 요구들은 동일, 단순하여 고객에게 동일한 서비스를 제공할 수 있기 때문이다.
⑤ 각종 기법과 IT에 의해 운송, 보관, 하역, 포장기술이 발전할 수 있기 때문이다.

02 물류공동화의 효과로 가장 옳지 않은 것은?

① 수송물의 소량화
② 정보의 네트워크화
③ 차량 유동성 향상
④ 수・배송 효율 향상
⑤ 다빈도 소량배송에 의한 고객서비스 확대

03 한 품목의 연간수요가 12,480개이고, 주문비용이 5천원, 제품가격이 1,500원, 연간보유비용이 제품단가의 20%이다. 주문한 시점으로부터 주문이 도착하는 데에는 2주가 소요된다. 이때 ROP(재주문점)는?
(1년을 52주, 1주 기준으로 재주문하는 것으로 가정)

① 240개
② 480개
③ 456개
④ 644개
⑤ 748개

04 화주기업과 3자물류업체와의 관계에 대한 설명으로 옳지 않은 것은?

① 물류업무에 관한 의식개혁 공유
② 전략적 제휴에 의한 물류업무 파트너십 구축
③ 정보의 비공개를 통한 효율적인 물류업무개선 노력
④ 주력부문에 특화한 물류차별화를 통해 경쟁우위 확보의지 공유
⑤ 화주기업의 물류니즈에 기반한 물류업체의 서비스 범위 협의

05 조직 내 갈등의 생성단계와 설명으로 가장 옳지 않은 것은?

① 잠재적 갈등 : 갈등이 존재하지 않는 상태를 의미한다.
② 지각된 갈등 : 상대방에 대해 적대감이나 긴장감을 지각하는 것을 말한다.
③ 감정적 갈등 : 상대방에 대해 적대감이나 긴장을 감정적으로 느끼는 상태를 말한다.
④ 표출된 갈등 : 갈등이 밖으로 드러난 상태를 의미한다.
⑤ 갈등의 결과 : 갈등이 해소되었거나 잠정적으로 억제되고 있는 상태를 말한다.

06 물류와 관련된 고객서비스 항목들에 대한 설명 중 가장 옳지 않은 것은?

① 주문인도시간은 고객이 주문한 시점부터 상품이 고객에게 인도되는 시점까지 시간을 의미한다.
② 정시주문충족률을 높이면 재고유지비, 배송비가 감소하여 전체적인 물류비는 감소하게 된다.
③ 최소주문량을 낮출수록 고객의 만족도는 높아지지만 다빈도 운송으로 인해 운송비용은 증가한다.
④ 주문의 편의성을 높이기 위해서 주문처리시스템, 고객정보시스템의 구축이 필요하다.
⑤ 판매 이후의 신속하고 효과적인 고객 응대는 사후서비스수준과 관련이 있다.

07 공급사슬관리에 관련된 내용으로 옳지 않은 것은?

① Lean은 많은 생산량, 낮은 변동, 예측가능한 생산환경에서 잘 적용될 수 있다.
② Agility는 수요의 다양성이 높고 예측이 어려운 생산환경에서 잘 적용될 수 있다.
③ 재고보충 리드타임이 짧아 지속적 보충을 하는 경우는 Kanban을 적용하기 힘들다.
④ 수요예측이 힘들고 리드타임이 짧은 경우는 QR이 잘 적용될 수 있다.
⑤ 적은 수의 페인트 기본색상 재고만을 보유하고 소비자들에게 색깔관점에서 커스터마이즈된 솔루션을 제공하는 것은 Lean/Agile 혼합전략의 예가 된다.

08 아래 글상자에서 인적자원관리 과정에 따른 구성 내용으로 옳지 않은 것은?

구 분	과 정	구성내용
㉠	확보관리	계획, 모집, 선발, 배치
㉡	개발관리	경력관리, 이동관리
㉢	평가관리	직무분석, 인사고과
㉣	보상관리	교육훈련, 승진관리
㉤	유지관리	인간관계관리, 근로조건관리, 노사관계관리

① ㉠
② ㉡
③ ㉢
④ ㉣
⑤ ㉤

09 재무통제(financial control)를 유효하게 행하기 위한 필요조건 설명으로 옳지 않은 것은?

① 책임의 소재가 명확할 것
② 시정조치를 유효하게 행할 것
③ 업적의 측정이 정확하게 행해질 것
④ 업적평가에는 적절한 기준을 선택할 것
⑤ 계획목표를 CEO의 의사결정에만 전적으로 따를 것

10 기업의 경쟁전략 중 조직규모의 유지 및 축소전략으로 옳지 않은 것은?

① 다운사이징
② 집중화전략
③ 리스트럭처링
④ 영업양도전략
⑤ 현상유지전략

11 아래 글상자에서 설명하는 시스템으로 가장 옳은 것은?

> 기존의 개별적인 자동화기술 및 시스템을 하나의 생산시스템으로 통합하여 다품종 소량생산방식에 있어서의 융통성과 대량생산에서의 높은 생산성을 동시에 달성하고자 하는 제조시스템을 말하며, 이 시스템의 기술을 가장 효과적으로 적용할 수 있는 분야는 자동차 분야이다.

① 전사적품질관리시스템
② 전사적품질경영시스템
③ 적시생산시스템
④ 유연제조시스템
⑤ 공급체인관리시스템

12 맥킨지 사업포트폴리오 분석은 산업 매력도와 사업 경쟁력 차원으로 구분할 수 있는데 이 경우 사업 경쟁력 평가요소에 포함되지 않는 것은?

① 시장점유율, 관리능력, 기술수준
② 제품품질, 상표이미지, 생산능력
③ 시장점유율, 상표이미지, 원가구조
④ 산업성장률, 기술적변화정도, 시장규모
⑤ 유통망, 원자재 공급원의 확보

13 유통경로 성과를 측정하는 변수 중 정량적 측정변수로 가장 옳지 않은 것은?

① 새로운 세분 시장의 수, 악성부채 비율
② 상품별, 시장별 고객 재구매 비율
③ 브랜드의 경쟁력, 신기술의 독특성
④ 손상된 상품비율, 판매예측의 정확성
⑤ 고객불평건수, 재고부족 방지비용

14 아래 글상자 내용은 유통경로의 필요성에 관한 것이다. ㉠~㉤에 들어갈 용어를 순서대로 옳게 나열한 것은?

> • 총거래수 (㉠)원칙 : 유통경로에서는 중간상이 개입함으로써 단순화, 통합화됨
> • (㉡)의 원리 : 유통경로상 수행되는 수급조절, 수배송, 보관, 위험부담 등을 생산자와 유통기관이 (㉡)하여 참여함
> • (㉢) 우위의 원리 : 유통분야는 (㉣)가 차지하는 비중이 (㉤)보다 크므로 제조와 유통의 역할을 분담하는 것이 비용 측면에서 유리

	㉠	㉡	㉢	㉣	㉤
①	최대	통합	변동비	고정비	변동비
②	최대	분업	변동비	고정비	변동비
③	최대	통합	고정비	변동비	고정비
④	최소	분업	변동비	변동비	고정비
⑤	최소	분업	고정비	변동비	고정비

15 유통경영전략을 수립하기 위한 환경분석 중 내부환경요인 분석에서 활용되는 가치사슬모형(value chain model)에 대한 설명으로 옳은 것은?

① 기업활동을 여러 세부활동으로 나누어 활동목표 수준과 실제 성과를 분석하면서 외부 프로세스의 문제점과 개선 방안을 찾아내는 기법이다.
② 기업의 가치는 보조활동과 지원활동의 가치창출 활동에 의해 결정된다.
③ 핵심프로세스에는 물류투입, 운영·생산, 물류산출, 마케팅 및 영업, 인적자원관리 등이 포함된다.
④ 지원프로세스에는 기업인프라, 기술개발, 구매조달, 서비스 등이 포함된다.
⑤ 기업 내부 단위활동과 활동들 간 연결고리 문제점 및 개선방안을 체계적으로 찾는 데 유용한 기법이다.

16 유통경로 구조를 결정하는 데 여러 가지 고려해야할 요인들을 반영하여 중간상을 결정하는 방법인 체크리스트법에 대한 연결 요인 중 가장 옳은 것은?

① 시장요인 – 제품표준화
② 제품요인 – 기술적 복잡성
③ 기업요인 – 시장규모
④ 경로구성원요인 – 재무적 능력
⑤ 환경요인 – 통제에 대한 욕망

17 아래 글상자에서 설명하는 한정기능도매상으로 옳은 것은?

> – 제조업자로부터 제품을 구매한 도매상이 제조업자로 하여금 제품을 물리적으로 보유하도록 한 상태에서 고객들에게 제품을 판매하여 전달하는 역할을 함
> – 주로 목재나 석탄과 같은 원자재를 취급함

① 현금판매–무배달 도매상(cash and carry wholesaler)
② 트럭도매상(truck wholesaler)
③ 직송도매상(drop shipper)
④ 선반도매상(rack jobber)
⑤ 우편주문도매상(mail order wholesaler)

18 아래 글상자에서 소매상의 분류 기준과 해당 내용으로 옳은 것은?

구 분	분류기준	내 용
㉠	일정한 형태의 점포유무에 따라	점포소매상, 자판기 등의 무점포소매상(온라인매장 제외)
㉡	마진 및 회전율에 따라	다양성 고, 저 / 구색 고, 저
㉢	상품 다양성, 구색에 따라	독립소매기관, 체인 등
㉣	소유 및 운영주체에 따라	회전율 고저, 마진율 고저
㉤	고객에게 제공되는 서비스 수준에 따라	완전서비스, 한정서비스, 셀프서비스 등

① ㉠

② ㉡

③ ㉢

④ ㉣

⑤ ㉤

19 조직 내 갈등수준과 집단성과수준에 관한 그래프이다. 해석한 것으로 옳은 것은?

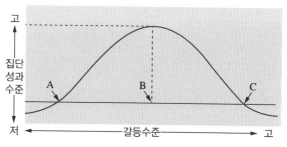

① 조직에서 갈등수준과 성과는 항상 정비례 관계이다.

② A에서 갈등은 순기능을 나타내고 있다.

③ C에서 갈등은 순기능을 나타내고 있으며 조직의 내부수준은 혁신적이며 생동적이다.

④ 갈등은 조직 구성원이나 부서 간의 경쟁을 통하여 구성원들이 서로 경쟁하는 결과만 야기하므로 동기부여에 기여하기 어렵다.

⑤ 경영자는 적당한 갈등수준을 유지하며 갈등의 순기능을 최대화하도록 노력할 필요가 있다.

20 아래 글상자의 ㉠~㉡에 들어갈 용어를 순서대로 나열한 것으로 옳은 것은?

- (㉠)란 물류활동의 범위 내에서 물류조업도의 증감과 관계없이 발생하거나 소비되는 비용이 일정한 물류비를 말한다.
- (㉡)란 생산된 완제품 또는 매입한 상품을 판매창고에서 보관하는 활동부터 고객에게 인도될 때 까 지의 물류비를 말한다.

① ㉠ 자가물류비   ㉡ 위탁물류비
② ㉠ 위탁물류비   ㉡ 자가물류비
③ ㉠ 물류고정비   ㉡ 판매물류비
④ ㉠ 물류변동비   ㉡ 사내물류비
⑤ ㉠ 사내물류비   ㉡ 판매물류비

21 수배송물류의 기능으로 옳지 않은 것은?

① 분업화를 촉진시킨다.
② 재화와 용역의 교환기능을 촉진시킨다.
③ 대량생산과 대량소비를 가능하게 하여 규모의 경제를 실현시킨다.
④ 문명발달의 전제조건이 되기는 하나 지역간·국가간 유대를 강화시키지는 못한다.
⑤ 재화의 생산, 분배 및 소비를 원활하게 하여 재화와 용역의 가격을 안정시켜 주는 기능을 한다.

22 기업이 직면하게 되는 경쟁환경의 유형에 대한 설명 중 가장 옳지 않은 것은?

① 할인점과 할인점 간의 경쟁은 수평적 경쟁이다.
② 할인점과 편의점 간의 경쟁은 업태간 경쟁이다.
③ 제조업자와 도매상 간의 경쟁은 수직적 경쟁이다.
④ [제조업자-도매상-소매상]과 [제조업자-도매상-소매상]의 경쟁은 수직적 마케팅시스템경쟁이다.
⑤ 백화점과 백화점 간의 경쟁은 협력업자 경쟁이다.

23 아래 글상자 A씨의 인터뷰 사례에 관계된 이론에 대해 기술한 것으로 옳지 않은 것은?

> 저는 자원봉사자로서 병원 호스피스로 몇 년간 봉사했어요. 임종을 기다리는 환자에게 성경도 읽어주고 찬송가도 불러주며 그들의 손발이 되어 주는 게 기뻤죠. 그러다가 얼마 전부터 다른 병원에서 하루에 십만원씩 받는 간병인으로 채용되었어요. 환자를 돌보는 것은 예전과 같은데 이상하게도 더 이상 예전 같은 행복감을 느낄 수가 없어요

① 인간이 행동원인을 규명하려는 심리적 속성인 자기귀인(self-attribution)에 근거한 인지평가이론이다.
② 외적동기화가 된 사람들은 과제수행을 보상의 획득이나 처벌회피와 같이 일정한 목적을 달성하기 위한 수단으로 여긴다.
③ 외적인 보상에 의해 동기 유발되어 있는 경우에 급여지급 같은 내적동기를 도입하게 되면 오히려 동기 유발 정도가 감소한다는 내용이다.
④ 재미, 즐거움, 성취감 등 때문에 어떤 행동을 하는 것은 내재적 동기에 근거한 것이다.
⑤ 보상획득, 처벌, 회피 등 때문에 어떤 행동을 하는 것은 외재적 동기에 근거한 것이다.

24 기업의 가치를 하락시키지 않도록 하기 위해 새로운 투자로부터 벌어들여야 하는 최소한의 수익률을 의미하는 용어로 가장 옳은 것은?

① 투자수익률
② 재무비율
③ 자본비용
④ 증권수익률
⑤ 포트폴리오

25 물류의 원가를 배분하는 기준에 대한 설명으로 옳지 않은 것은?

① 많은 수익을 올리는 부문에 더 많은 원가를 배분한다.
② 공평성을 기준으로 배분한다.
③ 원가대상 산출물의 수혜 기준으로 배분한다.
④ 자원 사용의 원인이 되는 변수를 찾아 인과관계를 기준으로 배분한다.
⑤ 대상의 효율성을 기준으로 배분한다.

26 소매점의 입지 대안을 확인하고 평가할 때 의사결정의 기본이 되는 몇 가지 원칙들이 있다. 아래 글상자의 설명과 관련된 원칙으로 옳은 것은?

> 고객의 입장에서 점포를 방문하기 용이한 심리적, 물리적 특성이 양호하여야 한다는 원칙으로 교통이나 소요시간과 관련된 원칙이다

① 가용성의 원칙(principle of availability)
② 보충가능성의 원칙(principle of compatibility)
③ 고객차단의 원칙(principle of interception)
④ 동반유인원칙(principle of cumulative attraction)
⑤ 접근가능성의 원칙(principle of accessibility)

27 아래 글상자는 입지의 유형을 점포를 이용하는 소비자의 이용목적에 따라 구분하거나 공간균배에 의해 구분할 때의 입지특성들이다. 아래 글상자의 ㉠, ㉡, ㉢에 들어갈 용어를 순서대로 나열한 것으로 옳은 것은?

> - (㉠) : 고객이 구체적 구매의도와 계획을 가지고 방문하므로 단순히 유동인구에 의존하기 보다는 상권 자체의 고객창출능력에 의해 고객이 유입되는 입지유형
> - (㉡) : 유사업종 또는 동일업종의 점포들이 한 곳에 집단적으로 모여 집적효과 또는 시너지효과를 거두는 입지유형
> - (㉢) : 도시의 중심이나 배후지의 중심지 역할을 하는 곳에 점포가 위치하는 것이 유리한 입지유형

① ㉠ 생활형입지, ㉡ 집심성입지, ㉢ 집재성입지
② ㉠ 적응형입지, ㉡ 산재성입지, ㉢ 집재성입지
③ ㉠ 집심성입지, ㉡ 생활형입지, ㉢ 목적형입지
④ ㉠ 목적형입지, ㉡ 집재성입지, ㉢ 집심성입지
⑤ ㉠ 목적형입지, ㉡ 집재성입지, ㉢ 국지적집중성입지

28 아래 글상자는 Huff모델을 활용하여 어느 지역 신규 슈퍼마켓의 예상매출액을 추정하는 과정을 설명하고 있다. ㉠, ㉡, ㉢에 들어갈 용어로 가장 옳은 것은?

> 신규점포가 각 지역(zone)으로부터 얻을 수 있는 예상매출액은 각 지역(zone) 거주자의 신규점포에 대한 (㉠)에다 각 지역(zone)의 (㉡) 및 (㉢) 슈퍼마켓 지출비(특정기간)를 곱하여 구해진다.

① ㉠ 방문빈도   ㉡ 가구수   ㉢ 일인당
② ㉠ 방문빈도   ㉡ 가구수   ㉢ 가구당
③ ㉠ 쇼핑확률   ㉡ 가구수   ㉢ 일인당
④ ㉠ 쇼핑확률   ㉡ 인구수   ㉢ 가구당
⑤ ㉠ 쇼핑확률   ㉡ 인구수   ㉢ 일인당

20년

29 아래의 상권분석 및 입지분석의 절차를 진행 순서대로 배열한 것으로 옳은 것은?

> ㉠ 상권분석 및 상권의 선정
> ㉡ 상권후보지의 선정
> ㉢ 입지후보지의 선정
> ㉣ 입지분석 및 입지의 선정
> ㉤ 점포활성화를 위한 전략 수립

① ㉠ – ㉡ – ㉣ – ㉢ – ㉤
③ ㉤ – ㉠ – ㉡ – ㉢ – ㉣
⑤ ㉤ – ㉡ – ㉢ – ㉠ – ㉣

② ㉠ – ㉡ – ㉢ – ㉣ – ㉤
④ ㉡ – ㉠ – ㉢ – ㉣ – ㉤

30 상권분석기법 중 유추법(analog method)에 대한 설명으로 가장 옳지 않은 것은?

① 신규점포의 판매예측에 활용되는 기술적 방법이다.
② 유사점포의 판매실적을 활용하여 신규점포의 판매를 예측한다.
③ 기존점포의 판매예측에도 활용할 수 있다.
④ 유사점포는 신규점포와 동일한 상권 안에서 영업하고 있는 점포 중에서만 선택해야 한다.
⑤ CST(Customer Spotting Technique)지도를 활용하여 신규점포의 상권규모를 예측한다.

31 소매입지를 선택할 때는 상권의 소매포화지수(IRS)와 시장확장잠재력(MEP)을 함께 고려하기도 한다. 다음 중 가장 매력적이지 않은 소매상권의 특성으로 옳은 것은?

① 높은 소매포화지수(IRS)와 높은 시장확장잠재력(MEP)

② 낮은 소매포화지수(IRS)와 낮은 시장확장잠재력(MEP)

③ 높은 소매포화지수(IRS)와 낮은 시장확장잠재력(MEP)

④ 낮은 소매포화지수(IRS)와 높은 시장확장잠재력(MEP)

⑤ 중간 소매포화지수(IRS)와 중간 시장확장잠재력(MEP)

32 특정 지역에 다수의 점포를 동시에 출점시켜 매장관리 등의 효율을 높이고 시장점유율을 확대하는 전략으로 가장 옳은 것은?

① 다각화 전략　　　　　② 브랜드 전략

③ 프랜차이즈전략　　　　④ 도미넌트출점전략

⑤ 프로모션전략

33 점포 신축을 위한 부지매입 또는 점포 확장을 위한 증축 등의 상황에서 반영해야 할 공간적 규제와 관련된 내용들 중 틀린 것은?

① 건폐율은 대지면적에 대한 건축연면적의 비율을 말한다.

② 대지에 건축물이 둘 이상 있는 경우에는 이들 건축면적의 합계로 건폐율을 계산한다.

③ 대지내 건축물의 바닥면적을 모두 합친 면적을 건축연면적이라 한다.

④ 용적률 산정에서 지하층·부속용도에 한하는 지상 주차용면적은 제외된다.

⑤ 건폐율은 각 건축물의 대지에 여유 공지를 확보하여 도시의 평면적인 과밀화를 억제하려는 것이다.

34 정보기술의 발달과 각종 데이터의 이용가능성이 확대되면서 지도작성체계와 데이터베이스관리체계의 결합체인 지리정보시스템(GIS)을 상권분석에 적극 활용할 수 있는 환경이 조성되고 있다. 아래 글상자의 괄호 안에 적합한 GIS 관련용어로 가장 옳은 것은?

- GIS를 이용한 상권분석에서 각 점포에 대한 속성값 자료는 점포 명칭, 점포 유형, 매장면적, 월매출액, 종업원수 등을 포함할 수 있다.
- 이 때 면, 선, 점의 형상들을 구성하는 각 점의 x-y 좌표값들은 통상적으로 경도와 위도 좌표체계를 기반으로 작성되는데 우수한 GIS 소프트웨어는 대체로 (　　)을/를 포함하고 있다.
- (　　)은/는 지도지능(map intelligence)의 일종이며, 이는 개별 지도형상에 대해 경도와 위도 좌표체계를 기반으로 다른 지도형상과 비교하여 상대적인 위치를 알 수 있는 기능을 부여하는 역할을 한다.

① 버퍼(buffer)　　　　　② 레이어(layer)

③ 중첩(overlay)　　　　　④ 기재단위(entry)

⑤ 위상(topology)

35 아래 글상자의 내용 가운데 상권 내 경쟁관계를 분석할 때 포함해야 할 내용만을 모두 고른 것으로 옳은 것은?

> ㉠ 주변 동종점포와의 경쟁관계 분석
> ㉡ 주변 이종점포와의 경쟁구조 분석
> ㉢ 잠재적 경쟁구조의 분석
> ㉣ 상권 위계별 경쟁구조 분석
> ㉤ 주변 동종점포와의 보완관계 분석

① ㉠
② ㉠, ㉡
③ ㉠, ㉡, ㉢
④ ㉠, ㉡, ㉢, ㉣
⑤ ㉠, ㉡, ㉢, ㉣, ㉤

36 넬슨(Nelson)은 소매점포가 최대 이익을 확보할 수 있는 입지의 선정과 관련하여 8가지 소매입지 선정 원칙을 제시했다. 다음 중 그 연결이 옳지 않은 것은?

① 경합의 최소성 – 해당 점포와 경쟁관계에 있는 점포의 수가 가장 적은 장소를 선택하는 것이 유리함
② 상권의 잠재력 – 판매하려는 상품이 차지할 시장점유율을 예측하고 점포개설 비용을 파악하여 분석한 종합적 수익성이 높은 곳이 유리함
③ 양립성 – 업종이 같은 점포가 인접해서 상호보완관계를 통해 매출을 향상시킬 수 있음
④ 고객의 중간유인 가능성 – 고객이 상업지역에 들어가는 동선의 중간에 위치하여 고객을 중간에서 차단할 수 있는 입지가 유리함
⑤ 집적 흡인력 – 집재성 점포의 경우 유사한 업종이 서로 한 곳에 입지하여 고객흡인력을 공유하는 것이 유리함

37 공동주택인 아파트 단지 내 상가의 일반적 상권특성과 거리가 먼 것은?

① 상가의 수요층이 단지 내 입주민들로 제한되어 매출성장에 한계가 있는 경우가 많다.
② 관련법규에서는 단지 내 상가를 근린생활시설로 분류하여 관련내용을 규정하고 있다.
③ 상가의 연면적과 단지의 세대수를 비교한 세대당 상가면적을 고려해야 한다.
④ 일반적으로 중소형 평형 보다는 높은 대형 평형 위주로 구성된 단지가 유리하다.
⑤ 기존 상가에서 업종을 제한하여 신규점포의 업종선택이 자유롭지 못한 경우가 있다.

38 점포가 위치하게 될 건축용지를 나눌 때 한 단위가 되는 땅의 형상이나 가로(街路)와의 관계를 설명한 내용 중 옳은 것은?

① 각지 – 3개 이상의 가로각(街路角)에 해당하는 부분에 접하는 토지로 3면각지, 4면각지 등으로 설명함

② 획지 – 여러 가로에 접해 일조와 통풍이 양호하며 출입이 편리하고 광고홍보효과가 높음

③ 순획지 – 획지에서도 계통이 서로 다른 도로에 면한 것이 아니라 같은 계통의 도로에 면한 각지

④ 삼면가로각지 – 획지의 삼면에 계통이 다른 가로에 접하여 있는 토지

⑤ 각지 – 건축용으로 구획정리를 할 때 단위가 되는 땅으로 인위적, 행정적 조건에 의해 다른 토지와 구별되는 토지

39 임차한 건물에 점포를 개점하거나 폐점할 때는 임차권의 확보가 매우 중요하다. "상가건물 임대차보호법"(법률 제17490호, 2020.9.29., 일부개정)과 관련된 내용으로 옳지 않은 것은?

① "상법"(법률 제17362호, 2020.6.9., 일부개정)의 특별법이다.

② 기간을 정하지 않은 임대차는 그 기간을 1년으로 본다.

③ 임차인이 신규임차인으로부터 권리금을 회수할 수 있는 권한을 일부 인정한다.

④ 법 규정에 위반한 약정으로 임차인에게 불리한 것은 그 효력이 없는 강행규정이다.

⑤ 상가건물 외에 임대차 목적물의 주된 부분을 영업용으로 사용하는 경우에도 적용된다.

40 소매점포의 입지분석에 활용하는 회귀분석에 관한 설명으로 가장 옳지 않은 것은?

① 소매점포의 성과에 영향을 미치는 다양한 요소들의 상대적 중요도를 파악할 수 있다.

② 분석에 포함되는 여러 독립변수들끼리는 서로 관련성이 높을수록 좋다.

③ 점포성과에 영향을 미치는 영향변수에는 상권내 경쟁수준이 포함될 수 있다.

④ 점포성과에 영향을 미치는 영향변수에는 점포의 입지특성이 포함될 수 있다.

⑤ 표본이 되는 점포의 수가 충분하지 않으면 회귀분석 결과의 신뢰성이 낮아질 수 있다.

41 소매점포의 입지조건을 평가할 때 점포의 건물구조 등 물리적 요인과 관련한 일반적 설명으로 옳지 않은 것은?

① 점포 출입구에 단차를 만들어 사람과 물품의 출입을 용이하게 하는 것이 좋다.

② 건축선후퇴는 타 점포에 비하여 눈에 띄기 어렵게 하므로 가시성에 부정적 영향을 미친다.

③ 점포의 형태가 직사각형에 가까우면 집기나 진열선반 등을 효율적으로 배치하기 쉽고 데드스페이스가 발생하지 않는다.

④ 건물너비와 깊이에서 점포의 정면너비가 깊이보다 넓은 형태(장방형)가 가시성 확보 등에 유리하다.

⑤ 점포건물은 시장규모에 따라 적정한 크기가 있다. 일정규모수준을 넘게 되면 규모의 증가에도 불구하고 매출은 증가하지 않을 수 있다.

42 입지의 분석에 사용되는 주요 기준에 대한 설명으로 가장 옳지 않은 것은?

① 신뢰성 – 입지분석의 결과를 믿을 수 있는 정도를 의미한다.
② 접근성 – 고객이 점포에 쉽게 접근할 수 있는 정도를 의미한다.
③ 인지성 – 고객에게 점포의 위치를 쉽게 설명할 수 있는 정도를 의미한다.
④ 가시성 – 점포를 쉽게 발견할 수 있는 정도를 의미한다.
⑤ 호환성 – 해당점포가 다른 업종으로 쉽게 전환할 수 있는 정도를 의미한다.

43 일반적인 권리금에 대한 설명으로 가장 옳지 않은 것은?

① 시설권리금은 실내 인테리어 및 장비 및 기물에 대한 권리금액을 말한다.
② 단골고객을 확보하여 상권의 형성 과정에 지대한 공헌을 한 대가는 영업권리금에 해당된다.
③ 시설권리금의 경우 시설에 대한 감가상각은 통상적으로 3년을 기준으로 한다.
④ 영업권리금의 경우 평균적인 순수익을 고려하여 계산하기도 한다.
⑤ 영업권리금의 경우 지역 또는 자리권리금이라고도 한다.

44 서로 떨어져 있는 두 도시 A, B의 거리는 30km이다. 이 때 A시의 인구는 8만명이고 B시의 인구는 A시 인구의 4배라고 하면 도시간의 상권경계는 B시로부터 얼마나 떨어진 곳에 형성되겠는가? (Converse의 상권분기점 분석법을 이용해 계산하라.)

① 6km
② 10km
③ 12km
④ 20km
⑤ 24km

45 특정 지점의 소비자가 어떤 점포를 이용할 확률을 추정할 때 활용하는 수정Huff모델에 관한 설명 중 옳지 않은 것은?

① 점포면적과 점포까지의 이동거리 등 두 변수만으로 소비자들의 점포 선택확률을 추정한다.
② 실무적 편의를 위해 점포면적과 이동거리에 대한 민감도를 따로 추정하지 않는다.
③ 점포면적과 이동거리에 대한 소비자의 민감도는 '1'과 '-2'로 고정하여 추정한다.
④ 점포면적과 이동거리 두 변수 이외의 다른 변수들을 반영할 수 없다는 점에서 Huff모델과 다르다.
⑤ Huff모델 보다 정확도가 낮을 수 있지만 일반화하여 쉽게 적용하고 대략적 계산이 가능하게 한 것이다.

46 아래 글상자에서 설명하고 있는 유통마케팅조사의 표본추출 유형으로 옳은 것은?

> – 모집단이 상호 배타적인 집단으로 나누어진다.
> – 조사자는 나누어진 배타적인 집단들 중 면접할 몇 개 집단을 표본으로 추출한다.
> – 확률표본추출 중 한 유형이다.

① 단순 무작위표본 　　　② 층화 확률표본
③ 판단표본 　　　　　　 ④ 군집표본
⑤ 할당표본

47 고객관리에 대한 설명으로 옳지 않은 것은?

① 일반적으로 새로운 고객을 획득하는 것 보다 기존 고객을 유지하는 데 드는 비용이 더 높다.
② 고객과 지속적으로 좋은 관계를 유지하는 것은 기업경영의 중요 성공요소 중 하나이다.
③ 경쟁자보다 더 큰 가치를 제공하여야 고객 획득률을 향상시킬 수 있다.
④ 효과적인 애호도 증진 프로그램 등을 통해 고객 유지율을 향상시킬 수 있다.
⑤ 제품과 서비스에 대한 고객 만족도를 높임으로써 고객유지율을 향상 시킬 수 있다.

48 고객에 대한 원활한 판매서비스를 위해 판매원이 보유해야 할 필수적 정보들로 옳지 않은 것은?

① 기업에 대한 정보 　　　② 제품에 대한 정보
③ 판매조직 구조에 대한 정보 　④ 고객에 대한 정보
⑤ 시장과 판매기회에 대한 정보

49 가격에 관한 설명으로 가장 옳지 않은 것은?

① 마케팅 관점에서 가격은 특정제품이나 서비스의 소유 또는 사용을 위한 대가로 교환되는 돈이나 기타 보상을 의미한다.
② 대부분의 제품이나 서비스는 돈으로 교환되고, 지불가격은 항상 정가나 견적가치와 일치한다.
③ 기업관점에서 가격은 총수익을 변화시키므로 가격결정은 경영자가 직면한 중요하고 어려운 결정 중의 하나이다.
④ 소비자관점에서 가격은 품질, 내구성 등의 지각된 혜택과 비교되어 순가치를 평가하는 기준으로 사용된다.
⑤ 가격결정 방법에는 크게 수요지향적 접근방법, 원가지향적 접근방법, 경쟁지향적 접근방법 등이 있다.

50 가격탄력성은 가격 변화에 따른 수요 변화의 탄력적인 정도를 나타낸다. 가격탄력성에 대한 설명으로 가장 옳지 않은 것은?

① 고려할 수 있는 대안의 수가 많을수록 가격탄력성이 높다.

② 대체재의 이용이 쉬울수록 가격탄력성이 높다.

③ 더 많은 보완적인 재화, 서비스가 존재할수록 가격탄력성이 높다.

④ 가격변화에 적응하는 데 시간이 적게 드는 재화가 가격탄력성이 높다.

⑤ 필수재보다 사치품의 성격을 갖는 경우가 가격탄력성이 높다.

51 상품관리의 기본적 개념에 대한 설명으로 옳지 않은 것은?

① 거의 모든 상품들은 유형적인 요소와 무형적인 요소를 함께 가지고 있으며, 흔히 유형적인 상품을 제품이라 부르고 무형적 상품을 서비스라고 한다.

② 대부분의 상품들은 단 한가지의 편익만 제공하는 것이 아니라 여러 가지 편익을 동시에 제공하기 때문에 상품을 편익의 묶음이라고 볼 수 있다.

③ 고객 개개인이 느끼는 편익의 크기는 유형적 상품에 집중되어 객관적으로 결정된다.

④ 일반적으로 회사는 단 하나의 상품을 내놓기보다는 여러 유형의 상품들로 상품라인을 구성하는 것이 고객확보에 유리하다.

⑤ 상품라인 내 어떤 상품을, 언제, 어떤 상황 하에서 개발할 것인지 계획하고, 실행하고, 통제하는 것이 상품관리의 핵심이다.

52 소매업체의 상품구색에 관한 설명으로 가장 옳지 않은 것은?

① 다양성은 상품구색의 넓이를 의미한다.

② 다양성은 취급하는 상품 카테고리의 숫자가 많을수록 커진다.

③ 전문성은 상품구색의 깊이를 의미한다.

④ 전문성은 각 상품 카테고리에 포함된 품목의 숫자가 많을수록 커진다.

⑤ 상품가용성은 다양성에 반비례하고 전문성에 비례한다.

53 아래 글상자의 서비스 마케팅 사례의 원인이 되는 서비스 특징으로 가장 옳은 것은?

> 호텔이나 리조트는 비수기동안 고객을 유인하기 위해 저가격 상품 및 다양한 부가서비스를 제공한다.

① 서비스 무형성　　　　　　　② 서비스 이질성

③ 서비스 비분리성　　　　　　④ 서비스 소멸성

⑤ 서비스 유연성

54 아래 글상자에서 설명하고 있는 소매상의 변천과정과 경쟁을 설명하는 가설이나 이론으로 옳은 것은?

> 기존업태에 비해 경쟁우위를 갖는 새로운 업태가 시장에 진입하면, 치열한 경쟁과정에서 이들은 각자의 경쟁우위요인을 상호 수용하게 된다. 이에 따라 결국 서로의 특성이 화합된 새로운 소매업태가 생성된다.

① 소매수명주기 이론   ② 소매수레바퀴 이론
③ 소매아코디언 이론   ④ 자연도태 이론
⑤ 변증법적 이론

55 상시저가전략(EDLP ; everyday low price)과 비교했을 때 고저가격전략(high-low pricing)이 가진 장점으로 옳지 않은 것은?

① 고객의 지각가치를 높이는 효과가 있다.
② 일부 품목을 저가 미끼 상품으로 활용할 수 있어 고객을 매장으로 유인할 수 있다.
③ 광고 및 운영비를 절감하는 효과가 있다.
④ 고객의 가격민감도 차이를 이용하여 차별가격을 통한 수익증대를 추구할 수 있다.
⑤ 다양한 고객층을 표적으로 할 수 있다.

56 아래 글상자는 유통구조에 변화를 일으키고 있는 현상에 대한 설명이다. (   ) 안에 들어갈 단어로 옳은 것은?

> (   ) 증가로 인해 대형마트의 방문횟수가 줄어들고 근거리에서 소량의 필요한 물품만 간단히 구입하는 경향이 늘어나고 있다. 그 결과 근처 편의점이나 기업형 슈퍼마켓 방문횟수를 증가시킬 수 있다.

① 웰빙(well-being) 추구   ② 1인 가구
③ 소비 양극화   ④ 소비자 파워(consumer power)
⑤ 소비 트레이딩 업(trading up

57 소매점의 판매촉진의 긍정적 효과로 옳지 않은 것은?

① 즉시적인 구매를 촉진한다.
② 흥미와 구경거리를 제공한다.
③ 준거가격을 변화시킬 수 있다.
④ 소비자의 상표전환 또는 이용점포전환이 가능하다.
⑤ 고객의 데이터베이스를 구축할 수 있다.

58 유통마케팅 조사방법 중 대규모 집단을 대상으로 체계화된 설문을 통해 자료를 수집하는 대표적인 서베이 기법으로 옳은 것은?

① HUT(Home Usage Test)

② CLT(Central Location Test)

③ A&U조사(Attitude and Usage research)

④ 패널조사(Panel Survey)

⑤ 참여관찰조사(Participant Observation)

59 광고의 효과를 측정하는 중요한 기준의 하나가 도달(reach)이다. 인터넷 광고의 도달을 측정하는 기준으로 가장 옳은 것은?

① 해당광고를 통해 이루어진 주문의 숫자

② 사람들이 해당 웹사이트에 접속한 총 횟수

③ 해당 웹사이트에 접속한 서로 다른 사람들의 숫자

④ 해당 웹사이트에 접속할 가능성이 있는 사람들의 숫자

⑤ 해당 웹사이트에 접속한 사람들이 해당 광고를 본 평균 횟수

60 유통경로상에서 판촉(sales promotion)활동이 가지는 특성에 대한 설명으로 가장 옳지 않은 것은?

① 판촉활동은 경쟁기업에 의해 쉽게 모방되기에 지속적 경쟁우위를 가져오기는 어렵다.

② 판촉활동은 단기적으로 소비자에게는 편익을 가져다주지만, 기업에게는 시장유지비용을 증가시켜 이익을 감소시키기도 한다.

③ 판촉활동은 장기적으로 기업의 이미지를 개선하는 데 큰 도움이 된다.

④ 경쟁기업의 촉진활동을 유발하여 시장에서 소모적 가격경쟁이 발생할 수 있다.

⑤ 단기적으로는 매출액 증대가 가능하나 장기적으로는 매출에 부정적인 영향을 미칠 수 있다.

61 아래 글상자에서 설명하는 머천다이징(merchandising) 유형으로 옳은 것은?

> – 소매상 자신의 책임 하에 상품을 매입하고 이에 대한 판매까지 완결 짓는 머천다이징 정책을 의미
> – 판매 후 남은 상품을 제조업체에 반품하지 않는다는 전제로 상품 전체를 사들임
> – 제조업체와 특정한 조건 하에서의 매입이 이루어질 수 있기 때문에 제조업체로부터 가격적인 프리미엄(가격할인)도 제공받을 수 있음

① 크로스 머천다이징(cross merchandising)
② 코디네이트 머천다이징(coordinate merchandising)
③ 날씨 머천다이징(weather merchandising)
④ 리스크 머천다이징(risk merchandising)
⑤ 스크램블드 머천다이징(scrambled merchandising)

62 고객관계관리(CRM) 프로그램에서 사용하는 고객유지방법에 대한 설명으로 가장 옳지 않은 것은?

① 다빈도 구매자 프로그램 : 마일리지 카드 등을 활용하여 반복구매행위를 자극하고 소매업체에 대한 충성도를 제고할 목적으로 사용하는 방법
② 특별 고객서비스 : 수익성과 충성도가 높은 고객을 개발하고 유지하기 위해서 높은 품질의 고객 서비스를 제공하는 방법
③ 개인화 : 개별 고객 수준의 정보 확보와 분석을 통해 맞춤형 편익을 제공하는 방법
④ 커뮤니티 : 인터넷상에서 고객들이 게시판을 통해 의사소통하고 소매업체와 깊은 관계를 형성하는 커뮤니티를 운영하는 방법
⑤ 쿠폰제공 이벤트 : 신제품을 소개하거나 기존제품에 대한 새로운 자극을 만들기 위해 시험적으로 사용할 수 있는 양만큼의 제품을 제공하는 방법

63 소비자가 점포 내에서 걸어다니는 길 또는 괘적을 동선(動線)이라고 한다. 이러한 동선은 점포의 판매전략수립에 매우 중요한 고려요소이다. 동선에 대한 일반적 설명으로 옳지 않은 것은?

① 소매점포는 고객동선을 가능한 한 길게 유지하여 상품의 노출기회를 확보하고자 한다.
② 고객의 동선은 점포의 레이아웃에 크게 영향 받는다.
③ 동선은 직선적 동선과 곡선적 동선으로 구분되는데, 백화점은 주로 직선적 동선을 추구하는 레이아웃을 하고 있다.
④ 동선은 상품탐색에 용이해야 하고 각 통로에 단절이 없어야 한다.
⑤ 동선은 상품을 보기 쉽고 사기 쉽게 해야 하고 시선과 행동에 막힘이 없게 해야 한다.

64 소매점에서 사용하는 일반적인 상품분류기준으로 옳지 않은 것은?

① 소비패턴을 중심으로 한 분류

② TPO(Time, Place, Occasion)를 중심으로 한 분류

③ 한국표준상품분류표를 중심으로 한 분류

④ 대상고객을 중심으로 한 분류

⑤ 상품의 용도를 중심으로 한 분류

65 상품들을 상품계열에 따라 분류하여 진열하는 방식으로 특히 슈퍼마켓이나 대형 할인점에서 주로 채택하는 진열방식은?

① 분류 진열(classification display)

② 라이프스타일별 진열(lifestyle display)

③ 조정형 진열(coordinated display)

④ 주제별 진열(theme display)

⑤ 개방형 진열(open display)

66 제조업체의 촉진 전략 중 푸시(push)전략에 대한 설명으로 옳지 않은 것은?

① 최종소비자 대신 중간상들을 대상으로 하여 판매촉진활동을 하는 것이다.

② 소비자를 대상으로 촉진할 만큼 충분한 지원이 없는 소규모 제조업체들이 활용할 수 있는 촉진전략이다.

③ 제조업체가 중간상들의 자발적인 주문을 받기 위해 수행하는 촉진 전략을 말한다.

④ 가격할인, 수량할인, 협동광고, 점포판매원 훈련프로그램 등을 활용한다.

⑤ 판매원의 영향이 큰 전문품의 경우에 효과적이다.

67 소매점이 사용하는 원가지향 가격설정정책(cost-oriented pricing)의 장점으로 가장 옳은 것은?

① 마케팅콘셉트에 가장 잘 부합한다.

② 이익을 극대화하는 가격을 설정한다.

③ 가격책정이 단순하고 소요시간이 짧다.

④ 시장 상황을 확인할 수 있는 근거자료를 활용한다.

⑤ 재고유지단위(SKU)마다 별도의 가격설정정책을 마련한다.

68 공급업체와 소매업체 간에 나타날 수 있는 비윤리적인 상업거래와 관련된 설명으로 옳지 않은 것은?

① 회색시장 : 외국에서 생산된 자국 브랜드 제품을 브랜드소유자 허가 없이 자국으로 수입하여 판매하는 것
② 역청구 : 판매가 부진한 상품에 대해 소매업체가 공급업체에게 반대로 매입을 요구하는 것
③ 독점거래 협정 : 소매업체로 하여금 다른 공급업체의 상품을 취급하지 못하도록 제한하는 것
④ 구속적 계약 : 소매업체에게 구매를 원하는 상품을 구입하려면 사고 싶지 않은 상품을 구입하도록 협정을 맺는 것
⑤ 거래거절 : 거래하고 싶은 상대방과 거래하고 싶지 않은 상대방을 구분하는 경우에 발생

69 아래 글상자에서 설명하는 촉진수단에 해당하는 것으로 옳은 것은?

> - 뉴스기사, 스폰서십, 이벤트 등을 활용한다.
> - 다른 촉진수단보다 현실감이 있고 믿을 수 있다는 특징이 있다.
> - 판매지향적인 커뮤니케이션이 아니기 때문에 판매원을 기피하는 가망고객에게도 메시지 전달이 용이하다

① 광 고
② 판매촉진
③ 인적판매
④ PR(Public Relations)
⑤ SNS 마케팅

70 유통경로의 성과평가 방법 중 재무성과를 평가하기 위해 사용되는 지표로 가장 옳지 않은 것은?

① 순자본수익률
② 자기자본이익률
③ 매출액증가율
④ 부가가치자본생산성
⑤ 재고회전율

71 물류활동의 기본 기능 중에서 유통효용의 하나인 형태효용을 창출해 내는 것으로 가장 옳은 것은?

① 보관기능
② 운송기능
③ 정보기능
④ 수배송기능
⑤ 유통가공기능

72 아래 글상자의 내용을 근거로 암묵지에 대한 설명만을 모두 고른 것으로 가장 옳은 것은?

> ㉠ 구조적이며 유출성 지식이다.
> ㉡ 비구조적이며 고착성 지식이다.
> ㉢ 보다 이성적이며 기술적인 지식이다.
> ㉣ 매우 개인적이며 형식화가 어렵다.
> ㉤ 주관적, 인지적, 경험적 학습에 관한 영역에 존재한다.

① ㉠, ㉢, ㉣
② ㉠, ㉢, ㉤
③ ㉡, ㉣, ㉤
④ ㉠, ㉢, ㉣, ㉤
⑤ ㉡, ㉢, ㉣, ㉤

73 디지털 데이터들 중 비정형 데이터의 예로 옳지 않은 것은?

① 동영상 데이터
② 이미지 데이터
③ 사운드 데이터
④ 집계 데이터
⑤ 문서 데이터

74 아래 글상자는 고객가치에 대한 개념과 구성하는 요소들을 보여주는 공식이다. 각 요소들에 대한 설명으로 옳지 않은 것은?

$$\bigcirc \ \text{고객가치} = \frac{\text{지각된 이익}}{\text{총소유비용}}$$

$$\bigcirc \ \text{고객가치} = \frac{\text{품질} \times \text{서비스}}{\text{비용} \times \text{시간}}$$

① 고객가치의 총소유비용은 구매의사결정에 중요한 영향을 미친다.
② 고객가치의 구성요소로서 품질은 제안된 기능, 성능, 기술명세 등이다.
③ 고객가치의 구성요소로서 서비스는 고객에게 제공되는 유용성, 지원, 몰입 등이다.
④ 고객가치의 구성요소로서 비용은 가격 및 수명주기비용을 포함한 고객의 거래비용이다.
⑤ 고객가치의 구성요소로서 시간은 고객이 제품을 지각하고 구매를 결정하는 데 까지 걸리는 시간이다.

75 정보통신 기술의 발전과 이에 따른 의식의 변화로 나타난 유통산업의 변화 현상과 가장 거리가 먼 것은?

① 브랜드 가치 증대
② 퓨전(fusion) 유통
③ 소비자의 주권 강화
④ 채널간의 갈등 감소
⑤ 디지털 유통의 가속화

76 아래 글상자 괄호에 들어갈 용어로 가장 옳은 것은?

( )은(는) 배송 상품에 대한 정보를 담고 있는 것으로, 배송상자 안에 들어 있거나, 배송상자 밖에 부착되어 있다. 여기에는 배송 상품의 품목과 수량 등이 기재되어 있다.

① 패킹 슬립(packing slip)
② 인보이스(invoice)
③ 송금통지서(remittance advice)
④ 선하증권(bill of lading)
⑤ ATP(available to promise)

77 아래 글상자의 내용은 인먼(W. H. Inmon)이 정의한 데이터웨어하우징에 대한 개념이다. 괄호에 들어갈 수 있는 단어로 옳지 않은 것은?

> 경영자의 의사결정을 지원하는 (　　　)이고, (　　　)이고, (　　　)이며, (　　　)인 데이터의 집합

① 통합적(integrated)
② 비휘발성(nonvolatile)
③ 주제 중심적(subject-oriented)
④ 일괄 분석처리(batch-analytical processing)
⑤ 시간에 따라 변화적(time-variant)

78 상품 판매를 위한 애널리틱스에 대한 설명으로 옳지 않은 것은?

① 프로파일링(profiling)은 고객들의 나이, 지역, 소득, 라이프스타일(lifestyle)에 대한 분석을 통해 고객군을 선정하고, 차별화하는 기능이다.
② 세분화(segmentation)란 유사한 제품과 서비스 또는 유사한 고객군으로 분류하는 기능이다.
③ 개별화(personalization)란 인구통계학적 특성, 구매기록 등과 같은 데이터에 기반해 상품 판매를 위한 개인화된 시장을 만들어 판매를 지원하는 기능이다.
④ 가격결정(pricing)은 고객들의 구매 수준, 생산 비용 등을 고려해 상품 판매를 위한 적절한 가격을 결정하는 기능이다.
⑤ 연관성(association)은 현재 상품 판매 데이터를 이용해 미래에 판매될 상품에 대하여 모델링하는 기능을 의미한다.

79 B2B의 대표적인 수행수단으로 활용되는 정보기술인 EDI에 대한 설명으로 가장 옳지 않은 것은?

① EDI 사용은 문서거래시간의 단축, 자료의 재입력 방지, 업무처리의 오류감소 등의 직접적 효과가 있다.
② EDI 표준전자문서를 컴퓨터와 컴퓨터 간에 교환하는 전자적 정보전달 방식이다.
③ 웹 EDI는 사용자가 특정문서의 구조를 만들어 사용할 수 있기 때문에 타 업무 프로그램과의 연계가 용이하다.
④ 웹 EDI는 복잡한 EDI 인프라 구축 없이도 활용 가능하다.
⑤ 기존 EDI에 비해 웹 EDI의 단점은 전용선 서비스기반이라 구축비용이 높다는 것이다.

80 아래 글상자의 괄호에 들어갈 용어로 옳은 것은?

> ( )는 전자상거래에서 지불이 원활하게 이루어지도록 지원하는 대행 서비스이다. 이는 일반적으로 전자상거래에서 판매자를 대신하는 계약을 맺고 구매자가 선택한 은행, 신용카드 회사 및 통신사업자 등으로부터 대금을 지급받아 일정액의 수수료를 받고 판매자에게 지급해주는 서비스를 의미한다.

① 전자지불게이트웨이
② Ecash
③ 가상화폐대행서비스
④ EBPP(Electronic Bill Presentment and Payment)
⑤ 전자화폐발행서비스

81 공급사슬관리 성과측정을 위한 SCOR(Supply Chain Operation Reference) 모델은 아래 글상자의 내용과 같이 5가지의 기본관리 프로세스로 구성되어 지는데 이 중 ㉠에 해당되는 내용으로 가장 옳은 것은?

> 계획 – 조달 – (㉠) – 인도 – 반환

① 제품 반송과 관련된 프로세스
② 재화 및 용역을 조달하는 프로세스
③ 완성된 재화나 용역을 제공하는 프로세스
④ 조달된 재화 및 용역을 완성 단계로 변환하는 프로세스
⑤ 비즈니스 목표 달성을 위한 수요와 공급의 균형을 맞추는 프로세스

82 지식관리시스템은 지식이 시간의 흐름에 따라 역동적으로 개선되기 때문에 6단계의 사이클을 따르는데 이에 맞는 주기 단계가 가장 옳은 것은?

① 지식 생성 – 정제 – 포착 – 관리 – 저장 – 유포
② 지식 생성 – 정제 – 포착 – 저장 – 관리 – 유포
③ 지식 생성 – 정제 – 저장 – 관리 – 포착 – 유포
④ 지식 생성 – 포착 – 정제 – 저장 – 관리 – 유포
⑤ 지식 생성 – 포착 – 정제 – 관리 – 저장 – 유포

83 다음은 데이터웨어하우스를 구축하고, 사용자에게 필요에 맞는 정보를 제공해 주는 데이터 마트를 구축한 개념도이다. 그림의 (가)에 해당하는 기술 용어로 가장 옳은 것은?

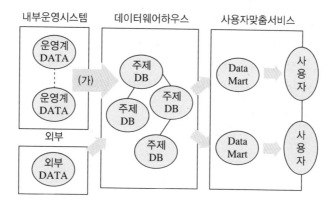

① Classify

② Multi-D(Demension)

③ IC(Integration Cycle)

④ STAR(Simple Target Apply Regular)

⑤ ETL(Extraction Transformation Loading)

84 아래 글상자의 내용에 부합되는 용어로 가장 옳은 것은?

> – 시간기반 경쟁의 장점을 성취하기 위해 빠른 대응 시스템을 개발하는 것이다.
> – 시스템의 프로세싱 시간이 빨라짐으로서 총 리드타임이 줄어든다는 효과를 내게 된다.
> – 베네통의 경우 시장판매정보를 빠르게 피드백하는 유통시스템으로 신속한 대응을 달성하였다

① RFID   ② ECR

③ VMI   ④ JIT

⑤ QR

85 노나카(Nonaka)의 지식변환 유형에 대한 설명으로 옳지 않은 것은?

① 사회화 – 최초의 유형으로 개인 혹은 집단이 주로 경험을 공유함으로써 지식을 전수하고 창조한다.

② 사회화 – 암묵지에서 암묵지를 얻는 과정이다.

③ 외부화 – 개인이나 집단의 암묵지가 공유되거나 통합되어 그 위에 새로운 지가 만들어지는 프로세스이다.

④ 종합화 – 개인이나 집단이 각각의 형식지를 조합시켜 새로운 지를 창조하는 프로세스이다.

⑤ 내면화 – 형식지에서 형식지를 얻는 과정이다.

86 정보기술의 발전으로 인한 기업들의 경쟁 원천 환경변화로 가장 옳지 않은 것은?

① 제품수명주기가 단축되고 있다.
② 고객의 요구가 다양해지고 있다.
③ 독특한 질적 차이를 중시하는 추세로 변화하고 있다.
④ 국가 간의 시장 장벽이 높아지고 있으며, 이로 인해 시장확대의 기회가 어려워지고 있다.
⑤ 소비자의 요구에 맞는 제품을 신속하게 생산할 수 있는 시간경쟁이 가속화되고 있다

87 가트너(Gartner)에서 제시한 빅데이터의 3대 특성으로 가장 옳은 것은?

① 데이터 규모, 데이터 생성속도, 데이터 다양성
② 데이터 규모, 데이터 가변성, 데이터 복잡성
③ 데이터 규모, 데이터 다양성, 데이터 가변성
④ 데이터 생성속도, 데이터 가변성, 데이터 복잡성
⑤ 데이터 생성속도, 데이터 다양성, 데이터 복잡성

88 아래 글상자 괄호에 들어갈 용어로 가장 옳은 것은?

> 노나카(Nonaka)에 의하면, 조직의 케이퍼빌리티(Capability)와 핵심역량(Core Competency)은 조직의 본질적 능력, 표면적으로 나타나는 경쟁력의 토대가 되는 무형의 지적 능력을 말한다고 한다.
> 기업의 능력을 확대해 나가기 위해서 최고경영자는 조직의 학습을 촉진시켜 나가야 한다. 이러한 개념을 (㉠)이라 하고, 이를 보급시키는데 힘쓴 피터 생게(Peter M. Senge)는 (㉡) 사고를 전제로 하여 개인의 지적 숙련, 사고모형, 비전의 공유, 팀학습의 중요성을 주장하였다.

① ㉠ 학습조직, ㉡ 자율적
② ㉠ 시스템학습, ㉡ 자율적
③ ㉠ 학습조직, ㉡ 인과적
④ ㉠ 학습조직, ㉡ 시스템적
⑤ ㉠ 시스템학습, ㉡ 인과적

89 아래 글상자는 공급사슬관리를 위한 제조업체의 구매 – 지불 프로세스의 핵심 기능이다. 프로세스 흐름에 따라 순서대로 나열한 것으로 옳은 것은?

ⓐ 구매주문서 발송
ⓑ 대금 지불
ⓒ 재화 및 용역 수령증 수취
ⓓ 공급업체 송장 확인
ⓔ 조달 확정
ⓕ 재화 및 용역에 대한 구매요청서 발송

---

① ⓕ → ⓔ → ⓓ → ⓒ → ⓑ → ⓐ
② ⓐ → ⓔ → ⓓ → ⓒ → ⓕ → ⓑ
③ ⓐ → ⓑ → ⓒ → ⓓ → ⓔ → ⓕ
④ ⓐ → ⓔ → ⓓ → ⓒ → ⓑ → ⓕ
⑤ ⓕ → ⓔ → ⓐ → ⓒ → ⓓ → ⓑ

90 소비자가 개인 또는 단체를 구성하여 상품의 공급자나 생산자에게 가격, 수량, 부대 서비스 조건을 제시하고 구매하는 역경매의 형태가 일어나는 전자상거래 형태로 가장 옳은 것은?

① B2B
② P2P
③ B2C
④ C2C
⑤ C2B

우리 인생의 가장 큰 영광은
결코 넘어지지 않는 데 있는 것이 아니라
넘어질 때마다 일어서는 데 있다

- 넬슨 만델라 -

2019년

기출문제

많이 보고 많이 겪고 많이 공부하는 것은 배움의 세 기둥이다.

– 벤자민 디즈라엘리 –

합격의 공식 ▶
SD에듀

자격증 · 공무원 · 금융/보험 · 면허증 · 언어/외국어 · 검정고시/독학사 · 기업체/취업
이 시대의 모든 합격! SD에듀에서 합격하세요!
www.youtube.com ➜ SD에듀 ➜ 구독

맞은 개수 _____ / 90문제

시험일	문항 수	시 간	문제형별
2019. 4. 14	총 90개	100분	A

1과목 | **유통물류일반**

01 공급사슬관리(SCM)에서 활용하는 지연전략(postponement strategy)에 대한 내용으로 옳은 것은?

① 지연전략은 고객의 수요를 제품설계에 반영시킴으로써 생산 후 재고보유 시간을 최대한 연장시키는 전략이다.

② 주문을 받기 전까지 모든 자동화의 기본 색을 유지시키고, 이후 색상주문이 들어오면 페인트 칠을 하는 것은 지리적 지연전략이다.

③ 가장 중요한 창고에 재고를 유지하며, 지역 유통업자들에게 고객의 주문을 넘겨주거나 고객에게 직접 배송하는 것은 제조 지연전략이다.

④ 컴퓨터의 경우, 유통센터에서 프린터, 웹캠 등의 장치를 최종적으로 조립하거나 포장하는 경우는 결합 지연전략이다.

⑤ 신차판매 시 사운드 시스템, 선루프 등을 설치옵션으로 두는 것은 지리적 지연전략이다.

02 채찍효과(bullwhip effect)의 대처방안으로 옳지 않은 것은?

① 일괄주문 방식을 소량 다빈도 주문방식으로 전환한다.

② 고객이 선호할만한 대규모 할인정책을 실시한다.

③ 과거의 판매실적을 활용한 배분을 실시한다.

④ 전략적 파트너십을 활용한다.

⑤ 일괄수요예측을 실시한다.

03 고객이 요구하는 서비스의 수준에 맞추어 물류활동이 '적절하다(Right)'라는 의미와 관련된 물류의 7R 의 내용으로 옳지 않은 것은?

① 적절한 상품(Right goods)

② 적절한 품질(Right quality)

③ 적절한 시간(Right time)

④ 적절한 장소(Right place)

⑤ 적절한 판촉활동(Right promotion)

04 화주기업과 제3자물류업체 사이의 관계 개선의 방안으로 옳지 않은 것은?

① 물류업무에 관한 협력(collaboration)

② 전략적 제휴에 의한 파트너십 구축

③ 정보의 비공개에 의한 효율적인 업무개선

④ 주력부문에 특화된 차별화를 통한 경쟁우위 확보

⑤ 물류아웃소싱을 탄력적으로 선별할 수 있는 화주기업의 능력배양

05 신제품의 경우 기존 자료가 없어서 보완제품이나 대체제품, 경쟁제품 등의 자료를 사용하여 수요를 예측하기도 한다. 이러한 수요예측 방법에 관한 용어로서 가장 옳은 것은?

① 패널동의법(panel discussion)

② 델파이법(Delphi method)

③ 역사적 유추법(historical analog)

④ 시나리오 기법(scenario technique)

⑤ 회귀분석법(regression method)

06 택배운송에 대한 설명으로 옳지 않은 것은?

① 택배란 운송물을 고객의 주택, 사무실 또는 기타의 장소에서 수탁하여 수하인의 주택, 사무실 또는 기타의 장소까지 운송하여 인도하는 것을 말한다.

② 일반적으로 소형, 소량화물의 배송에 적합한 운송체제이다.

③ 원직적으로 화물운송 진 과정에 걸쳐 운송인이 일관적으로 책임을 부담한다.

④ 도시 간 지선수송과 도시 내 집배송, 간선배송을 연계시키는 운송이다.

⑤ 택배운송업의 집배송차량이 도시 내에서 화물을 집화하고 배송하기 위해서는 도심 내 권역별 화물터미널의 확보를 통한 서비스 네트워크 구축이 필요하다.

07 공급사슬관리(SCM)의 효과를 제대로 발휘하고 충족시키기 위한 기본요건으로 옳지 않은 것은?

① 공급체인 구성원은 경쟁관계에서 동반관계로 전환해야 한다.
② 수요기업과 공급기업 간의 진실한 협력(true-collaborative)체제가 이루어져야 한다.
③ 소매업체와 제조업체 간 협력과 원활한 커뮤니케이션이 이루어져야 한다.
④ 물류활동의 통합을 위해, 체인 내의 파트너들이 수요, 판매, 재고, 수송 등의 자료를 공유해야 한다.
⑤ 전사적자원관리(ERP), 고객관계관리(CRM) 등의 통합정보시스템 지원은 필수적인 것은 아니다.

08 직무의 특성이 직무수행자의 성장욕구수준에 부합할 때, 직무가 그/그녀에게 보다 큰 의미와 책임감을 주게 되므로 동기유발 측면에서 긍정적인 성과를 낳게 된다고 주장하는 동기부여이론으로 옳은 것은?

① 해크만과 올담의 직무특성이론   ② 매슬로의 욕구단계이론
③ 알더퍼의 ERG이론   ④ 맥클리랜드의 성취동기이론
⑤ 허즈버그의 2요인이론

09 아래 글상자 내용은 소매상의 직무설계과정을 구성하는 단계들이다. 올바른 수행순서에 따라 단계들을 나열한 것은?

㉠ 과업규명	㉡ 과업도식화
㉢ 직무기술과 직무명세의 개발	㉣ 직무분석 및 장·단기평가

① ㉠ - ㉡ - ㉢ - ㉣   ② ㉠ - ㉢ - ㉡ - ㉣
③ ㉡ - ㉢ - ㉣ - ㉠   ④ ㉡ - ㉣ - ㉠ - ㉢
⑤ ㉣ - ㉠ - ㉡ - ㉢

10 여러 재무비율들 간의 상호관계를 이용하여 경로성과를 평가하는 방법을 전략적 이익모형(strategic profit model)이라고 한다. 전략적 이익모형의 시사점으로 옳지 않은 것은?

① 모형에 의하면 기업의 중요한 재무적 목표는 순자본 투자에 대한 충분한 수익률을 올리는 것이다.
② 모형은 목표투자수익률을 달성하기 위해 다른 기업들이 채택한 재무전략들을 평가하는 데 유용한 기준이 된다.
③ 모형은 경로성과를 높이는 데 있어 경영의사결정의 주요 영역들 즉 자본관리, 마진관리, 재무관리들을 제시한다.
④ 자본, 마진, 재무계획들 간의 관계를 잘 활용하는 기업은 높은 수익을 올릴 수 있다.
⑤ 모형은 수익성 향상을 위한 3가지 가능한 방법들을 제시하는데, 자산회전율을 낮추거나, 이익마진을 감소시키거나, 레버리지 효과를 낮추는 것 등이다.

11 아래 글상자 내용 중 물류아웃소싱의 성공전략을 모두 고른 것은?

> ㉠ 물류아웃소싱 목적은 기업의 전략과 일치해야 한다.
> ㉡ 물류아웃소싱이 성공하려면 반드시 최고경영자의 관심과 지원이 필요하다.
> ㉢ 물류아웃소싱의 궁극적인 목표는 현재와 미래의 고객만족에 있음을 잊지 말아야 한다.
> ㉣ 물류아웃소싱은 지출되는 물류비용을 정확히 파악하여, 비용절감효과를 측정하도록 해주어야 한다.
> ㉤ 물류아웃소싱의 주요 장애요인 중 하나는 인원감축 등에 대한 저항이므로 적절한 인력관리 전략으로
>   조직구성원들의 사기저하를 방지해야 한다.

① ㉠
② ㉠, ㉡
③ ㉠, ㉡, ㉢
④ ㉠, ㉡, ㉢, ㉣
⑤ ㉠, ㉡, ㉢, ㉣, ㉤

12 재고총이익률(GMROI ; gross margin return on inventory investment)에 대한 내용으로 옳은 것은?

① 매출 총마진을 직접제품이익으로 나눈 값이다.
② 이익관리와 재고관리를 결합한 성과측정치이다.
③ 매출을 일정수준 이상으로 유지하면서도 판매비와 광고비를 감소시키는 것을 목적으로 한다.
④ 가격경쟁이 치열하다면 총마진 증대가 어려우므로, 시설고정비를 최소화하여 재고투자 총이익을 높일
   수 있다.
⑤ 순매출을 총자산으로 나눈 비율을 의미한다.

13 마이클포터(Michael Porter)가 제시한 기업의 경쟁을 결정하는 5가지 요인으로 옳지 않은 것은?

① 공급자의 교섭력
② 구매자의 교섭력
③ 보완재의 유무
④ 잠재적 진입자와의 경쟁
⑤ 기존 기업들 간의 경쟁

14 전통적 전략과 가치혁신 전략의 비교 설명으로 옳지 않은 것은?

구 분	항 목	전통적 전략	가치혁신 전략
㉠	업종에 대한 가정	주어진 경영조건 및 경영환경에 최선을 다함	산업조건을 초월하여 경쟁과 무관하게 전략 성공을 위한 아이디어와 기회를 모색하여 신시장 창출
㉡	전략적 초점	단순히 경쟁사와 싸워 이기고 앞서는 데 초점	경쟁사들과 직접 경쟁하기 보다는 새로운 가치를 창출하여 차별적 우위 확보
㉢	고객 초점	고객의 드러난 욕구를 충족하며 고객 기반을 확대	고객이 가치를 두는 특성에 내포된 강력한 공통성을 기반으로 전략수립
㉣	자산과 능력	만약 새롭게 시작하면 어떨까하는 방법을 연구	현재 가지고 있는 것으로 최대한의 성과를 개선할 수 있는 방법을 연구
㉤	제품/서비스의 제공	그 산업이 전통적으로 제공한 상품과 서비스에 의해 정의되며 명확하게 설정된 한계 내에서 제품/서비스를 실현	구매자들이 원하는 문제의 총체적인 해결측면을 고려하고, 그 산업이 고객에게 강요해온 불편한 점을 극복

① ㉠

② ㉡

③ ㉢

④ ㉣

⑤ ㉤

15 유통기업의 외부적 환경의 내용으로 옳지 않은 것은?

① 인공지능 및 자율주행기술 등 급격한 기술발전을 포함하는 환경
② 자사의 핵심역량, 비전, 목표, 정책 등의 전략적 환경
③ 시장의 인구증가율, 연령, 직업, 소득수준 등의 인구통계적 환경
④ 건강, 웰빙, 힐링같은 소비자들의 가치관, 의식, 생활양식 등의 사회적 환경
⑤ 법률, 제도, 각종 규제 등의 정치적·법률적 환경

16 기업의 사회적 책임과 그 내용의 연결이 옳은 것은?

① 경제적 책임 - 도덕적 가치의 수호
② 윤리적 책임 - 이윤극대화
③ 재량적 책임 - 기업의 자발적인 윤리적 행위
④ 법적 책임 - 기업윤리의 준수
⑤ 본질적 책임 - 기부활동

17 사업이 성장하면 유통경로의 적절한 관리전략이 필요하다. 유통경로의 성장전략들에 대한 설명으로 옳지 않은 것은?

① 통제전략은 유통경로기관보다 기업(channel leader)의 힘이 더 강할 때만 활용할 수 있는데, 통제, 이행, 순응을 지시한다.

② 권한위임전략은 유통경로기관보다 기업(channel leader)이 더 잘 알려져 있고 자금력도 있으며 지역에서 영향력이 있을 때 사용된다.

③ 협력전략은 유통경로기관과 기업(channel leader)의 힘이 비슷할 때 사용되는데, 신뢰와 관계의 중요성을 인정한다.

④ 합작투자는 시장점유율의 성장을 위해 둘 이상의 개별 기업에 의해 형성되는 기업형태이다.

⑤ 전략적 제휴는 다른 회사의 매입, 매각과 결합을 다루는 기업전략이다.

18 "전통시장 및 상점가 육성을 위한 특별법"(법률 제15689호, 2018.6.12., 일부개정)의 용어의 정의로 옳지 않은 것은?

① "상가건물"이란 같은 건축물 안에 판매 및 영업시설을 갖추고 그 밖에 근린생활시설을 갖춘 건축물을 말한다.

② "복합형 상가건물"이란 같은 건축물 안에 판매 및 영업시설 외에 공동주택이나 업무시설을 갖추고 그 밖에 근린생활시설 등을 갖춘 건축물을 말한다.

③ "상업기반시설"이란 시장·상점가 또는 상권활성화구역의 상인이 직접 사용하거나 고객이 이용하는 상업시설, 공동이용시설 및 편의시설 등을 말한다.

④ "상인조직"이란 전통시장 또는 상점가의 점포에서 상시적으로 직접 사업을 하는 상인들로 구성된 법인·단체 등으로서 중소벤처기업부장관이 정하는 것을 말한다.

⑤ "상권활성화구역"이란 시장 또는 상점가가 하나 이상 포함된 곳으로서 시장·군수·구청장이 지정한 구역을 말한다.

19 아래 글상자 내용은 경로시스템 내 구성원들 간에 이루어지는 거래관계의 유형인 단속형 거래 (discrete transaction)와 관계형 교환(relational exchange)의 비교 설명이다. 가장 옳지 않은 것은?

구 분	항 목	단속형 거래	관계형 교환
㉠	거래처에 대한 관점	단순고객으로서의 거래처	동반자로서의 거래처
㉡	지배적 거래 규범	계 약	거래윤리
㉢	거래경험의 중요성	높 음	낮 음
㉣	신뢰의 중요성	낮 음	높 음
㉤	잠재거래선의 수	다수의 잠재거래선	소수의 잠재거래선

① ㉠

② ㉡

③ ㉢

④ ㉣

⑤ ㉤

20 경로상에서 재고보유에 따른 위험을 어느 경로구성원이 부담하느냐에 따라 적절한 서비스의 제공, 제품 분류 작업의 이행, 경로구성원 사이의 적절한 이윤 배분 등이 이루어진다고 설명하는 이론은?

① 기능위양이론　　　　　　　　　　② 연기-투기이론
③ 거래비용이론　　　　　　　　　　④ 커버리지이론
⑤ 체크리스트이론

21 아래 글상자 내용 중 업종개념과 업태개념의 비교 설명으로 옳지 않은 것은?

구 분	항 목	업종개념	업태개념
㉠	시 각	생산자	소비자
㉡	주도자	제조업체	소매업체
㉢	분류기준	제품성격	소매전략
㉣	점포크기	대규모	소규모
㉤	장 점	제조업체의 통제 용이	소비자 편리, 소매효율 증대, 거래 촉진

① ㉠　　　　　　　　　　　　　　　② ㉡
③ ㉢　　　　　　　　　　　　　　　④ ㉣
⑤ ㉤

22 유통과 유통경로에 관련된 설명으로 옳은 것은?

① 유통의 상적기능에는 소유권이전기능, 매매기능, 장소적 조정기능이 포함된다.
② 수직적경로시스템이란 생산자가 제품을 최종 소비자에게 제시하는 유통구조의 통로를 말한다.
③ 유통경로에서 중간상이 생략됨으로써 유통이 단순화, 통합화되어 실질적인 거래비용이 감소되는 것을 총 거래수 최소원칙이라고 한다.
④ 제조분야는 변동비 비중이 고정비보다 커서 생산량이 증가할수록 단위당 생산비용이 감소하지만, 유통은 고정비 비중이 커서 규모의 경제가 작용하는 고정비 우위의 원리가 적용된다.
⑤ 도매상이 대량으로 보관하고 소매상은 적정량만 보관하므로 상품의 사회적 보관 총량을 감소시킬 수 있는 것을 집중준비의 원리라고 한다.

23 아래 글상자에서 설명하는 수배송 공급모형으로 옳은 것은?

> 이 모형은 수리적인 방법의 적용이 곤란하거나 불가능할 때, 최후의 수단으로 이용되는 기법이다.

① 세이빙(saving)법 모형
② 수배송선형계획법 모형
③ 시뮬레이션(simulation) 모형
④ 최적화(optimization) 모형
⑤ 휴리스틱(heuristic) 모형

24 유통산업의 경제적 · 사회적 역할로서 옳지 않은 것은?

① 고용창출
② 물가조정
③ 제조업 발전의 저해
④ 소비문화의 창달
⑤ 생산자와 소비자 간 매개 역할

25 소매업태 발전에 관한 이론 중 소매차륜(수레바퀴)이론에 해당하는 내용만을 나열한 것은?

> ㉠ 가격이나 마진이 아니라 상품믹스의 변화에 초점을 두고 있다.
> ㉡ 소매기관들이 처음에는 혁신적인 형태에서 출발하여 성장하다가 새로운 개념을 가진 신업태에 그 자리를 양보하고 사라지게 된다.
> ㉢ 진입단계-성장단계-쇠퇴단계의 세 단계로 구성되어 있다.
> ㉣ 한 소매기관이 출현하여 사라지기까지의 전과정에 대해 설명하는 이론으로 두 개의 서로 다른 경쟁적인 소매업태가 하나의 새로운 소매업태로 합쳐지는 현상을 설명한다.
> ㉤ 고서비스 · 고가격과 저서비스 · 저가격 소매기업 사이의 경쟁이 선호분포의 중심을 향해 이동하여 기존의 서비스 · 가격수준을 제공해 주는 소매기관은 없어지게 된다고 설명한다.

① ㉠, ㉡
② ㉡, ㉢
③ ㉢, ㉣
④ ㉣, ㉤
⑤ ㉠, ㉢, ㉤

26 입지결정과정에서 고려하는 다양한 요소 중 용적률과 건폐율에 대한 설명으로 옳지 않은 것은?

① 용적률과 건폐율은 입지결정시 해당 지역의 개발밀도를 가늠하는 척도로 활용한다.

② 건폐율은 대지면적에 대한 건축면적의 비율을 말한다.

③ 용적률은 부지면적에 대한 건축물 연면적의 비율로 산출한다.

④ 용적률과 건폐율의 최대한도는 관할 구역의 면적과 인구 규모, 용도지역의 특성 등을 고려하여 「국토의 계획 및 이용에 관한 법률」에서 정한다.

⑤ 건폐율을 산정할 때는 지하층의 면적, 지상층의 주차용으로 쓰는 면적, 초고층 건축물의 피난안전구역의 면적은 제외한다.

27 아래 글상자의 사항들 가운데 상권내 경쟁구조분석에 포함될 내용으로 가장 옳은 것은?

㉠ 업태내 경쟁구조	㉡ 업태간 경쟁구조
㉢ 위계별 경쟁구조	㉣ 잠재적 경쟁구조
㉤ 업체간 보완관계	

① ㉠

② ㉠, ㉡

③ ㉠, ㉡, ㉢

④ ㉠, ㉡, ㉢, ㉣

⑤ ㉠, ㉡, ㉢, ㉣, ㉤

28 토지의 이용 및 건축물의 용도 등을 제한하는 용도지역 중 "국토의 계획 및 이용에 관한 법률 시행령"(대통령령 제29284호, 2018.11.13., 일부개정)에 따라 정한 상업지역에 해당하지 않는 것은?

① 중심상업지역

② 일반상업지역

③ 전용상업지역

④ 근린상업지역

⑤ 유통상업지역

29 상권의 크기에 대한 일반적인 설명으로 가장 옳지 않은 것은?

① 구매빈도가 높은 업종보다 낮은 업종의 상권이 더 크다.

② 배후지의 인구밀도가 높을수록 소매점포의 상권은 더 크다.

③ 배후지의 소득수준이 낮을수록 소매점포의 상권은 더 크다.

④ 폐쇄된 배후지를 대상으로 영업하는 소매점의 상권은 배후지에 한정된다.

⑤ 구성업종들의 연계성이 낮은 소매단지보다 연계성이 높은 소매단지의 상권이 더 크다.

30 소매점 건물의 너비와 깊이 같은 건물의 구조도 소매매출에 영향을 미친다. 소매점의 건물 구조에 대한 아래의 내용 중에서 옳은 것은?

① 점포의 너비에 비해 깊이가 깊으면 구매빈도가 높은 일용품이나 식품의 매장으로 적합하다.
② 정면너비가 깊이에 비해 2배 이상이 되면 고객이 편안한 느낌을 느껴 객단가를 향상시키기가 쉽다.
③ 정면너비가 넓으면 외부에서 점포에 대한 가시성이 높아져 고객의 내점률을 높이는 데 도움을 준다.
④ 소매점의 넓은 정면너비는 시계성과 편의성에 악영향을 미친다.
⑤ 깊이가 정면너비보다 2배 이상이 되면 고객이 안쪽 깊숙이 진입하기가 쉽다.

31 상권분석기법 중 유추법(analog method)과 관련된 내용으로 가장 옳지 않은 것은?

① CST map
② 유사점포
③ 상권범위 추정
④ 규범적 모형
⑤ 상권내 소규모지역(zone)

32 Huff모델과 관련한 설명으로 옳지 않은 것은?

① 소비자의 점포선택행동을 결정적 현상으로 본다.
② 소비자로부터 점포까지의 이동거리는 소요시간으로 대체하여 계산하기도 한다.
③ 소매상권이 연속적이고 중복적인 공간이라는 관점에서 분석한다.
④ 특정 점포의 효용이 다른 선택대안 점포들의 효용보다 클수록 그 점포의 선택가능성이 높아진다.
⑤ 점포크기 및 이동거리에 대한 민감도계수는 상권마다 소비자의 실제구매행동 자료를 통해 추정한다.

33 아래의 상권분석 기법들 중에서 상권 내에서 분석대상이 되는 점포의 상대적 매력도를 파악할 수는 있으나, 예상매출액을 추정할 수는 없는 것은?

① 유사점포법   ② MNL모델
③ 체크리스트법   ④ 회귀분석법
⑤ 허프모델

34 상권분석 및 입지분석 과정에 점차로 이용가능성이 확대되고 있는 지리정보시스템(GIS)에 관한 설명으로 옳지 않은 것은?

① GIS 소프트웨어를 사용하여 데이터베이스를 조회하고 속성정보를 요약하여 표현한 지도를 주제도(主題圖)라고 한다.

② 상권분석에서 특정 기준을 만족시키는 공간을 파악하기 위한 조회도구로 지도를 사용하기도 한다.

③ GIS는 컴퓨터를 이용한 지도작성체계와 데이터베이스관리체계의 결합으로 프리젠테이션 지도작업, 공간분석 등이 가능하다.

④ 버퍼(buffer)란 어떤 지도형상, 즉 점이나 선 혹은 면으로부터 특정한 거리 이내에 포함되는 영역을 의미하며, 선의 형태로 표현된다.

⑤ 중첩은 공간적으로 동일한 경계선을 가진 레이어를 겹쳐 놓고 지도형상과 속성들을 비교하는 기능이다.

35 '자신들의 일상적 필요를 충족시키는 기본 필수품을 취득하기 위해 통행할 필요가 있는 사람들로 구성된 교통'을 일컫는 용어로 옳은 것은?

① 주거 교통(living traffic)

② 통행 교통(pedestrian traffic)

③ 상업 교통(commercial traffic)

④ 기초 교통(basic traffic)

⑤ 순환 교통(circulation traffic)

36 소매점의 상권에 대한 설명으로 가장 옳지 않은 것은?

① 소매점의 상권은 지리적 거리의 한계가 있다.

② 소매점의 상권에 포함되는 소비자들은 동질적이다.

③ 소매점의 상권은 고객 흡인의 정도에 따라 설정한다.

④ 소매점의 상권은 점포의 입지조건에 따라 범위가 달라진다.

⑤ 소매점의 상권은 취급상품의 종류에 따라 범위가 달라진다.

37 소규모 소매점포의 상권단절요인에 일반적으로 해당하지 않는 것은?

① 폭 100m의 하천

② 왕복 2차선 도로

③ 운동장만 있는 체육공원

④ 담으로 둘러싸인 공장

⑤ 지상을 지나는 철도

38 쇼핑센터 가운데 파워센터(power center)에 입지할 업종으로 가장 옳지 않은 것은?

① 할인점
② 할인백화점
③ 일용식품점
④ 창고형 클럽
⑤ 카테고리 킬러

39 도매업의 경우에도 입지의 결정은 매우 중요하며, 생산구조와 소비구조의 특징에 따라 입지유형이 달라진다. 다음 중 생산구조가 소수의 대량집중생산이고 소비구조 역시 소수에 의한 대량집중소비구조일 때의 입지선택 기준으로 가장 옳은 것은?

① 수집기능, 중계기능, 분산기능이 모두 용이한 곳에 입지한다.
② 수집기능의 수행보다는 분산기능의 수행이 용이한 곳에 입지한다.
③ 수집기능의 수행이 용이하고 분산기능 수행도 용이한 곳에 입지한다.
④ 수집기능이나 분산기능보다는 중계기능의 수행이 용이한 곳에 입지한다.
⑤ 분산기능의 수행보다는 수집기능의 수행이 용이한 곳에 입지한다.

40 다음 중 상권분석을 위한 중심지이론과 관련된 내용으로 가장 옳지 않은 것은?

① 크리스탈러(W. Christaller)
② 최대도달거리(range)
③ 최소수요충족거리(threshold)
④ 체크리스트(checklist)
⑤ 상위계층 중심지와 하위계층 중심지

41 "상가건물임대차보호법"(법률 제14242호, 2016.5.29., 타법개정)에서는 권리금을 아래의 글상자와 같이 정의하고 있다. (   ) 안에 들어갈 내용으로 옳지 않은 것은?

> 권리금이란 임대차 목적물인 상가건물에서 영업을 하는 자 또는 영업을 하려는 자가 (   ), 상가건물의 위치에 따른 영업상의 이점 등 유형·무형의 재산적 가치의 양도 또는 이용대가로서 임대인, 임차인에게 보증금과 차임 이외에 지급하는 금전 등의 대가를 말한다.

① 영업시설·비품
② 경쟁상황
③ 거래처
④ 신 용
⑤ 영업상의 노하우

42 소비자들이 상품을 구매하기 위해 거주지 등 특정장소에서 점포로 향하는 동선을 파악할 때 활용하는 원리 중에서 아래 글상자의 내용에 해당하는 것은?

> 원하는 상품을 구매하기 위해 방문하려는 점포를 사전에 정하고 이동하는 상황이라고 가정하자. 이때 길을 건너야 하는 상황에서 선택할 수 있는 복수의 횡단보도가 있다면 사람들은 일단 최초로 만나는 횡단보도를 이용하려는 성향이 있다.

① 안전 증시의 법칙　　　　　　　② 최단거리 실현의 법칙
③ 보증실현의 법칙　　　　　　　④ 집합의 법칙
⑤ 직진선호의 법칙

43 임차할 점포를 평가할 때 고려해야 할 사항으로 가장 옳지 않은 것은?

① 입점 가능한 업종　　　　　　　② 임대면적 중 전용면적
③ 점포 소유자의 전문성　　　　　④ 점포의 권리관계
⑤ 점포의 인계 사유

44 유통가공을 수행하는 도매업체의 입지선정에는 공업입지 선정을 위한 베버(A. Weber)의 "최소 비용이론"을 준용할 수 있다. 총물류비만을 고려하여 이 이론을 적용할 때, 원료지향형이나 노동지향형 대신 시장지향형입지를 택하는 것이 유리한 조건으로 가장 옳은 것은?

① 유통가공으로 중량이 감소되는 경우
② 부패하기 쉬운 완제품을 가공·생산하는 경우
③ 제품수송비보다 원료수송비가 훨씬 더 큰 경우
④ 미숙련공을 많이 사용하는 노동집약적 유통가공의 경우
⑤ 산지가 국지적으로 몰려 있는 편재원료의 투입 비중이 높은 경우

45 지역상권의 매력도를 평가할 때는 먼저 수요요인과 공급요인을 고려해야 한다. 이 요인들을 평가하는 데 소매포화지수(IRS ; Index of Retail Saturation)와 시장성장잠재력지수(MEP ; market expansion potential)를 활용할 수 있다. 이 두 지수들을 기준으로 평가할 때 그 매력성이 가장 높은 지역상권은?

① IRS가 작고 MEP도 작은 지역상권
② IRS가 작고 MEP는 큰 지역상권
③ IRS가 크고 MEP는 작은 지역상권
④ IRS가 크고 MEP도 큰 지역상권
⑤ IRS의 크기와는 상관없이 MEP가 큰 지역상권

46 재무적 성과평가를 위한 자료 중 손익계산서에 대한 설명으로 옳은 것은?

① 일정 회계기간 동안의 경제적 사건과 그 기간 말의 경제적 상태를 나타내는 보고서
② 소매점의 자금이 어떻게 조달되었고 어디에 사용되고 있는지를 나타내주는 보고서
③ 일정기간의 모든 수익과 비용을 대비시켜 당해 기간의 순이익을 계산한 보고서
④ 일정기간 동안의 소매점의 현금의 유입과 유출내용을 표시한 보고서
⑤ 한 기간의 매출액이 당해 기간의 총비용과 일치하는 점을 분석한 보고서

47 소매점의 신제품 조사를 위해 표적시장을 잘 반영하리라 생각되는 집단을 대상으로 설문조사를 했다면 어떤 표본추출방법에 해당하는가?

① 편의표본추출
② 판단표본추출
③ 확률비례추출
④ 집락표본추출
⑤ 층화표본추출

48 아래 글상자의 (㉠)과 (㉡)에 들어갈 용어로 가장 옳은 것은?

> 고객 신상정보와 구매자료를 결합하여 어떤 고객이 어떤 제품을 언제, 어느 정도의 양을, 얼마에 구매하였는가를 파악할 수 있으며, 이는 (㉠)에 이용될 수 있다. 또한 기업의 전략변수와 고객특성 변수, 구매정보를 결합하여 어떤 고객이 기업의 (㉡)에 어떤 반응을 보였는가를 파악할 수 있다.

① ㉠ 점포입지선정, ㉡ 유통경로 계열화
② ㉠ 유통경로관리, ㉡ 서비스 품질
③ ㉠ 상권분석, ㉡ 소매점 포지셔닝
④ ㉠ 공급사슬관리, ㉡ 상품공급
⑤ ㉠ 시장세분화, ㉡ 4P전략

49 고객의 구매심리 단계별 고객응대로 옳지 않은 것은?

① 주의 단계에서는 미지의 판매원과 상품에 대한 불안을 안고 있으므로 일단 대기한다.

② 흥미 단계에서는 구매 욕구를 지속시켜 소개 판매를 유도해야 한다.

③ 연상 및 욕구 단계에서는 정확한 셀링포인트를 설명하여 상품가치를 인식시킨다.

④ 확신 단계에서는 판매조건을 제시하며 구매 단계로 유도한다.

⑤ 구매 단계 후에는 사후관리를 통해 만족을 심어주고 재판매를 유도해야 한다.

50 아래 글상자의 사례를 통해 해당 기업이 사용한 신제품 가격전략으로 옳은 것은?

> IKEA가 2002년 중국에 처음으로 점포를 열었을 때 사람들은 가구제품을 구매하는 것 이외의 여러 목적으로 몰려들었다. 그들은 무료로 제공되는 여러 서비스를 누리기 위해 점포를 방문했는데, 에어 컨디셔닝, 청결한 화장실, 실내장식 아이디어 등이 그 예이다. 중국 소비자는 근검절약하는 것으로 유명하다. 실제로 구매해야 하는 시점이 되면, 그들은 IKEA의 디자인을 불법으로 복제한 저가제품을 취급하는 인근점포에서 쇼핑을 했다. 까다로운 중국고객을 끌어들이기 위해 IKEA는 세계에서 가장 저렴한 가격을 책정했는데, 이는 중국시장에 진출한 많은 서구 소매업체들과는 상반되는 접근방식이었다. 중국 내 점포에서 취급하는 상품 중에서 중국산 제품의 비중을 높임으로써 IKEA는 일부 품목 에 대해 중국 밖의 IKEA 점포에서 판매되는 가격보다 70%나 저렴하게 책정했다.

① 시장침투가격(market penetration pricing)

② 스키밍가격(skimming pricing)

③ 경쟁가격(competitive pricing)

④ 종속제품 가격(captive product pricing)

⑤ 묶음가격(bundle pricing)

51 아래 글상자의 내용 중에서 마케팅 역량 향상에 해당하는 고객관계관리(CRM) 시스템의 데이터 이용효과로 가장 옳은 것은?

> ㉠ 유통채널과의 관계 개선을 위한 정보 획득
> ㉡ 시장세분화 능력 개선을 위한 정보 획득
> ㉢ 제품 개선을 위한 피드백 정보 획득
> ㉣ 기업내부의 조직역량 강화를 위한 정보 획득

① ㉠, ㉡

② ㉢, ㉣

③ ㉠, ㉣

④ ㉠, ㉡, ㉣

⑤ ㉠, ㉡, ㉢, ㉣

52 소매가격전략에 대한 설명으로 옳지 않은 것은?

① EDLP는 Every Day Low Price의 준말로, 상품의 일시적인 가격할인이 아닌 항상 저렴한 가격으로 판매하는 전략을 의미한다.

② EDLP는 경쟁자와의 지나친 가격전쟁의 압박을 덜어주며 가격이 자주 변하지 않는다는 장점이 있다.

③ High-Low가격 전략은 일반적으로 저가격을 지향하기보다는 품질이나 서비스를 강조하는 가격 정책이다.

④ High-Low가격 전략은 소비자들을 유인하기 위해 필요한 시기에 적극적으로 할인된 낮은 가격을 제공한다.

⑤ High-Low가격 전략의 경우 EDLP에 비해 수요변동성이 낮고 상품의 재고관리가 용이하다는 장점이 있다.

53 단품관리에 대한 설명으로 옳지 않은 것은?

① 제품을 더 이상 분류할 수 없는 최소 단위로 분류해서 관리하는 방식이다.

② 인기상품과 재고비용이 발생하는 비인기상품을 구분해나갈 수 있다.

③ 실적 향상 및 생산성 증가를 위해 상품 판매에 따라 매대 할당이 이루어진다.

④ 인기 있는 상품이 품절된 경우 대체상품을 구매하도록 소비자를 유인할 수 있다.

⑤ 단품별 매출액 기여도 등과 같은 책임소재가 명확해진다.

54 아래 글상자 (㉠)과 (㉡)에 들어갈 용어를 순서대로 옳게 나열한 것은?

(㉠)은 유통경로의 동일한 단계에 있는 경로 구성원들 간의 경쟁을 의미하며, 주로 도·소매상들보다는 생산자나 제조업자들과 관련된다. 한편, (㉡)은 서로 다른 경로수준에 위치한 경로구성원 간의 경쟁을 뜻하며, 이와 관련된 사례로는 세계적 브랜드의 제조업자와 소매업체의 자체 상표간의 경쟁이 있다.

① ㉠ 업태내 경쟁, ㉡ 업태간 경쟁
② ㉠ 업태간 경쟁, ㉡ 업태내 성생
③ ㉠ 수평적 경쟁, ㉡ 수직적 경쟁
④ ㉠ 수직적 경쟁, ㉡ 수평적 경쟁
⑤ ㉠ 업태내 경쟁, ㉡ 수직적 경쟁

55 가격전략에 대한 설명으로 옳지 않은 것은?

① 수요탄력성이 낮은 경우 고가전략을 사용한다.
② 진입장벽이 낮은 경우 저가전략을 사용한다.
③ 성장률 및 시장점유율 극대화를 위해서는 고가전략을 사용한다.
④ 원가우위를 통한 생존전략을 목표로 하기 위해서는 저가전략을 사용한다.
⑤ 가격−품질 연상효과를 극대화하기 위해서 고가전략을 사용한다.

56 포지셔닝과 차별화 전략에 대한 설명으로 옳지 않은 것은?

① 포지셔닝은 표적시장 고객들의 인식 속에서 차별적인 위치를 차지하기 위해 자사제품이나 기업의 이미지를 설계하는 행위를 말한다.
② 성능, 디자인과 같이 제품의 물리적 특성을 통한 차별화를 제품 차별화(product differentiation)라고 한다.
③ 기업들은 제품의 물리적 특성 이외에 제품의 서비스에 대해서도 차별화가 가능하며, 이를 서비스 차별화(services differentiation)라고 한다.
④ 포지셔닝 전략의 핵심은 고객에게 품질이나 디자인에서 어떤 결정적 차이점(decisive difference)을 제시하느냐에 있다.
⑤ 기업 이미지나 브랜드 이미지로 인해 동일한 제품을 제공하더라도, 소비자들은 그 제품을 다르게 인식할 수 있는데, 이를 이미지 차별화(image differentiation)라고 한다.

57 아래 글상자의 사례와 관련된 기업의 마케팅 관리 철학으로 옳은 것은?

코카콜라는 비만과의 전쟁에 적극 동참하겠다고 발표했다. 코카콜라가 비만과의 전쟁에 동참하게 된 이유는 탄산음료가 비만의 주원인이고 건강에 나쁘다는 인식이 전 세계적으로 확산됨에 따라 매출이 지속적으로 감소해 왔기 때문인데, 코카콜라의 전체매출 중 60%가 탄산음료에서 나온다. 이에 따라 코카콜라는 모든 자사제품에 칼로리 정보를 표시하고 12세 미만 어린이를 대상으로 한 광고를 중단하기로 결정했다. 그리고 저칼로리제품 개발에 집중하고 지역주민이 참여할 수 있는 다양한 운동프로그램을 개발 운영하기로 했다.

① 생산개념(production concept)
② 제품개념(product concept)
③ 판매개념(selling concept)
④ 마케팅개념(marketing concept)
⑤ 사회지향적 마케팅개념(societal marketing concept)

58 구매욕구세분화에 대한 설명으로 옳지 않은 것은?

① 구매욕구는 소비자가 '왜' 제품을 구매하는가를 설명한다.

② 구매욕구차원에는 기능적 편익, 감각적 편익, 상징적 편익이 있다.

③ 기능적 편익은 다양한 상품구색, 좋은 위치, 정보제공 등의 구매상의 실질적인 혜택을 의미한다.

④ 감각적 편익은 구매자가 제품을 구매할 때 느끼는 오감적 즐거움과 느낌을 말한다.

⑤ 상징적 편익이란 구매자가 느끼는 경쟁사 대비 특정 소매점의 상대적 차이를 말한다.

59 마케팅에 대한 설명으로 옳지 않은 것은?

① 마케팅은 소비자의 필요와 욕구를 충족시키기 위해 시장에서 교환이 일어나도록 하는 일련의 활동들을 말한다.

② 마케팅관리란 표적시장을 선택하고 뛰어난 고객가치의 창출, 전달 및 알림을 통해 고객을 획득, 유지, 확대하는 기술과 과학을 의미한다.

③ 생산개념의 마케팅철학에서는 기술적으로는 뛰어나지만 시장에서는 외면당하는 제품들이 출시되는 경우를 흔히 볼 수 있다.

④ 판매개념은 공격적인 영업 및 촉진활동을 펼쳐야만 고객이 제품이나 서비스를 충분히 구입할 것이라고 가정한다.

⑤ 마케팅개념을 경영철학으로 채택하고 있는 기업에서는 고객이 상품과 관련하여 갖고 있는 문제들을 완전히 해결하여 만족을 얻을 수 있도록 하는 것을 목표로 한다.

60 아래 글상자의 사례에서 사용된 소비자 판촉도구로 옳은 것은?

> 제품의 구매를 유도하기 위해 무료 혹은 낮은 비용으로 제공되는 상품이다. 이것은 패키지 안에 포함되거나 패키지 밖에 따로 준비되거나, 또는 우편으로 전달될 수도 있다. 예를 들어, 맥도널드(McDonald)는 해피밀 구매자에게 영화 〈아바타〉, 〈My Little Pony〉, 〈쿵푸 팬더〉 등에 등장하는 캐릭터 장난감 같은 다양한 상품을 제공했다

① 쿠폰(coupon)

② 샘플(sample)

③ 현금환불(cash refunds)

④ 프리미엄(premiums)

⑤ 가격할인 패키지(price packs)

61 "유통산업발전법"(법률 제14997호, 2017.10.31., 일부개정)에서 명시적이고 직접적으로 규정하고 있는 유통관리사의 직무에 해당하지 않는 것은?

① 유통경영·관리 기법의 향상

② 유통경영·관리와 관련한 계획·조사·연구

③ 유통경영·관리와 관련한 교육

④ 유통경영·관리와 관련한 진단·평가

⑤ 유통경영·관리와 관련한 상담·자문

62 아래 글상자에서 설명하는 촉진믹스 전략으로 옳은 것은?

> - 대가를 지불하고 비인적 수단을 통하여 기업의 정보를 알리는 촉진 수단
> - 짧은 시간 내에 불특정 다수의 고객에게 접근할 수 있어 단위당 비용이 비교적 저렴한 장점은 있으나, 효과 측정이 어렵다는 단점이 있음
> - 소비자를 설득하기 위한 것보다는 사실 그대로의 정보제공을 통하여 소비자가 판단을 하는 데 도움을 주는 방향으로 이루어져야 함

① 홍보(publicity)

② 광고(advertising)

③ 인적 판매(personal selling)

④ 다이렉트 마케팅(direct marketing)

⑤ 카탈로그 마케팅(catalog marketing)

63 제조업체의 푸시(push)전략에 대한 설명으로 옳지 않은 것은?

① 최종 소비자가 아닌 중간상들을 대상으로 하여 판매촉진활동을 하는 것을 말한다.

② 소비자를 대상으로 촉진할 만큼 충분한 자원이 없는 소규모 제조업체들이 주로 사용하는 촉진 전략이다.

③ 판매원의 영향이 큰 전문품의 경우 푸시전략이 효과적이다.

④ 가격할인, 수량할인, 협동광고, 점포판매원 훈련프로그램들을 활용하여 촉진한다.

⑤ 제조업체가 중간상들로부터 자발적으로 주문을 받기 위해 행하는 촉진 전략을 말한다.

64 머천다이징(merchandising)에 대한 설명으로 옳지 않은 것은?

① 머천다이징은 우리말로 상품기획, 상품화계획 등으로 불린다.
② 머천다이저(merchandiser)는 소매점의 특정 카테고리의 상품을 담당하고 있다. 그렇기 때문에 머천다이저를 카테고리 매니저라 부르기도 한다.
③ 머천다이징은 유통업체만의 고유 업무로 고객의 니즈에 부합하는 상품을 기획하여 판매하며 제조업체, 서비스업체에는 해당되지 않는다.
④ 머천다이징은 구매, 진열, 재고, 가격, 프로모션 등 광범위한 활동을 포함한다.
⑤ 머천다이징의 성과를 평가하는 대표적인 지표 중 하나는 재고총이익률(GMROI)이다.

65 아래 글상자가 나타내는 구매시점(POP ; point of purchase) 촉진의 유형으로 옳은 것은?

> – 사용목적은 행사분위기와 시즌감의 연출이다.
> – 높이 조절을 통해 고객에게 심리적 부담이 없도록 유의한다.
> – 주로 주동선에 부착한다.
> – 위치를 설정하고 걸고리를 점검한다.

① 현수막   ② 포스터
③ 배 너   ④ 정보안내지
⑤ 가격표 쇼카드

66 아래 글상자는 진열유형 중 하나에 대한 설명이다. 관련 진열유형으로 옳은 것은?

> 진열대 내에서 잘 팔리는 상품 곁에 이익은 높으나 잘 팔리지 않는 상품을 진열해서 고객 눈에 잘 띄게 하여 판매를 촉진하는 진열이다. 이 진열은 무형의 광고효과가 있기 때문에 진열대 내에서 사각공간을 무력화시키는 효율 좋은 진열방법이다

① 수직진열
② 수평진열
③ 샌드위치 진열
④ 라이트 업(Right up) 진열
⑤ 전진입체진열

67 아래 글상자의 (㉠)과 (㉡)에 들어갈 용어를 순서대로 옳게 나열한 것은?

> (㉠)은 진열 쇼케이스, 진열대, 계산대 등이 직각 상태로 배치된 것으로 소비자가 원하는 상품을 찾기가 쉽다는 장점이 있다. (㉡)은 백화점, 의류점, 컴퓨터 판매점 등에서 많이 이용되는 형태로 소비자가 쇼핑하기에 편하고 점포 내 이동이 자연스럽다.

① ㉠ 수직형, ㉡ 자유형   ② ㉠ 수직형, ㉡ 수평형
③ ㉠ 격자형, ㉡ 자유형   ④ ㉠ 격자형, ㉡ 수평형
⑤ ㉠ 표준형, ㉡ 자유형

68 점포 내부 환경관리에 대한 설명으로 옳지 않은 것은?

① 점포의 주체적 기능은 판촉이므로 조명은 진열에 대해 상품을 부각시켜 고객을 유인하는 효과적인 역할을 한다.
② 점포 안의 조명은 항상 밝게 하여 화사한 분위기를 조성해야 한다.
③ 소매상에서는 색채 배색과 조절을 통해 고객의 주의를 끌어들이면서 구매의욕을 환기시킨다.
④ 여성을 상대로 하는 사업은 흰색과 파스텔 톤을, 어린이가 주 고객인 유치원이나 장난감 가게 등은 노랑, 빨강과 같은 원색을 사용하는 것이 좋다.
⑤ 벽면에 거울을 달거나 점포 일부를 계단식으로 높이면 실제 점포보다 넓어 보일 수 있다.

69 점포에서의 활동 역할에 따른 공간구성에 대한 설명으로 옳지 않은 것은?

① 판매 예비 공간은 소비자에게 정보를 전달하거나 결제를 도와주는 공간이다.
② 인적 판매 공간은 판매원이 상품을 보여주고 상담을 하기 위한 공간이다.
③ 서비스 공간은 휴게실, 탈의실과 같이 소비자의 편익을 위하여 설치되는 공간이다.
④ 판촉 공간은 판촉상품을 전시하거나 보호하는 공간이다.
⑤ 진열 판매 공간은 상품을 진열하여 셀프 판매를 유도하는 곳이다.

70 다음 중 유통업체가 고객에게 적정 수량의 적정 상품구색을 적시에 제공하는 동시에 자사의 재무적 목표를 달성하려고 노력하는 과정을 나타내는 용어로 가장 옳은 것은?

① 카테고리관리(category management)
② 고객관계관리(customer relationship management)
③ 상품관리(merchandise management)
④ 점포관리(store management)
⑤ 전략적 이익관리(strategic profit management)

71 유통정보시스템과 관련된 용어에 대한 설명으로 옳은 것은?

① 인바운드 콜(inbound call)은 유통업체에서 전화를 이용해 고객을 대상으로 영업하는 방법이다.

② 크로스 셀링(cross selling)은 고객을 대상으로 한 단계 더 업그레이드된 제품을 상향 판매하는 전략이다.

③ 업 셀링(up selling)은 고객을 대상으로 서로 관련성이 없는 제품을 판매하는 전략이다.

④ 오더피킹시스템(order picking systems)은 수주 받은 물품을 창고에서 출하하는 업무를 지원하는 시스템이다.

⑤ 쇼루밍(showrooming)은 온라인 매장에서 제품을 보고, 오프라인 매장에서 제품을 구매하는 소비행태이다.

72 디지털 경제하에서의 유통업 패러다임 변화로 가장 옳지 않은 것은?

① 생산요소를 투입하다 보면 어느 순간 투입 단위당 산출량이 감소하는 수확체감의 법칙이 적용된다.

② 자산의 의미도 유형자산(Tangible Assets)에 국한되지 않고 무형자산(Intangible Assets)으로까지 확대되고 있다.

③ "네트워크의 가치는 가입자 수에 비례해 증대하고 어떤 시점에서부터 그 가치는 비약적으로 높아진다."는 메트칼프(Metcalf)의 법칙이 적용된다.

④ 인터넷의 쌍방향성이라는 특성으로 인해 구매자는 복수의 판매자를 비교하고 가격협상까지 할 수 있는 구매자 주도 시장으로 변화하고 있다.

⑤ 생산자는 제품당 이윤이 줄어들 가능성이 있지만, 거래비용이 낮아져 소비자 수요가 확대되고, 제품의 판매량이 증가함으로써 오히려 전체적으로는 이윤이 늘어날 수 있다.

73 온라인(모바일 포함)·오프라인을 넘나들면서 제품의 정보를 수집하여 최적의 제품을 찾아내는 소비자를 일컫는 용어는?

① 쓰루쇼퍼(Through-shopper)

② 스마트쇼퍼(Smart-shopper)

③ 크로스쇼퍼(Cross-shopper)

④ 엑스쇼퍼(X-shopper)

⑤ 프로슈머(Prosumer)

74 제4차 산업혁명 시대의 사회 특성에 대한 설명으로 옳지 않은 것은?

① 기술 발전에 따라 단순 반복 작업을 수행하는 직종이 줄어든다.
② 공유경제의 확대에 따라 상품 및 서비스를 협력 소비하는 개념이 활성화된다.
③ 인공지능 기술을 활용하는 혁신적인 산업이 발전한다.
④ 사이버 물리 시스템(Cyber Physical Systems)의 이용이 줄어든다.
⑤ 정보기술의 융복합으로 새로운 산업이 나타난다.

75 아래 글상자의 내용에 부합되는 OLAP(Online Analytical Processing)의 기능으로 가장 옳은 것은?

> 이것은 데이터 분석 차원의 깊이를 마음대로 조정해 가며 분석할 수 있는 기능이다.

① 드릴링(drilling)　　　　　　② 리포팅(reporting)
③ 분해(slice & dice)　　　　　④ 피보팅(pivoting)
⑤ 필터링(filtering)

76 아래 글상자의 ㉠, ㉡, ㉢에 들어갈 용어로 옳은 것은?

> ㉡와(과) ㉢의 역할은 흔히 유통업에 비유된다. ㉠이(가) 데이터라는 상품을 생산하는 곳이라면, ㉡은(는) 이를 소비자들에게 판매하기 위해 체계적으로 분류해서 저장하고 분배하는 기능을 수행하는 도매상으로, ㉢은(는) 도매상과 소비자 사이에 위치하는 소매상으로 비유할 수 있다. 소비자들은 일상적으로 필요한 대부분의 물품들을 소매상으로부터 쉽고 빠르고 간편하게 구매할 수 있다.

① ㉠ 거래처리시스템　　㉡ 데이터웨어하우스　　㉢ 빅데이터
② ㉠ 거래처리시스템　　㉡ 데이터웨어하우스　　㉢ 데이터마트
③ ㉠ 의사결정시스템　　㉡ 그룹의사결정시스템　㉢ 데이터웨어하우스
④ ㉠ 거래처리시스템　　㉡ 의사결정시스템　　　㉢ 그룹의사결정시스템
⑤ ㉠ 데이터마트　　　　㉡ 데이터웨어하우스　　㉢ 빅데이터

77 XML에 대한 설명으로 옳지 않은 것은?

① 마크업언어 중 가장 사용하기 어렵고 불편한 언어로 꼽힌다.
② 사용자가 사용할 태그를 정의하여 사용할 수 있다.
③ 데이터를 저장하고 전달할 목적이 주요 기능이다.
④ 서로 다른 시스템간 다양한 종류의 데이터를 쉽게 교환할 수 있도록 한다.
⑤ 표준SGML과 HTML의 장점을 취한 언어이다.

78 아래 글상자의 내용에 부합되는 공유유형에 따른 물류공동화의 종류로 가장 옳은 것은?

> 제조 및 판매업체, 도매상 간의 물류공동화로서 제조업체가 계획적으로 물류센터를 구축하여 재고 등을 확보하면, 도매상은 재고 없이 판매업체와 도매상의 배송 상품을 공동으로 배송하는 형태를 말한다.

① 수직적 공동화　　　　　　　　　② 수평적 공동화
③ 물류기업간 공동화　　　　　　　　④ 경쟁업체간의 공동화
⑤ 화주와 물류업체의 파트너십

79 m-비즈니스의 모바일 환경적 특징(무선인터넷 서비스가 가능한 지역내)으로 가장 옳지 않은 것은?

① 실시간 정보를 어디서나 받을 수 있는 특성
② 시간과 공간의 제약 없이 접속할 수 있는 특성
③ 작고 가벼운 의사소통 도구
④ 사용자 동의 없이도 사용자 위치정보를 항상 알 수 있는 특징
⑤ 신속하게 접속하여 정보를 탐색할 수 있는 특징

80 바코드의 설명으로 가장 옳지 않은 것은?

① 대형상품(중량 1.3kg 이상, 길이 45cm이상)의 경우 앞면과 뒷면 2개의 바코드를 인쇄한다.
② 표준물류식별코드(GTIN-14)는 일반적으로 다수의 낱개 상품이 포함된 박스 단위상품에 적용하는 코드이다.
③ UPC(Universal Product Code)는 주로 유럽과 아시아 지역에서 사용하는 바코드이다.
④ 바코드 스캐너는 적색계통의 색상을 모두 백색으로 감지하여 백색과 적색으로 이루어진 바코드는 판독이 불가능하다.
⑤ 일반적으로 소매상품의 경우 상품의 뒷면 우측 하단에 바코드를 인쇄한다.

81 RFID 시스템 구성요소에 대한 설명으로 가장 옳지 않은 것은?

① Read/Write 태그는 몇 번이고 데이터의 입력 및 변경이 가능하다.
② Read Only 태그는 제조 시 입력된 데이터를 변경할 수 없다.
③ RFID 리더기는 태그의 정보를 활용하기 위해 태그와 송·수신하거나 태그에서 수집된 정보를 전송하는 장치이다.
④ 능동형 태그는 읽기/쓰기가 가능하고 태그 자체에 전원공급 장치를 가지고 있기 때문에 수동형 태그에 비해 원거리에서도 인식이 가능하다.
⑤ 수동형 태그는 전원을 공급받아야 하기 때문에 낮은 출력의 리더기가 필요하고 인식거리도 짧아서 크기나 가격 측면에서 능동형 태그에 비해 경쟁력이 떨어진다.

82 (주)대한상의의 A상품의 연간 수요량이 10,000개, 주문비용은 매 주문마다 200원, 단위당 재고유지비용은 연간 400원이라 할 때, 경제적 1회 발주량(EOQ)으로 옳은 것은?

① 100개
② 200개
③ 300개
④ 400개
⑤ 500개

83 온라인 마케팅 기법에 대한 설명으로 가장 옳지 않은 것은?

① 퍼미션 마케팅(Permission Marketing) : 소비자와의 장기적인 대화식 접근법으로 소비자를 자발적으로 마케팅과정에 참여하게 하는 것이다.
② 버즈 마케팅(Buzz Marketing) : 하나의 웹사이트가 다른 웹사이트에게 그 사이트를 소개함에 따라 새로운 비즈니스 기회를 갖는 것에 대한 커미션을 지불하기로 동의하는 것이다.
③ 바이러스 마케팅(Virus Marketing) : 온라인 버전의 구전 마케팅으로 고객들이 기업의 마케팅메시지를 친구, 가족 혹은 동료들에게 전달하면서 새로운 고객을 확대하는 것이다.
④ 블로그 마케팅(Blog Marketing) : 블로그를 판매를 목적으로 하는 광고뿐만 아니라, 판매를 직접적인 목적으로 하지 않는 브랜드 광고를 게재하는 측면에도 활용하는 것이다.
⑤ 소셜 네트워크 마케팅(Social Network Marketing) : 소셜 네트워크 서비스 이용환경에서 마케팅 활동을 수행하는 것이다.

84 POS시스템 구성기기에 대한 설명으로 가장 옳지 않은 것은?

① 스캐너(Scanner)는 상품에 인쇄된 바코드를 판독하는 장치이다.
② 스토어 컨트롤러는 판매, 재고, 구매파일 등을 갱신하고 기록하는 기능을 담당한다.
③ 점포의 POS단말기는 금전등록, 출납, 영수증 발행, 신용카드 판독 등의 기능을 수행한다.
④ POS터미널에는 상품명, 가격, 구입처, 구입가격 등 상품에 관련된 모든 정보가 데이터베이스화되어 있는 상품마스터 파일이 저장되어 있다.
⑤ 스토어 컨트롤러는 점포가 체인본부나 제조업체와 연결되어 있는 경우 스토어 컨트롤러에 기록된 각종 정보를 본부 주컴퓨터와 송수신 한다.

85 아래 글상자 내용 중 ㉠, ㉡, ㉢에 들어갈 용어로 옳은 것은?

> 정보의 네트워크화를 축으로 하여 유통업자와 제조업자가 파트너십을 확립하는 ㉠, 최종소비자의 만족도를 증대시키기 위해 공급자와 소매업자가 공동으로 협력하는 ㉡, 공급사슬관리 기업의 협업을 통한 제품의 공동계획과 보충을 강조하는 ㉢ 등 주도하는 주체와 강조하는 바에 따라 여러 유형이 있다.

① ㉠ QR, ㉡ EDI, ㉢ CRP

② ㉠ QR, ㉡ ECR, ㉢ CRP

③ ㉠ CAO, ㉡ EDI, ㉢ CRP

④ ㉠ EDI, ㉡ CAO, ㉢ CRP

⑤ ㉠ QR, ㉡ CAO, ㉢ CRP

86 지식경영과 지식관리시스템에 대한 설명으로 옳지 않은 것은?

① 지식관리시스템은 지식의 저장과 검색을 위한 기능을 제공한다.

② 지식관리시스템의 도입은 조직 운영의 효율성과 효과성 측면에서 업무 성과를 개선해 준다.

③ 기업에서는 지식관리 중요성이 대두됨에 따라 최고지식 관리책임자(Chief Knowledge Officer)를 선임하고 있다.

④ 기업에서는 지식경영을 통한 경쟁력 확보를 위해서는 지식보안을 통해 철저하게 지식공유가 이루어지지 않도록 통제해야 한다.

⑤ 기업에서 이용하는 지식관리시스템의 이용성을 높이기 위해서는 동기부여 측면에서 보상시스템을 구축해야 한다.

87 지식경영 프로세스에 대한 설명으로 옳지 않은 것은?

① 명시적 지식이란 체계화된 지식으로 고객목록, 법률계약, 비즈니스 프로세스 등 명확한 체계를 갖추고 있다.

② 암묵적 지식이란 기업의 지적자본으로 조직 구성원들의 머릿속에 존재하는 지식으로 기업 경쟁우위 창출을 위한 핵심요소이다

③ 내면화 단계는 형식적 지식을 암묵적 지식으로 변환하는 과정이다.

④ 표출화 단계는 암묵적 지식을 형식적 지식으로 변환하는 과정이다.

⑤ 지식창출 과정은 정보에서 데이터를 추출하고, 데이터에서 지식을 추출한다.

88 경쟁우위와 지능화 수준에 따른 지식경영 분석기술의 출현 및 발전단계로 가장 옳은 것은?

① 리포트 → 스코어카드와 대시보드 → 데이터 마이닝 → 빅데이터
② 스코어카드와 대시보드 → 데이터 마이닝 → 빅데이터 → 리포트
③ 리포트 → 빅데이터 → 데이터 마이닝 → 스코어카드와 대시보드
④ 빅데이터 → 스코어카드와 대시보드 → 데이터 마이닝 → 리포트
⑤ 데이터 마이닝 → 스코어카드와 대시보드 → 리포트 → 빅데이터

19년

89 아래 글상자가 설명하는 용어로 가장 적합한 것은?

정보기술을 활용하여 고객들이 이용 가능한 온-오프라인의 모든 쇼핑채널들을 유기적으로 통합하여 연계시켜, 고객들에게 쇼핑에 불편함이 없도록 지원하는 것을 말한다.

① 비 콘   ② 파 밍
③ 매시업   ④ 코피티션
⑤ 옴니채널

90 데이터베이스에 저장된 데이터가 갖추어야 할 특성으로 가장 옳지 않은 것은?

① 표준화   ② 논리성
③ 중복성   ④ 안정성
⑤ 일관성

맞은 개수 _____ / 90문제

시험일	문항 수	시 간	문제형별
2019. 6. 30	총 90개	100분	A

1과목 | 유통물류일반

01 하역에 대한 내용으로 옳은 것은?

① 물류과정에서 하역이 자체적으로 창출하는 효용은 없다.

② 생산품의 이동, 운반을 말하며, 제조공정 및 검사공정을 포함한다.

③ 사내하역(material handling)을 포함하나, 선적, 양하를 위한 항만하역은 포함하지 않는다.

④ 기계화, 자동화가 진행되면서 비성력화가 급속히 진행되고 있다.

⑤ 컨테이너에 물품을 넣는 것을 디배닝(devanning), 빼는 것을 배닝(vanning)이라고 한다.

02 공급체인관리를 도입할 필요성이 증가하게 된 배경으로 옳은 것은?

① BPR(business process re-engineering) 노력의 감소

② 기업의 핵심역량 집중화 및 주변사업의 외부조달 활성화

③ 부가가치 원천이 기업 외부에서 내부로 이동

④ 매스 커스터마이제이션(mass customization)의 쇠퇴

⑤ 완성품 제조기업의 외부조달 확실성 증대

03 체화재고(stockpile)측면의 관리 대상으로 옳지 않은 것은?

① 매출 수량 대비 과다한 재고

② 매출이 발생되지 않는 상품

③ 행사 종료로 인한 잔량 재고

④ 소매점의 취급종료 상품

⑤ 수요의 불확실성에 대비한 재고

04 공급체인관리의 주요 원칙에 관한 설명으로 옳지 않은 것은?

① 고객의 가치와 니즈를 이해하고 만족시킨다.
② 장기적으로 강력한 파트너십을 구축한다.
③ 각종 정보기술을 효과적으로 활용한다.
④ 경로 전체를 통합하는 정보시스템 보다는 각각의 독립성을 우선시 한다.
⑤ 공급체인 파트너 간의 커뮤니케이션이 효과적이어야 하고 적시에 이루어져야 한다.

05 글로벌 소싱의 발전 단계를 옳게 나열한 것은?

> ㉠ 사업단위의 글로벌 소싱
> ㉡ 필요 시 일시적인 국제구매
> ㉢ 기능별 집단의 글로벌 소싱 전략의 통합 및 조정
> ㉣ 국내에 한정된 구매
> ㉤ 부분적 전략적 소싱을 위한 국제구매

① ㉣ - ㉡ - ㉤ - ㉠ - ㉢
② ㉡ - ㉣ - ㉢ - ㉠ - ㉤
③ ㉣ - ㉤ - ㉡ - ㉢ - ㉠
④ ㉡ - ㉣ - ㉤ - ㉢ - ㉠
⑤ ㉤ - ㉡ - ㉣ - ㉢ - ㉠

06 아래 글상자에서 물류예산안 편성과정의 단계들이 옳게 나열된 것은?

> ㉠ 물류관리 목표의 확인   ㉡ 현황 파악 및 분석
> ㉢ 물동량 파악   ㉣ 개별물류계획의 검토
> ㉤ 물류예산의 편성

① ㉠ - ㉡ - ㉢ - ㉣ - ㉤
② ㉡ - ㉢ - ㉣ - ㉤ - ㉠
③ ㉢ - ㉣ - ㉤ - ㉠ - ㉡
④ ㉣ - ㉤ - ㉠ - ㉡ - ㉢
⑤ ㉤ - ㉠ - ㉡ - ㉢ - ㉣

07 매장에서 근무할 직원과 근로계약을 체결하는 경우 근로계약서에 필수적으로 들어가야 할 사항으로 옳지 않은 것은?

① 임금 - 구성항목, 계산방법, 지급방법
② 복리후생 - 각종 명절, 근로자의 날의 복지 혜택
③ 근로시간 - 주당 근무시간, 휴게 시간 등
④ 연차유급 휴가 - 1년 이상 근무 시 휴가일수
⑤ 근무 장소 및 업무 - 근무할 장소와 담당 업무

08 사전에 설정된 성과표준이나 절댓값을 기준으로 조직원의 성과를 평가하는 방법으로 옳지 않은 것은?

① 행동기준평가법   ② 중요사건 기술법
③ 서면보고서   ④ 대인비교법
⑤ 360도 피드백

09 제시된 그림은 확보해야 할 통제가능성 및 투자비의 높낮이에 따라 생산자들이 선택할 가능성이 높은 유통경로를 나타낸 것이다. 생산자가 간접유통경로를 선택할 가능성이 가장 높은 경우로 옳은 것은?

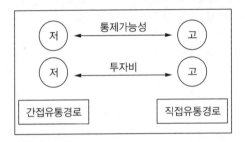

① 구매자에게 원스톱 쇼핑(one-stop shopping)이 매우 중요한 경우
② 중요한 영업비밀이 있는 경우
③ 상품 판매를 위해 높은 수준의 서비스나 일관된 경험을 제공하는 것이 중요한 경우
④ 상품이 고가이고, 복잡하며 고기술형인 경우
⑤ 상품을 취급할 수 있는 유능한 중간상들이 많지 않은 경우

10 기업의 재무제표에 관련된 설명으로 가장 옳지 않은 것은?

① 재무상태표 : 일정시점 현재 기업의 자산, 부채, 주주지분의 금액을 제시
② 손익계산서 : 일정기간 동안 수행된 기업활동의 결과로서 주주지분이 어떻게 증가, 감소하였는지 보여줌
③ 현금흐름표 : 일정기간 동안 수행된 기업의 활동별로 현금유입과 현금유출을 측정하고 그 결과 기말의 현금이 기초에 비해 어떻게 변동되었는지 나타냄
④ 이익잉여금처분계산서 : 주주총회의 승인을 얻어 확정될 이익잉여금 처분예정액을 표시함
⑤ 연결재무제표 : 한 기업의 현금흐름표, 대차대조표, 손익계산서의 내용을 하나의 표로 작성하여 정리한 재무제표

11 경로성과의 양적 척도 또는 질적 척도의 예들이 모두 옳게 나열된 것은?

① 양적 척도 : 단위당 총 유통비용, 선적비용, 경로과업의 반복화 수준
② 양적 척도 : 고객불평 수, 주문처리에서의 오류수, 기능적 중복 수준
③ 양적 척도 : 가격인하 비율, 선적오류 비율, 악성부채 비율
④ 질적 척도 : 경로통제능력, 경로 내 혁신, 고객 추천수
⑤ 질적 척도 : 신기술의 독특성, 재고부족 방지비용, 경로몰입수준

12 아래 글 상자의 설명과 경로구성원 파워(power)의 원천을 옳게 연결한 것은?

㉠ 경로구성원 A가 B에게 영향력을 행사할 권리를 가지고 있고, B가 그것을 받아들일 의무가 있다고 믿기 때문에 발생하는, A의 B에 대한 파워
㉡ 경로구성원 B가 A와 일체감을 갖기를 원하기 때문에, A가 B에 대해 갖는 파워

---

① ㉠ – 정보적 파워, ㉡ – 준거적 파워
② ㉠ – 강압적 파워, ㉡ – 전문적 파워
③ ㉠ – 준거적 파워, ㉡ – 합법적 파워
④ ㉠ – 보상적 파워, ㉡ – 전문적 파워
⑤ ㉠ – 합법적 파워, ㉡ – 준거적 파워

13 경영혁신(management innovation)의 성공요건에 관한 설명으로 옳지 않은 것은?

① 최고경영자의 강력한 의지와 지원이 필요하다.
② 경영혁신의 목표와 방법, 기대효과에 대해 충분히 설명한다.
③ 변화하지 않으면 도태될 수 있다는 긴박감과 위기감은 조성하지 않는다.
④ 변화관리를 위한 전문적인 체계와 기법, 전문가나 전담부서를 활용한다.
⑤ 세밀한 사전 준비와 사후 관리 등을 통해 혁신이 계획대로 추진되고 정착될 수 있도록 노력한다.

14 기업이 갖춰야 할 핵심역량의 조건에 대한 설명으로 옳지 않은 것은?

① 역량이 경쟁자 대비 높은 고객가치를 창출할 수 있도록 지원해야 한다.
② 역량이 시장에서 쉽게 거래될 수 있어야 한다.
③ 역량 모방이 불가능해야 한다.
④ 역량의 희소성이 있어야 한다.
⑤ 역량이 대체 불가능한 능력이어야 한다.

15 최근에 진행되고 있는 유통환경의 변화에 관한 설명으로 옳지 않은 것은?

① 구매의사결정과정에서 온라인과 오프라인간의 경계가 더욱 견고해졌다.
② 1인 가구의 증가로 인해 기존의 유통트렌드가 변화하고 있다.
③ 남여 성별 고정역할의 구분이 약해짐으로 인해 소비시장도 변하고 있다.
④ 시간의 효율적 사용을 원하는 고객의 요구가 증가하고 있다.
⑤ 고객이 직접 해외에서 구매하는 현상이 증가하고 있다.

16 조직의 외부에 존재하면서 조직의 의사결정이나 전반적인 조직 활동에 영향을 미치는 외부환경 (external environment) 중 거시환경(macro environment) 요소로 옳지 않은 것은?

① 시장구조적 환경 ② 경제적 환경
③ 기술적 환경 ④ 인구통계적 환경
⑤ 정치·법률적 환경

17 유통경로상 강력한 파워를 갖고 있는 구성원의 '우월적 지위의 남용'에 대한 사례로 옳지 않은 것은?

① 경쟁자 제품을 미리 망가뜨려 놓은 다음에 비교 테스트를 해서 판매계약을 따오는 사례
② 백화점이 경품행사를 하면서 경품비용을 납품업체의 상품대금에서 공제하는 사례
③ 대금지불 조건을 자신에게 일방적으로 유리하게 정하는 사례
④ 대금지급 시기를 일방적으로 늦추는 사례
⑤ 백화점이 납품업체에게 판매사원을 파견하도록 요구한 다음, 이들을 포장이나 물품하역 등 백화점 고유업무에 투입시키는 사례

18 유통산업발전법(시행 2018.5.1.)(법률 제14977호, 2017.10.31., 일부 개정)의 적용에서 배제되는 유통 기관이 아닌 것은?

① 농수산물도매시장
② 농수산물공판장
③ 민영농수산물도매시장
④ 가축시장
⑤ 중소유통공동도매물류센터

19 유통경로가 창출하는 효용 가운데 아래 글상자가 설명하는 효용으로 옳은 것은?

> 소비자가 제품이나 서비스를 사용할 수 있는 권한을 갖도록 유통경로가 도와줌으로써 발생하는 효용이다. 중간상들은 제조업체를 대신하여 고객들에게 신용판매나 할부판매를 제공함으로써, 제조업자에게서 소비자에게로 사용권한이 이전되는 것을 돕는다.

① 시간효용
② 장소효용
③ 소유효용
④ 보관효용
⑤ 기술효용

20 유통업체들 간의 경쟁을 유발하여 소비자 가격을 인하하기 위해, 유통업체가 자율적으로 판매가격을 정해서 표시할 수 있도록 허용하는 제도는?

① 하이로우(high-low) 제도
② EDLP 제도
③ 노마진 제도
④ 오픈프라이스(open price) 제도
⑤ 권장소비자가격 제도

21 아래 글상자 (㉠)과 (㉡)에 들어갈 용어가 옳게 나열된 것은?

> (㉠)에서는 사업자로부터 상품을 구매한 업체가 소비자에게 상품을 판매하는 B2B2C형태의 거래가 이루어진다.
> (㉡)에서는 업체가 제공하는 장소에서 소비자에게 직접 상품을 판매하는 C2C형태의 거래가 이루어진다.

① ㉠ 오픈마켓, ㉡ 카탈로그마케팅
② ㉠ 카탈로그마케팅, ㉡ 소셜커머스
③ ㉠ 소셜커머스, ㉡ 카탈로그마케팅
④ ㉠ 소셜커머스, ㉡ 오픈마켓
⑤ ㉠ 홈쇼핑, ㉡ T 커머스

22 모든 도매기능을 제공하는 완전기능 도매상과 달리 특징적인 몇 가지의 도매기능을 특화하여 수행하는 한정기능도매상으로 옳지 않은 것은?

① 직송 도매상　　　　　　　　　② 현금무배달 도매상

③ 한정상품 도매상　　　　　　　④ 트럭 도매상

⑤ 진열 도매상

23 전략 유형을 시장대응전략과 경쟁우위전략으로 구분할 때 시장대응전략만을 묶은 것으로 옳은 것은?

① 제품/시장믹스전략, 포트폴리오전략

② 원가우위전략, 포트폴리오전략

③ 차별화전략, 집중화전략

④ 제품/시장믹스전략, 차별화전략

⑤ 제품수명주기 전략, 집중화 전략

24 수직적 마케팅 시스템의 계약형 경로에 해당하지 않는 것은?

① 소매상 협동조합

② 제품 유통형 프랜차이즈

③ 사업형 프랜차이즈

④ 도매상 후원 자발적 연쇄점

⑤ SPA브랜드

25 유통경로 구성원의 기능을 크게 전방기능 흐름, 후방기능 흐름, 양방기능 흐름으로 나눌 때, 다음 중 후방기능 흐름만으로 바르게 짝지어진 것은?

① 물적 소유, 소유권

② 협상, 금융

③ 주문, 대금 결제

④ 소유권, 협상

⑤ 물적 소유, 위험부담

26 점포를 개설하기 위해서는 법률이 정하는 행정기관에 신고·지정·등록 또는 허가 절차를 밟아야 하는 경우가 많다. 점포 개설을 위해 "허가"를 받아야 하는 경우는?

① 다른 편의점에 인접한 편의점
② 약사 또는 한약사가 개설하는 약국
③ "유통산업발전법"(법률 제14997호, 2017.10.31., 일부개정) 상의 대규모점포
④ 전통상업보존구역에 개설하는 "유통산업발전법"상의 준대규모점포
⑤ 위에는 해당하는 경우가 없음

27 동선(動線)에 대한 설명 중에서 가장 옳지 않은 것은?

① 고객이 주로 승용차로 내점하는 점포의 경우에는 주 주차장에서 주 출입구까지가 동선이 된다.
② 올라가는 에스컬레이터의 경우에는 올라가기 전, 내려가는 에스컬레이터의 경우에는 내려가기 전이 최적의 입지가 된다.
③ 대규모 소매점은 고객이 각 층별로 돌아보기 때문에 각 층이 자석이 되고 이를 연결하는 에스컬레이터 가 동선이 된다.
④ 인스토어형의 동선의 경우, 주 출입구에서 에스컬레이터까지가 주동선이 된다.
⑤ 고객의 내점 수단이 도보인 경우 주 출입구에서 에스컬레이터까지가 주동선이 된다.

28 다음 중 소매상권의 크기와 형태를 결정하는 식접적인 요인이라고 보기 어려운 것은?

① 주변의 인구분포　　　　② 상품의 종류
③ 점포의 입지　　　　　　④ 종업원의 친절도
⑤ 점포에 대한 접근성

29 소매점포의 접근성에 관한 아래의 내용 중에서 옳은 것은?

① 점포의 입구는 한 개로 집중하는 것이 좋다.
② 점포를 건축선에서 후퇴하여 위치시키면 시계성, 인지성을 떨어뜨리므로 바람직하지 않다.
③ 보도의 폭이 좁을수록 보행자의 보속이 느려지므로, 소매점에 대한 시계성이나 인지성을 높일 수 있다.
④ 계단이 있거나 장애물이 있는 건물은 목적성이 낮고 경쟁점이 많은 업종에 상대적으로 유리하다.
⑤ 고객의 목적구매 가능성이 높은 업종은 접근성이 시계성에 별 영향을 미치지 않는다.

30 아래 글상자의 내용 가운데 상권분석 및 입지전략수립의 목적으로 타당한 것만을 나열한 것은?

> ⊙ 매출 추정　　　　　　　　　　ⓛ 업종 선택
> ⓒ 적정 임차료 추정　　　　　　　ⓔ 성공적인 점포경영

① ⊙

② ⊙, ⓛ

③ ⊙, ⓒ

④ ⊙, ⓛ, ⓒ

⑤ ⊙, ⓛ, ⓒ, ⓔ

31 아래 글상자에 기술된 소매점포의 매출 추정 방법의 유형으로 가장 옳은 것은?

> 취급하는 상품에 대한 상권의 총 시장규모를 파악하고, 경쟁점포들과의 상대적 경쟁력을 고려하여 자사 매출을 추정한다. 상대적 경쟁력은 매장면적을 활용해 판단한다.

① 비율법

② 유추법

③ 회귀분석법

④ 체크리스트법

⑤ 확률모형적용법

32 전통적인 도심 상업지역인 중심상업지역(CBD)의 경쟁우위 요인으로 가장 옳은 것은?

① 대중교통이 편리해 유동인구가 많다.

② 원래 계획적으로 개발되어 쇼핑이 편리하다.

③ 고객용 주차공간이 충분하다.

④ 점포가 산재되어 상권범위가 좁다.

⑤ 주거인구가 지속적으로 증가한다.

33 다음의 여러 상권분석 방법 가운데서 기존 점포를 이용하는 소비자의 공간적 분포 분석에 주로 활용되는 방법은?

① 라일리(Reilly)의 소매인력모형법

② 허프(Huff)의 소매인력법

③ 고객점표법(Customer Spotting Technique)

④ 아날로그(Analog) 방법

⑤ 컨버스(Converse)의 소매인력이론

34 일반적으로 소매점의 입지결정에 영향을 미치는 요인으로서 가장 옳지 않은 것은?

① 자동차의 보급률 ② 주택단지의 분포

③ 행정구역의 경계 ④ 소매단지의 분포

⑤ 소매상권의 계층화 정도

35 넬슨(R. L. Nelson)은 소매점이 입지를 선정할 때 지켜야 할 여덟 가지 원칙 중에서 향후 생길 수 있는 경쟁점포의 입지, 규모, 형태 등을 고려하여 자신의 사업장이 경쟁력을 유지할 수 있을지를 확인해야 한다는 원칙은 무엇인가?

① 경쟁점포 회피의 원칙

② 상권 잠재력의 원칙

③ 점포 접근가능성의 원칙

④ 입지 누적흡인력의 원칙

⑤ 입지 양립성의 원칙

36 소매점포를 개점하기 전에 실시하는 투자분석에 대한 설명으로 가장 옳지 않은 것은?

① 예상매출액을 기준으로 손익분석을 실시한다.

② 매출이익, 영업이익, 경상이익, 순이익 등 다양한 이익을 추정한다.

③ 투자수익률은 연간 매출이익을 총 투자액으로 나눈 것이다.

④ 투자수익률을 12로 나누어 월단위의 투자회수기간을 추정한다.

⑤ 투자회수기간은 짧을수록 바람직하다.

37 상권분석방법은 규범적 모형(normative methods)과 기술적 방법(descriptive methods)으로 구분될 수 있다. 이 중 기술적 방법에 포함될 수 있는 하나는?

① 공간적 상호작용모델

② 중심지이론

③ 유추법

④ 라일리(Reilly)의 소매인력이론

⑤ 컨버스(Converse)의 소매분기점

38 아래의 내용 중 크리스탈러(Christaller)의 중심지이론과 관련된 설명으로 적절하지 않은 것은?

① 중심지는 배후거주지역에 대해 다양한 상품과 서비스를 제공하고 교환의 편의를 도모하기 위해 상업 및 행정기능이 밀집된 장소를 말한다.

② 중심지 간에 상권의 규모를 확대하기 위한 경쟁이 발생되어 배후지가 부분적으로 중첩되는 불안정한 구조가 형성될 수 있다.

③ 최대도달거리란 중심지가 수행하는 유통서비스기능이 지역거주자들에게 제공될 수 있는 최대(한계) 거리를 말한다.

④ 상업중심지의 정상이윤 확보에 필요한 최소한의 수요를 발생시키는 상권범위를 최소수요 충족거리라고 한다.

⑤ 중심지가 한 지역 내에서 단 하나 존재한다면 가장 이상적인 배후상권의 형상은 정육각형으로 형성될 것이다.

39 소매단지의 "업종친화력"은 입점한 소매점들의 업종 연관성을 의미한다. 업종친화력이 높으면 누적유인의 효과가 커지는 반면, 차별화에 실패하면 인근점포들과 극심한 경쟁을 벌여야 한다. 따라서 점포입지를 선정할 때는 상업단지의 업종친화력을 고려해야 한다. 일반적으로 업종친화력이 가장 낮은 상업단지는?

① 대학가 상가

② 부도심 역세권 상가

③ 사무실 지역 상가

④ 대학입시학원가 상가

⑤ 작은 평수 아파트의 단지 상가

40 최근 상권분석을 위해 활용도가 높아지고 있는 GIS(Geographic Information System)에 대한 설명으로 옳지 않은 것은?

① 컴퓨터를 이용한 지도작성체계와 데이터베이스관리체계(DBMS)의 결합이다.

② 지도레이어는 점, 선, 면을 포함하는 개별 지도형상으로 구성되어 있다.

③ gCRM을 실현하는 데 기본적 틀을 제공할 수 있다.

④ 주제도작성, 데이터 및 공간조회, 버퍼링(buffering)을 통해 효과적인 상권분석이 가능하다.

⑤ 심도 있는 분석을 위해 상권의 중첩(overlay)을 표현하는 작업은 아직 한계점으로 남아있다.

41 다수의 점포를 운영하는 체인점 등에서 비교적 활용도가 높은 회귀분석(regression analysis)의 기본적 특성이나 적용과정에 대한 설명으로 내용이 옳지 않은 것은?

① 실무적으로는 유사한 거래특성과 상권을 가진 점포들의 표본을 충분히 확보하기 어렵다는 문제점을 지닌다.

② 모형의 독립변수들이 서로 독립적이고 상호관련성이 없다고 가정하는 회귀분석의 기본 특성을 고려해야 한다.

③ 단계적 회귀분석(stepwise regression)기능을 사용하면 다중공선성의 문제를 해결하는 데 도움이 될 수 있다.

④ 다양한 변수를 체계적으로 고려하여 각 변수들이 점포의 성과에 미치는 상대적인 영향에 대해 계량적으로 설명할 수 있다.

⑤ 루스(Luce)의 선택공리를 적용하였으므로 허프(Huff)모델과 같이 확률선택모형으로 분류하기도 한다.

42 다양한 입지조건 중 도로의 구조나 통행로의 특성에 따라 입지의 유리함과 불리함을 설명할 때 일반적으로 옳지 않은 것은?

① T형 교차로의 막다른 길에 점포가 입지한 경우 4방향 교차로에 비해 불리하다.

② 'C'자와 같이 굽은 곡선형 도로의 안쪽에 입지해 있는 점포는 시계성에 있어서 불리하다.

③ 평지의 주도로와 만나는 경사진 보조도로에 입지한 점포는 평지보다 시계성에 있어 불리하다.

④ 점포의 업종별로 인근 거주자의 출퇴근 동선(방향)에 따라 입시의 매력도 평가가 달라질 수 있다.

⑤ 방사형 도로에 있어서 교차점은 통행이 분산되는 지점으로 상대적으로 불리하다.

43 입지의 지리적 조건에 관한 아래의 내용 중에서 옳지 않은 것은?

① 이용 측면에서는 사각형의 토지가 좋다.

② 삼각형 토지의 좁은 면은 좋은 입지가 될 수 있다.

③ 일정규모 이상의 면적이라면 자동차 출입이 편리한 각지(角地)가 좋다.

④ 인지성이 좋은 지역이 좋은 입지이다.

⑤ 직선 도로의 경우 시계성이 좋고 좌·우회전이 용이한 도로변이 좋다.

44 다음 상권과 입지의 기본적 개념과 특징에 관련된 설명 중에서 옳지 않은 것은?

① '입지를 강화한다'는 것은 점포가 더 유리한 조건을 갖출 수 있도록 점포의 속성들을 개선하는 것을 의미한다.

② 상권은 점포를 이용하는 소비자들이 분포하는 공간적 범위를 의미하거나 점포의 매출이 발생하는 지역범위이다.

③ 입지는 점포를 경영하기 위해 선택한 장소 또는 그 장소의 부지와 점포주변의 위치적 조건을 의미한다.

④ 입지 평가항목에는 주변 거주인구, 유동인구, 경쟁점포의 수 등이 있고 상권 평가항목에는 점포의 면적, 층수, 교통망 등이 있다.

⑤ 상권은 일정한 공간적 범위(boundary)로 표현되고 입지는 일정한 위치를 나타내는 주소나 좌표를 가지는 점(point)으로 표시된다.

45 상권의 경계를 파악하기 위해 간단하게 활용할 수 있는 티센다각형(Thiessen polygon) 모형에 대한 설명으로 옳지 않은 것은?

① 공간독점접근법에 기반한 상권 구획모형의 일종이다.

② 소비자들이 가장 가까운 소매시설을 이용한다고 가정한다.

③ 소매 점포들이 규모나 매력도에 있어서 유사하다고 가정한다.

④ 일반적으로 티센다각형의 크기는 경쟁수준과 정의관계를 가진다.

⑤ 신규점포의 입지가능성을 판단하기 위한 상권범위 예측에 사용될 수 있다.

3과목	유통마케팅

46 고객관계관리에 대한 설명으로 옳지 않은 것은?

① 시장점유율보다는 고객점유율에 비중을 둔다.

② 고객획득보다는 고객유지에 중점을 두는 것이 바람직하다.

③ 상품판매보다는 고객관계에 중점을 둔다.

④ 획일적 메시지보다는 고객요구에 부합하는 맞춤 메시지를 전달한다.

⑤ 고객맞춤전략은 고객관계관리에 부정적인 영향을 미친다.

47 아래 글 상자에서 설명하는 유통마케팅 자료분석 기법으로 옳은 것은?

> - 경쟁상품들의 포지셔닝맵을 작성하는 데 주로 사용된다.
> - 유통서비스들에 대한 고객의 인지구조를 지도화 하여 핵심 개념들의 차원을 규명하는 데 사용된다.
> - 유사성 자료 또는 근접성 자료를 공간적 거리로 시각화 한다.

① 시계열분석   ② 다차원척도법
③ 컨조인트분석   ④ 회귀분석
⑤ 군집분석

48 경로 갈등에 대한 내용으로 옳지 않은 것은?

① 경로 구성원 간의 갈등은 여러 가지 다른 상황과 요인 때문에 발생하며, 넓은 맥락에서 갈등이 항상 나쁜 것은 아니다.
② 수평적 갈등은 동일한 경로단계상의 구성원들 사이에서 발생하는 갈등을 의미한다.
③ 수직적 갈등은 제조업자와 도매상 같이 서로 다른 경로단계를 차지하는 구성원들 사이에서 발생하는 갈등이다.
④ 분배적 공정성은 분쟁을 해결하거나 자원을 할당하는 과정에서 다른 경로구성원들과 비교했을 때 동등하고 공평한 대우를 받는 것과 관련된다.
⑤ 상호작용적 공정성이란 경로구성원에게 실질적인 자원할당이 적정하게 이루어졌는지에 대한 지각을 뜻한다.

49 소비자가 지각한 가치를 기준으로 한 가격결정법에 대한 설명으로 옳지 않은 것은?

① 제품가격이 소비자들의 유보가격보다 높으면 소비사늘은 비싸다고 인식한다.
② 최저수용가격보다 낮으면 가격은 싸다고 인식하지만 품질에 의심을 가진다.
③ 소비자들이 해당 제품에 대해 지각하는 가치 수준에 맞추어 가격을 결정하는 방법이다.
④ 준거가격이란 소비자가 적정하다고 판단하는 수준의 가격이다.
⑤ 구매를 유도하려면 유보가격과 준거가격 사이에서 가격을 설정해야 한다.

50 아래 글상자에 설명된 가격조정전략으로 옳은 것은?

> 제조업자가 일반적으로 수행해야 할 업무(마케팅기능)의 일부를 중간상이 수행할 경우, 발생한 경비의 일부를 제조업자가 부담하는 것이다.

① 현금할인   ② 거래할인
③ 판매촉진지원금   ④ 수량할인
⑤ 계절할인

51 아래 글상자에서 설명하는 소매점 고객서비스의 유형으로 옳은 것은?

> – 고객에게 강렬한 점포 이미지를 심어주는 고객서비스 유형이다.
> – 무형의 서비스이지만 서비스의 본질이다.
> – 다른 서비스 유형의 품질 지각에도 중요하게 작용한다.
> – 교육을 통해 고객을 친절하게 대하는 점포문화를 만드는 것이 필요하다.

① 고객응대   ② 정보제공
③ 세일 및 사은행사   ④ 배달 및 배송
⑤ 교환 및 환불

52 EDLP(everyday low price) 가격전략의 특징으로 옳지 않은 것은?

① 경쟁소매업체와 동일하거나 더 낮은 가격을 설정한다.
② 규모의 경제, 효율적 물류시스템, 경영 개선 등을 통한 저비용화가 이루어져야 실행 가능하다.
③ 언제나 저가격으로 소비자가 구입시점을 지연시키지 않기 때문에 판매 예측이 가능하다.
④ 경쟁자와의 지나친 가격전쟁 압박 때문에 세일광고에 많은 노력을 기울여야 한다.
⑤ 경쟁사보다 저렴하지 않은 경우 가격 차액을 환불해 주기도 한다.

53 신규고객 창출을 위한 CRM활동에 대한 설명으로 옳지 않은 것은?

① 마일리지 프로그램을 통해 구매액에 따른 포인트 적립 및 적립 포인트에 따른 혜택을 제공한다.
② 제휴마케팅을 통해 타 기업과의 공식적인 제휴를 맺음으로 타사 고객을 자사 고객으로 유치한다.
③ 정기적 혹은 비정기적 이벤트를 전개하여 잠재고객을 확보한다.
④ 고객센터, 홈페이지 등을 통해 잠재고객을 대상으로 프로모션 활동을 전개한다.
⑤ 이탈고객의 리스트를 작성하고 이들 중 수익창출 가능성이 있는 고객들을 대상으로 프로모션 활동을 전개하여 재활성화 한다.

54 아래 글상자에서 설명하는 소비용품의 유형으로 가장 옳은 것은?

> – 구매빈도 : 비교적 가끔 구매됨
> – 고객구매행동 : 상당한 구매계획 및 쇼핑노력을 기울임
> – 유통 : 비교적 소수의 소매점을 통한 선별적 유통
> – 촉진 : 제조업체와 유통업체에 의한 광고를 주로 이용함
> – 예 : 주요 내구재, TV, 가구, 의류

① 편의품   ② 선매품
③ 전문품   ④ 미탐색품
⑤ 산업용품

55 단품관리전략의 기대효과로 옳지 않은 것은?

① 품절이 줄어든다
② 상품구색이 증가한다.
③ 과잉 재고가 줄어든다.
④ 매대생산성이 증가한다.
⑤ 무리한 가격인하가 줄어든다.

56 소매수명주기이론에서 단계별 소매상의 전략으로 옳지 않은 것은?

① 도입기에는 이익수준이 낮아 위험부담이 높기 때문에 투자를 최소화한다.
② 도약기에는 시장을 확장하고 수익을 확보하기 위한 공격적인 침투전략을 수행한다.
③ 성장기에는 성장유지를 위해 투자수준을 높이며 시장위치를 선점하는 전략을 수행한다.
④ 성숙기에는 소매개념을 수정하여 성숙기를 지속시키기 위한 전략을 수행한다.
⑤ 쇠퇴기에는 자본의 지출을 최소화하며 시장에서의 탈출을 모색한다.

57 PR(Public Relations)에 대한 설명으로 옳지 않은 것은?

① 소비자뿐만 아니라 기업과 관련된 이해관계자들을 대상으로 한다.
② 제품 및 서비스에 대한 호의적 태도와 기업에 대한 신뢰도 구축을 병행한다.
③ 기업을 알리는 보도나 캠페인을 통해 전반적인 여론의 지지를 얻고자 한다.
④ 제품과 서비스에 대한 정보제공 및 교육 등의 쌍방향 커뮤니케이션 활동이다.
⑤ 기업 활동에 영향을 미치는 주요 공중과의 관계구축을 통해 호의를 얻어내고자 하는 것이다.

58 아래 글상자에 기술된 소매상의 변천과정과 경쟁에 대한 이론으로 옳은 것은?

> 새로운 형태의 소매상은 시장진입초기에 저가격, 저마진, 저서비스의 가격소구 방식으로 소매시장에 진입하여 기존의 고가격, 고마진, 높은 서비스로 다른 소매업태와 경쟁하게 된다. 성공적인 진입 후, 경쟁우위를 확보하기 위해 세련된 설비와 서비스를 더해 가면서 고비용, 고가격, 고서비스의 소매점으로 전환된다. 이러한 소매환경의 변화는 새로운 유형의 혁신적인 소매점이 저가격, 저마진, 저서비스로 시장에 진입할 수 있는 여지를 제공하게 되어 동일한 패턴의 변화가 반복된다.

① 소매수레바퀴가설
② 적응행동이론
③ 소매아코디언 이론
④ 변증법적 과정
⑤ 자연도태설

59 집중화 전략에 대한 설명으로 옳은 것은?

① 전체 시장의 구매자들을 대상으로 동일한 마케팅전략을 집중하는 것이다.
② 하나의 구매자 세분시장을 대상으로 하여 그 시장에 마케팅전략을 집중하는 것이다.
③ 상이한 욕구를 지닌 두 세분시장에 동일한 마케팅전략을 집중하는 것이다.
④ 시너지 효과를 극대화하기 위해 현재적 구매자 세분시장과 잠재적 구매자 세분시장을 동시에 집중하는 것이다.
⑤ 시장을 세분화하고 각각의 집단에 대해 상이한 전략을 개발하는 것이다.

60 아래 글상자에서 설명하는 용어로 옳은 것은?

> 구매하는 제품에 대하여 비교적 저관여 상태이며 제품의 각 상표 간 차이가 뚜렷한 경우에 보이는 소비자들의 구매행동이다. 이러한 경우 소비자들은 자주 상표를 전환한다.

① 다양성 추구 구매행동   ② 타성적 구매행동
③ 부조화 감소 구매행동   ④ 복잡한 구매행동
⑤ 비계획적 구매행동

61 소셜 커머스(social commerce)에 대한 설명으로 옳지 않은 것은?

① 소셜 미디어와 온라인 미디어를 활용한 전자상거래의 일종이다.
② 초기에는 음식점, 커피숍, 공연 등 지역기반 서비스상품에 대한 공동구매로 시작하였다.
③ 일정수의 소비자들이 모여서 공동구매를 통해 가격하락을 유도하기도 한다.
④ 스마트폰을 이용한 모바일 소셜 커머스 판매량은 점점 낮아지는 추세이다.
⑤ 상품 카테고리별로 좋은 상품을 공급할 수 있는 판매자를 발굴하고, 이들과 가격조건 등에 대해 협상하는 상품기획자의 역할이 중요하다.

62 아래 글상자에서 풀전략(pull strategy)에 대한 설명으로 옳은 것은?

> ㉠ 최종소비자를 상대로 판매촉진활동을 한다.
> ㉡ 중간상을 대상으로 판매촉진활동을 한다.
> ㉢ 소비자의 상표인지도와 충성도를 높이기 위한 방법이다.
> ㉣ 수량할인, 인적판매, 구매시점 디스플레이, 협동광고 등에 치중한다.

① ㉡, ㉢   ② ㉡, ㉣
③ ㉢, ㉣   ④ ㉠, ㉢
⑤ ㉠, ㉣

63 아래 글상자의 사례에서 사용된 소비자 판촉도구로 옳은 것은?

> 오레오(OREO)과자로 잘 알려진 미국의 식품회사 나비스코(Nabisco)는 매년 학생들의 개학에 맞추어 이 판촉도구를 적극 활용한다. 점심 도시락과 방과 후 간식 용도에 대한 소비자 주목을 극대화할 수 있도록 디자인한다. 이 판촉도구는 광고 안내판 형식을 취하며, 종종 실제 제품을 전시하기도 한다. 일반적으로 계산대 근처나 통로 끝과 같이 통행량이 많은 장소에 위치한다.

① 샘플(sample)
② PPL(product palcement)
③ 쿠폰(coupon)
④ POP(point of purchase)
⑤ 가격할인 패키지(price packs)

64 아래 글상자에서 설명하는 용어로 옳은 것은?

> 유통업체에 의해 개발이 이루어지고, 유통업체로부터 위탁을 받은 제조업체에 의해 생산된 후, 유통업체의 이름이나 유통업체가 개발한 브랜드 명으로 해당 유통업체의 매장에서 판매되는 상품

① National Brand
② Private Brand
③ Private National Brand
④ Family Brand
⑤ Corporate Brand

65 비주얼 프리젠테이션에 대한 설명으로 옳지 않은 것은?

① 테마에 따른 시각적 전시공간을 말한다.
② 흔히 쇼 스테이지나 쇼윈도 등에서 전개된다.
③ 고객들의 눈에 띄기 쉬운 공간에 잡화 등을 활용하여 사용법이나 용도 등을 제시한다.
④ 강조하고 싶은 상품만을 진열하며 POP 등에 상품의 기능을 담아 소개한다.
⑤ AIDMA법칙의 A(주의)나 I(흥미)를 유도하는 데 효과적인 방법이다.

66 아래 글상자에서 설명하는 용어로 옳은 것은?

> - 연관된 상품을 함께 진열하거나 연관된 상품을 취급하는 점포들을 인접시키는 것을 의미함
> - 이를 통해 고객들이 연관된 상품들을 동시에 구매하도록 유도할 수 있음
> - 대표적인 예로 샴푸, 린스, 정장, 넥타이, 구두, 셔츠 등에 사용할 수 있음

① Mix Merchandising
② Cross Merchandising
③ Double Merchandising
④ Visual Merchandising
⑤ Triple Merchandising

67 격자형 레이아웃(grid layout)에 대한 설명으로 옳지 않은 것은?

① 레이아웃 변경이 자유롭고 상품의 노출도가 크다.

② 어느 건물에나 적용할 수 있어 건물 코스트가 낮아진다.

③ 통로 낭비가 적어 면적을 유용하게 사용할 수 있고, 많은 상품 진열이 가능하다.

④ 동선계획으로 고객 흐름을 통제할 수 있다.

⑤ 매장 진열 구조의 파악이 용이하다.

68 매장 외관 중 쇼윈도(show window)에 관한 설명으로 옳지 않은 것은?

① 매장의 외관을 결정짓는 요소이며, 주된 연출공간이다.

② 수평라인보다 돌출하거나 들어가는 각진형은 소비자를 입구쪽으로 유도한다.

③ 윈도우가 없으면 궁금해진 소비자가 매장으로 들어오는 효과가 발생하기도 한다.

④ 매장의 제품을 진열하는 효과는 있으나 점포의 이미지를 표현할 수는 없다.

⑤ 윈도우 설치형태에 따라 폐쇄형, 반개방형, 개방형, 섀도박스(shadow box)형이 있다.

69 점포 디자인의 요소로 옳지 않은 것은?

① 외장 디자인   ② 내부 디자인
③ 진열 부분   ④ 레이아웃
⑤ 점포 면적

70 공급업체와 유통업체가 장기적 협력관계를 구축하려고 할 경우, 공급업체가 유통업체를 평가하는 기준을 모두 고르면?

> ㉠ 경제성 : 유통업체의 판매액, 비용, 수익성 등
> ㉡ 통제성 : 공급업체의 상품에 대한 유통업체의 마케팅전략을 조정할 수 있는 정도
> ㉢ 적응성 : 환경변화에 적응하여 유통업체와의 관계를 유연하게 조정할 수 있는 정도

① ㉠   ② ㉠, ㉡
③ ㉠, ㉢   ④ ㉡, ㉢
⑤ ㉠, ㉡, ㉢

71 데이터마이닝 기법과 CRM에서의 활용용도를 연결한 것으로 가장 옳지 않은 것은?

① 군집화 규칙 – 제품 카테고리
② 분류 규칙 – 고객이탈 수준 등급
③ 순차 패턴 – 로열티 강화 프로그램
④ 일반화 규칙 – 연속 판매 프로그램
⑤ 연관 규칙 – 상품 패키지 구성 정보

72 아래 글상자의 내용에 공통적으로 관련된 정보기술로 옳은 것은?

매트로 그룹의 기반 정보시스템은 고객들이 혼자서 상품정보, 세일 등의 판매정보 등을 알 수 있어, 매장 내 상주직원을 둘 필요가 없고, 고객들도 편하게 매장을 둘러볼 수 있어 고객만족도를 높였다. 월마트는 이 정보시스템 도입 3년 후에 결품률이 평균 16% 줄었으며, 소량판매제품의 경우 최대 38% 감소한 것으로 나타났다. 또한 신속한 재고파악, 도난방지, 계산시간 단축 등의 효과를 창출하였다.

① RFID
② BEACON
③ BYOD
④ FINTECH
⑤ TAG

73 O2O(Online to Off-line) 커머스에 대한 설명으로 옳은 것은?

① O2O 커머스는 온라인과 오프라인 사이의 경계를 사라지게 만들어서 소비자들에게 보다 편리한 쇼핑을 하도록 도움을 준다.
② O2O 커머스는 O2O 플랫폼 사업자가 소비자와 소비자를 연결함으로써 소비자들 사이의 편리한 거래에 도움을 제공해 준다.
③ O2O 커머스는 재고관리 비용을 증가시키기 때문에 유통업체 입장에서 선호되지 않고 있다.
④ O2O 커머스는 사물인터넷 기술 발전에 따라 점진적으로 감소하고 있다.
⑤ O2O 커머스는 결재 분야의 핀테크 기술과의 연결성 문제로 발전하지 못하고 있다.

74 의사결정시스템에 대한 설명으로 옳지 않은 것은?

① 최고경영층은 주로 비구조적 의사결정에 대한 문제에 직면해 있고, 운영층은 주로 구조적 의사결정에 대한 문제에 직면해 있다.
② 운영층은 의사결정지원시스템을 이용해 마케팅 계획 설계, 예산 수립 계획 등과 같은 업무를 한다.
③ 의사결정지원시스템은 수요 예측 문제, 민감도 분석 등에 활용된다.
④ 의사결정지원시스템을 이용해 의사결정의 품질을 높이기 위해서는 의사결정지원시스템에서 활용하는 데이터의 품질을 개선해야 한다.
⑤ 의사결정지원시스템의 의사결정 품질 개선을 위해 딥러닝(deep learning)과 같은 고차원적 알고리즘 (algorism)이 활용된다.

75 엑세스 로그파일(access log file)을 통해 얻을 수 있는 정보로 가장 옳지 않은 것은?

① 방문 경로
② 사용자의 아이디
③ 웹사이트 방문 시간
④ 웹브라우저의 설치 시기
⑤ 웹사이트에서 수행한 작업 내용

76 아래 글상자의 괄호 안에 들어갈 용어를 순서대로 짝지은 결과로 옳은 것은?

(㉠)은(는) 상황정보, 경험, 규칙, 가치가 포함되어 체계화된 결과로 인과, 원인관계를 형성하여 새로운 가치를 창출해 낸 또 다른 사실
피터드러커는 관련성과 목적성이 부여된 사실들을 (㉡)(이)라고 하였음
(㉢)은(는) "45개의 재고가 남아있다"와 같이 구체적이고 객관적인 사실 또는 관찰 결과

① ㉠ 데이터   ㉡ 정보   ㉢ 지식
② ㉠ 지혜   ㉡ 지식   ㉢ 데이터
③ ㉠ 정보   ㉡ 지식   ㉢ 사실
④ ㉠ 지식   ㉡ 정보   ㉢ 데이터
⑤ ㉠ 지식   ㉡ 데이터 ㉢ 사실

77 가망고객발굴을 위해 기존 고객에 대한 CRM 분석 전략에 대한 설명으로 옳지 않은 것은?

① 고객프로필분석 – 연령, 직업, 취미, 학력 등 전체 고객층 분석

② 하우스–홀딩분석 – 현 고객의 가족상황, 프로필, 성향 등 분석

③ 인 바운드분석 – 담당영업사원, A/S사원의 피드백이나 불만접수 대응 분석

④ 현고객구성원분석 – 고객의 성격, 사용실태, 충성도 분석

⑤ 외부데이터분석 – 제휴업체의 고객데이터 분석

78 웹마이닝 분석기법에 대한 설명으로 옳지 않은 것은?

① 웹콘텐츠마이닝 – 웹 사이트를 구성하는 페이지 내용 중 유용한 정보를 추출하기 위한 기법

② 웹구조마이닝 – 웹상에 존재하는 하이퍼텍스트로 구성된 문서들의 구조에 대하여 마이닝하는 기법

③ 웹사용마이닝 – 방문자들의 웹페이지 사용패턴을 분석하는 기법

④ 웹사용마이닝 – 웹로그파일분석은 웹사용마이닝의 한 부분

⑤ 웹콘텐츠마이닝 – 텍스트 중심으로 분석을 수행하는 데이터마이닝 기법

79 아래 글상자에서 설명하는 임대형 쇼핑몰 구축 솔루션으로 가장 옳은 것은?

> 웹상에서 콘텐츠를 저작하고 출판할 수 있는 오픈 소스(Open Source) 콘텐츠 관리 시스템(Content Management System – CMS)으로, 홈페이지처럼 자체적인 도메인과 호스팅을 이용할 수 있으며 자유롭게 콘텐츠 제작, 배포 및 키워드 검색을 할 수 있다. 또한 반응형 레이아웃 기반으로 별도의 모바일 페이지나 앱의 구축이 불필요하고 전용 쇼핑몰 구축에 용이하다.

① 가비아(Gabia) ② 고도몰(godomall)

③ 카페24(cafe24) ④ 메이크샵(MakeShop)

⑤ 워드프레스(WordPress)

80 아래 글상자에서 설명하는 용어로 가장 옳은 것은?

> 오프라인에서 상품을 살펴본 뒤 실제 구매는 모바일이나 온라인을 통해 가격을 비교하고 구매를 하는 것

① 모루밍(Morooming) ② 쇼루밍(Showrooming)

③ 웹루밍(Webrooming) ④ 역모루밍(Reverse Morooming)

⑤ 역쇼루밍(Reverse Showrooming)

81 2가지 크기와 6가지 색상이 있는 제품을 포장지의 삽화 유무로 나누어 낱개로 또한 10개들이 박스와 20개들이 박스로도 판매될 경우 각 조합을 고유하게 식별하기 위해 필요한 상품식별코드(GTIN)의 총수로 가장 옳은 것은?

① 10개
② 24개
③ 30개
④ 36개
⑤ 96개

82 아래 글상자에서 설명하는 용어로 가장 옳은 것은?

> 구매자가 가진 재고의 보충에 대한 책임을 공급자에게 이전하는 구매 전략이다. 따라서 구매자가 보유한 재고의 소유권은 제품이 판매되는 시점에 구매자에게 이양되는 구조를 가지게 된다.

① EDI
② VMI
③ CAO
④ CMI
⑤ QR

83 바코드 기반의 POS시스템을 통해 관리되는 데이터에 대한 설명으로 옳지 않은 것은?

① 제조사별 단품순위
② 판매실적 구성비
③ 단품별 판매순위
④ 단품별 판매동향
⑤ 제품별 유통이력

84 POS시스템에 관련된 설명으로 옳지 않은 것은?

① 판매시점 기준 정보관리 지원
② 상품 판매동향 분석을 통해 인기/비인기 제품을 신속하게 파악할 수 있도록 지원
③ 시스템 기기의 사양이 다르면 점포간 판매동향 비교, 분석이 불가능
④ '무엇이 몇 개나 팔렸는가'에 대한 정보를 제공
⑤ 인터넷 기반으로 구축된 경우 매장 이외의 장소에서도 매출 등 정보 확인 가능

85 아래 글상자의 내용에 부합되는 SCM 주요기법의 종류로 가장 옳은 것은?

> 이것은 1985년 미국의 패션어패럴 산업에서 '공급체인의 상품 흐름을 개선하기 위하여 소매업자와 제조업자의 정보공유를 통해 효과적으로 원재료를 충원하고, 제품을 제조하고, 유통함으로써 효율적인 생산과 공급체인의 재고량을 최소화 시키려는 전략'이다.

① QR(Quick Response)

② CAO(Computer Assisted Ordering)

③ CMI(Co-Managed Inventory)

④ CRP(Continuous Replenishment Program)

⑤ ECR(Efficient Consumer Response)

86 효율적인 지식베이스 시스템이 되기 위한 조건으로 가장 옳지 않은 것은?

① 대량의 지식의 고속 탐색 및 갱신이 요구된다.

② 추론 기능과 유연한 지식 조작 기능이 요구된다.

③ 지식의 표현은 이해하기 쉬운 표현법이 요구된다.

④ 고도의 인간-기계 인터페이스(Man-Machine Interface) 기능이 요구된다.

⑤ 취급 지식은 비구조화된 데이터 군을 단위로 하는 데이터가 요구된다.

87 지식 포착 기법에 대한 설명으로 가장 옳지 않은 것은?

① 인터뷰 – 개인의 형식적 지식을 암묵적 지식으로 전환하는 데 사용하는 기법이다.

② 현장관찰 – 관찰대상자가 문제를 해결하는 행동을 할 때 관찰, 해석, 기록하는 프로세스이다.

③ 브레인스토밍 – 문제에 대하여 둘 이상의 구성원들이 자유롭게 아이디어를 생산하는 비구조적 접근방법이다.

④ 스토리 – 조직학습을 증대시키고, 공통의 가치와 규칙을 커뮤니케이션하고, 암묵적 지식의 포착, 코드화, 전달을 위한 뛰어난 도구이다.

⑤ 델파이 방법 – 다수 전문가의 지식포착 도구로 사용되며, 일련의 질문서가 어려운 문제를 해결하는 데 대한 전문가의 의견을 수렴하기 위해 사용된다.

88 지식경영이 중요한 경영기법의 하나로 자리 잡게 된 배경으로 가장 옳지 않은 것은?

① 지식경영은 프로젝트 지식을 재활용할 수 있도록 유지하는 기회를 제공하기 때문이다.

② 지식경영은 복잡하고 중요한 의사결정을 빠르고, 정확하고, 반복적으로 수행할 수 있도록 지원하기 때문이다.

③ 지식경영은 조직의 효율성과 효과성 향상을 위해 지식을 기반으로 혁신하여 경쟁할 수 있기 때문이다.

④ 지식경영은 대화와 토론을 장려하여 효과적 협력과 지식공유를 위한 단초를 제공하기 때문이다.

⑤ 지식경영은 조직이 지식경제에서 빠르게 변화하는 경쟁환경에 효과적으로 대응하기 위해 지식노동자 개인의 암묵적 지식 축적을 장려하기 때문이다.

89 아래 글상자의 (   ) 안에 들어갈 용어로 옳은 것은?

> (   )은(는) 원래 봉화나 화톳불 등 위치와 정보를 수반한 전달 수단을 가리키는 말이었고, 사전적 의미로는 등대·경광등·무선 송신소 등이지만 21세기 초부터는 주로 '무선 표식'을 지칭하는 용어이다. 이는 본질적으로 위치를 알려주는 기준점 역할을 하며, 정보를 전달하기 위해서는 통신기술(단거리 전용 통신방식(DSRC), 초음파, 적외선, 블루투스, CDMA, LTE, WiFi, LiFi 등) 활용이 필요하다. 신호를 전송하는 방법에 따라 사운드 기반의 저주파 (   ), LED (   ), 와이파이 (   ), 블루투스 (   ) 등으로 구분한다. 이 서비스는 스마트폰 앱이 (   ) 신호를 수신해 전용서버에 질의하면 서버가 정보를 취득, 앱에 표시하는 방식으로 작동한다. 물류, 유통분야에서는 창고 내 재고·물류 관리, 센서를 이용한 온도 관리, 전용 AP를 복수로 설치해 어디에 무엇이 있는지 확인하는 등에 활용되고 있다.

① 드론(Drone)

② 무인자동체

③ 비콘(Beacon)

④ 딥러닝(Deep-learning)

⑤ NFC(Near Field Communication)

90 유통 및 물류 부분에서 사물인터넷(Internet of Things) 기술 활용에 대한 설명으로 옳지 않은 것은?

① 아마존(Amazon)은 유통현장에서 사물인터넷 기술을 이용해 무인매장에서 활용할 수 있는 시스템인 아마존고(Amazon Go)를 개발하였다.

② 유통업체에서는 전자상거래 규모 증대에 따라 다양한 유통채널(예 온라인, 모바일) 통합을 위해 IT 부분에 많은 투자를 하고 있다.

③ 유통업체에서는 공급사슬에서의 정보공유가 기업의 경쟁력을 약화시키기 때문에 정보공유에 부정적인 견해를 가지고 있다.

④ 최근 유통업체들은 고객 빅데이터 분석을 통해 고객의 특성을 파악하고, 이에 기반해 다양한 고객 관계관리 전략을 수립해 활용하고 있다.

⑤ 최근 물류업체들은 물류 효율성을 높이기 위해 자율주행 기술을 연구하고 있다.

맞은 개수 _____ / 90문제

시험일	문항 수	시 간	문제형별
2019. 11. 3	총 90개	100분	A

1과목 유통물류일반

01 생산자 및 판매자들이 당장 사용하지 않거나 팔리지 않는 원자재 및 완제품의 재고를 보유하는 이유로 옳지 않은 것은?

① 규모의 경제를 추구하기 위한 것이다.
② 운송비를 절감하기 위한 것이다.
③ 안전재고(safety stocks)를 유지하기 위한 것이다.
④ 헷징(hedging)을 방지하기 위한 것이다.
⑤ 계절적 수요에 대응하기 위한 것이다

02 아래 글상자 내용 중 아웃소싱(outsourcing)의 성공조건을 모두 고른 것은?

> ㉠ 장기발전 전략에 따라 추진해야 한다.
> ㉡ 아웃소싱은 경쟁력 강화차원이 아니라 고용조정 측면에서 접근해야 한다.
> ㉢ 핵심역량이 무엇이며 어떤 부문에 주력해야 하는지 등의 전략적 분석이 선행되어야 한다.
> ㉣ 분사형 아웃소싱은 유능한 분사장 선발과 충분한 육성기간을 거쳐 추진해야 한다.

① ㉠, ㉡
② ㉠, ㉢
③ ㉠, ㉡, ㉢
④ ㉠, ㉢, ㉣
⑤ ㉠, ㉡, ㉢, ㉣

03 기업 경영진이 각 이해관계자들에게 지켜야 할 윤리에 대한 설명으로 가장 옳지 않은 것은?

① 주주에 대해서는 자금 횡령, 부당한 배당 금지
② 사원에 대해서는 사원 차별대우, 위험한 노동의 강요 금지
③ 고객에 대해서는 줄서는 곳에서 새치기, 공공물건의 독점사용, 품절가능 품목의 사재기 금지
④ 타사에 대해서는 부당한 인재 스카우트, 기술노하우 절도 금지
⑤ 사회일반에 대해서는 공해발생과 오염물질 투기, 분식회계 금지

04 아래 글상자에서 주어진 정보를 활용하여 ㉠ 재발주점 방법을 적용할 경우의 안전재고와 ㉡ 정기적 발주방법을 적용할 경우(발주 cycle은 1개월)의 안전재고로 가장 옳은 것은?

> 월평균 수요량은 55개, 조달소요기간은 3주일, 안전계수는 0.7이다.
> (단, 1개월은 4주로 한다.)

① ㉠ 약 29개, ㉡ 약 67개   ② ㉠ 약 115개, ㉡ 약 115개
③ ㉠ 약 12개, ㉡ 약 28개   ④ ㉠ 약 41개, ㉡ 약 220개
⑤ ㉠ 약 165개, ㉡ 약 385개

05 인적자원관리를 위한 직무확충(job enrichment)에 관한 내용으로 옳지 않은 것은?

① 근로자에게 과업을 수행하는 데 필요한 권한을 위임한다.
② 종업원에게 과업수행상의 유연성을 허용한다.
③ 직무내용을 고도화해 직무의 질을 높인다.
④ 종업원이 자신의 성과를 스스로 추적하고 측정하도록 한다.
⑤ 동일한 유형의 더 많은 직무로 직무량을 확대한다.

06 아래 글상자에서 의미하는 조직 내 집단갈등 해결을 위한 방법으로 옳은 것은?

> 가장 오래되고 흔히 쓰이는 방법이다. 갈등해소를 목적으로 위쪽의 힘의 사용에 복종하므로 갈등 원인 대신 갈등결과에 초점을 맞춘다. 따라서 갈등의 재발 가능성이 높다.

① 행동변화유도   ② 조직구조개편
③ 협 상   ④ 권력을 이용한 갈등해결
⑤ 갈등의 회피

07 아래 글상자에서 설명하는 유통경로의 성과를 평가하는 각각의 차원으로 옳은 것은?

> ㉠ 유통시스템에 의해 제공되는 혜택이 여러 세분시장에서 어느 정도 골고루 배분되고 있는가를 평가
> ㉡ 하나의 경로시스템이 표적시장이 요구하는 서비스 산출에 얼마나 제공하였는가를 측정하는 것으로, 투입보다 산출에 중점을 두는 목표지향적 평가

① ㉠ 형평성, ㉡ 효과성
② ㉠ 형평성, ㉡ 효율성
③ ㉠ 효율성, ㉡ 효과성
④ ㉠ 효율성, ㉡ 형평성
⑤ ㉠ 효과성, ㉡ 형평성

19년

08 수평적 유통경로에 비해 수직적 유통경로가 갖는 특징만을 모두 고른 것은?

> ㉠ 자원, 원재료를 안정적으로 확보 가능
> ㉡ 낮은 진입 장벽으로 새로운 기업의 진입이 쉬움
> ㉢ 막대한 자금의 소요
> ㉣ 시장이나 기술변화에 민감한 대응 가능
> ㉤ 각 유통단계에서 전문화 실현

① ㉡, ㉣
② ㉠, ㉢
③ ㉢, ㉣
④ ㉠, ㉤
⑤ ㉣, ㉤

09 중개기관에 관한 설명으로 옳은 것은?

① 브로커는 제품이나 서비스 기업의 이름으로 사업을 하는 독립된 중개기관이다.
② 대리인은 구매자와 판매자 간의 거래를 중개하고, 계약기간 동안 계속적인 관계를 갖고 그에 대한 수수료를 받는다.
③ 브로커는 독립된 중개기관으로서 구매자와 판매자 사이의 판매계약을 촉진한다.
④ 브로커는 계약 시 지역권, 독점권, 판매수수료를 규정한다.
⑤ 구매자를 위한 구매전문 중개상의 역할에는 제조사의 제품촉진, 제품소유, 위험공유의 서비스 제공이 포함된다.

10 유통경로 구조결정 이론 중 연기·투기이론에 대한 설명으로 옳은 것은?

① 경로구성원 중 누가 비용우위를 갖고 마케팅 기능을 수행하는지에 따라 유통경로가 결정된다는 이론이다.

② 중간상들이 재고부담을 주문 발생시점까지 연기시키려고 하면 제조업자가 재고부담을 져야 하므로 경로길이는 길어진다.

③ 산업재 제조업자는 경로길이가 긴 유통경로를 통해 경로활동을 직접 수행한다.

④ 소비재의 경우 소비자들은 다빈도 소량구매를 하므로 많은 중간상들이 재고위험을 부담한다.

⑤ 중간상들이 제조업자 대신 투기적 재고를 유지하는 경우 경로길이가 짧아진다.

11 "전자문서 및 전자거래 기본법"(법률 제14907호, 2017.10.24., 일부개정)에서 정한 전자거래사업자의 일반적 준수사항으로 옳지 않은 것은?

① 소비자가 자신의 주문을 취소 또는 변경할 수 있는 절차의 마련

② 소비자의 불만과 요구사항을 신속하고 공정하게 처리하기 위한 절차의 마련

③ 거래의 증명 등에 필요한 거래기록의 일정기간 보존

④ 소비자가 쉽게 접근할 수 있는 물리적 공간의 마련

⑤ 상호(법인인 경우 대표자의 성명 포함)와 그 밖에 자신에 관한 정보와 재화, 용역, 계약 조건 등에 관한 정확한 정보의 제공

12 물류비를 산정하는 목적에 대한 설명으로 가장 옳지 않은 것은?

① 물류활동의 계획, 통제 및 평가를 위한 정보 제공

② 하역활동의 표준화 실현

③ 물류활동에 관한 문제점 파악

④ 물류활동의 규모 파악

⑤ 원가관리를 위한 자료 제공

13 주로 가스나 액체로 된 화물을 수송하는 방식으로서 수송과정의 제품 파손과 분실 가능성이 가장 적은 수송형태로 옳은 것은?

① 버디백(birdy back)

② 복합운송(multimodal transportation)

③ 더블 스택 트레인(double stack train)

④ 파이프라인(pipeline)

⑤ 피쉬백(fishy back)

14 손익계산서에 들어갈 내용으로 옳지 않은 것은?

① 당기순이익 ② 법인세비용차감전 순이익
③ 매출총이익 ④ 필요매출액
⑤ 영업이익

15 먼저 경청하며 설득과 대화로 업무를 추진하고, 조직에서 가장 가치 있는 자원은 사람이라고 생각하는 특성을 가진 리더십의 유형으로 옳은 것은?

① 카리스마적 리더십 ② 서번트 리더십
③ 변혁적 리더십 ④ 참여적 리더십
⑤ 성취지향적 리더십

16 유통경로의 성과 평가에 있어 정량적 척도로 옳지 않은 것은?

① 상표 내 경쟁의 정도
② 부실채권의 비율
③ 새로운 중간상들의 수와 비율
④ 재고부족 방지를 위한 비용
⑤ 주문처리의 오류 횟수

17 BCG 매트릭스와 관련된 설명으로 옳지 않은 것은?

① 시상 성장률과 상대적 시장 점유율의 높고 낮음을 기준으로 작성한다.
② 개의 영역은 시장은 커지고 있으나 경쟁력이 떨어져 수익을 올리지 못하는 상태다.
③ 현금젖소는 시장이 더 이상 커지지 않으므로 현상유지 전략이 필요하다.
④ 물음표의 영역은 경쟁력이 확보될 수 있는 부분에 집중투자하는 전략이 필요하다.
⑤ 별의 영역은 많은 투자 자금이 필요하다.

18 기업 환경분석에서 모든 기업에 공통적으로 영향을 미치는 환경인 거시환경으로 옳지 않은 것은?

① 유통 경로에서 발생하는 경쟁자와 협력업자 환경
② 국가의 경제정책과 같은 경제적 환경
③ 디지털, 네트워크와 같은 기술적 환경
④ 문화와 가치관 같은 사회적 환경
⑤ 각종 규제와 같은 법률적 환경

19 시장커버리지 전략 중 하나인 선택적 유통과 관련된 설명으로 가장 옳은 것은?

① 가능한 한 많은 소매점에서 제품이 취급되는 것을 원하는 유통방법이다.

② 공격적인 유통이 가능하므로 집중적 유통이라고도 한다.

③ 해당 점포는 지역 내의 독점권을 갖게 된다.

④ 집중적 유통과 전속적 유통의 중간형태를 띠는 경로커버리지 전략이다.

⑤ 고객이 제품이나 서비스를 탐색하는 데 많은 노력을 기꺼이 하는 경우에 적합한 방법이다.

20 자재소요계획(MRP ; Material Requirement Planning)시스템에 대한 설명으로 옳지 않은 것은?

① 중간재 및 조립품 생산공정에 적합한 기법이다.

② 생산 프로세스에서 발생하는 문제점을 파악하는 데 도움을 제공한다.

③ 생산관리에 있어 원자재 주문 프로세스를 효율화 할 수 있다.

④ MRP 입력정보에는 주일정계획, 자재명세파일, 재고기록파일 등이 있다.

⑤ 생산라인 중단을 방지하기 위해 재고를 최고수준으로 유지하는 데 도움을 준다.

21 JIT(Just-in-time)와 JIT(Just-in-time) Ⅱ와의 차이점에 대한 설명으로 옳지 않은 것은?

① JIT는 부품과 원자재를 원활히 공급받는 데 초점을 두고, JITⅡ는 부품, 원부자재, 설비공구, 일반 자재 등 모든 분야를 공급받는 데 초점을 둔다.

② JIT가 개별적인 생산현장(plant floor)을 연결한 것이라면, JITⅡ는 공급체인상의 파트너의 연결과 그 프로세스를 변화시키는 시스템이다.

③ JIT는 자사 공장 내의 무가치한 활동을 감소·제거하는 데 주력하고, JITⅡ는 기업 간의 중복업무와 무가치한 활동을 감소·제거하는 데 주력한다.

④ JIT가 푸시(push)형인 MRP와 대비되는 풀(pull)형의 생산방식인데 비해, JITⅡ는 JIT와 MRP를 동시에 수용할 수 있는 기업 간의 운영체제를 의미한다.

⑤ JIT가 기술, 영업, 개발을 동시화(synchronization)하여 물동량의 흐름을 강력히 통제하는데 비해, JITⅡ는 물동량의 흐름을 주된 개선대상으로 삼는다.

22 주로 식료와 잡화류를 취급하는 도매상이며 재고수준에 대한 조언, 저장 방법에 대한 아이디어 제공, 선반 진열 업무 등을 소매상을 대신하여 직접 수행하는 도매상은?

① 현금무배달도매상(cash-and-carry wholesaler)

② 직송도매상(drop shipper)

③ 트럭도매상(truck wholesaler)

④ 진열도매상(rack jobber)

⑤ 우편주문도매상(mail-order wholesaler)

23 아래 글상자 내용은 리더가 보유하는 권력 중 하나인데, 무슨 권력에 대한 설명인가?

> 리더가 전문적이고 깊이 있는 지식과 재능을 가질 때 발생하는 권력으로서 부하가 그러한 전문성과 능력을 인정할 때 수용되는 권력

① 합법적 권력(legitimate power)
② 보상적 권력(reward power)
③ 강압적 권력(coercive power)
④ 준거적 권력(relevant power)
⑤ 전문적 권력(expert power)

19년

24 딜(T. E. Deal)과 케네디(A. Kennedy)의 조직문화 유형으로 옳지 않은 것은?

① 거친 남성문화(the tough guy, macho culture)
② 열심히 일하고 노는 문화(work hard-play hard culture)
③ 사운을 거는 문화(best your company culture)
④ 과정 문화(the process culture)
⑤ 핵조직 문화(atomized culture)

25 소매상이 소비자에게 제공하는 기능으로 옳지 않은 것은?

① 소매상은 소비자에게 필요한 정보를 제공한다.
② 소매상은 소비자가 원하는 상품구색을 제공한다.
③ 소매상은 자체의 신용정책을 통하여 소비자의 금융부담을 덜어주는 금융기능을 수행한다.
④ 소매상은 소비자에게 애프터서비스의 제공과 제품의 배달, 설치, 사용방법의 교육 등과 같은 서비스를 제공한다.
⑤ 소매상은 제조업자 제품의 일정 부분을 재고로 보유하여 재무부담을 덜어주는 기능을 수행한다.

26 소매점의 매출을 결정하는 요인은, 크게 입지요인과 상권요인으로 구분할 수 있다. 다음 중 입지요인에 속하지 않는 것은?

① 시계성(視界性)

② 주지성(周知性)

③ 시장의 규모

④ 고객유도시설

⑤ 동선(動線)

27 동선(動線)에 대한 설명으로 가장 옳지 않은 것은?

① 경제적 사정으로 많은 자금이 필요한 주동선에 입지하기 어려운 점포는 부동선(副動線)을 중시한다.

② 주동선이란 자석입지(magnet)와 자석입지를 잇는 가장 기본이 되는 선을 말한다.

③ 동선은 주동선, 부동선, 접근동선, 출근동선, 퇴근동선 등 다양한 기준으로 분류할 수 있다.

④ 복수의 자석입지가 있는 경우의 동선을 부동선(副動線)이라 한다.

⑤ 접근동선이란 동선으로의 접근정도를 가리키는 말이다.

28 소비자 C가 이사를 했다. 아래 글상자는 이사 이전과 이후의 조건을 기술하고 있다. 허프(D. L.Huff)의 수정모형을 적용하였을 때, 이사 이전과 이후의 소비자 C의 소매지출에 대한 소매단지 A의 점유율 변화로 가장 옳은 것은?

> ⊙ 소비자 C는 오직 2개의 소매단지(A와 B)만을 이용하며, 1회 소매지출은 일정하다.
> ⓒ A와 B의 규모는 동일하다.
> ⓒ 이사 이전에는 C의 거주지와 B 사이 거리가 C의 거주지와 A 사이 거리의 2배였다.
> ⓔ 이사 이후에는 C의 거주지와 A 사이 거리가 C의 거주지와 B 사이 거리의 2배가 되었다.

① 4배로 증가

② 5배로 증가

③ 변화 없음

④ 5분의 1로 감소

⑤ 4분의 1로 감소

29 다음 소매업종 중에서 매장면적당 지대가 가장 싸고, 최고가 지대에서 가장 멀리 떨어져 입지하는 업종은?

① 고급가구점

② 숙녀복점

③ 종묘상, 화훼도매상

④ 신사복점

⑤ 백화점, 전문품점

30 다음 중 상권분석의 한 방법인 유추법(analog method)과 별 관련이 없는 것은?

① CST(Customer Spotting Technique)
② 애플바움(Applebaum)
③ 정성적 상권분석
④ 확률모형
⑤ 유사한 기존 점포

31 주거, 업무, 여가생활 등의 활동을 동시에 수용하는 건물을 의미하는 복합용도개발이 필요한 이유로서 가장 옳지 않은 것은?

① 도심지의 쇠락을 막고 주거와 상업, 업무의 균형을 이루기 위해서
② 신시가지와의 균형발전과 신시가지의 행정수요를 경감하기 위해서
③ 도시내 상업기능만의 급격한 증가현상을 피하고 도시의 균형적 발전을 위하여
④ 도심지의 활력을 키우고 다양한 삶의 장소로 바꾸기 위해서
⑤ 도심의 공동화를 막기 위해서

32 동종 업종의 점포들이 특정 지역에 몰려 있어서 집객력 즉, 고객유인효과가 감소하는 현상을 설명하는 입지원칙으로 옳은 것은?

① 고객차단원칙
② 보충가능성의 원칙
③ 동반유인원칙
④ 점포밀집원칙
⑤ 접근가능성원칙

33 해당 지역의 지역형 백화점뿐만 아니라 부도심 및 도심 백화점까지 포함하여 특정지역에 위치한 백화점의 상권경쟁구조를 분석하는 방법으로 옳은 것은?

① 업태별 경쟁구조 분석
② 업종내 경쟁구조 분석
③ 잠재경쟁구조 분석
④ 경쟁 보완관계 분석
⑤ 위계별 경쟁구조 분석

34 토지의 이용 및 건축물의 용도, 건폐율, 용적률, 높이 등에 대한 국토계획법과 관련한 설명으로 옳지 않은 것은?

① 도시지역과 취락지역은 용도지역의 종류들이다.
② 도시지역은 주거지역, 상업지역, 공업지역, 녹지지역으로 구분한다.
③ 용도지구는 용도지역의 제한을 강화하거나 완화하여 적용함으로써 용도지역의 기능 증진을 도모하는 것이다.
④ 경관지구, 미관지구, 고도지구 등은 용도지구의 종류들이다.
⑤ 용도구역은 용도지역 및 용도지구의 제한을 강화하거나 완화하여 이들을 보완하는 역할을 한다.

35 확률적 점포선택모형 중 하나인 Huff모형을 이용하여 각 점포에 대한 선택확률을 계산할 때 필요한 정보가 아닌 것은?

① 소비자가 고려하는 전체 점포의 수
② 소비자가 방문할 가능성이 있는 각 점포의 매장면적
③ 소비자와 각 점포까지의 이동시간 또는 거리
④ 점포의 매장면적에 대한 소비자의 민감도 계수
⑤ 점포별로 추정한 거리에 대한 소비자의 민감도 계수

36 점포를 건축하기 위해 필요한 토지와 관련된 설명으로서 옳지 않은 것은?

① 획지란 인위적·자연적·행정적 조건에 따라 다른 토지와 구별되는 일단의 토지이다.
② 획지는 필지나 부지와 동의어이며 획지의 형상에는 직각형, 정형, 부정형 등이 있다.
③ 각지는 일조와 통풍이 양호하지만 소음이 심하며 도난이나 교통피해를 받기 쉽다.
④ 각지는 출입이 편리하며 시계성이 우수하여 광고선전의 효과가 높다.
⑤ 각지는 획지 중에서도 2개 이상의 가로각(街路角)에 해당하는 부분에 접하는 토지이다.

37 임대료의 차이를 무시할 때, 여러 층으로 구성된 쇼핑몰에서 여성의류전문점의 입지로서 가장 적합한 곳은?

① 쇼핑센터 밖에 위치한 인근 스트립센터 안의 점포
② 주요 앵커스토어의 하나인 백화점에 근접한 점포
③ 남성의류전문점들이 주로 입점한 층의 중앙에 위치한 점포
④ 다른 여성의류전문점들과 멀리 떨어져있는 점포
⑤ 여성의류전문점은 여러 층으로 구성된 쇼핑몰에는 입점하면 안 되는 점포유형이다.

38 일부 소매업체는 동일한 상권 안에 여러 개의 점포를 출점한다. 연매출 1,000억원을 올리는 점포 한 개보다 750억원을 올리는 두 개의 점포를 출점하는 것이 더 이익이라는 논리이다. 다음 중 이런 소매업체의 논리에 해당하지 않는 것은?

① 개별점포의 이익보다 소매업체 전체의 이익을 우선해야 한다.
② 자기 점포보다 프랜차이즈 전체의 이익을 우선해야 가맹점주에게도 이익이다.
③ 상권이 포화될 때까지는 새 점포를 개설할 때마다 업체의 전체 매출이 증가한다.
④ 문제 속에 기술된 상권에 하나의 점포만을 개설하면, 고객서비스 품질이 낮아진다.
⑤ 이 상권에 하나의 점포만 개설하면, 업체의 영업실적은 시장잠재력에 미치지 못한다.

39 아래 글상자 속에는 해외에 점포를 개설할 때의 입지 및 상권분석의 단위들이 기술되어 있다. 다음 중 소매점이 입지를 선정할 때 실시하는 분석단위들을 포함하고 있는 것은?

> (가) 지역(region) : 국가 전체, 국가의 한부분, 특정 도시, 또는 광역도시권
> (나) 상권(trade area) : 점포의 매출 및 고객의 대부분을 포함하는 연속적인 공간
> (다) 특정 입지(specific site) : 점포가 입점할 특정 부지

① (가)   ② (나)
③ (가), (나)   ④ (나), (다)
⑤ (가), (나), (다)

40 아래의 글상자는 점포의 매매와 임대차시에 반드시 확인해야 하는 공적서류 즉, 부동산 공부서류(公簿書類)에 대한 내용이다. ㉠~㉤에 해당하는 부동산 공부서류를 그 순서대로 올바르게 나열한 것은?

> ㉠ 현 소유주의 취득일과 매매과정, 압류, 저당권 등의 설정, 해당 건물의 특징 등
> ㉡ 건축물의 위치, 면적, 구조, 용도, 층수 등
> ㉢ 토지의 소재, 지번, 지목, 면적, 소유자의 주소, 주민등록번호, 성명 등
> ㉣ 지역·지구 등의 지정여부, 지역·지구 등에서의 행위제한내용, 확인도면 등
> ㉤ 토지의 소재, 지번, 옆 토지와의 경계, 토지의 모양 등

① 등기사항전부증명서 – 토지이용계획확인원 – 지적도 – 건축물대장 – 토지대장
② 건축물대장 – 등기사항전부증명서 – 지적도 – 토지이용계획확인원 – 토지대장
③ 등기사항전부증명서 – 건축물대장 – 토지이용계획확인원 – 지적도 – 토지대장
④ 건축물대장 – 등기사항전부증명서 – 토지이용계획확인원 – 토지대장 – 지적도
⑤ 등기사항전부증명서 – 건축물대장 – 토지대장 – 토지이용계획확인원 – 지적도

41 아래 글상자의 ㉠, ㉡, ㉢에 들어갈 용어를 그 순서대로 올바르게 나열한 것은?

> – 상업시설의 일정한 공간을 임대하는 계약을 체결하고 해당 상업시설에 입점하여 영업을 하는 임차인을 (㉠)라고 한다.
> – (㉡)는 트래픽 풀러(traffic puller)가 흡인시킨 고객을 수용하기 때문에 트래픽 유저(traffic user)로 불리기도 한다.
> – (㉢)는 백화점과 같은 큰 규모의 임차인으로서 상업시설 전체의 성격이나 경제성에 가장 큰 영향력을 가진다.

① 트래픽 풀러(traffic puller) – 서브키테넌트(sub-key tenant) – 앵커스토어(anchor store)

② 테넌트 믹스(tenant mix) – 서브키테넌트(sub-key tenant) – 핵점포(key tenant)

③ 테넌트(tenant) – 서브키테넌트(sub-key tenant) – 트래픽 풀러(traffic puller)

④ 테넌트 믹스(tenant mix) – 일반테넌트(general tenant) – 핵점포(key tenant)

⑤ 테넌트(tenant) – 일반테넌트(general tenant) – 앵커스토어(anchor store)

42 입지유형에 따른 일반적 상권특성에 대한 설명으로 옳지 않은 것은?

① 중심지체계에서 도심상권은 상대적으로 소비자들의 평균 체류시간이 길다.

② 중심업무지구(CBD)는 주간과 야간의 인구차이가 뚜렷하다.

③ 아파트단지 상권의 경우, 개별점포의 면적을 아파트 세대수로 나누어 점포 입지의 적정성을 판단할 수 있다.

④ 아파트단지 상권의 외부에서 구매하는 소비성향은 소형평형단지 보다 대형평형단지의 경우가 더 높다.

⑤ 역세권상권은 대중교통이 집중되는 연결점이기 때문에 입체적 고밀도 개발이 이루어지는 경우가 많다.

43 점포의 상권과 입지를 구분하여 설명할 때 다음 중 연결이 바르지 않은 것은?

① 상권은 점포의 매출이 발생하는 지역범위로 볼 수 있다.

② 상권의 크기는 입지의 매력도에 따라 커지므로 서로 비례관계가 성립한다.

③ 상권의 평가항목에는 소비자의 분포범위, 유효수요의 크기 등이 있다.

④ 입지조건의 평가항목에는 주차장, 지형, 층수, 편의시설, 층고, 임대료 등이 있다.

⑤ 입지는 범위(boundary), 상권은 지점(point)으로 비유하여 표현하기도 한다.

44 상권의 힘 또는 상권의 크기와 활성화 정도를 의미하는 상권력과 관련된 설명으로 내용이 옳지 않은 것은?

① 상권력에 영향을 미치는 요소에는 지형지세, 경쟁정도, 교통망과 도로조건, 집객시설의 유무 등이 있다.

② 도시지역에서 최근 상권력에 가장 큰 영향을 미치는 교통망으로는 지하철이 있으며, 지하철역 주변에 상권이 형성되면 역세권상권으로 볼 수 있다.

③ 복수의 상권이 경쟁하는 상황에서는 일반적으로 란체스터법칙이 적용되는데 이는 상권크기가 큰 곳이 상대적으로 번성하게 되는 현상을 설명해준다.

④ 점포의 밀집도가 상권력에 영향을 미치는데 동일 상권 내에 분포하는 점포수가 적을수록 상권력이 강해진다.

⑤ 도시의 중심지에 집객시설이 집중되는 경우가 많은데 학교나 종합운동장, 대형병원 같은 시설은 상권을 단절시켜 집객시설로 볼 수 없는 경우가 많다.

45 유통산업발전법에 의거한 소매점포의 개설 및 입지에 관한 내용으로 옳지 않은 것은?

① 대규모점포를 개설하려는 자는 영업을 시작하기 전에 특별자치시장·시장·군수·구청장에게 등록하여야 한다.

② 준대규모점포를 개설하려는 자는 영업을 시작하기 전에 특별자치시장·시장·군수·구청장에게 등록하여야 한다.

③ 전통상업보존구역에 준대규모점포를 개설하려는 자는 영업을 시작하기 전에 상권영향평가서 및 지역협력계획서를 첨부하여 등록하여야 한다.

④ 대규모점포 등의 위치가 전통상업보존구역에 있을 때에는 등록을 제한할 수 있다.

⑤ 대규모점포 등의 위치가 전통상업보존구역에 있을 때에는 등록에 조건을 붙일 수 있다.

46 아래 글상자에서 (㉠)~(㉣)에 해당하는 용어를 순서대로 올바르게 나열한 것은?

(㉠)척도는 대상을 규명하고 분류하는 숫자들을 의미하며, (㉡)척도는 응답자가 질문의 대답들 간의 상대적 정도를 표시할 수 있게 해주는 척도이다. 한편 (㉢)척도는 대상 간 격차를 비교할 수 있고, 이 때 0점은 임의적으로 사용할 수 있다. 마지막으로 (㉣)척도는 절대영점(기준점)을 고정시켜 응답자 간의 절대적 격차를 규명하고, 원래 응답들을 비교할 수 있다.

① ㉠ 명목 – ㉡ 서열 – ㉢ 비율 – ㉣ 등간
② ㉠ 명목 – ㉡ 서열 – ㉢ 등간 – ㉣ 비율
③ ㉠ 명목 – ㉡ 비율 – ㉢ 등간 – ㉣ 서열
④ ㉠ 서열 – ㉡ 등간 – ㉢ 명목 – ㉣ 비율
⑤ ㉠ 서열 – ㉡ 명목 – ㉢ 비율 – ㉣ 등간

47 아래 글상자에서 설명하는 이 용어로 가장 적합한 것은?

리차드 노먼(R. Norman)에 의해 주장된 이 용어는 고객과 기업이 접촉하는 접점에서 짧은 시간만에 서비스에 대한 평가가 이루어지는 순간이라 할 수 있다. 이러한 고객과의 접점에서 부정적 인상을 주게 되면 전체 서비스에 대한 고객의 평가가 부정적으로 변할 수 있어서, 종업원의 적절한 대응이 필요하다.

① 평가의 순간(Moment of Evaluation)
② 고객맞춤화의 순간(Moment of Customization)
③ 진실의 순간(Moment of Truth)
④ 탐색의 순간(Moment of Search)
⑤ 표준화의 순간(Moment of Standardization)

48 패러슈라만(Parasuraman) 등이 제시한 서비스 품질(SERVQUAL)의 5가지 차원에 해당하지 않는 것은?

① 유형성(tangibles)　　　　　　② 편의성(convience)
③ 반응성(responsiveness)　　　　④ 확신성(assurance)
⑤ 공감성(empathy)

49 고객관계관리(CRM)에서 고객가치를 평가하는 척도에 해당하지 않는 것은?

① 지갑점유율　　　　　　　　　② 고객활동척도
③ RFM분석　　　　　　　　　　④ 고객생애가치
⑤ 경쟁사고객 확보율

50 가격결정방식에 대한 설명으로 옳지 않은 것은?

① 가격결정을 위해서는 마케팅 수익목표, 원가, 경영전략과 같은 내부요인을 고려해야 한다.
② 가격결정을 위해서는 시장의 수요 및 경쟁과 같은 외부요인을 고려해야 한다.
③ 구매가격에 일정 이익률을 반영하여 판매가격을 결정하는 방식은 원가기준 가격결정이다.
④ 상품에 대한 소비자의 지각가치에 따라 가격을 결정하는 방식은 수요기준 가격결정이다.
⑤ 시장의 경쟁강도 및 독과점과 같은 경쟁구조에 따라 가격을 결정하는 방식은 가격차별 가격결정이다.

51 매장에서 발생하는 손실의 유형으로 가장 부적합한 것은?

① 식품 등을 폐기할 때 발생하는 폐기손실
② 매장에 상품이 준비되지 않아서 발생하는 판매기회손실
③ 실제 재고조사 후 장부상의 재고액과 실제 재고액의 차이로 인한 재고조사손실
④ 제품의 가격을 인하함으로써 발생하는 가격인하손실
⑤ 유행의 변화로 인해 성장기 상품이 쇠퇴기 상품으로 변화하는 상품회전율손실

52 아래 글상자의 ⊙과 ⓒ에 들어갈 용어를 순서대로 올바르게 나열한 것은?

- (⊙)은(는) 신제품 개발을 위해 투자된 자금의 조기회수를 꾀하는 가격 정책으로, 대량생산으로 인한 원가절감 효과가 크지 않은 조건에서 유리하다.
- (ⓒ)은(는) 신제품을 시장에 도입하는 초기에 저가격을 책정하여 빠른 속도로 시장에 진입해 많은 구매자를 신속하게 끌어들여 높은 시장 점유율을 확보하는 전략이다.

① ⊙ skimming pricing policy　　　　ⓒ penetration pricing policy
② ⊙ skimming pricing policy　　　　ⓒ two-party price policy
③ ⊙ penetration pricing policy　　　ⓒ bundling price policy
④ ⊙ penetration pricing policy　　　ⓒ two-party price policy
⑤ ⊙ two-party price policy　　　　　ⓒ captive pricing

53 상품의 유형에 관한 설명으로 옳지 않은 것은?

① 편의품은 소비자들이 구매욕구를 느낄 때 별다른 노력을 기울이지 않고도 구매할 수 있어야 한다.

② 선매품의 경우 구매 전 제품 간 비교를 통해 최적의 구매가 발생한다.

③ 고급향수, 스포츠카 및 디자이너 의류는 전문품에 해당한다.

④ 선매품에는 가구나 냉장고 등이 포함되며, 편의품에 비해 구매빈도가 그다지 높지 않다.

⑤ 전문품은 상대적으로 고가격이기 때문에 지역별로 소수의 판매점을 통해 유통하는 선택적 유통경로전략이 유리하다.

54 아래 글상자에서 설명하는 서비스 회복을 위한 공정성 차원으로 옳은 것은?

> 소매점에서 고객에게 서비스를 실패한 후 서비스를 회복하는 것은 고객만족과 충성도에 매우 큰 영향을 미친다. 특히, 서비스 실패에 대한 직원들의 솔직한 설명과 문제해결을 위한 노력은 서비스 회복에 매우 중요하다. 이와 같은 직원의 회복 노력은 고객으로 하여금 진정성 있고 공정하며 정중하게 지각되어야 한다. 이러한 공정성을 소비자가 지각할 때, 서비스 회복에 대한 고객만족을 가져올 수 있다.

① 절차적 공정성

② 상호작용 공정성

③ 보증 공정성

④ 분배적 공정성

⑤ 결과적 공정성

55 풀 전략(pull strategy)과 푸시 전략(push strategy)에 대한 설명으로 옳지 않은 것은?

① 제조업자가 자신의 표적시장을 대상으로 직접 촉진하는 것은 풀 전략이다.

② 풀 전략은 제조업자 제품에 대한 소비자의 수요를 확보함으로써, 유통업자들이 자신의 이익을 위해 제조입자의 제품을 스스로 찾게 만드는 전략이다.

③ 푸시 전략은 제조업자가 유통업자들에게 직접 촉진하는 전략이다.

④ 제조업체가 중간상을 상대로 인적판매, 구매시점 디스플레이를 제공하는 것은 푸시전략이다.

⑤ 일반적으로 푸시전략의 경우 인적 판매보다 TV광고가 효과적이다.

56 아래 글상자의 사례 기업들이 실행한 소매점 포지셔닝전략의 유형으로 가장 적합한 것은?

> - W사는 최상의 품질, 최소로 가공된, 풍미가 가득한, 그리고 천연 그대로 보존된 음식을 제공한다는 철학으로 자사를 포지셔닝했다.
> - T사는 맛과 품질이 좋은 오가닉 식품을 합리적인 가격에 제시하는 전문식품소매점이라는 가치제안을 기반으로 자사를 포지셔닝했다.

① 사용상황에 의한 포지셔닝

② 제품군에 의한 포지셔닝

③ 제품속성에 의한 포지셔닝

④ 제품사용자에 의한 포지셔닝

⑤ 경쟁적 포지셔닝

57 아래 글상자의 기업(V사)이 자사의 여러 브랜드에서 공통적으로 사용한 시장세분화 방법으로 가장 적합한 것은?

> 글로벌 패션기업 V사는 진(jean) 이외의 여러 패션브랜드를 보유하고 있다. 아웃도어 사업부에 속해 있는 NF는 열혈 야외 마니아층, 특히 추운 날씨에 야외활동을 즐기는 고객층을 위해 최고급 장비 및 의복을 제공한다. 스포츠웨어 사업부에 속한 N은 항해와 바다에서 모티브를 얻어 제작된 고급 캐주얼 의류를 즐기는 사람들에게 초점을 맞춘다. 그리고 V는 스케이트 신발 전문브랜드로 시작되었으며, R은 서핑을 모티브로 한 신발과 복장 전문 브랜드로 포지셔닝되어 있다. 즉, 소비자들이 어떤 삶을 영위하든 V사는 이들의 라이프스타일에 맞춘 패션제품을 제공한다.

① 지리적 세분화

② 인구통계학적 세분화

③ 행동적 세분화

④ 생애가치 세분화

⑤ 심리묘사적 세분화

58 표적시장 선정에 대한 설명으로 가장 옳지 않은 것은?

① 세분시장들에 대한 평가가 수행된 뒤 기업은 어떤 시장을 공략할지, 몇 개의 세분시장을 공략할 것인가의 문제를 해결하는데, 이를 표적시장 선택이라고 한다.

② 비차별적 마케팅은 세분시장 간의 차이를 무시하고 하나의 제품으로 전체시장을 공략하는 전략이다.

③ 비차별적 마케팅 전략을 구사하는 기업은 소비자들 간의 차이보다는 공통점에 중점을 두며, 다수의 구매자에게 소구(訴求)하기 위해 다양한 마케팅 프로그램으로 시장을 공략한다.

④ 차별적 마케팅은 여러 개의 표적시장을 선정하고 각각의 표적시장에 적합한 마케팅전략을 개발하여 적용하는 전략이다.

⑤ 집중마케팅전략은 기업의 자원이 한정되어 있는 경우에 주로 사용된다.

59 매력적인 세분시장을 충족시키는 조건으로 옳지 않은 것은?

① 충분한 시장규모와 수익성을 가져야 한다.
② 높은 시장성장률 등 잠재력을 가지고 있어야 한다.
③ 경쟁사 대비 확실한 경쟁우위를 가져야 한다.
④ 자사의 역량과 자원에 적합해야 한다.
⑤ 세분시장 내 고객군의 선호가 다양해야 한다.

60 판매촉진전략에 대한 설명으로 옳지 않은 것은?

① 판매촉진은 제품이나 서비스의 판매를 촉진하기 위한 단기적 활동을 말한다.
② 판매촉진은 기업이 설정하는 목표에 따라 소비자, 중간상, 판매원 등을 대상으로 실시한다.
③ 소비자 판촉에는 가격할인, 무료샘플, 쿠폰제공 등이 포함된다.
④ 대개 중간상 판촉은 소비자 판촉에 비해 비교적 적은 비용이 든다.
⑤ 영업사원 판촉은 보너스와 판매경쟁 등을 포함한다.

61 아래 글상자에서 설명하는 매입방식으로 옳은 것은?

- 신제품 또는 가격이 비싼 제품인 경우에 주로 이용하는 매입방식임
- 백화점 등 대규모 유통업자가 일정한 기간 동안 입점(납품)업자의 제품을 진열하여 판매한 후, 판매된 상품에 대해 사전에 결정된 비율의 수수료를 가져가는 방식임
- 대규모 유통업자는 판매되지 아니한 상품의 반품 조건을 둠

① 정기매입　　　　　　　　　② 특약매입
③ 직매입　　　　　　　　　　④ 임대을
⑤ 전환매입

62 VMD(Visual Merchandising)와 VP(Visual Presentation)에 대한 설명으로 가장 옳지 않은 것은?

① VMD는 고객들의 구매욕구를 자극할 수 있도록 시각적인 요소를 연출하고 관리하는 활동이다.
② VMD는 레이아웃이나 진열은 물론 건물 외관, 쇼윈도우, 조명 등 모든 시각적인 요소들을 관리의 대상으로 하는 포괄적인 개념이다.
③ VP는 점포의 쇼윈도나 매장 입구에서 유행, 인기, 계절상품 등을 제안하여 고객이 매장으로 접근하게 한다.
④ VP를 통해 중점상품과 중점테마에 따른 매장 전체 이미지를 보여주기 때문에 상품보다는 진열기술이 중요하다.
⑤ VP는 벽면 및 테이블 상단에서 보여주는 PP(Point of Sales Presentation) 또는 행거, 선반 등에 상품이 진열된 IP(Item Presentation)와는 다르게 매장과 상품의 이미지를 높이는 데 주력한다.

63 크로스 머천다이징(Cross Merchandising)에 대한 설명으로 옳지 않은 것은?

① 소비자가 함께 구매할 것으로 예상되는 상품들을 가까이 진열한다.

② 사재기하는 비중이 높은 상품이나 용량이 큰 상품에 적합하다.

③ 동시구매를 노리는 방법으로 객단가를 높일 수 있으며 라이프스타일 제안이 가능하다.

④ 백화점 신사복 코너에서 넥타이와 와이셔츠를 함께 구성하여 진열하는 경우가 해당된다.

⑤ 의류업계의 코디네이트 진열과 동일한 개념이다.

64 점포의 레이아웃 및 진열에 대한 설명으로 가장 옳지 않은 것은?

① 주 통로 주변에는 점포의 개성을 나타내는 주력상품을 위주로 진열한다.

② 격자형 레이아웃은 통로에 반복적으로 상품을 배치해야 더 효율적이다.

③ 프리 플로(free flow)형 레이아웃은 집기를 추가하거나 제거하는 방법으로 동선을 구성한다.

④ 루프(loop)형 레이아웃은 주요 통로를 통해 동선을 유도하여 진열제품을 최대한 노출시킨다.

⑤ 직선형으로 병렬 배치하는 부티크(boutique) 레이아웃은 지하상가나 아케이드매장에 주로 사용한다.

65 점포의 구성요소로 가장 부적합한 것은?

① 점포의 시장점유율

② 목표고객에게 소구(訴求)하는 상품구성

③ 고객에게 부합하는 가격정책

④ 점포입지의 편리성

⑤ 점포 외부 이미지

66 상품 유형에 따른 진열방법으로 가장 옳지 않은 것은?

① 고객이 많이 찾는 중점판매상품은 엔드매대에 대량진열하여 판매한다.

② 잘 팔리는 고회전의 상품은 페이싱(facing)을 넓혀 고객의 눈에 잘 띄게 한다.

③ 다른 상품으로 대체가 불가하나 판매량이 적은 구색상품은 진열량을 제한한다.

④ 이익 금액이 높아 육성해야 하는 상품은 POP나 시식판매로 판매를 촉진한다.

⑤ 기간별로 판매량이 달라지는 시즌 상품은 다른 상품 카테고리와 동일한 공간에 진열하여 매장에 변화를 준다.

67 개방형 유통경로에 적합한 소비자 구매행동으로 가장 옳은 설명은?

① 가장 가까운 상점에서 가장 손쉽게 구할 수 있는 상품 중에서 선택한다.

② 고객이 원하는 특정 상품을 판매하는 가장 가까운 상점에서 특정 상표를 구매한다.

③ 특정 상표에 대해서 상표선호도를 가지고 있으나 서비스와 가격면에서 보다 유리한 상점에서 구매한다.

④ 특정 상점에서 구매하겠다는 결정은 이미 내리고 있으나 상표에 대해서는 무관심하다.

⑤ 특정 상점에서 구매하기를 원하지만 아직 어떤 상품을 구입할지 확정하지 않아, 그 상점에 진열된 것 중에서 선택하고자 한다.

68 유통업체가 자체 브랜드(Private Brand : PB)를 통해 얻을 수 있는 이점으로 옳지 않은 것은?

① 소매업체는 PB를 통해 상대적으로 낮은 가격에 높은 마진을 얻을 수 있다.

② PB를 통해 다른 유통업체와의 직접적인 가격경쟁을 피할 수 있다.

③ PB가 소비자로부터 사랑받을 경우 점포충성도를 증가시킬 수 있다.

④ 인기 있는 PB제품뿐만 아니라 다른 제품들도 함께 구매하도록 유도하여 매출액을 증진시킬 수 있다.

⑤ 대형마트는 대개 PB를 유명 제조업체 브랜드와 유사한 브랜드명을 사용함으로써 적은 비용으로 소비자에게 PB를 인식시키려 한다.

69 표적집단면접법(FGI)을 활용하기에 가장 부적합한 유통마케팅조사 상황은?

① 어떤 정보를 획득해야 할지 잘 모르는 경우

② 인과관계에 대한 가설을 검증해야 하는 경우

③ 어떤 현상의 원인이 되는 문제를 정확하게 모르는 경우

④ 소비자들의 내면적 욕구, 태도, 감정을 파악해야 하는 경우

⑤ 계량적 조사로부터 얻은 결과에 대한 구체적인 이해가 필요한 경우

70 수요예측을 위한 조사기법에 해당하지 않는 것은?

① 델파이 조사법

② 시계열분석 방법

③ 박스젠킨스 방법

④ 확산모형 방법

⑤ 상품/시장 매트릭스 기법

71 정보화 사회의 역기능에 대한 설명으로 가장 옳지 않은 것은?

① 컴퓨터 범죄 및 사생활 침해 현상이 증가하고 있다.
② 인간과 기계는 엄연히 구별되는 독립적인 실체로서 인식되고 있다.
③ 정보기술이 발전하지 못한 국가들은 문화적 정체성을 상실할 수 있다.
④ 국가 간의 정보 유통을 획기적으로 확장시킴으로써 국가 경쟁력 강화가 요구되고 있다.
⑤ 사회 전체가 단일 네트워크로 묶이다 보니 이에 따른 사회적 위험 또한 증가하고 있다.

72 아래 글상자의 내용에 부합되는 배송서비스 관련 정보기술로 옳은 것은?

2014년 9월 27일 DHL이 자체 개발한 파슬콥터(Parcelcopter)를 이용하여 독일 북부 노르덴시의 노르트 다이흐 항구에서 12Km 떨어진 북해의 위스트 섬에 의약품 배송에 성공하였다.

① 드 론   ② 비 콘
③ 챗 봇   ④ 키바로봇
⑤ 자율주행자동차

73 바코드 기술에 대한 설명으로 옳지 않은 것은?

① 유통매징에서 이용하는 바코드 시스템의 광학 스캐너는 디지털 신호 뿐만 아니라 아날로그 신호를 읽을 수 있는 입력장치이다.
② 유통매장에서 이용하는 바코드 시스템은 기업의 재고관리에 도움을 준다.
③ 바코드 시스템은 UPC(Universal Product Code)를 따르고 있다.
④ 바코드는 국가 정보, 제조업체 정보와 제품 정보를 포함하고 있다.
⑤ 바코드에는 상품의 포장지에 막대 모양의 선과 숫자를 이용해 상품 정보를 표시한다.

74 조직에 필요한 정보를 수집하고 공유하는데 있어, 내·외부의 비정형적 데이터를 자동으로 수집하는 기술로 옳지 않은 것은?

① 웹크롤링(web crawling)   ② 센싱(sensing)
③ RSS리더(reader)   ④ 로그수집기
⑤ 맵리듀스(MapReduce)

75 노나카의 지식변환과정에 대한 설명으로 옳지 않은 것은?

① 지식변환은 지식획득, 공유, 표현, 결합, 전달하는 창조프로세스 매커니즘을 지칭한다.

② 지식변환은 암묵지와 형식지의 상호작용으로 원천이 되는 지와 변환되어 나온 결과물로서의 지의 축을 이루는 매트릭스로 표현된다.

③ 지식변환과정은 개인, 집단, 조직의 차원으로 나선형으로 회전하면서 공유되고 발전해 나가는 창조적 프로세스이다.

④ 사회화는 암묵지에서 암묵지로 변환하는 과정으로 주로 경험을 공유하면서 지식이 전수되고 창조가 일어난다.

⑤ 4가지 지식변환과정은 각기 독립적으로 진행되며 상호배타적으로 작용한다.

76 균형성과지표(BSC)와 관련된 내용으로 옳지 않은 것은?

① 캐플런과 노턴에 의해 정립된 이론이다.

② 재무적 관점은 정량화된 수치로 표현하는데 재무적 측정지표들을 이용한다.

③ 조직의 장기적인 성장과 발전을 도모하고 지속적인 개선을 이루어내기 위해 외부프로세스 관점을 제시한다.

④ 시장점유율, 고객확보율, 고객수익성등은 대표적인 고객관점에서 목표와 측정지표를 제시한다.

⑤ 지식경영과 가장 밀접한 관점은 학습 및 성장관점으로 다른 관점에서 설정한 목표치를 달성할 수 있도록 중요한 기반을 제공한다.

77 아래 글상자가 설명하는 용어로 옳은 것은?

> 기업들은 신선 식품을 구매하려는 소비자들의 요구 증가에 대응하기 위해 냉장 및 냉동 보관과 안전하고 빠른 운송을 위해 새로운 유통 및 물류 시스템을 구축한다.

① 콜드체인(cold chain)

② 공급체인(supply chain)

③ 수요체인(demand chain)

④ 블록체인(block chain)

⑤ 스노우체인(snow chain)

78 유통정보시스템의 도입효과에 대한 설명으로 가장 옳지 않은 것은?

① 주문, 선적, 수취의 정확성을 꾀할 수 있다.
② 리드타임(lead time)이 대폭 증가하여 충분한 재고를 확보할 수 있다.
③ 기업 간에 전자연계를 통해 거래함으로써 서류 작업을 대폭 축소시킬 수 있다.
④ 기업 간에 전자연계를 이용하면 서류업무에 따른 관리 인력을 축소시킬 수 있다.
⑤ 기업 간의 연계는 공급자로 하여금 수요자의 정확한 요구사항을 파악할 수 있게 해준다.

79 아래 글상자의 (   ) 안에 들어갈 용어로 가장 적절한 것은?

> 이케아는 (   ) 기술을 이용하여 인테리어를 구성해 볼 수 있는 쇼룸을 공개하였다. 사실적인 3차원 공간으로 랜더링된 가상 쇼룸과 다수의 이케아 가구를 체험할 수 있다. 고객에게 인테리어 과정을 혁신적으로 탈바꿈시키며 매혹적인 360도 입체 인테리어 경험을 제공한다.

① 가상현실   ② 옴니채널
③ 증폭현실   ④ 공간가상화
⑤ 3차원 랜더링

80 침입탐지시스템의 주요기능과 가장 거리가 먼 것은?

① 데이터의 수집
② DB 백업과 복구 및 이력관리
③ 데이터의 필터링과 축약
④ 오용 또는 이상 탐지
⑤ 책임 추적성과 대응

81 기업의 구매 방법과 구매 품목에 따라 유형을 구분할 때 넷 마켓플레이스에 속하지 않는 것은?

① 전자적 유통업자   ② 사설 산업 네트워크
③ 독립적 거래소   ④ 전자조달
⑤ 산업 컨소시엄

82 아래 글상자에서 설명하고 있는 기술로 올바른 것은?

> 다품종 소량생산 및 개인 맞춤형 제작이 용이하도록 지원하는 신기술이다. 1984년 최초로 개발된 이래로, 2000년대까지 단순 제품 모형 및 시제품 제작 등에 일부 활용되어 왔으며, 최근 기술 진보 및 경제성 확보 등으로 광범위한 영향력을 가지게 되었다. 재료로는 플라스틱, 파우더, 왁스, 고무, 금속 등 기술의 발달과 더불어 다양해지고 있다.

① 시뮬레이터　　　　　　　　② 가상현실
③ 증강현실　　　　　　　　　④ 3D프린팅
⑤ 3D모델링

83 월드와이드웹(WWW)과 관련된 용어들에 대한 설명으로 가장 옳은 것은?

① WWW – 하이퍼 텍스트 마크업 언어를 이용하여 만들어진 문자, 그림, 오디오 그리고 비디오 문서를 통해 인터넷 정보에 접근할 수 있도록 한다.
② HTTP – 인터넷 프로토콜 웹브라우저는 URL을 이용하여 웹 페이지를 요구하고 보여주기 위한 통신규약이다.
③ URL – 도메인 이름의 주인에게 그 사이트를 관리하고 이메일 용량을 주기 위한 서비스이다.
④ 애플릿 – 웹브라우저에서 실행되도록 복잡한 기능을 통합하여 구현한 대규모 프로그램이다.
⑤ 웹브라우저 – 사용자로 하여금 파일을 네트워크로 주고받을 수 있도록 지원하는 파일전송전용서비스이다.

84 인터넷 서점의 시스템 구축을 위한 ERD(Entity Relationship Diagram)의 일부분을 나타낸 것으로 이에 대한 내용으로 가장 올바르지 않은 것은?

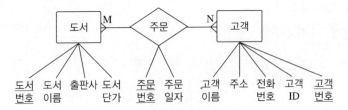

① 도서, 고객은 개체(entity)이다.
② 주문은 도서와 고객과의 관계에서 생성되는 정보를 표현한다.
③ 밑줄이 그어진 항목은 키 속성 중에서 주키로 사용하기 위해 설계된 것이다.
④ 주문번호를 통해 주문한 고객의 주소를 찾아갈 수 있도록 설계되어 있다.
⑤ 주문의 물리 테이블 구성시 속성은 주문번호와 주문일자로만 구성된다.

85 전자상거래 보안과 관련된 주요관점에 대한 설명이다. 글상자의 (가), (나)에 들어갈 용어로 가장 올바른 것은?

> (가)은/는 인터넷을 이용해 전송되거나 수신되어, 웹에 표시된 정보가 승인되지 않은 다른 사람에 의해 변형이 없음을 보장하는 것이다.
> (나)은/는 메시지나 정보가 볼 수 있는 권한이 있는 사람에게만 보이게 하는 것이다.

① 가 : 인증, 나 : 프라이버시
② 가 : 가용성, 나 : 기밀성
③ 가 : 부인방지, 나 : 인증
④ 가 : 무결성, 나 : 기밀성
⑤ 가 : 가용성, 나 : 프라이버시

86 전자상거래의 다양한 수익모델에 관한 설명 중 가장 올바르지 않은 것은?

① 광고를 노출시켜 광고주들로부터 광고료를 거둬들이는 광고수익모델
② 콘텐츠나 서비스를 제공하여 구독료를 거둬들이는 구독수익모델
③ 거래를 가능하게 해주거나, 대행해주는 대가로 수수료를 받는 거래수수료 수익모델
④ 제품이나 정보 서비스를 고객에게 직접 판매하여 수익을 얻는 판매수익모델
⑤ 비즈니스 소개에 대한 수수료를 기반으로 하는 유통수익모델

87 아래 글상자가 뜻하는 정보의 특성으로 가장 옳은 것은?

> 소비자의 기호나 시장의 변화와 관련해서 의사결정이 필요한 경우, 가장 최근의 정보가 필수적이다.

① 정보의 관련성
② 정보의 신뢰성
③ 정보의 적시성
④ 정보의 정확성
⑤ 정보의 검증가능성

88 David and Olson이 제시한 정보시스템을 구성하는 요소에 대한 설명으로 가장 올바르지 않은 것은?

① 하드웨어 – 물리적인 컴퓨터 기기 및 관련된 기기

② 사람 – 시스템 분석가, 프로그래머, 컴퓨터 운용요원, 데이터 준비요원, 정보시스템 관리요원, 데이터 관리자 등

③ 비용 – 정보시스템을 운영·유지하는 데 소요되는 재무자원

④ 데이터베이스 – 응용 소프트웨어에 의하여 생성되고 활용되는 모든 데이터들의 집합체

⑤ 소프트웨어 – 하드웨어의 동작과 작업을 지시하는 명령어의 모음인 프로그램 및 절차

89 인트라넷의 특징으로 가장 옳지 않은 것은?

① 어떠한 조직 내에 속해 있는 사설 네트워크이다.

② 조직의 정보와 컴퓨팅 자원을 구성원들 간에 서로 공유하도록 지원한다.

③ 개인별 사용자 ID와 암호를 부여하여 인증되지 않은 사용자로부터의 접근을 방지한다.

④ 고객이나 협력사, 공급사와 같은 회사 외부사람들에게 네트워크 접근을 허용한다.

⑤ 공중 인터넷에 접속할 때는 방화벽 서버를 통과한다.

90 아래 글상자의 (   ) 안에 공통적으로 들어갈 가장 옳은 용어는?

> (   )은(는) 인공지능 로봇 프로그램을 통한 가상대화시스템이다. (   )은(는) 기본적으로 대화형으로 요청을 취합하고, 그에 대한 응답을 해준다. 따라서, 기업의 입장에서는 고객을 1대 1로 만날 수 있는 맞춤형 마케팅 채널이며 매우 효율적인 CS 처리 채널 중 하나이다.

① 로 봇   ② 가상커뮤니티

③ AI com   ④ 챗 봇

⑤ 컨시어지

2018년

기출문제

배우기만 하고 생각하지 않으면 얻는 것이 없고,
생각만 하고 배우지 않으면 위태롭다.

– 공자 –

자격증 · 공무원 · 금융/보험 · 면허증 · 언어/외국어 · 검정고시/독학사 · 기업체/취업
이 시대의 모든 합격! SD에듀에서 합격하세요!
www.youtube.com → SD에듀 → 구독

시험일	문항 수	시 간	문제형별
2018. 4. 15	총 90개	100분	A

1과목　유통물류일반

01 다음은 유통산업발전법에서 정의한 체인사업의 한 유형이다. 이에 해당하는 체인사업의 유형은?

> 독자적인 상품 또는 판매·경영 기법을 개발한 체인본부가 상호·판매방법·매장운영 및 광고방법 등을 결정하고, 가맹점으로 하여금 그 결정과 지도에 따라 운영하도록 하는 형태

① 프랜차이즈형 체인사업
② 임의가맹형 체인사업
③ 직영점형 체인사업
④ 조합형 체인사업
⑤ 카르텔형 체인사업

02 매슬로우(A. Maslow)의 욕구단계이론에 따라 하급욕구에서 고급욕구로 올바르게 나열한 것은?

① 생리적 욕구 – 소속 욕구 – 안전 욕구 – 자존 욕구 – 자아실현 욕구
② 생리적 욕구 – 소속 욕구 – 자존 욕구 – 안전 욕구 – 자아실현 욕구
③ 생리적 욕구 – 안전 욕구 – 소속 욕구 – 자존 욕구 – 자아실현 욕구
④ 생리적 욕구 – 안전 욕구 – 자존 욕구 – 소속 욕구 – 자아실현 욕구
⑤ 생리적 욕구 – 자존 욕구 – 소속 욕구 – 안전 욕구 – 자아실현 욕구

03 유통경로가 일반적으로 창출하는 효용과 예시로 가장 옳지 않은 것은?

① 시간효용 : 편의점은 24시간 영업한다.

② 장소효용 : 소비자의 집 근처에 편의점이 있다.

③ 소유효용 : 제조업자의 제품소유권이 소비자에게 이전된다.

④ 형태효용 : 소비자가 원하는 양을 분할해서 구매 가능하다.

⑤ 정보효용 : 소비자에게 유용한 정보를 제공한다.

04 채찍효과(bullwhip effect)를 줄일 수 있는 방안으로 가장 옳지 않은 것은?

① 각각의 유통주체가 독립적인 수요예측을 통해 정확성과 효율성을 높인다.

② 공급리드타임을 줄일 수 있는 방안을 마련한다.

③ 공급체인에 소속된 각 주체들이 수요 정보를 공유한다.

④ 지나치게 잦은 할인행사를 지양한다.

⑤ EDLP(항시저가정책)를 통해 소비자의 수요변동 폭을 줄인다.

05 유통산업발전법 제24조 1항 유통관리사의 직무에 해당하지 않는 것은?

① 유통경영·관리 기법의 향상

② 유통경영·관리와 관련한 계획·조사·연구

③ 유통경영·관리와 관련한 허가·승인

④ 유통경영·관리와 관련한 진단·평가

⑤ 유통경영·관리와 관련한 상담·자문

06 마케팅 믹스 중 환경변화에 대응하거나 조정을 하여야 할 필요가 생겼을 경우, 가장 유연성 있게 대응하기 어려운 요소는?

① 가 격   ② 제 품

③ 촉 진   ④ 유통경로

⑤ 디자인

07 기업의 외부환경 분석기법으로 활용되는 포터(M. Porter)의 산업구조분석에서는 산업의 수익률에 영향을 미치는 5대 핵심요인을 제시하고 있는데, 이에 해당되지 않는 것은?

① 산업내의 경쟁　　　　　　　② 대체재의 위협
③ 공급자의 힘　　　　　　　　④ 구매자의 힘
⑤ 비용구조

08 다음 글 상자 안의 경영성과를 분석하는 여러 활동성 비율들을 계산할 때, 공통적으로 반영하는 요소는?

재고자산회전율, 매출채권회전율, 고정자산회전율, 총자산회전율

① 재고자산　　　　　　　　　② 매출액
③ 영업이익　　　　　　　　　④ 자기자본
⑤ 고정자산

18년

09 온라인 쇼핑 환경에 대한 설명으로 가장 옳지 않은 것은?

① 오프라인과 온라인을 넘나드는 O2O 서비스가 증가하고 있다.
② 고객중심으로 채널을 융합하는 옴니채널로의 전환이 확산되고 있다.
③ 방대한 데이터를 바탕으로 개인이 원하는 서비스를 큐레이션하여 제공한다.
④ 온라인 유통업체들은 신성장 전략으로 NB상품의 개발과 같은 제품 차별화에 적극적이다.
⑤ e-커머스는 식료품을 포함한 일상소비재 시장으로 확산되어 가는 추세이다.

10 다음 중 집중적 유통경로(intensive distribution channel)에 가장 적합한 것은?

① 식료품, 담배 등을 판매하는 편의점
② 카메라 렌즈를 전문적으로 판매하는 상점
③ 고급 의류 및 보석을 판매하는 상점
④ 특정 브랜드의 전자제품만 판매하는 매장
⑤ 독특한 디자인 가구를 판매하는 가구점

11 제조업체에 의해 개발, 생산, 프로모션 등에 관한 활동이 이뤄지고 여러 유통업체에 의해 판매되는 상품을 무엇이라고 하는가?

① 개별상표(Private Brand) 상품

② 전국상표(National Brand) 상품

③ 무상표(Generic Brand) 상품

④ 점포상표(Store Brand) 상품

⑤ 경쟁상표(Fighting Brand) 상품

12 다음 글 상자에서 설명하는 용어는?

> • 컨테이너를 적재한 트레일러를 철도의 무개화차에 실어 수송하는 방식
> • 정식명칭은 Trailer on Flat Car임
> • 화주의 문전에서 기차역까지는 트레일러에 실은 컨테이너를 트랙터로 견인함

① 버디백(birdy back) ② 피기백(piggy back)

③ 피쉬백(fishy back) ④ 도기백(doggy back)

⑤ 호스백(horse back)

13 유통경로의 전방흐름기능만으로 올바르게 짝지어진 것은?

① 협상, 소유권, 주문 ② 금융, 주문, 시장정보

③ 협상, 금융, 위험부담 ④ 촉진, 물리적 보유, 소유권

⑤ 대금지급, 금융, 위험부담

14 경로구성원들 중 재고보유에 따른 위험을 누가 감수하는지에 따라 경로구조가 결정된다는 내용을 담고 있는 이론은?

① 대리이론(Agency theory)

② 정치-경제관점 이론(Political-economy perspective)

③ 게임이론(Game theory)

④ 연기-투기이론(Postponement-speculation perspective)

⑤ 거래비용이론(Transaction cost analysis)

15 기업이 선택할 수 있는 주요 수송 수단인 철도, 육로(트럭), 해상운송, 항공, 파이프라인을 상대적으로 비교했을 때 가장 옳지 않은 것은?

① 해상수송은 광물이나 곡물을 수송하는 데 경제적이다.

② 철도수송은 전체 수송에서 차지하는 비중이 감소하는 추세이나 육로의 정체현상으로 재활성화 될 가능성이 있다.

③ 파이프라인수송은 단위당 비용, 속도, 이용 편리성 측면에서 상대적으로 우수하다.

④ 항공수송은 신속하지만 단위 거리당 비용이 가장 높다는 단점이 있다.

⑤ 육상수송은 자체적인 운송뿐만 아니라 선박이나 항공과 결합해서 널리 활용된다.

16 유통 개방정도에 따른 내용으로 옳은 것은?

① 정해진 지역에서 특정 경로구성원만이 활동하는 유통방식은 집중적 유통이다.

② 시장을 더 넓게 개척하기 위해서 많은 경로구성원들을 이용함으로써 시장의 노출을 극대화하는 유통방식은 집중적 유통이다.

③ 슈퍼마켓에서 팔리는 대부분의 소비재는 전속적 유통이다.

④ 유통비용을 낮춤과 동시에 경로구성원의 수가 많을 때보다 구성원들과의 관계를 더 유지할 수 있는 유통방식은 집중적 유통이다.

⑤ 제품과 연관된 배타성과 유일성의 이미지를 더욱 효과적으로 소비자들에게 전달할 수 있는 유통 방식은 집중적 유통이다.

17 소매업 변천과정에 관련된 가설에 대한 내용으로 옳은 것은?

① 수레바퀴가설 : 소매상은 유통시장진입 초기에 고가격, 고마진, 고서비스의 점포운영방식으로 진입하여, 경쟁우위 확보를 위해 저가격, 저마진, 저서비스 운영방식으로 전환된다.

② 수레바퀴가설 : 소매기관들이 처음에는 혁신적인 형태에서 출발하여 성장하다가 새로운 개념을 가진 신업태에게 그 자리를 양보하고 사라진다고 주장한다.

③ 수레바퀴가설 : 비가격적인 요인만을 소매업 변천의 주원인으로 보고 있다는 한계점이 있다.

④ 소매수명주기 가설 : 도입기, 성장기, 성숙기, 쇠퇴기로 구분하는데 모바일유통(M-commerce)은 현재 쇠퇴기에 있다고 평가된다.

⑤ 소매아코디언 가설 : 소매상은 제품가격변화에 초점을 맞춘 이론으로, 높은 가격으로 판매하는 업태에서 낮은 가격으로 판매하는 업태로 변화된다는 이론이다.

18 종업원 인센티브제도에 관한 내용으로 옳지 않은 것은?

① 성과배분제는 물자, 노동의 낭비근절과 더 나은 제품과 서비스 개발을 통해 원가를 절감할 수 있다는 가정에 근거를 둔다.

② 변동급여제도 중 수수료를 통한 급여는 실적위주보상을 통해 영업활동을 관리하는 유용한 수단이 된다.

③ 주식소유권(stock ownership)은 직원들로 하여금 회사주식을 소유하게 함으로써 회사 소유주의 일부가 되기를 장려하는 방법이다.

④ 기업에서 신제품이 출시되면 업적을 치하하기 위해 감사패, 상품권, 선물 등을 나눠주는 것은 인정포상의 한 형태이다.

⑤ 팀 구성원의 존재가 개인별로 업무를 할 때보다 더욱 강력하고 지속적인 행동을 유발시키는 것은 개인인센티브 제도에 속한다.

19 재고관리자가 고객의 수요에 대응하여 최소의 재고비용으로 적정량의 재고를 유지하기 위해 경제적 주문량(EOQ)을 계산할 때 직접적으로 필요하지 않은 항목은?

① 주문비 ② 연간수요량
③ 연간주문주기 ④ 평균재고유지비율
⑤ 재고품의 단위당 가치(가격)

20 창고관리의 기능 중 이동(movement)의 하부활동에 속하지 않는 것은?

① 주문과 선적기록에 대한 상거래 확인하기
② 상품을 보관하기 위해 창고로 이동시키기
③ 안전재고 유지하기
④ 고객의 요구에 맞게 포장하여 출고준비하기
⑤ 상품 선적하기

21 '계약물류'라고도 불리며, 물류 효율화를 위해 기업이 물류전문업체에게 짧게는 1년에서 길게는 5년 이상의 장기계약을 통해 물류기능을 아웃소싱하는 것은?

① 제1자물류 ② 제2자물류
③ 제3자물류 ④ 제4자물류
⑤ 자회사물류

22 포장물류의 모듈화가 지체되고 있는 이유로서 옳지 않은 것은?

① 물품형태가 모듈화에 적합하지 않은 것이 많기 때문이다.
② 포장물류 모듈화의 필요성에 대한 인식이 아직은 다른 물류분야에 비하여 낮기 때문이다.
③ 포장의 모듈화를 위해서는 기존의 생산설비 및 물류설비를 변경하여야 하는 문제가 있기 때문이다.
④ 수배송, 보관, 하역 등에 있어서는 물품의 거래단위가 한 포장단위가 안 되는 소화물인 경우가 많기 때문이다.
⑤ 다품종 대량생산과 경쟁 격화로 인하여 공업포장 중심의 생산지향형 포장으로 가는 경향이 강하기 때문이다.

23 공급사슬관리(SCM)의 성과측정 방법에 대한 설명으로 가장 옳지 않은 것은?

① SCM수행에 대한 실질적인 성과를 보여 줄 수 있어야 한다.
② 성과측정은 개별 기업의 성과에 초점을 맞춰야 한다.
③ SCM수행과 관련한 상세한 데이터를 보여줄 수 있는 매트릭스가 필요하다.
④ 주문주기 감소, 비용절감, 학습효과 향상은 프로세스 측정에 해당된다.
⑤ 판매 및 수익 증가, 고객만족 증가는 결과 측정에 해당된다.

24 수송과 배송의 효율적 관리에 대한 설명으로 가장 옳지 않은 것은?

① 소화물 수송과 비교하면 대형화물로 만들어 수송하는 경우 단위당 고정비가 절감되어 수송비가 적게 든다.
② 공동수배송은 일정지역 내에 있는 기업이 협업함으로써 이루어질 수 있다.
③ 효율적인 수배송을 위해 복화율은 최소로 유지해야 한다.
④ 공동배송이 실시되기 위해서는 물류에 대한 기존의 통제권을 제3자에게 넘겨 줄 수 있는 제조업체의 인식전환이 필요하다.
⑤ 배송계획의 개선에 의해서 배송시간과 주행거리를 최소한으로 통제하며 화물량의 평준화를 가능하게 해야 한다.

25 최근이나 미래의 유통환경 변화에 대한 내용으로 가장 거리가 먼 것은?

① 인구성장 정체로 인해 상품시장의 양적 포화와 공급 과잉을 초래하게 될 것이다.
② 노인인구 증가와 구매력을 동반한 노인인구 증가는 건강과 편의성을 추구하는 새로운 수요를 만들 것이다.
③ 나홀로가구 증가로 인해 소용량제품, 미니가전제품 등 1인가구를 위한 서비스가 등장하고 있다.
④ 소비자가 제품개발과 유통과정에도 참여하는 등 능동적인 소비자가 나타났다.
⑤ 블로거 마케터 등 온라인 마케터의 영향력이 커져 프로슈머의 필요성은 점차 사라지고 있다.

26 도시는 도심상권, 부도심상권, 지구상권, 주거지 근린상권 등으로 계층화된 상권구조를 가지며, 이들 상권은 서로 다른 카테고리의 상품을 주로 판매한다는 도시상권구조의 계층화를 설명하는 것과 가장 관련이 있는 이론은?

① Reilly의 소매인력이론
② Converse의 소매인력법칙
③ Huff의 상권분석모델
④ Huff의 수정된 상권분석모델
⑤ Christaller의 중심지이론

27 쇼핑센터 등 복합상업시설에서는 테넌트믹스(tenant mix) 전략이 중요하다고 하는데 여기서 말하는 테넌트는 무엇인가?

① 앵커스토어
② 자석점포
③ 임차점포
④ 부동산 개발업자
⑤ 상품 공급업자

28 입지의 유형을 공간균배의 원리나 이용목적에 의해 구분할 때 (ㄱ) 적응형 입지와 (ㄴ) 집재성 입지의 대표적인 특징을 순서대로 올바르게 나열한 것은?

> 가. 지역주민들이 주로 이용함
> 나. 동일 업종끼리 모여 있으면 불리함
> 다. 배후지의 중심지에 위치하는 것이 유리함
> 라. 고객이 특정한 목적을 갖고 방문함
> 마. 점포들이 모여 집적효과를 거둠
> 바. 거리에서 통행하는 유동인구에 의해 영업이 좌우됨

① (ㄱ) 가, (ㄴ) 다   ② (ㄱ) 바, (ㄴ) 마
③ (ㄱ) 가, (ㄴ) 마   ④ (ㄱ) 라, (ㄴ) 나
⑤ (ㄱ) 바, (ㄴ) 다

29 점포가 위치하게 되는 부지의 위치 및 특성에 대한 일반적 설명으로 옳지 않은 것은?

① 획지는 건축용으로 구획정리를 할 때 한 단위가 되는 땅을 말한다.
② 획지 중에서 두 개 이상의 도로에 접한 경우를 각지라고 한다.
③ 각지는 1면각지, 2면각지, 3면각지 등으로 불리기도 한다.
④ 각지는 일조와 통풍이 양호하고 출입이 편리하며 광고효과가 높다.
⑤ 각지는 상대적으로 소음, 도난, 교통 등의 피해를 받을 가능성이 높다는 단점이 있다.

30 다양한 상권의 유형들 중에서 아래와 같은 특성을 갖는 상권은 무엇인가?

- 어느 상권보다도 유동인구가 상대적으로 많음
- 임대료나 지가의 수준이 타지역에 비해 높음
- 지상과 지하의 입체적 개발이 이루어지는 경우가 많음
- 교통의 결절점 역할을 수행하는 경우가 많음

① 근린상권　　　　　　　　② 역세권상권
③ 아파트단지상권　　　　　④ 일반주택가상권
⑤ 사무실상권

31 소매업태별 입지전략 또는 입지에 따른 업태의 소매전략에 대한 설명으로 가장 옳지 않은 것은?

① 기생형 점포는 목적형 점포의 입지를 고려하지 않고 독립적으로 입지하여야 한다.
② 선매품 소매점은 경합관계에 있는 점포들이 모여 있는 곳에 입지해야 한다.
③ 보완관계보다 경합관계가 더 큰 편의품 소매점들은 서로 떨어져 입지해야 한다.
④ 목적형 점포는 수요가 입지의 영향을 크게 받지 않아 입지선정이 비교적 자유롭다.
⑤ 쇼핑센터에 입지한 소규모 점포들은 앵커스토어와 표적고객이 겹치는 경우가 많다.

32 소비자들이 유사한 점포들 중에서 점포를 선택할 때는 가장 가까운 점포를 선택한다는 가정을 토대로 하며, 상권경계를 결정할 때 티센다각형(thiessen polygon)을 활용하는 방법은?

① Huff모델　　　　　　　　② 입지할당모델
③ 유사점포법　　　　　　　④ 근접구역법
⑤ 점포공간매출액비율법

33 넬슨(R.L.Nelson)의 입지선정 원칙과 그에 관한 설명으로 옳지 않은 것은?

① 누적적 유인력 : 동일업종의 집적에 의한 유인효과
② 성장가능성 : 상업환경, 주거환경, 소득환경, 교통환경의 변화 가능성
③ 중간저지성 : 상호보완 되는 점포들이 근접하여 얻게 되는 시너지효과
④ 경제성 : 부지비용, 임대료, 권리금 등의 입지비용 정도
⑤ 상권의 잠재력 : 시장점유율이 확대될 가능성

34 경쟁분석은 입지선정과정을 위한 필수적 활동이다. 경쟁점포에 대한 조사, 분석과 관련된 설명으로 가장 옳지 않은 것은?

① 경쟁점포에 대한 방문조사가 경쟁분석의 유일한 방법으로 활용된다.
② 상품구색, 가격, 품질이 유사할수록 경쟁강도가 높은 경쟁점포이다.
③ 경쟁점포 및 경쟁구조를 분석할 때는 상권의 계층적 구조를 고려해야 한다.
④ 직접적인 경쟁점포뿐만 아니라 잠재적인 경쟁점포를 포함하여 조사·분석해야 한다.
⑤ 경쟁분석의 궁극적 목적은 효과적인 경쟁전략의 수립이다.

35 점포의 입지조건을 검토할 때 분석해야 할 점포의 건물구조와 관련된 설명으로 옳지 않은 것은?

① 도시형 점포에서는 출입구의 넓이, 층수와 계단, 단차와 장애물 등을 건물구조의 주요요인으로 고려해야 한다.
② 교외형 점포에서는 주차대수, 부지면적, 정면너비, 점포입구, 주차장 입구 수, 장애물 등을 건물구조의 주요요인으로 들 수 있다.
③ 점포의 정면너비는 시계성과 점포 출입의 편의성에 크게 영향을 미친다.
④ 일반적으로 점포부지의 형태는 정사각형이 죽은 공간(dead space) 발생이 적어 가장 좋다고 알려져 있다.
⑤ 점포의 형태로 인해 집기나 진열선반을 효율적으로 배치하기 어려운 경우가 있는데 이때 사용하지 못하는 공간을 죽은 공간(dead space)이라 한다.

36 소매업이 불균등하게 분포하는 실태를 반영하여 소매업 중심지와 그곳을 둘러싼 외곽지역으로 구성되는 것을 지수화한 '중심성 지수'에 대한 설명으로 옳지 않은 것은?

① 소매업의 공간적 분포를 설명하는 데 도움을 주는 지표이다.
② 어느 지역에서 중심이 되는 공간이 어디인지를 지수로 파악할 수 있다.
③ 그 도시의 소매판매액을 그 도시를 포함한 광역지역의 1인당 소매판매액으로 나눈 값이 상업인구이다.
④ 상업인구보다 거주인구가 많으면 1보다 큰 값을 갖게 된다.
⑤ 중심성 지수가 1이면 상업인구와 거주인구가 동일함을 의미한다.

37 서로 떨어져 있는 두 도시 A, B의 거리는 30km이다. 이 때 A시의 인구는 8만명이고 B시의 인구는 A시의 4배라고 하면 도시간의 상권경계는 B시로부터 얼마나 떨어진 곳에 형성되겠는가? (Converse의 상권분기점 분석법을 이용해 계산하라.)

① 6km
② 10km
③ 12km
④ 20km
⑤ 24km

38 상권분석에 이용할 수 있는 회귀분석 모형에 관한 설명으로 가장 옳지 않은 것은?

① 소매점포의 성과에 영향을 미치는 요소들을 파악하는 데 도움이 된다.
② 모형에 포함되는 독립변수들은 서로 관련성이 높을수록 좋다.
③ 점포성과에 영향을 미치는 영향변수에는 상권내 경쟁수준이 포함될 수 있다.
④ 점포성과에 영향을 미치는 영향변수에는 상권내 소비자들의 특성이 포함될 수 있다.
⑤ 회귀분석에서는 표본의 수가 충분하게 확보되어야 한다.

39 「유통산업발전법」에서는 대규모점포 등과 중소유통업의 상생발전을 위하여 필요하다고 인정하는 경우 대형마트 등에 대한 영업시간 제한이나 의무휴업일 지정을 규정하고 있다. 이에 대한 내용으로 옳지 않은 것은?

① 특별자치시장·시장·군수·구청장 등은 오전 0시부터 오전 10시까지의 범위에서 영업시간을 제한 할 수 있다.
② 특별자치시장·시장·군수·구청장 등은 매월 이틀을 의무휴업일로 지정하여야 한다.
③ 동일 상권내에 전통시장이 존재하지 않는 경우에는 위의 내용이 적용되지 아니한다.
④ 영업시간 제한 및 의무휴업일 지정에 필요한 사항은 해당 지방자치단체의 조례로 정한다.
⑤ 의무휴업일은 공휴일 중에서 지정하되, 이해당사자와 합의를 거쳐 공휴일이 아닌 날을 의무휴업일로 지정할 수 있다.

40 패션/전문센터(fashion/special center)의 입지로서 가장 적합한 지역은?

① 고속도로 분기점
② 고소득층 거주지 인근의 상업지역
③ 중산층 거주지 인근의 상업지역
④ 지방 중소도시의 중심상업지역
⑤ 할인형 쇼핑몰 인근 지역

41 식당이 많이 몰려있는 곳에 술집이나 커피숍들이 있다든지, 극장가 주위에 식당들이 많이 밀집해 있는 것은 다음 중 어느 입지원칙이 적용된 것이라 할 수 있는가?

① 동반유인원칙(principle of cumulative attraction)
② 접근가능성의 원칙(principle of accessibility)
③ 보충가능성의 원칙(principle of compatibility)
④ 고객차단원칙(principle of interception)
⑤ 점포밀집원칙(principle of store congestion)

42 상권분석의 직접적 필요성에 대한 설명으로 옳지 않은 것은?

① 구체적인 입지계획을 수립하기 위해
② 잠재수요를 파악하기 위해
③ 고객에 대한 이해를 바탕으로 보다 표적화된 구색과 판매촉진전략을 수립하기 위해
④ 점포의 접근성과 가시성을 높이기 위해
⑤ 기존 점포들과의 차별화 포인트를 찾아내기 위해

43 레일리(Reilly) 법칙을 이용하여, C지점의 구매력이 A도시와 B도시에 흡인되는 비율을 구하면?

• A도시의 인구 : 25만명
• B도시의 인구 : 100만명
• A도시와 B도시 사이에 C지점이 위치해 있음
• C지점부터 A도시까지의 거리 : 4km
• C지점부터 B도시까지의 거리 : 16km

① 4:1　　　　　　　　　　　② 1:4
③ 16:1　　　　　　　　　　④ 1:16
⑤ 1:1

44 "도시내의 상업직접시설을 단위로 하여, 상업시설의 규모와 상업시설까지 걸리는 시간거리를 중심으로 각 상업시설을 방문할 확률을 계산하고, 이를 모두 합하여 해당 상업시설의 흡인력을 계산"한 것과 가장 관련이 깊은 사람은?

① 레일리(Reilly, W. J)
② 컨버스(Converse, P. D.)
③ 허프(Huff, D. L.)
④ 애플바움(Applebaum, W.)
⑤ 크리스탈러(Christaller, W.)

45 점포의 매출을 추정하기 위해서는 먼저 상권의 규모와 특성을 조사해야 한다. 다음 중 상권 내 소비자들에 대한 횡단조사를 통해 파악하기가 가장 어려운 상권특성은?

① 상권의 쇠퇴 또는 팽창
② 세대의 수
③ 세대별 구성원 수
④ 연령별 인구구성
⑤ 가구별 소득 분포

3과목 유통마케팅

46 다음 글상자에서 설명하고 있는 것은?

> 동일한 성능·용도를 가지거나 동일한 고객층이나 가격대를 가진 상품군

① 상품 구색(product assortment)
② 상품 품목(product item)
③ 상품 계열(product line)
④ 상품 믹스(product mix)
⑤ 상품 카테고리(product category)

---

47 브랜드에 대한 설명으로 옳지 않은 것은?

① 기업 브랜드(corporate brand) : 기업명이 브랜드 역할을 하는 것
② 패밀리 브랜드(family brand) : 여러 가지 종류의 상품에 부착되는 브랜드
③ 개별 브랜드(individual brand) : 한 가지 종류의 상품에만 부착되는 브랜드
④ 브랜드 수식어(brand modifier) : 브랜드 뒤에 붙는 수식어
⑤ 자체 브랜드(private brand) : 주문자 제조방식이 아닌 제조기업이 자체 제조한 상품에 부착한 브랜드

---

48 많은 구매자와 많은 판매자로 구성된 시장으로, 어떤 구매자나 판매자도 시장가격결정에 큰 영향을 미치지 못하는 경쟁상태는?

① 완전 경쟁
② 독점적 경쟁
③ 과점적 경쟁
④ 완전 독점
⑤ 완전 과점

49 유통업체의 서비스 품질을 평가하기 위해 고객의 피드백을 수집하는 여러 방식 중 다음에서 가장 높은 대표성과 신뢰성을 갖춘 것은?

① 서비스 피드백 카드
② 미스터리 쇼핑
③ 개별고객의 자발적인 불평 제기
④ 표적집단을 활용한 토의
⑤ 1,000명의 표본을 활용한 설문조사

50 CRM의 도입 배경에 대한 설명으로 가장 옳은 것은?

① 고객 데이터를 통해서 계산원의 부정을 방지하기 위한 것이다.
② 고객과의 지속적 관계를 발전시켜 고객생애가치를 극대화 하려는 것이다.
③ 상품계획 시 철수상품과 신규취급 상품을 결정하는 데 도움을 주려는 것이다.
④ 매장의 판촉활동을 평가하는 정보를 제공하여 효율적인 판매촉진을 하려는 것이다.
⑤ 각종 판매정보를 체계적으로 관리하여 상품 회전율을 높이고자 하는 것이다.

51 중간상의 협조를 얻기 위한 제조업자의 촉진수단에 해당하지 않는 것은?

① 거래할인   ② 판촉지원금
③ 쿠 폰   ④ 기본계약할인
⑤ 상품지원금

52 카테고리 수명주기 단계 중 소매점들이 취급하는 상품 카테고리에 포함되는 품목의 다양성이 가장 높은 단계는?

① 도입기   ② 성숙기
③ 성장기   ④ 쇠퇴기
⑤ 소멸기

53 다음 글 상자에서 공통으로 설명하는 용어는?

> • 매장의 개별 상품 및 상품구성을 가장 효과적이고 효율적인 방법으로 소비자에게 제시함으로써 자본과 노동의 생산성을 최대화하려는 활동
> • 적절한 상품준비와 연출을 통해 소비자의 상기구매, 연관구매, 충동구매를 유도하기 위한 활동
> • 소비자의 구매의욕을 불러일으키기 위한 활동

① 윈도우 디스플레이　　　　　② 인스토어 머천다이징
③ 상품화 활동　　　　　　　　④ 상품 구성 전략
⑤ 판매촉진 진열

54 소매상의 강점과 약점을 파악하기 위한 분석 요인 중 소매상 내적 요인에 해당하지 않는 것은?

① 취급하는 상품의 구색
② 제공하는 대고객 서비스
③ 경영기법과 판매원 능력
④ 소비자의 기대와 욕구
⑤ 조직에 대한 종업원의 태도

55 비표본추출오류의 하나인 면접자 오류에 해당하지 않는 것은?

① 응답자 선택 오류　　　　　② 질문 오류
③ 기록 오류　　　　　　　　④ 기만 오류
⑤ 측정 오류

56 다음 글 상자에서 설명하는 용어는?

> 지역적으로 거래조건이 상이할 때 중간상이 해당 지역에서 촉진활동의 일환으로 저렴하게 거래되는 제품을 구입하여 다른 지역에 있는 도매상이나 소매상에게 재판매하는 것

① 선물구매(forward buying)　　② 전매(diversion)
③ 기회주의적 행동　　　　　　④ 촉진일탈
⑤ 공제전환

57 다음 글 상자에서 공통으로 설명하는 도매상은?

> - 가장 전형적인 도매상
> - 완전서비스 도매상과 한정서비스 도매상으로 나누어짐
> - 자신들이 취급하는 상품의 소유권을 보유하며 제조업체 또는 소매상과 관련 없는 독립된 사업체

① 제조업자 도매상　　　　　　　② 상인도매상
③ 대리인　　　　　　　　　　　　④ 브로커
⑤ 수수료상인

58 점포의 내점률과 객단가에 관한 설명으로 옳지 않은 것은?

① 객단가는 매출액을 고객수로 나누어 계산한다.
② 객단가는 고객 1인당 평균구매액을 의미한다.
③ 내점률은 점포 앞을 지나가는 통행객수 중에서 몇 명이 점포에 들어왔는지를 나타내는 비율이다.
④ 내점률은 내점객수를 점포상권 범위 내에 거주하는 사람들의 수로 나눠 구하기도 한다.
⑤ 내점률은 고객흡인율이라고도 하는데 총매출액에 영향을 미치는 구매객수와 반비례한다.

59 점포의 관리에 대한 설명으로 옳지 않은 것은?

① 점포의 상호는 짧은 시간 내에 점포특성을 전달할 수 있어야 하고, 고객의 눈길을 끌면서도 너무 길지 않아야 한다.
② 간판 중에서 돌출간판은 허가를 받아야 하고 기타 부착용 간판은 신고를 해야 한다.
③ 점포의 조명이 전체적으로 너무 밝으면 주의가 산만해져 구매의욕이 상실될 수 있으므로 적절한 스포트라이트의 활용이 필요하다.
④ 상품 진열·저장을 위한 진열장, 캐비넷, 선반 등은 집기에 포함되며, 판매를 보조하는 금전등록기, 손수레 등은 장비에 포함된다.
⑤ 쇼윈도우의 형태를 완전개방형, 반개방형, 완전폐쇄형으로 구분할 때, 고급스러운 분위기에 유리한 것은 완전개방형이다.

60 다음 글 상자의 ○○홈쇼핑이 실행한 마케팅조사기법은?

> ○○홈쇼핑은 지속적인 매출감소 원인을 파악하고자, 우량고객 10명을 대상으로 조사를 실행하였다. 훈련받은 사회자의 진행을 통해 고객들은 자유롭게 여러 주제에 대하여 토론하였다. 자사와 경쟁사 홈쇼핑의 상품, 방송, 배송 등에 대해 전반적인 평가를 받았고 또한 고객들이 생각하는 매출개선방안도 제안받았다.

① 민속학적 조사　　　　　　　　　② 서베이조사
③ 실험조사　　　　　　　　　　　　④ 표적집단면접조사
⑤ 전문가조사

61 다음 사례에서 나타난 경로갈등의 원인으로 가장 적합한 것은?

> 피자 프랜차이즈 본부 ○○회사는 가맹점 계약 시 가맹점 사업자에게 배타적 영업권을 보장하고 있으나, 최근 매출 실적이 좋은 10여개 상권에 정당한 사유 없이 기존가맹점들과의 계약을 무시하면서 직영점을 출점하였다. 이에 따라 직영점이 출점한 지역의 가맹점 사업자들은 본부에 강력히 항의하며 법적으로 공동대응을 하기로 하였다.

① 영역불일치　　　　　　　　　　② 목표불일치
③ 이해불일치　　　　　　　　　　④ 인식불일치
⑤ 수단불일치

62 영향력 행사 방식과 관련된 '힘의 원천'을 연결한 것으로 옳은 것은?

> ㉠ 약속 – 준거력
> ㉡ 위협 – 보상력
> ㉢ 법적 제소 – 합법력
> ㉣ 요청 – 준거력, 보상력
> ㉤ 정보교환 – 강압력

① ㉠, ㉡　　　　　　　　　　　② ㉠, ㉤
③ ㉡, ㉤　　　　　　　　　　　④ ㉢, ㉣
⑤ ㉢, ㉤

63 유통마케팅 조사에서 2차 자료를 사용하려면 먼저 품질을 평가해야 하는데, 그 품질평가 기준으로서 가장 옳지 않은 것은?

① 회사 정보시스템에 포함된 내부성
② 조사문제 해결 시점 기준의 최신성
③ 수집 및 보고 과정의 정확성
④ 수집 및 보고 과정의 객관성
⑤ 조사 프로젝트와의 적합성

64 판매자가 가격을 2% 인상했을 때 수요가 10% 감소한다고 가정할 때, 수요의 가격탄력성은?

① -1.8 　　　　　　　② -5
③ 0.2 　　　　　　　④ 5
⑤ -0.2

65 소매점포의 구성과 배치에 관한 원칙으로 가장 옳지 않은 것은?

① 점포분위기는 표적고객층과 걸맞아야 하고, 그들의 욕구와 조화를 이룰 수 있도록 설계해야 한다.
② 점포의 구성과 배치는 고객의 충동구매를 자극하지 않도록 설계해야 한다.
③ 점포의 내부 디자인은 고객의 구매결정에 도움을 줄 수 있어야 한다.
④ 점포의 물리적 환경은 고급스러움보다 상품과 가격대와의 일관성이 더 중요하다.
⑤ 판매수익이 높고 점포의 분위기를 개선할 수 있는 품목을 점포의 좋은 위치에 배치한다.

66 다음 글 상자 안의 소비자 행동에 대응하기 위한 유통기업의 전략으로 가장 옳은 것은?

• 소비자들은 전통적인 은행 영업점포 외에도 이동식 무인점포, 스마트폰, 편의점 등으로 은행업무를 보는 공간을 다변화하고 있다.
• 소비자들은 갑작스런 강추위 때문에 외출을 꺼려하면서 온라인몰에서 상품주문을 대폭 증가하였다
---

① 중간상 생략 전략
② 제3자 로지스틱스 전략
③ 전속적 유통 전략
④ 수직적 마케팅시스템 구축 전략
⑤ 복수경로 유통 전략

67 판매촉진(또는 판촉)에 관한 설명으로 가장 옳지 않은 것은?

① 판촉은 시용(trial)이나 구매와 같은 즉각적인 행동을 유발하는 것이 목적이다.

② 판촉과 광고는 상호 대체적이어서 함께 사용하지 않는 것이 원칙이다.

③ 경쟁점포와 차별화하기 어려울수록 판촉의 활용 빈도가 높아진다.

④ 푸시(push)전략에는 소비자판촉보다 영업판촉이 적합하다.

⑤ 새로운 고객을 유치하지 못한 판촉으로 인해 판촉실시 이후에 오히려 판매량이 낮아질 수 있다.

68 제조업자가 실행하는 촉진전략으로 푸시(push)와 풀(pull)전략이 있다. 다음 중 푸시전략의 흐름으로 옳은 것은?

① 제조업자 → 소매상 → 소비자 → 도매상

② 제조업자 → 도매상 → 소매상 → 소비자

③ 소비자 → 소매상 → 도매상 → 제조업자

④ 소비자 → 제조업자 → 도매상 → 소매상

⑤ 도매상 → 소매상 → 제조업자 → 소비자

69 항시최저가격(Every Day Lowest Price)전략에 대한 설명으로 가장 적절한 것은?

① 제품라인 가격결정 전략이다.

② 소매가격 유지 정책이다.

③ 고객가치기반 가격결정 전략이다.

④ 원가기반 가격결정 전략이다.

⑤ 경쟁기반 가격결정 전략이다.

70 (㉠)과 (㉡)에 들어갈 용어를 올바르게 나열한 것은?

(㉠)은/는 머천다이징을 시각적으로 표현하는 것으로 개별 상품이 아니라 상품기획 단계의 콘셉트가 표현되는 것을 말하며, (㉡)은/는 마케팅의 목적을 효율적으로 달성할 수 있도록 특정 타겟에 적합한 특정상품이나 서비스를 조합해 계획·조정·판매하는 모든 활동을 의미한다.

① ㉠ VP(Visual Presentation), ㉡ VMD(Visual Merchandising)

② ㉠ PP(Point of sale Presentation), ㉡ BI(Brand Identity)

③ ㉠ IP(Item Presentation), ㉡ VMD(Visual Merchandising)

④ ㉠ VMD(Visual Merchandising), ㉡ IP(Item Presentation)

⑤ ㉠ BI(Brand Identity), ㉡ VP(Visual Presentation)

71 글상자의 ( ) 안에 들어갈 용어로 옳은 것은?

> 제약조건이론(TOC) 중 ( )은/는 전체 공정의 종속성과 변동성을 관리하는 기법으로 전체 공정 중 가장 약한 것을 찾아 능력제약자원으로 두고, 이 부분이 최대한 100% 가동할 수 있도록 공정 속도를 조절하여 흐름을 관리하는 기법이다.

① DBR   ② JIT

③ QR   ④ 6sigma

⑤ ECR

72 데이터베이스 구축과 관련된 용어에 대한 설명으로 가장 옳지 않은 것은?

① RDB – 관계형 데이터를 저장하거나, 수정하고 관리할 수 있게 해 주는 데이터베이스

② NoSQL – Not Only SQL의 약자이며, 비관계형 데이터 저장소로 기존의 전통적인 방식의 관계형 데이터베이스와는 다르게 설계된 데이터베이스

③ RDB – 테이블 스키마가 고정되어 있지 않아 테이블의 확장과 축소가 용이

④ NoSQL – 테이블간 조인(Join)연산을 지원하지 않음

⑤ NoSQL – key-value, Document Key-value, column 기반의 NoSQL이 주로 활용되고 있음

73 디지털 경제시대에 나타나는 특징으로 가장 옳지 않은 것은?

① 생산량을 증가시킴에 따라 필요한 생산요소의 투입량이 점점 적어지는 현상이 나타난다.

② 투입되는 생산요소가 늘어나면 늘어날수록 산출량이 기하급수적으로 증가하는 현상이 나타난다.

③ 시장에 먼저 진출하여 상당규모의 고객을 먼저 확보한 선두기업이 시장을 지배할 가능성이 높아진다.

④ 생산요소의 투입량을 증가시킬 때 그 생산요소의 추가적인 한 단위의 투입이 발생시키는 추가적인 산출량의 크기가 점점 감소되는 현상이 나타난다.

⑤ 생산량이 많아질수록 한계비용이 급감하여 지속적인 성장이 가능해 진다.

74 물류의 운송 및 보관 활동을 수행함으로써 창출될 수 있는 효용으로 가장 적합한 것은?

① 형태 효용, 장소 효용   ② 형태 효용, 시간 효용

③ 시간 효용, 장소 효용   ④ 시간 효용, 소유 효용

⑤ 장소 효용, 소유 효용

75 아래 글상자가 뜻하는 SCM 전략으로 가장 옳은 것은?

> 제조 및 유통업체 사이에서 판매 및 재고데이터 공유를 통하여 수요 예측과 주문 관리에 이용하고, 효과적인 상품 보충과 재고 관리를 지원하는 공급망관리를 위한 비즈니스 모델이다.

① QR(Quick Response)

② CMI(Co-Managed Inventory)

③ ECR(Efficient Consumer Response)

④ CRP(Continuous Replenishment Program)

⑤ CPFR(Continuous Planning & Forecasting Replenishment)

76 e-비즈니스를 구성하는 요소를 크게 기반요소와 지원요소로 구분할 경우, 기술적인 기반요소에 해당하지 않는 것은?

① 네트워크   ② 기술표준

③ 공통서비스   ④ 멀티미디어 콘텐츠

⑤ 메시지 및 정보전달

77 데이터웨어하우스의 특징으로 가장 옳지 않은 것은?

① 주제별로 정리된 데이터베이스

② 다양한 데이터 원천으로부터의 데이터 통합

③ 과거부터 현재에 이르기까지 시계열 데이터

④ 필요에 따라 특정 시점을 기준으로 처리해 놓은 데이터

⑤ 실시간 거래처리가 반영된 최신 데이터

78 기업이 CRM의 성과를 추적하고 관리하기 위해 사용할 수 있는 지표를 크게 판매 지표, 고객서비스 지표, 마케팅 지표로 구분할 때, 고객서비스 지표에 해당하는 것은?

① 판매 요청 건수, 유지된 고객 수, 평균 해결시간
② 서비스 요청 건수, 유효한 판매 기회 건수
③ 고객만족도 수준, 고객 유지율
④ 일별 평균 서비스 요청건수, 평균 해결 시간
⑤ 잠재적 고객 수, 신규 고객 유치율

79 기업이 전략정보시스템을 통해 경쟁우위를 차지할 수 있는 정보시스템의 전략적 역할에 대한 설명으로 가장 옳지 않은 것은?

① 신규 업체가 시장에 진입하지 못하도록 진입장벽을 구축해 준다.
② 기업이 공급자와의 네트워크 연결을 통해 공급자의 교섭력을 강화시켜 준다.
③ 구매자에게 차별적인 서비스를 제공하여 업무의존도를 높게 한다.
④ 기업과 구매자 사이의 관계에 전환비용이 발생하도록 만들어준다.
⑤ 내부시스템을 통해서 업무효율성을 높일 수 있다.

80 전자상거래 보안과 관련한 주요 관점 중 아래 글상자의 (   ) 안에 들어갈 내용을 순서대로 올바르게 나열한 것은?

(가)은/는 인터넷을 이용해 전송되거나 수신되어, 웹에 표시된 정보가 승인되지 않은 다른 사람에 의해 변형이 없음을 보장하는 것이다.
(나)은/는 메시지나 정보가 볼 수 있는 권한이 있는 사람에게만 보이게 하는 것이다.

① 가 : 인증, 나 : 프라이버시
② 가 : 가용성, 나 : 기밀성
③ 가 : 부인방지, 나 : 인증
④ 가 : 무결성, 나 : 기밀성
⑤ 가 : 가용성, 나 : 프라이버시

81 고객로열티(customer loyalty)가 형성된 소비자들의 행동 패턴으로 가장 옳지 않은 것은?

① 로열티가 있는 고객들은 교차 구매 또는 상승 구매제안에 대해 긍정적인 반응을 보인다.

② 충성스러운 고객들은 해당 기업이나 브랜드에 갖는 가격 민감도가 증가하는 경향을 보인다.

③ 로열티가 있는 고객들은 해당 기업의 제품이나 서비스에 대한 반복 구매의 행동을 보이기 시작한다.

④ 충성스러운 고객들은 해당 기업과의 관계를 더욱 폭넓게 확대하고자 하는 잠재적인 의지를 가지고 있다.

⑤ 로열티가 있는 고객들은 칭찬이나 제안과 같은 긍정적인 고객의 소리는 물론이고, 강한 불만의 소리도 제기한다.

82 아래 글상자의 내용에 부합되는 용어로 가장 옳은 것은?

> 이전에는 해당업계의 전문가들이나 내부자들에게만 접근을 허용하였던 지식을 대중에게 공유하고, 제품이나 서비스의 새로운 개발 혹은 업그레이드 과정에 전문가뿐만 아니라 비전문가나 외부전문가들의 적극적인 참여를 유도하는 것을 의미한다.

① 롱테일(long tail) 현상

② 집단 지성

③ 어텐션(attention) 이코노미

④ 크라우드소싱(crowdsourcing)

⑤ 블로그

83 인터넷에 대한 설명으로 가장 옳지 않은 것은?

① 인터넷은 '정보의 바다(sea of information)'라고도 불리고 있다.

② 인터넷은 중심이 되는 호스트 컴퓨터를 통해 서비스를 제공하고 있다.

③ 인터넷은 컴퓨터 간의 네트워크 연결로 네트워크 위의 네트워크라고 볼 수 있다.

④ 인터넷은 단일 컴퓨터상에서 이루어졌던 정보처리 업무의 한계를 극복하기 위한 시도에서 출발하였다.

⑤ 인터넷은 전 세계 수많은 컴퓨터들이 TCP/IP(Transmission Control Protocol/Internet Protocol)라는 통신규약으로 연결되어 있는 거대한 컴퓨터 통신망이다.

84 RFID에 대한 설명으로 가장 옳지 않은 것은?

① 바코드에 비해 비싼 편이다.

② 용도와 성능에 따라 읽기/쓰기 기능을 구현할 수 있다.

③ 바코드에 비해 많은 정보를 가질 수 있다.

④ 자라(Zara)는 RFID기술을 적용하여 재고관리 혁신을 이룩해 성공적인 선진 사례를 보였다.

⑤ 태그는 외부로부터의 자극이나 각종 신호를 감지, 검출하여 전기적 신호로 변환, 출력하는 장치이다.

85 피라미드와 같은 전형적인 조직구조 형태에서는 조직수준별로 의사결정, 문제해결, 기회포착에 요구되는 정보유형이 각기 다르다. 조직 수준과 의사결정 유형, 특성에 대한 설명으로 가장 옳지 않은 것은?

① 전략적 수준은 대부분 비구조화된 의사결정 문제들이 대부분이다.

② '병가를 낸 직원이 몇 명인가?'는 운영적 수준에서 관리해야 할 정보이다.

③ 효과성에 초점을 둔 핵심성공요인은 운영적 수준에서 고려되어야 할 측정척도이다.

④ 관리적 수준의 대표적인 구성원 유형은 중간 경영자, 매니저, 감독 등이다.

⑤ 운영적 수준의 의사결정은 구조적, 반복적인 특성을 가진다.

86 지식의 분류체계를 사물지, 사실지 및 방법지로 구분할 때, 사실지에 해당하는 것은?

① 나는 컴퓨터를 안다.

② 나는 해킹 방법을 안다.

③ 나는 상품의 제조방법을 안다.

④ 나는 컴퓨터를 조립하는 방법을 안다.

⑤ 나는 지구가 자전하고 있다는 것을 안다.

87 QR 코드의 설명으로 가장 옳지 않은 것은?

① 바코드와 동일한 양의 자료를 표현하려면 사각형의 모양이라 크기가 더 커야 한다.

② 일부분이 손상되어도 바코드에 비해 인식률이 높은 편이다.

③ 바코드에 비해 담고 있는 정보의 양이 크다.

④ 여러 QR 코드로 나뉘어 저장된 정보를 1개의 데이터로 연결하는 것이 가능하다.

⑤ 360°어느 방향에서든지 인식이 가능하다.

88 친화적인 모바일 웹사이트를 구축하려할 때 고려해야 할 사항으로 가장 옳지 않은 것은?

① 해상도와 비율을 모바일에 최적화된 이미지로 조정한다.
② 자바 스크립트의 사용을 최대한 많이 한다.
③ 텍스트보다는 직관적인 아이콘이나 동영상을 적절하게 사용한다.
④ 서비스의 주요 정보를 쉽게 찾을 수 있도록 배치한다.
⑤ 지리정보기술을 적절하게 융합하여 활용한다.

89 지식변환이 일어나는 과정의 사례 중 지식변환 형태가 다른 것은?

① 공급자와 고객이 함께 직접 체험함으로써 나름의 정보를 모으는 프로세스
② 판매현장이나 제조현장에서 대화나 관찰을 통해 정보를 모으는 프로세스
③ 스스로 쌓은 경험을 자기 머리 속에 체계적으로 저장하는 프로세스
④ 자기 생각이나 신념 지식을 말이나 글로 표현하지 않고, 행동하는 것으로 보여줌으로써 동료나 부하가 나름 체득화하여 공유하는 프로세스
⑤ 아직 말이나 글로 표현되지 않은 자기의 생각, 사고, 이미지, 노하우 등을 글이나 그림과 같은 형태로 변환하여 보여주는 프로세스

90 쿠키(cookie)로부터 파악할 수 있는 정보가 아닌 것은?

① 회원정보
② 사용한 컴퓨터 서버
③ 사용한 컴퓨터 사양
④ 서치(search) 정보
⑤ 상품 구매정보

맞은 개수 _____ / 90문제

시험일	문항 수	시 간	문제형별
2018. 7. 1	총 90개	100분	A

1과목 유통물류일반

01 유통 경로상의 갈등에 대한 내용으로 옳지 않은 것은?

① 상호의존적 관계가 높을수록 구성원들 간의 갈등이 발생할 가능성이 높아진다.

② 유통업체의 규모에 따른 힘이 감소하면서 유통경로 내 갈등은 거의 사라진 상태다.

③ 영역(역할)불일치로 인한 갈등은 상권범위 혹은 각 경로구성원이 수행할 역할에 대한 구성원 간의 견해 차이에 의해 발생할 수 있다.

④ 경로구성원들이 상대방의 목표를 존중하지 않고 간섭할 때는 목표불일치로 인한 갈등이 나타날 수 있다.

⑤ 프랜차이즈에서 가맹점이 본부에 상권보장을 요구할 때 나타나는 갈등은 영역불일치로 인한 경로갈등이다.

02 공급자주도형재고관리(VMI)에 대한 내용으로 옳지 않은 것은?

① 제조업체나 도매업체가 재고관리를 하던 방식이 소매업에 의한 실시간 발주에 따른 조달방식으로 발전된 것이다.

② VMI구축으로 소매업체의 발주처리비용이 감소하게 된다.

③ VMI의 효과로 상품리드타임 단축, 재고감소, 품절감소를 들 수 있다.

④ VMI를 구축하더라도 판매정보에 대한 적절한 분석이 이뤄지지 않으면 이상적인 재고량 유지가 어렵다.

⑤ 소매업체의 실시 간 판매정보를 기반으로 공급자측은 정확한 판매예측과 재고조절, 상품기획이 가능하다.

03 유통과 관련된 정보기술(IT)의 영향에 대한 설명으로 옳지 않은 것은?

① 유통과 IT가 결합하면서 유통의 경쟁력이 증대되고 있다.
② IT발전 덕분에 소매업체에서 취급하는 최소유지상품단위(SKU)의 수가 크게 감소하여 효율적인 운영이 실현되고 있다.
③ 소매업의 과학적 상품관리의 필요성이 점차 증대되고 있다.
④ 소매업체와 공급업체는 상품주문, 수배송관리, 재고관리, 판매현황 등의 정보를 공유할 수 있게 되었다.
⑤ 정보화를 통한 공급사슬 전체의 정보통합이 중요하다.

04 최근 국내 유통의 변화와 그에 따른 시사점으로 옳지 않은 것은?

① 유통업의 국제화와 정보화가 진전되었고 무점포 판매가 증가하고 있다.
② 제조업체, 도매업체, 소매업체, 소비자의 관계와 역할이 변화됨에 따라 전통적 유통채널이 약화되고 있다.
③ 유통업체의 대형화로 인해 유통업체 영향력이 증가하였다.
④ 소비자들의 다양한 구매패턴에 따라 '어느 점포, 어떤 매장을 이용할 것인가'의 선택이 중요하게 부각되고 있다.
⑤ 제조업자, 도매업자, 소매업자 각각의 역할이 점점 뚜렷하게 구분되고 있다.

05 동일업종의 소매점들이 중소기업협동조합을 설립하여 공동구매, 공동판매, 공동시설활용 등 공동사업을 수행하는 체인사업은 무엇인가?

① 조합형 체인사업
② 임의가맹점형 체인사업
③ 프랜차이즈형 체인사업
④ 직영점형 체인사업
⑤ 자발적 체인(Voluntary chain)사업

06 도매상에 관련된 내용으로 옳지 않은 것은?

① 현금거래도매상은 소매상에게 현금거래조건으로 물품을 판매한다.
② 트럭도매상은 주로 한정된 제품을 취급하고, 소매상 고객들에게 직접 제품을 운송한다.
③ 직송도매상은 소매상의 주문을 받으면 해당 상품을 생산자가 직접 그 소매상에게 배송하도록 한다.
④ 소매상들이 진열도매상을 이용하는 주된 이유는 매출비중이 낮은 품목들에 대해 소매상들이 직접 진열과 주문을 하는 것이 매우 중요하기 때문이다.
⑤ 제조업자 도매상은 독립적인 개인이 운영하는 도매상이 아니라 제조업자가 직접 운영하는 도매상이다.

07 아래 글상자는 유통의 어떤 효용에 관한 내용인가?

> 유통이 이루어지지 않는다면 소비자는 생산자를 일일이 방문하여 제품을 구매해야 한다. 이를 대신하여 중간상들은 적절한 곳에 물류센터와 도·소매상을 설치하여 운반의 효율성, 신속성 등을 강화하고 소비자가 편의에 맞는 장소에서 쉽게 제품을 구매할 수 있도록 시스템을 갖춘다.

① 존재효용　　　　　　　　　　② 형태효용
③ 소유효용　　　　　　　　　　④ 시간효용
⑤ 장소효용

08 제조업의 수직계열화에 관련된 내용으로 옳지 않은 것은?

① 경로전체를 통합하고자 하는 제조업중심의 수직계열화는 유통기능의 중복을 최소화하는 효과를 가져올 수 있다.
② 유통업자가 자기의 정책을 실현하기 위해 대리점제, 리베이트, 재판매가격유지전략 등을 통해 제조업자를 조직화하는 행위이다.
③ 제조업체가 유통과정의 지배를 꾀하는 것을 의미한다.
④ 생산자가 자사제품을 소비자에게 직접 판매하고자 할 때도 활용된다.
⑤ 통신판매, 방문판매, 소매점 직영은 제조업의 수직계열화에 포함된다.

09 SERVQUAL이라는 서비스품질모형의 다섯 가지 구성 차원으로 옳지 않은 것은?

① 유형성　　　　　　　　　　② 신뢰성
③ 응답성　　　　　　　　　　④ 확신성
⑤ 공통성

10 경로파워의 원천의 하나로서, 재판매업자가 공급업자에 대해 일체감을 갖거나 일체감을 갖게 되기를 바라는 정도를 나타내는 것은?

① 강제력(coercive power)
② 보상력(reward power)
③ 합법력(legitimate power)
④ 준거력(referent power)
⑤ 전문력(expert power)

11 아래 글상자에서 설명하는 현대적 리더십은?

> • 리더는 부하들에게 자신의 관심사를 조직 발전 속에서 찾도록 영감을 불러일으킬 수 있게 하고 비전을 제시함
> • 리더는 부하들로부터 존경받고 신뢰를 받음
> • 이 리더십의 구성요소는 이상적 영향, 영감적 동기부여, 지적자극, 개별적 배려임

① 카리스마 리더십   ② 상호거래적 리더십
③ 변혁적 리더십   ④ 민주적 리더십
⑤ 코칭 리더십

12 서로 경쟁하던 슈퍼마켓과 할인점의 복합 형태인 수퍼센터의 등장을 설명해 줄 수 있는 소매업태 혁신 과정 이론으로서 가장 옳은 것은?

① 진공지대이론   ② 변증법적이론
③ 소매차륜이론   ④ 아코디언이론
⑤ 소매수명주기이론

13 물류 환경의 최근 변화에 대한 설명으로 가장 옳지 않은 것은?

① 적정물류 서비스에 대한 고객의 욕구가 점점 증가하고 있다.
② 빠른 배송, 짧은 리드타임 요구 등 시간 단축의 중요성이 커지고 있다.
③ 조직들의 통합화보다 개별화의 움직임이 더 커졌다.
④ 아웃소싱을 통한 물류비 절감효과가 커졌다.
⑤ 물류기업 및 물류시장의 경쟁범위가 글로벌화 되었다.

14 공급사슬관리 상의 채찍효과가 일어나는 원인으로 가장 옳지 않은 것은?

① 가격할인을 통해 일시적으로 수요량이 증가한 것을 인지하지 못하고 주문을 할 때
② 인기가 높은 제품을 판매하기 위해 소매상이 실제 수요보다 과대 주문을 할 때
③ 주문을 할 때 긴 리드타임의 안전재고까지 포함해서 주문할 때
④ 공급사슬을 통합해서 수요 예측을 한 구성원이 담당할 때
⑤ 공급사슬의 구성원이 증가하여 단계가 늘어날 때

15 아래 글상자 (   ) 안에 알맞은 도매상의 유형은?

> (   )은/는 소매상이 아니라 제조업자들을 대상으로 상품을 판매하는 도매상이다. 재고유지, 신용판매, 배달 등의 다양한 유통 서비스를 제공한다. 주로 제조업체에 필요한 MRO나 OEM 품목을 취급한다.

① 산업재 유통업체   ② 전문품 도매상
③ 도매상인   ④ 브로커
⑤ 제조업체 도매상

16 경쟁강도를 반영하여 상품가격을 결정하는 방법으로 보기가 가장 어려운 것은?

① 단수가격 결정법
② 경쟁대응가격 결정법
③ 상시저가 결정법
④ High/Low 결정법
⑤ 벤치마킹 결정법

17 경제적 주문량(EOQ)을 적용하기 위한 전제로 옳지 않은 것은?

① 재고유지비용은 시간의 변화에 관계없이 일정하다.
② 발주 상품의 주문은 다른 상품과 관계가 없다.
③ 발주 비용은 최근의 것일수록 높은 가중치를 가진다.
④ 연간 수요량은 알려져 있다.
⑤ 발주시점과 입고시점 사이의 간격인 리드타임이 알려져 있다.

18 최근 유통업계에서는 모바일 쿠폰을 매장에서 사용하거나 앱(app)을 통해 음식을 배달하는 등의 변화가 일어나고 있다. 이와 같이 온라인과 오프라인을 유기적으로 결합해서 새로운 가치를 창출해내는 서비스를 나타내는 용어로 옳은 것은?

① Brick-and-Mortar   ② B2B
③ O2O   ④ C2B
⑤ IoT

19 아래 글상자 ( ) 안에 들어갈 조직의 유형을 순서대로 옳게 나타낸 것은?

> (가)은 책임과 권한이 병행되고, 모든 사람들이 한 명의 감독자에게 보고하며, 조직의 상부에서 하부로 전달되는 의사소통의 흐름을 가진 조직을 말한다.
> (나)은 한시적 개별프로젝트에 사람을 임명하는데 유연성이 있다. 조직 내의 협력과 팀 활동을 촉진시 킨다는 장점이 있지만, 비용이 많이 들고 복잡하다는 단점도 있다.

① 가 : 라인-스태프 조직   나 : 교차기능 자율경영팀
② 가 : 라인 조직   나 : 교차기능 자율경영팀
③ 가 : 라인 조직   나 : 매트릭스 조직
④ 가 : 라인-스태프 조직   나 : 매트릭스 조직
⑤ 가 : 교차기능 자율경영팀   나 : 라인-스태프 조직

20 기업이 고려해야 할 사회적 책임은 그 대상에 따라 기업의 유지, 발전에 대한 책임과 이해관계자에 대한 책임으로 나눌 수 있다. 이해관계자에 대한 책임에 해당되지 않는 것은?

① 주주에 대한 책임
② 종업원에 대한 책임
③ 경쟁사에 대한 책임
④ 소비자에 대한 책임
⑤ 정부에 대한 책임

21 공급사슬관리(SCM)가 전통적인 자재관리나 생산관리와 다른 이유로 옳지 않은 것은?

① 공급사슬관리는 전략적 의사결정을 요구하기 때문이다.
② 공급사슬관리는 정보시스템에 대한 새로운 접근 방법을 요구하며, 통합이 아닌 인터페이스가 그 초점이 되기 때문이다.
③ 공급사슬관리는 균형을 잡기 위한 메카니즘의 마지막 보루로 이용되는 재고에 대한 새로운 접근 방법을 요구하기 때문이다.
④ 공급사슬관리를 하나의 실체로서 간주하고, 공급사슬상의 여러 세그먼트에 대한 단편적인 책임을 구매, 생산, 판매, 배송 등과 같은 기능부문에 귀속시키지 않기 때문이다.
⑤ 공급사슬관리에서 공급이란 실질적으로 공급사슬 상의 모든 기능의 공유된 목표이며, 전체 원가와 시장점유율에 미치는 영향 때문에 전략적 중요성을 가지기 때문이다.

22 신속반응(quick response)시스템의 효과에 대한 설명으로 가장 옳지 않은 것은?

① 소매업자 측면에서는 수익증대와 고객서비스 개선효과를 누릴 수 있다.

② 제조업자 측면에서는 생산 및 수요예측이 용이하고 상품 품절을 방지할 수 있다.

③ 원자재로부터 최종 제품에 이르는 리드타임의 단축과 재고감소가 일어난다.

④ 안전재고가 늘어나 고객서비스가 높아진다.

⑤ 소매업자와 제조업자가 시장변화를 감지할 수 있다.

23 경로커버리지 유형 중 전속적 유통(exclusive channel)에 대한 설명으로 가장 옳지 않은 것은?

① 극히 소수의 소매점포에게만 자사 제품을 취급하도록 하는 것이다.

② 브랜드 충성도가 매우 높은 제품을 생산하는 제조업체가 채택하는 경향이 높은 전략이다.

③ 제조업체는 소매점포에 대한 통제력을 강화함으로써 자사 브랜드이미지를 자사 전략에 맞게 유지할 수 있다.

④ 중소슈퍼, 식당, 주점 등을 대상으로 하는 주류 제조업체나 약국을 대상으로 하는 제약업체의 영업이 대부분 여기에 해당한다.

⑤ 소비자들은 브랜드 충성도가 높은 브랜드를 구매하기 위해 기꺼이 많은 노력을 기울이기 때문에 적은 점포수로도 원활한 유통이 가능하다.

24 보관 효율화를 위한 기본원칙으로 옳지 않은 것은?

① 유사성의 원칙 : 유사품을 인접하여 보관하는 원칙이다.

② 중량특성의 원칙 : 물품의 중량에 따라 장소의 높고 낮음을 결정하는 원칙이다.

③ 명료성의 원칙 : 시각적으로 보관물품을 용이하게 식별할 수 있도록 보관하는 원칙이다.

④ 통로대면보관의 원칙 : 보관할 물품을 입출고 빈도에 따라 장소를 달리하여 보관하는 원칙이다.

⑤ 위치표시의 원칙 : 보관물품의 장소와 랙 번호 등을 표시함으로써 보관업무 효율화를 기하는 원칙이다.

25 소비자기본법[시행 2017.10.31] [법률 제15015호, 2017.10.31., 일부개정]에서는 조정위원회가 분쟁조정을 신청 받은 때에는 신청을 받은 날부터 며칠 이내에 분쟁조정을 마치도록 정하고 있는가?

① 10일   ② 14일

③ 15일   ④ 21일

⑤ 30일

26 좋은 여건의 입지라고 보기가 가장 어려운 것은?

① 지형상 고지대보다는 낮은 저지대 중심지
② 동일 동선에서 출근길 방향보다는 퇴근길 방향에 있는 곳
③ 상대적으로 권리금이 낮거나 없는 곳
④ 대형평형보다 중소형평형 아파트단지 상가
⑤ 대형사무실보다 5층 이하 사무실이 많은 곳

27 사람들은 눈앞에 보여도 간선도로를 건너거나 개울을 횡단해야 하는 점포에는 접근하지 않으려는 경향이 있다. 이런 현상에 대한 설명으로 가장 옳은 원칙은?

① 사람이 운집한 곳을 선호하는 인간집합의 원칙
② 득실을 따져 득이 되는 쪽을 선택하는 보증실현의 원칙
③ 위험하거나 잘 모르는 길을 지나지 않으려는 안전추구의 원칙
④ 목적지까지 최단거리로 가려고 하는 최단거리 추구의 원칙
⑤ 자신의 자아이미지에 가장 합당한 공간을 추구하는 자아일치의 원칙

28 점포의 입지와 관련된 아래 주장 중 가장 옳지 않은 것은?

① 점포의 주된 매출원천은 입지의 상권에 포함되는 고객들이다.
② 다른 조건이 모두 같다면, 구매빈도가 높은 업종일수록 더 큰 상권이 필요하다.
③ 상권 범위는 도로 및 교통기관의 발달 상태에 따라 달라진다.
④ 업종구성이 상권 범위에 미치는 영향은 무시할 수 없다.
⑤ 상권의 크기와 함께 인구밀도도 점포의 매출에 영향을 미친다.

29 상권의 계층성을 최초로 주장한 '중심지이론'과 관련이 깊은 사람은?

① 컨버스(Converse, P.D.)
② 크리스탈러(Christaller, W.)
③ 라일리(Reilly, W.J.)
④ 허프(Huff, D.)
⑤ 애플바움(Applebaum, W.)

30 서비스업종의 매출액을 추정하기 위한 아래의 공식에서 (   )에 들어갈 적합한 용어는?

매출액 = 좌석수 × 좌석점유율 × (   ) × 객단가 × 영업일수

① 실구매율   ② 내점률
③ 회전율   ④ 내점객수
⑤ 매출실현율

31 회원제도매클럽은 대규모 매장에서 낮은 마진으로 상품을 판매한다. 회원제도매클럽의 입지로 가장 적합한 곳은?

① 중심상업지역   ② 커뮤니티센터
③ 네이버후드센터   ④ 패션/전문센터
⑤ 파워센터

32 아웃렛 몰(outlet mall)에 대한 설명으로 가장 옳은 것은?

① 주로 오래된 공장건물이나 창고에 입지한다.
② 하자상품이나 이월상품을 판매하는 점포들만 입점한다.
③ 스스로 고객을 흡인할 수 있는 규모와 점포구성을 가진다.
④ 비교구매를 돕기 위해 다른 지역쇼핑센터 인근지역에 입지한다.
⑤ 입지 특성 때문에 상권의 범위는 소재지 도시를 벗어나지 않는다.

33 해당 입지의 상권 발전에 긍정적인 영향을 미칠 가능성이 가장 높은 것은?

① 도보로 접근하기에 약간 먼 거리에 대형 할인점이 개점한다.
② 도보로 접근하기에 약간 먼 거리에 중심상업지역이 개발된다.
③ 해당 지역의 용도가 전용공업지역으로 바뀐다.
④ 인근에 지하철역이 새로 들어선다.
⑤ 사람들이 걸어 다니던 주변 도로에 새로 마을버스가 통과한다.

34 도매상의 입지전략에 대한 설명으로 가장 옳지 않은 것은?

① 영업성과에 대한 입지의 영향은 소매상보다 도매상의 경우가 더 작다.
② 분산도매상은 물류의 편리성을 고려하여 입지를 결정한다.
③ 수집도매상의 영업성과에 대한 입지의 영향은 매우 제한적이다.
④ 도매상은 보통 소매상보다 임대료가 저렴한 지역에 입지한다.
⑤ 도매상은 보통 최종소비자의 접근성을 고려하여 입지를 결정한다.

35 매장면적비율법은 상권 내 동일업종의 총 매장면적에서 점포의 매장면적이 차지하는 비율을 이용하여 해당 점포의 매출액을 추정한다. 매장면적비율법의 내용으로 가장 옳지 않은 것은?

① 상권의 총잠재수요는 해당 업종에 대한 1인당 총지출액과 상권인구를 곱해서 구한다.
② 상권의 총예상매출액은 총잠재수요와 상권인구의 상권 밖에서의 구매비율을 곱해서 구한다.
③ 해당 점포의 매출은 상권의 총예상매출액과 매장면적비율을 곱해서 구한다.
④ 경쟁점포에 대한 경쟁력이 약하면 매장면적비율보다 더 작게 매출액비율을 추정한다.
⑤ 유동인구의 효과를 가중하여 매장면적비율에 따른 추정매출액을 조정할 수 있다.

36 특정 상권의 수요를 추정하려면 경쟁자분석두 실시해야 하는데 가장 용이하게 경쟁자분석을 실시할 수 있는 점포는?

① 상품구색이 독특한 선물가게
② 희귀한 수입 애완동물을 판매하는 소매점
③ 디자이너 브랜드 패션을 판매하는 부티크
④ 지역 거점도시의 도심에 개업한 프랑스요리 전문식당
⑤ 전국에 걸쳐 수많은 점포를 개설한 프랜차이즈 편의점

37 동일업종의 선매품 소매점포들이 서로 인접하여 입지하는 경향을 설명하는 것은?

① 소매중력이론　　　　　　　　② 중심지이론
③ 누적흡인력의 원칙　　　　　　④ 경쟁회피성의 원칙
⑤ 양립성의 원칙

38 점포의 경쟁상황을 분석할 때는 경쟁의 다양한 측면을 다루어야 한다. 대도시의 상권을 도심, 부도심, 지역중심, 지구중심 등으로 분류하고 각 수준별 및 수준간 경쟁관계의 영향을 함께 고려하는 것은?

① 업태간·업태내 경쟁구조 분석

② 위계별 경쟁구조 분석

③ 절대위치별 경쟁구조 분석

④ 잠재 경쟁구조 분석

⑤ 경쟁·보완관계 분석

39 어느 지역의 대체적인 수요를 측정하기 위해 활용하는 구매력지수(BPI ; Buying Power Index)를 구할 때 필요한 구성요소들 중 일반적으로 사용되는 표준공식에서 가장 높은 가중치를 부여받는 변수는?

① 인구관련 변수   ② 소득관련 변수

③ 소매매출액관련 변수   ④ 소매점면적관련 변수

⑤ 경쟁자관련 변수

40 상권분석을 통해 고객의 분포상황을 보면 일반적으로 점포에 가까울수록 고객의 밀도가 높고, 점포로부터 멀어질수록 고객의 밀도가 낮아지는 경향을 설명하는 단어는?

① 거리감소효과   ② 거리증대효과

③ 밀도집중효과   ④ 밀도분산효과

⑤ 고객점표효과

41 상권분석에서 기술적 조사방법인 유추법(analog method)의 진행과정을 설명한 것이다. 일반적인 진행순서로 보아 세 번째 단계에 해당되는 것은?

> 가. 각 지역(zone)에서의 1인당 매출액 추정
> 나. 유사점포(analog store)의 선정
> 다. 출점예상 상권을 소규모지역(zone)으로 구분
> 라. 신규점포의 예상총매출액 추정
> 마. 자사(신규)점포의 입지조건 파악

① 가   ② 나

③ 다   ④ 라

⑤ 마

42 점포의 입지결정이나 소매마케팅 전략의 수립에 필요한 상권분석 과정에서 다양하게 활용되고 있는 CST(Customer Spotting Technique) map과 상대적으로 관련성이 낮은 것은?

① 점포의 물리적 조건 파악　　　　　　② 고객점표법

③ 고객특성 조사　　　　　　　　　　④ 유추법

⑤ 상권잠식 파악

43 상권분석이 실행되는 경우는 신규점포개설 상황과 기존점포관리 상황으로 나누어 볼 수 있다. 기존점포의 상권분석 상황에 해당되지 않는 것은?

① 상권 내의 소비자특성과 경쟁상황에 맞는 소매믹스전략을 도출하는 상황

② 경쟁력이 떨어지는 점포를 포기하고 점포의 이전여부를 분석하는 상황

③ 점포의 경영성과가 좋아 점포면적을 확장하여 매출확대를 도모하는 상황

④ 점포주변 인구구성이 변화하여 상권범위의 확대와 축소를 확인하려는 상황

⑤ 상권 내에서 생존가능성이 낮다고 인식하여 폐점여부를 분석하는 상황

44 지역시장의 성장가능성이 높지만 기존 점포 간의 경쟁이 치열하여 매출 쟁탈을 위한 적극적인 판매노력이 요구되는 상황은?

① 소매포화지수(IRS)와 시장성장잠재력지수(MEP)가 모두 높은 경우

② 소매포화지수(IRS)는 높지만 시장성장잠재력지수(MEP)가 낮은 경우

③ 소매포화지수(IRS)는 낮지만 시장성장잠재력지수(MEP)가 높은 경우

④ 소매포화지수(IRS)와 시장성장잠재력지수(MEP)가 모두 낮은 경우

⑤ 소매포화지수(IRS)와 시장성장잠재력지수(MEP) 만으로는 알 수 없음

45 자가용차를 소유한 소비자의 증가추세가 상권에 미치는 영향을 설명한 내용으로 옳지 않은 것은?

① 소비자의 이동성을 높여 저밀도의 넓은 영역으로 주택분산이 가능해지고 인구의 교외화가 진행된다.

② 소비수요가 중심도시로부터 교외로 이동하고 다양한 상업기회가 교외에서 생겨난다.

③ 소비자의 지리적 이동거리가 확대되고 이동속도가 빨라지는 동시에 소비자가 감당하는 물류기능은 감소한다.

④ 자가용차 이용은 유류비와 차량 유지비용 발생으로 다목적 쇼핑외출과 같은 새로운 쇼핑패턴을 생성하여 유통시스템에 영향을 미친다.

⑤ 자가용차 이용으로 소비자가 여러 도시를 자유롭게 이동할 수 있어 소매상의 시장범위가 비약적으로 확대된다.

46 매장배치와 관련하여 옳은 설명만을 묶어놓은 것은?

> (가) 매장의 전면부는 통행하는 소비자들의 시선을 끌어야 한다.
> (나) 매장 전면부의 통로에는 진입고객의 위험성을 줄이기 위해 충동성이 있는 제품들은 진열하지 않는다.
> (다) 매장 앞에는 입간판을 놓아서 지나가는 사람들이 볼 수 있도록 한다.
> (라) 점포 내에서 가장 잘 팔리는 물건은 점포의 입구 쪽이나 가장 끝 쪽에 진열한다.
> (마) 매장 내 배치의 기본 원칙은 고객이 원하는 상품을 신속히 발견하고, 최대한 빠른 시간 내에 매장을 떠날 수 있게 하는 것이다.

① (가), (나), (다)　　　　　　　　② (가), (다), (라)
③ (나), (다), (라)　　　　　　　　④ (나), (다), (마)
⑤ (다), (라), (마)

47 인적판매에 대한 설명으로 옳지 않은 것은?

① 소비자와 대화를 나누며 상품 관련 정보를 제공하고 설득하여 판매활동을 종결한다.
② 소비자의 질문이나 요구에 대하여 즉각적인 피드백이 가능하다.
③ 소비자마다 다르게 요구하는 사항들을 충족시키기 위해 필요한 방법을 신속하게 제시할 수 있다.
④ 다른 촉진활동에 비해 더 효과적으로 소비자반응을 유도해 낼 수 있다.
⑤ 백화점의 판매원과 같은 주문창출자와 보험판매원과 같은 주문수주자의 두 가지 유형으로 구분된다.

48 소매점 촉진수단으로서의 광고에 대한 설명으로 옳지 않은 것은?

① 유통광고는 소매점이 상권 내에 있는 목표소비자들에게 직접 수행하는 촉진활동이다.
② 일반적으로 저렴한 상품가격과 구매행동의 즉각성을 강조한다.
③ 유통점의 이미지를 제고함으로써 소비자 방문율을 높이기 위한 이미지광고가 촉진광고에 해당한다.
④ 특정 기간 동안 실시되는 바겐세일을 알리는 특매광고가 촉진광고에 해당한다.
⑤ 상권 내의 다른 점포나 제조업자와 비용을 부담해서 수행하는 협동광고형식을 활용하기도한다.

49 매장 내부의 특성과 추구하는 매장 이미지를 모두 옳게 짝지어 놓은 것은?

(가) – 백화점의 의류코너
(나) – 식품매장
(다) – 공산품 매장

① (가) 화려한 매장 (나) 깨끗한 매장 (다) 편리한 매장
② (가) 화려한 매장 (나) 편리한 매장 (다) 깨끗한 매장
③ (가) 편리한 매장 (나) 화려한 매장 (다) 깨끗한 매장
④ (가) 편리한 매장 (나) 깨끗한 매장 (다) 화려한 매장
⑤ (가) 깨끗한 매장 (나) 화려한 매장 (다) 편리한 매장

50 풀(pull)과 푸시(push) 전략에 대한 설명으로 가장 옳지 않은 것은?

① 풀과 푸시 전략은 제조업체들이 이용하는 가장 기본적인 촉진전략으로 소구대상이 서로 다르다.
② 풀 전략은 제조업체가 최종소비자들을 상대로 촉진활동을 하여 소비자들로 하여금 중간상에게 자사제품을 요구하도록 하는 것으로, TV광고를 예로 들 수 있다.
③ 푸시 전략에는 가격할인, 수량할인, 인적판매, 협동광고 등이 있다.
④ 산업재의 경우에는 풀 전략, 소비재의 경우에는 푸시 전략이 중요하다.
⑤ 많은 제조업체들은 풀 전략과 푸시 전략을 병행해서 사용한다.

51 중간상이 제조업자를 위해 지역광고를 하거나 판촉을 실시할 경우 이를 지원하기 위해 지급되는 보조금으로, 중간상이 제조업자에게 물품대금을 지불할 때 그 금액만큼 공제하는 가격할인 유형으로 옳은 것은?

① 수량 할인
② 거래 할인
③ 현금 할인
④ 상품 지원금
⑤ 판매촉진 지원금

52 소매점포는 시각적 커뮤니케이션 요소, 조명, 색상, 음악, 향기 등을 종합적으로 이용하여 내점 고객의 지각 및 감정반응을 자극하고 나아가서 구매행동에 영향을 미치려고 노력한다. 이러한 소매점포 관리 활동을 나타내는 용어로 옳은 것은?

① 점포 배치
② 점포 진열
③ 점포내 머천다이징
④ 점포 분위기관리
⑤ 감각적 머천다이징

53 오프프라이스(off price) 의류점에서 격자형(grid) 점포배치를 피해야 할 이유로서 가장 옳은 것은?

① 격자형 배치는 비용 효율성이 낮다.

② 격자형 배치는 공간이용의 효율성이 낮다.

③ 격자형 배치는 고객들을 자연스럽게 매장 안으로 유인하지 못한다.

④ 격자형 배치는 고객이 계획에 없던 부문매장(department)을 방문하게 만든다.

⑤ 격자형 배치는 상품진열에 필요한 걸이(fixtures)의 소요량을 대폭 증가시킨다.

54 기술진보가 마케팅에 미치는 영향으로서 가장 타당한 것은?

① 단편화된 다수의 소규모 세분시장들이 소수의 매스마켓으로 통합된다.

② 판매를 위해 산업재 생산자는 더 많은 중간상을 활용한다.

③ 마케터가 제공하는 정보에 대한 소비자의 의존도가 과거에 비해 감소한다.

④ 마케터가 매스마케팅 기법을 활용하는 비중이 증가한다.

⑤ 마케터가 소비자에게 정보를 제공하기 위한 비용이 증가한다.

55 고가격 전략을 수립할 수 있는 경우로서 옳지 않은 것은?

① 최신의 특정상품을 세심한 고객응대를 통해 판매하는 전문점

② 고객의 요구에 맞춘 1:1 고객서비스에 중점을 두는 소매점

③ 품위 있는 점포분위기와 명성을 중요시하는 고객을 타겟으로 하는 소매점

④ 고객 맞춤형 점포입지를 확보하고 맞춤형 영업시간을 운영하는 소매점

⑤ 물적 유통비용의 절감을 통해 규모의 경제를 실현하고자 하는 소매점

56 소셜미디어 마케팅의 장점으로 옳은 것은?

① 소셜미디어는 표적화 되어 있고 인적(personal)인 속성이 강하다.

② 소셜미디어 캠페인의 성과는 측정이 용이하다.

③ 마케터의 메시지 통제 정도가 강하다.

④ 기업과 제품에 대한 정보를 푸시를 통해 적극적으로 제공한다.

⑤ 소셜미디어 캠페인은 실행이 단순하고 역효과가 없다.

57 광고매체를 선정할 때는 도달범위(reach)와 도달빈도(frequency)의 상대적 중요성을 고려해야 한다. 도달빈도보다 도달범위가 더 중요한 상황으로 옳은 것은?

① 강력한 경쟁자가 있는 경우
② 표적 청중을 명확히 정의하기 어려운 경우
③ 광고 메시지가 복잡한 경우
④ 표적 청중이 자사에 대해서 부정적 태도를 갖고 있는 경우
⑤ 구매주기가 짧은 상품을 광고하는 경우

58 소매수명주기 중 판매증가율과 이익수준이 모두 높은 단계에 수행해야 하는 소매업자의 전략으로 옳은 것은?

① 성장유지를 위한 높은 투자
② 특정 세분시장에 대한 선별적 투자
③ 소매개념을 정립 및 정착시키는 전략
④ 소매개념을 수정하여 새로운 시장에 진출하는 전략
⑤ 자본지출을 최소화하는 탈출전략

59 유통산업발전법[2018. 1. 18시행] 상의 대규모점포 등에 대한 영업시간 제한에 관한 내용으로 옳지 않은 것은?

① 특별자치시장, 시장, 군수, 구청장은 건전한 유통질서 확립과 근로자의 건강권 및 대규모점포 등과 중·소유통업의 상생발전을 위해 필요한 경우 영업시간 제한을 명할 수 있다.
② 여기서 대형마트는 대규모점포에 개설된 점포로서 대형마트의 요건을 갖춘 점포를 포함한다.
③ 대형마트와 준대규모점포에 대하여 오전 0시부터 오후 10시까지의 범위에서 영업시간을 제한할 수 있다.
④ 영업시간 제한과 의무휴업일 지정에 필요한 사항은 해당 지방자치단체의 조례로 정한다.
⑤ 매월 이틀을 의무휴업일로 지정하여야 하는데 이 경우 의무휴업일은 공휴일 중에서만 지정한다.

60 경로구성원 관계에서 작용하는 경로파워의 원천과 그 예들을 옳게 짝지은 것은?

① 보상적 파워 - 경영관리에 대한 조언, 종업원교육
② 강압적 파워 - 마진폭의 인하, 밀어내기, 끼워팔기
③ 합법적 파워 - 유명상표 취급에 대한 긍지, 상대방의 신뢰
④ 준거적 파워 - 판매지원, 시장정보, 특별할인
⑤ 전문적 파워 - 계약, 상표등록, 특허권, 프랜차이즈 협약

61 상품의 판매동향을 탐지하거나 상품개발, 수요예측 등을 위하여 실험적으로 운영되는 점포들로 짝지어진 것은?

① 플래그숍, 안테나숍
② 테넌트숍, 파일럿숍
③ 마크넷숍, 플래그숍
④ 파일럿숍, 안테나숍
⑤ 센싱숍, 마그넷숍

62 업셀링(upselling)과 연관성이 가장 낮은 것은?

① 교차판매
② 격상판매
③ 고부가가치 품목 유도
④ 거래액 증가
⑤ 객단가 향상

63 소매업체들이 해외시장에 진입하는 방식으로서 가장 옳지 않은 것은?

① 아웃소싱
② 직접투자
③ 합작투자
④ 전략적 제휴
⑤ 프랜차이즈

64 소매상의 유통전략에 대한 내용으로 옳지 않은 것은?

① 편의점들은 도시락, 커피판매, 자체 브랜드(PB) 상품과 택배・금융・사무 보조 등 생활편의 서비스를 확대한다.
② 대형마트는 항시염가전략과 PB, 무상표 상품을 포함한 고회전전략을 추구한다.
③ 전문할인점은 의약품이나 화장품, 생활용품 등을 취급하는 복합점포로서 건강/미용 상품에 특화하고 있다.
④ 회원제도매클럽은 일반적으로 일정 회비를 내는 회원들에게 할인된 정상제품을 판매하는 유통업태이었지만 비회원제로 운영하는 경우도 생겼다.
⑤ 매장 자체를 소비자를 위한 놀이터 개념으로 유통과 엔터테인먼트를 결합시킨 리테일먼트 전략을 추구하는 소매점포도 생겼다.

65 어느 백화점의 경영 현황을 파악하기 위해 2차 자료를 수집하였다. 2차 자료에 해당하지 않는 것은?

① 제품계열별 판매액

② 지점별 주요 제품 재고

③ 직접 조사한 지점별 고객 만족도

④ 고객별 지출액

⑤ 연간 성장률

66 제조업자의 중간상 촉진과정에서 발생하는 문제점 중 도매상이나 소매상이 판매촉진기간 동안에 판매할 수 있는 수량보다 더 많은 상품을 저렴한 원가로 구매하여 판촉기간 후에 판매함으로써 높은 이익을 얻으려는 것은?

① 전 매   ② 공제전환

③ 선물구매   ④ 촉진일탈

⑤ 기회주의적 행동

67 아래 글상자 내용이 설명하는 판매촉진 기법은?

> • 비가격 판매촉진 방법 중 하나
> • 상품의 이미지를 향상시키고 호감을 심어주기 위해 사용
> • 판촉물로 자사의 로고가 새겨진 무료선물이나 상품을 제공

① 견본품   ② 컨테스트

③ 프리미엄   ④ 시연회

⑤ 쿠 폰

68 아래 글상자가 설명하고 있는 용어는?

> 각 제품대안들에 대한 선호순위의 분석을 통해 선호도예측, 시장점유율예측이 가능한 분석기법

① 컨조인트분석   ② 다차원적 척도법

③ 군집분석   ④ 비율분석

⑤ 회귀분석

69　(가), (나) 안에 들어갈 용어로 가장 옳은 것은?

> • 소매점의 목표 달성 여부를 판정하는 기준으로는 (가)와 (나)가 사용된다.
> • (가)는 제품의 판매상황을 알려주는 재고회전율과도 관계된다. 재고회전율은 (가)를 평균 재고자산액으로 나누어 얻는다.
> • GMROI(Gross Margin Return On inventory Investment)는 (나)와 재고회전율을 동시에 감안한 개념이다.

① 가 : 연간 매출액　　　　　　나 : 경상이익
② 가 : 매출 총이익　　　　　　나 : 경상이익
③ 가 : 연간 매출액　　　　　　나 : 총이익률
④ 가 : 총영업이익　　　　　　나 : 연간 매출액
⑤ 가 : 총매출이익률　　　　　나 : 순매출액

70　고객관계관리(CRM)에 대한 설명으로 가장 옳지 않은 것은?

① 신규고객의 유치로부터 시작하는 고객관계를 고객 전 생에 걸쳐 유지함으로써 장기적으로 고객의 수익성을 극대화하는 것이 중요한 목적이다.
② 고객충성도를 극대화하기 위해 개별고객의 구체적 정보를 관리하고 고객과의 접촉점을 세심하게 관리하는 과정, 고객 획득, 유지, 육성 모두를 다룬다.
③ 신규고객확보, 기존고객유지 및 고객수익성 증대를 위하여, 지속적인 커뮤니케이션을 통해 고객 행동을 이해하고 영향을 주기 위한 광범위한 접근으로 정의하고 있다.
④ 소비사에 대한 정보를 분석하고 장기적인 관계를 통해 이익을 극대화하기 위한 기법으로 전적으로 기업에게만 유익한 마케팅 방법이라는 비판을 받는다.
⑤ 고객에 대한 매우 구체적인 정보를 바탕으로 개개인에게 적합하고 차별적인 제품 및 서비스를 제공하여 고객관계를 유지하고 일대일 커뮤니케이션을 가능하게 해준다.

71 아래 글상자 ( ) 안에 공통적으로 들어갈 알맞은 용어는?

> e-커머스가 등장하게 된 주요 원인 중 하나인 ( )비용은 거래를 위해 구매자·판매자 탐색, 제품 정보수집, 가격협상, 계약서 작성, 제품 운송 등을 하는데 소요되는 제반 비용을 지칭한다. 인터넷 기반 상거래는 인터넷기술의 이용을 통해 ( )비용을 현저하게 감소시킨다.

① 거 래
② 협 업
③ 분 배
④ 독 립
⑤ 기 회

72 빅데이터 솔루션에서 처리하는 다양한 데이터는 정형, 반정형, 비정형 데이터로 구별해 볼 수 있다. 이들에 대한 설명으로 가장 옳은 것은?

① 정형 데이터는 데이터 모델 또는 스키마를 따르며 주로 테이블 형식으로 저장된다.
② 비정형 데이터는 ERP, CRM 시스템과 같은 기업의 정보시스템에서 자주 생성된다.
③ 반정형 데이터는 구조가 정의되어 있지 않은, 일관성이 없는 데이터이다.
④ 비정형 데이터는 계층적이거나 그래프 기반이다.
⑤ 은행거래 송장 및 고객기록정보 등이 반정형 데이터의 유형이다.

73 SCOR모델의 성과측정요소에 대한 설명으로 가장 옳지 않은 것은?

① 성과측정 항목 중 대표적인 비용은 공급사슬관리비용, 상품판매비용 등이다.
② 내부적 관점은 고객의 측면, 외부적 관점은 기업측면에서의 성과측정 항목을 지칭한다.
③ 외부적 관점의 성과측정 항목으로는 유연성, 반응성, 신뢰성 등이 있다.
④ 공급사슬의 반응시간, 생산 유연성 등은 외부적 관점 중 유연성 측정항목의 요소이다.
⑤ 공급재고 일수, 현금순환 사이클 타임, 자산 회전 등은 자산에 대한 성과측정 항목의 요소이다.

74 아래 글상자 (   ) 안에 들어갈 알맞은 용어는?

> 월마트는 점포가 위치한 해당지역의 고객정보를 많이 가지고 있고, 모기약 공급사인 워너램버트사는 자사의 제품정보에 강점을 가지고 있다. 따라서 이들을 이용한 (   )(으)로 알려진 새로운 프로그램을 도입하여, 월마트의 수요예측 정확성이 크게 향상되었다.

① CPFR

② RossettaNet

③ QR

④ ECR

⑤ CAO

75 전자상거래를 위한 웹사이트 시스템을 개발하는 순서로 가장 옳게 나열된 것은?

> 가. 시스템 구축
> 나. 실행/서비스 제공
> 다. 시스템 설계
> 라. 시스템 분석
> 마. 테스트

① 가 – 나 – 다 – 라 – 마

② 다 – 라 – 가 – 나 – 마

③ 라 – 다 – 가 – 마 – 나

④ 다 – 라 – 마 – 가 – 나

⑤ 나 – 마 – 라 – 다 – 가

76 전자상거래 상에서 발생할 수 있는 보안 위협과 관련된 설명 중 가장 옳지 않은 것은?

① 자기 자신을 복제하여 다른 파일에 확산시키는 컴퓨터 프로그램을 바이러스라 한다.

② 사용자의 동의 없이 설치되는 프로그램인 애드웨어 자체는 불법이 아니지만 그에 따르는 보안상의 문제가 위험요소가 된다.

③ 스푸핑은 네트워크에 돌아다니는 정보들을 감시하는 일종의 도청 프로그램이다.

④ 파밍은 웹링크가 목적지 주소를 사칭하는 다른 주소의 웹으로 연결해 주는 것이다.

⑤ 핵티비즘은 정치적인 목적을 위한 사이버반달리즘과 정보도용이다.

77 공개키 암호화 방식의 과정을 가장 옳게 나열한 것은?

> 가. 송신자가 디지털 메시지를 만든다.
> 나. 송신자가 공용디렉토리에서 수신자의 공개키를 얻은 후 메시지에 적용한다.
> 다. 암호화된 메시지가 인터넷상으로 전송된다.
> 라. 수신자 키 적용 후 암호화된 암호문이 생성된다.
> 마. 수신자가 개인키를 사용해 메시지를 복호화한다.

① 가 – 다 – 마 – 라 – 나   ② 마 – 라 – 다 – 가 – 나
③ 다 – 마 – 라 – 나 – 가   ④ 가 – 나 – 라 – 다 – 마
⑤ 가 – 나 – 다 – 라 – 마

78 커뮤니케이션 측면에서 볼 때, 데이터 시각화의 특성에 대한 설명으로 가장 옳지 않은 것은?

① 정보 전달에 있어서 문자보다 이해도가 높다.
② 데이터 이면에 감춰진 의미는 찾아내지 못한다.
③ 많은 데이터를 동시에 차별적으로 보여줄 수 있다.
④ 눈에 보이지 않는 구조나 원리를 시각화함으로써 이해하기 쉽다.
⑤ 인간의 정보 처리 능력을 확장시켜 정보를 직관적으로 이해할 수 있게 한다.

79 컴퓨터를 바이러스로부터 보호하기 위한 방법으로 가장 옳지 않은 것은?

① 방화벽 사용하기
② 윈도우 업데이트 하기
③ 브라우저에서 팝업 차단하기
④ 바이러스 백신 소프트웨어 설치하기
⑤ 인터넷 캐시 및 검색 기록 저장하기

80 아래 글상자가 설명하고 있는 용어는?

> 최근 많은 이슈가 되고 있는 비트코인의 기반 기술로, 원장을 금융기관 등 특정 기관의 중앙서버가 아닌 P2P(Peer to Peer · 개인간) 네트워크에 분산해 참가자가 공동으로 기록하고 관리하는 기술이다.

① 핀테크   ② 비 콘
③ O2O   ④ 블록체인
⑤ IDS

81 소매점 입장에서 POS시스템을 도입함으로써 얻을 수 있는 효과로서 가장 옳지 않은 것은?

① 고객의 대기시간이 줄어들어 계산대의 수를 줄일 수 있다.

② 잘 팔리는 제품과 잘 팔리지 않는 제품을 찾아내어 단품관리에 유리하다.

③ 전자주문시스템과 연계하여 신속한 주문이 가능하다.

④ 판매원 교육과 훈련 시간 및 입력 오류가 줄어든다.

⑤ 생산계획을 보다 효과적으로 세울 수 있어 제품 다양화가 가능하다.

82 바코드와 관련된 설명으로 가장 옳지 않은 것은?

① 국내에서 사용되는 표준형 KAN코드는 13자리로 바와 스페이스로 구성되어 있다.

② 국가식별, 상품품목, 제조업체, 체크디지트 순서로 구성되어 있다.

③ 효과적인 사용을 위해서는 코드번호에 따른 상품정보 등을 미리 등록해 둔다.

④ 주로 제조업자나 중간상에 의해 부착된다.

⑤ 생산시점에 바코드를 인쇄하는 것을 소스마킹이라고 한다.

83 디지털 경제 성장 과정에서 나타나는 주요 변화로 가장 옳지 않은 것은?

① 인터넷을 통한 정보전달 속도 증대

② 고객에 대한 서비스의 효율성 증대

③ 인터넷을 통한 콘텐츠 전송 증대

④ 인터넷을 통한 물리적 제품의 소매 거래 감소

⑤ 영업 및 마케팅 비용 감소

84 지식을 크게 암묵지와 형식지로 구분할 경우 이에 대한 설명으로 가장 옳지 않은 것은?

① 철학자 폴라니가 '우리는 우리가 말할 수 있는 것 이상의 것을 알 수 있다'라고 한 말은 암묵지와 더 관련이 깊다.

② 암묵지는 언어나 구조화된 체계를 가지고 존재한다.

③ 제품 사양, 문서, 데이터베이스, 매뉴얼, 화학식 등의 공식, 컴퓨터 프로그램 등의 형태로 표현되는 것은 형식지로 분류된다.

④ 암묵지는 개인, 집단, 조직의 각 차원에서 개인적 경험이나 이미지, 혹은 숙련된 기능, 조직 문화, 풍토 등의 형태로 나타난다.

⑤ 형식지는 서술하기 쉽고 객관적, 논리적인 디지털 지식 등이 포함된다.

85 인스토어 마킹(instore marking)에 대한 설명으로 가장 옳은 것은?

① 제품의 생산 및 포장단계에서 마킹된다.

② 각각의 소매업체에서 나름의 기준으로 자유롭게 설정한 별도의표준 코드체계에 의해 표시된다.

③ 가공식품, 잡화 등 일반적으로 공장에서 제조되는 제품에 붙여진다.

④ 전 세계적으로 공통으로 사용 가능하다.

⑤ 제조업체에서 포장지에 직접 인쇄하기 때문에 인쇄에 따른 추가비용이 거의 없다.

86 유통 분야의 RFID 도입효과로 가장 옳지 않은 것은?

① 검수 정확도가 향상된다.

② 효과적인 재고관리가 가능하다.

③ 입·출고 리드타임이 늘어난다.

④ 도난 등 상품 손실비용이 절감된다.

⑤ 반품 및 불량품을 추적하고 조회할 수 있다.

87 기업에서 지식경영을 활성화하기 위해 학습조직을 구축할 때 구비조건으로 가장 옳지 않은 것은?

① 학습 결과에 대한 측정이 가능해야 한다.

② 자신의 업무와 지식관리는 별도로 수행되어야 한다.

③ 아이디어 교환을 자극할 수 있도록 조직 내의 장벽을 없애야 한다.

④ 학습 목표를 명확히 하고 학습포럼 등의 프로그램이 활성화되도록 지원해야 한다.

⑤ 자율적인 환경을 만들어 창의력을 개발하고 학습에 도움이 되는 환경을 조성해야 한다.

88 데이터마이닝의 분석기법 중 아래의 글상자가 설명하고 있는 기법은?

> n개의 개체들을 대상으로 p개의 변수를 측정하였을 때, 관측한 p개의 변수 값을 이용하여 n개 개체들 사이의 유사성 또는 비유사성의 정도를 측정하여 개체들을 유사성의 정도에 따라 그룹화하는 기법

① OEM분석

② 교차분석

③ RFM 모형

④ 군집분석

⑤ 연관성분석

89 시스템이 의사결정자와 외부환경과의 인터페이스를 원활하게 수행하여 추구하는 목적을 달성하기 위해 지녀야 할 특성으로 가장 옳지 않은 것은?

① 시스템은 반드시 목적을 가지고 있어야 하며, 이를 위해 구성요소 간의 상호작용이 원활하게 이루어져야 한다.

② 시스템은 시스템의 조건이나 상황의 변화에 대해 시기적절하게 대응·처리할 수 있도록 설정되어야 한다.

③ 시스템은 정해진 궤도나 규정으로부터 이탈되는 사태의 발생을 사전에 감지하여 수정해 나갈 수 있어야 한다.

④ 시스템은 하나 이상의 하위시스템으로 구성되고 이들 시스템 간의 상호작용을 통해 목적을 달성할 수 있어야 한다.

⑤ 시스템은 시스템을 구성하는 개별개체가 얻은 결과의 합이 전체로 통합된 개체로서 얻은 결과를 초과하여야 한다.

90 CAO(Computer Assistant Ordering)를 성공적으로 운영하기 위해서 필요한 조건으로 가장 옳지 않은 것은?

① 유통업체와 제조업체가 규격화된 표준문서를 사용하여야 한다.

② 유통업체와 제조업체 간 데이터베이스가 다를 때도 EDI와 같은 통합 소프트웨어를 통한 데이터베이스의 변환은 요구되지 않는다.

③ 유통업체와 제조업체 간 컴퓨터 소프트웨어나 하드웨어 간 호환성이 결여될 때는 EDI문서를 표준화해야 한다.

④ 제조업체는 유통업체의 구매관리, 상품 정보를 참조하여 상품 보충계획 수립을 파악하고 있어야 한다.

⑤ 유통업체는 제품의 생산과 관련된 정보, 물류관리, 판매 및 재고관리 수준을 파악하고 있어야 한다.

맞은 개수 _____ / 90문제

시험일	문항 수	시 간	문제형별
2018. 11. 4	총 90개	100분	A

1과목 **유통물류일반**

01 지속적 상품보충(continuous replenishment)에 대한 내용 설명으로 옳지 않은 것은?

① 지속적 상품보충이란 소비자수요에 기초하여 소매점에 상품을 공급하는 방식이다.

② 지속적 상품보충은 기존에 소매점에 재고가 있음에도 불구하고 상품을 공급하는 방식인 풀(pull) 방식과는 차이가 있다.

③ 포스 데이터(POS data)를 사용하면 지속적 상품보충 프로세스를 더 개선할 수 있다.

④ 지속적 상품보충이 구현되면 배송이 신속하게 되어 소매업체의 재고수준을 낮출 수 있다.

⑤ 전자자료교환(EDI)을 통해 정보를 교환할 수 있다.

02 경쟁우위를 강화하기 위한 종업원에 대한 인적자원관리 활동으로 옳은 것은?

① 고용보장 : 회사가 장기적인 안목으로 종업원을 대하고 있음을 알려주는 신호이다.

② 인센티브 제도 : 종업원들을 회사의 주주로 만들어 종업원의 이익과 주주의 이익을 일치시켜준다.

③ 종업원지주제 : 다양한 업무를 수행함으로써 보다 흥미롭게 일할 수 있도록 하는 것이다.

④ 권한강화 : 경영성과로 인한 이윤을 직원들에게 배분하는 것으로 더욱 열심히 일하고자 하는 동기를 부여한다.

⑤ 순환근무 : 기존의 위계적 통제체제에서 업무활동의 조화를 이룰 수 있는 체제로의 전환을 수반하여 자율성을 증대시키는 것이다

03 소매업발전이론에 대한 설명이나 한계점으로 옳지 않은 것은?

① 소매수명주기이론 : 소매점 유형이 도입기, 성장기, 성숙기, 쇠퇴기 단계를 거친다.

② 아코디언이론 : 원스톱 쇼핑이나 전문점을 찾는 다양한 소비자층이 존재한다는 것은 설명하지 못한다.

③ 빅 미들(big middle)이론 : 최초의 소매업발전이론으로, 과거에는 백화점이 지배적인 대형 중간상이었으나, 현재는 온라인 쇼핑몰이 지배적인 이유를 설명한다.

④ 아코디언이론 : 저관여제품, 고관여제품의 소매업태를 설명하지 못한다.

⑤ 소매업수레바퀴이론 : 편의점의 고가격이나 상품구색, 24시간 영업 등의 비가격적인 요소들은 설명하지 못한다.

04 소매상의 구매관리에서 적정한 공급처를 확보하기 위한 평가 기준으로 가장 옳지 않은 것은?

① 소매상의 목표 달성에 부합되는 적정 품질

② 최적의 가격

③ 적정서비스 수준

④ 역청구 활성화 정도

⑤ 납기의 신뢰성

05 유통효용의 종류와 내용이 올바르게 나열된 것은?

① 장소효용 : 중간상을 통해 제조업자의 소유권을 소비자에게 이전하는 효용

② 시간효용 : 결제시스템을 도입하거나 현금, 신용카드, 계좌이체, 모바일결제 등 다양한 결제수단 적용

③ 시간효용 : 중간상이 시즌이 지난 의류를 재고로 보관 후 다음해 시즌에 재판매

④ 소유효용 : 운반, 배송을 통한 구매접근성 향상

⑤ 장소효용 : 신용, 할부, 임대, 리스판매

06 전통적 경로와 계약형 경로의 특징을 비교한 것으로 옳지 않은 것은?

	구 분	전통적 경로	계약형 경로
㉠	계약 성격	개별주문에 의한 교섭	개발된 장기적 계약
㉡	경로의사 결정 위치	개별구성원	경로조직내 승인된 업체 및 본부
㉢	권한위치	개별구성원에 주로 존재	개별구성원에 배타적으로 존재
㉣	구조화된 분업	존재하지 않음	경로기능의 분업동의
㉤	규모의 경제 실현가능성	낮 다	높 다

① ㉠

② ㉡

③ ㉢

④ ㉣

⑤ ㉤

07 물류와 고객서비스에 대한 내용으로 가장 옳지 않은 것은?

① 재고수준이 낮아지면 고객서비스가 좋아지므로 서비스수준의 향상과 추가재고 보유비용의 관계가 적절한지 고려해야 한다.

② 주문을 받아 물품을 인도할 때까지의 시간을 리드타임이라고 한다면 리드타임은 수주, 주문처리, 물품준비, 발송, 인도시간으로 구성된다.

③ 리드타임이 길면 구매자는 그 동안의 수요에 대비하기 위해 보유재고를 늘리게 되므로 구매자의 재고비용이 증가한다.

④ 효율적 물류관리를 위해 비용과 서비스의 상충(trade-off)관계를 분석하고 최상의 물류서비스를 선택할 수 있어야 한다.

⑤ 동등수준의 서비스를 제공할 수 있는 대안이 여럿 있을 때 그 중 비용이 최저인 것을 선택하는 것이 물류관리의 과제 중 하나이다.

08 아웃소싱을 제공받는 기업이 얻을 수 있는 효과로 가장 옳지 않은 것은?

① 아웃소싱 파트너 통제가 자회사 통제보다 용이하다.
② 아웃소싱 파트너의 혁신과 신기술 개발의 혜택을 얻을 수 있다.
③ 규모의 경제 효과를 기대할 수 있나.
④ 아웃소싱을 통하여 고정비를 변동비로 전환시킬 수 있다.
⑤ 분업의 원리를 이용하여 아웃소싱 파트너의 특화를 통해 이득을 얻을 수 있다.

09 제품의 단위당 가격이 4,000원이고, 제품의 단위당 변동비가 2,000원일 때, 이 회사의 손익분기점은 몇 개일 때인가? (단, 총 고정비는 200만원이다.)

① 100개
② 500개
③ 1,000개
④ 5,000개
⑤ 10,000개

10 레버리지 비율에 대한 설명으로 옳은 것을 모두 고르면?

> ㉠ 레버리지 비율은 총자산/순자본으로 계산된다.
> ㉡ 레버리지 비율이 높을수록 부채보다는 소유주의 자본의 지원을 더 많이 받았다는 것을 의미한다.
> ㉢ 레버리지 비율이 높다는 것은 경영이 보수적이고 위험회피적이라는 것을 반영한다.
> ㉣ 레버리지 비율이 과도하게 높다는 것은 자본을 수익률이 높은 다른 용도로 활용할 기회를 잃고 있다는 것을 의미한다.
> ㉤ 레버리지 기회는 낮은 이자율로 자본을 차입하여 더 높은 수익을 낼 수 있는 곳에 투자하는 경우에 발생한다.

① ㉠
② ㉡, ㉢, ㉣
③ ㉢, ㉣
④ ㉠, ㉤
⑤ ㉡, ㉢

11 재무제표와 관련된 각종 회계정보에 대한 설명 중 가장 옳지 않은 것은?

① 재무상태표(구 대차대조표)를 통해 자산 중 자기자본이 얼마인지 확인할 수 있다.
② 포괄손익계산서를 통해 세금을 낸 이후의 순이익도 확인할 수 있다.
③ 일정 기간 영업실적이 얼마인지 포괄손익계산서를 통해 알 수 있다.
④ 자본변동표는 일정 시점에서 기업의 자본의 크기와 일정 기간 동안 자본 변동에 관한 정보를 나타낸다.
⑤ 재무제표는 현금주의에 근거하여 작성하기 때문에 기업의 현금가용능력을 정확하게 파악할 수 있다.

12 목표에 의한 관리(MBO) 이론에 대한 설명으로 가장 옳은 것은?

① 종업원은 다른 사람과 보상을 비교하여 노력과 보상 간에 공정성을 유지하려 한다는 이론이다.
② 긍정적 또는 부정적 강화요인들이 사람들을 특정방식으로 행동하게 한다는 이론이다.
③ 높지만 도달 가능한 목표를 제공하는 것이 종업원을 동기 부여할 수 있다는 이론이다.
④ 종업원이 특정 작업에 투여하는 노력의 양은 기대하는 결과물에 따라 달라진다는 이론이다.
⑤ 목표 설정 및 수행을 위한 장기계획을 수립할 수 있을 만큼 안정적인 기업에 더 적합한 이론이다.

13 최고 경영자가 사원에 대해 지켜야 하는 기업윤리에 해당하는 것을 모두 고르면?

> ㉠ 차별대우 금지   ㉡ 회사기밀 유출 금지
> ㉢ 부당한 반품 금지   ㉣ 위험한 노동 강요 금지
> ㉤ 허위광고 금지   ㉥ 자금 횡령 금지

① ㉠, ㉡, ㉥   ② ㉡, ㉥

③ ㉠, ㉣   ④ ㉠, ㉡, ㉣, ㉥

⑤ ㉢, ㉤

14 '전자상거래 등에서의 소비자보호에 관한 법률'(법률 제15698호, 2018.6.12., 일부개정)에서 정의한 용어로 옳지 않은 것은?

① "전자상거래"란 전자거래(「전자문서 및 전자거래기본법」 제2조 제5호에 따른 전자거래를 말한다)의 방법으로 상행위(商行爲)를 하는 것을 말한다.

② "통신판매"란 우편·전기통신, 그 밖에 총리령으로 정하는 방법으로 재화 또는 용역의 판매에 관한 정보를 제공하고 소비자의 청약을 받아 재화 또는 용역을 판매하는 것을 말한다.

③ "통신판매업자"란 통신판매를 업(業)으로 하는 자 또는 그와의 약정에 따라 통신판매업무를 수행하는 자를 말한다.

④ "거래중개"란 사이버몰의 이용을 허락하거나 그 밖에 대통령령으로 정하는 방법으로 거래 당사자 간의 통신판매를 알선하는 행위를 말한다.

⑤ "사업자"란 물품을 제조(가공 또는 포장을 포함)·수입·판매하거나 용역을 제공하는 자를 말한다.

15 아래 글 상자의 A가맹점에 의하여 발생한 유통경로 갈등의 원인은?

> 전국적인 삼겹살 전문 ○○프랜차이즈의 본부는 최근 A가맹점이 매월 매출액을 지속적으로 줄여서 신고하는 것을 발각하였다. 해당 본부는 매출액 기준으로 가맹점에게 로열티를 부과하는 계약을 체결했기 때문에, 심각한 계약위반을 이유로 해당 가맹점과의 가맹계약해지를 고려하고 있다.

① 역할의 불일치   ② 인식의 불일치

③ 기회주의적 행동   ④ 영역의 불일치

⑤ 목표의 불일치

16 도매상의 제조업체에 대한 기능으로 옳지 않은 것은?

① 시장확대 기능
② 재고유지 기능
③ 제품의 소량분할공급 기능
④ 주문처리 기능
⑤ 시장정보제공 기능

17 유통경로구조의 결정이론과 설명하는 주요 내용의 연결로서 옳지 않은 것은?

① 연기-투기이론 : 누가 재고보유에 따른 위험을 감수하는가?
② 기능위양이론 : 누가 어떤 기능을 얼마나 효율적으로 수행하는가?
③ 거래비용이론 : 기업이 어떻게 유통경로구조의 수평적 통합을 통해 경로구성원들과의 시너지 효과를 창출하는가?
④ 게임이론 : 경쟁관계에 있는 구성원들이 어떻게 자신의 이익을 극대화하는가?
⑤ 대리인이론 : 의뢰인에게 최선의 성과를 가져다주는 효율적인 계약인가?

18 종업원 훈련과 개발에 관한 내용으로 옳지 않은 것은?

① 훈련ㆍ개발 방법은 전문강사의 지도로 이루어지는 직장내훈련(On the Job Training ; OJT)과 선임자에 의해 이루어지는 직장외훈련(Off the Job Training ; Off-JT)으로 구분된다.
② 강의와 세미나 방식은 종업원들로 하여금 필요한 지식을 습득하게 하고 자신의 개념적, 분석적 능력을 개발하는 기회를 제공한다.
③ 도제훈련방식은 특히 숙련공을 필요로 하는 금속, 인쇄, 건축 같은 업종의 기업에서 하는 훈련방식으로 고도의 기술수준이 필요한 경우에 적합하다.
④ 인턴제도는 수련훈련방식에 포함되는 것으로 졸업을 앞둔 대학생이 직무에 배치되어 배우면서 일하는 프로그램이다.
⑤ 가상훈련장 훈련방식은 실제 작업환경과 비슷한 가상의 작업환경 속에서 직무를 학습하게 하는 훈련을 말한다.

19 포장물류의 사회성에 따른 문제점과 고려할 사항으로 옳지 않은 것은?

① 소비자의 요구에 부합하여 과대포장이 되지 않도록 포장의 적정화를 기하여야 한다.

② 적절한 회수 및 폐기 시 환경문제를 고려하여 포장재를 선택하여야 한다.

③ 포장재에 대한 특징, 사용상의 주의, 포장해체에 대한 절차를 정확하게 표기하여야 한다.

④ 포장재료나 용기의 유해성과 위생성 등은 일차적으로 고려하지 않아도 된다.

⑤ 포장재료의 주를 이루는 판지, 플라스틱, 금속 및 목재 등 상당수의 포장재는 자원절약과 효율적인 활용차원에서의 재활용을 고려하여야 한다.

20 물적 흐름과정에 따라 분류한 영역별 물류비에 해당하지 않는 것은?

① 조달물류비　　　　　　　　　② 물류정보관리비
③ 판매물류비　　　　　　　　　④ 역물류비
⑤ 사내물류비

21 조직 내에서 발생할 수 있는 갈등에 대한 대응방식과 관련된 설명으로 옳지 않은 것은?

① 양보 : 자신의 이해관계보다는 상대의 요구에 맞춰 갈등해결을 추구한다.

② 타협 : 자신의 실익 및 상대와의 관계를 적절히 조화시키려 한다.

③ 경쟁 : 자신의 입장을 고수하기 위해 자신의 능력을 사용한다.

④ 협력 : 갈등에 대한 언급 자체를 피한다.

⑤ 회피 : 갈등상태에 있는 자신의 목표 달성을 추구하지 않는다.

22 ABC재고관리방법에 대해 옳게 기술한 것은?

① 정성적 예측기법을 활용한 재고관리방법이다.

② 마케팅 비용에 따른 수요예측을 근거로 경제적 주문량을 결정한다.

③ A그룹에 포함되는 품목은 대체로 수익성이 낮은 품목이다.

④ C그룹에 포함되는 품목은 단가가 낮아 재고관리가 소홀한 경우가 발생하기도 한다.

⑤ 파레토 법칙과는 상반되는 재고관리방법이다.

23 재고관리에 대해서 옳게 기술한 것을 모두 고르면?

> ㉠ 재고에 관한 비용은 재고유지비용, 주문비용, 재고부족비용 등 3가지가 있다.
> ㉡ 재고품절로 인하여 발생하는 손실을 비용화한 것이 재고유지비용이다.
> ㉢ 주문비용은 구매나 생산주문을 하는 데 직접 소요되는 비용으로 수송비, 하역비, 검사료 등을 포함한다.
> ㉣ 파이프라인 재고는 운반 중인 제품이나 공장에서 가공하기 위하여 이동 중에 있는 재공품 성격의 재고를 의미한다.
> ㉤ 이자비용, 창고사용료, 창고유지관리비는 주문비용에 속하지만, 재고감손비용은 재고유지비용에 포함된다.

① ㉡, ㉢   ② ㉢, ㉣

③ ㉠, ㉡, ㉤   ④ ㉠, ㉢, ㉣

⑤ ㉠, ㉢, ㉤

24 물류관리에서 배송합리화의 방안으로 공동배송을 실시하려고 할 때 유의해야 할 사항과 가장 거리가 먼 것은?

① 제품이나 보관 특성상의 유사성이 있을 때 효과적이다.

② 거리가 인접하여 화물 수집이 용이해야 한다.

③ 대상화물이 공동화에 적합한 특성을 가지고 있어야 한다.

④ 일정 지역 내에 배송하는 화주가 독점적으로 존재해야 한다.

⑤ 참여 기업의 배송조건이 유사해야 한다.

25 소매상의 분류로 옳은 것을 모두 고르면?

	구 분	전통적 경로	계약형 경로
㉠	점포 유무	일정한 형태의 점포유무에 따라	점포 소매상, 무점포 소매상
㉡	상품 계열	상품의 다양성 및 구색에 따라	다양성 高/구색 高, 다양성 低/구색 高 등
㉢	소유권	소유 및 운영 주체에 따라	독립소매기관, 체인 등
㉣	사용 전략	마진 및 회전율에 따라	고회전-고마진, 고회전-저마진 등
㉤	서비스 수준	고객에게 제공되는 서비스 수준에 따라	완전서비스, 한정서비스, 셀프서비스 등

① ㉠   ② ㉠, ㉡

③ ㉠, ㉡, ㉢   ④ ㉠, ㉡, ㉢, ㉣

⑤ ㉠, ㉡, ㉢, ㉣, ㉤

26 구체적 상권분석 기법 중 하나로 유추법 등에서 활용되는 CST map은 유통기업의 CRM에서 소비자를 공간적으로 분석하는 데 이용되기도 하는데 다음 중 이와 관련한 설명으로 적합하지 않은 것은?

① 최근 점점 더 활용도가 높아지고 있는 GIS의 다양한 분석기능들을 활용하면 2차원 또는 3차원의 공간 데이터를 가공하여 상권과 관련한 의사결정에 도움을 줄 수 있다.

② 새롭게 개발하는 신규점포가 기존점포의 상권을 얼마나 잠식할 가능성이 있는가를 분석하여 점포개설, 점포이동, 점포 확장계획을 만들 수 있다.

③ 2차 자료인 공공데이터를 활용해 점포 이용자 중 특정속성을 가진 표적소비자들을 추출하고 그들만을 대상으로 하는 차별적 판촉전략을 수행할 수 있다.

④ 자사 점포 및 경쟁사의 점포 위치와 각 점포별 상권범위 분석을 통해 점포들 간의 상권잠식 상태와 경쟁정도를 측정할 수 있다.

⑤ 점포를 이용하고 있는 현재의 소비자나 잠재적 소비자들의 공간적 위치를 분석하여 상권의 범위를 파악할 수 있으며, 1차 상권, 2차 상권 및 한계상권을 구획할 수 있다.

18년

27 점포의 입지유형을 집심성(集心性), 집재성(集在性), 산재성(散在性)으로 구분할 때 넬슨의 소매입지 선정원리 중에서 집재성 점포의 기본속성과 연관성이 가장 큰 것은?

① 양립성의 원리

② 경쟁위험 최소화의 원리

③ 경제성의 원리

④ 누적적 흡인력의 원리

⑤ 고객 중간유인의 원리

28 대표적 상권분석 기법 중 하나인 Huff모형과 관련된 설명으로 옳은 것은?

① 점포선택행동을 확률적 분석이 아닌 기술적 방법(descriptive method)으로 분석한다.

② Huff모형은 상권내의 매출액을 추정하지만 점포별 점유율은 추정하지 못한다.

③ 소매상권이 공간상에서 연속적이고 타점포 상권과 중복 가능함을 인정한다.

④ 소비자 거주지와 점포까지의 거리는 이동시간으로 대체하여 분석할 수 없다.

⑤ Huff모형은 점포이미지 등 다양한 변수를 반영하여 상권을 분석할 수 있다.

29 지역상권의 매력도를 평가할 때는 먼저 수요요인과 공급요인을 고려해야 한다. 이 요인들을 평가하는 데 소매포화지수(IRS ; Index of Retail Saturation)와 시장성장잠재력지수(MEP ; Market Expansion Potential)를 활용할 수 있다. 이 두 지수들을 기준으로 평가할 때 그 매력성이 가장 높은 지역상권은?

① IRS가 작고 MEP도 작은 지역상권
② IRS가 작고 MEP는 큰 지역상권
③ IRS가 크고 MEP는 작은 지역상권
④ IRS가 크고 MEP도 큰 지역상권
⑤ IRS의 크기와는 상관없이 MEP가 큰 지역상권

30 점포의 매력도를 평가하는 입지조건의 특성과 그에 대한 설명이 올바르게 연결된 것은?

① 가시성 – 얼마나 그 점포를 쉽게 찾아 올 수 있는가 또는 점포 진입이 수월한가를 의미
② 접근성 – 점포를 찾아오는 고객에게 점포의 위치를 쉽게 설명할 수 있는 설명의 용이도
③ 홍보성 – 점포 전면을 오고 가는 고객들이 그 점포를 쉽게 발견할 수 있는지의 척도
④ 인지성 – 사업 시작 후 고객에게 어떻게 유효하게 점포를 알릴 수 있는가를 의미
⑤ 호환성 – 점포에 입점 가능한 업종의 다양성 정도 즉, 다양한 업종의 성공가능성을 의미

31 지리정보시스템(GIS)의 활용으로 과학적 상권분석의 가능성이 높아지고 있는데 이와 관련한 설명으로 적합하지 않은 것은?

① 컴퓨터를 이용한 지도작성(mapping)체계와 데이터베이스관리체계(DBMS)의 결합이라고 볼 수 있다.
② GIS는 공간데이터의 수집, 생성, 저장, 검색, 분석, 표현 등 상권분석과 연관된 다양한 기능을 기반으로 한다.
③ 대개 GIS는 하나의 데이터베이스와 결합된 하나의 지도레이어(map layer)만을 활용하므로 강력한 공간정보 표현이 가능하다.
④ 지도레이어는 점, 선, 면을 포함하는 개별 지도형상(map features)으로 주제도를 표현할 수 있다.
⑤ gCRM이란 GIS와 CRM의 결합으로 지리정보시스템(GIS) 기술을 활용한 고객관계관리(CRM) 기술을 가리킨다.

32 점포의 경영성과에 영향을 미치는 다양한 입지조건에 대한 설명 중에서 일반적으로 타당하다고 볼 수 없는 것은?

① 시장규모에 따라 점포는 적정한 크기가 있어서 면적이 일정 수준을 넘게 되면 규모의 증가에도 불구하고 매출은 증가하지 않는 경향이 있다.

② 주로 대로변에서 발견되는 특정 점포의 건축선 후퇴는 자동차를 이용하는 소비자에게 가시성을 높여 매출에 긍정적 영향을 미친다.

③ 도로에 접하는 점포의 정면너비가 건물 안쪽으로의 깊이보다 큰 장방형 형태의 점포는 가시성 확보에 유리해 바람직하다.

④ 점포의 출입구에 높낮이 차이가 있으면 출입을 방해하는 장애물로 작용하게 된다.

⑤ 점포의 형태가 직사각형에 가까우면 집기나 진열선반 등을 효율적으로 배치하기 쉽고 이용할 수 없는 공간(dead space)이 발생하지 않는다.

33 아래 글상자에 열거된 사항들 가운데 입지 선정을 위한 상권의 경쟁구조 분석의 대상들만을 묶은 것은?

가. 동일업태 소매점과의 경쟁
나. 다른 업태 소매점과의 경쟁
다. 상권위계가 다른 소매점과의 경쟁
라. 잠재적 경쟁
마. 주변 점포와의 보완관계

① 가, 나, 다, 라, 마　　　　② 가, 나, 다, 라
③ 가, 나, 다, 마　　　　　　④ 기, 나, 다
⑤ 가, 나

34 아래 글상자에 출점과 관련된 몇 가지 의사결정 사안들이 제시되어 있다. 다음 중 출점 의사결정 사안을 논리적 과정에 따라 가장 올바르게 배열한 것은?

가. 출점할 점포 결정
나. 머천다이징 결정
다. 점포의 층별 배치 결정
라. 점포의 확보 및 사용과 관련된 행정처리

① 가 → 나 → 다 → 라　　　② 라 → 가 → 나 → 다
③ 가 → 라 → 다 → 나　　　④ 나 → 다 → 가 → 라
⑤ 나 → 라 → 가 → 다

35 점포와의 거리를 기준으로 상권구성을 구분할 때 1차 상권, 2차 상권, 3차 상권으로 구분한다. 이에 대한 내용으로 옳지 않은 것은?

① 1차 상권은 경쟁점포들과의 상권중복도가 낮다.

② 1차 상권은 2, 3차 상권이 비해 상대적으로 내점고객의 밀도가 높다.

③ 2차 상권은 1차 상권에 비해 소비자의 내점빈도가 낮다.

④ 3차 상권은 소비수요의 흡인비율이 가장 높은 지역이다.

⑤ 3차 상권은 한계상권이라고 부르기도 한다.

36 상권분석에서 활용하는 조사기법 중에서 조사대상과 조사장소가 점두조사법과 가장 유사한 것은?

① 가정방문조사법　　　　　　② 지역할당조사법

③ 고객점표법　　　　　　　　④ 내점객조사법

⑤ 편의추출조사법

37 점포개설과정에서 점포의 매매와 임대차 거래 전에 반드시 확인해야 할 공부서류와 그 내용을 위쪽 괄호부터 순서대로 바르게 연결한 것은?

- 건축물관리대장 (　　)
- 등기사항전부증명서 (　　)
- 토지이용계획확인원 (　　)
- 토지대장 (　　)

가. 토지의 지번, 지목(사용용도), 면적, 토지등급

나. 소유자 인적사항, 권리관계, 매매과정, 압류, 저당권 등의 설정내용

다. 점포의 면적, 구조, 용도, 연면적, 건폐율, 용적률, 건축연도 등

라. 용도지역·용도지구·용도구역, 투지거래 규제여부, 도로개설 여부 등

① 가 - 나 - 라 - 다　　　　② 나 - 가 - 라 - 다

③ 다 - 나 - 가 - 라　　　　④ 다 - 나 - 라 - 가

⑤ 나 - 다 - 가 - 라

38 점포임차시 임대차계약을 체결하는 과정에서 확인해야 할 환산보증금에 대한 설명으로 옳지 않은 것은?

① 환산보증금은 상가건물임대차보호법에서 규정하고 있다.

② 상가건물임대차보호법은 영세상인을 보호하기 위해 제정된 보호법이다.

③ 환산보증금 기준은 영세상인의 범위를 규정하기 위해 정한 보증금 수준을 의미한다.

④ 우선변제를 받을 환산보증금의 기준은 지역별 차등적용에서 전국적으로 표준화된 동일기준으로 변경되었다.

⑤ 경제발전 정도에 따라서 우선변제의 기준액이 변경될 수 있으므로 실제 거래가 일어나는 시기에 해당 법령조항을 확인해야 한다.

18년

39 좋은 입지의 선정은 소매점 성공의 핵심요인의 하나이다. 공간균배의 원리는 경쟁관계에 있는 점포들이 서로 공간을 나누어 사용하는 방식에 따라 입지와 점포의 적합성이 달라진다고 주장한다. 다음 중 점포 유형별로 적합한 입지에 대한 공간균배원리의 설명에 부합하는 것은?

① 가구점은 도심입지가 유리한 집심성(集心性) 점포이다.

② 백화점은 서로 분산하여 입지하는 것이 유리한 산재성(散在性) 점포이다.

③ 고급의류점은 동일업종 점포들이 국부적 중심지에 집중하는 것이 유리한 산재성(散在性) 점포이다.

④ 대중목욕탕은 동일업종이 함께 모여 있는 입지가 유리한 집재성(集在性) 점포이다.

⑤ 먹자골목이나 약재시장은 집재성 입지의 대표적 사례에 해당한다.

40 상권들에 대한 점포의 출점 여부와 출점 순서를 결정할 때는 상권의 시장 매력성과 자사 경쟁력을 고려해야 한다. 시장 매력성은 시장의 규모와 성장성, 자사 경쟁력은 경쟁강도 및 자사 예상 매출액 등을 결합하여 추정한다. 점포출점에 대한 다음의 원칙들 가운데 가장 옳지 않은 것은?

① 경우에 따라 자사 경쟁력보다 시장 매력성을 우선적으로 고려할 수도 있다.

② 경쟁 강도가 낮아도 자사 예상매출액 또한 낮으면 출점하지 않는 것이 바람직하다.

③ 무조건 큰 규모로 개점하여 경쟁력을 강화하기보다 적정규모로 출점한다.

④ 시장 매력성은 큰 데 예상매출액이 작으면 경쟁력을 개선할 수 있을 때만 출점하는 것이 바람직하다.

⑤ 더 큰 시너지를 얻을 수 있으므로 자사 점포간 상권잠식은 오히려 유리한 현상이다.

41 상권과 입지는 혼용되는 경우가 있지만 엄밀하게 보면 기본개념이나 성격 및 평가방법 등의 측면에서 구분할 수 있다. 이러한 구분을 시도하는 경우 그 연결이 적절한 것은?

> 가 - 지점(point)
> 나 - 범위(boundary)
> 다 - 소비자의 분포범위, 유효수요의 크기로 평가
> 라 - 배후인구 및 유동인구, 대지특성, 접근성, 가시성, 시설 등으로 평가
> 마 - 점포의 부지와 점포주변의 위치적 조건
> 바 - 다수 점포의 집단이 존재하는 지역을 의미하기도 함
> 사 - 점포를 경영하기 위해 선택한 장소 또는 그 장소를 결정하는 행위

① 상권 - 나, 다, 사
② 상권 - 가, 바, 사
③ 상권 - 나, 라, 바
④ 입지 - 가, 라, 마
⑤ 입지 - 나, 라, 사

42 소매점에서 좋은 입지와 나쁜 입지의 일반적 특성에 대한 아래의 내용 중에서 가장 옳지 않은 것은?

① 출근길보다는 퇴근길 방향에 있는 곳은 좋은 입지이다.
② 주변 가게가 기술 위주 서비스업종이나 저가 상품 위주인 곳은 나쁜 입지이다.
③ 주변에 노점상이 많은 입지는 좋은 입지이다.
④ 버스정류장이나 지하철역을 끼고 있는 입지는 매우 좋은 입지이다.
⑤ 일방(편도)통행 도로변이나 맞은편에 점포가 없는 곳은 좋은 입지이다.

43 고객유도시설을 점포의 유형에 따라 도시형, 교외형, 인스토어형으로 구분할 때 도시형 점포의 고객유도시설이라고 볼 수 없는 것은?

① 지하철역
② 철도역
③ 버스정류장
④ 버스터미널
⑤ 인터체인지

44 유동인구 조사를 통해 유리한 입지조건을 찾는 방안으로 옳지 않은 것은?

① 교통시설로부터의 쇼핑동선이나 생활동선을 파악한다.
② 주중 또는 주말 중 조사의 편의성을 감안하여 선택적으로 조사한다.
③ 조사시간은 영업시간대를 고려하여 설정한다.
④ 유동인구의 수보다 인구특성과 이동방향 및 목적 등이 더 중요할 수도 있다.
⑤ 같은 수의 유동인구라면 일반적으로 출근동선보다 퇴근동선에 위치하면 더 유리하다.

45 21km의 거리를 두고 떨어져 있는 두 도시 A, B가 있는데 A시의 인구는 3만명이고 B시의 인구는 A시의 4배라고 하면 도시간의 상권경계는 A시로부터 얼마나 떨어진 곳에 형성되겠는가? (Converse의 상권 분기점 분석법을 이용해 계산하라.)

① 5.25km

② 6km

③ 7km

④ 13km

⑤ 14km

3과목 **유통마케팅**

46 아래 글상자에서 설명하는 이것은?

> 이것은 점포의 판매공간에서 고객의 시선으로 확인 할 수 있는 상품의 가로 진열수량과 진열위치를 정하는 것을 의미하며, 각 부문 안에서 어떻게 품목별로 진열 스페이스를 할당할 것인가를 정하는 것을 뜻한다.

① 조닝(zoning)

② 페이싱(facing)

③ 브레이크업(break up)

④ 블랙룸(black room)

⑤ 랙(rack)

47 유통경로에 참여하는 구성원 간의 관계에서 작용하는 경로파워의 원천을 구분하여 설명할 때, (가)와 (나)에 들어갈 용어가 순서대로 옳게 나열된 것은?

> (가) 마진폭의 인하, 밀어내기, 끼워팔기
> (나) 판매지원, 시장정보, 특별할인, 리베이트

① 보상적 파워, 준거적 파워

② 강압적 파워, 보상적 파워

③ 합법적 파워, 강압적 파워

④ 준거적 파워, 전문적 파워

⑤ 전문적 파워, 합법적 파워

48 판매촉진의 목표와 판촉수단을 가장 옳게 연결한 것은?

① 시험구매 촉진 – 견본품 제공
② 재구매 촉진 – 시제품 제공
③ 연속구입 촉진 – 시연회
④ 시험구매 촉진 – 고객멤버십 행사
⑤ 재구매 촉진 – 시식 행사

49 백화점 운영방식 유형을 거래조건, 재고부담, 소유권 등을 기준으로 구분할 때 설명이 옳지 않은 것은?

① 백화점 내 점포의 소유권이 백화점에 있으면 직영매장이고, 입점업체에 있으면 임대매장이다.
② 직매입 매장은 백화점이 제조업체나 벤더업체 등 납품업체로부터 상품을 매입하여 운영하는 매장이다.
③ 특정매입매장을 운영하는 납품업체는 판매가 이루어지지 않은 상품을 모두 재고로 떠안아야 하며 상품판매는 백화점의 명의로 이루어진다.
④ 임대갑매장은 전형적인 임대차거래에 의한 매장으로 백화점 입점 시 적정액의 임대보증금을 지급하고 임대료로 월정액의 임대료를 지급하는 매장이다.
⑤ 직매입과 특정매입매장은 직영매장에 해당하고, 임대갑매장과 임대을매장은 임대매장으로 구분한다.

50 가격전술과 내용이 가장 옳지 않은 것은?

① 유인가격전술 : 보다 많은 소비자를 자사점포로 유인하기 위한 가격전술
② 변동가격전술 : 가격을 동일하게 제시하는 것이 아니라 소비자와의 흥정을 통해 최종가격을 설정하는 가격전술
③ 명성가격전술 : 상품의 고품질과 높은 명성을 상징적으로 나타내기 위해 고가격을 설정하는 가격 전술
④ 묶음가격전술 : 상품 단위당 이익을 높이기 위해 상품을 큰 묶음 단위로 제공하는 가격전술
⑤ 가격대전술 : 상품계열별로 취급상품들을 몇 종류의 가격대로 묶어 가격을 설정하는 전술

51 아래 글상자 (가)와 (나)에 들어갈 용어가 순서대로 옳게 나열된 것은?

> • 마트에서도 (가) 매대의 매출이 다른 매대에 비해 3~4배 정도 더 높다.
> • 고객이 점원의 도움 없이 스스로 물건을 고르는 매장이라면 매대는 입구의 (나)에 두는 것이 좋다.

① (가) 중앙(center), (나) 왼쪽
② (가) 중앙(center), (나) 오른쪽
③ (가) 엔드(end), (나) 양쪽
④ (가) 엔드(end), (나) 오른쪽
⑤ (가) 엔드(end), (나) 왼쪽

52 마케팅 믹스전략에 대한 설명으로 가장 옳지 않은 것은?

① 소매상의 상품전략은 표적시장의 욕구를 충족시키기 위해 상품믹스를 개발하고 관리하는 것이다.

② 대형 유통업체의 PB(Private Brand) 출시는 상품전략 중에서 상표전략에 속한다.

③ 가격전략에서 특정 소매상이 시장점유율을 증대시키고자 한다면 고가격전략을, 이익 증대가 목표라면 저가격전략을 수립한다.

④ 촉진이란 소비자가 특정 소매상이나 상품을 인지하고 구매하도록 유도하는 활동을 말한다.

⑤ 광고와 인적판매, 판촉, 홍보는 대표적인 촉진 방법이다.

53 경쟁의 유형에 대한 설명으로 옳게 짝지어진 것을 모두 고르면?

18년

> 가. 수평적 경쟁의 예로 자동차제조사 간, 배관공급업자 간, 혹은 슈퍼마켓 간의 경쟁을 들 수 있다.
> 나. 업태 간 경쟁은 동일한 경로 수준에서 다른 형태의 기업 간 경쟁을 의미한다.
> 다. 최근 업태 간 경쟁은 전통적인 매장 위주의 판매점들 사이에서만 발생한다.
> 라. 수직적 경쟁은 소매상과 도매상 간, 도매상과 제조업자 간, 혹은 제조업자와 소매상 간의 경쟁을 의미한다.
> 마. 경로 간 경쟁이란 불완전한 경로 간의 경쟁을 의미한다.

① 가, 나, 다   ② 가, 나, 라
③ 나, 다, 라   ④ 나, 다, 마
⑤ 다, 라, 마

54 아래 글상자의 사례에서, 전문컨설팅업체가 시행한 SWOT분석 내용 중 위협요인으로 잘못 분석한 것은?

> 전국적으로 오프라인 매장 100개를 운영 중인 ○○마트는 경영환경의 급격한 변화에 대응하기 위해서, 전문컨설팅업체에 환경분석을 의뢰하였다. 외부환경의 위협요인을 분석한 결과, ㉠ 온라인 쇼핑몰 매출 증가, ㉡ 스마트폰 확산으로 인한 모바일 쇼핑의 증가, ㉢ 고령인구의 증가로 인한 직접 구매 감소, ㉣ 경기침체로 소비위축, ㉤ ○○마트 PB 상품매출 둔화 등이 중요한 요인으로 밝혀졌다.

① ㉠   ② ㉡
③ ㉢   ④ ㉣
⑤ ㉤

55 소매업체의 상품구색계획(assortment plan)에 대한 설명으로 가장 옳은 것은?

① 소매업체의 전반적인 재무목표
② 상품 카테고리별 매입 절차 및 조직
③ 상품의 점포별 할당 계획
④ 특정 상품 카테고리에서 취급할 상품 목록
⑤ 특정 상품 카테고리별 성과 통제

56 아래 글상자 (가)와 (나)에 들어갈 용어가 순서대로 바르게 나열된 것은?

> 상품수명주기이론의 (가) 단계에서는 시장수요가 증가함에 따라 시장 커버리지를 확대하고 이용가능성을 높이기 위해 개방 경로 정책을 수립해야 하며, (나) 단계에서는 판매가 안정되고 경쟁이 심화되기 때문에 새로운 시장을 찾거나, 그 상품에 대한 새로운 용도를 개발하거나 사용빈도를 제고하기 위한 다양한 노력을 기울여야 한다.

① (가) 도입기, (나) 쇠퇴기
② (가) 도입기, (나) 성숙기
③ (가) 성장기, (나) 성숙기
④ (가) 성장기, (나) 쇠퇴기
⑤ (가) 성숙기, (나) 쇠퇴기

57 아래 글상자의 사례에서 나타난 두 소비자의 구매행동을 기술하는 가장 적절한 용어는?

> 결혼을 앞둔 김○○군과 박□□양은 새로 마련한 신혼 살림집 주변의 여러 가구점들을 돌아보며 구입할 가구들을 살펴보았다. 이들은 스마트폰을 통해 제조업체와 가격 정보를 확인한 다음, 결국 구입하기로 마음먹은 가구품목들을 온라인 쇼핑몰에서 구매했다.

① 쇼루밍(showrooming)
② 역 쇼루밍(reverse showrooming)
③ 웹루밍(webrooming)
④ 윈도우 쇼핑(window shopping)
⑤ 오프라인 쇼핑(offline shopping)

58 POP(Point of Purchase) 및 그 유형별 활용 방안에 대한 설명으로 가장 옳지 않은 것은?

① POP는 소비자가 구매하는 시점에서 판매를 촉진하는 수단으로서, 소비자에게 보다 직접적인 커뮤니케이션 메시지를 전할 수 있다는 장점이 있다.

② 광고 POP는 소비자를 유인하는 수단이 될 뿐만 아니라 광고를 상기시키는 역할을 한다.

③ 광고 POP물은 사인(sign)물처럼 장기간 사용되기에 강렬한 인상을 줄수록 바람직하다.

④ 판촉 POP의 메시지는 알기 쉽고 명확해야 하며, 디자인도 복잡하지 않아야 한다.

⑤ 상품 POP는 헤드라인, 보디 카피, 그리고 그래픽으로 구성된다.

59 서비스업체의 각 포지셔닝 전략 대안에 대한 예시가 옳지 않은 것은?

① 서비스 등급 : 우리는 신속하게 고객을 도울 준비가 되어 있습니다.

② 서비스 이용자 : 우리는 비즈니스 여행자를 위한 호텔입니다.

③ 서비스 용도 : 우리 헬스클럽은 다이어트 전문입니다.

④ 경쟁자 : 우리는 2위 편의점입니다. 1위가 되기 위해 최선을 다합니다.

⑤ 공감성 : 고객 한분 한분을 가족처럼 모시겠습니다.

60 고객관계관리(CRM ; Customer Relationship Management)에 대한 설명으로 가장 옳지 않은 것은?

① 기업의 입장에서 신규고객을 확보하기보다는 기존고객을 유지하고 관리하는 것이 더 효율적이다.

② 고객 1인으로부터 창출될 수 있는 이익규모는 오래된 고객일수록 높다.

③ CRM의 주된 목적은 고객에 대한 상세한 지식을 토대로 그들과의 장기적 관계를 구축하는 것이다.

④ 고객생애가치(CLV ; Customer Lifetime Value)란 한 고객이 고객으로 존재하는 전체 기간 동안 기업에게 제공하는 이익의 합을 의미한다.

⑤ 고객이탈률이 낮을수록 고객생애가치는 감소한다.

61 셀프서비스 매장의 구성 및 설계에 대한 설명으로 가장 옳지 않은 것은?

① 상품은 개방진열을 하는 것이 좋다.

② 상품의 앞면(face)을 고객이 볼 수 있도록 배열한다.

③ 브랜드, 제조자, 가격 등의 정보가 상품 포장에 표시되어야 한다.

④ 고객이 판매직원을 쉽게 찾을 수 있고 자유롭게 도움을 요청할 수 있도록 해야 한다.

⑤ 고객이 편리하게 상품을 이동할 수 있는 쇼핑카트나 바구니가 비치되어 있어야 한다.

62 상품기획 또는 상품화계획 등으로 불리는 머천다이징(merchandising)과 관련된 설명으로 옳지 않은 것은?

① 머천다이징의 성과를 평가하는 대표적 지표인 재고총이익률(GMROI)은 평균재고자산 대비 총마진을 의미한다.

② Merchandiser(MD)는 해당 카테고리에 소속되어 있는 소분류, 세분류, SKU(Stock Keeping Unit) 등을 관리한다.

③ SKU는 가장 말단의 상품분류단위로 상품에 대한 추적과 관리가 용이하도록 사용하는 식별관리 코드를 의미한다.

④ SKU는 문자와 숫자 등의 기호로 표기되며 구매자나 판매자는 이 코드를 이용하여 특정한 상품을 지정할 수 있다.

⑤ 일반적으로 SKU는 상품의 바코드에 표기되는 상품단위와 동일한 개념으로 사용되며 보통 유통업체에 의해 정해진다.

63 수익성이 낮은 고객과의 거래를 축소하려는 도매업체의 고객응대 방식으로서 가장 옳은 것은?

① 품목별 판매촉진 확대
② 독점적인 상품라인의 취급
③ 재고관리시스템 관리의 강화
④ 소량 구매에 대해 주문처리비용 부과
⑤ 소량 구매에 대한 배달비용 인하

64 아래 글상자에서 설명된 진열방법으로 옳은 것은?

가. 연관되는 상품을 하나의 세트로 진열하는 방식
나. 고객이 상품을 자유롭게 선택할 수 있도록 진열하는 방식
다. 상품 계열에 속한 상품들을 분류하여 진열하는 방식으로 특히 슈퍼마켓이나 대형마트에서 주로 사용
라. 고객층의 상품에 대한 관심과 태도 등을 반영하여 진열하는 방식
마. 계절별, 행사별, 상품별로 적합한 컨셉을 만들어 부문별로 진열하는 방식

① 가 - 조정형 진열(coordinated display)
② 나 - 라이프 스타일형 진열(life-style display)
③ 다 - 개방형 진열(open display)
④ 라 - 주제별형 진열(theme display)
⑤ 마 - 임의적 분류 진열(classification display)

65 고객의 행동에 대처하는 판매자의 적합한 행동으로 보기 어려운 것은?

① 고객이 특정상품을 주시한다. → 재빠른 동작으로 다가가 주시한 상품의 특장점을 설명한다.

② 특정상품을 주목하고 만져본다. → 고객의 시선이나 동작을 주목하고 타이밍 좋게 어프로치 한다.

③ 특정 상품의 가격표를 본다. → 제품을 갖고 싶은 욕망을 보이므로 소비상황 및 구매동기를 상기시켜 준다.

④ 특정상품과 비슷한 다른 상품에 대해 질문한다. → 고객 욕망을 파악하고 셀링 포인트를 강조한다.

⑤ 판매원에게 '이것 주세요'한다. → 판매가 이루어지는 귀중한 시간이므로 판매가 끝날 때까지 그 분위기를 잘 이끌어간다.

66 표본추출 유형에 대한 설명으로 옳지 않은 것은?

① 단순무작위표본추출법에서는 모집단의 모든 원소가 알려져 있고 선택될 확률이 똑같다.

② 층화표본추출방법은 모집단이 상호 배타적인 집단으로 나누어지며, 각 집단에서 무작위표본이 도출되는 방식이다.

③ 편의표본추출방식은 조사자가 가장 얻기 쉬운 모집단 원소를 선정하는 방식이다.

④ 판단표본추출방식은 조사자가 모집단을 상호 배타적인 몇 개의 집단으로 나누고 그 중에서 무작위로 추출하는 방식이다.

⑤ 할당표본추출방식은 몇 개의 범주 각각에서 사전에 결정된 수만큼의표본을 추출하는 방식이다.

67 경로 구성원의 성과평가기준과 성과척도의 연결이 옳지 않은 것은?

① 매출성과 - 총이익

② 매출성과 - 판매 할당량

③ 판매 능력 - 전체 판매원 수

④ 재고 유지 - 시장점유율

⑤ 재고 유지 - 평균재고유지율

68 신제품 출시 및 브랜드 개발에서 선택할 수 있는 전략과 그에 대한 설명으로 가장 옳지 않은 것은?

① 라인확장(line extention)은 제품범주 내에서 형태, 색상, 사이즈 등을 변형한 신제품에 대해 기존 브랜드명을 함께 사용하는 것이다.

② 브랜드확장(brand extention)은 기존의 브랜드명을 새로운 제품범주의 신제품으로 확장하는 것이다.

③ 복수브랜딩(multibranding)은 다양한 소유 욕구를 가진 소비자들을 위해 동일 제품범주 내에 여러 개의 브랜드제품을 도입하는 것이다.

④ 공동브랜딩(co-branding)은 기존 브랜드명의 파워가 약해졌을 때 기존브랜드와 동일한 브랜드명의 신제품을 도입하는 것이다.

⑤ 신규브랜드는 새로운 브랜드명을 도입하는 것으로 신제품에 사용될 적절한 기존 브랜드명이 없을 때 주로 선택한다.

69 아래 글상자에서 설명하는 소매융합의 결과로 가장 옳은 것은?

> 소매업체들은 빠르게 변화하는 환경 속에서 영업하고 있다. 최근에는 서로 다른 업태의 소매점들이 같은 고객층에게 같은 상품을 같은 가격에 판매하는 소위 소매융합(retail convergence) 현상이 트렌드로 자리잡아가고 있다.

① 소매업태 간 차별화의 감소

② 소매업태 간 경쟁의 감소

③ 소매업체별 판매의 증가

④ 특정 소매업태 수익률의 상대적 증가

⑤ 소매업체별 광고비의 감소

70 프랜차이즈 시스템에서 가맹점(franchisee)이 되었을 때의 장점으로 옳지 않은 것은?

① 본부(franchisor)가 개발한 사업 상품 및 경영방식으로 인해 쉽게 사업을 시작할 수 있다.

② 지명도가 높은 상표명을 사용하므로 초기부터 소비자의 신뢰 확보가 가능하다.

③ 본부가 일괄적으로 매장의 종업원을 채용하고 관리하므로 노사문제에 대한 우려가 낮다.

④ 본부가 계속적으로 기존 제품을 개선하고 신제품을 개발해주므로 시장여건변화에 적절히 대응할 수 있다.

⑤ 본부가 점포개설, 브랜드인지도 제고, 지원시스템 구축 등에 많은 투자를 하기 때문에, 가맹점은 판매활동에만 전념할 수 있다.

71 아래 글상자의 괄호 안에 공통적으로 들어갈 알맞은 단어는?

> A몰은 PB제품을 가진 대형 유통업체이다. 발주 및 재고정보를 제조업체들과 공유함으로써 적절한 재고 관리를 가능하게 해주는 (   )을 구축하였다. (   )(으)로 구축된 A몰의 시스템은 재고정보 등 일부 비즈니스 정보들을 승인된 제조업체, 공급업체, 협력업체, 고객 또는 다른 비즈니스 업체들과 안전하게 정보를 공유할 수 있도록 지원한다.

① 인트라넷
② 인터넷
③ 통합프로토콜
④ 엑스트라넷
⑤ 이더넷

72 카플란(Kaplan)과 노튼(Norton)이 제시한 균형성과표에 의한 성과측정 요소로 가장 거리가 먼 것은?

① 학습과 성장 관점
② 내부 비즈니스 프로세스 관점
③ 전사적 자원관리 관점
④ 재무적 관점
⑤ 고객 관점

73 괄호 안에 들어갈 알맞은 단어를 가장 적절하게 나열한 것은?

> • 사용자가 특정한 목적을 달성하기 위해 수집하여 분석한 사실은 (가)라/이라 구분할 수 있다.
> • 사용자에게 특정한 목적이 부여되지 않은 사실이거나, 가공되지 않은 사실은 (나)라고/이라 구분 할 수 있다.
> • (다)은/는 정황적이고 어떤 행위를 가능하게 하는 실천적인 (가)로/으로 주어진 상황에 대한 많은 경험과 깊은 사려에 기반을 두고 있다.

① 가 : 자료, 나 : 정보, 다 : 시스템
② 가 : 자료, 나 : 정보, 다 : 지식
③ 가 : 정보, 나 : 자료, 다 : 지식
④ 가 : 정보, 나 : 지식, 다 : 자료
⑤ 가 : 지식, 나 : 자료, 다 : 정보

74 조직을 운영하면서 발생하는 거래 데이터를 신속, 정확하게 처리하는 거래처리시스템과 관련된 설명 중 가장 거리가 먼 것은?

① 일상적인 업무와 거래를 처리하기에 운영절차가 표준화 되어 있다.
② 문제에 대해 효과적인 의사결정을 할 수 있도록 다양한 기능들을 제공한다.
③ 다른 정보시스템에서 필요로 하는 원천 데이터를 제공한다.
④ 상대적으로 짧은 시간에 많은 양의 데이터를 처리한다.
⑤ 고객과 접점에서 발생하는 데이터를 관리하는 정보시스템이다.

75 빅데이터 분석 특성에 대한 설명으로 가장 적합하지 않은 것은?

① 정보기술의 발전으로 실시간으로 다량의 데이터를 수집할 수 있다.
② 빅데이터 분석은 정형 데이터 분석은 가능하지만, 비정형 데이터에 대한 분석은 불가능하다.
③ 빅데이터는 거대한 규모의 디지털 정보량을 확보하고 있다.
④ 빅데이터 분석은 새로운 가치를 창출하기 위한 정보를 제공해 준다.
⑤ 시계열적 특성을 갖고 있는 빅데이터는 추세 분석이 가능하다.

76 노나카의 지식전환 프로세스인 'SECI모델'에 대한 설명으로 가장 옳지 않은 것은?

① 사회화는 암묵지에서 암묵지를 얻는 과정이다.
② 외재화는 암묵지에서 형식지를 얻는 과정이다.
③ 공동화는 형식지에서 형식지를 얻는 과정이다.
④ 내재화는 형식지에서 암묵지를 얻는 과정이다.
⑤ 지식 변환과정은 직선적이 아닌 복합상승작용이 나타나는 나선형 프로세스로 진행된다.

77 아래 글상자에서 설명하는 e-비즈니스 시스템 내에서 구현해야 할 보안 기능으로 가장 적합한 것은?

> 정보의 송·수신 도중에 데이터가 훼손되거나 데이터에 변화가 생기지 않았는지에 대해 확인을 하는 것이다.

① 인 증   ② 기밀성
③ 무결성   ④ 부인방지
⑤ 전자서명

78 e-비즈니스의 특징으로 가장 적합하지 않은 것은?

① 생산자 파워의 증대를 들 수 있다.
② e-비즈니스는 인터넷을 기반으로 한다.
③ 정보 공개를 통한 오픈 경영이 실시된다.
④ 고객 데이터베이스를 기반으로 한 고객 맞춤 서비스가 가능해 진다.
⑤ 모든 업무환경이 인터넷을 통해 이루어지므로 업무통합현상이 나타난다.

79 아래 글상자에서 설명하는 e-비즈니스 간접 수익창출방식으로 가장 적합한 것은?

> 네트워크에 의한 수확체증 효과를 얻을 수 있는 가장 빠른 방법으로, 멀티미디어 기술을 이용해 밀접한 관련이 있거나 인지도가 높은 웹사이트에 자사의 광고를 끼워 넣은 형태이다.

① 배너광고   ② 스폰서십
③ 무료메일 제공   ④ 제휴 프로그램
⑤ 프로그램 무상 배포

80 RFID의 특징으로 가장 적합하지 않은 것은?

① 태그는 데이터를 저장하거나 읽어낼 수 있어야 한다.
② 태그는 인식 방향에 관계없이 ID 및 정보 인식이 가능해야 한다.
③ 태그는 직접 접촉을 하지 않아도 자료를 인식할 수 있어야 한다.
④ 태그는 바코드에 비해 적은 양의 데이터만을 보내고, 받을 수 있어야 한다.
⑤ 능동형 태그는 수동형 태그에 비해 일반적으로 데이터를 보다 멀리 전송할 수 있다.

81 TCP/IP 계층별 프로토콜(protocol)에 관한 설명 중에서 가장 옳지 않은 것은?

① UDP(User Datagram Protocol) : 사용자 데이터를 데이터그램(datagram)의 형태로 전송하기 위한 프로토콜
② ICMP(Internet Control Message Protocol) : IP 데이터그램의 전송 중에 생기는 여러 예외사항에 관한 정보를 전송하기 위한 프로토콜
③ IGMP(Internet Group Management Protocol) : 멀티캐스팅(multicasting)을 위한 프로토콜
④ FTP(File Transfer Protocol) : 인터넷에서 원격컴퓨터와 파일을 송수신할 때 이용되는 프로토콜
⑤ ARP(Address Resolution Protocol) : 하드웨어 주소를 IP 주소(address)로 매핑(mapping)하는 프로토콜

82 파일의 데이터 계층구조를 순차적으로 나열한 것으로 가장 올바른 것은?

① 바이트(byte) → 비트(bit) → 필드(field) → 레코드(record) → 파일(file)

② 바이트(byte) → 비트(bit) → 레코드(record) → 필드(field) → 파일(file)

③ 바이트(byte) → 필드(field) → 비트(bit) → 레코드(record) → 파일(file)

④ 비트(bit) → 바이트(byte) → 레코드(record) → 필드(field) → 파일(file)

⑤ 비트(bit) → 바이트(byte) → 필드(field) → 레코드(record) → 파일(file)

83 사물인터넷(IoT) 시대의 특징을 인터넷 시대 및 모바일시대와 비교하여 설명한 것으로 가장 거리가 먼 것은?

① IoT 시대는 사람과 사람, 사람과 사물, 사물과 사물 간으로 연결범위가 확대되었다.

② 정보가 제공되는 서비스방식이 정보를 끌어당기는 풀(pull)방식에서 푸시(push)방식으로 전환되었다.

③ 정보 제공 방식이 '24시간 서비스(Always-on)'시대에서 '온디맨드(On-demand)'방식으로 전환되었다.

④ IoT 시대에서는 단순히 원하는 정보를 얻는 데 그치는 것이 아니라, 정보를 조합해 필요한 지혜를 제공해 준다.

⑤ 정보를 얻는 방식이 내가 원하는 무언가를 내가 찾는 것이 아니라, 내가 원하는 무언가를 주변에 있는 것들이 알아서 찾아주는 것이다.

84 e-CRM을 기업에서 성공적으로 도입하기 위해 필요한 발전 전략으로 가장 적합하지 않은 것은?

① 다양한 커뮤니케이션 수단을 활용하여 고객 접촉경로의 다양화가 필요하다.

② 소비자의 트렌드를 분석하기보다는 소비자의 유행을 따라가는 서비스를 구사하여야 한다.

③ 고객의 입장에서 꼭 필요한 콘텐츠 구성이 필요하다.

④ 개인의 특성에 맞게 맞춤 서비스로 타사와의 차별화전략이 필요하다.

⑤ 커뮤니티, 오락 등 콘텐츠의 다양화를 통한 활성화전략이 필요하다.

85 암묵지에 관한 설명으로 가장 옳지 않은 것은?

① 전수하기 어려운 지식

② 경험을 통해 체화된 지식

③ 숙련된 기능 또는 노하우(know-how)

④ 논리적 추론 및 계산에서 생기는 인식

⑤ 말 또는 언어로 표현할 수 없는 주관적인 지식

18년

86 아래 글상자의 괄호 안에 들어갈 가장 적절한 용어는?

> 위치정보 시스템(GPS)과 (   )기술 기반으로 개발된 '포켓몬 고'는 출시와 동시에 선풍적인 인기를 끌었다. (   )은(는) 우리 주변에 포켓몬이 진짜로 있는 것 같이 합성하여 보여준다.

① 증강현실
② 머신러닝
③ 모션임팩트
④ 인공지능
⑤ 딥러닝

87 디지털(digital) 기술의 특성으로 가장 올바르지 않은 것은?

① 빛과 같은 속도로 이동하면서 정보를 전달할 수 있는 광속성

② 반복해서 사용해도 정보가 줄어들거나 질이 떨어지지 않는 무한 반복 재현성

③ 정보를 다양한 형태로 가공하고 확대 재생산할 수 있는 용이성

④ 송·수신자가 동시에 서로 정보를 주고받을 수 있는 쌍방향성

⑤ 메트칼프(Metcalfe)의 법칙이 적용되는 수확체감의 법칙성

88 물류의 5대 기능에 대한 설명으로 가장 옳지 않은 것은?

① 포장기능은 내용물의 변형, 또는 변질을 막기 위한 본질적인 기능 및 판매 촉진 효과까지 수행한다.
② 하역기능은 물품의 운송과 보관 활동의 전후에 부수하여 행하는 물품의 반·출입 및 단거리 이동작업을 의미한다.
③ 보관기능은 물품을 물리적으로 보존하고 관리하는 것이다.
④ 정보처리기능은 정보기술을 활용하여 효율적인 물류활동을 지원하도록 모든 영역의 정보 흐름을 유기적으로 적시에 제공함으로써 물류비용 절감 및 고객서비스 향상을 도모하는 것을 의미한다.
⑤ 수주기능은 일반적으로 지역 간 또는 도시 간의 상품이동으로서, 지역 거점에서부터 소형 운송수단을 통해 소매점 또는 소형 고객에게 물품을 단거리 이동시키는 활동이다.

89 POS시스템의 도입으로 얻을 수 있는 국민경제 측면과 소비자에 대한 효과로 가장 옳지 않은 것은?

① 소비자는 신속하고 정확한 정산 및 상품구입으로 쇼핑시간을 절약할 수 있다.
② 품목별 시장규모의 파악으로 중복투자를 회피할 수 있다.
③ 품목별 재고수준은 증가하나 전체 품목의 재고수준은 감소한다.
④ 품절과 과잉재고 등의 조정으로 물가안정을 도모할 수 있다.
⑤ 컴퓨터산업 및 정보산업 발전 등에 효과가 있다.

90 지식인 또는 지식근로자에게 필요한 자질로 가장 적합하지 않은 것은?

① 자신의 일하는 방법을 부단히 개선·개발·혁신시켜야 한다.
② 자신이 터득한 노하우를 체계적으로 정리하고 기록해야 한다.
③ 자신의 지식을 다른 사람과 자유롭게 공유할 수 있어야 한다.
④ 희소가치가 있는 지식이나 노하우는 암묵지 형태로 존재시켜야 한다.
⑤ 일하는 방법을 개선·개발·혁신함으로써 얻은 아이디어는 구체적인 상품가치를 창출하는 데 연계시켜야 한다.

좋은 책을 만드는 길, 독자님과 함께 하겠습니다.

2024 SD에듀 유통관리사 2급 기출문제해설

개정19판1쇄 발행	2024년 02월 05일(인쇄 2024년 01월 17일)
초 판 발 행	2006년 02월 01일(인쇄 2005년 09월 07일)
발 행 인	박영일
책 임 편 집	이해욱
저 자	안영일
편 집 진 행	김준일 · 김은영
표지디자인	김도연
편집디자인	김기화 · 하한우
발 행 처	(주)시대고시기획
출 판 등 록	제10-1521호
주 소	서울시 마포구 큰우물로 75 [도화동 538 성지 B/D] 9F
전 화	1600-3600
팩 스	02-701-8823
홈 페 이 지	www.sdedu.co.kr

I S B N	979-11-383-6676-2 (13320)
정 가	26,000원

※ 이 책은 저작권법의 보호를 받는 저작물이므로 동영상 제작 및 무단전재와 배포를 금합니다.
※ 잘못된 책은 구입하신 서점에서 바꾸어 드립니다.

유통관리사 2급

합격을 꿈꾸는 수험생에게

정성을 다해 만든 유통관리사 2급 도서들을
꿈을 향해 도전하는 수험생 여러분들께 드립니다.

P.S. 단계별 교재를 선택하기 위한 팁!

한권으로 끝내기	단기완성	기출문제해설
시험의 중요개념과 핵심이론을 파악하고 기초를 잡고 싶은 수험생!	시험에 자주 출제된 필수이론 위주로 학습하고 싶은 수험생!	최근 기출문제와 상세한 해설을 통해 학습내용을 확인하고 실전감각을 키우고 싶은 수험생!

시험에 출제되는 핵심이론부터 필수기출문제, 시험장에서 보는 최빈출 필기노트까지 한권에 담았습니다.

동영상 강의 교재

실제 기출문제 출제경향을 완벽 분석하여 엄선한 핵심유형이론과 유형별 기출문제를 담았습니다.

시험 준비 마무리 단계에서 알찬 해설을 통해 중요개념 정리부터 공부 방향까지 한 번에 잡을 수 있습니다.

유통관리사 합격!

SD에듀와 함께라면 문제없습니다.

2024

유통관리사 2급

기출문제해설

오답풀이, 정답 TIP 등 상세한 해설 수록
문항별 해시태그(#) 표기를 통한 키워드 제시

편저 | 안영일 · 유통관리연구소

VISION

정답 및 해설편

안심도서
향균 99.9%

SD에듀
(주)시대고시기획

2022년

기출문제
정답 및 해설

미래는 자신이 가진
꿈의 아름다움을 믿는 사람들의 것이다.

– 엘리노어 루즈벨트 –

자격증 · 공무원 · 금융/보험 · 면허증 · 언어/외국어 · 검정고시/독학사 · 기업체/취업
이 시대의 모든 합격! SD에듀에서 합격하세요!
www.youtube.com → SD에듀 → 구독

01	02	03	04	05	06	07	08	09	10	11	12	13	14	15
⑤	①	⑤	③	①	⑤	⑤	④	②	③	①	①	②	④	③
16	17	18	19	20	21	22	23	24	25	26	27	28	29	30
②	③	⑤	④	④	②	⑤	④	②	④	⑤	④	④	⑤	③
31	32	33	34	35	36	37	38	39	40	41	42	43	44	45
③	①	③	③	②	③	⑤	⑤	⑤	④	③	②	①	⑤	⑤
46	47	48	49	50	51	52	53	54	55	56	57	58	59	60
①	⑤	③	⑤	④	①	③	①	①	①	③	⑤	④	③	②
61	62	63	64	65	66	67	68	69	70	71	72	73	74	75
⑤	①	③	②	④	③	①	②	④	④	②	③	⑤	⑤	①
76	77	78	79	80	81	82	83	84	85	86	87	88	89	90
①	①	④	③	⑤	①	⑤	④	⑤	④	③	③	③	⑤	②

1과목 유통물류일반

01 #성과평가방법 　　　[정답] ⑤

강제배분법은 미리 정해 놓은 비율에 맞추어 피고과자를 강제로 할당하는 방법이다.

오답풀이

① 기존의 행위기준고과법이 변형된 형태로서 평가항목에 대한 구체적인 행위들을 제시하고 피평가자가 그것을 수행한 빈도를 평가하는 방식이다.
② 종업원의 능력과 업적에 대하여 순위를 매기는 방법이다.
③ 일일이 임의로 두 사람씩 짝을 지은 다음 서로 비교하는 것을 되풀이하여 서열을 결정하는 방법이다.
④ 경영성과가 어떻게 달성되었으며, 어떤 직무수행이 더 나은 경영성과를 초래하는가를 동기유발의 행동과학적 입장에서 평가하는 방법이다.

02 #중간상기능 　　　[정답] ①

중간상의 선별(분류)기능

- 분류(sorting out) : 이질적 상품을 비교적 동질적인 개별상품단위로 구분하는 것
- 수합(accumulation) : 다수의 공급업자로부터 제공받는 상품을 모아서 동질적인 대규모 상품들로 선별하는 것
- 분배(allocation) : 동질적 제품을 분배, 소규모 로트의 상품별로 모아서 분류하는 것
- 구색갖춤(assorting) : 사용목적이 서로 관련성이 있는 상품별로 일정한 구색을 갖추어 함께 취급하는 것

03 #조직의일반원칙 　　　[정답] ⑤

오답풀이

① 조직 구축시 사람 중심이 아닌 일 중심으로 접근하고자 하는 것으로, 먼저 각 직무의 존재 이유와 기능의 내용을 명확히 한 후 직무에 적합한 인력을 배치하는 원칙을 말한다.
② 매번 하위자가 상위자의 지시나 명령을 받지 않고도 자신의 독자적인 판단으로 직무를 수행할 수 있도록 상위자가 가지고 있는 직무수행의 권한을 하위자에게 위양하는 원칙을 말한다.
③ 하위자는 한 사람의 상위자로부터 업무 지시와 명령을 받아야 한다는 원칙을 말한다.
④ 한 사람의 관리자가 통솔할 수 있는 부하직원의 수가 한정되어 있다는 원칙을 말한다.

04 **#MRO** 〔정답〕③

생산에 직접 소요되는 원자재를 제외한 비전략적 간접
자재를 의미한다.

05 **#서비스품질평가요소** 〔정답〕①

〔오답풀이〕
② 반응성(responsiveness)
③ 확신성(assurance)
④ 공감성(empathy)
⑤ 신뢰성(reliability)

06 **#물류원가분석** 〔정답〕⑤

물류원가분석은 할인계산을 하지 않는다.

07 **#상충관계** 〔정답〕⑤

기업의 물류비용 절감과 고객서비스 수준은 동시에 최
대화할 수 없으므로 낮은 배송비용을 지향하는 것은
시간측면에서 고객서비스 수준의 감소를 가져온다.

08 **#유통정보화시책** 〔정답〕④

┃ 정답 TIP ┃
유통정보화시책 등(유통산업발전법 제21조)
산업통상자원부장관은 유통정보화의 촉진 및 유통부문의
전자거래기반을 넓히기 위하여 다음 사항이 포함된 유통
정보화시책을 세우고 이를 시행하여야 한다.
• 유통표준코드의 보급
• 유통표준전자문서의 보급
• 판매시점정보관리시스템의 보급
• 점포관리의 효율화를 위한 재고관리시스템 · 매장관리
  시스템 등의 보급
• 상품의 전자적 거래를 위한 전자장터 등의 시스템의 구
  축 및 보급
• 다수의 유통 · 물류기업 간 기업정보시스템의 연동을 위
  한 시스템의 구축 및 보급
• 유통 · 물류의 효율적 관리를 위한 무선주파수인식시스
  템의 적용 및 실용화 촉진
• 유통정보 또는 유통정보시스템의 표준화 촉진
• 그 밖에 유통정보화의 촉진을 위하여 필요하다고 인정
  하는 사항

09 **#PB상품** 〔정답〕②

PB상품을 강화하는 이유
• 편의성의 극대화
• 수익성의 개선(①)
• 점포의 차별화 및 이미지 개선(③ · ④)
• 상품개발의 용이성(⑤)

10 **#기업윤리** 〔정답〕③

거래비용의 발생 원인은 기회주의, 제한된 합리성, 불
확실성 등이며 교환당사자 간에 신뢰가 부족할 때 거
래비용은 증가한다.

11 **#VMI#지연전략** 〔정답〕①

①은 공급자주도형 재고관리(VMI)에 해당한다.

〔오답풀이〕
② · ③ · ④ · ⑤는 지연(Postponement) 전략의 사례에
해당한다.

┃ 더 알아보기 ┃

지연(Postponement) 전략
지역마다 다양한 고객의 요구에 대응하기 위해 제품
을 현지상황에 맞게 변경하여 현지화를 통한 마케팅
성공을 극대화하면서 생산표준화를 통한 비용절감
을 얻을 수 있는 방법으로 가장 적합한 글로벌 로지
스틱스(Logistics) 전략이다.
• 완전지연(Pull Postponement) : 제조업체에서
  Push에서 Pull로 전환되는 접점을 지연시킴
• 물류지연(Logistics Postponement) : 고객화 시
  점을 고객과 가까운 단계에서 하도록 지연시킴
• 형태지연(Form Postponement) : 부품 또는 사양
  의 표준화 또는 프로세스 순서 변경에 의한 물류
  및 차별화단계 지연

12 **#현재가치계산** 〔정답〕①

3년치 현금유입에 대한 현재가치 계산

$$\frac{3,000,000}{(1+0.1)^1} + \frac{4,000,000}{(1+0.1)^2} + \frac{5,000,000}{(1+0.1)^3}$$

$$= \frac{3,000,000}{1.1} + \frac{4,000,000}{1.21} + \frac{5,000,000}{1.331}$$

$$= 2,727,272 + 3,305,785 + 3,756,574$$

$$= 9,789,631$$

최종 답은 10,000원의 자리에서 버림하여 구한다고
제시되어 있으므로 약 9,700,000원이 된다.

13 **#유통경로성과평가** 〔정답〕②

㉠ 효과성 : 표적시장이 요구하는 서비스산출을 얼마
   나 제공하였는가를 측정하는 목표지향적인 성과기
   준이다.
㉡ 형평성 : '누구에게 분배할 것인가'의 문제로 분배
   의 평가기준이다. 바람직한 분배상태를 말하며 주
   관적인 가치판단의 개입과 시대와 사회에 따라 그
   의미가 변한다.

© 효율성 : 무엇을 얼마나 어떤 방법으로 생산할 것 인가'의 문제로, 최소의 비용으로 최대의 만족을 구한다는 경제행위의 원칙에 의거하여 생산 또는 소비가 최선으로 이루어졌는가를 평가하는 기준을 말한다.

14 #유통경로흐름 [정답] ④

보험 및 사후관리 비용은 위험부담과 관련된 비용에 해당한다.

15 #범위의경제 [정답] ③

③은 규모의 경제와 관련된 설명이다.

┃ 더 알아보기 ┃

> **범위의 경제와 규모의 경제**
> • 범위의 경제 : 상이한 제품들에 공통적으로 투입되는 생산요소가 존재할 때, 동시생산을 함으로써 별개의 기업들이 각각의 상이한 제품들을 생산할 때의 비용보다 적은 시너지효과를 가져온다.
> • 규모의 경제 : 생산량의 증가에 따라 단위당 생산비가 감소하는 현상을 말한다.

16 #포터의산업분석 [정답] ②

일반적으로 공급자의 협상능력이 클수록 기업의 원가 부담이 증가하여 이윤은 감소하게 된다. 즉 공급자의 교섭능력이 높아질수록 시장 매력도는 낮아진다.

17 #글로벌비즈니스 [정답] ③

사후 비판에 대응하는 반응적 윤리에서 선행적 윤리로 변화하고 있다.

18 #경영기법 [정답] ⑤

오답풀이

① 리엔지니어링은 마이클 해머가 제창한 기업 체질 및 구조의 근본적 변혁을 말한다. 사업활동을 근본적으로 새롭게 생각하여 업무의 방법 및 조직구조를 혁신시키는 재설계방법이다.
② 100만 개의 제품 중 3~4개의 불량만을 허용하는 품질 혁신 운동을 말한다.
③ 기업 업무의 일부 프로세스를 경영 효과 및 효율의 극대화를 위한 방안으로 제3자에게 위탁해 처리하는 것을 말한다.
④ 개인, 기업, 정부 등 다양한 경제주체가 자신의 성과를 제고하기 위해 참고할 만한 가치가 있는 대상이나 사례를 정하고, 그와의 비교 분석을 통해 필요한 전략 또는 교훈을 찾아보려는 행위를 말한다.

19 #6시그마 [정답] ④

┃ 정답 TIP ┃

6시그마의 프로세스(DMAIC)
• 정의(Define) : 결함을 발생시키는 것이 무엇인지를 정의하여 문제를 명확히 하고, 몇 개월 내에 측정 가능한 목표가 달성될 수 있도록 문제의 범위를 좁히는 단계이다.
• 측정(Measure) : 현재 불량수준을 측정하여 수치화하는 단계이다.
• 분석(Analyze) : 불량의 발생 원인을 파악하고 개선대상을 선정하는 단계이다.
• 개선(Improve) : 개선과제를 선정하고 실제 개선작업을 수행하는 단계이다.
• 관리(Control) : 개선결과를 유지하고 새로운 목표를 설정하는 단계이다.

20 #수요예측기법구분 [정답] ④

④는 정량적 수요예측기법에 해당한다.

오답풀이

①·②·③·⑤는 정성적 수요예측기법에 해당한다.

21 #재고의개념 [정답] ②

리드타임재고는 생산을 준비하는 동안에 수요를 충족시키기 위하여 준비하는 재고를 말한다.

22 #그로서란트 [정답] ⑤

그로서란트(grocerant)는 식료품점인 그로서리(Grocery)와 레스토랑(Restaurant)의 합성어로 다양한 식재료를 판매하고, 그 식새료를 이용한 음식을 맛볼 수 있는 신개념의 식문화 공간인 복합식품매장을 말한다.

23 #유통경영전략 [정답] ④

┃ 정답 TIP ┃

전략적 제휴
• 다수의 기업들이 자신의 경쟁우위 요소를 바탕으로 각자의 독립성을 유지하면서 전략적으로 상호협력 관계를 형성함으로써 타 경쟁기업에 대해 경쟁우위의 확보하려는 경영전략이다.
• 기업은 다양한 기업가치 활동 중 일부나 전부에 있어 협력적인 관계를 구축하는 기능별 제휴전략을 추구할 수 있으며, 연구개발 컨소시엄(Consortium), 기술제휴, 라이센스 등이 여기에 포함된다.

24 #리더십유형 [정답] ②

오답풀이

① 할당된 업무를 효과적으로 수행할 수 있도록 부하들의 욕구를 파악해서 부하들이 적절한 수준의 노력과 성과를 보이면 그에 대해 보상하는 것으로, 리더와 부하 간의 교환거래관계에 바탕을 둔 리더십을 말한다.

③ 리더십을 효과적으로 발휘하기 위하여 부하직원이 성숙한 정도에 따라 리더의 행동 유형이 달라져야 한다고 주장하는 이론이다.

④ 부하들에게 규정을 준수할 것을 요구하고 구체적인 지시를 통해 그들이 해야 할 일이 무엇인지를 명확히 설정해주는 리더십 유형을 말한다.

⑤ 부하직원에게 권한을 위임함으로써 의사결정을 하거나 문제를 해결하는데 리더 개인의 통찰력보다 팀의 통찰력을 존중하는 리더십이다.

25 #유통채널의유형 [정답] ④

집중적 유통채널은 자사의 제품을 누구나 취급할 수 있도록 개방하는 개방적 유통채널이라고도 하며, 식품, 일용품 등 편의품에 적용한다.

오답풀이

① 일정한 상권 내에 제한된 수의 소매점으로 하여금 자사 상품만을 취급하게 하는 것으로, 귀금속, 자동차, 고급 의류 등 고가품에 적용한다.

③ 개방적 유통경로와 전속적 유통경로의 중간적 형태로, 의류, 가구, 가전제품 등에 적용한다.

2과목 상권분석

---

26 #권리금 [정답] ⑤

권리금은 점포임대차와 관련해 임차인이 누리게 될 장소 또는 영업상의 이익에 대한 대가로 임차보증금과는 별도로 지급되는 금전적 대가를 말한다.

27 #상권의유형 [정답] ④

오답풀이

① 역세권상권은 지하철이나 철도역을 중심으로 형성되는 지상과 지하의 입체적 상권으로서, 고밀도 개발이 이루어지는 경우가 많다.

② 아파트상권의 주요 소비자는 점포 인근의 거주자들이어서, 생활밀착형 업종의 점포들이 입지하는 경향이 있다.

③ 부도심상권은 도시개발과 함께 새롭게 신흥상권으로 떠오른 곳으로 지하철, 철도 등을 축으로 도시의 일부 지역 소비자를 유인한다.

⑤ 아파트상권은 고정고객의 비중이 높아 안정적인 수요 확보가 가능하지만, 외부고객을 유치하기 어려워 상권 확대가능성이 낮다.

28 #입지선정#계층적구조 [정답] ④

상권을 크기별로 구분하면 지역 상권 > 지구 상권 > 지점 상권의 순서로 진행된다.

| 정답 TIP |

계층적 구조

• 지역 상권(GTA ; General Trading Area) : 가장 포괄적인 상권범위로서 '시' 또는 '군'을 포함하는 넓은 지역범위이며, 도시 간의 흡인범위가 성립하는 범위이다.

• 지구 상권(DTA ; District Trading Area) : 집적된 상업시설이 갖는 상권의 범위로 '구'를 포함한다.

• 지점 상권(ITA ; Individual Trading Area) : 점포 상권이라고도 하는데, 이는 개별점포가 갖는 상권의 범위를 말한다.

29 #상권분석기법 [정답] ⑤

㉠ 다항로짓(MNL)모형 : 상권 내 소비자들의 각 점포에 대한 개별적인 쇼핑여행에 관한 관측 자료를 이용하여, 각 점포에 대한 선택확률의 예측은 물론, 각 점포의 시장점유율 및 상권의 크기를 추정할 수 있다.

㉡ Huff모형 : 소비자는 구매 장소를 지역 내의 후보인 여러 상업 집적이 자신에게 제공하는 효용이 상대적으로 큰 것을 비교하는 것에 대한 확률적 선별에 대해 '효용의 상대적 크기를 상업 집적의 면적 규모와 소비자의 거주지로부터의 거리에 따라 결정되는 것'으로 전제하여 모델을 작성하였다.

㉢ Converse 모형 : 컨버스는 흡인되는 구매력 정도가 동일하여 두 도시 사이의 거래가 분기되는 중간 지점의 정확한 위치를 결정하기 위해서 레일리의 인력모델을 수정하여 거리-감소함수를 도출하였다.

㉣ Christaller 중심지이론 : 인구밀도나 소비수준이 균등한 공간에서 되도록 소수의 중심지를 가지고 전역에 빠짐없이 균등한 재화서비스를 공급하려면, 각 시설에 입지한 중심지와 그 세력권은 육각형 구조를 이루고 입지하는 것이 합리적이라고 하였다.

㉤ Reilly의 소매중력모형 : Newton의 만유인력이라는 물리학 이론을 원용한 것으로, 소매중력법칙에 의하면 두 경쟁도시가 그 중간에 위치한 소도시의 거주자들을 끌어들일 수 있는 상권의 규모는 인구에 비례하고, 각 도시와 중간도시 간의 거리의 제곱에 반비례한다.

30 #구매력지수#BPI   정답 ③

구매력지수(BPI)는 인구 및 소매매출, 유효소득(가처분소득)에 대해 전체규모 및 특정 지역에서의 규모를 활용해서 계산하는 방식으로 구매력지수가 높을수록 해당 시장의 구매력이 크다는 것을 의미한다. 구매력지수를 산출하기 위해서는 인구, 소매 매출액, 유효소득 등 3가지 요소에 가중치를 곱하여 합산하는 공식을 사용한다.

┃ 정답 TIP ┃

BPI = (인구비 × 0.2) + (소매 매출액비 × 0.3)
 + (유효구매 소득비 × 0.5)

31 #입지선정분석   정답 ③

입지선정 시 상권 내 현재 인구수와 증감 여부, 상권 내 가구의 수, 가구의 평균 구성원 수, 평균소득 등을 고려하여야 한다.

32 #도매상유형   정답 ①

직송도매상은 생산자와 대량구매계약을 하고 상품은 생산자의 창고나 혹은 보관장소에 그대로 두고서 소매상 혹은 산업소비자로부터 주문이 올 때마다 주문받은 수량을 생산자에게 연락하여 직접 구매자 앞으로 직송하게 하고 대금만 회수하는 도매상이므로 입지를 선정할 때 취급상품의 물류비용을 고려할 필요성이 가장 낮은 도매상 유형에 해당한다.

33 #쇼핑센터유형   정답 ③

쇼핑몰 지역센터는 일반상품과 서비스를 매우 깊고 다양하게 제공하므로 가장 다양한 업태의 소매점포를 입주시키는 쇼핑센터 유형에 해당한다.

오답풀이

① 종래의 백화점이나 양판점과는 달리 할인점이나 카테고리 킬러 등 저가를 무기로 하여 강한 집객력을 가진 염가점들을 한 곳에 종합해놓은 초대형 소매센터를 의미한다.
② 유통업자 상표제품 및 이월상품을 할인 판매하는 쇼핑센터이다.
④ 소비자들의 일상적인 욕구 만족을 위한 편리한 쇼핑장소를 제공하는 곳으로, 슈퍼마켓이 가장 강력한 핵점포의 역할을 수행한다.
⑤ 선별된 패션이나 품질이 우수하고 값이 비싼 독특한 제품을 판매하는 고급의류점, 부띠끄, 선물점 등이 있는 쇼핑센터를 말한다.

34 #도시교통정비촉진법   정답 ③

도시교통정비지역 또는 도시교통정비지역의 교통권역에서 판매시설의 사업(이하 "대상사업"이라 한다)을 하려는 자(국가와 지방자치단체를 포함하며, 이하 "사업자"라 한다)는 교통영향평가를 실시하여야 한다(도시교통정비 촉진법 제15조 제1항 제11호, 영 제13조의2 제6호).

35 #회귀분석   정답 ②

다중회귀분석에서 변수들의 측정 단위가 서로 다른 경우에는 측정 단위에 의존하지 않도록 모든 변수들을 표준화하여 구한 표준화 회귀계수를 가지고 종속변수에 대한 독립변수의 상대적 중요도를 결정한다.

36 #경쟁점포분석   정답 ③

경쟁점포 분석 시 차별화를 추구하기 위해서는 상품을 더욱 세분화할 필요가 있으므로 동일 업태의 점포에 한정해서 분석하기 보다는 다양한 업태에서의 상품구성 접근을 통한 분석이 필요하다.

37 #용도변경처리절차   정답 ⑤

모든 건축물은 사용 목적에 따라 용도가 정해져있으므로 만약 정해진 용도 외로 건축물을 사용하게 되면 불법이기 때문에 기존 건축물의 용도가 달라질 경우, 반드시 다음과 같이 건축물 용도변경 절차를 통해 정식으로 신고 혹은 허가를 받아야 한다.
용도변경 가능여부 판단 → 용도변경 허가를 받거나 신고 ․ 공사착수 및 건축물 사용승인 신청 → 사용승인 → 건축물대장 변경

38 #상권의개념   정답 ⑤

점포가 소재하는 위치적, 물리적인 조건은 입지에 대한 일반적인 설명에 해당한다.

39 #유추법   정답 ⑤

유추법은 신규점포와 특성이 비슷한 기존의 유사점포를 선정하여 분석담당자의 객관적 판단을 토대로 그 점포의 상권범위를 추정한 결과를 자사점포의 신규입지에서의 매출액을 측정하는 데 이용하는 방법으로, 애플바움(W. Applebaum) 교수에 의해 발전한 방법이다.

40 #입지의시계성   정답 ④

차량으로부터의 시계성은 내측(인커브)보다 외측(아웃커브)인 경우가 더 좋다.

41 #동선의심리법칙　　　　정답 ③

동선의 심리법칙

- 최단거리실현의 법칙 : 인간은 최단거리로 목적지에 가려는 심리가 있기 때문에 안쪽 동선이라고 하는 뒷길이 발생한다.
- 보증실현의 법칙 : 인간은 먼저 득을 얻는 쪽을 택한다. 즉 길을 건널 때에도 최초로 만나는 횡단보도를 이용하려는 경향이 있다.
- 안전추구의 법칙 : 인간은 본능적으로 위험하거나 모르는 길 또는 다른 사람이 잘 가지 않는 장소에는 가려고 하지 않는 심리가 있다.
- 집합의 법칙 : 대부분의 사람들은 군중 심리에 의해 사람이 모여 있는 곳에 모인다.

42 #동선의개념　　　　정답 ②

- ㉠ 자석(anchor)과 자석을 연결하는 동선은 주동선이므로 화물차 통행이 많은 도로는 주동선상에 있다고 할 수 없다.
- ㉢ 복수의 자석(anchor)이 있는 경우의 동선을 복수동선이라 한다.

43 #공간균배원리　　　　정답 ①

┃ 정답 TIP ┃

공간균배의 원리에 의한 점포유형

집심성 점포	• 도시 전체를 배후지로 하여 배후지의 중심부에 입지하여야 유리한 점포 • 도매상, 대형백화점, 고급음식점, 대형서점, 귀금속점, 대형영화관, 의류패션전문점, 스포츠전문점
집재성 점포	• 동일한 업종의 점포가 한 곳에 모여 입지하여야 하는 점포 • 보험회사, 관공서, 사무실, 가구점
산재성 점포	• 한 곳에 집재하면 서로 불리하기 때문에 분산입지 해야 하는 점포 • 소매점포, 잡화점, 주방용품점, 이발소, 목욕탕, 세탁소
국부적 집중성 점포	• 동업종의 점포끼리 일정한 지역에 집중하여 입지하여야 유리한 점포 • 컴퓨터부품점, 기계공구점, 철공소, 농기구점, 비료상, 종묘판매상

44 #입지와상권비교　　　　정답 ⑤

오답풀이

① 상권 평가에는 점포의 층수, 주차장, 교통망, 주변 거주인구 등을 이용하고, 입지 평가에는 점포의 면적, 주변 유동인구, 경쟁점포의 수 등의 항목을 활용한다.

② 입지를 강화한다는 것은 점포가 더 유리한 조건을 갖출 수 있도록 점포의 속성들을 개선하는 것을 의미한다.

③ 입지는 점포를 경영하기 위해 선택한 장소 또는 그 장소의 부지와 점포 주변의 위치적 조건을 의미한다.

④ 상권은 점포를 이용하는 소비자들이 분포하는 공간적 범위 또는 점포의 매출이 발생하는 지역 범위를 의미한다.

45 #매출액추정　　　　정답 ⑤

월매출액 = 객단가 × 1일 평균 내점객수 × 월간 영업일수

┃ 더 알아보기 ┃

> **회전율을 적용한 매출액**
> = 좌석수 × 좌석점유율 × 회전율 × 객단가 × 영업일수

3과목　유통마케팅

46 #고객평생가치　　　　정답 ①

고객평생가치(CLV) 공식

$$\frac{(고객1인당평균매출 - 고객1인당평균비용)}{1 - 고객유지비율 + 할인율}$$

$-$ 고객획득비용

- 고객유지비율 : 첫 번째 구매에서 두 번째 구매까지 이어진 비율
- 할인율 : 정가에서의 할인율
- 고객획득비용 : 신규고객 유입을 위해 지출한 비용

47 #공정성유형　　　　정답 ⑤

┃ 정답 TIP ┃

공정성의 유형별 측정변수

- 절차적 공정성 : 불편 및 불만의 전달 용이성, 직원의 신속한 파악 및 처리, 적절한 절차와 고객지향적 처리, 직원의 충분한 처리권한과 능력
- 분배적 공정성 : 보상에 대한 만족, 경제적 보상, 보상의 적절함, 처리결과의 공정함
- 상호작용적 공정싱 : 설명, 정중한 태도, 진정한 노력, 관심, 정직, 커뮤니케이션
- 정보 공정성 : 정보 제공, 의사소통

48 #CRM활용분야 　　　　정답 ③

CRM의 활용 분야
- 판매 분야 : 판매자동화를 통해 콜센터를 활용한 전화판매를 지원하며, 제반적인 영업활동을 지원한다.
- 마케팅 분야 : 캠페인관리를 지원하며 상품관리, 고객데이터관리, 판촉관리, 유통경로관리 등의 기능을 지원한다.
- 고객서비스 분야 : 영업사원 및 A/S사원들에게 서비스 관련 내용을 지원하며, 현장에 있는 사원들이 고객정보를 효율적으로 활용 가능하도록 지원한다.

49 #소비자판매촉진 　　　　정답 ⑤

판매촉진은 소비자에게 자사 상품을 알려서 사고 싶은 욕구가 생기도록 만들어 판매로 연결되게 하는 활동이므로 기업과 관련된 이해관계자를 대상으로 하는 것과는 거리가 멀다.

50 #매장외관 #플래노그램 　　　　정답 ④

플래노그램(planogram)은 진열공간의 생산성을 평가하게 해주는 지침이나 분석프로그램으로, 상품을 점포 내에 어디에 어떻게 진열하는 것이 효과적인지를 알 수 있게 해준다.

51 #고객지향판매행동 　　　　정답 ①

고객지향성은 고객이 만족스러운 구매를 결정하도록 판매원이 돕고자 하는 노력이며, 고객지향적 판매행동은 기업을 대변하고 있는 판매원의 시각에서 고객이 원하는 욕구를 해소하는 것으로 정의된다.

52 #EAN 　　　　정답 ③

두 번째 자리는 제조업체 코드로 한국유통물류진흥원에서 고유번호를 부여한다.

53 #유통경로갈등발생원인 　　　　정답 ①

┃ 정답 TIP ┃
유통경로 갈등발생의 이유
- 목표불일치로 인한 갈등 : 구성원 사이의 목표가 서로 다르고 이들 목표를 동시에 달성할 수 없기 때문에 스트레스와 긴장이 야기되고, 결국에는 경로갈등이 나타나게 된다.
- 정보불일치로 인한 갈등 : 소비자들의 기억 속에 있는 기존의 정보 또는 스키마와 새롭게 제공되는 정보 간의 일치성 및 관련성의 차이로 인하여 발생한다.
- 영역불일치로 인한 갈등 : 경로구성원 간 상권의 범위 결정과 그 상권 내에서의 역할에 대한 견해 차이가 발생함으로 인해 생기는 갈등을 말한다.

54 #표적시장전략 　　　　정답 ①

오답풀이
ⓒ 차별적 마케팅 전략은 여러 세분시장을 표적시장으로 선정하고, 각 세분시장별로 서로 다른 시장제공물을 개발하는 전략이다.
ⓒ 집중적 마케팅 전략은 큰 시장에서 작은 점유율을 추구하는 대신 하나 혹은 소수의 작은 세분시장 또는 틈새시장에서 높은 점유율을 추구하는 전략이다.

55 #점포환경관리 　　　　정답 ①

매장 내 농축산품 작업장 바닥은 내수성자재를 이용하여 습기가 차지 않도록 하며, 배수가 잘 되도록 해야 한다.

56 #외적탐색 #내적탐색 　　　　정답 ③

내적 탐색과 외적 탐색
- 내적 탐색 : 소비자의 구매 의사 결정 과정 중에서, 자신의 욕구를 충족해 줄 수 있는 대상과 관련된 정보를 기억 속에서 떠올리는 일
- 외적 탐색 : 소비자가 어떤 제품에 대한 구매 의사를 결정할 때, 기억 속에 그 제품에 관한 정보가 충분하지 않아 외부에서 정보를 찾는 일

57 #가격할인 　　　　정답 ⑤

오답풀이
① 수량할인
② 판매촉진지원금
③ 거래할인
④ 현금할인

58 #상품진열 　　　　정답 ④

상품이 파손 없이 안전하게 보관되도록 하는 것은 포장과 관련된 서비스이다. 진열은 상품을 고객들이 직접 실연해볼 수 있도록 만지기 쉽게 정리·정돈해 놓은 것을 말한다.

59 #종속제품가격결정방식 　　　　정답 ③

종속제품 가격책정은 주요한 제품과 함께 사용하여야 하는 종속제품에 대한 가격을 결정하는 방법이다.

오답풀이
① 기본 제품에 다양한 옵션과 액세서리를 추가 판매하는 것을 말한다.
② 기업이 동일한 제품 계열의 여러 상품을 함께 판매할 때, 상품의 세부 특성에 따라 각각의 가격을 책정하는 것을 말한다.

④ 폐기 처리되어야 할 저가치의 부산물 가격을 책정하는
  것을 말한다.
⑤ 서비스 가격을 기본 서비스에 대해 고정된 요금과 여
  러 가지 다양한 서비스의 사용 정도에 따라 추가적으
  로 서비스 가격을 결정하는 방법이다.

60 #레이아웃영역 [정답] ②

레이아웃이란 보다 효율적인 매장 구성이나 상품진열,
고객동선, 작업동작 등을 위한 일련의 배치작업을 의
미하는 것으로, 세부적인 진열 양을 결정하는 것은 진
열의 기본조건 영역에 해당한다.

61 #RFM [정답] ⑤

RFM 기법

• 가치 있는 고객을 추출해내어 이를 기준으로 고객을
  분류할 수 있는 매우 간단하면서도 유용하게 사용될
  수 있는 방법이다.
• 구매 가능성이 높은 고객을 선정하기 위한 데이터 분
  석방법으로서, 분석과정을 통해 데이터는 의미 있는
  정보로 전환된다.
• Recency, Frequency, Monetary의 약자로 고객의
  가치를 다음의 세 가지 기준에 의해 계산하고 있다.
  – Recency(거래의 최근성) : 고객이 얼마나 최근에
    구입했는가?
  – Frequency(거래빈도) : 고객이 얼마나 빈번하게
    우리 상품을 구입했나?
  – Monetary(거래규모) : 고객이 구입했던 총 금액
    은 어느 정도인가?

62 #마케팅통제 [정답] ①

마케팅통제는 정확하게 정의된 마케팅목표에 따라 수
립된 마케팅계획이 적절하게 수행되었는지를 측정하
여 평가하고 그에 따라 마케팅계획을 수정하거나 보완
하는 과정을 말한다. 즉, 마케팅전략과 계획을 마케팅
활동으로 전환시키는 과정이 아니라 마케팅계획을 수
정하거나 보완하는 일련의 과정이다.

63 #쇼루밍 [정답] ③

쇼루밍(showrooming)은 오프라인 매장에서 제품을
살펴본 뒤 실제 구매는 온라인 등 다른 유통경로로 하
는 것을 말하며, 역쇼루밍은 온라인 매장에서 제품을
살펴본 후 실제 구매는 오프라인으로 하는 것을 말
한다.

64 #확률적표본추출 [정답] ②

단순 무작위 표본 추출은 가장 기본적인 표본추출방법
으로 각 표본들이 동일하게 선택될 확률을 가지도록
선정된 표본프레임 안에서 각 표본단위들에 일련번호
를 부여한 다음, 난수표를 이용해서 선정된 번호에 따
라서 무작위로 추출하는 확률적 표본추출에 해당한다.

오답풀이
① 임의로 응답자 모집 편의를 고려하여 특정한 샘플링
  기준을 두지 않고 모집하는 방법으로 비확률 표본추출
  방법에 해당한다.
③ 조사하고자 하는 모집단을 전형적으로 대표하는 것으
  로 판단되는 사례를 표본으로 선정하는 방법으로 비확
  률 표본추출방법에 해당한다.
④ 모집단을 어떠한 특성에 따라 세분집단으로 나누고,
  나누어진 세분집단의 크기 등에 비례해서 추출된 표본
  의 수를 결정하여 각 집단의 표본을 판단 또는 편의에
  의해 추출하는 방법으로 비확률 표본추출방법에 해당
  한다.
⑤ 조사의 주제에 대해 강한 흥미를 가지고 조사에 스스
  로 지원한 사람들로 구성된 비확률 표본추출방법에 해
  당한다.

65 #ROI [정답] ④

ROI 분석은 데이터 분석을 통해 높은 투자 대비 수익
률을 얻어내는 것이 핵심으로, 마케팅 관점에서 목표
달성을 위해 자금을 효율적으로 지출하는지를 확인할
수 있다.

66 #소매믹스 [정답] ③

소매믹스는 입지, 머천다이징, 점포디자인, 판촉 및
서비스 등 고객의 니즈를 만족시키고 고객의 구매의사
결정에 영향을 주기 위해 소매업체가 활용하는 요소들
의 조합이므로 유통정보 관리는 소매믹스에 해당하지
않는다.

67 #상품회전율 [정답] ①

상품회전율 = (매출액 / 상품재고)

$$= \frac{\dfrac{1백만원}{1천원}}{200개} = \frac{1,000}{200} = 5$$

68 #유통목표설정 [정답] ②

유통목표는 사업단위별 하위목표로 세분되고 다시 사
업단위를 구성하는 각 제품시장별 하위목표로 재분류
되므로 세부적인 유통관리를 위해 명백하게 서술되어
야 한다.

69 #선점우위효과 　　　　　　　　　[정답] ③

기술적 불확실성 제거효과는 후발자 우위효과에 해당한다.

70 #카테고리캡틴 　　　　　　　　　[정답] ④

┃정답 TIP┃

카테고리 캡틴(category captain)
- 소매업체가 특정 카테고리에서 선호하는 한 공급업체를 지원하는 경우
- 가격설정, 촉진활동 등의 위임을 통한 해당 카테고리 관리의 부담 감소
- 고객에 대한 이해 증진에 협력함으로써 해당 카테고리 전반의 수익 증진
- 재고품절의 방지를 통한 관련된 손해의 회피 및 서비스 수준의 향상
- 해당 카테고리 품목의 여타 납품업체들과의 구매협상 노력을 생략하여 비용 절감

4과목　유통정보

71 #공급사슬관리정보기술 　　　　　　[정답] ③

PBES(Private Branch Exchange Systems)은 사내 자동 전화교환시스템으로 통화기능을 제공하는 시스템이므로 공급사슬관리를 위해 활용하는 정보기술에는 해당하지 않는다.

오답풀이

① 조직 간 또는 기업과 공급자 간의 구매주문서, 송장, 견적서 등의 거래 자료를 표준 양식에 따라 전용망이나 부가가치통신망을 통해 전자적으로 교환하는 시스템이다.
② 판매시점에서 판매와 관련된 정보를 관리하는 시스템으로 판매 및 재고에 관한 데이터를 제조업체에 바로 전송하여 제조업체가 생산계획을 조절할 수 있게 도움을 준다.
④ 창고나 물류센터로 입고되는 상품을 보관하지 않고 곧바로 소매 점포에 배송하는 물류시스템이다.
⑤ 자동인식 기술의 하나로서 데이터 입력장치로 개발된 무선(RF ; Radio Frequency)으로 인식하는 기술이다.

72 #산업혁명 　　　　　　　　　　　[정답] ②

산업혁명 발전과정
- 1차 산업혁명 : 증기기관 기반의 기계화 혁명
- 2차 산업혁명 : 전기에너지 기반의 대량생산 혁명
- 3차 산업혁명 : 컴퓨터와 인터넷 기반의 지식정보 혁명

- 4차 산업혁명 : 빅데이터, AI, 사물인터넷 등 정보기술 기반의 초연결 혁명

73 #공급사슬관리의변화 　　　　　　[정답] ⑤

푸시(push) 관행에서 풀(pull) 관행으로 변화하고 있다.

74 #지식관리시스템구현절차 　　　　[정답] ⑤

지식관리 시스템 구현 절차

목표설정 → 프로세스 구축 → 지식기반 창출 → 업무 프로세스 구축

75 #RFID태그 　　　　　　　　　　　[정답] ①

RFID(Radio Frequency Identification)는 자동인식 기술의 하나로서 데이터 입력장치로 개발된 무선(RF ; Radio Frequency)으로 인식하는 기술이다.

┃더 알아보기┃

RFID 태그
- 상품에 부착되며 데이터가 입력되는 IC칩과 안테나로 구성된다.
- 리더와 교신하여 데이터를 무선으로 리더에 전송한다.
- 배터리 내장 유무에 따라 능동형(Active)과 수동형(Passive)으로 구분한다.

76 #사물인터넷#비콘 　　　　　　　　[정답] ①

비콘(Beacon)은 블루투스를 기반으로 한 스마트폰 근거리 통신 기술로, 비콘 단말기가 설치된 지점에서 최대 70m 반경 내에 있는 스마트폰 사용자들을 인식하여 특정 앱을 설치한 사용자에게 알림을 보내거나, 무선 결제가 가능하도록 하는 기술이다.

오답풀이

③ 지그비와 직접적으로 경쟁하는 근거리 통신 기술로 와이파이보다 저전력으로 사용할 수 있고 블루투스보다는 원거리에서 이용할 수 있다는 장점이 있어 스마트 홈 시스템에 주로 적용되는 프로토콜이다
④ 저전력의 디지털 라디오를 사용하는 하이레벨 통신 프로토콜로, 낮은 데이터률, 적은 배터리 소모, 네트워크의 안전성을 요구하는 RF 어플리케이션에 주로 사용된다.

77 #데이터마이그레이션 　　　　　　[정답] ①

데이터 운반은 데이터의 사용빈도에 따라 데이터의 저장 공간이나 저장 형태를 조정하는 작업이다.

22년

78 #VMI 정답 ④

재고회전율 저하(×) → 재고회전율 향상(○)

┃ 정답 TIP ┃

VMI는 점포의 POS시스템 데이터를 거래선(Vandor, 협력업체로 통칭)과 직접 연결하고, 거래선이 직접 각 점포에 맞는 CAO를 이용하여 재발주량을 결정하는 일종의 자동발주 기법으로, 유통기업은 각 점의 발주업무를 생략할 수 있고, 제조업체 또는 협력업체는 최종소비자의 반응을 빠르게 파악하면서 효율적인 생산계획 및 물류계획을 수립하고 시행할 수 있다.

79 #RPA기술 정답 ③

로봇 프로세스 자동화(RPA ; Robotic Process Automation)는 비즈니스 과정 중 반복적이고 단순한 업무 프로세스에 소프트웨어를 적용해 자동화하는 것으로, 기업의 재무, 회계, 제조, 구매, 고객 관리 등에서 데이터 수집, 입력, 비교 등과 같이 반복되는 단순업무를 자동화하여 빠르고 정밀하게 수행함으로써 경영 전반의 업무 시간을 단축하고 비용을 절감할 수 있다.

80 #GTIN 정답 ⑤

GTIN은 배치 및 일련번호, 로트번호, 유통 및 사용기한, 포장 중량 등의 다양한 상품 정보를 제공한다.

81 #풀필먼트 정답 ①

풀필먼트란 물류 전문업체가 판매자 대신 주문에 맞춰 제품을 선택하고 포장한 뒤 배송까지 마치는 방식으로, 주문한 상품이 물류창고를 거쳐 고객에게 배달완료되기까지의 전 과정을 일괄로 처리하는 것을 말한다.

오답풀이

③ 데이터 마이닝은 거대 규모의 데이터로부터 가치 있는 정보를 찾아내는 탐색 과정 및 방법을 의미한다.

⑤ 풀브라우징은 휴대전화에서도 인터넷상의 웹사이트를 일반 컴퓨터에서와 같이 이용할 수 있는 서비스를 말한다.

82 #SWOT분석 정답 ⑤

오답풀이

① PEST(Politics, Economy, Society, Technology) 분석은 정치, 경제, 사회, 기술 등 자사가 통제할 수 없는 외부환경에 대해 분석하는 것으로, 거시변동 요인이 자사의 비즈니스에 어떠한 영향을 미치는지를 파악하는 방법론을 의미한다.

② ETRIP(Economic, Trade, Raw Material, Industry, Political) 분석은 비즈니스 전략 수립을 위해 해외 및 국내의 경제전망 및 트렌드, 국제교역 및 국제금융의 흐름, 세계기업의 위치와 경영전략, 국내소비와 물가전망과 더불어 국내 사회 및 문화의 변화, 생태 및 환경요인, 정책과 제도 등 다양한 거시환경의 요소를 분석하여 위협요소와 기회요소로 나누어 핵심을 요약한다.

③ STEEP(Social, Technological, Economic, Environmental/Ecological and Political) 분석은 다른 외부환경 분석과는 달리 산업 내의 기업 경쟁력에 영향을 미칠 수 있는 거시환경으로 Environmental/Ecological(자연환경, 생태학적)이 포함된 분석이다.

83 #정보시스템구축 정답 ④

사업 착수 후 분석단계에 포함되는 활동은 요구사항 정의이다.

84 #POS시스템데이터 정답 ⑤

POS시스템에서 획득한 데이터를 통해 현재의 상품력은 어떤지, 가격은 적절한지, 상품의 구색은 잘 되어 있는지, 신제품의 투입은 적시에 이루어지고 있는지, 절품은 없었는지, 매장의 준비상태는 어땠는지 등도 분석할 수 있으므로 기회손실(자점취급, 비취급)에 대한 분석이 용이하다.

85 #EDI 정답 ④

EDI란 전자문서교환이라고 하며, 기업 사이에 컴퓨터를 통해서 표준화된 양식의 문서를 전자적으로 교환하는 정보전달방식이다.

오답풀이

① 블루투스를 기반으로 한 스마트폰 근거리 통신 기술로, 비콘 단말기가 설치된 지점에서 최대 70m 반경 내에 있는 스마트폰 사용자들을 인식하여 특정 앱을 설치한 사용자에게 알림을 보내거나, 무선 결제가 가능하도록 하는 기술이다.

② 1996년 W3C(World Wide Web Consortium)에서 제안한 확장성 생성 언어로, HTML을 획기적으로 개선하여 홈페이지 구축기능, 검색기능 등이 향상되었고, 웹페이지의 추가와 작성이 편리해졌다.

③ 온라인이 오프라인으로 옮겨온다는 뜻으로, 정보 유통 비용이 저렴한 온라인과 실제 소비가 일어나는 오프라인의 장점을 접목해 새로운 시장을 만들어보자는 데서 나왔다.

⑤ 소프트웨어 형태의 서비스로, 사용자가 웹브라우저 또는 인터넷을 통해 서비스 제공자가 운영하는 클라우드 기반 애플리케이션 혹은 소프트웨어를 사용하는 서비스를 말한다.

86 #모바일웹 〔정답〕③

단말기의 카메라, GPS 또는 각종 프로세싱 능력을 활용한 서비스를 이용시에는 모바일 웹보다 앱이 훨씬 효과적이다.

87 #전자상거래위협요소 〔정답〕③

에드웨어는 마케팅이나 상품광고를 노린 업체의 인터넷 사이트에서 다운로드된 불법 프로그램으로 일반 팝업(POP-UP)광고와 달리 광고창을 지속적으로 띄우거나, 임의로 특정 웹사이트에 연결하기도 한다.

88 #QR코드 〔정답〕⑤

고정형 QR은 개인이 별도의 위·변조 방지 특수필름 부착이나 잠금장치 설치 등의 조치를 취해야 한다.

89 #데이터비식별화 〔정답〕⑤

정형데이터의 경우 비식별화가 쉬워 개인정보 비식별화 대상이 아니지만, 반정형·비정형 데이터의 경우 비식별화가 쉽지 않기 때문에 이 데이터 중에서 개인정보를 찾아내 비식별화시켜야 하는 대상이다.

90 #1차데이터#2차데이터 〔정답〕②

1차 데이터는 특정한 목적을 달성하기 위해 직접적으로 고객으로부터 수집한 데이터를 의미하고, 2차 데이터는 이미 생성된 데이터를 의미한다.

01	02	03	04	05	06	07	08	09	10	11	12	13	14	15
⑤	②	③	②	④	③	③	④	⑤	⑤	④	④	②	③	④
16	17	18	19	20	21	22	23	24	25	26	27	28	29	30
③	①	③	⑤	②	④	③	⑤	④	④	⑤	③	①	④	④
31	32	33	34	35	36	37	38	39	40	41	42	43	44	45
④	④	④	⑤	③	③	⑤	③	⑤	②	①	④	⑤	④	④
46	47	48	49	50	51	52	53	54	55	56	57	58	59	60
①	④	③	⑤	③	③	③	③	③	②	②	④	⑤	①	①
61	62	63	64	65	66	67	68	69	70	71	72	73	74	75
③	③	④	②	④	①	④	③	①	⑤	⑤	④	③	③	④
76	77	78	79	80	81	82	83	84	85	86	87	88	89	90
⑤	③	②	⑤	⑤	②	④	①	②	④	③	④	⑤	⑤	①

1과목 유통물류일반

01 #채찍효과 정답 ⑤

공급체인의 각 단계에서 독립적인 수요예측을 행하는 것은 채찍효과가 발생하는 주요 원인에 해당한다.

02 #동기부여이론 정답 ②

오답풀이

① 위생요인은 허즈버그의 2요인 이론에 대한 내용이다.
③ 고차원의 욕구와 저차원의 욕구를 구분하는 것은 매슬로우의 욕구단계이론과 관련된 내용이다.
④ 맥그리거(D. McGregor)의 XY이론은 기본적으로 인간의 본성에 대한 부정적 관점인 X이론과 긍정적 관점인 Y이론을 제시하고 있다.
⑤ 위생요인에 해당하는 감독, 급료, 작업조건의 개선 등은 효과가 단기적이므로 동기부여 방법으로는 비효율적이라고 주장하는 이론은 허즈버그의 2요인이론이다.

03 #물류아웃소싱 정답 ③

프로세스 통제권을 잃을 수도 있는 단점이 있다.

04 #풀필먼트 정답 ②

'last mile'은 유통업체의 택배 상품이 목적지에 도착하기까지의 전 과정을 뜻하는 용어로, 유통업체들이 서비스 차별화를 위해 배송 품질에 주안점을 두면서 생겨난 신조어이다. 즉 '라스트 마일(last mile)'은 원래 사형수가 집행장까지 걸어가는 거리를 가리키는 말이지만, 유통업에 있어서의 라스트 마일은 고객과의 마지막 접점을 의미한다.

05 #기능식조직 정답 ④

기능식 조직은 각 종업원에게 정확한 과업을 부여할 수 있어 일의 성과에 따른 정확한 보수를 가감할 수 있다.

06 #JIT#JITⅡ 정답 ③

ⓒ JIT가 개별적인 생산현장을 연결한 것이라면, JITⅡ는 공급체인상의 파트너의 연결과 그 프로세스를 변화시키는 시스템이다.
ⓔ JIT가 푸시(push)형식인 MRP와 대비되는 풀(pull) 형식의 생산방식을 의미한다면, JITⅡ는 MRP를 동시에 수용할 수 있는 기업 간의 운영체제를 말한다.

07 #자체생산 정답 ③

적은 수량의 제품은 수익도 적어 성과를 낼 수 있는 가능성이 낮기 때문에 자체 생산을 통해 자본투자를 정당화할 수 없다.

08 #물류영역 정답 ④

공정재고의 최소화는 생산물류 영역에서 고려할 사항이다.

09 #기업의사회적책임 정답 ⑤

기업의 사회적 책임은 기업이 당연히 지켜야 할 의무와 이익을 사회에 공유, 환원하는 것도 포함한다.

▌ 더 알아보기 ▌

> **기업의 사회적 책임(CSR) 4단계**
> - 경제적 책임(본질적 책임) : 이윤극대화, 고용창출, 사회구성원에 필요한 재화와 서비스의 공급
> - 법률적 책임 : 도덕적 가치의 수호, 회계의 투명성, 세금납부의 성실 이행, 소비자의 권익보호
> - 윤리적 책임 : 기업윤리 준수, 환경 · 윤리경영, 제품안전, 여성 · 현지인 · 소수인종에 대한 차별금지
> - 재량적 책임(자선적인 책임) : 기부활동과 같은 기업의 자발적인 윤리적 행위로서 사회적 공헌활동, 자선 · 교육 · 문화 · 체육활동 등에 대한 기업의 지원

10 #마이클포터#5force 정답 ⑤

포터는 산업의 경쟁구조에서 기업의 전략적 위치와 기업 전략은 잠재적 시장 진입자의 위협, 구매자의 교섭력, 공급자의 교섭력, 기존 경쟁자 간의 경쟁 정도, 대체재의 위협 등 다섯 가지 세력에 의해 결정된다고 보았다.

11 #체인사업의종류 정답 ④

오답풀이

① 프랜차이즈형 체인사업 : 독자적인 상품 또는 판매 · 경영 기법을 개발한 체인본부가 상호 · 판매방법 · 매장운영 및 광고방법 등을 결정하고, 가맹점으로 하여금 그 결정과 지도에 따라 운영하도록 하는 형태의 체인사업

③ 임의가맹점형 체인사업 : 체인본부의 계속적인 경영지도 및 체인본부와 가맹점 간의 협업에 의하여 가맹점의 취급품목 · 영업방식 등의 표준화사업과 공동구매 · 공동판매 · 공동시설활용 등 공동사업을 수행하는 형태의 체인사업

⑤ 조합형 체인사업 : 같은 업종의 소매점들이 중소기업협동조합법에 따른 중소기업협동조합(협동조합, 사업협동조합, 협동조합연합회, 중소기업중앙회), 협동조합 기본법에 따른 협동조합, 협동조합연합회, 사회적협동조합 또는 사회적 협동조합연합회를 설립하여 공동구매 · 공동판매 · 공동시설활용 등 사업을 수행하는 형태의 체인사업

12 #유통경로구조 정답 ④

기업형 수직적 경로구조는 시장이나 기술의 변화에 대해 기민한 대응이 어려워 소유의 규모가 커질수록 환경변화에 신속하고 유연하게 대응할 수 없다.

13 #옴니채널 정답 ②

옴니채널(Omni channel)이란 온라인, 오프라인, 모바일 등 고객을 둘러싸고 있는 모든 쇼핑채널들을 유기적으로 연결해 고객이 어떤 채널에서든 같은 매장을 이용하는 것처럼 느낄 수 있도록 한 매장의 쇼핑환경을 말한다.

오답풀이

① Cross border trade : 주로 온라인을 통한 해외 상품 직매를 의미한다.

③ Multi channel : 온 · 오프라인의 다양한 채널에서 구매 가능하나 각 채널이 연계되지 않아 고객은 하나의 문제를 해결하기 위해 최소 3개의 채널을 사용해야 한다.

④ Mass customization : 다양한 소비자의 욕구를 충족시키는 동시에 싼 가격으로 대량생산을 한다는 의미로, 기존의 표준화된 제품을 대량 생산하여 고객에게 밀어내던 방식을 탈피하고 고객의 다양한 요구에 맞추어 제조 · 납품하는 대량 맞춤서비스가 보편화되고 있다.

⑤ IoT : 사물에 센서를 부착해 실시간으로 데이터를 인터넷으로 주고받는 기술이나 환경을 말하는 것으로, 세상에 존재하는 유형 혹은 무형의 객체들이 다양한 방식으로 서로 연결되어 개별 객체들이 제공하지 못했던 새로운 서비스를 제공하는 기술이다.

14 #임금산정방법 정답 ③

오답풀이

① 근로자의 성과와 무관하게 근로시간을 기준으로 보상을 지급하는 형태는 시간급제이다.

② 근로자의 성과에 따라 보상을 지급하는 형태는 성과급제이다.

④ 작업능률을 자극할 수 있고 근로자에게 소득증대 효과가 있는 것은 성과급제이다.

⑤ 근로자의 노력과 생산량과의 관계가 없을 때 효과적인 것은 시간급제이다.

15 #미시환경#거시환경 　　　정답 ④

기업이 따라야 할 규범, 규제, 법 등은 거시환경에 포함된다.

16 #손익계산서 　　　정답 ③

손익계산서의 계정과목

매출액, 매출원가, 매출총손익, 판매비와관리비, 영업외비용, 영업손익, 영업외수익, 법인세비용, 당기순이익

17 #구매관리 　　　정답 ①

집중구매는 구매절차가 복잡하고 사무처리에 시간이 많이 걸린다.

18 #유통의의미 　　　정답 ③

후기산업사회 이후 소비자들의 욕구가 다양해지면서 생산자와 소비자 중간에서 각각의 정보를 상대방에게 제공함으로써 소비자니즈에 맞는 제품을 생산할 수 있는 유통의 경제적 역할이 확대되고 있다.

19 #균형성과표 　　　정답 ⑤

전통적인 재무제표뿐 아니라 고객, 비즈니스 프로세스, 학습 및 성장과 같은 비재무적인 측면도 균형적으로 고려한다.

20 #공정성이론 　　　정답 ②

공정성이론은 조직 내의 개인이 자신의 업무에서 투입한 것과 산출된 것을 준거인(準據人)의 그것과 비교하여 차이가 있음을 인지하면 그 차이를 줄이기 위하여 동기부여된다는 이론이다. 즉 조직에서 근무하는 사람이 자신의 노력과 그 결과로 얻은 보상(報償)이 자기와 비슷한 지위에 있는 사람과 비교하여 차이가 있음을 알게 될 때 그 불공정한 차이를 줄이기 위하여 동기가 유발된다는 이론이다.

　오답풀이

① 강화이론 : 과거에 정적 보상(positive rewards)이나 쾌감을 받았던 행동은 반복·강화되고, 과거에 부적 보상(negative rewards)이나 불쾌감을 받았던 행동은 억제·약화되는 경향이 있다는 학습원리에 관한 이론의 하나이다.

③ 기대이론 : 개인은 자신의 노력의 정도에 따른 결과를 기대하게 되며, 그 기대를 실현하기 위하여 어떤 행동을 결정한다는 동기부여이론이다.

④ 목표관리론 : 측정 가능한 비교적 단기 목표의 설정 과정에 상·하 조직구성원들이 참여하여 공통목표를 명확히 설정하고, 그에 따라 조직 구성원들의 개개의 목표 내지 책임 분야를 결정하여 생산활동을 수행하도록 하며, 활동 결과를 평가하고 환류(feedback)시켜 궁극적으로 조직의 효율성을 향상시키고자 하는 관리체제이다.

⑤ 목표설정이론 : 인간이 합리적으로 행동한다는 기본적인 가정에 기초하여, 개인이 의식적으로 얻으려고 설정한 목표가 동기와 행동에 영향을 미친다는 이론이다.

21 #경제적주문량가정 　　　정답 ④

입고량(주문량)은 일시에 입고된다.

22 #윤리경영 　　　정답 ③

조직의 목표를 달성하기 위해 조직구성원들의 능력을 최대한으로 발휘하도록 만들고 인적자원인 구성원 개개인들이 만족을 얻을 수 있도록 해야 하므로 유연하고 수평적인 조직 구성원 우선의 기업문화를 조성한다.

23 #소비자기본법 　　　정답 ⑤

위해의 방지(소비자기본법 제8조 제1항)

국가는 사업자가 소비자에게 제공하는 물품등으로 인한 소비자의 생명·신체 또는 재산에 대한 위해를 방지하기 위하여 다음의 사항에 관하여 사업자가 지켜야 할 기준을 정하여야 한다.

• 물품등의 성분·함량·구조 등 안전에 관한 중요한 사항

• 물품등을 사용할 때의 지시사항이나 경고 등 표시할 내용과 방법

• 그 밖에 위해방지를 위하여 필요하다고 인정되는 사항

24 #유통효용 　　　정답 ④

생산된 상품을 적절한 수량으로 분할 및 분배함으로써 효용이 발생하는 형태효용에 대한 설명이다.

　오답풀이

① 시간효용 : 보관기능을 통해 생산과 소비 간 시간적 차이를 극복시켜 준다.

② 장소효용 : 운송기능을 통해 생산지와 소비지 간 장소적 차이를 극복시켜 준다.

③ 소유효용 : 생산자와 소비자 간 소유권 이전을 통해 효용이 발생된다.

25 #시장의특성#시장밀도 　　　정답 ④

시장밀도가 낮으면 지리적 영역단위당 구매자의 수도 적어지므로 한정된 유통시설을 이용해 많은 고객을 상대할 수 없다.

26 #3차상권#한계상권　　　　　　　정답 ⑤

한계상권은 1차 상권, 2차 상권 이외의 지역으로 점포를 기준으로 반경 2km 이외의 지구를 말하는 3차 상권으로, 사업장 이용고객은 5~10% 정도 범위이다. 3차 상권 내에 위치한 고객들은 1차 상권 및 2차 상권과 비교할 때 고객의 수와 이들의 구매빈도가 적기 때문에 점포 매출액에서 차지하는 비중이 낮다.

오답풀이

① 최소수요충족거리 : 상업중심지의 정상이윤 확보에 필요한 최소한의 수요를 발생시키는 상권범위를 말한다.

③ 1차 상권 : 점포를 기준으로 500m 이내 지점, 즉 직경 1km 반경 이내 지점을 말하며 상권 내 사업장 이용고객은 60~70% 정도 범위이다.

④ 2차 상권 : 점포를 기준으로 1km, 즉 직경 2km 이내의 지점으로 사업장 이용고객의 20~30%를 포함하는 범위를 말한다.

27 #티센다각형　　　　　　　정답 ③

티센다각형은 소비자들이 가장 가까운 소매시설을 이용한다고 가정하여 공간독점 접근법에 기반한 상권 구획모형의 일종으로, 근접구역이란 어느 점포가 다른 경쟁점포보다 공간적인 이점을 가진 구역을 의미하며 일반적으로 티센다각형의 크기는 경쟁수준과 역의 관계를 가진다.

오답풀이

② Huff모델법 : 개별소매 상권의 크기를 측정하기 위해 거리변수 대신에 거주지에서 점포까지의 교통시간을 이용하여 전개한 모델이다.

④ 유사점포법 : 신규점포와 특성이 비슷한 기존의 유사점포를 선정하여 분석담당자의 객관적 판단을 토대로 그 점포의 상권범위를 추정한 결과를 자사점포의 신규입지에서의 매출액을 측정하는 데 이용하는 방법이다.

28 #점포방문동기　　　　　　　정답 ①

①은 개인적 동기에 해당한다.

오답풀이

②·③·④·⑤ 사회적 동기

I 더 알아보기 I

소비자의 점포방문동기

개인적 동기	사회적 동기
• 사회적 역할 수행 • 새로운 트렌드에 대한 정보 획득 • 욕구 불만 해소 • 신체적 활동 • 감각적 자극 • 기분 전환	• 사교적 경험 • 동호인과의 의사소통 • 동료집단과의 일체감 • 자신의 지위와 권위 추구 • 가격 흥정

29 #고객점표법#CST　　　　　　　정답 ④

고객점표법(CST)은 설문이나 CRM을 통해 실제 점포 이용고객의 주소지를 파악한 후 직접 도면에 표시하여 Quadrat Analysis를 실시한 후 대상지 인근의 토지이용현황, 지형, 지세 등을 고려하여 상권을 파악하는 기법이다.

오답풀이

① 컨버스(Converse)의 소매인력이론 : 컨버스는 흡인되는 구매력 정도가 동일하여 두 도시 사이의 거래가 분기되는 중간지점의 정확한 위치를 결정하기 위해 레일리의 소매인력법칙을 수정하여 거리-감소함수를 도출하였다.

② 아날로그(analog) 방법 : 유추법이라고도 하며, 신규점포와 특성이 비슷한 기존의 유사점포를 선정하여 분석담당자의 객관적 판단을 토대로 그 점포의 상권범위를 추정한 결과를 자사점포의 신규입지에서의 매출액을 측정하는 데 이용하는 방법이다.

③ 허프(Huff)의 소매인력법 : 소비자는 구매 장소를 지역 내의 후보인 여러 상업 집적이 자신에게 제공하는 효용이 상대적으로 큰 것을 비교하는 것에 대한 확률적 선별에 대해 '효용의 상대적 크기를 상업 집적의 면적 규모와 소비자의 거주지로부터의 거리에 따라 결정되는 것'으로 전제하여 모델을 작성하였다.

⑤ 라일리(Reilly)의 소매인력모형법 : 뉴턴(Newton)의 중력법칙을 상권분석에 활용한 것으로, 점포들의 밀집도가 점포의 매력도를 증가시키는 경향이 있음을 나타내는 법칙이다.

30 #입지분석기준　　　　　　　정답 ④

입지의 분석에 사용되는 주요 기준

• 접근성 : 얼마나 그 점포를 쉽게 찾아 올 수 있는가 또는 점포 진입이 수월한가를 의미

• 인지성 : 점포를 찾아오는 고객에게 점포의 위치를 쉽게 설명할 수 있는 설명의 용이도

• 가시성 : 점포 전면을 오고 가는 고객들이 그 점포를 쉽게 발견할 수 있는지의 척도

- 홍보성 : 사업 시작 후 고객에게 어떻게 유효하게 점포를 알릴 수 있는가를 의미
- 호환성 : 점포에 입점 가능한 업종의 다양성 정도, 즉 다양한 업종의 성공가능성을 의미

31 #Huff모델 　　　　정답 ④

정답 TIP

Huff모델의 일반적인 분석과정

신규점포를 포함하여 분석대상지역 내의 점포수와 규모를 파악(ⓔ) → 분석 대상지역을 몇 개의 구역으로 나눈 후(ⓛ) 각 구역의 중심지에서 개별점포까지의 거리 측정(ⓜ) → 구역별로 허프모형의 공식을 활용하여 점포별 이용확률을 계산(ⓖ) → 구역별 소매 지출액에 신규점포의 이용 확률을 곱하여 구역별로 신규점의 예상매출액을 구하고 이를 합산(ⓒ)

32 #점포개점 　　　　정답 ④

점포의 규모는 무조건 최대규모를 지향하는 것은 옳지 않다. 상권 내 구매력에 의한 계산이나 유사지역과의 비교 또는 매장면적 대비 인구비에 의한 계산을 통해 점포의 적정 규모를 산출하고, 법적 가능 면적 및 동원 가능한 자금을 고려하여 최종적인 규모를 확정해야 한다.

33 #Converse#1법칙 　　　　정답 ④

컨버스의 제1법칙 공식

$$D_a = \frac{D_{ab}}{1 + \sqrt{\dfrac{P_b}{P_a}}} = \frac{15}{1 + \sqrt{\dfrac{5만}{20만}}} = \frac{15}{1 + \dfrac{1}{2}}$$
$$= 10km$$

34 #권리금산정 　　　　정답 ⑤

상가건물 임대차보호법에서는 권리금에 대해 "임대차 목적물인 상가건물에서 영업을 하는 자 또는 영업을 하려는 자가 영업시설·비품, 거래처, 신용, 영업상의 노하우, 상가건물의 위치에 따른 영업상의 이점 등 유형·무형의 재산적 가치의 양도 또는 이용대가로서 임대인, 임차인에게 보증금과 차임 이외에 지급하는 금전 등의 대가를 말한다."라고 정의하고 있다(법 제10조의3).

35 #아파트단지특성 　　　　정답 ③

아파트 단지내 상가는 일반적으로 외부고객을 유입하기 어려워 상권의 한정성을 갖는다.

36 #용적률계산 　　　　정답 ③

용적률은 대지면적에 대한 건축물의 연면적의 비율로 부지 대비 총 건축 가능평수를 말한다. 건축물의 연면적이란 건축물 각 층의 바닥면적의 합계를 말하며, 용적률을 산정할 때에는 지하층의 면적, 지상층의 주차장으로 쓰는 면적, 초고층 건축물의 피난안전 구역의 면적은 제외하므로 건물의 용적률을 계산하면 다음과 같다.

- 건축물의 연면적 = 지상 1층(250 – 50) + 지상 2층(250) + 지상 3층(250) + 지상 4층(250) + 지상 5층(250) = 1,200

- 용적률 = $\dfrac{1,200}{300} \times 100 = 400\%$

37 #지리정보시스템 　　　　정답 ⑤

위상은 지도 기능의 일종이며, 개별 지도형상에 대해 경도와 위도 좌표체계를 기반으로 다른 지도형상과 비교하여 상대적인 위치를 알 수 있는 기능을 부여하는 역할을 한다.

38 #동선의심리법칙 　　　　정답 ③

정답 TIP

동선의 심리법칙

- 최단거리실현의 법칙 : 인간은 최단거리로 목적지에 가려는 심리가 있기 때문에 안쪽 동선이라고 하는 뒷길이 발생한다.
- 보증실현의 법칙 : 인간은 먼저 득을 얻는 쪽을 택한다. 즉 길을 건널 때에도 최초로 만나는 횡단보도를 이용하려는 경향이 있다.
- 안전중시의 법칙 : 인간은 본능적으로 위험하거나 모르는 길 또는 다른 사람이 잘 가지 않는 장소에는 가려고 하지 않는 심리가 있다.
- 집합의 법칙 : 대부분의 사람들은 군중 심리에 의해 사람이 모여 있는 곳에 모인다.

39 #고객유도시설 　　　　정답 ⑤

간선도로는 교외형 점포의 고객유도시설에 해당한다.

더 알아보기

입지유형별 고객유도시설	
도시형	대형 교차로, 대형 소매점, 역 개찰구 등
교외형	대형 소매점, 대형 레저시설, 간선도로, 간선도로의 교차점, 인터체인지 등
인스토어형	주차장 출입구, 주 출입구, 에스컬레이터, 엘리베이터 등

40 #점포입지유형 　　　　　　　정답 ②

화훼점은 동업종의 점포끼리 일정한 지역에 집중하여
입지하여야 유리한 국부적 집중성 점포에 해당한다.

▌더 알아보기▐

점포의 입지유형	
집심성 점포	도시 전체를 배후지로 하여 배후지의 중심부에 입지하여야 유리한 점포 예 도매상, 대형백화점, 고급음식점, 대형서점, 귀금속점, 대형영화관, 의류패션전문점
집재성 점포	동일한 업종의 점포가 한 곳에 모여 입지하여야 하는 점포 예 보험회사, 관공서, 사무실, 가구점
산재성 점포	한 곳에 집재하면 서로 불리하기 때문에 분산입지 해야 하는 점포 예 소매점포, 잡화점, 주방용품점, 이발소, 목욕탕, 세탁소
국부적 집중성 점포	동업종의 점포끼리 일정한 지역에 집중하여 입지하여야 유리한 점포 예 컴퓨터부품점, 기계공구점, 철공소, 농기구점, 비료상, 종묘판매상

41 #유추법 　　　　　　　정답 ①

유추법은 유사점포를 이용하는 소비자와의 인터뷰나
실사를 통하여 수집된 자료를 토대로 추정하는 '실적
예측방법'으로 기술(서술)적 방법(Descriptive Method)
에 속하기 때문에 동일한 방법을 적용하기 보다는 소
비자 특성의 지역별 차이를 고려한다.

42 #용도지역#상업지역 　　　　　　　정답 ④

용도지역 중 상업지역은 중심상업지역, 일반상업지
역, 근린상업지역, 유통상업지역으로 구분한다.

▌더 알아보기▐

용도지역 중 도시지역의 세분화
• 주거지역 : 전용주거지역, 일반주거지역, 준주거
　지역
• 상업지역 : 중심상업지역, 일반상업지역, 근린상
　업지역, 유통상업지역
• 공업지역 : 전용공업지역, 일반공업지역, 준공업
　지역
• 녹지지역 : 보전녹지지역, 생산녹지지역, 자연녹
　지지역

43 #CBD 　　　　　　　정답 ⑤

소비자들의 평균 체류시간이 상대적으로 길다.

44 #넬슨#입지원칙 　　　　　　　정답 ④

　㉠ 보충가능성 원칙 : 두 개의 사업이 고객을 서로 교
　　환할 수 있을 정도로 인접한 지역에 위치하면 매출
　　액이 높아진다.
　㉡ 동반유인 원칙 : 유사 또는 보충적인 소매업이 흩
　　어진 것보다 군집해서 더 큰 유인잠재력을 갖게
　　한다.

오답풀이
• 고객차단 원칙 : 사무실 밀집지역, 쇼핑지역 등은 고객
　이 특정 지역에서 타 지역으로 이동시 점포를 방문하게
　한다.
• 점포밀집 원칙 : 지나치게 유사한 점포나 보충 가능한
　점포는 밀집하면 매출액이 감소한다.

45 #빅데이터 　　　　　　　정답 ④

하나의 상권을 지향하는 개별점포 소유자들의 상권분
석뿐만 아니라 복수의 상권에 접근하는 체인사업에게
도 효과적이다.

▌더 알아보기▐

빅데이터
• 디지털 환경에서 생성되는 데이터로 그 규모가 방
　대하고, 생성 주기도 짧고, 형태도 수치 데이터뿐
　아니라 문자와 영상 데이터를 포함하는 대규모 데
　이터를 의미한다.
• 기존의 정형화된 데이터뿐만 아니라, 비정형적 데
　이터까지 포함한 방대한 양의 데이터를 수집하여
　다양한 관점에서 신속하게 패턴이나 예측 정보를
　제공한다.

3과목　유통마케팅

46 #시장세분화 　　　　　　　정답 ①

라이프스타일은 심리적 세분화, 연령은 인구통계적
세분화 유형의 변수에 해당한다.

▌정답 TIP▐
행동분석적 세분화 변수
추구 편익, 사용상황, 사용량(률), 상표애호도 또는 태도
(충성도), 고객생애가치(CLV) 등

47 #소매점포공간분류 [정답] ④

고객 휴게실과 화장실, 비상구는 고객존에 해당한다.

48 #주문점 [정답] ③

주문점 = (일일 예상판매량 5개 × 리드타임 7일)
+ 예비재고 20개 = 55개

49 #관여도 [정답] ⑤

관여도는 특정 제품에 대한 구매 상황에서 제품에 대한 중요성이나 관심 정도를 의미하는 것으로 소비자 구매행동을 분석하기 위해서는 관여도 개념에 대한 이해가 필수적이다.

┃더 알아보기┃

관여도에 따른 소비자 구매행동의 유형		
구 분	**고관여**	**저관여**
제품 간 특성에 큰 차이가 있는 경우	복잡한 구매행동	다양성 추구 구매행동
제품 간 특성에 큰 차이가 없는 경우	부조화 감소 구매행동	습관적 구매행동

50 #비주얼프레젠테이션 [정답] ③

비주얼 프레젠테이션

쇼윈도나 쇼케이스 기타 전시(Display)에 의해서 취급되는 상품의 콘셉트나 가치를 소비자에게 효과적이며 시각적으로 호소해서 제안하는 진열방식으로, 매장의 판매포인트를 연출하기 위해 벽면이나 집기류의 상단 등 고객의 시선이 자연스럽게 닿는 곳에 상품의 포인트를 알기 쉽게 강조하여 보여주는 것을 의미한다.

51 #촉진예산 [정답] ③

촉진예산을 결정하는 방법에는 가용예산법, 매출액 비율법, 경쟁 대항법, 목표 과업법 외에 실험법과 손대중방법이 있다.

• 실험법 : 실험 집단과 통제 집단을 설정하여 다른 조건을 통제한 후, 하나의 변수가 실험 집단에 어떤 영향을 끼치는지 측정하는 것이다.
• 손대중방법 : 현재의 커뮤니케이션 예산을 결정하기 위해 과거의 매출과 커뮤니케이션 활동을 활용하는 방법이다.

┃정답 TIP┃
고정비
조업 수준과 관계없이 고정적으로 발생하는 비용을 말한다.

52 #군집분석 [정답] ③

군집분석은 모집단 또는 범주에 대한 사전 정보가 없을 경우 주어진 관측값들 사이의 유사성과 거리를 활용해서 전체를 몇몇의 집단으로 구분하고, 각 집단의 성격을 파악함으로써 데이터 전체 구조에 대한 이해를 돕는 분석방법이다.

오답풀이

① 분산분석 : 평균값을 기초로 하여 여러 집단을 비교하고, 이들 집단 간에 차이점이 있는지 가설검증을 통해서 상관관계를 파악하는 통계분석 기법이다.
② 회귀분석 : 독립변수들과 종속변수와의 선형결합관계를 유도하여 독립변수와 종속변수 간의 상호관련성 여부를 알려주는 분석기법으로, 점포특성, 상권내 경쟁 수준, 상권내 소비자들의 특성 등 다양한 변수들이 점포성과에 미치는 상대적 영향을 측정할 수 있다.
④ t-검증 : 두 집단 또는 두 상관적인 표본의 평균치가 동일한 모집단에서 추출되었는지를 검증하는 모수치 통계기법으로, 단순한 실험에서 가장 많이 사용하며 두 집단 간의 통계적 차이를 검증하는 모수적 검증 방법 중 하나이다.
⑤ 컨조인트분석 : 각 제품대안들에 대한 선호순위의 분석을 통해 소비자의 속성평가 유형을 보다 정확히 밝혀내고, 이를 근거로 선호도예측과 시장점유율예측까지도 가능케 하는 분석기법이다.

53 #표적시장 [정답] ③

소비자는 각자 독특한 욕구와 필요가 있기 때문에 판매자는 잠재적으로 각 소비자를 서로 다른 표적시장으로 보고 세분화를 하되, 회사 특성을 고려하여 넓게, 좁게 또는 이들의 중간 정도 등 적절한 수준의 세분시장을 선정하게 된다. 따라서 표적시장의 수준을 고려하여 수준이 가장 넓은 무차별적 시장, 차별적 시장, 집중(틈새)시장, 미시시장(지역시장) 등으로 나눌 수 있다.

54 #셀프서비스 [정답] ③

셀프서비스는 고객에게 전달되는 상품정보의 정확성 향상보다는 고객들 자신이 직접적으로 상품을 용이하게 집을 수 있어야 하므로 무엇보다도 상품에 대한 디스플레이(Display)가 중요한 부분을 차지하게 된다.

55 #고객생애가치 [정답] ②

기업에게 큰 이익을 가져다주는 우량고객을 반드시 충성고객이라고 할 수 없듯이, 충성도가 높은 고객이라고 해서 반드시 CLV가 높다고는 할 수 없다.

56 #프리미엄 　　　　　 정답 ②

프리미엄은 자사의 제품이나 서비스를 구매하는 고객에 한해 다른 상품을 무료로 제공하거나 저렴한 가격에 구입할 수 있는 기회를 제공하는 것으로, 기존고객의 구매행위가 계속되도록 촉진하거나 현재 구매하는 것보다 더 많은 양을 구매하도록 유도하는 데 효과적인 방법이다.

57 #상품관련서비스 　　　　 정답 ④

소매점은 여러 공급업자들로부터 제품과 서비스를 제공받아 다양한 상품 구색을 갖춤으로써 소비자들에게 제품선택에 소요되는 비용과 시간을 절감할 수 있게 하고 선택의 폭을 넓혀주기도 한다.

58 #성과평가기준 　　　　 정답 ⑤

재고투자이익률은 상이한 품목, 상품계열, 부문(department)들의 성과를 비교하는 데 사용할 수 있다.

▌ 더 알아보기

> **GMROI(총마진수익률 or 재고총이익률)**
> • GMROI = 총수익률 × 재고회전율 = 총이익 ÷ 평균재고액(원가)
> • 협소한 유통매장의 진열대에서 추가 또는 제거해야 할 제품에 대한 의사결정의 기준, 즉 척도를 제공한다.

59 #단수가격설정정책 　　　　 정답 ①

단수가격설정정책(odd pricing)
• 시장에서 경쟁이 치열할 때 소비자들에게 심리적으로 값싸다는 느낌을 주어 판매량을 늘리려는 가격결정방법이다.
• 제품의 가격을 100원, 1,000원 등과 같이 현 화폐단위에 맞게 책정하는 것이 아니라, 그보다 조금 낮은 95원, 970원, 990원 등과 같이 단수로 책정하는 방식이다.

60 #고객서비스 　　　　 정답 ①

①은 고객서비스에 관한 기업의 정책과 연관되어 있으며, 기업에 대한 고객인식과 고객의 총체적인 만족에 상당한 영향을 미칠 수 있는 사전적 고객 서비스 요소에 해당한다.

오답풀이
②·③·④·⑤는 고객에게 제품을 인도하는 데 직접 관련된 서비스 요소로, 현장에서의 고객 서비스에 해당한다.

61 #유통경쟁전략 　　　　 정답 ③

포지셔닝은 자사 제품이나 소매점의 큰 경쟁우위를 찾아내어 이를 선정된 표적시장의 소비자들의 마음속에 자리 잡게 하는 것, 즉 소비자들에게 경쟁제품이나 경쟁점과 비교하여 자사제품(혹은 소매점)에 대한 차별화된 이미지를 심어주기 위한 계획적인 전략접근법이다.

62 #진열방식#점블진열 　　　　 정답 ③

점블진열은 상품을 일부러 무질서하게 진열하여 흐트러진 느낌을 주어 고객의 눈길을 끄는 방식으로, 상품 정돈을 하지 않으므로 상품 진열에 대한 작업시간이 절감됨과 동시에 소비자들에게 '저렴하다' 또는 '특가품'이라는 인상을 주게 된다.

63 #원가중심가격결정 　　　　 정답 ④

원가중심 가격결정(cost-oriented pricing)방법에는 원가가산식 가격결정법(Cost-Plus Pricing or Markup Pricing), 목표이익률식 가격결정법(Target Return Pricing), 손익분기점 분석식 가격결정법(Break-Even Analysis Pricing) 등이 있다.

오답풀이
① · ⑤ 원가가산법은 'cost plus pricing' 또는 'markup pricing'이라고도 하며, 제품의 한 단위당 판매비용을 충당하고도 적정이익을 남길 수 있는 수준의 가산이익률을 적용하여 가격을 산정하는 방법을 의미한다.
② 손익분기점을 계산하여 이를 넘어서는 수준으로 가격을 결정하는 방식이다.
③ 예측된 표준생산량을 전제로 한 총원가에 내하여 목표수익률을 실현시켜 줄 수 있도록 가격을 결정하는 방법이다.

64 #CRM 　　　　 정답 ②

전사적 자원관리(ERP) 시스템은 기업 내 생산, 물류, 재무, 회계, 영업과 구매, 재고 등 경영 활동 프로세스들을 통합적으로 연계해 관리해 주는 시스템이므로 기업의 내부자료 뿐만 아니라 외부자료도 수집해야하는 고객관계관리(CRM)의 고객정보수집 방법으로는 옳지 않다.

65 #1차자료#2차자료 　　　　 정답 ④

④는 2차 자료 수집방법에 해당한다.

66 #점포구성#설계#조닝 〔정답〕①

조닝(Zoning)은 레이아웃이 완성되면 각 코너별 상품 구성을 계획하고, 진열면적을 배분하여 레이아웃 도면상에 존(Zone) 구분을 표시하는 것을 말한다.

67 #4P 〔정답〕④

④는 제품변수에 해당한다.

오답풀이

①·②·③·⑤는 유통변수에 해당한다.

68 #시장침투 〔정답〕③

시장침투전략은 기존시장 + 기존제품의 경우로 어떤 형태로든 제품을 변경시키지 않고 기존 고객들에게 보다 많이 판매하도록 하는 전략을 수립한다.

오답풀이

① 제품개발전략 : 기존시장 + 신제품의 경우로 기존시장에 신제품 또는 수정된 제품을 공급하는 전략을 수립한다.
② 시장개척전략 : 신시장 + 기존제품의 경우로 시장개척의 가능성을 고려하는 전략을 수립한다.
④ 전방통합전략 : 제품 흐름이 하류로 이동할 때, 제조사가 도매상 및 소매상을 확보하거나 진출하는 통합 방법이다.
⑤ 다각화전략 : 신시장 + 신제품의 경우로 기존의 제품이나 시장과는 완전히 다른 새로운 사업을 시작하거나 인수하는 전략을 수립한다.

69 #상품계열#품목 〔정답〕①

㉠ 상품계열 : 성능, 기능, 고객, 유통, 가격범위 등에서 서로 밀접한 관련이 있는 제품의 집합을 의미한다.
㉡ 상품품목 : 상품계열 내에서 크기, 가격, 형태, 기타 특성에 의해서 명확히 구별될 수 있는 단위를 말한다.

70 #CRM활동 〔정답〕⑤

오답풀이

① 교차판매(cross-selling) : 자체 개발한 상품에만 의존하지 않고 관련된 제품까지 판매하는 적극적인 판매 방식으로, 고객이 선호할 수 있는 추가제안을 통해 다른 제품을 추가 구입하도록 유도할 수 있다.
② 상향판매(up-selling) : 동일한 분야로 분류될 수 있는 제품 중 소비자가 희망하는 제품보다 단가가 높은 제품의 구입을 유도하는 판매방법으로, 교차판매와 같이 대체재나 보완재가 있는 상품과 서비스에 더 효과적이다.

③ 고객참여(customer involvement) : 신규고객 유치 및 기존고객의 수익성 향상을 기대할 수 있다.
④ 2차구매 유도(inducing repurchase) : CRM의 가장 큰 목표는 기존 고객의 이탈을 방지하고 유지함으로써 수익성을 극대화하는 데 있다.

4과목 유통정보

71 #RFID 〔정답〕⑤

능동형 태그는 도달거리가 30~100미터로 원거리이고, 수동형 태그는 감지거리가 2~3미터로 매우 근거리이므로 능동형 태그는 수동형 태그에 비해 일반적으로 데이터를 보다 멀리까지 전송할 수 있다.

ㅣ더 알아보기ㅣ

> **RFID Tag**
>
> RFID는 전원공급의 유무에 따라 전원을 필요로 하는 Active형과 내부나 외부로부터 직접적인 전원의 공급 없이 리더기의 전자기장에 의해 작동되는 Passive형으로 구분된다. Active타입은 리더기의 필요전력을 줄이고 리더와의 인식거리를 멀리할 수 있다는 장점이 있으나, 전원공급장치를 필요로 하기 때문에 작동시간의 제한을 받으며 Passive형에 비해 고가인 단점이 있다. 반면, Passive형은 Active형에 비해 매우 가볍고 가격도 저렴하면서 반영구적으로 사용이 가능하지만, 인식거리가 짧고 리더기에서 더 많은 전력을 소모한다는 단점이 있다.

72 #의사결정시스템 〔정답〕④

운영층에서는 주로 일상적·반복적인 주문처리나 재고관리 등과 같은 업무를 수행한다.

73 #소스마킹#인스토어마킹 〔정답〕④

소스마킹은 가공식품·잡화 등에 주로 사용되며, 인스토어마킹은 청과·생선·야채·정육 등에 주로 사용된다.

74 #바코드 〔정답〕③

컬러 색상도 인식이 가능하다.

75 #긱이코노미 [정답] ④

긱 이코노미(gig economy)는 1920년대 미국 재즈클럽에서 단기적으로 섭외한 연주자를 '긱'이라고 부른 데서 유래한 것으로, 기존의 노동시장은 기업이 직원들과 정식 계약을 맺고, 채용된 직원들을 이용하여 고객들에게 제품과 서비스를 제공하는 형태였다면, 긱 경제에서는 기업이 그때 그때 발생하는 수요에 따라 단기적으로 계약을 맺는다.

오답풀이

① 오프쇼어링(off-shoring) : 기업업무의 일부를 해외기업에 맡겨 처리하는 것으로, 업무의 일부를 국내기업에 맡기는 아웃소싱의 범주를 외국으로 확대한 것을 의미한다.

② 커스터마이징(customizing) : 생산업체나 수공업자들이 고객의 요구에 따라 제품을 만들어주는 일종의 맞춤제작 서비스를 말하는 것으로, '주문 제작하다'라는 뜻의 'customiz'에서 나온 말이다.

③ 매스커스터마이제이션(masscustomization) : 대량생산(mass production)과 고객화(customization)의 합성어로, 과거에는 서로 양립할 수 없다고 여겨오던 대량생산과 고객화를 융합시킴으로써 경영혁신의 새로운 패러다임으로 자리 잡았다.

⑤ 리쇼어링(reshoring) : 기업이 해외로 진출했다가 다시 본국으로 돌아오는 것으로, 오프쇼어링에 반대되는 개념이다.

76 #빅데이터 [정답] ⑤

빅데이터는 기존 데이터베이스 관리도구로 데이터를 수집, 저장, 관리, 분석할 수 있는 역량을 넘어서는 대량의 정형 또는 비정형 데이터 집합 및 이러한 데이터로부터 가치를 추출하고 결과를 분석하는 기술을 의미한다.

오답풀이

① 리포팅 : 현재 보고서의 정보를 간단한 대화식 조작을 통해 원하는 형태의 보고서로 나타내는 기능이다.

② 쿼리 : 정보수집에 대한 요청에 쓰이는 컴퓨터 언어를 의미한다.

③ 스코어카드 : 분석 과정을 거쳐 향후 SCM 추진의 목표 및 방향을 설정하기 위한 기초 자료로 활용되는 것으로 객관적 평가수단을 의미한다.

④ 대시보드 : 한 화면에서 다양한 정보를 중앙 집중적으로 관리하고 찾을 수 있도록 하는 사용자 인터페이스(UI) 기능으로, 여러 종류의 웹 기반 콘텐츠를 재사용할 수 있도록 구성하고 문서, 웹 페이지, 메시징, 미디어 파일 등 다양한 콘텐츠를 한 화면에서 관리하는 것을 의미한다.

77 #정보보안 [정답] ③

오답풀이

① 허락받지 않은 사용자가 정보를 변경해서는 안 되는 것은 무결성이다.

② 정보의 소유자가 원치 않으면 정보를 공개할 수 없는 것은 기밀성이다.

④ 웹사이트에 접속하려고 할 때 에러 등 서비스 장애가 일어나는 것은 가용성이 떨어진다고 볼 수 있다.

⑤ 인터넷 거래에 필요한 공인인증서에 기록된 내용은 타인이 조작할 수 없도록 만들어 무결성을 유지해야 한다.

78 #비즈니스모델 [정답] ②

고객 세분화란 고객 또는 사용자를 공통의 특성에 따라 그룹화하여 각 그룹에 가장 최적화된 메시지를 효율성 있게 전달할 수 있다는 것이다.

79 #모바일쇼핑 [정답] ⑤

모바일 쇼핑의 활성화에 따라 백화점, 대형마트, 인터넷쇼핑 등과의 채널별 시장 경계가 모호해지면서 기존에 비해 가격경쟁이 심화되고 있다.

80 #EDI시스템 #장점 [정답] ⑤

EDI는 문서기반 프로세스를 전자기반 프로세스로 대체함으로써 거래 시간의 단축, 업무처리의 오류 감소, 자료의 재입력 등에 소요되는 비용을 절약할 수 있다.

81 #비즈니스인텔리전스 [정답] ②

비즈니스 인텔리전스(BI)는 기업이 이미 보유하고 있는 수많은 데이터를 정리하고 분석해 기업의 의사결정에 활용하는 일련의 프로세스를 말한다.

82 #전자상거래특성 [정답] ④

변화에 대한 융통성은 유형자산에 의존하기보다는 프로세스에 의존한다.

83 #블록체인 #DID [정답] ①

㉠ 블록체인 : 블록에 데이터를 담아 P2P(Peer to Peer) 방식의 체인형태로 연결, 수많은 컴퓨터에 동시에 이를 복제해 저장하는 분산형 데이터 저장 기술로 공공 거래 장부라고도 부른다. 중앙집중형 서버에 거래기록을 보관하지 않고 거래에 참여하는 모든 사용자에게 거래내역을 보내주며, 거래 때마다 모든 거래 참여자들이 정보를 공유하고 이를 대조해 데이터 위조나 변조를 할 수 없도록 한다.

㉡ DID(분산식별자) : 블록체인 기반의 탈중앙화 신원증명으로, 이용자 스스로 자신의 신원정보를 관리하고 통제할 수 있는 전자 신원관리 체계를 의미한다.

84 #QR 정답 ②

QR의 도입으로 기업은 리드타임의 감소, 재고비용의 감소, 판매의 증진 등의 획기적인 성과를 거둘 수 있다.

85 #빅데이터유형 정답 ④

이미지는 비정형데이터에 해당하는 데이터 종류이다.

86 #노나카#외부화 정답 ③

외부화(externalization)는 개인의 암묵지를 언어나 기호의 형태로 전환하여 형식지로 표출하는 과정으로, 제품개발 과정의 콘셉트 창출, 최고경영자 생각의 언어화, 숙련 노하우의 언어화, 고객의 암묵적인 니즈를 표출하고 현재화시키는 일 등이 외부화(표출화)의 좋은 예가된다

오답풀이

① 공동화(socialization) : 개인의 암묵지식을 경험을 통해 타인의 암묵지식으로 전환하는 것이다.

④ 내면화(internalization) : 형식지식을 개인의 암묵지식으로 체득하는 것이다.

⑤ 연결화(combination) : 형식지식을 다른 형식지식으로 가공・조합・편집하는 것이다.

87 #CRM시스템#인바운드 정답 ⑤

인바운드 고객 분석은 고객으로부터 상담전화가 걸려오는 상황에서 이를 응대하고 관리하는 과정을 바탕으로 하는 분석을 의미한다.

| 더 알아보기 |

하우스-홀딩 분석

자사의 기존 VIP 고객 중 직업, 거주 지역, 부의 형성 과정 등에 따른 니즈・선호・성향을 분석해 그들과 유사한 목표 VIP 고객(군)의 니즈・선호・성향을 파악하는 방법을 말한다. 분석을 통해 현고객의 가족 혹은 단체 구성원 중 향후 잠재성이 높은 잠재고객을 발굴하는 것을 목표로 한다.

88 #VMI 정답 ⑤

VMI는 점포의 POS시스템 데이터를 거래선(Vandor, 제조업체 또는 협력업체)과 직접 연결하고, 유통업체가 제조업체에 판매・재고 정보를 전자문서교환으로 제공하면, 거래선이 이를 토대로 직접 각 점포에 맞는 CAO를 이용하여 상품의 적정 납품량을 결정해주는 일종의 자동발주 시스템이다.

오답풀이

① CPP(cost per rating point) : 기간을 정해두고 광고를 송출하는 기간당 비용을 의미한다.

② ASP(application service provider) : 애플리케이션 임대 서비스로 고가의 하드웨어 및 소프트웨어를 도입하지 않고, 네트워크 인프라를 이용하여 다양한 정보화 솔루션을 사용할 수 있는 IT 서비스를 의미한다.

③ CMI(co-managed inventory) : VMI에서 진보된 개념으로, 상품보충에 대해 유통업체와 공급업체가 공동으로 재고를 관리하는 것을 말한다.

④ ABC(activity based costing) : 제조간접비를 소비하는 활동이라는 개념을 설정하고, 각 제품별로 활동 소비량에 따라 제조간접비를 배부함으로써, 기존의 전통적인 원가계산 방식에 비해 좀 더 합리적인 원가배부를 목적으로 한다.

89 #CRM시스템 정답 ⑤

신규고객 획득보다는 고객평생가치 극대화를 통한 고객유지에 좀 더 중점을 둔다.

90 #마이데이터 정답 ①

마이데이터란 개인이 데이터를 주체적으로 관리하는 것을 넘어, 능동적으로 활용하는 일련의 과정을 의미한다. 마이데이터를 이용하면 각종 기관과 기업 등에 분산되어 있는 자신의 정보를 한꺼번에 확인할 수 있으며, 업체에 자신의 정보를 제공해 맞춤 상품이나 서비스를 추천받을 수 있다.

오답풀이

② BYOD(Bring Your Own Device) : 회사 업무에 직원들 개인 소유의 태블릿PC, 스마트폰, 노트북 등의 정보통신 기기를 활용하는 것을 말한다.

③ 개인 핀테크 : 파이낸셜(Financial)과 기술(Technique)의 합성어로 모바일 결제, 송금, 개인자산관리, 크라우드 펀딩 등 금융서비스와 관련된 기술을 의미한다.

④ 디지털 전환 : 디지털 기술을 사회 전반에 적용하여 전통적인 사회 구조를 혁신시키는 것으로, 기업에서 사물 인터넷(IoT), 클라우드 컴퓨팅, 인공지능(AI), 빅데이터 솔루션 등 정보통신기술(ICT)을 플랫폼으로 구축・활용하여 기존 전통적인 운영방식과 서비스 등을 혁신하는 것을 의미한다.

⑤ 빅테크 : 구글, 아마존, 메타, 애플, 알파벳 같은 대형 정보기술(IT) 기업을 뜻하는 말로, 국내 금융산업에서는 네이버와 카카오 등 온라인 플랫폼 제공 사업을 핵심으로 하다가 금융시장에 진출한 업체를 지칭하는 말로 주로 쓰인다.

01	02	03	04	05	06	07	08	09	10	11	12	13	14	15
④	③	⑤	②	②	④	⑤	④	⑤	⑤	④	②	③	⑤	③
16	17	18	19	20	21	22	23	24	25	26	27	28	29	30
⑤	⑤	③	⑤	⑤	③	③	③	③	②	②	④	④	모두정답	④
31	32	33	34	35	36	37	38	39	40	41	42	43	44	45
⑤	③	④	③	④	③	②	③	④	③	③	④	④	③	④
46	47	48	49	50	51	52	53	54	55	56	57	58	59	60
③	④	②	모두정답	①	⑤	⑤	①	②	③	④	④	⑤	⑤	③
61	62	63	64	65	66	67	68	69	70	71	72	73	74	75
③	③	③	①	⑤	②	④	①	③	⑤	⑤	③	①,③	③	③
76	77	78	79	80	81	82	83	84	85	86	87	88	89	90
⑤	④	②	④	③	②	⑤	⑤	④	③	②	⑤	③	①	②

1과목 유통물류일반

01 #국제물류주선업　　　　　　정답 ④

국제물류주선인은 화물의 복잡한 수출입 절차에 필요한 모든 사항을 전반적으로 처리하여 화주의 요청대로 화물을 목적지까지 안전하게 운송하는 역할을 수행하기 때문에 안정적 물량 확보를 위해 선사는 일반 화주와 직접 계약하는 것보다 국제물류주선인과 계약하는 것이 더 유리하다.

02 #소비자의기본적권리　　　　정답 ③

소비자의 기본적 권리(소비자기본법 제4조)

소비자는 다음의 기본적 권리를 가진다.

- 물품 또는 용역(이하 "물품등"이라 한다)으로 인한 생명·신체 또는 재산에 대한 위해로부터 보호받을 권리
- 물품등을 선택함에 있어서 필요한 지식 및 정보를 제공받을 권리
- 물품등을 사용함에 있어서 거래상대방·구입장소·가격 및 거래조건 등을 자유로이 선택할 권리
- 소비생활에 영향을 주는 국가 및 지방자치단체의 정책과 사업자의 사업활동 등에 대하여 의견을 반영시킬 권리
- 물품등의 사용으로 인하여 입은 피해에 대하여 신속·공정한 절차에 따라 적절한 보상을 받을 권리
- 합리적인 소비생활을 위하여 필요한 교육을 받을 권리
- 소비자 스스로의 권익을 증진하기 위하여 단체를 조직하고 이를 통하여 활동할 수 있는 권리
- 안전하고 쾌적한 소비생활 환경에서 소비할 권리

03 #재고관리　　　　　　　　　정답 ⑤

미리 결정해둔 일정 주문량을 발주하는 방법은 정량발주방식이다.

정량주문(발주)방식과 정기주문(발주)방식
- 정량주문(발주)방식 : 발주 시기는 일정하지 않지만 발주량은 정해져 있으며, 주로 EOQ 분석을 통해 주문량을 결정한다.
- 정기주문(발주)방식 : 발주 시기는 일정하여 정기적이지만 발주량은 일정하지 않다.

04 #힘의원천 　　　　　　　　　 정답 ②

경로 지배를 위한 힘의 원천(유통경로의 파워)에는 준거적 힘, 전문적 힘, 합법적 힘, 보상적 힘, 강압적 힘, 정보적 힘 등이 있다.

오답풀이

① 보상적 힘 : 한 경로구성원이 다른 경로구성원에게 여러 가지 물질적 또는 심리적인 도움을 줄 수 있을 때 형성되는 영향력이다.
③ 합법적 힘 : 다른 구성원들에게 영향력을 행사할 정당한 권리를 갖고 있고 상대방도 당연히 그렇게 해야 한다고 내재적으로 지각할 때 미치는 영향력이다.
④ 준거적 힘 : 한 경로구성원이 여러 측면에서 장점을 갖고 있어 다른 경로구성원이 그와 일체성을 가지고 한 구성원이 되고 싶어 하며 거래관계를 계속 유지하고 싶어 할 때 미치는 영향력이다.
⑤ 전문적 힘 : 한 경로구성원이 특별한 전문지식이나 경험을 가졌다고 상대방이 인지할 때 가지게 되는 영향력이다.

05 #산업재유통경로 　　　　　　 정답 ②

산업재는 용도와 기준에 따라 구분하는데 원자재와 부품, 설비, 소모품 등이 있으며, 산업재 유통경로는 구매자와의 장기 공급계약이나 밀접한 인적 유대에 의해 거래되는 경우가 많다.

06 #JIT#JITⅡ 　　　　　　　　　 정답 ④

JIT가 푸시(push)형인 MRP와 대비되는 풀(pull)형의 생산방식인데 비해, JITⅡ는 JIT와 MRP를 동시에 수용할 수 있는 기업 간의 운영체제를 의미한다.

07 #지연전략 　　　　　　　　　 정답 ⑤

오답풀이

① 지연전략은 제품의 생산 마지막 단계에서 완성을 미루었다가 고객의 요구를 확인한 후 반영하여 최종 생산하는 전략이다.
② 주문 이전에는 모든 스웨터를 하얀색으로 생산한 후 주문이 들어오면 염색을 통해 수요에 맞춰 공급하는 것은 제조 지연전략이다.

③ 가장 중요한 창고에 재고를 유지하며, 지역 유통업자들에게 고객의 주문을 넘겨주거나 고객에게 직접 배송하는 것은 지리적 지연전략이다.
④ 컴퓨터의 경우, 유통센터에서 프린터, 웹캠 등의 장치를 조립하거나 포장하는 것은 결합 지연전략이다.

08 #활동성비율 　　　　　　　　 정답 ④

- 재고자산회전율 = 매출액/재고자산(평균재고) × 100
- 고정자산회전율 = 매출액/고정자산 × 100
- 총자산회전율 = 매출액/총자산 × 100
- 매출채권회전율 = 매출액/매출채권(평균채권) × 100

09 #연쇄점 　　　　　　　　　　 정답 ⑤

오답풀이

① 정규연쇄점(regular chain) : 단일자본으로 복수점을 경영·관리하는 연쇄점
③ 조합형 연쇄점(cooperative chain) : 도매업자가 소매업자를 조직화한 연쇄점

10 #6시그마 　　　　　　　　　　 정답 ⑤

6시그마 도입절차

㉠ 필요성(needs)의 구체화 → ㉡ 비전의 명확화 → ㉢ 계획수립 → ㉣ 계획실행 → ㉤ 이익평가 → ㉥ 이익유지

11 #정량주문법#정기주문법 　　 정답 ④

정량주문법과 정기주문법의 비교

항 목	정량주문법	정기주문법
표준화	표준부품	전용부품
품목수	많 음	적 음
주문량	고 정	변경가능
리드타임	짧 다	길 다
주문시기	일정하지 않음	일 정

12 #제품/시장확장그리드 　　　 정답 ②

┃ 정답 TIP ┃

제품/시장확장 그리드를 이용한 성장전략

- 시장침투 : 기존시장 + 기존제품의 경우로 어떤 형태로든 제품을 변경시키지 않고 기존 고객들에게 보다 많이 판매하도록 하는 전략 수립
- 시장개척 : 신시장 + 기존제품의 경우로 시장개척의 가능성을 고려하는 전략수립
- 제품개발 : 기존시장 + 신제품의 경우로 기존시장에 신제품 또는 수정된 제품을 공급하는 전략 수립
- 다각화전략 : 신시장 + 신제품의 경우로 기존의 제품이나 시장과는 완전히 다른 새로운 사업을 시작하거나 인수하는 전략 수립

13 #반응적공급사슬   정답 ③

③은 효율적 공급사슬에 대한 특징이다.

┃ 더 알아보기 ┃

> **효율적 공급사슬 vs 반응적 공급사슬**
> 효율적 공급사슬은 자재와 서비스의 흐름을 조화시켜 재고를 최소화하고 공급사슬상에서 기업의 효율성을 극대화하고자 하는 것이다. 반면에 반응적 공급사슬은 불확실한 수요에 대비할 수 있도록 재고와 생산능력을 적절히 배치시켜 시장 수요에 신속하게 반응하고자 하는 것이다.

14 #물류채산분석   정답 ⑤

물류채산분석은 임시적으로 계산한다. 반복적으로 계산하는 것은 물류원가계산의 특징에 해당한다.

15 #프로젝트조직   정답 ③

프로젝트 조직은 작은 단위이지만 마치 하나의 회사처럼 프로젝트에 필요한 모든 인력이 리더를 중심으로 모여서 기존에 없던 새로운 가치를 창출하는 조직구조이므로 사업부만의 목적달성보다는 기업 전체의 목적달성에 더 관심을 기울이게 된다.

16 #소비재유형   정답 ⑤

전문품은 구매빈도가 낮고 비규칙적이므로 전속적 유통을 사용한다.

┃ 정답 TIP ┃

전속적 유통경로(Exclusive Channel Strategy)는 일정한 상권 내에 제한된 수의 소매점으로 하여금 자사 상품만을 취급하게 하는 전속적(배타적) 유통경로전략으로, 주로 자동차, 고가구 등 전문점 유통에 이용되고 있다.

17 #EOQ   정답 ⑤

경제적주문량(EOQ)

$$= \sqrt{\dfrac{2 \times \text{연간부품 수요량} \times \text{1회 주문비}}{\text{단위당 재고 유지비}}}$$

$$= \sqrt{\dfrac{2 \times 19,200 \times 150}{9}}$$

$$= \sqrt{\dfrac{5,760,000}{9}}$$

$$= \sqrt{640,000}$$

$$= 800$$

18 #중간상선별기능   정답 ③

┃ 정답 TIP ┃

올더슨(W. Alderson)의 구색창출과정(→ 중간상의 선별 기능)

- 분류(Sorting Out) : 생산과정에서 이질적인 생산물을 동질적인 단위로 나누는 과정을 말하며, 생산자가 직접 행한다. 흔히 생산자의 표준화 기능이라고도 한다.
- 집적(Accumulation) : 여러 경로를 통해 들어온 제품들을 비슷한 기준으로 묶는 기능이며, 도매상이나 소매상들이 행한다.
- 배분(Allocation) : 동질적인 제품 덩어리를 나누는 기능이며, 흔히 작은 단위로 나누는 것(bulk, breaking)을 뜻하는데, 중계기구라 불리는 중간상인들이 이 기능을 수행한다. 이런 중계기구를 중계도매상이라 한다.
- 구색(Assortment) : 이질적인 것이 모두 다시 모이는 단계를 말한다. 즉 여러 경로를 통해 들어온 제품을 다시 판매하기 위해서 나누어진 제품들을 관련성 있게 모으는 것을 의미하며, 도매상과 소매상들이 판매대상을 위해 하는 일이다

19 #인플레이션#상표   정답 ⑤

절약형 상표, 보급형 상표의 비중을 늘려야 한다.

20 #플랫폼비즈니스   정답 ⑤

플랫폼 비즈니스(platform business) 모델은 플랫폼이 가치 창출과 이익 실현의 중심인 비즈니스 모델을 의미하므로 플랫폼 비즈니스 사업자는 플랫폼을 제공해주는 대가를 직접적으로 취할 수 있다.

┃ 더 알아보기 ┃

> **플랫폼 비즈니스 모델**
> 플랫폼 서비스의 모델을 통해 수익을 내는 모델을 의미하는 것으로, 이러한 서비스 모델에는 서비스의 제공 방법, 서비스 모델 프레임워크 등이 포함되며, 수익 모델에는 수익을 창출하는 방법과 수익 모델 프레임워크가 필요하다. 결국 서비스 모델과 수익 모델의 결합을 통해서만 비즈니스 모델이 될 수 있다.

21 #수직적통합   정답 ③

수직적 통합은 조직의 비대화를 가져와 관료화의 문제를 겪기 쉽다.

┃ 정답 TIP ┃

수직적 통합의 한계점
- 분업에 따른 전문화의 이점을 누리기 힘들어질 수도 있다.
- 경우에 따라 비용구조가 증가하기도 한다.
- 조직의 비대화를 가져와 관료화의 문제를 겪기 쉽다.
- 유통경로 구성원에 대한 통제가 쉬우므로 유연성이 줄어들 수 있다.

22 **#채찍효과** 정답 ③

채찍 효과(bullwhip effect)는 공급자, 생산자, 도매상, 소매상, 고객으로 구성된 공급사슬망에 있어서 소비자 수요의 작은 변동이 제조업체에 전달되는 과정에서 지연·왜곡 및 확대되는 현상이다.

오답풀이

① 블랙 스완 효과(black swan effect) : 극단적으로 예외적이어서 발생가능성이 없어 보이지만 일단 발생하면 엄청난 충격과 파급효과를 가져오는 사건을 가리키는 용어이다.

② 밴드 왜건 효과(band wagon effect) : 대중적으로 유행하는 정보를 따라 상품을 구매하는 현상을 말한다.

④ 베블렌 효과(Veblen effect) : 가격이 오르는데도 일부 계층의 과시욕이나 허영심 등으로 인해 수요가 줄어들지 않는 현상을 말한다.

⑤ 디드로 효과(Diderot effect) : 하나의 물건을 구입한 후 그 물건과 어울리는 다른 제품들을 계속 구매하는 현상을 말한다.

23 **#파욜#조직원리** 정답 ③

파욜(Fayol)은 분업의 원칙을 제시하여 마케팅, 재무, 생산 등의 전문적인 분야의 기능들은 분업화되어야 한다고 주장하였다.

24 **#기업윤리#윤리경영** 정답 ③

윤리경영은 소비자의 기업에 대한 평판, 기업이 지역사회에 공헌한 정도, 종업원의 기업 경영에 대한 만족도 등 질적인 지표, 즉 정성적인 지표들을 통해서도 평가해야 한다.

25 **#영업사원수** 정답 ②

거래처 100개를 1년에 12회를 필수적으로 방문해야 하고, 영업사원 1명당 평균 방문가능 횟수는 100번이므로 확보해야 할 영업조직 규모(영업사원수)는 다음과 같이 계산할 수 있다.

$$\frac{거래처수 \times 거래처별\ 방문횟수}{영업사원의\ 평균\ 방문가능\ 횟수}$$

$$= \frac{100개 \times 12회}{100번}$$

$$= 12명$$

2과목	상권분석

26 **#Converse** 정답 ②

컨버스 제1법칙의 공식

$$D_b = \frac{D_{ab}}{1 + \sqrt{\dfrac{P_a}{P_b}}}$$

$$= \frac{12}{1 + \sqrt{\dfrac{20만}{5만}}}$$

$$= \frac{12}{1 + 2} = 4$$

27 **#용도지구지정** 정답 ④

Ⅰ **정답 TIP** Ⅰ

용도지구의 지정(국토의 계획 및 이용에 관한 법률 제37조 제1항)

국토교통부장관, 시·도지사 또는 대도시 시장은 다음 각 호의 어느 하나에 해당하는 용도지구의 지정 또는 변경을 도시·군관리계획으로 결정한다.

1. 경관지구 : 경관의 보전·관리 및 형성을 위하여 필요한 지구

2. 고도지구 : 쾌적한 환경 조성 및 토지의 효율적 이용을 위하여 건축물 높이의 최고한도를 규제할 필요가 있는 지구

3. 방화지구 : 화재의 위험을 예방하기 위하여 필요한 지구

4. 방재지구 : 풍수해, 산사태, 지반의 붕괴, 그 밖의 재해를 예방하기 위하여 필요한 지구

5. 보호지구 : 문화재, 중요 시설물(항만, 공항 등 대통령령으로 정하는 시설물을 말한다) 및 문화적·생태적으로 보존가치가 큰 지역의 보호와 보존을 위하여 필요한 지구

6. 취락지구 : 녹지지역·관리지역·농림지역·자연환경보전지역·개발제한구역 또는 도시자연공원구역의 취락을 정비하기 위한 지구

7. 개발진흥지구 : 주거기능·상업기능·공업기능·유통물류기능·관광기능·휴양기능 등을 집중적으로 개발·정비할 필요가 있는 지구

8. 특정용도제한지구 : 주거 및 교육 환경 보호나 청소년 보호 등의 목적으로 오염물질 배출시설, 청소년 유해시설 등 특정시설의 입지를 제한할 필요가 있는 지구

9. 복합용도지구 : 지역의 토지이용 상황, 개발 수요 및 주변 여건 등을 고려하여 효율적이고 복합적인 토지이용을 도모하기 위하여 특정시설의 입지를 완화할 필요가 있는 지구

10. 그 밖에 대통령령으로 정하는 지구

28 #입지조건평가 〔정답〕④

점포나 부지형태는 장방형이 정방형보다 가시성이나 접근성 측면에서 유리하다.

29 #Huff모델 〔정답〕모두정답

- $P_{KA} = \dfrac{\dfrac{5^3}{10^2}}{\dfrac{5^3}{10^2}+\dfrac{4^3}{2^2}+\dfrac{6^3}{3^2}} = \dfrac{1.25}{1.25+16+24}$

  $= 0.03 = 3\%$

- $P_{KB} = \dfrac{\dfrac{4^3}{2^2}}{\dfrac{5^3}{10^2}+\dfrac{4^3}{2^2}+\dfrac{6^3}{3^2}} = \dfrac{16}{1.25+16+24}$

  $= 0.39 = 39\%$

- $P_{KC} = \dfrac{\dfrac{6^3}{3^2}}{\dfrac{5^3}{10^2}+\dfrac{4^3}{2^2}+\dfrac{6^3}{3^2}} = \dfrac{24}{1.25+16+24}$

  $= 0.58 = 58\%$

※ 문제오류로 시행처에서 모두정답으로 처리되었다.

30 #소매입지지수#SAI 〔정답〕④

판매활동지수(SAI)는 다른 지역과 비교한 특정지역의 1인당 소매매출액을 측정하는 방법으로 인구를 기준으로 하여 소매매출액의 비율을 계산하게 된다.

31 #유추법 〔정답〕⑤

유추법은 자사의 신규점포와 유사한 특성을 가진 비교 점포를 선정하여 그 점포의 상권범위를 추정한 결과를 신규점포에 적용한 후 신규입지에서의 매출액을 측정 하는 데 이용하는 방법으로, 반드시 2개 이상의 비교 점포를 선정해야 하는 것은 아니다.

32 #고립점포입지 〔정답〕③

고립된 점포입지는 개점 초기에 소비자를 점포 내로 유인하기가 어렵다.

33 #환산보증금 〔정답〕④

환산보증금 = 상가 임대보증금 + (월임대료 × 100)

▌정답 TIP ▌

환산보증금은 "상가건물 임대차보호법"상의 보증금과 월세 환산액을 합한 금액으로, 임차인이 임대인에게 지급한 보증금과 매달 지급하는 월세 이외에 실제로 얼마나 자금 부담 능력이 있는지를 추정하는 것이다.

---

34 #가맹본부#가맹점 〔정답〕③

통제의 어려움으로 인해 상권의 급격한 변화가 발생하는 경우에는 개별 점포마다의 상황에 유연하게 대처하기 어렵다.

35 #상권규정요인 〔정답〕②

공급측면에서 비용요인이 상대적으로 저렴할수록 상권은 확대된다.

36 #상권유형#부도심 〔정답〕③

부도심상권은 간선도로의 결절점이나 역세권을 중심으로 형성되는 경우가 많으나, 도시전체의 소비자를 유인하지는 못한다.

37 #내점객조사법 〔정답〕②

점두조사법은 점포에서 조사원이 대기하다가 구매결정을 한 소비자에게 질문을 하는 방식으로, 매장을 방문하는 소비자의 주소를 파악하여 자기점포의 상권을 조사하는 방법이다. 따라서 해당 점포를 직접 방문한 고객들을 대상으로 하는 내점객조사법과 가장 유사하다.

오답풀이

① 고객점표법 : 점포에 출입하는 고객들을 무작위로 선별 인터뷰하여 고객들의 거주지나 출발지를 확인하고, 이를 격자도면상에 표시하여 고객점표도를 작성하는 데, 고객점표도에는 대상점포에서 쇼핑을 하는 고객들의 지리적 분포가 나타난다.

⑤ 편의추출조사법 : 연구 조사자가 비교적 편리한 시간 및 장소에 접촉하기 쉬운 대상을 표본으로 선정하는 것을 말한다.

38 #공간적분포 〔정답〕③

상권의 규모는 자사점포를 중심으로 서로 다른 거리의 동심원을 그려 파악한다.

39 #소매매트릭스분석 〔정답〕③

매트릭스 분석은 행렬의 법칙을 이용하여 기술된 계통의 상태를 분석하는 것을 말한다.

오답풀이

① 내점객 및 거주자 대상 서베이법 : 목표고객과 경쟁점 포를 대표하는 표본을 추출하여 설문 또는 인터뷰 등의 방법으로 조사하는 방법이다

② 티센다각형 : 소비자들이 가장 가까운 소매시설을 이용한다고 가정하며, 공간독점 접근법에 기반한 상권 구획모형의 일종이다.

④ 고객점표법 : 설문이나 CRM을 통해 실제 점포이용고객의 주소지를 파악한 후 직접 도면에 표시하여 Quadrat Analysis를 실시한 후 대상지 인근의 토지이용현황, 지형, 지세 등을 고려하여 상권을 파악하는 기법이다.

⑤ 컨버스의 분기점분석 : 거리가 멀어짐에 따라 구매이동이 줄어드는 현상을 거리-감소함수로 파악하여 거리와 구매빈도 사이의 관계를 역의 지수함수의 관계로 본 것이다.

40 #앵커점포 (정답) ③

선박을 고정시키는 중심 역할을 하는 닻을 의미하는 '앵커(anchor)'처럼 어떤 상권을 대표하는 상징적인 점포나 대형 상가의 중심이 되는 핵심점포를 앵커점포(anchor store)라고 한다. 따라서 유통센터나 대형점포, 브랜드 인지도가 높은 점포, 그 지역의 상권 내 가장 번화한 점포인 핵점포가 대표적인 앵커점포에 해당한다.

41 #넬슨#소매입지선정원리 (정답) ③

㉠ 누적적 흡인력 : 영업의 형태가 비슷하거나 동일한 점포가 집중적으로 몰려 있어 고객의 흡인력을 극대화할 수 있는 가능성 및 사무실, 학교, 문화시설 등에 인접함으로써 고객을 흡인하기에 유리한 조건에 속해 있는가에 대한 검토를 의미한다.

㉡ 양립성 : 상호보완관계에 있는 점포가 서로 인접해 있어서 고객의 흡인력을 높일 수 있는 가능성에 대한 검토를 의미한다.

42 #체크리스트법 (정답) ④

체크리스트법은 상권의 규모에 영향을 미치는 요인들을 수집하여 이들에 대한 평가를 통하여 시장잠재력을 측정하는 서술적 방법에 의한 상권분석이다.

43 #상품구색#전문품소매점 (정답) ④

전문품 소매점의 경우 고객이 지역적으로 분산되어 있어서 상권의 밀도는 낮고 범위는 넓은 것이 특징이다.

44 #입지조건 (정답) ③

곡선형 커브(curve)가 있는 도로에서는 안쪽보다 바깥쪽 입지가 유리한 입지이다.

45 #예상매출액추정 (정답) ④

Huff모델, MNL모델은 소비자들이 특정점포를 선택할 확률을 근거로 예상매출액을 추정할 수 있는 확률적 모형에 의한 상권분석 기법이다.

┃ 정답 TIP ┃
• 서술적 방법에 의한 상권분석 : 체크리스트법, 유추법, 현지조사법, 비율법 등
• 규범적 모형에 의한 상권분석 : 중심지 이론, 소매중력(인력)법칙, 컨버스법칙
• 확률적 모형에 의한 상권분석 : 허프 모형, MNL(Multinomial Logit), MCI 모형

3과목 유통마케팅

46 #성과평가기준 (정답) ③

고객관계관리 활동의 목적은 고객점유율 및 소비점유율 제고를 통한 매출증대이므로 고객자산의 크기 측정을 통해 고객관계관리 활동의 성과를 평가할 수 있다.

47 #표본추출방법 (정답) ④

층화표본추출은 모집단을 구성하고 있는 집단에서 집단의 구성요소의 수에 비례해서 표본의 수를 할당하여 각 집단에서 단순무작위 추출방법으로 추출하는 방법이다.

오답풀이

① 할당표본추출 : 모집단을 어떠한 특성에 따라 세분집단으로 나누고, 나누어진 세분집단의 크기 등에 비례해서 추출된 표본의 수를 결정하여 각 집단의 표본을 판단 또는 편의에 의해 추출하는 방법이다

② 군집표본추출 : 이질적인 구성요소들을 포함하는 집락을 표본단위로 추출한 후 그 구성요소들을 전수조사하는 확률 표본추출방법이다.

③ 판단표본추출 : 조사하고자 하는 모집단을 전형적으로 대표하는 것으로 판단되는 사례를 표본으로 선정하는 방법이다.

⑤ 편의표본추출 : 임의로 응답자 모집 편의를 고려하여 특정한 샘플링 기준을 두지 않고 모집하는 방법으로 비확률 표본추출방법에 해당한다.

48 #직접제품이익 (정답) ②

직접제품이익기법(DPP ; Direct Product Profit)
• 수익성 분석의 한 기법으로, 각 경로대안의 총 마진에서 직접제품비용을 뺀 제품수익성을 평가하여 직접제품이익이 가장 높은 경로 대안을 선택하는 방법이다.
• 제품평가에 있어서 고정비를 제외한 변동비만을 고려하여 분석한다는 측면에서 다른 기법과 구별되며, 구매자의 입장에서 특정 공급업자의 개별품목 혹은 재고관리 단위(SKU) 각각에 대한 평가에 가장 적합한 방법이라 할 수 있다.

49 #PB 〔정답〕 모두정답

자체 브랜드(PB ; Private Brand)는 유통업자가 자체적으로 제품기획과 제조를 하여 브랜드를 결정하는 것으로 유통업자의 독자적인 브랜드명, 로고, 포장을 가지는 프라이빗 브랜드(PB)라고 부른다.
※ 문제오류로 시행처에서 모두정답으로 처리되었다.

50 #가격결정방식 〔정답〕 ①

가격 탄력성이 1보다 클 경우 그 상품에 대한 수요는 가격탄력적이라고 한다.

51 #프랜차이즈 〔정답〕 ⑤

본부는 직영점보다 가맹점 증가를 통해 가입비, 교육비 등의 수입을 보다 적극적으로 확보할 수 있다.

52 #고객충성도 〔정답〕 ⑤

잠재적 충성도(latent loyalty)는 호감도는 높지만 반복구매가 낮은 경우에 발생하는 충성도이다. 즉, 구매량은 적지만 충성도가 높은 경우이다.

53 #IP#PP#VP 〔정답〕 ①

PP의 목적은 판매포인트 전달과 판매유도이다.

54 #매장배치 〔정답〕 ②

〔오답풀이〕
① 고객의 동일 제품에 대한 반복구매 빈도가 높은 소매점, 즉 대형마트, 슈퍼마켓, 디스카운트 스토어, 버라이어티 스토어, 하이퍼마켓, 식료품점이 경우에 그리드(grid) 방식의 고객동선 설계가 바람직하다.
③ 충동구매를 일으키는 상품은 점포 전면에 진열, 배치하는 것이 바람직하다.
④ 층수가 높은 점포는 층수가 높을수록 그 공간가치가 낮아진다.
⑤ 넓은 바닥면적이 필요한 상품은 통행량이 적은 곳에 배치하여야 한다.

55 #산업재촉진수단 〔정답〕 ③

인적판매는 잠재고객과 직접적인 대면 접촉을 통하여 기업의 이미지를 향상시키고, 판매를 촉진시키기 위하여 제품과 서비스를 제공하는 활동으로 산업재에 적합한 촉진수단이다.

┃더 알아보기┃

제품별 촉진도구
• 산업재 : 인적판매
• 내구성 소비재 : 인적판매와 광고
• 비내구성 소비재 : 광고와 판매촉진

56 #유통마케팅조사절차 〔정답〕 ④

유통마케팅 조사의 절차
문제정의 → 조사설계 → 자료수집방법 결정 → 표본설계 → 시행 → 분석 및 활용

57 #브랜드관리 〔정답〕 ④

브랜드 인지도는 소비자가 한 제품범주에 속한 특정 브랜드를 인식하거나 회상할 수 있는 정도를 의미한다.

58 #핵심고객관리 〔정답〕 ⑤

효과적이고 수익성 높은 거래의 수단으로 구매자와 판매자 간의 지속적 협력관계를 요구한다.

59 #소매업체대상#판촉 〔정답〕 ⑤

소매점이 진행하고 있는 특정 제품 및 세일 관련 광고비용 일부를 부담하는 것은 판매촉진지원금이다.

60 #집중화전략 〔정답〕 ③

집중화전략은 대규모 시장에서 낮은 점유율을 추구하는 대신에 매우 매력적인 하나 혹은 적은 수의 세분시장에서 높은 점유율을 추구하는 전략으로, 소매점이 자원의 제약을 받을 때나 경영노하우 등 기업이 가진 내부적인 능력이 제한되어 있을 때 특히 유용하다.

〔오답풀이〕
② 비차별화전략 : 세분시장 간의 차이를 무시하고, 단일 제품이나 서비스로 전체 시장에 진출하려는 것으로, 소비자 욕구의 차이보다는 공통점에 초점을 맞추고 있다.
④ 차별화전략 : 여러 목표시장을 표적으로 하고 각각에 대해 상이한 제품과 서비스를 설계하여 제품과 마케팅을 다양화함으로써 매출액을 늘리고 각 세분시장에서의 지위를 강화하려는 것이다.

61 #매장면적 〔정답〕 ③

전체 면적에서 차지하는 매장면적의 비율은 점포의 종류나 특성에 따라 달라진다.

62 #판매촉진지원금 〔정답〕 ③

〔오답풀이〕
① 현금할인
② 거래할인
④ 수량할인
⑤ 상품지원금

63 #고객생애가치 　　　　　　　　　　정답 ⑤

오답풀이

① 고객생애가치는 고려되는 비용과 기간 등의 요인에 따라 다르게 추정될 수 있다.

② 고객생애가치는 수치화하여 측정할 수 있다.

③ 고객생애가치는 고객이 일생동안 구매를 통해 기업에게 기여하는 수익을 현재가치로 환산한 금액이다.

④ 고객생애가치는 고객유지율에 기반하여 추정할 수 있다.

64 #가격전략 　　　　　　　　　　정답 ①

가격계열화전략은 하나의 제품에 대해서 단일가격을 설정하는 것이 아닌, 제품의 품질이나 디자인의 차이에 따라 제품의 가격대를 설정하고, 그러한 가격대 안에서 개별 제품에 대한 구체적인 가격을 결정하는 가격정책을 의미한다.

65 #마이클포터#5요인모델 　　　　　　정답 ⑤

대체재가 많을수록 시장의 매력도는 낮아진다.

┃더 알아보기┃

> **마이클 포터(Michael Porter)의 5요인모델(5-Forces Model)**
> • 포터는 산업의 경쟁구조에서 기업의 전략적 위치와 기업 전략은 산업 환경에 있는 다섯 가지 세력에 의해 결정되며, 각 요인들의 힘(영향력)이 강할수록 그 기업에 위협이 되고, 약할수록 기회가 된다고 보았다.
> • 다섯 가지 세력 : 기존 기업 간의 경쟁, 잠재적 진입자, 공급자의 교섭력, 구매자의 교섭력, 대체제의 존재

66 #상품구색#다양성 　　　　　　　정답 ②

다양성은 한 점포 내에서 취급하는 상품카테고리 종류의 수로서 다양성이 높을수록 상품구성의 폭이 넓어지는 것이다.

67 #업체별머천다이징 　　　　　　　정답 ④

백화점은 현대적인 건물과 시설, 대량 매입의 경제성, 기능별 전문화에 의한 합리적 경영, 균형 있는 상품구성과 다양한 서비스, 엄격한 정찰제 실시, 대량 판매 촉진과 명성을 배경으로 한 고객유치 및 강력한 재정능력을 통해 판매활동을 전개한다.

68 #고객관리전략 　　　　　　　　정답 ①

고객관계를 강화하기 위해서는 축적된 기존 고객들의 정보를 파악하여 장기적인 관계를 형성하기 위한 1:1 마케팅 서비스를 실행해야 한다.

69 #판매활동 　　　　　　　　　　정답 ③

판매활동의 개념

• 대금과 상품의 교환거래를 실현시키는 활동이다.

• 구매자로 하여금 교환하도록 용단을 내리게 하기 위한 설득활동이다.

• 상품의 효용을 고객에게 알림으로써 고객이 구매활동을 하도록 설득하는 행동을 총칭한다.

70 #판매원행동기법 　　　　　　　정답 ⑤

구매하지 않아도 된다는 태도를 취하는 것은 옳지 않다. 판매원은 전달자로서 또는 쇼핑상담 시 전문가로서의 역할을 담당하여 상품은 물론 유행정보 및 생활정보를 제공하는 데 기본이 되는 상품지식을 갖춤으로써 고객으로 하여금 신뢰감을 느낄 수 있게 해야 한다.

4과목 유통정보

71 #비즈니스모델 　　　　　　　　정답 ⑤

커뮤니티 모델 - 공통관심의 이용자들에게 만남의 장 제공 - 소셜 네트워크

72 #암묵지 　　　　　　　　　　　정답 ③

㉠ 매뉴얼, ㉢ 데이터베이스, ㉣ 컴퓨터 프로그램은 형식지에 해당한다.

┃정답 TIP┃

암묵지

언어나 기호로 표현하기 곤란한 주관적 지식으로, 개인의 경험을 통하여 익힌 지식을 말한다. 즉 사람들 머릿속에 들어 있는 지식으로 밖으로 표출되건 되지 않았건 개개인이 가지고 있는 지식을 일컫는다. ㉎ 개인의 직관, 사고, 숙련, 노하우, 관행 등

73 #베스트오브브리드 　　　　　　정답 ①, ③

베스트 오브 브리드(best of breed)는 영역별로 원하는 솔루션을 선택하여 조합하는 전략이므로 상대적으로 시스템을 구축하는 데 많은 비용이 들고, 별도의 미들웨어 개발이 요구된다.

74 #OLAP 　　　　　　　　　　정답 ③

드릴링(drilling)은 데이터 분석 차원의 깊이를 조절해 가며 분석할 수 있는 기능으로, 가장 요약된 레벨부터 가장 상세한 레벨까지 분석하는 '드릴 업'과 가장 상세한 레벨부터 가장 요약된 레벨까지 분석하는 '드릴 다운'으로 구분할 수 있다.

오답풀이

① 분해(slice & dice) : 다양한 관점에서 자료를 분석 가능하게 하는 기능이다.

② 리포팅(reporting) : 현재 보고서의 정보를 간단한 대화식 조작을 통해 원하는 형태의 보고서로 나타내는 기능이다.

④ 피보팅(pivoting) : 분석 차원을 분석자의 필요에 따라 변경해서 볼 수 있는 기능이다.

⑤ 필터링(filtering) : 원하는 자료만을 걸러서 추출하기 위해서 이용되는 기능이다.

75 #PG [정답] ③

PG(Payment Gateway)는 인터넷상에서 금융기관과 하는 거래를 대행해 주는 서비스로 신용카드, 계좌이체, 핸드폰 이용 결제, ARS 결제 등 다양한 소액 결제 서비스를 대신 제공해주는 결제 대행사이다. 이 대행사를 이용하지 않을 경우 쇼핑몰 사업자가 각 카드사별, 은행 별로 각각 계약을 맺어야 하는 번거로운 일이 발생한다. 따라서 각 카드사나 은행들이 매출규모가 크지 않은 온라인 쇼핑몰과 직접 계약을 맺을 일은 없기 때문에 대부분의 쇼핑몰은 이들 결제 대행사와 계약을 맺어 결제 서비스를 제공하고 있다.

76 #4차산업혁명 [정답] ⑤

레거시 시스템(legacy system)은 낡은 기술이나 방법론, 컴퓨터 시스템, 소프트웨어 등을 의미하기 때문에 4차 산업혁명에 따른 파괴적인 혁신과는 거리가 먼 개념이다.

정답 TIP

4차 산업혁명은 인공 지능(AI), 사물 인터넷(IoT), 클라우드 컴퓨팅, 빅데이터, 모바일 등 지능정보기술이 기존 산업과 서비스에 융합되거나 3D 프린팅, 로봇공학, 생명공학, 나노기술 등 여러 분야의 신기술과 결합되어 실세계 모든 제품·서비스를 네트워크로 연결하고 사물을 지능화한다.

77 #NoSQL [정답] ④

NoSQL은 비관계형 데이터 저장소로 기존의 전통적인 방식의 RDB와는 다르게 설계된 데이터베이스로 테이블간 조인연산을 지원하지 않는다.

78 #스코어카드 [정답] ②

스코어카드(scorecards)는 주로 핵심성과지표를 시각화하는 데 사용된다.

79 #자료#정보#지식 [정답] ④

자료 · 정보 · 지식의 비교

구 분	자 료	정 보	지 식
구조화	쉬 움	단위 필요	어려움
부가가치	적 음	중 간	많 음
객관성	객관적	가공 필요	주관적
의사결정	관련 없음	객관적 사용	주관적 사용

80 #업셀링 [정답] ⑤

업 셀링(up selling)은 동일한 분야로 분류될 수 있는 제품 중 소비자가 희망하는 제품보다 단가가 높은 제품의 구입을 유도하는 판매방법을 의미한다.

오답풀이

① 클릭 앤드 모타르(click and mortar) : 온라인과 오프라인 어느 한쪽으로 치우치지 않고 동시에 추구하는 통합형 조직이다

② 옴니채널(omnichannel) : 소비자가 온라인, 오프라인, 모바일 등 다양한 경로를 넘나들며 상품을 검색하고 구매할 수 있도록 한 서비스이다.

④ 크로스 셀링(cross selling) : 자체 개발한 상품에만 의존하지 않고 관련된 제품까지 판매하는 적극적인 판매방식으로, 고객이 선호할 수 있는 추가제안을 통해 다른 제품을 추가 구입하도록 유도할 수 있다.

81 #그리드컴퓨팅 [정답] ②

그리드 컴퓨팅은 모든 컴퓨팅 기기를 하나의 초고속 네트워크로 연결하여, 컴퓨터의 계산능력을 극대화한 차세대 디지털 신경망 서비스를 말한다.

오답풀이

① 클라우드 컴퓨팅 : 인터넷상의 서버를 통하여 IT 관련 서비스를 한번에 사용할 수 있는 컴퓨팅 환경이다.

③ 그린 컴퓨팅 : 컴퓨팅에 이용되는 에너지를 절약하자는 운동으로, 컴퓨터 자체의 구동 뿐 아니라 컴퓨터의 냉각과 주변기기의 운용에 소요되는 전력을 줄이기 위해 새로운 CPU의 설계, 대체에너지 사용 등의 다양한 방안이 제시되고 있다.

④ 클러스터 컴퓨팅 : 여러 대의 컴퓨터들이 연결되어 하나의 시스템처럼 동작하는 컴퓨터들의 집합을 말한다.

⑤ 가상 컴퓨팅 : 한 대의 대형 컴퓨터에 접속된 개개의 단말기에서 다른 운영 체제를 가상적으로 실행할 수 있게 하는 컴퓨터 인터페이스를 말한다.

82 #지식관리시스템 [정답] ⑤

오답풀이

① 유용한 지식에 사람들이 접근할 수 있도록 합리적인 형태로 저장해야 한다.

② 지식관리시스템은 지식경영과 정보시스템을 결합한 개념으로, 정보기술을 이용하여 개인이나 조직 차원의 지식경영 프로세스를 지원하는 시스템이므로 조직 내부의 지식관리에 대한 모든 문제를 해결할 수는 없다.

③ 지식관리시스템은 조직 내의 인적 자원들이 축적하고 있는 개별적인 지식을 체계화하여 공유함으로써 기업 경쟁력을 향상시키기 위한 기업정보시스템이다.

④ 지식관리시스템의 구축은 재사용 가능한 지식의 적시 제공에 따른 업무 생산성 향상과 부가가치 창출의 잠 재성을 가진 지식 축적에 따른 지식의 자산화 등을 목 적으로 하므로 단기적 관점뿐만 아니라 장기적 관점에 서 기업의 경쟁력 강화에 기여하도록 시스템을 구축해 야 한다.

83 #빅데이터분석 〔정답〕 ⑤

회귀 분석은 한 변수 혹은 여러 변수가 다른 변수에 미치는 영향력의 크기를 회귀방정식으로 추정하고 분 석하는 통계적 분석 기법이다.

┃ 더 알아보기 ┃

빅데이터의 개념
빅데이터란 기존 데이터베이스 관리도구로 데이터 를 수집, 저장, 관리, 분석할 수 있는 역량을 넘어서 는 대량의 정형 또는 비정형 데이터 집합 및 이러한 데이터로부터 가치를 추출하고 결과를 분석하는 기 술을 의미한다.

84 #의사결정절차 〔정답〕 ④

ⓒ 문제 규정 → ⓐ 모델 설정 → ⓓ 모형의 타당성 검토 → ⓔ 시뮬레이션 시행 → ⓜ 결과 분석 및 추론

┃ 정답 TIP ┃
경영상의 의사결정 과정
경영상 관점에서의 의사결정은 '문제의 인식 → 자료의 수 집 → 변수의 통제가능성 검토 → 모형의 구축 → 모형의 정확도 및 신뢰도 검정 → 실행가능성 여부평가 → 실행' 순으로 이루어진다.

85 #시맨틱웹 〔정답〕 ③

시맨틱웹(semantic-Web)은 컴퓨터가 스스로 문장이 나 문맥 속의 단어의 미묘한 의미를 구분하여 사용자 가 원하는 정보를 제공할 수 있는 웹을 뜻한다.

오답풀이

① 고퍼(gopher) : 정보의 내용을 주제별이나 종류별로 구분하여 메뉴로 구성한 후, 메뉴 방식으로 사용할 수 있는 인터넷 정보검색 서비스를 말한다.

② 냅스터(napster) : 개인이 가지고 있는 음악파일(MP3) 들을 인터넷을 통해 안정적으로 공유할 수 있게 해주 는 프로그램을 말한다.

⑤ 웹클리퍼(Web-clipper) : 텍스트, 이미지, 링크 등을 포함해 웹페이지를 스크랩할 수 있는 기능을 말한다.

86 #식별코드 〔정답〕 ②

상품 식별코드를 통해서는 상품명, 제조사(판매처)에 대한 간략한 정보만 확인할 수 있다.

87 #QR코드 〔정답〕 ⑤

QR 코드는 대표적인 2차원 바코드로, 2차원 바코드는 1차원 바코드가 13~14자리의 숫자로 구성되어 있던 것과 달리 문자·숫자·이미지를 포함한 1,000개 이 상의 데이터를 처리할 수 있는 장점이 있다.

88 #균형성과표 〔정답〕 ③

균형성과표는 SCM 추진을 진행 중이거나 준비 중인 기업(제조, 도매, 물류, 유통)이 자사 및 거래파트너의 SCM 추진의 준비정도, 협업수준 및 그에 대한 성과를 객관적으로 측정할 수 있도록 하는 계량적 평가도구 이다.

┃ 더 알아보기 ┃

균형성과표의 특징
• 장기적 관점의 고객관계에 대한 평가를 포함한다.
• 기업의 학습과 성장 역량의 평가를 포함한다.
• 정성적 성과는 물론 정량적 성과도 포함한다.
• 단기적 성과와 함께 장기적 성과를 포함한다.
• 공급사슬 프로세스의 성과 평가에 활용한다.

89 #드론 〔정답〕 ①

드론에는 정확하고 정밀한 조종을 도와주기 위한 여러 가지 센서가 있는데, 기본적으로 위치를 파악하고 자 세를 제어하기 위한 지자기센서, GPS, 가속도센서, 자이로센서 등과 충돌을 방지하기 위한 근접센서나 적 외선센서가 대표적이다.

90 #POS시스템 〔정답〕 ②

수집된 데이터가 즉시 분석되는 형태를 리얼타임방식 이라고 하고, 데이터를 모았다가 나중에 일괄해서 처 리하는 방식을 배치(Batch)처리방식이라고 한다.

┃ 더 알아보기 ┃

POS데이터의 특징
• 정보가 매우 상세하고 정확하며, 실시간 처리로 데이터를 작성할 수 있기 때문에 신속히 정보를 활 용할 수 있다.
• 시간의 흐름에 따라 계속 발생하는 정보를 지속적 으로 수집·활용할 수 있어 정보량이 매우 크다.

2021년

기출문제
정답 및 해설

계속 갈망하라. 언제나 우직하게.

– 스티브 잡스 –

자격증 · 공무원 · 금융/보험 · 면허증 · 언어/외국어 · 검정고시/독학사 · 기업체/취업
이 시대의 모든 합격! SD에듀에서 합격하세요!
www.youtube.com ➜ SD에듀 ➜ 구독

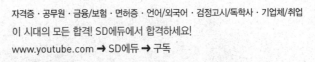

01	02	03	04	05	06	07	08	09	10	11	12	13	14	15
②	③	⑤	②	⑤	⑤	④	④	④	②	③	②	⑤	①	③
16	17	18	19	20	21	22	23	24	25	26	27	28	29	30
②	⑤	④	④	④	①	④	①	⑤	③	①	②	②	⑤	③
31	32	33	34	35	36	37	38	39	40	41	42	43	44	45
④	③	①	④	③	③	③	①	⑤	④	①	①	⑤	⑤	③
46	47	48	49	50	51	52	53	54	55	56	57	58	59	60
③	①	④	⑤	④	④	①	①	③	⑤	⑤	⑤	⑤	⑤	①
61	62	63	64	65	66	67	68	69	70	71	72	73	74	75
①	②	①	④	⑤	④	①	④	⑤	⑤	⑤	⑤	③	①	⑤
76	77	78	79	80	81	82	83	84	85	86	87	88	89	90
②	①	④	④	①	⑤	③	④	①	②	③	③	②	⑤	⑤

1과목   유통물류일반

01 #피기백시스템   정답 ②

오답풀이

① 버디백 시스템(Birdy Back System) : 트럭과 항공운송을 결합한 운송방식
③ 피시백 시스템(Fishy Back System) : 트럭과 해상운송을 결합한 운송방식
④ 스카이쉽 시스템(Sky-Ship System) : 항공운송과 해상운송을 결합한 운송방식
⑤ 트레인쉽 시스템(Train-Ship System) : 철도운송과 해상운송을 결합한 운송방식

02 #내부실패비용   정답 ③

내부실패비용(internal failure costs)은 선적, 출하 전에 발견된 불량품과 관련된 비용이다.

오답풀이

① 예방비용(prevention costs) : 제품이 생산되기 전에 불량 품질의 발생을 예방하기 위하여 발생하는 비용
② 평가비용(appraisal costs) : 제품, 공정 또는 서비스의 품질이 품질표준 및 요구 성능과 일치하도록 하기 위한 측정·평가 또는 감사 활동과 관련하여 발생하는 비용

④ 외부실패비용(external failure costs) : 제품을 고객에게 발송한 후 불량품 발견으로 인하여 발생하는 제반 비용

┃더 알아보기┃

품질비용
품질비용이란 제품을 잘 만들지 않음으로써 발생하는 비용으로 예방비용, 평가비용으로 구성된 통제비용과 내부실패비용, 외부실패비용으로 구성된 실패비용이 있다

03 #수직적통합전략   정답 ⑤

┃정답 TIP┃
수직적 통합의 특성
• 분업에 따른 전문화의 이점을 누리기 힘들어질 수도 있다.
• 경우에 따라 비용구조가 증가하기도 한다.
• 조직의 비대화를 가져와 관료화의 문제를 겪기 쉽다.
• 유통경로 구성원에 대한 통제가 쉽다.
• 유연성이 줄어들 수 있다.

04 **#직무평가방법** 정답 ②

오답풀이

① 서열법(ranking method) : 각 직무의 난이도 및 책임성 등을 평가하여 서열을 매기는 방법
③ 점수법(point method) : 직무를 각 구성요소로 분해한 뒤 평가한 점수의 합계로써 직무의 가치를 평가하는 방법
④ 요소비교법(factor comparison method) : 객관적으로 가장 타당하다고 인정되는 기준직무를 설정하고, 이를 기준으로 평가직무를 기준직무와 비교함으로써 평가하는 방법
⑤ 직무순환법(job rotation method) : 다른 직무를 담당하도록 담당 직무를 바꾸어 다양한 경험을 부여하는 방법

05 **#타인자본#단기부채** 정답 ⑤

┃ 정답 TIP ┃
타인자본의 구분
타인자본은 차입금이나 사채와 같이 외부로부터 조달한 자본을 말한다.

구 분	내 용	
단기부채 (유동부채)	1년 이내에 상환 의무가 있는 부채	매입채무(지급어음, 외상매입금), 미지급금, 단기차입금, 선수금, 예수금, 미지급비용, 환불부채
장기부채 (비유동부채)	지급기한이 1년 이상인 부채	장기매입채무, 기타 비유동채무(퇴직급여충당부채, 이연법인세부채), 장기차입금, 보증금 등

┃ 더 알아보기 ┃

재평가적립금
자산재평가법에 의해 고정자산에 대한 재평가를 실시하고, 고정자산의 장부가액보다 증액평가된 차액을 계상한 것을 말한다. 재평가적립금은 자본잉여금에 속하는 것이며, 재평가세의 납부, 자본에의 전입, 재평가일 이후 발생한 대차대조표상의 이월결손금의 보전, 환율조정계정 금액과의 상계를 제외하고는 이를 처분하지 못한다.

06 **#정량주문법#정기주문법** 정답 ⑤

┃ 정답 TIP ┃
정량주문법과 정기주문법의 비교

구 분	정량주문법	정기주문법
리드타임	짧은 편이 낫다	긴 편이 낫다
표준화	표준부품을 주문할 경우	전용부품을 주문할 경우
품목수	많아도 된다	적을수록 좋다
주문량	고정되어야 좋다	변경가능하다
주문시기	일정하지 않다	일정하다
구매금액	상대적으로 저가물품에 사용	상대적으로 고가물품에 사용

07 **#Formal조직#Informal조직** 정답 ④

공식조직(Formal 조직)이란 법률이나 규칙, 직제에 의해 명문화된 제도상의 조직이며, 비공식조직(Informal 조직)이란 조직구성원의 비공식적인 상호접촉이나 친근감 등과 같은 인간관계를 토대로 자연발생적으로 형성된 관계를 말한다.

08 **#기업윤리** 정답 ④

┃ 정답 TIP ┃
기업윤리
기업윤리란 영리를 목적으로 사업을 경영하는 기업이 기본적으로 지켜야 할 도리와 규범을 말하며, 한국 경영학회에 따르면 기업윤리는 이해관계자들을 고려한 체계적 판단기준이자 기업정책 및 조직, 행동에 있어서 지켜야 할 도덕적 기준이다. 이러한 기업윤리를 준수하는 것은 강제적이 아니라 자발적이지만 최근에는 해외부패방지법 등 기업윤리 관련 법 제정이 계속해서 확대되고 있기 때문에 윤리적인 부분도 간과해서는 안 된다.

09 **#전사적자원관리** 정답 ④

오답풀이

① 리엔지니어링 : 기업의 체질 및 구조와 경영방식을 근본적으로 재설계하여 경쟁력을 확보하는 것
② 아웃소싱 : 기업 업무의 일부를 제3자에게 위탁하여 경영 효과 및 효율을 극대화하는 것
③ 식스시그마 : 100만개의 제품 중 3~4개의 불량만을 허용하는 품질혁신 기법
⑤ 벤치마킹 : 경쟁력 제고를 위해 타사의 장·단점을 분석하여 배우는 경영혁신 기법

10 #제3자물류 　　　　　정답 ②

유통 등 물류를 아웃소싱함으로써 리드타임의 감소와 비용의 절감을 통해 고객만족을 높여 기업의 가치를 높일 수 있다.

11 #거시환경#미시환경 　　　　　정답 ③

오답풀이

①·②·④·⑤ 거시환경

┃더 알아보기┃

거시환경과 미시환경
- 주요 거시환경 요인 : 인구통계적 환경, 경제적 환경, 자연적 환경, 기술적 환경, 문화적 환경, 정치적 환경
- 주요 미시환경 요인 : 경쟁자, 고객, 기업자신의 핵심역량, 공중 및 이해관계자, 협력자

12 #유통경로경쟁 　　　　　정답 ②

┃정답 TIP┃

유통경로 경쟁의 형태
- 수평적 경쟁 : 유통경로의 동일한 단계에 있는 경로구성원 간의 경쟁
- 수직적 경쟁 : 서로 다른 경로수준에 위치한 경로구성원 간의 경쟁
- 업태 내 경쟁 : 유사한 상품을 판매하는 서로 동일한 형태의 소매업체 간 경쟁
- 업태 간 경쟁 : 유사한 상품을 판매하는 서로 상이한 형태의 소매업체 간 경쟁

13 #물류아웃소싱#성공전략 　　　　　정답 ⑤

┃정답 TIP┃

물류아웃소싱의 성공전략 5가지
- 지출되는 물류비용을 정확히 파악하여 아웃소싱 시 비용절감효과를 측정해야 한다.
- 아웃소싱의 목적이 기업 전체의 전략과 일치해야 한다(고객서비스와 비용절감을 목적).
- 적절한 인력관리로 사기저하를 방지해야 한다(아웃소싱의 가장 큰 장애는 인원감축 등에 대한 저항이 큼).
- 최고경영자(CEO)의 관심과 지원이 필요하다.
- 아웃소싱의 목표는 현재와 미래의 고객만족에 목표를 둔다.

14 #유통경로특성 　　　　　정답 ①

유통경로의 지역성이란 유통경로는 각 나라의 고유한 역사적 배경과 시장환경에 의하여 영향을 받게 되므로 각국의 유통경로는 매우 다른 양상을 보인다는 것을 의미한다.

┃더 알아보기┃

유통경로의 비탄력성
다른 마케팅 믹스 요소와 달리 한 번 결정되면 다른 유통경로로의 전환이 용이하지 않으므로 유통경로의 선정과 결정은 기업의 성공에 큰 영향을 준다.

15 #유통경로의효용 　　　　　정답 ③

┃정답 TIP┃

유통경로의 효용
- 시간적 효용 : 보관기능을 통해 생산과 소비간 시간적 차이를 극복시켜 준다.
- 소유적 효용 : 생산자와 소비자간 소유권 이전을 통해 효용이 발생된다.
- 장소적 효용 : 운송기능을 통해 생산지와 소비지간 장소적 차이를 극복시켜 준다.
- 형태적 효용 : 생산된 상품을 적절한 수량으로 분할 및 분배함으로써 효용이 발생된다.

16 #식품위생법 　　　　　정답 ②

오답풀이

① 식품 : 모든 음식물(의약으로 섭취하는 것은 제외)을 말한다.

③ 집단급식소 : 영리를 목적으로 하지 아니하면서 특정 다수인에게 계속하여 음식물을 공급하는 기숙사, 학교·유치원·어린이집, 병원, 사회복지시설, 산업체, 국가, 지방자치단체 및 공공기관, 그 밖의 후생기관 등의 급식시설로서 대통령령으로 정하는 시설을 말한다.

④ 식품이력추적관리 : 식품을 제조·가공단계부터 판매단계까지 가 단계별로 정보를 기록·관리하여 그 식품의 안전성 등에 문제가 발생할 경우 그 식품을 추적하여 원인을 규명하고 필요한 조치를 할 수 있도록 관리하는 것을 말한다.

⑤ 기구 : 식품 또는 식품첨가물에 직접 닿는 기계·기구나 그 밖의 물건(농업과 수산업에서 식품을 채취하는 데에 쓰는 기계·기구나 그 밖의 물건 및 「위생용품관리법」 제2조 제1호에 따른 위생용품은 제외)을 말한다.

17 #EOQ 　　　　　정답 ⑤

- 경제적주문량

$$= \sqrt{\frac{2 \times \text{연간부품수요량} \times \text{1회 주문비}}{\text{단위당재고유지비}}}$$

$$= \sqrt{\frac{2 \times 1,000 \times 200}{40}}$$

$$= 100$$

- 총재고비용
  = 주문비 + 재고유지비
  = 1회 주문비 $\times \dfrac{\text{연간부품수요량}}{\text{경제적주문량}}$
  $\quad +$ 단위당 재고유지비 $\times \dfrac{\text{경제적주문량}}{2}$
  = $200 \times \dfrac{1,000}{100} + 40 \times \dfrac{100}{2}$
  = 4,000원

18 #중간상기능 　[정답] ④

┃ 정답 TIP ┃
중간상의 선별기능
제조업자가 만든 제품 및 서비스의 선별과 소비자가 요구하는 구색간의 불일치를 해소하는 기능으로, 분류, 집적, 배분, 구색형성의 4가지 기능을 포함한다.

분류(등급) (sorting out)	이질적 상품을 비교적 동질적인 개별상품단위로 구분하는 것
집적(수합) (accumulation)	다수의 공급업자로부터 제공받는 상품을 모아서 동질적인 대규모 상품들로 선별하는 것
배분(분배) (allocation)	동질적 제품을 분배, 소규모 로트의 상품별로 모아서 분류하는 것
구색화 (assortment)	사용목적이 서로 관련성이 있는 상품별로 일정한 구색을 갖추어 함께 취급하는 것

19 #제조업체#유통비용 　[정답] ④

┃ 정답 TIP ┃
제조업체가 부담하는 유통비용
- 리베이트 : 판매가격의 일정률에 해당하는 현금을 반환하는 것
- 물량비례보조금 : 특정 기간 내에 구매하는 상품의 양에 따라 지원금을 지급하는 것
- 머천다이징 보조금 : 점포 내에 판촉물을 전시하거나 소매점광고에 자사 상품을 소개하는 경우에 지급하는 것
- 제품진열 보조금 : 신제품을 구매하거나 특별 전시하는 경우에 지급되는 것
- 재고보호 보조금 : 판매가격의 일정률에 해당하는 현금을 반환하는 것

20 #유통경로#유통환경변화 　[정답] ④

┃ 정답 TIP ┃
유통산업의 환경에 따른 유통경로의 변화 단계
싱글채널 → 듀얼채널 → 멀티채널 → 크로스채널 → 옴니채널

21 #유통의개념 　[정답] ①

제품의 물리적 흐름과 법적 소유권의 흐름은 마케팅경로를 통해 이루어지는데, 실제로 이러한 두 가지의 흐름은 반드시 동일한 경로를 통해 이루어지거나 동시에 이루어져야 할 필요는 없다. 예를 들어, 제품은 물리적으로 이전되지 않으면서도 한 번 이상 소유자가 바뀔 수 있고, 소유자는 그대로 있으면서 제품이 다른 장소로 수송될 수 있는 것이다

22 #자가창고#영업창고 　[정답] ④

자가창고의 경우 토지 구입 및 설비투자비용 등과 창고 규모의 고정적 배치에 의한 인건비, 관리비를 부담하기 때문에 초기투자비용이 높다.

23 #UNGC 　[정답] ①

┃ 정답 TIP ┃
UNGC(UN Global Compact)
UNGC(UN Global Compact)는 기업이 인권, 노동, 환경, 반부패 분야에서 보편적으로 인정되는 10대 원칙에 따라 기업의 운영과 경영전략에 내재화시켜 지속 가능성과 기업 시민의식 향상에 동참할 수 있도록 권장하고, 이를 위한 실질적 방안을 제시하는 UN 산하 전문기구이다.

24 #풀전략#푸시전략 　[정답] ⑤

제조업체가 도매상을 대상으로, 소매상이 소비자를 대상으로 하는 촉진전략은 푸시(Push)전략이다.

┃ 더 알아보기 ┃

> **풀전략(Pull Strategy)과 푸시전략(Push Strategy)**
> - 풀전략(Pull Strategy) : 유통채널이 최종 소비자를 당기는 방법으로 제조업자가 최종구매자를 대상으로 광고나 홍보를 하고 소비자가 그 광보나 홍보에 반응해 소매점에 상품이나 서비스를 주문·구매하는 전략
> - 푸시전략(Push Strategy) : 유통채널을 통해 최종 소비자들에게 제품을 들이미는 방법으로 제조업자가 유통업자들을 대상으로 하여 촉진예산을 인적 판매와 거래점 촉진에 집중 투입하여 유통경로상 다음 단계의 구성원들에게 영향을 주고자 하는 전략

25 #물류활동#조달물류 　[정답] ③

조달물류는 공차율(전체 운행하는 화물 차량 중 빈 차의 비율)의 최소화를 고려해야 한다.

26 #권리금　　　정답 ①

권리금은 점포임대차와 관련해 임차인이 누리게 될 장소 또는 영업상의 이익에 대한 대가로 임차보증금과는 별도로 지급되는 금전적 대가를 말한다.

27 #내점객조사법#점두조사법　　　정답 ②

점두조사법은 방문객의 주소를 파악하여 점포상권을 조사하는 방법으로, 내점객조사법과 가장 유사한 방법이다.

┃ 정답 TIP ┃

내점객조사법

- 방문자에 대해서 조사원이 질문지를 기초로 청취조사를 하며, 보통 방문객 수의 15~20% 정도가 적당하다.
- 내점객조사는 상권 범위만을 파악하기 위해 실시하는 것이 아니라 좀 더 발전된 운영 전략을 검토하기 위한 조사 방법이다.

28 #정보기술발전영향　　　정답 ②

정보기술의 발전으로 전자상거래가 성장하면서 중간 유통단계를 감소시키고 있다.

29 #GIS　　　정답 ⑤

지리정보시스템(GIS)은 대규모 점포의 입지선정뿐만 아니라 소규모 점포의 입지선정에도 활용가능성이 높다.

┃ 정답 TIP ┃

지리정보시스템(GIS ; Geographic Information System)

GIS란 인간의 의사결정능력 지원에 필요한 지리정보의 관측과 수집에서부터 보존과 분석, 출력에 이르기까지의 일련의 조작을 위한 정보시스템으로, 지리적 위치를 갖고 있는 대상에 대한 위치자료(spatial data)와 속성자료(attribute data)를 통합·관리하여 지도, 도표 및 그림들과 같은 여러 형태의 정보를 제공한다.

30 #도매상권#소매상권　　　정답 ③

도매상권은 소매상권보다 면적이 넓고, 한 상품의 거래량도 많다. 소매상권은 상품의 성질에 따라 크기가 달라지는데, 값이 싸고 1인당 수요빈도가 높은 일상잡화 등의 상품의 상권은 좁고, 값이 비싸고 수요 빈도가 낮은 고급품·전문품의 상권은 넓다.

31 #교육환경법　　　정답 ④

┃ 정답 TIP ┃

교육환경보호구역에서의 금지행위 등(교육환경법 제9조)

담배가게의 경우 해석 유무에 따라 단독적으로 담배만 파는 가게의 경우 영업할 수 없지만 편의점 내의 담배 같은 경우 영업할 수 있는 업종으로 분류될 수 있다.

32 #소매점상권크기　　　정답 ⑤

ㄱ 점포의 설비, 디자인, 진열방식 등의 고객서비스와 광고, 판촉활동 등으로 인한 소매점의 이미지에 따라 상권은 달라진다.

ㄷ 동일한 지구 내에 위치하더라도 점포규모, 구색 갖춤에 따라 상권은 달라진다.

ㄹ 상품의 품질이 동일하면서 애프터 서비스를 받아야 하는 상품일 경우에 소비자들은 되도록 가까운 곳에서 상품을 구입하려는 경향이 있기 때문에 소매점의 접근성에 따라 상권의 크기는 달라진다.

ㅁ 상권 내에 유사하거나 동업종의 경쟁점포가 함께 모여 있으면 커다란 상권을 형성하여 각 점마다 흡인력을 증대시킬 수 있기 때문에 경쟁점포의 입지는 상권의 크기에 영향을 미친다.

33 #경제인　　　정답 ①

┃ 정답 TIP ┃

중심지이론의 기본 가정

- 지표공간은 균질적 표면(Isotropic Surface)으로 되어 있고, 한 지역 내의 교통수단은 오직 하나이며, 운송비는 거리에 비례한다.
- 인구는 공간상에 균일하게 분포되어 있고, 주민의 구매력과 소비행태는 동일하다.
- 인간은 합리적인 사고에 따라 의사결정을 하며, 최소의 비용과 최대의 이익을 추구하는 경제인(Economic Man)이다.
- 소비자들의 구매형태는 획일적이며 유사점포들 중 가장 가까운 곳을 선택한다고 가정한다.
- 여러 상권이 존재하는 경우 상권중심지를 거점으로 배후 상권이 다른 상권과 겹치지 않는다.

34 #상권실사　　　정답 ④

현장실사원칙에 따라 상권조사는 직접 발로 뛰어서 현장체험을 해야 한다.

┃ 더 알아보기 ┃

상권실사의 5원칙

- 매출예측의 원칙 : 상권을 조사하는 기본적인 목표는 매출을 얼마나 올릴 수 있는지 파악하는 것이다.

- 현장실사의 원칙 : 상권조사는 직접 발로 뛰어서 현장체험을 해야 한다.
- 수치화의 원칙 : 숫자로 매출액 등급 표시를 하는 수치화가 중요하다.
- 비교의 원칙 : 점포별, 상권별로 비교하여 벤치마킹하는 자세가 중요하다.
- 가설검증의 원칙 : 가설을 세워 추정해보는 능력이 중요하다.

35 #Huff수정모델

정답 ③

$$P_{KA} = \frac{\frac{100}{10^2}}{(\frac{100}{10^2}) + (\frac{400}{20^2})} = \frac{1}{2} = 0.5$$

│ 정답 TIP │

허프(Huff)의 수정모델 계산공식

$$P_{ij} = \frac{\frac{S_j}{D_{ij}^2}}{\sum_{j=1}^{n} \frac{S_j}{D_{ij}^2}}$$

- P_{ij} = i지점의 소비자가 j상업 집적에 가는 확률
- S_j = j상업 집적의 매장면적
- D_{ij} = i지점에서 j까지의 거리

36 #입지조건

정답 ③

오답풀이

① 점포면적이 매출에 영향을 미치기는 하지만 점포면적이 커질수록 단위면적당 매출이 낮아질 수 있으며, 면적이 크지 않아도 매출 효율성을 높일 수 있다.

② 건축선 후퇴로 인해 앞 건물에 가려져 보이지 않는 경우도 발생하므로 건축선 후퇴는 직접적으로 가시성에 부정적인 영향을 미친다.

④ 점포 부지와 점포의 형태는 직사각형에 가까울수록 소비자 흡인에 좋다.

⑤ 평면도로 볼 때 점포의 깊이에 비해 정면너비가 더 클수록 바람직하다.

│ 더 알아보기 │

건축선 후퇴

도로 폭이 4미터에 이르지 못하는 경우 도로 중심선에서 2미터 후퇴한 선이 건축선에 해당되는 것을 의미한다.

37 #백화점#매장내입지

정답 ③

오답풀이

① 고객이 출입하는 층에서 멀리 떨어진 층일수록 매장공간의 가치가 떨어진다.

② 대부분의 고객들이 오른쪽으로 돌기 때문에, 각 층 입구의 오른편이 좋은 입지이다.

④ 층별 매장의 안쪽으로 고객을 유인하는 데 최적인 매장배치 유형은 루프형배치이다.

⑤ 백화점 매장 내 입지들의 공간적 가치는 층별 매장구성 변경의 영향을 받는다.

│ 더 알아보기 │

루프형 레이아웃

- 루프형 레이아웃은 부티크 레이아웃 또는 경주로형이라고도 부른다.
- 굴곡통로로 고리처럼 연결되어 점포 내부가 경주로처럼 뻗어나가는 형태다.
- 점포의 입구에서부터 고객의 통로를 원이나 사각형으로 배치하여 점포의 생산성을 극대화시키기 위한 레이아웃이다.
- 진열된 제품을 고객들에게 최대한 노출시킬 수 있으며 주요 고객통로를 통해 고객의 동선을 유도한다.
- 융통성, 상품의 노출성, 고객 편리성, 상품의 개별 매장성 등의 장점이 있어 백화점에서 주로 사용한다.
- 매장이 주통로 쪽을 향하고 있고 고객이동이 용이하기 때문에 쇼핑을 증대시킨다.

38 #IRS#MEP

정답 ①

오답풀이

② MEP는 미래시점의 신규 수요를 창출할 수 있는 잠재력을 측정한다.

③ IRS 값이 클수록 시장의 포화정도가 낮아 시장의 매력도는 높아지고 시장기회가 커지므로 신규점포 개설에 유리하다고 판단할 수 있다.

④ MEP가 크다는 것은 해당 지역에서의 점포 부족으로 지역 주민들이 다른 지역에서 쇼핑한다는 것을 의미하므로 점포 출점시 성공가능성이 높다고 판단할 수 있어 입지의 상권 매력성은 높아진다.

⑤ MEP는 IRS의 단점을 보완해주는 지표로 사용된다.

39 #확률모델#MNL모델

정답 ⑤

오답풀이

① Huff모델은 상업시설(점포)을 방문하는 고객의 라이프스타일과 같은 질적인 부분, 즉 주관적 변수는 측정할 수가 없다.

② 공간상호작용 모델의 대표적 분석방법에는 레일리의 소매중력법칙이 있다.

③ Huff모델은 소비자의 구매행태를 거리와 매장면적이라는 두 가지 변수로만 설명한 모형으로서 소비자가 점포를 선택함에 있어서 고려되는 다양한 요인들을 반영하지 못한다는 한계가 있는 반면, MNL모델은 상권 내 소비자들의 각 점포에 대한 개별적인 쇼핑여행에 대한 여러 관측 자료를 통하여 각 점포에 대한 선택확률의 예측뿐만 아니라, 각 점포의 시장점유율과 상권의 크기(매출액)를 추정할 수 있다.

④ MNL모델은 선택공리에 이론적 근거를 두고 있다.

40 #시계성평가 [정답] ④

▍정답 TIP ▍

시계성 평가의 4가지 관점
• 기점의 문제 : 어디서부터 보이는가?
• 대상의 문제 : 무엇이 보이는가?
• 거리의 문제 : 어느 정도의 거리에서 보이기 시작하는가?
• 주체의 문제 : 어떤 상태로 보이는가?

41 #생산구조#소비구조 [정답] ①

▍정답 TIP ▍

생산구조와 소비구조의 특징에 따른 입지유형
• 소량생산 – 소량소비 : 수집, 중개, 분산기능이 모두 필요함(농수산물의 유통)
• 소량생산 – 대량소비 : 수집, 중개기능이 필요함(농산물이나 임산물의 가공)
• 대량생산 – 소량소비 : 중개, 분산기능이 필요함(생필품이나 공산품의 유통)
• 대량생산 – 대량소비 : 중개기능만 필요함(공업용 원료나 광산물의 유통)

42 #용적률 [정답] ①

• 건축물의 연면적
1층($600m^2 - 200m^2$) + 2층($600m^2$) + 3~5층($400m^2$ × 3) – 주민공동시설($100m^2$) = 2,100m^2

• 용적률
$$= \frac{2,100m^2}{1,000m^2} \times 100 = 210\%$$

▍정답 TIP ▍

용적률

용적률이란 대지면적에 대한 건축물의 연면적 비율을 말한다. 여기서 건축물의 연면적이란 건축물 각 층의 바닥면적의 합계를 말하며, 용적률을 산정할 때 지하층의 면적, 지상층의 주차장(해당 건축물의 부속용도인 경우만 해당)으로 쓰는 면적, 주민공동시설의 면적, 초고층 건축물의 피난안전구역의 면적은 제외한다.

43 #상권유형별특징 [정답] ③

오답풀이

① 근린상권의 주요 소비자는 점포 인근의 거주자들이어서, 생활밀착형 업종의 점포들이 입지하는 경향이 있다.

② 역세권상권은 지하철이나 철도역을 중심으로 형성되는 지상과 지하의 입체적 상권으로서, 고밀도 개발이 이루어지는 경우가 많다.

④ 도심상권은 주거지에서 멀리 떨어져 있어 방문주기가 빈번하지 않기 때문에 체류하는 시간이 길다.

⑤ 아파트상권은 고정고객의 비중이 높아 안정적인 수요 확보는 가능하지만, 외부고객을 유치하기 어렵다.

44 #Huff모델 [정답] ⑤

오답풀이

① Huff모델은 소비자의 구매행태를 거리와 매장면적이라는 두 가지 변수로만 설명한 모형으로서 소비자가 점포를 선택함에 있어서 고려되는 다양한 요인들을 반영하지 못한다는 한계가 있다.

② 여러 상권이 존재하는 경우 상권중심지를 거점으로 배후 상권이 다른 상권과 겹치지 않는다고 가정하는 것은 중심지이론이다. Huff모델은 특정 점포의 효용이나 매력도가 높을수록 그 점포가 선택될 확률이 높아진다고 가정한다.

③ 개별 소비자들의 점포선택행동을 확률적 방법으로 분석한다.

④ 특정 점포가 끌어들일 수 있는 소비자 점유율은 점포까지의 방문거리에 반비례한다고 가정한다.

45 #상권분석방법#공간적경계 [정답] ③

• 컨버스의 분기점분석 : 컨버스는 두 도시 사이의 거래가 분기되는 중간지점의 정확한 위치를 파악하기 위해 레일리의 인력모델을 수정하여 거리–감소함수를 도출하였다.

• CST(Customer Spotting Technique) map : CST는 점포를 이용하는 방문 고객의 출발지 주소지를 설문조사를 통해 파악한 후 GIS(지리정보시스템)를 활용해 지도상에 표시하여 상권범위를 측정하는 기법으로, 특정 점포의 상품 및 서비스를 구입하기 위해 방문한 고객을 무작위로 선택하여 그들의 거주하는 출발지 위치와 구매 행태 등의 정보를 얻어 상권범위를 추정하는 기법이다.

• 티센다각형(thiessen polygon) : 어떤 인접점보다 한 점에 가까운 영역을 경계 짓는 다각형으로, 다각형은 이분된 선분들이 직각으로 교차하여 지역을 분할하는 방법이다.

46 #유통마케팅성과측정   정답 ③

회계데이터는 재무적 정보를 의미하므로 보기 중 회계데이터를 기초로 유통마케팅 성과를 측정하는 방법은 매출액 분석이다.

47 #유통마케팅조사과정   정답 ①

▎정답 TIP▎

유통마케팅 조사의 절차

문제 정의 → 조사 설계 → 자료수집방법 결정 → 표본설계 → 조사 시행 → 통계 분석 → 전략수립 및 실행 → 실행결과 평가

48 #수요예측방법   정답 ④

▎정답 TIP▎

수요예측방법

- 델파이 조사법 : 인간의 직관력을 이용하여 장래를 예측하는 방법으로 미래 사항에 대한 의견을 질문서에 기재한 후 분석한다.
- 시계열분석방법 : 시계열(일별, 주별, 월별 등의 시간 간격)에 따라 제시된 과거자료(수요량, 매출액 등)로부터 그 추세나 경향을 분석하여 장래의 수요를 예측하는 방법이다.
- 사례유추법 : 신제품 개발 시 그와 유사한 기존 제품의 과거자료를 기초로 하여 예측하는 방법이다.
- 확산모형방법 : 새로 등장하는 상품이나 아이디어 혹은 신기술이 사회구성원들에게 어떻게 수용되고 전파되어 나가는지를 설명하는 모형이다.

49 #전사적고객경험관리   정답 ⑤

오답풀이

① 로열티 프로그램 : 포인트나 마일리지 등과 같은 각종 보상 제도를 통하여 소비자가 해당 상품이나 브랜드를 지속적으로 사용하게 만드는 마케팅 전략이다.

② 고객마일리지 프로그램 : 각종 상품의 구입 금액 또는 점포의 방문 횟수 등에 따라 특정 조건에서 계산된 점수(마일리지/포인트)를 고객에게 제공하는 서비스로, 고객은 마일리지(포인트)를 구입할 때 비용의 일부에 충당하거나 상품과 교환할 수 있다.

③ 고객불만관리 : 고객의 불만을 해결하지 못하는 기업은 장기적 생존을 보장받기 어려우며 고객의 피드백 중 가장 가치 있는 피드백이 고객의 불만이기 때문에 기업은 고객불만관리를 통해 고객의 불만을 적극적으로 수집·분석해 제품이나 서비스 개선의 기회로 활용한다.

④ 공유가치경영 : 기업이 주주(stockholder)에게 돌아갈 이익을 극대화하는 데만 머물지 않고, 종업원과 협력업체·지역사회·국가 등 기업을 둘러싼 다양한 이해관계자(stakeholder)들의 이익까지 생각하는 경영을 말한다.

50 #상품판매   정답 ④

과거에는 판매를 빠르게 달성하는 기술적 판매방식이 더욱 부각되었으나, 현재는 전략적 관점에서 고객과 관계를 형성하는 영업을 중요시하고 있다.

51 #영업사원   정답 ④

고객은 기업의 자산이나 다름이 없기 때문에 고객정보는 영업사원 개인 차원이 아니라 회사 차원에서 통합·관리하고, 고객정보의 상실이나 누수 또는 유출에 대한 관리가 철저하게 이루어져야 하기 때문에 동료 영업사원들과 고객정보를 자주 공유하는 것은 지양해야 한다.

52 #CRM   정답 ①

고객관계관리(CRM)는 고객들과의 장기적인 관계를 유지하여 신규고객확보보다는 기존 고객유지율 증가에 비중을 둔다.

53 #오픈프라이스   정답 ①

오답풀이

② 클로즈 프라이스(close price) : 매도가와 매수가(앞 거래값과 다음 거래값)가 아주 근접해 있는 상태를 말한다.

③ 하이로우 프라이스(high-low price) : 비싼 고급제품을 일시적으로 싸게 팔아 고객이 오도록 만드는 고급품 저가전략으로, 백화점에서 정기 할인행사를 하는 것을 말한다.

④ EDLP(every day low price) : 상시 저가전략으로 수익성 향상보다는 시장점유율 향상에 초점을 두는 전략이다.

⑤ 단위가격표시제도(unit price system) : 상품의 가격을 일정단위로 환산한 가격으로 통일하여 표시하는 제도이다.

54 #로스리더가격결정   정답 ③

로스리더가격결정(loss leader pricing)은 미끼상품이라고도 하며, 유통업체들이 더 많은 고객을 끌어 모으려는 목적에서 일반적으로 소비자의 신뢰를 받는 브랜드를 대상으로 원가보다도 싸게 팔거나 일반 판매가격보다 훨씬 싼 가격에 판매하는 방법이다.

오답풀이

① 묶음가격결정(price bundling) : 몇 개의 제품을 묶어서 인하된 가격으로 결합된 제품을 제공하는 방법
② 이분가격결정(two-part pricing) : 서비스 가격을 기본 서비스에 대해 고정된 요금과 여러 가지 다양한 서비스의 사용 정도에 따라 추가적으로 서비스 가격을 결정하는 방법
④ 포획가격결정(captive pricing) : 종속제품가격결정이라고도 하며, 기본제품의 가격을 낮게 결정하고 부속제품의 가격을 더 높은 수준에서 설정하는 방법
⑤ 단수가격결정(odd pricing) : 가격이 가능한 최하의 선에서 결정되었다는 인상을 구매자에게 주기 위하여 고의로 단수를 붙여 가격을 결정하는 방법

55 #욕조마개이론 정답 ⑤

오답풀이

① 풍선효과(ballon) 이론 : 어떤 부분에서 문제를 해결하면 또 다른 부분에서 새로운 문제가 발생하는 현상이다.
② 카테고리(category) 관리이론 : 유통업체와 공급업체 간에 협조하여 소비자의 구매형태를 근거로 소비자 구매패턴, 상품 및 시장 동향 등을 파악하여 카테고리를 관리함으로써 업무를 개선시키고자 하는 것이다.
③ 20 : 80 이론(파레토법칙) : 상위 20%의 고객이 전체 매출의 80%를 차지한다는 이론으로 VIP마케팅을 뒷받침한다.
④ 채찍(bullwhip) 이론 : 공급사슬에서 하류의 고객주문 정보가 상류로 전달되면서 정보가 왜곡되고 확대되는 증폭현상을 말한다.

56 #소비자구매동기 정답 ④

┃ 정답 TIP ┃
소비자의 구매동기

구 분		내 용
부정적 상태를 제거하려는 동기 (Negative Motives)	문제의 제거	당면한 문제를 해결해 줄 수 있는 제품(브랜드)의 탐색
	문제의 회피	미래에 발생될 문제를 피하는 데 도움이 되는 제품(브랜드)의 탐색
	충분치 않은 만족	현재 사용하고 있는 것보다 더 나은 제품(브랜드)의 탐색
	접근·회피 동시 추구	현재 사용하고 있는 제품의 좋은 점과 싫은 점을 동시에 해소해 줄 수 있는 제품(브랜드)의 탐색
	재고의 고갈	재고를 유지하기 위해 제품(브랜드)을 탐색
긍정적 상태를 추구하려는 동기 (Positive Motives)	감각적 즐거움	제품사용과정에서 즐거움을 느끼고 싶은 욕구
	지적 자극	새로운 제품이나 서비스를 탐색하거나 이의 사용방법을 습득하고 싶은 욕구
	사회적 인정	제품의 구매·사용을 통해 자긍심을 느끼고 싶은 욕구

57 #상품믹스 정답 ⑤

상품품목의 증가는 상품차별화 전략 중 하나이므로 상품믹스의 상품품목이 증가하면 상품차별화의 정도가 강해지게 된다.

58 #소매업변천이론 정답 ③

㉠은 소매수명주기 이론, ㉡은 소매아코디언 이론에 대한 설명이다.

┃ 더 알아보기 ┃

소매업 변천이론
• 소매수명주기 이론 : 도입기 → 성장기 → 성숙기 → 쇠퇴기의 단계를 거치게 된다.
• 소매업수레바퀴 이론 : 진입단계(최저 가격과 최저 비용) → 성장단계(고가격) → 쇠퇴단계(안정적이고 보수적인 업태)를 거치게 된다.
• 소매아코디언 이론 : 소매업태들이 다양한 상품 계열을 취급하는 소매업태들로부터 전문적이고 한정된 상품 계열을 추구하는 소매업태로 변화되었다가 다시 다양한 상품 계열을 취급하는 소매업태로 변모해 간다는 이론이다.
• 환경대응 이론 : 환경의 변화에 가장 잘 적응하는 적합한 업태만이 생존한다는 이론이다.
• 순환적변동 이론 : 경기순환에 따라 소매업태가 발전한다는 이론이다.
• 위기모델 이론 : 위기상황이 발생하면 이에 적합한 새로운 소매업태가 등장하여 이를 극복해 가면서 소매상이 발전해 간다는 이론이다.

59 #점포내레이아웃 정답 ⑤

┃ 정답 TIP ┃
점포 내 레이아웃관리를 위한 의사결정 순서
상품배치 결정 → 고객동선 결정 → 판매방법 결정 → 진열용 기구배치

60 #소매점#포지셔닝 〔정답〕 ①

오답풀이
② More for the Same 전략 : 좋은 품질을 같은 가격으로 판매하는 전략으로, 도요타나 렉서스는 실질적으로 벤츠에 견주어도 될 만큼 우수한 품질의 자동차를 상대적으로 소비자들에게 매력적인 가격으로 판매함으로써 많은 수익을 올렸다.
③ Same for Less 전략 : 동등한 품질의 실속 있는 제품을 만들고 훨씬 저렴한 가격으로 공급함으로써 소비자의 구입의사를 이끌어내는 전략이다.
⑤ More for Less 전략 : 같은 품질을 더 낮은 가격으로 공급하는 전략으로 소비자의 입장에서는 가장 이상적인 포지셔닝이지만 기업의 입장에서는 장기적인 수익을 얻는 데 어려움을 겪을 수 있다.

61 #소비자기대관리 〔정답〕 ①
입지편리성을 판단할 때는 물리적인 거리보다 소비자의 여행시간이 훨씬 더 중요하다.

62 #가격할인#수량확인 〔정답〕 ②
누적주문량에 따라 할인해 주는 것은 수량 할인이다.

63 #점포레이아웃형태 〔정답〕 ①

오답풀이
② 자유형 레이아웃 : 고객의 자유로운 쇼핑과 충동적인 구매를 기대하는 매장에 적격인 점포배치로 백화점이나 전문점에서 주로 쓰인다.
③ 루프형 레이아웃 : 통로를 통해 고객의 동선을 유도하여 상품의 노출성과 고객 편리성에 도움이 되는 배치로 대형매장이나 의류점에서 주로 쓰인다.
④ 복합형 레이아웃 : 격자형, 자유형, 루프형을 복합시킨 레이아웃 형태이다.
⑤ 부띠끄형 레이아웃 : 자유형 점포배치 형태에서 파생된 레이아웃으로 선물점, 백화점 등에서 널리 이용된다.

64 #고객생애가치 〔정답〕 ④

▌정답 TIP ▌
고객생애가치(CLV ; Customer Lifetime Value)
고객생애가치는 한 명의 고객이 일회적인 소비로 그치는 것이 아니라, 평생에 걸쳐 자사의 제품이나 서비스를 주기적으로 소비한다는 가정 하에 고객 가치를 측정하는 것으로, 고객유지비율을 차감한 할인율을 이용하여 현재가치로 환산한다.

$$\left(\frac{\text{연간고객1인당평균매출} - \text{연간고객1인당평균비용}}{1 - \text{고객유지비율} + \text{할인율}}\right)$$

$-$ 고객획득비용

오답풀이
① 고객생애가치는 사용자 한 명이 웹사이트, 앱에 들어와서 이탈하기까지 그 전체 기간 동안 창출하는 가치지표를 말하므로 백화점보다는 인터넷쇼핑몰을 이용하는 고객들을 평가하는 데 용이하다.
② 고객생애가치는 고객과 기업 간의 정량적 관계 가치이므로 수치화하여 측정할 수 있다.
③ 고객생애가치는 고객의 과거 또는 미래에 예상되는 구매액을 기반으로 기업의 지속적인 수익 창출을 위해 고객유치비용(고객획득비용)을 줄이고, 고객유지비율을 높게 유지하도록 마케팅 전략을 수립하는 것이 중요하다는 점을 시사한다.
⑤ 고객생애가치는 고객의 유지율과 비례관계에 있다.

65 #수평적갈등 〔정답〕 ⑤
수직적 갈등은 유통경로상에서 서로 다른 단계에 있는 구성원 사이에서 발생하는 갈등이고, 수평적 갈등은 유통경로의 동일한 단계에서 발생하는 갈등이다. 따라서 ⑤는 동일차량회사의 딜러 간의 갈등이므로 수평적 갈등에 해당된다.

▌정답 TIP ▌
수평적 갈등
유통경로의 동일한 단계에서 발생하는 갈등으로, 백화점과 백화점간, 도매상과 도매상간, 제조업자와 제조업자 간에 경쟁하는 것 또는 상품을 취급하며 서로 간의 영역을 침범하는 것, 한 가맹점이 전체 가맹점의 이미지를 손상시키는 것 등을 의미한다.

오답풀이
① 도매상과 소매상의 갈등 – 수직적 갈등
② 납품업체와 제조업체의 갈등 – 수직적 갈등
③ 소매상과 택배업체의 갈등 – 수직적 갈등
④ 제조업체와 유통업체의 갈등 – 수직적 갈등

66 #유형별고객 〔정답〕 ④
비활동 고객은 과거에는 이용하였으나 정기적인 구매를 할 시기가 지났는데도 더 이상 구매를 하지 않는 고객을 말한다.

67 #점포설계 〔정답〕 ①
점포는 유동객 수 및 도로의 위치, 해당 점포 주변 상권에 살고 있는 소비자들의 연령·성별·소득별에 따라 진열방식, 점두구성, 진열기구 종류 등을 입지조건에 맞게 설계해야 하며, 모든 소비자들의 욕구와 니즈를 충족할 수는 없다.

68 #업태간경쟁

정답 ④

품목별 전문유통기업의 등장은 유사한 상품을 판매하는 서로 동일한 형태의 소매업태간 경쟁인 업태 내 경쟁을 유발시키는 요인이다.

┃정답 TIP┃
업태 간 경쟁
유사한 상품을 판매하는 서로 상이한 형태의 소매업체간 경쟁(예 슈퍼마켓과 편의점 간의 경쟁 또는 가전전문점과 할인점 가전코너와의 경쟁)

69 #상품진열

정답 ⑤

보유한 진열비품의 활용가능성은 매장 내 상품진열 방법을 결정한 후 상품진열 실행 시 고려해야 할 요인이다.

┃정답 TIP┃
상품진열의 원칙
상품진열은 고객의 눈에 구매하고자 하는 상품이 가장 잘 보이도록 진열하는 것이 원칙이다. 따라서 상품진열의 구성요소인 상품(무엇을), 진열량과 수(얼마만큼), 고객에게 보여주는 진열 면, 진열의 위치, 진열의 형태를 신중히 검토하여 선택해야 한다.

70 #프라이스존#프라이스라인

정답 ⑤

㉠ 프라이스 존 : 상품을 가격의 고저(高低)단계로 분류했을 경우 어떤 범위의 분야를 말하는 것으로 가격대(價格帶)라고도 한다. 높은 가격부터 순서대로 베스트 프라이스, 베터 프라이스, 미들 프라이스 (혹은 미디엄 프라이스, 모더레이트 프라이스, 포퓰러 프라이스)로 프라이스의 각 존으로 분류하는 방법이 있으나 가격대의 이름이나 단계를 필요에 따라 자유로이 정하는 경향이 많다.

㉡ 프라이스 라인 : 독립 전문점이 상품의 개성을 나타내기 위하여 고객의 요구를 여러 각도에서 추정하여 가격의 폭을 정하는 방식으로, 예를 들면 스포츠 셔츠 가격의 종류를 말한다. 또한 가격의 종류에서 특히 역점을 갖고 판매하는 재고가 가장 많은 상품가격을 말할 때도 있다.

4과목 **유통정보**

71 #CRM

정답 ②

기업에서는 단기적인 고객관계 형성보다는 장기적인 고객관계 형성을 위해 도입하고 있다.

72 #정보단위

정답 ⑤

기가바이트(GB)는 페타바이트(PB) 보다 작은 단위이다.

┃정답 TIP┃
정보단위
bit < B < KB< MB< GB< TB< PB< EB< ZB< YB

73 #충성도프로그램

정답 ①

유통업체에서 운영하는 충성도 프로그램은 고객들의 구매 충성도를 높이기 위해 운영되는 장기적인 프로그램이다.

74 #ERP

정답 ①

┃정답 TIP┃
ERP시스템의 발전순서
MRP → MRPⅡ → ERP → Extended ERP

75 #사물인터넷

정답 ⑤

올인원 사물인터넷은 일반적인 사물인터넷으로 완제품의 형태이다. 그 예로는 스마트 지갑, 스마트 TV, 스마트 냉장고, 스마트 카, 스마트 워치, 스마트 안경 등이 있다. 애프터마켓형 사물인터넷은 반제품 형태인 매개물 콘셉트이며 기존 사물에 탈부착하는 형식이어서 소비자에게 심리적 장벽이 작다. 그 예로는 크롬 캐스트와 같은 동글 등이 있다.

┃더 알아보기┃

> **크롬 캐스트(Chrome Cast)**
> 크롬 캐스트는 TV의 HDMI 단자에 연결하는 자그마한 동글이다. 스마트폰에서 보던 동영상, 음악, 사진 등의 콘텐츠를 TV에서 손쉽게 볼 수 있도록 해주는 기기로, TV 종류나 제조사, 화면 크기에 관계없이 어떤 디스플레이든 쓸 수 있다. 대신 크롬캐스트가 직접 인터넷에 연결할 수 있는 무선인터넷 공유기가 필요하다.

76 #드론

정답 ②

오답풀이

① GPS : GPS 위성에서 보내는 신호를 수신해 사용자의 현재 위치를 계산하는 위성항법시스템으로, 항공기, 선박, 자동차 등의 내비게이션장치에 주로 쓰이고 있으며, 최근에는 스마트폰, 태블릿 PC 등에서도 많이 활용되는 추세다.

③ 핀테크 : Finance(금융)와 Technology(기술)의 합성어로, 금융과 IT의 융합을 통한 금융서비스 및 산업의 변화를 통칭한다.

④ DASH : 잠수함 공격용의 무인(無人) 헬리콥터로, 원격 조종(遠隔操縱)에 의하여 적의 잠수함 상공에서 어뢰(魚雷)를 투하한다.

⑤ WING : 비행기 등의 물체를 날 수 있게 해주는 장치를 의미한다.

77 #옵트인#옵트아웃

정답 ①

정답 TIP

옵트인(opt in)과 옵트아웃(opt out)

옵트인(opt in)은 정보 주체의 개인 정보 수집, 이용, 제공에 대한 동의를 받은 후에 개인 정보를 처리하는 방식이고, 옵트아웃(opt out)은 옵트인(opt in)의 반대개념으로 정보 주체의 동의 없이 개인 정보의 수집 및 이용 후, 주체의 거부 의사를 확인하면 개인 정보 활용을 중지하는 방식이다.

78 #그린워시

정답 ④

오답풀이

① 카본 트러스트(Carbon Trust) : 영국 정부가 2001년 기후 변화 대응 및 탄소 감축 방안 중 하나로 설립한 친환경 인증기관이다.

② 자원 발자국(Resource Footprint) : 광물과 화석연료 등의 개발 및 소비로 인한 전 지구적 영향을 의미한다.

③ 허브 앤 스포크(Hub and Spoke) : 항공 노선을 구성하는 형태 중 하나로 각 나라 혹은 지역의 대표 도시(공항)만 메인 거점으로 운항을 하고 그 메인 거점 공항을 중심으로 다시 운항노선을 구성하는 방식이다.

⑤ 친환경 공급사슬(Greenness Supply Chain) : 공급사슬 전체에서 최소한의 자원 및 에너지 사용과 배출 물질 저감을 통해 환경영향을 줄이고 효율적 환경성과를 달성하기 위한 것이다.

79 #S&OP

정답 ①

오답풀이

② LTM(Lead Time Management) : 리드타임(Lead Time)이란 물품의 발주로부터 그 물품이 납입되어 사용할 수 있을 때까지의 기간으로, 목표로 하는 조달 기간과 과정상 발생하는 차질 기간을 고려하여 약간 여유 있게 날짜를 잡아 조정이 가능하도록 한다.

③ VMI(Vendor Managed Inventory) : 공급자 주도형 재고관리로, 구매업체가 공급업체에게 판매·재고정보를 제공하면 공급업체는 이를 토대로 과거 데이터를 분석하고 수요를 예측하여 자재의 적정 납품량을 결정하는 시스템 환경이다.

④ DF(Demand Fulfillment) : 고객의 주문에 대하여 기업에서 납기가능일, 납기 가능수량 등의 정보를 제공하는 것이다.

80 #EDI

정답 ①

웹기반 EDI 서비스는 현재 활발하게 사용되고 있다.

81 #POS구성기기

정답 ⑤

오답풀이

① POS 터미널 : 판매장에 설치되어 있는 POS 터미널은 금전등록기의 기능 및 통신기능이 있으며, 본체, 키보드, 고객용 표시장치, 조작원용 표시장치, 영수증발행용 프린터, 컬러모니터, 금전관리용 서랍, 매출표시장치 등으로 구성되어 있다.

③ 바코드 스캐너 : 상품에 인쇄된 바코드를 자동으로 판독하는 장치로 고정 스캐너(Fixed Scanner)와 핸디 스캐너(Handy Scanner)가 있다.

④ 본부 주 컴퓨터 : POS 시스템은 일반적으로 소매점포의 계산대에 설치되어 있는 POS 터미널과 점포사무실에 설치되어 있는 점포서버(스토어 컨트롤러) 및 본부의 시스템(주컴퓨터)으로 구성되는데, 점포가 체인본부나 제조업자와 연결되어 있는 경우에는 스토어 컨트롤러에 기록된 각종 정보를 온라인에 의해 본부에 전송한다.

82 #e-SCM

정답 ③

e-SCM은 기업 내부뿐만 아니라 고객의 다양한 욕구를 만족시키기 위해서 원자재 조달, 생산, 수배송, 판매 및 고객관리 프로세스에서 일어나는 물류흐름과 이와 관련된 모든 활동을 인터넷에 기반하여 실시간으로 통합·관리하는 기법이므로 기업 내부에 한정된 거래처리시스템은 e-SCM을 위해 도입해야 할 주요 정보기술로 적절하지 않다.

더 알아보기

거래처리시스템
유통업체에서 발생하는 거래자료처리, 고객과 일어나는 다양한 업무를 처리하는 시스템

83 #바코드#RFID   정답 ④

RFID 기술은 바코드에 비해 가격이 비싸지만 궁극적으로 여러 개의 정보를 동시에 판독하거나 수정·갱신할 수 있는 장점을 가지고 있기 때문에 바코드 기술이 극복하지 못한 여러 가지 문제점들을 해결하거나 능동적으로 대처함으로써 물류, 보안분야 등 현재 여러 분야에서 각광 받고 있다.

84 #RPA   정답 ①

오답풀이

② 비콘(Beacon) : 블루투스를 기반으로 한 스마트폰 근거리 통신 기술
③ 블루투스(Bluetooth) : 휴대폰, 노트북, 이어폰/헤드폰 등의 휴대기기를 서로 연결해 정보를 교환하는 근거리 무선 기술 표준
④ OCR(Optical Character Reader) : 문서에 새겨진 문자를 빛을 이용하여 판독하는 장치
⑤ 인공지능(Artificial Intelligence) : 컴퓨터가 인간의 지능 활동을 모방할 수 있도록 하는 것으로, 인간의 지능이 할 수 있는 사고·학습·모방·자기계발 등을 컴퓨터가 할 수 있도록 연구하는 컴퓨터 공학 및 정보기술

85 #QR   정답 ②

재고부담 감소 및 유통과정의 낭비요소 감소를 통해 불필요한 시간과 비용을 절약함으로써 기업의 물류 혁신을 추구할 수 있다.

▌정답 TIP▌
QR의 도입효과
• 재고부담 감소로 인한 경쟁력 강화
• 기업의 생산비 절감을 통한 경쟁력 강화
• 효율적인 공급망관리(SCM)의 체제를 구축
• 제품원가의 절감
• 소비자 위주의 제품생산
• 정보의 공유
• 인터넷 상거래에 능동적으로 대응
• 시간과 비용의 절감

86 #POS   정답 ⑤

POS 시스템을 통해 고객개인의 구매실적과 구매성향 등을 나타내는 정보를 얻을 수 있다.

87 #퍼지논리   정답 ③

▌정답 TIP▌
퍼지 논리(Fuzzy logic)
• 컴퓨터의 논리 회로를 결정적인 것이 아니라 근사적인 확률을 포함하는 비결정적인 것으로 하는 기술이다.

• 애매모호한 상황을 여러 근삿값으로 구분하여 근사적으로 추론하는 방법이다.

오답풀이

① 신경망 : 신경망은 인간이 뇌를 통해 문제를 처리하는 방법과 비슷한 방법으로 문제를 해결하기 위해 컴퓨터에서 채택하고 있는 구조를 말한다.
② 유전자 알고리즘 : 생물의 진화 과정을 기반으로 한 최적화 탐색 방법으로, 과거의 이론에서는 해결할 수 없었던 문제에 생물 진화의 과정을 모방함으로써 근삿값에 가까운 해답을 신속하게 찾아낼 수 있다.
④ 동적계획법 : 시간이 중요 인자가 되는 문제를 일컫는 동적 결정 문제에 대한 접근 방법이다.
⑤ 전문가시스템 : 전문가가 지닌 전문 지식과 경험, 노하우 등을 컴퓨터에 축적하여 전문가와 동일한 또는 그 이상의 문제 해결 능력을 가질 수 있도록 만들어진 시스템이다.

88 #암묵적지식#명시적지식   정답 ③

암묵적 지식은 경쟁기업이 쉽게 모방하기 어려운 지식으로 경쟁우위 창출에 기반이 된다.

89 #전자서명   정답 ⑤

하나의 문서의 서명을 다른 문서의 서명으로 사용할 수 없어야 한다.

90 #지식관리시스템   정답 ⑤

지식관리시스템은 직원들이 입력한 다양한 정보를 체계적으로 정리하고 전 사원들에게 유통시켜 업무에 활용하도록 하는 정부관리 인프라로, 첨단정보기술의 조합을 통해 조직 내에 축적된 각종 지식과 노하우를 효율적으로 관리하며 이를 상호 공유하도록 하는 것이 그 목표다.

▌정답 TIP▌
지식관리시스템의 특징
• 지식창조와 공유의 수단 제공
• 다양한 사용자 사이의 의사소통
• 사용자 활동의 조정
• 제품과 서비스 창조·수정·분배를 위한 사용자그룹 간의 협업
• 프로젝트 진행 상황의 추적과 무결성 확보를 위한 통제 프로세스

01	02	03	04	05	06	07	08	09	10	11	12	13	14	15
⑤	④	⑤	③	③	②	③	⑤	④	②	①	④	⑤	③	⑤
16	17	18	19	20	21	22	23	24	25	26	27	28	29	30
③	④	⑤	④	①	①	②	②	①	②	④	③,④	②	④	③
31	32	33	34	35	36	37	38	39	40	41	42	43	44	45
③	④	①	②	③	④	④	②	②	④	③	③	②	⑤	④
46	47	48	49	50	51	52	53	54	55	56	57	58	59	60
④	⑤	④	③	④	②	③	④	④	④	①	③	⑤	②	④
61	62	63	64	65	66	67	68	69	70	71	72	73	74	75
④	⑤	④	④	④	⑤	④	②	①	③	⑤	⑤	②	①	②
76	77	78	79	80	81	82	83	84	85	86	87	88	89	90
①	②	⑤	①	①	⑤	②	③	④	⑤	①	①	③	②	③

1과목 유통물류일반

01 #운송수단결정 　　　　　정답 ⑤

물류센터의 면적은 물류센터의 입지를 결정하기 전에 검토해야 할 사항에 해당된다.

02 #JIT 　　　　　정답 ④

오답풀이
① JIT시스템의 근본적인 목적은 재고를 아주 낮게 유지하여 재고유지비용을 최소화시키는 것이다.
② JIT에서는 부품과 원자재를 원활히 공급받는 데 초점을 둔다.
③ 필요한 부품을 필요한 때, 필요한 곳에, 필요한 양만큼 생산 또는 구매하여 공급한다.
⑤ 물동량의 흐름이 주된 개선사항이며, 재고를 최소한으로 줄인다.

03 #COFC 　　　　　정답 ⑤

COFC(Container On Flat Car)는 철도의 화차대(Flat Car), 즉 컨테이너전용 화차에 적재하여 수송하는 형태를 말한다.

▌더 알아보기 ▌

유개화차(Box Car)
상부에 지붕이 있는 모든 화차로 적재실이 박스형 구조로 설계되어 있으며, 양 측면에 슬라이딩 도어를 구비하고 있어 화물하역이 용이한 화차를 말한다.

04 #ROI 　　　　　정답 ③

제품재고에 대한 투자가 총이익을 얼마나 잘 달성했는가를 평가하는 지표는 재고투자총수익률(GMROI)이다.

▌더 알아보기 ▌

투자수익률(ROI ; Return On Investment)
투자수익률은 기업의 순이익을 투자액으로 나눈 것으로 경영성과 측정기준 중 가장 널리 사용되는 지표이다.

$$ROI(\%) = (순이익/투자자본) \times 100$$

05 #집합포장 정답 ③

┃ 정답 TIP ┃

집합포장방법

- 밴드결속방법 : 종이, 플라스틱, 나일론, 금속밴드 등을 사용한다.
- 테이핑(Taping) : 용기의 견고성을 유지하기 위해서 접착테이프를 사용한다.
- 슬리브(Sleeve) : 종이나 필름천을 이용하여 수직으로 네 표면에 감거나 싸는 방법이다.
- 꺾쇠·물림쇠 : 주로 칸막이 상자 등에 채용하는 방법이다.
- 틀 : 주로 수평이동을 위·아래의 틀로 고정하는 방법이다.
- 대형 골판지 상자 : 작은 부품 등을 꾸러미로 묶지 않고 담을 때 사용한다.
- 쉬링크(Shrink) 포장 : 열수축성 플라스틱 필름을 파렛트 화물에 씌우고 쉬링크 터널을 통과시킬 때 가열하여 필름을 수축시켜서 파렛트와 밀착시키는 방법이다.
- 스트레치 포장 : 스트레치 포장기를 사용하여 플라스틱 필름을 화물에 감아서 움직이지 않게 하는 방법으로, 쉬링크 방식과는 달리 열처리를 행하지 않고 통기성은 없다.
- 접착 : 풀(도포와 점적방법)이나 테이프를 접착제로 이용한다.

06 #7R 정답 ②

적절한 제품을 적절한 가격으로 제공해야 한다.

┃ 더 알아보기 ┃

7R 원칙

고객이 요구하는 적절한 상품(Right Commodity)을, 고객이 요구하는 적절한 품질(Right Quality)로 유지하며, 고객이 요구하는 적절한 수량(Right Quantity)을, 고객이 요구하는 적절한 시기(Right Time)에, 고객이 요구하는 적절한 장소(Right Place)에서, 고객에게 좋은 인상(Right Impression)의 상품 상태로, 가격결정기구에 의해 적정한 가격(Right Price)으로 고객에게 전달하는 것을 말한다.

07 #외부조달#외주 정답 ③

기업이 외부조달을 하거나 외주를 주는 아웃소싱 전략은 통제권 상실로 인한 교섭력 약화, 기업정보 노출 등의 위험이 있으며 관련 기업 간 밀접한 상호협력 관계를 유지하기 위한 효율적인 관리를 필요로 한다.

08 #능력주의#연공주의 정답 ⑤

능력주의는 승진관리의 불안정/능력평가의 객관성 확보가 힘들고, 연공주의는 승진관리의 안정성/객관적 기준 확보가 가능하다.

09 #포트폴리오투자이론 정답 ④

투자위험에는 분산투자를 통해 제거할 수 있는 비체계적 위험과 분산투자를 통해 제거할 수 없는 경기변동, 인플레이션 등과 같은 체계적 위험이 있는데, 체계적 위험은 전체 시장의 관점이고 비체계적 위험은 개별기업 관점에서의 위험이다.

10 #조직내의사소통 정답 ②

태스크포스(task force)는 수평적 의사소통에 해당한다.

┃ 더 알아보기 ┃

공식적 의사소통의 유형

- 상향적 의사소통 : 각각의 정보들이 하급자나 하위계층에서 상급자나 상위계층으로 전해지는 것을 말한다.
- 하향적 의사소통 : 각각의 정보들이 상급자의 상위계층에서 하급자나 하위계층으로 전해지는 것을 말한다.
- 수평적 의사소통 : 조직 내에서 동일한 수준의 지위나 위계에 있는 구성원 또는 집단 간의 의사소통을 말한다(태스크포스, 프로젝트팀 등).

11 #동기부여전략 정답 ①

오답풀이

② 직무충실이론은 단순히 직무를 구조적으로 크게 하는 것이 아니라, 직무의 내용을 풍부하게 만들어 작업상 책임을 늘리며 능력을 발휘할 수 있는 여지를 만들고, 도전적이고 보람 있는 일이 되도록 직무를 구성하는 것을 의미한다.

③ 특정한 직무특성이 특정한 심리상태를 유발하고 이것이 다시 직무성과와 연관되는데, 이때 종업원의 개인차가 이러한 일련의 과정에 영향을 줄 수 있다는 이론이다.

④ 일하는 시간이나 기간을 근로자가 선택할 수 있는 제도를 말한다.

⑤ 개인은 자신의 노력의 정도에 따른 결과를 기대하게 되며, 그 기대를 실현하기 위하여 어떤 행동을 결정한다는 동기이론이다.

12 #범위의경제 　　　　　　　정답 ④

　오답풀이

① 생산요소 투입량의 증대(생산규모의 확대)에 따른 생산비절약 또는 수익향상의 이익을 의미한다.

② 분업이란 거대한 과업을 보다 작은 단일의 직무로 분할하는 것을 의미한다.

③ 무조건적으로 제조와 유통기관을 통합하여 대규모화하기보다는 각각의 유통기관이 적절한 규모로 역할분담을 하는 것이 비용면에서 훨씬 유리하다는 논리에 의해 중간상의 필요성을 강조하는 이론이다.

⑤ 특정한 세분시장에 기업의 역량을 집중하는 전략으로 한정된 자원을 극대화하여 효율적으로 운용할 수 있게 해준다.

13 #전략계획수립 　　　　　　　정답 ⑤

경영자들은 기업수준의 경영전략을 통해 사업단위 조정과 조직의 범위 및 자원 개발 등에 관한 의사결정을 효율적으로 할 수 있다. 기업수준의 경영전략은 자원, 재무, 기술 등의 효과적인 운영을 지원하며, 이를 통해 경쟁사와의 구별 및 유지를 가능하게 하기 때문에 기업수준의 전략계획을 수립한 후 사업수준별 경영전략과 기능별 경영전략을 일관성에 맞게 수립해야 한다. 또한 기능별 경영전략은 사업부수준의 경영전략을 구체화하고 주요 기능별 가치창출을 극대화하기 위하여 수립되는 전략으로 자원의 효율성과 생산성을 극대화하는 데 초점을 둔다.

14 #유통경로 　　　　　　　정답 ③

가전제품도매상과 대규모로 소매상에 공급하는 가전제조업자와의 경쟁은 서로 다른 경로수준에 위치한 경로구성원 간의 경쟁에 해당하므로 수직적 경쟁이다. 업태 간 경쟁은 유사한 상품을 판매하는 서로 상이한 형태의 소매업체 간 경쟁을 의미한다.

15 #과업환경 　　　　　　　정답 ⑤

기업의 경영환경은 크게 일반환경과 과업환경으로 나뉘는데, 이 중 과업환경은 기업의 생존에 직결되는 시장구조, 고객, 경쟁업자, 협력업자, 정부규제 등 경영활동에 직접적으로 영향을 미치는 환경을 말한다. 인구통계학적 특성은 일반환경에 속한다.

16 #기업이해관계자 　　　　　　　정답 ③

허위정보, 과대광고, 폭리, 유해상품은 고객의 주요 관심사에 해당되는 내용이다.

17 #청소년보호법 　　　　　　　정답 ④

┃정답 TIP┃

청소년유해약물(청소년보호법 제2조 제4호 가목)

1) 「주세법」에 따른 주류

2) 「담배사업법」에 따른 담배

3) 「마약류 관리에 관한 법률」에 따른 마약류

4) 「화학물질관리법」에 따른 환각물질

5) 그 밖에 중추신경에 작용하여 습관성, 중독성, 내성 등을 유발하여 인체에 유해하게 작용할 수 있는 약물 등 청소년의 사용을 제한하지 아니하면 청소년의 심신을 심각하게 손상시킬 우려가 있는 약물로서 대통령령으로 정하는 기준에 따라 관계 기관의 의견을 들어 청소년 보호위원회가 결정하고 여성가족부장관이 고시한 것

18 #유통경로결정이론 　　　　　　　정답 ⑤

⑤는 기능위양이론에 대한 설명으로, 기능위양이론의 핵심은 경로구성원들 가운데서, 특정 기능을 가장 저렴한 비용으로 수행하는 구성원에게 그 기능이 위양된다는 것이다.

　오답풀이

①·②·③·④는 연기-투기이론과 관련한 내용이다.

19 #상인도매상구분 　　　　　　　정답 ④

┃정답 TIP┃

완전기능도매상과 한정기능도매상

• 완전기능도매상 : 고객들을 위하여 수행하는 서비스 중에서 필요한 광범위한 서비스를 제공하는 도매상으로, 고객들이 요구하는 거의 모든 상품을 판매하는 종합상인도매상과 한정된 전문계열의 제품을 판매하는 한정상품도매상(전문상인도매상)으로 분류할 수 있다.

• 한정기능도매상 : 완전기능도매상들과는 달리 도매상의 기능 중에서 일부만을 수행하는 도매상으로, 현금판매-무배달 도매상, 트럭도매상, 직송도매상, 선반도매상, 우편주문도매상으로 분류할 수 있다.

20 #소비자기본법 　　　　　　　정답 ①

┃정답 TIP┃

소비자중심경영의 인증(소비자기본법 제20조의2)

① 공정거래위원회는 물품의 제조·수입·판매 또는 용역의 제공의 모든 과정이 소비자 중심으로 이루어지는 경영(이하 "소비자중심경영"이라 한다)을 하는 사업자에 대하여 소비자중심경영에 대한 인증 (이하 "소비자중심경영인증"이라 한다)을 할 수 있다.

② 소비자중심경영인증을 받으려는 사업자는 대통령령으로 정하는 바에 따라 공정거래위원회에 신청하여야 한다.

③ 소비자중심경영인증을 받은 사업자는 대통령령으로 정하는 바에 따라 그 인증의 표시를 할 수 있다.

④ 소비자중심경영인증의 유효기간은 그 인증을 받은 날부터 2년으로 한다.
⑤ 공정거래위원회는 소비자중심경영을 활성화하기 위하여 대통령령으로 정하는 바에 따라 소비자중심경영인증을 받은 기업에 대하여 포상 또는 지원 등을 할 수 있다.
⑥ 공정거래위원회는 소비자중심경영인증을 신청하는 사업자에 대하여 대통령령으로 정하는 바에 따라 그 인증의 심사에 소요되는 비용을 부담하게 할 수 있다.
⑦ ①부터 ⑥까지의 규정 외에 소비자중심경영인증의 기준 및 절차 등에 필요한 사항은 대통령령으로 정한다.

21 #유통산업트렌드 [정답] ①
수직적 통합을 통해 2개 이상의 가치 활동을 통합하여 단순한 가치사슬을 유지하고, 낮은 재고비용을 필요로 하는 가치사슬이 중요해졌다.

22 #중간상분류기능 [정답] ②
❙ 정답 TIP ❙
중간상의 선별(분류 ; sorting)기능
제조업자가 만든 제품 및 서비스의 선별과 소비자가 요구하는 구색 간의 불일치를 해소하는 기능으로, 등급, 수합, 분배, 구색의 4가지 기능을 포함한다.
• 등급(sort out) : 이질적 상품을 비교적 동질적인 개별상품단위로 구분하는 것
• 수합(accumulation) : 다수의 공급업자로부터 제공받는 상품을 모아서 동질적인 대규모 상품들로 선별하는 것
• 분배(allocation) : 동질적 제품을 분배, 소규모 로트의 상품별로 모아서 분류하는 것
• 구색(assortment) : 사용목적이 서로 관련성이 있는 상품별로 일정한 구색을 갖추어 함께 취급하는 것

23 #유통산업 [정답] ②
우리나라의 경우 1960년대 이후 제조업 부문 중심의 성장을 이루었으나, 1980년대 이후에는 주로 유통 산업 부문의 육성과 활성화가 중요 과제가 되었다

24 #산업구조분석모형 [정답] ①
공급자의 교섭력이 높아질수록 시장의 수익성은 위협을 받게 되어 시장 매력도는 낮아진다.

25 #중간상필요성 [정답] ②
②는 총 거래수 최소화의 원리에 대한 설명이고, ①·③·④·⑤는 변동비우위의 원리에 대한 설명이다.

2과목 | 상권분석

26 #소매점#투자계획 [정답] ④
자금계획은 재무활동 현금흐름표, 손익계획은 연도별 손익계산서로 요약할 수 있다.

27 #상업입지 [정답] ③, ④
❙ 정답 TIP ❙
권역별 구분에 따른 유형
• 근린형 : 주거지 근처에 있고, 사람들이 일상적으로 자주 쇼핑하거나 외식을 즐기는 상업지를 말한다. 일상생활에서 자주 구입하게 되는 일반상품 위주로 판매되기 때문에 일반상품형 또는 동네 상권이라고 할 수 있으며, 동네 상권은 오피스 상권과 함께 한정된 고정고객을 대상으로 영업하는 대표적인 입지로, 이들을 고정고객화해야 하는 입지형태이다.
• 지구형 : 주거지에서 다소 떨어져 있고 보통 주단위로 쇼핑하는 물건이나 서비스를 주로 취급하는 상업지를 말한다. 일상생활에 필수적인 품목이 아닌 선호품이나 기호품을 주로 팔기 때문에 선호품형 상권이라고도 일컫는다.
• 중심형 : 주거지에서 멀리 떨어져 있어 방문주기가 빈번하지 않기 때문에 체류하는 시간이 길며, 일반상품 업종은 물론이고 외식업이나 오락, 유흥 등 여러 업종이 복합적으로 구성되어 있어 업종 간 연계성이 높은 편이다.

28 #점포개점#점포규모 [정답] ②
점포의 규모는 클수록 무조건 유리한 것은 아니다. 상권범위가 설정되면 상권규모를 추정하여 그에 따른 점포규모를 추정해야 하는데, 상권 내 구매력에 의한 계산이나 유사지역과의 비교 또는 매장면적 대비 인구비에 의한 계산을 통해 점포의 적정 규모를 산출하고, 법적 가능 면적 및 동원 가능한 자금을 고려하여 최종적인 규모를 확정한다.

29 #상권설정이유 [정답] ④
점포의 접근성과 가시성은 입지설정과 관련된 요인이다.

30 #임대차보호법 [정답] ③
❙ 정답 TIP ❙
차임 및 증액청구의 기준(상가건물 임대차보호법 시행령 제4조)
차임 또는 보증금의 증액청구는 청구당시의 차임 또는 보증금의 100분의 5의 금액을 초과하지 못한다.

21년

31 #상권분석기법 　　　　　　정답 ③

티센다각형은 최근접상가 선택가설에 근거하여 상권을 설정하는 방법으로 상권에 대한 기술적이고 예측적인 도구로 사용될 수 있으며, 체크리스트법은 상권의 규모에 영향을 미치는 요인들을 수집하여 이들에 대한 평가를 통해 시장잠재력을 측정하는 것으로 매출액을 추정하기는 어렵다.

32 #입지 #상권 　　　　　　정답 ④

　오답풀이

① 상권 평가에는 점포의 층수, 주차장, 교통망, 주변 거주 인구 등을 이용하고, 입지 평가에는 점포의 면적, 주변 유동인구, 경쟁점포의 수 등의 항목을 활용한다.
② 상권은 점포를 이용하는 소비자들이 분포하는 공간적 범위 또는 점포의 매출이 발생하는 지역 범위를 의미한다.
③ 입지는 점포를 경영하기 위해 선택한 장소 또는 그 장소의 부지와 점포 주변의 위치적 조건을 의미한다.
⑤ 상권은 일정한 공간적 범위(boundary)로 표현되고 입지는 일정한 위치를 나타내는 주소나 좌표를 가지는 점(point)으로 표시된다.

33 #입지시계성 　　　　　　정답 ①

도보의 경우보다는 차량을 이용할 경우에 더 먼 거리에서부터 인식할 수 있게 해야 한다.

34 #GIS기능 　　　　　　정답 ②

　오답풀이

① 데이터 및 공간조회
③ 프레젠테이션 지도작업
④ 버퍼(buffer)
⑤ 위상

35 #동반유인원칙 　　　　　　정답 ③

① 두 개의 사업이 고객을 서로 교환할 수 있을 정도로 인접한 지역에 위치하면 매출액이 높아진다.
② 지나치게 유사한 점포나 보충 가능한 점포는 밀집하면 매출액이 감소한다.
④ 사무실밀집지역, 쇼핑지역 등은 고객이 특정 지역에서 타 지역으로 이동시 점포를 방문하게 한다.
⑤ 지리적으로 인접하거나 또는 교통이 편리하면 매출을 증대시킨다.

36 #상권계층 　　　　　　정답 ④

지구형은 지구중심형과 대지구중심형으로 나뉘는데, 지구중심형은 반경 1km 이내의 생활권을 범위로 하며, 대지구중심형은 몇 개의 거주 지역을 상권으로 한다.

37 #페터 #공간균배원리 　　　　　　정답 ④

수요의 교통비 탄력성이 크면 분산 입지 현상이 나타난다.

38 #지역분석 #부지분석 　　　　　　정답 ②

지역분석은 대형 소매점포의 시장잠재력을 조사하기 위한 분석이고, 부지분석은 구입가능한 부지들 중에서 최적의 부지(site)를 점포입지로 선정하기 위한 분석이다.

39 #IRS #MEP 　　　　　　정답 ②

소매포화지수(IRS)가 높을수록 시장의 포화정도가 낮다는 것을 의미하고, 시장성장잠재력지수(MEP)가 높을수록 시장성장잠재력이 커지게 된다. 따라서 지역시장의 성장가능성은 낮지만, 시장의 포화정도가 낮아 기존 점포 간의 경쟁이 치열하지 않은 경우는 소매포화지수(IRS)는 높지만 시장성장잠재력지수(MEP)가 낮은 경우이다

40 #백화점입지 　　　　　　정답 ④

소비자는 한 군데에 단골을 정하지 않고 좋아하는 브랜드를 찾아다니면서 각 점포를 비교하는 성향이 강하기 때문에 이러한 다양한 소비 형태에 따라 백화점은 상품구색을 종합화하여 원스톱 쇼핑의 공간을 제공해야 한다.

41 #업종형태 #상권 　　　　　　정답 ③

전문품을 취급하는 점포의 경우 잠재고객이 지역적으로 널리 분산되어 있으므로 상권의 밀도는 낮으나, 범위는 넓은 특성을 갖고 있다.

42 #상권조사 #분석 　　　　　　정답 ③

이용가능한 정보가 많을수록 상권분석 결과의 정확성은 높아지기 때문에 이용가능한 정보와 상권분석 결과의 정확성은 선형관계를 갖는다. 역 U자형 관계는 두 변수의 관계가 일정하지 않은 비선형관계를 의미한다.

43 #쇼핑센터 #결절점 　　　　　　정답 ②

　오답풀이

① 주통로, 곡선형의 외부 경사로, 건물사이의 브리지
③ 분수
④ 상점, 레스토랑, 영화관, 공연장
⑤ 지하철역, 테라스, 통로난간

44 #크리스탈러#중심지이론 　　　　　정답 ⑤

상업중심지의 정상이윤 확보에 필요한 최소한의 수요를 발생시키는 상권범위를 최소수요 충족거리라고 한다.

45 #빅데이터 　　　　　정답 ④

빅데이터는 급변하는 시장 환경에 적극적으로 대처하여 신속한 소비자의 니즈 파악과 대응방안을 마련하기 위한 것으로, 빅데이터를 통해 고객과 장기적인 신뢰관계를 구축하여 충성고객을 확보할 수 있으므로 빅데이터의 유용성이 가장 높은 상권분석의 영역은 고객맞춤형 전략의 수립이다.

3과목　유통마케팅

46 #유통마케팅성과평가 　　　　　정답 ④

투입한 마케팅 자원에 대비해 달성된 성과를 평가하므로 과거의 성과를 보여줄 수 있다.

47 #분산분석 　　　　　정답 ⑤

분산분석은 3개 이상의 집단들의 평균 차이를 동시에 비교하기 위한 검정방법, 즉 여러 집단의 평균의 동일성에 대한 검정을 하기 위한 기법으로, 변동의 원인이라고 판단되는 인자를 1개만 채택하여, 그 인자의 수준을 몇 단계로 변화시켰을 때 실과가 이렇게 변하는지를 측정한 측정치를 해석한다.

오답풀이

① 어떠한 알지 못하는 특성을 규명하기 위해 문항 또는 변인들 간의 상호관계를 분석해서 상관이 높은 문항과 변인들을 묶어 이를 몇 개의 요인으로 규명하고, 해당 요인의 의미를 부여하는 통계방법을 말한다.

② 매개변수 모델을 이용하여 통계적으로 변수들 사이의 관계를 추정하는 분석방법으로, 주로 독립변수(independent variable)가 종속변수(dependent variable)에 미치는 영향을 확인하고자 사용한다.

③ 각 대상 간의 객관적 또는 주관적인 관계에 대한 수치적인 자료들을 처리해서 다차원의 공간상에서 해당 대상들을 위치적으로 표시해주는 일련의 통계기법을 의미한다.

④ 표적시장으로 예상되는 소비자를 일정한 자격기준에 따라 6~12명 정도 선발하여 한 장소에 모이게 한 후 면접자의 진행 아래 조사목적과 관련된 토론을 함으로써 자료를 수집하는 마케팅조사 기법이다.

48 #촉진믹스 　　　　　정답 ④

판매촉진의 주된 목적은 중간상과 소비자의 즉각적인 구매활동을 유발하는 것이다.

49 #로열티 　　　　　정답 ③

┃ 정답 TIP ┃
로열티(충성도)의 단계
비로열티 → 타성적 로열티 → 잠재적 로열티 → 초우량 로열티

• 비로열티 : 애착도 없고 반복적으로 구매하지도 않는 저태도·저행동
• 타성적 로열티 : 애착은 없지만 반복적으로 구매하는 저태도·고행동
• 잠재적 로열티 : 반복적으로 구매하지는 않지만 애착은 있는 고태도·저행동
• 초우량 로열티 : 애착도 있고 반복적으로 구매하는 고태도·고행동

50 #고객서비스 　　　　　정답 ③

소매업체는 보다 많은 장기적 이익을 추구하려는 전략적 관점에서 고객서비스를 제공한다.

51 #판매활동#고객화접근법 　　　　　정답 ②

고객의 다양한 니즈를 충족시키려면 고객화 접근법(customization)을 수행해야하지만, 비용 상승이라는 부담이 생기게 된다.

52 #CRM도입실행 　　　　　정답 ③

고객관계관리는 단순한 정보기술수준이 아닌 선탁직 차원의 수준에서 활용해야 한다.

53 #CRM마케팅활동 　　　　　정답 ④

CRM은 통합된 멀티채널을 통해 고객과의 일대일 관계를 중요시한다.

54 #가격유형 　　　　　정답 ④

㉠ 준거가격 : 소비자가 제품의 실제 가격을 평가하기 위하여 이용하는 표준가격(Standard Price)을 말한다. 준거가격은 외적 준거가격과 내적 준거가격으로 구분되는데, 외적 준거가격은 구매환경에서 노출되는 가격이며, 내적 준거가격은 제품 경험 및 외부환경에서 얻을 수 있는 정보의 영향을 받는 가격으로, 실제 가격을 비교하거나 판단하는 데 이용되는 구매자 기억 속의 가격을 의미한다.

ⓒ 수요점화가격수준 : 소비자마다 최하 얼마 이상 최고 얼마 미만의 가격이라면 사겠다고 생각하는 범위가 존재하는데, 이와 같이 소비자가 구매를 위해 고려하게 되는 가격범위는 소비자의 소득수준에 따라 다르다.

ⓒ 명성가격 : 구매자가 가격에 의해 품질을 평가하는 경향이 강한 비교적 고급품목에 대하여 가격을 결정하는 방법이다.

55 #머천다이저#MD 〔정답〕④

ⓐ · ⓑ · ⓒ 상품을 싸게 구매할 수 있는 상황

오답풀이

ⓓ 상품을 비싸게 구매해야 하는 상황

56 #머천다이징 〔정답〕①

머천다이징은 상품화계획이라고도 하며, 마케팅활동의 하나이다. 이 활동은 생산 또는 판매할 상품에 관한 결정, 즉 상품의 기능·크기·디자인·포장 등의 제품계획, 상품의 생산량 또는 판매량, 생산시기 또는 판매시기, 가격에 관한 결정을 포함한다.

57 #소매아코디언이론 〔정답〕③

오답풀이

① 도입기 → 성장기 → 성숙기 → 쇠퇴기의 단계를 거치게 된다.

② 고가격, 고마진, 고서비스, 저회전율 등의 특징을 가지고 있는 백화점이 출현하면(정) 이에 대응하여 저가격, 저마진, 저서비스, 고회전율 등의 반대적 특징을 가진 할인점(반)이 나타나 백화점과 경쟁하게 되며, 그 결과 백화점과 할인점의 특징이 적절한 수준으로 절충된 새로운 형태의 소매점인 할인 백화점(합)으로 진화해 간다는 이론이다.

④ 진입단계(최저 가격과 최저 비용) → 성장단계(고가격) → 쇠퇴단계(안정적이고 보수적인 업태)를 거치게 된다.

⑤ 기존의 소매업태가 다른 유형의 소매로 변화할 때 그 빈자리, 즉 진공지대를 새로운 형태의 소매업태가 자리를 메운다는 이론이다.

58 #수직적경쟁 〔정답〕③

ⓒ 업태 간 경쟁에 대한 내용이다.

ⓓ 경로시스템 경쟁에 대한 내용이다.

59 #O2O 〔정답〕②

O2O(Online to Offline)는 온라인이 오프라인으로 옮겨온다는 뜻으로, 정보 유통 비용이 저렴한 온라인과 실제 소비가 일어나는 오프라인의 장점을 접목해 새로운 시장을 만들어보자는 데서 나왔다. 따라서 ②는 콘텐츠를 구매한 기기와 시청한 기기가 다른 것이기 때문에 O2O 사례와는 거리가 멀다.

60 #소매경영환경변화 〔정답〕④

하이테크에서 더 나아가 인간의 감성과 기술의 조화를 이룸으로써 고부가가치를 창출하는 하이터치 개념을 도입하고 있다.

61 #엔드진열 〔정답〕④

④는 점블진열(Jumble Display)에 대한 설명이다.

62 #판매촉진방법#충성도프로그램 〔정답〕⑤

충성도 프로그램은 고객의 반복적인 구매활동에 대한 보상으로 상품할인, 무료식품, 선물 혹은 여행 같은 인센티브를 제공하기 위해 마련된 마케팅 프로그램이다.

63 #격자형점포배치 〔정답〕④

고객의 자유로운 쇼핑과 충동적인 구매를 기대하는 매장에 적격인 점포배치는 자유형 점포배치이다.

64 #묶음제품가격전략 〔정답〕④

오답풀이

① 주요한 제품과 함께 사용하여야 하는 종속제품에 대한 가격을 결정하는 방법

② 주요 제품의 가격이 보다 경쟁적 우위를 차지할 수 있도록 부산물의 가격을 결정하는 방법

③ 수요가 가격에 대하여 민감한 가격탄력도가 높은 신제품을 도입하는 초기에 있어서 저가격을 설정함으로써 신속하게 시장에 침투하여 시장을 확보하려는 가격정책

⑤ 한 가지 제품을 개발하기 보다는 복수의 제품라인을 개발하여 제품 간에 가격 단계를 설정하는 방법

65 #시장세분화 〔정답〕④

세분시장 내에서는 동질성이 최대화되어야 한다.

▮정답 TIP▮

효과적 세분화의 조건

· 측정가능성 : 세분시장의 크기와 구매력이 측정될 수 있어야 한다.

- 접근가능성 : 세분시장에 있는 소비자에게 효과적으로 접근해서 활동할 수 있는 가능성의 정도이다.
- 시장의 규모 : 세분시장의 규모와 수익성의 정도가 차별적인 전략을 구사할 만큼 커야 한다.
- 실행가능성 : 세분시장에 효과적인 프로그램을 설계하여 효과를 얻을 수 있어야 한다.

66 #점포구성#조닝 정답 ⑤
조닝이란 레이아웃이 완성되면 각 코너별 상품 구성을 계획하고 진열면적을 배분하여 레이아웃 도면상에 상품배치 존 구분을 표시하는 것이므로 외장 출입구 및 점두 간판의 설치 위치는 명확한 조닝 구성 시 신중하게 결정해야 하는 요소와는 거리가 멀다.

67 #자체상표 정답 ④
자체상표(private brand) 상품은 대량생산주문으로 인해 재고부담이 증가할 수 있는 불확실성을 가지고 있다.

68 #제품시장확장그리드 정답 ②
▌정답 TIP ▌
제품시장확장그리드를 이용한 성장전략
- 시장침투 : 기존시장 + 기존제품의 경우로 어떤 형태로든 제품을 변경시키지 않고 기존 고객들에게 보다 많이 판매하도록 하는 전략수립
- 시장개척 : 신시장 + 기존제품의 경우로 시장개척의 가능성을 고려하는 전략수립
- 제품개발 : 기존시장 + 신제품의 경우로 기존시장에 신제품 또는 수정된 제품을 공급하는 전략수립
- 다각화전략 : 신시장 + 신제품의 경우로 기존의 제품이나 시장과는 완전히 다른 새로운 사업을 시작하거나 인수하는 전략수립

69 #고객접근기술#상품혜택접근법 정답 ①
상품혜택 접근법은 구매자에게 제공될 상품혜택, 예상고객을 연관시키는 설명이나 질문을 갖고 면담을 시작하는 데 사용된다.

70 #상품수명주기 정답 ③
성숙기에는 시장경쟁에 대응하기 위해서 다양한 상표 및 모델의 제품 등을 개발해야 하는 시기이다.

4과목 유통정보

71 #대시보드 정답 ⑤
▌정답 TIP ▌
대시보드(dashboard)
- 한 화면에서 다양한 정보를 중앙 집중적으로 관리하고 찾을 수 있도록 하는 사용자 인터페이스(UI) 기능이다.
- 여러 종류의 웹 기반 콘텐츠를 재사용할 수 있도록 구성하고, 문서, 웹 페이지, 메시징, 미디어 파일 등 다양한 콘텐츠를 한 화면에서 관리한다.
- 의사결정과 작업분석에 적절한 정보 제공과 사용자 및 그룹관리가 용이하고, 무선응용통신규약(WAP) 전화, 휴대형 PC 등 이동장비 지원이 가능하다.

72 #딥러닝 정답 ⑤
유전자 알고리즘(GA ; Genetic Algorithm)은 자연세계의 진화현상에 기반한 계산 모델로, 진화론의 적자생존과 자연선택의 유전학에 근거한 적응탐색 기법이다.

오답풀이
① 딥러닝에서 이미지를 분석하기 위해 패턴을 찾는 데 유용한 알고리즘으로 데이터에서 이미지를 직접 학습하고 패턴을 사용해 이미지를 분류한다. CNN의 핵심적인 개념은 이미지의 공간정보를 유지하며 학습을 한다는 것이다.
② 딥러닝은 신경망 아키텍처를 사용해 데이터를 처리하기 때문에 심층신경망(DNN ; Deep Neural Network)이라고도 불리는데, 심층신뢰신경망(DBN ; Deep Belief Network)은 알고리즘에 따라 비지도 학습 방법(unsupervised learning)을 기반으로 하는 것을 말한다.
③ 과거의 정보를 사용하여 현재 및 미래의 입력에 대한 신경망의 성능을 개선하는 딥러닝 신경망이다.
④ 은닉층의 메모리 셀에 입력 게이트, 망각 게이트, 출력 게이트를 추가하여 불필요한 기억을 지우고, 기억해야 할 것들을 정하는 것이다.

73 #조직구조#의사결정 　　　　　　　　정답 ②

┃정답 TIP┃

구조화 결정에 따른 의사결정의 예

의사결정 구조화	운영적 수준	전술적 수준	전략적 수준
비구조적	–	작업집단 재조직	신규사업 기획
반구조적	• 현금관리 • 신용관리 • 생산일정 • 일일작업 　할당	• 작업집단 　성과분석 • 종업원 　성과평가 • 자본 예산 • 프로그램 　예산	• 기업조직 　재구축 • 상품 기획 • 기업매수 　및 합병 • 입지 선정
구조적	재고관리	프로그램 관리	–

74 #신디케이트 　　　　　　　　정답 ①

신디케이트는 제품의 판매를 개별기업으로부터 공동 판매 기관으로 옮기고, 생산 할당이나 합리화를 지도하여 시장지배력을 강화하려는 기업조합으로, 기업 독점형태의 하나이기 때문에 가격인상 요인에 해당된다.

75 #정보#자료#지식 　　　　　　　　정답 ②

┃정답 TIP┃

정보·자료·지식 간의 관계

• 자료는 그 자체로는 의미가 없으며 이용자의 의도에 맞게 유용한 형태로 전환되고 가치를 지니고 있어야 의미를 가지게 된다. 이렇게 자료가 의미 있는 형태로 처리되었을 경우 비로소 우리는 정보라고 부른다.

• 지식이란 다양한 종류의 정보가 축적되어 특정 목적에 부합하도록 일반화된 정보로서, 자료가 정보로 전환되는 과정에서 활용된다.

• 정보를 산출하기 위해서 어떠한 자료가 필요하고, 자료를 어떠한 과정을 거쳐 정보로 변환시켜야 하며, 이러한 자료와 정보를 바탕으로 어떠한 의사결정과 행동을 수행하여야 하는지는 지식에 의해 통제된다.

76 #ELT 　　　　　　　　정답 ①

오답풀이

② 데이터의 분석과 관리를 위해서 다차원의 데이터를 모으고, 관리하고, 프로세싱하고, 표현하기 위한 응용프로그램 및 기술을 말한다.

③ 은행이나 항공사, 슈퍼마켓, 제조업체 등 많은 기업체에서 데이터 입력이나 거래조회 등을 위한 트랜잭션 지향의 업무를 쉽게 관리해주는 프로그램을 말한다.

④ 데이터를 일정한 규칙에 따라 변형하여 이용하기 쉽게 만드는 것을 의미한다.

77 #크리슈머 　　　　　　　　정답 ②

크리슈머(cresumer)는 'Creative'와 'Consumer'의 합성어로 크리슈머는 단순한 소비만으로 욕구를 충족하는 수준이 아니라 소비를 통하여 스스로의 개성을 표현하는 창조적인 소비자를 의미한다. 크리슈머의 경영참여는 소비자와 기업 간의 커뮤니케이션을 통해 기업이 경영에 필요한 지식과 아이디어를 소비자로부터 얻는 것을 의미한다.

78 #GS1코드 　　　　　　　　정답 ⑤

GS1코드는 백화점, 슈퍼마켓, 편의점 등 유통업체에서 최종 소비자에게 판매되는 상품에 사용되는 코드로서 상품 제조 단계에서 제조업체가 상품 포장에 직접 인쇄하는 것으로 제품 분류(Product Classification)의 수단이 아니라 제품 식별의 수단으로 사용되기 때문에 상품 홍보 또는 이벤트를 위해 특정기간을 정하여 판매하는 경우에도 고유 식별코드를 부여한다.

79 #웹로그 　　　　　　　　정답 ①

┃정답 TIP┃

웹로그 파일

• 웹서버를 통해 이루어지는 내용이나 활동 사항을 시간의 흐름에 따라 기록하는 파일을 웹로그 파일이라 한다.

• Access log는 웹사이트 방문자가 웹브라우저를 통해 사이트 방문시 브라우저가 웹서버에 파일을 요청한 기록과 시간, IP에 관련된 정보에 대한 기록이다.

• Refferer log는 웹서버를 소개해 준 사이트와 소개받은 페이지를 기록함으로써 해당 웹사이트를 보기 위해서 어떤 페이지를 거쳐 왔는지에 대한 기록이다.

• Agent log는 사이트 방문자의 웹브라우저 버전, 운영체제의 종류, 화면해상도, 프로그램의 종류 등에 관한 정보로 최적화된 웹사이트를 구성할 수 있는 단서를 제공한다.

• Error log는 웹서버에서 발생하는 모든 에러와 접속실패에 대한 시간과 에러 내용을 모두 기록한다.

80 #전자상거래 　　　　　　　　정답 ①

오답풀이

② 모바일 웹
③ 모바일 앱
④ 전문몰
⑤ 종합몰

81 #비즈니스애널리틱스 〔정답〕⑤

숨겨진 상관관계 및 트렌드를 발견하기 위해 대규모 데이터를 분석하는 것은 데이터 마이닝이다. 데이터 마이닝(data mining)은 대량의 데이터에서 유용한 정보를 추출하는 것으로, 데이터 마이닝을 할 때는 다양한 통계적 기법, 수학적 기법과 인공지능을 활용한 패턴인식 기술 등을 이용하여 데이터 속에서 유의미한 관계, 규칙 패턴 등에 대한 규칙을 발견하는 것이다.

82 #의사결정#지식형태표현 〔정답〕②

저장의 복잡성(×) → 저장의 단순성(○)

83 #Telnet 〔정답〕③

텔넷(telnet)은 원격지의 컴퓨터를 인터넷을 통해 접속하여 자신의 컴퓨터처럼 사용할 수 있는 원격 접속 서비스로, 텔넷을 이용하려면 원격 컴퓨터를 이용할 수 있는 사용자 계정이 있어야 한다.

〔오답풀이〕

① 대량의 파일을 주고받을 때 사용하는 파일 전송 전용 서비스이다.

② 정보의 내용을 주제별이나 종류별로 구분하고, 메뉴로 구성하여 사용할 수 있는 방식으로 인터넷 정보검색 서비스를 말한다.

④ User Network(사용자 네트워크)의 약어로, 특정한 주제나 관심사에 대해 의견을 게시하거나 관련 분야에 대한 그림, 동영상, 실행파일, 데이터파일 등의 자료를 등록할 수 있는 전자게시판의 일종이다.

84 #RFID 〔정답〕④

RFID는 바코드처럼 각 제품의 개수와 검수를 위해 일일이 바코드 리더기를 가져다 댈 필요 없이 자동으로 대량 판독이 가능하기 때문에 불필요한 리드타임을 줄일 수 있다.

85 #나비효과 〔정답〕⑤

〔오답풀이〕

① 전체 결과의 80%가 전체 원인의 20%에서 일어나는 현상을 의미하는 것으로, 예를 들어 20%의 고객이 백화점 전체 매출의 80%에 해당하는 만큼 쇼핑하는 현상을 설명한다.

② 기하급수적인 기술 변화가 생산 산업에도 큰 변화를 가져오고 있으며 특히 정보통신기술을 기반으로 빠른 변화와 발전을 불러오고 있다는 것을 의미한다.

③ 네트워크의 규모가 커짐에 따라 그 비용의 증가 규모는 줄어들지만 네트워크의 가치는 기하급수적으로 증가한다는 법칙이다.

④ 생산요소 투입량의 증대(생산규모의 확대)에 따른 생산비 절약 또는 수익향상의 이익을 의미한다.

86 #QR 〔정답〕①

〔오답풀이〕

② 공급체인의 네트워크 전체를 포괄하는 관리기법으로, 최종 소비자에게 유통되는 상품을 그 원천에서부터 관리함으로써 공급체인의 구성원 모두가 협력하여 소비자의 욕구를 더 만족스럽게, 더 빠르게, 더 저렴하게 채워주고자 하는 전략의 일종이다.

③ 유통업체가 제조업체에 판매와 재고 정보를 전자문서로 제공하면 제조업체는 이를 토대로 과거 데이터를 분석하고 수요를 예측해 적정 납품량을 결정하는 시스템으로, 공급자주도형 재고관리를 의미한다.

④ 협업설계예측 및 보충이라고 하며, 유통과 제조업체가 정보교환협업을 통하여 One-number 수요예측과 효율적 공급 계획을 달성하기 위한 기업 간의 Work flow이다.

⑤ 전자조달은 구매 요청, 승인, 입찰, 계약에 이르는 일련의 프로세스를 인터넷을 기반으로 전자적으로 수행하는 시스템을 말한다.

87 #디지털아카이브 〔정답〕①

〔오답풀이〕

② 주문서, 납품서, 청구서 등 무역에 필요한 각종 서류를 표준화된 상거래 서식을 통해 서로 합의된 통신 표준에 따라 전자적 신호로 바꿔 컴퓨터 간에 교환하는 정보전달방식을 말한다.

③ 무수히 많은 컴퓨터에 분산 저장되어 있는 문서를 수집하여 검색 대상의 색인으로 포함시키는 기술이다.

④ 디지털 데이터를 논리 풀에 저장하는 시스템이다. 논리 풀이라는 것은 물리적인 스토리지가 일반적으로 호스팅 업체에 의해 소유·관리되는 복수의 서버 또는 복수의 지역들에 걸쳐 있는 데이터 스토리지 모델이다.

⑤ 천체 망원경, 오디오·비디오 시스템 등의 주요 장비를 원격 조정하며, 장비로부터 얻은 데이터를 분석하는 방법론으로, 그리드 컴퓨팅에서 사용되는 개념이다.

88 #SECI모델#외재화 〔정답〕③

외재화는 암묵지식을 언어로써 형식지식으로 전환하는 것이다(예 특허신청, 매뉴얼 작성).

89 #e-CRM 〔정답〕②

유사커뮤니티에 대한 정보제공을 고려하는 것은 정보제공모델이다.

90 #POS 〔정답〕③

POS 시스템은 상품에 바코드(barcode)나 OCR 태그(광학식 문자해독 장치용 가격표) 등을 붙여놓고 이를 스캐너로 읽어서 가격을 자동 계산하는 동시에 상품에 대한 모든 정보를 수집·입력시키는 방식이다.

01	02	03	04	05	06	07	08	09	10	11	12	13	14	15
①	②	⑤	⑤	④	④	⑤	⑤	②	②	④	④	③	③	①
16	17	18	19	20	21	22	23	24	25	26	27	28	29	30
③	⑤	④	⑤	④	⑤	④	③	③	③	③	④	①	④	①
31	32	33	34	35	36	37	38	39	40	41	42	43	44	45
③	⑤	⑤	③	④	④	③	①	⑤	②	④	②	⑤	③	⑤
46	47	48	49	50	51	52	53	54	55	56	57	58	59	60
④	②	①	②	①	①	④	③	⑤	⑤	③	①	③	③	⑤
61	62	63	64	65	66	67	68	69	70	71	72	73	74	75
②	⑤	⑤	②	①	⑤	④	④	⑤	④	①	⑤	④	④	③
76	77	78	79	80	81	82	83	84	85	86	87	88	89	90
⑤	④	③	①	③	②	②	③	④	②	③	①	①	①	②

1과목 유통물류일반

01 #VMI
정답 ①

오답풀이

② VMI는 제조업체가 상품보충시스템을 관리하는 경우로서 상품보충시스템이 실행될 때마다 판매와 재고정보가 유통업체에서 제조업체로 전송된다.

③ VMI에서는 생산자가 소매업자와 상호 협의하여 소매업자의 재고를 관리한다.

④ VMI를 활용하면 유통업체는 재고관리에 소요되는 인력이나 시간 등 비용절감 효과를 얻을 수 있다.

⑤ CMI는 VMI에서 한 단계 더 보완된 것으로 유통업체와 공급업체 간 협업을 통해 공동으로 재고를 관리하는 것을 의미한다.

02 #직무분석#직무평가
정답 ②

직무기술서는 종업원의 직무분석 결과를 토대로 직무수행과 관련된 각종 과업 및 직무행동 등을 일정한 양식에 따라 기술한 문서를 의미한다.

03 #조직문화
정답 ⑤

조직문화적가치는 조직구성원의 공유된 가치 및 신념체계이기 때문에 다른 기업의 제도나 시스템을 벤치마킹한다고 해서 조직문화적가치도 쉽게 이전되는 것은 아니다.

04 #체크리스트법
정답 ⑤

체크리스트법을 통해 매출액을 추정하기는 어렵기 때문에 매출액을 추정하기 위한 요인에 해당하는 구매빈도와 평균 주문량 등은 체크리스트법 사용시 고려해야 할 요인에 포함되지 않는다.

05 #유통경영환경
정답 ④

제품과 종업원에 관련된 규제 및 환경규제, 각종 인허가 등과 같은 법과 규범은 정치적·법률적 환경으로 거시환경에 속한다.

06 #기업윤리
정답 ④

회사에 손해를 끼칠 수 있는 사안이더라도 윤리적으로 중대한 문제라면 공익제보를 하는 것을 지향해야 한다.

07 #중간상필요성 정답 ⑤

오답풀이

② 중간상의 개입으로 거래의 총량이 감소하게 되어 제조 업자와 소비자 양자에게 실질적인 비용 감소를 제공하 게 된다.

③ 다수의 중간상이 분업의 원리로써 유통경로에 참여하 게 되면 유통경로과정에서 다양하게 수행되는 기능들, 즉 수급조절기능, 보관기능, 위험부담기능, 정보수집 기능 등이 경제적·능률적으로 수행될 수 있다.

④ 무조건적으로 제조와 유통기관을 통합하여 대규모화 하기보다는 각각의 유통기관이 적절한 규모로 역할분 담을 하는 것이 비용면에서 훨씬 유리하다는 논리에 의해 중간상의 필요성을 강조하는 이론이다.

08 #유통시장변화 정답 ⑤

풀필먼트 서비스(Fulfillment Service)는 물류 전문 업체가 물건을 판매하려는 업체들의 위탁을 받아 배송 과 보관, 포장, 재고관리, 교환·환불 서비스 등의 모든 과정을 담당하는 '물류 일괄 대행 서비스'를 말 한다.

09 #유통경로효용 정답 ②

┃ 정답 TIP ┃
유통경로의 효용
• 시간적 효용 : 보관기능을 통해 생산과 소비 간 시간적 차이를 극복시켜 준다.
• 장소적 효용 : 운송기능을 통해 생산지와 소비지 간 장 소적 차이를 극복시켜 준다.
• 소유적 효용 : 생산자와 소비자 간 소유권 이전을 통해 효용이 발생된다.
• 형태적 효용 : 생산된 상품을 적절한 수량으로 분할 및 분배함으로써 효용이 발생된다.

10 #아웃소싱#인소싱 정답 ②

과다 투자나 과다 물량생산의 위험이 높은 것은 인소 싱의 단점이다.

┃ 정답 TIP ┃
아웃소싱과 인소싱
소싱(sourcing)은 인소싱과 아웃소싱의 2가지로 분류되 는데, 인소싱은 전통적인 방법으로 조직의 계통과 체계를 통해 서비스와 기능을 직접 전달하는 경제활동 방식을 말 하고, 아웃소싱은 부품 조달을 비롯한 사업의 일부 또는 많은 부분을 외부에 위탁하는 방식을 말한다.

11 #동기부여이론#허즈버그 정답 ④

오답풀이

① 인간의 욕구가 계층적 단계로 구성되어 있으며, 하위 욕구에서 상위욕구로 순차적으로 발현한다는 이론을 말한다.

② 기본적으로 인간의 본성에 대한 부정적인 관점인 X이 론과 긍정적인 관점인 Y이론을 제시하였다.

③ 앨더퍼는 매슬로의 욕구단계이론에는 동의하였으나, 인간의 욕구를 존재욕구(E), 관계욕구(R), 성장욕구 (G)로 분류하였다.

⑤ 피들러는 리더십을 과업지향적인 유형과 관계지향적 인 유형으로 구분하여 리더가 어떤 유형의 리더십을 갖고 있는지를 측정하기 위해 최소선호 동료작업자 (LPC ; Least Preferred Coworker) 척도를 개발하 였다.

12 #상충관계 정답 ④

상충관계에서 발생하는 문제점을 극복하기 위해서는 전체적인 물류 네트워크를 고려한 최적화를 달성해야 한다.

13 #식품위생법 정답 ③

• "위해"란 식품, 식품첨가물, 기구 또는 용기·포장 에 존재하는 위험요소로서 인체의 건강을 해치거나 해칠 우려가 있는 것을 말한다(식품위생법 제2조 제 6호).
• "영업"이란 식품 또는 식품첨가물을 채취·제조·가 공·조리·저장·소분·운반 또는 판매하거나 기 구 또는 용기·포장을 제조·운반·판매하는 업(농 업과 수산업에 속하는 식품 채취업은 제외한다)을 말한다(식품위생법 제2조 제9호).

14 #정크본드 정답 ③

오답풀이

① 일반적인 고정금리채와 달리 이자가 계약당시에 결정 된 특정이율 지표에 링크되어, 계약기간 동안 연동되 는 채권을 말한다.

② 만기에 한꺼번에 상환하게 되면 부담이 되므로 1회에 발행하는 채권을 만기가 다르게 수개조로 나누어 발행 하는 채권을 말한다.

④ 제3자의 지급보증이 없이 발행자의 신용도에 의해 발 행되어 유통되는 채권이다.

⑤ 원리금 상환을 발행회사 이외에 제3자가 보증하는 채 권으로 정부보증채, 일반보증채(시중은행, 보증보험, 신용보증기금 등) 등이 있다.

15 #리더십유형 `정답` ①

자유방임적 리더십은 종업원이 더 많은 것을 알고 있는 전문직인 경우에 효과적이다. 민주적 리더십은 유연함과 책임을 빠르게 형성할 수 있으며 새로운 것들을 정하는 데 도움이 된다.

16 #앤소프#성장전략 `정답` ③

┃정답 TIP┃
앤소프(Ansoff, H. I.)의 성장전략
- 시장침투전략 : 기존 제품의 시장 전략을 유지하면서 기존 시장의 점유율을 확대하여 수익을 내는 전략
- 시장개발전략 : 회사의 기존 제품을 가지고 판매 지역 및 고객층 확대 등을 통해 새로운 시장을 개척하여 판매하는 전략
- 제품개발전략 : 회사의 기존 고객들에게 품목 다양화, 기존 제품 업그레이드 등의 신제품 출시를 통해 시장점유율을 높이는 전략
- 다각화전략 : 완전히 새로운 제품을 새로운 시장에 판매하는 전략

17 #도매상구분 `정답` ⑤

몇 가지의 전문품 라인만을 취급하는 전문품도매상은 완전기능도매상에 속한다.

18 #제3자물류 `정답` ④

①·②·③·⑤는 물류 아웃소싱에 대한 설명이다. 제3자 물류는 화주업체와 1년 이상 장기간의 계약에 의해 제휴관계를 맺고 복수의 물류기능을 하나로 묶어 통합물류서비스를 제공한다.

19 #보관효율화원칙 `정답` ⑤

동일성·유사성의 원칙 – 동일품종은 동일장소에 보관하고, 유사품은 가까운 장소에 보관한다.

20 #유통산업역할 `정답` ④

유통부문이 신규시장을 활발히 개척하면서 제조업체에 대한 유통업의 거래 교섭력이 증가하고 있어, 이는 제조업체 간 경쟁을 촉발시킴으로써 제조업 전체의 경쟁력이 제고될 수 있다.

21 #경로성과평가척도 `정답` ⑤

지문에 제시된 척도의 예를 양적 척도와 질적 척도로 구분하면 다음과 같다.
- 양적 척도 – 단위당 총 유통비용, 선적비용, 주문처리에서의 오류수, 악성부채비율, 가격인하 비율, 선적오류 비율, 재고부족 방지비용

- 질적 척도 – 경로과업의 반복화 수준, 신기술의 독특성, 기능적 중복 수준, 경로통제능력, 경로 내 혁신, 시장상황정보의 획득 가능성

22 #유통경영전략 `정답` ④

┃정답 TIP┃
유통마케팅 통제
- 현재 기업의 마케팅 활동 결과를 평가하고 해석해 시정 조치 활동을 하는 것이다.
- 기업의 현재 위치를 파악하고 나아갈 방향을 수정 가능하다.
- 기업의 성과를 재무지표로만 보는 것이 아니라 마케팅적 지표까지 분석하여 마케팅 성과를 통제하고 평가한다.

23 #가치창조경영 `정답` ③

`오답풀이`
② 크리에이티브 비즈니스(Creative Business)의 줄임말로 '창조사업'을 뜻한다. 정보·지식, 바이오 등 새로운 경제자원과 기존의 사업지식, 전문기술을 융합해 창의적인 아이디어와 발상의 전환으로 새로운 사업을 창출하는 신종 고부가가치 사업이다.
④ 경영자가 재미를 통한 리더십을 발휘해서 직원의 자발적 참여, 헌신, 창의력 등을 유도하는 관리방식이다.
⑤ 조직 내 지식의 발굴, 공유 및 적용을 통해 조직의 문제해결 역량을 향상시킴으로써 경쟁우위를 갖추게 하는 프로세스를 말한다.

24 #EOQ `정답` ③

경제적 주문량(EOQ)

$$= \sqrt{\frac{2 \times \text{주문당 소요비용} \times \text{연간 수요량}}{\text{연간 단위 재고비용}}}$$

$$= \sqrt{\frac{2 \times 40 \times 4,500}{25}} = \sqrt{\frac{360,000}{25}}$$

$$= \frac{600}{5} = 120$$

25 #SCM실행 `정답` ③

공급사슬관리(SCM)의 효과를 제대로 발휘하고 충족시키기 위해서는 전사적자원관리(ERP), 고객관계관리(CRM) 등의 통합정보시스템 지원은 필수적이기 때문에 인적 네트워크의 활용보다 각종 정보기술의 효과적인 활용을 우선시한다.

26 #용적률 [정답] ③

용적률이란 대지면적에 대한 건축물의 연면적 비율을 말한다. 여기서, 건축물의 연면적이란 건축물 각 층의 바닥면적의 합계를 말하며, 용적률을 산정할 때 지하 층의 면적, 지상층의 주차장으로 쓰는 면적은 제외한 다. 따라서 용적률은 다음과 같이 계산할 수 있다.

$$\frac{100 + 200 + 200 + 200 + 200}{300} \times 100$$

$$= \frac{900}{300} \times 100 = 300\%$$

27 #수정Huff모델 [정답] ④

허프모델은 점포매력도가 점포크기 이외에 취급상품 의 가격, 판매원의 서비스, 소비자의 행동 등 다른 요 인들로부터 영향을 받을 수 있다는 점을 고려하지 않 는다는 한계가 있다.

28 #상권범위 [정답] ①

조정된 상권에 경쟁점의 위치 및 영향권, 도로의 연계 상황, 중심방향 등을 감안한 더욱 현실적인 상권의 형 태는 아메바형으로 나타난다.

29 #IRS#MEP [정답] ④

MEP값은 타 지역에서의 쇼핑지출액을 근거로 계산되 며, 타 지역의 쇼핑정도가 높으면 MEP가 크게 나타나 고 시상성상삼재력이 높아지게 된다.

30 #등기사항전부증명서 [정답] ①

오답풀이

② 건축물대장은 건축물의 위치, 면적, 용도 등의 건축물 의 표시에 관한 사항과 건축물의 소유자 현황에 관한 사항을 등록하여 관리하는 공적장부이다.

③ 토지대장은 토지의 사실상의 상황을 보여주기 위한 공 적장부로, 고유번호와 토지소재, 축척, 지목, 면적, 사 유, 변동일자, 토지등급, 개별공시지가 등이 기록되어 있다.

④ 토지이용계획을 확인하고 그 내용을 작성하는 서식으 로, 토지이용계획확인서 작성시에는 해당되는 내용과 회사 또는 단체의 명칭 그리고 확인하는 사람의 성명 과 함께 인감을 찍어 확인하는 절차를 실시하는 것이 바람직하다.

⑤ 땅의 형상 등을 보기 쉽게 만든 지도형식의 문서로 토 지의 소재(所在), 지번(地番), 지목(地目), 경계(境界) 등을 나타낸다.

31 #점포공간매출액비율법 [정답] ③

오답풀이

① 상권의 규모에 영향을 미치는 요인들을 수집하여 이들 에 대한 평가를 통해 시장잠재력을 측정하는 것이다.

② 신규점포와 특성이 비슷한 기존의 유사점포를 선정하 여 분석담당자의 객관적 판단을 토대로 그 점포의 상 권범위를 추정한 결과를 자사점포의 신규입지에서의 매출액을 측정하는 데 이용하는 방법이다.

④ 확률적상권분석법은 기존의 중력법칙들이 단순히 거 리−감소함수관계만을 가지고 이웃하는 두 도시 간의 상권경계를 설정하는데 그칠 뿐, 개별점포단위 선택의 문제와 소비자들이 왜 특정점포를 선택하는지에 대 한 이유를 설명하지 못한다는 인식에서 출발한 분석 법이다.

⑤ 소비자들이 유사점포 중에서 선택을 할 때 자신들에게 가장 가까운 점포를 선택한다는 가정을 토대로 소매점 포 매출액을 추정하는 기법이다.

32 #상권구분 [정답] ⑤

3차상권 내에 위치한 고객들은 1차상권 및 2차상권과 비교할 때 고객의 수와 이들의 구매빈도가 적기 때문 에 점포 매출액에서 차지하는 비중이 낮다.

33 #임대차보호법 [정답] ⑤

정답 TIP

계약갱신 요구 등(상가임대차법 제10조 제1항)
임대인은 임차인이 임대차기간이 만료되기 6개월 전부터 1개월 전까지 사이에 계약갱신을 요구할 경우 정당한 사 유 없이 거절하지 못한다. 다만, 다음 각 호의 어느 하나의 경우에는 그러하지 아니하다.

1. 임차인이 3기의 차임액에 해당하는 금액에 이르도록 차임을 연체한 사실이 있는 경우

2. 임차인이 거짓이나 그 밖의 부정한 방법으로 임차한 경우

3. 서로 합의하여 임대인이 임차인에게 상당한 보상을 제 공한 경우

4. 임차인이 임대인의 동의 없이 목적 건물의 전부 또는 일부를 전대(轉貸)한 경우

5. 임차인이 임차한 건물의 전부 또는 일부를 고의나 중 대한 과실로 파손한 경우

6. 임차한 건물의 전부 또는 일부가 멸실되어 임대차의 목적을 달성하지 못할 경우

7. 임대인이 다음 각 목의 어느 하나에 해당하는 사유로 목적 건물의 전부 또는 대부분을 철거하거나 재건축하 기 위하여 목적 건물의 점유를 회복할 필요가 있는 경우

   가. 임대차계약 체결 당시 공사시기 및 소요기간 등을 포함한 철거 또는 재건축 계획을 임차인에게 구체 적으로 고지하고 그 계획에 따르는 경우

나. 건물이 노후·훼손 또는 일부 멸실되는 등 안전사고의 우려가 있는 경우

다. 다른 법령에 따라 철거 또는 재건축이 이루어지는 경우

8. 그 밖에 임차인이 임차인으로서의 의무를 현저히 위반하거나 임대차를 계속하기 어려운 중대한 사유가 있는 경우

34 #보증실현법칙 　　정답 ③

┃ 정답 TIP ┃
동선의 심리법칙
- 최단거리 실현의 법칙 : 인간은 최단거리로 목적지에 가려는 심리가 있기 때문에 안쪽 동선이라고 하는 뒷길이 발생한다.
- 보증실현의 법칙 : 인간은 먼저 득을 얻는 쪽을 택한다. 즉 길을 건널 때에도 최초로 만나는 횡단보도를 이용하려는 경향이 있다.
- 안전우선의 법칙 : 인간은 본능적으로 위험하거나 모르는 길 또는 다른 사람이 잘 가지 않는 장소에는 가려고 하지 않는 심리가 있다.
- 집합의 법칙 : 대부분의 사람들은 군중 심리에 의해 사람이 모여 있는 곳에 모인다.

35 #시계성평가 　　정답 ④

┃ 정답 TIP ┃
시계성을 평가하는 4가지 요소
- 기점 : 어디에서 보이는가?
- 대상 : 무엇이 보이는가?
- 거리 : 어느 정도의 간격에서 보이는가?
- 주제 : 어떠한 상태로 보이는가?

36 #GIS기능#중첩 　　정답 ④

오답풀이
① 어떤 지도형상, 즉 점이나 선 혹은 면으로부터 특정한 거리 이내에 포함되는 영역을 의미하며, 면의 형태로 나타나 상권 혹은 영향권을 표현하는 데 사용될 수 있다.
② 공간적으로 동일한 경계선을 가진 두 지도 레이어들에 대해 하나의 레이어에 다른 레이어를 겹쳐 놓고 지도형상과 속성들을 비교하는 기능이다.
③ 속성정보를 요약하여 표현한 지도를 작성하는 것이며, 면, 선, 점의 형상으로 구성된다.
⑤ 지리적인 형상을 표현한 지도상에 데이터의 값과 범위를 할당하여 지도를 확대·축소하는 등의 기능이다.

37 #점두조사법 　　정답 ③

점두조사란 점포에서 조사원이 대기하다가 구매결정을 한 소비자에게 질문을 하는 방식으로, 매장을 방문하는 소비자의 주소를 파악하여 자기점포의 상권을 조사하는 방법이다.

┃ 더 알아보기 ┃

편의추출조사법
임의로 응답자 모집 편의를 고려하여 특정한 샘플링 기준을 두지 않고 모집하는 방법으로 비확률표본추출방법에 해당한다.

38 #앵커점포 　　정답 ①

선박을 고정시키는 중심 역할을 하는 닻을 의미하는 '앵커(anchor)'처럼 어떤 상권을 대표하는 상징적인 점포나 대형 상가의 중심이 되는 핵심점포를 앵커점포(anchor store)라고 한다. 따라서 유통센터나 대형 점포, 브랜드 인지도가 높은 점포, 그 지역의 상권 내 가장 번화한 점포인 핵점포가 대표적인 앵커점포에 해당한다.

39 #소매시장#상권구조 　　정답 ③

자가용차 보급은 소비자를 전방위적으로 자유롭게 이동할 수 있게 하여 상권 간 경쟁영역을 확대시킨다.

40 #상권단절요인 　　정답 ②

6차선 이상의 도로가 상권단절요인에 해당한다.

41 #애플바움#유추법 　　정답 ④

전체 상권을 단위거리에 따라 소규모 구역으로 나누고, 각 구역 내에서 유사점포가 벌어들이는 매출액을 그 구역 내의 인구로 나누어 각 구역 내에서의 1인당 매출액을 구한다.

42 #CBD 　　정답 ②

중심상업지역(CBD)은 대중교통의 중심지로서 많은 사람들의 유입으로 인해 지가가 가장 높은 지역이며, 상업 활동을 통해 많은 사람들을 유인하므로 도보통행량이 상대적으로 많다.

43 #부지특성 　　정답 ⑤

각지는 2개 이상의 가로각(街路角)에 해당하는 부분에 접하는 획지(劃地)를 말하며, 접면하는 각의 수에 따라 2면각지, 3면각지, 4면각지 등으로 불린다.

44 #입지배정모형 · 정답 ③

오답풀이

① 레일리의 소매인력법칙은 점포들의 밀집도가 점포의 매력도를 증가시키는 경향이 있음을 나타내는 법칙으로, 개별점포의 상권파악보다는 이웃도시 간의 상권경계를 결정하는 데 주로 이용한다.

② 회귀분석은 독립변수들과 종속변수와의 선형결합관계를 유도해내 줌으로써 독립변수와 종속변수 간의 상관관계, 즉 상호관련성 여부를 알려준다.

⑤ 한 점포의 효용도(매력도)를 측정함에 있어서 매개변수로서 점포의 크기, 점포까지의 거리뿐만 아니라 상품구색, 판매원서비스 등 선택에 영향을 미치는 여러 점포특성 등을 포함하여 측정하는 모형이다.

45 #입지요인#상권요인 · 정답 ⑤

인구와 공간범위 등은 상권요인에 해당한다.

3과목 유통마케팅

46 #판매원자세 · 정답 ④

고객은 제품 또는 서비스로부터 더 많은 가치를 얻기 위한 욕구가 있기 때문에 고객은 서비스 프로세스의 일부이며, 변화를 일으킬 수 있는 중요한 요인이기도 하다.

47 #유통목표성과평가방법 · 정답 ②

경로구성원 간 갈등은 성과를 평가하기 위한 방법이 아니다. 경로구성원이 경로산출물을 얻기 위해 자원을 효율적으로 사용한 정도를 비교하는 것이 평가 방법이 될 수 있다.

48 #관찰조사 · 정답 ①

관찰조사는 조사원이 직접 또는 기계장치를 이용해 조사 대상자의 행동이나 현상을 관찰하고 기록하는 조사 방법으로, 질문을 통해 알기 어려운 응답자의 민감한 정보 또는 응답자가 기억하기 어렵거나 답변하기 어려운 무의식 행동을 측정할 수 있다.

오답풀이

② 우편설문조사는 설문지를 조사 대상자에게 우송해 이를 작성하게 한 후 다시 반송하게 하는 조사 방법으로, 직접대면으로 수행하기 어려운 광범위한 지역에 분포되어 있는 사람, 소매점, 사업소를 대상으로 간단한 내용을 조사할 경우 많이 이용된다.

③ 온라인 서베이는 종이로 이루어진 설문지나 전화로는 불가능한 기능들을 멀티미디어 수단을 사용해 조사하는 방법으로, 비용이 저렴하지만 응답자가 인터넷을 사용하는 사람들만으로 한정된다는 단점이 있다.

④ 개인별 면접은 조사자와 응답자 간 1:1로 질문과 응답을 통해 소매점 서비스에 대한 만족정도, 서비스 개선사항에 대한 의견 등을 응답자로 하여금 진술하게 하는 방법이다.

⑤ 표적집단 면접은 표적시장으로 예상되는 소비자를 일정한 자격기준에 따라 6~12명 정도 선발하여 한 장소에 모이게 한 후 면접자의 진행 아래 조사목적과 관련된 토론을 함으로써 자료를 수집하는 정성적 마케팅 조사기법으로, 정량적 조사에 앞서 탐색조사로 이용된다.

49 #조사방법 · 정답 ②

외부나 경쟁사를 조사하는 방법은 시간이 많이 소요될 수 있기 때문에 가장 빠르고 효율적으로 수행할 수 있는 조사 방법은 내부 자료를 활용하는 방법이다.

50 #교차판매 · 정답 ①

교차판매(Cross-Selling)는 자체 개발한 상품에만 의존하지 않고 관련된 제품까지 판매하는 적극적인 판매 방식으로, 고객이 선호할 수 있는 추가 제안을 통해 다른 제품을 추가 구입하도록 유도할 수 있으며, 대체재나 보완재가 있는 상품과 서비스에 더 효과적이다.

51 #서비스스케이프 · 정답 ①

서비스스케이프(servicescape)는 사회·자연적 환경과 반대되는 개념으로 기업이 컨트롤할 수 있는 인위적인 환경, 즉 의도적으로 디자인한 물리적 환경이고, 서브퀄(SERVQUAL)모델은 서비스 기업이 고객의 기대와 평가를 이해하는 데 사용하기 위해 개발된 다문항 척도(Multiple-item Scale)이다.

52 #CRM#업셀링 · 정답 ④

기존에 구매하던 제품과 관련된 다른 제품들의 구매를 유도하는 것은 교차판매(cross selling)이다. 업셀링(up-selling)은 동일한 분야로 분류될 수 있는 제품 중 소비자가 희망하는 제품보다 단가가 높은 제품의 구입을 유도하는 판매방법을 말한다.

53 #머천다이징전략 · 정답 ③

스크램블드 머천다이징이란 소매점이 만물점화되어 간다는 뜻으로, 새로운 각도에서의 '관련 판매'가 전개되어가는 것을 의미한다.

▎ 더 알아보기 ▎

크로스 머천다이징(cross merchandising)
연관된 상품을 함께 진열하거나 연관된 상품을 취급
하는 점포들을 인접시킴으로써 고객들이 연관된 상
품들을 동시에 구매하도록 유도할 수 있다.

54 #단품관리효과 　　　　　　　　　[정답] ⑤

판매 추세에 따라 발주가 이루어지므로 불필요한 상품
의 입고가 줄어든다.

55 #상품믹스 　　　　　　　　　　　[정답] ⑤

다양성이 높다고 해서 점포 전체의 수익성이 높아지는
것은 아니다. 소매점이 취급하는 상품의 다양성이 높
을수록 상품구성의 폭이 넓어지는 것이며, 상품진열
시에 상품믹스 방식은 상품별로 이익률에 판매구성비
를 곱한 판매액 대비 전체 판매이익률이 가장 높게 되
도록 판매구성비를 결정하는 것이 좋다.

56 #마케팅믹스 　　　　　　　　　　[정답] ③

ⓐ 소비자의 욕구와 개성이 다양화됨에 따라 소비자
들이 소매점에게 기대하는 수준도 다양해졌다. 즉
소비자들은 소매점에서 여러 방면으로 효용을 얻
기를 기대하는데, 정보와 상호작용을 통해 단지 제
품만을 구매하는 것이 아니라 그에 따른 부가적인
제품지식, 서비스 또한 구매하고 싶어 한다.
ⓑ 머천다이징의 결과로 소비자는 원하는 상품을, 원
하는 가격에, 원하는 수량을, 원하는 시기에, 원하
는 장소에서 구입할 수 있게 된다. 즉 머천다이징
은 소비자의 니즈에 부응하여 유통업체의 머천다
이저(merchandiser)가 적극 개입하여 상품의 구
색을 맞추는 과정이다.

57 #협동광고 　　　　　　　　　　　[정답] ①

제조업체와 유통업체가 공동으로 광고하는 협동광고
는 일반적으로 편의품에서는 별로 효과가 없고, 고가
의 제품이나 선택적 경로 정책을 수행하는 제품의 광
고에서 주로 이루어지며 그 효과도 크다. 따라서 편의
품의 특징에 해당하는 ⓓ, ⓔ, ⓕ은 옳지 않은 항목
이다.

58 #자유형점포배치 　　　　　　　　[정답] ③

자유형 점포배치는 소비자들의 제품탐색을 용이하게
하고 동선을 길게 만들어 쇼핑시간이 길어진다.

59 #유통마케팅투자수익률 　　　　　[정답] ③
　오답풀이

① 정량적으로 측정할 수 있는 마케팅 효과도 측정할 수
있다.
② 마케팅투자에 대한 순이익과 투자자본의 비율로써 측
정한다.
④ 고객의 획득과 유지 등 마케팅의 고객 관련 효과를 고
려한다.
⑤ 판매액, 시장점유율 등 마케팅성과의 표준측정치를 이
용해 평가할 수 있다.

60 #마케팅커뮤니케이션수단 　　　[정답] ⑤

광고는 정보전달의 양이 제한적이고, 노출기회가 시
간적으로 제약될 수 있다.

61 #상품수명주기 　　　　　　　　　[정답] ②
　▎ 정답 TIP ▎
　성장기의 상품관리전략

• 어떤 상품이 도입기를 무사히 넘기고 나면 그 상품의 매
출액은 늘어나게 되고 시장도 커지게 된다.
• 성장기에는 수요량이 증가하고 가격탄력성도 커지며,
초기설비는 완전히 가동되고 증설이 필요해지기도 하
며, 조업도의 상승으로 수익성도 호전된다.
• 성장기에 가장 조심하여야 할 점은 장사가 잘되면 그만
큼 경쟁자의 참여도 늘어나게 된다는 것이다.

62 #PB상품 　　　　　　　　　　　[정답] ⑤

PB상품은 가격에 민감한 소비자욕구에 부응하기 위해
유통비용을 줄여 가격경쟁력을 높이고, 고객을 확보
해 매출을 늘리는 전략상품이다.

63 #병행수입 　　　　　　　　　　　[정답] ⑤

병행수입은 같은 상표의 상품을 여러 업자가 수입하여
국내에서 판매할 수 있는 제도이다.

64 #옴니채널 　　　　　　　　　　　[정답] ②
　오답풀이

① 옴니채널(omni channel)은 '모든 것, 모든 방식'을 의
미하는 접두사 옴니(omni)와 유통경로를 의미하는 채
널(channel)의 합성어로, 온・오프라인 매장을 결합
하여 소비자가 언제 어디서든 구매할 수 있도록 한 쇼
핑체계이다.
③・④・⑤ 옴니채널이란 소비자가 온라인, 오프라인,
모바일 등 다양한 경로를 넘나들며 상품을 검색하고
구매할 수 있도록 한 서비스로, 각 유통채널의 특성을
결합해 어떤 채널에서든 같은 매장을 이용하는 것처럼
느낄 수 있도록 한 쇼핑 환경을 말한다.

65 #POP
정답 ①

POP는 구매하는 시점에서 이루어지는 광고로, 매장을 방문한 특정인을 대상으로 소구한다.

66 #농산물유통특징
정답 ⑤

가격 변동이나 소득 변동에 따른 수요변화가 더 비탄력적이다.

67 #적재진열
정답 ④

오답풀이

① 할인점, 식품점, 드럭스토어, 의류 소매점이 흔히 사용하는 방법으로, 스타일이나 품목별로 진열하는 방법이다.
② 색상에 따라 상품을 분류하는 방식으로, 의복이나 액세서리 및 가정용품에 이르기까지 폭넓게 행해진다.
③ 선물용이나 특가품을 고를 때는 가격이 우선이기 때문에 선물용이나 특가품 진열에 효과적인 방법이다.
⑤ 제품의 실제 사용 시 예상되는 상황을 연출하여 고객들에게 미리 보여주는 방식으로, 가구브랜드의 오프라인 매장에서 주로 사용한다.

68 #소매업태이론
정답 ④

레일리의 소매인력이론은 점포들의 밀집도가 점포의 매력도를 증가시키는 경향이 있음을 나타내는 규범적 모형에 의한 신규점포 상권분석 방법으로, 개별점포의 상권파악보다는 이웃도시 간의 상권경계를 결정하는 데 주로 이용한다.

69 #쇼윈도
정답 ⑤

쇼윈도는 제품을 진열하는 효과뿐만 아니라 점포의 이미지도 표현하기 때문에 손님을 점포 안으로 유도하는 역할을 한다.

70 #동태적가격전략
정답 ④

오답풀이

① 신제품을 시장에 도입하는 초기에 고가격을 설정함으로써 가격에 대하여 민감한 반응을 보이지 않는 고소득자층을 흡수한 후 연속적으로 가격을 인하시켜 저소득계층에게도 침투하려는 전략이다.
② 수요가 가격에 대하여 민감한 가격탄력도가 높은 신제품을 도입하는 초기에 있어서 저가격을 설정함으로써 신속하게 시장에 침투하여 시장을 확보하려는 가격정책으로 장기적인 이익을 올리는 것을 목표로 한다.
③ 고객, 제품, 구매자의 위치에 따라 서로 다른 가격을 책정하는 전략이다.
⑤ 제품라인을 구성하는 품목 간에 서로 다른 가격대를 책정하는 전략이다.

4과목 **유통정보**

71 #O2O
정답 ①

┃ 정답 TIP ┃

O2O(Online to Offline)
• 온라인이 오프라인으로 옮겨온다는 뜻으로, 정보 유통비용이 저렴한 온라인과 실제 소비가 일어나는 오프라인의 장점을 접목해 새로운 시장을 만들어보자는 데서 나왔다.
• 스마트폰이 본격적으로 보급되면서 컴퓨터보다는 스마트폰에서의 구매 행위가 더 많은 비중을 차지하고 있는 현상으로 인해 M2O(Mobile-to-Offline)라고 불리기도 한다.
• 온라인과 오프라인을 연결한 마케팅으로, 특정 지역에 들어서면 실시간으로 스마트폰에 쿠폰 등을 보내주는 서비스와 모바일로 주문한 후 오프라인 매장에서 상품을 인수할 수 있는 스타벅스의 사이렌오더 서비스 등이 대표적이다.

72 #POS도입효과
정답 ⑤

고객의 구매 동향 분석을 통해 인기상품의 품절을 예방하고 상품의 매출정보를 쉽게 파악할 수 있다.

73 #플레이슈머#에너지프로슈머
정답 ③

오답풀이

• 모디슈머(modisumer) : 수정하다는 뜻의 'modify'와 소비자라는 뜻의 'consumer'의 합성어로 제조업체가 제시하는 방식에서 벗어나 사용자 자신만의 방식으로 제품을 활용하는 '새로움'을 추구하는 체험적 소비자이다.
• 트랜드슈머 : 순간적인 소비행태를 뜻하는 말로 처음에는 기내, 공항, 기차역 등에서 짧은 시간 동안 구매하는 소비자들을 일컬었으나, 기본적인 것에 대한 요구보다는 스릴과 경험, 새로운 것을 추구하는 고급스러운 구매행태를 가진 소비자들을 지정하는 말로 의미가 확대되었다.

74 #수확체감#수확체증
정답 ④

㉠ 수확체감의 법칙 : 노동력이 한 단위 추가될 때 이로 인해 늘어나는 한계생산량은 점차 줄어드는 현상을 말한다. 즉 생산요소를 추가적으로 계속 투입해 나갈 때, 어느 시점이 지나면 새롭게 투입하는 요소로 인해 발생하는 수확의 증가량은 감소한다는 것이다.
㉡ 수확체증의 법칙 : 전통적인 산업에 적용되던 수확체감의 법칙에 대응하는 개념으로, 어떤 기업이 상품을 만들기 위해 생산설비를 갖추고 생산을 시작하여 일정 규모의 생산을 초과하게 되면 비용이 점차 줄어들게 되고 수익이 커지는 현상을 말한다.

75 #EDI시스템　　　　　　　　　정답 ③

1987년 3월 유인·행정·무역 및 운송에 관한 EDI 국제표준이 제정되었다.

76 #QR코드　　　　　　　　　　정답 ⑤

QR코드는 기본적으로 명암대비가 선명해야 인식이 쉬우므로 명암대비가 선명하지 못한 이미지 등이 중첩되면 인식하는 데 어렵거나 인식이 불가능해질 수 있다.

77 #해시태그　　　　　　　　　정답 ④

오답풀이

① 화면에 표시된 데이터가 상하 좌우로 이동하는 것, 또는 화면에 보이지 않는 내용을 보기 위해 화면 속의 문자를 상하 좌우로 이동시키는 것을 말한다.
② 인터넷과 유통물류 등의 발달로 인해 80%의 '사소한 다수'가 20%의 '핵심 소수'보다 뛰어난 가치를 창출한다는 이론이다.
③ 무수히 많은 컴퓨터에 분산 저장되어 있는 문서를 수집하여 검색 대상의 색인으로 포함시키는 기술이다.
⑤ 암울한 뉴스만을 강박적으로 확인하는 행위를 뜻하는 신조어로, 코로나19 시대의 우울한 사회 분위기와 스마트폰 사용시간 증가 등의 세태를 반영하고 있어 2020년 뉴욕타임스(NYT)와 파이낸셜타임스(FT)가 꼽은 올해의 단어에 포함되기도 했다.

78 #데이터마이닝기법　　　　　　정답 ③

군집화는 유사하거나 서로 관련 있는 항목끼리 묶어서 기억하려는 경향으로, 보다 많은 정보를 기억할 수 있고 단기 기억의 용량도 증가시킬 수 있다.

79 #데이터댐　　　　　　　　　정답 ①

❙ 정답 TIP ❚
데이터 댐
정부가 2020년 7월 14일 확정·발표한 정책인 '한국판 뉴딜'의 10대 대표과제 중 하나로, 데이터 수집·가공·거래·활용기반을 강화하여 데이터 경제를 가속화하고, 5G 전국망을 통한 전 산업 5G와 AI 융합을 확산시키는 것이다. 이를 위해 2022년까지 총사업비 8조 5,000억 원을 투자해 일자리 20만 7,000개를 창출하며, 2025년까지는 총사업비 18조 1,000억 원을 들여 일자리 38만 9,000개를 창출한다는 계획이다.

80 #공급사슬관리　　　　　　　정답 ②

정보기술의 발전에 따라 푸시(push) 방식보다 풀(pull) 방식의 활용이 늘고 있다.

81 #G2B　　　　　　　　　　정답 ②

G2B는 정부 전자 조달을 의미하는 정부와 기업 간 거래로, 공공기관이 물품을 구매하거나 시설 공사 등의 서비스를 계약할 때 참가 업체 등록과 입찰에서부터 계약, 대금 지불에 이르기까지 전 단계를 인터넷을 통해 처리하는 시스템이다.

오답풀이

① 기업 간 거래
③ 시민(국민)을 위한 정부
④ 기업-소비자 간 거래
⑤ 소비자 간 전자상거래

82 #대칭키#비대칭키　　　　　　정답 ④

RSA(Rivest Shamir Adleman) 방식은 비대칭키(공개키) 암호화 방식을 이용한다.

83 #공급사슬관리정보기술　　　　정답 ③

PBES(Private Branch Exchange Systems)는 개인지선교환시스템을 의미하는 것으로 공급사슬관리를 위한 정보기술과는 거리가 멀다.

오답풀이

① 공급업체가 주도적으로 재고를 관리하는 것으로, VMI를 통해 공급체인상의 전후방 연관업체 간의 원활한 정보유통이 가능하여 상호 신뢰 관계를 구축할 수 있고, 표준화와 공동화에 기여할 수 있다.
② 판독기를 이용하여 태그(Tag)에 기록된 정보를 판독하는 무선주파수인식기술로, 물류정보를 효율적으로 입력하고 관리하기 위해서는 RFID 정보 등을 활용하는 물류기기와 연동되게 할 필요가 있다.
④ 전자문서교환 방식으로 거래업체 간에 상호 합의된 전자문서 표준을 이용하여 컴퓨터 간에 구조화된 데이터를 교환한다. EDI를 도입하면 국내 기업 간 거래는 물론 국제무역에 있어서 각종 서류를 신속·정확하게 전송할 수 있기 때문에 시간 및 비용 절감은 물론 제품의 주문, 생산, 납품, 유통의 모든 단계에서 생산성을 획기적으로 향상시킬 수 있다.
⑤ 공급사슬상의 각 단계 간에 제품이동시간을 줄이기 위해 창고나 물류센터에서 수령한 상품을 창고에서 재고로 보관하지 않고 입고와 동시에 출고하여 바로 배송할 수 있도록 하는 시스템으로, 통과형 물류센터라고도 한다.

84 #지식경영　　　　　　　　　정답 ④

④는 네트워크형 분류에 대한 내용이다.

85 #빅데이터특성　　　정답 ②

┃ 정답 TIP ┃

빅데이터의 핵심 특성 3가지

- 규모 : 빅데이터는 크기 자체가 대형이다.
- 속도 : 빅데이터는 분초를 다툴 만큼 시간에 민감한 경우가 많으므로 데이터를 수집·분석하고 활용하는 속도가 빨라야 한다.
- 다양성 : 기존의 전통적인 데이터베이스에서 관리하는 구조적인 데이터와는 달리, 빅데이터는 무수히 많은 종류가 발생할 수 있다.

86 #웹로그분석 #엑세스로그　　　정답 ③

┃ 정답 TIP ┃

웹로그분석

웹 사이트의 방문객이 남긴 자료를 근거로 웹의 운영 및 방문 행태에 대한 정보를 분석하는 것으로, 방문객이 웹 사이트에 방문하게 되면 웹 서버에는 액세스 로그, 에러 로그, 리퍼럴 로그, 에이전트 로그 등의 자료가 파일 형태로 기록된다.

- 액세스 로그 : 누가 어떤 것을 읽었는지를 제공
- 에러 로그 : 오류가 있었는지를 제공
- 리퍼럴 로그 : 경유지 사이트와 검색 엔진 키워드 등의 단서를 제공
- 에이전트 로그 : 웹 브라우저의 이름, 버전, 운영 체계(OS), 화면 해상도 등의 정보를 제공

87 #수리계획법　　　정답 ①

시뮬레이션은 실제의 상황을 간단하게 축소한 모형을 통해서 실험을 하고 그 실험결과에 따라 행동이나 의사결정을 하는 기법이다.

오답풀이

② 선형계획법의 확장된 형태라고 할 수 있는 방법으로 다수의 목표를 가지는 의사결정문제 해결에 매우 유용한 기법이라 할 수 있다. 이 방법은 선형계획법에서와 같이 목적함수를 직접적으로 최대화 혹은 최소화하려 하지 않고 목표사이에 존재하는 편차(deviation)를 주어진 제약 조건 하에서 최소화하려는 기법이다.

③ 한정된 자원을 어떻게 해야 가장 유효적절하게 각종 용도에 배분할 수 있는가 하는 최적배치와 생산계획의 문제, 한정된 총소득액의 최적배분, 몇몇 발송지역에서부터 몇몇 목적지로 상품을 운송할 때 그 운임을 최소화하는 수송문제 등, 1차부등식이라는 제약 하에서 어떤 목적을 최대화 또는 최소화하려는 문제에 모두 적용된다.

④ 선형계획법의 여러 가지 가정 중에서 가분성의 가정은 변수가 분수 또는 소수의 값을 가질 수 있음을 가정하고 있다. 그러나 실제로 변수가 정수값만을 가져야 하는 경우, 즉 변수가 실제 생산 제품의 숫자를 나타내거나 가부 간의 결정을 해야 하는 경우에 이용되는 선형계획법을 정수계획법이라고 한다.

⑤ 목적 함수나 제약 중에 1차가 아닌 함수를 적어도 하나 포함하는 수학적 접근에 의해 문제를 해결하는 수법의 하나로, 최적화 문제, 할당 문제 등에 쓰인다.

88 #데이터베이스시스템　　　정답 ①

데이터베이스시스템은 여러 응용프로그램을 공유하기 위해 최소의 중복으로 통합·저장된 운영 데이터의 집합을 말한다.

89 #경영환경특징　　　정답 ①

유형의 자산보다 무형의 자산이 중시된다.

90 #변동형QR #고정형QR　　　정답 ②

변동형 QR은 보안성 기준을 충족한 앱을 통해 발급하며 위변조 방지를 위해 3분 이내만 발급이 유지되도록 규정한다.

작은 기회로부터 종종 위대한 업적이 시작된다.

- 데모스테네스 -

2020년

기출문제
정답 및 해설

인생이란 결코 공평하지 않다.
이 사실에 익숙해져라.

– 빌 게이츠 –

자격증 · 공무원 · 금융/보험 · 면허증 · 언어/외국어 · 검정고시/독학사 · 기업체/취업

이 시대의 모든 합격! SD에듀에서 합격하세요!

www.youtube.com → SD에듀 → 구독

01	02	03	04	05	06	07	08	09	10	11	12	13	14	15
①	④	⑤	②	⑤	②	④	③	②	①	②	④	④	①	①
16	17	18	19	20	21	22	23	24	25	26	27	28	29	30
③	②	④	②	②	④	⑤	④	⑤	②	⑤	①	③	③	④
31	32	33	34	35	36	37	38	39	40	41	42	43	44	45
②	⑤	②	④	③	②	①	③	⑤	④	⑤	③	⑤	②	④
46	47	48	49	50	51	52	53	54	55	56	57	58	59	60
⑤	⑤	①	③	②	⑤	⑤	⑤	④	②	①	⑤	①	③	③
61	62	63	64	65	66	67	68	69	70	71	72	73	74	75
④	④	④	③	①	①	④	④	⑤	②	⑤	④	⑤	⑤	①
76	77	78	79	80	81	82	83	84	85	86	87	88	89	90
③	③	③	⑤	③	⑤	③	④	①	③	②	③	③	⑤	⑤

1과목　유통물류일반

01 #ERP#EDI　　　　　　　　[정답] ①

기업 내 부서 간 정보전달을 위한 진사적 정보관리를 위해 ERP기술이 보편적으로 사용된다.

┃ 정답 TIP ┃

ERP(Enterprise Resource Planning)란 기업 내 생산, 물류, 재무, 회계, 영업과 구매, 재고 등 경영활동 프로세스들을 통합적으로 연계해 관리해 주며, 기업에서 발생하는 정보들을 서로 공유하고 새로운 정보의 생성과 빠른 의사결정을 도와주는 전사적자원관리시스템이다.

┃ 더 알아보기 ┃

전자문서교환(EDI ; Electronic Data Interchange)
기업 간에 합의된 전자문서표준을 이용하여 컴퓨터를 통해 서로 데이터나 문서를 교환하는 시스템으로 기업 간 거래에 관한 데이터와 문서를 표준화하여 컴퓨터 통신망으로 거래당사자가 직접 전송·수신하는 정보전달 체계이다.

02 #물류아웃소싱목표　　　　　[정답] ④

물류아웃소싱의 기본 목표는 물류비용절감뿐만 아니라 고객서비스를 통한 고객만족에 있으므로 전체 물류시스템을 비용절감과 고객서비스 향상의 절충안을 고려하여 개편해야 한다.

┃ 정답 TIP ┃

물류아웃소싱은 기업이 고객서비스의 향상, 물류비 절감 등 물류활동을 효율화할 수 있도록 물류활동의 일부 또는 전부를 외부물류 전문업자에 위탁하여 수행하도록 하는 물류전략을 말한다.

03 #정량주문법#정기주문법　　　[정답] ⑤

정량주문법의 구매금액은 적은 편이 좋고, 정기주문법의 구매금액은 큰 편이 좋다.

┃ 정답 TIP ┃

정기주문법은 다음 주문주기 동안의 재고부족을 방지하기 위해 정량주문방식보다 더욱 많은 안전재고를 유지해야 한다.

04 #채찍효과 정답 ②

채찍효과(Bullwhip Effect)에 의해 공급사슬의 가장 마지막 소매단계의 주문과 고객수요 성향에 대한 정보가 도매상과 지역유통센터 등의 공급사슬로 전달되는 과정에서 지연 또는 왜곡되어 결품 및 과잉재고 등의 문제가 발생한다.

오답풀이

① ABC분석 : 상품의 가치가 동일하지 않기 때문에 기업 이익에 미치는 영향을 고려하여 상품을 통계적 방법에 의해 A, B, C 그룹으로 구분하여 관리하는 것으로, A 그룹을 최중점 관리대상으로 선정하여 관리에 노력함으로써 관리효과를 높이려는 분석방법을 의미한다.

③ 베블런효과 : 가격이 오르고 있음에도 불구하고 수요가 줄어들지 않고 오히려 증가하는 현상을 말한다.

④ 바넘효과 : 보편적으로 적용되는 성격 특성을 자신의 성격과 일치한다고 믿으려는 현상을 말한다.

⑤ 후광효과 : 어떤 대상이나 사람에 대한 두드러진 특성이 그 대상이나 사람의 다른 세부적인 특성을 평가하는 데도 영향을 미치는 현상이다.

05 #물적유통관리 정답 ⑤

물류비용 중 가장 큰 비율을 차지하는 활동이 운송이다.

┃정답 TIP┃

운송비는 우리나라의 경우 전체 물류비의 약 절반을 차지하기 때문에 일반적으로 물류가 운송으로 인식되고 있다.

06 #식스시그마 정답 ②

식스시그마는 다음과 같은 순서로 실행된다.

- 정의 : 문제를 명확히 하고, 몇 개월 내에 측정 가능한 목표가 달성될 수 있는지 문제의 범위를 좁히는 단계이다.
- 측정 : 자료를 수집하고 높은 수준의 분석을 준비하는 단계이다.
- 분석 : 각 단계에서 효과적인 통제를 가로막는 방법들을 확인하는 분석 작업을 수행한다.
- 개선 : 올바른 개선방안을 도출하고 평가를 시작한다.
- 통제 : 목표 결과에 도달하고 유지하기 위해 지속적으로 관리 계획을 수립하고 실행한다.

┃더 알아보기┃

식스시그마(six sigma)
100만 개의 제품 중 3~4개의 불량만을 허용하는 3~4PPM(Parts Per Million) 경영, 즉 품질혁신운동을 말한다. 시그마(σ)는 보통 통계학에서 오차 범위

를 나타내며, 경영학에서는 제품의 불량률을 나타내는 데 사용된다. 1시그마는 68퍼센트, 3시그마는 99.7퍼센트의 제품이 만족스럽다는 의미이며, 시그마의 수치가 오를수록 제품의 품질만족도는 상승한다.

07 #인사고과오류 정답 ④

중심화 경향은 평가자가 평가대상에 대한 긍정 혹은 부정의 판단을 기피하고 중간정도의 점수를 주는 현상을 말한다.

오답풀이

① 후광효과 : 어떤 사람이 가지고 있는 두드러진 특성이 그 사람의 다른 특성을 평가하는 데 전반적인 영향을 미치는 효과를 말한다.

② 관대화 경향 : 피고과자의 실제능력이나 실적보다 더 높게 평가하는 경향을 말한다.

③ 가혹화 경향 : 고과자가 피고과자의 능력 및 성과를 실제보다 의도적으로 낮게 평가하는 경우를 말한다.

⑤ 귀인상의 오류 : 관찰자가 다른 이들의 행동을 설명할 때 상황 요인들의 영향을 과소평가하고 행위자의 내적, 기질적인 요인들의 영향을 과대평가하는 경향을 말한다.

08 #경영전략수립 정답 ③

경영전략 수립을 위한 자료 준비 → 외부환경에 대한 기회와 위협을 평가·정리 → 외부환경의 예측 → 내부조직의 강약점 분석 및 도출 → 외부환경과 내부조직을 상호 연계하여 전략대안 개발 → 가장 전략적인 대안 선택

┃정답 TIP┃

일반적으로 경영전략은 '비전과 목표설정 → 외부환경의 기회와 위협 및 기업의 강점과 약점 분석 → 기업수준, 사업부수준, 기능별수준의 전략안 개발 → 전략의 평가 → 전략의 실행 → 전략통제'의 순으로 수립된다.

09 #유통경로파워 정답 ②

합법적 권력은 법규, 제도, 공식적 규칙에 의해 선출되거나 임명된 리더가 행사하는 권력이므로 공식적 지위에 기반을 두는 권력이다.

┃정답 TIP┃

합법적 권력(Legitimate Power)은 경로구성원 A가 B에게 영향력을 행사할 권리를 가지고 있고, B가 그것을 받아들일 의무가 있다고 믿기 때문에 발생되는 영향력이다(상표등록, 특허권, 프랜차이즈권리, 기타 법률적 권리).

10 #프랜차이즈시스템 　정답 ①

본부는 가맹점과 계약을 체결하여 가맹점에게 상호, 상표, 상징 및 경영노하우를 제공하고, 가맹점은 사업에 필요한 자금을 투자하여 본부의 지도 및 원조 하에 사업을 행하며, 그 보상으로 일정한 대가(로열티)를 본부에 지불한다.

❙ 더 알아보기 ❙

프랜차이저(본사)와 프랜차이지(가맹점) 비교	
본 사	• 사업확장을 위한 자본조달 용이 • 규모의 경제 실현 가능 • 높은 광고효과 • 상품개발에 전념 가능 • 직접적인 노사갈등 감소
가맹점	• 실패의 위험성 적음 • 초기 비용 적음 • 경험이 없어도 쉽게 사업 가능 • 소비자의 신뢰획득 용이 • 효과적인 판매촉진 활동 가능

11 #장기부채 　정답 ②

예수금은 종업원이 부담할 소득세와 4대 보험료를 원천징수한 금액으로, 유동부채에 해당한다.

오답풀이

장기부채(고정부채)에 속하는 항목으로 사채, 장기차입금, 관계회사의 장기차입금, 퇴직급여 충당금, 특별수선 충당금 등 장기적 부채성 충당금과 주주, 임원, 종업원으로부터의 장기차입금이 있다.

❙ 더 알아보기 ❙

유동부채

1년 이내에 상환해야 하는 채무로, 외상매입금과 지급어음, 금전채무, 일반적으로 기한 1년 이내의 단기차입금, 미지급금, 미지급비용, 선수금, 예수금, 충당금 등이 속한다.

12 #사업부형조직 　정답 ④

각 사업부의 자주성이 너무 지나치면 부서 간 조정이 어려워지며, 부서 간 지나친 경쟁이 초래될 경우 조직전체적인 갈등이 발생될 수 있다.

❙ 정답 TIP ❙

사업부제는 기업의 내부를 제품·고객·지역 등에 따라 몇 개의 단위로 나누어 그 단위에 자재의 구입에서부터 생산·판매에 이르기까지 일관된 사업수행을 맡겨 독립회사처럼 운영시키는 분권적 관리조직의 하나로, 간부 및 종업원의 자주성과 창의성을 발휘시켜 사기진작 및 생산의 합리화에 도움이 된다.

13 #가치창조경영 　정답 ④

가치창조경영은 장기적으로 현금흐름을 최대화할 수 있는 가치의 창출에 우선순위를 두는 기업경영으로, 매출액과 시장점유율 등의 회계상 이익이나 외형적 성장보다는 실질적이고 중장기적인 이익에 초점을 둔다.

오답풀이

① 펀경영 : 경영자가 재미를 통한 리더십을 발휘해서 직원의 자발적 참여, 헌신, 창의력 등을 유도하는 관리방식이다.
② 크레비즈 : 크리에이티브 비즈니스(Creative Business)의 줄임말로 '창조사업'을 뜻한다. 정보·지식, 바이오 등 새로운 경제자원과 기존의 사업지식, 전문기술을 융합해 창의적인 아이디어와 발상의 전환으로 새로운 사업을 창출하는 신종 고부가가치 사업이다.
③ 지식경영 : 기업의 개개인이 가진 지식의 공유를 통해 기업의 문제해결 능력을 향상시키려는 경영방식이다.
⑤ 전략적 기업경영 : 기업의 가치를 극대화하기 위한 방향으로 경영전략을 수립하고 그 전략대로 경영활동이 효과적으로 이루어질 수 있도록 전략 중심형 조직을 구축하여 실행하는 경영 프로세스와 시스템으로 운영되는 기업경영체를 말한다.

14 #EOQ 　정답 ①

경제적주문량(EOQ) 공식을 이용하여 계산한다.

$$\sqrt{\frac{2 \times 주문당\ 소요비용 \times 연간\ 수요량}{연간\ 단위\ 재고비용}}$$

$$= \sqrt{\frac{2 \times 150 \times 19,200}{16}} = \sqrt{\frac{5,760,000}{16}}$$

$$= \sqrt{360,000} - 600$$

15 #마케팅제휴전략 　정답 ①

촉진제휴는 제휴회사의 상품이나 서비스에 대한 프로모션을 목적으로 하는 것으로서, 대상고객이 비슷하고 보완적 소비를 목표로 하는 기업들이 상대기업의 로고 등을 교환하여 고객에게 노출시키는 공동브랜딩(Co-Branding)을 예로 들 수 있다.

오답풀이

② 로지스틱스 제휴(logistics alliance) : 물류시스템을 갖추지 못한 제휴 회사의 상품을 위한 물류서비스를 제공하는 제휴를 말한다.
③ 가격제휴(price alliance) : 제휴 업체 간에 타사 고객을 위한 가격 할인 등을 제공하는 것을 말한다.

20년

16 #제품시장확장그리드 　　　　　　　[정답] ③

기존시장에 신제품 또는 수정된 제품을 공급하는 것은 제품개발 전략이다.

┃ 더 알아보기 ┃

> **제품/시장확장 그리드를 이용한 성장전략**
> • 시장침투(기존시장 + 기존제품) : 어떤 형태로든 제품을 변경시키지 않고 기존 고객들에게 보다 많이 판매하도록 하는 전략수립
> • 시장개척(신시장 + 기존제품) : 시장개척의 가능성을 고려하는 전략수립
> • 제품개발(기존시장 + 신제품) : 기존시장에 신제품 또는 수정된 제품을 공급하는 전략수립
> • 다각화 전략(신시장 + 신제품) : 기존의 제품이나 시장과는 완전히 다른 새로운 사업을 시작하거나 인수하는 전략수립

17 #범위의경제 　　　　　　　[정답] ②

범위의 경제는 한 기업이 2종 이상의 제품을 함께 생산할 경우, 각 제품을 다른 기업이 각각 생산할 때보다 평균비용이 적게 드는 현상으로, 생산요소의 기능을 조절하여 효율적으로 생산하는 것이다.

오답풀이

① 손익분기점 : 한 기간의 매출액이 당해기간의 총비용과 일치하는 점으로 매출액이 그 이하로 감소하면 손실이 나며, 그 이상으로 증대하면 이익을 가져오는 기점을 가리킨다.
③ 규모의 경제 : 생산요소 투입량의 증대(생산규모의 확대)에 따른 생산비절약 또는 수익향상의 이익을 의미한다.
④ 경로커버리지효과 : 각각의 경로형태에 있어 얼마나 많은 수의 경로구성원을 활용할 것인가를 결정하는 것을 말한다.
⑤ 구색효과 : 상호연관성이 있는 제품들로 일정한 구색을 갖추어 함께 취급하는 것을 말한다.

18 #유통환경#사회적환경 　　　　　　　[정답] ④

사회적 환경은 사람들이 성장하며 살아가는 과정 중에 형성된 생활방식, 규범, 가치관, 태도 등으로 구성되어 다양하기 때문에 이러한 다양성은 기업활동의 기준을 다르게 한다.

19 #외부효과 　　　　　　　[정답] ②

외부효과란 어떤 경제주체의 행위가 다른 경제주체에게 긍정적 혹은 부정적 영향을 미치고 있음에도 이에 대한 금전적 거래가 없이 보상이나 가격 지불이 이루어지지 않는 상황을 말한다.

오답풀이

① 시장실패 : 시장에 맡겨 둘 경우 효율적 자원배분이 불가 또는 곤란한 상태를 의미하는 것으로, 시장의 '보이지 않는 손(invisible hand)'이 제대로 작동하지 못하는 경우를 말한다.
③ 감시비용 : 대리인의 행위가 주체의 이익에서 이탈하는 것을 제한하기 위해서 주체가 대리인을 감시하는데 부담하는 비용을 말한다.
④ 잔여손실 : 대리인의 의사결정과 주주나 채권자 등의 주체가 보는 최적의 의사결정 간의 차이로 인하여 발생하는 실제적인 재산의 감소를 말한다.
⑤ 대리인문제 : 대리인 관계에 있어서 정보의 비대칭성으로 인하여 양질의 대리인이 시장에서 축출되는 역선택과 대리인의 태만으로 인한 도덕적 해이(moral hazard)로 인한 경제적 피해를 입을 수 있는 상황을 말한다.

20 #체인사업 　　　　　　　[정답] ②

유통산업발전법 제2조 제6호 나목 단서

오답풀이

① 직영점형 체인사업 : 체인본부가 주로 소매점포를 직영하되, 가맹계약을 체결한 일부 소매점포(가맹점)에 대하여 상품의 공급 및 경영지도를 계속하는 형태의 체인사업
③ 임의가맹점형 체인사업 : 체인본부의 계속적인 경영지도 및 체인본부와 가맹점 간의 협업에 의하여 가맹점의 취급품목・영업방식 등의 표준화사업과 공동구매・공동판매・공동시설활용 등 공동사업을 수행하는 형태의 체인사업
④ 조합형 체인사업 : 같은 업종의 소매점들이 「중소기업협동조합법」에 따른 중소기업협동조합, 「협동조합기본법」에 따른 협동조합, 협동조합연합회, 사회적 협동조합 또는 사회적 협동조합연합회를 설립하여 공동구매・공동판매・공동시설활용 등 사업을 수행하는 형태의 체인사업

21 #최근유통산업동향 　　　　　　　[정답] ④

업태 간 경쟁이 심화됨에 따라 단순한 매출보다는 이익에 초점을 둔 경쟁이 심화되고 있다.

┃ 더 알아보기 ┃

> **유통산업의 새로운 추세**
> • 소비자의 주권 강화 : 소비자들은 소극적인 소비자에서 적극적으로 정보와 권리에 대해 주장하는 추세가 강해짐
> • 퓨전유통 : 소비자의 소비형태와 니즈의 변화에 따라 점차 차별화된 여러 가지의 유통형태가 나타나는 현상

- 디지털 유통의 가속화 : e-비즈니스의 성장, 오프라인 업체의 성장, POS, EDI, e-SCM, 휴대 통신 기기에 의한 사업확대 전략 등
- 채널 간의 갈등 증대 : 동일한 고객에게 접근하고자 하는 여러 형태의 업태와 업체들이 시간적·공간적으로 공존하게 됨으로써 기존의 수평적인 경쟁에 더하여 수직적인 경쟁 현상까지도 나타나고 있음
- 브랜드 가치 증대 : 거래의 주도권이 제조업체에서 유통업체, 유통업체에서 소비자에게로 급속히 진행됨에 따라 제품 고유의 속성에 따른 구매보다는 브랜드, 제품 이외의 가치를 추구

22 #수직적유통경로　　　　　　　　정답 ⑤

동일한 유통경로상에 있는 2개 이상의 기관들이 자신들의 독자성을 유지하면서 자본, 노하우, 마케팅, 자원 등을 결합하여 시너지 효과를 얻을 수 있는 것은 수평적 유통경로이다.

▌정답 TIP ▌

수직적 유통경로는 각 유통단계에서 독자성이나 전문성이 상실된다는 단점이 있다.

23 #중간상선별기능　　　　　　　　정답 ④

- (분류/등급)은/는 이질적인 생산물을 동질적인 단위로 나누는 과정을 말하는데 통상적으로 생산자가 직접 수행하며 흔히 생산자의 표준화 기능이라고도 한다.
- (배분)은 동질적으로 쌓여진 것을 다시 나누는 과정이며 중계기구라 불리는 중간상인들이 이 기능을 수행한다. 이런 중계기구를 중계도매상이라 한다.

▌정답 TIP ▌

중간상의 선별기능
- 분류(등급) : 이질적 상품을 비교적 동질적인 개별상품 단위로 구분하는 것
- 집적(수합) : 다수의 공급업자로부터 제공받는 상품을 모아서 동질적인 대규모 상품들로 선별하는 것
- 배분(분배) : 동질적 제품을 분배, 소규모 로트의 상품별로 모아서 분류하는 것
- 구색화 : 사용목적이 서로 관련성이 있는 상품별로 일정한 구색을 갖추어 함께 취급하는 것

24 #소매상기능　　　　　　　　　　정답 ⑤

필요한 상품의 재고를 유지(ⓜ)하고, 판매촉진활동을 통해 새로운 고객을 창출(ⓖ)하는 기능은 생산 및 공급업자를 위한 소매상의 기능에 해당한다.

25 #허즈버그#2요인이론　　　　　　정답 ②

- ㉠·㉣·㉺ 동기요인
- ㉡·㉢·㉤·㉥·㉦·㉧ 위생요인

▌정답 TIP ▌

프레드릭 허즈버그(Frederick Herzberg)의 2요인이론
허즈버그는 직무만족을 가져다주는 것으로 밝혀진 요인들을 동기요인 또는 만족요인이라 부르고, 직무불만족을 가져다주는 것으로 밝혀진 요인들을 위생요인 또는 불만족요인이라 명명하였다.
- 동기요인(만족요인) : 성취, 인정, 일(직무), 책임감, 승진, 개인의 발전
- 위생요인(불만족요인) : 회사정책 및 지침, 관리·감독·통제, 상사와의 관계, 직무환경, 급여, 동료와의 관계, 개인 인생, 부하직원과의 관계, 신분의 안정, 작업장 안전

2과목　상권분석

---

26 #상권크기　　　　　　　　　　　정답 ①

편의품을 주로 취급하는 대형마트 → 선매품을 주로 취급하는 백화점 → 전문품을 주로 취급하는 명품전문점 순으로 상권이 크다.

▌정답 TIP ▌

편의품 → 선매품 → 전문품을 취급하는 점포의 순으로 상권이 크다.

27 #CBD　　　　　　　　　　　　　정답 ②

교통이 매우 복잡하여 도시 외곽 주거지 및 중심업무지역 간 심각한 교통문제가 발생하며, 상업활동을 통해 많은 사람들을 유인하므로 도보통행량도 상대적으로 많다.

▌더 알아보기 ▌

도심입지(CBD)의 특징
- 대중교통의 중심지로서 많은 사람들의 유입으로 인해 지가가 가장 높은 지역
- 상업 활동을 통해 많은 사람들을 유인
- 건물의 고층화 및 과밀화로 인한 주거기능의 약화가 지속
- 도시 외곽 주거지 및 도심입지 간 심각한 교통문제가 발생
- 행정관서, 백화점, 기업체 및 고급 전문 상점들이 집중적으로 위치해 있음
- 전통적으로 이어져 오는 상업 지역이기 때문에 신도시처럼 계획성 있는 입지 조성은 어려움

28 **#중심성지수** [정답] ③

지역의 소매인구는 그 지역의 소매판매액을 1인당 평균 구매액으로 나눈 숫자이다.

▌정답 TIP▌
중심성지수
- 소매업의 공간적 분포를 설명하는 지수로, 중심이 되는 지역을 파악하기 위해 지수를 개발하여 각 지역에 부여한 것을 말한다.
- 어떤 지역의 소매판매액을 1인당 평균 구매액으로 나눈 값을 상업(소매)인구라 하고, 상업(소매)인구를 그 지역의 거주인구로 나눈 값을 중심성 지수라 한다.

29 **#입지매력도평가원칙** [정답] ③

동반유인의 법칙은 유사하거나 보충적인 소매업이 흩어진 것보다 군집해서 더 큰 유인잠재력을 갖게하는 것이다.

[오답풀이]
① 보충가능성의 원칙 : 두 개의 사업이 고객을 서로 교환할 수 있을 정도로 인접한 지역에 위치하면 매출액이 높아진다.
② 고객차단의 원칙 : 사무실밀집지역, 쇼핑지역 등은 고객이 특정 지역에서 타 지역으로 이동시 점포를 방문하게 한다.
④ 접근가능성의 원칙 : 지리적으로 인접하거나 또는 교통이 편리하면 매출을 증대시킨다.
⑤ 점포밀집의 원칙 : 지나치게 유사한 점포나 보충 가능한 점포는 밀집하면 매출액이 감소한다.

30 **#점포부지선정** [정답] ④

점포부지 선정 시 해당 장소에서 점포가 이익을 낼 수 있는지의 여부, 즉 수익성이 가장 중요한 기준이다.

▌정답 TIP▌
점포가 이익을 낼 수 있는지의 여부를 결정하는 데는 매출액이 가장 중요한데, 유망한 부지를 선택하기 위해서는 잠재적인 1년 매출액을 추정해야 한다.

31 **#상권유형#역세권** [정답] ②

주부 및 가족단위 중심의 소비행동이 이루어지는 곳은 동네 상권이다.

▌정답 TIP▌
역세권 상권은 지하철역을 중심으로 다양한 상업 및 업무활동이 이루어지는 반경 500미터 이내 지역이므로 직장인, 대학생, 가족단위 등 다양한 연령층의 소비행동이 이루어진다.

32 **#지구상권#지역상권** [정답] ⑤

상권을 크기별로 구분하면 지역 상권 > 지구 상권 > 지점 상권의 순서로 진행되므로 지역 상권을 먼저 정하고 지구 상권을 정하는 것이 일반적이다.

▌정답 TIP▌
상권의 계층적 구조
- 지역 상권 : 총 상권지역(GTA ; General Trading Area)으로 가장 포괄적인 상권범위로서 '시' 또는 '군'을 포함하는 넓은 지역범위이며, 도시 간의 흡인범위가 성립하는 범위이다.
- 지구 상권 (DTA ; District Trading Area) : 집적된 상업시설이 갖는 상권의 범위로 '구'를 포함한다.
- 지점 상권 (ITA ; Individual Trading Area) : 점포 상권이라고도 하는데, 이는 개별점포가 갖는 상권의 범위를 말한다.
- 상권을 크기별로 구분하면 지역 상권 > 지구 상권 > 지점 상권의 순서로 진행된다.

33 **#등확률선#허프모델** [정답] ②

소비자의 점포선택 등확률선을 활용하기에 가장 적합한 상권분석 방법은 확률적 모형에 해당하는 허프모델이다. 확률적 모형에서는 소비자의 효용함수를 결정하기 위하여 실제 소비자의 점포선택 행동을 이용한다.

▌더 알아보기▌

신규점포에 대한 상권분석의 구분
- 서술적 방법 : 체크리스트법, 유추법, 현지조사법, 비율법
- 규범적 모형 : 중심지 이론, 소매중력(인력)법칙, 컨버스법칙
- 확률적 모형 : 허프 모형, MNL(Multinomial Logit), MCI 모형

34 **#쇼핑센터구성요소#데크** [정답] ④

데크는 인공 습지를 관리하고 관찰하기 위해서 설치한 인공 구조물 또는 경치를 감상할 수 있는 산책로와 같은 길을 널빤지로 깔아 놓은 건축 구조물 등을 의미하는 것으로 쇼핑센터에서는 열린공간 및 휴식공간으로 활용한다.

[오답풀이]
② 테넌트(tenant) : 상업시설의 일정한 공간을 임대하는 계약을 체결하고, 해당 상업시설에 입점하여 영업을 하는 임차인을 말한다.
③ 지표(landmark) : 지상에서 좌표로 정확하게 나타낼 수 있는 자연적·인공적 식별물을 말한다.
⑤ 선큰(sunken) : '가라앉다'에서 나온 말로 보통 지하 진입부가 외부와 연결되어 있는 곳을 말한다.

35 #소매상권 정답 ③

특정상권내 고객들의 소득수준이 증가할수록 해당 상권보다는 더 넓은 범위의 상권이용 빈도가 높아진다.

▌정답 TIP▐

소매상권은 상품의 성질에 따라 크기가 달라지는데, 값이 싸고 1인당 수요빈도가 높은 일상잡화 등의 상품의 상권은 좁고, 값이 비싸고 수요빈도가 낮은 고급품·전문품의 상권은 넓다.

36 #고객조사방법 정답 ②

서비스에 대한 고객들의 구체적인 만족도에 대한 조사를 하기 위해서는 객관적이고 정량적인 의견보다는 주관적이고 정성적인 의견에 대한 파악이 주로 이루어져야 하므로 심층면접을 통한 정성조사를 하는 것이 가장 좋다.

▌더 알아보기▐

> **상권분석 방법의 분류**
> - 정성적 방법 : 주관적 평가법, 체크리스트법, 현황조사법
> - 정량적 방법 : 설문조사법, 통계분석법, 수학적 분석법

37 #공간상호작용모형 정답 ①

회귀분석모델은 입지분석모델에 해당한다.

▌정답 TIP▐

공간상호작용모형은 거리에 기초하여 접근성과 주요 측면에서 원점과 끝점 사이의 사람, 재화와 용역의 흐름과 이동을 분석하기를 시도하는 모델의 형태로, 집근싱과 수요를 고려한 서비스의 최적 위치를 결정하기 위해 사용되며 중력법칙으로 알려져 있다.

▌더 알아보기▐

> **회귀분석**
> - 한 변수 혹은 여러 변수가 다른 변수에 미치는 영향력의 크기를 회귀방정식이라고 불리는 수학적 관계식으로 추정하고 분석하는 통계적 분석방법
> - 점포의 성과에 대한 여러 변수들의 상대적 영향력 분석이 가능
> - 점포성과에 영향을 미치는 영향변수에는 점포의 입지 특성이 포함될 수 있음
> - 분석에 포함되는 여러 독립변수들은 서로 관련성이 낮을수록 좋음
> - 표본이 되는 점포의 수가 충분하지 않으면 회귀분석 결과의 신뢰성이 낮아질 수 있음

38 #지리정보시스템 정답 ③

GIS는 여러 겹의 지도레이어를 활용하여 상권의 중첩(overlay)을 표현할 수 있다.

▌정답 TIP▐

GIS는 모든 지리정보가 수치데이터의 형태로 저장되기 때문에 사용자가 원하는 정보를 선택하여 필요한 형식에 맞추어 출력할 수 있으며, 기존의 종이지도의 한계를 넘어 이차원 개념의 정적인 상태를 삼차원 이상의 동적인 지리정보의 제공이 가능하다.

39 #레일리#소매중력법칙 정답 ⑤

$$\frac{B_a}{B_b} = \left(\frac{20만}{30만}\right)\left(\frac{20}{10}\right)^2 = \frac{2}{3} \times 4 \fallingdotseq 2.7$$

$$B_a = 2.7 \times B_b$$

$$B_a : B_b = 2.7 : 1$$

따라서 a도시에서의 구매비율은 약 73%

▌정답 TIP▐

레일리(Reilly) 이론의 공식

$$\frac{B_a}{B_b} = \left(\frac{P_a}{P_b}\right)\left(\frac{D_b}{D_a}\right)^2$$

- B_a = A시의 상권영역
- B_b = B시의 상권영역
- P_a = A시의 인구
- P_b = B시의 인구
- D_a = A시로부터 분기점까지의 거리
- D_b = B시로부터 분기점까지의 거리

40 #각지 정답 ④

두 개 이상의 도로가 교차하는 곳에 있는 획지를 각지라고 하며 접면하는 각의 수에 따라 2면각지, 3면각지 등으로 불린다.

41 #소매인력이론 정답 ⑤

고객분포도표(customer spotting map)를 작성하여 상권의 규모를 측정하는 것은 유추법이다.

▌정답 TIP▐

유추법에서 상권규모는 자사점포를 이용하는 고객들의 거주지를 지도상에 표시한 후 자사점포를 중심으로 서로 다른 거리의 동심원을 그려 파악한다.

42 #건폐율#용적률 [정답] ③

건폐율이란 대지면적에 대한 건축할 수 있는 1층 부분의 면적, 즉 바닥 면적의 비율을 말한다.

┃정답 TIP┃

건폐율과 용적률

• 건폐율이란 대지면적에 대한 건축면적의 비율을 말한다.
• 용적률이란 대지면적에 대한 건축물의 연면적 비율을 말한다. 여기서, 건축물의 연면적이란 건축물 각 층의 바닥면적의 합계를 말하며, 용적률을 산정할 때 지하층의 면적, 지상층의 주차장으로 쓰는 면적은 제외한다.
• 용도지역에 따라서 건폐율과 용적률은 많은 차이가 있으므로 유의해야 한다.

43 #젠트리피케이션 [정답] ⑤

젠트리피케이션은 임대료 상승을 감당할 수 없게 된 기존의 소규모 근린상점들이 떠나게 되는 현상이다.

┃정답 TIP┃

젠트리피케이션의 대표적 사례로 홍익대학교 인근(홍대 앞)이나 경리단길, 경복궁 근처의 서촌, 상수동 등지는 임대료가 저렴한 지역에 독특한 분위기의 카페나 공방, 갤러리 등이 들어서면서 입소문을 타고 유동인구가 늘어났다. 하지만 상권이 활성화되면서 자본이 유입되어 대형 프랜차이즈 점포가 입점하는 등 대규모 상업지구로 변모하였고, 결국 치솟은 임대료를 감당할 수 없게 된 기존의 소규모 상인들이 떠나게 되었다.

44 #베버#최소비용이론 [정답] ②

부패하기 쉬운 완제품을 가공·생산하는 경우에는 최종소비자가 거주하는 지역에 입지하는 형태인 시장지향형입지를 선택하는 것이 가장 유리하다.

┃정답 TIP┃

베버(A. Weber)의 최소비용이론을 적용한 공장입지선정 요인

원료 지향형	• 중량감소산업, 부패하기 쉬운 원료, 물품을 생산하는 공장 • 산출제품의 중량이나 부피가 투입원료의 중량이나 부피보다 작은 경우 • 편재원료(국지원료)를 많이 투입하는 공장
시장 지향형	• 중간재나 완제품을 생산하는 공장, 중량증가산업, 완제품의 부패성이 심한 산업 • 산출제품의 중량이나 부피가 투입원료의 중량이나 부피보다 큰 경우 • 보편원료를 많이 투입하는 공장
노동 지향형	• 의류나 신발같이 노동집약적으로 미숙련공을 많이 사용하는 산업 • 저임금 지역에 공장이 입지하는 경우

45 #상권#유통서비스 [정답] ④

상품구색의 전문성이 클수록 점포의 상권은 넓어진다.

┃정답 TIP┃

전문품을 취급하는 점포의 경우 잠재고객이 지역적으로 널리 분산되어 있으므로 상권의 밀도는 낮으나, 범위는 넓은 특성을 갖고 있다.

3과목 유통마케팅

---

46 #상품구색#폭#깊이 [정답] ⑤

㉠ 편의점은 보통 편리한 위치에 입지하여 한정된 수의 품목만을 취급하는 소매점이므로 상품구색의 폭이 좁고, 깊이도 얕다.
㉡ 전문점은 상품구색의 폭이 좁지만 취급하는 각 제품계열 안에 있는 품목의 수가 많기 때문에 상품구색의 깊이는 깊다.
㉢ 소규모 종합점은 다양한 상품을 취급하지만 각 제품계열 안에 있는 품목의 수는 한정되어 있으므로 상품구색의 폭은 넓고, 깊이는 얕다.
㉣ 백화점은 식품은 물론 패션, 잡화, 가구, 가전제품, 스포츠용품 등 다양한 상품을 취급하기 때문에 상품구색의 폭이 넓고, 깊이도 깊다.

┃더 알아보기┃

상품구성(구색)의 폭·깊이·길이

• 폭(Width) : 소매점이 취급하는 상품종류의 다양성
• 깊이(Depth) : 각 제품계열 안에 있는 품목의 수
• 길이(Length) : 모든 제품품목의 수

47 #전략적이익모형 [정답] ⑤

전략적 이익모형은 순이익률(수익성)과 자산회전율(활동성) 그리고 레버리지비율(안정성)로 구성되어 있다.

전략적이익모형(SPM)

= 순이익률 × 자산회전율 × 레버리지비율

$$= \frac{순이익}{매출액} \times \frac{매출액}{총자산} \times \frac{총자산}{자기자본}$$

$$= \frac{순이익}{자기자본}$$

❙ 더 알아보기 ❙

투자수익률(ROI)

$$= \frac{순이익}{매출액} \times \frac{매출액}{총자산}$$

$$= 매출액순이익률 \times 총자산회전율$$

$$= 매출마진 \times 회전속도$$

48 #컨조인트분석 　　　　　정답 ①

컨조인트 분석(Conjoint Analysis)은 각 제품대안들에 대한 선호순위의 분석을 통해 소비자의 속성평가유형을 보다 정확히 밝혀내고, 이를 근거로 선호도예측과 시장점유율예측까지도 가능케 하는 분석기법으로, 종속변수가 서열척도인 경우에 적합하다.

오답풀이

② 다차원 척도법 : 각 대상 간의 객관적 또는 주관적인 관계에 대한 수치적인 자료들을 처리해서 다차원의 공간상에서 해당 대상들을 위치적으로 표시해 주는 일련의 통계기법을 의미한다.

③ 요인분석 : 어떠한 알지 못하는 특성을 규명하기 위해 문항 또는 변인들 간의 상호관계를 분석해서 상관이 높은 문항과 변인들을 묶어 이를 몇 개의 요인으로 규명하고 해당 요인의 의미를 부여하는 통계방법을 말한다.

④ 군집분석 : 모집단 또는 범주에 대한 사전 정보가 없을 경우에 주어진 관측값들 사이의 유사성과 거리를 활용해서 전체를 몇몇의 집단으로 구분하고 각 집단의 성격을 파악함으로써 데이터 전체 구조에 대한 이해를 돕는 분석방법을 말한다. 이때 서로 유사한 특성을 지닌 대상을 하나이 집단으로 분류한다.

⑤ 시계열분석 : 동일한 현상을 시간의 경과에 따라 일정한 간격을 두고 반복적으로 측정하여 각 기간에 일어난 변화에 대한 추세를 알아보는 방법이다.

49 #상품판매과정 　　　　　정답 ③

판매사원의 상품판매과정은 '가망고객 발견 및 평가 → 사전접촉(사전준비) → 접촉 → 설명과 시연 → 이의처리 → 계약(구매권유) → 후속조치'의 순서로 진행된다.

❙ 더 알아보기 ❙

판매프로세스 6단계
잠재고객 발굴 → 관계 맺기 시작 → 가망고객 선별 → 영업 메시지 프리젠테이션 → 영업 클로징 → 고객 계정 서비스

50 #마케팅믹스#4P#4C 　　　　　정답 ②

4P 중 유통(place)을 구매자의 관점인 4C로 표현한 것은 편의성(convenience)이다.

❙ 정답 TIP ❙

4C와 4P의 대응관계
- 고객가치(customer value) ↔ 제품(product)
- 구매비용(customer cost) ↔ 가격(price)
- 고객편의성(convenience) ↔ 유통(place)
- 고객과의 커뮤니케이션(communication) ↔ 판매촉진(promotion)

51 #CRM#대중마케팅 　　　　　정답 ⑤

소비자 욕구 측면에서 CRM은 목표고객의 특화된 구매욕구의 만족을 지향하는 반면 대중마케팅은 목표고객들의 동질적 욕구를 만족시키려고 한다.

❙ 더 알아보기 ❙

CRM과 매스마케팅의 비교

구 분	CRM	매스마케팅
접근방법	일대일 관계	불특정 고객
판 매	가치 기반	거래 기반
전달경로	통합된 멀티채널	물리적 단일채널
성과지표	고객점유율	시장점유율
관 계	고객과의 관계형성	신규고객 개발
수익원천	제 품	고 객

52 #가격결정방법 　　　　　정답 ⑤

스키밍가격결정은 초기에 고가정책을 취함으로써 높은 가격을 지불할 의사를 가진 소비자로부터 큰 이익을 흡수한 뒤 제품 시장의 확장에 따라 가격을 조정하는 방식이다. 고가전략으로 초기 투자비용을 회수한 뒤 경쟁기업이 진입했을 때 가격할인 경쟁으로 시장점유율을 유지하는 전략이다.

❙ 정답 TIP ❙

후발주자가 시장침투를 위해 선두기업보다 낮은 가격으로 결정하는 것은 시장침투가격전략이다.

53 #제품수명주기 　　　　　정답 ⑤

제시된 글상자에서 설명하고 있는 제품수명주기 단계는 성숙기이다.

제품확장 및 품질보증 도입은 성장기에 해당하는 상품관리전략으로, 성장기에는 시장점유율 확대가 목표이므로 자사제품을 취급하는 점포수를 확대하는 유통전략을 취하며, 시장에서의 경쟁이 심해짐에 따라 통상적으로 제품에 대한 사후서비스를 점차적으로 강화하게 된다.

54 **#로스리더가격전략** [정답] ④

유인가격결정(loss leader ; 손실유도가격결정)은 중간상인이 고객의 내점을 유도하기 위하여 일부 품목의 가격을 한시적으로 인하(필요하다면 원가이하로도 인하)하는 것으로, 가격이 인하되는 품목을 전략제품 또는 고객유인용 손실품(Loss Leader)이라 한다.

오답풀이

① 상품묶음(bundling) 가격전략 : 소매점, 백화점 등에서 대량 구매를 촉진하기 위해서 제품을 몇 개씩 묶어 하나로 상품화한 다음 이 묶음에 별도로 지정한 가격으로, 개별 제품의 합보다 싸다.
② EDLP(Every Day Low Price) 가격전략 : 대형마트나 할인점에서 주로 사용되는 상시 저가전략으로 수익성 향상보다는 시장점유율 향상에 초점을 두는 전략이다.
③ 노세일(no sale) 가격전략 : 세일을 통한 할인가 없이 제품이 출시될 때 정해진 가격 그대로 판매하는 전략이다.
⑤ 단수가격(odd-pricing) 전략 : 가격이 가능한 최하의 선에서 결정되었다는 인상을 구매자에게 주기 위하여 고의로 단수를 붙여 가격을 결정하는 전략이다.

55 **#마케팅환경요인** [정답] ②

경쟁 환경은 자율화, 세계화에 따라 경쟁자 수가 크게 증가하면서 가격경쟁과 고객확보를 위한 경쟁이 치열해지는 것을 의미하는 것으로, 특정 기업이 시장에서 자사의 마케팅 활동에 직접적으로 영향을 미치는 요인인 미시적 환경에 해당한다. 기업의 마케팅 노력이 성공을 거두기 위해서는 경쟁자보다 더 좋은 고객 가치와 만족을 제공해야 하며, 고객의 마음속에 자사의 제공물들이 경쟁사보다 더 호의적으로 평가되도록 포지셔닝함으로써 전략적 경쟁우위를 확보하는 것이 필요하다.

오답풀이

① 사회·문화 환경 : 여성의 지위 향상, 국제화, 개방화, 한류문화 등
③ 기술 환경 : 정보통신기술의 변화로 새로운 제품이 기존의 것을 신속하게 대체
④ 경제 환경 : 소비자의 구매력과 소비패턴에 영향을 미치는 요인
⑤ 법 환경 : 경제, 산업, 금융과 관련된 법률의 변화가 기업 활동 전반에 큰 영향을 미치는 것

56 **#중간상촉진** [정답] ①

프리미엄은 소비자를 대상으로 하는 판매촉진 활동이다.

┃ 정답 TIP ┃
프리미엄
자사의 제품이나 서비스를 구매하는 고객에 한해 다른 상품을 무료로 제공하거나 저렴한 가격에 구입할 수 있는 기회를 제공하는 것을 말한다. 사은품은 구매 즉시 제공되거나 리베이트와 같이 구매증거를 제시할 경우에 제공된다. 우편으로 사은품을 배포하는 경우에 고객 데이터베이스를 구축할 수 있으며, 사은품 제공은 브랜드 이미지 향상과 더불어 브랜드 자산을 강화시킬 수 있다.

57 **#RFM** [정답] ⑤

㉠ Recency(최근 구매일)
㉢ Frequency(구매빈도)
㉤ Monetary(구매금액)

┃ 정답 TIP ┃
RFM(Recency, Frequency, Monetary) 분석
Recency(최근 구매일), Frequency(구매빈도), Monetary(구매금액)의 약자이다. 이 3가지 요소는 고객들의 가치를 판단하고, 이들에 대한 마케팅 효율을 높이며, 앞으로 이들로부터 얻을 수 있는 수익을 극대화하도록 해주는 중요한 요소이다.

58 **#푸시전략** [정답] ①

푸시전략은 제조업자가 유통업자들을 대상으로 촉진예산을 인적 판매와 거래점 촉진에 집중 투입하여 유통경로상 다음 단계의 구성원들에게 영향을 주고자 하는 전략이다.

┃ 정답 TIP ┃
제조업체가 최종 소비자를 대상으로 광고나 홍보를 하고, 소비자가 그 광고나 홍보에 반응해 소매점에 상품이나 서비스를 주문·구매하는 마케팅 전략은 풀전략이다.

59 **#스크램블드머천다이징** [정답] ③

스크램블드 머천다이징이란 소매점이 만물점화되어 간다는 뜻으로, 새로운 각도에서의 '관련 판매'가 전개되어가는 것을 의미한다.

오답풀이

① 크로스 머천다이징 : 연관된 상품을 함께 진열하거나 연관된 상품을 취급하는 점포들을 인접시키는 것으로, 고객들이 연관된 상품들을 동시에 구매할 수 있도록 유도한다.
② 인스토어 머천다이징 : 매장에서 적절한 방식으로 상품을 배치하고 상품에 맞는 분위기를 연출하는 등의 전략적 계획으로, 소비자에게 구매의욕을 불러일으키기 위한 점포 상품정책을 의미한다.

⑤ 카테고리 머천다이징 : 찾기 쉽게 같은 종류끼리 진열하는 것이 아니라 연상되는 제품을 옆에 진열해 은연중에 구매 욕구를 자극하는 것을 말한다.

60 #POP광고 [정답] ③

POP광고는 고객의 시선을 집중시켜 호기심을 유발하고 판매점의 이미지를 향상시키며, 고객을 점포 내로 유도하는 역할을 통해 충동구매를 자극하는 광고이므로 간결하고 임팩트 있는 메시지 전달에 적합하다.

61 #진열방식 [정답] ④

㉠ 섬진열 : 매장내 독립적으로 존재하는 평대에 진열하는 방법으로, 점포 매장의 빈 공간에 박스 등의 진열용구를 활용해서 이를 마치 섬과 비슷한 형태로 다량 진열하는 방식이다.

㉡ 엔드진열 : 노출도를 높이는 역할을 하는 진열방식으로 엔드 매대는 마트 또는 매장의 진열 시에 맨 끝 쪽에 위치하게 된다. 최하단이 전방으로 돌출되어 있어서 소비자들에게 진열된 상품에 대한 노출도가 가장 크다.

오답풀이

• 곤돌라 진열(Gondola Display) : 많은 양의 상품들이 소비자들에게 잘 보임과 더불어 소비자들로 하여금 풍요함을 직접적으로 느끼게 하면서 상품을 가장 편하게 집을 수 있도록 한 입체식 진열이다.

• 벌크진열 : 과일이나 야채와 같은 상품들을 매대나 바구니 등에 쌓아놓는 방법으로 고객에게 저렴하다는 인식을 줄 수 있고 충동구매를 유발하며 저가격과 저마진 상품에 어울리는 진열방법이다.

62 #공간#조명#색채 [정답] ④

붉은색 조명보다 푸른색 조명 위에 생선을 진열할 때 더 싱싱해 보인다.

63 #조닝#페이싱 [정답] ②

㉠ 페이싱 : 페이스의 수량을 뜻하는 것으로 앞에서 볼 때 하나의 단품을 옆으로 늘어놓은 개수를 말하며 진열량과는 다르다.

㉡ 조닝 : 레이아웃이 완성되면 각 코너별 상품 구성을 계획하고 진열면적을 배분하여 레이아웃 도면 상에 상품배치 존 구분을 표시하는 것을 말한다.

64 #소매업태발전이론 [정답] ③

㉠은 수레바퀴이론, ㉡은 아코디언이론에 대한 설명이다.

▌ 더 알아보기 ▐

소매수명주기이론
• 도입기 : 새로운 유형의 소매업태가 탄생하여 시장에 진입하는 시기로, 초기 투자비용으로 인해 수익성은 낮거나 마이너스(−)
• 성장기 : 새로운 유형의 소매업태가 시장 전체로 확산되는 시기로 경쟁자가 다수 출현하고 매출액도 급격히 높아지며, 투자비용이 감소되기 때문에 이익이 증가
• 성숙기 : 전체적으로 시장점유율이 안정되며, 규모의 경제 이상으로 규모가 커져 수익성은 감소
• 쇠퇴기 : 신유형의 소매업태에게 경쟁력을 잃게 되고, 이익 등 모든 면에서 급격히 하락

65 #레이아웃방식 [정답] ①

자유형 레이아웃은 고객이 자유로운 쇼핑과 충동적인 구매를 기대하는 매장에 적격인 점포배치로, 충동구매를 유도함으로써 점포의 매출을 증대시키는 이점이 있다.

오답풀이

② 경주로식 레이아웃(racefield layout) : 자유형 점포배치 형태에서 나온 소매점포의 공간생산성을 높여주는 방식으로 선물점, 백화점 등에서 널리 이용된다. 경주로형은 주된 통로를 기준으로 각 매장입구들이 서로 연결되어 있다

③ 격자형 레이아웃(grid layout) : 쇼케이스, 진열대, 계산대, 곤돌라 등 진열기구가 직각 상태로 되어있는 레이아웃으로, 비용이 적게 들며 표준화된 집기배치가 가능해 고객이 익숙해지기 쉬워 단조로운 구성으로 인해 지루함을 느낄 수 있다.

④ 부티크형 레이아웃(boutique layout) : 자유형 점포배치 형태에서 나온 것으로 선물점, 백화점 등에서 널리 이용된다.

66 #중간상포트폴리오분석 [정답] ①

중간상 포트폴리오 분석은 인플레이션으로 조정된 중간상의 특정제품군에서의 매출성장률과 그 제품군에 대한 중간상 매출액 중 자사제품의 점유율이라는 두 개의 차원상에서 거래 중간상들의 상대적 위치를 토대로 각 중간상에 대한 투자전략을 결정하는 기법이다.

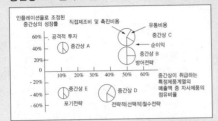

중간상 포트폴리오 분석 그림

- 각 원의 크기는 제조업자가 각 중간상에게 판매한 특정제품의 매출액에 비례
- 각 원은 직접제조비용 및 촉진비용, 유통비용, 순이익으로 나누어짐
- 투자, 방어, 전략적철수, 포기전략으로 구성
- 특정 제품군에 급속한 매출성장을 보이지만 자사제품의 점유비율이 낮은 중간상 → 공격적 투자전략
- 특정 제품군에 대한 점포매출액이 급성장하고 자사제품의 점유율이 높은 중간상 → 방어전략

67 #포지셔닝전략   정답 ④

타깃 고객 스스로 자신의 사용용도에 맞출 수 있도록 서비스를 표준화·시스템화한 것은 소비자 편익에 의한 포지셔닝이다.

┃ 더 알아보기 ┃

서비스 포지셔닝 전략
- 서비스 속성 : '가장 서비스를 잘하는 것'을 강조하여 다른 업체와 차별화된 서비스 속성으로 포지셔닝 하는 가장 일반적인 방법
- 서비스 용도 : 서비스를 제공하는 궁극적인 용도가 무엇인지를 강조하여 포지셔닝 하는 방법
- 가격 대 품질 : 최고의 품질 또는 가장 저렴한 가격으로 포지셔닝 하는 방법
- 서비스 등급 : 서비스 등급이 높기 때문에 높은 가격을 매길 수 있다는 측면을 강조하는 방법
- 서비스 이용자 : 이용자를 기준으로 서비스를 포지셔닝 하는 방법(여성 전용 사우나, 백화점의 여성 전용 주차장, 비즈니스맨 전용 호텔 등)
- 경쟁자 : 경쟁자와 비교해 자사의 서비스가 더 나은 점이나 특별한 점을 부각시켜 포지셔닝 하는 방법

68 #상인도매상   정답 ④

상인도매상은 취급하는 제품에 대해 소유권을 가지는 독립된 사업체의 도매상으로, 제조업자들로부터 제품을 구매하고, 이 제품이 소매상이나 그 이외의 사람들에게 다시 판매될 때까지 소유권을 가진다.

오답풀이

① 제조업자 도매상 : 제조업자가 기능을 통제하며 전체 기능을 수행하는 도매상으로, 제조업자가 제품을 소유·판매하고 대금을 회수한다.
② 브로커 : 구매자와 판매자를 만나게 하는 일이 기본적인 임무이며, 일반적으로 상품을 물리적으로 취급하지 않고 판매의뢰자와 지속적인 기반 위에서 거래를 하는 것은 아니다.
③ 대리인 : 제품에 대한 소유권 없이 단지 제조업자나 공급자를 대신해서 제품을 판매하는 도매상으로, 도매상들의 많은 기능들, 예컨대 판매지원이나 조사기능 등을 수행하지만 제품에 대한 직접적인 소유권이 없다는 것이 큰 특징이다.
⑤ 수수료상인 : 생산자로부터 위탁에 의하여 상품을 받는 도매상으로, 종종 신용을 제공하고 상품을 비축·전달하며 판매원을 제공한다.

69 #EDLP#할인가격정책   정답 ⑤

표적시장의 다양성 증가는 할인가격정책(high/low pricing)의 장점이다.

┃ 정답 TIP ┃

할인가격정책(high/low pricing)은 평소 고가를 유지하면서 상황에 따라 저가로 할인하는 가격전략으로 동일한 상품을 여러 소비자 계층에 판매할 수 있어 표적시장의 다양성이 증가한다.

70 #PB   정답 ②

제조업체 브랜드(NB)는 대규모 제조업체가 전국의 소비자를 대상으로 개발한 브랜드로, 많은 소비자에게 판매되는 것을 목적으로 하기 때문에 대규모 생산과 대중매체를 통한 광범위한 광고 진행이 일반적이다.

71 #데이터분석기법 　　　　[정답] ⑤

①·②·③·④는 수집한 데이터를 분석하고 학습하여 어떤 상황을 예측하는 분석 기법이지만, 군집분석은 어떤 목적 변수(Target)를 예측하기 보다는 고객수입, 고객연령과 같이 속성이 비슷한 고객들을 묶어서 몇 개의 의미 있는 군집으로 나누는 기법이다.

오답풀이

① 협업적 필터링(collaborative filtering) : 많은 사용자들로부터 얻은 기호정보(taste information)에 따라 사용자들의 관심사들을 자동적으로 예측하게 해주는 방법이다. 협력 필터링 접근법의 근본적인 가정은 사용자들의 과거의 경향이 미래에서도 그대로 유지될 것이라는 전제에 있다.

② 딥러닝(deep learning) : 딥러닝의 핵심은 분류를 통한 예측으로, 컴퓨터가 여러 데이터를 이용해 마치 사람처럼 스스로 학습할 수 있게 하기 위해 인공 신경망(ANN ; Artificial Neural Network)을 기반으로 구축한 기계 학습 기술이다.

③ 의사결정나무(decision tree) : 과거에 수집된 데이터의 레코드들을 분석하여 이들 사이에 존재하는 패턴, 즉 결과값별 특성을 고객 속성의 조합으로 나타내는 분류모형을 나무의 형태로 만드는 것이다. 이렇게 만들어진 분류모형은 새로운 레코드를 분류하고 해당 결과값을 예측하는 데 사용된다.

④ 머신러닝(machine learning) : 방대한 데이터를 분석해 미래를 예측하는 기술로, 컴퓨터가 스스로 학습 과정을 거치면서 입력되지 않은 정보를 습득, 문제를 해결한다.

72 #4차산업혁명 　　　　[정답] ④

4차 산업혁명은 인공 지능(AI), 사물 인터넷(IoT), 클라우드 컴퓨팅, 빅데이터, 모바일 등 지능정보기술이 기존 산업과 서비스에 융합되거나 3D 프린팅, 로봇공학, 생명공학, 나노기술 등 여러 분야의 신기술과 결합되어 실세계 모든 제품·서비스를 네트워크로 연결하고 사물을 지능화한다.

｜더 알아보기｜

4차 산업혁명 시대
2016년 세계 경제 포럼(WEF ; World Economic Forum)에서 화두로 등장한 개념으로 '초연결성(Hyper−Connected), 초지능화(Hyper−Intelligent)'라는 특성을 가진다.

73 #고객충성도프로그램 　　　　[정답] ⑤

고객 충성도프로그램은 금전적 혜택 보다는 비금전적 혜택을 제공하는 것이 유통업체측면에서 보다 효율적이다.

｜정답 TIP｜

고객충성도 프로그램은 고객의 반복적인 구매활동에 대한 보상으로 상품할인, 무료식품, 선물 혹은 여행 같은 인센티브를 제공하기 위해 마련된 마케팅 프로그램이다.

74 #QR 　　　　[정답] ⑤

QR은 신속하고 정확한 소비자 수요동향 분석을 할 수 있어 시장변화에 대한 효과적인 대응이 가능하며, 적정 수요량 예측으로 재고량이 감소되고 재고회전율도 향상되며 상품 품절을 방지할 수 있다.

｜정답 TIP｜

QR은 소비자들이 원하는 시간에 맞추어 상품을 공급하고 불필요한 재고를 없애서 비용을 감소시킨다는 원칙에서 출발하였으며, 정보기술과 참여기술의 활동을 통해 상품에 대한 소비자들의 반응에 신속히 대처하며 비용을 절감한다는 목표를 두고 있다.

75 #CRM활동 　　　　[정답] ①

직접반응광고의 목적은 이미지 제고나 인지율 향상과 같은 소비자의 긍정적 태도 변화나 인지의 제고보다는 즉각적인 판매의 증진이나 관심 있는 잠재고객의 발견이라고 할 수 있다.

｜정답 TIP｜

직접반응광고는 반응 요소들을 통해 광고 노출 즉시 소비자들의 즉각적이고 직접적인 반응을 유도하는 모든 유료 광고이다.

76 #인터넷마케팅 　　　　[정답] ③

역가화는 소비자 중심의 역시장이 형성되어 소비자 중심의 가격결정모델을 의미한다.

오답풀이

② 무료화 : 인터넷상에서는 상당수의 서비스가 무료로 제공되기도 하며 소액 결제수단이 아직 제대로 갖추어지지 않은 상황에서 유료화가 순탄하게 진행되고 있지 않다. 기업 간 소비자의 양적 확보를 위한 경쟁이 가속화됨에 따라 유료화보다는 아직까지도 광고 수익에 관심을 가지는 경향이 높다.

⑤ 저가화 : 직거래를 통한 중간상 배제로 유통마진을 최소화하는 형태로 소비자들이 상대적으로 저렴한 가격으로 구입가능하며, PC통신 혹은 인터넷상에서 가격의 비교가 가능하게 되어 동일 제품에 대해 가장 싸게 파는 곳을 손쉽게 발견할 수 있게 되므로 중간상들 간의 가격 경쟁으로 소비자들은 더욱 싼 가격을 제안 받을 수 있다.

77 #고객관계관리 　　　　　　　　[정답] ③

고객유지율은 고객관점에서 고객가치창출과 차별화에 대한 성과를 측정하기 위한 지표이다.

❘ 더 알아보기 ❘

CRM(고객관계관리)의 중요성
- 시장점유율보다는 고객점유율에 비중
- 고객획득보다는 고객유지에 중점
- 제품판매보다는 고객관계(Customer Relationship)에 중점

78 #e-비즈니스 　　　　　　　　　[정답] ③

커뮤니티운영의 주요 수익원천은 회원들의 회비와 광고수입원이다.

❘ 정답 TIP ❘

커뮤니티 운영의 궁극적인 가치는 커뮤니티에 참여하는 고객과 파트너들, 그리고 그들 사이의 의사소통으로부터 나오며, 고객의 피드백이나 고객서비스를 통한 관계구축으로 자사의 충성고객을 확보하고자 하는 기업들이 많다.

79 #POS 　　　　　　　　　　　　[정답] ⑤

상품구색의 적정화에 따른 매출증대는 소매업체가 점포관리 측면에서 얻게 되는 효과이다.

❘ 정답 TIP ❘
소매업이 POS시스템 도입으로 얻게 되는 효과

점포관리 측면	• 효율적 인원배치 및 작업지도 • 판매목표 달성률 측정 • 상품의 매출정보 쉽게 파악 • 적정한 상품진열위치의 선정 • 할인판매상품의 단품관리 • 신속한 가격표 부착 및 교체작업 • 보충발주의 자동화 용이 • 전표의 발행 감소로 점포운영의 합리화
운영관리 측면	• 인기상품의 품절 예방 • 판매실적에 의한 매입관리 • 고객정보 파악에 의한 고객관리 • 고객의 구매동향 파악 • 상품별로 이익관리 가능

80 #전자상거래#옴니채널 　　　　　[정답] ④

옴니채널이란 소비자가 온라인, 오프라인, 모바일 등 다양한 경로를 넘나들며 상품을 검색하고 구매할 수 있도록 한 서비스로, 각 유통 채널의 특성을 결합해 어떤 채널에서든 같은 매장을 이용하는 것처럼 느낄 수 있도록 한 쇼핑 환경을 말한다.

❘ 오답풀이 ❘

① 상향판매는 동일한 분야로 분류될 수 있는 제품 중 소비자가 희망하는 제품보다 단가가 높은 제품의 구입을 유도하는 판매방법을 말한다.

② 역쇼루밍은 온라인을 통해 상품에 대한 각종 정보를 검색하고 비교해 상품의 구매를 결정한 후, 오프라인 매장을 직접 방문해 구매하는 방식이다.

③ 교차판매는 자체 개발한 상품에만 의존하지 않고 관련된 제품까지 판매하는 적극적인 판매방식으로, 고객이 선호할 수 있는 추가제안을 통해 다른 제품을 추가 구입하도록 유도할 수 있다.

⑤ 프로슈머는 고객 자신이 기업의 생산과정에 직접 참여하는 것으로 제품 및 서비스도 이제는 소비자가 원하는 방향으로 만들어져야 경쟁력이 있다는 것이다.

81 #바코드 　　　　　　　　　　　[정답] ⑤

바코드 시스템 구축은 RFID 시스템 구축과 비교해 구축비용이 적게 발생한다.

❘ 정답 TIP ❘

바코드는 응용범위가 다양하고 도입비용이 저렴한 반면, RFID는 가격이 비싸다는 단점이 있다.

82 #RFID작동원리 　　　　　　　　[정답] ④

ⓔ – 안테나는 전송받은 데이터를 디지털 신호로 변조하여 리더에 전달한다.

❘ 정답 TIP ❘
RFID의 작동원리

RFID 리더에서 안테나로 신호 전송 → 안테나가 신호를 전파의 형태로 생성하여 전파 → 공진 주파수에 맞는 전자기파를 자체 안테나로 수신 → 태그의 IC칩은 에너지를 공급받고 다시 전파의 형태로 전파 → 리더에 달린 안테나에서 전파를 수신하여 리더로 신호 전송 → 리더는 신호를 변환하고 변환된 신호를 자료수집 장치와 호스트시스템으로 전달

83 #지식창조프로세스 　　　　　　[정답] ④

지식창조 프로세스 순서는 '공동화·사회화 → 외재화·표출화 → 연결화·종합화 → 내재화·내면화'이다.

❘ 정답 TIP ❘
노나카(Nonaka)의 SECI 모델(지식창조 프로세스)

암묵지와 형식지라는 두 종류의 지식이 공동화(Socialization ; 암묵지가 또 다른 암묵지로 변하는 과정), 표출화(Externalization ; 암묵지가 형식지로 변환하는 과정), 연결화(Combination ; 형식지가 또 다른 형식지로 변하는 과정), 내면화(Internalization ; 형식지가 암묵지로 변환하는 과정)라는 4가지 변환과정을 거쳐 지식이 창출된다는 이론이다.

84 #인스토어마킹#소스마킹 정답 ①

소스마킹은 주로 가공식품·잡화 등을 대상으로 실시하며, 인스토어마킹은 청과·생선·야채·정육 등 부패하기 쉬운 농산물에 적용한다.

오답풀이

② 소스마킹된 상품은 하나의 상품에 고유식별 번호가 붙어 전세계 어디서나 동일상품은 동일번호로 식별되지만, 소스마킹이 안 된 제품, 즉 인스토어마킹이 된 제품은 동일품목이라도 유통업체에 따라 각각 번호가 달라질 수 있다.

③ 소스마킹은 인스토어마킹과 달리 전세계적으로 사용되기 때문에 인쇄되는 바코드의 체계 및 형태도 국제적인 규격에 근거한 13자리의 숫자(GS1)로 구성된 바코드로 인쇄해야 한다.

④ 소스마킹은 제조업체 및 수출업자가 상품의 생산 및 포장단계에서 바코드를 포장지나 용기에 일괄적으로 인쇄하는 것을 말한다.

⑤ 인스토어마킹은 각각의 소매점포에서 청과·생선·야채·정육 등을 포장하면서 일정한 기준에 의해 라벨러를 이용하거나 컴퓨터를 이용하여 바코드 라벨을 출력하고, 이 라벨을 일일이 사람이 직접 상품에 붙이는 것을 말한다.

▌더 알아보기▐

소스마킹과 인스토어마킹의 비교

구 분	소스마킹	인스토어마킹
표시장소	생산 및 포장단계 (제조, 판매원)	가공 및 진열단계 (점포가공센터)
대상상품	가공식품, 잡화 등 공통으로 사용 가능	정육, 생선, 청과 및 소스마킹이 안 되는 가공식품
활용지역	전 세계적으로 공통으로 사용 가능	인스토어 표시를 실시하는 해당 업체에서만 가능
판독률	판독 오류가 거의 없음	판독시 오독 오류 있음
비 용	낮 음	높 음

85 #지식포착기법 정답 ③

스캠퍼 기법은 다양한 방법과 시각으로 새롭고 독특한 아이디어, 대안을 많이 생성하기 위한 확산적 사고 기법에 해당한다.

▌정답 TIP▐

스캠퍼 기법의 전제는 새로운 것은 기존에 존재하는 것에서부터 출발한다는 것, 즉 기존의 것에 더하거나 빼거나 혹은 변형을 함으로써 새로운 것을 만들어내는 것이기 때문에 비판을 허용하는 지식 포착 기법이다.

86 #POS 정답 ②

POS가 도입됨에 따라 RFID 기술이 등장하였다.

▌더 알아보기▐

POS와 RFID

• POS 시스템이란 판매시점에 자료를 수집·처리하여 경영활동에 이용하는 시스템으로 자료의 수집은 바코드의 자동판독방식이 될 수도 있고 수작업에 의한 자료입력방식이 될 수도 있다.

• RFID는 무선주파수 식별(무선인식, 무선식별, 전자태그) 기술로 무선주파수를 이용하여 먼 거리에 있는 대상(물건, 사람 등)을 식별할 수 있는 기술이다.

20년

87 #크로스쇼퍼 정답 ③

온라인과 오프라인을 넘나들면서 쇼핑을 즐기는 크로스쇼퍼(Cross-shopper)는 온·오프라인의 장·단점을 정확히 알고 제품에 따라 어디에서 구매할지 유연하게 사고하는 특징을 가지고 있다.

오답풀이

⑤ 프로슈머(Prosumer) : '생산자'를 뜻하는 영어 'producer'와 '소비자'를 뜻하는 영어 'consumer'의 합성어로, 생산에 참여하는 소비자를 의미한다. 프로슈머 소비자는 소비는 물론 제품 생산과 판매에도 직접 관여하여 해당 제품의 생산 단계부터 유통에 이르기까지 소비자의 권리를 행사한다. 시장에 나온 물건을 선택하여 소비하는 수동적인 소비자가 아니라 자신의 취향에 맞는 물건을 스스로 창조해나가는 능동적 소비자의 개념에 가깝다고 할 수 있다.

88 #NoSQL 정답 ③

RDB는 스키마가 정의되어야만 하며, 정보 저장에 매우 엄격하기 때문에 정의된 스키마 이외의 정보를 저장하려할 경우 자동 폐기되지만, NoSQL은 정의된 스키마가 없어 수평적인 확장을 제공한다.

▌더 알아보기▐

NoSQL(노에스큐엘)

• 전통적인 관계형 데이터베이스 관리 시스템(RDBMS)과는 다르게 설계된 비관계형(non-relational) DBMS로, 대규모의 데이터를 유연하게 처리할 수 있는 것이 강점이다.

• 노에스큐엘(NoSQL)은 테이블-컬럼과 같은 스키마 없이, 분산 환경에서 단순 검색 및 추가 작업을 위한 키 값을 최적화하고, 지연(latency)과 처리율(throughput)이 우수하다.

89 #보안위협요소#부인방지 정답 ⑤

인가되지 않은 자가 인가된 사람처럼 가장하여 비밀번호를 취득하여 사용하는 것은 거래 당사자의 신원을 확인하는 '인증'에 대한 사례에 해당한다.

┃ 정답 TIP ┃
부인방지는 정보교환 및 거래사실의 부인을 방지하는 것으로, 정보제공자가 정보제공사실 및 내용에 대하여 부정할 수 없도록 하는 기능을 말한다.

90 #유통정보시스템개발절차 정답 ⑤

유통정보시스템은 '주요 의사결정영역 확인 및 정보활용목적 검토 → 각각의 의사결정을 수행할 담당자 결정(정보활용주체 결정) → 의사결정에 필요한 정보 파악 및 정의 → 누가 누구에게 어떤 방식으로 정보를 제공할지 결정(정보제공주체 및 방법에 대한 결정)'의 순서로 개발된다.

┃ 더 알아보기 ┃

유통정보시스템
기업의 유통활동 수행에 필요한 정보의 흐름을 통합하는 기능을 통해 전사적 유통(Total Marketing) 또는 통합유통(Integrated Marketing)을 가능하게 하는 동시에 유통계획, 관리, 거래처리 등에 필요한 데이터를 처리하여 유통 관련 의사결정에 필요한 정보를 적시에 제공하는 정보시스템이다.

01	02	03	04	05	06	07	08	09	10	11	12	13	14	15
③	④	③	③	⑤	②	②	⑤	①	②	①	①	①	②	⑤
16	**17**	**18**	**19**	**20**	**21**	**22**	**23**	**24**	**25**	**26**	**27**	**28**	**29**	**30**
②	③	③	③	②	③	⑤	①	②	①	③	⑤	④	⑤	④
31	**32**	**33**	**34**	**35**	**36**	**37**	**38**	**39**	**40**	**41**	**42**	**43**	**44**	**45**
④	④	②	①	④	④	②	④	③	⑤	⑤	③	⑤	④	⑤
46	**47**	**48**	**49**	**50**	**51**	**52**	**53**	**54**	**55**	**56**	**57**	**58**	**59**	**60**
②	④	④	②	④	③	②	②	④	③	④	①	②	③	②
61	**62**	**63**	**64**	**65**	**66**	**67**	**68**	**69**	**70**	**71**	**72**	**73**	**74**	**75**
⑤	③	④	⑤	④	③	①	②	③	⑤	②	①	③	③	④
76	**77**	**78**	**79**	**80**	**81**	**82**	**83**	**84**	**85**	**86**	**87**	**88**	**89**	**90**
⑤	④	②	④	④	③	⑤	⑤	⑤	⑤	⑤	①	①	④	⑤

1과목 유통물류일반

01 #물류영역   정답 ③

○ 판매물류 : 판매가 확정된 후, 물품이 출하되어 고객에게 전달될 때까지의 유통 과정
○ 폐기물류 : 파손 또는 진부화 등으로 제품이나 상품, 또는 포장용기 등이 기능을 수행할 수 없는 상황이나 기능을 수행한 후 소멸되어야 할 상황일 때 제품 및 포장용기 등을 폐기하는 물류활동

오답풀이

- 조달물류 : 물류의 시발점으로 물자가 조달처로부터 운송되어 매입자의 물자보관창고에 입고, 관리된 후 생산공정(또는 공장)에 투입되기 직전까지의 물류활동
- 생산물류 : 자재창고의 출고작업에서부터 생산공정으로의 운반하역, 창고에 입고하는 작업까지의 물류활동
- 반품물류 : 소비자에게 판매된 제품이나 상품자체의 문제점(상품자체의 파손이나 이상)의 발생으로 상품의 교환이나 반품을 위한 물류활동
- 회수물류 : 제품이나 상품의 판매물류에 부수적으로 발생하는 파렛트, 컨테이너 등과 같은 빈 물류 용기를 회수하는 물류활동

02 #채찍효과   정답 ④

일괄주문은 채찍효과를 발생시키는 원인이다.

오답풀이

S&OP(판매운영계획)는 기업이 수요와 공급의 균형을 달성할 수 있도록 지원하는 의사결정 프로세스로 채찍효과를 방지하기 위한 방법이다.

┃ 더 알아보기 ┃

채찍효과(bullwhip effect)의 제거방안
- 공급체인 전반에 걸쳐 수요에 대한 정보의 집중화·공유화
- 최종 소비자의 수요변동폭을 감소시킬 수 있는 영업전략 선택
- EDI를 이용하여 정보리드타임을 단축시킬 수 있는 방안 연구
- 공급자재고관리(VMI) 등 공급체인 구성원 간에 전략적 관계 강화

03 #JIT #JITⅡ   정답 ③

JIT는 자사 공장 내의 가치 없는 활동을 감소·제거하는 데 주력하는 반면, JITⅡ는 기업 간의 중복업무와 가치 없는 활동을 감소·제거하는 데 주력한다.

JIT(Just-in-time)와 JITⅡ와의 차이점

JIT	JITⅡ
계약관계	상호 파트너십관계
부품과 원자재를 원활히 공급받는 데 초점	부품, 원부자재, 설비공구, 일반자재 등 모든 분야를 공급받는 데 초점
개별적인 생산현장(plant floor)을 연결	공급체인상의 파트너의 연결과 그 프로세스를 변화시키는 시스템
자사 공장 내의 무가치한 활동을 감소·제거하는 데 주력	기업 간의 중복업무와 무가치한 활동을 감소·제거하는 데 주력
푸시(push)형인 MRP와 대비되는 풀(pull)형의 생산방식	JIT와 MRP를 동시에 수용할 수 있는 기업 간의 운영체제
물동량의 흐름이 주된 개선대상	기술, 영업, 개발을 동시화 하여 물동량의 흐름을 강력히 통제

04 #한정서비스도매상 〔정답〕③

목재나 석탄 등과 같이 원자재에 해당하는 제품들은 이동이나 보관이 어렵기 때문에 도매상이 제품을 구매한다고 하더라도 직접 보유하지 못하게 된다. 따라서 제조업자나 공급업자가 보유하도록 하고 판매가 이루어지면 제조업자나 공급자가 직접 고객들에게 직송하도록 하는 것이 직송도매상이다.

〔오답풀이〕
① 현금거래도매상 : 주로 소매규모의 소매상에 상품을 공급하는 도매상으로, 현금거래도매상을 이용하는 소매상들은 직접 이들을 찾아와서 제품을 주문하고 인수해간다.
② 트럭도매상 : 일반적으로 고정적인 판매루트를 가지고 트럭이나 기타 수송수단을 이용하여 판매와 동시에 상품을 배달하는 도매상으로, 주로 취급이 까다롭거나 부패 및 파손 가능성이 높은 제품을 취급한다.
④ 진열도매상 : 소매점의 진열선반 위에 상품을 공급하는 도매상으로, 선반에 전시되는 상품에 대한 소유권은 도매상들이 가지고 있으며 소매상이 상품을 판매한 뒤 도매상에게 대금을 지불하는 일종의 위탁방식이다.
⑤ 판매대리인 : 주로 소규모 제조업자와 판매계약을 맺어 제조업자의 판매부서와 같은 역할을 하는 도매상으로, 계약상 모든 마케팅 활동의 결과에 대한 책임을 지고, 가격이나 기타 판매조건에 관한 결정 권한을 가지고 있으며, 제품에 대한 소유권을 제외한 모든 도매기능을 수행한다.

05 #구매관련공급자개발 〔정답〕⑤

구매 관련 공급자 개발 7단계 접근법 순서
주요 제품과 서비스 파악 → 주요 공급원 파악 → 기능 간 팀 구성 → 공급자 CEO와의 대면 → 공급자와 주요 과제 합의 → 세부적인 합의 → 진행상황 점검 및 전략 수정

06 #오프쇼링 〔정답〕②

오프쇼링(off-shoring)은 사업을 한 나라에서 다른 나라로 옮기는 과정으로, 인건비가 상대적으로 낮은 해외에서 작업이 이루어지도록 함으로써 조직 내 직무를 폐지하는 과정을 의미한다.

〔오답풀이〕
① 리쇼링 : 기업이 해외로 진출했다가 다시 본국으로 돌아오는 것
③ 지연 전략 : 지역마다 다양한 고객의 요구에 대응하기 위해 제품을 현지상황에 맞게 변경하여 현지화를 통한 마케팅 성공을 극대화 하면서 생산표준화를 통한 비용 절감을 얻을 수 있는 방법
④ 기민성 생산방식 : 빠르고 유연하게 변동성을 감지·평가하여 비용절감에 효과적으로 대응하는 생산방식
⑤ 린 생산방식 : 인력, 생산설비 등 생산능력을 필요한 만큼만 유지하면서 생산효율을 극대화하는 생산 시스템

07 #성과평가방법 〔정답〕②

강제배분법은 근무성적평정 등에 있어 평정결과의 분포가 과도하게 집중되거나 관대화되는 것을 막기 위해 성적분포의 비율을 미리 정해 놓고 평정을 하는 방법을 말한다.

〔오답풀이〕
① 단순서열법 : 평가직무의 기술서를 미리 분류 담당자에게 배부하여 그 내용을 숙지시킨 뒤, 직무의 곤란성·책임성 및 복잡성과 자격 요건 등을 기준으로 하여 각 직위의 서열을 매기도록 하는 방법
③ 쌍대비교법 : 2개씩 비교해가면서 전체의 비교결과를 통해 직무의 가치를 평가하는 방법
④ 행위기준고과법 : 업무상 나타나는 피평가자의 실제 행동을 평가의 기준으로 삼는 고과법
⑤ 행동관찰척도법 : 기존의 행위기준고과법이 변형된 형태로서 평가항목에 대한 구체적인 행위들을 제시하고 피평가자가 그것을 수행한 빈도를 평가하는 방식이다. 행위기준고과법이 수집사례들을 범주화해서 평가척도를 생성하는 것과 달리, 행동관찰척도법은 성과수준(예 친절성, 변화저항)을 정의하기 위해 여러 행위들을 제시한 후 각 행위별로 척도를 제시한다.

08 #HRM과업

정답 ⑤

본사와 자회사 간에는 파견위주의 관계가 아닌 통합과 조정 메커니즘을 통한 관계를 정립해야 한다.

▌정답 TIP ▌

본사와 자회사 간의 통합을 통해 효과적인 정보교환과 의사결정을 수립하고, 조정을 통해 자회사 간에 일치된 행동을 하도록 유도해야 한다.

09 #조직구조

정답 ①

라인조직은 조직의 산출에 직접적으로 공급하는 활동들의 조직구조로 각 조직 구성원은 바로 위 상급자의 지휘명령만 따르고 또 그 상급자에 대해서만 책임을 진다. 이러한 일원적 지휘명령과 단일관리로 인해 질서를 유지하기가 쉽고 견고하지만 전문화를 무시한다는 단점이 있다.

오답풀이

② 라인-스태프 조직 : 라인과 스태프의 기능을 분화하여 전문성을 강화한 조직형태로, 라인은 재화나 서비스의 생산, 판매에 직접 연관된 활동을 하고, 스태프는 라인 업무를 도와주는 서비스를 제공하는 분석, 조언, 보조의 성격을 갖는 활동을 한다.

③ 프로젝트 조직 : 해산을 전제로 하여 임시로 편성된 일시적 조직으로, 혁신적·비일상적인 과제의 해결을 위해 형성되는 동태적 조직형태이다.

④ 매트릭스 조직 : 전통적인 기능별 조직, 관료적 조직의 병폐를 극복하고자 프로젝트 조직에서부터 발전한 형태로, 수직적인 기능구조와 수평적인 사업구조를 결합한 형태의 조직이다.

⑤ 네트워크 조직 : 독립된 사업 부서들이 각자의 전문 분야를 추구하면서도 제품을 생산하거나 프로젝트의 수행을 위한 영구적인 관계를 형성하여 상호 협력하는 조직형태이다.

10 #포터#가치사슬분석

정답 ②

서비스활동은 본원적 활동에 속한다.

▌정답 TIP ▌

포터의 가치사슬분석 구분

본원적 활동	구매, 물류, 생산, 마케팅, 영업, 서비스 등
보조적 활동	회사의 시설, 장비, 인적자원관리, 구매활동, 기술개발, 경영혁신, 전산정보, 회계 등

11 #기업수준성장전략

정답 ①

다각화전략은 특정 기업이 성장추구, 위험분산, 범위의 경제성, 시장지배력, 내부시장의 활용 등을 목적으로 현재 전념하고 있지 않은 상이한 여러 산업에 참여하는 것을 말한다.

▌정답 TIP ▌

기업 성장전략

- 시장침투전략 : 기존제품 + 기존시장
- 시장개발전략 : 기존제품 + 신시장
- 제품개발전략 : 신제품 + 기존시장
- 다각화전략 : 신제품 + 신시장

12 #경영전략#전방통합

정답 ①

전방통합은 제조회사가 자사소유의 판매지점이나 소매상을 통합하는 형태이다.

오답풀이

② 아웃소싱 : 자사의 핵심역량에 집중하면서 비핵심부문을 분사 또는 외주 등의 방법을 통해 기업 가치를 제고하는 전략이다.

③ 전략적제휴 : 경쟁 또는 협력관계의 기업 및 사업부 사이에 일시적으로 협력관계를 구축하는 것을 말한다.

④ 합작투자 : 2개 이상의 기업이 특정 기업운영에 공동으로 참여하는 투자방식으로 지분인수를 통해 이루어진다.

⑤ 후방통합 : 소매상이나 도매상이 제조회사를 통합하는 형태이다.

13 #유통비용분석

정답 ①

유통비용분석은 고객별·마케팅기관별·상품별·지역별 또는 서비스별로 상이한 마케팅활동의 상대적인 수익성 내지는 비용에 관하여 연구하고 평가하는 것이다.

오답풀이

② 전략적 이익모형 : 순이익률(수익성)과 자산회전율(활동성) 그리고 레버리지비율(안정성)로 구성되어 있다.

③ 직접제품수익성 : 수익성 분석의 한 기법으로, 각 경로 대안의 총마진에서 직접제품비용을 뺀 제품수익성을 평가하여 직접제품이익이 가장 높은 경로 대안을 선택하는 방법이다.

④ 경제적 부가가치 : 기업이 영업활동을 통하여 얻은 영업이익에서 법인세, 금융, 자본비용 등을 제외한 금액을 말한다.

⑤ 중간상 포트폴리오분석 : 중간상의 특정 제품군에서의 매출성장률과 그 제품군에 대한 중간상 매출액 중 자사제품의 점유율이라는 두 개의 차원상에서 거래 중간상들의 상대적 위치를 토대로 각 중간상에 대한 투자전략을 결정하는 기법이다.

14 #환경요인　　　　　　　　　　　정답 ②

법률적 환경은 정부의 규제 및 지원을 의미하는 것으로, 기업은 정부와 밀접한 관계를 맺고 있는데 정부는 기업이 발전할 수 있는 경제적 여건을 마련하기도 하고, 기업이 공익을 저해하거나 독점 등의 불건전한 기업 활동 시 규제를 하기도 하는 양면적 성격을 지닌다.

오답풀이

① 경제적 환경 : 기업의 마케팅 활동에 영향을 미치는 요인의 하나로 소비자의 구매력 변화, 국제 경기의 변화, 국제 경쟁력의 변화 등을 들 수 있다.

③ 사회·문화적 환경 : 마케팅 활동의 대상이 되는 소비자들의 특성 변화 요인으로 성역할의 변화, 문화의 가치와 다양성의 변화, 교육수준의 변화 등을 들 수 있다.

④ 기술적 환경 : 새로운 시장 기회를 제공하는 새로운 기술에 관한 요인으로 기술 혁신과 정보기술의 영향, 사물인터넷 또는 산업혁명 등을 들 수 있다.

⑤ 인구통계적 환경 : 시장을 구성하는 사람들의 환경을 뜻하는 것으로 총인구 규모, 연령별 인구, 인구 지역 분포, 가구 구성 등을 들 수 있다.

15 #산업매력도　　　　　　　　　　정답 ⑤

제시된 항목 모두 산업매력도를 평가하는 요인에 해당된다.

▌정답 TIP▐

산업매력도를 평가하는 데 사용되는 변수

- 시장규모
- 산업성장률
- 산업의 평균수익률
- 경쟁의 정도
- 산업의 집중도
- 산업의 전반적 수급상황
- 기술의 변화 및 차별화의 정도
- 진입장벽의 높이 정도와 철수장벽의 유무

16 #비윤리적행위　　　　　　　　　정답 ②

②는 내부고발과 관련된 행위로 조직구성원이 조직 내부의 비리나 불법행위·부당행위 등을 대외적으로 폭로하는 행위를 말한다.

▌정답 TIP▐

내부고발자의 비리 폭로에 대해 조직은 예외 없이 방어적·보복적 대응을 하므로, 부분사회의 이익보다는 국가 등 사회 전체의 이익에 기여할 수 있는 고발행위를 보호하기 위해 각국은 내부고발자를 보호하기 위한 법률을 제정하고 있다.

17 #온누리상품권　　　　　　　　　정답 ③

온누리상품권의 유효기간은 발행일부터 5년으로 한다(전통시장 및 상점가 육성을 위한 특별법 제26조의2 제2항).

18 #연쇄점　　　　　　　　　　　　정답 ③

임의형 연쇄점은 볼런터리체인(voluntary chain)이라고도 하며, 독립된 여러 소매상이 계속적인 협력관계를 가지고 형성되는 체인 스토어(연쇄점)를 말한다. 공동매입·공동광고·공동설비 등을 통하여 슈퍼마켓 등의 대규모 자본에 대항하고, 대규모 소매상이 지니는 경제적 이익을 얻는 한편, 참가 소매상의 독립성을 유지하면서 경영활동면에서 협력한다.

오답풀이

① 정규연쇄점 : 동일 자본에 속하는 많은 점포가 각지에 분산해 있으면서 중앙 본부의 통일적 관리를 받고 있는 대규모의 소매 조직이다.

② 직영점형 연쇄점 : 체인본부가 주로 소매점포를 직영하되, 가맹계약을 체결한 일부 소매점포, 즉 가맹점에 대하여 상품의 공급 및 경영지도를 계속하는 형태의 체인사업을 말한다.

④ 마스터 프랜차이즈 : 약정된 기간 동안 가맹 본사의 비즈니스 포맷을 독점적으로 사용하여 특정 지역 내에서 합의된 개발일정에 따라 프랜차이즈를 판매, 즉 가맹점을 모집할 수 있는 권리를 부여하는 것을 말한다.

⑤ 조합형 체인 : 같은 업종의 소매점들이 「중소기업협동조합법」에 따른 중소기업협동조합, 「협동조합기본법」에 따른 협동조합, 협동조합연합회, 사회적 협동조합 또는 사회적 협동조합연합회를 설립하여 공동구매·공동판매·공동시설활용 등 사업을 수행하는 형태의 체인이다.

19 #도매상역할　　　　　　　　　　정답 ③

시장의 확대는 제조업자를 위한 도매상의 역할이다.

▌정답 TIP▐

도매상의 기능

제조업자를 위한 기능	소매상을 위한 기능
• 시장확대기능	• 구색갖춤기능
• 재고유지기능	• 소단위판매기능
• 주문처리기능	• 신용 및 금융기능
• 시장정보제공기능	• 소매상서비스기능
• 고객서비스대행기능	• 기술지원기능

20 #유통경로길이 정답 ②

② 유통경로의 길이가 긴 제품

①·③·④·⑤ 유통경로의 길이가 짧은 제품

┃정답 TIP┃

유통경로의 길이 결정

요인	긴 경로	짧은 경로
제품특성	• 표준화된 경량품 • 비부패성 상품 • 기술적 단순성	• 비표준화된 중량품 • 부패성 상품 • 기술적 복잡성
수요특성	• 구매단위가 작음 • 구매빈도가 높고 규칙적 • 편의품	• 구매단위가 큼 • 구매빈도가 낮고 비규칙적 • 전문품
공급특성	• 생산자 수 많음 • 자유로운 진입과 탈퇴 • 지역적 분산 생산	• 생산자 수 적음 • 제한적 진입과 탈퇴 • 지역적 집중 생산
유통비용 구조	• 장기적으로 안정적	• 장기적으로 불안정

21 #유통환경변화 정답 ③

1인 가구의 증가에 따라 소량구매를 통해 경제적 합리성을 추구하는 고객이 증가하고 있다.

┃더 알아보기┃

유통환경 변화와 특징

• 정보기술의 발전으로 소비자의 목소리가 커져서 프로슈머가 등장
• 싱글족의 증가로 소용량 포장의 수요 증가
• 건강에 대한 관심이 높아져서 친환경 농산물 및 관련 제품의 인기가 높아짐
• 제품의 질과 가치를 동시에 추구하는 합리적인 소비문화 등장
• 여성의 사회적, 경제적 활동 증가로 즉석식품과 편의점, 배달서비스 발전

22 #주요운송수단 정답 ⑤

육상운송은 전체 국내운송에서 차지하는 비율이 크다.

┃더 알아보기┃

운송수단의 구분

구분	내용
육상운송	• 공로운송 : 공로와 화물자동차를 이용 • 철도운송 : 철로와 화차를 이용 • 삭도운송 : 케이블카를 이용 • 파이프라인운송 : 파이프라인을 이용
해상운송	• 원양해운 : 해상통로와 선박을 이용한 외국항만 운송(국내항구 → 외국항구) • 연안해운 : 자국 내 항만 간의 운송 • 내수면운송 : 자국 내 하천, 호수, 운하 등을 이용
항공운송	• 일정한 항공로와 항공기를 이용

23 #QR 정답 ①

QR은 의류업체의 재고문제를 해결하기 위한 SCM기법이다. 즉 QR은 생산, 유통관계의 거래 당사자가 협력하여 소비자에게 적절한 시기에, 적절한 양을, 적정한 가격으로 제공하는 것을 목표로 하며, 바코드, EDI, 상품정보 DB 등의 정보기술을 이용하여 생산 및 유통기간의 단축, 재고의 감소, 반품으로 인한 손실의 감소 등 생산, 유통의 각 단계에서 합리화를 실현하려는 전략이다.

오답풀이

② SCM : 기업 내부 자원뿐만 아니라 자사와 연결되어 있는 공급업체, 제조업체, 유통업체, 창고업체 등을 하나의 연결된 체인으로 간주하여 이들 간의 협력과 정보교환에 기초한 확장·통합 물류와 최적 의사결정을 통한 비용절감 및 효율성 증대로 상호이익을 추구하는 관리체계를 의미한다.

③ JIT : JIT시스템의 근본적인 목적은 필요한 부품을 필요한 때, 필요한 곳에, 필요한 양만큼 생산 또는 구매하여 공급함으로써 생산활동에서 있을 수 있는 제공품의 재고를 아주 낮게 유지하여 재고유지비용을 최소화시키는 것이다.

④ CRM : 고객상담 애플리케이션, 고객 데이터베이스 등의 고객지원시스템을 기반으로 신규고객을 획득하고, 고객의 욕구 및 행동을 분석해서 개별 고객들의 특성에 맞춘 마케팅을 기획 및 실행함으로써 기존고객도 유지하는 경영관리기법이다.

⑤ ECR : 공급체인의 네트워크 전체를 포괄하는 관리기법으로, 최종 소비자에게 유통되는 상품을 그 원천에서부터 관리함으로써 공급체인의 구성원 모두가 협력하여 소비자의 욕구를 더 만족스럽게, 더 빠르게, 더 저렴하게 채워주고자 하는 전략의 일종이다.

24 #종업원보상제도 　　　　　　　　　[정답] ②
종업원지주제는 회사의 경영방침과 관계법령을 통해 특별한 편의를 제공, 종업원들이 자기회사 주식을 취득하고 보유하는 제도를 말한다.

　오답풀이
① 이익배분제 : 정기적인 임금에 덧붙여 일정기간 동안 발생한 기업의 이익을 기초로 정해진 분배공식에 따라 종업원에게 이익의 일부분을 배분하는 제도를 의미한다.
③ 판매수수료 : 백화점, 홈 쇼핑 등의 제품 판매업체가 제품의 유통 과정에서 판매 장소와 정보를 제공하고 마케팅활동을 수행한 대가로 납품업체 또는 입점업체로부터 받는 돈을 말한다.
④ 고과급 : 성과평가를 바탕으로 개인별로 임금을 조정하는 것을 말한다.
⑤ 표준시간급 : 생산량을 표준 시간으로 환산한 값에 개개인의 임금률을 곱하여 계산한 급여이다.

25 #ABC분석 　　　　　　　　　　　　[정답] ①
보기는 ABC분석기법을 재고관리에 활용한 것이다. 롱테일 법칙은 주목받지 못하는 다수가 핵심적인 소수보다 더 큰 가치를 창출하는 현상으로, IT와 통신의 발달로 인해 시장의 중심이 소수(20%)에서 다수(80%)로 옮겨가고 있는 것을 말한다.

　정답 TIP
ABC 재고관리시스템
관리대상의 수가 너무 많아 아이템을 동일하게 관리하기 곤란한 경우에는 특정 기준에 의하여 그룹핑하고 특정 그룹에 대해서 집중적으로 관리하는 방식을 말한다. 즉 다음과 같이 통계적 방법에 의하여 관리대상을 A, B, C 그룹으로 나누고, A 그룹을 최중점 관리대상으로 선정하여 관리에 노력함으로써 관리효과를 높이려는 분석방법이다.
• A 그룹 : 품목비율 20%, 금액비율 80%
• B 그룹 : 품목비율 30%, 금액비율 15%
• C 그룹 : 품목비율 50%, 금액비율 5%

2과목 상권분석

26 #소매상권분석기법 　　　　　　　　[정답] ①
유추법은 기술적분석에 해당한다.

　정답 TIP
신규점포에 대한 상권분석의 구분
• 서술적 방법 : 체크리스트법, 유추법, 현지조사법, 비율법
• 규범적 모형 : 중심지 이론, 소매중력(인력)법칙, 컨버스법칙
• 확률적 모형 : 허프 모형, MNL(Multinomial Logit), MCI모형

　오답풀이
Huff(허프)의 확률적 상권모형은 레일리의 법칙을 수정하여 도시의 인구규모 대신에 상점의 매력도를 상가의 매장면적규모로 삼았고, 추가로 시간거리를 도입하였다.

27 #티센다각형 　　　　　　　　　　　[정답] ⑤
티센다각형은 어떤 인접점보다 한 점에 가까운 영역을 경계 짓는 다각형으로, 다각형은 이분된 선분들이 직각으로 교차하여 지역을 분할하는 방법이다.

　정답 TIP
티센다각형(Thiessen polygon) 모형
• 최근접상가 선택가설에 근거하여 상권을 설정한다.
• 상권에 대한 기술적이고 예측적인 도구로 사용될 수 있다.
• 시설간 경쟁정도를 쉽게 파악할 수 있다.
• 티센다각형의 크기는 경쟁수준과 반비례한다.
• 하나의 상권을 하나의 매장에만 독점적으로 할당하는 방법이다.

28 #동반유인원칙 　　　　　　　　　　[정답] ④
동반유인원칙이란 유사하거나 보충적인 소매업이 흩어진 것보다 군집해서 더 큰 유인잠재력을 갖게 한다는 것이다.

　더 알아보기
입지매력도 평가원칙
• 고객차단원칙 : 사무실밀집지역, 쇼핑지역 등은 고객이 특정 지역에서 타 지역으로 이동시 점포를 방문하게 한다.
• 동반유인원칙 : 유사하거나 보충적인 소매업이 흩어진 것보다 군집해서 더 큰 유인잠재력을 갖게 한다.
• 보충가능성원칙 : 두 개의 사업이 고객을 서로 교환할 수 있을 정도로 인접한 지역에 위치하면 매출액이 높아진다.

- 점포밀집원칙 : 지나치게 유사한 점포나 보충 가능한 점포는 밀집하면 매출액이 감소한다.
- 접근가능성원칙 : 지리적으로 인접하거나 또는 교통이 편리하면 매출을 증대시킨다.

29 #구매력지수#BPI
정답 ⑤

구매력지수 산출시 가장 높은 가중치를 부여하는 변수는 가중치 0.5를 부여하는 소득(가처분소득)이다.

▎ 정답 TIP ▎
BPI 표준공식
구매력지수를 산출하기 위해서는 다음과 같이 인구, 소매 매출액, 유효소득 등 3가지 요소에 가중치를 곱하여 합산하는 공식을 사용한다.

> BPI = (인구비 × 0.2) + (소매 매출액비 × 0.3)
> + (유효구매 소득비 × 0.5)

30 #Converse분기점계산
정답 ④

$$D_a = \frac{15}{1 + \sqrt{\dfrac{5만}{20만}}} = \frac{15}{1 + \dfrac{1}{2}} = 10$$

▎ 정답 TIP ▎
컨버스 제1법칙의 공식

$$D_a = \frac{D_{ab}}{1 + \sqrt{\dfrac{P_b}{P_a}}} \quad \text{or} \quad D_b = \frac{D_{ab}}{1 + \sqrt{\dfrac{P_a}{P_b}}}$$

- D_a − A시로부터 분기점까지의 거리
- D_b = B시로부터 분기점까지의 거리
- D_{ab} = A, B 두 도시(지역) 간의 거리
- P_a = A시의 인구
- P_b = B시의 인구

31 #입지유형
정답 ④

국부적 집중성 점포란 동업종의 점포끼리 일정한 지역에 집중하여 입지해야 유리한 점포를 말한다(예 컴퓨터부품점, 기계공구점, 철공소, 농기구점, 비료상, 종묘판매상 등).

오답풀이
① 집심성 점포 : 도시 전체를 배후지로 하여 배후지의 중심부에 입지하여야 유리한 점포이다.
② 집재성 점포 : 동일한 업종의 점포가 한 곳에 모여 입지하여야 하는 점포이다.

③ 산재성 점포 : 한 곳에 집재하면 서로 불리하기 때문에 분산입지 해야 하는 점포이다.
⑤ 공간균배의 원리 : 유사한 상품을 취급하는 점포들 사이에 경쟁이 일어날 경우 점차 자신에게 유리한 형태로 점포 사이의 공간을 고르게 나눈다는 원리로, 시장이 좁고 수요의 교통비 탄력성이 적으면 집심입지 현상이 나타나고, 시장이 넓고 수요의 교통비 탄력성이 크면 분산입지 현상이 나타난다.

32 #부도심
정답 ④

부도심 소매중심지는 상업, 업무, 교통의 세 요소가 충족되어야 하기 때문에 주간뿐만 아니라 야간에도 교통 및 인구 이동이 활발하다.

▎ 정답 TIP ▎
부도심은 대도시 내에서 도심의 중심기능을 일부 분담하여 수용하는 지역으로서 서울특별시의 강남역 일대, 부산광역시의 센텀시티 등이 대표적이다.

33 #가맹본부#직영점포
정답 ②

추가점포를 개설하여 얻게 되는 한계이익이 한계비용보다 크다면, 추가로 점포를 개설하는 유인이 된다.

▎ 정답 TIP ▎
한 지역 내에 추가적으로 입점하는 점포는 한계이익이 한계비용보다 높을 때까지 입점할 수 있다.

34 #수정허프모델공식
정답 ①

$$P_A = \frac{\dfrac{6^2}{2^3}}{\dfrac{6^2}{2^3} + \dfrac{8^2}{4^3} + \dfrac{4^2}{2^3}} = \frac{\dfrac{36}{8}}{\dfrac{60}{8}} = 0.6 = 60\%$$

$$P_B = \frac{\dfrac{8^2}{4^3}}{\dfrac{6^2}{2^3} + \dfrac{8^2}{4^3} + \dfrac{4^2}{2^3}} = \frac{1}{\dfrac{60}{8}} ≒ 0.13 = 13\%$$

$$P_C = \frac{\dfrac{4^2}{2^3}}{\dfrac{6^2}{2^3} + \dfrac{8^2}{4^3} + \dfrac{4^2}{2^3}} = \frac{2}{\dfrac{60}{8}} ≒ 0.27 = 27\%$$

따라서 A 슈퍼가 60%로 이용확률이 가장 큰 점포이다.

▎ 정답 TIP ▎
수정 허프모델의 공식
소비자가 어느 상업지에서 구매하는 확률은 '그 상업 집적의 매장면적에 비례하고 그곳에 도달하는 거리의 제곱에 반비례 한다'는 것을 내용으로 한다.

$$P_{ij} = \frac{\dfrac{S_j}{D_{ij}^2}}{\displaystyle\sum_{j=1}^{n} \dfrac{S_j}{D_{ij}^2}}$$

- P_{ij} = i지점의 소비자가 j상업 집적에 가는 확률
- S_j = j상업 집적의 매장면적
- D_{ij} = i지점에서 j까지의 거리

35 #중심지이론 [정답] ④

인접하는 두 도시의 상권의 규모는 그 도시의 인구에
비례하고 거리의 제곱에 반비례한다는 것은 레일리의
소매인력법칙에 관한 내용이다.

┃ 더 알아보기 ┃

중심지이론의 핵심
- 중심지이론의 핵심은 한 도시(지역)의 중심지기능
의 수행 정도 및 상권의 규모는 인구 규모에 비례
하여 커지고, 중심도시(지역)를 둘러싼 배후상권
의 규모는 도시(지역)의 규모에 비례하여 커진다
는 것이다.
- 정육각형의 형상을 가진 배후 상권은 최대도달거
리와 최소수요충족거리가 일치한다.
- 최대도달거리란 중심지가 수행하는 상업적 기능
이 배후지에 제공될 수 있는 최대(한계)거리를 말
하고, 최소수요충족거리는 (상업)중심지의 존립에
필요한 최소한의 고객이 확보된 배후지의 범위를
말한다.
- 크리스탈러는 중심지 계층의 포함원리를 K-value
의 3개 체계, 즉 K=3, K=4, K=7의 3가지 경우에
있어서의 중심지 간의 포함관계로 설명하였다.

36 #제품형태#상권특성 [정답] ④

전문품을 취급하는 점포의 경우 잠재고객이 지역적으
로 널리 분산되어 있으므로 상권의 밀도는 낮으나, 범
위는 넓은 특성을 갖고 있다.

┃ 정답 TIP ┃
소매상권은 상품의 성질에 따라 크기가 달라지는데, 값이
싸고 1인당 수요빈도가 높은 일상잡화 등의 상품의 상권
은 좁고, 값이 비싸고 수요빈도가 낮은 고급품·전문품의
상권은 넓다.

37 #경쟁점포#조사항목 [정답] ②

운영현황에 따른 조사 항목으로는 영업시간과 휴일,
종업원 수 등이 있다.

┃ 더 알아보기 ┃

경쟁점 조사의 목적
후보지 인근의 경쟁점 현황을 조사하는 목적은 경쟁
점포의 인지도, 매장크기, 취급하는 상품의 성격, 영
업시간, 하루 내점고객 수 등을 조사하여 경쟁정보
다 우월한 차별화 전략을 세워 해당 상권을 찾아온
고객을 경쟁점이 아닌 자신의 점포로 끌어들이는 방
법을 찾아내는 것이다.

38 #상가건물임대차보호법 [정답] ④

임차인이 임대인의 동의 없이 목적 건물의 전부 또는
일부를 전대(轉貸)한 경우가 규정 적용의 예외사항
이다.

┃ 정답 TIP ┃
계약갱신 요구 등(상가건물임대차보호법 제10조 제1항)
임대인은 임차인이 임대차기간이 만료되기 6개월 전부터
1개월 전까지 사이에 계약갱신을 요구할 경우 정당한 사
유 없이 거절하지 못한다. 다만, 다음 각 호의 어느 하나의
경우에는 그러하지 아니하다.
1. 임차인이 3기의 차임액에 해당하는 금액에 이르도록
차임을 연체한 사실이 있는 경우
2. 임차인이 거짓이나 그 밖의 부정한 방법으로 임차한
경우
3. 서로 합의하여 임대인이 임차인에게 상당한 보상을 제
공한 경우
4. 임차인이 임대인의 동의 없이 목적 건물의 전부 또는
일부를 전대(轉貸)한 경우
5. 임차인이 임차한 건물의 전부 또는 일부를 고의나 중
대한 과실로 파손한 경우
6. 임차한 건물의 전부 또는 일부가 멸실되어 임대차의
목적을 달성하지 못할 경우
7. 임대인이 다음 각 목의 어느 하나에 해당하는 사유로
목적 건물의 전부 또는 대부분을 철거하거나 재건축하
기 위하여 목적 건물의 점유를 회복할 필요가 있는
경우
　가. 임대차계약 체결 당시 공사시기 및 소요기간 등을
포함한 철거 또는 재건축 계획을 임차인에게 구체
적으로 고지하고 그 계획에 따르는 경우
　나. 건물이 노후·훼손 또는 일부 멸실되는 등 안전사
고의 우려가 있는 경우
　다. 다른 법령에 따라 철거 또는 재건축이 이루어지는
경우
8. 그 밖에 임차인이 임차인으로서의 의무를 현저히 위반
하거나 임대차를 계속하기 어려운 중대한 사유가 있는
경우

39 #체크리스트법 [정답] ③

위계별 경쟁구조 분석은 도심, 부심, 지역중심, 지구중심의 업종을 파악·분석하는 것이다.

┃ 정답 TIP ┃

상권경쟁분석

- 업태내 경쟁구조 : 유사한 상품을 판매하는 서로 동일한 형태의 소매업체간 경쟁구조 분석
- 업태간 경쟁구조 : 유사한 상품을 판매하는 서로 상이한 형태의 소매업체간 경쟁구조 분석
- 위계별 경쟁구조 : 도심, 부심, 지역중심, 지구중심의 업종을 파악·분석
- 잠재적 경쟁구조 : 신규 소매업 진출 예정 사업체 및 업종의 파악·분석
- 업체간 보완관계 : 단골고객의 선호도 조사, 고객의 특성 및 쇼핑경향 분석, 연령·소득·직업 등 인구통계학적 특성, 문화·사회적 특성의 파악·분석

┃ 더 알아보기 ┃

체크리스트법

- 상권의 규모에 영향을 미치는 요인들을 수집하여 이들에 대한 평가를 통하여 시장잠재력을 측정하는 것
- 특정 상권의 제반특성을 체계화된 항목으로 조사하고, 이를 바탕으로 신규점 개설 여부를 평가하는 방법으로, 상권분석의 결과를 신규점의 영업과 마케팅전략에 반영
- 부지와 주변상황에 관하여 사전에 결정된 변수 리스트에 따라 대상점포를 평가

40 #레일리#소매인력법칙 [정답] ⑤

분기점은 컨버스의 수정소매인력이론에서 필요한 정보이다.

┃ 정답 TIP ┃

레일리의 소매인력법칙에 의하면 두 경쟁도시가 그 중간에 위치한 소도시의 거주자들을 끌어들일 수 있는 상권의 규모는 인구에 비례하고, 각 도시와 중간도시 간의 거리의 제곱에 반비례한다.

41 #회귀분석 [정답] ⑤

회귀분석은 예측변수가 변화함에 따라 결과변수가 얼마나 변화하는지를 예측할 수 있고, 제3의 변수를 통제함으로써 예측변수와 결과변수 간의 인과성을 통계적으로 검증할 수 있기 때문에 시간의 흐름에 따라 회귀모델을 개선해 나갈 수 있어 확장성과 융통성을 가지고 있다.

┃ 더 알아보기 ┃

회귀분석모형

- 독립변수와 종속변수간의 상관관계, 즉 상호관련성 여부를 알려준다.
- 상관관계가 있다면 이러한 관계는 어느 정도나 되는지, 즉 관계의 크기와 유의도를 알려준다.
- 독립변수와 종속변수의 관계의 성격을 알려준다. 즉 두 변수가 양의 방향으로 관련되어 있는지, 또는 음의 방향으로 관련되어 있는지를 알려준다. 따라서 독립변수와 종속변수간의 상관관계를 분석해야 하므로 독립변수 상호간에는 상관관계, 즉 서로 관련성이 없어야 한다.

42 #동선의심리법칙 [정답] ⑤

동선의 심리법칙에는 최단거리실현의 법칙, 보증실현의 법칙, 안전중시의 원칙, 집합의 법칙 등이 있다. 규모선호의 법칙은 동선의 심리법칙에 포함되지 않는다.

┃ 정답 TIP ┃

동선의 심리법칙

- 최단거리실현의 법칙 : 인간은 최단거리로 목적지에 가려는 심리가 있기 때문에 안쪽 동선이라고 하는 뒷길이 발생한다.
- 보증실현의 법칙 : 인간은 먼저 득을 얻는 쪽을 택한다. 즉 길을 건널 때에도 최초로 만나는 횡단보도를 이용하려는 경향이 있다.
- 안전중시의 법칙 : 인간은 본능적으로 위험하거나 모르는 길 또는 다른 사람이 잘 가지 않는 장소에는 가려고 하지 않는 심리가 있다.
- 집합의 법칙 : 대부분의 사람들은 군중 심리에 의해 사람이 모여 있는 곳에 모인다.

43 #소매포화지수 [정답] ③

소매포화지수는 지역시장의 매력도를 측정하는 것으로, 한 지역시장에서 수요 및 공급의 현 수준을 반영하는 척도임과 동시에 특정 소매업태 또는 집적소매시설의 단위면적당 잠재수요(또는 잠재매출액)를 표현하고 1에 근접할수록 좋다.

┃ 정답 TIP ┃

소매포화지수(IRS) 공식

$$\frac{\text{지역시장의 총가구수} \times \text{가구당 특정업태에 대한 지출액}}{\text{특정업태에 대한 총매장면적}}$$

→ 소매포화지수 값이 클수록 공급보다 수요가 많은, 즉 시장의 포화정도가 낮다는 것을 의미한다. 따라서 값이 클수록 신규점포를 개설할 시장기회가 커진다.

44 #소매점포입지개발 [정답] ④

쇼핑몰의 중심부에는 주로 녹지, 분수, 상징물 등 쾌적한 공간이 조성되어 있어야 한다.

▌더 알아보기 ▌

> **쇼핑몰의 정의**
> 넓은 의미로 쇼핑센터에 포함되는 유형이라 할 수 있다. 도심 지역의 재활성화를 위하여 도시 재개발(Urban Development)의 일환으로 형성된 새로운 쇼핑센터의 유형으로서 폐쇄형 몰(Enclosed Mall)의 형식을 취하며, 도심으로의 고객 흡인을 가능하게 한다. 직장, 오락 및 구매 등의 기능을 모두 제공하는 도시 생활에 매력을 느끼는 맞벌이 부부 가족에 소구하고 있다.

45 #체크리스트법 [정답] ⑤

체크리스트법은 점포의 상대적 매력도를 파악할 수는 있으나 주관적인 분석이 될 수 있고, 매출액을 추정하기는 어렵다는 단점이 있다.

▌정답 TIP ▌
체크리스트법의 장·단점

장 점	• 이해하기 쉽고 사용하기 용이하다. • 비용이 상대적으로 적게든다. • 체크리스트를 달리할 수 있는 유연성이 있다.
단 점	• 주관적인 분석이 될 수 있다. • 변수선정에 따라 다양한 해석이 도출된다. • 매출액을 추정하기는 어렵다.

3과목 유통마케팅

46 #RFM분석 [정답] ②

F는 Frequency의 약자로서 구매빈도를 의미한다.

▌정답 TIP ▌
RFM분석
• Recency(최근 구매일), Frequency(구매빈도), Monetary(구매금액)의 약자이다.
• 이 3가지 요소는 고객들의 가치를 판단하고, 이들에 대한 마케팅 효율을 높이며, 앞으로 이들로부터 얻을 수 있는 수익을 극대화하도록 해주는 중요한 요소이다.
• 데이터베이스 마케팅에서는 점수 부여(Scoring) 방법으로 고객의 가치를 계산하는 방식으로 사용된다.

47 #관계마케팅 [정답] ④

시장점유율은 단기적 관점의 거래중심 마케팅의 성과 평가기준으로, 관계마케팅에서는 고객유지를 위한 고객점유율에 초점을 맞춘다.

▌정답 TIP ▌
매스마케팅과 관계마케팅 간의 비교

매스마케팅	관계마케팅
일시적 거래	계속적 거래
일방향 커뮤니케이션	쌍방향 커뮤니케이션
고객획득	고객유지
시장점유율	고객점유율
상품의 차별화	고객의 차별화

48 #탐색적조사 [정답] ④

탐색적 조사는 조사문제를 찾거나 분석대상에 대한 아이디어나 가설을 도출하기 위한 조사이다(예 문헌조사, 전문가 의견조사, 사례조사 등).

오답풀이
③ 기술적 조사 : 조사 문제와 관련된 마케팅의 현황 및 시장상황을 파악하려는 목적으로 실시하는 조사로, 대부분의 마케팅 조사가 여기에 해당한다.
⑤ 인과적 조사 : 두 개 이상 변수들 간의 인과관계를 밝히려고 시행하는 조사이다.

49 #인적판매 [정답] ②

인적판매는 고객과의 개별접촉을 하여야 하므로 촉진의 속도가 느려 정해진 시간 내에 많은 사람들에게 접근할 수 없다.

▌정답 TIP ▌
인적판매의 장·단점

장 점	• 고객이 될 가능성이 높은 사람에게 선택적 접근이 가능하다. • 고객의 요구에 즉각적인 대응이 가능하다. • 고객의 구매를 실시간으로 유도할 수 있다. • 장기적이고 지속적인 고객과의 관계를 구축할 수 있는 기회를 제공한다.
단 점	• 촉진의 속도가 상대적으로 느리다. • 대량전달성을 가진 다른 촉진수단에 비해 커뮤니케이션 비용이 높다. • 인적 판매사원에 대한 관리가 어렵다.

50 #종속가격결정

정답 ④

케이블TV와 인터넷은 결합하여 가격을 결정하는 경우가 많기 때문에 몇 개의 제품을 묶어서 인하된 가격으로 결합된 제품을 제공하는 제품묶음가격결정법에 가깝다.

▌정답 TIP▌

종속가격결정은 주요한 제품과 함께 사용하여야 하는 종속제품에 대한 가격을 결정하는 방법으로 주제품에 대한 생산업체는 종종 주제품의 가격을 낮게 정하고, 종속제품은 높은 마진을 보장하게 하는 가격책정전략을 활용한다. 대표적인 예로서 질레트 면도기의 경우 면도기는 낮은 가격으로 판매하고, 대체용 면도날 카트리지의 판매에서 큰 이익을 본다.

51 #단수가격결정

정답 ③

단수가격 결정은 가격이 가능한 최하의 선에서 결정되었다는 인상을 구매자에게 주기 위하여 고의로 단수를 붙여 가격을 결정하는 방법이다(예 제품가격에 천원, 만원보다는 980원, 9,900원 등과 같은 제품 가격을 사용).

오답풀이

① 가격라인 결정 : 구매자가 가격에 큰 차이가 있는 경우에만 이를 인식한다고 가정하여. 선정된 제품계열에 한정된 수의 몇 가지 가격만을 설정하는 방법이다.

② 다중가격 결정 : 다양한 방법을 활용하여 동일한 제품, 혹은 비슷한 제품군의 가격을 다양하게 가져가는 것을 의미한다.

④ 리베이트 결정 : 리베이트란 소비자가 해당 제품을 구매했다는 증거를 제조업자에게 보내면 구매가격의 일부분을 소비자에게 돌려주는 것을 말한다.

⑤ 선도가격 결정 : 시장을 선도할 수 있는 경쟁우위를 지닌 기업이 상대방의 반응을 미리 짐작하고 이에 입각하여 자신에게 가장 유리한 선택으로 가격을 결정하는 것을 말한다.

52 #EAN#유럽상품코드

정답 ②

첫 세 자리가 국가코드로 대한민국의 경우 880이다.

▌더 알아보기▌

EAN의 특징

- EAN은 유럽에서 1976년 채택한 코드로, 북미지역을 제외한 세계 전 지역에서 사용되고 있다.
- EAN 코드는 13개의 문자를 포함할 수 있는데, 바코드로 표현하는 것은 12자리이고 맨 좌측의 문자는 수치로 표현된다.
- EAN(표준형 A)은 세 자리의 국가 번호와 네 자리의 제조업체 번호로 좌측 7자리를 표현한다.
- EAN 코드의 종류에는 EAN-13, 즉 13개의 문자를 포함하는 표준형과 EAN-8인 8개의 문자를 포함하는 단축형 그리고 EAN-14가 대표적이다.
- EAN-13은 식품, 문구, 자동차용품 및 일반 소매 산업에서 주로 활용되며, EAN-14는 멀티팩/수송 용기의 고정길이 데이터를 식별하기 위해 주로 사용된다.

53 #상품진열방법

정답 ②

의류를 사이즈별로 분류하여 진열하는 것은 정형적 진열이다.

▌정답 TIP▌

아이디어 지향적 진열은 가구 진열 시 실제적 활용 가정에 배치했을 경우 어떠한 방식으로 보여지는지 조합되는 품목들과 함께 진열하여 사전에 소비자들에게 미리보기 방식으로 보여주는 진열 방식이다.

54 #로스리더가격정책

정답 ②

유인가격결정(loss leader ; 손실유도가격결정)은 중간상인이 고객의 내점을 유도하기 위하여 일부 품목의 가격을 한시적으로 인하(필요하다면 원가이하로도 인하)하는 것으로, 이를 통해 다른 정상적인 가격을 부과하고 있는 제품들의 판매량을 올리기 위한 전략(선도가격전략)이다.

오답풀이

① 가격선도제 : 한 기업이 가격을 결정하거나 변경하면 다른 기업들은 그 결과에 수동적으로 따라가도록 되어 있는 가격 체제이다.

③ 묶음가격 : 소매점, 백화점 등에서 대량 구매를 촉진하기 위해서 제품을 몇 개씩 묶어 하나로 상품화한 다음 이 묶음에 별도로 지정한 가격으로, 개별 제품의 합보다 싸다.

④ 특별할인가정책 : 특정 계절이나 기간에 한하여 판매업자가 임의로 부여한 촉진적 가격이다.

⑤ 차별가격 : 불완전 경쟁 시장에서 동일한 상품 또는 서비스에 대하여, 두 개 이상의 다른 가격을 정하는 것을 말한다.

55 #고객고정화

정답 ③

고객고정화는 결국 고객점유율을 높여 고객충성도를 강화한다.

▌정답 TIP▌

고정고객을 확보하게 되면 안정적인 매출과 수익을 창출할 수 있고, 신규고객을 유치하기 위한 마케팅 비용을 감소시키며, 충성고객을 통한 입소문과 추천의 기대효과를 누릴 수 있다.

56 #차별화전략 [정답] ③

유통위주 차별화는 유통력의 강화 혹은 강력한 유통력을 기반으로 새로운 사업기회를 창출하는 능력이다.

┃ 더 알아보기 ┃

차별화전략의 정의

차별화전략이란 구매자가 중요하다고 여기는 속성을 선택해서 그 요구에 맞추어 기업이 판매하는 제품이나 서비스를 경쟁기업과 차별화시키는 기업의 전략적 경영활동을 의미한다.

57 #머천다이징 [정답] ①

머천다이징은 여러 가지 의미로 다양하게 사용되고 있는데, 광의의 마천다이징은 생산된 제품이 유통매장에 도착하여 소비자에게 판매되기까지의 전과정을 의미하며, 협의의 머천다이징은 단순하게 매장에 진열, 즉 디스플레이의 개념으로 상품화계획을 수립하는 것을 의미한다.

┃ 더 알아보기 ┃

머천다이징의 정의

• 기업의 마케팅목표를 실현하기 위하여 특정의 상품과 서비스를 장소·시간·가격·수량별로 시장에 내놓을 때 따르는 계획과 관리로서, 일반적으로 마케팅의 핵심을 형성하는 활동이라고 정의된다.
• 상품화계획이라고도 하며, 마케팅활동의 하나이다.

58 #리베이트#쿠폰 [정답] ②

리베이트는 두 가지 형태로 나눌 수 있는데, 하나는 정해진 금액을 사업자에게 전액 지급한 후 그 중 일부를 다시 사업자로부터 되돌려 받는 경우이며, 다른 하나는 아예 처음부터 정해진 금액에서 일부 금액을 깎아 사업자에게 지불하는 것이다. 따라서 리베이트의 특징 중 하나는 소매업체에게 처리비용을 지불할 필요가 없다는 것이다.

오답풀이

① 쿠폰보다 처리비용이 더 높다.
③ 고가품 판매나 대량 판매 등에서 가격을 할인하는 목적으로 주로 사용된다.
④ 소비자가 해당 제품을 구매했다는 증거를 제조업자에게 보내면 제조업자가 구매가격의 일부분을 소비자에게 돌려준다.
⑤ 리베이트는 상품을 구입하거나 서비스를 이용한 소비자가 표시가격을 완전히 지불한 후, 그 지불액의 일부를 돌려주는 소급 상환 제도이기 때문에 소비자는 리베이트에 따른 소매가격의 인하를 잘 지각할 수 있다.

59 #촉진수단 [정답] ③

고객충성도를 강화할 때에는 가격민감도가 낮은 고객이 선호하는 내구재를 활용한다.

┃ 정답 TIP ┃

충성도가 높은 고객들은 해당 제품에 대해 심리적 몰입과 함께 반복적으로 구매하는 행동패턴으로 인해 제품 가격에 구애받지 않고 재구매하는 일이 많으므로 충성적인 고객들은 특정 상표의 제품을 구매하기 위해서라면 더 높은 가격을 기꺼이 지불할 의사가 있다.

60 #푸시전략 [정답] ②

프리미엄은 자사의 제품이나 서비스를 구매하는 고객에 한해 다른 상품을 무료로 제공하거나 저렴한 가격에 구입할 수 있는 기회를 제공하는 것으로 소비자를 대상으로 한 풀전략의 예이다.

┃ 정답 TIP ┃

풀전략(Pull Strategy)과 푸시전략(Push Strategy)

• 풀전략은 기업(제조업자)이 소비자(최종 구매자)를 대상으로 광고나 홍보를 하고, 소비자가 그 광고나 홍보에 반응해 소매점에 상품이나 서비스를 주문·구매하는 마케팅 전략이다.
• 푸시전략은 제조업자가 유통업자들을 대상으로 하여 촉진예산을 인적 판매와 거래점 촉진에 집중 투입하여 유통경로상 다음 단계의 구성원들에게 영향을 주고자 하는 전략으로, 일종의 인적 판매 중심의 마케팅전략이다.

61 #엔드매대 [정답] ⑤

전체 매장의 테마 및 이미지를 전달할 수 있는 상품의 여부는 비주얼 프레젠테이션을 위한 점검사항에 해당한다.

┃ 정답 TIP ┃

앤드 매대 상품구성 시의 점검사항

• 계절이 적절한가?(춘하추동, 신학기철, 휴가철, 명절, 김장철 등)
• 제안형으로써 생활감각이 있는 정보제공에 도움이 되는가?
• 특매 또는 기획상품 등 해당 테마가 명확하고 진열과 밸런스는 좋은가?
• 대량판매 시에 소비성 또는 회전력 등을 감안하는가?
• 신제품, 히트상품, 광고상품 등은 유행성이 고려되었는가?
• 메뉴의 소구가 친밀감이 있는가?
• 가격이 높은 상품 또는 부피가 큰 상품끼리 관련지어 진열을 하지는 않았는가?

62 #비주얼머천다이징#PP   정답 ③

PP(판매시점 프레젠테이션)는 상품의 판매 포인트를 보여주는 곳으로, 고객이 매장 내부에 들어갔을 때 동선에 따라 자연스럽게 고객 시선이 연결되는 곳에 상품을 연출하는 공간이다.

▌정답 TIP▐

비주얼 머천다이징(Visual Merchandising) 요소

매장에서 고객에게 상품을 효과적으로 진열하는 방식을 IP(Item Presentation), PP(Point of Presentation), VP(Visual Presentation)로 구분한다.

- IP : 상품을 분류, 정리하여 보기 쉽게 진열하여 하나하나 상품에 대해 고객이 구입의지를 결정하도록 하는 진열로, 각각 상품들을 보고, 만지고, 고르기 쉽도록 지원한다.
- PP : 매장 내 고객의 시선이 자연스럽게 닿는 벽면, 쇼케이스 그리고 테이블 상단 등을 활용하여 어디에 어떤 상품이 있는가를 알려주는 진열로 상품을 정면으로 진열하여 주력상품의 특징을 시각적으로 표현하고 상품의 이미지를 효과적으로 표현한다.
- VP : 점포의 쇼윈도나 매장 입구에서 유행, 인기, 계절 상품 등을 제안하여 고객이 매장으로 접근하게 하기 위한 진열로 중점상품과 중점테마에 따른 매장의 전체이미지를 표현한다.

63 #POP광고   정답 ②

현수막, 스탠드, 간판, 블라인드, 광고물, 포스터, 알림보드, 장식 등의 POP 광고는 벽면과 바닥을 포함한 모든 공간을 활용할 수 있어 매우 효과적이다.

▌더 알아보기▐

POP 광고의 종류

- 점포 밖 POP : 고객의 시선을 집중시키고 호기심을 유발하여 판매점의 이미지 향상과 고객을 점포 내로 유도하는 역할을 한다(예 윈도우 디스플레이, 연출용 POP, 행사포스터, 현수막, 간판 등).
- 점포 내 POP : 고객에게 매장 안내와 상품코너를 안내해주고, 이벤트 분위기를 연출하여 충동구매를 자극하는 역할도 한다(예 사인보드, 일러스트 모빌류, 행거 안내 사인, 상품코너 포스터 등).
- 진열 POP : 가격, 제품비교, 제품정보 등을 안내하며, 타 상품과의 차별화를 주는 이익 및 장점을 안내하여 고객의 구매결정을 유도하는 역할을 한다(예 제품안내카드, 가격표 등).

64 #조닝   정답 ⑤

조닝이란 레이아웃이 완성되면 각 코너별 상품 구성을 계획하고 진열면적을 배분하여 레이아웃 도면상에 상품배치 존 구분을 표시하는 것을 말한다.

▌더 알아보기▐

매장구성의 단계

그룹핑(Grouping) → 조닝(Zoning) → *페이싱(Facing)

*페이싱 : 페이스의 수량을 뜻하는 것으로 앞에서 볼 때 하나의 단품을 옆으로 늘어놓은 개수

65 #점포설계점검사항   정답 ⑤

고객 동선과 판매원 동선은 가급적 교차되지 않는 것이 좋다.

▌정답 TIP▐

고객 동선은 가능한 한 길게, 판매원 동선은 가능한 한 짧게 하는 것이 합리적이고 이상적인 동선의 레이아웃이다.

66 #상품수명주기   정답 ③

성숙기에는 대량생산이 본 궤도에 오르고 원가가 크게 내림에 따라 상품단위별 이익은 정상에 달하지만, 경쟁자나 모방상품이 많이 나타나기 때문에 치열한 시장경쟁에 대응하기 위해 다양한 상표 및 모델의 제품 등을 개발하여 상품구색의 깊이를 확장하는 전략을 적용해야 한다.

오답풀이

① 도입기 : 상품을 개발하고 도입하여 판매를 시작하는 단계로 수요량이 적고 가격탄력성도 적다.
② 성장기 : 성장기에는 수요량이 증가하고 가격탄력성도 커지며, 초기설비는 완전히 가동되고 증설이 필요해지기도 하며, 조업도의 상승으로 수익성도 호전한다.
④ 쇠퇴기 : 쇠퇴기에는 수요가 경기변동에 관계없이 감퇴하는 경향을 보인다. 광고를 비롯한 여러 촉진관리도 거의 효과가 없으며, 시장점유율은 급속히 떨어지고 손해를 보는 일이 많아진다.

67 #대규모점포영업시간제한   정답 ①

영업시간 제한과 의무휴업일 지정에 필요한 사항은 지방자치단체의 조례로 정한다.

▌정답 TIP▐

대규모점포 등에 대한 영업시간의 제한 등(유통산업발전법 제12조의2)

① 특별자치시장·시장·군수·구청장은 건전한 유통질서 확립, 근로자의 건강권 및 대규모점포 등과 중소유통업의 상생발전(相生發展)을 위하여 필요하다고 인정하는 경우 대형마트(대규모점포에 개설된 점포로서 대형마트의 요건을 갖춘 점포를 포함한다)와 준대규모점포에 대하여 영업시간 제한을 명하거나 의무휴업일을 지정하여 의무휴업을 명할 수 있다. 다만, 연간 총매출액 중 「농수산물 유통 및 가격안정에 관한 법률」

에 따른 농수산물의 매출액 비중이 55퍼센트 이상인 대규모점포 등으로서 해당 지방자치단체의 조례로 정하는 대규모점포 등에 대하여는 그러하지 아니하다.

1. 영업시간 제한
2. 의무휴업일 지정

② 특별자치시장·시장·군수·구청장은 오전 0시부터 오전 10시까지의 범위에서 영업시간을 제한할 수 있다.

③ 특별자치시장·시장·군수·구청장은 매월 이틀을 의무휴업일로 지정하여야 한다. 이 경우 의무휴업일은 공휴일 중에서 지정하되, 이해당사자와 합의를 거쳐 공휴일이 아닌 날을 의무휴업일로 지정할 수 있다.

④ ①부터 ③까지의 규정에 따른 영업시간 제한 및 의무휴업일 지정에 필요한 사항은 해당 지방자치단체의 조례로 정한다.

68 #서비스수요관리전략 〔정답〕②

수요조절전략에는 서비스 상품의 다양화, 서비스 제공 시간대와 장소의 조절, 가격전략, 커뮤니케이션의 증대 등이 있다.

┃ 정답 TIP ┃
수요조절전략은 수요를 증대시키거나 감소시키는 전략으로, 초기에 어느 정도 수요량을 예측할 수 있어야 한다.

69 #원가가산가격결정방법 〔정답〕③

이용된 자산의 총원가를 예상판매량으로 나누어 단위당 원가를 구한 다음, 단위당 원가를 이용자산에 대한 기대이익률로 나누어 단가를 계산한다.

단위당 원가

$$= \frac{1,000,000원 + (500원 \times 1,000개)}{1,000개}$$

$$= 1,500원$$

따라서 단가 $= \frac{1,500원}{1 - 0.2} = 1,875원$

┃ 정답 TIP ┃
원가가산가격결정법
원가가산가격결정법은 제품의 단위원가에 일정한 고정비율에 따른 금액을 가산하여 가격을 결정하는 방법이다.

희망이익률 $= \dfrac{순매출액 - 매출원가}{순매출액}$

단가 $= \dfrac{단위당 원가}{1 - 희망이익률}$

70 #격자형레이아웃 〔정답〕③

①·②·④·⑤는 자유형 레이아웃의 장점에 해당한다.

┃ 정답 TIP ┃
격자형 레이아웃의 장·단점

장 점	• 비용이 싸다. • 고객은 자세히 볼 수 있으며, 쇼핑이 편하다. • 상품접촉이 용이하다. • 깨끗하고, 안전하다. • 셀프서비스에 대한 판매가 가능하다.
단 점	• 단조롭고 재미없다. • 자유로운 기분으로 쇼핑할 수 없다. • 점내 장식이 한정된다.

4과목 유통정보

71 #블록체인 〔정답〕②

블록체인은 블록에 데이터를 담아 P2P 방식의 체인 형태로 연결, 수많은 컴퓨터에 동시에 이를 복제해 저장하는 분산형 데이터 저장 기술로 공공 거래 장부라고도 부른다. 중앙집중형 서버에 거래 기록을 보관하지 않고 거래에 참여하는 모든 사용자에게 거래 내역을 보내주며, 거래 때마다 모든 거래 참여자들이 정보를 공유하고 이를 대조해 데이터 위조나 변조를 할 수 없도록 하는 기술이다.

오답풀이

③ 핀테크 : Finance(금융)와 Technology(기술)의 합성어로, 금융과 IT의 융합을 통한 금융서비스 및 산업의 변화를 통칭한다. 금융서비스의 변화로는 모바일, SNS, 빅데이터 등 새로운 IT기술 등을 활용하여 기존 금융기법과 차별화된 금융서비스를 제공하는 기술기반 금융서비스 혁신이 대표적이며 최근 사례는 모바일뱅킹과 앱카드 등이 있다. 산업의 변화로는 혁신적 비금융기업이 보유 기술을 활용하여 지급결제와 같은 금융서비스를 이용자에게 직접 제공하는 현상이 있는데 애플페이, 알리페이 등을 예로 들 수 있다.

④ EDI : 거래 당사자가 종이서류 대신 컴퓨터가 읽을 수 있는 표준화된 자료인 전자서류를 데이터 통신망을 통해 컴퓨터와 컴퓨터 간에 교환하여 재입력 과정 없이 직접 업무에 활용할 수 있도록 하는 새로운 전달방식을 밀한다.

72 #POS시스템 　　　　　　　　　　　[정답] ①

POS시스템이란 판매시점 정보관리시스템을 말하는 것으로, 판매장의 판매시점에서 발생하는 판매정보를 컴퓨터로 자동 처리하는 시스템이다.

[오답풀이]

② IoT : 사물에 센서를 부착해 실시간으로 데이터를 인터넷으로 주고받는 기술이나 환경을 말하는 것으로, 세상에 존재하는 유형 혹은 무형의 객체들이 다양한 방식으로 서로 연결되어 개별 객체들이 제공하지 못했던 새로운 서비스를 제공하는 기술이다.

③ BYOD : 회사 업무에 직원들 개인 소유의 태블릿PC, 스마트폰, 노트북 등의 정보통신 기기를 활용하는 것을 일컫는 것으로, 2009년 인텔이 처음 도입하였다.

73 #경영과학의사결정과정 　　　　　　[정답] ③

경영과학 관점의 의사결정과정은 '문제의 인식 → 자료의 수집 → 변수의 통제 가능성 검토 → 모형의 구축 → 모형의 정확도 및 신뢰도 검정 → 실행 가능성 여부 평가 → 실행'의 순서로 진행된다.

┃더 알아보기┃

경영과학과 의사결정과정
- 경영과학이란 경영의사결정 문제의 분석과 해결을 위해 과학적이고 합리적인 방법론을 적용하는 분야라고 할 수 있다.
- 의사결정자는 경영문제를 해결하거나 의사를 결정함에 있어서 논리적, 체계적, 분석적, 합리적 방법이나 기법 그리고 도구 등을 사용하게 된다.
- 경영과학은 조직에서 나타나는 문제에 대한 의사결정을 함에 있어 객관적으로 평가하고 대안을 선택하는 일련이 과학적 방법을 제공해 주며, 목표지향적 경영관리를 가능케 해 준다.
- 경영과학이 문제해결을 위해 적용되는 주요단계는 문제의 정의, 모형의 개발, 해의 도출, 실행이다.

74 #모바일컴퓨팅 　　　　　　　　　　[정답] ③

모바일 컴퓨팅의 특징에는 접근성, 보안성, 편리성, 위치확인성, 즉시연결성, 개인화 가능성 등이 있다.

┃정답 TIP┃

모바일 컴퓨팅(mobile computing)
휴대형 PC 등을 이용하여 외출시에나 옥외에서 손쉽게 컴퓨터를 다루는 것으로 이동체 컴퓨팅이라고도 한다.

75 #재주문점 　　　　　　　　　　　　[정답] ④

(리드타임(일) × 일일평균판매량) + 안전재고량

$$= \left(10 \times \frac{60,000}{300}\right) + 3,000$$

$$= 5,000개$$

┃정답 TIP┃

재주문점(ROP ; Re-Order Point)
- 주문해야할 시점의 재고보유량인 재주문점을 설정하여 재주문점에 도달했을 때 주문하는 것
- 언제 주문해야 할지에 대한 해답을 시간이 아닌 재고수준으로 얻는 모형

┃더 알아보기┃

안전재고
- 조달기간 중 불확실한 수요에 대비하기 위해 유지하는 재고량
- 일반적으로는 조달기간 중에 예상되는 최대수요에서 평균수요를 뺀 만큼을 안전재고로 설정

76 #데이터웨어하우스 　　　　　　　　[정답] ⑤

데이터 마트는 데이터 웨어하우스의 구성요소이다.

┃정답 TIP┃

데이터 웨어하우스는 사용자의 의사결정에 도움을 주기 위해 다양한 운영시스템에서 추출, 변환, 통합되고 요약된 데이터베이스이다.

77 #웹언어 　　　　　　　　　　　　　[정답] ④

구조적으로 XML 문서들은 SGML(Standard Generalized Markup Language) 문서 형식을 따르고 있으며, SCML, HTML의 장점을 합쳐서 만든 것이 XML이다.

┃정답 TIP┃

XML은 1996년 W3C(World Wide Web Consortium)에서 제안한 확장성 생성 언어로, HTML을 획기적으로 개선하여 홈페이지 구축기능, 검색기능 등이 향상되었고, 웹 페이지의 추가와 작성이 편리해졌다.

78 #지능형에이전트 　　　　　　　　　[정답] ②

지능형 에이전트는 복잡한 동적인 환경에서 목표 달성을 시도하는 시스템을 말한다. 소프트웨어 에이전트(software agent)라고도 불리며, 외부환경, 센서, 행위자들 사이에서 상호작용을 한다. 가상공간 환경에서 특정 사용자들을 돕기 위해서 반복적인 작업들을 자동화 시켜주는 컴퓨터 프로그램이기 때문에 컴퓨터를 작동시키지 않아도 업무를 처리할 수 있다.

지능형 에이전트가 소프트웨어 프로그램과 차별되는 특성
- 자율성(autonomy) : 사람이나 다른 사물의 직접적인 간섭 없이 스스로 판단하여 동작한다.
- 사회성(social ability) : 에이전트 통신 언어를 사용하여 사람과 다른 에이전트간의 상호 작용을 한다.
- 반응성(reactivity) : 실세계, GUI를 경유한 사용자, 다른 에이전트들의 집합, 인터넷과 같은 환경을 인지하고, 그 안에서 일어나는 변화에 적절히 반응한다.
- 능동성(proactivity) : 단순히 환경에 반응하여 행동하는 것이 아니라 주도권을 가지고 목표 지향적으로 행동한다. 즉, 타겟 시스템을 위한 목표를 지향한다.
- 시간 연속성(temporal continuity) : 주어진 입력을 처리하여 결과를 보여주고 종료하는 것이 아니라 전면에서 실행하고 이면에서 잠시 휴식하여 연속적으로 수행한다.
- 목표지향성(goal-orientedness) : 복잡한 고수준 작업 처리를 위해 작은 세부 작업으로 분할하고, 처리 순서의 결정 등을 책임진다.

79 #그로스해킹 정답 ④

그로스해킹은 성장을 뜻하는 그로스(growth)와 해킹(hacking)의 합성어로 상품 및 서비스의 개선사항을 계속 점검하고 반영함으로써 사업 성장을 촉구하는 온라인 마케팅 기법이다.

오답풀이
① 피싱 : 스팸메일을 이용한 신종 인터넷 범죄로, 발송자 신원을 알리지 않은 메일로 수신자의 개인 정보를 빼낸 뒤 이를 이용하는 범죄를 뜻한다.
② 파밍 : 새로운 피싱 기법 중 하나로, 사용자가 자신의 웹 브라우저에서 정확한 웹페이지 주소를 입력해도 가짜 웹 페이지에 접속하게 하여 개인정보를 훔치는 것을 말한다.
③ 바이럴 마케팅 : 네티즌들이 이메일이나 다른 전파 가능한 매체를 통해 자발적으로 어떤 기업이나 기업의 제품을 홍보할 수 있도록 제작하여 널리 퍼지는 마케팅 기법이다.
⑤ 스미싱 : 휴대전화 문자를 의미하는 문자메시지(SMS)와 인터넷, 이메일 등으로 개인정보를 알아내 사기를 벌이는 피싱(Phishing)의 합성어로 스마트폰의 소액결제 방식을 악용한 신종 사기수법이다.

80 #옴니채널#O2O 정답 ④

㉠ 옴니채널(omni channel) : '모든 것, 모든 방식'을 의미하는 접두사 옴니(omni)와 유통경로를 의미하는 채널(channel)의 합성어로, 온·오프라인 매장을 결합하여 소비자가 언제 어디서든 구매할 수 있도록 한 쇼핑체계이다.

㉡ O2O(online to offline) : 온라인이 오프라인으로 옮겨온다는 뜻으로, 정보 유통 비용이 저렴한 온라인과 실제 소비가 일어나는 오프라인의 장점을 접목해 새로운 시장을 만들어보자는 데서 나왔다.

오답풀이
- 비콘 : 블루투스를 기반으로 한 스마트폰 근거리 통신 기술로, 비콘 단말기가 설치된 지점에서 최대 70m 반경 내에 있는 스마트폰 사용자들을 인식하여 특정 앱을 설치한 사용자에게 알림을 보내거나, 무선결제가 가능하도록 하는 기술이다.
- BYOD : 회사 업무에 직원들 개인 소유의 태블릿PC, 스마트폰, 노트북 등의 정보통신기기를 활용하는 것을 말한다.

81 #인스토어마킹#소스마킹 정답 ③

소스마킹(Source Marking)은 제조업체 및 수출업자가 상품의 생산 및 포장단계에서 바코드를 포장지나 용기에 일괄적으로 인쇄하는 것으로, 마킹 비용을 절감할 수 있다.

오답풀이
① 제조업체가 생산시점에 바코드를 인쇄하는 것은 소스마킹이다.
② 소매상이 자신의 코드를 부여해 부착하는 것은 인스토어마킹이다.
④ 소스마킹은 업체간 표준화가 되어 있다.
⑤ 소스마킹은 동일상품에 동일코드가 지정될 수 있다.

■ 정답 TIP ■
소스마킹과 인스토어마킹의 비교

구 분	소스마킹	인스토어마킹
표시 장소	생산 및 포장단계 (제조, 판매원)	가공 및 진열단계 (점포가공센터)
대상 상품	가공식품, 잡화 등 공통으로 사용 가능	정육, 생선, 청과 및 소스마킹이 안 되는 가공식품
활용 지역	전 세계적으로 공통으로 사용 가능	인스토어 표시를 실시하는 해당 업체에서만 가능
판독률	판독 오류가 거의 없음	판독시 오독 오류 있음
비 용	낮 음	높 음

82 #바코드구성요소 정답 ⑤

바코드의 구성요소는 '국가식별코드 + 제조업체코드 + 상품품목코드 + 체크디지트'이다. 따라서 제조일시는 바코드에 포함된 정보가 아니다.

> **바코드의 정의**
> 바코드(Bar Code)는 두께가 서로 다른 검은 막대와 흰 막대(Space)의 조합을 통해 숫자 또는 특수기호를 광학적으로 쉽게 판독하기 위해 부호화한 것이다. 이것을 이용하여 정보의 표현과 정보의 수집, 해독을 가능하게 한다.

83 #e-발주시스템   정답 ⑤

e-발주시스템은 수작업으로 처리되는 제안요청서 작성, 제출, 평가 및 계약 후 사업관리까지 전 과정을 전자적으로 통합·관리할 수 있는 시스템이다.

■ 더 알아보기 ■

> **e-발주시스템의 기대효과**
> e-발주시스템을 활용하면 관련업계의 비용 절감은 물론 공공부문 전체의 효율성 및 투명성이 크게 제고될 수 있을 것으로 기대되고 있다.

84 #QR도입효과   정답 ⑤

공급사슬에서 제조업의 원재료 공급방식이 푸시(push)에서 풀(pull) 방식으로 개선되었다.

■ 정답 TIP ■
QR의 도입효과
• 재고부담 감소로 인한 경쟁력 강화
• 기업의 생산비 절감을 통한 경쟁력 강화
• 거래기업 간의 파트너십을 기반으로 한 효율적 체제 구축
• 불필요한 요소제거나 시간단축으로 제품원가 절감
• 고객의 요구를 신속히 반영하여 소비자 위주의 제품 생산
• 기업이 필요로 하는 각종 정보를 공유
• 인터넷 상거래에 능동적으로 대응하여 세계시장에 맞서는 국가산업 경쟁력 확보
• 불필요한 시간과 비용을 절약함으로써 기업의 물류혁신 추구

85 #지식관리시스템구축   정답 ⑤

기업들은 독자적인 경영을 줄이고 기업과 기업 간 협업을 증대시킬 수 있다.

■ 정답 TIP ■
지식관리시스템은 조직 내의 인적자원들이 축적하고 있는 개별적인 지식을 체계화하여 공유함으로써 기업경쟁력을 향상시키기 위한 기업정보시스템이다.

86 #POS시스템정보   정답 ③

POS 시스템을 통해 얻는 정보에는 관심을 가지는 기간 동안 또는 대상에 대해 금액으로 환산하여 얼마를 판매했는가 하는 금액정보와 구체적으로 어떤 상품이 얼마나 팔렸는가를 나타내주는 단품정보 등이 있다.

■ 더 알아보기 ■

> **POS의 데이터를 활용하여 얻는 효과**
> • 품절방지
> • 고수익상품의 조기 파악
> • 판촉에 대한 평가
> • 잘 팔리지 않는 상품의 신속 제거
> • 신상품의 평가
> • 적정매가관리

87 #BPR   정답 ③

BPR은 업무 효율을 극대화하고, 기업에 있어서 이익의 원천이자 최종 수혜자인 고객에 대한 가치를 창출하고자 하는 것을 목표로 한다.

■ 더 알아보기 ■

> **기업경영혁신**
> **(BPR ; Business Process Reengineering)**
> • BPR은 1990년대 초 미국에서 제창한 개념으로서 사업활동을 영위하는 조직의 측면에 있어서 작업을 개선하고 자원의 사용을 보다 효율적으로 만들기 위하여 하나의 목적으로 처음부터 다시 근본적인 변화를 만드는 것을 의미한다.
> • BPR은 업무 프로세스의 근본적인 재고(再考)가 수반되며, 원가, 서비스품질, 직원들의 활력 등과 같은 중대한 지표들이나 또는 그 모두를 강화하기 위한 업무활동의 재설계로 이어진다.

88 #SECI모델#노나카   정답 ①

지식경영에서 노나카 아쿠지로 교수는 조직구조가 SECI 순서로 프로세스를 거치면 발전한다는 이론인 SECI모델을 제시하였다.

■ 정답 TIP ■
노나카(Nonaka)의 SECI 모델
암묵지와 형식지라는 두 종류의 지식이 사회화(Socialization ; 암묵지가 또 다른 암묵지로 변하는 과정), 표출화(Externalization ; 암묵지가 형식지로 변환하는 과정), 연결화(Combination ; 형식지가 또 다른 형식지로 변하는 과정), 내면화(Internalization ; 형식지가 암묵지로 변환하는 과정)라는 4가지 변환과정을 거쳐 지식이 창출된다는 이론이다.

89 #바코드특징 〔정답〕④

바코드 높이를 표준 규격보다 축소할 경우에도 인식이
가능하다.

┃더 알아보기

> **바코드의 장점**
> • 오독률이 낮아 높은 신뢰성을 확보할 수 있다.
> • 바코드에 수록된 데이터는 비접촉 판독이 가능하
>   고 한 번의 주사로 판독이 가능하다.
> • 컨베이어상에서 직접 판독이 가능하여 신속한 데
>   이터 수집이 가능하다.
> • 도입비용이 저렴하고 응용범위가 다양하다.

90 #배너광고 〔정답〕⑤

배너광고는 인기 있는 홈페이지의 한쪽에 특정 웹사이
트의 이름이나 내용을 부착하여 홍보하는 그래픽이미
지를 의미하는 것으로, 인터넷 사용자가 배너광고를
클릭하면 관련 사이트로 자동적으로 이동하게 되어 있
으며, 광고료는 일반적으로 사이트 방문자수, 회원수,
배너광고 클릭수 등을 기준으로 결정된다.

오답풀이

① 프로그램 무상 배포 : 소프트웨어 회사의 인지도를 높
  이거나 적정한 숫자의 사용자 그룹을 확보하기 위해
  전략적으로 시작한 형태의 모델이다.
② 스폰서십 : 광고주가 특정사이트의 한 페이지를 후원
  하거나 단기적인 이벤트를 위해 널리 알려진 사이트의
  프로모션 판을 별도로 제작하여 운영하는 형태이다.
③ 무료메일 제공 : 무료로 웹 메일 서비스를 받는 대신
  가입할 때 기본적인 개인정보를 제공하는 형태로 메일
  을 이용하기 위해 사이트에 접속할 때마다 광고에 노
  출되며, 이 사이트를 통해 메일을 발송하면 메일 수신
  자에게도 광고가 전달된다.
④ 제휴 프로그램 : 서로 다른 인터넷 사이트끼리 배너광
  고를 교환하거나 공구한 사이트를 통해 해당 사이트로
  접속할 경우 일정한 금액을 지불하는 형식이다.

01	02	03	04	05	06	07	08	09	10	11	12	13	14	15
④	①	②	③	①	②	③	④	⑤	②	④	④	③	④	⑤
16	17	18	19	20	21	22	23	24	25	26	27	28	29	30
②	③	⑤	⑤	③	④	⑤	③	③	⑤	⑤	④	⑤	④	④
31	32	33	34	35	36	37	38	39	40	41	42	43	44	45
②	④	①	⑤	⑤	③	④	④	①	②	①	①	⑤	④	④
46	47	48	49	50	51	52	53	54	55	56	57	58	59	60
④	①	③	②	③	③	⑤	④	⑤	③	②	④	③	③	③
61	62	63	64	65	66	67	68	69	70	71	72	73	74	75
④	⑤	④	③	①	③	③	②	④	④	⑤	③	④	⑤	④
76	77	78	79	80	81	82	83	84	85	86	87	88	89	90
①	④	⑤	⑤	①	④	④	⑤	⑤	⑤	④	①	④	⑤	⑤

20년

1과목   유통물류일반

01 #물류합리화 　　　　　 정답 ④

물류에 대한 고객의 요구들이 다양화·전문화·고도화 되고 있어 고객에게 동일한 서비스를 제공할 수 없기 때문이다.

02 #물류공동화 　　　　　 정답 ①

수송물의 소량화(×) → 수송물의 대량화(○)

03 #재주문점 　　　　　 정답 ②

리드타임(주) × 1주 평균판매량 = 2 × 240 = 480개

▌정답 TIP▐

ROP(재주문점) 산출방법

수요가 확실한 경우에는 안전재고가 불필요하므로 조달기간(리드타임)에 수요량을 곱하여 구할 수 있다. 문제에서는 1주 기준으로 재주문하는 것으로 가정하였으므로 주 단위의 리드타임과 평균판매량으로 계산한다.

04 #화주기업#3자물류업체 　　 정답 ③

정보의 공개를 통한 효율적인 물류업무개선 노력이 필요하다

05 #조직내갈등 　　　　　 칭팁 ①

잠재적 갈등은 내재적으로는 갈등이 존재하고 있어 언젠가 표면화되어 심각한 갈등형태로 발전할 가능성이 있는 것을 의미한다.

06 #정시주문충족률 　　　　 정답 ②

정시주문충족률을 높이면 재고로 보유 중인 상품이 고객에게 신속하게 출하되므로 재고유지비는 감소할 수 있지만, 빈번한 배송으로 인한 배송비가 증가하게 된다.

07 #공급사슬관리 　　　　　 정답 ③

Kanban은 적기·적시 방식으로 필요한 것을 필요한 때 필요한 만큼 생산한다는 재고조달방식이므로 재고 보충 리드타임이 짧아 지속적 보충을 하는 경우는 Kanban을 적용하기 용이하다.

08 #보상관리 　　　　　　　　정답 ④

보상관리는 임금수준, 임금체계, 임금형태 등으로 구성된다.

09 #재무통제 　　　　　　　　정답 ⑤

재무통제를 유효하게 행하기 위해서는 계획목표를 CEO의 의사결정에만 전적으로 따르기 보다는 분권화를 통해 복수의 관리자에게 권한을 위양해야 한다.

10 #집중화전략 　　　　　　　　정답 ②

집중화전략은 특정시장, 즉 특정 소비자 집단, 일부 품목, 특정지역 등을 집중적으로 공략하는 것으로 조직규모의 유지 및 축소전략과는 거리가 멀다.

11 #유연제조시스템 　　　　　　　　정답 ④

┃ 정답 TIP ┃
유연제조시스템

유연제조시스템은 시장의 상황 변화에 따라 제품의 생산량을 유연성 있게 조절하여 생산하는 시스템으로, 다양한 제품을 높은 생산성으로 유연하게 제조하는 것을 목적으로 생산을 자동화한 시스템을 말한다. 유연제조시스템이 추구하는 목표는 크게 유연성, 생산성, 신뢰성이라고 할 수 있으며, 수치제어(numeric control) 공장기계와 자동반송시스템, 중앙통제컴퓨터, 자동창고시스템, 산업용 로봇으로 구성되어 있어 자동차 분야에 효과적으로 적용할 수 있다.

12 #맥킨지사업포트폴리오 　　　　　　　　정답 ④

맥킨지 사업포트폴리오 분석은 시장에 대한 평가를 단순히 성장률로 하기 보다는 시장의 크기, 시장의 수익성, 진입장벽, 기술개발 등과 같이 다양한 요소를 고려한다. 따라서 ④의 산업성장률은 사업 경쟁력 평가요소에 포함되지 않는다.

13 #정량적측정변수 　　　　　　　　정답 ③

브랜드의 경쟁력, 신기술의 독특성은 수치로 정확하게 측정할 수 없는 정성적 측정변수에 해당한다.

14 #유통경로필요성 　　　　　　　　정답 ④

┃ 정답 TIP ┃
유통경로의 필요성(중간상의 필요성)
• 총거래수 최소의 원칙 : 유통경로에서 중간상이 개입함으로써 거래수가 결과적으로 단순화, 통합화 되어 실질적인 거래 비용이 감소한다.

• 분업의 원칙 : 유통업에서도 제조업에서와 같이 유통경로상에서 수행되는 수급조정, 수배송, 보관, 위험부담 및 정보수집 등을 생산자와 유통기관이 상호 분업의 원리에 기초하여 분담한다면 경제성과 능률성이 보다 향상된다.
• 변동비 우위의 원칙 : 유통분야에서는 제조업과는 다르게 변동비의 비중이 고정비의 비중보다 상대적으로 크기 때문에 제조분야와 유통분야를 통합하여 판매하면 큰 이익을 기대하기 어렵다. 따라서 제조분야와 유통분야를 무조건 통합하여 대규모화하기보다는 제조업자와 유통기관이 적절하게 역할을 분담한다면 비용 면에서 훨씬 유리하다.
• 집중준비의 원칙 : 중간상보다는 도매상의 존재가능성을 부각시키는 원칙으로, 도매상은 상당량의 브랜드상품을 대량으로 보관하기 때문에 사회 전체적으로 보관할 수 있는 양을 감소시킬 수 있으며, 소매상은 소량의 적정량만을 보관함으로써 원활한 유통기능을 수행할 수 있다는 원칙이다.
• 정보축약 및 정합의 원칙 : 중간상을 통하여 생산자는 수요정보를 얻고, 소비자는 공급정보를 얻는다. 이러한 수요정보와 공급정보는 유통과정을 통하여 집약적으로 표현되는데, 이를 정보축약 및 정합의 원칙이라고 한다.

15 #가치사슬모형 　　　　　　　　정답 ⑤

오답풀이
① 가치사슬모형은 기업 내부 프로세스에 초점을 맞춘 기법이다.
② 기업의 가치는 주활동과 보조활동의 가치창출 활동에 의해 결정된다.
③ 지원프로세스에는 물류투입, 운영·생산, 물류산출, 마케팅 및 영업, 인적자원관리 등이 포함된다.
④ 핵심프로세스에는 기업인프라, 기술개발, 구매조달, 서비스 등이 포함된다.

16 #체크리스트법 　　　　　　　　정답 ②

오답풀이
① 제품요인 - 제품표준화
③ 시장요인 - 시장규모
④ 기업요인 - 재무적 능력
⑤ 경로구성원요인 - 통제에 대한 욕망

17 #한정기능도매상 　　　　　　　　정답 ③

오답풀이
① 주로 소매규모의 소매상에 싼 가격으로 상품을 공급하며, 소매상들은 직접 이들을 찾아가서 제품을 주문·인수함
② 고정적인 판매루트를 통해 트럭이나 기타 수송수단을 이용하여 판매와 동시에 배달을 하며, 머천다이징, 촉진지원은 하지만 사용판매를 하지 않음

④ 소매점의 진열선반 위에 상품을 공급하는 도매상으로 선반에 전시되는 상품에 대한 소유권은 도매상들이 가지고 있음

⑤ 소규모의 소매상에게 제품 목록을 통해 판매하는 도매상

18 #소매상분류 　정답 ⑤
오답풀이

㉠ 소유 및 운영주체에 따라 – 점포소매상, 자판기 등의 무점포소매상(온라인매장 제외)

㉡ 상품 다양성, 구색에 따라 – 다양성 고, 저 / 구색 고, 저

㉢ 일정한 형태의 점포유무에 따라 – 독립소매기관, 체인 등

㉣ 마진 및 회전율에 따라 – 회전율 고저, 마진율 고저

19 #갈등수준#성과수준 　정답 ⑤
오답풀이

① 일정한 갈등수준까지는 성과가 증가하다가 일정 갈등수준을 넘어서면 성과가 감소한다.

② B에서 갈등은 순기능을 나타내고 있다.

③ B에서 갈등은 순기능을 나타내고 있으며 조직의 내부 수준은 혁신적이며 생동적이다.

④ 갈등은 조직 구성원이나 부서 간의 경쟁을 통한 동기부여에 기여한다.

20 #물류고정비#판매물류비 　정답 ③
오답풀이

물류비용

• 자가물류비 : 물류행위 주체를 자사에서 직접 수행하는 비용

• 위탁물류비 : 물류행위 주체를 외부 물류업체에 위탁하는 비용

• 물류변동비 : 물류조업도의 증감에 따라 변화되는 물류비

• 사내물류비 : 완성된 제품에 포장수송을 하는 시점에서부터 고객에게 판매가 최종적으로 확정될 때까지의 물류에 소요된 비용

21 #수배송물류 　정답 ④
수배송물류는 문명발달의 전제조건으로서 공간적 격리를 극복시키는 장소적 이동을 통해 지역간·국가 간 유대를 강화시킨다.

22 #경쟁환경유형 　정답 ⑤
백화점과 백화점 간의 경쟁은 수평적 경쟁이다.

23 #동기부여이론 　정답 ③
보기에 제시된 인터뷰 사례는 기쁨, 즐거움, 행복감 등 내적인 보상에 의해 동기가 유발되어 있는 경우로, 급여지급 같은 외적동기를 도입하게 되면 오히려 동기유발 정도가 감소한다는 내용이다.

24 #자본비용 　정답 ③
정답 TIP

자본비용

자본비용은 기업이 자본을 조달하여 사용하는 것과 관련해 부담해야 하는 비용이다. 투자자 입장에서는 투자한 자본에 대하여 최소한으로 기대하는 요구수익률이며, 경우에 따라서는 기회비용 개념으로서 기업이 선택하지 않은 대체 투자안으로부터 얻을 수 있는 가장 높은 수익률을 의미하기도 한다.

25 #물류원가배분기준 　정답 ⑤
대상의 공정성과 공평성을 기준으로 배분한다.

2과목　상권분석

26 #접근가능성의원칙 　정답 ⑤
정답 TIP

입지매력도 평가원칙

• 고객차단원칙 : 사무실밀집지역, 쇼핑지역 등은 고객이 특정 지역에서 타 지역으로 이동시 점포를 방문하게 한다.

• 동반유인원칙 : 유사하거나 보충적인 소매업이 흩어진 것보다 군집해서 더 큰 유인잠재력을 갖게 한다.

• 보충가능성원칙 : 두 개의 사업이 고객을 서로 교환할 수 있을 정도로 인접한 지역에 위치하면 매출액이 높아진다.

• 점포밀집원칙 : 지나치게 유사한 점포나 보충 가능한 점포는 밀집하면 매출액이 감소한다.

• 접근가능성원칙 : 지리적으로 인접하거나 또는 교통이 편리하면 매출을 증대시킨다.

27 #입지유형 　정답 ④
정답 TIP

점포의 입지유형별 분류

• 집심성입지 : 배후지 중심부에 입지하는 것으로 중심상가에 입지하는 것이 유리한 유형

• 집재성입지 : 동종업종이 한 곳에 밀집하는 것이 유리한 유형

- 산재성입지 : 동일점포가 모여 있지 않고 산재하는 것이 유리한 유형
- 국지적집중성입지 : 동일업종의 점포가 국부적 중심지에 입지하는 것이 유리한 유형

28 #Huff모델 　　　　　　　　　[정답] ⑤

❘ 정답 TIP ❘

Huff모델을 활용한 예상매출액 추정 절차
- 신규점포를 포함하여 분석대상지역 내의 점포수와 규모를 파악
- 분석 대상지역을 몇 개의 구역으로 나눈 다음 각 구역의 중심지에서 개별점포까지의 거리를 구함
- 각 구역별로 허프모형의 공식을 활용하여 점포별 이용 확률을 계산
- 구역별 소매 지출액에 신규점포의 이용 확률을 곱하여 구역별로 신규점의 예상매출액을 구하고 이를 합산

29 #상권입지분석순서 　　　　　　[정답] ④

❘ 정답 TIP ❘

상권분석 및 입지분석의 절차
상권후보지의 선정 → 상권분석 및 상권의 선정 → 입지후보지의 선정 → 입지분석 및 입지의 선정 → 점포활성화를 위한 전략 수립

30 #유추법 　　　　　　　　　　　[정답] ④

기존 유사점포는 동일한 상권 안에서 영업하고 있는 점포 중에서만 선택하는 것이 아니라, 신규점포와 점포 특성, 고객의 쇼핑패턴, 고객의 사회적·경제적·인구 통계적 특성에서 유사한 기존 점포를 선정한다.

31 #소매포화지수#시장확장잠재력 　[정답] ②

가장 매력적이지 않은 소매상권은 소매포화지수(IRS)와 시장확장잠재력(MEP)이 모두 낮은 상권이며, 가장 매력적인 소매상권은 소매포화지수(IRS)와 시장확장잠재력(MEP)이 모두 높은 상권이다.

32 #도미넌트출점전략 　　　　　　[정답] ④

❘ 정답 TIP ❘

도미넌트출점전략은 일정 지역에 다수의 점포를 동시에 출점하여 특정 지역을 선점함으로써 경쟁사의출점을 억제하는 전략으로, 물류 및 점포관리의 효율성을 증대시키고 상권 내 시장점유율을 높일 수 있으며, 브랜드 인지도 및 마케팅 효과 개선이 가능하다.

[오답풀이]

① 기존의 사업과는 다른 새로운 사업 영역에 진출하여 성장을 꾀하는 전략방법

② 브랜드, 즉 상표를 광고선전 등에 의해 널리 알림으로써 자기 제품을 경쟁자의 동일 제품과 차별해서 경쟁상 유리한 입장을 구축할 것을 노린 마케팅 전략

33 #건폐율 　　　　　　　　　　　[정답] ①

건폐율은 대지면적에 대한 건축면적의 비율이며, 용적률은 대지면적에 대한 건축물의 연면적 비율이다.

34 #GIS 　　　　　　　　　　　　[정답] ⑤

[오답풀이]

① 지도 주변의 거리의 단위나 시간을 나타내는 구역으로, 근접분석에 유용하다.
② 지도를 일정한 크기(격자)로 잘라 미리 만들어 놓은 그림으로 구성되는 것이다.
③ 원하는 조건을 만족시키기 위해 여러 개의 개별적인 주제도를 중첩시키는 것이다.

35 #상권경쟁분석 　　　　　　　　[정답] ⑤

❘ 정답 TIP ❘

상권 경쟁분석
- 위계별 경쟁구조 분석 : 도심, 부심, 지역중심, 지구중심의 업종을 파악·분석
- 업태별·업태내 경쟁구조 분석 : 신규출점 예정 사업체의 분석은 업태내 경쟁구조 분석, 재래시장·슈퍼마켓·대형전문점 등의 분석은 업태별 경쟁구조 분석
- 잠재 경쟁구조 분석 : 신규 소매업 진출 예정 사업체 및 업종의 파악·분석
- 경쟁·보완적 관계 분석 : 단골고객의 선호도 조사, 고객의 특성 및 쇼핑경향 분석, 연령, 소득, 직업 등 인구통계학적 특성, 문화·사회적 특성의 파악·분석

36 #넬슨#양립성 　　　　　　　　[정답] ③

양립성은 상호보완관계에 있는 점포가 서로 인접해 있어서 고객의 흡인력을 높일 수 있는 가능성에 대한 검토를 의미한다.

37 #아파트상권특성 　　　　　　　[정답] ④

일반적으로 높은 대형 평형 보다는 중소형 평형 위주로 구성된 단지가 유리하다.

38 #건축용지#각지#획지 　　　　　[정답] ④

[오답풀이]

① 각지는 2개 이상의 가로각에 해당하는 부문에 접하는 획지로, 접면하는 각의 수에 따라 2면각지, 3면각지, 4면각지 등으로 불린다.

② 획지는 인위적·자연적·행정적 조건에 따라 다른 토지와 구별되는 가격수준이 비슷한 일단의 토지를 말한다.
⑤는 획지에 대한 설명이다.

39 #임차보호법 　　　　　정답 ①

이 법은 상가건물 임대차에 관하여 「민법」에 대한 특례를 규정하여 국민 경제생활의 안정을 보장함을 목적으로 한다(상가건물 임대차보호법 제1조).

40 #회귀분석 　　　　　정답 ②

독립변수와 종속변수간의 상관관계를 분석해야 하므로 독립변수 상호간에는 상관관계, 즉 서로 관련성이 없어야 한다.

41 #입지조건 　　　　　정답 ①

점포 출입구에 단차가 있으면 높이로 인해 넘어질 수 있고, 보행에 불편함이 있는 고객이 방문 시에는 출입에 어려움이 생길 수 있다.

42 #입지분석 　　　　　정답 ①

┃ 정답 TIP ┃
입지의 분석에 사용되는 주요 기준
- 접근성 : 얼마나 그 점포를 쉽게 찾아 올 수 있는가 또는 점포 진입이 수월한가를 의미
- 인지성 : 점포를 찾아오는 고객에게 점포의 위치를 쉽게 설명할 수 있는 설명의 용이도
- 가시성 : 점포 전면을 오고 가는 고객들이 그 점포를 쉽게 발견할 수 있는지의 척도
- 홍보성 : 사업 시작 후 고객에게 어떻게 유효하게 점포를 알릴 수 있는가를 의미
- 호환성 : 점포에 입점 가능한 업종의 다양성 정도, 즉 다양한 업종의 성공가능성을 의미

43 #권리금 　　　　　정답 ⑤

바닥권리금의 경우 지역 또는 자리권리금이라고도 한다. 점포나 회사가 입지한 장소, 유동인구가 많고 역세권이면 바닥권리금이 높다.

44 #컨버스제1법칙 　　　　　정답 ④

$$\frac{30}{1+\sqrt{\dfrac{8만}{32만}}} = \frac{30}{1+\dfrac{1}{2}} = 20$$

┃ 더 알아보기 ┃

컨버스 제1법칙의 공식

$$D_b = \frac{D_{ab}}{1+\sqrt{\dfrac{P_a}{P_b}}}$$

45 #Huff모델#수정Huff모델 　　　　　정답 ④

Huff모델은 점포면적과 시간거리 두 개의 변수를 반영하며, 수정Huff모델은 점포면적과 이동거리 두 개의 변수를 반영하였다.

20년

3과목　유통마케팅

46 #군집표본 　　　　　정답 ④

오답풀이
① 가장 기본적인 표본추출방법으로 각 표본들이 동일하게 선택될 확률을 가지도록 선정된 표본프레임 안에서 각 표본단위들에 일련번호를 부여한 다음, 난수표를 이용해서 선정된 번호에 따라 무작위로 추출하는 방법
② 모집단을 구성하고 있는 집단에서 집단의 구성요소의 수에 비례해서 표본의 수를 할당하여 각 집단에서 단순무작위 추출방법으로 추출하는 방법
③ 조사하고자 하는 모집단을 전형적으로 대표하는 것으로 판단되는 사례를 표본으로 선정하는 방법
⑤ 모집단을 어떠한 특성에 따라 세분집단으로 나누고, 나누어진 세분십난의 크기 등에 비례해서 추출된 표본의 수를 결정하여 각 집단의 표본을 판단 또는 편의에 의해 추출하는 방법

47 #고객관리 　　　　　정답 ①

일반적으로 기존 고객을 유지하는 데 드는 비용보다 새로운 고객을 획득하는 데 드는 비용이 더 높다.

48 #판매서비스 　　　　　정답 ③

판매조직 구조에 대한 정보는 현장에서 판매서비스를 제공하는 판매원이 보유해야 할 정보가 아닌, 판매원들을 관리하는 관리자가 보유해야 할 정보이다.

49 #가격개념 　　　　　정답 ②

대부분의 제품이나 서비스는 돈으로 교환되지만, 지불가격은 상황에 따라 상이한 가격전략이 시행될 수 있기 때문에 항상 정가나 견적가치와 일치하지는 않는다.

50 #가격탄력성 정답 ③

더 많은 보완적인 재화, 서비스가 존재할수록 가격탄력성이 낮다.

51 #상품관리 정답 ③

고객 개개인이 느끼는 편익의 크기는 무형적 상품에 집중되어 주관적으로 결정된다.

52 #상품구색 정답 ⑤

상품가용성은 다양성에 비례하고 전문성에 반비례한다.

53 #서비스소멸성 정답 ④

판매되지 않은 제품은 재고로 보관할 수 있지만 판매되지 않은 서비스는 소멸한다는 것이 서비스의 소멸성이다. 서비스는 재고로 보관할 수 없고, 서비스의 생산에는 재고와 저장이 불가능하여 재고조절이 곤란하기 때문에 호텔이나 리조트는 비수기에 고객을 유인하기 위한 다양한 서비스를 제공한다.

54 #변증법적이론 정답 ⑤

오답풀이

① 소매상은 유통업태가 시간이 지남에 따라 일정한 단계를 거쳐 발전한다는 이론이다.
② 사회·경제적 환경의 변화에 따른 소매상의 진화와 발전을 설명하는 대표적인 이론이다.
③ 소매점의 진화과정을 소매점에서 취급하는 상품믹스의 확대 → 수축 → 확대 과정으로 설명한 이론이다.
④ 환경에 적응하는 소매상만이 생존·발전하게 된다는 이론이다.

55 #상시저가전략#고저가격전략 정답 ③

광고 및 운영비를 절감하는 효과가 있는 것은 상시저가전략이다. 상시저가전략을 통해 효율적인 물류시스템의 구축, 규모의 경제, 경영 개선 등을 통한 저비용의 결과물을 얻을 수 있다

56 #유통구조변화 정답 ②

싱글족의 증가로 소용량 포장 및 제품, 미니가전제품 등 1인 가구를 위한 서비스가 등장하여 대형마트보다 근거리 편의점이나 기업형 슈퍼마켓의 방문 횟수가 증가할 수 있다.

57 #판매촉진효과 정답 ③

┃ 정답 TIP ┃
준거가격
준거가격은 소비자가 제품의 구매를 결정할 때 기준이 되는 가격으로, 소비자는 준거가격이 실제 판매가보다 높을수록 구매 의사가 높아지고 반대인 경우 비싸다고 인식해 구매 행동을 자제한다. 따라서 준거가격은 제품의 가치와 구매 의사결정에 영향을 주기 때문에 기업의 마케팅 관점에서 매우 중요한 개념이므로 판매촉진을 통해 이러한 준거가격을 변화시키는 것은 소비자에게 혼란을 초래할 수 있어 부정적효과가 될 수 있다.

58 #A&U조사 정답 ③

A&U조사는 새로운 시장에 대한 다각적인 연구로, 대규모 소비자들의 성향과 소비 패턴을 심층적으로 연구하는 기법이다.

오답풀이

① 면접원이 직접 조사 대상자를 찾아가 제품을 사용하게 하고 설문을 받는 조사 방법이다.
② 조사 대상자가 많을 것으로 예상되는 지역에서 응답자들을 일정한 장소에 모이게 한 후 시제품, 광고 카피 등에 대한 소비자들의 반응을 조사하는 방법이다.
④ 조사대상을 고정시키고, 동일한 조사대상에 대하여 동일질문을 반복 실시하여 조사하는 방법이다.
⑤ 연구하려는 지역이나 집단의 한 구성원이 되어 직접 활동에 참여하면서 자료를 수집하여 분석하는 방법이다.

59 #광고효과측정#도달 정답 ③

도달은 특정 기간에 적어도 한 번 이상 광고매체에 의해 노출된 사람들의 비율이므로 해당 웹사이트에 접속한 서로 다른 사람들의 숫자가 도달을 측정하는 기준이 된다.

60 #판촉활동 정답 ③

판촉활동으로 인한 잦은 가격할인은 제품 원가에 대해 의심을 하는 소비자가 늘어나 불신이 확산될 수 있고, 해당 기업에 대해 부정적인 이미지가 형성될 수 있다.

61 #리스크머천다이징 정답 ④

오답풀이

① 제품을 판매하는 매장에서 서로 다른 종류의 제품을 서로 섞어서 구색을 갖추는 정책으로, 제품 진열 시 서로 보완적인 관계의 제품을 함께 진열한다.
③ 기후와 기온 등 기상정보를 재빠르게 상품구색에 적용하는 것을 말한다.

⑤ 제화점에서 의류를, 또는 정육점에서 야채를 함께 판매하는 것과 같이, 소매점이 자기 업종 고유의 상품 계열을 벗어나 이익을 남길 수 있는 갖가지 관련 상품을 효율적으로 구성하여 판매하는 방식이다.

62 #CRM#고객유지방법 　　　　　정답 ⑤
신제품을 소개하거나 기존제품에 대한 새로운 자극을 만들기 위해 시험적으로 사용할 수 있는 양만큼의 제품을 제공하는 방법은 견본품이나 시제품을 제공하는 이벤트이다.

63 #동선 　　　　　정답 ③
대형할인점은 직선적 동선을 추구하지만, 백화점은 곡선적 동선을 추구한다.

64 #상품분류기준 　　　　　정답 ③
한국표준상품분류표는 사업자 업종코드 검색방법으로, 소매점에서 사용하는 일반적인 상품분류기준과는 거리가 멀다.

65 #분류진열 　　　　　정답 ①
오답풀이
② 고객의 생활의 한 장면을 연출하는 방법으로 그 장면의 상품 콘셉트에 맞는 파티, 가정생활, 레저, 스포츠 등 특정 스타일을 상품연출로 보여주어 소비자 집단의 기대와 욕구를 시각적으로 코디네이트하는 방식이다.
③ 연관되는 상품을 하나의 세트로 진열하는 방식이다.
④ 계절별, 행사별, 상품별로 적합한 콘셉트를 만들어 부문별로 진열하는 방식이다.
⑤ 고객이 상품을 자유롭게 선택할 수 있도록 진열하는 방식이다.

66 #푸시전략 　　　　　정답 ③
푸시전략은 제조업자가 유통업자들을 대상으로 하여 촉진예산을 인적 판매와 거래점 촉진에 집중 투입하여 유통경로상 다음 단계의 구성원들에게 영향을 주고자 하는 전략이다.

67 #원가지향가격설정정책 　　　　　정답 ③
오답풀이
①·⑤ 원가지향 가격설정정책은 제조원가를 기준으로 가격을 결정하는 가장 고전적인 방법이므로 마케팅콘셉트에 가장 잘 부합하는 가격정책은 아니며, 재고유지단위(SKU)마다 별도의 가격설정정책을 마련하지 않는다.

② 현재 사업규모를 근간으로 하여 일정한 수익률을 유지할 수 있도록 가격을 설정하는 방법이다.
④ 제품을 생산하는 데 들어가는 원가와 비용 그리고 기업의 기본적인 이윤을 근거자료로 하여 가격을 산정한다.

68 #비윤리적상업거래#역청구 　　　　　정답 ②
역청구는 소매업체가 공급업체로부터 야기된 상품 수량의 차이에 대해 대금을 공제하는 것이다.

69 #촉진수단 　　　　　정답 ④
오답풀이
② 제품이나 서비스의 판매를 촉진하기 위한 비교적 단기적인 동기부여 수단을 총칭하는 것
③ 판매원이 고객과 직접 대면하여 대화를 통해 자사의 제품이나 서비스의 구매를 설득하는 촉진활동

70 #재무성과 　　　　　정답 ④
┃정답 TIP┃
주요 재무지표

분류	주요 재무비율
유동성 비율	• 유동비율 = 유동자산/유동부채 • 당좌비율 = 당좌자산/유동부채
활동성 비율	• 재고자산회전율 = 매출액/재고자산(평균재고) • 매출채권회전율 = 매출액/매출채권(평균채권) • 총자산회전율 = 매출액/총자산 • 고정자산회전율 = 매출액/고정자산
안정성 (레버리지) 비율	• 총자산부채비율 = 총부채/총자산 • 자기자본부채비율 = 총부채/자기자본 • 이자보상비율 = 영업이익/이자
수익성 비율	• 매출액순이익률 = 순이익/매출액 • 총자산영업이익률 = 영업이익/총자산 • 총자산순이익률(ROA) = 순이익/총자산 • 자기자본순이익률(ROE) = 순이익/자기자본
성장성 비율	• 매출액증가율 = (당기 매출액 – 전기 매출액)/전기 매출액 • 총자산증가율 = (당기말 총자산 – 전기말 총자산)/전기말 총자산 • 순이익증가율 = (당기 순이익 – 전기 순이익)/전기 순이익 • 주당이익증가율 = (당기주당이익 – 전기주당이익)/전기주당이익

(각 비율에서 '×100' 일괄 생략)

20년

71 #형태효용#유통가공기능   정답 ⑤

형태효용은 원재료를 유용한 제품으로 변화시켜 고객이 원하는 형태로 만들어 주는 것으로 유통가공기능에 해당한다.

72 #암묵지   정답 ③

암묵지는 언어로 표현하기 곤란한 주관한 지식으로 경험을 통하여 익힌 지식이다. 따라서 ⓒ, ㉣, ㉤이 암묵지에 해당한다.

73 #비정형데이터   정답 ④

비정형 데이터란 숫자 데이터와 달리 그림이나 영상, 문서처럼 형태와 구조가 복잡해 정형화 되지 않은데이터를 말한다. 따라서 집계 데이터는 숫자 데이터인 정형 데이터에 해당한다.

74 #고객가치   정답 ⑤

고객가치의 구성요소로서 시간은 고객이 제품의 사용으로 인해 절감되는 시간을 의미한다.

75 #유통산업변화현상   정답 ④

정보통신 기술의 발전과 이에 따른 의식의 변화로 채널간의 경쟁이 심화되어 갈등이 증가하였다.

76 #패킹슬립   정답 ①

패킹 슬립은 포장된 상품의 내용, 출하지 등을 기재하여 첨부하는 서류이다.

오답풀이

② 거래 상품의 주요사항을 표기한 문서로 송장이라 한다. 송장은 발송인이 수하인에게 보내는 거래상품 명세서를 말한다.

④ 해상운송계약에 따른 운송화물의 수령 또는 선적을 인증하고, 그 물품의 인도청구권을 문서화한 증권이다.

⑤ 약속가능수량이란 총괄생산계획 중 주생산일정에 관련된 것으로 영업부서에서 고객에게 특정한 기간내에 최종생산품을 몇 개나 납품할 수 있는지 납품가능수량을 약속하는 것을 말한다.

77 #데이터웨어하우징   정답 ④

인먼(W. H. Inmon)은 데이터웨어하우징을 다음과 같이 정의하였다. "데이터웨어하우스란 관리자의 의사결정을 지원하기 위해 주제 지향적이고, 비휘발성이며, 통합된, 시간에 따라 달라지는 데이터의 묶음이다."

78 #애널리틱스   정답 ⑤

연관성은 하나의 거래나 사건에 포함되어 있는 항목들간에 유용한 규칙을 찾아내는 것이다. 예 핸드백을 구입하는 젊은 여성은 신발도 함께 구입한다.

79 #EDI   정답 ⑤

웹 EDI는 전용망인 부가가치 통신망(VAN)을 사용하는 대신 공중망인 인터넷 통신망과 웹 기술을 사용하여 서비스되는 발전된 전자자료교환(EDI) 시스템이다.

80 #전자지불게이트웨이   정답 ①

오답풀이

② 전자화폐라고 하며, 돈의 액수를 디지털 정보로 바꾸고 이를 다른 사람이 이용하지 못하도록 암호화하여 IC 형태의 카드로 만들어 휴대하거나 자신의 컴퓨터 속에 보관하고 이를 네트워크상에서 이용하는 것을 말한다.

④ 전자적으로 대금을 고지하고 납부하는 서비스로, 납부자 측에서 금융기관, 통신회사 등으로부터 각종 공과금이나 카드대금, 상거래대금 등의 청구서 및 이용내역서를 인터넷이나 팩스, 이동 전화 등을 통해 고지 받고 이를 인터넷 등에서 계좌이체 또는 신용카드 정보 입력 방식으로 납부하는 서비스이다.

81 #SCOR모델   정답 ④

SCOR 모델은 계획(Plan), 조달(Source), 제조(Make), 배송(Deliver), 반품(Return)의 5가지 상위레벨의 관리 프로세스로 구성되며 이중 제조(Make)는 조달된 재화 및 용역을 완성 단계로 변환하는 프로세스이다.

82 #지식관리시스템6단계사이클   정답 ④

지식관리시스템은 지식의 창조·저장·공유·활용의 지식프로세스를 지원하고 개선하기 위해 개발된 정보기술시스템으로, '지식 생성 - 포착 - 정제 - 저장 - 관리 - 유포'의 6단계 사이클을 따른다.

83 #ETL 〔정답〕⑤

▌정답 TIP▌

ETL(Extraction Transformation Loading)

데이터 이동 및 변환절차와 관련된 업계 표준 용어로, Extraction(추출), Transformation(변환), Loading(적재)로 구성된다.

- Extraction(추출) : 하나 또는 그 이상의 데이터 원천들로부터 데이터 획득
- Transformation(변환) : 데이터 클렌징·형식변환·표준화·통합 또는 다수 애플리케이션에 내장된 비즈니스 룰을 적용
- Loading(적재) : 위 변형 단계처리가 완료된 데이터를 특정 목표 시스템에 적재

84 #QR 〔정답〕⑤

오답풀이

① 자동인식 기술의 하나로서 데이터 입력장치로 개발된 무선(RF ; Radio Frequency)으로 인식하는 기술이다.
② 공급체인의 네트워크 전체를 포괄하는 관리기법으로, 최종 소비자에게 유통되는 상품을 그 원천에서부터 관리함으로써 공급체인의 구성원 모두가 협력하여 소비자의 욕구를 더 만족스럽게, 더 빠르게, 더 저렴하게 채워주고자 하는 전략의 일종이다.
③ 점포의 POS시스템 데이터를 거래선(Vandor, 협력업체로 통칭)과 직접 연결하고, 거래선이 직접 각 점포에 맞는 CAO(자동발주시스템)를 이용하여 재발주량을 결정하는 일종의 자동발주 기법이다.
④ JIT시스템의 근본적인 목적은 필요한 부품을 필요한 때, 필요한 곳에, 필요한 양만큼 생산 또는 구매하여 공급함으로써 생산활동에서 있을 수 있는 제공품의 재고를 아주 낮게 유지하여 재고유지비용을 최소화시키는 것이다.

85 #지식변환유형#내면화 〔정답〕⑤

내면화(Internalization)는 형식지가 암묵지로 변환하는 과정이다.

86 #정보기술발전#환경변화 〔정답〕④

정보기술의 발전으로 인해 국가 간의 시장 장벽이 낮아지고 있으며, 이로 인해 시장확대의 기회가 용이해지고 있다.

87 #가트너#빅데이터 〔정답〕①

▌정답 TIP▌

빅데이터의 3대 특성

- 데이터 규모(Volume)
- 데이터 생성속도(Velocity)
- 데이터 다양성(Variety)

88 #학습조직#시스템적사고 〔정답〕④

㉠ 학습조직은 조직의 지속적인 경쟁우위를 확보하기 위한 근본적이고 총체적이며 지속적인 경영혁신전략으로서 개인학습(Individual Learning), 팀학습(Team Learning), 조직학습(Organizational Learning)이 습관적으로 발생할 수 있는 조직적 기제(Organizational Mechanism)가 무엇인지를 찾아 제도적, 문화적, 시스템적, 환경적 차원의 노력을 전개하는 활동이다.

㉡ 시스템적 사고는 하나의 개념적 틀로서 50년 넘게 발전해온 일련의 지식과 도구를 이용해 부분이 아닌 전체 유형을 명확하게 보고 효과적으로 바꿀 방법을 도와준다.

89 #구매지불프로세스 〔정답〕⑤

▌정답 TIP▌

제조업체의 구매 - 지불 프로세스 흐름

재화 및 용역에 대한 구매요청서 발송 → 조달 확정 → 구매주문서 발송 → 재화 및 용역 수령증 수취 → 공급업체 송장 확인 → 대금 지불

90 #C2B 〔정답〕⑤

▌정답 TIP▌

C2B(Customer-to-Business)

소비자 대 기업간 인터넷 비즈니스이다. 인터넷이 등장하면서 생겨난 새로운 거래관계로 소비자가 개인 또는 단체를 구성하여 상품의 공급자나 생산자에게 가격이나 수량 또는 서비스 등에 관한 조건을 제시하고 구매하는 것을 말한다. 이는 인터넷을 통해 고객이 상품에 관한 정보를 생산자 못지않게 확보할 수 있게 되면서 보다 동등한 입장에서의 거래를 가능케 해주는 비즈니스형태라 할 수 있다.

20년

우리의 모든 꿈은 실현된다.
그 꿈을 밀고 나갈 용기만 있다면.

- 월트 디즈니 -

2019년

기출문제
정답 및 해설

무언가를 위해 목숨을 버릴 각오가 되어 있지 않는 한
그것이 삶의 목표라는 어떤 확신도 가질 수 없다.

– 체 게바라 –

합격의 공식 ▶
SD에듀

자격증 · 공무원 · 금융/보험 · 면허증 · 언어/외국어 · 검정고시/독학사 · 기업체/취업
이 시대의 모든 합격! SD에듀에서 합격하세요!
www.youtube.com → SD에듀 → 구독

01	02	03	04	05	06	07	08	09	10	11	12	13	14	15
④	②	⑤	③	③	④	⑤	①	①	⑤	⑤	②	③	④	②
16	17	18	19	20	21	22	23	24	25	26	27	28	29	30
③	⑤	④	③	②	④	⑤	③	③	②	⑤	③	⑤	②	③
31	32	33	34	35	36	37	38	39	40	41	42	43	44	45
④	①	③	④	①	②	②	③	④	④	②	③	③	②	④
46	47	48	49	50	51	52	53	54	55	56	57	58	59	60
③	②	⑤	②	①	⑤	⑤	④	③	③	④	⑤	⑤	③	④
61	62	63	64	65	66	67	68	69	70	71	72	73	74	75
③	②	⑤	③	⑤	③	⑤	②	①	③	③	④	③	④	①
76	77	78	79	80	81	82	83	84	85	86	87	88	89	90
②	①	①	④	①,③	⑤	①	②	④	②	④	⑤	①	⑤	③

1과목 유통물류일반

01 #지연전략 [정답] ④

오답풀이

① 지연전략은 제품의 완성을 최대한 연장시키는 전략이다.

② 주문을 받기 전까지 모든 자동화의 기본 색을 유지시키고, 이후 색상주문이 들어오면 페인트 칠을 하는 것은 제조 지연전략이다.

③ 가장 중요한 창고에 재고를 유지하며, 지역 유통업자들에게 고객의 주문을 넘겨주거나 고객에게 직접 배송하는 것은 지리적 지연전략이다.

⑤ 신차판매 시 사운드 시스템, 선루프 등을 설치옵션으로 두는 것은 제조 지연전략이다.

02 #채찍효과 [정답] ②

대규모 할인정책의 실시, 즉 프로모션 등의 가격정책은 채찍효과를 발생시키는 주요 원인에 해당한다.

03 #7R [정답] ⑤

▌정답 TIP▐

7R's 원칙

• 적절한 상품(Right goods)
• 적절한 품질(Right quality)
• 적절한 시간(Right time)
• 적절한 장소(Right place)
• 적절한 가격(Right price)
• 적절한 양(Right quantity)
• 적절한 인상(Right impression)

04 #화주기업#제3자물류업체 [정답] ③

화주기업과 제3자물류업체는 물류비 절감과 물류서비스 향상을 공동의 목표로 설정하고, 이를 달성하기 위해 양자가 계약을 맺어 정보를 공유하면서 전략적 제휴를 맺는 관계이다.

05 #수요예측방법#역사적유추법 [정답] ③

오답풀이

① 전문가 의견통합법에 해당하는 것으로 패널의 의견을 모아 예측치로 활용하는 기법

② 전문가 의견통합법에 해당하는 것으로 전문가들을 한 자리에 모으지 않고 일련의 질의서를 통해 각자의 의견을 취합하여 장기·중기 수요의 종합적 예측결과를 도출하는 기법

④ 미래에 나타날 가능성이 있는 여러 가지 시나리오를 구상해 각각의 전개 과정을 추정하는 기법으로 미래의 가상적 상황에 대한 판단적 예측이 아니라, 복수의 미래를 예측하고 각각의 시나리오에서 나타날 문제점 등을 예상해 보는 방법

⑤ 한 변수 혹은 여러 변수가 다른 변수에 미치는 영향력의 크기를 회귀방정식이라고 불리는 수학적 관계식으로 추정하고 분석하는 통계적 분석방법

06 #택배운송 [정답] ④

❙ 정답 TIP ❙
택배운송의 특징
- 문전에서 문전까지의 포괄적인 서비스를 제공
- 소형·소량화물의 수송에 적합한 수송체계
- 일관책임운송제도
- 수송서비스의 혁신성
- 단일요금체제를 확립하여 경제성 있는 운송서비스 제공
- 도시 간 간선운송과 도시 내 집배송, 지선운송을 연계시키는 운송으로 복잡한 도시 내 집배송 운송에 적합한 형태

07 #공급사슬관리 [정답] ⑤

공급사슬관리(SCM)의 효과를 제대로 발휘하고 충족시키기 위해서는 전사적자원관리(ERP), 고객관계관리(CRM) 등의 통합정보시스템 지원은 필수적이다. 특히 ERP는 재무, 생산, 판매, 물류, 인사 등 기업의 업무와 관련된 전사적인 데이터를 일원화하여 통합·관리하는 정보시스템으로 공급사슬계획 및 공급사슬 실행 시스템을 위해 필요한 기준 정보를 제공한다.

08 #직무특성이론 [정답] ①

❙ 정답 TIP ❙
해크만과 올담의 직무특성이론
직무 성과, 직무 만족과 같은 요인들이 어떻게 직무의 특성에 의해 영향을 받는지를 잘 설명해주는 이론으로서, 올담과 해크만은 핵심적인 다섯 가지의 직무 특성이 개인의 심리상태에 영향을 미쳐 직무 성과를 결정짓는 요인으로 작용하며, 그 과정에서 개인의 성장욕구가 중요한 변수로서 작용한다고 보았다.
- 기술 다양성(Skill Variety) : 직무를 수행하는 데 있어 여러 가지 기능이나 재능을 사용하는 다양한 활동들이 요구되는 정도와 그의 기능과 능력을 발휘할 수 있도록 하는 기회를 제공하는 정도

- 과업 정체성(Task Identity) : 직무가 요구하는 전체로서의 완결정도를 의미하는 것으로 직무의 전체 작업 중에서 차지하고 있는 범위의 정도
- 과업 중요도(Task Significance) : 직무자체가 관련 조직이나 일반사회의 다른 사람들의 생활에 실질적인 영향을 미치는 정도
- 자율성(Autonomy) : 작업자들이 작업의 일정과 방법을 채택하는 데 부여된 자유, 독립성, 재량권 등
- 피드백(Feedback) : 작업자가 행한 일이 얼마나 유효하게 수행되었는가에 대한 정보를 습득하는 정도

09 #소매상직무설계과정 [정답] ①

❙ 정답 TIP ❙
소매상의 직무설계과정
효율적인 직무수행 및 직무수행자의 만족도 향상을 위해 직무의 내용과 수행방법, 직무간 관계 등을 설정하는 과정으로, 다음과 같은 순서로 수행된다.

> 과업규명 → 과업도식화 → 직무기술과 직무명세의 개발 → 직무분석 및 장·단기평가

10 #전략적이익모형 [정답] ⑤

모형은 수익성 향상을 위한 3가지 가능한 방법들을 제시하는데, 자산회전율을 높이거나, 이익마진을 증가시키거나, 레버리지 효과를 높이는 것 등이다.

❙ 정답 TIP ❙
전략적 이익모형 = 순이익률 × 자산회전율 × 레버리지비율

11 #물류아웃소싱성공전략 [정답] ⑤

❙ 정답 TIP ❙
물류아웃소싱의 성공전략
- 최고 경영자의 아웃소싱에 대한 지속적인 관심과 실천 의지가 성공을 위한 선결조건이다.
- 자사의 핵심사업 영역을 명확히 하고, 여기에 필요한 핵심역량을 구축해야 한다.
- 아웃소싱을 고려할 경우에 자신의 중요한 핵심역량을 상실할지도 모를 가능성에 대하여 미리 충분한 고려를 하여야 한다.
- 기업의 각각의 기능, 부문간의 밀접한 상호협력 관계를 잃지 않도록 유의하여야 한다.
- 아웃소싱을 담당할 수 있는 관련기업과의 네트워크를 구축하는 것이 필요하다.
- 공급업체를 통제하기 위해서 한 공급업체에 의존하기보다는 복수의 업체를 이용한다.
- 아웃소싱 제반비용을 정확히 계산해야 한다.
- 공급업체에 대한 명확한 품질기준과 평가기준을 확립하고, 이를 철저히 관리해야 한다.
- 멀티컬쳐(Multi-Culture)의 조직문화를 조직 내에 정착시켜야 한다.

12 #재고총이익률 　　　　　　　　　정답 ②

오답풀이

① · ⑤ GMROI는 총마진수익률이라고 하며, 총수익률×
재고회전율로 나타낸다. 이는 매출총이익을 평균 재고
로 나눈 것과 같다.

③ GMROI은 효율적인 총이익률관리와 재고회전율관리
통해 소매점의 성과를 높이는 데 목적이 있다.

④ GMROI를 높이기 위해서는 재고회전율, 총수익률을
증가시키거나 평균재고액을 낮추어야 한다.

13 #산업구조분석모형 　　　　　　　　정답 ③

┃정답 TIP┃

마이클포터(Michael Porter)의 산업구조분석 모형

• 기존 기업과의 경쟁 : 대부분의 산업에서 경쟁의 양상과
산업 전체의 수익률을 결정하는 가장 중요한 요인은 이
미 그 산업 내에서 경쟁하고 있는 기업들 간의 경쟁관계
이다.

• 잠재적 시장진입자와의 경쟁 : 기존 기업들이 신규진입
기업에 비해 가지는 우위를 진입장벽이라 하는데 신규
진입자들은 여러 가지 새로운 방식으로 진입을 시도
한다.

• 대체재와의 경쟁 : 대체재가 많으면 많을수록 기업들이
자신의 제품이나 서비스에 높은 가격을 받을 수 있는 가
능성은 줄어든다.

• 구매자 협상력 : 제품차별화가 심할수록 구매자는 가격
에 대해 민감하지 않게 된다. 구매자의 협상능력에 더
영향을 미치는 것은 판매하는 기업과 구매하는 기업 간
의 협상력의 차이이다.

• 공급자의 협상력 : 강력한 구매자가 협상력을 행사하여
가격을 낮춤으로써 공급자로부터 이익을 빼앗을 수 있
는 것처럼, 공급자들도 자신의 협상능력이 강할 때 가격
을 높임으로써 이윤의 폭을 넓힐 수 있다.

14 #전통적전략#가치혁신전략 　　　　　정답 ④

자산과 능력 항목에서 전통적 전략은 현재 가지고 있
는 것으로 최대한의 성과를 개선할 수 있는 방법을 연
구하고, 가치혁신 전략은 만약 새롭게 시작하면 어떨
까하는 방법을 연구한다.

15 #유통기업#외부적환경 　　　　　　　정답 ②

자사의 핵심역량, 비전, 목표, 정책 등의 전략적 환경
은 유통기업의 내부적 환경에 대한 내용이다.

16 #사회적책임 　　　　　　　　　　　　정답 ③

오답풀이

① 법적 책임 – 도덕적 가치의 수호

② 경제적 책임(본질적 책임) – 이윤극대화

④ 윤리적 책임 – 기업윤리의 준수

⑤ 재량적 책임 – 기부활동

17 #유통경로성장전략 　　　　　　　　　정답 ⑤

다른 회사의 매입, 매각과 결합을 다루는 기업전략은
인수합병전략이다. 전략적 제휴는 경쟁 또는 협력관
계의 기업 및 사업부 사이에 일시적으로 협력관계를
구축하는 것으로 자원과 위험을 공유하거나 신제품 개
발과 시장진입의 속도를 단축할 수 있게 해준다.

18 #상인조직 　　　　　　　　　　　　　정답 ④

"상인조직"이란 상점가의 점포에서 상시적으로 직접
사업을 하는 상인들로 구성된 법인·단체 등으로서 대
통령령으로 정하는 것을 말한다.

19 #단속형거래#관계형교환 　　　　　　정답 ③

┃정답 TIP┃

경로시스템 내의 거래관계의 유형

• 단속형 거래 : 유통경로 내 거래당사자들이 현재의 거래
를 통해 최대의 이윤을 올리고자 하는 거래형태

• 관계형 교환 : 유통경로 내 거래당사자들이 현재 및 미
래의 경로성과 모두에 관심을 가지며 연속적 거래를 통
해 발생되는 이윤을 극대화하고자 하는 거래형태

항 목	단속형 거래	관계형 교환
거래처에 대한 관점	단순고객으로서의 거래처	동반자로서의 거래처
지배적 거래 규범	계 약	거래윤리
거래경험의 중요성	낮 음	높 음
신뢰의 중요성	낮 음	높 음
잠재거래선의 수	다수의 잠재거래선	소수의 잠재거래선

20 #연기-투기이론 　　　　　　　　　　정답 ②

오답풀이

① 기능수행의 경제적 효율성 여부, 즉 기능을 얼마나 효
율적으로 수행하는가의 여부에 의해 결정되는 이론

③ 기업조직의 생성과 관리는 거래비용을 최소화하기 위
해 이루어지고 있다는 이론

④ 얼마나 많은 수의 점포를 특정 지역에 설립해야 하고,
경로 흐름에서 어떤 유형의 경로구성원이 필요한지를
결정하여 이를 통해 실재고객과 잠재고객의 욕구를 실
현하는 것

⑤ 경로 구조를 결정하는 데 여러 가지 고려해야 할 요인
(시장요인, 제품요인, 기업요인, 경로구성원요인, 환
경요인 등)들을 고려하여 중간상을 결정하는 방법을
설명하는 이론

21 #업종#업태 정답 ④

업종과 업태의 개념

- 업태 : 영업 또는 기업의 소매업의 형태로서 '어떠한 방법으로 판매하고 있는가'의 의미이다. 즉, 가격대의 차이로 분류한 것을 말하며, 구체적으로 상품계열별, 취급상품의 가격대별, 판매방법별, 시스템 통제방법 등에 따라 다양한 형태로 나타난다.
- 업종 : 업태 중에서 세분화된 사업의 분류를 뜻하는 것으로 영업 또는 사업의 소매업 형태로서 '무엇을 판매하고 있는가(What to sell)'를 의미한다. 구체적으로 소매기업이 취급하는 주력상품의 총칭이며, 무엇을 주력으로 판매하고 있느냐 하는 것을 나타낸다.

┃정답 TIP┃

항 목	업종개념	업태개념
시 각	생산자	소비자
주도자	제조업체	소매업체
분류기준	제품성격	소매전략
점포크기	소규모	대규모
장 점	제조업체의 통제 용이	소비자 편리, 소매효율 증대, 거래촉진

22 #유통#유통경로 정답 ⑤

오답풀이

① 장소적 조정기능은 물적기능에 포함된다.
② 수직적경로시스템이란 경로구성원의 특유자산을 이용하여 효과적인 마케팅을 전개하는 생산·도매·소매업의 협동시스템이다. "생산자가 제품을 최종 소비자에게 제시하는 유통구조의 통로"는 유통경로에 대한 정의이다[하워드(J. A. Howard)].
③ 중간상의 개입으로 거래의 총량이 감소하게 되어 제조업자와 소비자 양자에게 실질적인 비용 감소를 제공하는 것을 총 거래수 최소화원칙이라 한다.
④ 제조분야는 고정비 비중이 변동비보다 커서 생산량이 증가할수록 단위당 생산비용이 감소하는 규모의 경제가 작용하지만, 유통은 변동비 비중이 커서 변동비 우위의 원리가 적용된다.

23 #시뮬레이션모형 정답 ③

오답풀이

① 주행거리를 단축하여 배송하는 기법
② 수·배송을 다수의 출발지에서 다수의 도착지까지 최소비용과 최대이익을 실현하면서 효율적으로 수행하고자 하는 문제를 선형계획모형을 도입하여 해결하는 기법

④ 최적경로의 해를 찾는 기법
⑤ 탐색적 모형으로 한정된 시간 내에 수행하기 위해 최적의 해 대신 현실적으로 만족할 만한 수준의 해를 구하는 기법

24 #유통산업역할 정답 ③

┃정답 TIP┃
유통산업의 경제적·사회적 역할의 구분

구 분	내 용
경제적 역할	• 생산자와 소비자 간의 매개 역할 : 생산자와 소비자가 직접 거래할 경우에 발생하는 제반비용을 감소시켜 주고, 양자의 중간에서 각각의 정보를 상대방에게 제공함으로써 소비자니즈에 맞는 제품을 생산 • 고용창출 : 유통산업은 3차산업 중 가장 비중이 높고, 앞으로 지속적인 성장으로 높은 고용창출 효과가 기대 • 물가조정 : 유통구조가 효율화되면 제품의 최종 소비자가격은 낮아지고, 제조업의 유통경로에 대한 투자위험을 흡수하며, 유통업체간, 제조업과 유통업체 간 경쟁을 촉진함으로써 물가를 조정하는 역할을 담당 • 산업발전의 촉매역할 : 유통부문이 신규시장을 활발히 개척하면서 제조업체에 대한 유통업의 거래 교섭력이 증가하여 제조업체 간 경쟁을 촉발시키고 제조업 전체의 경쟁력 제고
사회적 역할	• 풍요로운 사회에 공헌 : 질 좋은 제품을 소비자에게 안정적으로 값싸게 공급함으로써 풍요로운 국민생활에 공헌하는 역할 • 소비문화의 창달 : 유통시설은 도시번화가 상업시설의 핵심을 이루면서 도시발전의 지표와 상징적 역할을 하며, 소비자의 소비·쇼핑패턴의 변화는 사회 전체의 소비문화를 결정짓는 중요한 요소

25 #소매차륜이론 정답 ②

오답풀이

㉠ – 소매점 아코디언 이론
㉣·㉤ – 변증법적 과정

26 #용적률#건폐율
정답 ⑤

용적률을 계산할 때는 지하층의 바닥면적, 지상층의 면적 중에서 주차용으로 쓰는 것, 주민공동시설의 면적, 초고층 건축물의 피난안전구역의 면적은 포함시키지 않는다.

27 #상권경쟁분석
정답 ⑤

┃정답 TIP┃
상권경쟁분석
- 업태내 경쟁구조 : 유사한 상품을 판매하는 서로 동일한 형태의 소매업체간 경쟁구조 분석
- 업태간 경쟁구조 : 유사한 상품을 판매하는 서로 상이한 형태의 소매업체간 경쟁구조 분석
- 위계별 경쟁구조 : 도심, 부심, 지역중심, 지구중심의 업종을 파악·분석
- 잠재적 경쟁구조 : 신규 소매업 진출 예정 사업체 및 업종의 파악·분석
- 업체간 보완관계 : 단골고객의 선호도 조사, 고객의 특성 및 쇼핑경향 분석, 연령·소득·직업 등 인구 통계학적 특성, 문화·사회적 특성의 파악·분석

28 #용도지역의세분
정답 ③

┃정답 TIP┃
용도지역의 세분(국토의 계획 및 이용에 관한 법률 시행령 제30조)
- 상업지역
  - 중심상업지역 : 도심·부도심의 상업기능 및 업무기능의 확충을 위하여 필요한 지역
  - 일반상업지역 : 일반적인 상업기능 및 업무기능을 담당하게 하기 위하여 필요한 지역
  - 근린상업지역 : 근린지역에서의 일용품 및 서비스의 공급을 위하여 필요한 지역
  - 유통상업지역 : 도시내 및 지역간 유통기능의 증진을 위하여 필요한 지역

29 #상권크기
정답 ②

배후지의 인구밀도가 높을수록 소매점포의 상권은 더 작다.

30 #소매점건물구조
정답 ③

오답풀이
① 점포의 깊이에 비해 너비가 넓으면 구매빈도가 높은 일용품이나 식품의 매장으로 적합하다.

② 정면너비가 넓으면 입구에서 점포를 다 볼 수 있기 때문에 친근감을 주어서 고객의 내점률을 높이는 데 도움을 준다.
④ 소매점의 넓은 정면너비는 시계성과 편의성에 큰 영향을 미친다.
⑤ 깊이가 정면너비보다 깊으면 고객의 접근성을 제한할 수 있다.

31 #유추법
정답 ④

유추법은 서술적 방법에 의한 상권분석기법이다.

┃정답 TIP┃
신규점포에 대한 상권분석의 구분

구 분	내 용
서술적 방법	체크리스트법, 유추법, 현지조사법, 비율법
규범적 모형	중심지 이론, 소매중력(인력)법칙, 컨버스법칙
확률적 모형	허프 모형, MNL 모형, MCI 모형

32 #Huff모델
정답 ①

Huff모델은 확률적 모형에 해당하는 것으로 소매인력법칙과 달리 상권의 크기를 결정하는 데 있어 소비자의 행동을 고려하지 않는다. 소매인력법칙 등의 규범적인 접근방법에서 효용함수의 모수(a, b)값이 사전에 결정되는 반면, 확률적 모형에서는 소비자의 효용함수를 결정하기 위하여 실제 소비자의 점포선택행동을 이용한다는 점에서 차이가 있다

33 #체크리스트법
정답 ③

체크리스트법은 매출액을 추정하기는 어렵다.

┃정답 TIP┃
체크리스트법의 장·단점

장 점	• 이해하기 쉽고 사용하기 쉬우며, 비용이 상대적으로 적게 든다. • 체크리스트를 달리할 수 있는 유연성이 있다.
단 점	• 주관적인 분석이 될 수 있다. • 변수선정에 따라 다양한 해석이 도출된다. • 매출액을 추정하기는 어렵다.

34 #GIS
정답 ④

GIS에서 버퍼는 지도 주변의 거리의 단위나 시간을 나타내는 구역으로 근접 분석에 유용하며, 물체의 일부에 따른 모든 노드에서 특정한 최대 거리를 갖는 점들의 집합에 의해 결정된 경계 영역으로 정의되는 영역이다.

19년

35 #주거교통 정답 ①

일상적 필요를 충족시키는 기본 필수품 취득은 주로 주거지 근처에서 이루어지므로 주거 교통(living traffic)에 대한 설명에 해당한다.

36 #소매점상권 정답 ②

소매점의 상권에 포함되는 소비자들은 이질적이다.

37 #상권단절요인 정답 ②

6차선 이상의 도로는 차들이 빠른 속도로 지나가는 도로이기 때문에 대다수 사람들이 이를 건너는 것을 위험요인으로 인지해 상권을 단절시키는 요인이지만, 4차선 이하의 도로일 경우에는 차량의 속도가 느려지며 횡단보도를 통해 이동이 가능하기 때문에 상권이 단절되지 않는다.

| 정답 TIP |
상권단절요인
- 자연 지형물 : 하천, 공원 등
- 인공 지형물 : 도로(6차선 이상), 철도
- 장애물 시설 : 쓰레기처리장, 학교, 병원
- C급지 분포업종 : 카센터, 공작기계, 우유대리점, 가구점, 표구점, 기타 기술위주업종
- 기타 : 주유소, 공용주차장, 은행 등

38 #파워센터입지업종 정답 ③

| 정답 TIP |
파워센터(power center)
- 종래의 백화점이나 양판점과는 달리 할인점이나 카테고리 킬러 등 저가를 무기로 하여 강한 집객력을 가진 염가점들을 한 곳에 종합해 놓은 초대형 소매센터
- 여러 종류의 전문 할인점들이 임대의 형식으로 들어오게 되는 구조

39 #입지유형 정답 ④

| 정답 TIP |
생산구조와 소비구조의 특징에 따른 입지유형
- 소량생산 – 소량소비 : 수집, 중계, 분산기능이 모두 필요함(농수산물의 유통)
- 소량생산 – 대량소비 : 수집, 중계기능이 필요함(농산물이나 임산물의 가공)
- 대량생산 – 소량소비 : 중계, 분산기능이 필요함(생필품이나 공산품의 유통)
- 대량생산 – 대량소비 : 중계기능만 필요함(공업용 원료나 광산물의 유통)

40 #중심지이론 정답 ④

| 정답 TIP |
중심지이론
- 크리스탈러는 중심지의 최대도달거리가 최소수요충족거리보다 커야 상업시설이 입지할 수 있다고 주장하였다.
- 중심지는 그 기능이 넓은 지역에 미치는 고차중심지로부터 그보다 작은 기능만 갖는 저차중심지까지 여러 가지 계층으로 나뉜다.

41 #권리금 정답 ②

| 정답 TIP |
권리금의 정의 등(상가건물임대차보호법 제10조의3 제1항)
권리금이란 임대차 목적물인 상가건물에서 영업을 하는 자 또는 영업을 하려는 자가 영업시설·비품, 거래처, 신용, 영업상의 노하우, 상가건물의 위치에 따른 영업상의 이점 등 유형·무형의 재산적 가치의 양도 또는 이용대가로서 임대인, 임차인에게 보증금과 차임 이외에 지급하는 금전 등의 대가를 말한다.

42 #보증실현의법칙 정답 ③

| 정답 TIP |
동선의 심리법칙
- 최단거리실현의 법칙 : 인간은 최단거리로 목적지에 가려는 심리가 있기 때문에 안쪽 동선이라고 하는 뒷길이 발생한다.
- 보증실현의 법칙 : 인간은 먼저 득을 얻는 쪽을 택한다. 즉 길을 건널 때에도 최초로 만나는 횡단보도를 이용하려는 경향이 있다.
- 안전중시의 법칙 : 인간은 본능적으로 위험하거나 모르는 길 또는 다른 사람이 잘 가지 않는 장소에는 가려고 하지 않는 심리가 있다.
- 집합의 법칙 : 대부분의 사람들은 군중 심리에 의해 사람이 모여 있는 곳에 모인다.

43 #점포임차 정답 ③

점포를 임차할 경우에는 임차할 점포의 용도 및 면적, 입점 가능한 업종, 권리관계의 복잡성 여부, 점포 임차비용과 인계 사유 등을 고려해야 한다.

44 #최소비용이론 정답 ②

오답풀이
①·③·⑤ 원료지향형 입지
④ 노동지향형 입지

베버의 최소비용이론

- 정의 : 수송비, 노동비, 집적이익을 고려해 최소 생산비 지점을 찾아 공장의 최적입지를 결정하는 이론
- 공장부지의 입지요인

원료지향형	• 중량감소산업, 부패하기 쉬운 원료, 물품을 생산하는 공장 • 산출제품의 중량이나 부피가 투입원료의 중량이나 부피보다 작은 경우 • 편재원료(국지원료)를 많이 투입하는 공장
시장지향형	• 중간재나 완제품을 생산하는 공장, 중량증가산업, 완제품의 부패성이 심한 산업 • 산출제품의 중량이나 부피가 투입원료의 중량이나 부피보다 큰 경우 • 보편원료를 많이 투입하는 공장
자유입지형	• 수송비나 노동비에 비해 부가가치가 큰 공업 • 고도의 대규모 기술집약적 산업
중간지향형	• 제품이나 원료의 수송수단이 바뀌는 이적지점 또는 적환지점이 있는 경우 • 원료의 해외의존도가 높은 공업
집적지향형	• 수송비의 비중이 적고, 기술연관성이 높은 산업 • 기술, 정보, 시설, 원료 등을 공동이용함으로써 비용을 절감하는 경우
노동지향형	• 의류나 신발같이 노동집약적으로 미숙련공을 많이 사용하는 산업 • 저임금 지역에 공장이 입지하는 경우

45 #IRS#MEP 　　　　　　　　정답 ④

IRS와 MEP를 동시에 고려할 때에는 두 지수 값이 가장 큰 지역이 매력성이 가장 높은 지역이다.

3과목　유통마케팅

46 #손익계산서 　　　　　　　　정답 ③

오답풀이

① 기간 말의 경제적 상태를 나타내는 보고서는 재무상태표이다.
② 자금의 조달과 운용상태를 나타내는 보고서는 재무상태표이다.
④ 일정기간의 현금흐름을 표시하는 보고서는 현금흐름표이다.
⑤ 한 기간의 매출액이 당해 기간의 총비용과 일치하는 점(손익분기점)을 분석한 보고서는 순익분기도표이다.

손익계산서

- 일정기간 동안 발생하는 수익과 비용을 기록하여 당해 기간 동안 얼마만큼의 이익 또는 손실을 보았는지 경영성과를 보여주는 보고서
- 일정 기간 동안 기업이 생산한 제품이나 매입한 상품을 얼마나 판매하였으며, 그와 관련된 원가는 얼마이고, 판매활동이나 관리활동을 위해 지출한 비용은 얼마인가를 보여주는 것

47 #판단표본추출 　　　　　　　　정답 ②

오답풀이

① 임의로 응답자 모집 편의를 고려하여 특정한 샘플링 기준을 두지 않고 모집하는 방법
③ 2단추출법의 내표로, 제1차 추출단위인 군락을 그 크기에 비례하여 제1차 추출하고 제2차 추출은 선택된 군락 안에서 요소를 선발하는 방법
④ 모집단을 이질적인 구성요소를 포함하는 여러 개의 집락으로 구분한 다음 구분된 집락을 표출단위로 하여 무작위로 몇 개의 집락을 표본으로 추출하고 이를 표본으로 추출된 집락에 대하여 그 구성단위를 전수조사하는 방법
⑤ 모집단을 구성하고 있는 집단에서 집단의 구성요소의 수에 비례해서 표본의 수를 할당하여 각 집단에서 단순무작위 추출방법으로 추출하는 방법

> **판단표본추출**
>
> 조사하고자 하는 모집단을 전형적으로 대표하는 것
> 으로 판단되는 사례를 표본으로 선정하는 방법이다.
> 이 방법은 조사자가 연구목적 달성에 도움이 될 수
> 있는 구성요소를 의도적으로 표출하는 것으로 모집
> 단 및 구성요소에 대한 풍부한 사전지식을 가지고
> 있을 때 유용하다(비확률표본추출방법).

48 #시장세분화#4P전략 〔정답〕⑤

ⓐ 시장세분화 : 어느 특정한 제품군에 대해서 보이는
의견, 태도, 구매행위 등에서 비슷한 성향을 지니
는 사람을 다른 성향을 지닌 사람들의 집단과 분류
해서 하나의 집단으로 묶어가는 과정

ⓑ 4P전략 : 기업은 마케팅 활동을 보다 체계적으로
수행하기 위해 마케팅 믹스를 사용하는데, 마케팅
믹스는 기업이 마케팅 목표에 도달할 수 있도록 하
기 위한 여러 요인들을 통합적으로 관리하는 것을
말하며, 일반적인 관리요소로 4P인 제품(Product),
장소(Place), 촉진(Promotion), 가격(Price)이 있
다. 이러한 4P요소를 기초로 하여 수많은 고객들
의 구매패턴과 자료를 포착할 수 있다.

49 #구매심리단계별고객응대 〔정답〕②

흥미 단계에서는 판매에 대한 접근, POP 광고, 셀링
포인트를 강조하는 대응을 해야 한다.

50 #시장침투가격 〔정답〕①

▌정답 TIP ▌

시장침투가격(market penetration pricing)
수요가 가격에 대하여 민감한 가격탄력도가 높은 신제품
을 도입하는 초기에 있어서 저가격을 설정함으로써 신속
하게 시장에 침투하여 시장을 확보하려는 가격정책으로
장기적인 이익을 올리는 것을 목표로 한다.

오답풀이

② 초기에 고가정책을 취함으로써 높은 가격을 지불할 의
사를 가진 소비자로부터 큰 이익을 흡수한 뒤 제품 시
장의 확장에 따라 가격을 조정하는 방식이다.
③ 완전경쟁시장 하에서 수요와 공급이 일치되는 점에서
결정되는 상품의 가격을 말한다.
④ 주요한 제품과 함께 사용하여야 하는 종속제품에 대한
가격을 결정하는 방법으로 주 제품에 대한 생산업체는
종종 주제품의 가격을 낮게 정하고, 종속제품은 높은
마진을 보장하게 하는 가격책정전략을 활용한다.
⑤ 몇 개의 제품을 묶어서 인하된 가격으로 결합된 제품
을 제공하는 방법이다.

51 #CRM 〔정답〕⑤

CRM은 고객의 정보, 즉 데이터베이스를 기초로 고객
을 세부적으로 분류하여 효과적이고 효율적인 마케팅
전략을 개발하는 경영전반에 걸친 관리체계이며, 이
를 정보기술이 밑받침되어 구성된다. CRM을 구현하
기 위해서는 고객 통합 데이터베이스(DB)가 구축되어
야 하고, 구축된 DB로 고객 특성(구매패턴, 취향 등)
을 분석하여 고객 개개인의 행동을 예측해 다양한 마
케팅 채널과 연계되어야 한다. 이러한 데이터를 이용
하여 유통채널과의 관계 개선, 시장세분화 능력 개선,
제품 개선을 위한 피드백, 기업내부의 조직 역량 강화
를 위한 정보 등을 획득할 수 있다.

▌더 알아보기 ▌

CRM 경영의 4대 핵심전략

고객 가치창조증대	종업원 가치창조 증대
• 신규고객과 기존고객 관리 비중 조화 • 우량고객 특별관리 프로그램 • 고객유지율 개선 → 수익성 증대 • 고객과의 관계 개선 • 고객에게 이익 환원	• 직원자원의 무형자 산화 • 직원능력 개발과 동 기부여 • 적정 인센티브와 에 로 해결 • 종업원 로열티 향상 프로그램
투자자 가치창조증대	**고객정보시스템 가치 증대**
• 투자자의 기업가치 측정 • 투자자로부터 받은 혜택과 비용 정산 • 투자자의 의견 수렴 경영 반영 • 투자자 이탈방지 프 로그램	• 고객등급 분류에 의 한 효율성 제고 • 고객 생애가치 증대 • 고객응대 서비스 기 능 확대 • 고객 만족도 조사(피 드백)

52 #소매가격전략 〔정답〕⑤

EDLP의 경우 상시 저가전략이기 때문에 High-Low
가격 전략에 비해 수요변동성이 낮고 효율적인 물류시
스템 구축을 통한 상품의 재고관리가 용이하다는 장점
이 있다.

53 #단품관리 〔정답〕④

단품관리를 통해 판매 추세에 따라 진열면적이 조정되
므로 품절이 줄어든다.

┃ 정답 TIP ┃

단품관리

- 상품을 품목, 단위별 수량관리를 통해 최소단위로 분류해서 그 단위품목을 관리하는 방식
- 단품마다 판매수량이 파악되므로 판매에 대한 상품 정보를 정확히 알고 판매에 활용
- 단품관리의 효과
  - 매장효율 향상
  - 과다 입고 감소
  - 품절감소
  - 매장의 적정규모 파악 가능
  - 부문별 진열면적 조정 가능
  - 중점 상품의 관리 용이
  - 책임소재 명확
  - 노동생산성 향상
  - 경상이익 증가
  - 영업력 증가

54 #유통경쟁형태　　　　　　　　　　　정답 ③

┃ 정답 TIP ┃

유통경쟁의 형태

- 수평적 경쟁 : 유통경로의 동일한 단계에 있는 경로구성원들간의 경쟁
- 수직적 경쟁 : 서로 다른 경로수준에 위치한 경로구성원 간의 경쟁
- 업태내 경쟁 : 유사한 상품을 판매하는 서로 동일한 형태의 소매업체간 경쟁
- 업태간 경쟁 : 유사한 상품을 판매하는 서로 상이한 형태의 소매업체간 경쟁

55 #가격전략　　　　　　　　　　　　　정답 ③

성장률 및 시장점유율 극대화를 위해서는 저가전략을 사용한다.

┃ 정답 TIP ┃

가격변경전략

저가전략	고가전략
• 과잉시설이 있고 경제가 불황인 경우 • 격심한 가격경쟁에 직면하여 시장점유율이 저하되는 경우 • 저원가의 실현으로 시장을 지배하고자 하는 경우 • 소비자의 수요를 자극하고자 할 경우 • 시장수요의 가격탄력성이 높을 경우	• 비용 인플레이션으로 원가가 인상된 경우 • 초과수요가 있는 경우 • 경쟁우위를 확보하고 있을 경우 • 이익증대가 목표인 경우

56 #포지셔닝#차별화　　　　　　　　　정답 ④

차별화 전략의 핵심은 고객에게 품질이나 디자인에서 어떤 결정적 차이점(decisive difference)을 제시하느냐에 있다

57 #마케팅관리철학　　　　　　　　　　정답 ⑤

┃ 정답 TIP ┃

마케팅 관리철학

생산개념	경영자는 생산성을 높이고 유통효율을 개선시키려는 데 초점을 두어야 한다는 관리철학
제품개념	소비자들은 품질, 성능, 특성 등이 가장 좋은 제품을 선호하기 때문에 조직체는 계속적으로 제품개선에 노력을 기울어야 한다는 관리철학
판매개념	어떤 조직이 충분한 판매 및 촉진노력을 기울이지 않는다면 소비자들은 그 조직의 제품을 충분히 구매하지 않을 것이라는 관리철학
마케팅개념	조직의 목표를 달성하기 위해서는 표적시장의 욕구와 욕망을 파악하고 이를 경쟁자보다 효과적이고 효율적인 방법으로 충족시켜 주어야 한다고 보는 관리철학
사회지향적 마케팅개념	마케팅과정에서 고객과 사회의 복지를 보존하거나 향상시킬 수 있어야 한다는 관리철학

58 #구매욕구세분화　　　　　　　　　　정답 ⑤

상징적 편익은 소비자들이 제품 구매를 통해 사회적으로 인정받고 싶어 하는 욕구를 채워 주는 것이다.

59 #마케팅개념　　　　　　　　　　　　정답 ③

생산개념의 마케팅철학에서는 기업이 제품을 만들기만 하면 팔렸기 때문에 대량생산을 통해 소비자가 원하는 수량만 맞추면 기업 활동에 아무 문제가 없었다. 따라서 이 시기의 기업에게 마케팅 관리 목표는 이익 극대화였고, 마케팅이라는 개념보다는 생산의 확대가 더욱 필요했기 때문에 기업은 고객의 편의나 만족도를 높이기 위한 활동보다는 생산시설과 유통망을 늘리는 데 더욱 노력했다.

60 #프리미엄 [정답] ④

오답풀이

① 제품 구매 시에 소비자에게 일정 금액을 할인해 주는 증서를 의미한다. 신제품의 시용 및 반복구매를 촉진시키고, 타사 고객들을 자사 고객으로 유인하는 데 효과적이며 여러 배포경로를 가지므로 목적에 맞도록 표적시장만을 선별하여 배포가 가능하다.

② 주로 신제품의 경우 구매자들이 시험삼아 사용할 수 있을 만큼의 양으로 포장하여 무료로 제공하는 것을 말한다. 보통 화장품 및 샴푸 등이 이에 속한다. 샘플은 잠재고객으로 하여금 제품의 시용을 통해서 반복사용을 유도함으로써 판매가 일어나도록 하는 방법이다.

③ 소비자가 구매하는 시점에서 즉시 현금으로 되돌려 주는 것을 말한다.

⑤ 같은 제품 또는 관련 제품 몇 가지를 하나의 세트로 묶어 저렴한 가격에 판매하는 것을 말한다.

61 #유통산업발전법 [정답] ③

│ 정답 TIP │
유통관리사의 직무
• 유통경영·관리 기법의 향상
• 유통경영·관리와 관련한 계획·조사·연구
• 유통경영·관리와 관련한 진단·평가
• 유통경영·관리와 관련한 상담·자문
• 그 밖에 유통경영·관리에 필요한 사항

62 #촉진믹스 [정답] ②

오답풀이

① 기업, 단체 또는 관공서 등의 조직체가 커뮤니케이션 활동을 통하여 스스로의 생각이나 계획·활동·업적 등을 널리 알리는 활동

③ 판매원이 고객과 직접 대면하여 대화를 통하여 자사의 제품이나 서비스의 구매를 설득하는 촉진활동

④ 전화, 카탈로그, TV, 라디오광고는 물론 PC 통신, 인터넷쇼핑몰 등을 통해 소비자와 직접적으로 접촉하면서 빠른 시간 내에 고객을 확보하고, 동시에 측정이 가능한 일종의 쌍방향 마케팅

⑤ 다이렉트 마케팅 수단에 해당하는 것으로 기업에서 제공하는 제품의 특징 및 장점을 소비자에게 전달하려는 목적으로 카탈로그를 제작하여 배포하는 마케팅

63 #푸시전략 [정답] ⑤

푸시전략은 주로 제조업체가 유통업체를 대상으로 판촉과 인적판매 수단을 동원해 마케팅 활동을 집중하는 것을 말하며, 제조업체가 자사 신규제품에 대한 시장 창출을 소매 유통업체에게 의존하는 전략이다.

64 #머천다이징 [정답] ③

머천다이징은 제조업의 머천다이징과 소매업의 머천다이징으로 구분할 수 있다. 제조업자의 머천다이징은 스타일, 사이즈, 색상, 품질, 가격에 대한 소비자의 욕구를 파악하는 것에서부터 시작되고, 업무에는 상품디자인, 소재 선정, 정보 수집, 포장 디자인, 가격 결정, 광고와 판매촉진 방법의 결정, 판매지원 등이 포함된다.

65 #POP#배너 [정답] ③

배너는 POP 광고의 일종으로 점포 내부에 설치하는 것보다는 점포 외부에 비치하는 것이 더욱 효과적이다. 외부에 설치시 오늘의 파격적인 행사나 정기적인 프로모션 등을 연출하면 고객들을 쉽게 유혹할 수 있다.

│ 더 알아보기 │

POP 광고의 종류	
점포 외부 POP	고객의 시선을 집중시키고 호기심을 유발하여 판매점의 이미지 향상과 고객을 점포내로 유도하는 역할 [예] 윈도우 디스플레이, 연출용 POP, 행사포스터, 현수막, 간판 등
점포 내부 POP	고객에게 매장 안내와 상품코너를 안내해주고, 이벤트 분위기를 연출하여 충동구매를 자극하는 역할 [예] 사인보드, 일러스트 모빌류, 행거 안내 사인, 상품코너 포스터 등
진열 POP	가격, 제품비교, 제품정보 등을 안내하며, 타 상품과의 차별화를 주는 이익 및 장점을 안내하여 고객의 구매결정을 유도하는 역할 [예] 제품안내카드, 가격표 등

66 #샌드위치진열 [정답] ③

오답풀이

① 곤돌라내 동일 품종의 상품을 세로로 진열하는 방법으로 움직이는 소비자들의 시선흐름을 수직적으로 만들어서 각 상품의 부문을 효율적으로 보게 만드는 방식이다.

② 가로 방향으로 진열하는 방법으로 우수한 자석부문(Power Group)이 있는 경우에 유리한 방식이다.

④ 사람의 시선은 상품명을 읽기 위해 좌측에서 우측으로 움직이기 때문에 우측에 고가격·고이익·대용량 상품을 진열하고, 새로 보충하는 상품은 좌측에 진열한다.

⑤ 진열의 볼륨감을 연출하기 위한 형식으로 상품의 진열면을 가장 풍성하게 보일 수 있도록 상품을 부각시키는 방법이다.

67 #격자형#자유형　　　　　　　　　　[정답] ③

　ⓐ 격자형 : 쇼케이스, 진열대, 계산대, 곤돌라 등 진열기구가 직각 상태로 되어 있다.

　ⓑ 자유형 : 쇼케이스, 진열대, 계산대, 집기, 비품이 자유롭게 배치된 것으로 주로 백화점이나 전문점에서 쓰인다.

▌정답 TIP▌
격자형과 자유형 레이아웃의 비교

종 류	장 점	단 점
격자형	• 비용이 싸다. • 고객은 자세히 볼 수 있으며, 쇼핑이 편하다. • 상품접촉이 용이하다. • 깨끗하고, 안전하다. • 셀프서비스에 대한 판매가 가능하다.	• 단조롭고 재미없다. • 자유로운 기분으로 쇼핑할 수 없다. • 점내 장식이 한정된다.
자유형	• 구입동기가 자유스럽고 점내 이동이 자연스럽다. • 충동구매를 촉진한다. • 시각적으로 고객의 주의를 끈다. • 융통성이 풍부하다.	• 쇼핑시간이 길다. • 안정감이 없다. • 비용이 든다. • 청소가 곤란하다.

68 #점포내부환경관리　　　　　　　　[정답] ②

점포 안의 조명은 항상 밝게 하기 보다는 고객의 시선을 상품으로 끌게 하여 구매의욕을 일으키게 설계하는 등 상품을 돋보이게 하는 색채 배합과 상품의 분위기에 맞는 상점 색채를 선정함으로써 고객의 구매심리를 적극적으로 유발시키는 것이 중요하다.

69 #공간구성　　　　　　　　　　　　[정답] ①

소비자에게 정보를 전달하거나 결제를 도와주는 공간은 카운터 및 계산대 공간이다.

70 #상품관리　　　　　　　　　　　　[정답] ③
　오답풀이

① 유통업체와 공급업체 간에 협조하여 소비자의 구매형태를 근거로 소비자 구매패턴, 상품 및 시장동향 등을 파악하여 카테고리를 관리함으로써 업무를 개선시키고자 하는 것이다.

② 지속적인 관계를 통한 고객관리를 의미하며, 습관적으로 자사의 제품이나 서비스를 구매하도록 하는 마케팅 행위이다.

④ 소비자들에게 보다 더 쾌적한 상업공간을 제공하며, 판매촉진에 공헌하는 2가지 측면을 고려해서 조화를 모색하는 것이다.

4과목　유통정보

71 #오더피킹시스템　　　　　　　　　[정답] ④
　오답풀이

① 아웃바운드 콜에 대한 설명이다. 인바운드 콜은 유통업체가 고객의 전화를 받아 응대하는 것을 말한다.

② 크로스 셀링(cross selling)은 자체 개발한 상품에만 의존하지 않고 관련된 제품까지 판매하는 적극적인 판매방식으로, 고객이 선호할 수 있는 추가제안을 통해 다른 제품을 추가 구입하도록 유도하는 것을 말한다.

③ 업 셀링(up selling)은 동일한 분야로 분류될 수 있는 제품 중 소비자가 희망하는 제품보다 단가가 높은 제품의 구입을 유도하는 판매방법을 말한다.

⑤ 쇼루밍(showrooming)은 백화점과 같은 오프라인 매장에서 상품을 직접 만져보고 체험한 다음, 정작 구매는 보다 저렴한 온라인으로 하는 소비 패턴을 의미한다. 온라인 매장에서 제품을 보고, 오프라인 매장에서 제품을 구매하는 소비행태는 역쇼루밍(reverse showrooming)이다.

72 #유통업패러다임변화　　　　　　　[정답] ①

수확체감의 법칙은 전통적인 산업에 적용되던 법칙이다.

73 #크로스쇼퍼　　　　　　　　　　　[정답] ③
　오답풀이

② 불황의 지속으로 명품보다는 저렴하면서 만족할 수 있는 상품을 구매하거나 동일한 상품을 할인된 가격에 구매하기 위해 새로운 유통경로를 찾는 소비자

⑤ '생산자(Producer)'와 '소비자(Consumer)'를 합성한 말로 고객 자신이 기업의 생산과정에 직접 참여하여 제품 및 서비스도 이제는 소비자가 원하는 방향으로 만들어져야 경쟁력이 있다는 것을 의미

74 #4차산업혁명　　　　　　　　　　　[정답] ④

사이버 물리 시스템(Cyber Physical Systems)의 이용이 증가한다.

▌더 알아보기▌

사이버 물리 시스템(Cyber Physical Systems)
• 이종 시스템들이 상호 연동되는 초연결 및 사물인터넷 실현을 위한 기술로서 센서와 액추에이터를 갖는 물리시스템과 이를 제어하는 컴퓨팅이 강력하게 결합된 네트워크 기반 분산 제어 시스템
• 센서와 엑추에이터를 이용해 물리 프로세스를 모니터링 함으로써 물리시스템에 새로운 특성과 능력을 제공하는 것
• 특징 : SW에 의한 고신뢰성 · 실시간성 · 지능성 · 안전성 · 보안성 등을 포함

75 #OLAP #드릴링 〔정답〕①

┃정답 TIP┃

OLAP(Online Analytical Processing)
- 정의 : 최종 사용자가 다차원 정보에 직접 접근하여 대화식으로 정보를 분석하고 의사결정에 활용하는 과정
- 주요 기능

피보팅 (pivoting)	데이터를 분석하는 차원(dimension)을 사용자의 니즈에 따라 다양한 기준으로 전환시켜 볼 수 있는 기능으로 사용자가 원하면 최종적으로 보여지는 보고서의 축을 자유자재로 바꿀 수 있다.
필터링 (filtering)	전체 데이터에서 원하는 기준만을 선정하여 그 기준에 해당되는 정보만을 보여주는 기능이다.
리포팅 (reporting)	현재 보고서의 정보를 간단한 대화식 조작을 통해 원하는 형태의 보고서로 나타낼 수 있다.
분해 (slicing & dicing)	다차원 모델에서 한 차원을 잘라 보고 동시에 다른 차원을 자르면서 데이터 범위를 좁혀가는 작업 기능이다.
드릴링 (drilling)	데이터의 깊이와 분석 차원을 마음대로 바꿔가며 심도 있는 분석을 할 수 있는 기능이다.

76 #용어비유 〔정답〕②

- ㉠ 거래처리시스템 : 유통업체에서 발생하는 거래자료처리, 고객과 일어나는 다양한 업무 처리
- ㉡ 데이터웨어하우스 : 데이터베이스에 축적된 자료를 공통의 형식으로 변환하여 일원적으로 관리하는 데이터베이스로, 고객의 구매동향, 신제품에 대한 반응도, 제품별 수익률 등 세밀한 마케팅 정보 수집
- ㉢ 데이터마트 : 일반적인 데이터베이스 형태로 갖고 있는 다양한 정보를 사용자의 필요성에 따라 체계적으로 분석하여 기업의 경영활동을 돕는 시스템으로, 전체 데이터웨어하우스의 일부 자료를 추출하여 특정 사용자에게 제공

77 #XML 〔정답〕①

┃정답 TIP┃

XML(Extensible Markup Language)
- 1996년 W3C(World Wide Web Consortium)에서 제안한 확장성 생성 언어이다.
- HTML을 획기적으로 개선하여 홈페이지 구축기능, 검색기능 등이 향상되었고, 웹 페이지의 추가와 작성이 편리해졌다.

- 구조적으로 XML 문서들은 SGML(Standard Generalized Markup Language) 문서 형식을 따르고 있다.

78 #물류공동화 〔정답〕①

┃정답 TIP┃

물류공동화의 종류

수평적 물류공동화	동종의 다수 제조업체와 이들과 거래하는 다수의 도매점이 공동으로 정보네트워크와 물류시스템을 공동화하는 것
물류기업 동업자 공동화	물류기업이 동업형식으로 물류시스템을 공동화하는 것
소매기업에 의한 계열적 공동화	대형 소매체인점이 도매점이나 브랜드에서의 납품 물류를 통합하여 납품자와 각 점포의 상호 이익을 도모하기 위해 물류센터 등을 만드는 것
경쟁 관계에 있는 브랜드 간의 공동화	경쟁관계에 있는 기업들이 모여 물류의 효율화를 위해 공동화를 이룩하는 것
제조기업에 의한 계열적 공동화 (수직적 공동화)	브랜드 및 판매회사 도매점과의 물류공동화
화주와 물류기업의 파트너십	전문 사업자로서 화주의 물류합리화나 시스템화로 적극 참여하는 제안형 기업이 되어 상호 신뢰를 확립하는 것

79 #m-비지니스 〔정답〕④

사용자 위치정보를 알기 위해서는 사용자 동의가 있어야 한다.

80 #바코드 〔정답〕①, ③

UPC(Universal Product Code)는 북미지역에서 개발된 체계로 미국과 캐나다에서만 사용된다.

81 #RFID 〔정답〕⑤

수동형 태그는 별도의 전원을 갖고 있지 않고, 리더로부터 수신한 전력에 의해 태그의 구동전원을 공급 받는다. 리더로부터 공급받을 수 있는 거리는 제한되어 있기 때문에 인식거리가 짧고 많은 기능을 집적할 수 없다는 단점이 있지만, 칩의 크기를 작게 제작할 수 있고, 저전력으로도 동작이 가능하기 때문에 저비용으로 제작이 가능하다.

82 #EOQ 　　　　　　　　　　[정답] ①

$$EOQ = \sqrt{\frac{2 \times 주문당\ 소요비용 \times 연간수요량}{연간단위재고비용}}$$

$$= \sqrt{\frac{2 \times 200 \times 10,000}{400}}$$

$$= \sqrt{10,000} = 100개$$

83 #온라인마케팅기법 　　　　　　[정답] ②

버즈 마케팅(Buzz Marketing)은 "입소문 마케팅" 또는 "구전 마케팅"이라고도 하며, 소비자들이 자발적으로 메시지를 전달하게 하여 상품에 대한 긍정적인 입소문을 내게 하는 마케팅기법이다.

84 #POS구성기기 　　　　　　　[정답] ④

스토어 컨트롤러 안에는 마스터 파일(Master Files)이 있어서 상품명, 가격, 구입처, 구입가격, 구입일자 등에 관련된 모든 정보가 저장되어 있다.

85 #QR#ECR#CRP 　　　　　　　[정답] ②

㉠ QR : 생산·유통 관계의 거래당사자가 협력하여 소비자에게 적절한 상품을 적절한 시기에, 적절한 양을, 적절한 가격으로 적정한 장소에 제공하는 것을 목표로 한다.

㉡ ECR : 공급체인의 네트워크 전체를 포괄하는 관리기법으로, 최종 소비자에게 유통되는 상품을 그 원천에서부터 관리함으로써 공급체인의 구성원 모두가 협력하여 소비자의 욕구를 더 만족스럽게, 더 빠르게, 더 저렴하게 채워주고자 하는 전략의 일종이다.

㉢ CRP : 유통공급망 내에 있는 업체들 간에 상호협력적인 관행으로서 기존의 전통적 관행인 경제적인 주문량에 근거하여 유통업체에서 공급업체로 주문하던 방식(Push 방식)과 달리 실제 판매된 판매데이터와 예측된 수요를 근거로 하여 상품을 보충시키는 방식(Pull 방식)이다.

86 #지식경영#지식관리시스템 　　　[정답] ④

지식경영은 조직 내에서 지식을 획득, 창출, 축적, 공유하고, 이를 바탕으로 고객에게 뛰어난 가치를 제공함으로써 조직의 경쟁력을 높이는 경영활동이다.

▌더 알아보기▐

지식경영의 특징
- 업무방식을 개선하고 능률적 운영을 공유
- 구성원의 경험, 지식, 전문성을 공식화

- 새롭게 창조된 형식적인 지식을 다시 암묵적인 지식으로 순화
- 지식 관련 경영활동의 효과성 극대화와 지적자산으로부터 최대의 부가가치를 창출

87 #지식경영프로세스 　　　　　　[정답] ⑤

지식창출 과정은 데이터에서 정보를 추출하고, 지식은 다양한 종류의 정보가 축적되어 특정 목적에 부합하도록 일반화된 정보로서, 데이터가 정보로 전환되는 과정에서 활용된다.

88 #지식경영분석기술 　　　　　　[정답] ①

지식경영 분석기술의 출현 및 발전단계

리포트(1980년대, 정형화된 데이터) → 스코어카드와 대시보드(2000년대, BI/CRM) → 데이터 마이닝(2010년대, 예측/판별 모델) → 빅데이터(현재, 대규모 데이터처리/인공지능)

89 #옴니채널 　　　　　　　　　[정답] ⑤

오답풀이

① 블루투스 기반으로 근거리 내에 감지되는 스마트 기기에 각종 정보와 서비스를 제공할 수 있는 무선통신 장치

② 합법적으로 소유하고 있던 사용자의 도메인을 탈취하거나 도메인 네임 시스템(DNS) 또는 프락시 서버의 주소를 변조함으로써 사용자들로 하여금 진짜 사이트로 오인하여 접속하도록 유도한 뒤에 개인정보를 훔치는 새로운 컴퓨터 범죄 수법

③ 여러 웹사이트에서 제공하는 정보를 합쳐 새로운 서비스를 제공하는 웹사이트나 애플리케이션

④ 협력(cooperation)과 경쟁(competition)의 합성어로 동종업계 간의 상호 협력과 경쟁을 통해 이익을 추구하는 것

90 #데이터베이스 　　　　　　　[정답] ③

▌정답 TIP▐

데이터베이스에 저장된 데이터의 특성
- 데이터의 중복성(Redundancy)을 최소화
- 데이터의 일관성(Consistency)을 유지
- 데이터의 독립성(Independency)을 유지
- 데이터의 공유성(Sharing)을 최대화
- 데이터의 보안성(Security)을 보장
- 데이터를 표준화하여 관리

19년

01	02	03	04	05	06	07	08	09	10	11	12	13	14	15
①	②	⑤	④	①	①	②	④	①	⑤	③	⑤	③	②	①
16	17	18	19	20	21	22	23	24	25	26	27	28	29	30
①	①	⑤	③	④	④	③	①	⑤	③	⑤	②	④	②	⑤
31	32	33	34	35	36	37	38	39	40	41	42	43	44	45
①	①	③	③	①	③	③	⑤	②	⑤	⑤	⑤	②	④	④
46	47	48	49	50	51	52	53	54	55	56	57	58	59	60
⑤	②	⑤	⑤	②	①	④	①	⑤	②	③	④	①	②	①
61	62	63	64	65	66	67	68	69	70	71	72	73	74	75
④	④	④	④	②	①	④	④	⑤	④	⑤	①	①	②	④
76	77	78	79	80	81	82	83	84	85	86	87	88	89	90
④	③	⑤	⑤	②	④	②	⑤	③	①	②	①	⑤	③	③

1과목 유통물류일반

01 #하역 [정답] ①
[오답풀이]
② 보관과 운송의 양단에 있는 물품을 취급하는 것을 말하며, 제조공정 및 검사공정은 포함하지 않는다.
③ 하역은 화물수송 과정에서 짐을 싣고 내리는 일체의 현장처리작업을 의미하기 때문에 항만 안에서 화물을 싣고 내리는 일과 이에 따르는 일체의 작업을 의미하는 항만하역도 하역에 포함된다.
④ 기계화, 자동화가 진행되면서 성력화가 급속히 진행되고 있다.
⑤ 컨테이너에 물품을 넣는 것을 배닝(vanning), 빼는 것을 디배닝(devanning)이라고 한다.

[더 알아보기]

성력화(elimination of labor)
생산성의 향상을 목표로 하여 생산공정에서 가공의 능률화나 공정간의 공작물 운반의 능률화를 도모하기 위해서 될 수 있는 한 작업을 기계화하고, 사람의 손을 필요로 하는 작업을 생략하는 것

02 #공급체인관리필요성 [정답] ②
공급체인관리(SCM)는 고객서비스 향상, 비용·시간 절감, 재고감소 등의 목적을 가지고 보다 효율적인 물류업무를 수행하기 위해서 관련 업체들이 연계하여 관련 활동을 실행하는 경영관리기법이다. 따라서 공급체인관리가 성공적으로 수행되기 위해서는 비전과 목표를 분명히 하여 이를 기업내부는 물론, 공급체인의 전체 구성원들과 공유해야 한다.

03 #체화재고 [정답] ⑤
[정답 TIP]
체화재고(stockpile)
• 제품이나 상품이 시장에서 처리되지 못하고 생산자나 상인의 손에 정체되는 일 또는 정체되어 있는 재고
• 체화는 생산계획에서의 예상이 빗나갔기 때문에 생산과잉이 되어 제품이 시장에 너무 많이 나돌거나, 일반경제계의 불황으로 상품수요가 갑자기 축소되거나 해서 일어남
• 경기순환의 하강국면에서 자주 발생하며, 경제학상 의도하지 않은 새고투자라고 함

04 #공급체인관리원칙 [정답] ④
각각의 독립성보다는 경로 전체를 통합하는 정보시스템을 우선시 한다.

05 #글로벌소싱 정답 ①

▮ 정답 TIP ▮

글로벌 소싱의 발전 단계

국내구매 → 일시적인 국제구매 → 부분적·한정적 국제구매 → 사업단위 글로벌 소싱 → 글로벌 네트워크를 형성한 전략적 글로벌 소싱

▮ 더 알아보기 ▮

글로벌 소싱(Global Sourcing)

제조업체들이 해외 진출 때 값이 싼 현지의 부품을 사용함으로써 생산단가를 낮추려는 행위를 말한다. 이는 결국 부품을 세계 각처에서 싸고 신속하게 조달함으로써 경쟁력을 높이기 위한 부품조달의 현지화와 동시에 국제화로 해석할 수 있다.

06 #물류예산안 정답 ①

▮ 정답 TIP ▮

물류예산안 편성과정

물류관리 목표 설정 및 확인 → 물류환경조건의 파악 및 분석 → 물동량 파악 → 개별물류계획의 설정 및 검토 → 물류예산편성 방침의 작성과 제출 → 물류비 예산안의 작성과 제출 → 물류비 예산안의 심의·조정 → 물류비 예산의 확정

07 #근로계약서 정답 ②

▮ 정답 TIP ▮

근로조건의 명시(근로기준법 제17조 제1항)

사용자는 근로계약을 체결할 때에 근로자에게 다음의 사항을 명시하여야 한다. 근로계약 체결 후 다음의 사항을 변경하는 경우에도 또한 같다.

• 임금
• 소정근로시간
• 휴일
• 연차 유급휴가
• 그 밖에 대통령령으로 정하는 근로조건
  – 취업의 장소와 종사하여야 할 업무에 관한 사항
  – 법 제93조 제1호부터 제12호까지의 규정에서 정한 사항
  – 사업장의 부속 기숙사에 근로자를 기숙하게 하는 경우에는 기숙사 규칙에서 정한 사항

08 #대인비교법 정답 ④

대인비교법은 근무성적평정에서 평정 요소와 각 요소별 평정 등급을 정하고, 각 평정 등급별 표준 인물을 선택한 뒤, 그를 기준으로 나머지 피평정자를 비교·평가하는 방법을 말한다. 평정 기준으로 구체적인 인물을 활용한다는 점에서 평정의 추상성을 극복할 수 있고 평정의 조정이 용이하지만, 객관적인 표준 인물의 선정이 어렵다.

오답풀이

① 직무와 관련된 피평가자의 구체적인 행동을 평가의 기준으로 삼는 고과방법

② 특정한 주제나 내용과 관련한 주요 사건을 수집·기록하는 조사법으로 개인의 경험 중에서 특정한 주제에 관련한 사건 중 의미 있다고 생각하는 것을 상세하게 스토리 형식으로 기술하는 것

⑤ 한 개인의 역량이나 성과에 관한 평가나 조언을 관계되는 모든 사람들로부터 받는 것으로, 조직구성원을 평가할 때 직속상사 한 사람이 평가하는 것이 아니라 상사, 부하, 동료, 본인, 고객 등 다양한 평가자에 의해 다양한 수준과 측면에서 이루어지는 평가

09 #유통경로 정답 ①

원스톱 쇼핑(one-stop shopping)은 소비자가 상품구입을 모두 한 군데에서 마치는 구매행동으로 원스톱 쇼핑이 매우 중요한 구매자는 자신이 필요한 상품을 일일이 직접 거래하는 직접유통경로보다 중간상에 의해 구매 가능한 품목이 한데 모아져 있는 간접유통경로를 선호한다.

10 #연결재무제표 정답 ⑤

▮ 정답 TIP ▮

연결재무제표

지배·종속 관계에 있는 2개 이상의 회사를 단일실체로 보아 각 회사의 재무제표를 종합하여 작성하는 재무보고서

11 #양적척도#질적척도 정답 ③

▮ 정답 TIP ▮

양적 척도와 질적 척도

양적 척도	등간 척도	측정 대상을 그 속성에 따라 서열화 하는 것은 물론 서열간의 간격이 동일하도록 수치를 부여하는 척도 예 온도, 지능지수 등
	비율 척도	측정 대상의 속성에 절대적인 영이 있고, 모든 수학적 연산이 가능한 척도 예 키, 몸무게 등
질적 척도	명목 척도	측정 대상의 분류 및 확인 목적으로 부호나 수치를 부여하는 척도 예 성별, 종교 등
	서열 척도	측정 대상을 그 속성에 따라 서열을 매길 수 있도록 수치를 부여하는 척도 예 계급, 선호도, 등수 등

12 #경로구성원파워 정답 ⑤

오답풀이

- 정보적 파워 : 다른 경로구성원이 이전에 얻을 수 없었거나 알 수 없었던 정보나 일의 결과를 제공해준다고 인식하는 경우에 갖게 되는 영향력
- 강압적 파워 : 경로구성원 A의 영향력 행사에 경로구성원 B가 따르지 않을 때 A가 처벌을 가할 수 있는 능력
- 전문적 파워 : 경로구성원 A가 특별한 지식이나 기술을 보유함으로 인해 B에게 미칠 수 있는 영향력
- 보상적 파워 : 경로구성원 A가 B에게 보상을 제공할 수 있는 능력

13 #경영혁신 정답 ③

변화하지 않으면 도태될 수 있다는 긴박감과 위기감을 조성한다.

14 #기업핵심역량 정답 ②

역량이 시장에서 쉽게 거래될 수 없어야 한다.

15 #유통환경변화 정답 ①

소비자의 소비 형태와 니즈의 변화에 따라 점차 차별화된 여러 가지의 유통형태가 나타나 구매의사결정과정에서 온라인과 오프라인간의 경계가 더욱 모호해졌다.

16 #거시환경#미시환경 정답 ①

❙ 정답 TIP ❙

미시적 환경과 거시적 환경

- 미시적 환경 : 기업, 원료공급자, 마케팅중간상, 고객, 경쟁기업, 공중 등
- 거시적 환경 : 인구통계적 환경, 경제적 환경, 자연적 환경, 기술적 환경, 정치·법률적 환경, 문화적 환경 등

17 #우월적지위남용 정답 ①

①은 단순한 비윤리적인 행위에 속한다.

❙ 정답 TIP ❙

우월적 지위의 남용

- 거래상의 지위가 상대방보다 우월한 사업자가 그 지위를 이용, 거래상대방에게 부당한 불이익을 강요하는 행위
- 독점 또는 과점과 같은 절대적인 우월성에 한하는 것은 아니며 상대적으로 우월한 것을 이용해서 상대방에게 불이익한 조건을 과할 수 있는 거래상의 지위 상태
- 행위자가 상대방에게 우월한 지위의 남용을 했다고 인정되는 사례
  - 행위자가 속한 업체가 과점적이고 상대방이 해당업체의 거래관행 등을 무시할 수 없는 경우

- 행위자와 상대방의 거래에서 상대방이 행위자에게 특화된 생산체제를 갖추고 있는 경우
- 계열화가 진행되어 있는 경우

18 #유통산업발전법 정답 ⑤

❙ 정답 TIP ❙

적용 배제(유통산업발전법 제4조)

다음의 시장·사업장 및 매장에 대하여는 이 법을 적용하지 아니한다.

- 농수산물도매시장·농수산물공판장·민영농수산물도매시장 및 농수산물종합유통센터
- 가축시장

19 #소유효용 정답 ③

❙ 정답 TIP ❙

유통경로의 효용

- 시간효용 : 보관기능을 통해 생산과 소비간 시간적 차이를 극복시켜 준다.
- 장소효용 : 운송기능을 통해 생산지와 소비지간 장소적 차이를 극복시켜 준다.
- 소유효용 : 생산자와 소비자간 소유권 이전을 통해 효용이 발생된다.
- 형태효용 : 생산된 상품을 적절한 수량으로 분할 및 분배함으로써 효용이 발생된다.

20 #오픈프라이스제도 정답 ④

❙ 정답 TIP ❙

오픈프라이스(open price) 제도

- 제조업자가 판매가격을 정하는 등의 기존 권장소비자가격 제도와는 달리 최종 판매업자가 실제 판매가격을 정하고 이를 표시하는 가격제도
- 제품 판매가격에 대한 결정 등이 제조업자가 아닌 유통업자가 결정하게 되며, 결정된 가격을 상품에 표시하는 것을 의미
- 같은 제품이라 하더라도 판매점포마다 서로 다른 가격으로 판매될 수 있음
- 실제 판매가보다 부풀려 소비자가격을 표시한 뒤 할인해 주는 할인판매의 폐단을 근절시키기 위해 도입
- 유통업체 간의 경쟁을 촉진시켜 상품가격을 전반적으로 낮추는 효과를 달성하고자 하는 것

21 #소셜커머스#오픈마켓 정답 ④

㉠ 소셜커머스(Social Commerce) : 소셜 미디어와 온라인 미디어를 활용하는 전자상거래의 일종으로 일정수의 소비자들이 모여서 공동구매를 통해 가격하락을 유도한다.

ⓛ 오픈마켓(Open Market) : 개인 또는 소규모 업체가 온라인상에서 직접 상품을 등록해 판매할 수 있도록 한 전자상거래 사이트로 판매자가 직접 제품을 판매하고, 구매자가 직접 판매자에게 제품을 구매하는 방식이다(중개 방식).

22 #한정기능도매상   정답 ③

┃ 정답 TIP ┃
완전기능 도매상과 한정기능 도매상의 구분

완전기능 도매상	종합상인 도매상, 전문상인 도매상
한정기능 도매상	현금판매–무배달 도매상, 트럭 도매상, 직송 도매상, 선반(진열) 도매상, 우편 주문 도매상

23 #시장대응전략   정답 ①

┃ 정답 TIP ┃
경영전략 유형
• 시장대응전략 : 제품수명주기전략, 제품/시장믹스전략, 포트폴리오전략
• 경쟁우위전략 : 원가우위전략, 차별화전략, 집중화전략

24 #계약형경로   정답 ⑤

계약형 유통시스템(Contractual System)
• 도매상 후원 자유 연쇄점 : 도매상이 후원하고 다수의 소매상들이 계약으로 연합하여 수직 통합하는 형태이다.
• 소매상 협동조합 : 독립된 소매상들이 연합하여 소매 협동조합 같은 임의 조직을 결성한 후 공동으로 구매, 광고, 판촉활동 등을 하다가 최종적으로 도매활동이나 소매활동을 하는 기구로 수직 통합을 하는 형태이다.
• 프랜차이즈 시스템(Franchise System) : 모회사나 본부가 가맹점에게 특정 지역에서 일정 기간 동안 영업할 수 있는 권리나 특권을 부여하고 그 대가로 로열티를 받는 시스템을 말한다.

25 #후방기능흐름   정답 ③

┃ 정답 TIP ┃
유통경로 시스템의 기능
• 전방기능 흐름 : 수송·보관과 같은 물적 소유권이나 촉진 등의 기능들이 생산자로부터 최종 소비자의 방향으로 흐르는 것을 말한다.
• 후방기능 흐름 : 주문이나 대금결제와 같이 최종 소비자로부터 소매상·도매상·생산자의 방향으로 흐르게 된다.
• 양방기능 흐름 : 거래를 협상하거나 금융·위험부담과 같은 기능들을 말한다.

2과목   상권분석

26 #점포개설허가   정답 ⑤

대규모점포를 개설하거나 전통상업보존구역에 준대규모점포를 개설하려는 자는 영업을 시작하기 전에 산업통상자원부령으로 정하는 바에 따라 상권영향평가서 및 지역협력계획서를 첨부하여 특별자치시장·시장·군수·구청장에게 등록하여야 한다. 등록한 내용을 변경하려는 경우에도 또한 같다(유통산업발전법 제8조 제1항).

27 #동선   정답 ②

올라가는 에스컬레이터의 경우에는 다 올라간 지점, 내려가는 에스컬레이터의 경우에는 다 내려간 지점이 최적의 입지가 된다.

19년

28 #소매상권   정답 ④

소매상권의 크기와 형태는 점포의 입지조건, 취급하는 상품의 종류·가격·구색, 운송의 편리성, 교통사정, 주변의 인구분포 등에 의해 결정된다.

29 #소매점포#접근성   정답 ②

오답풀이
① 점포의 입구는 여러 개로 분산시켜 고객의 접근성을 높이는 것이 좋다.
③ 도보의 폭이 좁을수록 보행자의 접근성이 떨어져, 소매점에 대한 시계성이나 인지성을 높일 수 없다.
④ 계단이 있거나 장애물이 있는 건물은 목적성이 높고 경쟁점이 적은 업종에 상대적으로 유리하다.
⑤ 고객의 목적구매 가능성이 높은 업종이라도 접근성이 시계성에 많은 영향을 미친다.

30 #상권분석목적   정답 ⑤

┃ 정답 TIP ┃
상권분석의 목적
• 업종선택의 기준으로 활용
• 임대료 평가기준으로 활용
• 마케팅 전략수립에 활용
• 입지선정을 위한 기초자료로 활용
• 경쟁자에 대한 분석자료로 활용
• 매출추정의 근거 확보

31 #소매점포매출추정방법 　　　　　　　정답 ①

┃ 정답 TIP ┃
소매점포의 매출 추정 방법
- 비율법 : 대상점포가 전체 면적에서 차지하는 비율을 거래지역의 총지출가능액과 곱하여 대상점포의 가능매상고를 산출하는 방법으로, 주관성이 가장 많이 개입되는 방법
- 유추법 : 같은 회사 내의 다른 점포나 유사점포를 대상으로 거래지역과 고객에 대한 분석을 하고, 이를 토대로 하여 가능매상고를 산출하는 방법
- 회귀모형 : 매상고에 영향을 주는 여러 가지 변수들을 설정하고, 이 변수들로 대상점포의 가능매상고를 산출하는 방법
- 중력모형 : 만유인력의 법칙을 원용하여 대상점포의 가능매상고를 산출하는 방법

32 #CBD 　　　　　　　정답 ①
　오답풀이
② 전통적으로 이어져 오는 상업 지역이기 때문에, 신도시처럼 계획성 있는 입지 조성은 어렵다.
③ 상업 활동을 통해 많은 사람들을 유인하기 때문에 고객용 주차공간이 부족하다.
④ 행정관서, 백화점, 기업체 및 고급 전문 상점들이 집중적으로 위치해 있다.
⑤ 건물의 고층화 및 과밀화로 인한 주거기능의 약화가 지속된다.

33 #고객점표법 　　　　　　　정답 ③

┃ 정답 TIP ┃
고객점표법(Customer Spotting Technique)
- 소비자들로부터 획득한 직접정보를 이용하여 1차 상권과 2차 상권을 확정하는 기법
- 먼저 점포에 출입하는 고객들을 무작위로 인터뷰하여 고객들의 거주지나 출발지를 확인하고, 이를 격자도면상에 표시하여 고객점표도를 작성
- 고객점표도에는 대상점포에서 쇼핑을 하는 고객들의 지리적 분포가 나타남
- 그 다음 격자별 인구를 계산하는데, 이때 격자의 크기는 필요에 따라 조절 가능
- 격자별 인구가 계산된 후 격자별 매상고를 추계하고, 몇 개의 격자를 그룹화하여 상권을 확정

34 #소매점입지결정 　　　　　　　정답 ③
소매점의 입지결정에 영향을 미치는 요인으로는 잠재적 고객의 수(주택단지의 분포), 도시의 발전(산업의 종류 및 인구변동 추이), 주민의 구매력, 부의 분산(주택 소유 비율, 자동차 보유 여부, 가정의 형태와 종류 등), 경쟁점의 수(소매단지의 분포), 제반 법령과 제도, 소매상권의 계층화 정도 등이 있다.

35 #넬슨#입지평가방법 　　　　　　　정답 ①

┃ 정답 TIP ┃
넬슨(R. L. Nelson)의 8가지 입지평가방법

구 분	내 용
상권의 잠재력	고객을 흡인하는 정도의 크기와 취급 상품에 대한 수익성 확보 가능성
접근 가능성	고객이 점포로 쉽게 들어올 수 있는 정도
성장 가능성	상권과 점포의 매출액이 성장할 가능성
중간 차단성	경쟁점포나 기존의 상권지역으로 접근하는 고객을 중간에 차단할 수 있는 가능성
누적적 흡인력	업종이 유사한 점포가 몰려 있어 고객의 흡인력을 극대화할 수 있는 가능성
양립성	업종이 다른 상호보완관계에 있는 점포가 고객의 흡인력을 높일 수 있는 가능성
경쟁 회피성	기존 점포와의 경쟁에서 우위를 확보할 수 있는 가능성
경제성	입지의 가격 및 비용 등으로 인한 수익성의 정도

36 #투자분석 　　　　　　　정답 ③
투자수익률은 순이익을 투자액으로 나눈 비율이다.

37 #규범적모형#기술적방법 　　　　　　　정답 ③

┃ 정답 TIP ┃
상권분석의 구분

규범적 모형 (normative methods)	레일리의 소매인력법칙, 컨버스의 수정소매인력법칙, 케인의 흡인력 모델, 애플바움 모형, 크리스탈러의 중심지이론, 뢰슈의 수정중심지이론
기술적 방법 (descriptive methods)	체크리스트법, 유추법, 현지조사법, 비율법, CST

38 #중심지이론 　　　　　　　정답 ⑤
중심지가 한 지역 내에서 단 하나 존재한다면 가장 이상적인 배후상권의 형상은 원형일 것이며, 동일 계층의 중심지가 여러 개 분포할 경우, 중심지 상호간의 경쟁을 최소화하기 위해 정육각형의 배후지가 형성된다.

39 #업종친화력 　　　　　　　정답 ②
부도심 역세권 상가는 오락 · 유흥업, 의류업, 음식업, 판매업, 서비스업 등 업종분포가 상권마다 독특한 특징이 있고 특성이 다르기 때문에 업종친화력이 가장 낮다.

40 #GIS 정답 ⑤

┃ 정답 TIP ┃

지리정보시스템(GIS)

- 주제도작성, 공간조회, 버퍼링(buffering)을 통해 효과적인 상권분석이 가능하다.
- 여러 겹의 지도레이어를 활용하여 상권의 중첩(overlay)을 표현할 수 있다.
- 점포의 고객을 대상으로 gCRM을 실현하기 위한 기본적 틀을 제공할 수 있다.
- 지도레이어는 점, 선, 면을 포함하는 개별 지도형상으로 구성된다.
- 대규모 데이터베이스 기술로서의 DBMS(Data Base Management System) 기술 발전, 인터넷 등을 중심으로 한 네트워크 기술 발전, 컴포넌트 형태의 기술 발전, 클라이언트/서버 등으로 인한 다중 사용자 환경 등의 주요한 기술과 방법이 GIS 분야에 적용·통합되고 있다.

41 #회귀분석 정답 ⑤

루스(Luce)의 선택공리를 적용한 확률선택모형으로 분류되는 것은 MNL(Multinomial Logit) 모형이다

┃ 더 알아보기 ┃

다중공선성과 단계적 회귀분석

- 다중공선성 : 회귀분석에서 사용된 모형의 일부 예측 변수가 다른 예측 변수와 상관 정도가 높아, 데이터 분석 시 부정적인 영향을 미치는 현상으로 다중공선성 문제를 해결하기 위해서는 문제를 일으키는 설명변수를 제거해야 한다.
- 단계적 회귀분석 : 다중회귀분석에 사용할 변수를 선택하는 방법으로 통계적으로 중요한 항을 첨가해 가면서 분석을 수행하거나 통계적으로 의미 없는 항을 제거하며 분석을 수행하기 때문에 다중공선성 문제를 해결하는 데 도움이 될 수 있다.

42 #입지조건 정답 ⑤

방사형 도로에 있어서 교차점은 통행이 집중되는 지점으로 상대적으로 유리하다.

43 #입지조건 정답 ②

삼각형 토지의 좁은 면은 가시성과 접근성이 떨어지기 때문에 좋은 입지라고 할 수 없다.

44 #상권#입지 정답 ④

상권 평가항목에는 주변 거주인구, 유동인구, 경쟁점포의 수 등이 있고 입지 평가항목에는 점포의 면적, 층수, 교통망 등이 있다.

45 #티센다각형모형 정답 ④

티센다각형의 크기는 경쟁수준이 높아질수록 작아지므로 반비례, 즉 부의관계를 가진다.

3과목 유통마케팅

46 #고객관계관리 정답 ⑤

고객관계관리는 고객과의 관계를 기반으로 고객의 입장에서 상품을 만들고, 고객의 니즈를 파악하여 그 고객이 원하는 제품을 공급하는 것이므로 고객맞춤전략은 고객관계관리에 긍정적인 영향을 미친다.

47 #다차원척도법 정답 ②

오답풀이

① 시계열(일별, 주별, 월별 등의 시간 간격)을 따라 제시된 과거자료(수요량, 매출액 등)로부터 그 추세나 경향을 분석하여 장래의 수요를 예측하는 방법
③ 각 제품대안들에 대한 선호순위의 분석을 통해 소비자의 속성평가유형을 보다 정확히 밝혀내고, 이를 근거로 선호도 예측과 시장점유율 예측까지도 가능케 하는 분석기법
④ 한 변수 혹은 여러 변수가 다른 변수에 미치는 영향력의 크기를 회귀방정식이라고 불리는 수학적 관계식으로 추정하고 분석하는 통계적 분석방법
⑤ 모집단 또는 범주에 대한 사전 정보가 없을 경우에 주어진 관측값들 사이의 유사성과 거리를 활용해서 전체를 몇몇의 집단으로 구분하고 각 집단의 성격을 파악함으로써 데이터 전체 구조에 대한 이해를 돕는 분석방법

48 #경로갈등 정답 ⑤

상호작용적 공정성이란 의사결정과정에서 의사결정자가 보여주는 태도, 언행, 업무추진과정 등에서 종업원이 지각하는 것을 뜻한다.

49 #가격결정법 정답 ⑤

준거가격은 소비자가 제품의 구매를 결정할 때 기준이 되는 가격으로, 소비자는 준거가격이 실제 판매가보다 높을수록 구매의사가 높아지고, 반대인 경우 비싸다고 인식해 구매 행동을 자제한다. 따라서 준거가격을 기준으로 하여 제품 가격이 유보가격에 가까워질수록 소비자는 비싸다고 느끼고, 최저수용가격에 가까워질수록 싸다고 느끼므로 소비자의 구매를 유도하기 위해서는 시장의 최저수용가격과 유보가격 사이에서 가격을 설정해야 한다. 최저수용가격보다 낮아지면 품질을 의심하게 되어 구매를 자제한다.

19년

│ 더 알아보기 │

유보가격
소비자가 어떠한 제품에 대해서 지불할 용의가 있는
최고가

50 #거래할인 　　　　　　　　　 정답 ②

오답풀이

① 제품에 대한 대금결제를 신용이나 할부가 아닌 현금으로 할 경우에 일정액을 차감해 주는 것

③ 중간상이 제조업자를 위해 지역광고를 하거나 판촉을 실시할 경우 이를 지원하기 위해서 제조업체가 지급하는 보조금

④ 제품을 대량으로 구입할 경우에 제품의 가격을 낮추어 주는 것

⑤ 제품판매에서 계절성을 타는 경우에 비수기에 제품을 구입하는 소비자에게 할인혜택을 주는 것

51 #고객응대 　　　　　　　　　 정답 ①

고객응대는 서비스 업무에서 가장 기본적이고 중요한 업무로, 개인의 이미지뿐만 아니라 점포 및 기업의 이미지를 결정짓는 중요한 역할을 한다.

52 #EDLP 　　　　　　　　　 정답 ④

EDLP 가격전략은 항시 저가이므로 세일을 광고할 필요가 없다.

53 #CRM활동 　　　　　　　　　 정답 ①

마일리지 프로그램을 통해 구매액에 따른 포인트 적립 및 적립 포인트에 따른 혜택을 제공하는 것은 기존고객 유지를 위한 CRM활동이다.

54 #소비용품유형 　　　　　　　　　 정답 ②

│ 정답 TIP │

소비용품의 유형

편의품	• 높은 구매빈도 • 낮은 단가 • 높은 회전율 • 낮은 마진 • 대량생산 가능 • 상표에 대한 높은 관심 • 습관적 구입 • 주거지 근처에서 구매 • 집약적(개방적) 유통방식
선매품	• 낮은 구매빈도 • 비교적 높은 단가 • 높지 않은 회전율

	• 상당히 높은 마진 • 대량생산에 부적합 • 스타일·디자인 등 정보적 가치가 중요 • 사전계획을 세워 구매 • 구매에 시간·노력을 아끼지 않음 • 몇몇 점포를 둘러본 후 비교 구매 • 선택적 유통방식
전문품	• 매우 낮은 구매빈도 • 매우 높은 단가 • 매우 낮은 회전율 • 높은 마진 • 상표에 매우 관심 • 상당한 노력을 들여 예산 및 계획을 세우고 정보 수집 • 구입할 때 전문적인 판매원의 지도·정보가 큰 역할을 함 • 전속적 유통방식

55 #단품관리전략 　　　　　　　　　 정답 ②

판매 추세에 따라 발주가 이루어지므로 불요불급한 상품 입고가 줄어들어 상품구색이 감소한다.

56 #소매수명주기이론 　　　　　　　　　 정답 ②

성장기에는 시장을 확장하고 수익을 확보하기 위한 공격적인 침투전략을 수행한다.

57 #PR 　　　　　　　　　 정답 ④

제품과 서비스에 대한 정보제공 및 교육 등의 PR은 받는 측이 저항 없이 그대로 받아들이는 것이 보통이기 때문에 일방향 커뮤니케이션 활동이다.

58 #소매수레바퀴가설 　　　　　　　　　 정답 ①

오답풀이

② 자연도태설에서 추출한 이론으로, 환경에 적응하는 소매상만이 생존·발전하게 된다는 이론이다.

③ 소매점은 다양한 상품 구색을 갖춘 점포로 시작하여 시간이 경과함에 따라 점차 전문화된 한정된 상품 계열을 취급하는 소매점 형태로 진화하며, 이는 다시 다양하고 전문적인 상품 계열을 취급하는 소매점으로 진화, 즉 그 진화과정이 상품믹스의 확대 → 수축 → 확대로 아코디언과 유사하여 이름 붙여진 이론이다.

④ 고가격, 고마진, 고서비스, 저회전율 등의 특징을 가지고 있는 백화점이 출현하면(정) 이에 대응하여 저가격, 저마진, 저서비스, 고회전율 등의 반대적 특징을 가진 할인점(반)이 나타나 백화점과 경쟁하게 되며, 그 결과 백화점과 할인점의 특징이 적절한 수준으로 절충되어 새로운 형태의 소매점인 할인 백화점(합)으로 진화해 간다는 이론이다.

59 #집중화전략　　　　　　　　　　정답 ②

┃정답 TIP┃

집중화 전략

- 특정한 세분시장에 기업의 역량을 집중하는 전략으로 한정된 자원을 극대화하여 효율적으로 운용할 수 있게 해준다.
- 특정 시장, 특정 소비자 집단, 일부 제품종류, 특정 지역 등을 집중적으로 공략하는 것을 의미한다.

60 #소비자구매행동　　　　　　　　정답 ①

┃정답 TIP┃

소비자 구매행동의 유형

고관여 구매행동	복잡한 구매행동	새로운 제품을 구매하는 소비자의 구매행동으로 포괄적 문제해결을 의미
	부조화 감소 구매행동	구매된 상표에 만족하면 그 상표에 대한 호의적 태도를 형성하여 동일 상표를 반복구매 하는 것
저관여 구매행동	습관적 구매행동	구매된 상표에 어느 정도 만족해 복잡한 의사결정을 피하기 위해 동일 상표를 반복구매 하는 것
	다양성 추구 구매행동	그동안 구매해 오던 상표에 싫증이 나거나, 단지 새로운 것을 추구하려는 의도에서 다른 상표로 전환하는 것

61 #소셜커머스　　　　　　　　　　정답 ④

스마트폰을 이용한 모바일 소셜 커머스 판매량은 점점 높아지는 추세이다.

62 #풀전략　　　　　　　　　　　　정답 ④

풀전략은 제조업체가 최종소비자들을 상대로 촉진활동을 하여 이 소비자들로 하여금 중간상(특히 소매상)에게 자사제품을 요구하도록 하는 전략으로 자사제품의 상표 애호도와 인지도를 높이기 위해서 소비자를 대상으로 광고를 한다.

63 #POP　　　　　　　　　　　　　정답 ④

오답풀이

① 주로 신제품의 경우 구매자들이 시험 삼아 사용할 수 있을 만큼의 양으로 포장하여 무료로 제공하는 것을

말한다. 보통 화장품 및 샴푸 등이 이에 속하며, 잠재고객들로 하여금 제품의 사용을 통해서 반복사용을 유도함으로써 판매가 일어나도록 하는 방법이다.

② 특정 기업의 협찬을 대가로 영화나 드라마에서 해당 기업의 상품이나 브랜드 이미지를 소도구로 끼워 넣는 광고기법을 말한다.

③ 제품 구매 시에 소비자에게 일정 금액을 할인해 주는 증서를 의미한다. 신제품의 시용 및 반복구매를 촉진시키고, 타사 고객들을 자사 고객으로 유인하는 데 효과적이며 여러 배포경로를 가지므로 목적에 맞도록 표적시장만을 선별하여 배포가 가능하다.

⑤ 가격할인이 표시된 포장을 새로이 만들거나 같은 가격에 제품의 양을 조금 더 많이 제공하거나 또는 여러 가지 관련 제품을 하나의 묶음으로 만들어 낱개로 구입했을 때보다 저렴한 형태로 판매하는 방법으로 할인포장이라고도 한다.

64 #프라이빗브랜드　　　　　　　　정답 ②

오답풀이

① 대규모 제조업체가 전국의 소비자를 대상으로 개발한 브랜드로, 많은 소비자에게 판매되는 것을 목적으로 하기 때문에 대규모 생산과 대중매체를 통한 광범위한 광고 진행이 일반적이다.

③ NB(제조업체 브랜드)와 PB(자사 브랜드)의 중간 형태로, 제조업체가 유통채널의 특성과 소비자들의 구매성향에 맞게 생산하고 특정 유통업체에서만 독점 판매하는 상품을 말한다.

④ 여러 가지 종류의 상품에 부착되는 브랜드이다.

⑤ 기업명이 브랜드 역할을 하는 것을 말한다.

65 #비주얼프리젠테이션　　　　　　정답 ④

강조하고 싶은 상품만을 진열하는 것이 아니라 주력상품, 연출 중시 상품(히트상품, 계절상품, 밝으면서 화려한 상품, 매체로 인해 유명해지는 상품 등), 엔드 매대 등을 구분하여 소개해야 한다.

66 #크로스머천다이징　　　　　　　정답 ②

┃정답 TIP┃

크로스 머천다이징(Cross Merchandising)

- 보완적 상품의 전시를 구사하는 것으로 보통 슈퍼마켓에서 이용하며, 상품들을 상대적으로 진열하는 것으로 관련 품목 접근법이라고도 한다.
- 고객이 한 제품에서 다른 제품으로 관심을 돌리도록 유도하는 것으로, 예를 들면 한 제조업자의 샴푸 진열이 동일 기업에 의하여 만들어진 헤어 컨디셔너의 전시와 반대편에 놓여져서 샴푸 구매자는 헤어 컨디셔너에도 관심을 갖도록 유인된다.

67 #격자형레이아웃 〔정답〕①

진열대, 집기 등을 자유로이 배치할 수 있고, 상품의 노출도가 높은 레이아웃은 자유형이다.

┃더 알아보기┃

> **자유형 레이아웃**
> • 쇼케이스, 진열대, 계산대, 집기, 비품이 자유롭게 배치된 것을 말한다.
> • 비품 및 통로를 비대칭으로 배치하는 방법이다.
> • 고객의 자유로운 쇼핑과 충동적인 구매를 기대하는 매장에 적격인 점포배치이다.
> • 패션 지향적인 점포에서 많이 사용되는 유형으로 백화점이나 전문점에서 주로 쓰인다.
> • 제품진열공간이 적어 제품당 판매비용이 많이 소요된다.

68 #쇼윈도 〔정답〕④

쇼윈도는 소비자를 점포에 흡인하는 역할과 점포의 품격을 나타내며, 소비자의 시선을 점포 내로 유도하는 역할을 한다. 지나가는 사람들의 시선을 끌어 구매욕을 복돋움으로써 점포 내로 손님을 유도하는 것이 목적이기 때문에, 단순히 상품을 늘어놓는 것이 아니라 점포의 이미지 표현에 대한 연구와 고안을 해야 한다.

69 #점포디자인요소 〔정답〕⑤

┃정답 TIP┃
점포디자인의 4대 요소

외 장	점두, 입구, 건물높이, 진열창, 고유성, 시각성, 주변지역, 교통의 혼잡성, 주변점포, 정차장
내 장	조명, 온도 및 습도, 색채, 판매원, 탈의장, 냄새 및 소리, 바닥, 통로, 수직 동선, 집기, 비품, 벽면 재질, 셀프서비스
진 열	조화, 구색, 카트, POP, 주제 및 장치, 간판, VMD진열보조구, 포스터, 게시판, 선반 및 케이스
레이아웃	고객동선, 상품공간, 후방공간, 판매원공간, 휴식공간, 작업동선, 상품동선, 고객용 공간

70 #경제성#통제성#적응성 〔정답〕⑤

공급업체가 유통업체를 평가하는 기준은 문제 보기에서 제시한 경제성, 통제성, 적응성이 모두 해당된다. 특히 적응성은 장기적 협력관계를 구축할 경우 가장 중요한 평가기준이다.

┃**4과목** ┃ 유통정보

71 #데이터마이닝기법 〔정답〕④

④ 순차 패턴 – 연속 판매 프로그램

72 #RFID 〔정답〕①

┃정답 TIP┃
RFID(Radio Frequency Identification, 무선주파수식별법)
• 자동인식 기술의 하나로서 데이터 입력장치로 개발된 무선(RF ; Radio Frequency)으로 인식하는 기술
• Tag 안에 물체의 ID를 담아 놓고, Reader와 Antenna를 이용해 Tag를 부착한 동물, 사물, 사람 등을 판독·관리·추적할 수 있는 기술
• 도입효과 : 효과적인 재고관리, 입출고 리드타임 감소 및 검수 정확도 향상, 도난 등 상품 손실 절감, 반품 및 불량품 추적·조회

73 #O2O 〔정답〕①

O2O 커머스는 온라인과 오프라인을 유기적으로 연결해 새로운 가치를 창출하는 서비스이다. 구체적으로 인터넷이나 스마트 폰을 이용해 오프라인 매장으로 고객을 유치하는 것으로 스마트폰의 등장과 모바일 기술의 발달에 힘입어 빠르게 확산되고 있다.

74 #의사결정시스템 〔정답〕②

마케팅 계획 설계, 예산 수립 계획 등과 같은 업무는 의사결정자의 판단, 평가, 통찰이 필요한 비구조적 의사결정에 해당하는 것으로 최고경영층이 하는 업무이다.

75 #엑세스로그파일 〔정답〕④

Access log는 웹 사이트에 접속했던 사람들이 각 파일들을 요청했던 실적을 기록해 놓은 목록으로 여기에는 HTML 파일들이나 거기에 들어 있는 그래픽 이미지, 그리고 이와 관련되어 전송된 다른 파일들이 모두 포함된다.

76 #지식#정보#데이터 〔정답〕④

㉠ 지식 : 자료나 정보와는 다른 개념으로 행동과 의사결정에 지침을 제공하는 아이디어, 본능, 규칙, 절차 등을 의미
㉡ 정보 : 어떤 행동을 취하기 위한 의사결정을 목적으로 하여 수집된 각종 자료를 처리하여 획득한 것

ⓒ 데이터 : 아직 특정의 목적에 대하여 평가되지 않은 상태의 단순한 여러 사실로, 가공을 통해 의미·목적·유용성 등을 부여받아 유용한 형태로 전환되고 가치를 함유하여 의미 있는 형태로 보관되는 것

77 #CRM분석전략 〔정답〕③

③ 아웃 바운드분석 – 담당영업사원, A/S사원의 피드백이나 불만접수 대응 분석

▎더 알아보기▎

인 바운드와 아웃 바운드
- 인 바운드 : 주문을 접수하고 예약, 예매대행이나 제품 및 서비스에 대한 문의상담 등의 업무 수행
- 아웃 바운드 : 잠재된 고객을 얻고 서비스 이용계좌를 확보하기 위해 전화를 걸어 관련 정보를 제공하거나 기존의 예약을 확인하고 이벤트에 초대하는 등 인 바운드보다 적극적인 개념의 텔레마케팅

78 #웹마이닝분석기법 〔정답〕⑤

▎정답 TIP▎
웹마이닝
인터넷상에서 수집된 정보를 기존의 데이터 마이닝 방법으로 분석 통합하는 것으로 고객의 취향을 이해하고 특정 웹 사이트의 효능을 평가하여 마케팅의 질적 향상을 도모하기 위해 사용된다.

콘텐츠 마이닝	검색 엔진과 웹 스파이더에 의해 수집된 데이터를 검사하는 기법
구조 마이닝	특정 웹 사이트 구조와 관련된 데이터를 조사하는 기법
사용 마이닝	한번이라도 이용했던 형태의 데이터는 물론 특정 사용자의 브라우저와 관련된 데이터를 조사하는 데 사용되는 기법

79 #워드프레스 〔정답〕⑤

▎정답 TIP▎
워드프레스(WordPress)
- 웹페이지 제작 및 관리를 위한 콘텐츠 관리 시스템(CMS ; Contents Management System)
- 워드프레스 웹페이지에서 관련 소스들을 내려 받아 설치하면 홈페이지, 블로그, 쇼핑몰 서비스, SNS 서비스 등을 제작하는 데 이용 가능
- 용이한 사용법과 플러그인을 이용한 확장성이 특징이며 SNS 등 다양한 미디어 채널과의 연동도 손쉽게 가능
- 이용자는 워드프레스를 통해서 자체적인 도메인과 호스팅을 이용할 수 있으며, 콘텐츠 제작, 배포 및 키워드 검색과 모바일 서비스도 이용 가능

80 #쇼루밍 〔정답〕②

오답풀이
① 오프라인 매장에서 관심 있는 제품을 살펴보고 실제 구매는 스마트폰으로 하는 현상
③ 인터넷 웹에서 사고자 하는 제품을 서칭, 확인하고 오프라인 매장을 찾아가서 제품을 구매하는 현상
④ 모바일로 적극적으로 정보를 찾고 오프라인 매장 계산대에서 최종 결제하는 것

▎더 알아보기▎

쇼루밍(show rooming)과 역쇼루밍(reverse show rooming)
쇼루밍은 백화점과 같은 오프라인 매장에서 상품을 직접 만져보고 체험한 다음, 정작 구매는 보다 저렴한 온라인으로 하는 소비 패턴을 의미한다. 반대로 역쇼루밍은 온라인을 통해 상품에 대한 각종 정보를 검색하고 비교해 상품의 구매를 결정한 후, 오프라인 매장을 직접 방문해 구매하는 방식이다.

81 #GTIN 〔정답〕④

2(크기) × 6(색상) × 3(낱개, 10개 박스, 20개 박스) = 36

82 #VMI 〔정답〕②

오답풀이
① 거래 당사자가 종이서류 대신 컴퓨터가 읽을 수 있는 표준화된 자료인 전자서류를 데이터 통신망을 통해 컴퓨터와 컴퓨터 간에 교환하여 재입력 과정 없이 직접 입무에 활용할 수 있도록 하는 새로운 전달방식을 말한다.
③ POS를 통해 얻어지는 상품흐름에 대한 정보와 계절적인 요인에 의해 소비자 수요에 영향을 미치는 외부요인에 대한 정보, 그리고 실제 재고수준, 상품수령, 안전재고수준에 대한 정보 등을 컴퓨터를 이용하여 통합·분석하여 주문서를 작성하는 시스템이다.
④ 전반적인 업무처리의 구조는 VMI와 같으나, CMI의 경우에는 제조업체와 유통업체 상호간 제품정보를 공유하고 공동으로 재고관리를 한다.
⑤ 의류산업의 SCM 전략이며 의류 및 직물 제조업체와 소매업자 간의 정보 및 제품의 흐름을 가속화하기 위한 새로운 전략으로 상품에 대한 판매정보를 수집하고, 공급망의 참여자들이 공유하여 필요한 상품을 필요한 시기에 공급한다.

19년

83 #POS데이터 [정답] ⑤

| 정답 TIP |

POS데이터의 분석

매출분석	부문별, 단품별, 시간대별, 계산원별 등
고객정보분석	고객수, 고객단가, 부문별 고객수, 부문별 고객단가 등
시계열분석	전년 동기 대비, 전월 대비, 목표 대비 등
상관관계분석	상품요인분석, 관리요인분석, 영업요인분석 등

84 #POS [정답] ③

인터넷을 통해 다양한 Web POS정보를 분석하여 효율적인 마케팅 및 서비스를 가능하게 하며, 중간 단계의 POS서버가 필요하지 않기 때문에 시스템구축 비용 및 유지보수 비용을 낮출 수 있고, 시스템 기기의 사양이 다르더라도 점포간 판매동향 비교, 분석이 가능하다.

85 #SCM주요기법#QR [정답] ①

오답풀이

④ 유통공급망 내에 있는 업체들 간에 상호협력적인 관행으로서 기존의 전통적 관행인 경제적인 주문량에 근거하여 유통업체에서 공급업체로 주문하던 방식(Push 방식)과 달리 실제 판매된 판매데이터와 예측된 수요를 근거로 하여 상품을 보충시키는 방식(Pull 방식)이다.

⑤ 공급체인의 네트워크 전체를 포괄하는 관리기법으로, 최종 소비자에게 유통되는 상품을 그 원천에서부터 관리함으로써 공급체인의 구성원 모두가 협력하여 소비자의 욕구를 더 만족스럽게, 더 빠르게, 더 저렴하게 채워주고자 하는 전략의 일종이다.

86 #지식베이스시스템 [정답] ⑤

취급 지식은 구조화된 데이터 군을 단위로 하는 데이터가 요구된다.

87 #지식포착기법 [정답] ①

인터뷰는 개인의 암묵적 지식을 형식적 지식으로 전환하는 데 사용하는 기법이다.

88 #지식경영 [정답] ⑤

지식경영은 암묵적 지식만을 축적하는 것이 아니라 새롭게 창조된 형식적 지식을 다시 암묵적 지식으로 순화, 즉 암묵지와 형식지의 선순환 과정을 통해 경쟁우위를 획득하는 조직의 창조적인 활동이다.

89 #비콘 [정답] ③

오답풀이

④ 컴퓨터가 여러 데이터를 이용해 마치 사람처럼 스스로 학습할 수 있게 하기 위해 인공 신경망(ANN ; Artificial Neural Network)을 기반으로 구축한 기계 학습 기술이다.

⑤ 10cm 이내의 가까운 거리에서 다양한 무선 데이터를 주고받는 통신 기술로 무선태그(RFID) 기술 중 하나이며, 통신거리가 짧기 때문에 상대적으로 보안이 우수하고 가격이 저렴해 주목받는 차세대 근거리 통신 기술이다.

90 #사물인터넷 [정답] ③

유통업체에서는 공급사슬에서의 정보공유가 최적 의사결정에 도움을 주어 비용절감 및 효율성을 증대시켜 경쟁력이 강화되고, 효율성이 증대되기 때문에 긍정적인 견해를 가지고 있다.

제3회 기출문제 정답 및 해설

01	02	03	04	05	06	07	08	09	10	11	12	13	14	15
④	④	③	①	⑤	④	①	②	③	④	④	②	④	④	②
16	17	18	19	20	21	22	23	24	25	26	27	28	29	30
①	②,③	①	④	⑤	⑤	④	⑤	⑤	⑤	③	④	⑤	⑤	④
31	32	33	34	35	36	37	38	39	40	41	42	43	44	45
②	④	⑤	①	⑤	②	②	②	⑤	⑤	⑤	③	⑤	④,⑤	②
46	47	48	49	50	51	52	53	54	55	56	57	58	59	60
②	②	②	⑤	⑤	⑤	①	⑤	②	⑤	③	⑤	③	⑤	④
61	62	63	64	65	66	67	68	69	70	71	72	73	74	75
②	④	②	⑤	①	⑤	②	⑤	⑤	②,④	①	①	⑤	⑤	⑤
76	77	78	79	80	81	82	83	84	85	86	87	88	89	90
③	②	②	④	②	②	④	②	⑤	④	②	③	③	④	④

1과목　유통물류일반

01 #재고보유이유 　[정답] ④

헷징(hedging)은 가격변동에 대한 위험을 최소화하기 위한 것으로 재고 보유 이유와는 관련이 없다. 헷징은 현물가격 변동에 따라 발생할 수 있는 손해를 최대한 줄이기 위해, 선물시장에서 현물과 반대되는 선물포지션을 설정하는 것으로 헷징을 하면 상품(주가·환율·금리·금) 가격이 오르거나 내리더라도 현물·선물 동시 거래를 통해 정반대의 손익이 나타나기 때문에 어느 한 쪽의 손익이 다른 쪽의 이익으로 서로 상쇄된다.

02 #아웃소싱성공조건 　[정답] ④

[오답풀이]
ⓒ 아웃소싱은 고용조정 측면이 아니라 경쟁력 강화차원에서 접근해야 한다.

03 #기업윤리 　[정답] ③

고객에 대해서는 신의성실에 입각하여, 고객을 현혹할 수 있는 허위 및 과대광고나 정보은폐 등의 행위를 하여서는 안 된다.

04 #재발주점#안전재고 　[정답] ①

ⓐ : {(55 × 0.7) ÷ 4} × 3 = 28.875
ⓑ : {(55 × 0.7) ÷ 4} × (4 + 3) = 67.375

05 #직무확충 　[정답] ⑤

직무확충은 기본적으로 동일한 직무에 더하여 각기 다른 직무들을 병행하는 것이다.

06 #집단갈등해결 　[정답] ④

┃ 정답 TIP ┃
갈등해결의 기본전략
갈등을 효과적으로 관리하기 위해서 조직 내 직위간 관계재설정이나 조직구성원 이동, 효과적인 정보전달 체계관리 및 통제, 조직구성원의 태도 변화, 의사전달경로의 변경 등의 방법을 모색하게 된다.
- 통합 : 서로의 이익을 만족시키기 위해 문제의 본질을 집중적으로 정확하게 파악하여 문제해결의 통합적 대안을 도출해 내는 것
- 배려 : 상대방의 이익이나 욕구를 충족시켜주기 위해서 자신의 관심부분을 양보 또는 포기하는 것
- 지배(권력을 위한 갈등 해결) : 상대방의 입장은 전혀 고려하지 않고 자신의 이익을 위해서 공식적인 권위를 사용하여 상대방을 지배하고 복종을 강요하는 것

- 회피 : 당면한 갈등문제를 무시하거나 도외시하는 것으로, 문제를 회피함으로써 자신에게 유리할 경우에 선택하는 대안
- 타협 : 당사자들이 다른 목표를 갖고 있거나 비슷한 힘을 갖고 있을 때 가능한 것으로, 자신과 상대방이 서로의 이익을 양보하는 것

07 #유통성과평가 　정답 ①

| 정답 TIP |

유통성과에 대한 평가

- 효율성 : '무엇을 얼마나 어떤 방법으로 생산할 것인가'의 문제로, 최소의 비용으로 최대의 만족을 구한다는 경제행위의 원칙에 의거 생산 또는 소비가 최선으로 이루어졌는가를 평가하는 기준을 말한다.
- 형평성 : '누구에게 분배할 것인가'의 문제인 분배의 평가기준으로, 바람직한 분배상태를 말하며 주관적인 가치판단의 개입과 시대와 사회에 따라 그 의미가 변한다.
- 효과성 : 표적시장이 요구하는 서비스산출을 얼마나 제공하였는가를 측정하는 목표지향적인 성과기준이다.

08 #수직적유통경로 　정답 ②

| 정답 TIP |

수직적 유통경로의 장·단점

장 점	단 점
• 총 유통비용을 절감시킬 수 있다. • 자원이나 원재료를 안정적으로 확보할 수 있다. • 혁신적인 기술을 보유할 수 있다. • 새로이 진입하려는 기업에게는 높은 진입장벽으로 작용한다.	• 초기에 막대한 자금이 소요된다. • 시장이나 기술의 변화에 대해서 기민한 대응이 곤란하다. • 각 유통단계에서 전문화가 상실된다.

09 #중개기관 　정답 ③

오답풀이

① 브로커의 기본 임무는 구매자와 판매자를 만나게 하는 일이다.
② 대리인은 판매의뢰자와 지속적인 기반 위에서 거래를 하는 것은 아니다.
④ 브로커에게는 가격설정권이 없다.
⑤ 제조사의 제품촉진, 제품소유, 위험공유의 서비스 제공은 제조업자를 위한 구매전문 중개상의 역할이다.

10 #연기투기이론 　정답 ④

오답풀이

① 경로구성원 중 누가 재고보유에 따른 위험을 감수하느냐에 따라 유통경로가 결정된다는 이론이다.

② 중간상들이 재고부담을 주문 발생시점까지 연기시키려고 하면 제조업자가 재고부담을 져야 하므로 경로길이는 짧아진다.
③ 산업재 제조업자는 경로길이가 짧은 유통경로를 통해 경로활동을 직접 수행한다.
⑤ 중간상의 투기행위는 제조업체와 소비자 사이에 중간상이 존재하는 간접경로 혹은 긴 경로의 이용을 초래한다.

11 #전자거래사업자 　정답 ④

| 정답 TIP |

전자거래사업자의 일반적 준수사항

- 상호(법인인 경우에는 대표자의 성명을 포함)와 그 밖에 자신에 관한 정보와 재화, 용역, 계약조건 등에 관한 정확한 정보의 제공
- 소비자가 쉽게 접근·인지할 수 있도록 약관의 제공 및 보존
- 소비자가 자신의 주문을 취소 또는 변경할 수 있는 절차의 마련
- 청약의 철회, 계약의 해제 또는 해지, 교환, 반품 및 대금환급 등을 쉽게 할 수 있는 절차의 마련
- 소비자의 불만과 요구사항을 신속하고 공정하게 처리하기 위한 절차의 마련
- 거래의 증명 등에 필요한 거래기록의 일정기간 보존

12 #물류비산정목적 　정답 ②

| 정답 TIP |

물류비 산정의 목적

- 물류활동의 규모를 파악하고, 물류비의 크기를 표시하여 사내에 물류의 중요성을 인식시키기 위해서
- 물류활동에서의 문제점을 발견하기 위해서
- 물류활동을 계획·관리·통제하고, 실적을 평가하기 위해서
- 원가관리를 위한 자료를 제공하기 위해서

13 #파이프라인수송 　정답 ④

오답풀이

① 항공기와 화물차를 연계한 일관운송시스템(항공기+트럭)
② 불가피한 지리적인 상황 또는 운송의 효율성 측면에서 두 가지 이상의 상이한 운송수단에 의하여 화물이 목적지까지 운반되는 운송형태
③ 컨테이너를 2단으로 적재할 수 있는 화차
⑤ 선박운송과 화물자동차운송을 연계한 일관운송시스템(선박+트럭)

14 #손익계산서 [정답] ④

┃ 정답 TIP ┃
손익계산서의 계정과목
- 매출액
- 매출총이익
- 영업이익
- 영업외비용
- 법인세비용
- 매출원가
- 판매비와관리비
- 영업외수익
- 법인세비용차감전순이익
- 당기순이익

15 #서번트리더십 [정답] ②

오답풀이

① 자기 자신과 자신이 이끄는 조직구성원에 대한 극단적인 신뢰, 이들을 완전히 장악하는 거대한 존재감, 그리고 명확한 비전을 갖고 일단 결정된 사항에 관해서는 절대로 흔들리지 않는 확신을 가지는 리더십을 의미한다.

③ 조직구성원들로 하여금 리더에 대한 신뢰를 갖게 하는 카리스마는 물론, 조직변화의 필요성을 감지하고 그러한 변화를 이끌어 낼 수 있는 새로운 비전을 제시할 수 있는 능력이 요구되는 리더십이다.

④ 업무활동에 대해서 조직구성원과 상의하고 의사결정에 조직구성원을 참여시키고자 하는 리더십 유형으로 적극적 성격의 사람에게 잘 받아들여진다.

⑤ 도전적인 작업 목표를 설정하고 그 성과를 강조하며, 조직구성원들이 그 목표를 충분히 달성할 수 있을 것이라고 믿는 리더십 유형으로 업무수행능력이 높고, 적극적인 성격과 명예에 대한 욕구가 강한 조직구성원에게 효과적이다.

16 #정량적척도 [정답] ①

객관적인 수량으로 측정할 수 있는 것을 정량적 척도라 하며, 주관적인 견해로 판단하여 측정하는 것을 정성적 척도라 한다.
① 정성적 척도
②·③·④·⑤ 정량적 척도

17 #BCG매트릭스 [정답] ②, ③

개의 영역은 저성장·저점유율을 보이는 사업단위이고, 현금젖소는 저성장·고점유율을 보이는 성공한 사업으로 규모의 경제와 높은 수익을 가진다.

18 #거시환경 [정답] ①

┃ 정답 TIP ┃
거시적 환경요인
- 정치적 환경 : 기업에게 이익이 되는 측면에서 정치적 전략을 통해 관련 법률 제정에 영향을 미치기 위한 시도를 포함한다.

- 사회·경제적 환경 : 국민소득 증가와 교육수준의 향상, 소비자보호 운동 등의 요인을 말하며, 이로 인한 구매행태의 변화를 가져왔다.
- 기술적 환경 : 정보기술의 발전은 산업 전반의 업무효율화와 유통발전 및 현대화를 가져왔다.
- 시장 환경 : 국내 유통시장 개방은 선진국의 기술을 습득하여 긍정적 발전을 가져올 수 있는 반면에 선진국의 과도한 요구에 의해 국내 유통환경이 위축될 수 있다. 따라서 국내 유통 발전을 위해 합리적인 유통망이 구축될 수 있도록 기반시설 지원 및 확충, 유통 전문인력 양성 등이 필요하다.

19 #선택적유통 [정답] ④

오답풀이

①·② 개방적 유통
③·⑤ 전속적 유통

20 #MRP [정답] ⑤

┃ 정답 TIP ┃
MRP(Material Requirement Planning) 시스템
최종품목의 구성품목들이 언제, 얼마나 필요하며, 언제 주문해야 하는지를 결정하는 기법이다. 이 시스템의 목적은 적량의 품목을 적시에 주문하여 재고수준을 낮게 유지하는 것 이외에 우선순위계획과 생산능력계획을 수립하는 데 필요한 정보를 제공하는 것이다.

21 #JIT#JITⅡ [정답] ⑤

JIT가 물동량의 흐름을 주된 개선대상으로 삼는 반면, JITⅡ는 기술, 영업, 개발을 동시화(synchronization)하여 물동량의 흐름을 강력히 통제한다.

22 #진열도매상 [정답] ④

오답풀이

① 주로 소매규모의 소매상에 상품을 공급한 도매상으로 배달을 하지 않는 대신 싼 가격으로 소매상에 상품을 공급하며, 신용판매를 하지 않고 현금만으로 거래를 한다.

② 제조업자나 공급자로부터 제품을 구매하여 제조업자나 공급자가 물리적으로 보유한 상태에서 판매하게 되면 고객들에게 직접 제품을 직송하는 도매상이다.

③ 일반적으로 고정적인 판매루트를 가지고 있으며, 트럭이나 기타 수송 수단으로 판매와 동시에 상품을 배달하는 도매상이다.

⑤ 소규모의 소매상이나 산업구매자에게 보석이나 스포츠용품 등을 제품 목록을 통해 판매하는 도매상이다.

23 #전문적권력 · 정답 ⑤

오답풀이

① 다른 구성원들에게 영향력을 행사할 정당한 권리를 갖고 있고 상대방도 당연히 그렇게 해야 한다고 내재적으로 지각할 때 미치는 영향력
② 한 경로구성원이 다른 경로구성원에게 여러 가지 물질적 또는 심리적인 도움을 줄 수 있을 때 형성되는 영향력
③ 한 경로구성원의 영향력 행사에 대해서 구성원이 따르지 않을 때 처벌이나 부정적 제재를 받을 것이라고 지각하는 경우에 미치는 영향력
④ 한 경로구성원이 여러 측면에서 장점을 갖고 있고 다른 경로구성원이 그와 일체성을 가지고 한 구성원이 되고 싶어 하며 거래관계를 계속 유지하고 싶어 할 때 미치는 영향력

24 #딜#케네디#조직문화 · 정답 ⑤

❚ 정답 TIP ❚
Deal & Kennedy의 조직문화 유형

위험요소 \ 피드백	피드백 빠름	피드백 느림
위험요소 많음	거친 남성문화	사운을 거는 문화
위험요소 적음	열심히 일하고 노는 문화	과정 문화

❚ 더 알아보기 ❚

R. Harrison의 조직문화 유형
핵조직 문화(atomized culture)는 R. Harrison의 조직문화 유형에 해당하는 것으로, 공동목표를 중심으로 자발적 협조가 이루어지며, 참여와 상담이 업무의 중요한 부분을 차지한다는 것을 의미한다.
R. Harrison은 다음과 같이 조직문화를 조직구조의 핵심변수인 공식화와 집권화 두 가지 차원을 통해 관료조직문화, 권력조직문화, 행렬조직문화, 핵조직문화로 구분하였다.

공식화 \ 집권화	집권화 높음	집권화 낮음
공식화 높음	관료조직문화	행렬조직문화
공식화 낮음	권력조직문화	핵조직문화

25 #소매상기능 · 정답 ⑤

적절한 재고를 확보·유지하는 기능은 소매상이 생산 및 공급업자에게 제공하는 기능이다.

---

26 #입지요인#상권요인 · 정답 ③

시장의 규모는 상권요인에 해당한다.

❚ 정답 TIP ❚
입지요인과 상권요인

입지요인	• 인지성(가시성, 시계성), 유도시설, 동선, 도로 • 입지요인 중시 업종 : 의류업, 식료품업, 음식업, 수선·보수전문점
상권요인	• 상권규모, 상권의 질, 교통량, 통행량, 영업력 • 상권요인 중시 업종 : 택배업

27 #동선 · 정답 ④

복수의 자석입지가 있는 경우의 동선을 복수동선이라 한다. 부동선은 경제적 사정으로 많은 자금이 필요한 주동선에 입지하기 어려운 점포가 입지하는 동선이다.

28 #Huff수정모델 · 정답 ⑤

수정허프모델은 복수의 상업시설의 고객흡인율을 계산할 수 있으므로 실용성이 크다. 즉, 소비자가 어느 상업지에서 구매하는 확률은 그 상업집적의 매장면적에 비례하고, 그곳에 도달하는 거리의 제곱에 반비례한다는 것을 내용으로 한다. 따라서 문제에서 이사 이후에는 C의 거주지와 A 사이 거리가 C의 거주지와 B 사이 거리의 2배가 되었다고 제시되어 있으므로, C의 소매지출에 대한 소매단지 A의 점유율은 $\frac{1}{2^2} = \frac{1}{4}$로 감소한다.

29 #입지조건 · 정답 ③

종묘상과 화훼도매상은 지대가 비싼 도심번화가나 중심부에서 떨어진 도심외곽이나 근교에 모여 입지하는 업종이므로 최고가 지대에서 가장 멀리 떨어져 있다.

30 #유추법 · 정답 ④

유추법은 서술적 방법에 의한 상권분석으로 확률모형과 관련이 없다. 확률적 모형에 의한 상권분석에는 허프모형, MNL 모형, MCI 모형 등이 있다.

31 #복합용도개발

정답 ②

신시가지와의 균형발전과 신시가지의 행정비용을 절감하기 위해서 복합용도개발이 필요하다. 주상복합건물을 건설할 경우 기존 시가지 내의 공공시설을 활용함으로써 신시가지 또는 신도시의 도시기반시설과 공공서비스시설 등에 소요되는 공공 재정이나 민간자본을 절감할 수 있다.

32 #점포밀집원칙

정답 ④

오답풀이

① 사무실 밀집지역, 쇼핑지역 등과 같이 고객이 특정 지역에서 타 지역으로 이동 시 점포를 방문하게 된다는 원칙이다.
② 두 개의 점포가 고객을 서로 교환할 수 있을 정도로 인접한 지역에 위치하면 매출액이 높아진다는 원칙이다.
③ 유사하거나 보충적인 소매업이 흩어진 것보다 군집해서 입지하면 더 큰 유인잠재력을 갖게 된다는 원칙이다.
⑤ 지리적으로 인접하거나 교통이 편리하면 매출이 증대된다는 원칙이다.

33 #상권경쟁구조

정답 ⑤

┃ 정답 TIP ┃
상권경쟁분석

• 업태내 경쟁구조 : 유사한 상품을 판매하는 서로 동일한 형태의 소매업체간 경쟁구조 분석
• 업태간 경쟁구조 : 유사한 상품을 판매하는 서로 상이한 형태의 소매업체간 경쟁구조 분석
• 위계별 경쟁구조 : 도심, 부심, 지역심, 사~중심의 업종을 파악·분석
• 잠재적 경쟁구조 : 신규 소매업 진출 예정 사업체 및 업종의 파악·분석
• 업체간 보완관계 : 단골고객의 선호도 조사, 고객의 특성 및 쇼핑경향 분석, 연령·소득·직업 등 인구통계학적 특성, 문화·사회적 특성의 파악·분석

34 #국토계획법#용도지역

정답 ①

용도지역은 도시지역, 관리지역, 농림지역, 공업지역, 녹지지역으로 구분되며, 취락지구는 용도지구에 해당한다(국토의 계획 및 이용에 관한 법률 제6조·제37조).

35 #Huff모형

정답 ⑤

Huff모형의 원래 공식에는 점포 매력도 또는 점포크기에 대한 민감도 계수가 포함되어 있지 않지만, 나중에 원래 모형을 수정하여 점포크기에 대한 민감도 계수를 포함시켰다. MCI 모형에서는 한 점포의 효용도(매력도)를 측정함에 있어서 매개변수로서 점포의 크기, 점포까지의 거리뿐만 아니라 상품구색, 판매원서비스 등 선택에 영향을 미치는 여러 점포특성 등을 포함하여 측정한다.

36 #획지#각지

정답 ②

획지의 형상은 남북방향으로 긴 장방형이다.

┃ 더 알아보기 ┃

필지와 획지의 비교	
필 지	**획 지**
측량, 수로조사 및 지적에 관한 법률상 토지의 등록단위	부동산 활동상 토지의 구획단위
소유권의 한계를 밝히는 개념	가격수준이 유사한 일단의 토지
법적인 개념	경제상 개념
지번으로 표시	면적이나 가격으로 표시

37 #의류전문점#입지선정

정답 ②

┃ 정답 TIP ┃
의류전문점의 입지선정 전략

• 많은 사람을 유인하고 여러 점포에서 비교·구매할 수 있어야 하므로, 다양한 점포들이 군집하여 다양한 상품을 판매하고 젊은 세대들이 자주 찾는 중심상업지역(CBD)이나 중심상업지역 인근 쇼핑센터가 노면독립입지보다 유리하다.
• 쇼핑몰 내에서는 핵점포(Anchor Store)의 통로 및 출입구 근처가 좋다.
• 입지선정 시 상권 내 현재 인구수와 증감 여부, 상권 내 가구의 수, 가구의 평균 구성원 수, 평균소득 등을 고려하여야 한다.

38 #도미넌트전략

정답 ②

동일한 특정 상권에 여러 개의 점포를 출점하는 전략은 도미넌트 전략이다. 도미넌트 전략을 활용하기 위해서는 충분한 시장 수요가 있는지 확인하고, 각각의 점포가 상호 시너지 효과를 낼 수 있는 보완재 성격을 갖는 것이 좋다. 도미넌트 전략은 프랜차이즈의 경우 점포간의 상권을 보호해주어야 하는 법적규제가 있어 활용이 불가능하다.

19년

39 #입지선정#분석단위　　　　　정답 ⑤

신규출점 시 입지분석의 과정은 지역분석(regional analysis) → 지구분석(area analysis) → 부지분석(site analysis)이다. 대형 소매점포의 시장잠재력을 조사하는 지역분석을 실시하여 특정 지역이 선정되면, 그 후보지 내에서 최적지구선정을 위한 분석을 실시한 후, 구입 가능한 부지들 중에서 최적의 부지를 점포입지로 선정한다. 이러한 과정에서 실시하는 분석단위들을 모두 포함하고 있는 것은 지역, 상권, 특정 입지이다.

40 #부동산공부서류　　　　　　정답 ⑤

ⓐ 등기사항전부증명서 : 현재 건물의 참 주인이 누구인지 파악이 되며, 권리관계가 표시되는 증명서로 건물주인 확인 및 건물을 나중에 다른 사람에게 뺏길 수 있는 사항이 있는지 알 수 있다.
ⓑ 건축물대장 : 건물의 면적, 층수, 구조 등을 정확히 알 수 있다.
ⓒ 토지대장 : 토지의 사용 목적, 실제 면적 등을 정확히 알 수 있다.
ⓓ 토지이용계획확인원 : 토지를 원하는 대로 이용하는 데 제한사항의 유무를 확인할 수 있는 것으로, 개발 또는 제한 가능성을 살펴보기 위해 필요한 공부서류이다.
ⓔ 지적도 : 토지의 모양과 옆 토지와의 경계 등을 알 수 있다.

41 #테넌트#앵커스토어　　　　　정답 ⑤

ⓐ 테넌트(tenant)
ⓑ 일반테넌트(general tenant)
ⓒ 앵커스토어(anchor store)

▌더 알아보기▐

> 서브키테넌트(sub-key tenant)
> 키테넌트의 보조가 되는 점포를 의미한다.

42 #입지유형#상권특성　　　　　정답 ③

아파트 단지 상권의 경우, 가구당 점포면적으로 점포입지의 적정성을 판단할 수 있다. 가구당 점포면적은 $1m^2$ 이하로 구성되어야 하는데, 가구당 상가면적이 0.5평을 초과한다면 평가 기준도 달라진다. 예를 들어 투자 희망 단지의 가구 수가 800이라면, 가구당 상가면적이 0.5평을 초과할 경우 800 × 0.5평의 결과 값인 400평의 연면적을 넘어서게 된다. 이로 인해 가구 수 대비 상가가 많아지면 공실의 증가로 이어지며, 수익성 또한 낮아지기 때문에 투자가치는 떨어지게 된다.

43 #상권#입지　　　　　　　　　정답 ⑤

입지는 지점, 상권의 범위로 비유하여 표현하기도 한다.

44 #상권력　　　　　　　　　정답 ④, ⑤

④ 점포의 밀집도가 상권력에 영향을 미치는데 동일 상권 내에 분포하는 점포수가 많을수록 상권력이 강해진다.
⑤ 학교, 병원, 금융기관, 관공서, 문화관광시설 등은 집객시설로 볼 수 있다

45 #소매점포개설입지　　　　　정답 ②

대규모점포를 개설하거나 전통상업보존구역에 준대규모점포를 개설하려는 자는 영업을 시작하기 전에 산업통상자원부령으로 정하는 바에 따라 상권영향평가서 및 지역협력계획서를 첨부하여 특별자치시장·시장·군수·구청장에게 등록하여야 한다. 등록한 내용을 변경하려는 경우에도 또한 같다(유통산업발전 법 제8조).

3과목　유통마케팅

46 #척도　　　　　　　　　　　정답 ②

ⓐ 명목척도 : 서로 대립되는 범주이다. 예를 들어 농촌형과 도시형이라는 식의 분류표지로서, 표지 상호간에는 수학적인 관계가 없다.
ⓑ 서열척도 : 대상을 어떤 변수에 관해 서열적으로 배열하는 척도로(물질을 무게의 순으로 배열하는 등), 선호의 정도는 알 수 없고, 단지 순위만을 표현한다.
ⓒ 등간(간격)척도 : 크기 등의 차이를 수량적으로 비교할 수 있도록 표지가 수량화된 경우 측정값의 차에 의하여 비교할 수 있도록 단위가 정해져 있다.
ⓓ 비율척도 : 간격척도에 절대영점(기준점)을 고정시켜 비율을 알 수 있게 만든 척도로, 법칙을 수식화하고 완전한 수학적 조작을 할 때 주로 사용한다.

47 #진실의순간　　　　　　　　정답 ③

고객접점서비스란 고객과 서비스요원 사이의 15초 동안의 짧은 순간에 이루어지는 서비스로서 이 순간을 '진실의 순간(MOT ; Moment Of Truth)' 또는 '결정적 순간'이라 한다. 이 15초 동안에 고객접점에 있는 최일선 서비스요원은 책임과 권한을 가지고 우리 기업을 선택한 것이 가장 좋은 선택이었다는 사실을 고객에게 입증시켜야 한다는 것이다.

48 #SERVQUAL　　　　　　　　　　　정답 ②

▎정답 TIP▎

SERVQUAL 모형의 5가지 서비스 품질 평가유형

- 유형성(Tangibles) : 물적 요소의 외형을 의미한다.
- 신뢰성(Reliability) : 믿을 수 있으며, 명확한 임무수행을 말한다.
- 대응성(Responsiveness) : 즉각적이면서 도움이 되는 것을 말한다.
- 확신성(Assurance) : 능력 및 공손함, 그리고 믿음직스러움과 안전성을 의미한다.
- 공감성(Empathy) : 접근이 용이하고, 의사소통이 잘되면서 소비자를 잘 이해하는 것을 말한다.

49 #CRM　　　　　　　　　　　　정답 ⑤

고객관계관리에서는 고객획득 보다는 고객유지에 중점을 두기 때문에 경쟁사고객 확보율은 고객가치를 평가하는 척도에 해당하지 않는다.

50 #가격결정방식　　　　　　　　정답 ⑤

시장의 경쟁강도 및 독과점과 같은 경쟁구조에 따라 가격을 결정하는 방식은 경쟁기준 가격결정이다. 가격차별은 동일한 상품을 구입자에 따라 다른 가격으로 판매하는 것을 말한다.

51 #매장내손실　　　　　　　　　정답 ⑤

유행의 변화로 인해 발생하는 손실은 시장이나 트렌드의 변화 등 외부적 요인으로 인해 발생하는 손실이다.

52 #가격정책　　　　　　　　　　정답 ①

오답풀이

- 이분가격정책(two-party price policy) : 서비스 가격을 기본 서비스에 대해 고정된 요금과 여러 가지 다양한 서비스의 사용 정도에 따라 추가적으로 서비스 가격을 결정하는 방법이다.
- 제품묶음가격정책(bundling price policy) : 몇 개의 제품을 묶어서 인하된 가격으로 결합된 제품을 제공하는 방법이다.
- 종속제품가격정책(captive pricing) : 주요한 제품과 함께 사용하여야 하는 종속제품에 대한 가격을 결정하는 방법으로, 주 제품에 대한 생산업체는 종종 주제품의 가격을 낮게 정하고, 종속제품은 높은 마진을 보장하게 하는 가격책정전략을 활용한다.

53 #상품유형　　　　　　　　　　정답 ⑤

전문품은 일정한 상권 내에 제한된 수의 소매점으로 하여금 자사 상품만을 취급하게 하는 전속적 유통방식이 유리하다.

54 #상호작용공정성　　　　　　　정답 ②

오답풀이

① 절차적 공정성은 서비스 결과를 제공함에 있어서 서비스 조직이 사용하는 절차, 방침, 기준 등의 완만한 운영에 대한 고객의 지각을 의미하여, 여기에는 절차의 효율성과 유용성이 포함된다.

④ 분배적 공정성은 고객이 제공받은 서비스 편익이 지불한 비용을 초과하는지 또는 서비스 양의 측면에서 제대로 약속한 서비스를 제공하는지에 대한 고객의 지각을 의미한다.

55 #풀전략#푸시전략　　　　　　정답 ⑤

푸시 전략은 일종의 인적 판매 중심의 마케팅 전략이다.

56 #소매점#포지셔닝전략　　　　정답 ③

▎정답 TIP▎

포지셔닝전략의 유형

- 제품속성에 의한 포지셔닝 : 자사제품에 의한 포지셔닝은 자사제품의 속성이 경쟁제품에 비해 차별적 속성을 지니고 있어서 그에 대한 혜택을 제공한다는 것을 소비자에게 인식시키는 전략이다.
- 이미지 포지셔닝 : 제품이 지니고 있는 추상적인 편익을 소구하는 전략이다.
- 경쟁제품에 의한 포지셔닝 : 소비자가 인식하고 있는 기존의 경쟁제품과 비교함으로써 자사 제품의 편익을 강조하는 방법을 말한다.
- 사용상황에 의한 포지셔닝 : 자사 제품의 적절한 사용상황을 설정함으로써 타사 제품과 사용상황에 따라 차별적으로 다르다는 것을 소비자에게 인시키시는 전략이다.
- 제품사용자에 의한 포지셔닝 : 제품이 특정 사용자 계층에 적합하다고 소비자에게 강조하여 포지셔닝하는 전략이다.

57 #심리묘사적세분화　　　　　　정답 ⑤

▎정답 TIP▎

시장세분화의 종류

- 지리적 세분화 : 시장을 국가, 지역, 군, 도시, 인근 등의 단위로 분할하는 것으로 지역을 기준으로 세분화하는 경우에는 우선 집중할 지역을 결정하여야 하고, 선정된 지역 중에서도 중점을 둘 사업구역을 선정하여 집중하면 효과적이다.
- 인구통계적 세분화 : 연령, 성별, 가족수, 가족생활주기, 소득, 직업, 학력, 종교, 인종, 국적 등의 인구통계적 변수들에 기초해서 시장을 여러 집단으로 분할하는 것이다.

- 심리묘사적 세분화 : 구매자들의 라이프스타일, 개성, 특성 등에 기초해서 상이한 집단으로 분할하는 것으로 인구통계상으로는 동일한 집단에 속해 있는 사람도 심리묘사적 특성상 아주 상이할 수 있다.
- 행위적 세분화 : 구매자들은 각자의 제품에 대한 지식, 태도, 용도, 반응 등에 기초해서 집단화되며, 제품과 관련된 행동기준인 제품사용정도, 제품충성도, 구매성향 등을 이용하여 시장을 세분화할 수도 있다.

58 #표적시장선정 　　　　　[정답] ③

비차별적 마케팅 전략은 소비자 욕구의 차이보다는 공통점에 초점을 맞추고 있는 전략으로, 세분시장에 대한 마케팅 조사와 계획을 수행하지 않으므로 마케팅 조사 및 제품관리비용이 절감된다.

59 #매력적세분시장 　　　　　[정답] ⑤

▌정답 TIP ▌
매력적인 시장세분화의 전제조건
- 측정 가능성 : 특정 구매자의 구매특성에 관한 구체적이고 유용한 정보를 가지고 있어야 한다.
- 접근가능성 : 상품, 서비스에 대한 기업의 메시지가 세분시장에 효과적으로 도달할 수 있어야 한다. 충분한 구매력과 수요가 있는 매력적인 세분시장이 존재하더라도 세분시장을 유인할 수 있는 능력이나 연결매체가 없으면 시장세분화는 성공하기 어렵다.
- 실질적 규모 : 선택된 세분시장에 상품, 서비스를 구매할 의도와 현실적 수요로 이어질 수 있는 구매능력이 충분한 규모의 잠재고객이 있어서 기업이 독자적인 마케팅 프로그램을 시도했을 때 효과적인 투자수익과 매출액을 획득할 수 있어야 한다.
- 이질성 : 세분시장의 구성원들 간에 서로 다른 특성을 가지고 있으면서, 하나의 세분시장은 다른 시장과 명확히 구분될 수 있어야 한다.
- 경쟁성 : 고객들에게 독특하고 다른 무언가를 제공할 수 있는 경쟁성을 갖춰야 한다.

60 #판매촉진전략 　　　　　[정답] ④

대개 중간상 판촉은 소비자 판촉에 비해 많은 비용이 든다.

61 #특약매입 　　　　　[정답] ②

특정(특약)매입은 거래당사자(납품업자)에게서 상품을 매입해서 고객에게 판매한 후 수수료를 공제한 납품금액을 지불하는 형태이다. 팔리지 않고 남은 상품은 납품업자에게 반품하므로 백화점의 재고위험 부담을 회피하기 위한 방법이라 할 수 있다.

62 #VMD#VP 　　　　　[정답] ④

VP를 통해 중점상품과 중점테마에 따른 매장 전체 이미지를 표현하는 것은 맞지만, 아무리 매장에서 고객에게 상품이 좀 더 돋보이도록 효과적으로 진열한다고 해서 상품자체가 좋지 않으면 매장 이미지에도 타격을 입을 수 있기 때문에 진열기술보다는 상품이 중요하다. 따라서 VP는 상품을 판매하는 입장이 아닌, 상품을 구매하는 입장에서 상품을 제공해야 하는 것을 의미한다.

63 #크로스머천다이징 　　　　　[정답] ②

▌정답 TIP ▌
크로스 머천다이징(Cross Merchandising)
- 연관된 상품을 함께 진열하거나 연관된 상품을 취급하는 점포들을 인접시키는 것을 의미한다.
- 고객들이 연관된 상품들을 동시에 구매하도록 유도할 수 있다.
- 대표적인 예로 샴푸, 린스, 정장, 넥타이, 구두, 셔츠 등에 사용할 수 있다.

64 #점포#레이아웃#진열 　　　　　[정답] ⑤

부티크형 점포배치는 자유형 점포배치 형태에서 나온 것으로 선물점, 백화점 등에서 널리 이용된다.

65 #점포구성요소 　　　　　[정답] ①

시장점유율은 마케팅의 성과지표로 점포 구성요소와는 거리가 멀다.

66 #상품유형별진열 　　　　　[정답] ⑤

시즌 상품은 다른 상품 카테고리와 분리하여 명확한 테마를 갖추고 진열해야 한다.

67 #개방형유통경로 　　　　　[정답] ①

개방형 유통경로는 희망하는 소매점이면 누구나 자사의 상품을 쉽게 취급할 수 있도록 하는 전략으로, 집약적 유통경로라고도 한다.

68 #PB 　　　　　[정답] ⑤

PB는 유통업자가 자체적으로 제품기획을 하고 제조하여 브랜드를 결정하는 것으로 유통업자의 독자적인 브랜드명, 로고, 포장을 가진다.

69 #표적집단면접법 〔정답〕②

표적집단면접법은 표적시장으로 예상되는 소비자를 일정한 자격기준에 따라 6~12명 정도 선발하여 한 장소에 모이게 한 후 면접자의 진행 아래 조사목적과 관련된 토론을 함으로써 자료를 수집하는 정성적 마케팅 조사기법으로, 정량적 조사에 앞서 탐색조사로 이용된다. ②는 통계적인 분석이 필요한 정량적 조사에 해당하기 때문에 표적집단면접법을 활용하기에 가장 부적합하다.

70 #수요예측조사기법 〔정답〕⑤

오답풀이

① 정성적 수요예측기법에 해당하는 것으로, 예측하고자 하는 대상의 전문가그룹을 선정한 다음, 전문가들에게 여러 차례 질문지를 돌려 의견을 수렴함으로써 예측치를 구하는 방법이다.

② 정량적 수요예측기법에 해당하는 것으로, 시계열(일별, 주별, 월별 등의 시간간격)을 따라 제시된 과거자료(수요량, 매출액 등)로부터 그 추세나 경향을 알아서 장래의 수요를 예측하는 방법이다.

③ 자기회귀이동평균모형의 하나로, 지난 과거 시계열 데이터를 가장 잘 접합시켜 수요를 예측하는 방법론이다.

④ 신제품의 출시에 따른 수요예측과 관련이 깊은 것으로, 얼마만큼의 소비자가 신제품을 받아들일 것인가, 그리고 그것이 과연 언제가 될 것인가를 예측해 보는 방법이다.

4과목 유통정보

71 #정보화사회#역기능 〔정답〕②, ④

┃ 정답 TIP ┃

정보화 사회의 역기능

• 프라이버시 침해 : 행정전산망 또는 생활정보망이 구축되면서 사적인 정보가 컴퓨터통신망에 저장되는데, 자신에 관한 정보가 개인 동의 없이 타인에게 누출되어 악용될 수도 있다.

• 정보격차 : 정보에 대한 접근과 이용이 개개인에 있어서 차이가 나는 정보 불평등현상이 나타날 수 있다.

• 문화적 종속현상 : 발전된 정보기술을 보유한 국가는 그렇지 못한 국가에 비해 자국의 문화 행태를 전파하는 데 우월한 위치에 있게 되면서 정보기술이 열악한 국가에는 의사에 상관없이 상대적으로 우위에 있는 국가의 문화양식이나 가치관 등이 침투해 오게 된다.

• 문화지체현상 : 정보기술 같은 첨단과학기술의 발전 속도에 비해 인간의 수용능력이 뒤따르지 못함으로써 비효율·비능률이 초래될 수 있다.

• 정보과잉현상 : 지나치게 많은 정보들이 한꺼번에 제공되면서 개개인의 다양한 욕구들을 충족시켜 주기보다 개인의 정보선택에 혼란을 가중시키거나 선택능력을 마비시킬 수도 있다.

72 #드론 〔정답〕①

오답풀이

② 블루투스 기반으로 근거리 내에 감지되는 스마트 기기에 각종 정보와 서비스를 제공할 수 있는 무선통신 장치이다.

③ 문자 또는 음성으로 대화하는 기능이 있는 컴퓨터 프로그램 또는 인공지능이다.

④ 물류센터에서 빠르고 정확한 물품처리와 창고관리를 위한 물류자동화 로봇이다.

⑤ 운전자가 차량을 운전하지 않아도 스스로 움직이는 자동차를 말한다.

73 #바코드 〔정답〕①

바코드 시스템의 광학 스캐너는 아날로그 신호를 읽지 못한다. 바코드 시스템은 두께가 서로 다른 검은 막대와 흰 막대의 조합을 통해 숫자 또는 특수기호를 광학적으로 쉽게 판독하기 위해 부호화한 것이다.

74 #빅데이터수집기술 〔정답〕⑤

┃ 정답 TIP ┃

빅데이터 수집

• 로그 수집기 : 웹서버의 로그 수집, 웹로그, 트랜잭션 로그, 클릭 로그, 데이터베이스의 로그 등을 수집한다.

• 웹로봇을 이용한 크롤링 : 웹문서를 돌아다니면서 필요한 정보를 수집하고 이를 색인해 정리하는 기능을 수행하며, 주로 검색엔진에서 사용한다.

• 센싱 : 온도, 습도 등 각종 센서를 통해 데이터를 수집한다.

• RSS리더 : 사이트에서 제공하는 주소를 등록하면, PC나 휴대폰 등을 통하여 자동으로 전송된 콘텐츠를 이용할 수 있도록 지원한다.

┃ 더 알아보기 ┃

맵리듀스(MapReduce)

대용량 데이터를 분산 처리하기 위한 목적으로 개발된 프로그래밍 모델이다. Google에 의해 고안된 맵리듀스 기술은 대표적인 대용량 데이터 처리를 위한 병렬 처리 기법의 하나로 임의의 순서로 정렬된 데이터를 분산 처리(Map)하고 이를 다시 합치(Reduce)는 과정을 거친다.

75 #지식변환과정   정답 ⑤

4가지 지식변환과정은 암묵지와 형식지 간의 상호작용을 통해서 발전해 나가며, 상호보완적으로 작용한다.

76 #BSC   정답 ③

조직의 장기적인 성장과 발전을 도모하고 지속적인 개선을 이루어내기 위해 내부프로세스 관점을 제시한다.

▎더 알아보기 ▎

> **균형성과지표**
> SCM 추진을 진행 중이거나 준비 중인 기업(제조, 도매, 물류, 유통)이 자사 및 거래파트너의 SCM 추진의 준비정도, 협업수준 및 그에 대한 성과를 객관적으로 측정할 수 있도록 하는 계량적 평가도구이다.

77 #콜드체인   정답 ①

콜드체인(cold chain)은 농산물 등의 신선식품을 산지에서 수확한 다음 최종 소비지까지 저장 및 운송되는 과정에서 온도를 저온으로 유지하여 신선도와 품질을 유지하는 시스템이다.

78 #유통정보시스템   정답 ②

리드타임을 대폭 증가시켜 충분한 재고를 확보하기 보다는 유통계획, 관리, 거래처리 등에 필요한 데이터 처리를 통해 유통 관련 의사결정에 필요한 정보를 적시에 제공하여 재고관리를 좀 더 용이하게 하는 데 효과가 있다.

79 #가상현실   정답 ①

▎정답 TIP ▎
가상현실(virtual reality)
어떤 특정한 환경이나 상황을 컴퓨터로 만들어서, 그것을 사용하는 사람이 마치 실제 주변 상황·환경과 상호작용을 하고 있는 것처럼 만들어 주는 인간-컴퓨터 사이의 인터페이스를 말한다. 사용 목적은 사람들이 일상적으로 경험하기 어려운 환경을 직접 체험하지 않고서도 그 환경에 들어와 있는 것처럼 보여주고 조작할 수 있게 해주는 것이다.

80 #침입탐지시스템   정답 ②

▎정답 TIP ▎
침입탐지시스템의 주요 기능
• 데이터의 수집 : 운영체제에 설정된 사용자 계정에 따라 어떤 사용자가 어떤 접근을 시도하고 어떤 작업을 했는지에 대한 기록을 남기고 추적한다.

• 데이터의 필터링과 축약 : 데이터를 상호 연관시켜 좀 더 효과적으로 분석함으로써 공격에 빠르게 대응하기 위해 침입 관련 데이터를 한 곳에 모아 관리한다. 또한 보안이 강화된 시스템에 데이터를 보관하여 침입으로 인한 손실을 막을 수 있다.

• 침입탐지 : 침입탐지 기법에 대한 기술은 크게 오용탐지와 이상탐지로 구분된다. 오용탐지 시스템의 기본은 이미 발견되고 정립된 공격 패턴을 미리 입력해두었다가 이에 해당하는 패턴이 탐지되면 알려주는 것이며, 이상탐지 기법은 정상적이고 평균적인 상태를 기준으로 하여 이에 상대적으로 급격한 변화를 일으키거나 확률이 낮은 일이 발생하면 침입 탐지를 알리는 방법이다.

• 책임 추적성과 대응 : 침입자의 공격을 역추적하고 침입자의 시스템이나 네트워크를 사용하지 못하게 하는 능동적인 기능을 수행한다.

81 #넷마켓플레이스   정답 ②

넷 마켓플레이스는 e-마켓플레이스, 온라인시장, 전자시장, 웹 마켓플레이스, 마켓 메이커 등으로 지칭되기도 하며, 인터넷 등 네트워크상에서 다수의 공급자와 다수의 구매자 간에 거래를 할 수 있도록 구축된 온라인시장을 말한다. 사설 산업 네트워크는 기업이 인터넷을 이용하여 기업과 지정된 공급업체, 유통업체, 여타 비즈니스 협력사가 서로 제품 설계 및 개발, 마케팅, 생산일정, 재고관리, 그림 및 이메일을 포함한 비구조적인 커뮤니케이션을 공동으로 수행할 수 있게 하는 것으로 넷 마켓플레이스에 속하지 않는다.

82 #3D프린팅   정답 ④

3D프린팅(3D Printing)은 프린터로 물체를 뽑아내는 기술을 말한다. 종이에 글자를 인쇄하는 기존 프린터와 비슷한 방식이지만, 입체모형을 만드는 기술이라고 하여 3D프린팅이라고 부른다. 보통 프린터는 잉크를 사용하지만 3D프린터는 플라스틱을 비롯한 경화성 소재를 쓰며, 기존 프린터가 문서나 그림파일 등 2차원 자료를 인쇄하지만, 3D프린터는 3차원 모델링 파일을 출력 소스로 활용한다.

83 #월드와이드웹   정답 ②

오답풀이
① WWW – 인터넷상에서 쉽게 정보를 찾을 수 있도록 고안된 세계적인 인터넷망으로, HTTP 프로토콜을 사용하기 위한 인터페이스이다.
③ URL – 정보가 들어있는 웹페이지의 위치를 나타내는 주소이다.
④ 애플릿 – Java 언어로 구성된 간단한 기능의 소규모 프로그램을 의미하거나 웹 페이지에 포함되어 작은 기능을 수행하는 프로그램을 말한다.

⑤ 웹브라우저 - 인터넷망에서 정보를 검색하는 데 사용하는 응용 프로그램을 말한다.

84 #ERD 〔정답〕 ⑤

ERD(개체-관계 다이어그램)는 구조화된 하나의 (single) 엔티티를 보여주고 있거나 하나의(single) 관계 인스턴스를 보여주고 있는 것은 아니다. 사각형은 "엔티티 집합들"을 나타내고 있는 것이고, 다이아몬드형은 "관계 집합들"을 보여주고 있는 것이다.

85 #전자상거래#보안 〔정답〕 ④

▎정답 TIP ▎
전자상거래 관련 보안기능
- 기밀성(Confidentiality) : 전달 내용을 제3자가 획득하지 못하도록 하는 것
- 인증(Authentication) : 정보를 보내오는 사람의 신원을 확인하는 것
- 무결성(Integrity) : 전달 과정에서 정보가 변조되지 않았는지 확인하는 것
- 부인방지(Non-repudiation) : 정보교환 및 거래사실의 부인을 방지하는 것

86 #전자상거래#수익모델 〔정답〕 ⑤

비즈니스 소개에 대한 수수료를 기반으로 하는 것은 제휴형 수익모델이다.

▎더 알아보기 ▎

전자상거래의 수익모델
- 구독형 수익모델 : 신문이나 고객의 리뷰, 논평, 리포트 능을 판매해 수익을 내는 모델이다. 구독형 수익모델을 사용하기 위해서는 제공 자료가 다른 자료와 구분되고 복제가 어려우며 어디서든 쉽게 구할 수 없는 높은 부가가치가 포함되어 있어야 한다.
- 거래수수료형 수익모델 : 거래를 할 때마다 수수료를 받아 수익을 얻는 수익모델이다.
- 판매형 수익모델 : 고객에게 서비스, 상품, 정보를 팔아서 수익을 내는 모델이다.
- 제휴형 수익모델 : 제휴 웹 사이트가 방문자를 다른 웹사이트로 보내주거나, 잠재고객들에게 필요한 웹사이트를 소개해주고 소개료 또는 손님이 구입한 금액의 일부를 받는 수익모델이다.

87 #정보특성 〔정답〕 ③

정보의 적시성은 양질의 정보라도 필요한 시간대에 이용자에게 전달되지 않으면 가치를 상실한다는 것이다.

〔오답풀이〕
① 양질의 정보를 취사선택하는 최적의 기준은 관련성으로, 관련성 있는 정보는 의사결정자에게 매우 중요하다.
② 신뢰할 수 있는 정보는 그 원천자료와 수집방법과 관련이 있으며, 정보에 대한 신뢰성을 판단하기 위해서는 데이터베이스의 무결성과 정확성을 확인해야 한다.
④ 정확성을 갖춘 정보는 실수나 오류가 개입되지 않은 정보이다. 정보는 데이터의 의미를 명확히 하고 편견의 개입이나 왜곡 없이 정확하게 전달해야 한다.
⑤ 정보는 검증 가능해야 한다. 검증가능성은 같은 정보에 대해 다른 여러 정보원을 체크해 봄으로써 살펴볼 수 있다.

88 #David#Olson#정보시스템 〔정답〕 ③

▎정답 TIP ▎
David and Olson이 제시한 정보시스템을 구성하는 요소
- 하드웨어 : 입력, 처리, 출력을 수행하기 위해 사용되는 컴퓨터 장비를 의미한다.
- 소프트웨어 : 컴퓨터의 작업을 지시하는 프로그램이다.
- 데이터베이스 : 조직화된 사실 및 정보들의 집합체이다.
- 사람 : 정보시스템 전문가, 개발된 정보시스템을 이용하는 경영자나 관리자 또는 일반종업원 등을 말한다.
- 통신과 네트워크 : 컴퓨터와 주변장치, 컴퓨터시스템을 서로 연결시켜 준다

89 #인트라넷특징 〔정답〕 ④

▎정답 TIP ▎
인트라넷(Intranet)
- 방화벽(Firewall)이라는 보안장치에 의해 특정 기업이 독점할 수 있는 인터넷을 말한다.
- 기관이나 기업이 내부 업무의 효율성을 높이고 정보의 활용도를 높이기 위해 소속원에 한해 사용할 수 있게 한 인터넷이다.
- 인트라넷의 외부에서는 내부로 들어올 수 없지만, 내부에서는 외부 인터넷망으로 나갈 수 있도록 구축된 인터넷망이 인트라넷이다

90 #챗봇 〔정답〕 ④

〔오답풀이〕
② 특정 매체를 통해 상호작용하는 개인들로 이루어진 사회적 조직으로, 서로의 이익과 목표를 추구하기 위해 지리적·정치적인 경계를 초월하기도 한다. 대부분의 가상 공동체는 인터넷을 매개로 하기 때문에 인터넷 공동체 또는 인터넷 커뮤니티(internet community)라고도 한다.
⑤ 원래 '관리인', '안내인'을 뜻하는데 요즘은 '고객의 요구에 맞추어 모든 것을 일괄적으로 처리해주는 가이드'라는 의미로 쓰이고 있다. 고객이 제일 처음 맞닥뜨리게 되는 일종의 관문 서비스로, 컨시어지 서비스가 일반 기업의 마케팅에 접목된 것을 컨시어지 마케팅이라고 한다.

우리가 해야할 일은 끊임없이 호기심을 갖고
새로운 생각을 시험해보고 새로운 인상을 받는 것이다.

- 월터 페이터 -

2018년

기출문제
정답 및 해설

모든 전사 중 가장 강한 전사는 이 두 가지, 시간과 인내다.

– 레프 톨스토이 –

합격의 공식 ▶
SD에듀

자격증 · 공무원 · 금융/보험 · 면허증 · 언어/외국어 · 검정고시/독학사 · 기업체/취업
이 시대의 모든 합격! SD에듀에서 합격하세요!
www.youtube.com ➜ SD에듀 ➜ 구독

01	02	03	04	05	06	07	08	09	10	11	12	13	14	15
①	③	⑤	①	③	④	⑤	②	④	①	②	②	④	④	③
16	**17**	**18**	**19**	**20**	**21**	**22**	**23**	**24**	**25**	**26**	**27**	**28**	**29**	**30**
②	②	⑤	③	③	③	⑤	②	③	⑤	⑤	③	②	③	②
31	**32**	**33**	**34**	**35**	**36**	**37**	**38**	**39**	**40**	**41**	**42**	**43**	**44**	**45**
①	④	③	①	④	④	④	②	③	②	③	④	①	③	①
46	**47**	**48**	**49**	**50**	**51**	**52**	**53**	**54**	**55**	**56**	**57**	**58**	**59**	**60**
③	⑤	①	⑤	②	③	②	②	④	⑤	②	②	⑤	⑤	④
61	**62**	**63**	**64**	**65**	**66**	**67**	**68**	**69**	**70**	**71**	**72**	**73**	**74**	**75**
①	④	①	②,④	②	⑤	②	②	⑤	①	①	③	②	③	⑤
76	**77**	**78**	**79**	**80**	**81**	**82**	**83**	**84**	**85**	**86**	**87**	**88**	**89**	**90**
②	⑤	④	②	④	②	②,④	②	②	③	⑤	①	②	⑤	③

1과목　유통물류일반

01　#프랜차이즈 　　정답 ①

오답풀이

② 임의가맹점형 체인사업 : 체인본부의 계속적인 경영지도 및 체인본부와 가맹점 간의 협업에 의하여 가맹점의 취급품목·영업방식 등의 표준화사업과 공동구매·공동판매·공동시설활용 등 공동사업을 수행하는 형태의 체인사업

③ 직영점형 체인사업 : 체인본부가 주로 소매점포를 직영하되, 가맹계약을 체결한 일부 소매점포(가맹점)에 대하여 상품의 공급 및 경영지도를 계속하는 형태의 체인사업

④ 조합형 체인사업 : 같은 업종의 소매점들이 「중소기업협동조합법」에 따른 중소기업협동조합, 「협동조합기본법」에 따른 협동조합, 협동조합연합회, 사회적 협동조합 또는 사회적 협동조합연합회를 설립하여 공동구매·공동판매·공동시설활용 등 사업을 수행하는 형태의 체인사업

02　#매슬로우#욕구단계이론 　　정답 ③

┃정답 TIP┃

매슬로우(A. Maslow)의 욕구단계이론

인간의 욕구가 계층적 단계로 구성되어 있으며, 하위욕구에서 상위욕구로 순차적으로 발현한다는 이론을 말한다.

- 1단계 생리적 욕구 : 의식주, 종족보존, 건자적 보상, 근무환경 등 최하위 단계의 욕구
- 2단계 안전에 대한 욕구 : 복지후생, 연금, 직업의 안정성 등 안전에 대한 욕구
- 3단계 애정과 소속에 대한 욕구 : 가정을 이루거나 친구를 사귀는 등 어떤 단체에 소속되어 애정을 주고받는 욕구
- 4단계 자기존중의 욕구 : 소속단체의 구성원으로 명예나 권력을 누리려는 욕구
- 5단계 자아실현의 욕구 : 자신의 재능과 잠재력을 충분히 발휘해서 자기가 이룰 수 있는 모든 것을 성취하려는 최고수준의 욕구

03　#유통경로효용 　　정답 ⑤

정보효용은 마케팅 참여자들 사이에 정보에 대한 쌍방향 흐름을 개설하는 것이다. 즉 소비자뿐만 아니라 기업에게도 소비자에 대한 정보를 제공한다.

| 정답 TIP |
유통경로의 효용

- 시간적 효용 : 보관기능을 통해 생산과 소비간 시간적 차이를 극복시켜 준다.
- 장소적 효용 : 운송기능을 통해 생산지와 소비지간 장소적 차이를 극복시켜 준다.
- 소유적 효용 : 생산자와 소비자간 소유권 이전을 통해 효용이 발생된다.
- 형태적 효용 : 생산된 상품을 적절한 수량으로 분할 및 분배함으로써 효용이 발생된다.

04 #채찍효과 　　　　　　　　　　　정답 ①

채찍효과는 각각의 유통주체가 독립적으로 수요예측을 행하기 때문에 발생한다. 따라서 공급체인 전반에 걸쳐 수요에 대한 정보를 공유해야 채찍효과를 줄일 수 있다.

05 #유통관리사직무 　　　　　　　　정답 ③

| 정답 TIP |
유통관리사의 직무

- 유통경영 · 관리 기법의 향상
- 유통경영 · 관리와 관련한 계획 · 조사 · 연구
- 유통경영 · 관리와 관련한 진단 · 평가
- 유통경영 · 관리와 관련한 상담 · 자문
- 그 밖에 유통경영 · 관리에 필요한 사항

06 #마케팅믹스#유통경로 　　　　　정답 ④

마케팅믹스 중 가격, 제품, 촉진, 디자인은 기업의 의지에 따라 변경할 수 있으나, 유통경로는 변경하는 데 많은 시간과 비용이 들기 때문에 유연하게 대응하기 어렵다.

07 #산업구조분석 　　　　　　　　　정답 ⑤

| 정답 TIP |
포터(M. Porter)의 산업구조분석

수평적 경쟁요인	대체재 (대체품)	구매자의 성향 및 대체재 가격 등	진입장벽 중시
	잠재적 시장진입자	제품차별화 및 비용우위 등	
	기존 사업자	시장성장률 및 비용구조 등	
수직적 경쟁요인	공급자	공급자 전환비용 및 전방통합능력 등	교섭력 중시
	구매자	구매자 전환비용 및 후방통합능력 등	

08 #활동성비율#매출액 　　　　　　정답 ②

| 정답 TIP |
활동성 비율

- 재고자산회전율 $= \dfrac{\text{매출액}}{\text{재고자산}}$
- 매출채권회전율 $= \dfrac{\text{매출액}}{\text{매출채권}}$
- 고정자산회전율 $= \dfrac{\text{매출액}}{\text{고정자산}}$
- 총자산회전율 $= \dfrac{\text{매출액}}{\text{총자산}}$

09 #온라인쇼핑환경 　　　　　　　　정답 ④

온라인 유통업체들은 신성장 전략으로 PB상품의 개발과 같은 제품 차별화에 적극적이다.

10 #집중적유통경로 　　　　　　　　정답 ①

집중적 유통경로는 자사의 제품을 누구나 취급할 수 있도록 개방하는 것을 의미하는 것으로 식품, 일용품 등 편의품에 적합하다.
②·③·④·⑤ 전속적 유통경로

11 #전국상표상품 　　　　　　　　　정답 ②

오답풀이

① 유통업자가 자체적으로 제품기획을 하고 제조하여 브랜드를 결정하는 것으로 유통업자의 독자적인 브랜드명, 로고, 포장을 가진다.
③ 노 브랜드(No Brand)라고도 하며, 광고비를 없애고 포장을 간소화함으로써 원가절감을 실현시키는 것이 목적이다.
④ 소매업자가 독자적으로 사용하고 있는 브랜드로 소매업자가 직접 기획하여 생산한 오리지널 브랜드와 하청을 주어 납품받은 브랜드를 말한다.
⑤ 후발진입상표가 가격으로 도전해올 때 시장개척상표가 자사의 핵심제품가격을 내리지 않고 후발주자와 싸울 수 있는 상품을 개발하여 저가상품으로 가격을 매칭하는 것을 말한다.

12 #피기백 　　　　　　　　　　　　정답 ②

오답풀이

① 항공기 + 트럭 : 항공기와 화물차를 연계한 수송방식
③ 선박 + 트럭 : 선박운송과 화물자동차운송을 연계한 수송방식

13 #전방흐름기능 　　　정답 ④

┃정답 TIP┃
유통경로의 3대 기능
• 전방흐름기능 : 물적 소유, 소유권, 촉진
• 후방흐름기능 : 주문 및 시장정보, 대금결제
• 양방흐름기능 : 협상, 금융, 위험부담

14 #연기-투기이론 　　　정답 ④

오답풀이
① 조직을 계약관계(Contractual Relationship)의 연속으로 정의하고, 특히 계약의 당사자를 주인(Principal)과 조직 내 주어진 직무에서 수행하는 대리인(Agent)으로 구분한다.
② 내부구성원 간의 권한 및 의존, 갈등 및 협력 관계구조, 소유구조, 의사결정 과정, 외부 이해관계자와의 관계, 외부 환경요소 등을 고려하여 경로구조가 결정된다고 본다.
③ 수직적으로 경쟁관계에 있는 제조업체와 중간상이 각자 자신의 이익을 극대화하기 위해 자신과 상대방의 행위를 조정하는 과정에서 유통경로구조가 결정되는 것으로 본다.
⑤ 시장과 내부조직과의 관계를 분석하는 이론으로 거래비용이 증가하는 원인과 그 해결방안을 수직적 통합으로 나타낸 것이다.

15 #수송수단#파이프라인 　　　정답 ③

파이프라인수송은 석유류・가스제품 운송 등에 이용되는 운송수단으로 이용제품이 한정적이고 운송경로에 대한 제약이 크기 때문에 다른 운송수단과 연계하여 활용하는 데 한계가 있으며, 초기 시설비용이 높아 고정비 지출규모가 크다.

16 #유통개방정도 　　　정답 ②

오답풀이
① 정해진 지역에서 특정 경로구성원만이 활동하는 유통방식은 전속적 유통이다.
③ 슈퍼마켓에서 팔리는 대부분의 소비재는 집중적 유통이다.
④ 유통비용을 낮춤과 동시에 경로구성원의 수가 많을 때보다 구성원들과의 관계를 더 유지할 수 있는 유통방식은 전속적 유통이다.
⑤ 제품과 연관된 배타성과 유일성의 이미지를 더욱 효과적으로 소비자들에게 전달할 수 있는 유통방식은 전속적 유통이다.

17 #소매업변천과정 　　　정답 ②

오답풀이
① 소매상은 유통시장진입 초기에 저가격, 저마진, 저서비스의 점포운영방식으로 진입하여, 경쟁우위 확보를 위해 고가격, 고마진, 고서비스 운영방식으로 전환된다.
③ 가격적인 요인만을 소매업 변천의 주원인으로 보고 있다는 한계점이 있다.
④ 모바일 유통은 현재 성장기에 있다고 평가된다.
⑤ 소매점에서 취급하는 상품믹스에 초점을 맞춘 이론으로 다양한 상품 구색을 갖춘 점포로 시작하여 시간이 경과함에 따라 점차 전문화된 한정된 상품 계열을 취급하는 소매점 형태로 진화하며, 이는 다시 다양하고 전문화된 상품 계열을 취급하는 소매점으로 진화해 간다는 이론이다.

18 #종업원인센티브제도 　　　정답 ⑤

팀 구성원의 존재보다 개인별로 업무를 할 때 더욱 강력하고 지속적인 행동을 유발시키는 것이 개인인센티브 제도에 속한다.

19 #EOQ 　　　정답 ③

┃정답 TIP┃
EOQ의 계산방법

$$EOQ = \sqrt{\frac{2 \times 주문당 \ 소요비용 \times 연간 \ 수요량}{연간단위재고비용}}$$

※ 연간단위재고비용 = 단위당 가치(가격) × 재고유지비율

20 #창고관리기능#이동 　　　정답 ③

'안전재고 유지하기'는 창고의 기능 중 재고관리 활동에 속한다.

21 #계약물류#제3자물류 　　　정답 ③

제3자물류는 화주기업이 고객서비스의 향상, 물류관련 비용의 절감, 물류활동에 대한 운영효율의 향상 등을 목적으로 공급사슬의 전체 또는 일부를 특정 물류전문업자에게 아웃소싱하는 것을 말한다. 계약에 기반을 두기 때문에 계약물류라고도 하며, 일반 물류업과 다른 점은 물류전문업체와 1년 이상 장기간의 계약에 의해 제휴관계를 맺고 복수의 물류기능을 하나로 묶어 통합 물류서비스를 제공한다는 데 있다.

18년

22 #포장모듈화　　　　　　　　　　정답 ⑤

다품종 소량생산과 경쟁 격화로 인하여 상업포장 중심의 판매지향형 포장으로 가는 경향이 강하기 때문이다.

┃정답 TIP┃

포장 모듈화의 저해 요인
- 일괄 파렛트화의 부진
- 상품형태가 모듈화에 부적합
- 소규모의 거래단위
- 제품의 다양화가 판매지향형의 경향
- 포장의 모듈화에 의해 기존의 생산설비 및 물류시설의 변경 여부
- 경영자들의 포장 모듈화 인식부족

23 #SCM성과측정방법　　　　　　　정답 ②

성과측정은 전체 기업의 성과에 초점을 맞춰야 한다. SCM의 목적은 기업 내 무분별한 최적화와 개별 기업 단위의 최적화에서 탈피하여 공급사슬 구성요소들 간에 이루어지는 전체 프로세스를 대상으로 최적화를 달성하는 데 있다.

24 #수송#배송　　　　　　　　　　정답 ③

복화율(화물수송 후 돌아올 때 싣고 오는 정도)을 최대화해야 운송비 절감을 극대화하여 효율적인 수배송을 할 수 있다.

25 #유통환경변화　　　　　　　　　정답 ⑤

정보기술의 발전으로 블로거 마케터 등 온라인 마케터의 영향력이 커져 프로슈머의 필요성이 점차 확대되고 있다.

┃더 알아보기┃

> **프로슈머(Prosumer ; 생산소비자)**
> - 앨빈토플러의 '제3의 물결'에서 언급한 것으로 '생산자(Producer)'와 '소비자(Consumer)'를 합성한 말이다.
> - 고객 자신이 기업의 생산과정에 직접 참여하는 것으로 제품 및 서비스도 이제는 소비자가 원하는 방향으로 만들어져야 경쟁력이 있다는 것이다.

2과목	**상권분석**

26 #중심지이론　　　　　　　　　　정답 ⑤

중심지이론의 핵심은 한 도시(지역)의 중심지기능의 수행 정도 및 상권의 규모는 인구 규모에 비례하여 커지고, 중심도시(지역)를 둘러싼 배후상권의 규모는 도시(지역)의 규모에 비례하여 커진다는 것이다. 중심지 간에는 계층이 나타나는데 이는 중심지의 크기에 따라 중심지가 제공하는 재화 및 서비스의 수준이 달라지고, 그에 따라 상권도 달라지기 때문이다

27 #테넌트믹스　　　　　　　　　　정답 ③

- 테넌트(Tenant) : 상업시설의 일정한 공간을 임대하는 계약을 체결하고, 해당 상업시설에 입점하여 영업을 하는 임차인을 말한다.
- 테넌트 믹스(Tenant Mix) : 머천다이징 정책을 실현하기 위한 최적의 조합을 꾸미는 과정으로, 쇼핑센터의 테넌트 믹스는 일반적으로 업태 믹스 → 업종 믹스 → 테넌트 믹스 → 아이템 믹스의 프로세스로 일어난다. 시설 내 테넌트 간에 끊임없이 경쟁을 유발하기 보다는 경합대상 쇼핑센터와의 경쟁력 강화에 초점을 맞추어야 한다.

28 #입지유형　　　　　　　　　　　정답 ②

(ㄱ) 적응형 입지 : 거리에서 통행하는 유동인구에 의해 영업이 좌우되는 입지로, 대부분 패스트푸드·판매형 아이템 사업 등이 해당된다.

(ㄴ) 집재성 입지 : 동일한 업종의 점포가 한 곳에 모여 입지하는 것으로 보험회사, 관공서, 사무실, 가구점 등이 해당된다.

29 #획지#각지　　　　　　　　　　정답 ③

각지는 접면하는 각의 수에 따라 2면각지, 3면각지, 4면각지 등으로 불린다.

30 #역세권상권　　　　　　　　　　정답 ②

오답풀이

① 주거지 근처에 있고 사람들이 일상적으로 자주 쇼핑하거나 외식을 즐기는 상업지를 말한다. 일상생활에서 자주 구입하게 되는 일반상품 위주로 시장이 형성되며, 상권범위는 반경 300m 내외의 거리로 도보로 5분 이내에 이동할 수 있는 거리를 상권으로 본다.

③ 아파트단지상권은 보통 1천 가구 이상을 대상으로 지하 1층, 지상 3층 규모로 형성되어 있으며 아파트단지 주민과 유동인구를 흡입할 수 있는 상권이다. 2,000세대 이상이면 정문과 후문의 대중교통 수단에 따라 상권이 달라지고, 처음 상가가 분양되었을 때는 대개 정문 쪽이 분양가가 높고 장사가 잘 되는 편이다.

④ 주택가상권은 유동인구와 배후지 거주인구가 유동적이기 때문에 상권특성 분석이 어렵다. 소비형태가 도보로 이루어지기 때문에 입지가 중요하며, 상권과 고객이 제한되어 있어 단골고객이 중요시된다. 대개 버스정류장이나 지하철역 주변 도로변, 재래시장 주변에 상권이 형성되어 있기 때문에 소자본으로 창업하기 유리하다.

⑤ 사무실이 밀집해 있어 주말보다는 평일에 유동인구가 상대적으로 많고, 고정손님 단골을 많이 확보할 수 있다는 장점을 가지고 있다.

31 #소매전략
정답 ①

기생형 점포는 목적형 점포의 영향을 많이 받기 때문에 목적형 점포의 입지를 고려하여 가까운 주변에 입지하여야 한다.

32 #근접구역법
정답 ④

┃ 정답 TIP ┃
티센다각형 방법(Thiessen Ploygons)
소비자들이 거주지로부터 가장 근접한 쇼핑센터를 이용할 것이라 가정하는 최근접 상가 선택가설에 근거하여 상권을 설정하는 방법이다.

33 #넬슨#입지선정원칙
정답 ③

상호보완 되는 점포들이 근접하여 얻게 되는 시너지효과에 해당되는 원칙은 양립성이다. 중간저지성은 기존 점포나 상권지역이 고객과의 중간에 위치함으로써 경쟁점포나 기존의 상권지역으로 접근하는 고객을 중간에서 차단할 수 있는 가능성을 검토하는 것을 의미한다.

34 #경쟁분석#입지선정과정
정답 ①

경쟁점포에 대한 조사방법에는 방문조사뿐만 아니라 점두조사법에 기초한 고객면접조사, 상품정책조사, 경합점의 고객을 대상으로 하여 조사하는 좌담회 등 여러 가지 방법이 활용된다.

35 #입지조건
정답 ④

일반적으로 점포부지의 형태는 정사각형에 가까운 직사각형이 가장 이상적이라고 알려져 있다.

36 #중심성지수
정답 ④

중심성 지수는 상업인구를 그 지역의 거주인구로 나눈 값이므로 상업인구보다 거주인구가 많으면 1보다 작은 값을 갖게 된다.

37 #컨버스제1법칙
정답 ④

┃ 정답 TIP ┃
컨버스의 제1법칙

$$D_b = \frac{D_{ab}}{1 + \sqrt{\frac{P_a}{P_b}}} = \frac{30}{1 + \sqrt{\frac{8만}{32만}}} = \frac{30}{1 + \frac{1}{2}} = 20$$

38 #회귀분석모형
정답 ②

회귀분석에서는 독립변수와 종속변수 간의 상관관계를 분석해야 하므로 독립변수 상호간에는 상관관계, 즉 관련성이 없어야 한다.

39 #유통산업발전법
정답 ③

┃ 정답 TIP ┃
대규모점포 등에 대한 영업시간의 제한 등(유통산업발전법 제12조의2)

• 특별자치시장·시장·군수·구청장은 건전한 유통질서 확립, 근로자의 건강권 및 대규모점포 등과 중소유통업의 상생발전(相生發展)을 위하여 필요하다고 인정하는 경우 대형마트(대규모점포에 개설된 점포로서 대형마트의 요건을 갖춘 점포를 포함한다)와 준대규모점포에 대하여 다음의 영업시간 제한을 명하거나 의무휴업일을 지정하여 의무휴업을 명할 수 있다. 다만, 연간 총 매출액 중 「농수산물 유통 및 가격안정에 관한 법률」에 따른 농수산물의 매출액 비중이 55퍼센트 이상인 대규모점포 등으로서 해당 지방자치단체의 조례로 정하는 대규모점포 등에 대하여는 그러하지 아니하다.
  – 영업시간 제한
  – 의무휴업일 지정
• 특별자치시장·시장·군수·구청장은 오전 0시부터 오전 10시까지의 범위에서 영업시간을 제한할 수 있다.
• 특별자치시장·시장·군수·구청장은 매월 이틀을 의무휴업일로 지정하여야 한다. 이 경우 의무휴업일은 공휴일 중에서 지정하되, 이해당사자와 합의를 거쳐 공휴일이 아닌 날을 의무휴업일로 지정할 수 있다.
• 위의 규정에 따른 영업시간 제한 및 의무휴업일 지정에 필요한 사항은 해당 지방자치단체의 조례로 정한다.

40 #패션전문센터입지
정답 ②

패션/전문센터는 선별된 패션이나 품질이 우수하고 값이 비싼 독특한 제품을 판매하는 고급의류점, 부띠끄, 선물점 등을 포함하므로 입지로서 가장 적합한 지역은 고소득층 거주지 인근의 상업지역이다.

41 #보충가능성원칙 〔정답〕③

┃정답 TIP┃

입지매력도 평가원칙

고객차단원칙	사무실밀집지역, 쇼핑지역 등은 고객이 특정 지역에서 타 지역으로 이동시 점포를 방문하게 한다.
동반유인원칙	유사하거나 보충적인 소매업이 흩어진 것보다 군집해서 더 큰 유인 잠재력을 갖게 한다.
보충가능성원칙	두 개의 사업이 고객을 서로 교환할 수 있을 정도로 인접한 지역에 위치하면 매출액이 높아진다.
점포밀집원칙	지나치게 유사한 점포나 보충 가능한 점포는 밀집하면 매출액이 감소한다.
접근가능성원칙	지리적으로 인접하거나 또는 교통이 편리하면 매출을 증대시킨다.

42 #상권분석#직접적필요성 〔정답〕④

점포의 접근성과 가시성은 입지분석의 요인에 해당한다.

43 #레일리이론 〔정답〕①

┃정답 TIP┃

레일리 이론의 공식

$$\frac{B_a}{B_b} = \left(\frac{P_a}{P_b}\right)\left(\frac{D_b}{D_a}\right)^2 = \left(\frac{25만}{100만}\right)\left(\frac{16}{4}\right)^2 = 4$$

$4B_b = B_a$이므로 C지점의 구매력이 A도시와 B도시에 흡인되는 비율은 4:1이 된다.

44 #Huff모델 〔정답〕③

┃정답 TIP┃

허프(Huff, D. L.)의 확률모델

• 허프는 개별소매 상권의 크기를 측정하기 위해 거리변수 대신에 거주지에서 점포까지의 교통시간을 이용하여 모델을 전개하였다.

• 소비자는 구매 장소를 지역 내의 후보인 여러 상업 집적이 자신에게 제공하는 효용이 상대적으로 큰 것을 비교하는 것에 대한 확률적 선별에 대해 '효용의 상대적 크기를 상업 집적의 면적규모와 소비자의 거주지로부터의 거리에 따라 결정되는 것'으로 전제하여 모델을 작성하였다. 다시 말하면 거리가 가깝고 매장면적이 큰 점포가 큰 효용을 준다는 것이다.

45 #상권특성 〔정답〕①

상권의 쇠퇴 또는 팽창은 종단조사를 통해 파악이 가능하다.

┃더 알아보기┃

종단조사와 횡단조사

종단조사	• 자료를 여러 시점에서 수집 시간을 두고 반복적으로 실시한다. • 변화상황 파악에 유리하고, 소비자 반응 욕구변화와 가격변화, 태도변화 등 변화나 시간에 따른 차이를 조사하기에 적합하다. • 여러 번 조사하기 때문에 횡단조사에 비해 더 까다롭다.
횡단조사	• 일정시점에서 서로 다른 특성을 지닌 광범위한 표본집단을 대상으로 하며, 한 번의 조사로 끝나는 표본조사가 대표적인 방법이다. • 한 시점에서 시장의 전반적인 상황을 파악할 수 있으며 제품의 인지도, 선호도, 구매경험 등을 조사함으로써 시장구조분석에 적합하다. • 과거의 조사 자료는 취득이 어려우며, 변화상황에 대한 파악이 불가하다.

3과목 유통마케팅

46 #상품계열 〔정답〕③

오답풀이

① 고객들이 한곳에서 구매하고자 하는 상품들의 조합 내용

② 규격·가격·외양 및 기타 속성이 다른 하나 하나의 제품단위로 제품계열 내의 단위

④ 소비자의 욕구 또는 경쟁자의 활동 등 마케팅 환경요인의 변화에 대응하여 한 기업이 시장에 제공하는 모든 제품의 배합으로 제품계열(product line)과 제품품목(product item)의 집합

⑤ 상품 유형에 따라 상품을 조직화 하는 방법

47 #브랜드 〔정답〕⑤

제조기업이 자체 제조한 상품에 부착한 브랜드는 제조업자 브랜드를 의미하며 보통 내셔널 브랜드(National Brand, NB)라고 부른다. 자체 브랜드는 유통업자가 자체적으로 제품기획을 하고 제조하여 브랜드를 결정하는 것으로 유통업자의 독자적인 브랜드명, 로고, 포장을 가진다.

48 #완전경쟁 정답 ①

오답풀이

② 다수의 판매자가 각각 조금씩 다른 상품을 공급하는 시장으로 상품차별화가 이루어지고 가격경쟁뿐만 아니라 품질·광고·포장 등 비가격 경쟁도 발생한다.

③ 재화나 서비스의 거래시장에서 완전경쟁이나 독점적 경쟁일 경우에 비하여 공급자의 수가 상당히 적은 상태의 경쟁으로, 서로 다른 공급자 간의 행동과 반응이 각 기업의 행동에 영향을 끼치게 된다.

④ 한 기업이 한 상품을 공급하는 시장으로 높은 가격과 동일한 상품에 대한 가격차별을 결정할 수 있다.

⑤ 소수의 판매자가 참여하고 있는 시장으로 담합을 통해 가격경쟁을 제한할 수 있으며, 이윤을 극대화하기 위해 제품의 가격을 높일 수도 있다.

49 #대표성 #신뢰성 정답 ⑤

표본을 활용한 조사는 모집단의 수가 너무 많거나 모집단의 파악이 어려운 경우 활용하는 조사방법이다. 1,000명의 표본을 활용하는 설문조사는 모집단의 특성을 그대로 가지는 대표성뿐만 아니라 신뢰성을 갖춘 수집방식이라 할 수 있다.

오답풀이

①·②·③·④ 모두 대상고객이 소수라서 대표성과 신뢰성을 담보할 수 없다.

50 #CRM #POS 정답 ②

①·③·④·⑤ POS의 도입효과에 대한 설명이다.

51 #제조업자촉진수단 정답 ③

쿠폰은 소비자 대상 판매촉진 수단에 해당한다.

52 #제품수명주기 정답 ②

성숙기에는 대량생산이 본 궤도에 오르고 원가가 크게 내림에 따라 상품단위별 이익은 정상에 달하지만 경쟁자나 모방상품이 많이 나타난다. 따라서 치열한 시장경쟁에 대응하기 위해 다양한 상표 및 모델의 제품 등을 개발해야 하므로 품목의 다양성이 가장 높은 시기이다.

53 #인스토어머천다이징 정답 ②

┃정답 TIP┃

인스토어 머천다이징

한정된 매장 안에서 가장 생산성이 높은 매장을 꾸미고자 하는 것을 의미하는 것으로 상품, 진열, 판촉 측면에서 가장 좋은 성과를 올리고자 하는 고안이다.

- 상품측면 : POS데이터를 활용하여 입지 지역 소비자가 원하는 상품 및 판매가를 결정한다.
- 진열측면 : 소비자의 쇼핑 시선을 고려한 진열장 배치나 플라노그램을 결정한다.
- 판촉측면 : POP 광고나 접객, 매장 내 설명, 시식 등을 행한다.

위의 세 가지 측면을 세련되고 적절하게 믹스함으로써 소비자에게 매력적인 점포를 형성하게 되고 소매업자에게는 매장 생산성을 높여 점포 자원을 효과적으로 활용할 수 있도록 하는 것이다.

54 #소매상 #내적요인 정답 ④

소비자의 기대와 욕구는 소매상 외적 요인에 해당한다.

55 #면접자오류 정답 ⑤

측정 오류는 실제값과 측정값의 차이에서 발생하는 오류로 측정 대상자 요인, 측정 도구 요인, 측정 환경 요인과 관련된 오류에 해당한다.

56 #전매 정답 ②

오답풀이

① 제조업체의 단위수량 구매정책이나 수량할인과 같은 유통 판촉정책에 의해 불필요한 재고(불확실한 미래 수요)임에도 불구하고 미리 구매하게 만드는 것

③ 상황 변화에 따라 자기 이익만 추구함으로써 다른 사람이나 사회에 피해를 주는 것

④ 합법적인 판매촉진의 범위를 벗어나는 것

⑤ 제조업자가 특정한 기간 동안에 일정량을 구입한 것에 대해 고정금액을 재판업자에게 지출하는 것

57 #상인도매상 정답 ②

오답풀이

① 간단한 가공시설을 갖추고 수요자에게 보다 알맞도록 하기 위한 약간의 가공기능을 추가한 도매상이다.

③ 제품에 대한 소유권 없이 단지 제조업자나 공급자를 대신해서 제품을 판매하는 도매상이다.

④ 구매자와 판매자를 만나게 하는 임무를 수행한다. 상품을 물리적으로 취급하지 않으며, 판매의뢰자와 지속적인 기반 위에서 거래를 하지 않고 단지 판매에 관하여 협상을 해준다.

⑤ 생산자로부터 위탁에 의하여 상품을 받는다. 종종 신용을 제공하고 상품을 비축·전달하며, 판매를 위한 연구와 계획적인 지원을 하지만 상품화 계획과 촉진을 지원하지는 않는다.

18년

58 #내점률#객단가 　　　　　　　　정답 ⑤

내점률은 고객흡인율이라고도 하는데 총매출액에 영향을 미치는 구매객수와 비례한다.

59 #점포관리 　　　　　　　　　　정답 ⑤

고급스러운 분위기에 유리한 것은 반개방형이다.

60 #표적집단면접조사 　　　　　　정답 ④

오답풀이

① 고객의 일상 속을 직접 들어가 가공되지 않은 상태의 삶을 관찰하는 조사기법으로 개별 소비자의 실제 행동과 감정을 상세하게 이해하여 경쟁우위를 획득하는 목적을 달성하는 데 유용한 조사방법이다.

② 목표고객과 경쟁점포를 대표하는 표본을 추출하여 설문 또는 인터뷰 등의 방법으로 조사하는 방법이다.

③ 인과관계조사를 위하여 많이 이용되는 방법으로 실험대상자들을 둘 혹은 몇 개의 집단으로 나눈 후 인과관계의 원인이라고 추정되는 변수를 각 집단에 다르게 조작하여 그 결과가 집단들 간에 다르게 나타나는지를 점검함으로써 변수들 간의 인과관계를 규명한다.

⑤ 경험이 많은 전문가들에게 의견을 물어 그 의견을 토대로 조사하는 방법이다.

61 #경로갈등의원인 　　　　　　　정답 ①

▌정답 TIP ▌

경로갈등의 원인

• 목표불일치로 인한 갈등 : 구성원 사이의 목표가 서로 다르고 이들 목표를 동시에 달성할 수 없기 때문에 스트레스와 긴장이 야기되고, 결국에는 경로갈등이 나타나게 된다. 제조업체의 입장에서 유통점 내 좋은 위치에 진열하고 싶어 하지만, 유통점의 입장에서는 판매에 도움이 되는 다른 제품을 그 위치에 두고자 하는 경우가 이에 해당한다. 유통경로를 수직적으로 통합함으로써 유통경로 구성원 간 목표의 불일치를 해소하거나 사전에 방지할 수 있다.

• 정보불일치로 인한 갈등 : 소비자들의 기억 속에 있는 기존의 정보 또는 스키마와 새롭게 제공되는 정보 간의 일치성 및 관련성의 차이로 인하여 발생한다.

• 영역불일치로 인한 갈등 : 경로구성원 간 상권의 범위 결정과 그 상권 내에서의 역할에 대한 견해 차이가 발생함으로 인해 생기는 갈등을 말한다.

62 #힘의원천 　　　　　　　　　　정답 ④

㉠ 약속 – 보상력

㉡ 위협 – 강압력

㉢ 법적 제소 – 합법력

㉣ 요청 – 준거력, 보상력, 강압력

㉤ 정보교환 – 전문성, 보상력

63 #2차자료#품질평가 　　　　　　정답 ①

2차 자료는 당면 목적을 위해 수집된 자료가 아니기 때문에 최신성, 정확성, 객관성, 적합성 등과 같은 속성을 갖추었을 때 사용해야 한다.

64 #수요의가격탄력성 　　　　　정답 ②, ④

수요의 가격탄력성

$$= \frac{수요의\ 변화율}{가격의\ 변화율} = \frac{-10}{2} = -5$$

수요곡선은 우하향하므로 수요의 가격탄력성은 절댓값으로 측정한다.

65 #소매점포#구성배치 　　　　　　정답 ②

점포의 구성과 배치는 고객의 충동구매를 자극하도록 설계해야 한다.

66 #유통기업전략#복수유통경로 　　정답 ⑤

▌정답 TIP ▌

복수 유통경로

• 상이한 두 개 이상의 유통경로를 채택하는 것이다. 이는 단일 시장이라도 각기 다른 유통경로를 사용하여 세분화된 개별 시장에 접근하는 것이 더 효과적이기 때문이다.

• 생산자들은 일반적으로 단일 시장, 단일 유통경로 원칙을 채택하여 왔으나, 경제구조가 복잡해지고 기업 간 경쟁이 치열해짐에 따라 복수의 유통경로를 사용하는 경향이 증가하고 있다.

67 #판매촉진 　　　　　　　　　　정답 ②

판촉과 광고는 상호보완적이어서 함께 사용하는 것이 좋다.

68 #푸시전략#풀전략 　　　　　　　정답 ②

▌정답 TIP ▌

푸시(push)전략과 풀(pull)전략

• 푸시전략 : 고압적인 마케팅으로 소비자의 욕구는 무시한 채 대량으로 생산된 상품을 제조업자는 도매상에게, 도매상은 소매상에게, 소매상은 최종소비자에게 적극적으로 판매하는 밀어붙이기식 방식을 의미한다. 제조업자가 푸시전략을 실행하면 인적판매와 중간상 대상 판매촉진의 비중이 커지게 된다.

• 풀전략 : 푸시전략과는 상반된 개념으로 제조업체가 최종소비자를 상대로 적극적인 판촉활동을 함으로써 결국 소비자가 자사 제품을 찾게 하여 중간상들이 자발적으로 자사 제품을 취급하는 방식을 의미한다. 제조업자가 풀전략을 실행하면 대중광고와 최종소비자 대상의 판매촉진 비중이 커진다.

69 #항시최저가격전략　　　정답 ⑤

항시최저가격전략은 수익성 향상보다는 시장점유율 향상에 초점을 맞추므로 경쟁기반 가격결정 전략이다.

70 #VP #VMD　　　정답 ①

┃ 정답 TIP ┃

VMD(Visual Merchandising)

매장에서 고객에게 상품을 효과적으로 진열하는 방식을 IP(Item Presentation), PP(Point of Presentation), VP(Visual Presentation)로 구분한다.

VP (Visual Presentation)	• 점포의 쇼윈도나 매장 입구에서 유행, 인기, 계절상품 등을 제안하여 고객이 매장으로 접근하게 하기 위한 진열 • 중점상품과 중점테마에 따른 매장 전체이미지 표현
PP (Point of Presentation)	• 매장 내 고객의 시선이 자연스럽게 닿는 벽면, 쇼케이스 그리고 테이블 상단 등을 활용하여 어디에 어떤 상품이 있는가를 알려주는 진열 • 상품을 정면으로 진열하여 주력상품의 특징을 시각적으로 표현하고 상품의 이미지를 효과적으로 표현
IP (Item Presentation)	• 상품을 분류, 정리하여 보기 쉽게 진열하여 하나하나 상품에 대해 고객이 구입의지를 결정하도록 하는 진열 • 각각 상품들을 보고 만지고 고르기 쉽도록 지원

4과목　유통정보

71 #DBR　　　정답 ①

오답풀이

② 필요한 부품을 필요한 때, 필요한 곳에, 필요한 양만큼 생산 또는 구매하여 공급함으로써 생산활동에서 있을 수 있는 제공품의 재고를 아주 낮게 유지하여 재고유지비용을 최소화시키는 것이다.

③ 생산, 유통관계의 거래 당사자가 협력하여 소비자에게 적절한 시기에, 적절한 양을, 적정한 가격으로 제공하는 것을 목표로 하며, 바코드, EDI, 상품정보 DB 등의 정보기술을 이용하여 생산 및 유통기간의 단축, 재고의 감소, 반품으로 인한 손실의 감소 등 생산, 유통의 각 단계에서 합리화를 실현하려는 전략이다.

④ 백만분의 3.4를 의미하는 통계척도인 6시그마를 사용하여 품질혁신과 고객만족을 달성하고자 하는 업무 프로세스 혁신 전략으로서 결함 발생률을 6시그마 수준으로 줄이는 것이 궁극적인 목표이다.

⑤ 공급체인의 네트워크 전체를 포괄하는 관리기법으로, 최종 소비자에게 유통되는 상품을 그 원천에서부터 관리함으로써 공급체인의 구성원 모두가 협력하여 소비자의 욕구를 더 만족스럽게, 더 빠르게, 더 저렴하게 채워주고자 하는 전략의 일종이다.

72 #RDB　　　정답 ③

RDB는 2개 이상의 데이터베이스 또는 테이블을 연결하기 위해 고유의 식별자를 사용하는 데이터베이스로서, DB를 생성할 때 스카마가 고정되어야 한다. 테이블의 분할과 결합을 자유롭게 할 수 있으며, 내용의 추가나 변경도 다른 것들에게 영향을 주지 않고 실행할 수 있다.

73 #디지털경제시대　　　정답 ④

디지털 경제시대에는 투입된 생산요소가 늘어나면 늘어날수록 산출량이 기하급수적으로 증가하는 현상이 나타난다(수확체증의 법칙).

┃ 정답 TIP ┃

디지털 경제의 특징

• 구매자 우위 시장
• 수확체증의 법칙
• 정보 민주화 실현
• 협력적 경쟁
• 산업영역 통합

74 #시간효용 #장소효용　　　정답 ③

운송활동을 통해 생산과 소비시기의 시간적 거리를 조정하는 시간 효용이 창출되고, 보관활동을 통해 생산과 소비의 장소적 거리를 조정하는 장소 효용이 창출된다.

75 #SCM #CPFR　　　정답 ⑤

오답풀이

① 생산・유통 관계의 거래당사자가 협력하여 소비자에게 적절한 상품을 적절한 시기에, 적절한 양을, 적절한 가격으로 적정한 장소에 제공하는 것을 목표로 한다. 소비자의 개성화나 가격지향시대에 적응하기 위해 기업의 거래선과 공동으로 실시하는 리엔지니어링 개념의 물류전략으로 섬유・의류 산업에서의 SCM 응용전략이다.

② 전반적인 업무처리의 구조는 VMI(공급자 재고관리)와 같으나, CMI의 경우에는 제조업체와 유통업체 상호간 제품정보를 공유하고 공동으로 재고관리를 한다. 즉, VMI가 제조업체(공급자)가 발주확정 후 바로 유통업체로 상품배송이 이루어지는 것에 비하여, CMI는 제조업체가 발주확정을 하기 전에 발주 권고를 유통업체에게 보내어 상호합의 후 발주확정이 이루어진다.

③ 공급체인의 네트워크 전체를 포괄하는 관리기법으로, 최종 소비자에게 유통되는 상품을 그 원천에서부터 관리함으로써 공급체인의 구성원 모두가 협력하여 소비자의 욕구를 더 만족스럽게, 더 빠르게, 더 저렴하게 채워주고자 하는 전략의 일종이다.

④ 유통공급망 내에 있는 업체들 간에 상호협력적인 관행으로서 기존의 전통적 관행인 경제적 주문량에 근거하여 유통업체에서 공급업체로 주문하던 방식(Push 방식)과 달리 실제 판매된 판매데이터와 예측된 수요를 근거로 하여 상품을 보충시키는 방식(Pull 방식)이다.

76 #e-비즈니스 정답 ②

기술표준은 지원요소에 해당된다.

┃ 정답 TIP ┃
e-비즈니스 구성요소

지원요소	인적요소	구매자, 판매자, 중개상, 관리자
	공공정책	세금, 법률, 규제, 기술표준
	마케팅과 광고	시장조사, 판촉
	공급사슬	물류, 비즈니스 파트너
기반요소	비즈니스 공통서비스	보안, 스마트카드/인증, 전자지불
	메시지 전달과 정보유통	EDI, 전자메일, HTTP
	멀티미디어 콘텐츠와 네트워크 출판	HTML, WWW, JAVA, VRML
	네트워크	무선인터넷, 인트라넷, 엑스트라넷, VAN, LAN, WAN

77 #데이터웨어하우스 정답 ⑤

데이터웨어하우스는 구축 시점을 제외하고는 갱신이 일어나지 않는 검색 전용 데이터베이스이다. 데이터웨어하우스의 데이터는 일정한 시간 동안의 데이터를 대변하는 것으로 데이터 구조상에 시간이 아주 중요한 요소로서 작용한다. 따라서 데이터웨어하우스의 데이터에는 수시적인 갱신이나 변경이 발생할 수 없다.

78 #CRM성과지표 정답 ④

일별 평균 서비스 요청건수, 평균 해결 시간 등이 고객서비스 지표에 해당한다.

79 #전략정보시스템 정답 ②

전략정보시스템은 공급업자와의 관계에서 전략적 우위를 확보하는 도구로 사용된다.

┃ 더 알아보기 ┃

전략정보시스템

기업의 궁극적 목표인 이익에 직접 영향을 줄 수 있는 시장점유율 향상, 매출신장, 신상품 전략, 경영전략 등의 전략계획에 도움을 주기 위한 정보시스템을 의미하며, 이러한 정보시스템이 기업의 전략실현에 활용되는 방안은 다음과 같이 크게 네 가지 요소로 구분할 수 있다.

- 정보시스템을 이용해 제품이나 서비스의 내용을 바꿀 수 있다.
- 기업은 정보기술을 이용해서 고객과의 관계를 더욱 굳게 할 수 있다.
- 정보기술은 공급업자와의 관계에서 전략적 우위를 확보하는 도구로 사용되기도 한다.
- 효율적인 내부관리 및 통제를 가능하게 하여 전략적 목적달성을 가능하게 한다.

80 #전자상거래보안 정답 ④

┃ 정답 TIP ┃
전자상거래 관련 보안기능

- 기밀성(Confidentiality) : 전달 내용을 제3자가 획득하지 못하도록 하는 것
- 인증(Authentication) : 정보를 보내오는 사람의 신원을 확인하는 것
- 무결성(Integrity) : 전달 과정에서 정보가 변조되지 않았는지 확인하는 것
- 부인방지(Non-repudiation) : 정보교환 및 거래사실의 부인을 방지하는 것

81 #고객로열티 정답 ②

충성스러운 고객들은 해당 기업이나 브랜드에 갖는 가격 민감도가 감소하는 경향을 보인다.

82 #집단지성#크라우드소싱 정답 ②, ④

① 인터넷과 유통물류 등의 발달로 20 : 80의 집중현상에서 발생확률이나 발생량이 상대적으로 적은 부분(80 부분)도 경제적으로 의미가 있게 되었다는 것을 말한다.

② 다수의 개체들이 서로 협력하거나 경쟁을 통하여 얻게 된 지적 능력의 결과로 얻어진 집단적 능력을 말한다.

③ 웹 2.0사회에서 희소가치의 변화를 일컫는 용어로 상당히 많은 정보가 있지만 우리가 집중(어텐션)할 수 있는 정보는 얼마 없다는 뜻이다.

④ 대중(Crowd)과 아웃소싱(Outsourcing)의 합성어로, 대중들의 참여를 통해 솔루션을 얻는 방법이다. 공공기관이나 기업이 문제를 공시하면 대중들이 솔루션을 찾아 제공하며 그에 대한 보수를 받는다.

⑤ 일반인들이 자신의 관심사에 따라 일기 · 칼럼 · 기사 등을 자유롭게 올릴 수 있을 뿐 아니라, 개인 출판 · 개인방송 · 커뮤니티까지 다양한 형태를 취하는 일종의 1인 미디어이다.

83 #인터넷 정답 ②

인터넷은 컴퓨터가 서버와 클라이언트로 연결되어 TCP/IP를 이용해 정보를 주고 받고 있다. 인터넷에는 PC 통신처럼 모든 서비스를 제공하는 중심이 되는 호스트 컴퓨터(서버컴퓨터)도 없고 이를 관리하는 조직도 없다.

84 #RFID 정답 ⑤

외부로부터의 자극이나 각종 신호를 감지, 검출하여 전기적 신호로 변환, 출력하는 장치는 '센서'이다.

┃ 정답 TIP ┃
태 그
• 상품에 부착되며 데이터가 입력되는 IC칩과 안테나로 구성된다.
• 리더와 교신하여 데이터를 무선으로 리더에 전송한다.
• 배터리 내장 유무에 따라 능동형(Active)과 수동형(Passive)으로 구분한다.

85 #조직구조형태 정답 ③

효과성에 초점을 둔 핵심성공요인은 전술적 수준에서 고려되어야 할 측정척도이다.

86 #사실지 정답 ⑤

┃ 정답 TIP ┃
지식의 분류체계
• 사물지 : 인간이 인식할 수 있는 사물의 실체를 알고 있다는 것을 의미한다. 인간은 다른 동물과는 달리 처음에는 사물에 대한 감각 · 관찰 · 인상에 대한 지각 상태로 정보를 저장했다가 나중에는 개념화해 말할 수 있는 사실지를 획득하게 된다.

• 사실지 : 한 개인이 '~라는 것을 안다'고 할 때의 지식을 말한다. 다시 말해 여러 가지 인지적 사실이나 사실적 명제를 안다는 것을 의미한다.

• 방법지 : 인간의 욕구나 문제를 해결하는 방법을 아는 것이다. 경제활동을 인간이 가지고 있는 욕구나 문제를 해결하기 위한 생산과 소비, 양자를 연결하는 거래라고 본다면 인류의 경제사는 방법지의 발달사라고 할 수 있다.

87 #QR 정답 ①

같은 정보량이라면 크기를 더 작게 만들 수 있다.

88 #친화적모바일웹사이트구축 정답 ②

┃ 정답 TIP ┃
친화적인 모바일 웹사이트를 구축하려할 때 고려해야 할 사항
• 바로 반응하는 웹사이트
• 엄지(또는 집게) 손가락 하나로 조작 가능
• 디자인은 단순하게
• 짧으면서 신선한 콘텐츠
• 수십, 수천 단어의 가치가 있는 아이콘
• 모바일에 최적화된 이미지로 빠른 사이트 구현
• 지나친 자바스크립트 사용은 금물
• 사업장, 전화번호, 위치, 연락처를 쉽게 찾을 수 있도록 배치
• 동영상을 현명하게 활용
• 모바일에 최적화된 양식 사용
• 지리정보 고려
• 다양한 기기, 플랫폼, 운영시스템에서 콘텐츠 확인

89 #지식변환 정답 ⑤

① · ② · ③ · ④ 암묵지에서 암묵지로 변화하는 과정으로 사회화에 해당된다. 다른 사람의 지식에 대한 관찰과 모방 그리고 연습을 통해 일어나는 것으로 신체가 지식을 습득하는 것이다.

⑤ 암묵지에서 형식지로 변화하는 과정으로 외부화에 해당된다. 생각이나 기술을 언어나 글로 표현하는 것을 의미한다.

90 #쿠키 정답 ③

쿠키(cookie)는 웹브라우저에서 현재 상태를 보관하기 위해 임시로 사용하는 데이터 파일로 개인 식별정보(예 이름, 주소, 이메일 주소 또는 전화번호 등)를 포함한 다양한 정보를 저장할 수 있다.

01	02	03	04	05	06	07	08	09	10	11	12	13	14	15
②	①	②	⑤	①	④	⑤	②	⑤	④	③	②	③	④	①
16	17	18	19	20	21	22	23	24	25	26	27	28	29	30
①	③	③	③	③	②	④	④	④	⑤	③	③	②	②	③
31	32	33	34	35	36	37	38	39	40	41	42	43	44	45
⑤	③	④	⑤	②	⑤	③	②	②	①	③	①	③	③	③
46	47	48	49	50	51	52	53	54	55	56	57	58	59	60
②	⑤	③	①	④	⑤	③	③	③	⑤	①	③	①	③,⑤	②
61	62	63	64	65	66	67	68	69	70	71	72	73	74	75
④	①	①	③	③	③	③	①	③	④	①	①	②	①	③
76	77	78	79	80	81	82	83	84	85	86	87	88	89	90
③	④	②	⑤	④	⑤	②	④	②	②	③	②	④	⑤	②

1과목 유통물류일반

01 #유통경로갈등
정답 ②

유통업체의 규모에 따른 힘이 증가하면서 제조업체와 유통업체간 힘의 불균형이 발생하여 유통경로 내 갈등은 증대하고 있다.

02 #VMI
정답 ①

| 정답 TIP |
공급자주도형재고관리(VMI)
• 소매업의 재고관리를 소매업체를 대신해서 공급자인 제조업체와 도매업체가 하는 것을 말한다.
• 유통업체가 제조업체에 판매, 재고정보를 전자문서교환(EDI)으로 제공하면 제조업체는 이를 토대로 과거 데이터를 분석하고 수요 예측을 하여, 상품의 적정 납품량을 결정해주는 시스템 환경이다.
• 유통업체는 재고관리에 소모되는 인력, 시간 등 비용절감 효과를 기대할 수 있고, 제조업체로서는 적정생산 및 납품을 통해 경쟁력을 유지할 수 있다.

03 #IT영향
정답 ②

최소유지상품단위(SKU)는 유통매장에서 해당 상품을 관리하는 최소단위를 정해놓은 것으로 주로 신선도를 유지하거나 고객이 동일한 제품 구색에 식상해 하지 않도록 오래된 상품을 철수하고 새상품으로 바꾸는 등 기호를 수용하여 고객의 욕구를 만족시키기 위한 방법이다. 따라서 IT발전으로 인해 소매업체에서 취급하는 최소유지상품단위(SKU)의 수가 크게 증가하여 효율적인 운영이 실현되고 있다.

04 #국내유통변화
정답 ⑤

소비자의 소비 형태와 니즈의 변화에 따라 점차 차별화된 여러 가지의 유통형태가 나타나고 있어 제조업자, 도매업자, 소매업자 각각의 역할 구분이 점점 모호해지고 있다.

05 #조합형체인사업
정답 ①

| 정답 TIP |
체인사업
같은 업종의 여러 소매점포를 직영(자기가 소유하거나 임차한 매장에서 자기의 책임과 계산 아래 직접 매장을 운영하는 것)하거나 같은 업종의 여러 소매 점포에 대하여 계속적으로 경영을 지도하고 상품·원재료 또는 용역을 공급하는 사업

- 직영점형 체인사업 : 체인본부가 주로 소매점포를 직영하되, 가맹계약을 체결한 일부 소매점포(가맹점)에 대하여 상품의 공급 및 경영지도를 계속하는 형태의 체인사업
- 프랜차이즈형 체인사업 : 독자적인 상품 또는 판매·경영 기법을 개발한 체인본부가 상호·판매방법·매장운영 및 광고방법 등을 결정하고, 가맹점으로 하여금 그 결정과 지도에 따라 운영하도록 하는 형태의 체인사업
- 임의가맹점형 체인사업 : 체인본부의 계속적인 경영지도 및 체인본부와 가맹점 간의 협업에 의하여 가맹점의 취급품목·영업방식 등의 표준화사업과 공동구매·공동판매·공동시설활용 등 공동사업을 수행하는 형태의 체인사업
- 조합형 체인사업 : 같은 업종의 소매점들이 「중소기업협동조합법」에 따른 중소기업협동조합, 「협동조합기본법」에 따른 협동조합, 협동조합연합회, 사회적 협동조합 또는 사회적 협동조합연합회를 설립하여 공동구매·공동판매·공동시설활용 등 사업을 수행하는 형태의 체인사업

06 #도매상

정답 ④

소매상들이 진열도매상을 이용하는 주된 이유는 매출비중이 낮은 품목들에 대해 소매상을 대신하여 진열대에 진열하거나 재고를 관리하는 것이 중요하기 때문이다.

┃ 정답 TIP ┃

진열도매상(선반도매상)
- 소매점의 진열선반 위에 상품을 공급하는 도매상을 말한다.
- 소매상들에게 매출 비중이 높지 않으면서 회전율이 높은 캔디, 껌, 건강미용용품 등을 판매하며 소매점포까지 직접 트럭배달을 해주면서 소매상을 내신하여 진열대에 진열하거나 재고를 관리해준다.
- 선반에 전시되는 상품에 대한 소유권은 도매상들이 가지고 있으며, 소매상이 상품을 판매한 뒤에 도매상에게 대금을 지불하는 일종의 위탁방식으로, 팔리지 않는 상품은 환수한다.
- 선반도매상은 소매점 내에 직접 선반을 설치하여 상품을 전시하며, 상품에 가격표시를 하고, 재고를 유지·기록한다.

07 #유통효용

정답 ⑤

┃ 정답 TIP ┃

유통의 효용
- 시간효용 : 보관기능을 통해 생산과 소비간 시간적 차이를 극복시켜 준다.
- 장소효용 : 운송기능을 통해 생산지와 소비지간 장소적 차이를 극복시켜 준다.

- 소유효용 : 생산자와 소비자간 소유권 이전을 통해 효용이 발생된다.
- 형태효용 : 생산된 상품을 적절한 수량으로 분할 및 분배함으로써 효용이 발생된다.

08 #수직계열화

정답 ②

제조업의 수직계열화는 제조업자가 유통업자를 지배하고 조직화하는 행위이다.

┃ 정답 TIP ┃

수직계열화와 수평계열화
- 수직계열화 : 생산, 제조, 판매 등을 전부 한 기업이 도맡아 하는 것으로, 제품을 생산하는 공급자부터 제품을 판매하는 판매사까지 전체 사슬에 관련된 기업을 하나의 큰 틀의 계열사로 두게 되는 것을 말한다.
- 수평계열화 : 생산이면 생산업에만, 제조면 제조업에만, 판매면 판매업에만 종사하는 기업으로 제품을 생산하는 데 있어서 큰 관련성이 없는 기업을 계열사로 두어 다방면의 사업 확장이 가능한 구조이다.

09 #SERVQUAL

정답 ⑤

┃ 정답 TIP ┃

SERVQUAL 모형의 5가지 서비스 품질 평가 유형
- 유형성 : 물적 요소의 외형
- 신뢰성 : 믿을 수 있으며 명확한 임무수행
- 대응성(응답성) : 즉각적이면서 도움이 되는 것
- 확신성 : 능력 및 공손함, 믿음직스러움과 안전성
- 공감성 : 접근이 용이하고, 의사소통이 잘 되면서 소비자를 잘 이해하는 것

10 #준거력

정답 ④

┃ 정답 TIP ┃

유통경로의 파워
- 보상적 권력(Reward Power) : 경로구성원 A가 B에게 보상을 제공할 수 있는 능력(판매지원, 영업활동지원, 금융지원, 신용조건, 특별할인, 리베이트, 광고지원, 판촉물지원, 신속한 배달, 지역독점권 제공)
- 강압적 권력(Coercive Power) : 경로구성원 A의 영향력 행사에 경로구성원 B가 따르지 않을 때 A가 처벌을 가할 수 있는 능력(상품공급의 지연, 대리점 보증금의 인상, 마진폭의 인하, 대금결제일의 단축, 전속적 지역권의 철회, 끼워팔기, 밀어내기, 기타 보상적 파워의 철회)
- 준거적 권력(Referent Power) : 경로구성원 B가 A와 일체감을 갖기를 원하기 때문에 A가 B에 대해 갖는 영향력(유명상표를 취급한다는 긍지와 보람, 상호간 목표의 공유, 상대방과의 관계지속 욕구, 상대방의 신뢰 및 결속)

- 전문적 권력(Expert Power) : 경로구성원 A가 특별한 지식이나 기술을 보유함으로 인해 B에게 미칠 수 있는 영향력(경영관리에 관한 상담과 조언, 영업사원의 전문지식, 종업원의 교육과 훈련, 경영정보, 시장정보, 신제품 개발 능력)
- 합법적 권력(Legitimate Power) : 경로구성원 A가 B에게 영향력을 행사할 권리를 가지고 있고, B가 그것을 받아들일 의무가 있다고 믿기 때문에 발생되는 영향력(상표등록, 특허권, 프랜차이즈권리, 기타 법률적 권리)
- 정보적 권력(Informative Power) : 다른 경로구성원이 이전에 얻을 수 없었거나 알 수 없었던 정보나 일의 결과를 제공해 준다고 인식하는 경우에 갖게 되는 영향력(시장환경 정보, 소비자 정보, 제품 정보, 마케팅 정보)

11 #변혁적리더십　　　　　　　　정답 ③

오답풀이
① 자신의 특성에서 나오는 힘과 부하들이 리더와 동일시하려는 심리적 과정을 통해 영향력을 행사하여 부하들에게 미래에 대한 비전을 제시하거나 공감할 수 있는 가치 체계를 구축하여 리더십을 발휘하는 것
② 리더와 구성원 간의 교환관계에 기반을 두는 것으로 리더는 구성원이 가치 있게 여기는 것을 제공하고, 그 제공에 대한 대가로서 바람직한 행동이나 성과를 구성원들로부터 유도해냄으로써 리더는 구성원들에 대한 보상이나 처벌을 이용해 자신이 기대하는 목표나 성과를 달성하는 것
④ 리더가 조직 구성원들의 참여와 합의에 따라 의사결정을 하고 지도해가는 리더십으로 부하직원들에게 팀에서 생성되는 모든 의사결정에 대한 결정권을 주고, 언제나 모든 동의를 구해야 하기 때문에 민주적 리더가 되는 과정에는 매우 많은 시간이 소요됨
⑤ 코치가 피코치인의 파트너가 되어 상호 지속적인 협력관계를 이루어 피코치인으로 하여금 스스로 목표를 설정하고 해결해가며 발전할 수 있도록 돕는 모든 활동 내지 기법

12 #변증법적이론　　　　　　　　정답 ②

오답풀이
① 기존의 소매업태가 다른 유형의 소매로 변화할 때 그 빈자리, 즉 진공지대를 새로운 형태의 소매업태가 자리를 메운다는 이론
③ 사회·경제적 환경이 변화됨에 따른 소매상의 진화와 발전을 설명하는 대표적인 이론으로 시장 진입 초기에는 저가격·저서비스·제한적 제품 구색으로 시장에 진입하여 경쟁이 격화되면 경쟁적 우위를 확보하기 위한 차별적 서비스의 증가로 성장기에는 고비용·고가격·고서비스 소매점으로 위치가 확립되고, 그 결과 새로운 유형의 혁신적인 소매점이 저가격·저마진·저서비스로 시장에 진입할 수 있는 여지를 제공하게 되어 역시 동일한 과정을 따르게 된다는 것

④ 소매점은 다양한 상품 구색을 갖춘 점포로 시작하여 시간이 경과함에 따라 점차 전문화된 한정된 상품 계열을 취급하는 소매점 형태로 진화하며, 이는 다시 다양하고 전문적인 상품 계열을 취급하는 소매점으로 진화해 간다는 이론
⑤ 제품 수명주기이론과 동일하게 소매점 유형이 도입기 → 성장기 → 성숙기 → 쇠퇴기의 단계를 거치게 된다는 이론

13 #물류환경변화　　　　　　　　정답 ③

높은 물류비용과 예측의 불확실성, 세계화, 기업 경쟁의 심화 등의 물류 환경 변화에 따라 SCM(공급사슬관리) 도입의 필요성이 높아지면서 조직들의 개별화보다 통합화의 움직임이 더 커졌다.

14 #채찍효과원인　　　　　　　　정답 ④

공급사슬의 각각의 주체가 독립적으로 수요예측을 행하기 때문에 채찍효과가 발생한다.

15 #산업재유통업체　　　　　　　정답 ①

오답풀이
② 한두 가지의 제품만을 취급하므로 그 제품에 대해서는 거의 모든 제품들을 전문적으로 취급하며, 상품의 종류 선택 폭은 좁지만 일반적으로 구하기 어려운 전문적인 제품이나 제품에 대한 수준 높은 고객서비스를 받을 수 있다.
③ 상품을 재판매하거나 산업용·업무용으로 구입하려는 재판매업자나 기관구매자에게 상품이나 서비스를 제공하는 상인
④ 일반적으로 상품을 물리적으로 취급하지 않으며, 구매자와 판매자를 만나게 하는 기본적인 임무를 수행하는 도매상
⑤ 제조업자가 전체 기능을 수행·통제하며 제품을 소유하여 판매하고, 대금을 회수하는 도매상

16 #단수가격결정법　　　　　　　정답 ①

단수가격 결정법은 수요의 강도를 기준으로 하여 가격을 결정하는 방법으로 가격이 가능한 최하의 선에서 결정되었다는 인상을 구매자에게 주기 위하여 고의로 단수를 붙여 가격을 결정하는 방법이다. 예 제품가격에 천원, 만원보다는 990원, 9,900원 등과 같은 제품가격을 사용

17 #EOQ 정답 ③

┃정답 TIP┃
EOQ의 기본 가정
- 계획기간 중 해당 품목의 단위 시간당 수요율은 항상 균등하며, 연간 수요가 확정적으로 알려져 있다.
- 단위 구입가격이 구입량에 관계없이 일정하다.
- 연간 단위 재고유지비용이 주문량에 관계없이 일정하다.
- 1회 주문비용이 일정하다.
- 주문량이 일시에 입고된다.
- 조달기간(Lead Time)이 없거나 일정하다.
- 재고부족이 허용되지 않는다.

18 #O2O 정답 ③

오답풀이
① 물리적인 판매자에 의해서 물리적 제품을 팔고, 비즈니스 활동을 오프라인상에서 하는 것
② 기업과 기업간 전자상거래로 EDI를 활용하면서부터 도입되기 시작하여 최근에는 인터넷과 웹의 보급이 확산됨에 따라 급속도로 발전
④ 소비자 대 기업간 인터넷 비즈니스로 소비자가 개인 또는 단체를 구성하여 상품의 공급자나 상품의 생산자에게 가격, 수량 또는 서비스 등에 관한 조건을 제시하고 구매하는 것
⑤ 각종 사물(가전, 모바일 장비, Wearable Computer 등)에 센서와 통신기능을 내장하여 인터넷에 연결되는 사물인터넷 기술

19 #라인조직#매트릭스조직 정답 ③

오답풀이
- 라인-스태프 조직 : 라인과 스태프의 기능을 분화하여 전문성을 강화하고, 작업부문과 지원부문을 분리하여 직능형 조직의 단점을 보완한 것
- 교차기능 자율경영팀 : 특정 제품이나 서비스의 창출과 관련된 업무 프로세스를 책임지고 자율적으로 움직이는 작업집단으로 권한이양원리 아래 일선 실무자들의 자율성과 창의성을 중시하는 현장 중심형 조직

20 #사회적책임 정답 ③

기업의 사회적 책임이란 기업 본연의 목적인 수익 추구와 함께 각종 이해관계자에 대해 어느 정도 공생적 관계를 유지하느냐 하는 것이다. 여기서 이해관계자란 주주와 종업원 외에 채권자, 소비자, 하청업체(협력업체), 지역사회와 정부 등을 말한다.
이해관계자에 대한 책임은 주주이익, 인권 보호 및 근무환경 개선, 고객에 대한 책임, 고용창출, 친환경 활동 등 기업측면에서 의무로 이해하는 것이 필요하기 때문에 경쟁사에 대한 책임은 이해관계자에 대한 책임에 해당되지 않는다.

21 #SCM 정답 ②

공급사슬관리는 고객의 고객에서 공급자의 공급자까지의 전 프로세스에 걸친 가치사슬(Value Chain)의 최적화 및 이를 통한 가상기업(Virtual Enterprise)의 구현이다. 공급자의 공급자에서 시작하여 구매, 제조, 분배, 유통을 거쳐 소비자에게 이르는 모든 재화 및 서비스 그리고 그것의 흐름에 수반되는 가치의 흐름을 통합하고 연계하여 전체적인 시스템으로 이해하고 분석하려는 경영 패러다임이다.

22 #신속반응시스템 정답 ④

┃정답 TIP┃
신속반응(quick response)시스템
QR은 의류업체의 재고문제를 해결하기 위한 SCM기법이다. 즉 QR은 생산, 유통관계의 거래 당사자가 협력하여 소비자에게 적절한 시기에, 적절한 양을, 적정한 가격으로 제공하는 것을 목표로 하며, 바코드, EDI, 상품정보 DB 등의 정보기술을 이용하여 생산 및 유통기간의 단축, 재고의 감소, 반품으로 인한 손실의 감소 등 생산, 유통의 각 단계에서 합리화를 실현하려는 전략이다.
- 소매업자 측면에서는 수익증대와 고객서비스 개선효과를 누릴 수 있다.
- 제조업자 측면에서는 생산 및 수요예측이 용이하고 상품 품절을 방지할 수 있다.
- 원자재로부터 최종제품에 이르는 리드타임의 단축과 재고감소가 일어난다.
- 적정 수요량 예측으로 안전재고가 감소되고 재고회전율도 향상된다.
- 신속하고 정확한 소비자 수요동향 분석을 할 수 있어 시장변화에 대한 효과적인 대응이 가능하다.

23 #전속적유통 정답 ④

전속적 유통은 일정한 상권 내에 제한된 수의 소매점으로 하여금 자사 상품만을 취급하게 하는 것으로 귀금속, 자동차, 고급의류 등의 고가품에 적용된다.

24 #보관효율화원칙 정답 ④

통로대면보관의 원칙은 물품의 효율적 보관을 위해서 통로면에 보관하는 것을 말한다.

25 #분쟁조정기간 정답 ⑤

┃정답 TIP┃
분쟁조정의 기간(소비자기본법 제66조 제1항)
조정위원회는 분쟁조정을 신청 받은 때에는 그 신청을 받은 날부터 30일 이내에 그 분쟁조정을 마쳐야 한다.

26 #입지선정 정답 ③

좋은 여건의 입지에 위치한 점포일수록 높은 권리금이 형성되어 있기 때문에 권리금이 낮거나 없는 곳이 좋은 입지라고 볼 수는 없다.

┃ 더 알아보기 ┃

권리금
- 점포임대차와 관련해 임차인이 누리게 될 장소 또는 영업상의 이익에 대한 대가로 임차보증금과는 별도로 지급되는 금전적 대가를 말한다.
- 상가매입 또는 임차 시 관행적으로 인정되지만 현행법상 권리금에 관한 규정이 없어 법적 보장을 받지 못하는 것이 일반적이다.
- 임대차 계약이 종료되더라도 임대인은 원칙적으로 권리금 반환에 대한 의무를 지지 않는다.
- 권리금은 임대차 계약기간 동안의 사업수익으로 충분히 충당될 수 있는 범위 내에서 설정하여야 적당하다.

27 #안전추구원칙 정답 ③

┃ 정답 TIP ┃
동선의 심리법칙
- 최단거리실현의 법칙 : 인간은 최단거리로 목적지에 가려는 심리가 있기 때문에 안쪽 동선이라고 하는 뒷길이 발생한다.
- 보증실현의 법칙 : 인간은 먼저 득을 얻는 쪽을 택한다. 즉 길을 건널 때에도 최초로 만나는 횡단보도를 이용하려는 경향이 있다.
- 안전중시의 법칙 : 인간은 본능적으로 위험하거나 모르는 길 또는 다른 사람이 잘 가지 않는 장소에는 가려고 하지 않는 심리가 있다.
- 집합의 법칙 : 대부분의 사람들은 군중 심리에 의해 사람이 모여 있는 곳에 모인다.

28 #점포입지 정답 ②

일반적으로 상품이나 서비스의 구매빈도가 낮을수록 상권의 규모는 커진다. 반면 구매빈도가 높을수록 주거지 근처에서 구매하기 때문에 상권의 규모는 작아진다.

29 #중심지이론 정답 ②

┃ 정답 TIP ┃
크리스탈러의 중심지이론
중심지는 그 기능이 넓은 지역에 미치는 고차중심지로부터 그보다 작은 기능만 갖는 저차중심지까지 여러 가지 계층으로 나뉘는데, 크리스탈러는 이러한 크고 작은 여러 형태의 중심지가 공간적으로 어떻게 입지해야 하는가를 고찰하고 연역적 모델을 만들었다.

30 #회전율 정답 ③

┃ 정답 TIP ┃
회전율을 적용한 획득가능 매출의 추정
매출액 = 좌석수 × 좌석점유율 × 회전율 × 객단가 × 영업일수

31 #회원제도매클럽입지 정답 ⑤

┃ 정답 TIP ┃
파워센터
종래의 백화점이나 양판점과는 달리 할인점이나 카테고리 킬러 등 저가를 무기로 하여 강한 집객력을 가진 염가점들을 한 곳에 종합해 놓은 초대형 소매센터이며, 여러 종류의 전문 할인점들이 임대의 형식으로 들어오게 되는 구조를 가진다.

오답풀이
① 전통적인 도심상업지역으로 대중교통의 중심지로서 많은 사람들의 유입으로 인해 지가가 가장 높은지역이며, 행정관서, 백화점, 기업체 및 고급 전문 상점들이 집중적으로 위치해 있다.
② 다양한 범위의 의류와 일반상품을 제공한다.
③ 소비자들의 일상적인 욕구 만족을 위한 편리한 쇼핑장소를 제공하고, 슈퍼마켓이 가장 강력한 핵점포의 역할을 수행한다.
④ 선별된 패션이나 품질이 우수하고 값이 비싼 독특한 제품을 판매하는 고급의류점, 부띠끄, 선물점 등을 말한다.

32 #아웃렛 정답 ③

오답풀이
① 중간물류비와 유통비를 절감하기 위해 대개 공장이나 물류센터 근처에 입지한다.
② 제조업체와 백화점의 비인기 상품, 이월상품 및 재고품 등을 자사 명의로 30~70% 정도의 대폭 할인된 가격으로 판매하며, 수십 개 또는 수백 개의 동종점포가 출점하여 쇼핑센터를 이룬다.
④ 기존 소매망과의 경합을 회피하기 위해 불리한 입지를 선택한다.
⑤ 대부분 중심가에서 벗어난 교외 및 수도권 외곽지역 등에 입지하고 있다.

33 #상권발전 　　　　　　　　　　 정답 ④

| 정답 TIP |

상권 발전에 영향을 미칠 수 있는 요인

긍정적인 영향	• 가까이에 대규모 아파트단지가 곧 완공되어 입주를 시작한다. • 반경 200m 안에 전철역이 새로 들어선다. • 버스노선이 늘어나거나 가까이에 마을버스 정류장이 생긴다. • 사람들이 걸어 다닐 수 없던 곳에 마을버스가 다닌다. • 주변에 대형 업무용 빌딩이 곧 완공되고 관공서가 이전해 온다. • 해당 지역의 용도가 상업지역으로 바뀐다.
부정적인 영향	• 인근 아파트의 재개발·재건축 공사가 곧 시작된다. • 곧 주변에 지하철 공사가 시작된다. • 지금까지 사람들이 걸어 다니던 길에 마을버스가 다닌다. • 대형할인점이 인근에 들어선다. • 관공서 등이 곧 다른 지역으로 이전한다. • 반경 500m 바깥쪽에 중심상업지역이 들어선다.

34 #도매상 #입지전략 　　　　　　 정답 ⑤

소매상은 보통 최종 소비자의 접근성을 고려하여 입지를 결정한다.

35 #매장면적비율법 　　　　　　　 정답 ②

상권의 총예상매출액은 층잠재수요와 상권인구의 상권 내에서의 구매비율을 곱해서 구한다.

36 #경쟁자분석 　　　　　　　　　 정답 ⑤

경쟁자분석을 용이하게 하기 위해서는 조사에 포함되는 표본이 많을수록 수요를 추정하는 데 유리하기 때문에 전국에 걸쳐 수많은 점포를 보유하고 있는 프랜차이즈 편의점이 가장 적절하다.

37 #누적흡인력원칙 　　　　　　　 정답 ③

| 정답 TIP |

누적흡인력의 원칙

영업의 형태가 비슷하거나 동일한 점포가 집중적으로 몰려 있어 고객의 흡인력을 극대화할 수 있는 원칙으로 편의품보다는 선매품이나 전문품의 경우에 더 큰 효과를 볼 수 있다. 선매품 소매점포가 사무실, 학교, 문화시설 등에 인접함으로써 고객을 흡인하기에 유리한 조건에 속해 있

는가에 대한 검토로, 예비 창업자는 창업 아이템에 따라서 중간저지성의 입지를 선택할 것인지, 누적흡인력의 입지를 선택할 것인 지를 판단해서 결정해야 한다.

38 #위계별경쟁구조분석 　　　　　 정답 ②

| 정답 TIP |

상권 경쟁분석

• 위계별 경쟁구조 분석 : 도심, 부심, 지역중심, 지구중심의 업종을 파악·분석
• 업태별·업태내 경쟁구조 분석 : 신규출점 예정 사업체의 분석은 업태내 경쟁구조 분석, 재래시장·슈퍼마켓·대형전문점 등의 분석은 업태별 경쟁구조 분석
• 잠재 경쟁구조 분석 : 신규 소매업 진출 예정 사업체 및 업종의 파악·분석
• 경쟁·보완적 관계 분석 : 단골고객의 선호도 조사, 고객의 특성 및 쇼핑경향 분석, 연령, 소득, 직업 등 인구통계학적 특성, 문화·사회적 특성의 파악·분석

39 #구매력지수 #가중치 　　　　　 정답 ②

| 정답 TIP |

구매력지수(BPI ; Buying Power Index)

소매점포의 입지분석을 할 때 해당 지역시장의 구매력을 측정하는 기준으로 사용되는 것으로, 그 시장에서 구매할 수 있는 구매력을 나타내는 것이다. 구매력지수를 산출하기 위해서는 다음과 같이 인구, 소매 매출액, 유효소득 등 3가지 요소에 가중치를 곱하여 합산하는 공식을 사용한다.

$$BPI = (인구비 \times 0.2) + (소매\ 매출액비 \times 0.3) + (유효구매\ 소득비 \times 0.5)$$

따라서 유효구매 소득비의 가중치가 0.5이므로 소득관련 변수의 가중치가 가장 높다.

40 #거리감소효과 　　　　　　　　 정답 ①

일반적으로 상권에 영향을 미치는 것은 인구와 거리로서 상권은 도시의 인구에 비례하고 거리에 반비례하기 때문에 '거리감소효과'가 가장 적절하다.

41 #유추법진행과정 　　　　　　　 정답 ③

| 정답 TIP |

유추법(analog method)의 진행과정

자사(신규)점포의 입지조건 파악 → 기존 유사점포의 선정 → 출점예상 상권을 소규모지역(zone)으로 구분 → 각 지역(zone)에서의 1인당 매출액 추정 → 신규점포의 예상 총매출액 추정

18년

42 #CSTmap 〔정답〕 ①

┃정답 TIP┃

CST Map 기법의 유용성

- 유추법에 의한 상권의 규모파악이 가능하다.
- 고객점표법이라고도 하며, 고객의 특성 조사가 가능하다.
- 광고 및 판촉전략 수립에 이용가능하다.
- 점포들 간의 상권잠식 상태와 경쟁의 정도를 측정할 수 있다.
- 점포의 확장계획에 활용이 가능하다.

43 #상권분석 〔정답〕 ①

②·③·④·⑤ 기존점포관리 상황에 해당된다.

44 #IRS#MEP 〔정답〕 ③

소매포화지수(IRS)가 높을수록 시장의 포화정도가 낮아 신규점포를 개설할 시장기회가 커진다는 의미이고, 시장성장잠재력지수(MEP)가 높을수록 시장성장잠재력이 커지게 된다. 따라서 지역시장의 성장가능성은 높지만 기존 점포 간의 경쟁이 치열한 상태는 소매포화지수(IRS)는 낮지만 시장성장잠재력지수(MEP)가 높은 경우이다.

45 #상권영향#자가용차소유 〔정답〕 ③

자가용차를 소유한 소비자의 증가추세로 인해 소비자의 지리적 이동거리가 확대되고 이동속도가 빨라지기 때문에 물류기능 중 생산과 소비의 공간적 거리를 극복하는 운송기능을 소비자가 더 감당하게 되므로 소비자가 감당하는 물류기능이 증가하게 된다.

┃3과목┃ 유통마케팅

46 #매장배치 〔정답〕 ②

오답풀이

(나) 매장 전면부의 통로에는 충동성이 있는 제품들을 진열하여 소비자들의 충동구매를 유도한다.

(마) 매장 내 배치의 기본 원칙은 고객이 쉽게 상품을 인지하고, 그 상품을 사게 만드는 데 있으며, 고객 동선을 최대한 길게 하여 매장에 오래 머물 수 있도록 하는 것이다.

47 #인적판매 〔정답〕 ⑤

인적판매는 구입을 유도하기 위해 고객 및 예상고객과 직접 접촉하는 것으로 백화점의 판매원과 보험판매원은 모두 주문수주자에 해당한다.

┃더 알아보기┃

영업사원의 종류

- 수문수주자(order taker) : 주문을 받는 사람 (= 인바운드 영업사원)
- 주문창출자(order getter) : 주문을 따내는 사람 (= 아웃바운드 영업사원)

48 #소매점#광고 〔정답〕 ③

유통점의 이미지를 제고를 위한 이미지광고는 장기간의 효과가 요구된다. 따라서 단기적인 직접적 효과가 장점인 촉진광고에는 해당하지 않는다.

49 #매장내부특성#매장이미지 〔정답〕 ①

매장 내부에서 취급하는 상품의 특성과 맞은 매장 이미지를 구축해야 한다. 백화점의 의류코너는 화려한 이미지를 구축하여 고객들의 시선을 끌고, 소비를 유도해야 하며, 식품매장은 위생과 직결되는 곳이기 때문에 깨끗한 매장의 이미지를 구축해야 한다. 또한 공산품은 특색 있는 상품이 아닌 필요에 의해 구입하는 일반적인 상품이기 때문에 소비자들이 상품을 고르기 쉽도록 편리한 매장으로 이미지를 구축해야 한다.

50 #풀전략#푸시전략 〔정답〕 ④

푸시 전략은 유통채널을 중심에 둔 전략이고 풀 전략은 소비자를 대상으로 한 전략이므로 산업재의 경우에는 푸시 전략, 소비재의 경우에는 풀 전략이 중요하다.

┃정답 TIP┃

풀 전략과 푸시 전략

풀 전략	• 유통채널이 최종 소비자를 당기는 방법이다. • 기업(제조업자)이 소비자(최종 구매자)를 대상으로 광고나 홍보를 하고, 소비자가 그 광고나 홍보에 반응해 소매점에 상품이나 서비스를 주문·구매하는 마케팅 전략이다. • 광고와 홍보를 주로 사용하며, 소비자들의 브랜드 애호도가 높고, 점포에 오기 전에 미리 브랜드 선택에 대해서 관여도가 높은 상품에 적합한 전략으로 가격협상의 경우 주도권은 제조업체에게 있다
푸시 전략	• 유통채널을 통해 최종 소비자들에게 제품을 들이미는 것이다. • 제조업자가 유통업자들을 대상으로 하여 촉진예산을 인적 판매와 거래점 촉진에 집중 투입하여 유통경로상 다음 단계의 구성원들에게 영향을 주고자 하는 전략으로, 일종의 인적 판매 중심의 마케팅전략이다.

- 푸시 전략은 소비자들의 브랜드 애호도가 낮고, 브랜드 선택이 점포 안에서 이루어지며, 동시에 충동구매가 잦은 제품의 경우에 적합한 전략이다.
- 유통업체의 마진율에 있어서도 푸시 전략이 풀 전략보다 상대적으로 높으며 제조업체의 현장 마케팅 지원에 대한 요구 수준 또한 풀 전략보다 상대적으로 높다.

51 #판매촉진지원금 정답 ⑤

▌정답 TIP ▌

판매촉진지원금의 종류

판매촉진지원금은 중간상이 제조업자를 위해 지역광고를 하거나 판촉을 실시할 경우 이를 지원하기 위해서 제조업체가 지급하는 보조금이다.

- 머천다이징보조금 : 점포 내에 판촉물을 전시하거나 소매점광고에 자사 상품을 소개하는 경우에 지급하는 것
- 제품진열보조금 : 신제품을 구매하거나 특별 전시하는 경우에 지급되는 것
- 물량비례보조금 : 특정 기간 내에 구매하는 상품의 양에 따라 지원금을 지급하는 것
- 재고보호보조금 : 제조업체의 판촉기간 동안 소매상이 구입한 상품의 재고위험성을 보상하는 것
- 리베이트보조금 : 판매가격의 일정률에 해당하는 현금을 반환하는 것

52 #점포분위기관리 정답 ④

점포 분위기관리는 일관된 정보를 제공하는 시각적 커뮤니케이션 요소, 상품을 돋보이게 만드는 조명, 색상, 음악, 향기를 통해 고객들에게 제공되는 환경디자인을 관리하는 것을 말한다.

53 #오프프라이스#격자형 정답 ③

오답풀이

① 격자형 배치는 비용 효율성이 높다.
② 격자형 배치는 어떤 형태의 배치보다도 공간이용의 효율성이 높다.
④ 격자형 배치는 일상적이면서 계획된 구매행동을 촉진한다.
⑤ 격자형 배치는 표준화된 집기배치가 가능하고, 단조로운 구성으로 점내 장식이 한정되기 때문에 상품 진열에 필요한 걸이의 소요량을 감소시킨다.

54 #기술진보 정답 ③

오답풀이

① 다양화된 다수의 소규모 세분시장들이 긴밀하게 결합된다.
② 인터넷을 통한 직거래가 활성화 되어 단순한 판매를 위한 산업재 생산자는 더 적은 중간상을 활용한다.
④ 차별화되고 개성화된 형태로 소비자의 욕구충족이 가능해져 불특정 다수를 대상으로 상품을 선전하거나 판매를 촉진하는 행위인 매스마케팅 기법을 활용하는 비중이 감소한다.
⑤ 마케터가 소비자에게 정보를 제공하기 위한 비용이 감소한다.

55 #고가격전략 정답 ⑤

규모의 경제는 대량생산을 통해 비용을 절감하여 저가격 전략을 수립하기 위한 전략이다.

56 #소셜미디어마케팅 정답 ①

소셜미디어 마케팅은 다양한 소셜 미디어의 고객 접점을 기반으로 하므로 표적화 되어 있고 인적(personal)인 속성이 강하다. 즉 기존의 일반적인 마케팅과 달리 고객이 주체가 되어 자발적으로 블로그나 트위터 등을 활용해 기업의 제품이나 서비스에 관한 아이디어로 상품 개선에 적극적으로 개입한다.

오답풀이

② 소셜미디어는 수많은 소비자들이 참여하게 되므로 소셜미디어 캠페인의 성과를 측정하기가 쉽지 않다.
③ 마케터의 메시지가 실시간으로 전달되지만 소비자의 반응은 통제할 수 없다.
④ 기업과 제품에 대한 정보를 '쌍방향 소통'인 풀(pull)전략을 통해 적극적으로 제공한다.
⑤ 소셜미디어 캠페인은 소비자의 반응이 부정적일 경우 반대로 역효과가 발생한다.

▌더 알아보기 ▌

소셜미디어 마케팅의 장점

- 상호 소통이 가능 : 쌍방향 커뮤니케이션이 가능해 일방적 메시지 전달을 위한 미디어 비용을 줄이고 고객 참여, 공유, 대화가 가능하다.
- 바이럴 효과의 극대화 : 마케팅 경험과 콘텐츠를 유통함으로써 입소문 효과를 극대화한다.
- 실시간성 : 어떤 도구보다도 빠르게 적용될 수 있는 실시간성을 가짐으로써 시기적절한 능동적인 마케팅이 가능하다.
- 브랜드 친숙화 : 관계지향적 마케팅을 통해 브랜드에 대한 고객들의 긍정적 반응과 브랜드 충성도를 높일 수 있다.

18년

57 #도달범위#도달빈도 정답 ②

┃ 정답 TIP ┃
도달범위보다 도달빈도를 높이는 경우
- 강력한 경쟁자가 있는 경우
- 메시지가 복잡한 경우
- 표적 청중들이 우리 상품에 대해 부정적인 태도를 갖는 경우
- 구매주기가 짧은 상품의 경우

58 #소매수명주기 정답 ①

소매수명주기 중 판매증가율과 이익수준이 모두 높은 단계는 성장기이다. 성장기에는 시장 위치를 고정·선점하고, 성장유지를 위해 고비용 투자 전략을 수행한다.

┃ 오답풀이 ┃
②·④ 성숙기
③ 도입기
⑤ 쇠퇴기

59 #대규모점포#영업시간제한 정답 ③, ⑤

┃ 정답 TIP ┃
대규모점포 등에 대한 영업시간의 제한(유통산업발전법 제12조의2)
- 특별자치시장·시장·군수·구청장은 건전한 유통질서 확립, 근로자의 건강권 및 대규모점포 등과 중소유통업의 상생발전(相生發展)을 위하여 필요하다고 인정하는 경우 대형마트(대규모점포에 개설된 점포로서 대형마트의 요건을 갖춘 점포를 포함한다)와 준대규모점포에 대하여 다음의 영업시간 제한을 명하거나 의무휴업일을 지정하여 의무휴업을 명할 수 있다. 다만, 연간 총매출액 중「농수산물 유통 및 가격안정에 관한 법률」에 따른 농수산물의 매출액 비중이 55퍼센트 이상인 대규모점포 등으로서 해당 지방자치단체의 조례로 정하는 대규모점포 등에 대하여는 그러하지 아니하다.
  - 영업시간 제한
  - 의무휴업일 지정
- 특별자치시장·시장·군수·구청장은 오전 0시부터 오전 10시까지의 범위에서 영업시간을 제한할 수 있다.
- 특별자치시장·시장·군수·구청장은 매월 이틀을 의무휴업일로 지정하여야 한다. 이 경우 의무휴업일은 공휴일 중에서 지정하되, 이해당사자와 합의를 거쳐 공휴일이 아닌 날을 의무휴업일로 지정할 수 있다.
- 영업시간 제한 및 의무휴업일 지정에 필요한 사항은 해당 지방자치단체의 조례로 정한다.

60 #경로파워원천 정답 ②

┃ 오답풀이 ┃
① 전문적 파워
③ 준거적 파워
④ 보상적 파워
⑤ 합법적 파워

61 #파일럿숍#안테나숍 정답 ④

┃ 정답 TIP ┃
파일럿 숍
상품의 판매동향을 탐지하기 위해 메이커나 도매상이 직영하는 소매점포이다. 의류 등 유행에 따라 매출액이 좌우되기 쉬운 상품에 관해 재빨리 소비자의 반응을 파악하여 상품개발이나 판매촉진책의 연구를 돕는 전략점포로 안테나 숍(antenna shop)이라 부르기도 한다.

62 #업셀링 정답 ①

업셀링(upselling)은 동일한 분야로 분류될 수 있는 제품 중 소비자가 희망하는 제품보다 단가가 높은 제품의 구입을 유도하는 판매방법이다.

┃ 더 알아보기 ┃

교차판매(cross-selling)
자체 개발한 상품에만 의존하지 않고 관련된 제품까지 판매하는 적극적인 판매방식으로, 고객이 선호할 수 있는 추가제안을 통해 다른 제품을 추가 구입하도록 유도할 수 있다. 대체재나 보완재가 있는 상품과 서비스에 더 효과적이다.

63 #해외진입방식#아웃소싱 정답 ①

아웃소싱은 자사의 핵심역량에 집중하면서 비핵심부문을 분사 또는 외주 등의 방법을 통해 기업가치를 제고하는 전략으로 해외시장에 진입하는 방식과는 거리가 멀다.

64 #소매상#유통전략 정답 ③

③은 드럭스토어에 대한 설명이다. 전문할인점은 신유통업태로서 고객에게 제공하고자 하는 상품이나 서비스를 전문화한 소매상으로 특정 상품계열에 대하여 매우 깊이 있는 상품 구색을 갖추어 고객에게 최대한의 선택의 기회를 주고자 한다.

65 #2차자료 〔정답〕③

▌정답 TIP ▌

1차 자료와 2차 자료

1차 자료	• 현재의 특수한 목적을 위해서 수집되는 정보 • 문제해결을 위한 조사 설계에 근거하여 수집되는 정보 • 관찰조사, 실험조사, 설문조사 등으로 직접 수집한 자료 • 1차 자료 조사방법 예시 : 백화점 고객 표적집단면접, 홈쇼핑 고객 심층면접법, 대형마트 고객만족 전화조사법, 편의점 판촉효과 실험조사법 등
2차 자료	• 다른 목적을 위해 수집된 것으로 이미 어느 곳인가에 존재하는 정보 • 2차 자료 조사방법 예시 : 유통업체 연감자료 조사법

66 #선물구매 〔정답〕③

<u>오답풀이</u>

① 지역적으로 거래조건이 상이할 때 중간상이 해당 지역에서 촉진활동의 일환으로 저렴하게 거래되는 제품을 구입하여 다른 지역에 있는 도매상이나 소매상에게 재판매하는 것

② 중간상이 생산자 대신에 제품에 대해 지역광고 및 판촉활동을 대신 해줄 경우에 이에 대해서 보상차원으로 제품가격에서 일부를 공제해주는 것

④ 합법적인 판매촉진의 범위를 벗어나는 것

⑤ 상황 변화에 따라 자기 이익만 추구함으로써 다른 사람이나 사회에 피해를 주는 것

67 #프리미엄 〔정답〕③

<u>오답풀이</u>

① 주로 신제품의 경우 구매자들이 시험 삼아 사용할 수 있을 만큼의 양으로 포장하여 무료로 제공하는 것을 말한다.

② 제품을 구매하지 않더라도 참여할 수 있는 방법으로 지식 및 기술 등을 질문하여 문제를 맞춘 사람 또는 심사를 통과한 사람에게 상을 주는 방식을 통해 소비자들의 관여도를 높이는 데 효과적으로 사용되는 방법이다.

④ 체험 마케팅의 특성을 가지는 것으로 불특정 다수에게 제품의 사용 경험을 권유해 집객을 유도한다.

⑤ 제품 구매 시에 소비자에게 일정 금액을 할인해 주는 증서로 신제품의 시용 및 반복구매를 촉진시키고, 타사 고객들을 자사 고객으로 유인하는 데 효과적이며 여러 배포경로를 가지므로 목적에 맞도록 표적시장만을 선별하여 배포가 가능하다.

68 #컨조인트분석 〔정답〕①

<u>오답풀이</u>

② 각 대상 간의 객관적 또는 주관적인 관계에 대한 수치적인 자료들을 처리해서 다차원의 공간상에서 해당 대상들을 위치적으로 표시해 주는 일련의 통계기법을 의미한다.

③ 모집단 또는 범주에 대한 사전 정보가 없을 경우에 주어진 관측 값들 사이의 유사성과 거리를 활용해서 전체를 몇몇의 집단으로 구분하고 각 집단의 성격을 파악함으로써 데이터 전체 구조에 대한 이해를 돕는 분석방법으로, 서로 유사한 특성을 지닌 대상을 하나의 집단으로 분류한다.

④ 재무제표 등과 같은 수치화된 자료를 이용하여 항목 사이의 비율을 산출하고, 기준이 되는 비율이나 과거의 실적 그리고 다른 기업과의 비교 등을 통하여 그 의미나 특징, 추세 등을 분석·평가하는 방법이다.

⑤ 한 변수 혹은 여러 변수가 다른 변수에 미치는 영향력의 크기를 회귀방정식이라고 불리는 수학적 관계식으로 추정하고 분석하는 통계적 분석방법이다.

69 #연간매출액#총이익률 〔정답〕③

소매점의 목표 달성 여부를 판정하는 기준으로는 (연간 매출액)과 (총이익률)이 사용된다.

• 재고회전율은 재고의 평균회전속도로 재고자산에 투자한 자금을 신속하게 회수하여 재투자하였는가를 측정하여 보다 적은 자본으로 이익의 증대를 도모하고자 하는 것이 목적이다.

> 재고회전율 = 연간 매출액/평균 재고자산액

• GMROI는 일반적으로 재고에 대한 투자가 총이익을 얼마나 살 달성하는가를 평가하는 지표이다.

> GMROI = 총이익률 × 재고회전율

70 #CRM 〔정답〕④

기존의 마케팅 방향이 기업의 입장에서 제품을 생산하고 이익을 극대화하는 것이었다면, CRM은 고객과의 관계를 기반으로 고객의 입장에서 상품을 만들고 고객의 니즈를 파악하여 고객이 원하는 제품을 공급하는 것이다.

갖고 있더라도 전체의 효율을 위해 SCM 공용 프로세스를 구현하는 것을 목적으로 한다.

71 #거래비용 정답 ①

┃정답 TIP┃
거래비용
각종 거래에 수반되는 비용으로 거래 전에 필요한 협상, 정보의 수집과 처리는 물론 계약이 준수되는가를 감시하는 데 드는 비용 등이 이에 해당된다. 시장이 발전할수록 경제활동에서 거래비용이 차지하는 비율이 증가하는데, 이를 줄이는 것이 기업의 중요한 목표가 된다.

72 #데이터구분 정답 ①

오답풀이
② 정형 데이터는 ERP, CRM 시스템과 같은 기업의 정보 시스템에서 자주 생성된다.
③ 비정형 데이터는 구조가 정의되어 있지 않은, 일관성이 없는 데이터이다.
④ 정형 데이터는 계층적이거나 그래프 기반이다.
⑤ 은행거래 송장 및 고객기록정보 등이 정형 데이터의 유형이다.

┃더 알아보기┃

구 분	특 징
정형 데이터	형태(고정된 필드)가 있으며 연산이 가능한 데이터 예 관계형 데이터베이스, 스프레드시트 등
반정형 데이터	형태는 있지만 연산이 불가능한 데이터 예 XML, HTML, 로그형태 등
비정형 데이터	형태가 없고 연산이 불가능한 데이터 예 소셜데이터(페이스북, 인스타그램 등), 동영상, 이미지, 음성 등

73 #SCOR모델 정답 ②

SCOR(Supply Chain Operations Reference)은 SCC(Supply Chain Council)에 의해 정립된 공급사슬 프로세스의 모든 범위와 단계를 포괄하는 참조 모델로 공급사슬의 회사 내부의 기능과 회사 간 공급사슬 파트너 사이의 의사소통을 위한 언어로서 공통의 공급사슬 경영 프로세스를 정의하고 "최상의 실행(Best Practices)", 수행 데이터 비교, 최적의 지원 IT를 적용하기 위한 표준이다. 이는 부문과 부문, 기업과 기업을 연결하는 공급사슬에 계획, 관리, 실행의 전체효과를 높이려는 사고로 실제로는 각각의 기업들이 제각기 다른 업무 프로세스나 업적·측정 지표를

74 #CPFR 정답 ①

CPFR(Collaborative Planning Forecasting and Replenishment)은 제조업체와 유통업체 사이에 판매 및 재고데이터 공유를 통하여 수요예측과 주문관리에 이용하고 효과적인 상품 출원과 재고관리를 지원하는 공급망관리를 위한 모델이다.

75 #웹사이트개발 정답 ③

┃정답 TIP┃
웹사이트 시스템의 개발 순서
시스템 분석 → 시스템 설계 → 시스템 구축 → 테스트 → 실행/서비스 제공

76 #보안위협 정답 ③

③은 스니핑(sniffing)에 대한 설명이다.

┃더 알아보기┃

> **스푸핑(spoofing)**
> 외부의 악의적 네트워크 침입자가 임의로 웹사이트를 구성하여 일반 사용자들의 방문을 유도한 후, 인터넷 프로토콜인 TCP/IP의 구조적 결함을 활용해서 사용자의 시스템 권한을 획득한 뒤에 정보를 빼내가는 해킹수법이다.

77 #공개키암호화 정답 ④

┃정답 TIP┃
공개키 암호화 방식의 과정
송신자 A가 수신자 B에게 메시지를 보내는 경우, A는 B에게 B가 보유하고 있는 공개키를 요청 → B는 'RSA 알고리즘'에 의해 자신의 개인키(복호화키)와 공개키(암호화키)를 생성 → 공개키를 A에게 전달 → A는 자신이 보내고자 하는 데이터 위에 B의 공개키를 덮어씌워 B에게 전달 → B는 알고리즘에 의해 생성된 개인키, 즉 복호화키를 이용해 원 메시지를 복원하는 과정을 거친다.

78 #데이터시각화 정답 ②

데이터 시각화는 데이터 분석 결과를 쉽게 이해할 수 있도록 시각적으로 표현하고 전달하는 과정을 말한다. 데이터 시각화의 목적은 도표라는 수단을 통해 정보를 명확하고 효과적으로 전달하는 것뿐만 아니라 데이터 이면에 감춰진 의미까지 찾아낼 수 있도록 사람을 집중하고 참여하게 만들어야 한다.

79 #컴퓨터바이러스예방 　　　　　정답 ⑤

▌정답 TIP ▌
컴퓨터 바이러스를 예방하는 방법
- 방화벽 사용하기
- 윈도우 보안 업데이트
- 믿을 수 있는 백신 소프트웨어 설치하기
- 정품 프로그램 사용하기
- 브라우저에서 팝업 차단하기
- 수상한 이메일 클릭하지 말 것

80 #블록체인 　　　　　정답 ④

▌정답 TIP ▌
블록체인
블록에 데이터를 담아 P2P 방식의 체인 형태로 연결, 수많은 컴퓨터에 동시에 이를 복제해 저장하는 분산형 데이터 저장 기술로 공공 거래 장부라고도 부른다. 중앙집중형 서버에 거래 기록을 보관하지 않고 거래에 참여하는 모든 사용자에게 거래 내역을 보내 주며, 거래 때마다 모든 거래 참여자들이 정보를 공유하고 이를 대조해 데이터 위조나 변조를 할 수 없도록 하는 기술이다.

81 #소매점#POS도입효과 　　　　　정답 ⑤

▌정답 TIP ▌
소매점이 POS시스템 도입으로 얻게 되는 효과

Hard Merit (직접효과)	POS기기 자체에서 얻게 되는 효과로서 POS를 도입하면 대부분의 소매업체가 공통적으로 얻게 되는 효과 • 계산원의 생산성 향상(고객의 대기시간 단축) • 상품명이 명기된 영수증 발행 • 가격표 부착작업의 절감 • 고객의 부정방지 • 입력 오류의 방지 • 점포사무작업의 간소화 • 계산원의 부정방지
Soft Merit (간접효과)	POS의 데이터를 활용하여 얻는 효과 • 품절방지 • 고수익상품의 조기 파악 • 판촉에 대한 평가 • 잘 팔리지 않는 상품의 신속 제거(단품관리) • 신상품의 평가 • 적정매가관리

82 #바코드 　　　　　정답 ②
국가식별, 제조업체, 상품품목, 체크디지트 순서로 구성되어 있다.

83 #디지털경제성장과정 　　　　　정답 ④
인터넷을 통한 물리적 제품의 소매 거래가 증가하고 있다.

84 #암묵지#형식지 　　　　　정답 ②
암묵지는 언어로 표현하기 곤란한 주관적 지식으로, 경험을 통해 익힌 지식을 말한다.

85 #인스토어마킹 　　　　　정답 ②

오답풀이
① 제품의 가공 및 진열단계에서 마킹된다.
③ 정육, 생산, 청과 등 소스마킹이 안 되는 가공식품에 붙여진다.
④ 인스토어 표시를 실시하는 해당 업체에서만 사용 가능하다.
⑤ 소매 점포에서 바코드라벨 부착작업을 전담할 인원이 필요하여 추가비용이 든다.

86 #RFID도입효과 　　　　　정답 ③
바코드처럼 각 제품의 개수와 검수를 위해 일일이 바코드 리더기를 가져다 댈 필요 없이 자동으로 대량 판독이 가능하기 때문에 불필요한 리드타임을 줄일 수 있다.

87 #학습조직 　　　　　정답 ②
학습조직은 조직구성원들이 목표를 공유하고 역량을 강화하며, 성과개선을 위한 지식과 경험을 축적하는 조직으로 자신의 업무와 지식관리가 함께 수행되어야 한다.

88 #데이터마이닝분석기법 　　　　　정답 ④
군집분석(Clustering)
어떤 목적 변수(Target)를 예측하기 보다는 고객수입, 고객연령과 같이 속성이 비슷한 고객들을 묶어서 몇 개의 의미 있는 군집으로 나누는 기법으로 전체가 너무 복잡할 때에는 몇 개의 군집을 우선 살펴봄으로써 전체를 개관할 수 있다는 데이터마이닝 기법이다.

89 #시스템#인터페이스 　　　　　정답 ⑤
시스템은 상승작용적(synergic)이어야 한다. 즉 시스템은 전체로 통합된 개체로서 얻은 결과가 시스템을 구성하는 개별개체가 얻은 결과의 합을 초과하여야 한다.

90 #CAO성공조건 　　　　　정답 ②
CAO를 성공적으로 이끌기 위해서는 정확한 POS 데이터, 상품에 대한 판매 예측치, 점포수준의 정확한 재고파악이 필수적이기 때문에 유통업체와 제조업체 간 데이터베이스가 다를 경우에는 EDI와 같은 통합 소프트웨어를 통한 데이터베이스의 변환이 요구된다.

18년

01	02	03	04	05	06	07	08	09	10	11	12	13	14	15
②	①	③	④	③	③	①	①	③	④	⑤	⑤	③	④	③
16	17	18	19	20	21	22	23	24	25	26	27	28	29	30
③	③	①	④	③	④	④	④	④	⑤	④	③	④	④	⑤
31	32	33	34	35	36	37	38	39	40	41	42	43	44	45
③	②	①	③	④	④	④	④	⑤	⑤	④	⑤	③	②	③
46	47	48	49	50	51	52	53	54	55	56	57	58	59	60
②	②	①	①	④	④	③	②	⑤	④	③	④	③	①	⑤
61	62	63	64	65	66	67	68	69	70	71	72	73	74	75
④	⑤	④	①	④	④	④	④	①	③	③	④	③	②	②
76	77	78	79	80	81	82	83	84	85	86	87	88	89	90
③	③	①	①	④	⑤	⑤	③	②	④	①	⑤	⑤	③	④

1과목 유통물류일반

01 #지속적상품보충 〔정답〕②

지속적 상품보충은 유통공급망 내에 있는 업체들 간에 상호협력적인 관행으로서 기존의 전통적 관행인 경제적인 주문량에 근거하여 유통업체에서 공급업체로 주문하던 방식(Push 방식)과 달리 실제 판매된 판매데이터와 예측된 수요를 근거로 하여 상품을 보충시키는 방식(Pull 방식)이다.

02 #인적자원관리#고용보장 〔정답〕①

〔오답풀이〕

② 종업원지주제에 대한 설명이다. 즉, 회사의 경영방침과 관계법령을 통해 특별한 편의를 제공, 종업원들이 자기회사 주식을 취득하고 보유하는 제도를 말한다.

③ 순환근무에 대한 설명이다. 즉, 업무의 내용을 변화시키는 것보다 현재 속한 직군에서 다른 직군으로, 동종의 직군내의 현재 직무에서 다른 직무로, 혹은 같은 직무에서도 다른 부서나 장소로 이동하여 근무하도록 로테이션 하는 활동을 의미한다.

④ 인센티브 제도에 대한 설명이다. 즉, 인센티브는 광의의 인센티브와 협의의 인센티브로 구분되는데, 광의의

인센티브란 개인별 능력발휘 기대치에 따라 연간 고정 지급되는 급여부분 조정을 의미하고, 협의의 인센티브는 사전에 설정되어 있는 객관적 성과 기준 대비 실제 성과 정도에 따라 변동 지급되는 것을 의미한다.

⑤ 권한강화에 대한 설명이다. 즉, 조직의 목표달성을 위해서 개인이나 부문이 그들의 역할을 수행하는 데 필요한 의사결정과정에서 재량권을 행사할 수 있는 영향력을 강화하는 것을 의미한다.

03 #소매업발전이론 〔정답〕③

'빅 미들(big middle)'이론은 세계 유통학 석학인 마이클 레비(Michael Levy)의 저서 「소매경영 (Retailing Management)」에 나오는 소매경영 경쟁 이론이다. 이 이론에서 각 소매업체들은 '혁신'과 '저가격'이라는 무기를 들고 '빅 미들'이라는 이름의 링에 오르는 싸움꾼들이라고 한다. 빅 미들에 진입한 소매업체들은 업태 간 치열한 경쟁 속에서 '혁신'과 '저가격'으로 생존(지속 성장)을 도모하게 된다. 최근 성장이 정체되고 있는 슈퍼마켓, 대형마트, 백화점 등 오프라인 유통을 대표하는 업계는 '쇠퇴'라는 빅 미들의 출구에 가까이 있는 반면, 플랫폼 비즈니스를 추구하는 온라인 쇼핑은 높은 성장률과 가장 큰 시장규모로 출구에서 가장 먼 곳에 위치해 있다고 설명한다.

04 #공급처평가기준 [정답] ④

역청구는 공급업체와 소매업체의 거래에서 발생되는 비윤리적 문제로 소매업체가 공급업체로부터 야기된 상품 수량의 차이에 대해 대금을 공제하는 것이다.

05 #유통효용 [정답] ③

┃정답 TIP┃
유통경로의 효용
- 시간적 효용 : 보관기능을 통해 생산과 소비간 시간적 차이를 극복시켜 준다.
- 장소적 효용 : 운송기능을 통해 생산지와 소비지간 장소적 차이를 극복시켜 준다.
- 소유적 효용 : 생산자와 소비자간 소유권 이전을 통해 효용이 발생된다.
- 형태적 효용 : 생산된 상품을 적절한 수량으로 분할 및 분배함으로써 효용이 발생된다.

06 #전통적경로#계약형경로 [정답] ③

권한위치는 전통적 유통경로에서 개별구성원에 배타적으로 존재하지만, 계약형 유통경로에서는 개별구성원에 주로 존재한다.

07 #고객서비스#재고수준 [정답] ①

재고수준이 낮아지면 서비스율이 낮아지고, 재고수준이 높아지면 서비스율이 높아진다. 즉, 재고수준이 높아지면 고객서비스가 좋아지므로 서비스수준의 향상과 추가재고 보유비용의 관계가 적절한지 고려해야 한다.

08 #아웃소싱 [정답] ①

자회사 통제가 아웃소싱 파트너 통제보다 용이하다.

09 #손익분기점 [정답] ③

손익분기점 판매량

$$= \frac{고정비}{단위당\ 판매가격 - 단위당\ 변동비}$$

$$= \frac{2,000,000}{4,000 - 2,000}$$

$$= 1,000개$$

┃더 알아보기┃

손익분기점 계산공식

$$손익분기점 = 고정비 \div \left(1 - \frac{변동비}{매출액}\right)$$

10 #레버리지비율 [정답] ④

오답풀이
ⓒ 레버리지 비율은 타인자본의 의존도를 지칭하는 것으로, 이 비율이 높을수록 타인자본의 지원을 더 많이 받았다는 것을 의미한다.
ⓒ 레버리지 비율이 높다는 것은 타인자본 의존도가 높다는 것이므로 투자위험이 증대된다.
ⓔ 레버리지 비율이 과도하게 높다는 것은 자본을 수익률이 높은 다른 용도로 활용할 기회가 더 많아지고 있다는 것을 의미한다.

11 #재무제표 [정답] ⑤

재무제표는 발생주의에 근거하여 작성한다.

12 #MBO [정답] ⑤

오답풀이
① 공정성이론
② 강화이론
③ 목표설정이론
④ 기대이론

┃더 알아보기┃

MBO의 개념
- 구성원이 목표 설정에 참여하게 되고, 목표달성을 통한 실적평가를 바탕으로 보상이 이루어지는 관리제도이다.
- 관리자는 명령하지 않으며, 종업원이 자율적 결정에 필요한 정보를 제공하고, 종업원 상호 간의 조정만을 관리한다.
- 조직의 거대화에 따른 종업원의 무기력화를 방지하고 근로의욕을 향상시키는 관리방법이다.
- 목표관리는 결과에 의하여 평가되고, 목표에 의하여 동기가 부여된다.
- 장기계획이 만들어질 수 있는 상대적으로 안정적인 상황에서 효율적이다.

13 #기업윤리 [정답] ③

오답풀이
ⓒ 사원이 기업에 대해 지켜야 하는 기업윤리
ⓒ 기업이 납품업체에 대해 지켜야 하는 기업윤리
ⓜ 기업이 고객에 대해 지켜야 하는 기업윤리
ⓗ 최고 경영자가 투자자에 대해 지켜야 하는 기업윤리

14 #전자상거래용어 [정답] ④

"통신판매중개"란 사이버몰의 이용을 허락하거나 그 밖에 총리령으로 정하는 방법으로 거래 당사자 간의 통신판매를 알선하는 행위를 말한다(전자상거래 등에서의 소비자보호에 관한 법률 제2조 제4호).

15 #경로갈등원인 　　　　　　　[정답] ③

▌정답 TIP ▌
기회주의적 행동
- 거래파트너가 자신의 이익을 추구하기 위하여 거래에 관련된 정보를 왜곡하거나 잘못된 정보를 제공하는 것 또는 지나친 가격협상을 하는 것을 말한다.
- 거래관계에서 거래파트너가 기회주의를 발휘하게 되면 기업은 합리적인 판단을 할 수 없기 때문에 그 거래파트너와 거래를 수행하는 데 있어서 갈등과 비용이 더 발생하게 된다.

16 #도매상기능 　　　　　　　　[정답] ③

제품의 소량분할공급 기능은 도매상이 소매상을 위해 수행하는 기능에 해당한다.

17 #유통경로구조결정이론 　　　　[정답] ③

거래비용이론은 거래비용이 증가하는 원인과 그 해결방안을 수직적 통합으로 나타낸 것이다.

18 #종업원훈련#개발 　　　　　　[정답] ①

훈련·개발 방법은 선임자에 의해 이루어지는 직장내훈련(On the Job Training ; OJT)과 전문강사의 지도로 이루어지는 직장외훈련(Off the Job Training ; Off-JT)으로 구분된다.

19 #포장물류#사회성 　　　　　　[정답] ④

포장재료나 용기의 유해성과 위생성 등은 일차적으로 고려해야 한다.

20 #영역별물류비 　　　　　　　　[정답] ②

물류정보관리비는 기능별 물류비에 해당한다.

21 #조직내갈등#대응방식 　　　　[정답] ④

협력은 우호적이고 생산적인 분위기를 형성하기 위해 조직원들 간에 서로 돕는 것을 의미한다.

22 #ABC재고관리방법 　　　　　　[정답] ④

C그룹은 품목비율 50%, 금액비율 5%에 해당하는 그룹으로 단가가 낮아 단순히 보유하는 데 의의를 두기 때문에 재고관리가 소홀해질 수 있다.

　오답풀이　
① 정량발주시스템과 정기발주시스템을 활용한 재고관리방법이다.
② 품목의 가치나 상대적인 중요도에 따라 주문량을 결정한다.

③ A그룹에 포함되는 품목은 대체로 수익성이 높은 품목이다.
⑤ 80 : 20의 파레토 법칙을 사용하는 재고관리방법이다.

23 #재고관리 　　　　　　　　　　[정답] ④

　오답풀이　
ⓛ 재고품절로 인하여 발생하는 손실을 비용화한 것이 재고부족비용이다.
ⓜ 이자비용, 창고사용료, 창고유지관리비는 재고유지비용에 속하지만, 재고감손비용은 주문비용에 포함된다.

24 #배송합리화#공동배송 　　　　[정답] ④

공동배송은 물류합리화의 한 방법으로, 동종업체나 이종관련 기업들이 전국적·지역적으로 물류시설을 공동으로 설치·운영하고 관리함으로써 물류시설을 개별적으로 관리하는 것보다 더 적은 비용으로 더 많은 이익을 창출할 수 있다. 따라서 일정 지역 내에 배송하는 다수의 화주가 존재해야 한다.

25 #소매상의분류 　　　　　　　　[정답] ⑤

모두 옳은 설명이다.

▌정답 TIP ▌
소매상의 분류

구 분	분류기준	유 형
점포 유무	일정한 형태의 점포 유무에 따라	점포 소매상, 무점포 소매상
상품 계열	상품의 다양성 및 구색에 따라	다양성 高/구색 高, 다양성 低/구색 高 등
소유권	소유 및 운영 주체에 따라	독립소매기관, 체인 등
사용 전략	마진 및 회전율에 따라	고회전-고마진, 고회전-저마진 등
운영 방법	점포운영상의 특징에 따라	전문점, 백화점, 슈퍼마켓 등
서비스 수준	고객에게 제공되는 서비스 수준에 따라	완전서비스, 한정서비스, 셀프서비스 등
도입 시기	업태가 도입된 시기에 따라	기존업태, 신업태

26 #CSTmap   정답 ③

CST는 2차 자료보다 1차 자료를 이용하는 경우에 정확도가 더 높다.

27 #누적적흡인력원리   정답 ④

집재성 점포는 동일한 업종의 점포가 한 곳에 모여 입지하여야 하는 점포로 누적적 흡인력의 원리와 연관성이 가장 크다. 누적적 흡인력은 영업의 형태가 비슷하거나 동일한 점포가 집중적으로 몰려 있어 고객의 흡인력을 극대화할 수 있는 가능성 및 사무실, 학교, 문화시설 등에 인접함으로써 고객을 흡인하기에 유리한 조건에 속해 있는가에 대해 검토하는 것을 의미한다.

28 #Huff모형   정답 ③

오답풀이

① 점포선택행동을 기술적 방법(descriptive method)이 아닌 확률적 모형으로 분석한다.

② 한 상권 내에서 특정 점포가 끌어들일 수 있는 소비자 점유율은 점포까지의 방문거리에 반비례하고, 해당 점포의 매력도에 비례한다는 가정 아래 추정하며, 특정 지역의 잠재수요의 총합과 특정 지역으로부터 계획지로의 흡인율을 곱하여 신규점포의 예상매출액을 추정할 수 있다.

④ 소비자 거주지와 점포까지의 거리는 이동시간으로 대체하여 분석할 수 있다.

⑤ Huff모형은 점포매력도가 점포크기 이외에 취급상품의 가격, 판매원의 서비스, 소비자의 행동 등 다른 요인들로부터 영향을 받을 수 있다는 점을 고려하지 않는다.

29 #IRS#MEP   정답 ④

IRS와 MEP를 동시에 고려할 때에는 두 지수 값이 가장 큰 지역이 매력성이 가장 높은 지역이다.

30 #점포매력도   정답 ⑤

오답풀이

① 접근성
② 인지성
③ 가시성
④ 홍보성

31 #GIS   정답 ③

GIS는 여러 겹의 지도레이어를 활용하여 상권의 중첩(overlay)을 표현할 수 있다.

32 #입지조건   정답 ②

주로 대로변에서 발견되는 특정 점포의 건축선 후퇴는 자동차를 이용하는 소비자의 입장에서 가시성이 떨어지기 때문에 매출에 부정적 영향을 미친다.

┃더 알아보기┃

건축선 후퇴

건축선이란 도로와 접한 부분에 건축물을 건축할 수 있는 선을 뜻하는데, 일반적으로는 대지와 도로의 경계선이다. 다만, 도로기준 폭에 미달하는 경우에는 그 중심선으로부터 그 너비의 2분의 1의 수평거리만큼 물러난 선이 되는데 이를 '건축선 후퇴'라고 한다.

33 #상권경쟁구조분석   정답 ①

상권의 경쟁구조 분석

현재 그 상권에서 영업하고 있는 경쟁업체 분석뿐만 아니라 앞으로 점포개설을 준비하는 업체도 분석한다.

• 위계별 경쟁구조 분석
• 업태 별/업태 내 경쟁구조 분석
• 잠재 경쟁구조 분석
• 경쟁/보완관계 분석

34 #출점의사결정   정답 ③

출점 의사결정시 검토·결정되어야 할 세부 전략에는 입지 전략, 점포건축 전략(출점할 점포 결정 및 법적 행정처리), 점포의 층별 배치전략이 수립되어야 하며, 이를 근간으로 최종적으로 머천다이징 전략이 수립되어야 한다.

┃정답 TIP┃

출점 의사결정

출점방침의 결정 → 출점지역의 결정 → 점포의 물색 → 사업계획(수익성 및 자금조달 계획)의 수립 → 점포매입/건설 → 개점

35 #3차상권   정답 ④

3차 상권은 사업장 이용고객이 5~10% 정도의 범위로 소비수요의 흡인비율이 가장 낮은 지역이다.

36 #내점객조사법   정답 ④

점두조사법은 점포에서 조사원이 대기하다가 구매결정을 한 소비자에게 질문을 하는 방식으로, 매장을 방문하는 소비자의 주소를 파악하여 자기점포의 상권을 조사하는 방법이다. 따라서 해당 점포를 직접 방문한 고객들을 대상으로 하는 내점객조사법과 가장 유사하다.

37 #점포개설#공부서류 정답 ④

- 건축물관리대장 : 건축물의 현황을 파악하고자 상세하게 기록한 문서로, 등기부에 등록된 소재지, 지번, 종류, 구조, 면적, 소유자 등의 정보를 확인하는 기초자료이다. 이 자료를 통해 건물의 구조와 면적, 용도와 층수, 불법건축물인지의 여부 등을 확인할 수 있다.
- 등기사항전부증명서 : 부동산의 권리관계를 알려주는 등기사항증명서에는 표제부와 갑구, 을구로 되어 있는데, 표제부에는 부동산의 지번과 면적, 소재지, 용도, 구조 등이 기재된다. 갑구에는 소유권에 관한 사항으로 접수된 날짜순으로 기록되며 소유권, 가등기, 가처분, 가압류, 압류, 경매신청 등이 기재되고, 을구에는 소유권 이외의 권리에 관한 사항으로 접수된 날짜순으로 기록되며 저당권, 지상권, 지역권, 전세권 등이 기재된다.
- 토지이용계획확인원 : 토지이용규제 기본법에 근거한 토지의 이용용도를 확인하는 문서로서, 부동산 개발 시 토지에 대한 각종 규제와 허가 가능한 용도를 확인하는 가장 기본적인 서류라 할 수 있다.
- 토지대장 : 토지의 소재·지번·지목·면적, 소유자의 주소·주민등록번호·성명 또는 명칭 등을 등록하여 토지의 상황을 명확하게 하는 장부이다.

38 #환산보증금 정답 ④

상가임대차보호법은 지역별 환산보증금을 기준으로 세입자에 대한 보호 범위를 구분하고 있다. 환산보증금이 일정액을 넘게 되면 건물주가 월세를 올리는 데 제한이 없어진다.

┃ 더 알아보기 ┃

환산보증금

상가임대차보호법에서 보증금과 월세 환산액을 합한 금액으로, 임차인이 임대인에게 지급한 보증금과 매달 지급하는 월세 이외에 실제로 얼마나 자금 부담 능력이 있는지를 추정하는 것이다.

환산보증금 = 보증금 + (월세 × 100)

39 #공간균배원리 정답 ⑤

오답풀이
① 가구점 – 집재성 점포
② 백화점 – 집심성 점포
③ 고급의류점 – 집심성 점포
④ 대중목욕탕 – 산재성 점포

┃ 더 알아보기 ┃

점포의 입지유형

집심성 점포	• 도시 전체를 배후지로 하여 배후지의 중심부에 입지하여야 유리한 점포 • 도매상, 대형백화점, 고급음식점, 대형서점, 귀금속점, 대형영화관, 의류 패션전문점, 스포츠전문점
집재성 점포	• 동일한 업종의 점포가 한 곳에 모여 입지하여야 하는 점포 • 보험회사, 관공서, 사무실, 가구점
산재성 점포	• 한 곳에 집재하면 서로 불리하기 때문에 분산입지 해야 하는 점포 • 소매점포, 잡화점, 주방용품점, 이발소, 목욕탕, 세탁소
국부적 집중성 점포	• 동업종의 점포끼리 일정한 지역에 집중하여 입지하여야 유리한 점포 • 컴퓨터부품점, 기계공구점, 철공소, 농기구점, 비료상, 종묘판매상

40 #점포출점원칙 정답 ⑤

자사 점포간 경쟁으로 인한 상권잠식은 더 큰 시너지를 얻을 수 없으므로 불리한 현상이다.

41 #상권#입지 정답 ④

- 상권 – 나, 다, 바, 사
- 입지 – 가, 라, 마

┃ 정답 TIP ┃

상권과 입지

상 권	• 넓은 의미의 상권 : 상가 전체의 소비자들이 있는 시간적·공간적 범위이다. • 좁은 의미의 상권 : 어떠한 사업 활동을 영위하는데 있어 목표로 하는 소비자들이 존재하고 있는 시간적·공간적 범위이다. • 점포의 유효수요 분포 공간으로 인식된다. • 어떤 지역에 밀집한 점포집단의 영향권을 의미하기도 한다.
입 지	• 입지의 주체가 정한 일종의 장소를 말하며, 이는 정적이면서도 공간적인 개념이다. • 점포의 위치나 위치적 조건을 의미한다. • 지점(point), 부지(site)는 입지를 표현하는 주요한 키워드이다. • 입지의 평가 항목 : 점포면적, 가시성, 주차시설

42 #소매점#입지선정 〔정답〕⑤

일방(편도)통행 도로변이나 맞은편에 점포가 없는 곳은 나쁜 입지이다.

43 #도시형점포#고객유도시설 〔정답〕⑤

인터체인지는 교외형 점포의 고객유도시설이다.

44 #유동인구#입지조건 〔정답〕②

유동인구는 평일과 주말에 따라 달라지기 때문에 평일과 주말 중 어떤 날에 유동인구가 많은지 조사해야 비교적 정확한 조사가 될 수 있다.

45 #컨버스제1법칙 〔정답〕③

❙정답 TIP❙
컨버스의 제1법칙

$$D_b = \frac{D_{ab}}{1+\sqrt{\dfrac{P_a}{P_b}}} = \frac{21}{1+\sqrt{\dfrac{12만}{3만}}} = \frac{21}{1+2} = 7km$$

3과목 유통마케팅

46 #페이싱 〔정답〕②

페이싱이란 페이스의 수량을 뜻하는 것으로 앞에서 볼 때 하나의 단품을 옆으로 늘어놓은 개수를 말하며 진열량과는 다르다.

47 #유통경로파워 〔정답〕②

- 강압적 파워 : 경로구성원 A의 영향력 행사에 경로구성원 B가 따르지 않을 때 A가 처벌을 가할 수 있는 능력 예 상품공급의 지연, 대리점 보증금의 인상, 마진폭의 인하, 대금결제일의 단축, 전속적 지역권의 철회, 끼워팔기, 밀어내기, 기타 보상적 파워의 철회
- 보상적 파워 : 경로구성원 A가 B에게 보상을 제공할 수 있는 능력 예 판매지원, 영업활동지원, 금융지원, 신용조건, 특별할인, 리베이트, 광고지원, 판촉물지원, 신속한 배달, 지역독점권 제공

48 #판매촉진 〔정답〕①

- 시험구매 촉진 – 견본품 제공, 시제품 제공, 시연회, 시식 행사
- 연속구입 촉진, 재구매 촉진 – 고객멤버십 행사

49 #백화점운영방식 〔정답〕①

백화점 내 점포의 소유권이 백화점에 있으면 임대매장이고, 입점업체에 있으면 직영매장이다.

50 #가격전술 〔정답〕④

묶음가격전술은 상품 단위당 이익은 줄지만 늘어난 판매량으로 줄어든 수익을 상쇄하는 가격전술이다. 결국 상품을 개별적으로 판매했을 때보다 더 높은 수익을 올릴 수 있다.

❙더 알아보기❙

묶음가격전술
- 소매점, 백화점 등에서 대량 구매를 촉진하기 위해서 제품을 몇 개씩 묶어 하나로 상품화한 다음 이 묶음에 별도로 지정한 가격으로, 개별 제품의 합보다 싸다.
- 두 가지 이상의 제품-제품, 제품-서비스, 서비스-서비스 등을 패키지로 묶어서 가격을 책정하는 것으로, 주로 대체재보다는 보완재끼리 묶어서 저렴한 가격으로 책정하여 판매한다.
- 개별상품에 대하여 단독으로는 판매되지 않는 순수묶음제와 단독판매와 묶음판매 모두 가능한 혼합묶음제로 나눌 수 있다.
- 묶음판매를 하는 주요한 이유는 가격차별화를 통한 이익의 증대를 가져오기 위함이다.
- 묶음가격을 책정할 때는 각 상품의 준거가격 수준을 충분히 고려하여야 한다.
- 소비자는 보다 저렴한 가격으로 다양한 제품이나 서비스를 구매할 수 있다.

51 #매대위치 〔정답〕④

(가) 엔드 매대 : 소비자들에게 진열된 상품에 대한 노출도가 가장 크고, 소비자들을 점내로 회유하게 만들며, 동시에 일반 매대로 소비자들을 유인하는 역할을 수행한다. 따라서 엔드 매대의 매출은 다른매대에 비해 더 높다.

(나) 오른쪽 : 고객이 점원의 도움 없이 스스로 물건을 고르는 매장이라면 고객들 중 대다수를 차지하는 오른손잡이들은 벽면과 진열대를 오른쪽에 두고 걸어야 쇼핑하기 편하기 때문에 매대는 입구의 오른쪽에 두는 것이 좋다.

52 #마케팅믹스전략 〔정답〕③

가격전략에서 특정 소매상이 시장점유율을 증대시키고자 한다면 저가격전략을, 이익 증대가 목표라면 고가격전략을 수립한다.

53 #경쟁유형　　　　　　　　　　　정답 ②

오답풀이

다. 업태 간 경쟁은 유사한 상품을 판매하는 서로 상이한 형태의 소매업체 간 경쟁으로, 최근 업태 간 경쟁은 전통적인 매장 위주의 판매점들 사이에서뿐만 아니라 무점포소매점 등의 신유통업태 사이에서도 발생한다.

마. 경로 간 경쟁이란 수직적 유통경로 또는 수평적 유통경로 간의 경쟁을 의미한다.

54 #SWOT　　　　　　　　　　　　정답 ⑤

SWOT분석에서 위협은 보통 외부적(사회·경제적 또는 타사로부터의)인 위협을 의미한다. ㉣은 기업 내부의 약점을 의미하기 때문에 위협요인으로 잘못 분석한 것이 된다.

55 #상품구색계획　　　　　　　　　정답 ④

┃ 정답 TIP ┃
상품구색계획
- 다양성 : 한 점포 내 또는 부분 내에서 취급하는 상품 카테고리 종류의 수
- 전문성 : 특정 카테고리 내에서 단품의 수
- 가용성 : 특정 단품의 수요에 대해 충족되는 비율

56 #상품수명주기이론　　　　　　　정답 ③

┃ 정답 TIP ┃
상품수명주기이론

도입기	• 제품을 개발하여 시장에 판매하는 단계이므로 이익이 없거나 매우 낮게 형성 • 제품은 낮은 수요와 낮은 가격탄력성을 가지며 인지도 확장을 위한 마케팅 노력을 기울임
성장기	• 수요가 급격히 증가하여 기업의 매출액이 증가하는 단계 • 다양한 소비자 욕구를 충족시키기 위한 제품 공급과 개방 경로 정책 수립
성숙기	• 상품 단위별 이익은 최고조에 달하지만 수익이나 판매성장이 둔화되는 단계 • 수요의 변화, 경쟁의 심화 등으로 인해 새로운 상품용도 개발과 마케팅 조정이 요구됨
쇠퇴기	• 시장에서 제품이 판매되지 않거나 점차 하락하는 단계 • 기업은 시장에서 현금유입을 극대화하기 위한 노력과 비용을 줄이거나 없애기 위한 노력을 기울이게 됨

57 #쇼루밍　　　　　　　　　　　　정답 ①

┃ 정답 TIP ┃
쇼루밍(show rooming)과 역쇼루밍(reverse show rooming)
쇼루밍은 백화점과 같은 오프라인 매장에서 상품을 직접 만져보고 체험한 다음, 정작 구매는 보다 저렴한 온라인으로 하는 소비 패턴을 의미한다. 반대로 역쇼루밍은 온라인을 통해 상품에 대한 각종 정보를 검색하고 비교해 상품의 구매를 결정한 후, 오프라인 매장을 직접 방문해 구매하는 방식이다.

58 #POP　　　　　　　　　　　　　정답 ③

POP(Point of Purchase)는 구매시점 광고로 단기간 사용되며, 소비자들에게 상품 선택을 부담 없이 해주기 위한 것이기 때문에 무조건 강렬한 인상을 주기보다는 시기 및 장소에 맞게 적절하게 이루어져야 한다.

59 #서비스포지셔닝　　　　　　　　정답 ①

①은 서비스 속성에 대한 예시이다.

┃ 더 알아보기 ┃

서비스 포지셔닝 전략	
서비스 속성	'가장 서비스를 잘하는 것'을 강조하여 다른 업체와 차별화된 서비스 속성으로 포지셔닝 하는 가장 일반적인 방법
서비스 용도	서비스를 제공하는 궁극적인 용도가 무엇인지를 강조하여 포지셔닝 하는 방법
가격 대 품질	최고의 품질 또는 가장 저렴한 가격으로 포지셔닝 하는 방법
서비스 등급	서비스 등급이 높기 때문에 높은 가격을 매길 수 있다는 측면을 강조하는 방법
서비스 이용자	이용자를 기준으로 서비스를 포지셔닝 하는 방법 예) 여성 전용 사우나, 백화점의 여성 전용 주차장, 비즈니스맨 전용 호텔
경쟁자	경쟁자와 비교해 자사의 서비스가 더 나은 점이나 특별한 점을 부각시켜 포지셔닝 하는 방법

60 #CRM　　　　　　　　　　　　　정답 ⑤

고객이탈률은 기존고객 중 일년 동안에 떠나버린 고객의 비율로, 이 비율이 낮을수록 고객생애가치는 증가한다.

┃ 더 알아보기 ┃

> **고객생애가치(LTV ; Life Time Value)**
> • 한 고객이 고객으로 존재하는 전체 기간 동안 기업에게 제공하는 이익의 합계이다.
> • 한 시점에서의 단기적인 가치가 아니라 고객과 기업 간에 존재하는 관계의 전체가 가지는 가치이다.
> • LTV는 매출액이 아니라 이익을 나타낸다. LTV를 산출함으로써 기업은 어떤 고객이 기업에게 이로운 고객인가를 판단할 수 있으며, 그 고객과 앞으로 어떤 관계를 가지도록 하는 것이 합리적인가를 파악할 수 있다.
> • 고객의 입장에서 보면 고객 자신이 느끼는 가치에서 고객이 지불하는 비용을 뺀 차이가 얼마인가가 선택의 척도가 된다.

61 #셀프서비스#매장구성 [정답] ④

셀프서비스는 점포가 수행하던 기능을 소비자 자신이 직접 수행하는 것이므로 ④의 내용은 옳지 않은 설명이다.

62 #머천다이징 [정답] ⑤

SKU는 개별적인 상품에 대해 재고관리 목적으로 추적이 용이하도록 하기 위해 사용되는 식별관리 코드이다. 문자와 숫자 등 기호로 표기하며, 점포 또는 카탈로그에서 구매 또는 판매할 수 있는 상품에 사용하는 것으로 판매자가 정한다.

63 #도매업체#고객응대 [정답] ④

소량 구매에 대해 주문처리비용을 부과하면 고객의 거래비용이 증가하게 되므로 수익성이 낮은 고객에게는 더욱 부담으로 작용한다. 결국 도매업체의 패널티(panelity) 부과로 수익성이 낮은 고객과의 거래를 축소할 수 있다.

64 #조정형진열 [정답] ①

오답풀이
② 나 – 개방형 진열
③ 다 – 임의적 분류 진열
④ 라 – 라이프 스타일형 진열
⑤ 마 – 주제별형 진열

65 #고객행동#판매자행동 [정답] ①

고객이 특정상품을 단순히 주시할 때는 고객 구매심리단계 중 '주의'단계로 구체적인 관심을 나타내기 전까지는 대기하는 것이 좋다.

66 #표본추출유형 [정답] ④

판단표본추출방식은 조사하고자 하는 모집단을 전형적으로 대표하는 것으로 판단되는 사례를 표본으로 선정하는 방법이다. 이 방법은 조사자가 연구목적 달성에 도움이 될 수 있는 구성요소를 의도적으로 표출하는 것으로 모집단 및 구성요소에 대한 풍부한 사전지식을 가지고 있을 때 유용한 비확률표본추출방법이다.

67 #성과평가 [정답] ④

┃ 정답 TIP ┃
경로 구성원의 성과평가기준과 성과척도

매출 성과	총이익, 매출 성장성, 매출액, 판매 할당량, 시장점유율
재고 유지	평균재고유지율, 재고회전율, 매출액에서 차지하는 재고비율
판매 능력	전체 판매원 수, 제조업자의 상품에 할당된 판매원

68 #브랜드전략 [정답] ④

공동브랜딩(co-branding)은 두 개 이상의 기업들이 연합하여 공동으로 사용하기 위해 개발된 브랜드이다.

69 #소매융합 [정답] ①

소매융합은 소비자, 제품, 가격, 소매점의 통합을 의미하므로 결국 소매업태 간 차별화의 감소를 초래한다.

┃ 더 알아보기 ┃

> **소매융합(retail convergence)**
> • 상이한 유형의 많은 소매상들이 동일한 고객을 차지하기 위해 동일제품, 동일가격으로 판매하는 것이다.
> • 예를 들면, 가전제품(동일제품)을 백화점, 할인점, 전자제품 슈퍼스토어, 웹사이트상 온라인 판매하는 것을 뜻한다.
> • 소매상들 간의 치열한 경쟁, 차별화의 어려움이 있지만 소규모 독립 소매상의 경우 고객과의 개인적인 관계형성 및 충성고객 확보가 가능하다.

70 #프랜차이즈#가맹점 [정답] ③

노사문제에 대한 우려가 낮은 것은 본부(franchisor)가 되었을 때의 장점에 해당한다.

구 분	프랜차이저(본사)	프랜차이지(가맹점)
장 점	• 사업확장을 위한 자본조달 용이 • 규모의 경제 실현 가능 • 높은 광고효과 • 상품개발에 전념 가능 • 직접적인 노사갈등 감소	• 실패의 위험성이 적음 • 초기 비용이 적음 • 경험이 없어도 쉽게 사업 가능 • 소비자의 신뢰 획득 용이 • 효과적인 판매촉진 활동 가능
단 점	• 과도한 비용과 노력 • 통제의 어려움 • 시스템 전체의 활력 감소 • 투자수익률에 비해 전체 이익의 증가 곤란	• 실패의 영향이 시스템 전체와 타 점포에도 영향을 미침 • 개별 점포마다의 상황에 유연하게 대처하기 어려움 • 점포별 경영개선 노력 저하 우려

4과목 유통정보

71 #엑스트라넷
정답 ④

┃ 정답 TIP ┃
엑스트라넷(Extranet)
• 엑스트라넷은 관련 기업들 간에 보안문제를 걱정하지 않고 전용망처럼 활용할 수 있는 인터넷을 말한다.
• 엑스트라넷은 인트라넷의 발전된 형태로, 내부 사용자나 외부 사용자에게 사용 환경의 차이만 있을 뿐 데이터의 공유는 같이 할 수 있도록 되어 있다.
• 인터넷 데이터와 인트라넷 데이터를 DB로 공유하면서 업무의 효율성을 높일 수 있다.

72 #BSC
정답 ③

┃ 정답 TIP ┃
BSC(균형성과표)에 포함되는 네 가지 관점
• 재무적 관점 : 주주의 입장에서 성장, 수익성 및 위험과 관련된 전략을 수립하는 것
  예 대표적 측정지표 : 투자수익률, 경제적 부가가치(EVA), 영업이익률, 매출액증가율 등
• 고객관점 : 고객의 입장에서 고객가치창출과 차별화를 위한 전략을 수립하는 것
  예 대표적 측정지표 : 시장점유율, 고객수익성, 고객유지율, 재구매 비율, 고객만족도 등
• 내부 프로세스 관점 : 고객과 주주를 만족시키는 다양한 내부 프로세스 개발을 위한 전략적 우선순위를 결정하는 것

  예 대표적 측정지표 : 고객응대시간, 평균 리드타임, 신제품 매출비중 등
• 학습과 성장 관점 : 조직변화, 혁신 및 성장을 지원하는 분위기를 창출하기 위한 전략적 우선순위를 결정하는 것(정보시스템 역량, 직원 및 조직 역량)
  예 대표적 측정지표 : 종업원 만족도(EOS), 종업원 유지도(이직률), 종업원 생산성 등

73 #정보#자료#지식
정답 ③

┃ 정답 TIP ┃
정보, 자료, 지식 간의 관계
• 정보 : 어떤 행동을 취하기 위한 의사결정을 목적으로 하여 수집된 각종 자료를 처리하여 획득한 지식이다.
• 자료 : 어떤 특정한 목적에 대하여 평가되지 않은 상태의 단순한 여러 사실이며, 유용한 형태로 처리되기 전 있는 그대로의 사실이거나 기록이다.
• 지식 : 다양한 종류의 정보가 축적되어 특정 목적에 부합하도록 일반화된 정보로서, 자료가 정보로 전환되는 과정에서 활용된다.

74 #거래처리시스템
정답 ②

문제에 대해 효과적인 의사결정을 할 수 있도록 다양한 기능들을 제공하는 것은 의사결정지원시스템에 대한 설명이다. 의사결정지원시스템은 인적 자원과 지식 기반, 소프트웨어와 하드웨어 등으로 구성된 일단의 문제해결기법으로, 경영자가 최적의 선택을 할 수 있는 의사결정 과정을 지원하는 시스템이다.

┃ 더 알아보기 ┃

거래처리시스템
기업에서 일상적이고 반복적으로 수행되는 거래를 손쉽게 기록하고 처리하는 정보 시스템으로 기업 활동의 가장 기본적인 역할을 지원하는 시스템을 말한다. 거래처리시스템의 하위 시스템으로는 컴퓨터를 이용하여 제품의 판매 및 구매와 예금의 입출금·급여계산·항공예약·물품선적 등과 같은 실생활에서 가장 일상적이고 반복적인 기본 업무를 능률적으로 신속하고, 정확하게 처리해서 데이터베이스에 필요한 정보를 제공해 준다. 거래처리시스템의 주목적은 많은 양의 데이터를 신속하고 정확히 처리하는 것에 있다.

75 #빅데이터분석
정답 ②

빅데이터는 기존 데이터베이스 관리도구로 데이터를 수집, 저장, 관리, 분석할 수 있는 역량을 넘어서는 대량의 정형 또는 비정형 데이터 집합 및 이러한 데이터로부터 가치를 추출하고 결과를 분석하는 기술을 의미한다.

76 #SECI모델 　　　　　　　　　　정답 ③

형식지에서 형식지를 얻는 과정은 연결화・종합화 이다.

77 #e-비즈니스#보안기능 　　　　　　정답 ③

┃정답 TIP┃
전자상거래 관련 보안기능
- 기밀성(Confidentiality) : 전달 내용을 제3자가 획득하지 못하도록 하는 것
- 인증(Authentication) : 정보를 보내오는 사람의 신원을 확인하는 것
- 무결성(Integrity) : 전달 과정에서 정보가 변조되지 않았는지 확인하는 것
- 부인방지(Non-repudiation) : 정보교환 및 거래사실의 부인을 방지하는 것

78 #e-비즈니스특징 　　　　　　　　정답 ①

소비자 파워의 증대를 들 수 있다.

79 #e-비즈니스수익창출 　　　　　　정답 ①

┃정답 TIP┃
배너광고
인기 있는 홈페이지의 한쪽에 특정 웹사이트의 이름이나 내용을 부착하여 홍보하는 인터넷 광고기법으로, 미리 정해진 규격에 동영상 파일 등을 이용하여 광고를 내고 소정의 광고료를 지불한다.

80 #RFID특징 　　　　　　　　　　정답 ④

태그는 바코드에 비해 많은 양의 데이터를 보내고, 받을 수 있다.

81 #TCP/IP 　　　　　　　　　　　정답 ⑤

ARP(Address Resolution Protocol)는 논리적인 IP 주소를 물리적인 MAC 주소로 변환시켜주는 프로토콜이다.

82 #데이터계층구조 　　　　　　　　정답 ⑤

┃정답 TIP┃
자료의 구성단위
비트(bit) → 니블(nibble) → 바이트(byte) → 워드(word) → 필드(field) → 레코드(record) → 블록(block) → 파일(file) → 데이터베이스(data base)

83 #사물인터넷 　　　　　　　　　　정답 ③

정보 제공 방식이 '온디맨드(On-demand)'방식에서 '24시간 서비스(Always-on)'시대로 전환되었다.

┃더 알아보기┃

사물인터넷(IoT)
현실 세계의 사물들과 가상 세계를 네트워크로 상호 연결해 사람과 사물, 사물과 사물 간 언제 어디서나 서로 소통할 수 있도록 하는 미래 인터넷 기술로, 1999년 MIT의 케빈 애쉬톤(Kevin Ashton)이 처음 이 용어를 사용하였다. 유무선 네트워크에서의 엔드 디바이스(end-device)는 물론, 인간, 차량, 교량, 각종 전자장비, 문화재, 자연 환경을 구성하는 물리적 사물 등이 모두 이 기술의 구성 요인에 포함되며, 가전에서부터 자동차, 물류, 유통, 헬스케어에 이르기까지 다양한 분야에서 활용 가능하다.

84 #e-CRM 　　　　　　　　　　　정답 ②

소비자의 유행을 따라가기보다는 온라인상에서 소비자의 행동과 성향 등 트렌드를 분석하여 고객만족을 극대화해야 한다.

85 #암묵지 　　　　　　　　　　　　정답 ④

④는 형식지에 관한 설명이다.

┃더 알아보기┃

암묵지와 형식지
- 암묵지 : 언어로 표현하기 곤란한 주관적 지식으로, 경험을 통해 익힌 지식
  예 직관, 사고, 숙련, 노하우, 관행 등
- 형식지 : 언어로 표현 가능한 객관적 지식으로, 언어를 통해 습득된 지식
  예 제품 사양, 문서, 데이터베이스, 매뉴얼, 컴퓨터 프로그램 등

86 #증강현실 　　　　　　　　　　　정답 ①

┃정답 TIP┃
증강현실
현실의 이미지나 배경에 3차원 가상 이미지를 겹쳐서 하나의 영상으로 보여주는 기술이다.
예 응용분야 – 교육, 방송, 의료, 게임(포켓몬 GO), 네비게이션 등

87 #디지털기술 [정답] ⑤

수확체감의 법칙성은 전통적인 산업에 적용되던 법칙이다.

┃ 더 알아보기 ┃

> **메트칼프의 법칙(Metcalfe's law)**
> - 네트워크의 가치는 사용자 수의 제곱에 비례하지만, 비용의 증가율은 일정하다는 법칙이다.
> - 멀티미디어 융복합 제품, 서비스의 필요성 증가에 따른 AV와 IT 결합제품의 시장의 확대가 예상된다.
> - 기반기술로서 Bluetooth, IEEE1394 등이 있다.

88 #물류5대기능 [정답] ⑤

일반적으로 물류의 5대 기능은 포장(유통가공)기능, 보관기능, 하역기능, 운송(수배송)기능, 정보처리기능이다.

┃ 정답 TIP ┃

⑤는 운송기능에 해당하는 설명이다.

89 #POS도입효과 [정답] ③

POS시스템으로부터 얻은 데이터의 활용으로 단품관리가 가능하므로, 단품관리를 통한 재고관리가 가능해진다. 즉, POS로부터 얻은 단품별 판매수량에 근거하여 매입을 하고, 단품별 안전재고, 진열단위 등을 고려하여 재고를 증가시키지 않으면서 품절을 방지하는 적정발주를 할 수 있게 된다.

90 #지식인#지식근로자 [정답] ④

희소가치가 있는 지식이나 노하우는 형식지 형태, 즉 문서나 매뉴얼의 형태로 존재시켜야 한다.

합격공식
SD에듀

배우고 때로 익히면, 또한 기쁘지 아니한가.

– 공자 –